U0920568

译界剪影

中国翻译协会第六次会员代表大会

▲2009年11月，中国译协第六次会员代表大会暨新中国翻译事业60年论坛在北京举行。

▲全国人大副委员长韩启德出席大会并致辞。

▲前国务委员、新当选中国译协名誉会长唐家璇在大会开幕式上讲话。

▲国务院新闻办公室主任王晨出席大会开幕式并讲话。

▲全国人大外事委员会主任委员李肇星当选新一届中国译协会长。

▲中国译协会长刘习良作《中国翻译协会第五届理事会工作报告》。

▲新当选会长李肇星（左）、第一常务副会长郭晓勇（右）向前会长刘习良（中）献花。

▲表彰优秀分支机构。

▲表彰优秀单位会员。

▲表彰优秀社团工作者。

▲表彰十佳企业会员。

▲新中国翻译事业60年论坛主题发言人施燕华。

▲新中国翻译事业60年论坛主题发言人陈众议。

▲新中国翻译事业60年论坛主题发言人许钧。

▲新中国翻译事业60年论坛主题发言人黎难秋。

▶分组讨论现场一。

◀分组讨论现场二。

◀2009年9月，杨宪益先生获“翻译文化终身成就奖”。

◀2010年12月，李肇星（右）与中国外文局局长周明伟（左）为许渊冲先生（中）颁发“翻译文化终身成就奖”。

◀2010年12月，李肇星（左）与周明伟（右）为屠岸先生（中）颁发“翻译文化终身成就奖”。

▶2010年12月，李肇星（左）与周明伟（右）为李士俊先生（中）颁发“翻译文化终身成就奖”。

▶2010年12月，郭晓勇（左）为沙博理先生（中）颁发“翻译文化终身成就奖”。

◀2010年12月，郭晓勇为草婴先生（右）颁发“翻译文化终身成就奖”。

▲2009年11月，在中国译协第六次会员代表大会召开期间举行资深翻译家表彰仪式。图为受表彰资深翻译家领奖。

▲2010年12月，“翻译文化终身成就奖暨资深翻译家表彰大会”在北京举行。图为受表彰资深翻译家与颁奖领导合影。

中国国际语言服务行业大会

▲2010年9月，中国国际语言服务行业大会暨大型国际活动语言服务研讨会在北京举行。

▲中国外文局常务副局长、中国翻译协会第一常务副会长郭晓勇作大会主旨发言。

主题发言人

赵会民

容向前

赵尔力

李保平

陆露

赵军峰

主题发言人

张曦

张秀春

王宗维

陈圣权

林国夫

何恩培

◀北京元培世纪翻译有限公司和传神（北京）联合信息技术有限公司荣获“中国翻译协会特殊贡献奖”。

▶表彰中国译协优秀企业会员。

▶产学合作分论坛。

▲本地化服务分论坛。

▶客户与服务企业圆桌会议。

▲2009年7月~8月，2009全国高等院校本科翻译师资培训班在北京举行。

▲培训课堂（2009年）。

◀学员与授课老师交流（2009年）。

▲颁发结业证书（2009年）。

▲2010年7月，2010年全国高等院校翻译专业师资培训班在北京举行。

◀分组讨论（2010年）。

◀颁发结业证书（2010年）。

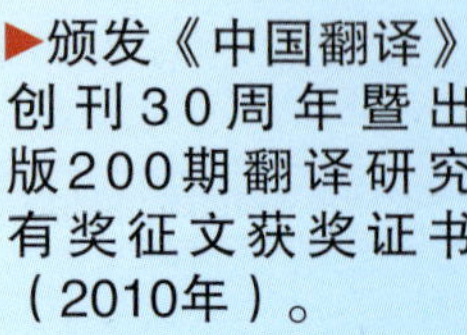

▶颁发《中国翻译》创刊30周年暨出版200期翻译研究有奖征文获奖证书（2010年）。

▲2009年11月，第21届韩素音青年翻译奖竞赛颁奖仪式在北京举行。图为获奖选手。

▲获得最佳组织奖的单位代表与嘉宾合影（2009年）。

▲获奖选手与嘉宾合影（2009年）。

▲2010年10月，第22届韩素音青年翻译奖竞赛颁奖仪式在上海举行。

▲中国译协常务副会长施燕华（右）为获得最佳组织奖的单位颁奖（2010年）。

▲获奖选手（2010年）。

◀2010年9月，首届全国口译大赛（英语）交替传译东北大区决赛在哈尔滨举行。

◀2010年9月，首届全国口译大赛（英语）交替传译华北大区决赛在北京举行。

▶2010年9月，首届全国口译大赛（英语）交替传译华东大区决赛在杭州举行。

▲2010年9月，首届全国口译大赛（英语）交替传译华南大区决赛在广州举行。

▲2010年9月，首届全国口译大赛（英语）交替传译西北大区决赛在西安举行。

▲2010年9月，首届全国口译大赛（英语）交替传译西南大区决赛在成都举行。

▲2010年10月，首届全国口译大赛（英语）总决赛在成都举行。图为李肇星（左）和四川大学党委书记杨原明（右）为冠军选手颁奖。

▶2010年10月，首届全国口译大赛（英语）总决赛现场。

◀2010年10月，首届全国口译大赛（英语）同声传译邀请赛在成都举行。

▲2010年10月，日语、法语组邀请赛在北京举行。

▶2010年10月，第八届全国口译大会暨国际研讨会在成都举行。

▲第八届全国口译大会暨国际研讨会大会现场。

▲第八届全国口译大会暨国际研讨会分论坛现场。

▶中国译协副会长兼秘书长黄友义（左三）以国际译联第一副主席身份参与国际译联执委会工作。

◀2009年4月，国际译联执委访问深圳市翻译协会。

▶2009年6月，中国译协代表团访问巴黎第三大学高翻学院。

▶2009年11月，中国译协产业代表团参加美国译协第50届年会并举办专题论坛。

◀2009年12月，中国译协代表团参加“泰国本地化与翻译大会”。

▶2010年1月，中国译协代表团访问英国西敏斯特大学。

◀2010年5月，中国译协产业代表团访问美国、葡萄牙。

▶2010年5月，中国译协代表团访问俄罗斯。

◀2010年11月，中国译协常务副会长唐闻生（中）、朱英璜（右）参加第六届亚洲翻译家论坛。

▶2010年11月，中国译协代表团访问马来西亚翻译协会。

▲2009年4月，首届东西部文化翻译产业论坛在西安举行。

▲2009年4月，“‘成都·全球多语信息转换中心’揭牌仪式暨多语信息产业发展研讨会”在成都高新区高新孵化园举行。

▲2009年5月，中国译协对外传播翻译委员会中译日翻译研讨会第一次会议暨中日翻译研究会成立大会在北京举行。

▲2009年7月～8月，“东北亚翻译论坛第一届学术会议”在内蒙古科尔沁举行。

►2009年8月，第13届全国科技翻译研讨会在北京举行。

▲2009年8月，全国翻译专业资格（水平）考试专家委员会换届大会在北京召开。

▲2009年8月～9月，第13次全国民族语文翻译学术研讨会在桂林举行。

▲2009年9月，《东方翻译》首发式暨新闻发布会在上海举行。

▲2009年9月，2009'中国翻译服务产业论坛在武汉举行。

◀2009年10月，“第四届‘锦湖韩亚杯’中国大学生韩国语演讲比赛东北赛区比赛”在长春举行。

▲2009年10月，第十届华东地区翻译研讨会在济南举行。

▲2009年11月，全国首届翻译硕士（MTI）教育与翻译产业研讨会在北京举行。图为教育部学位管理与研究生教育司处长唐继卫作主旨发言。

▲2009年12月，“庆祝新中国成立60周年黑龙江省翻译作品成果展” 在哈尔滨举行。

▲2010年1月，“钱春绮文学翻译学术研讨会”在上海举行。

▲2009年12月，中国译协对外传播翻译委员会第19届中译英研讨会在北京举行。

▲2010年4月，“规范外来语译名 创造和谐语言环境——翻译与记者的社会责任”媒体负责人座谈会在北京举行。

▲2010年上海世博会期间，上海世博会笔译口译项目赞助商中国对外翻译出版公司为世博会提供口笔译服务。图为该公司荣获上海世博局颁发的“世博之星”荣誉称号。

◀2010年上海世博会期间，上海世博会笔译口译项目赞助商北京元培世纪翻译有限公司为世博会提供口笔译服务。

▶2010年世博会期间，上海外事翻译工作者协会共接待政要团组40余批。

▲2010年9月，“第三届中南六省区翻译理论与翻译教学研讨会”在广州召开。

▲2010年10月，“军事翻译理论与实践”学术研讨会在昆明举行。

▲2010年10月，纪念全国翻译产业创立十周年暨中国思想文化走出去翻译研讨会在南京举行。

▲2010年11月，中国翻译协会与武汉东湖高新技术开发区共建的“全球多语信息处理中心”在武汉高新区举行揭牌仪式。

▲2010年11月，陕西省翻译协会成立30周年庆祝大会在西安举行。

▲2010年11月，中国译协本地化服务委员会在北京举办本地化校企座谈会。

▲2010年12月，中国译协对外传播翻译委员会第17届中译法研讨会在北京举行。

China Translation Yearbook

中国翻译年鉴

2009～2010

中 国 翻 译 协 会　编
Complied by Translators Association of China

中国翻译年鉴
2009 ~ 2010

目　录

编辑说明

特别报道

翻译工作概览

译界出版物

翻译组织与机构

译界人物

中国翻译界大事记

资料统计

翻译行业相关法律法规与规范性文件

国际译界

欧　洲

CONTENTS

编辑说明

Editors Notes

一、本年鉴是第一部中国翻译年鉴——《中国翻译年鉴 2005～2006》双年鉴问世后的第三卷，除《翻译教育培训与研究机构》的调研材料引用了 2011 年新年伊始的数据外，内容都是 2009 年 1 月 1 日至 2010 年 12 月 31 日之间我国翻译界在学术研究、学科建设、行业管理、翻译技术 、社团活动、人才培养、国际交流等方面的最新情况。

二、本卷篇目、栏目的设置基本沿用上卷，只对个别栏目作了小幅度调整或细化。主要有：(1)《翻译组织与机构》篇目下，为便于查阅，不再把《中国内地部分翻译服务企业、翻译技术机构名录》作为《翻译服务与技术机构》栏目的独立条目，而把各翻译服务企业、翻译技术机构直接作为条目收入，并列进目录。(2) 随着翻译事业的发展，翻译服务的领域和概念也在不断扩展和延伸；为真实反映这一变化，本卷把《翻译工作概览》篇目下的《翻译产业领域工作》栏目更名为《语言服务产业领域工作》。

三、对于港、澳、台翻译界的情况，仍由于资料不足，本卷暂付阙如。

四、本卷仍遵循首卷的编纂原则，以“客观真实地记录历史”为使命，既真实地记录翻译行业的发展与进步，“也真实地留下它成长中的脚印和身影”。由于译界各领域、各地社团之间在发展中的差异，条目与资料的征集渠道不够畅通，对于部分栏目、条目编纂中的不足之处，敬请原谅。

五、一部年鉴的出版，离不开多部门、多领域、多层次的支持与合作，本卷的所有组稿编辑、责任编辑对此都有切身体会。对此，本编辑部仍在卷末设《鸣谢篇》，对所有为本年鉴的编辑出版提供过宝贵支持和帮助的单位和人士，记录在册，以表示诚挚的感谢。

《中国翻译年鉴 2009～2010》编辑部

2011 年 9 月

Highlights

特别报道

专　题

中国译协第六次会员代表大会暨新中国翻译事业 60 年论坛

综　述

2009 年 11 月 12 ~ 13 日，中国翻译协会第六次会员代表大会暨新中国翻译事业 60 年论坛在北京举行。全国人大常委会副委员长韩启德，原国务委员、新任中国翻译协会名誉会长唐家璇，国务院新闻办公室主任王晨等出席大会并发表了重要讲话。国际翻译家联盟主席玛丽昂・伯尔思向大会发来贺信祝贺。中国译协所属全国各省、市、自治区、中央有关单位及港、澳地区的单位会员、个人会员和 10 个分支机构的近 300 名代表参加了本次会议。

第六次会员代表大会审议并通过了刘习良会长代表第五届理事会常务理事会所作的工作报告，审议并通过了黄友义代表第五届理事会常务理事会所作的《中国翻译协会第五届理事会财务报告》，审议并通过了新修订的《中国翻译协会章程》和《中国翻译协会会员管理暂行办法》。大会经选举产生了中国译协第六届理事会，并且在随后召开的第六届理事会第一次会议上，选举产生了中国译协新一届领导机构。全国人大外事委员会主任委员、前外交部部长李肇星当选中国翻译协会会长。他表示，“第六届理事会选举我和其他一些同志组成新一届中国译协领导机构，这是对我们的信任和重托。我们将努力工作，大胆创新，不断完善协会建设，推动各项翻译事业的快速发展，不辜负大家对我们的厚望”。

本次会员代表大会的一项重要内容就是对中国译协章程进行了修订。将原章程中规定的“本会是由全国与翻译工作相关的机关、企事业单位、社会团体及个人自愿结成的学术性、行业性非营利组织”修改为“本会是由与翻译及与翻译工作相关的企事业单位、社会团体及个人自愿结成的全国性、行业性、非营利社会组织”。明确了未来中国译协作为行业性社会团体的性质。与会代表认为，翻译工作在我国已经发展成为一个新兴行业，“翻译行业”这个概念应涵盖翻译工作所涉及的学术教育、产业服务等各个领域，将协会定位为行业协会，有助于提升翻译行业的社会地位，有助于更广泛地团结翻译行业各方面的力量，推动整个行业协调、健康和可持续发展，从而更好地为社会服务，为国家发展和对外交流事业服务。此次对章程进行修订，是翻译行业发展的必然要求，是时代和社会发展的必然要求，也是中国译协解放思想、与时俱进的具体体现。

大会开幕的当天举行了“新中国翻译事业 60 年论坛”，外交部资深翻译家施燕华，社科院外文所研究员、所长陈众议，南京大学博士生导师许钧、资深科技翻译研究专家黎难秋等做主题发言，从外交外事、文学、科技和教育几个侧面总结、回顾60年来我国翻译事业取得的成就和发展历程。

大会期间还举行了表彰活动。中国译协对外传播翻译委员会、民族语文翻译委员会、军事科学翻译委员会、翻译服务委员会被授予“中国翻译协会优秀分支机构”荣誉称号；上海市外事翻译工作者协会、山东省翻译协会、中国船舶信息中心、北京第二外国语学院、外交部翻译室、西藏自治区翻译工作者协会、深圳市翻译协会、黑龙江省翻译协会、福建省翻译协会被授予“中国译协优秀单位会员”荣誉称号；中国对外翻译出版公司、北京元培世纪翻译有限公司、北京天石易通信息技术有限公司、北京甲申同文翻译有限公司、北京创思智汇信息咨询有限责任公司、北京凯德利澳翻译服务有限公司（译心译意网）、传神联合（北京）信息技术有限公司、成都语言桥翻译有限责任公司、济南双泽翻译咨询有限公司、深圳市艾朗科技有限公司被授予“2009年中国翻译协会十佳企业会员”荣誉称号；丁祖诒、马珂、孙光成、何其锐、杨福生、阿里木·哈沙尼、旺堆、祝文鏸、赵珠元、贾砚丽等十名同志被授予“中国译协优秀社团工作者”荣誉称号。其间还对306位长期活跃在我国外事、文学艺术、社科、对外传播、科技、民族语文、翻译服务和翻译教育等领域的资深翻译家进行了表彰。

本次大会和论坛引起了社会各界特别是翻译界的强烈反响。新华社、中国国际广播电台、中央人民广播电台、《人民日报》、《光明日报》、《中国日报》、《中国青年报》、《中国新闻出版报》、《中国社会科学报》以及新华网、人民网、中国网、新浪网等中央和地方各新闻媒体对大会和论坛进行了及时全面报道。中国网对大会开幕式和论坛进行了网上直播，并设置了专题网页对大会进行全程报道。

翻译是社会变革和文化进步不可缺少的力量和源泉

——在中国译协第六次会员代表大会上的讲话

韩启德

（2009年11月13日）

各位代表、各位来宾，

大家上午好！

昨天，中国翻译协会第六次会员代表大会在这里正式开幕，五年一次的会员代表大会是翻译界的一件大事，值得全国广大翻译工作者关注。今天，作为代表大会的重要内容，中国译协又要在这里隆重表彰优秀分支机构、单位会员、社团工作者、十佳翻译企业以及306位资深翻译家。借此机会，我对大会的召开表示热烈的祝贺，对受到表彰的团体、个人和终身致力于翻译事业的资深翻译家表示由衷的敬意，对前来参加会议的各位代表表示诚挚的问候。

我是一名医学研究与教育工作者，但对于翻译活动在促进和实现跨文化交流过程中的重要作用，我想无论从事何种专业工作的人们都不会怀疑。这是由翻译活动的历史性、社会性所决定的。翻译活动最本质的作用是为人类拆除语言文字障碍，促成不同社会、不同地域、不同文化背景的国家和民族之间的沟通与交流，而这种沟通与交流的结果，往往能启迪新的感悟、新的智慧、新的视角，从而产生巨大的社会推动力，这是社会变革和文化进步不可缺少的力量和源泉。最有说服力的例证当属《共产党宣言》、《资本论》等大量马列经典著作的译入中国。这些社科类经典译入中国，并与中国革命的具体实际相结合，使中国社会发生了近一个世纪以来令世人瞩目的、翻天覆地的变化。因此可以说，人类文明、文化不断发展，人类社会不断进步的过程，就是不同地域、不同国家和民族文化不断交流、融合与创新发展的过程；而在这一过程中，翻译工作的桥梁和纽带作用是无法替代的。

我国改革开放30年来，随着对外交流的扩大，翻译工作在各个领域的作用也更加突显。改革开放成就了翻译事业史无前例的繁荣和发展，而翻译事业作为服务于改革开放的先导力量，为促进新时期现代化建设发挥了重要作用。借助翻译，使中国融入世界，也使世界走近中国。翻译工作无论在业务范围、业务规模和工作手段上，还是在学科建设、国际交流以及对中国社会发展的贡献上都是史无前例的。从业务范围上讲，翻译工作已不仅仅局限于外事、文学、社会科学翻译等有限的特殊领域，而是渗透和辐射到政治、外交、经济、军事、文化、科技、对外传播和民族语文翻译等各个领域、各行各业和各个部门。从业务规模来讲，翻译从原来的政府和相关企事业单位、科研部门工作的隶属分支已逐步发展成为一种独立的专门职业；翻译服务作为一种新兴的现代服务产业在发展壮大。据不完全统计，目前我国属于各种经济成分的翻译服务机构已经超过3000家，翻译服务市场的产值已达数百亿人民币，翻译从业者队伍不断扩大。从工作手段上讲，随着全球化和信息化时代的到来，翻译工作正在打破几千年来传统的手工操作，现代化的翻译技术手段正日益彰显其应有的生命力。从翻译学科建设方面讲，翻译已经作为一门独立的学科专业进入高等教育体系，翻译教育从以前作为外语教学的辅助手段，已经发展成为培养职业翻译人才和翻译研究人才的专业教育，翻译学科体系日趋完善。从国际交流方面讲，中国翻译事业的发展进步得到了国际翻译界的广泛关注和认同，中国成功申办世界翻译大会以及2008年世界翻译大会首次在中国的召开就是一个很好的体现。从组织建设上讲，伴随着改革开放和翻译事业的发展，中国翻译界有了自己的组织——中国翻译协会；作为全国性的社会组织，中国译协在聚集整合全国的翻译力量、促进翻译事业发展和规范翻译行业管理方面，起到了重要的组织引导作用。

回顾改革开放30年来我国翻译事业的发展历程，我们看到，翻译工作在政治、外交、经济、军事、文化、科技、对外传播和民族语文翻译等各个领域、各行各业都取得了空前可喜的成就，翻译工作对推动当代中国社会进步的作用和贡献是难以用语言穷尽和用数字量化的。再往前回溯，从马列主义经典通过翻译在中国的传播和随之而来的中华民族的伟大复兴，也可以说，近百年来中国的翻译工作是世界翻译史上十分光彩的一页。从这个意义上讲，翻译工作的地位和作用应该得到认可，翻译工作者的业绩和贡献应该得到彰显，翻译工作者的劳动应该得到社会应有的尊重。今天，中国译协举行的第六次会员代表大会及表彰活动，对于弘扬翻译工作者的社会成就、提升翻译工作的社会影响，进而推进翻译事业，起到很好的组织示范作用。

党的十七大为提高国家文化软实力、兴起社会主义文化建设新高潮、推动文化大发展大繁荣做出重大部署，并强调“要加强对外文化交流、吸收各国优秀文明成果，增强中华文化国际影响力”，充分体现了中国共产党在新的历史时期高度的文化自觉和文化诉求。在这一新的历史起点上，翻译工作者担负着文化传承和促进世界多元文化交流、推动人类进步的社会责任和历史使命，我们应从国家文化战略的高度认识、关注和推进翻译事业。我国正处于历史上最好的发展机遇期，中国经济正快步融入世界。空前开放的中国，呼唤翻译事业的繁荣与发展。在经济全球化、文化多元化和科技信息化的今天，怎么评价翻译工作的重要性都不为过。

新的时代，新的形势，新的工作任务，为广大的翻译工作者提供了新的发展机遇，也提出了新的挑战和要求，你们任重而道远。愿大家共同努力，在新的历史起点上，以满腔的热情、积极的敬业精神、严谨认真的工作作风以及渊博的学识，投身到中国特色社会主义建设的伟业中，为中华和平崛起大展宏图，为促进各国交流，维护世界和平多做贡献。我也希望中国翻译协会能够在翻译工作领域发挥更大的组织引导作用，带领翻译工作者开拓进取，努力工作，为促进文化繁荣和社会进步做出新贡献。

最后，祝中国翻译协会第六次会员代表大会取得圆满成功。

韩启德：全国人大常委会副委员长、九三学社中央主席、中国科协全国委员会主席。

翻译搭建起中国改革开放、对外交流的桥梁

——在中国译协第六次会员代表大会开幕式上的讲话

唐家璇

（2009年11月12日）

各位来宾、各位会员代表，

大家好！

今天中国译协在这里隆重举行第六次会员代表大会。我对大会的召开表示热烈的祝贺！向全体会员代表及工作在全国各条战线上的翻译工作者表示诚挚的问候！

中国翻译协会聘请我担任协会名誉会长，我感谢大家的信任，同时对担当此任感到十分荣幸。我长期从事外交外事工作，深知翻译工作的复杂性、特殊性及其在促进我国文化事业的繁荣和发展，推进中外交流和社会进步过程中不可或缺的重要作用，因而也一直关注翻译工作。对于翻译的社会作用，远的暂且不论，回首近现代中国160多年的历史，我们不难看到，在帝国主义列强的炮舰轰开中国闭关锁国的大门，使中华民族蒙受屈辱的同时，也使一批批仁人志士走上探索强国之路。正是由于他们对西方先进的思想文化、科学技术的译介以及后来马列主义经典著作的译介和传播，才使百年后的中国发生了天翻地覆的变化。特别是新中国成立六十年来，通过翻译，使中国走向世界，学习各国的先进经验、先进文化和先进的科学技术；通过翻译使世界人民了解中国五千年悠久辉煌的历史文化，支持中国的现代化事业；通过翻译，搭建起中国改革开放、对外交流的桥梁，使中国社会、经济、文化近三十年来取得了前所未有的巨大发展。在这一过程中，作为文化交流使者的我国一代又一代的翻译工作者不畏困难，努力工作，以高尚的译德情操、严谨认真的工作作风和丰厚的业绩成果为祖国的现代化建设、为中外文化交流做出了杰出贡献，也为我们新一代翻译工作者树立了楷模，留下了宝贵的精神财富。我对致力于中外文化交流事业、并做出突出成绩的翻译工作者们充满敬意。可以毫不夸张地说，没有他们的无私奉献、辛勤劳动，就没有改革开放、经济发展、文化繁荣的当代中国。

今天，经济全球化与文化多元化已成为世界的一个显著特征。今天的中国也比历史上任何时候都更加开放、更加需要加强和世界各国人民的了解与交流。在这种形势下，翻译工作的社会作用更加凸显，也给作为文化传播和交流使者的翻译工作者提出了更高的标准和要求。译协的同志要从战略高度和长远的角度看待和认识自身的工作，充分利用协会成员中拥有大量精通外文、熟悉了解中外文化的国内外专家学者的这种独特的优势，更好地为国家振兴文化事业的战略目标服务。

为了进一步搞好今后的翻译工作，推进中国译协的进一步发展，我愿在此提出三点具体建议，仅供参考：

第一，要从增强国家软实力的高度重视翻译，提高翻译的时效性。随着我国国际地位的提升，国际社会对中国的关注与日俱增，各国更加迫切地希望了解中国在重大国际和地区等问题上的立场和主张。这为我们增信释疑、树立形象、争取国际舆论与各国民众的同情和理解、支持，提供了一个十分难得的机遇；也对翻译工作提出了新的要求。翻译工作者须要紧跟形势，深刻领会中央的各项方针政策，全面了解国际社会的最新动态，及时准确地将我国政府在诸如应对金融危机、气候变化、能源安全等全球性及热点问题的政策主张，以及涉及我国经济社会发展问题的重大决策，尤其是我国主要领导人的重要公开讲话，翻译成外文，力争中外文同步，多语种同步，通过翻译使我国在国际上能够赢得先机，争得主动，扩大影响。

第二，从增强外宣能力的高度看待翻译，提高翻译作品的针对性。由于历史和文化背景不同，各国在逻辑思路、语言表达等方面存在很大的差异。翻译工作者要在总结梳理现有翻译理论和实践的基础上，与时俱进，开拓创新，认真研究和把握各种语言的主要特点和表达习惯，使我们的翻译作品既忠实又灵活、既准确又生动、既完整又清晰。在中译外方面，要让外国读者和听众真正懂得我们的意思，有助于理解并接受我们的主张。唯有如此，翻译才能更好地服务于我们的外宣工作，增强外宣工作的感染力和感召力。

第三，从翻译事业可持续发展的高度出发，要精心打造一支高素质的翻译人才队伍。翻译事业同样面临如何薪火相传、培养好接班人的问题。我国几代领导人都非常重视翻译人才的培养。毛主席、周恩来总理、陈毅同志、小平同志、耀邦同志以及泽民同志、胡锦涛总书记、温家宝总理都高度重视、十分关心翻译人才的培养。在改革开放的今天，我们国家对翻译的需求不断增加，要求不断提高。诚然，现在懂外语的人越来越多，但是真正了解中外文化、语言功底扎实、懂得翻译理论的高水平的翻译还远远不够。我们要下大气力、花大功夫去发掘和培养一大批政治强、业务精、能吃苦、肯钻研的翻译人才，并为他们的成长提供良好的环境。这是一项具有战略意义的重大而紧迫的任务，一定要抓紧抓好。

我相信，中国翻译协会作为全国性的翻译专业团体，能够在这方面发挥更大的组织和引导作用，为广大翻译工作者提供一个可以信赖和依靠的家园，团结带领大家开拓进取，与时俱进，为国家的对外开放和促进社会进步、文化繁荣做出新的、更大的贡献。

祝大会圆满成功！谢谢！

唐家璇：国务委员，原外交部长，现任中国翻译协会第六届理事会名誉会长。

提高对外传播能力需要高素质翻译人才

——在中国译协第六次会员代表大会开幕式上的讲话

王晨

（2009 年 11 月 12 日）

尊敬的唐家璇名誉会长，各位会长、各位代表，同志们：

很高兴在漫天飞雪中出席全国翻译界的这个盛会。我谨代表中共中央对外宣传办公室和国务院新闻办公室向中国翻译协会第六次会员代表大会的开幕表示热烈的祝贺，向广大翻译工作者致以亲切的问候！

2008 年我们隆重纪念了改革开放 30 周年；2009 年，我们又举国欢庆共和国 60 岁生日。新中国成立以来，特别是改革开放以来，中国的发展令世界瞩目，让国人自豪。随着我国国际地位的不断提高和对外交往的不断发展，增强国家文化软实力、提高对外传播能力，越来越显得重要而紧迫。翻译是对外交流和沟通的桥梁，翻译工作是中外文化交流的纽带，在经济全球化的大背景和中国实行改革开放政策的大环境下，翻译工作和翻译事业被赋予了更加鲜明的时代特征。不论是对于中国尊重文明多样性、吸收世界各国文明成果来说，还是对于介绍中国发展、中国模式，增强中华文化国际影响力而言，翻译都发挥着不可或缺的重要作用。

改革开放30年成就了中国翻译事业的发展和繁荣，特别是对外传播领域的翻译工作取得了历史性成就。今天，在世界很多地方，都能读到中国新华社用多种文字播发的新闻稿件，读到英文版《中国日报》，看到中央电视台用英语、法语、西班牙语和阿拉伯语播出的电视节目，听到中国国际广播电台59种语言的广播节目。随着互联网技术的不断发展，网络传媒方兴未艾，人民网、新华网、中国网、国际在线等网站，每天在第一时间用几十种语言文字向国际社会发布有关中国的最新信息。中国外文局用20多个语种对外出版的各类外文图书连续多年在全国图书版权贸易中保持领先地位，外文局旗下的《北京周报》、《今日中国》、《中国画报》、《人民中国》等20多种对外宣传刊物向世界各地发行。中央编译局多年来翻译出版了大量马列经典著作和多种文版的党和国家领导人著作及其他中央文献。中国正在越来越广泛而深入地走向世界，世界也正在越来越多地了解一个客观真实的中国。

这些成绩的取得，凝聚着中国翻译协会和广大的翻译工作者的辛勤努力和默默奉献。据我们了解，中国译协在上个世纪九十年代初就成立了对外传播翻译委员会，目前已经建立了中译英、中译法、中译日等专家研讨机制，定期研究我国政治、经济、文化等领域出现的重要词汇的外语译文，并将结果公开发表供外事外宣部门使用。这种机制非常有效，对于更准确地向外传递中国的信息发挥了重要作用，如果有条件，还可以推广到更多的语种。党和国家领导人的著作、中央文献、外交文件由翻译工作者译成外文，传向世界各地。中国古代和近现代名著，如《论语》、《道德经》、唐诗、宋词、《红楼梦》、《三国演义》等也在世界产生了广泛影响。中国译协还积极推动和参与了一些城市公共场所标识英译标准的制定，为规范城市外语环境，提升城市国际形象做出了积极的探索。国务院新闻办推出的“中国图书对外推广计划”和“中国文化著作翻译出版工程”得到了包括中国译协在内的广大翻译界的大力支持，建立了各大语种的中译外专家队伍。借此机会，谨向所有为我国对外传播事业和国际交流交往做出重要贡献的全国广大翻译工作者表示衷心的感谢和崇高的敬意！

同时，我们也要面对这样一个现实：中国是具有五千年悠久历史和灿烂文化的国家。中国的历史文化不仅属于中国，也属于世界，中国理应对世界文化发展作出自己的贡献。但从目前看，中国对外文化交流和文化传播严重“入超”，“文化赤字”很大，在世界上表现中国核心价值观、悠久历史、灿烂文化的文化产品及中国文化的对外影响力仍然有限，中国文化的对外影响力与中国的国际地位及经济社会发展水平相比还有不小差距。为改变这一状况，翻译界和广大翻译工作者肩负着光荣的使命，承担着重大的责任，可谓任重道远。

我国“十一五”规划提出要实施“人才强国战略”，突出了人才对事业发展和国家发展的重要性。目前中国翻译界面临的一个突出问题，也是人才问题。随着全球化时代的到来和我国对外交流的扩大，各行各业几乎都有对外传播的任务和要求，但翻译直到2006年，才被承认为一门独立的、需要职业培训的专业。有数字表明，2008年全国持有翻译类专业技术职称的人员有近3万人；2003年~2008年间，共有1.4万多人通过全国翻译专业资格（水平）考试获得职业资格证书，尽管这已经是一个不小的进步，但作为我们这样一个大国，面对日益增长的事业和市场需求，差距依然很大。特别是对外传播事业中亟需的高水平的中译外专业人才，更是相当匮乏。翻译人才队伍的严重“断层”造成翻译质量上的问题，影响了我国的对外形象。前面提到的“中国图书对外推广计划”在实施过程中的一个主要障碍就是高水平翻译人才的缺乏，而且这个瓶颈在短期内较难消除。

经济全球化的深入发展，我国对外开放的不断扩大，要求我们必须大力提高对外传播能力。对外传播能力的提高，既体现在对经济社会发展的传播方面，也体现在对外文化的交流传播方面。中央提出要通过加强文化软实力建设，对内增强民族凝聚力和向心力，对外增强亲和力和影响力。要实现这一目标，需要方方面面的努力，包括重视和发展翻译事业。刚才，唐家璇名誉会长在讲话中提出，要从提高国家文化软实力高度，重视翻译事业发展；从增强外宣能力角度，提高翻译工作水平；从文化事业大发展大繁荣要求出发，精心打造翻译工作者队伍。这些意见，我完全赞同。我们要从思想观念上高度重视翻译工作，关心翻译工作，为翻译事业的发展营造良好的文化氛围和社会环境。要大力加强对外文化传播研究，特别是对外翻译工作研究，认真探索提高我国对外文化传播能力的路径。要加大对翻译人才培养的投入力度，希望高等院校进一步重视翻译学科建设，特别是要加强中译外人才培养的专题研究，加快培养一支能够担当日益增强的对外传播使命的高素质、专业化的翻译人才队伍。希望中国翻译协会作为翻译行业的全国性组织，从国家发展战略的高度，更好地发挥协调和指导作用，在新的历史起点上进一步推进中国翻译事业的发展，为切实增强国际传播能力，及时准确、全面客观地向世界说明一个真实的发展变化的中国做出更大贡献。

最后，预祝中国翻译协会第六次会员代表大会取得圆满成功！

王晨：国务院新闻办公室主任。

国际翻译家联盟主席致中国翻译协会第六次会员代表大会的贺信

尊敬的中国翻译协会会长及协会全体会员：

我谨代表国际翻译家联盟执委会、理事会及其全体会员，对贵协会于11月12日~13日在北京召开的第六届会员代表大会致以良好祝愿。贵协会的会员代表大会每五年召开一次，协会会员社团、企事业单位会员和个人会员代表届时汇聚一堂，实为盛事。

我们希望与你们一起，对那些服务中国译协、担任协会理事和常务理事的个人表示感谢！对那些将在本届大会上受到表彰的从业逾30载的资深翻译家致以崇高的敬意！

如果没有像中国翻译协会这样的行业组织来关注行业利益，翻译工作者都将身受其苦。感谢你们通过在中国开展活动，通过加入国际译联这个大家庭，通过参与国际译联理事会和其它委员会的工作对推动翻译事业的发展所做的贡献。

国际翻译家联盟衷心预祝大会讨论及选举进展顺利。祝愿中国翻译协会不断发展壮大！

谨代表国际翻译家联盟致以诚挚的问候。

国际翻译家联盟主席：玛丽昂·伯尔思

2009年11月8日

附：贺信英文原文

November 8, 2009

Dear Mr. President and members of the Translators Association of China:

RE: CONGRATULATIONS ON THE SIXTH NATIONAL CONGRESS

On behalf of the Executive Committee, the Council and all the members of the International Federation of Translators, I would like to extend to you all our very best wishes on the occasion of your Sixth National Congress, being held in Beijing on 11 – 13 November. It is a particularly significant event since it is held only every five years and brings together member associations, translation – related institutions and corporate entities as well as individual members.

May we add our voices to yours in thanking the persons who have offered their services to the Translators Association of China by serving on its national council and national executive council. May we also join with you in saluting the senior translators who have worked for the profession for over 30 years who will be honoured during this congress.

Without professional associations like the Translators Association of China to look after the interests of the profession, all translators would suffer. Thank – you for the work you do in promoting the translation profession through your local activities and also through your membership of FIT and the participation of certain of your members on the FIT Council and other committees.

We at FIT wish you all the very best with your deliberations at this conference and with the elections that will take place. May the Translators Association of China continue to go from strength to strength!

With warm FIT greetings

Marion Boers (Mrs)

President: International Federation of Translators

与时俱进　务实创新　开创译协工作的新局面

——在中国翻译协会第六次会员代表大会上的工作报告

（2009年11月13日中国译协第六次会员代表大会审议通过）

刘习良

（2009年11月12日）

各位代表：

受中国翻译协会第五届常务理事会的委托，我向大会报告中国译协五年来的工作情况，请予审议。

在报告工作前，请允许我代表第五届理事会及全体会员，向在过去五年中先后辞世的德高望重的名誉会长爱泼斯坦先生和季羡林先生、副会长刘忠原先生和资深翻译家表示深切的怀念和崇高的敬意！

我的报告分为两个部分。

一、第五届理事会期间的工作回顾

中国翻译协会第五届全国理事会会议（即第五次会员代表大会）召开至今已经整整五年。五年中，协会坚持以邓小平理论和“三个代表”重要思想为指导，认真贯彻落实科学发展观，在业务主管单位中国外文局的指导下，全体会员共同努力，与时俱进，务实创新，使协会各项重点工作取得突破性进展。过去的五年，中国译协按照章程规定顺利实现了从单纯学术性社会团体向兼顾学术性、行业性的社会组织的转变；过去的五年，协会服务改革开放大局，为各领域的对外交流做出了积极贡献；过去的五年，翻译学术研究、翻译学科建设、翻译出版活动空前活跃；过去的五年，中国译协积极搭建国际交流与合作平台，中国翻译界与国际翻译界的相互往来空前频繁；过去的五年，翻译人才培训力度明显加大，培训路子不断拓宽，培训质量显著提高；与此同时，中国译协的自身建设也进一步得到加强。可以说，这五年里，协会开创了工作的新局面，在国内国际的影响大幅提升。

（一）发挥协调功能，服务国家大局

协会依托自身资源优势，充分发挥协调功能，在开展社会公益活动、推动我国文化对外传播等方面做出了应有的贡献。

1. 2008年5月12日，四川汶川特大地震发生后，中国译协快速反应，号召翻译界以多种形式支援灾区。地震发生当天，协会秘书处在第一时间向灾区会员单位致电表示慰问。5月13日，协会致函川、渝地区的翻译组织和单位会员，向所在协会会员和

企业员工表示诚挚的慰问。5月12日和16日，中国译协向全体会员、翻译工作者及翻译机构先后发出《抗震救灾倡议书》、《团结一致 支援灾区——致广大翻译工作者的一封信》，号召协会会员及广大翻译工作者、翻译机构积极投身抗震救灾。

广大会员及各分支机构积极响应倡议书和公开信，纷纷向灾区捐款捐物。其中，单位会员传神联合（北京）信息技术有限公司和北京元培世纪翻译有限公司分别捐款捐物超过100万元，单位会员中国对外翻译出版公司和外文出版社等发挥自身优势，在最短时间内策划出版抗震救灾图书。身处灾区的单位会员成都语言桥翻译公司、四川翻译文学学会等单位派出翻译志愿者，为在灾区救灾的外国友人提供语言服务，为国际组织和灾区人民架起一座语言交流与沟通的爱心之桥。各地译协利用召开年会、工作例会的机会，号召会员捐款捐物，有些协会还将当年的会费捐出。广大个人会员也以不同方式、通过不同渠道，踊跃参与抗震救灾活动，表达了对灾区人民的关心。

这些单位和个人的行动表明，中国翻译行业正在以自己的真诚和强烈的社会责任感回馈社会，在市场经济的磨炼中逐步走向成熟。中国译协的积极工作也得到了民政部的认可，在汶川大地震一周年之际，民政部中国民间组织网专门载文报道了中国译协在抗震救灾中的良好表现。

2. 2008年8月至9月，举世瞩目的北京奥运会、残奥会成功举办。在此期间，由来自海内外社会各界的1700多人组成的翻译服务队伍，为奥运会提供了44个外语语种的口笔译服务。在奥运会和残奥会搭建的体育、文化和外交舞台上，翻译工作者发挥了不可或缺的作用。

中国译协充分发挥业界影响力，与会员单位共同推荐优秀翻译人员参与奥运翻译与外联工作，并积极参与了全国科学技术名词审定委员会发起的《奥运体育项目名词》的编译出版工作。单位会员北京元培世纪翻译有限公司作为北京奥运会独家口笔译服务供应商，努力为奥运筹备及召开提供语言服务，得到了国际奥委会和北京奥组委的表彰。2008年，单位会员中国对外翻译出版公司和北京元培世纪翻译有限公司分别与上海世博局签约，成为2010年上海世博会笔译口译项目赞助商。

为表彰在奥运期间表现出色的翻译工作者个人和机构，2008年9月，中国翻译协会和北京奥组委联合举行了隆重的“庆祝国际翻译日·奥运翻译工作者表彰大会”，表彰了在北京奥运会和残奥会期间提供翻译服务的13家集体单位及1700多名个人。

3. 中国译协积极推动规范城市公共场所英语标识工作。2005年、2007年分别与北京第二外国语大学、同济大学联合主办了两届“全国公示语翻译研讨会”，并推荐多名译协领导和专家学者积极参与北京、深圳等城市规范公共场所英语标识工作。2009年，中国译协还组织在京部分企业会员参加了北京市政府外事办公室召开的北京市规范公共场所英语标识工作交流会。这些努力为改善这些城市的语言环境、提升城市国际形象做出了重要贡献。

协会还利用庆祝国际翻译日的机会，于2006年和2007年连续举办了两次“名家谈翻译”系列公众讲座，邀请施燕华、任吉生和屠岸等译界名家为来自全国各地的协会会员、高校学生及热衷于翻译工作的社会各界人士作了精彩的演讲，受到热烈欢迎。

4. 五年来，协会继续组织资深翻译家表彰活动，分别表彰了来自外交、对外传播、科技、军事、文学艺术、翻译服务领域及各省市有关单位的748名长期耕耘并做出突出贡献的翻译家。协会还于2006年设立“翻译文化终身成就奖”，授予在翻译与文化传播工作中成就卓著、影响广泛、德高望重的翻译家。2006年和2009年，季羡林先生和杨宪益先生分别获得这项荣誉。

5. 中国译协对外传播委员会的中译英、中译法研究会坚持每年召开两次高层研讨，对我国政治、经济和社会生活中新出现的词汇、用语的疑难翻译进行研讨，并将讨论确定的参考译文向社会公布，供各级外事、外宣部门参考使用。2009年，对外传播委员会又成立了中译日研究会。这些研讨活动对于提高对外传播中的翻译质量，促进对外交流工作的健康发展具有积极作用。

6. 2005年到2009年，协会与相关高等院校共同主办第17、18、19、20、21届韩素音青年翻译奖竞赛活动，国内外众多院校外语师生以及来自各行各业的翻译爱好者积极参与和支持这项活动。

各会员单位、各地译协也纷纷举行表彰、奖赛等内容丰富、形式多样的社会公益活动，既激励着翻译工作者努力拼搏，也提升了翻译在社会的影响力。

（二）开展学术研究，推进学科建设

五年来，协会及各分支机构与社会有关部门和高等院校合作，组织开展丰富多彩的翻译学术研讨活动。举办了全国性翻译学术研讨44次、高端培训6次，内容涉及民族语文、公示语翻译、翻译理论、翻译教学、科技翻译、对外传播、口译、军事翻译、旅游翻译、文学翻译、翻译服务、翻译技术等领域。其中“中译外——中国走向世界之路”高层论坛和“首届全国翻译教学高端论坛”都是国内首次举办的高层次翻译专业论坛，对于推动我国对外传播翻译和翻译教学事业的健康发展、加强与国际翻译界的交流与合作具有重要意义和影响。这些研讨和培训活动参与人数之多、学术水平之高、涉及领域之广泛均超过以往，有力地提高了我国翻译理论与实践的研究水平。中国译协所属各分支机构和各单位会员也根据自身特点，发挥各自优势，举办了翻译学术年会、报告会、翻译讲座和翻译成就展等不同形式、不同层次、不同规模的学术活动，在翻译工作领域发挥了积极作用。

五年来，在中国译协和各高等院校的共同努力下，我国翻译学科建设和翻译学术研究取得了突破性进展。2006年3月，教育部正式批准在高校设立本科翻译专业。2007年1月，国务院学位委员会又决定在我国设置翻译硕士专业学位，培养高层次、应用型高级翻译专业人才。至此，中国内地已经在高等院校建立起包括翻译本科、翻译硕士、翻译学硕士、翻译学博士这样一个完整的翻译教育体系，翻译专业拥有了独立的学科地位。据不完全统计，目前全国设立翻译专业院系和翻译研究机构的高等院校达60所。中国译协一向积极支持高等院校建立翻译专业院系和翻译研究机构。为适应学科发展的客观需要，协会于今年正式推出“高等院校本科翻译师资培训课程”，邀请内地、香港、美国、欧洲等地在翻译实务、翻译教学和翻译理论研究领域有突出造诣和代表性的专家学者30多人参与教学，搭建了一个专业化、系统化的高校翻译师资培训平台。来自全国各地翻译高校和相关机构的近300名学员参加了为期15天的系统培训，学员们对培训给予了高度评价。

五年来，全国翻译出版活动非常活跃。据新闻出版总署信息中心的统计，2005年至2008年全国翻译图书出版总数约3.69万种，占全国出版图书总数的3.78%。翻译学术著作出版活动也日益繁荣。据协会不完全统计，2005年至2008年全国共出版翻译专业类著作和论文集306种、翻译类教材和工具书565种。为展现中国翻译界自中国翻译协会成立以来取得的进步和成就，记录中国翻译事业发展历程，协会于2007年和2009年先后编辑出版《中国翻译年鉴2005~2006》、《中国翻译年鉴2007~2008》两部双年鉴。协会及分支机构还组织或积极参与编辑出版了不少专业书籍，包括《日汉军事术语大辞典》、《英汉军事缩略语大辞典》、《英汉军语大辞典》、《汉法新词语汇编》、《翻译产业经营论集》、《第18届世界翻译大会论文集》、《韩素音青年翻译奖竞赛作品与评析》等。各地译协也编辑出版了多种书籍和论文集。

以协会会刊《中国翻译》为代表的一批业内出版物，如《中国科技翻译》、《上海翻译》、《译苑》、《环球论丛》、《译友》等继续保持高质量、高品位，更加适应翻译事业发展和中国翻译界领域拓展的需要，在促进我国翻译学科建设和翻译研究发展方面发挥着日益重要的作用和影响。在过去五年间相继创刊的《民族翻译》、《西部翻译》和《东方翻译》则为翻译人员增添了一批新的研究园地。

长期以来，我国的文学著作翻译活动以翻译引进外国作品为主。过去几年里的一个可喜现象是越来越多的机构参与中国文学的对外翻译。以《大中华文库》和《21世界中国当代文学文库》为代表，中国的文学作品正在凸显“走出去”的可喜情景。

（三）搭建交流平台，促进行业合作

协会于2006年和2009年分别组织了“中国国际翻译产业论坛”和“中国国际翻译产业网上论坛”，凭借这一平台为翻译服务、本地化服务、翻译技术、翻译设备企业以及客户企业提供服务。目前论坛已成为业内人士了解行业发展趋势、交流行业信息、结交朋友、探索合作的一个重要渠道。

“全国翻译经营管理工作研讨会”（2007年后改为“中国翻译服务产业论坛”）迄今已举办七届，并根据近年来翻译服务领域的发展趋势，紧密结合行业实际，不断拓宽研讨范围，积极创新研讨内容，扎实扩大业内影响。

为推动翻译领域的国际交流与合作，促进行业标准化与规范化建设，协会在第18届世界翻译大会上组织了16场行业专题论坛，内容涉及翻译服务、本地化服务、翻译技术、机器辅助翻译、术语与标准化等领域。

为适应我国本地化服务业的快速发展，协会自2007年即在本地化领域开展了一系列的活动。其中包括：与本地化相关机构共同开展了面向社会的本地化人才培训，得到了业内的一致好评；团结本地化企业和机构，组织承办了“本地化——全球化企业

的驱动器”高端论坛和“2008 中国本地化供应商产业高峰论坛”两次专业论坛，扩大了本地化行业在社会及行业内的影响；代表国内本地化企业与国际相关组织协调、开展国际合作，为协会更为积极有效地拓展行业视野、开展行业管理、规范行业行为拓宽了渠道。

协会推动行业内部交流与合作的努力已初见成效，并得到了业内的普遍欢迎。2009 年 4 月，由中国译协和武汉东湖高新技术开发区共建的中国首个多语信息处理产业基地——“武汉·中国多语信息处理产业基地”在武汉成立；同月，由中国译协和成都市高新区政府共建的“成都·全球多语信息转换中心”在成都成立。这标志着协会通过与政府相关机构的沟通、协调，为行业充分发挥自身优势，整合翻译产业优势资源，加快企业聚集和培育，推动翻译产业向规模化、规范化、集群化的方向发展提供更加广阔的空间。

（四）制订行业标准，规范翻译市场

作为行业组织，中国译协的一项基本任务就是开展行业指导，参与行业管理。五年来，协会积极协调各有关领域和部门，推动行业标准的制定和推广，为加强行业自律、规范有序竞争、培育行业健康发展，不断做出努力。

继 2003 年 11 月发布中国翻译行业第一部国家标准《翻译服务规范 第 1 部分：笔译》之后，我国第二部和第三部国家标准《翻译服务译文质量要求》、《翻译服务规范 第 2 部分：口译》分别于 2005 年 6 月和 2006 年 9 月正式颁布。

为完善已经出台的翻译国家标准，2008 年 5 月，中国译协翻译服务委员会与中国标准化协会联合在北京组织召开了国家标准技术审查会，对已颁布实施五年的《翻译服务规范 第 1 部分：笔译》进行了适度修改。标准修订草案已作为推荐性国家标准上报国家标准化管理委员会。

为了有效地推广、贯彻已颁布的三个翻译服务国家标准，译协翻译服务委员会于 2006 年 9 月和 2008 年 10 月，分别在济南和大连举办了“中国翻译行业国家标准第一次宣贯会议暨全国翻译公司总经理培训班”、“全国第二届翻译公司总经理培训班暨东北内蒙地区翻译协作会议”。会议对行业内企业学习国家相关法规、宣传贯彻翻译行业国家标准、规范国内翻译市场具有重要的意义，同时促进了区域翻译培训、翻译出版、翻译服务等领域的合作。

此外，受国家人事部和中国外文局全国翻译专业资格（水平）考试办公室委托，中国译协于 2006 年开始承担全国翻译专业资格（水平）考试证书登记与继续教育工作的具体实施。为此，协会设立了专门机构，制定了相应管理办法，组织编写了近 18 万字的《中国翻译工作者手册——全国翻译专业资格（水平）继续教育教材》，开通了网上继续教育和证书登记系统。继续教育与证书登记工作的开展对于建立完整、专业、规范的翻译专业人才评价体系，促进翻译行业健康、有序发展意义重大。2009 年，中国译协还积极参与促成全国翻译专业资格（水平）证书与翻译硕士专业学位教育衔接，以保证翻译硕士专业学位研究生培养质量。

（五）加强对外交流，拓宽国际视野

为加强翻译界的对外交流与合作，协会努力增进与国际翻译组织的联系，建立了与国际翻译界交流合作的稳定渠道，拓宽了我国翻译行业的国际视野，扩大了中国翻译界的国际影响，提高了中国在国际翻译组织中的地位。

2005年8月，在芬兰举行的第17届世界翻译大会上中国译协成功申办第18届世界翻译大会，中国译协代表首次当选国际译联执委、副主席。经过三年的精心筹备，2008年8月4日至7日，第18届世界翻译大会在上海成功举办。来自包括联合国、国际货币基金组织、欧盟等多个国际组织和74个国家和地区的1456名翻译界人士参加了会议。大会收到1510份中、英、法文论文，以"翻译与多元文化"为主题，举办了包括大会主旨发言和分论坛在内的91场学术论坛，在国际译联历史上创造了参与国家和地区最广、参会人数最多、提交论文数量最多、学术论坛场次最多、受到媒体报道规模最大等多个第一，被公认为世界翻译界气氛热烈、规模空前和具有国际专业水准的一次盛会。

大会得到了中央领导同志的高度关心和重要指示，得到了中央和上海有关部门的大力支持，新华社、人民日报、中央电视台、中央人民广播电台、中国国际广播电台、中国日报、中国网、上海日报、香港文汇报、路透社、美联社等30多家国内外媒体的近百位记者对大会进行了多语种深入采访和全方位报道。

第18届世界翻译大会是首次在中国乃至亚洲召开的国际翻译界盛会。大会的成功申办和召开，团结了国际翻译界人士，有效地向国际同行宣传了中国文化的魅力和中国改革开放事业的成就；充分展示了中国翻译事业蓬勃发展的现状和取得的巨大进步；大大提升了中国译协和中国翻译界在国际译界的地位和话语权；有力地团结鼓舞了国内广大翻译工作者开拓进取，共同推动中国翻译事业的发展。

五年间，协会以申办、筹备第18届世界翻译大会为契机，展开了规模空前的对外交流活动，先后组织出访了14个国家和地区，接待了十多个国家和地区翻译相关组织和人士的来访，与境外30余个翻译组织和机构建立了联系。通过这些交流活动，中国翻译界积极参与国际论坛、宣读论文，向世界介绍中国译协和中国翻译界的成就，广交朋友，增进了解，为今后进一步加强国际交流与合作奠定了良好的基础。

（六）加强自身建设，强化会员服务

翻译行业的快速发展对协会的各项工作提出了更高的要求，其中就包括加强协会的自身建设。五年来，中国译协领导机构严格按照章程规定的程序办事，先后召开了13次常务会长会议和7次常务理事会会议，研究和决定重要问题。协会秘书处努力完善制度建设，初步建立了较为完整的管理规章制度，使协会日常工作的顺利运转有了一个比较好的基础。而协会加强自身建设的根本目的，说到底，是不断增强为会员服务的精神，提高为会员服务的能力。

2005年7月，根据民政部最新核准的《中国翻译协会章程》，中国译协会员发展工作正式启动。截至2009年10月，共有8家社会团体，174家企事业单位，1195名个人和5名外籍人士被吸纳为中国译协会员，其中不乏国内外知名企业，如：SDL、微软（中国）有限公司、首都信息发展股份有限公司等。

根据近年来我国本地化服务领域快速发展的形势，为团结该领域企业开展活动，协会成立了第十个分支机构——本地化服务委员会。它标志着协会在参与行业管理、规范行业行为方面不断拓宽领域，以适应翻译领域技术发展的新形势，同时，协会的组织构架也更趋完善。

协会秘书处于2005年和2009年先后对中国译协网站进行了两次彻底改版，调整了栏目，充实了内容，强化了互动功能，提高了时效性。协会网站正逐步成为会员了解协会动态，向社会展示翻译事业发展变化的一个重要平台，网站内容被相关网站广泛转载，点击率明显增加。协会还于2009年10月推出了网站英文版，建立了中国翻译界向国际译界展示自己的又一个重要窗口。2005年底创刊的《中国翻译协会会员通讯》和2007年创刊的《中国翻译协会会员电子通讯》在向会员提供咨询、促进会员交流、反映会员诉求、传递会员信息等方面做了积极的努力，受到会员们的认可。

回顾五年来的工作，我们深深感到，协会取得的成绩应该如实地归功于各级领导的关怀和支持，归功于广大会员的共同努力和携手参与。值此机会，我谨代表本届理事会，向所有关心和支持协会工作的各位领导、各界人士和全体会员表示崇高的敬意和由衷的感谢！

展望未来，我们也清醒地认识到存在的问题和挑战。中国译协作为中国翻译界唯一的行业组织，基本职责就是推动中国翻译事业的全面发展。但是，直到目前，全国翻译行业的整体发展仍不平衡，各地区和各领域之间的差距很大，行业整体规模还不够强，竞争力还比较弱；行业调研和业态分析基本上还是空白，协会缺乏对全局的全面把握，因而也难以对整个行业进行直接有效的指导；行业道德自律体系还有待完善，翻译专业人才培养与现实需求仍存在相当差距，翻译质量问题仍然严重困扰着整个行业；翻译界在宣传自己、扩大社会影响、争取各界理解和支持，从而提高翻译工作者社会地位方面还有很长的路要走；协会在维护翻译工作者权益方面尚未建立起有效的机制。这些问题阻碍着我们前进的步伐，甚至可能危及行业的发展，只有严肃正视这些问题，加大解决这些问题的力度，才能充分抓住机遇，最大限度地实现行业的可持续发展。

二、对未来五年工作的建议

各位代表：

我们面临的是一个瞬息万变的时代，我国翻译行业也在发生着根本性的变化。经济全球化、文化多元化为翻译事业创造了良好的发展机遇，我国全方位、宽领域、多层次的对外开放为我国翻译界提供了宽阔的发展平台。伴随着我国改革开放的不断深入和对外交往的进一步发展，社会对翻译的需求飞速增长，翻译工作者职业化、翻译服务社会化的趋势明显加快，翻译作为一个独立的行业必然会得到快速发展。因此，积极探索行业发展规律，营造行业良好发展环境，培育行业发展动力，推动行业有序健康发展并逐步壮大成熟，便成为中国译协的时代使命。

国务院办公厅《关于加快推进行业协会商会改革和发展的若干意见》确定了行业协会的发展方向，对行业协会的职能与任务提出了新的要求。中国译协许多会员也纷纷建议，面对市场、行业的深刻变化、挑战和亟待解决的问题，希望协会尽快适应翻译行业的发展需要，承担更多的工作，发挥更积极的作用，有效地维护全行业的共同利益。为此，我们希望新一届理事会全面贯彻落实科学发展观，紧紧围绕协会“提供服务、反映诉求、规范行为”的基本职能，从国家发展战略的高度，以开放的心态和长远的眼光，研究、探讨在新形势下如何建设顺应时代和社会发展要求的新型行业协会，推动行业协调、健康和可持续地发展，从而更好地为社会服务，为国家发展和对外交流事业大局服务。

另外，我们还应看到，翻译行业的内涵在不断扩展。除了传统的翻译学术研究与口笔译服务外，涵盖本地化服务与术语的现代语言服务，面向市场的应用型翻译培训和包括机器翻译、机器辅助翻译、语音识别与转换在内的语言技术拓展了翻译行业的疆界。如何协调、推动这个新型行业朝着健康规范的方向发展，也是中国译协面临的一项新课题。

为此，我们对今后的工作提出以下五点建议：

（一）积极参与行业管理，努力规范行业发展

过去五年中，我们在制定行业标准、搭建行业交流平台等方面做过一些有益的尝试，较顺利地完成了从纯学术性社会团体向学术性和行业性兼而有之的社会组织的角色转换。但是，我们必须清醒地认识到，翻译在我国还是一个很不成熟的行业，发展不平衡，行业的整体规模与竞争力还有巨大的提升空间。中国译协作为中国翻译行业的全国性组织，应该以更加积极的态度参与行业管理，维护行业公平竞争，使新兴的翻译行业快速发展并走上规范有序的可持续发展道路。

1. 加强行业自律，推动诚信建设。建立和完善行业自律管理体制，提高行业自律水平，是行业健康发展的重要保障，是市场经济发展的要求，也是协会开展行业管理的重要内容之一。要依法根据行业特点制定和完善针对个人和机构的行业自律公约，并建立有效的执行和评估机制，使行业真正做到有规可依，在行业内特别是会员中营造一种自觉维护行业形象和行业利益的氛围。

2. 开展行业调研，加强行业指导。开展行业调查研究，发布行业权威信息，提出有关经济政策和立法方面的意见和建议，这是现代行业协会的一项重要功能。协会要充分利用自身优势，通过从各种渠道收集具有公信力的行业数据，并与相关机构合作开展行业调研，为政府决策和行业经营提供有价值的参考依据。在调研的基础上，协会要加强对行业的规划和指导，使行业的发展具有前瞻性和战略性，避免盲目发展。

3. 制定行业标准，开展资质评定。行业标准是一个行业走向成熟和规范的标志。目前，已经制定实施的三部翻译服务领域国家标准，为规范翻译服务市场起到了积极作用。但这仅仅是个开始，翻译及语言信息处理量的快速增长，要求我们加大制定整个行业标准的力度和深度。要通过整合社会资源，制定覆盖面更广的适应行业发展和市场需要的系列标准，为市场提供管理规定和标准，以提升行业的市场竞争力。同时依据行标、行约建立完备的行业资质评定体系，促进相关机构与企业以更高的资质水平参与市场竞争。要大力向业界机构和会员宣传，积极贯彻实施标准，维护行业健康、有序的发展。

（二）推动翻译学术研究，促进翻译学科建设

在过去五年我国的翻译研究和学科建设取得重大进展的基础上，协会应充分发挥自身的资源优势和导向作用，协调各方力量，进一步推动翻译研究、教育培训与社会需求的有机结合，并探索建立面向市场的职业培训机制，培养更多适合社会需要的高素质、职业化人才。

1. 拓展研究空间，打造国际平台。要加大组织力度，整合国内外资源，有组织、有计划地推进翻译学术研究工作，拓展翻译研究的深度和广度，使学术研究成果更有效地服务于国家的文化战略，服务于社会发展，服务于对外交流，服务于翻译学科建设。在立足中国翻译研究大局的基础上，着力打造具有国际视野和国际专业水准的学术交流平台，建立长效国际学术交流机制，以实现并推动中国与国际翻译学术研究和翻译教育的深度结合与互动。

2. 转变专业理念，推动学科建设。发挥协会应有的组织引导作用，协助国家教育行政部门，进一步完善翻译专业教育体系建设。在关注培养高层次、专业化翻译和翻译研究人才的基础上，倡导并推动翻译教育与社会需求、翻译学科建设与翻译产业发展的有机结合与协作，将语言服务管理、信息处理技术、术语等现代化、专业化的知识和技术手段纳入翻译教育培训体系，培养既懂翻译，又懂管理和技术的复合型翻译人才。

3. 健全人才评价体系，推动职业准入机制。我国自2003年开始的全国翻译资格（水平）考试制度迄今已经6个年头，有上万人通过考试并取得证书，但证书与就业仍然不能挂钩。要结合全国翻译专业资格（水平）考试，进一步摸索建立翻译行业各领域专业人才资质认定制度，并向国家主管部门呼吁，建立翻译职业的准入制度，从而有效地提高从业人员的素质，维护专业人才的权益，缓解和改善专业人才匮乏的局面，更好地服务于我国政治、经济、科技、文化等方面的对外交流。

4. 建立职业培训长效机制，推动人才队伍建设。培育高素质翻译人才队伍是翻译行业健康发展的基础和前提。中国译协要在这方面进一步发挥积极的组织和引导作用。要在继续改进和办好高等院校本科翻译师资培训的基础上，拓展对多层次、多领域翻译专业人才的培训，探索建立对高校翻译师资及各类翻译专业人才进行社会职业培训的长效机制，为建设高质量翻译专业人才队伍发挥行业协会的积极作用。

（三）切实加强会员服务，积极反映行业诉求

提供服务和反映诉求是协会最基本的职能。协会要全方位、多渠道为会员提供服

务，维护会员和整个行业的权益。

1. 力创行业发展环境。充分发挥协会的桥梁和纽带作用，当好行业代言人，积极探索建立协会与社会公众和政府部门沟通的长效机制，向政府有关部门反映翻译行业的呼声，力争将翻译行业作为一个独立的行业纳入国家经济统计中，从而为行业创造良好的政策和发展环境。

2. 搭建信息交流平台。认真策划和组织相关会议、论坛、展览、讲座、出版等业内交流活动，开展学术交流、推广专业成果、促进商务合作，为业界企事业单位提供宣传展示舞台，搭建多种形式的信息交流平台。

3. 树立行业品牌形象。发挥行业协会组织、协调的功能，团结广大业内机构、个人面向社会开展形式多样的社会公益活动，建立评奖、表彰、竞赛等奖优罚劣机制，鼓励行业加强品牌建设，不断为社会推出优秀的行业品牌，提高翻译行业的社会地位和行业形象。

4. 建立有效维权机制。认真调研并逐步建立一套符合行业特点的维权模式和维权机制，充分利用协会的专业人才优势，为行业提供直接和便捷的维权咨询与服务，最大限度地保护行业的合法权益。

（四）扩大对外交流合作，促进中外了解共赢

通过非政府组织开展国际交流是我国大外宣格局的重要组成部分，翻译行业本身的跨文化性质也决定了国际交流是中国译协的一项重点工作。在过去五年工作基础上，应将中国译界与国际译界的交流常态化、制度化，使之成为促进中外相互了解的重要渠道。

1. 融入国际译界，扩大国际影响。巩固与国际译联、国际翻译高校联盟、重要外国翻译协会等重要国际翻译组织的联系，积极参与翻译界国际和区域性事务，增加中国翻译界的国际话语权。同时，通过建立有效的交流合作机制，扩大中国在国际翻译界的影响力。

2. 开展对外交流，培植交流品牌。配合国家的外交政策和文化传播战略，积极开展以亚洲为依托、欧美为重点的对外交流计划，打造国际交流品牌。以国际视野、专业化标准，高起点地举办各类交流活动，推动并积极参与以“亚洲翻译家论坛”为重点的区域性活动，并继续组织和规范出国交流、培训等活动，扩大中外翻译界在学术、产业领域的务实交流与合作。

3. 加强网站建设，构建交流平台。在办好协会中文网站的同时，努力完善协会英文网站建设，使其成为对外介绍中国翻译界发展的主要窗口和中外译界交流与合作的平台，向国外传达中国翻译界的声音，展示中国翻译界的发展。

（五）努力加强组织建设，大力提升服务水平

组织建设是协会依法履行职责，提高服务效能的根本保证。协会应进一步规范内部管理，务实高效地为会员提供服务，增强协会的凝聚力和影响力。

1. 逐步规范协会工作机制。完善包括协会领导机构、职能部门、分支机构等在内的协会组织体系和运作机制，加强规范，整合资源，充分调动各方面的积极性，形成上下联动，互为依托的协调、统一的整体工作格局。进一步完善包括《分支机构管理办法》、《会员管理办法》在内的各项管理制度，针对行业的发展，对协会工作人员进行岗位培训，增强会员服务意识和水平。

2. 高度重视会员发展工作。会员是协会的根基，协会各级组织机构都应该重视并积极推动会员发展工作。要通过协会、分支机构、会员单位组织或参加的各种活动对协会进行宣传，使协会成为名副其实的翻译从业人员和翻译机构的“家”和代言人，让其社会影响力和话语权不断扩大。

3. 积极探索会员沟通机制。建立良好的会员沟通机制是改进会员服务的重要条件。要通过网站、会刊、会员通讯等平台建立与会员的日常沟通机制，了解会员的建议和意见，不断提高服务会员的水平，为会员和行业发展提供更加实际的服务。

各位代表，本届常务理事会的任期就要结束了。请允许我代表常务理事会，对过去五年里广大会员对我们工作的支持和信任表示衷心的感谢！我们真诚祝愿新一届会员代表大会和理事会以更加昂扬奋发的精神状态，更加紧密地团结广大业内同仁，开动脑筋，大胆创新，按照党的十七大报告精神和国务院办公厅《关于加快推进行业协会商会改革和发展的若干意见》的要求，大力推动翻译行业的全面协调可持续发展，为构建和谐健康的翻译行业而努力奋斗！

谢谢大家！

刘习良：中国翻译协会第五届理事会会长，原国家广播电影电视部副部长。

中国翻译协会第五届理事会财务报告

（2009年11月13日中国翻译协会第六次会员代表大会审议通过）

黄友义

（2009年11月12日）

各位代表：

受中国译协常务会长会议的委托，我向第六次会员代表大会做中国译协2004年至2009年财务报告，请予审议。

一、收入情况

截至2009年8月，中国译协总收入1047.9万元。其中，会费收入112.4万元、赞助费389.6万元（外文局对外传播研究中心赞助326万元、企事业单位赞助63.6万元）、《中国翻译》刊款及广告收入204.8万元、会议培训等活动收入341.1万元。

二、支出情况

五年来，协会用于会员服务、组织学术活动与会议、编发会刊、开展国际交流、支付办公成本等支出总计1025.2万元。其中，用于会员服务支出50万元，会刊成本支出213.1万元，会议培训等活动投入310.7万元，国际交流支出43万元，人员及物业管理成本支出277万元，税费支出131.4万元。

以上各项收支相抵，结余22.7万元。

三、第18届世界翻译大会收支情况

2008年第18届世界翻译大会总收入为1288万元，其中包括国家财政拨专款600万元，外文局对外传播研究中心赞助91万元，行业及社会各界赞助362.4万元，注册费收入234.6万元，确保了世界翻译大会的顺利进行。上述经费，扣除大会各项支出，节余15万元。作为专项经费，国家主管部门已经审计结项。

四、几点说明

关于经费的使用情况，我对几个主要问题说明如下：

1. 会费收入缺口较大

协会单位会员和个人会员五年来共缴纳会费112.4万元，占协会总收入的10.73%，与中国译协当前的工作规模及影响显得不相称。主要问题一是收缴情况不理想，一些会员没有履行交纳会费的义务，有的会员甚至长期不交会费；二是我会发展会员工作力度不大，会员数量过少。所收会费均用于会员服务、编发会刊《中国翻译》、举办行业会议和学术论坛、组织各类培训、开展国际交流活动以及协会日常支出，费用缺口较大。

2. 赞助收入是协会的重要经费来源

五年来，社会各界和有关会员单位共赞助协会389.6万元，主要用于开展各项活动和补贴协会日常工作经费的不足。一些企事业单位还以服务或实物方式对协会提供了支持。

赞助收入占协会总收入的37.2%，赞助单位集中在秘书处业务主管单位——中国外文局对外传播研究中心和部分企事业单位。其中，该中心五年内给予协会赞助费用326万元，占全部赞助收入的83.7%，主要用于协会秘书处的日常工作和译协的重要活动。

3. "以活动养活动"解决会费不足

五年来，协会先后主办翻译产业论坛、中译外论坛、翻译教学高端论坛等学术活动，以及暑期翻译师资培训班等活动，这些活动收入538.8万元，全部用于这些活动的组织工作，既弥补了会费不足，又丰富了协会活动，取得了良好的社会效益。

五年来，共有60家单位以现金或实物、服务等方式对中国译协的活动提供赞助支持，他们是：

中国外文局对外传播研究中心，中国外文局教育培训中心，中国外文局翻译资格考评中心、上海市工程翻译协会、香港翻译学会、中国民族语文翻译中心、中国译协军事翻译委员会、中央编译局、水利电力翻译协会、深圳翻译协会；

北京元培世纪翻译有限公司、中国对外翻译出版公司、北京传神联合技术有限公司、北京甲申同文翻译有限公司、思迪软件科技有限公司、杭州语言桥翻译有限公司、东方正龙数字技术有限公司、北京创思智汇信息咨询有限责任公司、北京天石易通信息技术有限公司、北京莱博智环球科技有限公司、北京新诺环宇科技有限公司、深圳艾朗科技有限公司、上海十印信息技术有限公司、北京凯德力奥翻译有限公司、上海东方翻译中心；

西安翻译学院、北京第二外国语学院、广东外语外贸大学、同济大学、上海外国语大学；

上海外语教育出版社、商务印书馆、香港和平图书有限公司、外语教学与研究出版社、译林出版社、高等教育出版社、人民文学出版社、外文出版社、华语教学出版社、新世界出版社；

新华社参考消息报社、中国日报社、中国国际广播电台、中央人民广播电台、中国网、北京周报社、今日中国杂志社、人民画报社、中国报道社、上海日报社、东方网；

卡西欧贸易有限公司、上海好记星数码科技、上海对外信息热线、上海锦江旅游公司、上海东方滨江大酒店、上海航空股份有限公司、上海界龙实业集团、上海瑞尚会展服务有限公司、上海苏腾信息科技有限公司。

在此，我代表中国译协向所有支持协会发展，大力赞助协会各项活动的单位表示感谢！

黄友义：中国译协第五届理事会副会长兼秘书长、中国外文局副局长兼总编辑。

中国翻译协会章程

（2009 年 11 于 13 日中国翻译协会第六次会员代表大会表决通过；2009 年 12 月 5 日民政部核准通过）

第一章　总则

第一条　本会名称为中国翻译协会，简称中国译协。英文名称为 Translators Association of China（TAC）。

第二条　本会是由与翻译及与翻译工作相关的企事业单位、社会团体及个人自愿结成的全国性、行业性、非营利社会组织。

第三条　本会宗旨是：协助政府有关部门加强对翻译行业的指导与管理，规范行业行为；开展翻译研究和交流，促进人才培养和队伍建设；维护翻译工作者的合法权益；开展与国内外相关组织之间的交流与合作，为提高翻译质量、改进翻译服务、促进翻译行业健康可持续发展服务。

本会遵守国家宪法、法律、法规，执行国家政策，遵守社会道德和职业道德。

第四条　本会接受业务主管单位中国外文出版发行事业局和社团登记管理机关民政部的业务指导与监督管理。

第五条　本会住所设在北京市。

第二章　业务范围

第六条　本会的业务范围：

1. 贯彻落实政府有关政策、法规，向政府有关主管部门反映会员和业界愿望及要求，提出翻译行业发展建议；
2. 开展翻译行业调研，制定推广行规行约，参与制订行业标准，加强行业自律，规范行业行为；
3. 举办学术研讨与交流活动，推进学术研究；
4. 开展翻译行业相关的服务、咨询、办学和培训等工作；
5. 维护翻译工作者合法权益，保护知识产权；
6. 经政府有关部门批准，举办评比、表彰、奖赛等各类公益活动；
7. 加强与国内外相关组织之间的交流与合作，增进友好往来；
8. 依照有关规定出版会刊及相关资料和书籍；
9. 开展符合本会宗旨的其它服务项目。

第三章　会员

第七条　本会会员分为单位会员和个人会员。凡拥护本会章程，符合下列条件，愿意加入本会的相关团体、机构和个人均可申请加入本会。

1. 单位会员指依法成立的与翻译相关的社团和企事业单位。
2. 个人会员指从事翻译相关工作的从业人员。

第八条　会员入会的程序：

1. 提交入会申请材料；
2. 由理事会或常务理事会讨论通过；
3. 由理事会或理事会授权的机构颁发会员证书、标牌。

第九条　会员享有下列权利：

1. 本会的选举权、被选举权和表决权；
2. 参加本会活动的优先权；
3. 获得本会服务的优先权；
4. 对本会工作的批评、建议权和监督权；

5. 入会自愿、退会自由。

第十条　会员履行下列义务：

1. 遵守本会的章程；
2. 遵守职业道德和行业规范；
3. 执行本会的决议；
4. 维护本会的合法权益；
5. 完成本会委托的工作；
6. 按规定交纳会费；
7. 向本会反映情况，提供相关信息。

第十一条　会员退会应书面通知本会，并交回会员证、牌。会员如连续两年不交纳会费或不参加本会的活动，视为自动退会。

第十二条　会员如有严重违反本章程的行为，经理事会或常务理事会表决通过，予以警告或除名。

第四章　组织机构和负责人产生、罢免

第十三条　本会的最高权力机构是会员代表大会。会员代表大会的代表在单位会员和个人会员中按照一定比例推举产生。

根据需要，本会可以邀请有关人士作为特邀代表参加会员代表大会。

会员代表大会的职权：

1. 制定和修改章程；
2. 选举和罢免理事；
3. 审议理事会的工作报告和财务报告；
4. 制定和修改会费标准；
5. 决定终止事宜；
6. 决定其他重大事项。

第十四条　会员代表大会须有三分之二以上的会员代表出席方能召开，其决议须经到会的会员代表半数以上表决通过方能生效。

第十五条　会员代表大会每届任期五年。因特殊情况需提前或延期换届的，须由理事会表决通过，报业务主管单位审查并经社团登记管理机关批准同意。但延期换届最长不超过一年。

第十六条　理事会是会员代表大会的执行机构，任期五年，由会员代表大会选举产生，在会员代表大会闭会期间领导本会开展日常工作，对会员代表大会负责。

第十七条　理事会的职权：

1. 执行会员代表大会的决议；
2. 选举和罢免会长、常务副会长、副会长、秘书长、常务理事；
3. 筹备召开会员代表大会；
4. 向会员代表大会报告工作和财务状况；

5. 决定会员的吸收或除名；

6. 决定设立办事机构、分支机构、代表机构和实体机构；

7. 决定各机构主要负责人的聘任；

8. 领导本会各机构开展工作；

9. 制定内部管理制度；

10. 决定名誉职务人选；

11. 决定其他重大事项。

第十八条　理事会须有三分之二以上理事出席方能召开，其决议须经到会理事三分之二以上表决通过方能生效。

第十九条　理事会任期内每年至少召开一次会议，特殊情况下可采用通讯形式召开。

第二十条　本会设立常务理事会。常务理事人数不超过理事人数的六分之一。常务理事会由理事会选举产生，对理事会负责。

在理事会闭会期间，常务理事会行使本章第十七条规定的理事会职权中第 1、3、5、6、7、8、9、10 项职权。

第二十一条　常务理事会须有三分之二以上常务理事出席方能召开，其决议须由到会的常务理事三分之二以上表决通过方能生效。

第二十二条　常务理事会至少半年召开一次会议，特殊情况下可采用通讯形式召开。

第二十三条　本会的会长、常务副会长、副会长和秘书长必须具备下列条件：

1. 坚持党的路线、方针、政策，政治素质好；

2. 在本会业务领域内有较大影响；

3. 最高任职年龄不超过 70 周岁，秘书长为专职；

4. 身体健康，能坚持本会领导机构的日常工作；

5. 未受过剥夺政治权利的刑事处罚；

6. 具有完全民事行为能力。

第二十四条　本会会长、常务副会长、副会长、秘书长如有超过最高任职年龄的，须经理事会表决通过，报业务主管单位审查并经社团登记管理机关批准同意后，方可任职。

第二十五条　本会会长、常务副会长、副会长、秘书长任期五年，连任不得超过两届。因特殊情况须延长任期的，须经会员代表大会三分之二以上会员代表表决通过，报业务主管单位审查并经社团登记管理机关批准同意后，方可任职。

第二十六条　本会会长行使下列职权：

1. 召集和主持理事会、常务理事会；

2. 检查会员代表大会、理事会、常务理事会决议的落实情况。

第二十七条　会长为本会法定代表人。法定代表人代表本会签署有关重要文件。

如因特殊情况须由秘书长担任法定代表人，应报业务主管单位审查并经社团登记管理机关批准同意后，方可担任。

本会法定代表人不兼任其他团体的法定代表人。

第二十八条　本会秘书长和常务副秘书长领导秘书处开展日常工作，负责具体落实会员代表大会、理事会、常务理事会的各项决议、决定。

第二十九条　本会秘书处设秘书长一人，常务副秘书长一人、副秘书长若干人。常务副秘书长为专职。常务副秘书长、副秘书长由秘书长提名，常务理事会决定。

秘书长、常务副秘书长行使下列职权：

1. 主持办事机构开展日常工作，组织实施年度工作计划；

2. 协调各分支机构、代表机构、实体机构开展工作；

3. 提名各办事机构、分支机构、代表机构和实体机构主要负责人，交理事会或常务理事会决定；

4. 决定办事机构、代表机构、实体机构专职工作人员的聘用；

5. 处理其他日常事务。

第三十条　本会下属的各委员会是本会开展工作的分支机构。经理事会或常务理事会决定，报请业务主管单位审核并经社团登记管理机关审批后设定。

第三十一条　各委员会设主任一人，副主任若干人、秘书长一人，副秘书长若干人。各委员会的设置、调整和主任、副主任、秘书长人选由本会秘书处报请理事会或常务理事会决定。其中，委员会的主任须经业务主管单位同意后报登记管理机关批准。

第三十二条　各委员会须按照本会的章程制定其管理规定，经常务理事会批准后严格按照管理规定组织开展活动。

第五章　资产管理、使用原则

第三十三条　本会经费来源：

1. 会费；

2. 捐赠；

3. 政府资助；

4. 在核准的业务范围内开展活动或服务的收入；

5. 利息；

6. 其它合法收入。

第三十四条　本会按照国家有关规定收取会员会费。

第三十五条　本会经费必须用于本章程规定的业务范围和事业的发展，不得在会员中分配。

本会开展评比、表彰、奖赛，不收取任何费用。

第三十六条　本会建立严格的财务管理制度，保证会计资料合法、真实、准确、完整。

第三十七条　本会配备具有专业资格的会计人员。会计不得兼任出纳。会计人员必须进行会计核算，实行会计监督。会计人员调动工作或离职时，必须与接管人员办清交接手续。

第三十八条　本会的资产管理必须执行国家规定的财务管理制度，接受会员代表大会和财政部门的监督。资产来源属于国家拨款或者社会捐赠、资助的，必须接受审计机关的监督，并将有关情况以适当方式向社会公布。

第三十九条　本会换届或更换法定代表人之前必须接受社团登记管理机关和业务主管单位组织的财务审计。

第四十条　本会的资产，任何单位、个人不得侵占、私分和挪用。

第四十一条　本会专职工作人员的工资和保险、福利待遇，参照国家对事业单位的有关规定执行。

第六章　章程的修改程序

第四十二条　对本会章程的修改，须经理事会表决通过后报会员代表大会审议。

第四十三条　本会修改的章程，须在会员代表大会通过十五日内，经业务主管单位审查同意，并报社团登记管理机关核准后生效。

第七章　终止程序及终止后的财产处理

第四十四条　本会因故须要注销时，由理事会或常务理事会提出终止动议。

第四十五条　本会终止动议须经会员代表大会表决通过，并报业务主管单位审查同意。

第四十六条　本会终止前，须在业务主管单位及有关机关指导下成立清算组织，清理债权债务，处理善后事宜。清算期间，不得开展清算以外的活动。

第四十七条　本会经社团登记管理机关办理注销登记手续后即为终止。

第四十八条　本会终止后的剩余财产，在业务主管单位和社团登记管理机关的监督下，按照国家有关规定，用于发展与本会宗旨相关的事业。

第八章　附 则

第四十九条　本章程经2009年11月13日第六次会员代表大会表决通过。

第五十条　本章程的解释权属本会的理事会。

第五十一条　本章程自社团登记管理机关核准之日起生效。

中国翻译协会会员管理暂行办法

（2009年11月13日中国翻译协会第六次会员代表大会审议通过）

第一条　为了加强中国翻译协会（以下简称“本会”）会员的管理，更好地开展活动，向广大会员提供有效的服务，根据《中国翻译协会章程》的有关规定，制定本办法。

第二条　凡自愿加入本会，拥护本会章程，愿意参加本会活动，履行会员义务的相关团体、机构和个人均可申请加入本会。

第三条　会员组成

本会会员由单位会员和个人会员组成。

（一）单位会员指依法成立的翻译行业社团、机构和企事业单位。

（二）个人会员指从事翻译行业相关工作的人员。个人会员包括资深会员、专家会员、会员、荣誉会员和学生会员，具体条件如下：

1. 资深会员（终身）：

受本会表彰的资深翻译家。

2. 专家会员：

凡具备下列任一条件者，可申请成为专家会员：

（1）取得副译审（含）以上专业技术资格或获得全国翻译专业资格（水平）考试一级（含）以上证书者；或获得国际译联任一会员组织颁发的授权翻译或认证翻译资质证书者；

（2）在翻译学术界或翻译专业领域内有显著成绩和贡献者，或有丰富实践经验者。

3. 会员：

凡具备下列任一条件者，可申请成为会员：

（1）取得中级、初级翻译专业技术资格，或获得全国翻译专业资格（水平）考试二级、三级证书者；或国际译联任一会员组织的会员；

（2）在翻译行业领域有一定成就、贡献或实践经验者。

4. 荣誉会员：

热心翻译事业，愿意支持、赞助并参加本会活动，在翻译相关产业中成绩显著、有影响的各界人士。

5. 学生会员：

凡具备下列条件者的人员，可申请成为学生会员：

（1）遵守本会章程；

（2）热爱翻译事业，外语或翻译专业成绩优异的高等院校在校学生。

第四条　会员入会程序

（一）申请成为本会单位会员的程序：

1. 向本会秘书处索取或从本会网站下载“中国翻译协会单位会员入会申请表”；

2. 填写“中国翻译协会单位会员入会申请表”并加盖公章后交回本会秘书处，同时提交相关材料（详见第五条）；

3. 经本会会员资格审查小组审查后，报本会常务理事会或常务会长会议审批；

4. 本会向被接纳为会员的团体或单位发放入会通知书；

5. 被接纳的团体或单位在接到入会通知书的一个月内按规定交纳本年度会费；

6. 本会秘书处向被接纳为会员的团体或单位颁发全国统一编号的中国翻译协会会员证书和标牌。

（二）申请成为本会个人会员的程序：

1. 由本会单位会员，或分支机构，或两名理事，或秘书处向会员资格审查小组推荐；

2. 向本会秘书处索取或从本会网站下载“中国翻译协会个人会员入会申请表”；

3. 填写“中国翻译协会个人会员入会申请表”后交回本会秘书处，同时提交相关材料（详见第五条）；

4. 经本会会员资格审查小组审查后，报本会常务理事会或常务会长会议审批；

5. 本会向被接纳为会员的个人发放入会通知书；

6. 被接纳的个人在接到入会通知书的一个月内按规定交纳本年度会费；

7. 本会秘书处向被接纳为会员的个人颁发全国统一编号的中国翻译协会会员证书。

第五条　入会材料

（一）单位会员入会须要提交以下材料：

1. 社会团体

（1）入会申请表（一式两份）；

（2）社团简介；

（3）社团章程；

（4）社团组织机构、主要领导成员名单；

（5）《社会团体法人证书》复印件；

（6）《社团组织机构代码证书》复印件；

（7）社团法人代表身份证复印件；

（8）其他相关资质证书复印件。

2. 企事业单位

（1）入会申请表（一式两份）；

（2）单位简介；

（3）《事业单位法人证书》或《企业法人营业执照》复印件；

（4）《事业单位组织机构代码证书》或《企业组织机构代码证书》复印件；

（5）事业、企业法人代表身份证复印件；

（6）其他相关资质证书复印件。

3. 中央机关单位参照企事业单位执行。

（二）个人会员入会须要提交以下材料：

1. 入会申请表（一式两份）；

2. 身份证复印件，外籍会员提供护照复印件和国际译联会员组织的会员证复印件，学生会员同时提供学生证复印件；

3. 个人简历；

4. 本人近期两寸免冠照片三张（照片背面写清本人姓名）；

5. 学历证书、职业资格证书、专业技术职称证书等相关资质证书复印件。

第六条　会员权利

本会会员享有以下权利：

1. 本会内的选举权、被选举权和表决权；

2. 优先参加本会活动的权利；

3. 优先获得本会服务的权利；

4. 对本会工作的批评、建议权和监督权；

5. 入会自愿、退会自由。

第七条　会员义务

（一）本会单位会员承担以下义务：

1. 遵守本会章程，执行本会决议，维护本会合法权益；

2. 遵守职业道德和行业规范；

3. 完成本会委托的工作，协助本会开展相关活动；

4. 按规定定期注册、交纳会费。

（二）本会个人会员承担以下义务：

1. 遵守本会章程，执行本会决议，维护本会合法权益；

2. 遵守职业道德和行业规范；

3. 积极参加和支持本会开展的各类活动；

4. 按规定定期注册、交纳会费。

第八条　会籍管理

1. 本会会员会籍由本会秘书处统一管理；

2. 会员发展工作每年集中受理两次；

3. 会员证书由本会按会员类别统一印制、统一编号、统一加盖印章，由本会秘书处统一颁发。会员证遗失时，应向本会秘书处书面申明遗失原因，可按原证编号补发证书；

4. 会员自加入本会之年度起每两年注册一次；

5. 单位会员的名称、法人代表、通讯地址、电话、传真、电子信箱、联系人等发生变更时，应及时通知本会秘书处；

6. 个人会员的通讯地址、电话、传真、电子信箱等发生变更时，应及时通知本会秘书处；

7. 会员要求退出本会的，应书面通知本会秘书处，并交回会员证。本会秘书处收到会员的退会申请和会员证后，办理相关退会事宜，退会不退会费。会员连续两年不交纳会费，不参加本会活动，按自动退会处理；

8. 会员严重违反本会章程，损害本会利益或声誉，经常务理事会或常务会长会议表决通过，予以警告直至除名。会员被除名，不退会费，会员被除名两年后方可重新申请入会；

9. 发展会员要坚持标准，严格程序，确保质量。

第九条　会费管理

（一）会费标准：

1. 单位会员会费标准：

（1）社会团体每年应交纳最低会费标准：1000 元；

（2）企事业单位每年应交纳最低会费标准：1000 元；

（3）理事单位每年应交纳最低会费标准：3000 元；

（4）中央机关单位参照企事业单位会费标准执行。

2. 个人会员会费标准：

（1）资深会员、荣誉会员：免交会费；

（2）专家会员：每年 260 元；

（3）会员：每年 180 元；

（4）学生会员：每年 50 元。

（二）交费方式与时间：会员须在每年的 3 月 31 日前交纳当年的会费；新会员须在收到入会通知书之日后一个月内交纳当年会费；会员交纳会费原则上以一年为标准，7 月份之后获准入会的新会员可按会费标准的 60% 交纳当年会费。

（三）会费用途：主要用于为会员提供的服务；支持会员及分支机构开展活动；向国际译联交纳会费；补贴本会举办的各种大型会议、活动以及协会秘书处的日常运转等。

（四）本会接受单位和个人的捐赠。

第十条　会员服务

（一）本会单位会员享受以下服务：

1. 获取业界相关信息和政策法规指导；

2. 在《中国翻译协会会员通讯》和本会网站上刊登会员介绍和信息等；

3. 免费获取全年《中国翻译协会会员通讯》、《中国翻译协会会员名录》；

4. 免费获取本会会刊《中国翻译》全年杂志；

5. 优先参加本会举办的各种国内外会议、交流、培训、考察活动；

6. 理事单位除享受上述服务外，还优先享有协会提供的业务信息和市场推介服务；优先获得与协会共同开发相关项目和举办相关活动的机会；优先并优惠参加本会举办的各种国内外会议、交流、培训、考察等活动。

（二）本会个人会员享受以下服务：

1. 获取业界相关信息和政策法规指导；

2. 免费获取本会全年《中国翻译协会会员通讯》、《中国翻译协会会员名录》；

3. 订阅会刊及本会出版物享受优惠价格；居住地在中国大陆的专家会员免费获赠全年《中国翻译》；

4. 优先并优惠参加本会举办的各种国内外会议、交流、培训、考察活动。

（三）本会学生会员享受以下服务：

1. 订阅会刊及本会出版物享受优惠价格；

2. 参加本会组织的各类活动；

3. 获得本会提供的行业信息。

第十一条　本办法自会员代表大会通过之日起实施。

第十二条　本办法的制定、修改和解释权属于本会常务理事会。

关于修改《中国翻译协会章程》、《中国翻译协会会员管理暂行办法》的说明

（2009年11月13日中国翻译协会第六次会员代表大会审议通过）

郭晓勇

（2009年11月12日）

各位代表：

我受第五届理事会常务理事会的委托，作关于修改《中国翻译协会章程》、《中国翻译协会会员管理暂行办法》的说明。

一、《中国翻译协会章程》的起草过程及修改要点说明

现行的《中国翻译协会章程》（以下简称："章程"）是2004年经中国译协第五届全国理事会修订通过的。五年来，我国国民经济快速增长，对外交流空前繁荣，社会对翻译服务的需求增长迅猛，翻译行业有了长足发展，已经逐渐成为与社会、经济发展息息相关的不可替代的服务行业。为更好地发挥中国翻译协会在行业发展中的作用，有必要根据新的发展形势及协会发展的实际情况，对章程进行适当修改。

中国译协第五届理事会常务理事会、常务会长会对章程修改工作十分重视，多次召开会议进行认真讨论和研究。译协秘书处在修订章程过程中，广泛征求了民政部、广大会员以及业内各方意见，对章程草案进行反复修订。今年10月，章程修改草案经民政部核准后，秘书处又根据民政部意见对草案作了技术性修改。10月30日，五届十三次常务会长会议审议通过章程修改草案，现提交中国译协第六次会员代表大会审议。

《章程修改草案》严格按照民政部民间组织管理局提供的社团章程范本写成，并通过了民政部民间组织管理局预审。修改后的《中国翻译协会章程》共八章五十一条。除根据民政部章程示范文本所作的技术性修改外，重点做了以下修改：

1. 明确协会作为行业协会的性质。第一章总则部分，将第二条"本会是由全国与翻译工作相关的机关、企事业单位、社会团体及个人自愿结成的学术性、行业性非营利组织。"改为"本会是由与翻译及与翻译工作相关的企事业单位、社会团体及个人自

愿结成的全国性、行业性、非营利社会组织。”

对协会性质的这一修改既是民政部的要求，也是翻译事业发展的客观要求。民政部有关负责人明确指出，现行章程中对我会性质的表述，即“学术性、行业性非营利组织”，很不规范，应明确到底是“学术性”还是“行业性”。常务会长会议经过多次研究讨论，认为翻译工作在我国已经发展成为一个新兴行业，“翻译行业”这个概念应涵盖翻译工作所涉及的学术教育、产业服务等各个领域，将协会定位为行业协会，有助于提升翻译行业的社会地位，有助于更广泛地团结翻译行业各方面的力量，推动整个行业协调、健康和可持续发展，从而更好地为社会服务，为国家发展和对外交流事业服务。

2. 根据协会性质的变化，协会宗旨和业务范围作出相应的调整。宗旨部分主要是将“参与翻译行业指导与管理，规范行业行为”提到首位，以体现行业协会的性质。

第二章业务范围部分根据协会性质的变化和形势的变化，主要修改如下：增加了“贯彻落实政府有关政策、法规，向政府有关主管部门反映会员和业界愿望及要求，提出翻译行业发展建议”的内容，并作为业务范围的第1条，体现行业协会“反映诉求”的职能；在第2条中，增加了“制定推广行规行约，参与制订行业标准”的内容，明确了行业协会的具体任务，体现行业协会“规范行为”的职能；在第5条维护翻译工作者权益后，根据信息化时代的特点，增加了“保护知识产权”的内容，体现行业协会“服务会员”的职能。增加了第6条，“经政府有关部门批准，举办评比、表彰、奖赛等各类公益活动”，体现行业协会的公益性质和导向作用；

3. 规范和简化对会员范围的表述。第三章会员部分，将第七条第一款“单位会员指中央机关、省、区、市对依法成立的翻译社团，从事与翻译相关的业务或支持翻译事业、依法成立的机构和企事业单位”改为“单位会员指依法成立的与翻译相关的社团和企事业单位”；将第七条第二款“个人会员指从事翻译专业工作或与翻译相关的业务工作，并取得一定业绩的个人，以及支持翻译事业并做出一定贡献的个人”改为“个人会员指从事翻译行业相关工作的人员”。

上述修改旨在更广泛地团结翻译界，更好地发挥行业管理的职能。

二、《中国翻译协会会员管理暂行办法》的修改要点说明

现行的《中国翻译协会会员管理暂行办法》（以下简称《会员管理暂行办法》）是经五届二次常务理事会议通过，经五届六次常务理事会议第三次修订的版本。译协秘书处根据《会员管理暂行办法》，自2005年启动会员发展工作。几年来，会员发展工作平稳开展，一些有影响的企事业单位和个人都加入到协会的行列，为协会增添了新鲜血液。但在工作中也听到不少有关会费标准、会员服务方面的反映。为此，经常务理事会议和常务会长会议批准，秘书处在进行章程修改的同时，对《中国翻译协会会员管理暂行办法》也进行了相应修改。主要改动如下：

企事业单位会费对于占市场绝大多数的小型企业而言偏高；协会的服务成本在不

断升高。

1. 对企事业单位会员进行分级，增设“理事单位”一级会员。现行《会员管理暂行办法》规定本会企事业单位会员不分级，一律按照3000元的标准收取会费，这种单一的会费标准，不利于更广泛团结那些规模较小、实力相对薄弱的中小企业。为体现行业协会的广泛性和代表性，同时参考其他行业协会的惯例，在修订的《会员管理暂行办法》中，初步对于企事业单位会员进行了分级，划分为“会员单位”和“理事单位”两个级别，下调了普通会员单位的会费标准。

理事单位除符合会员单位的一般标准外，应在业界取得了较为突出的成绩，有一定代表性。理事单位均有一名代表出任当届理事会理事。为了加大对理事单位的服务力度，理事单位除享受会员单位的服务外，将优先享有协会提供的业务信息和市场推介服务；优先获得与协会共同开发相关项目和举办相关活动的机会；优先并优惠参加本会举办的各种国内外会议、交流、培训、考察等活动。

2. 调整会费标准和交费方式。根据会员类别的调整，将《会员管理暂行办法》中第九条第一款中单位会员（企事业单位）年会费标准由原来的“每年应交纳最低会费标准：3000元”修改为“每年应交纳最低会费标准：1000元”；增加了“理事单位每年应交纳最低会费标准：3000元”。

鉴于专家会员的服务成本高于普通会员，且服务成本在不断加大，将专家会员会费标准由原来的“每年180元”调整为“每年260元”。

为体现人性化管理，第九条第二款会员交费方式与时间中的“会员交纳会费以一年为标准，不足一年按一年交纳。”改为“会员交纳会费原则上以一年为标准，7月份之后获准入会的新会员可按会费标准的60%交纳当年会费”。

此外，还根据修订后的章程对《会员管理暂行办法》中关于会员的表述作了调整，以便与修订后的章程关于会员的表述一致。同时，进一步明确了会费用途，有利于会费的合法使用，也便于会员监督。

以上是对《章程》、《会员管理暂行办法》主要条款修改的说明。与原章程相比，修改后的章程对协会的宗旨、业务范围以及会员管理的表述更加明确、规范，符合国务院颁布的《社会团体管理条例》和民政部有关规定的精神。以上修改建议提交会员代表大会，请各位会员代表予以审议。

谢谢大家！

郭晓勇：中国翻译协会第五届理事会常务副会长，中国外文局常务副局长。

关于中国译协第六届理事会理事候选人产生的说明

黄友义

（2009 年 11 月 13 日）

各位代表：

我受第五届理事会常务理事会常务会长会议委托，作《关于第六届理事会理事候选人产生的说明》。

一、理事候选人的产生

根据《中国翻译协会章程》规定，协会理事会任期为五年。2004 年产生的第五届理事会、常务理事会和协会领导机构，到今年 11 月任期届满，这次召开的第六次会员代表大会，要换届选举产生第六届理事会。

为了做好换届选举的筹备工作，2009 年 1 月召开的五届七次常务理事会议通过了《关于举办中国译协第六次会员代表大会的决定》，对筹备工作提出原则性要求。会后根据会议精神，协会秘书处在广泛调研和听取业界意见的基础上，依据往届惯例并根据协会近年来工作进展的实际情况，起草了《中国译协第六次会员代表大会会员代表、理事候选人推荐程序及资格》。5 月 14 日中国译协召开五届十一次常务会长会议，审议通过了以上文件，同时确定了第六届理事会理事推荐办法和基本原则。

第六届理事会理事候选人基本条件为：有良好的政治素质；有行业/专业代表性；在行业/专业领域内有突出成就；热心翻译事业；履行会员义务；支持协会发展，身体健康；年龄结构应体现老、中、青相结合的原则。根据这一标准，秘书处于 5 月底开始陆续向中央有关单位，各分支机构、单位会员发出《关于推荐中国译协第六次会员代表大会会员代表和第六届理事会理事候选人的通知》，到 8 月底，基本完成各地译协和中央有关单位的推荐工作，10 月中旬，基本完成企事业单位会员的推荐工作，并分别经过五届十二次、十三次常务会长会议审议通过，最终确定了理事候选人的资格。

二、理事候选人的组成

第六届理事会理事候选人共计 338 名，比五届理事会的 316 名略有增加。为适应协会转型为行业协会，更好地体现行业协会的广泛性和代表性，第六届全国理事会候选人提名名单中，适当减少了在京单位、各地译协的理事推荐名额，适当增加了企事业单位的名额。提议的第六届理事会将由热心、关心、支持和推进翻译行业发展及协会工作的各级领导、专家学者、企业家及其他业内人士组成。

从部门系统看，提议的第六届理事会涵盖了国家、地方党政机关、企事业单位、人民团体、行业社团，其分布基本涵盖了翻译行业的各个门类，不同的经济所有制，体现了行业协会今后的办会方向，充分显示了代表、维护行业利益的特点。

从领域分布上看，提议的第六届理事候选人基本涵盖了目前我国翻译行业相关的主要领域，包括外交外事、科技、文学艺术、社会科学、对外传播、军事科学、民族语文、教育培训、翻译服务、本地化服务、机器翻译、翻译软件等各个方面，具有较全面和广泛的代表性。

从年龄结构上看，全部理事候选人中65岁以上的占9%，45-65岁的占69%，45岁以下占22%，体现了老、中、青相结合的原则。

从职业资格上看，全体理事候选人中具有高级以上职称的人员占总数的71%，人员知识结构较为合理。

总之，第六届理事会理事候选人的人员构成涵盖了各个地区，各个部门及各个专业，具有较全面和广泛的代表性，基本代表了行业中各方面的利益，突出了行业协会的特点，实现了老中青相结合的原则，是一届整体综合素质较高的理事会，将为协会发展奠定比较好的组织基础。

特此说明。提请大会审议通过。

谢谢大家！

关于中国译协第六届理事会名誉会长、顾问、名誉理事建议名单的说明

郭晓勇

（2009年11月13日）

各位理事：

中国译协五届理事会聘请了三位名誉会长，他们是黄华、爱泼斯坦、季羡林。自五届全国理事会以来，其中的两位：爱泼斯坦先生和季羡林先生不幸先后辞世，生前他们对协会的工作十分关怀，给过我们很多谆谆教导，他们对中国译协的贡献，将永远被我们大家铭记。在此让我们对爱老和季老二位老前辈表示崇高的敬意和深切的缅怀。

五届理事会常务会长会建议继续聘请五届理事会名誉会长黄华同志为我会新一届名誉会长。同时，常务会长会建议增加一名名誉会长，经五届十三次常务会长会议讨论，建议邀请原国务委员唐家璇同志为我会新一届名誉会长，经与本人沟通，唐家璇同志愉快地接受了邀请。在此，我们对唐家璇同志对我国翻译事业和中国译协的支持与关心表示衷心的感谢！

中国译协原常务副会长、著名外事资深翻译家浦寿昌同志，原会长、资深翻译家宋书声同志，原常务副会长、资深翻译家林戊荪同志和阎明复同志为我会五届理事会顾问，五届理事会常务理事会常务会长会议提议继续聘请浦寿昌、宋书声、林戊荪、

阎明复同志为我会六届理事会顾问。同时，提议五届理事会会长、资深翻译家刘习良同志，常务副会长、资深翻译家蔡祖铭同志、任吉生同志，常务副会长韦建桦同志为我会六届理事会顾问。

五届理事会聘请了65位在社会上和翻译界有影响的老一代翻译家为中国译协名誉理事，五年来有19位名誉理事先后去世。有9位同志因年事已高或身体原因表示不再续任，常务会长会议建议尊重他们的意见，同时适当补充名誉理事名额，但由于名誉理事的入选条件比较严格，故名额不宜过多，被提名者一般都是在全国翻译界有成就、有影响，或曾担任中国译协领导职务的老翻译家、老领导。由五届全国理事会常务会长会议审议通过的第六届全国理事会名誉理事建议名单为47人。

特此说明。提交第六届理事会审议通过。

谢谢大家！

关于中国译协第六届理事会领导机构成员候选人提名名单的说明

郭晓勇

（2009年11月13日）

各位理事：

本次会议最重要的一项工作，就是选举产生第六届理事会领导机构。这事关未来五年协会及翻译行业的发展，因为今天即将产生的新一届领导机构将主持和领导协会今后五年的工作。

协会秘书处在第五届理事会常务理事会常务会长会议的直接领导下，经过近半年的准备，完成了第六届理事会领导机构成员候选人名单的提名工作，并提交五届十三次常务会长会议审议通过。五届十三次常务会长会议决定，将这个名单作为向六届理事会的建议，提交理事会。现在，我代表五届理事会常务理事会常务会长会议，向大会作如下说明并请大会审议。

一、提名的过程

年初召开的五届七次常务理事（扩大）会议将协会领导机构换届工作列为年度最重要的工作，并责成秘书处开始前期准备工作。4月，秘书处在参考往届惯例的基础上，综合考虑民政部对社团领导人的有关规定和协会的具体情况，起草了《中国译协第六届理事会领导机构提名原则》。5月14日，五届十一次常务会长会议讨论并通过了该《原则》，责成秘书处根据该原则，提出领导机构候选人的初步名单。

在提出候选人名单的过程中，秘书处本着认真负责的态度，首先就换届工作的原则意见和主要成员人选的初步考虑，征求了协会业务主管单位——中国外文局主要领导的意见。之后，就领导机构部分人选分别征求了候选人所在单位意见，有些还征求了中央组织部的意见。经反复酝酿、考虑，并充分尊重候选人所在单位的意见，于10月中下旬提出了建议名单，在一定范围内征求意见建议，进行了调整。10月30日，中国译协召开五届十三次常务会长会议，审议通过了这个建议名单。现在提交第六届理事会审议。

二、提名原则

中国译协第六届理事会领导机构成员候选人的提名遵循以下原则：老中青合理搭配，体现领导机构年轻化；在保持协会原有的学术代表性的同时增加产业的代表性；通盘考虑领域、地域等因素，布局比例相对合理。具体情况如下：

（一）关于常务理事的提名：按照章程，此次被提名的常务理事候选人均为新当选的第六届理事会理事，总数为55名，与上一届（52名）基本持平，占全体理事人数的16%，符合《章程》规定的比例。常务理事候选人的平均年龄55岁，比第五届全国理事会常务理事会成员的平均年龄57岁有所降低。

常务理事会是一个工作班子，每年都要在京召开全体会议，研究协会的工作，做出相应的决定。为保证常务理事会到会人数符合《章程》规定，从而确保常务理事会决定的有效性，新一届常务理事提名人选仍多数集中于在京的中央国家机关、企事业单位和中国译协各分支机构。同时，为了体现地域代表性，按照惯例提名14位在翻译界有影响，或在各地译协工作中有成就的理事，进入常务理事会。

被提名的新一届常务理事候选人，基本上都是长期从事口笔译实践、翻译教学、翻译理论研究、翻译培训和翻译相关服务工作并取得一定成绩的领导、专家、学者、企业家，许多是热心译协工作、长期担任译协领导职务并有丰富经验的同志。为体现近些年来翻译产业领域的迅猛发展和协会在这方面的工作，新一届常务理事会常务理事候选人适当增加了企业家的比例，其中部分来自于民营企业。

五届常务理事会常务会长会议相信，由这些同志组成的第六届理事会常务理事会，一定能不负重望，与时俱进，务实创新，开创协会工作的新局面，为繁荣我国的翻译事业做出新贡献。

（二）关于会长、常务副会长、副会长、秘书长的提名：第五届常务会长会议建议，主持新一届中国译协日常工作的常务会长会议的组成人数比第五届有所增加，由第五届的会长、常务副会长、秘书长和常务副秘书长共11人增加到13人。增加了两位常务副会长。这主要考虑到常务会长会议作为常设的工作机构，既要考虑工作效率，也要考虑与会者的代表性以及出席人数的有效性。新一届会长和常务副会长中既有前几年刚从各单位领导岗位上退下来、长期从事翻译和领导翻译工作的老同志，也有担任现职的领导，领导经验丰富，身体健康，精力充沛。

最后，我代表五届理事会常务理事会常务会长会议提出中国译协第六届理事会领导机构候选人组成建议名单，请大家审议：

提名全国人大外事委员会主任委员、原外交部部长李肇星同志为新一届中国译协会长。

提名五届中国译协常务副会长、中国外文局常务副局长郭晓勇同志为新一届中国译协第一常务副会长。

提名（以下按姓氏笔画为序）五届中国译协常务副会长、国家民族事务委员会副主任丹珠昂奔同志（藏族），五届中国译协副会长、原《中国日报》总编辑朱英璜同志，江苏译协会长、南京译协会长、五届中国译协理事、南京大学研究生院常务副院长许钧同志，五届中国译协副会长、新华通讯社副社长周树春同志，五届中国译协常务副会长、外交部英语专家施燕华同志（女），军事科学院世界军事研究部部长赵丕同志，五届中国译协常务副会长、中华全国归国华侨联合会顾问唐闻生同志（女），五届中国译协第一常务副会长、原中国外文局常务副局长赵常谦同志，五届中国译协副会长、全国人大常委会副秘书长曹卫洲同志为新一届中国译协常务副会长。

提名（以下按姓氏笔画为序）国务院新闻办公室副主任王国庆同志，中共中央编译局副局长王学东同志，五届中国译协理事、传神联合（北京）信息技术有限公司总裁何恩培同志，五届中国译协理事、副秘书长、中国民族语文翻译中心局长、党委副书记吴水姊同志（女，朝鲜族），五届中国译协副会长、中国对外翻译出版公司编审吴希曾同志，五届中国译协常务理事、副秘书长、军事科学院世界军事研究部研究员张世斌同志，五届中国译协副会长、中国广播电视协会会长李丹同志，北京市译协副会长、五届中国译协副会长、中国出版集团党组书记、副总裁李朋义同志，北京第二外国语学院副院长邱鸣同志，五届中国译协常务理事、中国社会科学院外国文学研究所所长陈众议同志，五届中国译协常务理事、副秘书长、中国驻瑞典大使陈明明同志，五届中国译协常务理事、中国对外翻译出版公司总经理兼党委书记林国夫同志，北京外国语大学副校长金莉同志（女，俄罗斯族），北京市政府外事办公室主任赵会民同志，中国科学院科技译协副会长、中国科学院国际合作局副局长曹京华同志，五届中国译协副会长兼秘书长、中国外文局副局长兼总编辑黄友义同志（回族），新华通讯社副总编辑兼国际部主任彭树杰同志，北京元培世纪翻译公司总裁蒋小林同志为新一届中国译协副会长。

提名（以下按姓氏笔画为序）西安译协副理事长兼秘书长、五届中国译协副会长、西安翻译学院院长丁祖诒同志，四川省译协会长、五届中国译协副会长、四川大学副校长石坚同志，广东省译协副会长、广州译协副理事长、广州市外事译协副会长、全国翻译硕士专业学位教育指导委员会副主任、全国翻译院系负责人联系会议理事会理事长、中国译协第五届理事会常务理事仲伟合同志，五届中国译协理事、陕西省译协主席安危同志，天津市译协会长、五届中国译协副会长、天津外国语学院院长修刚同志，黑龙江省译协名誉会长、五届中国译协副会长、黑龙江省政府外办主任赵尔力同志，广东省译协会长、五届中国译协理事、广东外语外贸大学党委书记徐真华同志，上海翻译家协会副会长、上海外国语大学常务副校长谭晶华同志为新一届中国译协副会长。

上述所有同志将同时成为中国译协第六届理事会常务理事会成员。

五届常务理事会常务会长会议提名（以下按姓氏笔画为序）五届中国译协常务理事、北京外国语大学校长助理、外语教学与研究出版社社长于春迟同志，安徽出版集团有限责任公司总裁王亚非同志，深圳市译协会长、原深圳市人民政府外事办公室副主任王宗维同志，商务印书馆总经理王涛同志，人力资源与社会保障部专业技术人员管理司司长孙建立同志，河南省译协副会长、五届中国译协常务理事、解放军外国语学院英语系教授孙致礼同志，五届中国译协常务理事、中国进出口银行交通运输融资部副总经理吴启金同志，上海市外事译协会长、上海市政府外事办公室副主任张伊兴同志（女），环球时报社（英文版）副总编辑张勇同志，五届中国译协常务理事、副秘书长、中国驻比利时大使张援远同志，上海翻译家协会副会长、五届中国译协常务理事、上海日报社总编辑张慈赟同志，北京市人民对外友好协会党组副书记、副会长张赛娜同志（女，蒙古族），五届中国译协常务理事、阳光媒体集团主席杨澜同志，五届中国译协常务理事、中国外文局对外传播研究中心主任姜加林同志（女），五届中国译协常务理事、外交部翻译室主任姜江同志，五届中国译协常务理事、外交部外交人员服务局副局长徐新民同志，水利电力翻译学会理事长、五届中国译协常务理事、原中国电力企业联合会国际部主任晏勤同志，五届中国译协常务理事、人民文学出版社副社长兼副总编辑路英勇同志为新一届中国译协常务理事。

提名黄友义同志兼任中国译协秘书长。

提名五届中国译协理事、常务副秘书长、外文局对外传播研究中心副主任姜永刚同志为中国译协常务副秘书长。

特此说明。提请第六届理事会审议通过。

谢谢大家！

中国翻译协会关于对中国译协4个分支机构、9个单位会员、10名社团工作者进行表彰的决定

中国译协各分支机构、全体会员：

自中国译协第五届全国理事会议召开以来，各分支机构和广大会员在中国译协第五届理事会的领导下，坚持科学发展观、勇于创新、锐意进取，在服务国家大局，促进人才培养，开展学术交流，规范翻译市场等各方面都取得了可喜的成绩。为表彰先进，鼓励、彰显对翻译事业的奉献精神，进一步调动广大会员的积极性和创造性，中国译协五届七次常务理事（扩大）会议决定，在中国译协第六次会员代表大会召开期间，对成绩显著的分支机构、单位会员和长期以来对所在协会做出突出贡献的先进个人进行表彰。

根据中国译协五届十一次常务会长会议通过的《2009 年中国译协优秀分支机构、优秀单位会员和优秀社团工作者评选办法》的有关规定和各分支机构和单位会员的申报情况，五届十二次常务会长会议经研究决定，在第六次会员代表大会召开之际，对于组织机构健全、积极开展活动、业绩突出的下列分支机构和单位会员，对长期从事并热爱社团工作、业绩感人的下列社团工作者进行表彰。

决定授予下列 4 个分支机构“中国翻译协会优秀分支机构”荣誉称号：（按名称笔画排序）

中国译协对外传播翻译委员会

中国译协民族语文翻译委员会

中国译协军事科学翻译委员会

中国译协翻译服务委员会

决定授予下列 9 个单位会员“中国译协优秀单位会员”荣誉称号：（按名称笔画排序）

上海市外事翻译工作者协会

山东省翻译协会

中国船舶信息中心

北京第二外国语学院

外交部翻译室

西藏自治区翻译工作者协会

深圳市翻译协会

黑龙江省翻译协会

福建省翻译协会

决定授予下列 10 名人员“中国译协优秀社团工作者”荣誉称号：（按姓氏笔画排序）

丁祖诒、马珂、孙光成、何其锐、杨福生、阿里木·哈沙尼、旺堆、祝文驄、赵珠元、贾砚丽。

希望受表彰的单位和个人珍惜荣誉，再创佳绩。希望各分支机构和广大会员以先进为榜样，适应形势的要求，进一步解放思想，积极探索，为繁荣我国翻译事业，推动翻译行业的健康、可持续发展，做出新的更大的贡献！

中国翻译协会

2009 年 11 月 13 日

中国翻译协会关于对 2009 年中国翻译协会十佳翻译企业会员进行表彰的决定

中国译协各分支机构、全体会员：

为表彰先进，鼓励、彰显对翻译事业的奉献精神，进一步调动广大会员的积极性和创造性，中国译协五届七次常务理事（扩大）会议决定，在中国译协第六次会员代表大会召开期间，对成绩显著的单位会员、个人会员和分支机构进行表彰。五届十一次常务会长会议据此审议通过了《2009 年中国译协优秀分支机构、优秀单位会员和优秀社团工作者评选办法》，对表彰活动做出了相关规定。

鉴于近些年来以翻译与本地化服务为代表的翻译产业迅速发展，已成为翻译行业的一支非常重要的力量，五届十二次常务会长会议决定单独表彰一批诚信经营、管理规范、效益突出、积极支持协会工作的优秀本土会员企业，并向社会公布。根据《评选办法》和会员企业的申报情况，五届十三次常务会长会议经研究决定，对于以下 10 家翻译与本地化服务企业进行表彰，授予他们“2009 年中国翻译协会十佳企业会员”荣誉称号：（按名称笔画排序）

中国对外翻译出版公司

北京元培世纪翻译有限公司

北京天石易通信息技术有限公司

北京甲申同文翻译有限公司

北京创思智汇信息咨询有限责任公司

北京凯德利澳翻译服务有限公司（译心译意网）

传神联合（北京）信息技术有限公司

成都语言桥翻译有限责任公司

济南双泽翻译咨询有限公司

深圳市艾朗科技有限公司

希望获得表彰的企业珍惜荣誉，再创佳绩。希望广大会员企业以先进为榜样，规范管理、提升质量，为营造有序、公平的翻译市场竞争环境，为我国各领域的对外交流与合作做出更大的贡献！

中国翻译协会

2009 年 11 月 13 日

中国翻译协会关于对徐式谷、哈图卓日克等 306 名资深翻译家进行表彰的决定

为迎接新中国成立 60 周年，宣传我国的翻译事业，弘扬老一辈翻译家高尚的译风译德和卓越的翻译成就，鞭策后学为祖国的进步与发展不断开拓进取，努力工作，中国译协五届十二次常务会长会议决定，对徐式谷、哈图卓日克等 306 位长期活跃在我国外事、文学艺术、社科、对外传播、科技、民族语文、翻译服务、外语教学等领域的资深翻译家予以表彰。

希望广大中青年翻译工作者向老一辈翻译家学习，继承和发扬他们的默默奉献、

孜孜不倦、精益求精的好思想、好品德、好作风，努力提高思想水平、业务水平，为繁荣翻译事业，建设和谐社会做出新的贡献。

中国翻译协会

2009 年 11 月 13 日

大胆创新　加快发展　建设适应时代要求的新型行业协会

——在中国译协第六届理事会第一次会议上的讲话

李肇星

（2009 年 11 月 13 日）

各位理事：

在过去的五年中，中国译协在服务国家大局，推动学科建设，促进行业交流，规范翻译市场，加强国际交流等各项事业中取得了卓著成就。我代表新一届协会领导机构向以刘习良同志为会长的第五届协会领导机构和所有同志表示祝贺和崇高的敬意！

各位理事选举我们组成新一届的译协领导机构，我个人觉得自己资格不够，须要加强学习。

刘习良会长代表第五届常务理事会所做的工作报告中，对协会今后的工作提出了很好的意见和建议。新一届常务理事会将认真研究，做出切实可行的安排。根据中共中央十六届三中全会的精神和国务院办公厅文件的要求，结合中国翻译界的实际，在上一届的基础上把译协工作继续推向前进。今后五年，协会应着重研究和解决以下问题：

一、发挥协调作用，反映行业诉求。行业协会的一项重要职能是向政府有关部门提供政策建议，反映行业诉求。译协有来自各行各业的人士，包括来自一线二线三线。我们要把这项工作做得实在一些，及时准确地反映行业诉求。翻译行业有一个劣势，就是没有一个明确的政府主管部门。领导不明确，有各种原因，一种可能是领导太多。但这对于协会而言，可以变成一种优势。例如可以争取更多机构部门的支持。国家没有将翻译纳入行业统计范畴，协会可以组织开展行业调研，为政府相关部门提供参考；行业缺乏准入条件，我们可以制定有关行业标准，推动准入制度的建立，以促进翻译行业的健康规范发展。总之，定位当然重要，但更要务实，干实事。有为才会有位。给国家人民做了好事，就会有人来重视。我们先要把实事做起来。想提高我们翻译行业的地位，须要靠大家一起发出行业的声音，引起政府和全社会对翻译行业的关注和重视。

二、加强行业自律，规范行业管理。行业协会从本质上来讲，是一个自律组织。

想提升行业的形象，需要有严格的自律性管理制度和约束机制。协会要在会员和整个行业中倡导职业道德准则，推动行业诚信建设，制定行约行规和行业标准，维护公平竞争的市场环境。

三、开展学术研究，推进学科建设。中国译协成立以来，一直把推进翻译学术研究与学科建设发展视为协会的主要任务。过去几年里，学术研究与学科建设取得了重大进步。今后，协会应加紧促进翻译学术与翻译学科的系统化、专业化建设，努力实现学术研究与学科建设的有机结合，翻译理论与翻译实践有机结合，学科建设与人才培养有机结合；同时要在拓展翻译研究和学科建设国际视野上下功夫，使中国的翻译学术研究更快更远地走向国际，不断扩大中外翻译学术交流。

四、加快人才建设，提升翻译质量。我国日益增长的翻译需求与高水平翻译人才严重匮乏之间的矛盾已经成为制约我国对外传播能力的一个瓶颈。协会应发挥协调作用，组织和引导各方面的力量，加快培养一支高素质的专业翻译人才队伍，特别是中译外人才队伍。同时要注意，一个好的翻译，要以母语为基础。母语水平是源泉，在此基础上学外语，翻译水平会提高得比较快。在这方面，还要多做工作，为我国对外交流提供保障，这对国家大局有重大意义。国际竞争说到底还是人才竞争。如果经济贸易是为了国家今天服务，教育工作就是为了国家的明天服务。培养人才是我们协会的一项光荣任务。

五、加强会员服务，壮大会员队伍。加强会员队伍建设，更好地为会员服务。不论是国内还是国外，成熟的行业组织都有广泛而扎实的会员基础，会员数量和会员总产值在整个行业中都占有相当的比例。协会目前的会员基础还比较薄弱，今后从协会的领导开始，要增强会员服务意识，提高服务会员的能力，吸引更多的企事业单位和个人加入协会，使协会成为名副其实的翻译工作者之家。译协不要变成官僚机构，而要成为为会员服务，为会员做实事的组织。

六、促进国际合作，搭建交流平台。加强国际合作，为有关国际合作牵线搭桥。各行各业都在“走出去”，作为国际交流桥梁的翻译行业自身也应该走向世界。协会应在促进学术和产业交流方面多做组织和动员工作。

以上几点是和众位领导讨论得出来的。接下来谈谈个人的几点想法：

一、加强爱国主义教育，提高政治素质。这是译协和其他协会不同的地方，翻译协会要更加重视这一点。要更加强调祖国利益至上。翻译协会不是个人的协会，要把祖国利益放在第一位，特别是对于国家主权、领主完整等更需要具有敏感度和责任感。这是翻译协会相比其他协会更须要强调的地方。翻译要帮助服务对象和领导做事，在政治上帮助把关。翻译首先要解决的是政治素质问题。

二、贯彻国家的外交政策，加强政策方向感。这也是翻译协会和其他协会不一样的地方。中国人民的利益和世界其他国家人民的利益是一致的，我们不搞霸权主义。我们强调人民至上，包括中国人民和外国人民。翻译也是一样，要注意平等待人，须要平等对待所有的国家和人民。

三、注意加强文风建设。翻译离不开说话写这，要加强语言建设。强调简洁就是美，在简洁的基础上追求生动活泼。“有话则短，无话则免”是很有道理的。翻译也要浅显易懂，注重以人为本。

四、多做实事，不尚空谈。将来要发展企业家入会，就要为会员服务好。联系实际，与时俱进，不断提高语言能力，不断学习业务知识。

不论是会长，还是常务理事、理事，我们都须要好好学习，不辜负大家的信任，不辜负大家的期待，好好工作，为会员服务，为国家经济发展作贡献。

（根据录音整理）

李肇星：原外交部部长，现任全国人大外事委员会主任委员、中国翻译协会第六届理事会会长。

中国翻译协会第六届理事会理事名单

（2009年11月13日中国翻译协会第六次会员代表大会选举产生）

（按拼音排序）

安　危　安清萍（女，裕固族）　柏敬泽　鲍川运　边彦耀　曹　斌
曹　杰　曹　伟（女）　曹京华　曹明伦　曹卫洲　查川江　柴　野
柴方国　柴明颎　常　进　常　勇　陈　峰　陈　军　陈爱国　陈炳发
陈德鸿　陈定刚　陈桂琴（女）　陈慧芬（女）　陈洁莹（女）
陈明明　陈小慰（女）　陈小文　陈在明　陈忠良　陈众议　程爱民
次仁顿珠（藏族）　丹珠昂奔（藏族）　丁　晶（女）　丁　丽（女）
丁祖诒　杜　艳（女）　段　江　段惠芳（女）　范　飞　范捷平　范志伟
封一函　冯　源（女）　冯永臣　傅　晓　甘玉贵（蒙古族）　高　洪
高圣兵　高燕燕（女）　高钰冬（女）　辜正坤　顾　钢　顾玲玲（女）
顾曰国　关　锐　郭国良　郭晓勇　郭娅利（女）　郭业洲　何　宏（女）
何昌邑　何恩培　何晓智　衡孝军　侯贵信　胡孝申　胡宗锋　华留虎　华先发
黄　勤　黄　翔　黄长奇（女）　黄良茂　黄良田（侗族）　黄天源　黄伟强
黄锡强　黄友义（回族）　黄振定　贾国安　贾马利·依明（维吾尔族）
贾砚丽（女）　江丽容（女）　姜　江　姜炳信　姜加林（女）　姜永刚
蒋　平（女）　蒋仁祥　蒋小林　金　莉（女，俄罗斯族）　金圣华（女）
靳晓明　鞠成涛　康文梅（女）　李　丹　李　钢　李　梅（女）　李　旭
李　增　李冰梅（女）　李长森　李东光　李红霞（女）　李建辉　李景端
李卡宁　李明馥（朝鲜族）　李培进　李朋义　李少彦　李伟格（女）

李雅芳（女） 李肇星 李振国 连彩云（女） 连真然 梁 音 梁如昕
廖七一 林国夫 林怀谦 林世宋 蔺 熠 刘 佳 刘 青 刘 勇
刘保春 刘和平（女） 刘洊波 刘军平 刘树森 刘肖沛 刘源顺 卢 敏
卢卫中 陆建德 路英勇 罗选民 洛桑土美（藏族） 马 珂 马爱农（女）
马海荣（女） 马显荣 毛思慧 毛祥龙 梅 叶（女） 米 佳（女） 穆 杰
穆 雷（女，满族） 那仓·向巴昂翁（藏族） 那伊力江·吐尔干（维吾尔族）
南 亿（朝鲜族） 聂送来 潘炳信 潘忠明 彭 放 彭树杰 祁继先（藏族）
齐平景 邱 鸣 邱永乐 区 鉷 沙丽金（女） 沈 懿（女） 沈蓓莉（女）
盛宏至 施燕华（女） 石 坚 史彼德 司显柱
斯迪克·买斯依提（维吾尔族） 宋 雷 宋新新 宋学智 宿久高 孙光成
孙继文 孙建立 孙艺风 孙迎春 孙致礼 覃祥周（壮族） 谭晶华 谭载喜
汤 杰 汤柏生 唐 瑾（女） 唐 兴 唐闻生（女） 田 强 田锡钊
仝保民 屠国元 万 毅 王 翱 王 波 王 复（女） 王 红（女）
王 琳（女） 王 宁 王 涛 王 欣 王东风 王刚毅 王国庆 王宏印
王家全 王金铃 王克非 王立弟 王立非 王铭玉 王松亭 王天明
王雯莉（女） 王学东 王亚非 王玉林 王玉西 王众一 王宗维
旺 堆（藏族） 韦忠和 文 敏（女） 文日焕（朝鲜族） 翁国强
吴 澄 吴 洪 吴 青（女） 吴 铮（女） 吴启金 吴水姊（女，朝鲜族）
吴文智 吴希曾 吴晓云 吴元丰（锡伯族） 夏海林 夏太寿 夏勇敏
肖玉林 谢地坤 谢天振 修 刚 徐 步 徐小贞（女） 徐新民 徐真华
徐仲伦 许 超 许 钧 雪克热提（维吾尔族） 严 明 晏 勤 杨 澜（女）
杨 柳（女） 杨 平（女） 杨 扬 杨秋林 杨全红 杨万里 杨晓荣（女）
杨亚冬（苗族） 杨颖波 杨宇杰（女） 姚宝荣（女） 野露露（女）
叶信君 叶星踪 尹汾海 应远马 于 涛 于春迟 余中先 俞劲松
俞素贞（女） 岳 峰 岳建民（女） 曾剑平 扎西班典（藏族） 张 洁
张 文（女） 张 勇 张 勇 张春柏 张慈赟 张大铸 张福生 张金桐
张菊珍（女） 张美芳（女） 张梦太 张南军 张佩瑶（女）
张赛娜（女，蒙古族） 张世斌 张树华 张树奎 张同生 张维友 张文成
张文力 张显东 张晔（女）张伊兴（女） 张忆军 张永超 张永富
张雨金（女）张援远 张志祥 张智祥 赵 伐 赵 丕 赵 慎 赵常谦
赵尔力 赵汉生 赵会民 赵松毓（白族） 赵珠元 郑 堆（藏族） 郑如刚
郑体武 钟建国 仲伟合 周 红（女） 周树春 朱 同 朱纯深 朱健平
朱宪超 朱英璜 朱志瑜 左 飚

（以上共计338人）

中国翻译协会第六届理事会名誉会长、顾问、名誉理事名单

(2009 年 11 月 13 日中国翻译协会第六届理事会第一次全体会议通过)

(按拼音排序)

名誉会长:

黄　华　唐家璇

顾问:(8 人)

蔡祖铭　林戊荪　刘习良　浦寿昌　任吉生(女)　宋书声　韦建桦　阎明复

名誉理事:(47 人)

安淑渠(女)　陈　弘　戴炜栋　董宁川　杜瑞清　冯世则　傅加平　高　莽
过家鼎　哈图卓日克(蒙古族)　胡启恒(女)　冀朝铸　金万善(朝鲜族)
赖恬昌　黎　导　李　佩(女)　李大万(朝鲜族)　李顺然　李文俊　李亚舒
林　林　林丽韫(女)　刘德有　刘品大　洛布桑(蒙古族)　邱举良　沙博理
孙绳武　孙天义　唐　笙(女)　涂纪亮　屠　岸　王树森　王效贤(女)
王新善　王耀臣　吴克良(女)　吴文焘　徐　坚　徐式谷　杨德炎　杨武能
杨宪益　尹承东　张柏然　张庆年(女)　朱谱萱

中国翻译协会第六届理事会领导机构人员名单

(2009 年 11 月 13 日中国翻译协会第六届理事会第一次全体会议选举产生)

(按拼音排序)

会长:李肇星

第一常务副会长:郭晓勇

常务副会长(9 人)

丹珠昂奔(藏族)　施燕华(女)　唐闻生(女)　许　钧　赵　丕　赵常谦
周树春　朱英璜　曹卫洲

副会长(26 人)

安　危　曹京华　陈明明　陈众议　丁祖诒　何恩培　黄友义(回族)　蒋小林
金　莉(女,俄罗斯族)　李　丹　李朋义　林国夫　彭树杰　邱　鸣　石　坚
谭晶华　王国庆　王学东　吴水姊(女,朝鲜族)　吴希曾　修　刚　徐真华
张世斌　赵尔力　赵会民　仲伟合

常务理事(55 人)

安　危　曹京华　曹卫洲　陈明明　陈众议　丹珠昂奔(藏族)　丁祖诒

郭晓勇　何恩培　黄友义（回族）　姜　江　姜加林（女）　蒋小林
金　莉（女，俄罗斯族）李　丹　李朋义　李肇星　林国夫　路英勇　彭树杰
邱　鸣　施燕华（女）　石　坚　孙建立　孙致礼　谭晶华　唐闻生（女）
王　涛　王国庆　王学东　王亚非　王宗维　吴启金　吴水姊（女，朝鲜族）
吴希曾　修　刚　徐新民　徐真华　许　钧　晏　勤　杨　澜（女）　于春迟
张　勇　张慈赟　张赛娜（女，蒙古族）张世斌　张伊兴（女）　张援远
赵　丕　赵常谦　赵尔力　赵会民　仲伟合　周树春　朱英璜

秘书长：黄友义（兼）

常务副秘书长：姜永刚

外交翻译60年

——新中国翻译事业60年论坛主旨发言之一

施燕华

（2009年11月12日）

随着新中国的成立，外交翻译队伍诞生了。作为中国对外交流的桥梁，它始终受到了周恩来总理的关怀。外交翻译队伍是一支“招之即来，来之能战，严守机密，忠于祖国”的“文装解放军”。在改革开放的新形势下，外交翻译队伍茁壮成长，数量质量都不断提高。60年来外交工作的成就，包含着外交翻译的辛勤汗水。

1949年10月1日，毛泽东主席在天安门城楼上向全世界庄严宣告：中华人民共和国中央人民政府成立了。

共和国的第一大部——外交部在同一天成立，首任外交部长为周恩来总理兼任。由此可见外交在新中国的地位。外交工作始终服务于国家利益。翻译是外交战线上不可或缺的一支生力军，他们为新中国的外交做出了重要贡献。

建国初期外交部翻译队伍的建立

中华人民共和国中央人民政府于1949年10月1日向全世界发表公告，宣布：“本政府为代表中华人民共和国全国人民的唯一合法政府。凡愿遵守平等、互利及互相尊重领土主权等项原则的任何外国政府，本政府均愿与之建立外交关系。”

新政府成立伊始，立足未稳，须要得到国际上的承认，因此外交战线的主要任务之一是寻求与友好国家建立外交关系。中央政府的上述公告确立了建交原则。

11月8日，周恩来外长召开全部会议，外交部人员基本确定。当时是9个司级单位，没有固定的翻译单位。但是建交谈判、制订涉外法规、与友好国家的交流，以及同以美国为首的西方国家封锁禁运及反华活动进行斗争，必需有一支多语种的口、笔

译队伍。最初是在办公厅秘书处下设立编译科，负责翻译工作，定稿人员由部务委员会讨论决定，当时主要是俄语和英语。定稿人不在编译科上班，他们在自己的单位上班，有重要文件须要翻译时，俄、英语定稿人就到办公厅的一个办公室去定稿。

1951 年，朝鲜停战谈判开始，从外交部调去了朝、英文干部 10 多位，他们不仅从事口、笔译，还要做速记。各方的发言都必须一字一句地记下，译成中文，上报中央。为此，他们发奋自学英语速记，并以高度负责的态度和严谨的作风，出色完成了停战谈判的翻译和速记任务，不少人获得了嘉奖。

1954 年赴朝的翻译和速记人员回国，成为外交部翻译队伍的骨干。1955 年，外交部有了专职的翻译部门，即办公厅一科（翻译科）。

外交部的翻译不仅担任中央领导的口译，还参加了中共八大文件及其他重要文件的翻译。1960 年 10 月 29 日《毛选》定稿组成立，裘克安等同志参加，每天去半天。外交部翻译参加重要文件的翻译从此成为传统，保持至今。

随着外交工作的开展，对翻译的需求也增加了，1964 年正式成立翻译处，下设英、法、俄、西、阿五个语种。

周总理十分重视外交干部的培养，早在 1953 年就指示外交部对全国大学外交及外语系学生情况做一番调查研究，草拟关于外文干部培养的文件。同时他还批准了北京外国语学院直属外交部领导，作为外交部干部的主要来源。周总理在文件草稿上还亲自加上了北大等院校非通用语种人才的培养。文件中并决定成立外交学院，为外交部输送人才。

外交翻译队伍在周恩来总理关怀下成长

外交部翻译队伍的成长与周总理的亲切关怀是分不开的。翻译室严谨的工作程序都是在周总理的亲自过问下确立的。早在 1951 年，在关于缅甸驻华大使任命的上呈文件上，出现了两种译法：吴敏敦、吴敏登。周总理批示：姓名未统一译好，请注意！这对刚起步的外交翻译是很好的提醒：对外文件代表国家，必须是高水平的。外交翻译不能“各自为政”，专有名词、一些固定的提法必须统一。要立规矩，没有规矩，不成方圆。此后在翻译的过程中，针对出现的问题，逐渐摸索出了一套工作程序，如：译初稿的同志必须查核所有的人名、地名（由新华社编著英、法、俄、日等人名地名字典），国名、引语、政治术语的固定译法等；出手前必须“三合一”，即中文定稿、外文译稿、外文最终清样必须是一致的。因为当时没有电脑，文件的每次改动，都是用手在初稿上改外文，改动多时，外文稿会显得很乱，难免有错漏，三份稿子同时核对，就避免了这个问题。这些规定一直延续至今。有了电脑，不必一遍一遍地重打，但也免不了漏译、漏改，“三合一”等严格的程序保证了出手文件的质量。

周总理十分重视翻译的作用。他说：“翻译是桥梁。”“……没有翻译，重要的事，双方一起相对无言，动都不能动了。这项工作很值得，传播毛泽东思想。不能轻视这一行，当然也不能骄傲，要下苦功夫。”

周总理对提高外交干部外语水平，多次做出批示，要求每天要有三个小时练基本功（听、说、写、读、译），互相经常用外语对话。在当时的政治环境下，外文干部看不到外文报刊，也听不到外文广播，在周总理的干预下，外交部专为翻译处的办公室配备了半导体收音机，以便收听美国之音等外国电台的广播。他说：“要让外文干部看外文资料。要读各种资料，尤其是懂得这个外语环境。现在很多外语不只限于一个国家、一个地区。你要搞语言，就要懂它（有关地区）的历史、地理。”（1970 年 11 月 20 日）

周总理对翻译人员扩大知识面非常关心。上世纪 60 年代，我刚进外交部翻译室，有一次听到冀朝铸同志给周总理翻译后回来说：“啊，今天总理考我拉美的地理了，要我从东到西顺序说出拉美国家的名字，我说到乌拉圭就卡壳了。”大家一听，知道总理在抓翻译的知识面，于是我们都去找世界地图，不仅背拉美国家的名字，欧洲、非洲、亚洲的都背，惟恐哪一天被“考”。过家鼎同志给总理当翻译时，对赵朴初“居士”二字感到不解。总理就解释说：“居士就是不出家的佛教士。”周总理经常以具体例子告诫翻译扩大知识面。

周总理对翻译的要求是“完整准确，通顺易懂”。但他也不主张一字一句死译，他主张吃透讲话的精神才能译好。前辈翻译家给我讲的一件事，对我印象深刻：1952 年，外交部组织外国驻华使节看电影，周总理亲自点了《梁山伯与祝英台》，还关照翻译，不要直译，应译成“中国的罗密欧与朱丽叶的故事”。当时外交部的翻译遵照总理指示翻了，效果很好。莎士比亚的《罗密欧与朱丽叶》在世界上几乎是家喻户晓，译成“中国的罗密欧与朱丽叶的故事”，不用过多的解释，外国观众就能大致了解剧情。这件事使我认识到，翻译不是“传声筒”，是交流的桥梁，“对号入座”有时不能达到交流的目的，还要注意用外国人懂得的语言。

外交翻译的一个重要特点是政策性强，涉及的政治敏感问题多。如果翻译不了解情况，不了解我方的立场，对于谈话或文件内容的细微处就会把握不好，影响沟通，甚至会影响国家利益。周总理对翻译了解政策、熟悉外交业务非常重视，多次对外交部领导强调要让翻译了解政策，了解情况，参加政策讨论，他把这点叫做“结合外交业务”。他说：“翻译同志必须注意在政治上的跃进，必须注意当前的外交斗争，并且在经常的讨论和学习中求得政治上的提高，否则无法胜任翻译工作。”（1958 年 10 月 8 日）

周总理一再强调翻译要了解外交业务，据当时的翻译处领导回忆，从 1958 年到 1973 年，周总理关于这一问题的谈话、指示有 7 次以上。有一次他见一位非洲国家总统前，问翻译：“看文件了吗？”翻译回答说没有。周总理问：“为什么不看？”翻译说：“处里没有这样的文件。”总理火了，当场狠狠地批评了陪见的主管部领导：“翻译不了解情况，怎么翻译？……翻译要看文电，不仅是参加口译的翻译要看，不参加口译的翻译也要看，此事我已经讲过多次了。”（1971 年 6 月 4 日）第二天，办公厅就签发给翻译处各种来往文电和简报。

周总理一直把翻译看作是“外事干部的一个来源”（1964年），所以对翻译提出了很高的要求。他不仅要求翻译练政治思想、语言和文化知识的基本功，还提出了更高的要求，早在1964年成都使节会议上他就说：“翻译同志有最好的条件做宣传工作。他们同我们经常接近，我们的意见他们都知道。当然不能把机密泄露出去。但对外国人谈一些原则，那是很便当的。翻译不只是个传声机器。你们是人，是党员，是革命干部，要有自觉性和能动性，这样就可能发挥更大的力量。当然你们不能乱说。你们第一是要搞翻译工作，但第二还要搞对外工作。”

翻译的能动性还可表现在帮助领导。周总理要求翻译：“在外交谈判中，（谈判代表）本人固然重要，翻译也重要。翻译强的可以帮助把逻辑上、词句上不够恰当的地方纠正过来。”（1970年11月12日）外交部的翻译都努力按照周总理的教导去做，在笔译方面也如此。对于文件草稿中出现的一些逻辑和用词问题都能大胆提出，有时在中央定稿以后还提出意见，被总理知道，同意修改，还表扬了翻译室。文革期间，翻译室不敢提意见了，怕犯错误。周总理关心地问：“你们翻译室过去爱提意见，为什么现在不提了，是太忙了吧？”（1972年4月）

为了调动翻译的积极性，翻译中共第九次代表大会文件时，总理主持了四次同翻译的座谈会，讲文件的精神，解答翻译的问题，并征求对草稿的意见。

中共九大通过的党章中，写进了“毛泽东思想”。“毛泽东思想”怎么译？“Mao Tsetung's Thought”，还是“Mao Tsetung Thought”？（注：当时不用汉语拼音），翻译界议论纷纷，莫衷一是。周总理明确表示应译：“Mao Tsetung Thought”。他指出，“毛泽东思想”不是一个人的发明创造，而是中国革命经验的总结，是以毛泽东为代表的革命领导人集体智慧的结晶。这就是我们现在将毛泽东思想译为“Mao Zedong Thought”的依据。

在周总理的亲切关怀下，外交部的翻译队伍逐渐成长起来。60年代中期，一批刚从外语院、系（英、法、俄、西、阿语）毕业的年轻人进入了翻译室，非通用语种成立了翻译队，作为储备干部。十年动乱前，外交翻译的队伍从质量到数量都有很大的发展。当时急件很多，经常是在晚上九、十点钟的时候被紧急召去翻译。而翻译室的同志，不管家里有多大的困难，不管刮风下雨，还是寒冬腊月，都毫无怨言立即骑车去办公室。

十年动乱期间外交翻译工作受到冲击

1966～1976年，共和国处于动荡时期，外交工作十分困难。外交翻译也受到巨大冲击。1969年，在林彪的“一号命令”下，各单位都动员疏散。外交部大部分人连同家属都下放到湖北、湖南、江西等干校，但是外交工作还要搞，还要有人对外联系，要有人做翻译。于是翻译室每个语种留两个人，一个定稿，一个初稿；指定英、法、俄三个语种的定稿战时跟中央转移，他们每人发了两个军绿色的背包，背包上用红漆写着“外专”两字。包里只放工作最需要的东西：一本词典、一沓纸、文具，以及经常要查的公开资料。两个包里放的东西是一样的，一个放家里，一个放办公室的铁柜里，一有情况，拿起战备包就随中央领导转移。

那时候翻译室里冷冷清清。文革前那种书声朗朗，互相切磋的情况消失了。外交翻译队伍被整得七零八落，而且很长一段时间没有进人。

四面树敌的外交，导致对外关系除了交涉几乎没什么可做的了。外交语言非常僵硬，当时常用形容词最高级，这还不够，要重复：“最最最强烈的抗议、坚决反对”，形容敌人是：“日薄西山，气息奄奄”，“悍然”做这个，“悍然”做那个。在人人自危的政治环境下，谁也不敢“越雷池一步”，翻译只得“对号入座”，翻译质量随之下降。

造反派进驻部长办公室，实现“业务监督”。对外交涉的照会，按国际礼仪，开头结尾也都要致意。造反派说，向“美帝国主义的走狗顺致最崇高的敬意”是敌我不分！于是外交照会的格式全变了。翻译文件只要选择最厉害的语言就行，甚至“最最最强烈的抗议”也曾一度译成：“strongest and strongest protest”，用了两个“最”字。

幸好这段时间不是太长。外交部在周总理领导下批判了极左思想，外交工作重新走上正轨。

进入70年代，国际形势发生了变化。美国总统尼克松有意借助中国的力量摆脱越南战争的包袱，集中对付苏联。1971年7月基辛格秘密访华，1972年2月，尼克松访华。口、笔译和记录任务都很重，要求很高，还要绝对保密。中美两国隔绝了20多年，双方国内都存在反对中美接触的力量，文字的表述不仅要照顾双方的立场还要照顾彼此的处境，每一个字都要仔细斟酌，更多考虑的是每个字后面的政治含义，对有些关键词句还要请示领导，力求使翻译既准确，又符合我国战略目标的大局。

改革开放为翻译提供了施展才华的舞台

改革开放初期，在邓小平同志亲自指导下，实现了中美建交，与英国解决了香港回归祖国的问题。这两大行动为我国对外开放铺平了道路。在谈判过程中，也可看出翻译如何处理敏感问题。一是1978年12月15日达成的中美建交公报。美方用了“acknowledge”来表述他们对“一个中国”的立场，对我们来说，这个字显然不如直截了当地说：“recognize”更好，但美方有它的困难，而且对我们来说，并不损害我们一贯的原则，所以没有提出反对，避免了因一个字而使建交大事搁浅。二是中英谈判香港问题时，对香港回归的表述。英方常说：“the return of Hong Kong”，我们则不厌其烦地说：“to resume the exercise of sovereignty over Hong Kong”，当然不如英方说得那么简洁，但这是原则问题：香港并没有割让给英国，中国一直享有对香港的主权。

以上两个例子说明：改革开放后，对外联系多了，涉及的政治敏感问题也多了，对翻译的政治要求更高了。为了使非通用语种紧密结合外交业务，1980年，俄、西、阿三个语种分到有关地区司，翻译室只有英、法两个语种，但上升为归部党委直接领导的正司级单位。

改革开放带来了外交政策的大调整。从过去的革命、斗争，“战争不可避免”的认识，调整为“世界大战打不起来”，“和平、发展是当今时代的主题”。党的十一届三中全会决定“以经济建设为中心”，外交工作自然调整为“为经济建设服务”。

改革开放前，我国的外交基本持“超脱”态度，对许多国际活动不参加，裁军要谴责、维和行动不参加、部分禁核试条约也不参加，在安理会创造了“不参加投票”（no participation）的先例，等等。

改革开放后，我国同各国关系大大发展，涉及领域也大大扩大。多边方面，我国不仅积极参加联合国的各种活动，包括维和行动，还是上海经合组织的创始国之一，积极参加亚太经济合作组织，G20，八国与发展中国家的对话会议等。多边外交的开展，使外交翻译增加了一项任务：会议的同声传译。

外交活动日益频繁，翻译工作量激增。以2008年为例，外交部翻译室英、法两语种完成了涉及奥运火炬传递、两会、抗震救灾、奥运会、残奥会、亚欧首脑会、金融峰会、亚太经合组织领导人会议等多项重大外交活动的翻译，全年累计口译公出任务2705天，单场口译2179场，完成笔译603万字左右。

奥运会前期，翻译室英、法文翻译参加了奥运火炬的传递，在复杂的政治形势下，牢记使命，不辞辛劳，出色地完成了任务。奥运会期间，100多个国家元首、政府首脑和贵宾云集北京，参加欢迎宴会、奥运会开、闭幕式，观看文艺演出。外交部组织了33个语种，近150人的翻译团队，圆满完成了任务，为奥运会的成功做出了贡献。

俄、西、阿、日、德等语种在各自的地区司，一方面参加外交业务，另一方面还要担任翻译，经常要挤时间，钻研翻译技巧，熟记有关词汇。各语种之间经常通过电话、网络交流翻译体会，切磋某个词的译法。

随着苏联解体，一个国家分成15国，俄文翻译量大增，2003年，在欧亚司内成立了翻译组，返聘了一些老翻译帮助定稿和培训。2008年欧亚司翻译组7人承担了600场口译，30万字的笔译任务。

“冰冻三尺，非一日之寒”，做一名合格的外交翻译，不可能一蹴而就，须要持续不断的练习。与过去相比，现在外交翻译的特点是新的提法多，如“三个代表”、“科学发展观”、“自主创新”等，涉及领域广，涵盖政治、经济、文化、科技、医疗卫生、教育等方面，甚至经常遇到一些典故、唐诗宋词等，对翻译在词汇量、知识面、文化素质方面提出了更高的要求。现场直播的记者招待会，给翻译形成了巨大的心理压力，这都是新形势下翻译面临的新挑战。

为适应形势的需要，外交部各语种都加强了翻译的培训。外交部翻译室作为专职翻译单位，制订了详细的培训计划，从语言、知识面、到心理素质、翻译技巧……进行全面培训。经过至少六、七年的摸爬滚打，好的苗子脱颖而出，成为高级翻译。

为保证高质量地完成口、笔译任务，必需有一套严格的、行之有效的管理制度。

其目的是鼓励竞争、促进交流。这些制度包括：统计每人的月工作量，年终进行口、笔译测试，并把结果向个人反馈，作为职务晋升的重要依据。对口译表现，通过现场观摩、使用单位反映，建立质量评估制度，使其知道改进的方向。对高级翻译，分不同等级，实行津贴制度，等等。

中央领导、外交部领导十分关心翻译的成长，外交部领导对上述规章制度的确定给予了具体指导。1992 年，时任国务院副总理兼外交部长钱其琛为翻译室题词："外交翻译大有可为。"年轻时当过翻译的杨洁篪部长对翻译的甘苦有切身体会，经常鼓励外交部翻译刻苦钻研，把握政策。2007 年他在接受记者采访时曾说："翻译主要起到一个桥梁作用，这个桥梁好不好，直接影响沟通，直接影响到我们是否能够完整、全面、深刻、生动地对外宣传我们的方针政策和立场。"

近年来，外交翻译的一个努力方向，就是结合中央领导及我部领导对外讲话的场合及听众特点，尽量用外国人听得懂、易理解的语言进行翻译，在确保忠实原文的基础上，使译文更加生动顺畅。实践证明，这样做效果很好，受到了普遍的好评。

随着全球化的深入，我国将更多地参与世界事务，外交翻译的任务只会越来越重，对外交翻译的要求也只会越来越高，外交翻译的舞台也会越来越大。年轻一代翻译深知自己肩上的责任，正努力发扬老一辈翻译家留下的优良传统：招之即来，来之能战，严守机密，忠于祖国。"宝剑锋从磨砺出，梅花香自苦寒来"，他们正以谦虚认真、敬业好学的精神刻苦钻研，争取胜任当前的外交翻译任务。

周总理曾说："翻译是我们外事干部的一个来源。"翻译到一定的年龄，就要改搞外交。为此，外交翻译必须努力完善知识结构，提高素质、提高政策水平，为今后成为合格的外交官做准备。60 年来，大批"退役"的翻译走上了外交第一线，成为大使、参赞等高级外交官，其中的佼佼者成为外交部的领导，他们年轻时磨练的语言功底，做翻译时近距离学到的外交谈判技巧、政策的把握等都对他们现在的工作有很大的帮助。

现在，外交翻译的选拔已形成一套严格的制度，每年都招进一批优秀的大学毕业生，他们充实了外交翻译的队伍。一代又一代的外交翻译正迅速成长。

（作者注：文中周总理的讲话都是在会见外宾前后对外交部陪同人员说的。）

施燕华：曾长期担任邓小平等国家领导人的口译，重要外交文件的英语定稿。曾任外交部翻译室主任、驻卢森堡大使。现任外交部外语专家、中国翻译协会常务副会长。

回顾与反思——外国文学翻译与研究60年

——新中国翻译事业60年论坛主旨发言之二

陈众议

（2009年11月12日）

我国外国文学翻译、研究60年可谓得失并存，喜忧参半因此总结经验、汲取教训十分必要。

一、最初十年：向苏联学习

以鲁迅为旗手的新文学运动就曾十分关注外国文学，尤其是对俄苏文学的翻译介绍。鲁迅本人就曾大量译介外国文学，尤其是以俄苏文学为轴心的进步文学和被压迫民族的反抗文学。其多卷本《鲁迅译文集》便是他身体力行、翻译介绍外国文学的一个明证。

但从总体说来，60年前外国文学的翻译不仅数量有限，而且遴选范围也相对狭窄。从研究的角度看，20世纪20至40年代的实际成果则基本上为旁批眉注、前言后记式的简单介绍，既不系统，也不深入。因此，新中国成立初期我国的外国文学翻译、研究事业几乎可以说是从一张白纸开始的。而社会主义苏联则顺理成章地成了我们的榜样。"向苏联老大哥学习"，"沿着社会主义现实主义道路前进"无疑是50年代我国外国文学研究的不二法门。除迅速从苏联引进马、恩、列、斯的文艺思想而外，我国学者还适时地翻译介绍了别、车、杜及一系列由苏联学者编写或翻译的文艺理论著述，同时对俄苏及少量的西方文学开展了介绍和研究。对苏联主流文学的颂扬自不必说，当时还将批判的矛头指向了西方。1959年的十年总结与反思，除了肯定与苏联、东欧文学，及一些亚非拉文学作品有关的斗争精神外，其他研究基本上都不同程度地受到了批判。首先是对西方人性论和人道主义的批判，其次是过于强调文学的意识形态属性。值得肯定的是，虽然当时的外国文学翻译和研究筚路蓝缕，但还是为我国的文学及文化事业积累不少经验，引进了大量可资借鉴的作家和作品、观点和方法。更值得注意的是，当时的外国文学翻译和研究还没有被极"左"思潮完全吞噬。明证之一是对姚文元的批评。姚在《从<红与黑>看西欧古典文学中的爱情描写》（1958）中以偏概全、全盘否定西方古典文学，外国文学界的有关同志就曾旗帜鲜明地对其进行了反批评。

二、1960年：历史的分水岭

虽然分歧早已存在，但从1960年起中苏开始公开交恶。此后，苏联文学被定义为修正主义。极"左"思潮开始在我国的外国文学界蔓延，其核心思想便是"以阶级斗争为纲”。也正是在1960年，我国的外国文学界在批判修正主义的同时，也给西方文学普遍地戴上了帝国主义或资产阶级意识形态的帽子。50年代由中宣部直接领导的“三套丛书”（《外国文学名著丛书》、《马克思主义文艺理论丛书》和《外国古典文艺理论丛书》）陷入停滞状态。自此至1977年，外国文学的翻译和研究进入了休克期。但外国文学并没有销声匿迹，它以非常形式，如手抄、口传等隐秘方式成为一股温暖的潜流。

三、近三十年：天光云影共徘徊

“改革开放”30年以来，外国文学以空前的规模和速率大量引入我国文坛。据不完全统计，有关书目达数十万之多。这不仅极大地撞击了中国文学，而且在突破瓶颈、解放思想方面起着某种先导和引领作用，从而为我国的思想解放运动提供了借鉴和支持。

（一）没有外国文学作品井喷式地出现在我们面前，中国文学就不可能迅速告别“伤痕文学”，衍生出“寻根文学”和“先锋文学”。事实上，80年代中国的改革是缓慢的、渐进的，本身远不足以催生类似的文学。但当时我国文学翻译、研究和吸收的速率又远远高于其他领域的“改革开放”步伐。这一定程度上成就了80年代中后期的中国文学并使之快速融入世界文学。在这里，电影起到了重要的媒介作用。而我国学者关于西方现代派的界定（如“深刻的片面性”和“片面的深刻性”等观点）不可谓不深刻。

（二）没有外国文学理论狂飙式地出现在我们身边，中国文学就不可能迅速摆脱政治与美学的多重转型，演化出目下无比繁杂的多元态势。应该说，90年代以来我国的改革依然是缓慢的、渐进的，其市场经济体制并非一蹴而就，但我们的文学及文学理论却率先进入了“全球化”与后现代的狂欢。这一步伐又远远大于其他步伐。我国学者关于后现代文学及文化思想的批评（如“以绝对的相对性取代相对的绝对性”等观点）不可谓不经典。

凡此种种都直接或间接地对我国的文学创作、文化事业，乃至思想解放运动产生了巨大的催化作用。前两个方面不言而喻，第三方面的显证之一是围绕人道主义的争鸣一定程度上为“以人为本”思想的提出奠定了理论基础。1978年初，我国开始大量出版外国文学作品，除“三套丛书”中的有关篇目外，《世界文学》、《外国文艺》、《译林》等刊物纷纷复刊或创刊。同年，朱光潜先生从外国文艺切入，在《社会科学战线》上发表了《文艺复兴至十九世纪西方资产阶级文学家艺术家有关人道主义、人性论的言论概述》，开启了最初的争鸣。虽然开始的论争仅限于人性与阶级性问题，但很快发展到了人道主义及异化问题的大讨论。1983年，时任中宣部副部长的周扬同志在中央党校的有关人道主义的讲话引起强烈反响。是年，有关人性、人道主义和异化问题的译文及讨论文章多达七百余篇。这无疑是对“文革”践踏人权、草菅人命的一次清算。两年后，讨论再度升温，并且加入了存在主义和现代主义等多重因素。

诸如此类为推动我国的改革开放，拉近与国际社会在人本、人权等认识问题上的距离，并一定程度上丰富这些认知和价值发挥了巨大作用；也为我们构建社会主义核心价值体系提供了不可或缺的借镜。

综观60年外国文学翻译与研究，我们不能不承认两个主要事实：1. 前十七年基本上照搬苏联，从而对西方文学及文化传统有所偏废；后三十年又基本上改用了西方模式，从而多少放弃了一些本该坚持的优秀传统与学术范式；而且饥不择食，故而囫囵吞枣，盲目照搬，以致泥沙俱下的状况也所在皆是。当然，这是另一种大处着眼的扫描方式。具体情况却要复杂得多。借冯至先生的话说，我们好像“总是在否定里生活”；2. 建立具有国际影响的外国文学学科及翻译学，依然任重而道远。可以毫不夸张地说，总结和反思不仅有助于厘清学科自身的一些问题，构建以我为主、为我所用的外国文学学派和中国翻译学派；对于共同推进具有世界影响的中国人文社会科学、建设中国特色的社会主义精神文明也将大有裨益。

四、继往开来 任重道远

后现代主义解构的结果是绝对的相对性取代了相对的绝对性。于是，在许多人眼里，相对客观的真理消释了，就连起码的善恶观也不复存在了。于是，过去的“一里不同俗，十里言语殊”成了如今的言人人殊。于是，众声喧哗，且言必称狂欢，言必称多元，言必称虚拟。这对谁最有利呢？也许是跨国资本吧。无论解构主义者初衷何如，解构风潮的实际效果是：不仅相当程度上消解了真善美与假恶丑的界限，甚至对国家意识形态，至少是某些国家的意识形态和民族凝聚力都构成了威胁。然而，所谓的“文明冲突”归根结底是利益冲突，而“人权高于主权”这样的时鲜谬论也只有在跨国公司时代才可能产生。

在后现代语境中，经典首当其冲成为解构对象。因此它们不是被迫“淡出”，便是横遭肢解。所谓的文学终结论也正是在这样的背景下提出来的。它与其说指向创作实际，毋宁说是指向传统认知、价值和审美取向的全方位的颠覆。因此，经典的重构多少具有拨乱反正的意义。

但经典是永恒的还是历史的？是普世的还是应时应地而异的？诸如此类的问题将一直困扰我们。如果说经典是永恒的，那么为什么有些曾经不是经典的经典成了经典，或者相反？比如上世纪五六十年代风靡一时的苏联经典，如今就不那么尽人皆知了；而钱锺书、徐志摩、张爱玲等则又因意识形态的相对淡化而如日中天。诸如此类，不胜枚举。从学理上说，后现代主义的解构风潮和网络文化的兴盛极大地消解了经典与通俗的界限，于是绝对的相对性取代了相对的绝对性。于是，极端个人主义、极端虚无主义大行其道。于是，文化多元呈发散态势；殊不知多元也是一把双刃剑，它在解放思想的同时，正极大地消解着主流意识形态和民族核心价值。于是，众声喧哗，莫衷一是。

然而，无论如何，在认识论和价值观的天平上，相对的真假、善恶、美丑依然存在。况且，对于一个发展中国家而言，敞开胸怀、来者不拒是极其有害的。而目前我国外国文学的翻译出版正处在一种纷杂的无序状态。且不说“二为方针”和“二为方向”，我们甚至放弃了一些基本的遴选原则，以至于不是市场说了算，便是老外说了算。

毋庸讳言，改革开放以来，翻译界、学术界解放思想，广开言路；但日新月异中不乏矫枉过正、时髦是骛。比如大到存在与意识、物质与精神的辨证关系，小到客观与主观、客体与主体等等，都大有乾坤倒转、黑洞化吸之势。至于意识形态“淡化”之后，跨国资本主义的一元化意识形态更是有增无已；于是真假不辨，善恶不论，美丑混淆；个人主义、虚无主义大行其道，以至于抽象的人性淹没了社会性；普世主义势不可挡，以至于文化相对主义甚嚣尘上。文学从大我到小我，从外向到内倾，从摹仿到虚拟，从代言到众声喧哗；真实给虚幻让步，艺术向资本低头；对妖魔鬼怪和封建迷信津津乐道，任帝王将相和无厘头充斥视阈……然而，真正的经典终究是难以消解的，也不以在一时一地的宠辱为转移。用巴尔加斯·略萨的话说，伟大的经典具有“自我再生”的本领。至于何为经典，虽然是个说不尽的话题，但用简单的方式综观前人的观点，也许可以用两句话来概括：一是它们必须体现时代社会（包括民族）的最高认知和一般价值（包括人类永恒的主题、永恒的矛盾）；二是其方法的魅力和审美高度终究不因随着岁月的更迭而褪色或销蚀。当然这是将复杂问题简单化的一种说法。而今天我们在这里回顾和反思我们的翻译和研究，便是为了寻求一种相对复杂的认知和共识。需要说明的是经典不等于市场。用桑塔亚那的话说，经典不在于一时一地喜欢者的多寡，而在于喜欢者的认同程度和时间维度。退一万步说，市场经济尚且需要两只手，文化产品的引进不能没有宏观调空！而译协理应成为我国翻译行业的一只看得见的手。

陈众议：现任中国社会科学院外国文学研究所所长，中国翻译协会副会长、中国翻译协会文学艺术翻译委员会主任。

探索、建设与发展——新中国翻译研究60年

——新中国翻译事业60年论坛主旨发言之三

许钧　穆雷

（2009年11月12日）

中华人民共和国成立60年来，翻译作为沟通中外的桥梁，在中国的政治、经济、外交、文化和科学等各个领域的迅速发展中，发挥了重要作用。我国的翻译研究和翻译学科建设工作也随着翻译事业的不断发展和日益繁荣，在不懈的探索中前进，在努力的建设中发展，取得了令人瞩目的成就。本文着力回顾、梳理60年来翻译研究在中

国走过的路程，在反思、归纳、总结的基础上，继而明确在新的历史时期与多元文化语境中翻译所肩负的历史使命，指出中国译学研究应该着重关注的几个问题，并就进一步加强翻译研究和译学建设提出发展思路。

一、中国翻译研究的探索与发展之路

建国60年来，翻译研究和翻译学的学科发展之路经历了风风雨雨，大致可以划分为两个重要时期，即1949年至1978年的前30年和改革开放以来的后30年。翻译活动历来与国家、民族重大的政治、历史与文化事件相生相伴，与社会的发展密切相关。1949年新中国诞生，迎来了中国翻译事业与翻译研究发展的新机遇。

1. 社会的进步促进了翻译事业的繁荣与翻译研究的发展

1949年10月1日，新中国宣告成立。翻译活动受到了地方和中央政府有关部门的高度重视。解放仅仅43天后，即于1949年11月13日，上海市翻译工作者协会在新中国率先成立，同时创办了《翻译月刊》；此后一年内，武汉大学编译委员会、南京文联翻译工作者联谊会、天津市翻译工作者互动组等翻译组织相继成立；1950年1月，中央人民政府出版总署翻译局召开座谈会，同年内又数次约请各方面从事翻译工作的专业人员参加翻译工作座谈；1950年7月1日，在中国共产党建党49周年的日子里，由中央人民政府出版总署翻译局主办的《翻译通报》创刊；1951年4月，中央人民政府出版总署召开了“五四”翻译座谈会；1951年12月，中央人民政府出版总署又召开了第一届全国翻译工作会议；1954年8月，中国作家协会举办了全国文学翻译工作会议；1954年9月，《俄文教学》编辑部连续举办了两次翻译教学座谈会；1955年4月，沈阳俄专翻译教研组召开了翻译标准讨论会；1957年3月，北京俄语学院举行了四个高等俄语院校合编的俄译汉教材初稿讨论会。从上述有关翻译的各种活动来看，在处于百废待兴的建国初期，作为与外部世界联系的纽带与桥梁的翻译，受到了中央和地方政府部门的高度重视，并不是一种偶然，这是与新中国的建设需要和翻译的本质属性与重要作用密切相关的。翻译工作者组织的相继建立，翻译工作会议的频繁召开和翻译实践与研究刊物的创办，一方面有力地促进了翻译事业的发展，另一方面也为翻译的思考和研究提供了不断拓展的空间。

由于政治方面的原因，1957年之后到文化大革命结束的这段时期，有关部门对翻译工作关注和支持的力度不断降低，翻译活动逐渐减少，翻译研究也少有展开。从1949年至改革开放前这30年发表的近400篇翻译研究论文看，绝大部分发表于解放后的前10年。从发表文章所涉及的领域看，主要集中于翻译实践经验总结、翻译批评、翻译教学探讨和翻译人物介绍等几方面。除了对翻译实践中一些重要问题的探讨外，还有对苏联翻译理论的译介和探讨，研究者展现了一定的国际视野。总的来说，这一时期的翻译研究多紧密结合翻译实践，针对翻译的实际问题展开讨论。从文章的选题看，研究工作明显受到主流意识形态的影响。翻译理论研究的视野相对狭窄，理论探讨深度不够。

文革十年期间，由于国家对外交流和外交工作的需要，翻译活动并未停止，但其规模和形式均受到控制，尤其在主流意识形态和政治因素的影响下，翻译对象、翻译内容和源语国家的选择严格控制在一定范围内。翻译作品，译者多不署名或以集体署名，并以内部发行的方式传播，读者亦非常有限。对于翻译的思考与研究一度停滞，对外学术交流中断，各种学术刊物停刊，翻译研究基本上处于空白期。

改革开放以后，随着中国国际地位的迅速提高，翻译实践与翻译研究也步入快速发展的轨道。对外交流的繁荣极大地提高了对翻译的需求，新的翻译高潮为翻译研究提供了广阔的空间和丰富的实例，翻译活动与翻译思考形成充分的互动，翻译研究从对翻译标准的思考，到对俄苏翻译理论的介绍，进而到对西方翻译理论的引进，再到对中国传统译论的反思，开拓了汉译外研究、典籍翻译研究、口译实践及其教学研究、翻译工具研究等新的研究领域，不断提出新的研究课题。

2. 翻译研究队伍的成长与翻译学科建设

建国初期，翻译研究队伍主要集中在两方面，一是政治外交战线的翻译实务工作者，二是文学翻译家。他们具有一些共同特点，一是政治觉悟高，二是具有扎实的中外语言基本功，知识面广；三是对翻译工作具有强烈的责任心。在长期的翻译工作中，老一辈翻译工作者善于思考，自觉地总结翻译经验，摸索翻译技巧。文革前17年《翻译通报》、《译文》、《文艺报》以及有关外语学刊所发表的翻译探讨与研究文章可以清晰地展现出这一特点。

改革开放，国门打开，国外起步于20世纪50年代的各家各派翻译理论研究成果被逐渐介绍到中国。中国各个领域的快速发展和对翻译工作不断增长的需求，凸显了翻译的重要性。中国高校的外语教育渐渐地突破了语言与文学的培养传统，对翻译的关注和兴趣慢慢激发了外语界对翻译理论的关注。随着研究生教育的不断发展，外语界的翻译研究队伍逐渐成长，翻译研究逐步摆脱了被忽视、被轻视和边缘化的状况，在90年代末与语言学和文学研究鼎足而立，成为外国语言文学学科的三大支柱之一。

在翻译学科的发展过程中，群众性的学术团体起到了重要的推动作用。一方面，共同的事业追求将一大批有志于翻译研究的学者聚集在一起；另一方面，学术团体有计划、有目标、有针对性地开展学术活动，有力地保证了翻译研究活动的不断深入与发展。成立于1982的中国翻译工作者协会（中国翻译协会），至今已设置了10个专业委员会，其中成立于1995年的翻译理论与翻译教学委员会，由全国高校的翻译专家学者组成，该委员会秉承中国翻译协会宗旨，积极开展翻译理论研究、探讨翻译教学、培养翻译人才。中国比较文学学会从学科发展的需要出发，于1994年成立了翻译研究会。同年，中国英汉语比较研究会成立了翻译研究会。三个国家一级学会先后均设立了二级学会，以翻译理论与教学研究为宗旨，以翻译教师和研究人员为主要成员，搭建起翻译研究与人才培养的重要平台。

中国翻译事业的繁荣和社会对翻译人才不断增长的需求，构成了翻译学科发展的重要的推动力。外语学界一批具有宽阔学术视野和强烈学科意识的翻译学者从三个主要方面入手，不断推动翻译学的学科建设。一是以学术探索为基础。把理论建设当作翻译学科安身立命的根本，通过理论探索，明确翻译学的根本任务，不断开拓研究领域，推出研究成果。二是以队伍建设为中心。翻译研究队伍的建设起步晚，起点低，困难大。从解放以来翻译研究所走过的路看，翻译学科的建设经历了曲折而艰辛的道路。在很长一段时间内，翻译没有得到应有的重视，翻译研究在学术界也没有得到足够的认识。正是在改革开放以来，随着翻译在中外文化交流中的地位的凸现，翻译活动所涉及的一些根本问题得以在学术界被认识，被揭示，进行探讨与探索。而在不懈的探索中，研究者的队伍不断壮大，素质显著提高。三是发扬改革创新的精神，以体制改革为推动，翻译学科逐渐摆脱了外语学科传统思想的束缚，在体制层面上不断突破，尤其是在高等教育体制中获得认可，确立了翻译学的学科地位。中国的翻译学科建设经历了一个从“何为翻译学”、“有否翻译学”，到“如何建设翻译学”的发展过程，有过疑惑，有过争鸣，但疑惑促进了艰苦的探索，争鸣导向了积极的建设。

在翻译学术与理论建设工作中，《中国翻译》、《外语教学与研究》、《外国语》、《外语与外语教学》、《中国科技翻译》、《上海翻译》等一批充分体现学术探索精神的期刊发挥了不可替代的作用。《中国翻译》更是明确自己的办刊宗旨：开展译学研究，关注前沿动态；切磋翻译技艺，探讨翻译教学；促进国际交流，繁荣翻译事业。明确的追求、开阔的视野和学术自由的取向吸引了越来越多的青年学者加入到翻译学的研究工作中来。在翻译学科每个主要发展时期，有关的刊物均以敏锐的学术意识，适时开辟相关栏目，组织学术争鸣，引导翻译学科的建设朝着健康的方向发展。

同时，中国对外翻译出版公司、湖北教育出版社、译林出版社、上海译文出版社、外语教学与研究出版社、外语教育出版社等越来越多的出版机构关注翻译学建设，支持翻译与翻译研究事业。从以翻译实务为研究基础，以翻译实务指导为己任的“翻译实务丛书”，到以促进翻译学科建设为追求，致力于翻译理论建设的“中华翻译研究丛书”，到追踪国际译学研究前沿，大力引进国外翻译研究成果的“翻译研究文库”，再到充分体现中国新一代译学学者研究成果的“译学新论丛书”，见证了出版人对翻译事业的关心和热心，对翻译理论建设的支持与促进。

翻译学科的发展与改革开放以来研究生教育事业密切相关。恢复高考制度和研究生培养制度以后，外语院校外国语言文学硕士点开始培养少量的翻译方向硕士生，1993 年北京外国语大学培养了第一名用翻译研究作学位论文的博士。90 年代中期以后，随着高校对翻译师资的要求越来越多，北京大学、南京大学、南开大学、上海外国语大学等高校在外国语言文学有关的二级学科，特别在语言学与应用语言学博士点开始翻译方向博士生的培养，探索翻译学博士的培养途径。据不完全统计，截至 2008 年，我国内地培养出以翻译研究做学位论文的博士约 260 名，还有 30 多名中国内地学者在港澳台和国外高校获得翻译学博士学位，他们现已成为国内翻译实践、翻译教学和翻译研究的骨干力量，并在国际翻译教学和研究界产生了一定的影响。

正是在各方面大力支持，合作探索，全面建设的过程中，翻译的学术队伍发展壮大。改革开放初期一批年轻的探索者，经过30年的不懈努力与追求，成长为翻译学科的中坚力量，在国家的对外交流、翻译人才的培养和翻译理论建设中起到了引领作用。

3. 60年来翻译研究的基本状况与特点

新中国成立60年来，中国的翻译事业和翻译研究工作相互促进，共同发展。一方面，在翻译实践中不断提出的新问题为翻译研究提供了丰富的研究课题，开拓了研究空间，另一方面，翻译研究的不断深入与发展，为把握翻译实践的健康发展方向，解决翻译实践中遇到的各种困难和障碍提供了强有力的理论指导。从60年来翻译研究的发展进程看，我们可以发现一条最基本的规律，那就是翻译事业繁荣发展之时，便是翻译研究与思考的兴起与拓展之日。

从翻译研究成果的数量和研究领域的分布情况看，建国以来的前30年与后30年这两个时期呈现出来殊为明显的差别。

建国以后前30年，翻译研究基本附属于外国语言文学研究，进展缓慢。据不完全统计，1949年到1978年间，在国内有关刊物发表的有关翻译思考和研究的文章约为400篇。研究的领域主要有：（1）翻译人物与思想的探讨，如有多篇文章探讨鲁迅和瞿秋白等无产阶级革命家的翻译思想。（2）翻译技巧的切磋，在解放后的前10年，对翻译技巧的探讨非常活跃，一些俄苏文学的翻译家和马克思、恩格斯著作的翻译工作者结合自己丰富的翻译实践，在翻译方法和技巧的层面总结经验，展开研究。（3）翻译批评的有效展开，这与解放后的一段时期中央与地方有关部门与机构对翻译质量的重视是分不开的。从那个时期发表的有关翻译批评的文章看，批评的针对性强，有的放矢，对维护翻译工作的严肃性，提高翻译质量具有重要的作用。（4）翻译教材的编写，教材编写与翻译人才的培养密切相关，解放后我国各条建设战线对高水平的翻译人员的需求，对我国高校的外语人才培养提出了新的要求，而在传统的外语教育中，翻译教育处于从属的地位，由此翻译教材的编写对于翻译人才的培养便具有特别的重要性。

除了翻译研究的论文外，据不完全统计，1949至1978年间，国内出版的有关翻译的著述或教科书近90种。这些著作的内容主要有以下几类：国外翻译理论介绍类，主要译介苏联的翻译研究成果，如上个世纪50年代在国际学术界崛起的是语言学派翻译研究成果；翻译技巧总结与研究类，该类著作占较大比重，多探讨译名和地名的翻译，少部分涉及科技翻译、新闻翻译和法律翻译；教科书或翻译实用手册类，该类书籍主要涉及英汉和俄汉翻译，大多为笔译教材，也有少量的口译手册。值得注意的是，在上世纪60年代，机器翻译的研究一度成为国家有关科学研究机构关注的领域，机器翻译研究方面的著作也有问世。

应该说，建国以后前30年的翻译研究主要围绕当时的翻译实践问题展开，以翻译实践为关注的重点，总结翻译实践经验，试图解决实践中的各种问题。总的来说，翻译研究处于理论意识薄弱期，对翻译理论的必要性和重要性都缺乏足够的认识，理论意识和学科意识基本缺失，研究成果多为经验总结，技巧探讨，其特点为：主要研究笔译问题，对口译研究关注较少；笔译研究主要集中在政治文献和文学翻译领域，对其他文类翻译的关注较少；以翻译经验总结为主，理论的探索与升华较少；研究以文本为主，多关注语言文字层面的转换，而对文字转换所涉及的其他方面因素的关注与思考较少。

改革开放以来，中国的翻译研究取得了突破性的进展。从数量上看，根据对国内15种外语类核心期刊①的分类统计，1979至2008年的30年间，仅外语类核心期刊发表的翻译研究论文就达9000多篇。翻译研究论文不仅数量多，近10来更是呈明显上升趋势，而且研究领域不断拓展，研究方法日益丰富，研究深度不断增加。

1979至2008年间国内出版的翻译研究著作和教材约1600多种。与前30年相比，研究者的理论意识、方法论意识明显加强，视野开阔，研究趋于系统性和科学性。从1600余部的著作与教材发表的时间段看，大多数的出版时间在1990年之后。从各类著作所占比重看，占首位的是翻译教材类，约占总数的52%；第二位为翻译散论、杂谈类，约占13%；第三位为中外互译技巧类，约占10%，其中英汉翻译技巧占主要部分，内容涉及商务、科技、医药、旅游等翻译技巧；第四位为纯翻译理论研究类，约占9%；此外还有翻译史类、翻译教学类、翻译工具书类等等。就总体而言，有几点值得特别关注：一是翻译教材和翻译散论、杂谈类虽仍居多，但近10年来纯理论研究著作的数量呈逐年上升趋势，且研究范围不断扩大；二是翻译教材的品种扩大，层次有别，特别是在近几年，口译教材数量不断增加，教材开始明确学生层次；三是翻译史的研究成为一个重要的领域，而且从以往的文学翻译史开始逐渐扩展到文化交流史和文学思潮发展史等领域；四是近年来引进国外翻译理论著作的数量及类型增多，从技巧研究到语言学派理论，再到全方位引进；五是翻译教学与研究界近年来对翻译教学研究的重视程度不断增强，教学理论研究有了突破；六是对翻译市场和翻译行业管理的研究有了起步。

60年来，特别是近30来，中国的翻译理论研究能够不断发展，有两个重要的因素值得关注。首先是改革开放以来中国研究生教育对翻译研究与翻译学科的推动。近30年，国内的外国语言文学的二级学科中，有很大一部分设有翻译研究方向，在硕士和博士两个教育层次培养学生，展开研究。数量众多的翻译方向硕士研究生和越来越多的博士研究生为翻译学科注入了活力，为翻译研究不断开辟新的领域，他们越来越注重翻译研究的方法论，注重翻译研究的科学性与系统性，大大推进了翻译学科的发展。从近10年出版的纯翻译理论研究的成果看，有很大一部分是翻译学方向的博士论文。这些著作具有坚实的理论基础和探索精神，视野开阔，方法得当，具有较高的理论价值。其次，中国的翻译研究得到了各级科学研究基金的资助。在很长一段时间里，在中国的科学研究资助体系中，翻译研究一直处于边缘。从1993年开始，国家社科基金开始有翻译研究立项，至2008年共立项63项。翻译研究项目主要涉及以下研究主题：翻译史及译介学研究；翻译理论研究；翻译教学研究；翻译产品、翻译策略、翻译批评研究；翻译过程研究。除了国家社科研究基金外，教育部人文社科基金自上世纪90

年代初以来，一直立项资助翻译研究项目，近年来，资助立项的数量呈逐年增长的趋势，如2004年至2008年5年间，教育部人文社科基金立项中翻译研究项目共计立项46项，另外还有教育部人文社会科学研究基地的招标项目数项。同时，国内各高等学校、各省、自治区和直辖市的人文社会科学的资助项目中，翻译研究项目数量也不断增加。外国语言文学学科博士后流动站人员申报的项目中，翻译及相关研究项目的比重也在逐年增加。

4. 日益增强的学术交流活动与不断拓展的学术研究空间

上文谈到，解放之初，地方与中央有关部门、翻译机构和外语院校对翻译工作之重视，对加强翻译工作的反应之迅速，充分说明了翻译之于新中国建设的重要性。尤为值得注意的是，外语院校、翻译组织与机构对翻译的重视、思考与探讨，开启了一种共同探索和研究的良好传统。

据不完全统计，1949至1966年这17年间召开了20余次重要的翻译工作会议、座谈会和研讨会，内容涉及翻译组织的健全、翻译质量的监控和翻译教材的建设等。其中重要的大会有两次，分别是1951年12月召开的第一届全国翻译工作会议和1954年8月召开的全国文学翻译工作会议。第一届全国翻译工作会议由中央人民政府出版总署编译局主办，出席会议的有全国各编译机构、出版社和翻译专家代表137人，胡愈之在开幕式的讲话中特别提到“翻译出版物的质量低，重复浪费，翻译工作缺乏计划性”等问题，希望“以后翻译出版物逐步消灭错误，提高质量，走上计划化的道路”②；叶圣陶在闭幕辞中强调“翻译工作必须加强领导，当前的中心任务是提高翻译作品的质量，使翻译工作走向计划化”③，而要达到此目标，“应该从管理公营出版社和机关团体的翻译机构入手，应该从制定初步的全国全年的翻译计划入手”③；沈志远作了题为《为翻译工作的计划化和提高质量而奋斗》的大会发言。在1954年召开的全国文学翻译工作会议上，时任文化部部长的茅盾作了题为《为发展文学翻译事业和提高翻译质量而奋斗》的报告，强调翻译工作的重要性。报告指出，文学翻译工作必须在党和政府的领导下由主管机关和各有关方面，统一拟订计划，组织力量，有方法、有步骤的进行。为此，必须有一个全国文学翻译工作者共同拟订的统一的翻译计划，根据现有的力量和可能发掘的潜在力量，有步骤地组织翻译、校订和编审出版的工作。必须加强文学翻译工作中的批评与自我批评和集体互助精神，培养新的翻译力量。④如上文所言，其他多为地方性会议，会议议题多涉及翻译的组织工作，也有一些专业性较强，针对某一翻译问题展开讨论的会议，但基本上没有组织全国性的理论性的翻译学术研讨会。

改革开放以后，中国对外交流的步伐越来越快。1982年，中国翻译协会成立，这是由全国与翻译工作相关的机关、企事业单位、社会团体以及个人自愿结成的学术性、行业性组织。协会成立以后，积极开展对外交流，于1987年正式加入国际翻译家联盟，进入了国际翻译家联盟的领导和学术机构，全面参与国际翻译家联盟的各项重要工作。近10年来，中国译协每年都组团参加各种国际翻译交流活动，如参加美国、英国翻译协会的年会；参加在泰国、约旦、马来西亚和澳大利亚等国举办的各种翻译大会；参加国际翻译高校联盟的年会；组织国内高校到境外参加翻译培训，等等。2005年以来，中国翻译协会的代表一直担任国际译联副主席的职务，为推动中国翻译界与国际翻译界的沟通与合作发挥了重要作用。为加强地区性的协会合作，促进文化和学术交流，中国译协于1995年发起组织“国际译联亚洲翻译家论坛”，目前已经成功地举办了五届。2008年8月4日－7日，由国际翻译家联盟和中国翻译协会联合主办的第18届世界翻译大会在上海隆重召开。与会期间，来自76个国家和地区的1500多名代表围绕着“翻译与多元文化”这一主题，大会精心组织的90余个分会场，就业界关心的一系列重要问题展开了探讨与交流。这是国际译联在亚洲举办的首次世界翻译大会，中国取得此次翻译大会的主办权，充分表明了改革开放以来中国翻译事业的迅速发展，体现了国际译联和国际翻译界对中国在全球翻译事业发展中所起的重要作用的认可和关注。世界翻译大会得到了中国政府和上海市政府的高度重视和大力支持，也受到了国际相关组织的广泛关注，联合国教科文组织、欧盟委员会翻译总司等30多个国际组织和机构均派代表出席了会议。这次大会的意义深远，将有力地促进人们对翻译的理解与重视，繁荣翻译事业，发挥翻译在跨文化交流与文化建设方面的积极作用。在理论建设方面，这次大会将翻译理论与实践紧密结合，将多元文化的建设与翻译事业紧密结合，开拓了翻译研究的领域，增强了翻译与翻译研究工作者的历史责任感。

随着翻译事业的繁荣，在外国语言文学和其他相关学科发展的推动下，翻译研究逐渐受到重视。1984年开始，中国翻译工作者协会开始举办各类翻译会议。1985年首届全国中青年文学翻译经验交流会在烟台举行。1987年首届研究生翻译理论研讨会和第一次全国翻译理论研讨会召开。此后，翻译研究的学术活动不断增加，交流日益频繁，学术会议数量逐年增多，规模不断扩大，研究范围不断拓展，成果影响逐渐深入。翻译学术会议的主题大体可分为翻译实践、翻译理论、翻译批评及翻译教学四大类。科技翻译、文学翻译、汉译外、军事翻译、医学翻译、外事翻译、旅游翻译、民族语文翻译、翻译产业等领域都定期举办翻译经验交流会。

在翻译学科建设和学术交流工作中，中国翻译协会翻译理论与翻译教学委员会和中国比较文学学会翻译研究会起到了重要的引领作用，2001以来，召开了多次以翻译学科建设为主题的研讨会，重点讨论翻译学的学科范围、学科构架、基本理论等问题，对翻译学的学科建设起到了重要的推动作用。其他一些相关行业学会的学术会议也普遍设立翻译研讨论坛。从学术会议的规模和影响力可以看出，翻译研究的专门论坛、高端会议、区域性会议和国际会议开始增多，这些都说明翻译学日益受到学术界的肯定与重视。国内与国际学术交流平台的搭建，有力地促进了翻译界的学术探讨与交流，有关会议的论文集也充分反映了翻译研究水平的提高和翻译学术视野的不断拓展。另外，中国学者参加国际翻译会议越来越多，开始在国际翻译研究界发出自己的声音。

5. 翻译学科的发展和翻译与翻译研究人才培养体系的建立

中国的翻译活动已有几千年的历史，对翻译现象的思考也相伴相生，产生了许多有影响力的翻译思想和观点。建国60年来，随着社会对翻译需求的迅速增加和翻译活动的丰富多彩，中国学者对翻译活动、翻译现象、翻译过程和翻译作品的认识也日益深刻。如果说20世纪及其之前，翻译还被视作个体手工操作的行业而备受忽视的话，那么，进入新世纪以后，翻译作为社会发展的一个重要行业开始凸现其专业地位，最突出的表现就是专业翻译人才的培养备受关注。

在很长一个时期内，人们普遍认为，只要学好外语就可以胜任翻译工作，外语人才等于翻译人才，外语教学的培养目标主要是培养翻译人才，这一认识误区把翻译人才的培养长期局限于外语教学的框架之内。

改革开放以后，社会发展对翻译的大量需求逐渐改变了人们对翻译的认识。实际上，在20世纪70年代中期，随着中国国际地位的提高，中国在联合国的合法地位得以恢复后，我国的国际交往明显增多，外交工作和文化交流活动对具有国际视野和娴熟的翻译技能的翻译人才的需求越来越迫切。为满足国家在新时期的需要，1979年，北京外国语学院创办了联合国译员培训班，首次正式培养职业译员，开辟了中国职业化翻译人才的培养之路，在不断探索的过程中，积累了翻译专业教育宝贵的经验，也使国人逐渐开始认识到专业翻译教育的必要性、重要性和不可替代性，认识到翻译研究的重要性，以及翻译学独立的学科地位。

20世纪80年代中期，随着国家对外语人才和高水平翻译人才需求的迅速增加，人们开始思考如何培养专业化翻译人才，翻译人才与一般外语人才的区别何在，培养方式和条件要求有何不同，等等。从上世纪80年代中期开始，以“翻译理论与实践”为名称的二级学科得以建立，虽然翻译学科一度在学科设置的层面受到限制，但随着外国语言文学学科的不断发展，上海外国语大学、广东外语外贸大学和北京外国语大学分别于2004、2006、2008年在外国语言文学一级学科内自主设置了翻译学学位点，培养翻译学的博士生和硕士生。为适应翻译人才培养的需要，从学科探索的角度出发，教育部于2006年批准复旦大学、广东外语外贸大学与河北师范大学设立翻译本科专业，经过三年的发展，迄今已有19所院校获准设立翻译本科专业。2007年，经过广泛的调查和严格的论证，国务院学位委员会批准设置翻译硕士专业学位，为培养高层次、应用型、专业性的翻译人才搭建了平台，首批15所院校获准设置学位点，当年开始招生，2009年又扩大至40所院校。此外，越来越多的青年翻译学者进入全国各外国语言文学学科的博士后流动站开展研究。不同层次相结合，学术型与专业型兼顾，逐步形成了一个由本科、硕士、博士教育和博士后研究组成的完备的学科体系和翻译实践与翻译研究人才的培养体系。

在翻译人才培养机制的探索中，有目标、分层次、有重点地实施翻译教育是一个带有根本性的问题。如何从翻译事业的根本需求出发，探索翻译人才培养的规律，科学地设置不同层次的翻译专业，是中国翻译教育工作者需要思考的重大问题之一。从中国翻译学科的建设过程来看，人们对翻译专业的认识一直存在着误区。经过翻译学者多年不懈的努力，这些错误观念正在得到改变，科学的翻译教育观正在逐步确立。

近10年来，翻译专业建设取得了重大突破，翻译教育也面临着艰巨的任务。全国翻译学科的带头人和学术骨干，勇敢地担当起自己的历史责任，在国家教育行政主管部门的领导下，在各所在院校的支持下，在工作中不断进取，努力开拓。全国翻译硕士专业学位教育指导委员会、全国有关翻译院系的交流协作组和各级翻译教学和研究组织共同努力，积极开展工作，从翻译教育的理念入手，努力探索，统一思想，加深认识翻译专业的内涵，廓清翻译专业与外语专业的关系。在此基础上，借鉴国外高校办学的成功经验，积极开展师资培养，科学设计师资培训的内容，通过师资队伍的建设，提高师资水平，打下翻译专业建设的良好基础，同时在课程设置上进行探索与研究，针对翻译能力的培养和翻译素质的提高开设课程。此外，翻译的教材建设近年来也取得突破性进展，针对不同层次办学的理念和实际要求，“翻译本科专业系列教材”、“全国翻译硕士专业学位系列教材”和“翻译专业必读书系”等定位明确的系列教材的编写与出版，有力地推进了翻译专业的建设，为翻译人才的培养探索有效的途径。

二、新时期翻译的使命与翻译研究须要关注的几个问题

从上面的简要回顾中我们看到，60年来，特别是近20年来，随着我国翻译教学与研究界理论意识、学科意识的不断增强，翻译研究方法的日趋科学化和翻译研究队伍的日渐扩大，翻译研究成果不断问世，学术研究日益深入。

在全球化进程不断加快的今天，翻译对于不同文化之间的相互了解、互相尊重、互为补充无疑具有重要的作用。而要发挥翻译在多元文化语境交流中的作用，我们必须明确当今时代翻译所应具有的精神和所肩负的使命。人类社会始终处于发展的状态中，而人类社会越发展，越体现出一种开放与交流的精神。人类社会想要走出封闭的天地，首先必须与外界进行接触，以建立起交流的关系，向着相互理解共同发展的目标前进。事实上，不同民族语言文化之间的交流是一种需要。以固步自封的态度消极地维护一个民族文化的纯粹性，最后的结果只能是被排除在世界文化的交流、交融之外，造成自身的落后。一种文化，无论其多么辉煌、多么强大，总是存在自身的局限，只有走出自我，在与其它文化的不断碰撞甚至冲突中，才能认识到自身的局限性，并渐渐在与其它文化的相互理解、相互交融中丰富发展。

在世界文化交流的过程中，翻译无疑扮演着重要而独特的角色。德里达指出，“翻译就是那在多种文化、多种民族之间，因此也是在边界处发生的东西”⑤。翻译，在一定意义上说，是不同语言、民族之间进行文化交流的首要保证。无论是口译还是笔译，它都保证了持不同语言、文化的人之间的相互沟通和理解。无论是东方还是西方，一部翻译史，就是一部生动的人类社会的交流与发展史。翻译与社会的发展、文化的积累和丰富以及世界文明的进步是紧密结合在一起的。没有在多种文化的接触、碰撞中起沟通作用的翻译，就无法保证世界各民族文化的共存、交融与发展。

促成不同文化之间的相互理解，实现不同文化的和平共存，这是历史赋予翻译活动的重要使命，所有的翻译工作者和翻译研究者都要勇敢地承担起这一使命。中国译协副会长黄友义在第18届世界翻译大会的闭幕式上指出："在全球化的今天，文明多样性仍是人类社会的客观现实，是当今世界的基本特征，也比任何时候都更加显得可贵。而维护人类文明多样性、促进不同文明间的对话与交融、促进人类的共同进步是各国翻译工作者义不容辞的使命和职责。"⑥

基于对翻译及其使命的这一认识，我们进一步看到，翻译实践几千年的厚重历史和当前繁荣的翻译事业，为我们的翻译研究提供了坚实的土壤和广阔的思考空间。在我们所处的这个时代，全球经济一体化日益加快，文化多样性的维护问题被更加严峻地提了出来，而在多元文化语境下如何深化翻译研究，加强翻译学的学科建设，也随之成为一个迫切须要思考的问题。我们认为，在多元文化语境下，必须坚持正确的翻译文化观，进而在翻译文化观的指导下，进一步深化我们的翻译研究。在梳理新中国成立60年来翻译理论研究的发展情况，对翻译研究和翻译学科建设的主要成就进行归纳与总结的基础上，针对国内近30年来翻译研究中某些值得注意的倾向与存在的问题，我们就如何扩大翻译研究的视野，进一步加强翻译研究，在多元语境之下推进翻译理论研究向系统化和深度发展，提出如下几个值得特别关注的问题。

1. 翻译研究要关注历史的发展进程。一部翻译史，就是一部人类文化交流史。要了解翻译在人类文化交流中的贡献，必须关注翻译的历史和文化发展的历史，要从历史发展的角度理解翻译作为人类活动的重要功能；从翻译活动对文化文明发展所做出的贡献着眼，理解翻译的意义、作用与定位，而不仅仅局限于翻译标准、翻译技巧等的讨论。关注历史的发展进程，意味着既要关注翻译活动本身的历史，也要关注与翻译活动相关的文化史、社会史、科技史、学术史等等。另外，我们要坚持翻译的历史发展观，翻译是一项不断发展的实践活动，其范围、形式和内容在不断扩展，进入21世纪以来，翻译现象和翻译活动比以往任何一个时期都更加复杂、多样化了，从这个意义上说，翻译的内涵在不断扩大，因此，我们对翻译的认识和理解也要不断加深。

2. 翻译研究要关注现实的重大问题。翻译研究要走出象牙塔，翻译教学和研究界应该密切关注翻译活动在现实政治经济文化生活中的作用，认识翻译在多元文化语境下的使命，探讨在新的历史时期内，在中国文化走向世界的过程中，面对全球经济一体化、文化多样化的大语境，面对人类共同的问题，翻译活动在其中能够发挥什么样的作用、应该采取什么样的策略。进入新世纪以后，中外文化交流日益丰富，科学技术日新月异，人类文明发展迅速，翻译活动应该如何定位？如何在浩如烟海的各类资料中选择翻译的对象？如何加强翻译规划？如何提高翻译质量？如何进行翻译管理？这些重大的现实问题，需要我们有开阔的视野和探索的精神，去面对，去思考，去研究。

3. 翻译研究要关注文明的对话和交流。翻译研究应该关注如何以尊重和开放的心态去面对异质文化与文明，如何在异质文明中进行平等的双向交流，并促进异质文明的交流和对话，以维护语言文化的多样性为使命。翻译作为人类跨文化交流活动，是一项有多种因素参与的复杂活动，我们的研究应该克服就翻译论翻译的狭隘的、技术性倾向，而把翻译置放在一个文化交流的大背景中去考察与研究，以把握翻译的内涵与本质，并从“翻译的跨文化交流”这一本质出发去讨论翻译的标准、原则，去制定翻译的策略、方法与手段。由于翻译是复杂的文化交流活动，承担着精神交流的中介作用，译者在其中的作用不可忽视，作为桥梁，翻译的首要职能是沟通。因此，面对作者和读者，面对出发语文化和目的语文化，译者应采取怎样的态度，应采取怎样的沟通方式，是翻译研究不可忽视的一个重要方面。

4. 翻译研究要关注相关学科的发展。翻译活动不是孤立的，它与人类社会的政治、经济、科技、文化等均有密不可分的联系，特别是人类思想交流一个重要的纽带与桥梁。因此，翻译研究不能把目光局限于翻译自身，而要立足于翻译，放眼于相关学科的发展。翻译学具有跨学科的性质，因此翻译学不可能孤立地发展，必须不断地吸取其他相关学科的理论资源，同时力求对其他相关学科产生影响。这就要求翻译学研究者不断增强学科意识和理论意识，把握研究的定位、研究的基本问题，确定发展规划，保持内在动力，鼓励形成本土的翻译流派或学派。

5. 翻译研究要关注翻译事业未来的发展趋势。日新月异的科学技术彻底改变了传统翻译的手段，职业化的翻译行业也改变了传统翻译教学的理念。翻译研究不仅要关注有关人类交流、文化对话的重大问题，也要关注翻译工具的革新和翻译过程的改进，关注借助新技术改进翻译工作、提高翻译效率的手段。与人类进步和社会发展密切相关的科学技术的新成果、新兴的产业与行业、新的文化市场、新的媒介手段，都应该加以关注。在此基础上，我们要进一步密切关注翻译事业未来的发展趋势，思考社会发展对翻译人才和翻译质量提出的新的要求，以采取积极应对的措施。

在建国以来60年的翻译研究与翻译学科建设的历程中，我们积累了丰富的经验，为今后的发展打下了坚实的基础。在新的历史时期，我们要立足于人类发展的历史和社会发展的现实，肩负起历史赋予翻译的使命，不断加深对翻译活动本质的认识，关注在人类文化交流与文明对话中提出的新问题，开阔视野，把握翻译活动、翻译教育的新趋势、新动态、新问题，进一步加强翻译研究和翻译学的学科建设，探索翻译人才培养之路，为繁荣中国的翻译事业，促进中外文化交流做出自己应有的贡献。

许钧：现任南京大学教授，博导，华东师范大学紫江讲座教授，中国翻译协会常务副会长。研究方向：翻译学 法国文学

穆雷：现任广东外语外贸大学教授，博导。研究方向：翻译学

本文参考文献

[1] 这15种期刊为《中国翻译》、《语言与翻译》、《上海翻译》、《中国科技翻译》、《外语教学与研究》、《外国语》、《外语与外语教学》、《外语界》、《现代外语》、《解放军外国语学院学报》、《外语学刊》、《外语教学》、《外语研究》、《四川外语学院学报》、《中国俄语教学》。

［2］胡愈之在1951年第一届全国翻译工作会议上的开幕词，载于1951年《翻译通报》第3卷第5期。

［3］叶圣陶在1951年第一届全国翻译工作会议上的闭幕词，载于1951年《翻译通报》第3卷第5期。

［4］茅盾在1954年召开的全国文学翻译工作会议上所作的报告《为发展文学翻译事业和提高翻译质量而奋斗》，载于1954年10月号《译文》。

［5］引自雅克·德里达，《书写与差异》，张宁译，生活·读书·新知三联书店，2001年，“访谈代序”，第22页。

［6］黄友义在第18届世界翻译大会的闭幕式上的发言《发展翻译事业，促进世界多元文化的交流与繁荣》，载于2008年《中国翻译》第4期。

新中国科学翻译60年

——新中国翻译事业60年论坛主旨发言之四

黎难秋

（2009年11月12日）

历史上我国翻译活动曾可分成三大部分，即宗教翻译、文学翻译与科学翻译。进入近现代，由于宗教翻译活动的衰微，逐渐形成了文学翻译与科学翻译并肩前行的态势。关于“科学翻译”的界定及我国科学翻译的历史分期，笔者曾经在一些拙作中发表过已见［1］、［2］，并且得到了李亚舒［3］等学者越来越多的认同。“科学翻译”是指含哲学、自然科学、技术工程及除宗教、文学艺术以外其他社会科学内容的翻译。新中国成立后，我国的科学翻译活动经过了“特殊发展期”（1949～1966，也可算入1967～1976），迎来了全面发展期（1977至今）。因篇幅所限，本文谈及“科学翻译”基本上是窄义的，即一般为自然科学与技术工程的“科技翻译”。

新中国的科学翻译事业在以下诸领域得到了巨大的发展：科学翻译机构；科学翻译工作者；科学翻译成果；科学翻译产业；科学翻译研究与理论；科学翻译教育。本文便从这六个方面依次展开介绍。

一、科学翻译机构

科学翻译出版是科学翻译事业的重要组成部分，不仅联系着科学翻译工作者、科学翻译成果，还反映了科学翻译研究与教育的发展情况。新中国成立后，除了科学翻译出版机构大增外，还涌现出了其他一些科学翻译机构，如科学翻译组织领导机构、科学情报所翻译部门与科学翻译服务公司（网）等 。迄今的一些著作在介绍新中国的科学翻译机构时，仅仅介绍一些科学翻译出版机构，这是很不够的。

1. 科学翻译社团组织

（1）中国翻译工作者协会1982年6月成立，是全国性群众学术团体，中央机关和各省、市、自治区翻译工作者协会（含学会）的联合组织。其宗旨是坚持社会主义方向，团结和组织全国翻译工作者开展翻译工作的研究和学术交流，提高我国翻译工作者的水平，促进对外文化交流。原下辖科技翻译、社会科学翻译、对外传播翻译、军事科学翻译、外事翻译、文学艺术翻译、民族语言，翻译理论与翻译教学等委员会。2002年增设翻译服务委员会，2009年增设本地化服务委员会。中国翻译工作者协会2005年改名中国翻译协会，又增加了指导翻译行业的功能。现10个委员会中多数均与“科学翻译”相关。译协主要任务是：举办各种与翻译有关的学术研讨会、报告会及其他学术交流活动；组织会员为社会服务，开展翻译咨询和办学等；团结内地、港澳台与华侨翻译工作者，加强联系与合作，繁荣翻译事业；加强与国外翻译界的联系与合作，推进中外翻译学术交流；维护翻译工作者的合法权利与正当利益；出版会刊，编印翻译学术资料和书籍，宣传翻译事业。

中国译协的会刊为《中国翻译》杂志，前身为创办于1980年的《翻译通讯》，1986年改为现名。刊物为开展译学理论研究，交流翻译经验，评介翻译作品，传播译事知识，促进翻译教学及报道国内外译界动态等提供了广阔的平台。所载内容不少涉及科学翻译事业，同样是科学翻译工作者探讨翻译理论，学习翻译技巧，交流翻译经验的重要园地。[4]

（2）中国科学院科技翻译工作者协会1986年9月24日在北京成立，是团结和组织中国科学院各分院，各研究所及所属院校科学翻译工作者，开展科学翻译研究和学术交流的群众学术团体。1988年6月，该协会成为继中国译协加入国际译联（FIT）后内地的第二个团体会员。

1988年，该协会创办《中国科技翻译》，系协会的会刊。这是一份探索科学翻译理论，交流科学翻译经验，评价科学翻译作品，报道国内外科学翻译信息，促进科学翻译事业发展的学术刊物。因此，这也是我国科学翻译界一份十分关注的重要刊物。多年来，中科院科技译协与《中国科技翻译》杂志，在推动我国科学翻译事业的发展中确实发挥了重要的作用。[5]、[6]

（3）省、市、自治区翻译工作者协会

自中国翻译工作者协会成立后不久，各省、市、自治区翻译工作者协会相继成立。各省、市、自治区译协在中国译协指导与合作下，团结本地翻译工作者，从事翻译理论研究，进行翻译经验交流，开展翻译培训，组织翻译作品等，极大地推动了本地翻译（包括科学翻译）事业的发展。特别值得提出的有两点：一是1980年2月，吉林省科技翻译协会成立，这不仅是第一个省级科学翻译群众社团，它的成立时间比中国译协还要早两年多，在改革开放新时期的科学翻译史中理应给它记上一笔。二是1985年1月，上海市科技翻译工作者协会成立，著名科学家钱伟长担任名誉会长。[7] 翌年6月，上海科技译协主办的《上海科技翻译》（现已易名《上海翻译》）创刊，这是一份普及与提高相结合的、讨论翻译工作的专业性刊物。江泽民同志在创刊号上题词为“促进中外信息交流，推动我国科技发展”；中国译协会长姜椿芳的题词为“科技翻译信息新，科技翻译四化成”，［8］它的创刊时间比《中国科技翻译》杂志还要早两年多。20余年来，中科院科技译协，上海科技译协与它们分别主办的《中国科技翻译》、《上海科技翻译》，为推动我国新时期的科学翻译事业做出了重要的贡献。目前，湖南、浙江、江苏等省除翻译协会外，也都相继成立了科技翻译工作者协会。此外，广州、深圳、武汉、杭州、西安、厦门、南京、宁波、青岛、延边等城市也成立了各种翻译协会。

2. 科学翻译出版机构

科学翻译出版机构是组织翻译出版科学译著与资料的主要机构，下面择要介绍其中一些主要的机构。

（1）商务印书馆1897年创办，1902年成立编译所，解放前曾组织翻译出版了大量科学书籍，如《汉译世界名著》（230种）、《大学丛书》（128种）等。1958年，中共中央确定商务印书馆的出版任务是“以翻译外国的哲学、社会科学方面的学术著作为主，并出版中外文的语文辞书”。据不完全统计，1958～1976年，该馆出版译著五百余种。1976～2004年，仅出版《汉译世界学术名著》丛书已有10辑400种，分为哲、史、政、地、经与语言学6类，几乎收录了世界上从古希腊至当代有影响的重要学派的代表作，为中国学术进步作出了重要的贡献。同时，该馆还出版了《美国丛书》、《日本丛书》与《世界名人传记丛书》等重要译著。［9］读者还可参阅《商务印书馆对中国翻译事业的贡献》一文（徐式谷、陈应年，中国科技翻译，1998/1）。

（2）中国科学出版集团1954年8月成立，原名科学出版社。2000年6月成立科学出版社为核心的中国科学出版集团，以科学、技术、医学与教育为主要出版领域。迄2000年，仅科学出版社出书便达22000余种，科技类著作占全国同类著作的12.5%。现每年出书六千余种，期刊190种，据新闻出版总署统计，至2003年底，该集团出版科学图书品种已居全国第一位，综合竞争能力在全国出版科学书籍的出版社中，至2001年已居第一位。［10］

（3）中国社会科学出版社1978年6月成立，为中国社会科学院创办并主管的国家级出版社。建社以来出版了5000余种图书，其中包含了一批外国哲学与人文社会科学的优秀译著。例如：《简明国际百科全书》系列、《当代经济学教科书译丛》、《国外经济管理名著丛书》、《西方现代思想丛书》等。

中国科学出版集团与中国社会科学出版社组织全国科技与哲学社会科学领域的著名学者专家编译专著，这些专著往往是各学科前沿最先进的著作，且翻译质量精准，因此，二社出版的译著对推动我国科学发展的作用不可低估。

（4）其它重要科学翻译出版社 人民出版社、各地人民出版社、三联出版社、上海译文出版社、华夏出版社等，在改革开放后的30年中也都可列入翻译出版哲学社会科学著作的重要出版社。［11］各地科学技术出版社、各工业部门出版社（如电子、石油、国防、机械……）、各理工科高等院校出版社等，也都不同程度地出版了一些科学译著。

3. 科学情报（信息）研究机构

自上世纪50年代始，继中国科技情报研究所、国防科工委科技情报研究所成立后，各省市、各工业部也都先后成立了科技情报研究所。不少科研院所与理工科高等院校甚至大型企业也都成立了科技情报研究所（室）。所有科技情报研究所（室）主要任务有两项：一是为主管部门的领导提供管理决策性科技情报资料，或为科研教学人员提供学术专业性科技情报资料。为社会各界提供科技情报资料的检索、咨询、翻译服务，则是又一项重要任务。为了完成这两项任务，一些科技情报人员必须从事收集与编译国外先进科学技术与社会科学相关领域的专著、论文、技术报告、设计资料、工程图纸、专利文献以及相关的工、商、经、贸、法律文件，等等。

我国各类科技情报（信息）研究机构数量十分庞大，数以百计的科技情报所室设有翻译部门，大量的科学翻译人员终年累月甚至一生都奉献于默默无闻的科学情报翻译事业。研究我国科学翻译史时，我们绝对不能忘却科技情报翻译机构与翻译人员。

笔者未费多大精力，便可检索到一些科技情报研究所从事科学翻译活动的情况。例如，陕西省科技情报研究所设有科技代译中心，翻译服务自1958年至今已有50余年历史；上海科技情报研究所的翻译服务公司成立也已40余年；辽宁省科技情报所翻译部拥有的专兼职科学翻译人员竟多达数百名；天津市科技信息研究所翻译部的科学翻译人才也多达150人。中国科技信息研究所与国防科工委科技信息中心数十年来不仅广泛开展科学文献翻译服务，而且编译出版了大量科学检索类、报道类与研究类刊物，从事机器翻译研究。开展翻译服务的还有河南、山西、安徽、广东等省级情报研究所以及许多工业部与市级的情报研究机构。我国科技情报研究所翻译服务部门通常都同时从事口、笔译服务，笔译领域涉及科技、政治、经济、贸易、财经、建筑、商贸、法律等各个领域，翻译成果量绝不少于出版的科学译著。

4. 其他科学翻译机构

改革开放后，随着市场经济的发展，许多科学翻译公司雨后春笋般地诞生，并且迅速形成了新兴的翻译产业，从翻译活动规模与成果来说，这是完全可以与出版机构、科技情报机构相媲美的又一大类翻译机构，本文将专节介绍。此外，各大企业大工程的资料翻译室、各部门的外事办公室，也都可划在翻译机构之列。例如，根据中国译协统计，2005年，仅工作在全国国有企事业单位的翻译专业技术人员就达27987人（《中国翻译年鉴（2005~2006）》，第636页），这两万余人的科学翻译成果之大，也是可以想像的。旧中国科学翻译机构主要就是有关的出版社，新中国出现的科技译协组织、科技情报研究所、大企业大工程资料翻译部门、高校翻译教学研究机构以及面向科技的翻译企业等，是新中国科技翻译事业迅速发展的一个标志。

二、科学翻译工作者与科学翻译家

关于科学翻译工作者必须具备的条件，大翻译家郭沫若早在1923年著文中已经指出必须具备四个条件，即外语知识、科学专业知识、汉语“自由操纵的能力”以及责任心。[12] 郭老的观点多数人应该是认同的。旧中国翻译职业不受社会尊重，新中国因而传承的翻译人才很少；改革开放前翻译专业人才的培养又未纳入正规的教育体系，这就导致前30年科学翻译工作人员主要来自四个方面：一是解放前至上世纪五六十年代从西方及苏联先后归国的留学人员，他们一般从事科研与教育工作，许多人因科教需要，参与了科学翻译工作；二是解放前在上海、北平一些外国人所办高校的毕业生，其中一些人既有科学背景，外语又很好；三是解放初一批外国语院校或外语专业（主要是俄语）培养的外语人才，但一般并非专门培养的翻译人才；四是解放前与解放初从科学专业培养的但外语纯熟的毕业生，因工作需要改行从事翻译工作。这四类翻译工作人员虽非专门培养的科学翻译人员，但在前30年中，他们在我国经济、国防、科教等领域承担了主要的翻译工作，为这一时期科学翻译事业作出了重要的贡献。其中第一类是兼职科学翻译工作者，而第二、第四两类比第三类人员，能更快地发展成为科学翻译家。

改革开放后，一些高校开始培养翻译方向的外语人才，目前翻译专业已正式纳入本科与硕博教育体系，衷心期待我国现有数万名专职科学翻译工作者队伍迅速壮大，并将涌现越来越多的优秀科学翻译人才——科学翻译家。

笔者认为，科学翻译家至少应具备两个条件：一是长期专业从事科学翻译工作；二是具备副译审或相当级别以上的科学翻译人员。近些年来，中国译协相继表彰的近千名70岁以上的“资深翻译家”，他们都是我国最为优秀的翻译家，其中许多人就是最为优秀的科学翻译家。在中年科学翻译工作者中，有的也已经具备了上述科学翻译家必须具备的两个条件，因此，我国可称得上科学翻译家的人数是巨大的，本文不可能一一予以介绍。我们介绍的，主要是70岁以上并且多数长年或终生默默无闻，不求名利服务于各个领域的科学翻译家，其中许多人可能并未获得“资深翻译家”的荣誉称号，但是笔者希望通过本文彰显他们在科学翻译事业中的贡献。

1. 经济与国防建设领域的翻译家

关于经济与国防建设领域的前辈优秀翻译家，本节先重点介绍那些上世纪五六十年代为援华苏联专家担任翻译者，其中多数人长期默默无闻未为人所知。

1949年8月，首批38名苏联专家随访苏的刘少奇抵达北京后，苏联先后向中国派遣了成千上万名的专家。仅中长铁路就有1000多位专家，6所航校有专家878名，许多高校、研究院所每个单位都有数十至上百名专家。直至中苏关系交恶苏联专家全部撤出的前夕，1960年7月在中国44城市34部委系统中尚有1292名苏联专家。因此，先后为苏联专家担任口笔译工作的人员数量是十分可观的。这些翻译人员除了繁忙的口译任务外，笔译的工作量也十分巨大，他们不仅为我国的科学翻译事业增添光彩，而且为我国的科学、经济、国防、教育等事业作出了巨大的贡献。[13] 对于下列70岁以上、具有高级翻译职称，曾为苏联专家翻译的前辈翻译家，译界同仁不能忘却他们的姓名与贡献：蔡樟桥、蔡中琨、陈必清、陈焕章、丁亚梅、丁昌第、高志坚、顾丽兰、韩玉珊、郝永昭、黄纪明、蒋慧明、金常政、李次公、李占松、林春梅、刘秉仁、刘德馨、刘国良、刘品廉、栾治平、马国基、牟焕坤、倪明谦、沈剑渊、沈正芳、石志忠、程蔚梅、孙克昌、孙文俊、孙振洲、王征尘、夏培厚、谢振中、邢麟、杨振荫、于胜军、周兆萍。[14]

2. 军事科学领域的翻译家

接着我们简介十分活跃的军事科学翻译活动及前辈优秀翻译家。中国译协于1987年成立中国译协军事科学翻译委员会，委员会团结全国军事科学翻译工作者，每年举办一至两次学术研讨会，并在组织翻译军事科学著作，培养翻译人才等方面做了大量的工作。我国军事科学文献资料的翻译量很大，为此，2004年中国译协军事科学翻译委员会在北京举办了首届军事科学翻译成就展览会，展览了55年来军事科学翻译的丰硕成果。中国译协于2007年4月与2009年8月两次召开表彰会，为新中国60年来作出重大贡献的225名我军的军事翻译家（70岁以上）授于“资深翻译家”光荣称号。[15]、[16]、[17]

除了上述225名我军最优秀的军事科学翻译家外，下列70岁以上的前辈军事翻译家（尽管有些人不在军队中工作），我们也是不该遗忘的：常汝楫、丁锡鹏、林在德、刘克璋、尚世魁、申庞海、沈鸣岐、宗如璋、唐炳鑫、王麦林、王树森、王希昌、王演存、吴国桂、忻芝卿、张杏珍，等等。[18]

3. 科学著作翻译家

科学著作翻译家以科研与高教领域的研究与教学人员为多，如前所述，他们一般是兼职的科学翻译家。有的人译著不一定多，但以其译著在相关学科中的知识先进性及译文的精准性，他们在科学翻译界的地位仍是十分重要的。

4. 科技情报领域的翻译家

在我国数以百计的各省、市、自治区、各政府部门、各研究院所及高校的科技情报研究所室，许多人员长年甚至终生从事科技情报资料的编译工作，由于许多翻译产品是不公开出版的，因此他们往往不像科学著作翻译家为人所知。本文向读者介绍其中一些70岁以上并具有高级职称的前辈科技情报翻译家。他们是：艾克定、安思忠、蔡孝顺、蔡樟桥、蔡兆庆、曹瑞、常青、常叙平、陈兰芳、陈启德、陈婉冰、陈其本、陈兴华、陈守双、狄政、刁元康、丁一、冯鉴平、冯秋明、何大智、何洋生、胡德生、胡济世、胡景春、胡明忠、胡旗振、胡素珠、滑天顺、黄伙强、皇甫烈魁、纪海德、江善之、姜继、李清华、林彻、刘静华、陆昌熙、牟传文、裴壮吾、尚尔和、陶绪铨、藤建刚、王光闾、王作龄、魏建辉、谢桂荣、许国权、徐乃娟、于钰、袁绍渊、等等。[19]

前文谈到，科学翻译工作者还包含的科学翻译研究与教学人员、科学翻译服务产业从业人员、科学书刊译审人员。其中也有许多资深的专家，本文介绍从略。因此，新中国活跃在各领域的庞大科技翻译队伍，在数量上是旧中国根本无法比较的。

三、科学翻译成果

在迄今的一些翻译史著作中，谈及我国解放后在科学翻译方面的成果时，只是介绍公开出版的科学翻译著作，事实上这是远远不够的。上世纪五六十年代成立的数以百计的科技情报研究机构及苏联援助的156项大型建设工程，改革开放后迅速涌现的3000余个翻译服务公司与许多引进外国先进技术的重大建设项目，他们每一类的科学翻译成果，在字数上几乎都可与公开出版的科学译著相比拟。例如，仅广东省科技情报所一家，其翻译部自1975年成立以来，除完成数千次口译任务外，累计笔译科技情报资料就达到数亿字，因此，数百个科技情报所室，其科学翻译成果总量决不可低估。［20］1954年10月至1959年初，苏联在援建过程中向我国提供的资料有：1100套工业企业及其他建设项目的设计资料、3500套各类机械设备的制造图纸、950套技术资料与2950个专题的各种技术说明书。可以设想，除了繁忙的口译任务外，1950～1960年十年中，为156个援建项目所完成的全部俄文资料翻译量多么巨大。［21］翻译服务公司承担着大量的翻译任务，如科技网翻译公司一家就自称拥有数千名翻译人才，那么3000余家翻译公司数以万计的专兼职翻译人员，在近20年中会生产出多少科学翻译产品。改革开放以来那些引进先进技术的大中型企业，每天每时也都在生产大量翻译产品，例如，仅上海宝钢一期工程的翻译资料重量达300吨，译成文字有4亿汉字；又如广东大亚湾核电站一期工程资料重100多吨，译成文字约为2.5～2.75亿字。（见：《中国科技翻译辞典》，第Ⅵ页。）上面所述各类科学翻译产品虽然数量十分巨大，但一般均不公开出版，因此难以统计。此外，由于涉及国家机密，我国军事机构与国防工业所笔译的大量产品许多也是不对外公开的。因此，本文只能介绍解放60年来公开出版的科学翻译著作（主要介绍自然科学与技术工程译著）与汉译外著作。

1. 自然科学与技术科学译著

关于新中国60年科学译著的出版情况，比较准确也比较省力的办法是查阅《全国总书目》与国家图书馆的图书目录。前者依年公布每年出版的图书目录，国家图书馆是我国的版本图书馆，其馆藏书目基本上也能准确地反映我国的图书出版情况。

根据统计，1949～1966年，我国共出版自然科学与技术工程类译著约1.6万种，年均约950种。［22］1967～1976年，此类译著出版766种，具体年份分布如下：［23］

年份	1966～1969	1970	1971	1972	1973	1974	1975	1976	总计
种数	7	25	33	55	112	150	193	191	766

1977～1987年，总计出版此类译著10688种，按原著国别分布如下：[24]

国别	苏	美	英	日	德	法	其他国家	总计
种数	1944	3308	1094	1865	459	168	1830	10668

其中，1980～1987年，平均每年出版自然科学与技术工程类译著约1200种。[25]若依此估推，1988～2008年的20年中，出版约为24000种。综上所述，新中国60年出版的自然科学与技术工程类译著估计总和为51000种左右，年均850种。民国37年间自然科学与技术科学译著约2615种，年均仅70种。可知，新中国与民国相比，科技翻译事业进展多么巨大。

2. 中国科学著作的外译出版

新中国成立后，为了加强中外文化交流，政府重视中国科学著作的翻译与出版工作。改革开放前，从事外文书刊翻译出版的主要是外文出版社与新世界出版社两家。1949年10月至1965年，共计用43种外文翻译出版2000余种科学著作，内容遍涉政治、经济、史地、文化、教育、外交、法律、旅游等各个领域。其中，外文出版社用20余种外文出版了大量的《毛泽东选集》、毛泽东与其他领导人著作、中央与政府的重要文件。

改革开放后，为了进一步走向世界，政府大力促进了外文书刊的翻译出版工作，并对十余家出版外文书刊的出版社进行了分工：外文出版社仍主要出版党和政府的文件、中国领导人的著作、学术理论著作及中国基本情况介绍等；新世界出版社专门出版中国学者、专家的学术著作、系列丛书和参考工具书；华语教学出版社专门出版供国外人士学习汉语用的各种教材与有声读物；新星出版社出版中国基本国策、基本情况及人民生活的图书；朝华出版社、中国画报出版社、北京周报出版社、人民中国出版社分别出版具有不同特色的系列或专题图书与画册等。

中国国际出版集团（中国外文出版发行事业局）下属出版社翻译出版中文图书历史最悠久数量最大，现简介其1952～1989年出版图书的情形。1952～1966年，以22种外文翻译出版图书4099种，年均341种。

1967～1976年出版外文图书4028种，年均达400种，文革期间出版的外文图书未减反增，其主要原因应是出版外文版毛泽东著作增多了。1977～1989年，外文局下属出版社共出版外文图书7958种（其中1983年出版数未知），年均达663种，比文革前有了明显提高，反映了中译外图书出版的发展趋势。1985～1989年五年中每年出版量更超过了1000种。综上所述，1952～1989年，仅外文出版发行事业局所属出版社出版的外文图书就超过了16000种。[26]若按1985～1989年的年均1000种估计，那么，1990～2008年出版种数还会增加20000种。也就是说，仅外文出版发行事业局所属出版社，在新中国60年间翻译出版的外文图书估计应有36000种左右。

民国时期中国译者将中国科学书籍译为外文者甚少，已知1944年前数十人而已，其中影响较大者仅有辜鸿铭、林语堂 2 人，外译的经典与思想类及法律类书籍较多。此外，共产党人开始将毛著译为外文，但数量也不大。因此，新中国中译外的科学著作约 36000 种，与民国时期相比，进步之大也是令人吃惊的。

四、科学翻译产业

改革开放以后，随着中外合作与交流的不断加深，国内许多部门特别是大型涉外企业与公司有许多资料须要翻译（包括外译中、中译外），本单位翻译人员太少，甚至没有配备专职翻译人员。同时，海外许多大的跨国企业与公司纷纷在华建立分支企业与公司，这些分支企业与公司同样存在大量的翻译任务。在这种情况下，我国一门新的行业应运而生，自上世纪八九十年代起，许多面向翻译市场、营利性的翻译公司、企业相继诞生。进入 21 世纪，随着我国加入 WTO 实质化的到来、2008 年北京举办奥运与 2010 年上海举办世界博览会等，中国的翻译市场更迎来了发展的良好契机。2008 年 8 月 4 日，外文局副局长黄文义在上海举办的第 18 届世界翻译大会上的讲话中称，目前有数十万人以不同形式从事翻译工作，在岗聘任的翻译专业技术人员约 3.5 万人。3.5 万人中则有很大一部分人在各类翻译服务单位中从事专职或兼职的翻译工作。2003 年翻译市场的产值为 110 亿，2005 年 200 亿，2007 年已发展到 300 亿，其中科技翻译产品的份额是不小的。据此，有人认为翻译服务正在成为文化经济中仅次于教育行业的又一新兴产业。[27]

五、科学翻译研究与理论

1. 1950 ~ 1980 年，科学翻译界所发表译论文章远少于文学译论数，而且内容深度也不够。例如，《中国翻译辞典》“中国当代翻译论文索引”共收入这一时期论文约 500 篇，其中科学翻译论文不足 100 篇。绝大多数论文内容讨论术语与名词的翻译方法；涉及译评、翻译技巧、科学翻译史与口译者较少；真正深入谈及科学翻译理论的几乎没有。1950 年 ~ 1980 年，文学翻译理论界活跃是有原因的，当时一些著名文学翻译家，又都是文学翻译理论家，他们的专业多为外语、比较语言学与比较文学；文学译著市场又好，因此他们翻译了大量文学著作。这两个原因使他们在丰富的文学翻译实践中，比较容易地利用专业知识，借鉴外国翻译文学与译论，结合自身翻译经验提出适合中文与中国文学的文学翻译理论。例如，当时的傅雷、刘重德、钱钟书、王佐良、唐人、王以铸、许渊冲、许崇信等文学翻译理论家，都有上述专业背景，又都翻译了许多文学著作。但这一时期，我国的科学翻译理论家却廖若晨星。

2. 1980 年后的科学翻译研究与理论

改革开放以后，随着中外交流合作的不断扩大与加深，科学翻译事业得到了巨大的发展。中国翻译工作者协会（现为中国翻译协会）及其下属各委员会、中国科学院科技翻译工作者协会、各省市自治区翻译工作者协会与科技翻译工作者协会、各行业翻译工作者协会相继成立。近 30 年来，这些协会团结与组织全国科学翻译工作者，举办各类学术研究会，极大的促进了科学翻译研究与理论发展。《上海科技翻译》（现《上海翻译》）、《中国科技翻译》、《科技术语研究》（现《中国科技术语》）三杂志先后应运而生，《中国翻译》杂志及现有的20余种外语类核心刊物，也增大了科学翻译类的栏目，均为科学翻译理论研究人员发表高质量的学术论文提供了广阔的平台。科学翻译产业的形成壮大及科学翻译出版工作的欣欣向荣，使数量剧增的科学翻译人员在生产大量科学翻译产品的同时，更为自觉投入了总结经验与探索理论的大潮。因此，与前30年相比，近30年来，我国的科学翻译研究与理论工作有了很大的进步，具体表现在以下几个方面。

（1）学术会议

中国译协及其下属各有关委员会、中科院译协、各省市地方译协、各行业译协相继成立后，多年来分别组织了数以万计的各类科学翻译学术研讨会。迄2006年底，中国译协等组织了13次全国科技翻译学术研讨会；中国译协军事委员会1987年成立至今，每年组织1~2次军事科学翻译学术研讨会；［28］1991年成立的中国译协对外传播翻译委员会，至2006年已召开9届全国中译法学术研讨会，还有多次中译英学术研讨会；［29］中国译协翻译服务委员会举办全国翻译经营管理工作研究会已经6届；［30］全国口译学术研讨会同样举办6届；全国机器翻译研究会也举办了4次。此外，关于科学翻译研究的各种全国高层论坛、研讨班、国际研讨会也不断地召开；各省、市地方科技译协，各行业译协举办的科学翻译研讨会更难以统计。全国性的学术会议每次会上发表的论文少则数十篇，多则百余篇。例如，2006年7月第十二届全国科技翻译研讨会收到的论文就多达127篇。［31］

因此，1981~2009年，仅在各类学术研讨会上发表的科学论文数就数以千计（若各类研讨会仅以100次每次发表论文40篇计，就有4000篇），参与科学翻译研究的人也数以千计。同时，研究的范围有了很大的拓展，以2009年8月的第13届全国科技翻译研讨会为例，149篇论文的内容包括以下各个方面：科学翻译理论与实践、科学翻译史、科学翻译批评、科学翻译教学与人才、科学术语名词翻译、应用翻译研究（商贸、法律、金融、新闻、广告、旅游……）等。［32］

（2）期刊论文

改革开放后，由于《上海科技翻译》、《中国科技翻译》、《科技术语研究》、《中国翻译》及二十余种外语类核心期刊创立的巨大平台，从而使得科学翻译研究人员得以充分地公开发表优秀的研究成果。以《中国科技翻译》期刊为例，在1988年创刊后的前五年内就刊载了300余篇论文。［33］若以平均每年发文50篇计，那么21年来仅此一种刊物发表的科学翻译论文就超过了一千篇。

再来看《上海科技翻译》，《中国翻译词典》“中国当代翻译论文索引”中，不完全地收录了该刊于1987~1990年14期中的优秀论文共126篇，也就是说该刊每期平均发表优秀论文9篇。该刊1986年创刊，至2008年底出版的100期中，发表的优秀论文在900篇左右。因此，该刊创刊以来发表的科学翻译论文总数也应该超出1000篇。

上述二刊加上《中国翻译》、《中国科技术语》及外语专业类刊物，改革开放后总计发表的科学翻译论文数在2000~3000篇，这一估算的数量不应离谱太大。因此，与上述“中国当代翻译论文索引”所录改革开放前30年的科学翻译论文数不足百篇相比，这一进步实在是惊人的。

（3）科学翻译研究著作

改革开放后大量的科学翻译活动，使得许多科学翻译工作者获得了丰富的科学翻译经验，其中不少人认真加以总结升华，因而产生了许多科学翻译研究作品。他们自然地也就成了科学翻译理论研究工作者，除了撰写论文外，一些人更进一步撰写了著作。一般地说，一部好的科学翻译研究著作，能够更为全面、系统、深入地表述著者的研究成果。那些优秀著作均能从某个或几个方面推动科学翻译事业的发展，著者们自然地会被读者推崇为优秀的科学翻译研究工作者甚或科学翻译理论家。新时期内产生了成百上千种翻译研究类著作，在阅读的基础上完整准确地介绍所有著作将是一项须要经年累月认真从事的任务。笔者在本文中仅以书目为基础，根据书名粗略地加以判断。凡书名含有“科技”、“实用”、“口译”的著作均列为科学翻译类研究著作，因为“实用”与“口译”基本上属于“应用文体”或“应用翻译研究”的范畴，又基本上属社会科学各领域（如商务、经济、贸易、法律、金融、外事、军事等）的翻译研究。笔者使用的书目是易曾权最新编制的《我国翻译研究与翻译教学分类书目选编》，该选编列入了直至2008年出版的近千种书目。按上述判断标准，选编列入的科学翻译研究著作共324种，其分类统计如下：

——科学翻译基础理论研究类41种，内容包含：科技翻译概论、应用文体翻译理论、科学翻译史、口译理论、辞书研究理论、比较语言学与科技翻译、思维与科技翻译及科学翻译学等。

——口译研究类55种。

——应用翻译研究类99种。

——机器翻译与翻译技术工具研究类16种。

——科技翻译技巧与方法研究类105种（论文集与译评类也列入此类）。

——多语辞典与工具书研究类10种。

上述统计应该说是不够全面的，首先所有未标“科技”、“实用”的翻译本体研究类著作未列入，因为笔者难以判断，这些理论研究是否与科学翻译相结合；所有“科技”、“实用”类翻译教学著作未列入，事实上不少好的教学著作介绍了翻译经验，或融入了著者的翻译经验；因全文限于介绍我国内地的情况，同样介绍未列入港、澳、台地区出版的科学翻译研究著作；最后，该《选编》本身也漏录了不少科学翻译研究著作。尽管如此，三百余种科学翻译研究著作更可说明，新中国成立的后30年，科学翻译与研究确实进入了一个大发展的时期，研究成果之丰，不仅晚清与民国时期就是新中国前30年，都是无法比拟的。下面介绍近年出版的一些学术性、代表性较强的科学翻译研究类著作（按编著者姓氏笔划排列）：安新奎《科技翻译理论及实务研究》，西安：陕西人民出版社，2006；程镇球《翻译论文集》，北京：外语教学与研究出版社，2002；褚东伟《商业翻译导论》，武汉：湖北教育出版社，2003；方梦之主编《实用文本汉译英》，青岛：青岛出版社，2003；冯伟平主编《新编实用英汉翻译实例评析》，北京：清华大学出版社，2006；范祥涛《科学翻译影响下的文化变迁》，上海：上海译文出版社，2006；黄忠廉《翻译本质论》，武汉：华中师范大学出版社，2000；黄忠廉、李亚舒《科学翻译学》，北京：中国对外翻译出版公司，2004；贾文波《应用翻译理论与实践》，长沙：湖南科学技术出版社，2004；黎难秋《中国科学翻译史》，合肥：中国科学技术大学出版社，2006；李亚舒、黎难秋《中国科学翻译史》，长沙：湖南教育出版社，2000；刘宓庆《文本与翻译》，北京：中国对外翻译出版公司，2006；万江波《双语词典的翻译研究》，上海：复旦大学出版社，2006；文军《科学翻译批评导论》，北京：中国对外翻译出版公司，2006；杨晓荣《翻译批评导论》，北京：中国对外翻译出版公司，2006；张彦《机械翻译研究》，北京：中国对外翻译出版公司，2007；张政《计算机翻译研究》，北京：清华大学出版社，2006。其中部分著作的主要内容可参阅《中国翻译年鉴（2005～2006）》，第254～298页。

最后，我想指出，与我国文学翻译理论研究相比，科学翻译理论研究仍然相对薄弱，这不仅表现在公开发表的优秀科学翻译论著仍然较少，同时，科学翻译基础理论研究更须加强。上世纪80年代初，刘靖之提出中国传统译论的发展方向（重“神似”到“化境”），罗新璋总结了传统译论体系（案本－求信－神似－化境），也就是说，迄上世纪60年代，我国文学翻译理论家经过数十年的努力，根据文学翻译特点，借用传统美学理论，将严复“信达雅”的中国传统翻译基础理论应用到文学翻译领域，他们在对中国传统翻译应用理论作出贡献的同时，也丰富了中国传统翻译理论。“神似”只是文学翻译的一个标准，“化境”则是文学翻译的最高标准。科学类文献著作的描述语言基本上是逻辑严密性的，不是情感想象性的，因此，“神似”与“化境”的传统文学译论基本上是不适合于科学翻译的。遗憾的是，改革开放前科学翻译理论界并未提出中国特色的科学翻译理论体系。改革开放后，我国的文学翻译理论发展速度仍然快于科学翻译理论。笔者衷心期望今后有更多的科学翻译工作者，在总结科学翻译经验的同时，加大理论研究力度，推动科学翻译理论发展，这就是对中国翻译应用理论的一份贡献。黄忠廉、李亚舒著《科学翻译学》已为建立科学翻译理论体系开了一个好头。希望有能力的科技翻译工作者，更多地投入中国翻译基础理论的研究，为早日建立与发展中国现代翻译理论作出贡献。

六、科学翻译教育

笔者从事科学翻译与科学翻译教学时间不长，又非翻译或外语出身，仅凭感性略谈管见，贻笑大方。关于培养目标，翻译专业本科应是初级定向实用型翻译人才，须具备外语与汉语文化的良好基础，某一学科知识的初步基础以及一定的翻译理论与经验，翻译学士主要面向某一学科（文学只是众多学科中的一种）的翻译职业。硕士培养可有两个方向——学术型与职业型，前者面向翻译教学与研究，因此职业主要是翻译教师，后者则为中级翻译人员，定向从事文学翻译或某一特定领域的科学翻译。翻译博士则是翻译教学与研究的后备生力军。翻译队伍能否满足各领域的日益增长的需求，翻译产业能否尽快实现现代化与国际化，完全依赖于翻译教育尽快培养出大批合格的翻译学士与职业型翻译硕士。大批优秀翻译博士与学术型翻译硕士，则决定了我国翻译教育与研究的未来命运。

学士与职业型硕士应以定向培养为宜，即学生须学习并掌握某一学科领域的基本知识，毕业后即可尽快胜任该领域的翻译工作。培养文学翻译如此，培养学科众多的科学翻译更应如此。所谓培养复合型的翻译通才，即毕业后能担任任一学科领域的翻译职业，我认为是很难做到的。国外许多翻译院校与香港 7 所大学的翻译专业，根据师资等教学条件，分别在数个学科方向上定向培养翻译人才，是内地院校可以参考的模式。

翻译教育的关键因素是教师与教材，既然文学翻译职业与教学、研究只是翻译职业与教学、研究的一小部分，那么翻译教师的专业背景就不应该完全是外语、外国文学或比较语言、比较文学。笔者在“科学翻译工作者”一节中已经提及，从事科学翻译工作的不仅有外语或翻译专业的人，还有不少具备某一学科专业又善长外语与翻译者，并且后者从事科学翻译后，能更快地成为称职的科学翻译家。基于这一点，从事本科与职业型硕士教育的翻译院系，必须吸收具有丰富经验的科学翻译家，担任定向学科知识、科学翻译技巧与方法、甚至科学翻译研究与理论的课程。而此三类课程的教材也只能由这些教师编撰才是正道；很难想象，外语与文学专业背景的教师能编撰优秀的科学翻译教材。

学生生源是办好研究生教育的另一重要因素，对于面向科学翻译（非文学）的职业型硕士，有的文章谈到可考虑招收一些具有非外语与非文学专业的学士（或同等学力），笔者认为应该优先招收这些人员，因为他们更容易培养为具有特定学科的翻译专业硕士。国外许多职业型硕士，如图书馆硕士专业，生源就主要来源于其他学科背景的学士，而非图书馆学学士，因为这些研究生毕业后，能够很快地在图书馆文献采访、检索、咨询与研究等高级职位上，从事高层次的定向服务、发挥定向专业深厚知识的优势。

最后，我们高兴地获悉，今年 5 月在石家庄举行了第五届全国翻译院系负责人联席会议，出席会议的有 30 多位院长、系主任及数家出版社与信息技术公司的代表。会议交流各校翻译教学经验；酝酿成立全国翻译专业指导机构；更就《高等学校翻译专业本科教学要求（讨论稿）》，认真讨论了下列问题：培养目标和规格、学时与学分、课程名称、课程设置、开课时间及跨度、学位论文等。[34] 翻译本科教育是翻译教学的基础，也是极其重要的一个环节，我们完全可以期待我国的翻译本科教育将很快进入规范化的发展阶段。

本文参考文献

[1] 黎难秋等：中国科学翻译史各时期的特点、成果及简评，中国翻译，1999年，第3期32~34页。

[2] 黎难秋：中国科学翻译史，合肥：中国科学技术大学出版社，2006年，第1页。

[3] 李亚舒：《中国科学翻译史》的特色，中国翻译，2007第1期，第42~45页。

[4] 中国翻译协会编：中国翻译年鉴（2005~2006），北京：外文出版社，2007，第408~409页。

[5] 黎难秋、李晓虹选编：中国翻译大事记，中国翻译词典，武汉：湖北教育出版社，1997，第958、1160页。

[6] 林煌天、贺崇寅主编：中国科技翻译家辞典，上海：上海翻译公司，1991，第383页。

[7] 同［6］第379页。

[8] 同［6］第380页。

[9] 陈应年：商务印书馆。中国翻译词典，第584页。

[10] 佚名：中国科学出版集团，中国科学出版集团网，2009.8.28。

[11] 陈应年、徐式谷：哲学社会科学翻译的回顾与现状，中国翻译，1992。

[12] 郭沫若：理想的翻译之我见，创造季刊，1923年，第2卷第1期。

[13] 沈志华：苏联专家在中国（1948~1960），北京：新华出版社，2009。

[14] 林煌天、贺崇寅：中国科技翻译家辞典。上海：上海翻译公司，1991年。

[15] 佚名：首届《军事科学翻译成就展览》巡礼。解放军报，2004.11.4。

[16] 全军首届“资深翻译家”表彰大会召开。新华网，2007.4.25。

[17] 张建国：107名军队老一辈军事翻译工作者获荣誉称号。解放军报，2009.5.26。

[18] 同［14］

[19] 同［14］

[20] 广东科技情报所：本所网站，2009.8.20。

[21] 沈志华：苏联专家在中国（1948~1960）。北京：新华出版社，2009。

[22] 马祖毅等著：中国翻译通史。武汉：湖北教育出版社，2006，现当代第三卷，第214页。

[23] 同上，第231~239页。

[24] 同上，第247页。

[25] 同上，第248页。

[26] 黎难秋、李晓虹选编：中国翻译大事记，中国翻译词典。武汉：湖北教育出

版社，1997，第1150～1163页。

［27］21ST编辑：中国翻译产业迎来黄金发展期，市场产值达300亿。www.21elt.com（21世纪在线网），2008.8.17。

［28］中国翻译协会：中国翻译年鉴（2005～2006）。北京：外文出版社，2007。第249页。

［29］同上，第243、632页。

［30］2007年中国翻译服务产业论坛暨全国第六届翻译经营管理工作研讨会。西安安诚翻译中心网（www.ac01.com），2008.10。

［31］同［28］，第244页。

［32］任霄鹏：全国科技翻译研讨会在京举行。科学时报，2009.8.20.

［33］母国光：发展科技翻译事业——为《科技翻译论著集萃》作序。李亚舒等。科技翻译论著集萃，中国科学技术出版社，1994.第Ⅱ页。

［34］“第五届全国翻译院系负责人会议”在河北石家庄举行。中国高校教材图书网，2009.7.2.

黎难秋：原中国科技大学图书馆馆长，研究馆员，我国资深科技翻译研究专家，2010年被中国翻译协会授予“资深翻译家”荣誉称号。

2010中国国际语言服务行业大会暨大型国际活动语言服务研讨会

综　述

2010年9月26～27日，由中国翻译协会和北京市外办联合主办的“2010中国国际语言服务行业大会暨大型国际活动语言服务研讨会”在北京隆重举行。中国译协第一常务副会长郭晓勇，常务副会长施燕华、唐闻生、赵常谦，部分在京的副会长和常务理事，北京市及有关省市人民政府外办领导，大型国际活动组织方代表以及来自全国50多个省、市、区和国外的100多家语言服务企业负责人参加会议。会议围绕语言服务行业的发展趋势、人才培养以及如何更好地为我国的改革开放和经济、文化走出去提供语言服务支持等，进行了深入的探讨和交流。

开幕式上，宣读了因公未能出席会议的中国翻译协会会长李肇星的贺词，第一常务副会长郭晓勇在大会上作了题为“中国语言服务行业发展状况、问题及对策”的主旨发言，就我国语言服务行业的现状、趋势及存在的问题等进行了深入分析，并首次公布了来自政府部门的权威统计数字。

开幕式上还向中国对外翻译出版公司等十家会员单位颁发了“中国翻译协会优秀企业会员”荣誉称号奖牌和证书，向北京元培世纪翻译公司、传神（联合）信息技术有限公司颁发了“中国翻译行业特殊贡献奖”荣誉称号奖牌和证书。

本次语言服务行业大会为期两天。开幕式后举行了“大型国际活动的语言服务研讨会”，来自北京、上海、广东、黑龙江、南京等省市外办的负责人就奥运会、世博会、亚运会、哈洽会、青奥会、大运会等重要国际活动的语言服务采购、组织、管理等与100多家语言服务企业进行了经验交流。会议除举行大型国际活动的语言服务研讨会以外，还设立了行业标准、中国本地化服务的机遇和挑战、产学结合培养适应市场需求的复合型翻译人才、翻译服务产业发展现状与趋势及翻译技术开发与应用等多场分论坛。

本次大会受到了社会各界的广泛关注。中国网对大会进行了网上图文直播，新华社、中新社、人民日报海外版、光明日报、中国日报、环球时报以及北京电视台、北京日报、北京青年报、北京晨报、21世纪经济报道等14家中央及地方新闻媒体对大会进行了报道。

致2010中国国际语言服务行业大会的贺词

李肇星

（2010年9月26日）

先生们、女士们、各位来宾：上午好！

继2006年中国国际翻译产业论坛和2008年世界翻译大会后，今天，全国语言服务行业的各位同仁再次齐聚一堂，商讨语言服务行业今后如何为经济建设服务，为中外交流服务，为增强国家软实力服务，说到底，就是如何更好地为改革开放大局服务，为国家建设服务。

随着中外各领域交流的全面深入和全球经济一体化趋势的不断增强，包括翻译服务、本地化服务、语言技术创新和培训在内的语言服务已经成为世界各个国家、各种力量、各大跨国公司全球化战略重要的组成部分和有力武器。语言服务的水平高低和策略运用，不仅影响到国家经济发展的质量和效果，更直接关系到国家的国际形象和国际竞争力。

值得欣慰的是，近年来，我国各级政府部门对语言服务行业的作用愈加重视，北京奥运会、上海世博会等大型国际活动语言保障的成功即说明了这一点。在下面即将举行的“大型国际活动语言服务研讨会”上，北京、上海、黑龙江、广东、南京等地外办的负责人将详细介绍他们为大型国际活动提供语言服务保障的经验和体会。

作为中国语言服务业的唯一的国家级行业组织，中国翻译协会始终致力于推动中国语言服务行业的发展。为召开本次会议，中国译协特意邀请中国国际投资促进协会、中国标准化协会、成都高新区创新中心、华为技术有限公司、IBM 公司、广东外语外贸大学等部门负责人与在座语言服务行业人士共同探讨如何提高语言服务水平。

特别感谢北京市人民政府外事办公室对此次大会的大力支持。北京市外办在改善北京国际语言环境、促进北京对外文化、经贸交流方面做了大量有益的工作，使北京的语言环境建设走在了全国的前列。

各位来宾，各位代表，语言服务行业的各位同仁们，语言是世界各个地方、各个民族交流的桥梁。让我们共同努力，为加快中国语言服务行业发展，为进一步推动中外各领域友好交流做出更大贡献！

谢谢大家！

中国语言服务行业发展状况、问题及对策

——2010 中国国际语言服务行业大会暨大型国际活动语言服务研讨会主旨发言

郭晓勇

（2010 年 9 月 26 日）

各位代表：

大家好！欢迎大家参加 2010 中国国际语言服务行业大会暨大型国际活动语言服务研讨会。大家可能已经注意到，本次会议名称定为语言服务行业大会，而不是翻译行业大会，这是因为全球化和信息技术的飞速发展已经催生了一个包括翻译与本地化服务、语言技术工具开发、语言教学与培训、语言相关咨询业务为内容的新兴行业——语言服务行业，其范围已经远远超出传统意义上的翻译行业，成为全球化产业链的一个重要组成部分。本次大会的主题“全球化与语言服务”就是要强调新兴的语言服务行业在全球化链条中所发挥的重要作用。

全球语言服务行业近些年来发展迅速，受到世界金融危机的影响也较其他很多行业要小。美国著名语言行业调查机构卡门森斯顾问公司（Common Sense Advisory）于 2010 年 5 月发布的全球语言服务市场报告预测，2010 年全球外包语言服务市场产值为 263.27 亿美元（约 1764 亿元人民币），增长幅度为 13.15%，到 2013 年预计将达到 381.4 亿美元。总部位于瑞士的本地化行业标准组织（LISA）早在 2007 年就估计 2006 年全球各行业的本地化支出（即语言服务外包产业的收入）约为 300 亿美元。著名国际经济学家郑雄伟预测，2010 年全球国际服务外包市场规模将超过 6000 亿美元，据此估算，全球语言服务外包市场产值已经占全球国际服务外包市场的 4% ~5% 左右。这

对于一个新兴行业而言，确实是一个不小的份额。

我国全方位、宽领域、多层次的对外开放为我国语言服务行业提供了宽阔的发展平台。包括奥运会、世博会在内的各种国际会议和活动频繁在华召开，全球500强企业中有480多家在华设立企业或投资机构，中国经济和文化“走出去”的步伐也越来越大。这些都离不开语言服务行业的支撑。今天上午大会的一项重要内容就是分享如何通过有效的语言服务组织工作保障大型国际活动成功的经验，从一个方面反映出语言服务行业服务大局的情况。下面我简单介绍一下我国语言服务行业的现状。

一、蓬勃发展的中国语言服务行业

中国的语言服务行业在上个世纪80年代随着我国的改革开放而萌芽，90年代随着信息技术的发展而初步形成；进入21世纪后，全球化和服务外包行业的发展极大地促进了语言服务市场的繁荣，中国语言服务行业迎来了快速发展期。这表现在以下几个方面：

一是以口笔译服务和本地化服务为主的语言服务外包产业发展前景良好。由于语言服务产业尚未纳入国家统计体系中，因而没有市场规模方面的具体统计数据。但国家有关部门提供的权威数据显示，截至到2009年12月，全国在营语言服务企业为15039家。这里面既有雇员上千人的大型企业，也有大量一两个人组成的微型企业。如果按照平均每个企业10名员工，每人年均产值8万元保守估算，仅语言服务企业所消化的翻译和本地化业务年产值就达到120亿元以上，约占全球外包语言服务市场产值的7%。如果再加上市场庞大的语言培训、语言技术工具开发和咨询服务，产值则无法估计。例如，语言培训领头企业新东方2009财年的培训业务收入就达2.66亿美元（约18亿元人民币）。

不少业内资深专家认同这一估算数据，认为根据经济规模和语种重要等级，中文相关语言服务业务所占的比例应该在7%～8%之间。2010年下半年中国译协秘书处开展了一项语言服务产业调研，参与调查的语言服务企业中超过一半的企业预期其2010年度业绩增长幅度在10%以上。国家有关部门提供的趋势数据显示，近几年我国语言服务企业注册数量和注册资金也大幅增加，这些都表明语言服务外包产业进入了快速增长期。

二是为语言服务提供支撑的语言技术研发日益成熟并得到广泛应用。语言技术主要包括翻译记忆、机器翻译和翻译管理系统。翻译记忆技术已相当成熟，并借助翻译本科和翻译硕士专业教育的兴起，将发展重点转向普及应用，纷纷推出面向教学的产品。广受网民青睐的谷歌在线翻译系统预示着机器翻译技术又一次进入到主流应用行列，特别是在互联网领域的应用获得了进一步的发展，国内企业也纷纷推出适用于普通网民的相关软件版本。而致力于将翻译记忆和机器翻译技术进行融合、以达到高效率和高质量翻译的智能翻译技术正在成为新的发展方向。基于网络以及大型关系数据库、能够跨地域进行项目管理和质量控制的协同翻译平台得到了较快发展，有望成为翻译管理系统的主流趋势。

三是翻译学科的发展使产学研结合成为趋势。快速增长的语言服务需求推动专业翻译教学从外语教学中分离出来，成为一门独立的学科。2006年，教育部批准设立翻译本科专业，迄今已有31所高校获准试办本科专业；2007年，国务院学位委员会批准设置翻译硕士专业学位，以培养高层次、应用型、专业化的翻译人才，截至2010年9月，获准试办翻译硕士专业的高校已达158所。一些大学还陆续建立了翻译专业学院和翻译研究机构，设立了翻译学学位点，培养翻译学的硕士生和博士生，翻译学科逐渐发展成为一个完备的学科体系，翻译人才的培养走上了系统的专业化道路。为了培养出适应社会需求的应用型口笔译人才，承担育人任务的高等院校和培训机构与作为用人单位的相关机构和语言服务企业之间的合作日益密切，主要形式包括建立实习基地、共同开发相关培训课程、合作编辑出版教材、开发应用翻译教学系统和平台等等。本次大会上将专门开辟一个产学结合论坛，交流这方面的经验。除翻译专业人才外，部分高等院校和专业培训机构也开始尝试培养语言技术和语言项目管理等方面的人才。产学研结合培养复合型应用人才已成为语言服务行业的一个新亮点。

四是全国翻译专业资格考试影响不断扩大，翻译人才评价体系日趋完善。由原国家人事部委托中国外文局负责实施与管理，于2003年推出的全国翻译资格（水平）考试已列入国家职业资格证书制度并在全国范围内推广，英、法、日、俄、德、西、阿等7个语种二、三级口笔译共29种58个科目考试已在全国范围内成功推开，一级考评办法正在制定之中，将于明年（2011年）推出试点。翻译资格考试的社会影响越来越大，报名人数快速攀升。截至2010年8月底，报考人数已近13万人次，通过人数近1.8万人次。特别值得一提的是，自2008年下半年开始，来自企事业单位的应试人员首次超过了高校的学生，表明翻译资格考试日益得到用人单位的重视。该项考试为科学、客观、公正地评价翻译专业人才能力和水平，规范翻译市场，加强行业管理发挥了重要作用。

五是语言服务行业的国际交流日益增多，在国际语言服务行业的影响逐步扩大。不少翻译院系与国外同行之间建立了友好合作关系，互相交换师资或联合开展一些培训项目。一些有国际视野的语言服务企业积极参与国际会议和活动，拓展国际业务，其中部分企业在国外设立了分公司，开始开拓国际市场。今年（2010年）的产业调研结果显示，在港澳台和海外有分支机构的企业占参与调查公司的30%，而40%的接受调查企业打算在欧洲、美洲及亚洲其他地区设立分支机构。一些语言服务行业的国际组织，如国际翻译高校联盟、本地化行业标准协会（LISA）、本地化世界大会组织等纷纷到中国来举办会议或论坛。中国翻译协会也多次组织学术和产业代表团参加国外语言服务行业的有关会议和活动，通过演讲和交流，介绍行业情况，发出中国译界的声音。2008年，中国翻译协会举办的第18届世界翻译大会使中外语言服务行业的交流达到高潮，近1500名中外翻译界人士在上海进行了多方位的接触。这些国际交流活动拓宽了我国语言服务行业的国际视野，扩大了中国翻译界的国际影响，提高了中国在国际翻译组织中的地位。

可以说，我国语言服务行业正在蓬勃发展，充满希望。但是，我们也必须清醒地看到，语言服务在我国还是一个并不成熟的行业，还存在很多不完善甚至亟待解决的问题。为了更好地了解行业的状况和需求，去年（2009年）下半年，在筹备中国译协第六届理事会会议过程中，中国译协秘书处向会员发放了问卷调查，并组织召开了多个座谈会，倾听会员对行业发展的意见和建议。今年译协秘书处又组织开展了面向设立翻译本科和翻译硕士专业学位的高等院校师生的问卷调研和面向语言服务企业的产业调研。从调研和座谈中，我们感觉到，大家对行业发展高度关注，对行业存在的问题认识比较一致，也提供了一些很好的建议。综合各方面的意见，下面我想谈一谈目前我国语言服务行业存在的一些主要问题，以及语言服务行业的全国性组织——中国翻译协会对今后推进我国语言服务行业健康可持续发展的一些对策建议。

二、我国语言服务行业存在的主要问题

语言服务作为一个新兴行业，其重要性尚未得到有关方面和社会的广泛重视和认可，事实上，我们还须要为确立我们的“行业”地位而努力。具体说来，目前影响行业发展的主要问题有以下几个方面：

一是缺乏对行业的深入研究和行之有效的行业指导及管理。一个行业的确立需要有过硬的统计数据和研究报告来支撑，而这正是我们所缺少的。翻译很长一段时间被视为一种专业技能，而非一个行业甚至产业，更不用说这方面的研究了。2004年，中国翻译协会顺应形势发展的要求，开始从学术领域拓展到产业领域，逐步承担起行业协会的责任。但语言服务市场很不规范，无论从地域分布，业务形态还是管理模式等方面，都存在着巨大的差别。中国译协作为一个非盈利组织，资源有限，很难短时期内全面掌握行业整体状况，因而也难以对整个行业进行直接有效的指导。目前，行业调研刚刚起步，业态分析基本上还是空白，这方面有很多工作要做。

二是缺乏系统、科学、规范、客观的翻译人才、翻译机构准入和评估机制。行业准入是衡量一个行业成熟的重要标志，但目前语言服务行业仍然是一个人人皆可自由出入的领域。国家翻译资格考试制度虽然影响逐年扩大，但并非执业资格证书，因而不是进入翻译行业的先决条件，而且考试目前也还没有对社会急需的各专业领域的翻译人才提供有效的评价标准。尽管近年来中国翻译协会相继推动制定了三部翻译服务领域的国家标准，并正在制定本地化服务领域的标准，在这方面我们也走在了世界前列，但这些标准并不具备强制性，配套的认证和评估机制也还没有建立起来，因而还没有得到语言服务企业的广泛认可和贯彻执行。设立翻译硕士专业和本科专业的申请需要经过严格的考察审核过程，但对这些院校开展翻译专业培训的情况进行评估的机制尚未建立起来，因而有些院校翻译专业教学流于形式。由于准入机制缺失，评估机制滞后，仍然有大量不具备相关资质的机构和人员进入翻译行业，从而扰乱行业秩序，造成翻译质量下降，极大地损害了语言服务行业的整体形象和信誉。

三是翻译人才缺口巨大，师资严重匮乏。由于没有权威的行业统计，因此很难估算出语言服务行业从业人员到底有多少，需求还有多大。但中国译协今年开展的翻译产业调研显示，在接受调查的企业中，有67.7%的企业计划在未来一年里增加5名以上的员工，有同样比例的企业认为目前语言服务行业最缺乏的是人才培养。这从一个侧面证实了目前翻译人才需求旺盛，与人才供给之间存在比较大的鸿沟，特别是高素质的中译外人才的缺乏，已经成为中国文化“走出去”的瓶颈，直接影响到我国对外传播发展战略。

翻译人才良好的就业前景已经吸引众多的外语院校纷纷申请设立翻译本科和翻译硕士专业，刚刚推出才3年的翻译硕士专业已经成为最为热门的专业之一，报考人数众多。但是热闹的背后隐藏着一个巨大的危机：合格的翻译师资严重匮乏。由于翻译专业教育刚刚起步，接受过正规翻译教学培训的师资凤毛麟角，大部分学校都是将外语教师直接转成翻译教师，用教授外语的思维来教授翻译，这势必会偏离翻译专业学位的目标，影响其效果。为此，中国翻译协会、全国翻译硕士专业学位教育指导委员会整合之前的师资培训项目，于今年联合推出全国高等院校翻译专业师资培训证书课程，取得了良好的效果。但翻译师资培训的范围与数量与翻译学科建设的需求之间仍然存在着较大差距。其实，不仅是翻译人才和翻译师资缺乏，语言服务行业还需要大量的翻译管理人才、翻译营销人才、翻译技术人才、多语种桌面排版人才等复合型人才。目前这方面的培训还处于初步探索阶段。

四是行业发展不平衡，整体竞争力较弱。语言服务行业受经济环境、客户需求、人才积聚等因素影响，在地理上呈现出不均衡发展的态势。国家有关部门提供的数据显示，北京、上海、江苏、浙江四个省市拥有全国语言服务企业的75%，其中仅北京市就有9000多家语言服务企业，竞争相当激烈。近年来，尽管物价不断上涨，翻译价格却基本保持不变，就是这种低端竞争的后果。国家权威部门的数据显示，全国在营企业中80.5%的企业注册资金在50万元以下，注册资金在千万元以上的仅占总量的0.83%，真正称得上全国甚至国际品牌的企业屈指可数。因此，行业整体的竞争力还比较弱，面对国际企业的竞争时往往处于劣势。

三、推进我国语言服务行业健康发展的对策建议

面对良好的发展机遇，如何尽快消除不利于行业发展的因素，使我国语言服务行业走上健康、可持续的发展道路，是我们整个行业共同的责任。综合各方面的意见，我们提出以下对策建议，这也是中国翻译协会和整个语言服务行业今后一段时期须要重点努力的方向：

一是建立行业研究机制，制定行业发展规划。知己知彼，百战不殆。我们必须要对所在的行业有一个深入的认识，才能够胸有成竹地应对各种挑战。首先，要研究国家相关政策，了解我们能够得到或争取到哪些政策支持。其次，要研究行业状况，以便制定行业的长远发展目标。国家统计数据中没单列语言服务行业，我们就得自己去

找数据，自己去做调研。在编撰《中国翻译年鉴》时，我们与国家有关职能部门沟通，获得了全国翻译专业技术人员的统计数字和全国翻译出版方面的统计数据；大会前，我们与国家有关职能部门沟通，也获得了一些关键的行业数据。今后，我们要建立起与这些机构以及更多职能部门的信息共享机制，定期搜集整理和发布具有公信力的行业统计数据。今年，我们也尝试与业界部分企业合作，开展了首次语言服务产业调研，虽然由于时间紧、缺乏经验遇到了一些困难，但调研整体上是成功的，取得了有价值的数据，积累了宝贵的经验，调研情况也会在分论坛上与大家分享。今后，我们要逐步建立起行业调研的机制，定期研究行业发展状况和问题，积累行业发展的数据和分析，以期对行业发展进行规划和指导。我们希望更多业界机构和人员能够积极参与和大力支持这项行业基本建设。

二是加强行约行规建设，建立健全评估机制。行业准入是政府行为，我们可以去推动，去影响，却不能去主导。但作为一个行业，我们可以制定自己的行约行规，并依据这些行约行规建立健全行业资质评定体系，从而建立起行业的秩序。目前，中国翻译协会翻译服务委员会和本地化服务委员会下面都设立了标准工作组，根据行业发展和市场的需求讨论制定相关标准，这将是一项长期、系统的工程。在翻译技术和翻译及相关教学方面，也要制定标准，规范行为，减少不兼容、重复建设等问题。此外，我们还要积极探索如何根据标准对行业机构、企业和个人进行资质评定，使他们能够以合适的资质参与市场竞争，维护公平、合理的行业秩序。

三是推动产学紧密结合，提升人才培养水平。人才的需求决定人才培养的方向。要积极引导行业机构和企业等用人单位积极参与到人才培养的各个环节中来，充分利用行业资源，在课程设置、师资队伍建设、实习实践基地建设等各方面与翻译教学机构密切合作，共同探索培养创新型、实用型和复合型人才的模式。同时，要建立相关规范，如兼职教师的资质要求，实习实践基地的资格审查等，以确保这种合作真正有利于培养适合社会需要的高素质、职业化人才。目前，中国译协正在与教育部翻译硕士专业学位委员会共同探讨制定相关的标准，以便在“互惠互利、双向受益”的基础上推动学校和企业之间建立长期、稳定的合作关系。同时，要在进一步加强翻译师资培训针对性的基础上，探索利用远程教育等新手段加快翻译师资队伍培养速度的可行性，以便更好地适应翻译学科发展的需求。此外，要在切实调研的基础上开展语言服务行业需要的其他相关人才的培养和资质认定工作，为行业的发展提供坚实的保障。

四是有效整合行业资源，搭建权威交流平台。在全球化时代，资源和信息就是生产力。将语言服务行业的资源进行有效整合，打造一个资源信息共享，互惠共赢的行业平台，打破地域的界限，提供公平的机会，将有助于实现语言服务行业的规模化和可持续发展。中国译协目前正在与有关部门进行这方面的探索。此外，像行业大会这样的活动也是汇聚行业信息，促进交流合作的重要平台。中国翻译协会愿意为业界搭建更多更好的交流平台，争取将与本行业相关的各个方面，如政府有关部门、相关行业组织、跨国企业和国际同仁等都邀请到这些平台上来，成为一个跨行业、跨领域的品牌交流活动，真正实现与利益相关方共同发展，共同促进。

各位代表，中国语言服务行业是一个新兴的行业，我们都是这个行业的探索者和开拓者。让我们精诚团结、携手共进，共同建设一个公平有序、健康和谐的行业发展环境，为我国的对外开放和国家建设做出更大的贡献！

不当之处，敬请批评指正！谢谢大家！

郭晓勇：现任中国外文局常务副局长、中国翻译协会第一常务副会长、中国翻译协会翻译服务委员会主任。

2008 北京奥运会语言服务工作概览

——2010 中国国际语言服务行业大会暨大型国际活动语言服务研讨会主题发言之一

赵会民

（2010 年 9 月 26 日）

尊敬的各位领导、同志们、朋友们：大家上午好！

很高兴有机会为大家介绍北京奥运会的语言服务工作。在奥运会期间，我在奥组委工作，任奥组委国际联络部部长。语言服务的工作在奥运会期间由国际联络部负责，我把情况介绍一下。

语言服务是奥运申办、筹办和运行中的一项重要工作。我记得《吴建民传》记载了一段发生在莫斯科的申奥往事。为了阻挠北京申办 2008 年奥运会，一些竞争对手和反华势力不断给中国代表团出难题，制造不利于中国的舆论，其中之一便是他们到处散布这样的言论：中国人外语不行，举行新闻发布会还要翻译，这说明中国人没有能力办好奥运会。第二天，中国代表团新闻发言人吴建民就用英语举行了一场新闻发布会，打消了国际奥委会委员的顾虑。这件事说明，语言能力也是北京能否办好奥运会的一个重要因素。

北京市开展的市民讲外语活动，包括讲外语人口的迅速增加，提升市民中的外语人口也是我们当年在申办奥运会的时候对国际社会所做出的承诺。市民讲外语活动最初就是为了申办奥运会开展的。

经过 30 年的改革开放，中国的语言环境已经得到了很大改善。但是，中国毕竟是单一语言的社会，而奥运会语言服务工作的复杂性和艰巨性超乎想象。语种需求多达数十种；专业口译大多涉及从外语到外语的转换；笔译工作量高达数千万字。要想出色地完成奥运会的语言服务工作，我们不得不做大量的工作，比往届奥运会多得多的工作。不过，我们也有自己的优势，那就是中国人民对奥运工作的极大热情以及我们的体制优势。我们在2005年制定《笔译服务运行纲要》时这样写道，奥运的光环效应，将使语言服务工作受益。事实证明，我们的语言服务工作正是在社会各界的支持和帮助下，采取了一系列开创性的措施，克服了重重困难，最后交出了一张令人满意的答卷。国际奥委会主席罗格对北京奥运会的评价是“无与伦比”，他还对奥组委语言服务负责人这样说：你们的工作很出色。下面，我就为大家介绍奥运会语言服务工作的具体情况。

一、机构设置和业务范围

奥运会是世界性的超大型活动。为尊重不同国家和地区的语言和文化习俗，为保障各项赛事的顺利进行，并根据国际奥委会、残奥委会的相关要求（《奥林匹克宪章》、《国际残奥委会手册》、《第二十九届奥运会举办城市合同》），北京奥组委在奥运会和残奥会期间提供多达45个语种的翻译服务。

北京奥运会的语言服务由北京奥组委国际联络部语言服务处负责，工作任务包括口笔译员的招募和团队建设，场馆语言服务团队组建和业务展开，以及对翻译供应商和定点翻译机构的口笔译外包管理。

奥组委下面是国际联络部，下属是语言服务处。语言服务处的主要工作分成三大块，一是笔译，二是口译，三是场馆的语言服务。

笔译方面，委内笔译团队12人，INFO2008英译中笔译组48人、英译法笔译组49人（残奥会英译中笔译组33人），完成翻译奥组委领导讲话、报告、陈述和与国际奥委会（国际残奥委会）的函件数十万字，出版物250万字，INFO2008简历、背景信息、历史成绩和赛时新闻等3600万字，赛时奥运村、残奥村将14. 5万字英文的代表团团长例会纪要译入法语和西班牙语。

口译方面，赛前为120多场重要会议和新闻发布会提供专业口译；为42项测试赛的赛后新闻发布会提供了专业口译。奥运会赛时，首席翻译带领的海外团队包括112名专业口译员，国内团队包括77名专业口译员，为1044场重要国际会议、产生奖牌的赛后新闻发布会和部分非产生奖牌的赛后新闻发布会提供了口译。残奥会赛时，首席翻译的海外团队包括44名专业口译员，国内团队包括36名专业口译员，为330场重要会议、产生奖牌的赛后新闻发布会和部分非产生奖牌的赛后新闻发布会提供了口译。

场馆语言服务方面，奥运会期间，24个竞赛场馆团队和3个非竞赛场馆团队有语言服务业务口，包括27位语言服务经理，40位副经理和875名场馆运行志愿者，为28个大项，302个小项提供了36个语种多层次全方位的志愿者口译服务。服务客户涉及竞赛组织、媒体运行、礼宾、医疗、安保、交通、体育展示、票务、颁奖仪式、餐饮、兴奋剂检测等业务口。为满足各场馆的小语种需求，总部调度中心实行了志愿者口译员跨场馆调度，为17个场馆提供了18个语种共91次跨场馆服务。

多语言服务总机，奥运会赛时提供44个语种的翻译服务，10个语种提供24小时服务，其余34个语种提供17小时服务；残奥会赛时提供9个语种24小时服务。奥运期间，多语言服务总机的运行时间为7月24日至8月28日，通话量总计2108个，日平均通话量58个/天。通话量最多的前三个语种为西班牙语、俄语、法语。来自奥运村的需求比重最大。残奥会期间，多语言服务总机的运行时间为8月29日至9月20日，通话量总计933个，日平均通话量45个/天。通话量最多的前三个语种为西班牙语、俄语、法语。残奥期间较奥运期间通话量波动平缓，拨打人员多半来自残奥村。残奥会期间，16个竞赛场馆团队和3个非竞赛场馆团队有语言服务业务口，包括19位语言经理，24位副经理和388名场馆运行志愿者，为20个大项，472个小项提供了24个语种多层次全方位的志愿者口译服务，服务客户涉及竞赛组织、媒体运行、礼宾、医疗、安保、交通、体育展示、票务、颁奖仪式、餐饮、兴奋剂检测等业务口。为满足各场馆的小语种需求，总部调度中心为4个场馆提供了8个语种共27次跨场馆服务。

奥运会/残奥会筹备阶段和赛时，翻译供应商派遣笔译员、口译员、语言服务副经理和管理人员共约170人到委内或场馆服务。奥组委有22个部门提出翻译需求，笔译外包总字数约1000万字，涉及英、法、俄、德、意、葡、日、阿、西、希、韩等语种，其中中英互译居多。小语种翻译需求中，西语翻译需求居多。

二、预算和人员

北京奥运会的语言服务服务费用约为6000万元，仅是雅典奥运会的一半左右。由于我们精打细算，节俭办奥运会，最后的实际支出比预算减少了约1000万元。

北京奥运会的服务团队也相当庞大，语言服务是奥组委最大的处室之一，赛时共有各类员工425人，志愿者1187人。

三、北京奥运会的语言服务工作

北京奥运会的语言服务工作算得上是新中国历史上规模最大、语种最多、任务最重的一次翻译活动。从正式筹备到实施，前后历时三年多。这是一个巨大的系统工程。为确保万无一失，就须要按照国际奥委会的要求和往届奥运会的经验，并结合中国的国情，精心筹划，规范管理，认真落实。

我们的工作经历了这样几个阶段。一是战略计划；二是运行计划；三是测试赛；四是运行准备；五是赛时运行。

战略计划的第一步是2005年7月制定《笔译运行纲要》和《口译运行纲要》，成为语言服务赛前筹备和赛时运行的核心计划。第二步是制定项目组运行纲要。2007年，语言服务处迅速壮大，各方面业务的专职人员陆续到位，逐步形成按主题划分的项目组，即委内笔译组，INFO2008中文组，INFO2008法语组，委内口译组，多语言服务总机组，场馆语言服务组和行政组。各组有项目主管，接受一位处领导的直接领导，同时招募、管理组内人员，协调全组开展业务。至2007年底，各项目组完成详细的运行纲要，作为赛前决战时期和赛时运行的指导。

测试阶段，INFO2008 笔译团队参加 42 项好运北京测试赛中的 28 场赛事，将场馆奥林匹克新闻服务（ONS）团队采写的赛前信息和赛时新闻翻译成中文。笔译员下场馆，在 ONS 办公室里与上游英文采编团队并肩工作。2007 年 8 月至年底，笔译团队参加 15 场测试赛，翻译测试在办公电脑上进行。从 2008 年 1 月起，测试赛开始使用 IC-MS 电脑，笔译团队参加了 13 场测试赛。参加测试赛的笔译员在实际赛事中熟悉了工作流程、体育项目和专业术语，为奥运会和残奥会打下了坚实的基础。测试赛是检测专业口译服务的绝好机会。42 项“好运北京”测试赛均测试赛后新闻发布会，翻译供应商，定点翻译机构和委内口译员为发布会提供了口译服务。口译员和管理人员均得到了锻炼，大大加强了团队与场馆的沟通。

测试赛使得各项目的语言需求更明确。首席翻译密切关注测试赛的结果，对人员计划做出相应调整。针对测试赛中出现的工作流程和服务政策方面的问题，首席翻译于 2008 年 4 月对场馆媒体经理和语言服务经理进行了培训。

专业口译员、同传设备和语言组合在赛前的代表团团长会、奥协大会和单项体联的大会中得到了测试。

2008 年 4 月综合测试赛期间，多语言服务总机也开展了测试，在团队运行、语种设置等方面获得了宝贵的经验。

好运北京系列测试赛测试了场馆语言服务的运行能力和运行状况，团队得以查缺补漏，及时调整和改进。测试的要素包括：场馆语言服务的运行能力；语言经理的工作状况；志愿者的工作状况；总部协调人员与一线语言经理的协调与配合。在这些测试要素中，语言经理与志愿者的工作状态必须测试，籍此使语言经理熟谙业务，使志愿者语种配置尽量合理，帮助他们提前进入赛时状态。测试的方法包括：全面参与竞赛场馆的运行，有关人员观摩测试赛，撰写测试赛总结报告，组织测试赛经验分享等。

北京奥运会的语言服务工作有以下一些关键里程碑：

赛前一个月，2008 年 7 月，奥运村场馆团队进驻奥运村。INFO2008 中文译员全部到位。

赛前四个月，2008 年 4 月，语言经理赴 MPC 和总部饭店场馆团队，奥组委开始与海外口译员签订个人服务合同，至 5 月底完成签约。2008 年 2 月多语言服务总机地址及技术设备由奥运村迁至北京外国语大学。2007 年 12 月，语言服务各项目组制定运行纲要。2007 年 11 月，开始翻译第一批 INFO2008 简历 10%，至赛前 1 个月完成翻译第五批 100%。2007 年 10 月，开始建立主词汇表。

赛前一年，2007 年 5 月，启动场馆化，各场馆团队任命语言服务经理，大规模招募志愿者口译员。

赛前两年，2007 年 1 月，奥组委任命首席翻译 Bill Weber。赛前两年，2006 年 12 月，奥组委与北京元培世纪翻译有限公司签订《北京 2008 笔译和口译服务供应商赞助协议》。

赛前三年，2005 年 7 月分别制定北京奥运会笔译和口译运行纲要。

四、风险管理

按照国际奥委会的要求，每个业务口都要对风险进行评估和管理，以达防患于未然的目的。这是一种先进和规范的管理方法。我们把语言服务工作的风险做出如下梳理，提出各种可能出现的风险以及降低风险的措施还有赛后我们对采取措施的看法。

1. 外包质量问题，采取措施是培训，召开质量讨论会。赛后，奥组委参与译员的面试，选派供应商人员长期驻委或场馆工作。

2. 时间紧张问题。互相沟通，商定合理的时间。赛后建议，翻译需求方应预留足够的沟通协调和翻译审校时间。

3. 译员流失。赛前招募译员时预留出10%的口笔译人员。结果来看，预留人员是降低风险的必要措施。

4. 场馆出现志愿者口译员流失或未配备的语种口译的要求。措施是实施志愿者跨场馆的调度。现在来看，有效的调度非常必要。

5. 预算风险。采取措施，根据最新的语言需求和市场情况对预算重新测算。现在来看，必要的调整还是需要的。

6. 招募专业口译员的风险。我们采取的措施是尽早招募，事后看选择有丰富经验的首席翻译，充分利用首席翻译的人脉资源，组委会参与招募和译员团队的建设，这对于保证口译员的质量是非常必要的。

7. 技术设备的故障。采取措施，要和技术部门进行充分的沟通，必要时灵活选择使用交传。

为保证奥运会语言服务的质量，我们做了以下工作：

针对工作要求制定合理的人员选择标准，招募翻译水平过硬的译员。例如，海外首翻团队的译员大部分为国际会议译员协会的成员，有以往奥运会服务经验，并具有2种以上的工作语言。

对译员进行多方面培训，使译员能充分掌握有关知识。例如，INFO2008翻译团队赛前安排了所有项目的体育知识培训，让所有译员对所有项目有所了解。同时译员分成小组，每个小组精通部分项目。

提出翻译需求的部门提供参考资料和词汇，并在可能的情况下对译稿进行终审。语言服务向需求部门询问翻译质量。如需求方不满意，则要求需求方提供书面文件，并面对面讨论提高质量的方法。

严格执行翻译流程。例如，奥运会及残奥会赛时，INFO2008翻译团队实行一译一审、二审抽查制。结果，中文稿件经常被媒体全文引用。经抽查，中文翻译稿的错误率在万分之一以下，高于出版标准（错误率万分之二）。

有经验的译员指导年轻译员。例如，经验丰富的首席翻译亲自指导译员。首翻和副首翻具有丰富的奥运经验，对口译质量严格把关。他们通过在现场旁听翻译，对译员进行有效的指导，并及时根据情况调整计划。

建立反馈制度。国际奥委会、国际残奥委会、各单项体育联合会、记者和运动员对首席翻译团队的服务高度赞赏。国内口译团队要求场馆语言经理征求口译需求方意见后每日为口译员填写反馈。

建立高效的场馆语言服务团队；结合国际惯例与中国国情，制定非常明晰且操作性强的政策；位于总部的协调组与位于一线的语言经理保持密切的沟通，根据一线的每日反馈进行总体协调与调度。各场馆提出语言服务需求的业务口均对志愿者口译服务表示满意。

五、问题和建议

奥运会结束后，我们按照国际奥委会的要求，对语言服务工作进行了总结。我们认为，北京奥运会的语言服务工作总体上是成功的，为各项赛事的运转提供了强大的翻译保障。同时，我们也发现工作中存在不少问题和不足，这里也一并指出，以期对今后国内重大国际活动的语言服务工作有所借鉴。从这些问题本身，也可以看出奥运会语言服务的复杂性，一个细小的不慎，就有可能导致工作运行出现较大问题。

(一) 计划阶段遇到的问题

问题1：有些翻译人员招募得晚，缺乏赛事经验。应尽早制定招募计划，译员最好在测试赛期间就到位，这样所有译员都经过测试，为赛时高强度运行打下基础。

问题2：专业口译员有时通行权限不足。竞赛场馆的大通权限是必须具备的，与其他译员共用升级卡将增加不能及时到达场馆的风险。此外，还要确保译员有进入一些非竞赛场馆的权限，如总部饭店和奥运村。

问题3：多语言服务总机项目开展滞后。项目本身的复杂性要求尽早进行可行性分析，尽早制定合理计划。

问题4：小语种志愿者资源缺乏。应及早组建小语种流动团队。

(二) 运行阶段遇到的问题和建议

问题5：外包翻译质量不稳定。建议奥组委参与译员选拔，为委外、翻译供应商人员提供培训，请供应商选派工作人员长期驻委或场馆工作。

问题6：笔译交稿时间、口译提出需求时间紧。建议各部门为翻译预留充足的准备和工作时间。如有大量翻译任务，应在计划阶段就照会语言服务处，以便语言服务提前安排人力。

问题7：INFO 技术设备不足。主新闻中心 INFO2008 翻译工作间有 ICMS 机器（无法连接互联网）60 台，高峰时段 60 名译员同时工作，但办公用电脑（可上网）仅有 2 台，无法满足译员在互联网上查找资料的需求。建议至少保证每 2 名译员有一台可上网电脑。

问题8：INFO 内容更新问题。（奥运会数据供应商）Infostrada 公司在赛前和赛时不断更新运动员简历，且无法向翻译团队提供具体修订之处，只能提供简历修改的运动员姓名。翻译团队不得不按照更新名单逐个核对。有时更新的仅仅是语法，不影响翻译，浪费了时间和人力。背景信息方面也有类似问题，ONS 团队对纪录作修改后，翻译团队要对整条信息重新翻译。建议翻译团队与英文作者沟通，尽早定稿，如有改动，应标注修改之处。

问题 9：场馆语言经理和首席翻译办公室应随时保持联系。语言经理可能要求提供所有预赛中出现的语种。一旦某种语言的运动员被淘汰，语言经理应立即通知首翻办公室，以便这些译员可以被派往别的场馆。

问题 10：首席翻译应与 IOC 各委员会密切联系。IOC 可能会临时通知开会，提出翻译需求。因此，服务于 IOC 的译员最好住在总部饭店。

问题 11：小语种志愿者资源缺乏，即使实行了跨场馆调度，也有满足不了需求的时候。赛前应加强语种预测的科学性。

以上就是我对北京奥运会语言服务工作的回顾与总结。不当之处，欢迎大家批评指正。

赵会民：时任奥组委国际联络部部长。现任北京市人民政府外事办公室主任，中国翻译协会副会长。

2010 年上海世博会语言服务采购与管理

——2010 中国国际语言服务行业大会暨大型
国际活动语言服务研讨会主题发言之二

容向前

（2010 年 9 月 26 日）

尊敬的郭晓勇副局长，尊敬的北京市外办赵会民主任，黑龙江省外办赵尔力主任，各位专家、各位老师：大家上午好！

我受上海世博会世博协调局局长委托，很荣幸参加今天的“2010 中国国际语言服务行业大会暨大型国际活动语言服务研讨会”，谨此向大会的组织者表示感谢。并请允许我以“2010 上海世博会语言服务采购与管理”为题，与各位领导和专家做工作汇报交流。

我在上海世博会事务协调局主要职责是负责培训工作、园区运行指挥中心礼宾席位工作、联系外包服务团队（包括翻译平台、礼仪队、军乐队、升旗手）。

今天是上海世博会正式运行的第 149 天，截至现在，入园参观人数已达 5590 万。各项工作平稳有序，包括语言服务。鉴于世博会正在热火朝天进行当中，还没有做全面系统的总结，今天主要是简单汇报一些做法，提供交流的数据并不详尽，谨此表示歉意。汇报分几个方面：第一，世博会语言服务供求结构；第二，定向采购与预算管理；第三，翻译质量管理与培训；第四，几点思考。

一、上海世博会语言服务供求结构

需求方面。中国2010年上海世博会与2008年北京奥运会不同之处，在于会期较长，有184天。它涉及展馆138个，面积3.28平方公里。世博会从申办、筹办、举办到办结阶段，语言服务的需求贯穿始终。但在不同阶段，语言服务的需求在来源、种类、覆盖范围、时效限制、以及对质和量等要素的要求有所不同。

来自于汉语方即中国的需求从时间节点上划分，2002年12月3日前为申办阶段，这一天，国际展览局88个成员国在摩洛哥的蒙地卡罗投票决定2010世界博览会举办地，中国上海以54票胜出；此后到2010年4月30日为筹办阶段（其中前半段为注册和法律规章等中方的自身准备，后半段为邀请和多方对接、共同筹备）；2010年5月1日至10月31日为举办阶段；世博会后半年为办结阶段。语言服务需求种类包括口、笔译。口译覆盖全过程的互访以及双边、多边会议场合，包括中方承诺的为政府总代表会议和相关会议出资提供语言服务的部分；笔译覆盖往来信函和其他文书、网站。申办阶段，口译需求发生于对国际展览局成员国的宣传推介和谈判磋商，包括官方和专家出访以及接待来华考察团；笔译需求集中于对历届世博会的调研材料以及申办世博会所需文字资料（包括视频、影片的辅助文字）方面。筹办阶段，口译场合相似，但涉及的学科专业进一步细化；笔译范围则转向与注册、邀请参展、园区和展馆建设有关的法律、规章、规划设计、说明、导览图等。举办阶段，除口译覆盖的范围即会议、仪式（论坛、国家馆日/国际组织荣誉日仪式、省区市活动周、各种新闻发布等）之外，增加了简单语言服务项目，如为境外来宾和参观者提供陪同导览、现场解说、咨询、指路、寻人寻物、广播、排解误会纠纷等；笔译范围集中到贵宾接待的对接资料、函件。办结阶段的语言服务覆盖范围将大幅度缩小。

来自于外语方的语言服务需求包括国际参展方和参观者。对国际参展方来说，时间节点划分为3个阶段：筹办阶段，大约为2006年1月至2010年4月，即从接受邀请时起到世博会前。主要是与组织方的对接，范围覆盖了主题理念设计、建筑规划设计、施工、安装、运输物流、海关进出口业务、文艺演出活动等等。需要在法律、规章方面进行沟通和磨合，当然还包含参展方自身的宣传推介，比如11个国家在世博展示中心开展新闻宣传周活动，推介展馆和展示理念。运营阶段，语言服务需求主要是参展方自身的宣传推介（包括导览解说、文艺演出等）、计划举办的24场参展方论坛，以及与组织方在运营管理（开馆、闭馆、客流引导、设备维护、物流运输等）、以及贵宾接待、安全保卫等方面的小型工作会谈和信函往来等。撤展拆馆阶段则为2010年11月起的6个月内，语言服务需求也会下降。

需求总量的高峰在世博会期间及会前半年。

供给方面。作为办博的具体执行者，上海世博会事务协调局（以下简称“世博局”）把握住了需求总趋势，对需求来源、覆盖范围、质量要求等要素进行了分析，并结合本局支付能力的实际情况，分采购、义务服务和志愿服务三大板块组织语言服务力量，努力适应办博需要。

采购主要面向职业翻译团队，也就是翻译公司。一般情况下，面向尚未在团队管理架构内建立责任与权利关系的自由职业翻译人员和兼职性质的翻译人员采购服务，采购方须要投入一对一的管理人力，管理成本比较高，适合小型简易（短期）工作项目，不适合大型集约性工作项目。正是出于此一考虑，上海世博会事务协调局于2008年8月在外事办公室（后参照往届世博会于2009年5月将外事办公室名称改为礼宾部）设立了翻译平台，应对外国参展方进驻园区及施工后带来的翻译业务需求，统筹采购职业翻译服务。采购对象2家，即中国对外翻译出版公司（以下简称“中译”）和元培世纪（北京）教育科技有限公司（以下简称“元培”）。

义务服务团队有两个板块。一是世博园内板块，世博局193名外语专业背景的在编干部和员工中，除了礼宾部的33人自动成为义务语言服务工作者（译员）外，从其他13个部门挑选了44名年富力强、有责任感的人选，组建了后备翻译梯队，以备在出现采购不足或不及时造成译员短缺情况时，保障为局领导、部门领导外事活动提供翻译服务。二是世博园外板块，以上海市外事办公室外语干部为骨干，并在任务高峰时抽调兄弟省区市外办译员，或者借调外交部译员，保障为中央和上海市领导的外事活动提供翻译服务。特别须要指出的是，在尚未构思组建语言服务团队之前，例如申博期间，大批外交官展开外交行动，替出访的代表团做翻译工作，都是义务的，他们功不可没。

志愿服务团队人数最多，他们主要来自上海市以及周边（长江三角）各高校，在兼顾课业的情况下，分批进入世博园区提供指路、答疑、辅助救护等简单语言服务，按15天、1个月轮换。礼宾部接收志愿者158名，已使用约100名，主要是在各布岗点接应、陪同重要外宾。世博园内各片区场馆接收约2000名，每月安排使用约300名志愿者担任场馆导览解说任务。志愿者中，有少量外籍志愿者，比如西班牙、韩国。

综前所述，供求两方面均在层次和时间线上呈现错落有致的态势，能不能做到完全的对应，我们心中没底。到目前的实践，我感觉对接基本到位。到目前为止，我们的服务资源基本满足各个不同时期对不同层次的语言服务需求，需求量高峰时候不缺人，低谷时候不浪费。在这里，我要感谢“中译”和“元培”两家翻译提供商，他们做了大量艰苦细致、卓有成效的工作。我们的义务翻译梯队人员，基本上能够集中精力完成自己的本职岗位任务，未被大规模地抽调来填补译员空缺。

二、定向采购与预算管理

（一）定向采购的考虑和做法

报名到上海世博会参展国家约190个，国际组织约40个，中国31省区市以及香港特区、澳门特区和台湾都参加了，还有城市实践案例等等。参与人数多，规模大，活动频繁。具体参展和活动项目都对语言服务提出个性化的需求，掌握预算权的各外国参展方会自主寻找翻译力量，这就意味着，上海世博会事务协调局很难包揽统一的采购。公众论坛比如在26个省、区、市举行的44场地方主题论坛，有些有外宾参加，有些没有，对采购翻译业务有自己的思路和出路。在国外举办的论坛，如日本东京、新加坡等，我们更加不能参与或者干预。

众多语言服务提供商积极推介自己的业务，他们来自上海本地以及北京、广州等地，实力和服务各有千秋，为采购方提供竞标的最有利条件。少花钱多办事当然是好的，但是要受条件制约。以最低价格损害提供商的利益，最终可能收获质量不可靠的服务，这样的结果不是双赢的结果，因此绝对不是世博会追求的目标。供求双方达成相对稳定、长久的对接，才能既避免提供商之间进行恶性竞争，也避免采购人之间陷入不必要的竞争，以确保充分发挥资源效用，维护办博大局和世博会的整体利益。在这种思路指导下，定向采购办法得到明确。

经过反复试用和磨合，2008年10月，“中译”和“元培”两家公司确认赞助2010上海世界博览会，世博局确认两家公司的赞助商地位，并签署协议优先采购该两家公司的语言服务。3方2套共4份协议，从法律上明确了定向采购的原则和办法。世博局没有再接受此后由其他语言服务公司提出的赞助，也不再放开采购这些非赞助企业的有偿服务。有选择地接受赞助并优先采购赞助商服务，避免恶性竞争，就是定向采购思路的基本考虑。

定向采购的做法落实到译员层面，出现有特定专长的译员被多次重复使用的情况。在这种情况下，由于业务延续，译员对背景和环境的熟悉有助于其不断提高工作能力和工作效率，也为公司节省交通成本提供了可能。世博局对译员工作效能的认可和公司对节约交通成本的期待，促成双方一致同意采用派驻和接受派驻常驻译员的做法。这一做法被看成对具体译员的定向采购。派驻译员协议可视为采购协议的补充。

（二）集中采购与集中预算

定向采购只约束世博局的采购行为，不干预外国参展方、省区市相关活动组织方的自主采购行为。很多外国参展方的办博活动、论坛等，仍按市场规律运作。

世博局定向采购的对象为“中译”和“元培”两家，虽然采购协议没有写到，但两家是理论上平等的赞助商，应该享受平均的采购机会。因此，我们早期的做法是由翻译平台一个窗口执行集中采购，即翻译平台统一申报预算，各部门把采购需求集中到翻译平台，由翻译平台按项目交替地面向“中译”和“元培”执行采购。

由世博局各部门提出的采购要求具体化为单项的口译、笔译、或者口笔译综合项目时，部门项目数量、项目规模和收益并不完全对等。换一句话来说，即使采购项目数相等，资金发生额也不相等。按资金等额切割划分项目的做法，对业务的延续性和整体性造成不良影响，按部门划分势力板块的做法，也不具备可操作性，管理成本和质量风险都很高。

随着时间推移，我们的担心得到证实，即集中预算和具体采购结合程度不高，其缺点就是预算精度不高。到了2009年10月，这个缺点被放大，总采购量大大超出预测，体现为总资金发生额超过了年度预算，差额接近200万元，须要在2010年度追加。

（三）采购分流与预算分列

为了更准确地预测采购需求，避免出现世博会后大幅度追加预算的情况，我们于2009年底开始构思改变做法，把预算责任分解到有具体采购需求的部门，由部门预测需求，制订预算，并由部门领导监督预算使用情况，审核批准采购计划。

为了便于各部门更准确地制订和执行预算，我们对报价体系做出了相应修改，完全按照需求项目进行计时或计件报价，除了极少数由领导指定译员的情况作为个案处理外，不再考虑译员的排名和知名度。

这些报价均取中间偏高的数值，要求使用最好的译员。新的报价体系帮助各部门跳出采购知名译员服务的思维定式，不再担心因报价逐项波动带来的预算和决算难题。

到目前为止，部门分别申报预算和分担采购责任，照顾到了工作效能，也充分体现了用者付费的原则，维护了付费者的采购决定权。

为此，我们以征求部门意见并呈局领导圈阅的方式，制定了《2010年上海世博会翻译平台管理办法》，确认部门责任和管理权限。管理层的扩大，弱化了集中采购的功能，减轻了专职管理员的工作量，增加了管理的艺术色彩。《办法》还把非采购的义务译员梯队纳入管理范畴，未雨绸缪，以紧急应对因业务量井喷引发采购不足，或者预算不足引发译员短缺，影响办博的情况。《办法》还分解了质量管理责任，鼓励部门力所能及地协助译员提高服务质量。

它同时对两家提供商面向部门展开细化的需求调研和争取具体业务项目的能力做了检验。

（四）核算、审计与廉政管理

早期的工作流程，是部门向翻译平台简单地移交采购项目，翻译平台把项目分流给服务企业，服务企业完成项目后计算和申报资金发生额，翻译平台复核后记账，服务企业根据资金运转的要求，不定期提出结算申请，翻译平台核对台账，使用部门追认，然后交财务部门安排结算、支付。这个过程要求平台管理员投入很大精力，承担很大责任，承受很大压力。压力既来自于专业要求很高，也来自于服务企业和财务部门的疑虑和担心。

进入2010年度，随着分列预算和分散采购措施的推行，部门追认调整为前置审核，即部门人员申请采购，部门领导核准，翻译平台择时平衡，服务企业执行项目并申请支付，财务部门安排结算。

这个做法减少了翻译平台管理人员的工作量，减轻了压力。管理人员的配备则由初期的3人，更改为1名专职，1名后备（所谓的A、B角），分管领导则腾出精力投入其他工作。

采购量和预算、核算、结算的契合程度提高后，为顺利通过标准化审计创造了条件，预计明年的6月会见分晓。我个人的估计，总采购量大约在3000万元幅度。

在廉政管理方面，采购与供给双方代表约定的廉洁办博共识于2010年3月5日形成了文字，签署了《廉政协议书》。此外，我们把防止权力寻租和反腐败的要求化为具体的业务和预算管理措施，落实到了工作机制中。

三、语言服务质量管理与培训

世博会是个全球性的盛会，规模大，影响面广，中国作为首个举办世博会的发展中国家，困难和考验是前所未有的。语言服务质量的管理也是个难点。对国家形象和声誉的影响，使得语言服务的质量问题受到广大群众、上海市各级领导、直至中央领导的关注和重视。领导提出严格要求的场合，主要是大中小型的会议，涉及翻译的准确性、译员的临场表现和发挥。群众投诉的内容，则主要是公共场所的标识和导览图册。这些，是压力，也是动力，推动我们深入研究、不断探索和实践、不断改进。

（一）严管采购，投诉必处

准确定位管理对象、管理范围、管理手段，把握管理深度，是推进语言服务质量管理工作的前提。对于采购服务，适用经济奖惩和法律追究；对于义务服务，则适用行政奖惩，经济手段则可奖不可罚；对于志愿服务，经济、法律、行政手段都不可取，鼓励和培训最为可行。上海世博会的语言服务恰好包含采购、义务和志愿多个组成部分，决定了管理工作的复杂性。我们的做法，就是区分情况，严管采购，培训其他。

所谓严管采购，一方面约束采购部门，不得超出定向采购范围去采购未经资质检验和综合实力考核的提供商的服务；另一方面，要求并不断提醒定向采购对象（“中译”和“元培”），切实遵循行业规范，加强质量自律意识，抓紧企业内部培训。同时，制订具体办法，针对会被投诉的质量问题，设计情节和影响条件，执行临时停止采购等处罚措施。

在处理投诉方面，翻译平台设立了投诉热线，受理各方提出的批评意见和建议，对于世博热线反馈回来的语言服务质量投诉意见，也及时给予处理和答复。对于投诉较多的公共场所标识译法问题，则以园区内外联动方式，由翻译平台配合世博会执委会外事指挥部、上海市外事办公室，在世博会前开展了对公共场所标识特别是园区场馆标识以及导览图册的大检查，及时纠正了多起误译、漏译等语言服务差错以及印刷不当等附加服务差错。

（二）译法规范与标准化

上海世博会语言服务需求量比较大，涉及语种26种，涉及政治、法律、建筑等多个专业领域，供给的服务和附加服务成分多样，服务人员水平和能力层次也多，因此服务质量管理应当适度介入语言专业工作，以采购服务为基础，义务服务为龙头，带动志愿服务板块提高服务质量。这部分的管理措施包括刊行译法和推动标准化工作。

刊行译法。为广大语言服务人员和群众提供可参考的译法，可以减少自由发挥带来的混乱，避免语出多门造成误解。以商业形式发行的译法有《上海世博会用语词典》，非商业形式发行的译法有《上海世博会规章》、《上海世博会参展指南》、《上海世博会参展规范》等，网络公开形式有上海世博会官方网站、网上世博会网站。

《上海世博会用语词典》使用中英法三语对照，由上海世博会执委会副主任周汉民任主编，2008 年编成出版，并于2009 年增补修订后再版，收词4400 余条，总字数 80 多万。非商业形式发行的《上海世博会规章》、《上海世博会参展指南》、《上海世博会参展规范》等，包括印刷版和光盘，分中、英、法文版，总字数约 120 万。世博会官方网站有中、英、法、日文版，设计文字量和点击浏览量暂未统计。

《上海世博会用语词典》曾于国际展览局执行委员会和规则委员会会议上作为官方礼物，送给了出席代表，并得到高度评价。和其他书籍一道，受到翻译人员的欢迎。

标准化工作。标准化工作是行政立法工作，不属于采购范畴。上海地方主要由上海市外事办公室牵头，完成的标准化工作除了组织园区外的公共标识大检查活动，编写了《上海市机构英语译名表》等，发给译员做参考。世博局翻译平台提供了协助。

与采购有关的部分，由翻译平台与世博局各部门协同开展，重点针对园区展馆外立墙面名称标识，4 条免费公交线站点的译名，世博中心等重要外事活动场所标识等进行规范的工作，有标准化工作之实，无标准化工作之名。

（三）培训

培训是质量管理的前置部分，通过提高语言服务人员的能力和综合素质，为保障服务质量创造条件。

1. 团队与互助培训。采购板块培训分别由“中译”和“元培”两家在内部进行，平台不定期地进行语言考核，以及参照投诉情况进行总结评估。义务板块培训，世博园区内由翻译平台安排资深译员为义务译员开设业务讲座，包括世博局领导以及礼宾部的前身外事办公室领导都为译员提供讲评和开过讲座。平台还组织持续办博、经验丰富的译员，为重要文书如通发的要求参展方提供国旗国歌等的信函提供译审。园区外部分则由上海市外事办公室组织。志愿部分，由各高校分别结合外语教学课程进行安排。

互助培训实际上就是要求译员发扬风格，照顾世博会大局，团队内开展多岗位联动，比如大会同传和笔译的协同，可以让口译员得到人员、机构、职务等名词资料，提高翻译效率和精度。

正是因为考虑到多岗位联动对质量的作用，我们坚持综合项目的完整性，不再为了平均采购而进行切分。

2. 自我培训。通过定向采购方式固化常驻译员，以及有意识地将其投入背景相似的工作场合，发挥业务延续对熟练程度的强化作用，达到译员自我培训和自我提高的效果。例如，为固定服务于特定领导的译员，可以熟悉领导分管的业务、口音、语速、停顿间歇、用语习惯等，提高翻译水平和配合默契度。

四、几点思考

到目前，上海世博会通过翻译平台采购的服务量大致为口译 1800 项（场次、人次、时数均未精确统计），博览会期间为 1400 项，笔译 1080 万字，博览会期间 270 万字。涉及外语语种为英、法、俄、西、日、韩、越、蒙、阿拉伯、希腊、土耳其、德、意、荷兰、芬兰、波兰、乌克兰、波斯、丹麦、挪威、葡萄牙、丹麦、罗马尼亚、保加利亚、亚美尼亚、斯洛文尼亚等26种。以上统计数字不包括未通过翻译平台的采购，也不包括义务和志愿服务板块完成的工作量。无论属于何种服务，其成果十分丰硕，好好加以整理利用，可以作为一笔前所未有的世博会财富，留给世博会历史、留给上海世博局、留给语言服务行业和外语教学。如何整理，整理到什么程度，要不要出书，这是世博会后的一点考虑。

就采购和管理而言，我们曾经协调过的问题，有些还须要在世博会后继续加以思考，例如：

（一）供求双向选择权的收与放。大型活动由许多单项活动构成，必然面对更复杂的双向选择局面。前期，出于平衡2家采购对象的考虑，由翻译平台制订预算，管理采购，结果各部门要求的实际采购超出预算，不得不提出追加。考虑世博会后追加预算的不可操作性，必须大致平衡预算和采购，这就要求各部门根据需求预期分别制订和管理预算，其结果就衍生出部门要求切割采购权的呼声，2家采购对象面临低烈度的竞争，于是要求世博局加以干预，争取最有利于己方的安排。

（二）报价的黄金分割线。翻译类语言服务（口、笔译）行业一般的报价过程大致是：预报价、二次报价（确定译员）、三次报价（计时计件）。这是基于译员的报价，具备计价精度，却往往因为译员的流动性造成报价波动。这种波动对于小型项目的影响几乎可以忽略不计，但对于大型活动，则影响深远，造成年度预算不足或者浪费。对于首次在中国举办的世博会来说，预算的不足或者浪费都是不应该的。这就要求基于采购方创新报价体系，默认使用最高端译员。这种报价方式，减少了报价层次，只论项目大小，方便各部门制订年度预算，预期将把预算误差减到最小。它的问题在于，项目的划分是否完整、科学？它的风险在于，遇到业务井喷，高端译员短缺，服务提供商怎么办？其次，是否存在报价的黄金分割线？

以6小时的英语同声传译报价为例，VIK报价体系按全天计为10000元×3人，新报价为9000元×3人。这个报价体系正在实践中，结果如何，要等待最后审计结果。它对于今后翻译行业是否产生影响，也须要我们耐心等待。

（三）管理的介入程度

1. 管理的权属与权限

从前面引用的数据我们看到，早期报价体系包含了对公司支付译员的最低工资额，这是采购方对提供方管理的深度介入，约束提供方提供高质量的译员。后期报价体系则不做深度介入，通过强调质量管理和加大投诉处罚办法，把前置式管理模式修正为后置式管理模式。

2. 语言容错率

语言的回旋与发展空间很大，争议在所难免，管理对语言工作的介入程度很难把握。零容忍，也许会矫枉过正。翻译平台在实施管理的过程中，基于对责任划分的认识，对语言工作的介入限于刊行词典和用少量书籍进行培训，对世博园内的公共标识进行干预，并支持外事部门制订机构译法规范。我们没有推动立法并发动大规模的执法活动。对于争议性的译法投诉，以及义务和志愿服务引发的质量投诉，我们一般以安抚投诉人为主。对于采购部分的语言服务引发的投诉，则区分情况，给予经济惩罚，提醒服务方真正负起语言质量的责任。

3. 义务和志愿者的管理

鉴于义务和志愿为世博会服务的人员的组织（准入）、培训、使用和服务质量监管等处于多部门参与状态，翻译平台对翻译质量有更高的容忍度，除了进行语言纠偏，不再干预部门用人，不再讲评被用之人。我们在管理方面对介入程度的把握是否恰当，只有留待评说了。

以上是我关于世博会语言服务采购和管理工作的简单汇报。

最后，请允许我祝愿我们的语言服务采购和管理得到认可，让我们共同期待上海世博会的圆满成功。

谢谢大家！

容向前：时任上海世博局礼宾部副部长。现任广西壮族自治区外事办公室翻译室主任。

精细专业， 让沟通永无界限——2010 年哈尔滨国际贸易洽谈会、第二十四届世界大学生冬季运动会语言服务经验

——2010 中国国际语言服务行业大会暨大型国际活动语言服务研讨会主题发言之三

赵尔力

（2010 年 9 月 26 日）

尊敬的各位领导、各位同仁：

今天我和大家交流的主要是黑龙江举办大型国际活动基本经验，题目是“精细专业，让沟通永无界限”。

伴随着社会发展和时代进步，世界各国的各种大型活动数不胜数，由此而产生的语言服务需求也逐步升级。近些年来我国改革开放步伐不断加快，诸如 2008 年北京奥运会和 2010 年上海世博会等越来越多的大型国际活动在中国举办。而发源于本土的各种大型活动也向着国际化方向不断发展。黑龙江省作为中国的北国冰城和边境省会曾经举办过 1996 年“亚洲第三届冬运会”、2009 年“世界大学生冬季运动会”等大型国际体育赛事；2004 年成功举办了“东北亚地方政府联合会”，6 个国家、39 个地方政

府参加的国际会议；一年一度的“哈尔滨国家经济贸易洽谈会”，至今成功地举办了21届，逐步发展成为国际型大型经贸洽谈会。

作为大型国际活动的基本要求，提供优质的语言服务，架设无障碍的沟通桥梁已经日益成为衡量活动水平的一个非常重要的标准。通过近年来举办大型国际活动期间的摸索和努力，我省在语言服务方面也积累了一些实际经验，今天非常高兴能有机会和大家在一起交流与探讨。

大型国际活动的无形双手“哈洽会”，这是1990年初由中国边境贸易洽谈会，小额贸易、易货贸易到现在变成经国家批准的大型盛会，是我国除广交会外历史最悠久的综合型贸易投资展会。从1990年创办至今成功举办了21届，20年间经过不懈努力，不断摸索和锐意创新，哈洽会已经从区域走向世界，发展成为拥有3000多个国际标准展位，10多个专业展区的国际型大型经贸洽谈会。今年举办的“哈洽会”共设立了16个专业展馆及有来自21个国家和地区的省州级政府代表团应邀参加，共有来自44个国家和地区22万中外客商到会，可谓量大面广，这种广泛的国际参与性对翻译提出了不可小看的量级需求。

第24届“世界大学生冬季运动会”（以下简称“大冬会”）于2009年2月18日在哈尔滨举办，这是我国历史上首次举办的规模最大、人数最多、水平最高的世界综合性冬季运动会。第24届大冬会共有25个国家和地区参赛，参赛人员总数超过4000人，为大冬会历史上最多的一届。比赛共设12个大项，81个小项，也是大冬会有史以来项目设置最多的一届。

作为黑龙江举办的两种不同类型的大型国际活动，也存在着共同特点。一是，国际化水平高，参会范围广；二是，参加人数众多；三是，活动内容丰富、组织复杂。以上特点对活动的语言服务提出更高的要求和更大的挑战。语种繁多，翻译量大，提供优质语言服务随之成为确保活动顺利进行的保障和必要的因素。从语种上说，无论是“哈洽会”还是“大冬会”，基本须要配备全语种。从翻译种类上来说主要分为笔译和口译，例如“大冬会”的笔译部分包括会议指南、竞赛介绍及场馆介绍等。“哈洽会”包括场馆介绍、展品介绍及展厅指南。口译部分主要包括官方正式活动的同声传译。例如开闭幕式、高级领导会见、新闻发布会、贸易合作论坛、酒会和宴会等。另外，还包括代表团接待、日常陪同翻译工作。面对纷繁复杂的翻译工作，如何科学合理地组织成为大型活动翻译工作研究课题。

一、精细专业，努力实践打造语言服务品牌

尽管面临诸多困难和前所未有的严格要求，我们的组织团队还是依靠专业外事人员、翻译协会、翻译公司、领域专家、高校翻译人才等语言服务资源在政府领导团队的协调指导下，在不断实践中摸索总结了一条语言服务的路子。

（一）有针对性地培养大型国际活动翻译人才。为了弥补政府部门翻译人才数量无法满足大型国际活动需要的不足，我们采取了“寓兵于民，全民皆兵”的方式，有针

对性地和有计划地开发利用社会翻译资源。一是政府牵头为高校学生营造实战环境。高校是培养翻译人才的重要基地，但大多数生活在象牙塔内的学子缺乏实践经验，无法做到知行统一。为此，我省外办与各地市外办常年提供实习工作岗位，为在校大学生提供重要的锻炼场所。促进他们熟悉官方活动，成为懂外语、懂外事、懂经贸等多领域技能的翻译人才常规军，确保英雄有用武之地，为学生提供了难得的机会，也保证了翻译资源。

（二）普遍培养，重点选拔，有层次提升社会各领域外语水平

对于重大国际活动，高精尖的外语人才，社会志愿者以及普通市民都扮演着相当重要的角色。我们采取对大学讲师和有经验的外语人才进行外语、礼宾和国际礼仪的辅导，争取成为复合型人才。对社会志愿者和普通市民，采取外语与礼仪培训相结合的方式，为大型活动顺利开展提供良好的语言服务大环境。

（三）精心组织，多渠道汇聚外语人才

我省翻译协会还经常组织各类外语演讲、外语培训活动，吸引社会上的有识之士前来参与，争取在活动中发现更多的外语人才，提供后备军。

二、精益求精，以完善的服务保证语言服务团队达标

（一）大型国际活动翻译团队人数多，水平良莠不齐。我们采取了一系列培训措施有层次地对各类人员进行战前磨枪，以编写切合实际的教材为基础。活动前我们会在团队负责人当中选取有经验、有水平的人员组成编写小组并进行调研。由这一部分专家负责收集和整理素材、词库等基本资料，形成教育版本，经过反复推敲和校对，制定培训基础教材。在此之前，我们在培训过程中同时发动全体人员积累日常工作实践中所发现的新词汇、新素材，及时补充到教材中，实现资源共享。

（二）以“金字塔”培训为主体，扩大培训范围。在活动来临之前，我们通常会在充裕的时间内进行战前集训，选拔通过大量活动和洗礼锻炼而产生的业务骨干，成为培训主要力量。对所有参与培训的志愿者和社会翻译人才进行考核分类，有组织、有针对性地进行分组培训。这样既保证了翻译人数、质量，又保障了各个部门的语言服务需求。

（三）动之以情，引导语言服务团队为参会者提供细心优质服务。衡量一个活动是否成功的标准，不仅仅在于活动组织者能否顺利完成本职工作，把活动组织好，更在于能否满足参会者共性、个性需求，使参会者满意而归。为此，我们对所有团队成员进行换位思考培训，让所有成员学会用一种理念和情感站在参会者角度为其设身处地着想，提高自身服务水平。

三、强强联合打造语言翻译基地

大型国际活动对语言翻译尤其是同声传译等方面要求较高，我们需要有实力的国际组织和社会翻译公司提供支撑援助，取长补短，形成优势互补、整合资源，保证语言服务水平。大冬会期间，我们与元培公司进行亲密合作，在合作过程中也进行了经

验性总结，为今后翻译合作打下基础。

（一）重要场合邀请国际国内专家加盟支持。大冬会期间，一些重要的赛前准备会议和新闻发布会都需要英法同传，同传是此类会议语言服务的关键所在，考虑此类会议的特殊性，我们借助国际组织的大力支持，圆满完成会议组织任务，确保大会沟通无障碍。在国宾型重要场合，邀请外交部翻译室专家进行语言服务，确保万无一失。大冬会开幕式上，特意邀请来自央视外语国际频道的主持人担任开幕式的英语翻译，高标准为世界献上一场精彩的文化体育盛会。

（二）为合作翻译公司提供重点支持。提高合作翻译公司与活动组织方的磨合和默契度是做好语言服务的前提。在此情况下，为合作公司提供活动背景、资料和词库，使双方的翻译经验最大限度地切合。通过大冬会期间与元培公司的亲密合作，我们与之建立了良好的友谊关系，为今后合作提供了良好的基础。元培公司成为了我省重要的语言翻译基地。

通过大冬会和哈洽会的举办，我们在收获成功的同时也意识到，随着活动规模的不断扩大，未来语言服务所面临的挑战将更加艰巨，我们也会在今后的翻译工作中加强沟通，规范管理，争取提供更加专业、细致、精确的语言服务。真诚地希望与会各位同仁，对我省的翻译工作提供宝贵的意见和建议。

此次大型国际活动语言服务研讨会对如何提供更加优质的语言服务具有重要意义，同时也为相关行业的同仁交流和互相帮助提供有力平台。这次会议不仅是交流的盛会，也是寻求良好合作伙伴的盛会，相信经过我们所有同仁的共同努力和倾心合作，大型国际活动的语言服务工作必将更加精细、专业，成为无障碍沟通的桥梁。

赵尔力：现任黑龙江省人民政府外事侨务办公室主任、中国翻译协会副会长。

2014 年南京青奥会语言服务工作展望

——2010 中国国际语言服务行业大会暨大型
国际活动语言服务研讨会主题发言之四

李保平

（2010 年 9 月 26 日）

尊敬的各位领导、各位同仁：大家上午好！

非常感谢北京市外办和中国翻译协会给了我们这样一个机会来向大家简单地介绍南京 2014 年“青年奥林匹克运动会”（以下简称“青奥会”）语言服务方面的需求和展望。

前面听到赵会民主任和容向前部长、黑龙江省赵尔力主任的精彩发言，对我们的启发非常多。我在这里要说明，南京 2014 年青奥会是今年上半年刚刚获得的举办权，所以我们的组委会还没有正式成立，语言服务工作还没有像北京奥运会、上海世博会包括即将要举行的广州亚运会研究得那么深、那么透，今天只能简单地给大家介绍一下，谈一下我自己的设想。

青奥会不但在中国，在国际上也是一个新生的事物，很多领导和同仁对青奥会还不太熟悉。青奥会是由现任国际奥委会主席罗格先生提出来的。2007 年 7 月 5 日在危地马拉城举行的第 119 次国际奥委会全会上，国际奥委会一致同意创办“国际青年奥林匹克运动会”。和奥运会一样，青奥会也分为夏季奥运会、冬季奥运会，每四年举办一届，但是和奥运会不一样的是青奥会没有青残奥会。2010 年 8 月，在新加坡举办了“第一届青奥会”，2012 年在奥地利举办“第二届青奥会”。

国际奥委会举办青奥会的目的是为青年人专门设计的旗舰计划，以此来聚集世界范围内所有有天赋的青年运动员，组织一项高竞技水平的赛事，同时让青奥会成为一项具有教育意义的项目，让青少年从运动中收获健康的生活方式。

青奥会特点：

第一，向国际奥委会申办的时候，一个国家只能有一个城市，举办也是一个城市。奥运会大家知道除了北京以外，还有其他协办的城市，青奥会则只能在申办成功这一个城市举办。

第二，举办的城市尽量利用现有的建筑，不大规模地新建设施，尽可能减少举办奥运会对城市生活的干扰。

第三，青奥会更加重视文化交流与教育活动。北京奥运会文化交流和教育活动也占很大的分量，但是大家对夏季奥运会的关注是竞赛结果，青奥会特别强调文化教育活动与体育竞赛同等重要，强调青奥会应该回归奥林匹克精神，呈现出独特的魅力。青奥会要求所有的参赛运动员从开始到结束都必须要全程参与，而不是在中途比赛项目结束就离开。

第四，国际奥委会希望通过青奥会的举办重新树立奥林匹克理念：“卓越、友谊、尊重”，使之成为青少年的共同理想，树立健康向上的青少年榜样，鼓励和引导青少年积极参与体育运动，在参与、互动、共享的氛围中快乐健康成长。

青奥会特别重视文化教育活动与体育赛事完美融合。这样一个理念和国际 21 世纪教育委员会提出的教育四大支柱的理念是一致的：学会求知、学会做事、学会做人、学会共享。

2014 年青奥会是我国继北京奥运会、广州亚运会之后承办的又一个国际性综合重大的体育赛事，也是江苏和南京承办的最高规格的体育赛事，这项赛事对南京的经济、政治、文化和生态文明建设都将产生积极而深远的影响，青奥会对举办城市的影响是多方面的。

下面简单介绍青奥会语言服务。

青奥会语言服务的目标就是解决赛前和赛中因为语言差异而引起的沟通问题，服务的对象是青奥会组委会内部和青奥会所有的客户。青奥会语言服务须要服务的相关领域：

第一方面，为国际奥委会青奥会协调委员会各类会议提供笔译、口译工作。比如新闻发布会、IOC 协调委员会在南京举办的各种会议、各个国家青奥代表团团长会议，这些牵扯到大量的口译和笔译的工作。青奥会虽然是一项青年奥林匹克运动会，但在语言服务方面和北京奥运会有很多的相似之处，工作量可能比北京奥运会语言服务工作量少不了多少。与青奥会相关的各种国际会议：目前设计了20个左右的与青奥会相关的活动，如世界青年大会、创新大会等等。

第二方面，为青奥会重要理念编写、出版和为青奥会的网站提供翻译服务。看上去是一句话，但里面包含的内容是千头万绪，南京青奥会的翻译量也应该是1000万字左右。赛前赛中为青奥会所有职能部门提供支持：身份注册、体育展示、文化教育、医疗服务、兴奋剂控制、国家奥委会服务。赛时为所有的客户提供必要的口译服务。所有的比赛场馆和文化教育场馆、媒体中心、青奥村，主要指赛时的各种会议和协调。一般会招募大批的语言服务志愿者完成。青奥会语言服务要求，因为国际奥委会官方语言是英语和法语，所有和青奥会相关信息和文件制作都必须使用英语和法语，赛时还会有一些其他小语种方面的需求。

南京青奥会的奥组委也设国际联络部，下设国际语言服务处，负责统筹与青奥会有关的语言翻译，包括文字翻译和口译，以及负责筹建多语种信息服务中心。青奥会语言服务架构还没有明确研究和讨论，但是基本的信息是“语言服务处+语言服务供应商+语言服务志愿者”，这几大块组成。

在语言服务处里面，一方面会有像北京奥运会一样的首席翻译专家来领衔翻译团队；另一方面，由于南京青奥会组委会规模可能大大小于北京奥运会，我们更多的会依赖语言服务的外包商来和我们一起完成语言服务这块的工作。如何和语言服务供应商进行合作，具体形式还没有最后定，我们在这儿非常真诚地欢迎有意和南京青奥会合作的语言供应商进行接洽，就合作的具体形式进行探讨。

我的介绍就到这里，谢谢大家。

李保平：现任南京市人民政府外事办公室副主任。

2010年广州亚运会语言服务组织经验

——2010中国国际语言服务行业大会暨大型
国际活动语言服务研讨会主题发言之五

陆露

（2010年9月26日）

尊敬的郭晓勇常务副会长、尊敬的赵会民主任、赵尔力主任，各位来宾、各位同仁：

上午好！

非常荣幸有机会代表广州亚运会语言服务中心向各位介绍广州亚运会语言服务基

本运行情况，并同各位分享在语言服务筹备过程中的组织经验及赛事工作模式。在此谨对中国翻译协会和北京市人民政府外事办公室表示衷心的感谢。

我的陈述分为以下三个部分。

一、介绍广州基本情况

第16届亚洲运动会即广州亚运会将于今年11月12日在广州隆重举行，并于27日闭幕。届时将有来自45个国家和地区，14000名运动员和随队官员，6300名技术官员和1万名媒体人员、2000名理事会大家庭成员及贵宾参与此次盛会。

广州亚运会共设42个大项，476个小项，其中奥运项目28项，非奥项目14项。体育舞蹈龙舟、轮滑、棋类项目和板球首次纳入亚运会的赛程。广州亚运会共设四个赛区，总赛区设于广州，并在佛山、东莞、汕尾设分赛区。广州亚运会共有53个竞赛场馆，其中广州及周边区市有49个，佛山分赛区2个，东莞1个，主赛区广州范围内竞赛场馆按照地理位置相对集中的原则被分为了5个场馆区。分别是老城区场馆区、天河体育中心场馆区、广东奥林匹克中心场馆区等。广州亚运会非竞赛场馆11个，包括了运动员村、媒体村等。

二、介绍广州亚运会语言服务概括

语言是确保亚运会成功举办不可或缺的服务，语言服务的水平直接反映广州作为主办城市的国际化水平。广州亚运会语言服务的对象主要是亚奥理事会大家庭成员、运动员、官员、媒体人员、赞助商和国际国内嘉宾，服务内容主要是口译和笔译。

广州亚运会的主要服务语种设置如下：笔译设置为英、汉。口译在赛前以英汉为主。赛事重要活动为英、汉、阿、日、朝、俄、德。口译热线作为面对面口译服务的补充，设置了英、汉、阿、朝、俄、柬、泰、粤。

广州亚运会语种设置基于三点考虑，首先根据亚奥理事会的章程和主办城市的要求，亚运会的官方语言为英语，因此英语为必设语种且为工作语言。为了保证赛事的正常进行，满足多样化的语言服务需求，我们对广州亚运会45个参赛国家和地区进行了调查，英、汉、阿、日、朝、俄六大语种覆盖了32个参赛国家和地区官方和通用语言，以上6个语种为往届亚运会主要服务语种。其他国家和地区，因为均使用独立语种，使用人数较少，通过语言服务热线进行补充。

广州亚运会语言服务主要项目为：领导陪同口译服务、会议口译服务、笔译服务及口译热线服务。领导陪同口译服务即为党和国家领导人、中央部委及省市领导、广州组委会成员出席的各类正式的宴请、会见、会议庆典提供英汉口译服务。会议口译服务是为新闻发布会、代表团团长例会、组委会正式会议提供连续传译和同声传译服务。笔译服务是为提供组委会各类重要材料的英汉翻译服务，对所有注册人员在无法获得面对面的口译服务时，提供9类语种到汉语的电话口译服务。

2010年4月26日广州亚组委与广东外语外贸大学正式签约，双方共建广州亚运会多语言服务中心。该中心提供9个语种口译热线服务，设多条热线电话，其中英语四条，日语、韩语、阿拉伯语各三条。

广州亚运会的语言服务特点主要有以下两个：第一，服务对象广。广州亚运会的服务对象涵盖了所有的注册人员和工作人员，预计是55万人。第二，服务地点分散，服务点64个，遍布亚运会所有的竞赛场馆和非竞赛场馆，延伸至广州周边区市，且覆盖了三个分赛区。根据亚奥理事会的章程和主办城市合同，秉承确保沟通顺畅和节俭办亚运的原则，结合广州的实际情况制订了广州亚运会语言服务赛事政策和通行程序。

三、介绍赛事运行模式

广州亚运会语言服务领域在赛时将会转换为语言服务中心团队，是广州亚组委21个非竞赛场馆和专项工作之一。语言服务中心设于亚运城和运动员村，为总体调度中心。中心设主任一名，副主任两名，下设综合组，笔译团队，多语言服务中心团队，比赛场馆口译团队、非比赛场馆口译团队及领导层口译团队。其中笔译团队驻语言服务中心办公，多语言服务中心位于广东外语外贸大学白云山校区24小时运行。在比赛场馆的团队根据场馆的地理位置下设五个比赛场馆团队，每一组团队设2～3名人员，在各个场馆群的每一场馆内又设礼宾语言服务经理、场馆语言服务协调员。非竞赛场馆团队设经理一名，并分别设立运动员村、总部酒店、主新闻中心团队。此次，亚运会未在各比赛场馆内单独设置语言服务志愿者口译员，而是由场馆各业务口自行招募具备语言服务能力及业务口知识的工作人员和志愿者，在一定程度上节省了人力。

以上为语言服务的指挥管理架构，具体提供还是由语言服务供应商完成。

2009年9月第16届亚运会翻译服务供应资格项目进行公开招标，确定中国对外翻译出版公司，北京元培世纪翻译有限公司、传神联合北京信息技术有限公司、北京思必锐翻译有限公司，天津外国语学院等6家为亚运会笔译资格供应商。中国对外翻译出版公司、北京元培世纪翻译有限公司等4家为口译资格供应商。

2010年9月依据相关法律法规，委托投标代理公司通过具体的项目竞争性谈判的形式，在翻译服务资格供应商中又确定了口译和笔译外包项目共11个包组的中标人，其中笔译是按照稿件的来源单位、业务相似和工作量相当的原则被分为7个包组，口译则是按照服务区域和时间划分为亚运会比赛场馆、非比赛场馆，亚残运会比赛场馆和非比赛场馆四个口译的包组。

在笔译服务的提供方式方面，首先是由亚组委语言服务领域在收到稿件以后，根据稿件的来源部门确定所属包组。语言服务领域会利用软件对于稿件进行预处理，统一特色词汇，专业词汇和特定的一些译法，并将处理后稿件发给包组供应商。笔译供应商进行翻译之后，将译稿提交亚组委。最后进行终审，审核后稿件返回供应商备案。

口译服务方面，赛时通过语言服务中心的指挥控制体系收集各个业务口的需求，再由口译服务供应商派遣流动的译员团队到口译需求现场提供服务。场馆内的语言服务经理和协调员对口译质量进行评估和监控，在紧急情况下会由语言服务中心调配各翻译供应商的资源进行补位。

语言服务供应商的主要职责是，根据组委会的要求，挑选合格的海外及国内专业译员，聘用译员，并进行必要的培训，以保证译员在赛时能够按照要求完成所需要的语言工作。合同商须要负责译员的后勤服务保障和译员团队的日常管理，协助组委会完成赛时语言服务的运行，并接受组委会的质量监控及临时任务的调配。对于语言服务供应商我们的期望是运作国际化，服务水平专业化及服务项目个性化。

由于大型赛事的服务对象是国际化，所以要求语言服务供应商在服务内容、服务方式及运作方面做到国际化。同时还须要熟悉国际赛事的组织工作，运作特点，尤其是在语言应用上的特点及特殊要求，比如说一些词汇的专有用法，用语的禁忌。还有一个期望，针对大型国际赛事的特点提供个性化的服务，了解广州亚运会语言服务的特点和特色，在语言服务内容和方式上做到入乡随俗。

以上是我的汇报，希望各位不吝赐教，对广州亚运会语言服务工作提出宝贵意见。

陆露：时任广州亚组委语言服务中心副主任。

产学结合， 服务社会——竞标2011年深圳世界大学生运动会语言服务有感

——2010中国国际语言服务行业大会暨大型国际活动语言服务研讨会主题发言之六

赵军峰

（2010年9月26日）

感谢中国译协，感谢北京市外办给大家提供这样一个机会。刚才各位领导讲的大部分是从采购方角度，我们高校作为一个培训基地，作为供应商的角度来谈。今天汇报的题目是“产学结合，服务社会”。

作为语言服务供应商的广东外语外贸大学是1995年由原来两个高校广州外语学院和广州对外贸易学院合并而成的，是广东省的涉外型教学研究型重点大学。培养的学生是具有国际视野，创新意识，能够直接参与国际竞争和合作的国际型通用人才，主要强调“双高和两强”。本科教育在2003年教育部评估评为优秀，目前学校招生在一本线过20~30分。根据去年教育部公布的数字，一级学科全国排第三，二级学科全国排第一。从1986年开始有博士授予权，目前外国语言文学一级学科博士点1个，下设二级学科博士点7个，硕士一级学科1个。目前是华南地区语种最全，培养规格最高，层次最全的教学应用型大学，目前总共有13个语种。

今天重点讲翻译这一块，翻译教学我们有45年历史，目前翻译人才培养层次是全

国最完整的高校，是翻译学本科最早试点三个院校之一，有双学位，翻译学硕士、翻译学博士和博士后教育。目前大学层面，教授的比例、副教授的比例为41%，基本上所有的老师都有硕士以上的学位。长期有60多名外教驻校。广外大的主体是广州外语学院，成立于1965年，那时就有翻译教学。1997年成立内地第一家翻译系，目前青年口译教师大部分是自己培养的，广州市有很多外事部门，大型活动的译员都是我校培养的。翻译学院是应国家形势发展的需要成立的，定位是研究型学院，培养高层次的硕士、博士；现在也有本科，每年只招一个班，目标是打造中国一流的高级翻译学院。高级翻译学院总共20个老师，教授占一半。

作为高校，我们学校发展有三个主要任务：一是教学；二是为国家培养教育全方位的人才；三是在全国提升我们的科研水平。还有一个不能忽略也是非常重要的服务社会，针对社会发展产学密切结合。

高级翻译学院立足广东、华南地区，眼界争取放眼全球。高级翻译学院参与了广东省绝大部分会议翻译服务，还参与了全国许多高层次大型活动，如：北京奥运会、深圳高交会、广东经济发展国际咨询会、中国东盟博览会、广交会、中国国际中小企业博览会、瑞典哥德堡号访问中国等活动的现场翻译。我们自己培养的年轻副院长2008年在北京奥运村常驻做翻译组的经理，在亚运村、奥运村做专职翻译。从2006年开始，高级翻译学院一直为中国东盟博览会做口笔译包括同传服务，到2010年不再投标，直接自然续约。我们跟东盟博览局合作，在那里设大学生实习基地。除此之外，广东省很多涉外机构都有学院的师生实习基地。

亚运会多语言服务中心设在我们高级翻译学院。亚运会热线电话是语言服务的最后一道防线，提供热线服务的大多数是广东外语外贸大学的学生，其中硕士 以上占38%。长期以来我们在广东省积累了丰富的口笔译的经验，口笔译服务语种多，同传小组在华南地区有很好的社会影响。我们在做大型活动的投标时基本上是由广外高翻学院牵头，配以东语学院和西语学院，保证了质量。

深圳大运会是2011年8月21~23日举行，作为高校我们非常荣幸同时中标大运会口译和笔译服务资格供应商。深圳大运会执行局对中标单位的评语是：这些中标的口笔译服务资格供应商在业内外享有良好的声誉，拥有自己专门的译员队伍。

广外在投标过程中有很重要的一条就是做什么事都要认真，做事不专业、不职业就会因小失大。平时我们对自己也是苦练内功，保证翻译质量。

在服务社会方面我们走了一些历程，也做了一些事情，但是要做的还很多。我们把架子搭起来，把加工厂建起来，我们把自己比喻成车间主任或加工厂工人，我们的产品能否得到社会的承认，能否在国家建设中起到作用，还有很多事情要做。尤其在职业规范方面、运作方面，我们觉得应该向兄弟的其他供应商尤其是翻译公司学习，我们愿在社会服务方面与大家共勉。

赵军峰：现任广东外语外贸大学翻译硕士专业学位教育中心主任。

中国的服务外包

——2010 中国国际语言服务行业大会暨大型
国际活动语言服务研讨会主题发言之七

张曦

（2010 年 9 月 26 日）

尊敬的各位来宾，女士们、先生们：大家下午好！

非常高兴有机会参加中国翻译协会组织的“中国国际语言服务行业大会”，并有机会在此介绍中国的服务外包。

一、关于中国国际投资促进会

中国国际投资促进会（简称：投促会）是经国务院批准成立，由商务部主管的、在民政部登记注册的具有独立法人地位的全国性投资促进机构。

中国国际投资促进会下设“投资促进机构工作委员会”、“中巴企业家工作委员会”、“中智企业家工作委员会”、“服务外包工作委员会”、“投融资工作委员会”等五个二级非独立法人分支机构及文化产业联盟，现有会员 319 家。

在工作中，有些人会把我们的名字和中国国际贸易促进会混淆，其实我们是两个完全不同的单位，我们是 2006 年 1 月才被正式批准成立的社团法人。

中国国际投资促进会及其下属的服务外包工作委员会的一项重要职责就是推动服务外包产业在我国的发展。目前我们所做的主要工作包括：

（一）每年承办中国国际服务外包交易博览会。这是中国服务外包最权威的、最专业的、也是最具影响力的行业盛会。

（二）每年中国服务外包 10 强领军及百强成长型企业的筛选工作。评选的目的一是促进中国服务外包企业的发展，二是收集的数据用于商务部制定相关政策的参考。

（三）参与研究制定促进我国服务外包产业发展的一系列政策措施，策划和组织开展服务外包领域的国际交流活动。主要是一些境内外的服务外包的路演和推介活动，介绍中国服务外包的政策和企业。

（四）负责运营和管理中国服务外包网，出版发行服务外包产业的专业刊物《ChinaSourcing》杂志。中国服务外包网由商务部主办，包括中国服务外包门户网中、英、日文版和中国服务外包人才网四个网组成，平均每月 600 多万的点击量，注册服务外包会员企业达 2000 多家。也是中国服务外包行业最权威的门户网站。

（五）编写中国服务外包产业的各类研究报告，目前每年出版《中国服务外包市场研究报告》、《中国服务外包示范城市研究报告》等。

下面介绍一下关于服务外包的概念和相关内容。

二、关于服务外包

什么是“服务外包”呢？所谓“服务外包”是指企业为提升自身的核心竞争力，通过信息、网络和通讯技术平台，将其非核心业务外包给企业外部的专业服务公司，以降低企业整体运营成本，实现高效率运营的一种新兴产业。

“服务外包”通常包括业务流程外包，英文是 Business Process Outsourcing，简称 BPO，还有信息技术外包，英文是 Information Technology Outsourcing，简称 ITO，以及知识流程外包，英文叫做 Knowledge Process Outsourcing，简称 KPO。

服务外包覆盖的范围非常广泛，几乎可以涉及所有行业，比如 IT 服务、金融服务、电信服务、医药研发、物流服务、财务、法律等等。以 IT 服务为例，我这里举一个简单的例子加以说明，可能在座的很多人在日常办公中都使用 msn，msn 有实时聊天、文件传送、截图等多个功能，而这些功能可能是由多个不同的企业为微软开发研制的，微软所采取的就是 IT 服务中最常见的一种软件研发外包模式，微软就是发包商，就是所谓的买家，为其提供软件研发业务的就是服务供应商，即 Service Provider，也就是我们通常所说的 SP。

这里再说一个例子，比如我们现在常常接触的家政服务，是不是服务外包？广义的是，但是不符合我们对服务外包要使用 IT 平台进行服务的要求，因此不是我们这里说的服务外包。

在参加本次大会前，中国译协的人员和我沟通了一下，我才知道，一些在中国国际投资促进会的服务外包企业会员就是中国译协的会员，比如海辉。另外，知名的服务外包企业文思和博彦都有大量的本地化外包业务。

而且现在知道，成都，无锡，武汉等地都已将本地化和高端翻译纳入当地服务外包之列。

三、服务外包特点

服务外包产业是现代高端服务业的重要组成部分，具有信息技术承载度高、附加值大、资源消耗低、环境污染少、吸纳就业（特别是大学生就业）能力强、国际化水平高等特点。

发展服务外包产业有助于我国转变对外贸易增长方式，扩大知识密集型服务产品出口；也有助我国提高利用外资的质量，优化利用外资的结构。简言之，服务外包产业是全面提高我国对外开放水平和经济发展水平的一个重要新兴产业。

另外，我这里要说明的是，我们现在说的服务外包其实还包含有离岸和在岸的区别。如果服务外包提供商接境外的单子，就是说有结汇行为存在，那么就可以认定是离岸的服务外包；如果他接的境内的单子，比如接的中国移动的呼叫中心的项目，这就是在岸的服务外包。商务部主要关注的还是离岸的服务外包。

四、千百十工程

服务外包中一个很重要的词汇就是“千百十工程”。

近年来，发展服务外包产业受到党中央、国务院的高度重视。2006 年 9 月，商务部专门推出“千百十工程”，以促进我国服务外包产业发展。

“千百十工程”的目标是：“十一五”（2006～2010）期间，在全国建设 10 个具有一定国际竞争力的服务外包基地城市、推动 100 家世界著名跨国公司将其服务外包业务转移到中国、培育 1000 家取得国际资质的大中型服务外包企业，创造有利条件，全方位承接国际（离岸）服务外包业务，并不断提升服务价值，实现 2010 年服务外包出口额在 2005 年基础上翻两番。

五、中国服务外包的现状和示范城市

2009 年 1 月，国务院批复了《关于促进服务外包产业发展问题的复函》，批准北京等 20 个城市为中国服务外包示范城市，并在 20 个试点城市实行一系列鼓励和支持措施，加快我国服务外包产业发展。20 个示范城市分别是北京、天津、上海、重庆、大连、深圳、广州、武汉、哈尔滨、成都、南京、西安、济南、杭州、合肥、南昌、长沙、大庆、苏州、无锡。2010 年 2 月，厦门市正式获批成为“中国服务外包示范城市”，连同《复函》认定的 20 个示范城市，现共有 21 个服务外包示范城市。其实就是说，千百十的“十”现在是 21 个示范城市。

自 2006 年，商务部推出“千百十工程”以来，中国的服务外包产业已形成一定规模，产业呈高速发展态势。根据商务部统计数据，2009 年，中国服务外包企业承接服务外包合同执行金额 138.4 亿美元，同比增长 181.8%；其中离岸服务外包合同执行金额 100.9 亿美元，同比增长 152%。

同样来自商务部的数据显示，2010 年 1～6 月，全国新增服务外包企业 1548 家，新增从业人员 27.2 万人，其中新增大学毕业生（含大专）就业人员 18.3 万人，占 67.2%。同期，全国服务外包企业承接服务外包合同执行金额 67.6 亿美元，同比增长 105.8%，其中国际（离岸）服务外包合同执行金额 49.7 亿美元，同比增长 94.3%。截至 2010 年 6 月，全国服务外包企业共 10498 家，从业人员 181.9 万人。其中：大学以上学历 134.8 万人，占 74.1%。

六、示范城市相关数据

了解了全国服务外包产业的相关数据后，我们再来看一下服务外包示范城市对我国服务外包产业的贡献情况。同样来自商务部的数据显示，2010 年 1～6 月，示范城市新增服务外包企业 1085 家，占全国的比重为 70.1%。新增从业人员 19.6 万人，占全国的比重为 72.1%。同期，示范城市服务外包企业承接服务外包合同执行金额 62.7 亿美元，同比增长 100.2%，占全国的比重为 92.8%。其中，国际（离岸）服务外包合同执行金额46亿美元，同比增长86.1%，占全国的比重为92.6%。

截至2010年6月，示范城市服务外包企业共8157家，占全国的比重为77.9%。从业人员140.9万人，占全国的比重为77.5%。截至2010年6月，示范城市服务外包企业累计承接服务外包合同执行金额258.5亿美元，占全国的比重94.7%，其中国际（离岸）服务外包合同执行金额195.7亿美元，占全国的比重为94.7%。

这说明示范城市在推动中国服务外包产业发展进程方面还是相当有效的。

另外示范城市现在在服务外包产业中也逐步形成了各自的特点。比如北京的总部经济，上海的国际金融中心，大连的对日离岸外包，杭州的金融服务外包交付中心等。

七、服务外包相关政策

服务外包的持续快速发展，少不了国家的政策扶持。

为推动我国服务外包产业持续快速发展，政府先后出台了一系列的鼓励及扶持政策。

我前面提到的2009年1月国务院颁布的《关于促进服务外包产业发展问题的复函》，对各级政府、服务外包示范城市起到了极大的激励作用，有效地推动了产业发展。《复函》中细分出17项服务外包政策，有关部委分别研究制定各项政策的实施细则，出台具体的配套文件。这些政策涉及服务外包企业的税收政策、人才培训政策、中西部国家级经济技术开发区服务外包基础设施项目贴息政策、特殊工时政策、电信服务便利化措施、加快服务外包人才培养、建立和完善服务外包通关监管模式、信贷、保险、证券、外汇支持政策、鼓励政府和企业业务外包、加强信息保护的措施等方面。除了上述国家级政策外，各示范城市还根据自身产业发展的实际需要，出台了一系列的地方鼓励及扶持政策。例如，我国对服务外包企业新录用的大学（含大专）以上应届毕业生（签署一年以上劳动合同）每年每人有不超过4500元的补贴，该政策已经实施3年。

八、我国服务外包产业优势

近年来我国服务外包产业发展较快，主要得益于四方面的优势：

一是成本优势。企业把业务进行外包，一个重要考虑就是节约成本。此前中国在制造业中所表现出来的巨大成本优势，在服务外包产业也一样存在。

二是人才优势。毕马威的数据显示，2009年全国共有2300多所大专院校，毕业生达610万，而其中软件行业员工总数达130万，年增长率为25%。这是其他做服务外包的国家不能比的。

三是基础设施优势。中国在基础设施建设、互联网服务、技术等方面都有大量投资，特别是我国各服务外包示范城市的基础设施都是一流的。中国的基础设施水平远远高于印度。这有利于我国服务外包产业的发展。

四是市场优势。中国经济正处于高速增长时期，中国通过几十年发展形成的强大的制造业基础为服务外包产业发展创造了丰富的市场机会。

九、产业发展面临的制约因素

当然，中国发展服务外包也面临一些制约因素，主要有以下两点：

（一）缺乏“合适的”人才。这似乎和我们前面“人才是优势”相矛盾。其实并不矛盾。我们目前拥有大量的基础性人才，这很重要，这是优势。但是我们缺少服务外包高端人才，特别是缺少拥有丰富行业经验的服务外包人才。全球服务外包产业都面临这一问题。比如，项目经理级别这一层的沟通人员。

（二）缺乏强大的“中国服务”的统一品牌。中国服务外包企业在国际市场竞争时，国家品牌是非常重要的。印度的服务外包产业因为发展时间较长，加上语言和文化等因素，在国际市场上比我们有优势。

十、未来发展趋势

（一）国内服务外包市场将成为主导。目前来看，我国服务外包企业的业务主要还是来自离岸业务。但是未来国内服务外包市场将成为主导。在中国，政府机构、电信业、金融业都是潜在的大客户群。

（二）服务外包业务的交付将逐渐从一线城市向二三线城市转移。目前虽然北京和上海仍然是交付中心的两大目的地，但一线和二线城市的工资差距很可能促使更多的服务提供商将业务转移到成本较低的目的地。服务商会选择在北京、上海或其他一线城市建立接包中心，而在成本较低的二三线城市建立交付中心。

（三）上万人大型本土服务外包企业将不断涌现。声誉是发包商选择供应商的关键因素，具有强势品牌的大型服务提供商才更容易获得大宗合同。中国正在培育大型企业，本土的领军型服务外包企业也在寻求机会不断的做强做大。2010 年在国内已经出现2～3家上万人的服务外包企业。我们相信不久的将来，中国将会出现一批万人企业参与国际市场的竞争。

十一、语言与服务外包

当前世界的国际化程度越来越高，跨地域、跨文化的交流也越来越频繁，对语言的要求也越来越高，所以语言服务具有巨大的市场需求。

语言是桥梁，缺少它沟通就无法进行。中国服务外包企业在欧美市场的占有情况不如印度，一个很重要的原因就是语言和文化的障碍。对于服务外包企业在接单过程中的语言沟通障碍一直是一个问题。但是现在中国已经越来越重视语言教育，相信不久，这一情况就会有所改观。我们也希望中国翻译协会能够在扫除语言障碍方面为中国服务外包产业做出贡献。

我的发言到此结束，谢谢大家。

张曦：现任中国国际投资促进会副秘书长。

深圳市公共场所双语标识工作实践与思考

——2010 中国国际语言服务行业大会暨大型
国际活动语言服务研讨会主题发言之八

王宗维

（2010 年 9 月 26 日）

在现代城市中建立公共场所双语标识系统是一个城市走向国际化的标志，是完成城市国际化进程中一个必要的步骤，是改革开放的必然结果，也是一个城市基础建设的重要一环。

此项工作涉及面广，内容繁杂，推广难度大，是一个巨大而浩繁的综合工作。我们必须以科学发展观总揽全局，高度重视，全民动员，努力完成好这一项工作。

深圳市在市政府领导下，从 2005 年开始，启动这项工作。由于领导重视，思想统一，投入大量人力物力，工作进展顺利。近 130 万字 14 个项目的公共场所英文标志的规则与实施指南的制定已初步完成。目前已进入标牌制作和更换阶段，整体工作可望于 2011 年 6 月份完成。

一、深圳市公共场所公示语双语标识的必要性

深圳市是一个新兴城市。改革开放以来，城市人口从建市的 30 多万到目前的 1300 万人，城市面积不断扩大，是近 30 年间崛起的一座国际化新城。

深圳市毗邻香港，每年出入境外国人 400 万人，常住外国人 3～4 万人，境外企业近 12 万家。

深圳市是重要口岸城市，每年出入境 1.6 亿人次，占全国的 53%。

香港是传统的英语地区，来深人员以港区人及外国人居多。

深圳市国际化不断深入，每年大型活动如高交会、文博会，来深国外友人增多，2011 年将在深圳举行世界大学生运动会。

如何给来深的外国人提供准确的中英文标识是深圳城市发展中的重要课题。

深圳的公共场所标识存在大量问题。不同时期制作，五花八门，有的无英文标志，有的英文标志不统一，不规范，错误百出。英文标志有的不明显，看不清楚。英语标志的设置与翻译无监管单位。

2006 年 3 月 18 日，中国译协唐闻生常务副会长在深访问时向市领导提出了深圳市市区中心内和城市中外文标志错误混乱和不规范的问题，引起市领导重视。

随后市领导在市政府会议上提出了这一问题的重要性，并责令外事办提出整改的方案，开始启动这一工作。

二、深圳市在双语标识设立中所遇到的问题和对策

（一）设立中英文双语标识要解放思想，敢于改革

在公共场所设立中英文标识是一项新事物，他虽然是有利城市国际化，有利于改革开放，有利于促进中外文化交流的一件好事，但是真正实行起来，困难重重。首先的一个问题就是合法性的问题。因为根据我国有关部门的规定公共场所只能设立中文和汉语拼音的标识，设立中英文标识无此规定。虽然近几年交通标识对此问题有所松动，但地名和很多公共场所设立中英文标识，仍是无法可依。一些管理部门据此加以阻挠，甚至有些人打出“国家主权”等吓人的帽子，使人们思想中对此疑虑重重，举步不前。

在当前进行的科学发展观教育和中央要进一步解放思想的指示，给我们指明了方向。

此事究竟该做不该做？答案是肯定的。此项改革符合科学发展观和解放思想的要求，此事有利于改革开放形势的要求，此事有利于对外文化交流，此事有利于人民（包括外国人）的需要，此事符合深圳市城市国际化的实际。这样有利于人民需要和城市发展的好事，我们为什么要拒绝呢？为什么不去做呢？

结论是此事一定要做，而且还要做好，我们在思想上必须冲破这些框框的限制，敢于闯出一条新路来。

（二）中英文标识的设定的思考

1. 现行规定标识的看法

现行地名标识中规定对地名必须用中文和汉语拼音标出，并讲这是联合国的有关规定。如“幸福小区”的标识中的地名“幸福”用 XINGFU 标出。和平医院的名字中的“和平”用“HEPING”标出。对此我们不持异议。

但其小区，医院这些通名用汉语拼音标出有此必要吗？

试想哪个中国人还在看见幸福小区，和平医院这几个汉字后还会再注意下面那几个汉语拼音的字母呢？

而外国人呢？看到幸福小区下面的拼音字母，只能拼出几个简单的汉字发音来（且不讲汉语发音的四声），对其功能恐怕是一头雾水，找不到北。

这样的标识虽然是符合当前的规定，但实际情况是：中国人不看（指拼音字母），外国人看不懂。

所以说在公共场所的标志，除地名外，用汉语拼音标出无任何作用，只会增加多余的麻烦。

规定标识	改良版标识	中英文标识
幸福 小区 Xingfu Estate	幸福 小区 Xingfu Xiaoqu Xingfu Estate	幸福 小区 Xingfu Xiaoqu

2. 我们认为对地名的标志应是地名（汉语拼音）加上通名（英文翻译）。

如北京站，最近正式将 Beijing Zhan 汉语拼音改为 Beijing Railway Station 的英文标识，这样一改，中国人、外国人都看得懂。所以设立中英文标志才是城市国际化必然的选择。

另外，我们要清楚地认识到汉语拼音是识别中文读法的标识字母，他不是中国官方的文字，是和英文的音标一样起着同样的作用，将汉语拼音列为官方文字的高度是不适当的。这里更不存在“主权”这样的问题。

值得欣慰的是，北京首都借举办奥运会的东风，领导重视，积极推进城市公示语中英文标识的设立，在 2008 年奥运会举行之前整顿完成了全市主要场合中英文标识的制定和更换，给全国带来了好头。为全国此项工作的进行树立了成功的典范，也为我市城市公示语中英文标识的设定增加了信心，明确了方向。

虽然由于众所周知的原因，北京在制定城市公示语中英文标识的同时，仅考虑到交通、旅游等场合的需要，但在地名标志上也同时保留了中文 + 汉字拼音标志的标牌，形成一个地名两个标法，两种招牌的现象。

我市在讨论此问题时，也有人提出地名用中文，下列汉语拼音、英文两种字母的三种标识并列的提案。这也是考虑到不违反有关规定的无奈之举吧。但这样做其效果成了什么样子，不言自明。

深圳市政府经过反复讨论研究，市政府常务会议决定对道路交通标志，道路及桥名，公共设施三大类公共标识牌统一采用中英文双语标识并分步完成标识牌的规范设置，并适当放大字体和标志牌规格，让市民一目了然，清楚辨识。

（三）设立中英文标志要统一规范，统一标准

设立中英文标识是一项全新的工作，是城市建设的百年大计，做好此项工作，一个主要的问题就是首先要有一个统一的标准，全市要统一规范，有前瞻性。

目前的问题是全国尚没有一个统一的标准，主管部门对设立中英文标识和其统一的标准尚有不同看法。有些问题尚在争论之中。在这方面北京市率先制定出了统一的北京市《公共场所双语标识英文译法》标准，和其相应的指南。北京市质量技术监督局已于 2007 年 6 月正式公布实行。在全国，成都、广东省等地为推行这项工作也相继制定出各地公示语英文译法的地方标准。最近上海等周边城市也制定了相应的标准，全面规范本地区的公示语英文译法。这些做法说明全国各地对此问题已有了共识，此举还为推进全国城市公示语工作的深入展开打下基础。

深圳市政府在全市规范公共场所公示语双语标识工作一开始，就明确提出了“三统一”的工作要求，即：统一文字标准，统一标牌标准，统一施工标准。并要求文字准确，设计新颖，标志明显，要给人耳目一新之感。并责成市政府外事办公室具体负责中英文标识的翻译标准的制定工作。

值得可喜的事，据说国家有关部门已考虑到制定公示语英文标准的实际需要，开始了该项工作调研和制定工作。我们希望此项工作能够加快，切实地将全国此项工作

规范统一起来。

还有一点要强调的是，深圳市在制定标准和实施指南时，充分考虑到与北京标准的衔接，和广东省的标准衔接，以便在将来全国出台统一标准时，不至于陷入被动。

三、深圳市规范城市公共场所公示语中英文标识的做法

（一）统一思想，明确目标，领导重视，强力推进

自2006年中国译协领导向市领导提出深圳市城市公示语中英文标识所存在问题后，此事一直受到深圳市领导的高度重视，市政府多次召开会议研究，在市政府常务会议上明确深圳市城市公共标识统一采用中英文双语标识。并指出，统一完善城市的公共标识系统，不仅能够给市民日常出行和外地游客来深观光，游览提供准确、便捷的信息服务，还有助于提升深圳城市品质和城市内涵，打造开放、包容、规范、有序的城市形象和城市环境，也是深圳建设国际化城市的要求。在公共标识设置工作的推进上要统一步骤，分步实施，有效推进。并提出要确保在2011年深圳国际大运会召开之前完成全市主要城市道路和公共场所公共标识的设置和整改，完善、统一、规范。根据市领导的指示，我们通过报纸、电视大力宣传此项工作，并顶住各种压力，强力推进。

在市政府领导下，全市上下，思想统一，目标明确，坚定不移将此项工作开展起来。

（二）组织落实，分工明确，全市统一协调

公共场所公示语标识工作涉及面广，内容繁杂，制作难度大，是一项浩繁的综合工程。据初步统计，我市仅交通标识的标牌就有4万多个，加上其他公共场所的公共标牌合起来就有几十万个，而其标准和指南的制定，标牌的更换更是要投入大量的人力，物力。

为保证工作的落实，深圳市成立了由一名副市长为召集人，市政府副秘书长为副召集人，由市政府相关机构为成员的“深圳市地名标识设置工作联席会议”，成员单位由市发展和改革委员会、市外事办、市文体旅游局、市公安局、市民政局、市规划和国土资源委员会、市交通局、市卫生和人口计划委员会、市城管局、市交警局等和各区政府人员组成。由联系会议召集协调有关工作中的问题，统一推进全市工作的展开。

会议明确分工由市规划和国土资源委员会负责组织全市公共标志的设置工作，由联席会议召集协调有关工作中的问题，统一推进全市工作的落实。市规划局根据市政府联席会议精神，成立专门班子，制定出具体实施方案，并将深圳市新型标志牌式样等在全市公示，整体工作在积极推进中。市外事办负责制定公共场所双语标识英文译法标准和实施指南。市外事办为此专门成立深圳市公共场所双语标识办公室具体负责有关工作的进行。

（三）资金落实，分步实施，有效推进

深圳市的城市发展日新月异，要在全市更换路牌，初步估算要花几亿人民币。此

信息一经发布引起市民关注。市政府从城市发展的长远考虑，又面临2011举办的世界大运会，认为全面更换全市路牌和其它公示语招牌，是具有远见之举，是得民心顺民意的好事，是建设国际化城市的需要，其社会效益是不可估量的。为此花一些钱是必需的，此事须要得到市民的谅解和支持。市政府在专门会议上讨论了所需费用的落实计划。同时市政府也提出，一是要注意加大对投资成本的评审控制力度；二是原有的标牌能够回收利用的要尽量回收利用，降低成本，节约办事；三是分片推进，对建设相对稳定，成熟的片区可先行推进标识牌的设置，对正在建设和将要建成的片区要暂缓推进，避免标识牌设置上的重复和不必要的浪费。

对前期工作如英文翻译标准和实施指南的制定费用，利用政府购买服务的形式委托专业公司完成。深圳市翻译协会经严格的政府采购服务程序，作为中标单位来完成这项任务。其需要的费用都由市财政拨付，保证了工作的顺利进行。

（四）建立长期监督管理机制

设置城市公示语标识是一个长期的任务，尤其随着深圳城市的发展，会有不断的改进和变化的情况，深圳市政府为保证此项工作的连续性，拟将此项工作长期稳定化。成立了以市规划局、市外事办为牵头单位的长期管理监督的机制，对已设立的标志牌和新出现的标志牌，从申请到批准制作，全程进行监管。保证深圳市的中英文公共标识不断完善和规范。将来出版的《汉英深圳公示语辞典》的各项指南，也拟作为深圳市的一本长期的政府法定出版物定期出版发行。

四、深圳市翻译协会的具体做法

（一）在市政府外事办公室的深圳市公共场所双语标识办公室的领导下，深圳市翻译协会成立专门班子具体落实公示语标志英文翻译标准和指南的制定工作。

（二）在市外办的领导下，成立了“深圳市规范公共场所英文标识专家委员会”。该委员会由北京国家级专家、外国专家、香港专家和深圳英语专家、语言文字专家以及政府有关部门的领导和专业人士共21人组成。专家委员会主任由我国外交部资深英语专家、深圳市翻译协会名誉会长过家鼎大使担任，副主任委员由外交部资深英语专家、深圳市翻译协会高级顾问施燕华担任。专家委员会负责深圳市双语标识中英文的审定，她的成立为保证标准和指南的权威性、准确性提供了有力的保证。

（三）制定出符合深圳实际的规则和实施指南

我们经过认真的研究，根据深圳的实际情况，决定制定十四项规则和相应的指南。

十四项规则和指南是指《深圳市公共场所双语标志英文翻译规则》、《深圳市公共场所双语标志英文翻译实施指南》。规则分为《总体规则》和分类规则共十四项。实施指南分为《道路交通》，《地名通名》，《组织机构、职务职称》，《旅游景区》，《体育设施》，《医疗卫生》，《商业服务》，《文化设施》，《深圳口岸》，《金融服务》，《公安司法》，《教育科技》，《饮食菜品》等十三项。

这里要说明的是因深圳市是副省级城市，按规定没有单独制定标准的权限，故我市采用制定规则由市政府名义发布执行。

以上共计约130万字的全市统一的英文翻译规则和实施指南已于2010年6月份制作完成。《汉英深圳公示语辞典》定于2010年8月份在深圳特区成立30周年之际正式出版发行。

（四）严格审核，保证质量

为保证工作质量，我们制定了由各个部门和单位提供需求、专业人员制定、公示、深圳市专家初审、国家级专家审定、领导批准、市政府发布实施的工作程序。保证保质保量地完成各项任务。

（五）做好后续服务的工作

深圳市翻译协会为保证工作的连续性和准确性制定了从文字制定、标识牌制作、后期管理和长期监督等一系列的服务措施，下决心将深圳市公示语的工作做好，做到底。

五、几点体会

（一）以科学发展观指导工作的全过程

要敢于解放思想，敢于打破禁区。一切立足于实际，立足于人民的需要，只要有利于人民的事，有利于改革开放的事，就要敢于去闯，去做。深圳市公共场所双语标识工作的全过程始终充满各种困难，但只要以科学发展观指导我们的工作就会无往而不胜。

（二）不争议，不动摇。依靠市政府领导的正确决策，依靠深圳市广大市民的支持，面对各种困难，顶住各种压力，坚定不移地沿既定的目标前进。没有党的领导，没有全体市民的支持，是不可能完成此项任务的。

（三）科学态度，认真负责，扎实工作

中英文公示语标志制定工作是一项全新的工作，是百年大计，马虎不得，轻视不得。在工作中我们严格按科学规律办事，倾听群众的意见，尊重专家的意见，反复研究，谨慎从事，有时甚至为一二个词讨论几个小时，但为了文字的准确性和对人民负责，我们舍得时间和精力。一定要做出精品来，经得起历史和人民的检验。

（四）认真学习国内各兄弟省市的经验

全国的公示语工作做得都很好，各级领导都十分重视，尤其北京、成都、上海等地都是先行一步，给我们做出了榜样。深圳是个新城市，从外语人才的水平到城市文化的底蕴和全国各兄弟省市相比都有较大的差距。我们的工作是在学习各兄弟省市的基础上开展起来的。我们也愿意将我们的做法和体会坦诚地讲出来，希望能得到大家的批评与指导。

城市公示语双语标识工作意义深远，责任重大。此项工作深圳市仅仅是个开始。好的开始是成功的一半，有了开始，我们定会成功。

本文参考文献

[1] 中华人民共和国国家标准汉语拼音正词法基本规则（Basic Rules for Hanyu Pinyin Orthography）（国家技术监督局 1996－01－22 批准、发布，1996－07－01 实施）

[2]《地名管理条例》（国务院发布，1986 年 1 月 23 日）

[3]《广东省地名管理规则》（1999 年 12 月 24 日广东省人民政府公布，自 2000 年 1 月 1 日起施行）

[4]《深圳市城市总体规划 2007－2020》

[5] Directory of Government Organs of the People's Republic of China（2005）新华社《中国政府机构名称》编辑部 中央文献出版社

[6]《公共场所双语标识英文译法》（北京市地方标准）

[7]《上海市公共场所中文名称英译基本规则》

[8]《公共场所双语标识英文译法》（成都市地方标准）

[9]《深圳人手册》（广东省地图出版社 2007 年 1 月版）

[10] Hong Kong City Guide《2005 香港街道图》

[11] Names of Hong Kong Places, Streets and Buildings (with Community Facilities) 2007 (Survey & Mapping Office, Lands Department)

[12] MapEeasy's Guidemap to London（纽约版）

王宗维：原深圳市人民政府外事办公室副主任。现任中国翻译协会常务理事、深圳市翻译协会会长。

大型语言服务企业的链动发展

——2010 中国国际语言服务行业大会暨大型国际活动语言服务研讨会主题发言之九

林国夫

（2010 年 9 月 26 日）

随着全球经济趋于融合，中国经济历经考验却依然绽放。随着经济基础的不断稳固与强大，中国的改革开放政治外交步入新的历史时期。而随着对外交往的不断加深，各国文化多元化趋势日益显著，中国文化在向世界传播着中国的声音。而语言作为这一切活动的载体，无时无刻不在起着重要的作用。翻译在这个过程中作为沟通的桥梁，在某些特定的场合中已不再仅仅是传词达意，而更多的是国家形象与文化传承的代表。在这些背景下，传统的翻译企业所面临的不仅仅是翻译技术的革新、崭新的市场竞争要素，同时还有专业人才培养和市场的重新战略定位。

市场与产业的不断完善与发展使得曾经的翻译公司也渐渐地被语言服务提供商（LSP – Language Service Provider）这个更时尚、更国际标准化的称谓所代替。由此，企业原先简单的翻译业务领域也逐渐扩展到了所有语言相关的市场定位。此外我们也看到了多个“多语处理中心”在国内各地的建成，无论是概念上或是确已规模发展，都不失是对企业运营模式的一次新的尝试。大型本地化企业融入语言服务产业后所展现出的强劲竞争力以及给“围城”内带来的新的思考，都须要我们对市场进行一次重新审视与定位。当语言服务企业一面在“红海”中搏杀，一面又博弈，平衡着质量与成本，另一面更多的企业不断加入到这场战斗中。如何将这利润并不高的大饼品得津津有味，参悟透其中的奥秘，把这块利润较低的“红海”，变成自己的“蓝海”。这是每一个身处“围城”中的企业都在不断思考的问题。

2009年我们看到了中粮集团的经典的“全产业链”战略，而在今天大家又开始检讨全产业链战略的“虚荣”。虽然从产业规模来比较，我们尚无法与之相提并论，但当我们在制定符合我们语言服务行业发展战略的时候，须要审视一下我们的链条。对于大型语言服务企业，链动发展战略才是真正的王道。让我们再来明确一下语言服务产业链动发展的条件：首先企业必须要在强化核心翻译业务和技术的前提下延伸产业链，而这个前提或者说是基础就是我前面提到过的在红海搏杀的过程中我们获得的经验：译文质量控制、成本控制、项目管理等所形成的企业的“最佳实践”。在已经形成的“最佳实践”的基础上，通过收购、合并等一系列的优化重组，延伸语言产业链条，以增强企业抗风险能力，降低企业运营成本。当然企业并购似乎更多的是其他行业的事情，相对于产业规模小很多的翻译产业来说鲜有发生，但是也或许一台大戏正在悄悄酝酿。

让我们再来看看我们客户以及他们需求的变迁。从最开始的公民出国申请的证件翻译，哪怕是一个小小的身份证，到后来越来越多的各式各样的文本文件、声音视频文件，包括特殊格式的要求。客户的要求也从单一的翻译需求到版式、到印刷、出版、发行、设备租赁，同样延伸出来的还有培训、咨询等等。毫不夸张地举例说：中译公司的一些金融企业客户，在上市过程中，金融翻译团队足以给他们做上市前的企业文档管理的培训了。客户也常常会问，我们上市还有哪些上市文件须要翻译，其他的企业是怎样做的等等类似问题。所以为什么我们不能更全面的服务呢？也正是这种源动力促使我们不断地向整个的文化产业链条的两端来延伸，增加我们的产品的附加值。这也是我们提出的链动发展战略的第一步。

那么我们的翻译产品价值有多少呢？我们能够赋予它多少附加值呢？作为智力密集型产业，翻译的价格始终处于水深火热之中，唯一能够得到客户和从业者认可的恐怕也只有同声传译的价格了。从产品结构上来看，翻译企业的产品结构很单一，即翻译，当企业发展到一定阶段，在“最佳实践”规则下竞争，要想追求“差异化”，其发展不得不面对的就只有增加人员（全职译员与审校、市场销售人员）才能使得企业规模继续得以扩大，但不可避免的就是管理成本同步地不断扩大，直至影响到了企业的继续盈利能力。因此链动发展战略的第二步，构成链条的每一个环节，即原先的核心业务要达到企业的“最佳实践”，将单一产品做到极致，再将核心业务进行延伸，在保证翻译核心产品的稳定盈利能力的前提下，延长的链条可以为客户提供多样化的服务包，同样在新的链条结构上的创新蓝海，给企业与客户带来更多的附加值。链动发展战略的第三步：寻求环节之间的“动”，即环节与环节之间不是孤立的，他们存在着联动关系。这就是我们在上面提到的各环节间和产业链间的蓝海。当然尽管经济条件显示创新性的蓝海战略的重要性与日俱增，但普遍的担心仍然存在，当企业涉足已有产业空间以外时，其成功率相对较低。因此链动发展战略对企业的规模有较高要求，需要具备整合上游、强化中游核心、配套下游服务的能力。但是从宏观到推理到微观，具体企业内部，我们可以将链动理论微缩成企业的翻译产品的多元化，不同的产品就像构成企业自身链条的一个个环节，彼此依存混动。因此，翻译产业链动式发展的途径有许多种，重要的是定位自己的链条在哪里，链条要多长，以及如何实现产品与链条间的联动效应。

让我们用校企产业链——链动发展中的一条分支来例证。我们可以把这条链定义为不同产业链间的链动，从另一个角度，也是语言服务产业链中的教育实践链条。在这里我们总结出了“两个平台，一条产业链”的战略思考，也希望与高校及各位同仁共同探索战略合作。

“两个平台，一条产业链”指的是前置的教学平台、后移的实践平台和贯穿平台的语言产业链。崭新的合作模式不仅能够在学院定向课程设置、师资配备、招生管理和市场化运营方面带来新的思路，同时为高校及语言服务企业在翻译理论研究、人才定向培养、新技术实践、数据库开发、项目运营管理、人才储备等方面拓展新的合作空间。我们也看到近年来高校纷纷与语言服务企业签订了教学实习基地，但是使得实习基地要真正地产生效益却要动一番脑筋。实体化运作作为战略模式的基础，其中前置的教学平台我们可以理解为高校将学生的课堂教育前移到实习企业中，高校的师资与企业的专家资源为学生和企业的员工提供专业知识的培训，完成规定课时的教学任务；后移的实践平台是企业与高校共同搭建的实验室，可以是翻译技术或者口译实践平台，一些有选择的项目可以在负责人的指导下在平台上运作，比如项目调研，翻译技术研究，翻译项目流程管理研究，文学作品翻译等。可以考虑到两个平台的实体化运营，在双效的驱动下（企业商业效益与高校的教育效益）使得企业的专家资源和校方的教育资源得以充分的使用。不再是基地遍地开花，品牌资源浪费与滥用。

从企业的角度，追求的是生产平台的优化与延伸。生产平台延伸到了高校，实现了效益与成本的最优化配置，大大缩短了人才培养周期，毕业的优秀学生可以实现无缝就业，迅速为企业带来经济效益；利用学校资源对职工进行继续教育，不断提高职工素质，提高企业竞争力，促进企业的可持续性发展。从学校的角度，降低了办学成本，提高了教学质量；学校的招生及毕业推荐工作将形成良性循环，真正实现了学校与社会、理论与实践相结合的人才培养途径；教学科研项目与实践相结合，实现产学研的无缝结合。

中译公司与北京第二外国语学院的世博实习项目就是此种战略模式的践行。北京第二外国语学院与中译公司通力协作，北二外派出翻译学院会议口译专业和应用翻译专业研究生进驻中译世博项目。中译公司在安排学生完成实习工作的同时，为了保证学生能够尽快提高业务水平，融入中译公司世博团队，考虑到翻译学科的特殊性，中译充分发挥前置教学平台作用，组织中译明星译员和驻世博项目一线译员给学生开展了为期两个多月的语言培训。培训内容上，主要结合世博的实际工作，给学生在口笔译上进行加强和巩固。在笔译方面，分配给学生世博实际工作当中的一些任务，然后通过驻地译员的校审，提供反馈意见，并就该项工作专门给学生组织培训课程，从翻译风格、用词选择等方面对学生进行针对性培训，使学生能够树立自身的职业意识和责任感。在口译方面，现场观摩重大新闻发布会，并组织老师就此给学生作相关培训，从语言技巧、临场处理到心理锻炼等方面给学生开展十分生动具体的培训。

至此我们在探讨语言服务企业链动发展的过程中涉及到了：翻译产品多元化战略、语言产业链战略、产业链间互动战略。这几个要素也是根据企业的规模与发展阶段进行区分的，初级规模的企业产品多元化，大型语言服务企业链动发展。如果按照TOP3法则，对于每一条链条，不要直接拥有3个以上的业务环节，要舍才能得，欲擒需故纵。不同的环节，有不同的行业特征，要求不同的核心能力、管理模式乃至企业文化。四两拨千斤才能实现企业发展战略的最佳境界。我们同样也看到了其他行业中单一产品的极致营销，比如像史玉柱的黄金酒神话。翻译业内我们也看到有些优秀的企业将单一的翻译产品成功运营的案例与他们的最佳实践。

链动发展的关键在于剑走偏锋——在依靠核心业务基础上寻求跨界蓝海，避免误入另一产业的红海竞争。同时“链动战略”推进，企业的运营成本加大，这也是作为大型语言服务企业在战略部署的过程中所需要格外关注的。我们需要认识到威力无穷的原子弹并不是捆绑几十个手榴弹就可以做成的，大型语言服务企业真正需要找到找准乘法式乃至方程式的产业链结构重构的整合点，以一种全新的思维来再审视“链动战略”。真正的链动发展并不等于一定要将“相关行业的上游和下游全线”变成自己的企业。链动发展战略强调“链”——语言产业链和构成链条的每一个环节即语言服务产品，同时不要忘记“动”——环节与环节间，链条与链条间的联系与互动关系。

今天的语言服务大会其实就已经给予了产业一个新的审视角度——语言服务行业，而非过去的翻译服务行业。这或许也是在某种程度上与未来的发展趋势的一种不谋而合吧。未来似乎也不再模糊，一台大戏正悄然上演。

谢谢大家!

林国夫：现任中国对外翻译出版公司总经理、中国翻译协会副会长、中国翻译协会翻译服务委员会常务副主任。

译界其他重要活动

全国高等院校翻译专业师资培训

2009年大学本科翻译专业师资培训综述

为适应我国翻译学科迅猛发展的要求，促进翻译学科建设，培养高素质翻译人才和师资队伍，中国翻译协会于2009年7月27日至8月10在北京第二外国语学院举行了高等院校本科翻译专业师资培训。来自全国各地高等院校的280多名教师参加了为期两周的培训。国际翻译家联盟副主席、中国翻译协会副会长兼秘书长、全国翻译专业硕士专业教育指导委员会主任委员黄友义，中国译协副会长、此次培训协办单位北京第二外国语学院副院长邱鸣出席开幕式并致辞。

为保证培训更加科学、规范，中国译协专门成立了翻译师资培训专业指导委员会，由专业指导委员会负责课程的筹划与设计，培训还得到国际翻译家联盟、国际高校翻译联盟、国际会议口译员协会以及美国蒙特雷国际研究学院翻译及语言学院的大力支持，美国蒙特雷国际研究学院翻译及语言学院协助参与了整个培训课程的设计。

此次培训首次采取模块式的培训课程，力图为学员提供涵盖口笔译实务体验、口笔译教学方法以及翻译理论与研究等全面、系统的训练。培训的对象主要为大学本科翻译课程师资，本科翻译专业师资和有志从事翻译教学的职业翻译人员。全部培训课程分笔译和口译两个方向，笔译方向培训课程包括笔译技能、笔译教学法和翻译理论与翻译研究方法论三个模块；口译方向培训课程包括口译技能、口译教学法和口译理论与口译研究方法论三个模块，两个方向的培训课程分别为78学时。完成全部课程，学业合格者可获得由中国翻译协会签发的大学本科翻译师资培训证书。

担任本次大学本科翻译师资培训的教师由中国翻译协会翻译师资培训专业指导委员会负责组织选拔，由国内外长期从事翻译实践、教学和翻译理论研究的专家以及国际会议口译员协会（AIIC）和国际翻译院校联盟（CIUTI）的专家授课。参加此次培训的授课指导老师阵容强大，分别来自欧洲、美洲以及内地、香港，包括国际翻译家联盟副主席、中国译协副会长黄友义，国际翻译家联盟秘书长弗朗斯·德赖特（Frans De Laet），美国蒙特雷国际研究学院翻译及语言学院院长鲍川运等共计30多人，多数授课指导老师都是既从事翻译实践，又从事翻译教学与翻译研究的三栖学者。

此次大学本科翻译专业师资培训适逢国内高校本科翻译专业试行和创办阶段，顺应翻译专业教育和翻译行业发展的客观要求。培训力求从翻译专业和翻译教学的特点、规律出发，搭建一个专业化、系统化的高校翻译师资平台，使受训学员在翻译实践技能、专业教学理念和教学方法以及基于教学的科研能力和理论素养方面得到较系统的培训，从而提升从事翻译教学所应具有的基本专业素质。培训受到学员及业界的高度评价和认可，认为这是一次导向及时、课程设置科学、内容多元、突出实战、视野前瞻、理论前沿的高质量培训。

2010 年全国高等院校翻译专业师资培训综述

2010 年 7 月 13 日至 7 月 22 日，2010 年暑期全国高等院校翻译专业师资培训在北京外研社国际会议中心举行，这是中国翻译协会和全国翻译硕士专业学位教育指导委员会顺应我国翻译学科建设的蓬勃发展，整合之前分别举办的高等院校本科翻译师资培训和全国 MTI 师资培训，首次联合组织的涵盖本科和硕士翻译专业教育的师资培训。本次培训得到了国际翻译家联盟（FIT）、国际翻译院校联盟（CIUTI）、国际会议口译员协会（AIIC）、北京外国语大学、美国蒙特雷国际研究学院（MIIS）翻译及语言学院的大力支持和直接参与。

国际翻译家联盟副主席、中国译协副会长、全国翻译硕士专业学位教育指导委员会主任委员黄友义以及中国译协副会长、此次培训承办单位之一北京外国语大学副校长金莉等出席培训开幕式并致辞。来自祖国大陆和台湾 140 多所高校、相关专业机构以及日内瓦国际劳工局等国际组织和机构的近 300 名外语、翻译专业教师及一线翻译工作者参加了为期 10 天的强化培训。

为确保这项培训课程的质量，中国译协和全国翻译硕士专业教指委联合成立了高等院校翻译师资培训专业指导委员会，北京外国语大学、美国蒙特雷国际研究高级翻译学院和《中国翻译》编辑部在培训组织策划和课程规划方面也做了大量工作。各方集思广益，献计献策，对培训课程进行精心设计，努力使课程安排更加科学合理、更加符合翻译专业教学的规律和特点。

今年的培训课程，从专业训练、专题讲座，到翻译课程示范观摩、专题研讨，内容丰富，形式多样。参与培训课程的指导老师阵容强大，汇集了国际翻译院校联盟主席汉娜罗尔·李杨基（Hannelore Lee – Jahnke）、国际会议口译员协会主席伯努瓦·克雷默（Benoît Kremer）、国际翻译家联盟秘书长弗朗斯·德赖特（Frans De Laet）、美国蒙特雷国际研究学院翻译及语言学院教授鲍川运等 30 多名内地、香港、美国、欧洲等地在翻译、翻译教学和翻译理论研究领域有突出造诣、有代表性的专家学者，他们分别从翻译教育理念、翻译教学方法、翻译教学过程和翻译教学评估、翻译实践等方面进行授课。除此之外，培训还有意识地邀请翻译行业的代表与学员交流，请他们从翻译行业的角度谈对职业翻译人才的诉求。

7 月 22 日，在培训的最后一天，举行了翻译理论研究板块的培训，同时举办了中国当代翻译理论研究暨《中国翻译》杂志创刊 30 周年论坛以及培训结业典礼和《中国翻译》杂志创刊 30 周年暨出版 200 期有奖证文颁奖典礼。

此次培训受到了学员的高度评价和认可。他们认为通过培训，对翻译和翻译专业教学的规律特点、基本理念、原则和方法以及翻译理论研究有一个基本的认识和把握，开拓了翻译教学与翻译研究的思路。

全球化与信息化的到来对翻译这门新兴的学科提出了新的挑战，对从事翻译专业教学的老师的专业素质无疑也提出了更高、更全面的要求。培育高素质翻译师资队伍是翻译学科健康发展的基础和前提，也是造就合格翻译人才和促进翻译行业健康发展的基础和前提。受国务院学位办的委托，全国翻译硕士专业教育指导委员会已将翻译师资培训纳入翻译专业教育评估体系。然而，在新的时代背景下，如何组织翻译专业师资培训、如何培养适应时代和社会发展、满足翻译行业需求的合格翻译人才，的确是一个新课题。中国译协作为全国性的翻译专业组织，全国翻译硕士专业教育指导委员会作为翻译专业教育学术指导机构，将在这方面发挥积极的组织和引导作用，以此次联合组织的翻译师资培训为契机，不断总结经验，进一步加强组织和协调，有效整合资源，进一步加强对翻译专业师资培训的系统研究和规划，努力构建符合翻译专业教育规律的系统化的高校翻译师资培训长效机制和平台。期待通过译界的共同努力和参与，通过搭建起的这一翻译专业师资培训的平台，能够涌现出更多具有较高专业素质的高校翻译师资队伍。

中译杯2010年全国口译大赛/第八届全国口译大会暨国际研讨会

中译杯2010年全国口译大赛综述

为满足我国日益扩大的对外交流需求，培养高素质翻译人才，促进翻译学科建设和翻译行业的繁荣与发展，中国翻译协会、高等教育出版社于2010年联合主办了中译杯2010年全国口译大赛。大赛自2010年4月启动初赛，至2010年10月全国总决赛结束，赛程历时逾6个月。

中译杯2010年全国口译大赛是在我国首次举行的全国性的口译比赛。大赛得到了国际翻译家联盟、国际翻译院校联盟、国际会议口译员协会、全国翻译硕士专业学位教育指导委员会、全国翻译专业资格（水平）考试办公室、四川大学、北京第二外国语学院、中国对外翻译出版公司、《中国翻译》杂志编辑部、《中国外语》杂志编辑部等国际、国内组织和机构的大力支持。

大赛组委会由中国翻译协会会长李肇星担任名誉主任，中国翻译协会常务副会长唐闻生担任主任，中国外文局副局长、中国翻译协会副会长黄友义、高等教育出版社社长、中国翻译协会副会长李朋义担任副主任。

本次大赛参赛选手范围限定在高等院校在校学生，凡具备一定口译能力和专业修养的全国高等院校在校学生（含港澳台地区）均有参赛资格。大赛设立了英语交替传译、同声传译，日语交替传译、同声传译，法语交替传译等比赛项目。其中英语交替传译大赛采取初赛、复赛、大区决赛、全国总决赛制；英语同声传译、日语交替传译、日语同声传译和法语交替传译则采取邀请赛制。

英语交替传译比赛在全国各省（市）铺开，各地包括香港、澳门特别行政区的400多所高校的近1500名选手参加了各个赛程的比赛。其中初赛阶段全国各地有340所院校参与，选拔了930名选手参加下一轮复赛。复赛阶段，全国共分为23个复赛区（不含港澳台）。复赛在各省（自治区、直辖市）复赛指定承办单位举行。共计920名选手参加了全国范围内的复赛。经过各复赛区的积极动员和精心筹办，英语交替传译大赛复赛在各省产生一等奖2名、二等奖4名、三等奖10名及优秀奖若干名，并各选拔前6名选手参加所在大区决赛，总计138名选手获得参加大区决赛资格。大区决赛阶段，全国共设七大赛区。英语交替传译大赛大区决赛中，有138名选手参加，各大区产生一等奖1名、二等奖2名、三等奖5名及优秀奖若干名，并选拔前3名选手参加全国总决赛。2010年10月24日，在四川大学举行了英语交替传译全国总决赛及同声传译邀请赛暨颁奖典礼。英语交替传译全国总决赛产生一等奖1名、二等奖3名、三等奖5名及优秀奖若干名。英语同声传译邀请赛由大赛组委会统一组织。同声传译邀请赛产生一等奖1名、二等奖2名、三等奖5名及优秀奖若干名。

中国译协会长李肇星出席口译大赛颁奖典礼并发表即兴演讲。李肇星会长亲切鼓励青年学子要有过硬的政治素质、过硬的业务素质，要多读书，随时随地，抓紧一切机会学习。出席大赛颁奖典礼的还有国际翻译家联盟副主席、中国翻译协会副会长黄友义，四川大学党委书记杨泉明，副校长石坚，高等教育出版社副社长刘援，中国对外翻译出版公司总经理林国夫等。参加第八届全国口译大会的百余专家、学者以及四川大学的师生进行了现场观摩。

日语交替传译、同声传译和法语交替传译大赛采取邀请赛制，由北京第二外国语学院负责组织承办。经过近半年的筹备工作，日、法语口译邀请赛全国总决赛暨颁奖典礼于2010年10月16日在北京第二外国语学院举行，来自全国25所高校的42名选手参加了总决赛。其中，日语“同声传译”组、日语“交替传译”组、法语“交替传译”组分别各产生一等奖1名，二等奖2名，三等奖3名，优秀奖若干名。国际翻译家联盟副主席、中国译协副会长黄友义，承办组织单位北京第二外国语学院副院长、中国译协副会长邱鸣出席颁奖典礼并致辞。

中译杯2010年全国口译大赛在我国首次创办，与以往译界赛事相比，覆盖范围最广，规模最大，竞赛语种最多，对于培养、造就高素质口译人才，促进翻译学科与翻译行业的健康发展，都将产生重要影响。

注：中译杯2010年全国口译大赛英语交替传译全国总决赛获奖名单、中译杯2010年全国口译大赛英语同声传译邀请赛获奖名单和2010全国口译大赛——日语、法语邀请赛总决赛获奖名单请参见本卷“翻译竞赛获奖者”条目。

第八届全国口译大会暨国际研讨会综述

2010年10月22~23日，由中国翻译协会、四川大学主办的第八届全国口译大会暨国际研讨会于四川大学隆重举行，大会的主题是“全球化时代的口译”。本届大会由四川大学、中国翻译协会主办，外语教学与研究出版社协办。来自国内外近300名知名专家、学者及专业口译员参加了会议。国际翻译家联盟副主席、中国翻译协会副会长黄友义，四川大学副校长、中国翻译协会副会长石坚出席开幕式并致辞。

本次会议邀请国内外知名口译学者共做了9场高水平主旨发言，发言者包括国际译联秘书长弗兰斯·德拉埃特（Frans De Laet），美国圣迭戈州立大学教授、美国翻译研究协会副主席克劳迪娅·安杰莱利（Claudia Angelelli），英国爱丁堡赫里奥特－沃特大学荣誉教授伊恩·梅森（Ian Mason），维也纳大学翻译研究中心口译研究副教授弗朗茨·波赫哈克尔（Franz Pöchhacker），以色列巴伊兰大学翻译研究系米里娅姆·施莱辛格（Miriam Shlesinger）博士，广东外语外贸大学校长仲伟合，北京外国语大学高级翻译学院院长王立弟，上海外国语大学高级翻译学院院长柴明颎，北京语言大学教授刘和平以及四川大学外国语学院副院长任文。

此外，大会还举办了17场分论坛，以及博导研究生面对面等形式多样的学术交流活动，涉及口译教学与译员培训、口译理论研究、口译测试评估与认证、专业领域的口译、口译与技术、手语翻译等多项议题，会议首次将“口译与技术”和“手语翻译”纳入大会议题，推动了中国口译界与国际口译界的接轨。从大会主题发言至分论坛讨论再到中外口译界学者的各项交流，都充分体现了中国口译研究已日益成熟并不断迈向国际化的趋势。

本次大会共收到182篇论文，报名参会者近300人，报名人数和提交论文数量均创历届口译大会之最；同时，参会代表来自英国、美国、法国、奥地利、以色列、波兰、西班牙、澳大利亚、新加坡、日本、韩国、泰国以及中国香港、澳门、台湾等十余个国家和地区，参会国家和地区数量也创历届大会之最。

作为中国乃至国际口译界的盛事，全国口译大会暨国际研讨会自1996年首次召开以来每两年举办一次，迄今已成功举办7届。大会旨在总结国内口译教学与评估的现状与问题，探讨理论研究与实践应用的关系，了解国际口译教学与研究的最新动态，提出新的研究方向与发展思路。随着规模与影响的逐步扩大，大会已成为中国乃至国际口译界的盛典，对推动我国口译教学、实践和研究的发展，扩大中外口译界的交流具有重要意义。

韩素音青年翻译奖竞赛

韩素音青年翻译奖竞赛综述

《中国翻译》杂志从1989年开始举办韩素音青年翻译奖竞赛，每年举办一届，至今已举办22届；是目前中国翻译界组织时间最长、规模最大、影响最广的翻译大赛，并受到全国乃至海外青年翻译爱好者的欢迎和认可。它极大地激励了广大青年学习外语的热情，推动了外语教学事业，有力促进了我国翻译队伍整体水平的提高。20几年来，从参赛队伍中涌现出的优秀青年翻译工作者已经成为目前我国外语教学界和翻译实践第一线的骨干与中坚力量。

2009年第21届韩素音青年翻译奖竞赛由中国翻译协会《中国翻译》编辑部和北京大学翻译硕士（MTI）教育中心联合举办。

竞赛组委会秉承公平、公正、公开的原则，经反复磋商后，及时制定出竞赛的筹备计划，在组织策略、人力分配、技术支持等方面均做了充分的估计和准备，为后续工作的开展打下了坚实的基础。

本届竞赛组委会把互联网的应用作为工作中的重要任务，并将其定位为扩大竞赛影响力，拓展宣传覆盖范围，提升竞赛品质的主要手段。在组赛过程中充分利用“校内网”和“北大译网”等资源，在赛事宣传、信息咨询、报名收费、译文提交等方面，高调快捷地向前推进工作，并借助互联网的优势，加入了网上实时复赛环节，对赛事结构做了关键性的调整。

由于多了复赛环节，本届组委会特将评选过程明确地细划为三个主要阶段，即由北京大学、中国人民大学、北京对外经济贸易大学的教授和研究生联合操作的初赛译文筛选阶段，由来自国内著名大学及翻译机构的10位知名专家各自独立操作的复赛匿名评选阶段，以及由来自北京大学、中国译协、外研社、中国人民大学、北京对外经济贸易大学等单位的5人专家小组直接操作的获奖译文审核阶段。在每一阶段工作开展之前，组委会均详细制定并公布了其中的基本规则及操作程序，在完全透明的状态下，以专家学者根据既定规则程序所做出的专业判断为基本依据，逐步评选出本届韩赛的最终获奖译文。

本届竞赛直接参与评审工作的专家学者来自12个单位，共计22人，其中包括翻译主管机构的领导同志、著名教授和译审等。在本届大赛的初赛阶段，组委会收到有效参赛译文共计1256篇，其中英译中802篇，中译英454篇，其数量均超过往届韩赛。大赛首次尝试对初赛入围选手进行网络实时复赛，经初赛译文筛选程序进入网络实时复赛的英译中译者50人，中译英译者50人，其中同时合格者2人，共计98人，顺利完成网络复赛者共计96人。根据10位复赛评审专家的异地匿名评定结果，组委会拿出译文排名，并提交在京的五人专家小组做最后复核。五人专家小组根据既定规则及程序，经过反复审核，最终确定了获得英译中、中译英一等奖的参赛译者各1名，获得二等奖的参赛译者各2名，获得三等奖的参赛译者各3名，共计12名。根据大赛规则，组委会同时认定其他参加复赛的译者为本届大赛优秀翻译奖获得者，共计86名。

2009年11月14日，本届竞赛颁奖典礼在北京举行。国际翻译家联盟副主席、中国译协副会长黄友义等出席颁奖仪式并为获奖选手颁奖。竞赛组委会还对积极组织参与本届竞赛的中南大学外国语学院、厦门理工学院外语系以及上海师范大学天华学院颁发了“最佳组织奖”。

本届竞赛同时得到了高等教育出版社、外语教学与研究出版社、北京大学出版社、元培世纪（北京）教育科技有限公司、SDL公司、北京东方正龙数字技术有限公司等机构的大力支持。

2010年第22届韩素音青年翻译奖竞赛由中国译协《中国翻译》编辑部和上海对外贸易学院国际商务外语学院联合举办。

本届赛事评审委员会一如既往，本着公平、公正的原则，严格执行匿名评审制度，做到对每一位参赛选手认真负责。具体做法是：由《中国翻译》编辑部负责参赛的报名工作，然后将收到的所有参赛译文进行登记并统一编号，将参赛者信息（参赛券）与译文分离并另行封存，由专人统一管理，然后把统一编号的译文送交评审委员会进行匿名评审。

评审委员会在上海对外贸易学院叶兴国副校长的主持下，成立了英译汉初审组、汉译英初审组、秘书组和复审评审小组。评审委员会由黄源深教授担任总组长。评审工作采取四审制。在初审之前，由英译汉和汉译英两个小组就原文的风格、结构、难点、重点词等进行了仔细地讨论，提交各自的参考译文，然后再制定明确的评审细则和总体标准。为保证评审质量，评委会曾多次召开评审会议，对参赛原文及小组提供的参考译文进行反复推敲。在专家组讨论过程中，何其莘、杨平、孙致礼、曹明伦、何刚强、叶兴国、王光林7位教授对英译汉参考译文，汪榕培、王宏印、张春柏、虞建华、温建平、彭青龙6位教授对汉译英参考译文，提出了宝贵的修改意见。上海对外贸易学院罗国梁教授和上海外国语大学外籍专家Steven Kulich教授对汉英翻译译文提出了建设性的意见。参加初评和复评的上海对外贸易学院国际商务外语学院的教师，工作认真，一丝不苟，客观公正地对待每一份参赛译文。

本届竞赛共收到有效参赛译文1757份，其中英译汉文稿1144份，汉译英文稿613份，是近十几年来参赛人数最多的一次。参赛人员包括全国各省、市、自治区的大学生、研究生、翻译工作者和英语爱好者，其中翻译公司和从事自由翻译职业的人员有了明显的增加。经过复评专家组审核，最终确定入围名单85名，其中英译汉一等奖1名，二等奖1名，三等奖4名，优秀奖46名，而汉译英一等奖空缺，二等奖3名，三等奖3名，优秀奖27名。

本届竞赛颁奖典礼于2010年10月23日在上海对外贸易学院举行。中国译协常务副会长施燕华，上海对外贸易学院党委书记武克敏，中国译协副会长、传神联合信息技术有限公司总裁何恩培出席颁奖典礼，来自全国数十余所大学的专家学者以及获奖选手参加了颁奖典礼。

本届竞赛同时得到传神联合（北京）信息技术有限公司的冠名和大力支持。

注：第21、22届韩素音青年翻译竞赛获奖名单请参见本卷“翻译竞赛获奖者”条目。

中国翻译协会翻译文化终身成就奖暨资深翻译家表彰活动

中国翻译协会翻译文化终身成就奖暨资深翻译家表彰活动综述

“翻译文化终身成就奖”由中国翻译协会2006年设立，授予在翻译与对外文化传播和文化交流方面做出杰出贡献，成就卓著、影响广泛、德高望重的翻译家。

“翻译文化终身成就奖”是中国翻译协会设立的表彰翻译家个人的最高荣誉奖项。到目前为止，中国翻译协会共授予七名翻译家“中国翻译文化终身成就奖”，分别是季羡林先生（2006年9月26日）和杨宪益先生（2009年9月17日）。2010年12月2日，中国译协授予沙博理先生、草婴先生、许渊冲先生、屠岸先生、李士俊先生“翻译文化终身成就奖”。

中国翻译协会于2001年起开展资深翻译家表彰活动，截至2010年，分别对从事外事外交、对外传播、社会科学、军事、科技、文学艺术、民族语文翻译、翻译教学和翻译服务的2643位翻译家进行了表彰，授予他们“资深翻译家”荣誉称号。这些受表彰的翻译家当中有的曾于上世纪50年代和60年代为毛泽东、周恩来、邓小平等党和国家领导人做外事翻译工作，有的曾参与我国领导人的著作、我国党和政府的重要文献、我国政府重要外交文件的翻译工作，也有长期在译坛耕耘，将大量外国经济、哲学、文学、科技等领域的有关著作翻译介绍给广大中国读者的前辈学者。

老一辈翻译家们为中国人民和世界各国人民之间的了解和友谊架起了桥梁，为我国的社会进步和国家的发展做出了重要贡献。中国翻译协会开展以上表彰活动，是对他们的渊博学识和突出贡献的高度评价和充分认可，是对他们严谨认真的敬业精神、辛勤耕耘的奉献精神和恪尽职守的职业道德的大力弘扬，对于鼓励我国广大中青年翻译工作者向老一代翻译家学习，继承和发扬他们的优良传统，提高自身的业务素质，繁荣我国的翻译事业具有深远的意义。

2009年9月17日，中国翻译协会在北京举行表彰仪式，授予我国著名文学翻译家、外国文学研究专家杨宪益先生“翻译文化终身成就奖”。中国外文局常务副局长、中国翻译协会常务副会长郭晓勇，中国外文局副局长、中国翻译协会副会长黄友义为杨宪益先生颁发了荣誉证书，并宣读了中国翻译协会《关于授予杨宪益先生“翻译文化终身成就奖”的决定》。

2009年8月26日，在军事科学院隆重召开第二次军内资深翻译家表彰大会。中国人民解放军副总参谋长马晓天，军事科学院刘成军院长、刘继贤副院长，中国译协刘习良会长等领导出席表彰会并讲话。107位长期从事军事翻译的翻译家被授予“资深翻译家”荣誉称号。

2009年11月13日，在中国译协第六次会员代表大会召开期间，举行了资深翻译家表彰仪式，对徐式谷、哈图卓日克等306位长期活跃在我国外事、文学艺术、社科、对外传播、科技、民族语文、翻译服务、外语教学等领域的资深翻译家予以表彰。人大常委会副委员长韩启德到会祝贺并讲话。

2010年12月2日，中国翻译协会在北京举行了“翻译文化终身成就奖暨资深翻译家表彰大会”，我国著名翻译家和中外文化交流学者沙博理先生、许渊冲先生、草婴先生、屠岸先生、李士俊先生获得“翻译文化终身成就奖”，来自中联部、外交部、商务部、文化部、新华社、中国国际广播电台、中国外文局、中央编译局等33家中央国家机关、高校和各省市地方单位的493位长期活跃在我国外事、社科、对外传播、科技、外语教学、翻译服务等领域并做出突出贡献的翻译家获得“资深翻译家”荣誉称号。

中国翻译协会会长李肇星，中国外文局局长周明伟，中国译协第一常务副会长、中国外文局常务副局长郭晓勇、中国译协常务副会长、全国人大常委会副秘书长曹卫洲，中国译协常务副会长、新华社副社长兼常务副总编辑周树春、中国译协常务副会长施燕华、唐闻生、赵常谦、朱英璜和获得“翻译文化终身成就奖”的许渊冲先生、屠岸先生、李士俊先生及其他受表彰翻译家及其所在单位的领导出席了大会。李肇星、周明伟分别代表中国翻译协会和中国外文局致辞。

大会以播放图文短片的形式逐一生动地介绍了获得“翻译文化终身成就奖”的五位翻译家的卓越成就和高尚的译风译德，给观众留下了深刻的印象。

大会结束后，中国译协第一常务副会长、中国外文局常务副局长郭晓勇专程登门，向95岁高龄的沙博理先生颁发了“翻译文化终生成就奖”。

2010年12月16日，中国译协第一常务副会长、中国外文局常务副局长郭晓勇专程赴上海，向不能亲自到会领奖的草婴先生颁发了“翻译文化终身成就奖”。

在上海市文联举办的表彰仪式上，郭晓勇代表中国译协向草婴先生表示了敬意和祝贺，并宣读了中国翻译协会的表彰决定。上海市文联党组书记、专职副主席杨益萍和上海翻译家协会会长谭晶华分别发言祝贺草婴先生获得“翻译文化终身成就奖”。88岁高龄的草婴先生坐轮椅出席了颁奖活动，他表示：“翻译托尔斯泰的经典作品，深刻感受到他的伟大思想和精神，这是我一生追求的理想和为之努力的事业。”

颁奖仪式上，播放了由中国译协秘书处制作的视频短片，介绍了获得“翻译文化终身成就奖”的草婴先生从译经历和卓越成就。

中国译协常务副秘书长姜永刚，上海市文联秘书长沈文忠，中国译协常务理事、上海翻译家协会副会长、上海日报社总编辑张慈赟，中国译协常务理事、上海翻译家协会副会长、上海外事翻译工作者协会会长、上海市政府外办副主任张伊兴，原上海翻译家协会副会长徐振亚，上海翻译家协会秘书长赵芸等出席了颁奖仪式

中国翻译协会关于授予杨宪益先生“翻译文化终身成就奖”的决定

为表彰中国翻译家杨宪益先生为繁荣文学翻译事业、特别是为弘扬中国文化和促进中外文化交流所做出的杰出贡献，中国翻译协会五届十二次常务会长会议研究决定，授予杨宪益先生“翻译文化终身成就奖”。

中国翻译协会

2009 年 9 月 2 日

中国翻译协会关于对徐式谷、哈图卓日克等 306 名资深翻译家进行表彰的决定

见第 45 页 特别报道——中国译协第六次会员代表大会暨新中国翻译事业 60 年论坛专题

翻译是社会变革和文化进步不可缺少的力量和源泉

——在中国译协第六次会员代表大会上的讲话

韩启德

（2009 年 11 月 13 日）

见第 5 页 特别报道——中国译协第六次会员代表大会暨新中国翻译事业 60 年论坛专题

中国翻译协会关于授予沙博理、许渊冲、草婴、屠岸、李士俊“翻译文化终身成就奖”的决定

经中国翻译协会六届二次常务会长会议研究决定，为表彰我国著名翻译家沙博理先生、许渊冲先生、草婴先生、屠岸先生和李士俊先生为繁荣我国翻译事业、特别是

为弘扬中国文化和促进中外文化交流所做出的杰出贡献，特授予他们“翻译文化终身成就奖”。

希望广大中青年翻译工作者向老一代翻译家学习，继承和发扬他们默默奉献、孜孜不倦、精益求精的好思想、好品德、好作风，努力提高政治业务素质，为繁荣我国的翻译事业，构建社会主义和谐社会做出新的更大的贡献。

中国翻译协会

2010 年 11 月

中国翻译协会关于对唐闻生、朱英璜、李丹、赵常谦等493名资深翻译家进行表彰的决定

为弘扬老一辈翻译家高尚的译风译德和卓越的翻译成就，鞭策后学为祖国的进步与发展不断开拓进取，努力工作，中国翻译协会六届二次常务会长会议决定，对唐闻生、朱英璜、李丹、赵常谦等 493 位长期活跃在我国外事、社科、对外传播、科技、外语教学、翻译服务等领域的资深翻译家予以表彰。

希望广大中青年翻译工作者向老一代翻译家学习，继承和发扬他们默默奉献、孜孜不倦、精益求精的好思想、好品德、好作风，努力提高政治业务素质，为繁荣翻译事业，构建社会主义和谐社会做出新的贡献。

中国翻译协会

2010 年 11 月

在“翻译文化终身成就奖”暨资深翻译家表彰大会上的讲话

李肇星

（2010 年 12 月 2 日）

尊敬的周明伟局长，

尊敬的各位翻译家，各位来宾：

在即将告别 2010 年之际，中国翻译协会在这里隆重举办“翻译文化终身成就奖暨资深翻译家表彰大会”：五位倾注毕生精力从事翻译与文化传播工作的翻译大家将获得“翻译文化终身成就奖”这一中国译界最高个人荣誉；同时，493 位长期活跃在我国外事、科技、对外传播、外语教学、翻译服务等领域成就突出的翻译家将获得“资深翻译家”荣誉称号。我谨代表中国译协向这 498 位翻译家表示热烈祝贺！

中国译协自 2001 年起每年组织资深翻译家表彰活动，对于长期从事翻译和中外交流并做出重要贡献的翻译工作者进行表彰。截至 2009 年底，已经有 1728 名各界老翻译

家获得表彰。2006 年，中国译协又推出“翻译文化终身成就奖”，表彰德高望重的翻译家。2006 年和 2009 年，季羡林先生和杨宪益先生先后获此荣誉。

我们深信，翻译工作的重要性应该得到彰显。

自从人类有了相互交流的需要，借助翻译打破语言障碍，促成不同国家、不同民族和文化交流的努力便一刻也没有停止过。特别是我国改革开放 30 多年来，随着对外交流的扩大，翻译作为交流的桥梁，正在各个领域发挥更加重要的作用。翻译，帮助中国融入世界，也帮助世界走进中国。一个全面开放、蓬勃发展的中国，没有同样蓬勃发展的翻译事业的支持是不可想象的。作为中外交流使者的翻译工作者应该得到社会的尊重，翻译事业为推动经济社会进步所做的贡献应该得到褒奖。中国译协希望通过表彰老一辈翻译家，使社会更加重视翻译，更加尊重翻译工作者的劳动和成果。我们高兴地看到，历次表彰活动都得到党和国家领导人以及社会各界的关注，产生了良好的社会影响。

我们希望，老一辈翻译家高尚的译风译德将得到弘扬。

翻译是一项艰苦的创造性劳动。严复曾经说过“一名之立，旬月踌躇”。翻译工作者不仅需要深厚的母语与外语造诣，丰富的多学科知识，还要有甘于寂寞、为他人做嫁衣裳的平和心态和一丝不苟的治学精神。以今天即将表彰的沙博理等五名翻译家为例，他们知识广博、学贯中西；母语修养高、外语造诣深，其译作历经千锤百炼，与原著一样成为经典；其严谨和精益求精的精神是我们翻译界取之不尽的宝贵财富。

当今，经济、信息的全球化和空前开放的中国，呼唤翻译事业与时俱进。翻译事业的繁荣不仅须要体现在数量上，更须要强调质量。以出版为例，无论是外译中还是中译外的著作，数量上逐年都在快速增长，但真正的精品并不多。鲁迅文学奖下属的全国优秀文学翻译奖今年出现空缺，不能不发人深省。其中一个重要原因就是当今一些译者缺乏深厚的双语文化底蕴，以及刻苦钻研、精益求精的态度。而众多城市公示语标牌、旅游宣传材料上不少可笑的翻译错误，则表明我们的翻译队伍还很不整齐，有不少不负责任的“南郭先生”混迹其中。这在一定程度上损害了国家和有关城市的利益与形象。表彰老一辈翻译家，弘扬他们高尚的译风译德，将有助于抵制浮躁学风和粗制滥造歪风，让中青年翻译家看到差距和努力方向。

我国全方位的国际交流对翻译工作提出了更高的要求，我们更须要以老一代翻译家为楷模，继承和发扬他们的优良传统，努力学习和工作，构建繁荣、和谐、民主、文明的现代化中国、为世界和平与共同发展做出新贡献。愿我们每一个有自豪感和责任心的译界同仁都以此自勉。

再次向各位受到表彰的翻译家表示祝贺，并提前祝大家 2011 年健康快乐！

在“翻译文化终身成就奖”暨资深翻译家表彰大会上的讲话

周明伟

（2010年12月2日）

尊敬的李肇星会长，中国译协各位副会长，

尊敬的各位翻译家，各位来宾和朋友们：

今天，中国译协在这里隆重举行表彰大会，授予我国著名的翻译家和中外文化交流学者沙博理先生、许渊冲先生、草婴先生、屠岸先生、李士俊先生“翻译文化终身成就奖”，并对来自外交部、中联部、文化部、商务部、新华社、中央编译局、中国国际广播电台、中国科学院和中国外文局等党和国家外交外事、新闻与对外传播、文化、经贸、科技部门以及高等院校、各省市的493位资深翻译家进行表彰。我谨代表中国译协的业务主管单位——中国外文局，向获得“翻译文化终身成就奖”的五位德高望重的翻译家以及493位受表彰的资深翻译家表示热烈的祝贺并致以崇高的敬意！

人类历史发展的过程，就是各种文明不断交融会通与发展的过程。翻译作为跨语言、跨民族、跨文化交流的桥梁，为促进人类文明发展和社会进步发挥了尤为重要的作用。中华文明须要在与世界各民族文明的沟通交流中延续发展；20世纪七八十年代以来中国的改革开放，使当代中国的命运与世界的前途和命运更紧密联系在一起。中国的历史和现实经验使我们深切认识到，翻译活动在促进中华文明与世界文明的交流与融合，在增进中国与各国人民的理解与交往，在推动世界和平共处与和谐发展过程中所做的特殊贡献是不可替代的；从这个意义上讲，翻译工作者所承担的“贯通古今中外、交流不同文化”的社会责任和历史使命也是显而易见的。因此，翻译工作的价值、翻译工作者作为跨文化交流的使者所付出的努力，为促进社会进步所做的历史性贡献，将会进一步得到社会的充分肯定和尊重。我认为，这是中国译协设立“翻译文化终身成就奖”、举行资深翻译家表彰活动的重要意义。

今天获得“翻译文化终身成就奖”的五位翻译家毕生致力于翻译事业和中外文化交流事业，他们将这一事业与国家民族复兴和社会进步紧紧联系在一起，坚守理想和追求，孜孜不倦，执着进取，创造了卓越的成就，做出了重要的贡献。他们的努力，使世界更多的人走近了中国，领略五千年璀璨丰厚的中华文化，感受到中华民族的精神风貌；他们的努力，使中国更多的人走近了世界，领略了异域文化的多姿多彩，感受到异域民族的心灵视界。他们丰硕的翻译成果成为中国翻译界不可多得的宝贵财富。他们是万千翻译工作者的杰出代表，他们也是众多翻译工作者的楷模，获此殊荣当之无愧，实至名归。今天受到表彰的493位资深翻译家在我国外交外事、新闻与对外传播、文化教育、科学技术、经贸等各行各业也做出了突出贡献，他们严谨认真的敬业精神、辛勤耕耘的奉献精神和恪尽职守的职业道德，也成为翻译工作者的榜样。

今天我们举行表彰大会，在回顾、总结老一辈翻译家的杰出成就和贡献的同时，更重要的是要学习、弘扬他们高尚的职业道德和敬业、奉献精神，要学习、弘扬他们以复兴国家民族和促进社会进步为己任的高度的社会责任感和使命感，学习、弘扬他们所具有的那种奋发拼搏、昂扬进取的时代精神。

在经济全球化和中国空前开放的今天，在国家努力推进文化大繁荣大发展的今天，作为文化传播与交流媒介的翻译工作的重要作用更加突显。新的时代，赋予翻译工作者新的使命和重任。这是机遇，更是挑战。我们应该清醒地认识到目前我国的翻译工作，还不能完全满足社会发展的要求，在新的国际交流的大背景下，须要更好更快地培养、使用一大批能够承担日益扩大的对外文化交流任务的高素质、专业化的翻译人才。因此，我们应从国家文化战略发展和国家软实力建设的高度关注翻译工作、重视翻译工作，努力营造有利于推进翻译工作的文化氛围和社会环境，建立保障翻译事业健康发展的有效机制，推动翻译事业的更大发展。年青一代的翻译工作者应以老一辈翻译家为楷模，传承、发扬他们的优良传统，与时俱进，爱岗敬业，勤学博学，不断丰富和提高自己，努力成为能够适应社会发展要求的、素质全面的复合型翻译人才，在新的时代、新的历史起点上为繁荣中外文化交流事业，为国家富强和民族进步，为世界的和平与和谐发展，做出自己的贡献。

最后，让我们共同祝愿沙博理先生、许渊冲先生、草婴先生、屠岸先生、李士俊先生和各位受表彰的资深翻译家幸福安康，万事如意！

周明伟：曾任上海市人民政府外事办公室主任。现任中国外文局局长。

Summaries and Reports

翻译工作概览

翻译社会团体工作

中国翻译协会工作

2009～2010年，中国翻译协会按期召开第六次会员代表大会，通过了新修订的《中国翻译协会章程》，选举产生了第六届理事会，在随后召开的第六届理事会第一次会议上选举产生了中国译协新一届领导机构。在新一届常务理事会领导下，在业务主管单位中国外文局的指导下，在各分支机构和全体会员的支持下，按照第六届理事会提出的工作思路，以服务国家大局、服务社会、服务行业、服务会员为宗旨，以规范行业行为、促进学术交流、加强人才建设、深化国际交流为目标，团结一心、继往开来，各项工作取得了开创性进展。

一、按期召开中国翻译协会第六次会员代表大会

2009年11月12～13日，中国翻译协会第六次会员代表大会暨新中国翻译事业60年论坛在北京举行。全国人大常委会副委员长韩启德，原国务委员、新任中国翻译协会名誉会长唐家璇，国务院新闻办公室主任王晨等出席大会并发表讲话。国际翻译家联盟主席玛丽昂·伯尔思向大会发来贺信。中国译协所属中央有关单位、全国各省、市、自治区及港、澳地区的单位会员、个人会员和10个分支机构的近300名代表参加了本次会议。

大会审议并通过了刘习良会长代表第五届理事会常务理事会所作的工作报告，审议并通过了副会长兼秘书长黄友义代表第五届理事会常务理事会所作的《中国翻译协会第五届理事会财务报告》，审议并通过了新修订的《中国翻译协会章程》和《中国翻译协会会员管理暂行办法》。大会经选举产生了中国译协第六届理事会，并且在随后召开的第六届理事会第一次会议上，选举产生了中国译协新一届领导机构。全国人大外事委员会主任委员、前外交部部长李肇星当选为中国翻译协会会长。

修订中国译协章程是本次会员代表大会的一项重要内容。将原章程中规定的"本会是由全国与翻译工作相关的机关、企事业单位、社会团体及个人自愿结成的学术性、行业性非营利组织"修改为"本会是由与翻译及与翻译工作相关的企事业单位、社会团体及个人自愿结成的全国性、行业性、非营利社会组织"。明确了未来中国译协作为行业性社会团体的性质。

大会开幕的当天举行了"新中国翻译事业60年论坛"，外交部资深翻译家施燕华，社科院外文所研究员、所长陈众议，南京大学博士生导师许钧，资深科技翻译研究专家黎难秋等做主题发言，从外交外事翻译、文学翻译、科技翻译和翻译教学几个侧面总结、回顾了60年来我国翻译事业取得的成就和发展历程。

大会期间还举行了表彰活动。中国译协对外传播翻译委员会、民族语文翻译委员会、军事科学翻译委员会、翻译服务委员会被授予“中国翻译协会优秀分支机构”荣誉称号；上海市外事翻译工作者协会、山东省翻译协会、中国船舶信息中心、北京第二外国语学院、外交部翻译室、西藏自治区翻译工作者协会、深圳市翻译协会、黑龙江省翻译协会、福建省翻译协会被授予“中国译协优秀单位会员”荣誉称号；中国对外翻译出版公司、北京元培世纪翻译有限公司、北京天石易通信息技术有限公司、北京甲申同文翻译有限公司、北京创思智汇信息咨询有限责任公司、北京凯德利澳翻译服务有限公司（译心译意网）、传神联合（北京）信息技术有限公司、成都语言桥翻译有限责任公司、济南双泽翻译咨询有限公司、深圳市艾朗科技有限公司被授予“2009年中国翻译协会十佳企业会员”荣誉称号；丁祖诒、马珂、孙光成、何其锐、杨福生、阿里木·哈沙尼、旺堆、祝文聰、赵珠元、贾砚丽等10人被授予“中国译协优秀社团工作者”荣誉称号。其间还对306位长期活跃在我国外事、文学艺术、社科、对外传播、科技、民族语文翻译、翻译服务和翻译教学等领域的资深翻译家进行了表彰。

二、行业规范与行业交流

（一）搭建行业交流平台，促进产业健康发展

1. 2009年5月18日~6月19日，中国翻译协会、深圳市翻译协会和国际全球化与本地化协会（GALA）联合举办了为期一个月的“2009中国国际翻译产业网上论坛”。这是中国翻译协会自2006年以来第二次举办“中国国际翻译产业论坛”，也是中国译协首次尝试以网络平台来举办的专题论坛。论坛以“翻译与本地化：企业全球化的助推器”为主题，收录了国内外翻译界和企业界人士提交的100余篇评论文章、论文、调查报告或录制的视频资料，每篇文章或视频下均开设讨论版块，以跟贴形式发表评论，与作者进行互动交流。论坛还即时提供一些相关背景信息和行业最新动态，并针对当前大家关心的热点问题进行了网上调研。

2. 2009年9月13~15日，由中国翻译协会翻译服务委员会主办、武汉华译公司承办、湖北省译协和武汉市译协协办的2009中国翻译服务产业论坛暨全国第七届翻译经营管理工作研讨会在武汉举行。会议的主题为：金融危机下翻译产业的出路与对策、出版体制改革后翻译编辑工作的研究与思考。会议共收到论文60篇，部分论文分别被评为一等奖和二等奖。

3. 2010年9月26~27日，协会与北京市人民政府外事办公室联合举办“2010中国国际语言服务行业大会暨大型国际活动语言服务研讨会”，探讨在新形势下，语言服务行业在国家对外交流中的作用，以及语言服务行业如何走向规范。会上，中国译协第一常务副会长郭晓勇作了题为“中国语言服务行业发展状况、问题及对策”的主旨发言，就我国语言服务行业的现状、发展趋势及存在的问题进行了深入分析，并首次公布了来自政府部门的权威统计数字。会议还在新一年度向中国对外翻译出版公司等10

家会员单位颁发了“中国翻译协会优秀企业会员”荣誉奖牌和证书，向北京元培世纪翻译有限公司、传神联合（北京）信息技术有限公司颁发了“中国翻译行业特殊贡献奖”荣誉奖牌和证书。

4. 协会本地化服务委员会在“2010 中国国际语言服务行业大会暨大型国际活动语言服务研讨会”结束后，相继举办了客户与语言服务供应商圆桌会议、语言服务行业高校与企业座谈会等活动，并在年度内面向多所高校开展“本地化校园行”活动，广泛宣传和推广本地化服务行业。

5. 江苏科技翻译工作者协会、中央编译出版社在翻译产业创立 10 周年之际，举办了“纪念全国翻译产业创立 10 周年暨中国思想文化走出去翻译研讨会”。

上述活动为行业搭建了一个权威的交流平台，扩大了行业交流范围，获得社会和媒体的广泛关注。提高了翻译产业的社会认可度。

（二）广泛开展行业调研，制定相关行业标准

1. 为了进一步规范中国翻译服务市场，中国译协翻译服务委员会从 2005 年起，开始着手翻译服务企业分级标准的前期调研工作，并于 2008 年 5 月正式启动。该标准针对中国从事翻译服务的企业在资金、人员、管理、专业、服务流程、顾客反馈、社会责任等方面制定划分与评定的标准，将促进更多的企业采用标准化管理方式，提高产品质量，规范化经营。2009 年 6 月、7 月，《翻译服务企业分级》（CAS181 - 2009，中国标准化协会）标准起草工作组召开两次会议，明确了标准的适用范围和划分的主要依据，确定了标准草稿征求意见的范围以及下一步工作计划。虽然后来在广泛征求翻译服务企业意见时，因业内意见不统一，翻译服务委员会认为编制该标准的时机和条件尚不成熟，暂时中止了编制工作，但毕竟已经为标准的最终制定做了大量准备工作，取得了宝贵的经验。

2. 为推动行业标准的制定工作，协会 2010 年年初成立本地化服务标准工作组，致力于制定本地化服务行业的国家标准。当年第一部标准已完成起草工作并向国家标准化管理委员会提出立项申请，另一部标准正在征求意见。协会还与教育部翻译硕士专业教育指导委员会合作，起草了翻译课程兼任教师认证标准和翻译专业学生实习基地认证标准，以促进翻译领域的产学研结合。这两个标准草稿正在广泛征求意见。

为推动城市建立公共场所双语标志系统，并使之规范化、制度化，单位会员深圳市翻译协会经过三年努力，2010 年 5 月顺利组织完成 14 项《深圳市公共场所双语标志英文翻译规则》和 13 册《深圳市公共场所双语标志实施指南》，经市政府批准在全市发布实施。根据上述《规则》和《实施指南》编辑的《汉英深圳公示语辞典》于 2010 年 8 月出版。中国翻译协会还利用协会影响力向广大翻译服务企业和标识牌设计、制作公司宣传推广北京市人民政府外事办公室组织制订的系列《北京市地方标准（DB11/T 334 - 2006）＜公共场所双语标识英文译法＞》，力争从源头确保全市公共场所英语标识系统的统一和规范，提升首都的国际化形象。

3. 为获取准确的行业数据，协会开展了多方位的行业调研，成立了语言服务产业

调研工作组，于7月至9月启动了首次产业调研；与广东外语外贸大学联合开展高等院校翻译人才培养现状调查，对翻译本科和翻译硕士专业教育问题进行了深入调研；与国家有关主管部门接洽，得到了部分权威统计数据。这为我们把握行业发展现状、发展趋势奠定了良好的基础。在调研工作组调研基础上形成的《中国语言服务行业发展状况、问题及对策》受到业界的关注和普遍好评。

行业调研的开展和标准的制定有力地推动了行业向规范化、标准化、制度化迈进。

（三）协会推动行业交流与合作的努力初见成效

2009年4月，由中国译协和武汉东湖高新技术开发区共建的中国首个多语信息处理产业基地——“武汉·中国多语信息处理产业基地”在武汉成立；同月，由中国译协和成都市高新区共建的“成都·全球多语信息转换中心”在成都成立。2010年11月30日，协会与武汉东湖高新技术开发区共建的“全球多语信息处理中心”暨“多语信息处理产业园”在武汉高新区成立。协会与成都高新区创新中心共建的“全球多语信息转换中心”已启动大型语言服务公共平台建设项目，产业集聚前进了一步。这些合作标志着协会通过与政府相关机构的沟通、协调，为行业充分发挥自身优势，整合翻译产业优势资源，加快企业聚集和培育，推动翻译产业向规模化、规范化、集群化的方向发展提供了更加广阔的空间。

三、推进翻译学术研究与人才队伍建设

2009~2010年，协会继续联合各翻译院校及有关机构，开展翻译学术研讨，组织翻译人才培训，为推进学术研究和人才队伍建设发挥了引导作用。

（一）两年来，中国译协各分支机构、会员单位与社会各界相关机构合作组织了丰富多彩的学术研究与人才培训活动。成功举办了“第13届全国科技翻译研讨会”、“第13次全国民族语文翻译学术研讨会”、“军事翻译理论与实践学术研讨会”、“军事翻译培养、使用与保持学术研讨会”、“全国首届翻译硕士（MTI）教育与翻译产业研讨会”、“第八届全国口译大会暨国际研讨会”、“翻译理论与实践及翻译教学国际学术研讨会”、“全国专业翻译教学理念与教材建设学术研讨会”、“第五届全国中译外研讨会”、“第三届中南六省区翻译理论与翻译教学研讨会”、“首届东西部文化翻译产业论坛”、“翻译学学科理论系统构建高层论坛”、“纪念果戈理诞辰200周年学术研讨会”、中国译协对外传播翻译委员会中译英、中译法、中译日研讨会、“2009全国高等院校本科翻译师资培训班”、“2010年暑期全国高等院校翻译专业师资培训班”等内容丰富、形式多样的翻译学术研讨和培训活动。特别是“2010年暑期全国高等院校翻译专业师资培训班”是在连续多年举办翻译教师培训的基础上，首次与教育部全国翻译硕士专业学位教育指导委员会合作推出的新的翻译师资培训项目，标志着协会与国家翻译专业教育指导机构合作机制的正式建立，对解决目前我国翻译专业师资严重不足的矛盾、促进翻译学科的健康发展将发挥重要作用。

协会受中国外文局委托负责组织实施的全国翻译专业资格（水平）考试的证书登

记和继续教育工作稳步推进：随着全国翻译专业资格（水平）考试社会影响的逐步扩大和持证者人数持续增加，报名参加继续教育和证书登记的人数越来越多。

（二）会刊《中国翻译》杂志作为翻译专业学术期刊，坚持办刊宗旨和编审制度，保证高品位的学术质量和学术含量，面对数字化的严峻挑战和出版行业的激烈竞争，仍保持相对稳定的发行量和社会效益与经济效益的双赢。为纪念《中国翻译》杂志创刊30周年暨出版200期，2010年《中国翻译》举办了“优秀翻译研究论文奖”有奖征文活动，对于推进翻译学术研究，发挥了积极作用。

中国译协民族语文翻译委员会主办的《民族翻译》、中科院科技翻译协会主办的《中国科技翻译》、上海翻译家协会承办的《东方翻译》、上海科技翻译学会主办的《上海翻译》、陕西等中国西部13省市区译协联合主办的《译苑》和《环球论丛》、上海外事翻译工作者协会主办的《译友》、成都翻译协会主办的《西部翻译》等杂志都在翻译工作领域发挥了应有作用，产生了良好的社会影响。

继2007年中国译协推出首卷《中国翻译年鉴2005～2006》，2009年10月，中国译协编纂出版了第二部年鉴——《中国翻译年鉴2007～2008》。该部年鉴涵盖了2007年1月1日至2008年12月31日期间我国翻译界在学术研究、学科建设、行业管理、翻译技术、社团活动、人才培养、国际交流等方面的最新情况，约83万字，内容详实丰富。

（三）中国译协及其各专业委员会卓有成效的工作，有力推进了我国的翻译学科建设快速发展。2010年10月在第六届全国翻译院系负责人联席会议上，根据教育部《关于成立教育部高等学校翻译专业教学协作组的通知》，宣布正式成立高等学校翻译专业教学协作组。协会多名领导担任协作组领导工作，该组将在指导高校翻译专业建设、教材建设、教学改革、组织师资培训等方面积极开展工作。

四、承担社会责任，服务国家大局

2009～2010年，特别是第六次会员代表大会以来，协会将服务国家大局，服务社会作为协会工作的宗旨，取得了可喜成绩，提升了协会的社会公信力。

2010年两会期间，协会与中国外文局联合向全国政协提交了《关于规范翻译从业人员，提高翻译质量的提案》，引起人力资源和社会保障部与国家工商总局的重视，两个职能部门均对提案进行了反馈。

结合2010年两会提案关注的热点之一：如何正确对待外来语植入汉语，净化汉语语言环境问题，协会4月14日与人民日报（海外版）联合举办“规范外来语译名、创造和谐语言环境——翻译与记者的社会责任”媒体负责人座谈会。参加会议的中央在京主要涉外及新闻机构负责人、部分翻译界专家学者围绕如何规范外来语，新闻和翻译工作者的社会责任等议题展开深入讨论。此次会议的议题和倡议引起社会各界的高度关注，来自新华社等18家媒体的记者与会进行报道，会议当天，互联网上登载的会议消息就达数千条之多；一些出版机构和新闻媒体已开始响应会议号召，在规范外来语方面采取具体的措施。在各方的呼吁下，新闻出版总署下发了《关于进一步规范出版物文字使用的通知》，禁止在汉语出版物中出现随意夹带使用英文单词或字母缩写等外国语言文字。

2010 年是世博年，协会以各种方式积极参与。单位会员中国对外翻译出版公司和北京元培世纪翻译有限公司作为上海世博会笔译口译项目赞助商，以国家利益为重，从大局出发，紧紧抓住难得的机遇，顺利完成多项世博翻译服务任务，得到上海世搏局等有关方面的认可。单位会员上海外国语大学高级翻译学院、上海各翻译协会以及众多的翻译工作者发挥自身专业优势，承担了大量世博翻译任务及相关工作，为世博会的顺利举行做出了贡献。

2010 年广州亚运会期间，单位会员广东外语外贸大学与广州亚组委共建广州亚运会多语言服务中心，设 9 个语种的多条热线电话，为国际及国内要人、各国及地区代表团、媒体等提供口译热线服务。单位会员中国对外翻译出版公司，英华博译（北京）信息技术有限公司、北京元培世纪翻译有限公司、传神联合（北京）信息技术有限公司、北京思必锐翻译有限公司等作为亚运会笔译和（或）口译资格供应商，为亚运会的成功举办做出了不懈努力。

2010 年协会还受广东中山市法院和天津滨海区法院的委托，对涉案合同译文纠纷问题进行科学的翻译专业鉴定，保证了法院案件审理工作的顺利推进和结案。

五、公益活动

2009 ~ 2010 年，中国译协和各地译协以及业界相关机构举办了多种形式的表彰、翻译竞赛活动，为激励后进，培养人才，促进我国翻译队伍整体水平的提升发挥了重要作用。

2009 ~ 2010 年，协会继续开展翻译文化终身成就奖暨资深翻译家表彰活动。先后授予我国著名翻译家和中外文化交流学者杨宪益先生、沙博理先生、许渊冲先生、草婴先生、屠岸先生、李士俊先生“翻译文化终身成就奖”，授予长期活跃在我国外事、社科、对外传播、文学艺术、科技、民族语文翻译、翻译教育、翻译服务等领域并做出突出贡献的 915 名翻译家“资深翻译家”荣誉称号。

2010 年 4 ~ 10 月，协会与高等教育出版社联合主办我国首次全国口译大赛——中译杯 2010 年全国口译大赛。大赛设英语交替传译、同声传译，日语交替传译、同声传译，法语交替传译等比赛项目，全国各地包括香港、澳门特别行政区 400 多所高校的 1500 多名选手参赛。这是我国首次举办的全国性、多语种口译大赛，填补了一项空白。该活动对推动我国口译专业建设，培养造就高素质的口译人才将产生深远影响。

会刊《中国翻译》编辑部分别与北京大学翻译硕士（MTI）教育中心和上海对外贸易学院联合主办了第 21、22 届韩素音青年翻译奖竞赛，特别是第 22 届，共收到有效参赛译文 1757 份，是近 10 多年来参赛人数最多的一次。韩素音青年翻译奖竞赛作为我国组织时间最长、影响最大的笔译大赛，为培养和发现翻译人才、推动翻译专业教学和翻译事业进步发挥了特有的作用。

协会还与教育部人文社科重点研究基地俄语语言文学研究中心、北京大学和黑龙江大学联合主办了“曹靖华文学翻译奖·第二届全球俄汉翻译大赛”，取得了良好的社会效果。协会各分支机构、各会员单位、各地译协根据自身特点，发挥各自优势，以各种方式参与主办各种翻译奖赛，如：“第六次全国民族语文翻译优秀论文评奖活动”、“天津市第13届大学生英语翻译大赛”、“第二届全国高校口译邀请赛”、“首届天津高校汉译英翻译大赛”、“2009东方正龙杯广西首届英语翻译大赛”、第三四届“河北省青少年英汉口译大赛”、“首届‘榕树下《英语世界》杯’翻译比赛”、“第八届语言桥杯翻译大赛”、“第二届天津市高校汉译英翻译大赛”、“2010 CASIO杯第三届英语翻译大赛”、“彼岸新航道杯河北省首届高校翻译大赛”、“2010年首届海峡英语翻译竞赛”等等。

六、国际交流

两年来，协会进一步加强与国际翻译学术和行业界的交流与合作，共组织国际交流活动8次，进一步增进了中国翻译界与国际翻译界、特别是亚洲翻译界之间的相互了解和友谊。这些国际交流活动包括：

2009年6月1~9日，协会组织国内部分翻译界代表17人先后赴瑞士、法国开展学术交流活动。出席了国际翻译高校联盟（CIUTI）2009年年会暨日内瓦大学建校450周年庆典系列活动。

2009年10月28~31日，协会产业代表团一行5人参加了在美国纽约举行的美国翻译协会第50届年会。代表团在会议上以“走向成熟的中国翻译产业”为题举办了一场专题论坛，与美国翻译协会及其语言服务企业分会、语言技术分会和华语分会、Common Sense Advisory咨询公司，美国语言服务企业协会、肯特州立大学等组织和众多的翻译及本地化企业进行了交流。

2009年12月3日，国际译联副主席、中国译协副会长兼秘书长黄友义应邀出席在泰国曼谷召开的“泰国本地化与翻译大会（Localization and Translation Thailand）”，并做了题为“潜力巨大的中国本地化服务产业”的主旨发言。

2010年1月26日至2月4日，协会组织12人代表团先后赴瑞士、英国开展行业学术交流活动，参加国际翻译院校联盟年会，代表团8名成员做大会和论坛发言，成为年会中发言人数最多的国家；代表团专程拜访了英国翻译协会、西敏斯特大学，就翻译培训与翻译人员继续教育等问题进行了交流。

2010年5月19~30日，协会组织中国翻译产业代表团一行二人赴美国和葡萄牙，参加美国语言企业协会年会和国际技术翻译大会，在会议上介绍中国翻译行业的发展，探讨中外翻译产业方面的合作前景。

2010年5月26~31日，协会派代表赴莫斯科参加国际译联执委会、理事会会议，参加俄罗斯翻译联盟学术论坛等活动，并与莫斯科大学、俄罗斯经贸大学的专家学者进行座谈，交流翻译教育方面的信息。

2010 年 8 月 17 日，协会代表拜访了奥地利翻译协会和奥地利法律翻译与法庭口译协会，就加强信息互换、增进合作交流达成共识。

2010 年 10 月 26 日至 11 月 9 日期间，协会分别组织三个代表团赴日本、马来西亚和澳门访问，拜访当地有关翻译组织，就成立国际译联亚太区域中心事宜进行沟通和交流，促成马来西亚申请承办第七届亚洲翻译家论坛；代表团参加了由协会支持、澳门翻译员联合会和澳门大学共同主办的第六届亚洲翻译家论坛，协会多名领导和代表参与大会主旨发言和学术沙龙等活动，与亚洲翻译界进行了广泛接触，进一步增强了协会在亚洲翻译界的影响。

此外，协会的多名代表还参与了国际译联标准委员会、会费调研委员会和培训委员会工作，积极献计献策，提升了协会在国际译联中的话语权。

七、其他工作

2009 年 1 月 16 日，民政部正式批复同意成立中国翻译协会本地化服务委员会。至此，中国翻译协会下设专业委员会达 10 个，涵盖社会科学、文学艺术、科学技术、军事科学、民族语文、外事、对外传播、翻译理论与翻译教学、翻译服务、本地化服务等领域。

协会第六次会员代表大会后，2010 年中国译协各分支机构开始换届工作，除军事科学翻译委员会于 2009 年已换届、本地化服务委员会 2009 年新成立以外，其余 8 个委员会均已完成换届工作。换届后的翻译服务委员会还组织起草了《中国译协翻译服务委员会工作条例》，进一步规范委员会的管理。

2010 年，协会开始实施新的《中国翻译协会会员管理暂行办法》，新的办法对会员类别、会费标准都进行了较大的调整。协会以此为契机，利用协会及社会举办的各项活动加强宣传、努力扩大会员队伍，取得良好效果。两年中共有 1 家社会团体、92 家企事业单位、340 名个人加入中国译协，

协会秘书处根据部分会员的建议，2010 年 5 月和 12 月两次对协会中英文网站栏目和版式进行调整，增设了专栏，进一步加大了信息量和时效性，突出了会员服务意识和行业宣传意识，点击率和转载率大大增加。

按时完成民政部社团年检工作；继续完善《会员通讯》、《会员电子通讯》的出版工作，及时向会员提供信息，搭建交流平台；继续开展国际译员证代办服务和会员重新注册工作。

各地翻译社会团体工作

编者按： 本栏目信息均由各地翻译社会团体提供，部分社会团体截稿时仍未提交相关信息，未能纳入本栏目。本编辑部除作个别文字修改外，未作进一步编辑。特致谢意并说明。本栏目按照社会团体名称的拼音排序。

长春市翻译工作者协会

一、学术方面

作为长春市翻译工作者的专业性学术团体和为全市的翻译工作者提供翻译学术研究及评估翻译成果的权威机构，长春译协现已有5名老翻译获得中国译协授予的“资深翻译家”荣誉称号。长春译协经常举办一些专业知识研讨会，由协会副会长张忠为新翻译讲授专业领域知识和翻译技巧，帮助他们更快地融入翻译行业，提高自身的翻译技能。

长春译协订阅了《中国翻译》、《译讯》、《译苑》、《对外传播》等全国性权威刊物，让会员及时了解最新的翻译理念、翻译知识和最新行业专业词汇，并为翻译人员提供相应的翻译培训与指导。

二、社会公益活动

作为长春市唯一的翻译组织，协会经常邀请资深翻译家为协会会员进行定期培训，以提高协会在翻译学术理论方面的水平。2010年国际翻译日当天，长春译协组织会员共同庆祝国际翻译日并进行了标准化管理培训；长春译协还为省市广大翻译工作者提供翻译技巧与技能方面的咨询和帮助。

协会与中国译协一直保持着密切的联系，积极参加中国译协举办的各种研讨和学术交流活动。这促使长春市的广大翻译工作者能够及时获得最新的翻译理念、翻译标准及专业知识，提高了协会会员的翻译水平。

三、业务培训

长春译协和万洋出国服务公司合作，在万洋外语学校的基础上扩大办学规模，相继开设了初级班、高级班，以及全国翻译专业资格（水平）考试辅导班，聘请了10余名英语、日语和韩语专兼职教师，近期还计划增加俄语班。

四、行业管理

为发挥协会在翻译行业中的服务和管理作用，协会积极向兄弟省市翻译协会学习如何杜绝行业之间无序竞争、如何制定行业标准，为协会参与行业管理积累经验。

五、组织建设

长春译协现拥有一支语种齐全、老中青相结合的翻译队伍。协会坚持实行以老带新、重点推出中坚骨干翻译，加速了翻译队伍的建设，提高了翻译自身的文化修养及业务水平。同时，长春译协积极与省外翻译协会建立合作关系，拓宽翻译语种，增强翻译力量，为能独立承担翻译业务打下坚实的基础。

六、基础工作

在做好各项重点工作的同时，长春译协还认真地做好各项基础工作。2009～2010年召开了一次春节联欢晚会、一次理事会和一次常务理事会。积极配合中国译协开展资深翻译家候选人推荐活动。出版了数期《长春译协简讯》，及时更新网站内容。

长沙应用翻译学会

一、学术方面

2009～2010年，就翻译理论与翻译教学的课题，长沙应用翻译学会先后邀请国内著名学者、专家、教授来学会演讲，并进行深入研讨。学术成果先后发表在《中国翻译》、《中国科技翻译》等权威期刊上。

二、社会公益活动

除了多次举办演讲和讲学外，长沙应用翻译学会坚持面向社会、面向长沙，为城市的发展和繁荣作出应有的贡献。学会积极联系上级组织，参与相关的科学普及活动。

三、业务培训

为适应长沙经济发展需求，加速长沙翻译人才培养，长沙应用翻译学会分别进行了公益辅导和系列讲座，并继续开展口笔译竞赛和培训工作。

成都翻译协会

一、学术活动

2009～2010年，成都翻译协会结合成都地区外语翻译、教育培训的发展状况和市场需求，先后举办了“翻译理论与翻译技巧学术研讨会”、“科技翻译学术研讨会”、“科技翻译如何向电子化进军专题讨论会”、“医卫文献翻译研讨会”、“青少年英语教育培训经验交流会”、“全国翻译专业资格（水平）考试信息交流座谈会”、“科技英语竞赛”等较大的学术活动共16次。通过这些学术活动的开展，总结经验、交流信息，对协会的工作起到了很好的促进作用。

创建了《成都翻译协会电子会刊》，使协会和翻译行业的资讯更快地传达给广大的会员及外语爱好者。

在高校举办“翻译能力提升课堂”等外语、翻译知识普及宣讲会。

2010年4月至6月，受中国翻译协会的委托，由成都翻译协会牵头联合成都语言桥翻译公司、四川大学外语学院、西南交通大学外语学院共同组织、承办了由中国翻译协会和高等教育出版社主办的“2010年首届全国口译大赛川、云、贵、藏赛区初/复赛”，来自四川、云南、贵州、西藏四省区的47名选手参加比赛，取得了圆满成功。

二、翻译服务

成都翻译协会为西博会、欧洽会等国家及省、市政府有关部门举办的国际、国内会议和各企事业单位提供了口笔译服务。2009~2010年共提供口译服务58次，笔译服务累计翻译各种文献资料1932万字。

2010年积极参与了制订《成都市翻译产业发展规划（2010~2020年）》的工作。

三、教育培训

根据中国外文局翻译资格考评中心和中国翻译协会的有关规定，重点开展了“全国翻译专业资格（水平）考试”培训工作，至2010年12月，共培训学员816人次。

2010年，成都翻译协会在成都各片区、各高等院校内开设了英语、日语、韩语、法语、德语、西班牙语、泰语等语种培训班，参加培训学员1251人。

青少年英语培训工作在2009年的基础上，2010年得到更好地加强和发展。修改了考评教材、大纲，制订了严格的考评规则和方法。使该项工作开展更规范化。

成都翻译协会举办的“成都市青少年英语等级考评”工作得到更好发展，2009~2010年参加考评学员1526人，考评全部达标，合格率为100%。这项工作得到了广大青少年和家长的热情支持，收到很好的效果。

四、期刊编译出版

成都翻译协会承担了中国科学院主管的国家级期刊《中国西部科技》的全部编辑、出版工作，2009~2010年共编辑出版72期，增刊4期，字数达2000余万字。

2009~2010年，编辑出版会刊《西部翻译》8期。

五、公益活动

组织开展“英语角”活动，受到广大英语爱好者的好评，对提高英语爱好者的听说能力起到了很好的作用。

进一步做好“中国西部外语爱好者俱乐部”的工作，根据众多外语专业爱好者的需要，为了翻译行业的发展，在俱乐部内部成立了“学习小组”、“宣传小组”和“实践小组”，由各高校的志愿者及外语活动积极分子担任组长及成员。其中学习小组负责组织各类学习交流活动，宣传小组负责与各外语网站及媒体联合，推广协会和俱乐部，并建立翻译论坛，方便外语爱好者们学习与分享。实践小组负责提供外语类职业引导及就业信息以及接洽及安排翻译实践。目前，在电子科大、四川师范大学、四川石油大学、成都大学、西华大学等多家高等教育机构已经建立了俱乐部的各类志愿者小组。

2010 年，根据成都市委宣传部、市社科联、成都日报社举办的“文化沙龙”活动安排，先后在西南财经大学、成都体育学院、四川师范大学、西南民族大学、成都信息工程学院等高校举办了“外语翻译学习与实战经验交流－成都翻译协会走进成都高校系列讲座”活动，受到好评。

重庆翻译学会

重庆翻译学会作为重庆市翻译领域的社会团体，在组织重庆市内的翻译工作者进行学术交流方面发挥着重要作用，同时担负着重庆与国内外翻译界学者进行学术交流的桥梁作用。重庆翻译学会这两年来主要开展了以下工作：

一、学术方面

学术交流是重庆翻译学会的基础工作与主要任务，重庆翻译学会根据自身特点，积极开展多种形式的学术交流，提高了学术水平，为学科发展做出了贡献。

2009 年、2010 年学术活动的特点是层次高、影响大、参加人员多。学术年会和学术论坛是学会工作的重要品牌，是学会的社会价值的重要体现，是凝聚科技工作者的有效载体。重庆翻译学会认真组织学术年会，办好学术论坛。会员通过学术年会体现自身的学术价值，通过学术论坛了解科技发展动态。学术年会邀请国内外知名专家教授来渝作报告、办讲座。一方面提高了我会的知名度，另一方面也使本地专家感受到科技前沿发展动态，进一步促进和提高自身的学术水平。重庆翻译学会在 2009 年、2010 年分别召开了重庆翻译学会第七次、第八次年会，邀请谢天振等国内翻译界知名专家讲学，参加会议的代表共计 500 余人次，与会专家总结、交流了重庆及周边省区市多语翻译和应用翻译的理论研究与实践成果，交流了翻译方面的新成果，得到了重庆翻译学会会员和翻译爱好者的大力支持和肯定。

二、公益活动

重庆翻译学会非常重视发现和培养翻译人才，积极推进我国文学翻译事业的繁荣发展，重庆翻译学会积极组织和参加了第九、十届语言桥杯翻译大赛，多名资深会员担任大赛评委。

三、制度建设

重庆翻译学会近年来继续健全学会管理制度，坚持民主办会，修订相应管理制度，使各项工作逐步走向规范化，对学会的重大事项实行民主决策，两年来坚持按期召开学会常务理事会和理事会，协调、组织、开展学会的各项工作

四、对外交流

重庆翻译学会积极加强和推进同国内外研究领域的交流，充分发挥学会对外交流的桥梁作用。重庆翻译学会在2009年、2010年共有约50余名人次参加国内外大型学术研讨会，并做大会发言或宣读学术论文。这些交流既开拓了学会的学术视野，也提升了学会学术影响力。

五、基础工作

重庆翻译学会对年检工作高度重视，每年认真组织年检。通过年检，重庆翻译学会找出存在的问题，进一步搞好工作。此外，重庆翻译学会积极配合中国译协组织的各项工作，在网站上及时发布学会最新动态。

福建省翻译协会

一、开展翻译学术活动，营造学术氛围

2009～2010年，福建省翻译协会坚持以学术研究和交流为重点，组织开展多种学术活动。参与2009年福建省社科联举办的社会科学普及宣传周活动，举办了全省外事翻译（英语）骨干培训班，举办了2010年首届海峡英语翻译竞赛活动，承办了第五届全国中译外研讨会。活动的成功开展，推进了译界翻译理论与实践的探讨，为全国翻译界专家、学者经验和学术交流搭建了良好的平台，为提高福建省对外宣传与交流水平提供了有益的借鉴，将积极推动福建省进一步扩大对外交流合作、提升福建省的海外知名度和影响力。

二、聘请第三批福建省特邀外事翻译

2009年聘请“福建省特邀外事翻译”30人，涵盖英、法、日、俄、德、韩、西、越等8个语种，涉及电子、电力、化工、机械、卫生、文学、贸易、教育、新闻、法律、石油等十几个行业。适当增加了省区市、特殊行业和稀有语种特邀外事翻译名额。目前，已有特邀外事翻译101名。这支编外外事翻译精英团队的成立和不断壮大，将

为福建省“9·8”投洽会、“6·18”项目成果交易会和“5·18”海峡商品交易会等重大外事和经贸活动提供强有力的翻译支持和保障。

三、推荐表彰资深翻译家

2009年5月，福建省人民政府外事办公室、福建省翻译协会根据中国翻译协会的统一部署，在全省范围内开展推荐资深翻译家候选人活动。经中国翻译协会五届十二次常务会长会议审议通过，对福建省推荐的陈敦全、郑明和、侯建中、黄水看、姜继5位同志予以表彰。

四、围绕中心任务，提供优质服务

2009～2010年，福建省译协继续发挥译协翻译人才优势为福建省中心工作“5·18”、“6·18”、“9·8”等重大经贸活动提供优质翻译服务；为“5·18”、“6·18”、第六届APEC中小企业对话世界500强财富论坛、宁德“世界地质公园”申报会和第12届中国科协年会提供高端英语同声传译服务；为福建省高级人民法院、福州、泉州中级人民法院、福州市发改委等单位和社会个人提供涉外经济、毒品走私、拐卖人口案件、对外经济管理课程、公证等提供英、法、德、日、西、俄、韩、越、阿拉伯等十几个语种的口笔译服务。

五、加强协会组织建设

2009～2010年，福建省译协召开了2次常务理事会；出版10期《福建译协简讯》；完善网站建设，及时更新网站内容，对译协重大活动作及时报道；积极向《中国译协会员通讯》、福建省社科联的《福建社科界》、福建省外办的《福建外事简报》、《福建外事》投稿。

六、创新工作方式，与高校合作培养翻译人才

为加强理论联系实际，加快培养海西建设发展急需的高层次翻译人才，不断提升专业人才教育的社会服务水平，福建省译协先后与厦门大学外文学院、福建师范大学外国语学院联合创建教学实践基地。目前，“厦门大学外文学院教学实习基地”、“福建师范大学·翻译硕士·口译专业学位研究生教学实践基地”、“福州大学外国语学院教学实践基地”已在福建省译协挂牌。

2006～2007年度被福建省社科联授予“学会工作创新奖”荣誉称号。

广东省翻译协会

一、学术活动

2009～2010年，广东省翻译协会（简称“广东译协”）相继举办了“第五届全国多

语翻译理论研讨会”、“第三届中南六省区翻译理论与翻译教学研讨会”、“语言暨翻译学术报告会”、“庆祝2009年国际翻译日学术报告会”、“庆祝2010年国际翻译日学术报告会”。来自全国21个省、自治区、直辖市和香港、澳门特区以及国外的689名代表出席会议，共收到论文139篇。评出优秀论文43篇，其中：特别奖13篇，一等奖7篇，二等奖9篇，三等奖14篇。特邀全国翻译界知名学者潘文国、谢天振、王东风、穆雷、刘和平、刘军平、华先发等7人作主旨报告，邀请并遴选有代表性的翻译专家学者和优秀论文作者作大会报告，交流形式多样，学术气氛浓厚。此外，还在学术研讨会上开展问卷调查，征询与会代表的意见和建议，以便改进研讨会的筹备和组织工作。

二、业务培训

广东译协所属培训单位聘请美国、英国、加拿大籍的5名文教专家和多名内地外语翻译培训专家为党政机关、企事业单位和社会各界举办相关语种、不同类别的外语翻译教学培训，两年共培训4753人。

三、社会公益活动

广东译协为社会各界提供多语种、多专业的口笔译咨询服务工作。经广东译协科技日语速成专业委员会牵线，广东工业大学与俄罗斯有关机构合作，应用纳米技术处理废橡胶轮胎，在提取柴油后的废料中制取纳米级炭黑，经中俄科技委员会研究，批准为2010年国际合作项目。广东译协团体会员河源市译协承担“第23届世界客属恳亲大会”画册《客家风情八万里》英语翻译工作，并协助大会选拔外宾接待志愿者。同时，完成了11部河源市地方法规的英语翻译工作。河源市译协协同河源职业技术学院开展全国高职高专实用英语口语比赛的初赛、复赛活动，并选派同学参加全国决赛。此外，河源市译协还开展了“微笑迎亚运英语讲演比赛”。

四、对外交流

先后邀请澳大利亚、香港、澳门高等院校、企业单位的翻译专家学者7人参加广东译协举办的学术会议，并作大会发言和小组交流。

五、组织建设

（一）2009～2010年，发展个人会员162名（现有个人会员891名），增长22.22%；发展单位会员6家（现有单位会员37家），增长19.35%。

（二）坚持会议制度，召开理事会议2次，常务理事会议8次。增补常务理事2名，理事6名。

（三）2010年8月，报经广东省科协审核、广东省民政厅批准，筹备并成立了广东省翻译协会语言与翻译专业委员会。

（四）根据创新发展方案，完善译协内部制度建设。制定了《广东省翻译协会会员管理暂行办法》、《广东省翻译协会分支机构管理暂行办法》、《广东省翻译协会学术交流管理暂行办法》、《广东省翻译协会理事会、常务理事会制度》、《广东省翻译协会外国文教专家管理制度》、《广东省翻译协会外事人员工作制度》等6个协会法规。

（五）2010年9月，经广东省科协学术改革领导小组评审、广东省科协批准，广东译协被确定为广东省省级学会创新发展第三批试点单位。

（六）2010年9月，广东译协被广东省科协授予“省级学会2008～2009年度先进集体”荣誉称号。

（七）按照中国译协资深翻译家评审标准要求，向中国译协推荐了21名资深翻译家候选人。

（八）编辑出版《广东译讯》8期。

广西翻译协会

一、学术方面

2009～2010年，广西翻译协会紧紧围绕专家型、学术性的组织性质，结合广西的实际，开展了一系列的学术研讨活动。2009年，开展了第二届科研优秀成果评奖工作，经过认真评审，共评出33名获奖者。这次评奖得到自治区社科联、上海外语教育出版社的资助。在广西教育出版社的大力支持下，为了给广大会员创造发表学术论文的园地，广西翻译协会继续编辑出版论文集——《翻译、语言、文化》，共30多万字，收集了论文50余篇，为广大会员提供学术研究的平台。同时与西部13省市区合办学术刊物《译苑》、《环球论坛》。两年来会员发表学术论文141篇、出版译著7部。

2009年9月，广西翻译协会与广西壮族自治区民语委共同承办了“第13次全国民族语文翻译学术研讨会”。本次研讨会收到论文近200篇，中国翻译协会会长刘习良、常务副会长唐闻生亲临大会指导。2009年11月，广西翻译协会举行第五次会员代表大会暨学术研讨会，自治区政协原副主席、名誉会长贺祥麟、自治区人大常委会原副主任甘幼玶以及自治区人事厅、自治区社科联的领导光临大会。本次会议进行了换届选举，产生了协会第五届理事会，20多位专家学者在会上宣读论文。2010年12月18～19日，广西翻译协会举办了广西高校外语专业首届研究生论坛。来自广西大学、广西师范大学、广西师范学院、广西民族大学4所设有外语硕士点的高校73名研究生和30位学院领导、教授、硕士生导师参加了论坛，本次论坛共收到论文71篇，重点研讨了从研究生教育到导师队伍建设以及翻译硕士专业学位研究生（MTI）的培养问题。

广西翻译协会注重强化学术信息报道工作，指定专人负责，所采写的稿件分别被《中国翻译协会会员通讯》、《广西日报》、《广西社科联通讯》、《广西民族报》等多家媒体采用，2009年，广西翻译协会被自治区社科联评为全区先进（学）协会，并荣获全区社科联系统舆情信息工作先进单位称号。

二、社会公益方面

为推进广西高校大学英语教学的改革，营造良好的英语学习氛围和明确的学习导向，加快广西实用性外语人才的培养，更好地服务中国－东盟博览会，促进广西与东南亚各国的政治、经济和文化交往，进一步扩大广西对外开放，促进经济繁荣和文化发展，广西翻译协会和广西高校大学外语教学研究会于2009年和2010年联合主办了两届广西英语翻译大赛。参赛选手有博士生、研究生和本科生，人数近30000人。这两次比赛活动对于促进广西英语教学发挥了一定的作用。

广西翻译协会民族语文组的会员除了完成重要文献《资本论》一、二、三卷的翻译工作之外，每年3月，还赴北京参加全国“两会”文件的壮文翻译和全国“两会”的壮语同声传译工作，受到中央有关部门的高度赞扬，还引起国外媒体的关注。同时，协会继续承接自治区人大法制文件的翻译任务和其他团体、个人材料的翻译，新承接世界银行项目的口译和笔译任务。此外，广西翻译协会与自治区政府外办合作，制定了公示语英译规范，并得到自治区标准局批准并实施。会员中的人大代表还就如何规范公示语的翻译向自治区有关部门提交了提案，得到有关部门的重视并立项。

三、业务培训

为适应广西社会经济发展和“中国－东盟博览会”、“中国－东盟自由贸易区”服务的需要，同时配合广西紧缺人才培训实施项目，加速广西地区高层次小语种口译人才队伍的建设，广西译协所属的外语培训中心分别开设了《走进越南》等口译类翻译培训课程，邀请有关专家开展系列讲座，进行公益辅导。截至2010年底，该中心培训人数已达数百人。此外，广西译协民族语文组还积极开展民族语文翻译培训，为社会提供翻译服务。每年，他们除完成全国“两会”的翻译任务外，还为“广西壮文写作培训班”、“广西壮族歌师歌手培训班”进行壮汉翻译培训工作，前后共培训100多人。

四、组织建设

为迎接每年在南宁举行的“中国－东盟博览会”，积极加强翻译人才的队伍建设，广西翻译协会依托高校人才资源，不断加强自身建设。两年来，继续发展新会员，重点发展大学外语教师会员，增加了新生力量，近两年共吸收了数十名新会员，使广西译协会员队伍不断扩大，翻译事业后继有人。

五、对外交流

为加强和推进同国内外文化领域的交流与合作、充分发挥协会对外文化交流的桥梁作用。2009年9月，广西翻译协会会员参加了有东盟国家重要官员出席的“中国－东盟文化展示会”。2010年7月，广西翻译协会5名会员应老挝教育部的邀请，赴老挝万象市寮都公学和万象市西塞塔纳镇通岗小学进行文化交流活动。2010年9月，广西译协会员与老挝驻南宁领事馆的官员和工作人员举行联欢活动。2010年11月，协会派人到澳门出席“国际译联第六届亚洲翻译家论坛”并在论坛上宣读论文。此外，协会会员还热情接待了美国、加纳、越南、泰国等国专家学者的来访，陪同他们到民族地区进行文化考察活动。

六、基础工作

在做好各项重点工作的同时，广西译协还认真地做好各项基础工作。2009~2010年，协会召开了2次新春联欢会、3次理事会和7次常务理事会，积极配合中国译协进行资深翻译家候选人推荐活动、组织会员代表参加广西文联和广西社科联开展的有关活动。

为丰富协会活动内容，构建和谐的协会氛围，广西译协还不定期举行会员联欢活动。对年老、有病的会员进行登门慰问，送去慰问金和慰问品，献上协会的一片心意。

广州翻译协会

一、学术活动

（一）2009~2010年，广州翻译协会先后在广州科技贸易职业学院、广州市蔬菜研究所召开学术年会，邀请中山大学、广东外语外贸大学教授就翻译理论和实践做专题报告，受到会员广泛的好评。

（二）2009年9月，协会派代表赴武汉，出席2009年中国翻译服务产业论坛暨全国第七届翻译经营管理工作研讨会，与各地同行交流经验。

（三）编辑出版第23、24期会刊《广州翻译》，共收集近40篇学术论文及文章。

二、社会公益活动

（一）在2010年11月11日第十六届亚洲运动会开幕前夕，受亚组委紧急召唤，广东外语外贸大学高级翻译学院组成包括协会6名会员的翻译团队，仅用3个多小时完成包括《起航》等10段解说词和《日出东方》等4首歌词的笔译任务。

（二）自2009年起，广州翻译协会配合广州图书馆外语阅览室每周日举办的英语沙龙活动，吸引了不少英语爱好者，受到社会好评。

（三）2010年7月，在非洲籍人聚住的越秀区登峰街，组织“创文明、迎亚运、促和谐——中非居民交流日”活动，受到街道领导、群众和外国友人的好评。

三、组织建设

（一）2009年6月，协会理事会决定增补梁学宏为协会副会长。

（二）2010年5月，协会理事会推选仲伟合为第一常务副会长。

（三）继续发展会员，重点发展团体会员和青年会员。

四、基础工作

在做好日常工作的同时，协会还认真做好其他各项基础工作。每年定期组织大型年会活动，在欢快的气氛中，相互交流翻译工作的心得体会。此外，还不定期举办专题讲座、茶话会，关注行业动态，分享翻译经验。每逢佳节临近，协会秘书处都派人专程探望那些曾为协会发展做过积极贡献的老同志，并送上祝福与关爱。

贵州省翻译工作者协会

一、学术方面

2009～2010年贵州省翻译工作者协会坚持以“三服务、一加强”和“搭建三个平台、增强两个凝聚力”为工作指针，以“协会要以繁荣学术为己任”的原则，把学术交流放在协会工作的突出位置，积极开展学术研究、理论探讨和课题调研，为促进贵州省社会进步和谐和经济繁荣做出贡献。两年来贵州省译协紧紧围绕实现翻译为社会经济、教学科研服务的宗旨，成功举办了“2009年翻译与多彩贵州学术年会”、“2010年翻译工作要与时俱进学术年会”系列活动。协会会员积极开展学术研究，承担多个国家级和省级研究课题。会员陈全明、江光伦编辑出版汉英对照《黔东南旅游》，会员韦建华编辑出版汉英对照《黔南旅游》，会员马沈龙出版译著《神奇梵净山》、《多彩贵州中国原生态国际摄影展获奖作品选》。会员叶立林主持完成专业技术项目翻译：《空气弹簧技术引援项目》、《法国建筑科学技术中心》（CSTB）部分认证标准翻译，组织实施最新技术资料和学术专著翻译：《工程胎技术》（内部使用）、《连续液相混炼工艺生产的NR炭黑母炼胶》、《轮胎工业》、《公路车辆空气悬架》（内部使用）、《智能轮胎制造用含磁性填料的弹性材料》、《轮胎工业》。此外，贵州省译协还分别在高校、科研院所、工矿企业，举行有关翻译实践研讨会、座谈会、报告会及讲座。

二、社会公益活动

两年来贵州省译协紧紧围绕着实现翻译为社会经济、教学科研服务的宗旨，积极开展多种形式的社会公益活动。选派志愿者参与“多彩贵州中国原生态国际摄影展”和“上海世博会西江论坛”的翻译工作；参与了“贵州白云国际风筝节”、“生态文明贵阳国际会议”、“全国少数民族运动会”的志愿者翻译服务。

为迎接世博会在上海召开，贵州省译协积极组织会员参加贵州省商业厅组织的上海世博会主题词的翻译活动。活动以聚焦各界资深翻译，通过弘扬多彩贵州、传播贵州文化内涵、繁荣翻译事业，围绕“醉美贵州”主题开展了广泛的征集翻译活动，该活动为世博会的召开和多彩贵州文化内涵起到了积极的宣传作用。

三、业务培训

贵州省译协把开展业务培训与协会的学术理论研究、翻译为社会实践服务工作结合起来，并坚持经常性的业务培训。两年来开展英语、法语、德语、韩语、日语等语种的业务培训6次，为各种会议的翻译服务提供保障。

四、行业管理

贵州省译协在中国译协、省政府外事办、省科协、省社科联的领导下，坚持从实际出发，以中国科协提出的“三个服务，一个建设”为指导思想，不断加强自身建设，完善内部管理，充分发挥自身优势，认真落实中国译协第六次会员代表大会精神，规范翻译服务，积极发挥协会在翻译领域的作用。

五、组织建设

按照“为经济社会发展服务、为提高全民科技素质服务、为贵州省翻译工作者服务，加强自身建设”的定位，贵州省译协不断加强组织建设，完善管理，按照协会章程开展工作，实行制度化、规范化、科学化管理。省译协重视人才资源建设，稳定扩充会员队伍，给译协增添新的活力，推动贵州省翻译事业更好更快地发展。

六、对外交流

贵州省译协把对外交流作为每年工作的重中之重，积极组织会员参与省内外各种翻译学术活动。协会邀请澳洲华人翻译协会会长陈中和来贵州大学作学术讲座，邀请四川外语学院教授费小平来贵阳学院作专题讲座，邀请贵州师大教授冒国安、贵州民院教授江光伦为广大会员作翻译实践和翻译技巧方面的专题讲座。2009年协会会员叶立林带队与清华大学出版社合作翻译《充气轮胎》，获美国交通部翻译出版授权，已完成初稿和一校，同时还承接国际工程项目的翻译，如“阿曼聚酯切片厂建设施工翻译”、“2010年沙特电力公司TIAC项目初步设计和详细设计翻译”等。此外，许多会员参加了在西安、上海、珠海等地举行的全国性学术交流。

七、基础工作

贵州省译协贯彻落实贵州省科学技术协会第七次代表大会精神，认真总结经验，开展各项工作，以推动翻译事业科学发展。坚持把开展学术研讨活动作为工作中的重点，多次召开常务理事会和秘书长工作会议，就各项重大事项进行专题讨论研究并作出决议。2009~2010年贵州省译协组织召开了两次新年座谈会，8次常务理事会和4次会长办公会，积极配合中国译协开展资深翻译家候选人推荐活动，积极配合省科协、省社科联年度考核工作和其它工作。协会还积极组织汇编2009年、2010年翻译学术论文集2本，出版《贵州译讯》多期。此外，还每年组织会员到基层、工矿企业、边远山区、院校、科研院所等进行参观访问。

哈尔滨市翻译协会

一、社会公益活动

为发现和培养更多英语人才，营造对外开放文化氛围，为社会提供更多的公益服务，哈尔滨市译协在2009、2010年分别举办了“2009中国俄语年哈尔滨市俄语比赛”、“‘旭川杯’哈尔滨市日语演讲比赛”以及两届“‘哈啤杯’哈尔滨市英语演讲比赛”。比赛对促进外语教育的发展、促进中外友好交流起到了积极的推动作用。竞赛活动累计吸引了全市范围内的中学、大学和其他行业的上万名外语爱好者积极参赛。比赛分别以环保、节能减排和互联网等为主题，紧扣时代发展，也使更多外语爱好者学到了知识，受到了启发。比赛得到了哈尔滨市政府的支持，哈尔滨市副市长王莉、张显友，日本旭川市长西川将人和日本驻沈阳总领事松本盛雄、俄罗斯驻沈阳总领事波德别列兹科等领导和嘉宾分别出席了比赛并致词。比赛实况节目均在哈尔滨新闻综合频道播出，赛事成为哈尔滨市广大外语爱好者学习、掌握和运用外语的实践课堂，产生了深远的社会影响。

二、业务培训

为适应哈尔滨市社会经济发展和对外交流服务的需要，加速哈尔滨市高层次口译人才队伍的建设，哈尔滨市译协配合业务主管部门哈尔滨市外事侨务办公室组织了对哈尔滨市涉外机关翻译人员的培训，以及高级翻译入门讲座等。

三、组织建设

哈尔滨市译协不断加强自身建设，注重新会员的发展工作，近两年吸收了数10名新会员，使哈尔滨市译协会员队伍不断扩大，翻译事业后继有人。

四、基础工作

在做好各项重点工作的同时，哈尔滨市译协还做好各项基础工作。2009~2010年，协会召开了2次理事会和5次常务理事会。

海南省翻译协会

一、学术方面

2009~2010年，海南省翻译协会围绕专家型、学术性的社团组织性质，结合翻译与跨文化交际的特点，举办了“海南省翻译协会2010年年会暨第二届海南省翻译研讨会”，来自海南大学、海南师范大学、海南软件职业技术学院、海南医学院、海南职业技术学院、海口旅游职业学校、三亚学院、琼州大学等高校的代表以及海南珠江国际旅行社、海口特区人才培训中心等单位从事翻译工作的专家学者、研究生和高年级本科生共100多人出席了会议。本届研讨会的主题是"翻译与跨文化交际"，共有30余篇论文在会上进行宣读并交流。与会人员分别围绕"翻译理论与实践"、"翻译策略评析"、"翻译与跨文化交际人才培养"三个主题进行分组讨论和交流。研讨会为翻译工作者与社会各界搭建了交流和服务的桥梁，为翻译理论与实践研究和翻译教学如何为社会发展服务提供了一个交流的平台。

二、社会公益活动

为发现和培养更多翻译新人，积极推进我国翻译事业的繁荣发展，同时为社会提供更多的公益服务，海南省译协在2009～2010年分别举办了第四、五届"海南省大学生英汉、日汉翻译比赛"。竞赛活动吸引了海南全省各大专院校广大在读学生，包括所有专业的研究生、本科生、专科生和成教生，受到了广大师生的欢迎，获得了社会各界的广泛好评。《南国都市报》、《海南日报》、海南省社会科学协会网站上都有相关方面的报道。

三、业务培训

为服务于海南国际旅游岛的建设和对外交流服务的需要，加速海南省高层次笔译、口译人才队伍的建设，海南省翻译协会分别开办了"翻译英语二、三级笔译考证班"和"翻译英语二、三级口译考证班"等翻译培训活动，截至2010年底，已培训人数达60人。

四、组织建设

海南省翻译协会依托高校人才资源，注重新会员发展工作，近两年吸收了数十名新会员（其中大部分为在校研究生），使海南省译协会员队伍不断扩大，翻译事业后继有人。

五、基础工作

在做好各项重点工作的同时，海南省译协还坚持做好各项基础工作。2009～2010年，协会召开了2次理事会和1次常务理事会。2010年3月完成《语言、翻译、翻译教学》专题文集（该书收录了2008年海南省翻译研讨会所交流的论文）的付印出版，向海南大学图书馆赠送样书15本。

杭州市翻译协会

一、学术方面

2009～2010年，杭州市翻译协会围绕理论与实践结合的原则，相继举办了"浙江省第二届法语教学研讨会”、“第三届浙江省公示语外语纠错大赛”，发起并承办了“郭建中教授翻译思想及翻译实践研讨会”，与浙江省翻译协会共同开创“翻译家茶座”等活动。参与了杭州市公共场所外文使用网的开通与运行。

二、社会公益活动

杭州译协参与了浙江科技学院语言文学学院、浙江金融职业学院国家商务系、浙江经济职业技术学院、浙江越秀外国语学院西语学院、浙江交通职业技术学院人文学院等数家高校相关专业的规划与指导，以及浙江大学翻译本科专业的论证工作。杭州译协为高校提供了“外语与就业”、“外贸与就业”、“翻译产业与就业”、“学科视野中的外语′，回归？转轨?”、“成功申报课题四要素”等主题讲座和学术报告。每年参加杭州市社科联主办的科普周广场咨询活动，为广大市民提供外语及翻译类咨询。

杭州译协为政府及企业提供了大量的外语翻译服务。其中为杭州市政府“西湖申遗”工程提供了多语种的景点公示语翻译，为国内大型艺术活动“吴冠中艺术回顾展”提供了近4万字的中译英服务。为杭州某翻译公司提供了翻译质量的鉴定。

三、业务培训

杭州译协设有培训中心，为社会提供法语、外贸等培训，培训人数近千人。

四、行业管理

杭州译协积极与杭州地区的翻译服务企业沟通，为筹备杭州地区翻译服务企业论坛做准备。

五、组织建设

2009~2010年，杭州译协完成了理事会的换届改选工作，表彰了5个语种的8名优秀会员。2010年3月被杭州市民政局授予AAA级信用社团，9月获得全国大中城市社科联先进社团。2009年和2010年连续被评为杭州市社科联系统先进集体。杭州译协还成立了学生会员委员会，宣传翻译事业，促进本地区的翻译发展。

2009~2010年，杭州译协召开理事会2次，常务理事会5次。共编辑简讯5期，协会网站更新及时。

六、对外交流

杭州译协积极参加各类学术会议，推动对外交流。2010年4月接待义乌市外办李志强副主任一行4人，为义乌市翻译协会的筹建提出了建议。2009年11月，杭州译协为来自非洲10多个国家的30多位官员举行了“外贸知识”与“中国历史文化”讲座。2010年6月，参加了“世界法语区文学家杭州论坛”。

河北省翻译工作者协会

一、学术方面

2009～2010年，河北省翻译工作者协会（简称“河北译协”）积极开展翻译学术研究和交流，把繁荣河北省翻译事业当作协会的首要任务。先后举办了“翻译理论与实践研讨会”、“翻译研讨会”、“专家学术报告会”等；出版了“翻译理论与实践”研讨会论文集——《翻译研究》之二（光明日报出版社出版）；开展学术交流，聘请译界专家就当前国内翻译理论研究与实践的前沿问题做学术报告，使广大会员通过学术交流和听专家报告增长知识，提高翻译能力。

为充分调动和发挥全省广大翻译、教育工作者的积极性和创造性，推动省外语翻译、教学的进一步发展、繁荣，河北译协开展了“河北省第三届优秀翻译成果奖”评奖活动。吸引了众多教学一线的老师，使他们能在这一平台上相互交流、学习。

二、社会公益活动

河北译协积极与其他机构合作，努力为社会办实事，创建品牌、提高协会的知名度，激发广大青少年学英语、用英语的热情。2009年1月3日、2010年1月10日，河北译协与中国优秀特长生推选活动河北办公室联合举办了“第三届、第四届河北省青少年口译大赛”。结合比赛，河北译协专家组修订了口译训练手册（初级、中级 两册），并制作了录音材料。2009年6月7日、2010年6月5日，分别举办了“第七届、第八届河北省青少年英语口语大赛”。两项比赛现已成为河北译协普及英语、服务社会的窗口。

为了把“口译大赛”做得更好，河北译协在2009～2010年举办了两次专家研讨会及培训班。会议就如何把口译大赛做得更好，共同打造河北省乃至华北地区最专业、最权威的青少年品牌活动展开了讨论并达成了共识。

三、组织建设及 规范管理

按照协会组织章程及年度计划，河北译协组织召开了4次常务理事会和2次理事会，研究部署了协会的各项工作；按期召开了会员代表大会，选举产生了新一届理事会；成立了翻译服务委员会。

河北译协不断加强协会自身建设，注重新会员的发展工作，两年来共发展新会员60余人，使热爱、支持协会工作的翻译界人士入会，壮大了队伍。2010年修订的协会章程增加了接收学生会员的条款。

四、基础工作

河北译协分别于2009年4月和2010年4月参加了2008年度和2009年度社会团体

年检，接受业务主管部门省科协的初审和河北省民间组织管理局的年度检查并顺利通过年检。接受河北省组织机构代码管理中心的年检并通过年检。

积极配合中国译协开展资深翻译家候选人推荐活动，共推荐了3位资深翻译家候选人并获得了中国译协的表彰；配合中国译协进行会员重新登记工作；参与了河北省翻译系列职称评定工作；组织会员为社会各界翻译各种学术论文、招标文件、产品使用说明书等资料，约50万字。

2009～2010年河北译协连续两年被河北省科协评为省科协系统先进协会，3人次被评为先进个人。

河南省翻译协会

一、学术活动

河南省翻译协会把营造浓厚的翻译学术氛围作为协会工作的出发点，坚持开展学术交流，增强协会凝聚力和活力。2009～2010年，先后邀请国内、省内知名学者、资深翻译家举办了多次专题学术报告会。报告会内容丰富、实用性强，在高校学生、外语教学及翻译工作者中产生了较大影响，受到了社会的好评，同时还围绕社会尤其是翻译界普遍关注的热点问题，举办了学术研讨会。

二、社会公益活动

为表彰老一代翻译工作者，2009年向中国译协推荐了6名资深翻译家人选，全部获得批准。在2010年3月河南省译协第五次会员代表大会上对这些老翻译家进行表彰并颁发了荣誉证书，在广大翻译工作者中产生了较大反响。

为激发中青年翻译工作者及广大学生的翻译热情，提升他们的翻译水平，河南省译协联合省政府外事侨务办公室举办了两届“河南省翻译竞赛”活动，共收到参赛译文近800篇，评出获奖译文476篇，其中中译英197篇，英译中279篇。

三、翻译服务

河南省译协充分发挥自身翻译人才优势，组织会员开展翻译服务。两年间，为政府部门、企业、科研院所翻译各种外文资料50余万字，资料种类涉及说明书、工程标书、宣传册、会议文件等，专业范围包括机械、电子、石油化工、农林、交通路桥、旅游、金融、经贸等，为河南省社会经济发展做出了积极贡献。

四、组织建设

河南省译协积极发展会员，壮大会员队伍。两年来，发展会员两批，共计45名。为扩大力量，加强领导，在2010年3月第五次会员代表大会选举产生的新一届理事会中，理事人数由上届的45名增加到68名，常务理事人数由上届的13名增加到30名，副会长人数由上届的3名增加到9名，从而使领导班子更具广泛性、代表性和权威性。年龄结构体现了老、中、青梯次，语种上体现了多样性。从而为河南省译协各项工作的开展提供了有力的组织保证。

五、基础工作

河南省译协坚持做好基础工作。2009~2010年，召开了1次理事会和4次常务理事（扩大）会。积极组织会员参加中国译协及各地译协组织的活动，积极配合中国译协开展资深翻译家候选人推荐活动。编印4期《河南译讯》，及时更新河南省翻译协会网站内容，加强与广大会员，尤其是理事、常务理事的沟通联系。围绕国际翻译日主题，开展广泛宣传，扩大了翻译界的社会影响力。

黑龙江省翻译协会

一、学术方面

黑龙江省翻译协会于2009年12月18日协同黑龙江省人民政府外事办公室联合举办了“庆祝新中国成立60周年黑龙江省翻译作品成果展”，展览共展出黑龙江省200多位翻译工作者的300多部译著。展览充分展示了黑龙江省翻译工作者自新中国成立60年来在各翻译领域取得的巨大成就，激励了广大黑龙江省翻译工作者更好地为黑龙江省对外开放、友好交流和经济社会发展服务，促进黑龙江省翻译事业的蓬勃发展。

二、社会公益活动

为满足我国日益扩大的对外交流需求，培养高素质翻译人才，促进翻译学科建设和翻译行业的繁荣与发展，受中国翻译协会、高等教育出版社委托，黑龙江省译协分别于2010年6月26日、2010年9月18日在黑龙江大学举办了“中译杯2010年全国口译大赛”东北赛区黑龙江省复赛及东北大区决赛。此次大赛充分展示出高校参赛选手在口语交际能力上的风采，从而激励高校进一步重视翻译教学，为我国翻译学科建设和翻译事业的繁荣与发展培养更多、更优秀的人才。

三、行业管理

为进一步了解黑龙江省翻译市场存在的问题，黑龙江省译协翻译咨询服务委员会于2009年8月14日组织召开了黑龙江省翻译公司负责人座谈会。此次会议加深了黑龙江省译协与各翻译公司的相互了解，增强了彼此的联系，使黑龙江省译协对黑龙江省翻译市场有了更多的了解，为今后更好地开展翻译服务工作奠定了基础。会上，黑龙江省译协为长期支持协会工作、为黑龙江省翻译行业健康发展做出大量工作的黑龙江省信达雅翻译有限公司、哈尔滨凯文通翻译有限公司颁发了黑龙江省“翻译服务诚信单位”证书。

四、组织建设

黑龙江省译协自2008年11月28日召开第四届常务理事会暨换届会议以来，一直致力于加强协会自身建设，注重新会员的发展工作。为更好地适应黑龙江省翻译事业发展的需要，2009~2010年，黑龙江省译协共吸纳团体会员10家，个人会员300余人，使黑龙江省译协会员队伍不断扩大，翻译事业后继有人。

五、对外交流

为加强同其它省市译协和国外相关组织之间的学术交流与合作，提高黑龙江省的翻译质量和水平，2009~2010年省译协分别派代表参加了由中国翻译协会、北京市人民政府外事办公室联合主办的“2010年中国国际语言服务行业大会暨大型国际活动语言服务研讨会”，由中央编译出版社、江苏省科技翻译工作者协会主办的“纪念全国翻译产业创立10周年暨中国思想文化走出去翻译研讨会”等活动。

六、基础工作

2009~2010年，黑龙江省译协按时召开了2次常务理事会议，认真落实每年的工作计划；积极配合中国译协《中国翻译年鉴2007~2008》的编撰工作和开展资深翻译家候选人推荐活动等；积极做好省社科联、省科协、省政府外办部署的各项工作；逐渐完善省译协网站、及时更新内容；共编写、上传新闻50余条，使本省的翻译爱好者及翻译工作者能够及时了解省译协及其他兄弟协会的最新动态及翻译资讯。

湖北省翻译工作者协会

一、学术活动

湖北、武汉译协举办学术交流、专题研讨会10场，参加人次达3000余人。2009年6月，湖北、武汉译协与武汉科技大学共同举办“2009年中部地区翻译理论与教学研讨会”，来自北京、上海、湖北、湖南、广东、河南、广西、江西、安徽、四川10个省市100多名专家学者赴会。2010年6月，湖北、武汉译协与襄樊学院联合举办“2010年中部地区翻译理论与教学研讨会”，邀请北京、上海、江苏、湖南、广东、福建、江西、安徽等省市专家来武汉与湖北地区50多所高校外语院系120多名教授学者交流研讨。

2009年9月16~19日，由中南六省翻译协会联合举办，广东省译协、湖北省译协、广州大学承办的中南六省第三届翻译理论与教学研讨会在广州举行。来自北京、上海、江苏、浙江、福建、安徽、江西、广东、广西、湖北、湖南、河南、海南等省市专家学者及代表160多人出席会议。广东省政协原副主席张展霞、广东省译协会长徐真华、广州大学副校长屈哨兵、中国译协秘书处处长杨平、湖北省译协常务副会长兼秘书长吴晓云、广东省译协常务副会长何其锐等出席大会并致词。研讨会展示出中南地区及全国翻译理论研究与教学实践的较高水平，赢得与会代表的赞扬，推进了中南地区翻译理论与教学学术活动的健康发展，探讨了翻译理论研究与教学实践的新思路、新理念、新课题，交流了翻译理论与教学的新经验、新信息、新成果。

二、社会公益活动

为强化全民外语教育素质，提高外语交流水平，促进湖北经济发展和国际交流，营造深层次对外开放的软环境，推出“中部崛起”所急需的外语翻译人才，湖北省翻译工作者协会、武汉翻译工作者协会联合举办第16、17届湖北省外语翻译大赛。本项活动历时26年，参赛者逾20多万人，是湖北省最权威、最专业、最具品牌价值的年度翻译赛事。2009年、2010年两年参赛人数达2万多人。

为强化青少年儿童外语教育素质，提高青少年儿童英语口语水平，营造湖北、武汉城市对外开放和海内外文化交流的外语氛围，推出与国际接轨的新一代青少年外语人才，湖北省翻译工作者协会、武汉翻译工作者协会联合举办第11、12届青少年儿童英语大赛。2009年、2010年两年参赛人数达1万多人。

三、翻译产业

2009年，由中国翻译协会翻译服务委员会、中国编辑协会翻译编辑专业委员会主办，湖北省译协、武汉译协协办的2009中国翻译服务产业论坛暨全国第七届翻译经营管理工作研讨会、全国首届翻译编辑专业工作研讨会在湖北武昌举行。中国译协顾问宋书声、常务副会长赵常谦、副会长尹承东，中国编辑协会会长桂晓风，湖北省译协会长何世平、副会长兼秘书长吴晓云以及全国翻译界、出版界专家教授和翻译公司总经理等160多人出席会议，就中国翻译产业和出版产业发展战略的新思路、新理念、新模式及运作实务的新信息、新经验、新成果进行交流研讨。

四、基础工作

湖北省译协、武汉译协于2009年12月18日在武汉大学外语学院召开湖北省译协、武汉译协第六届理事会。大会审议通过了湖北省译协、武汉译协工作报告，选举产生湖北省译协、武汉译协第六届理事会及领导机构，湖北省人大常委会外事委员会主任委员何世平任湖北省译协会长，吴晓云任武汉译协会长。大会还向被中国译协授予“资深翻译家”荣誉称号的代表颁发了荣誉证书。

湖北、武汉译协重视基础工作，每年举办两次常务理事会议、一次理事会及会员代表大会，一次新春联谊会。湖北、武汉译协秘书处每年组织专人对译协的顾问及老专家进行慰问。

湖南省科技翻译工作者协会

湖南省科技翻译工作者协会两年来（2009－2010）突出翻译为经济服务、为科技服务、为社会服务的主导方针，大胆选拔年轻领导，走老中青相结合、学术与市场相结合的道路，取得了可喜的成绩。

湖南省科技翻译工作者协会重视学术研究，积极营造学术气氛。积极和省内大学外语学院保持密切的联系，共同举行湖南省大学科技英语大赛等活动。同时组织、鼓励高校师生撰写论文，每年对收到的论文进行评审，优秀论文编辑成册，出版《外语语言与文化研究》。

湖南省科技翻译工作者协会有计划地组织了省内专家教授陆续翻译对世界有影响的名著，如2009年出版的《论自由》（谢祖钧译，孟晋校），引起国内学者关注。为满足高校教材需要，协会专家一直在编写教材。如2010年9月出版的《实用外经贸谈判英语教程》及其辅导用书（廖瑛编著）；湖南省著名山水画家邓辉楚用4年多时间绘出号称中国山水画之最的《800里南岳图》，其前言、作者自述、专家推介、评论、景点说明，均由协会副会长廖瑛及其研究生李伟伟翻译；由资深院士陈国达著，协会会长盛之翻译的《张家界武陵源峰林欣赏》在国内外影响很大，可以说是这本书把张家界推向了世界。谢祖钧和孟晋两位教授为丹麦皇家摄影师彭忠民先生翻译的画册也为张家界增添了光彩；李延林著的《论英汉科技翻译的理论与实践》等作品，同样受到众多学者关注。

湖南省科技翻译工作者协会的一个突出特点是走和企业相结合的道路，主动为企业服务。协会通过大量的横向合作，在经济活动中不仅参与翻译工作，而且逐步参加到策划、组织、投资工作，大大提高了协会的社会影响力和经济实力。

湖南省科技翻译工作者协会近年把中印合作作为工作的一个重点开发项目。到目前为止，通过这一项目，已有2000多中国学生到印度学习IT技术，同时有3000多印度学生到中国学习医学和工程技术。协会在印度相继成立了孔子学院、中国工业园。由于在中印合作上的突出贡献，外交部副部长、中国驻印度大使张延对协会的工作给予高度的赞扬，多次接见协会领导，并到中印合作的大学看望老师和学生。2011年元月，温家宝总理到印度访问，为中印合作的大学校长颁发了中印友谊奖。

吉林省翻译工作者协会

2009～2010年，吉林省翻译工作者协会积极履行行业管理的职能，热心为各级政府、企事业单位及个人提供翻译服务，同时不断开拓创新，组织大型公益活动，以扩大影响。

为提高翻译工作者的社会地位，唤起全社会对翻译行业的重视，在每年的9·30国际翻译日前后，吉林省译协都会举办一系列的大学生外语演讲比赛。2009年，举办了第六届“育英杯”吉林省大学生日语演讲比赛、“广泽杯”第四届吉林省大学生英语演讲比赛，并与中国人民对外友好协会、韩国锦湖韩亚集团合作，举办了第四届“锦湖韩亚杯”中国大学生韩国语演讲大赛东北赛区决赛。2010年，举办了“友好杯”第五届吉林省大学生英语演讲比赛。这些比赛发现了一大批优秀的外语和翻译人才。通过这些活动，许多优秀的外语专业毕业生被各级政府部门和企事业单位吸收，进入到外事及对外经贸交流一线工作。活动得到了美、日、韩三国驻华使领馆的大力支持和肯定。日本、美国驻沈阳总领事都曾出席过比赛活动并发表演讲。这些比赛的成功举办，为外语专业的大学生提供了锻炼和展示才华的机会，提升了吉林省院校外语教学的水平，同时加深了中外了解，极大地拓宽了吉林省与国外的友好合作领域。

2009～2010年是吉林省飞速发展的两年，政府的招商引资力度不断加大，对外交往日益频繁。由于省内的对外经贸活动数量在短时期大量增加，且举办时间较为集中，省内原有的翻译资源无法满足需求。吉林省译协利用自身优势，积极为吉林省的经济建设服务，组织调动一切资源，保障“东北亚投资贸易博览会”、“长春国际农业博览会”等大型国际展会和重要外事活动的顺利举办。通过这些努力，不但使吉林省的对外形象得到提升，还为省内优秀的翻译人员提供了用武之地，在为翻译人员创造经济效益的同时，也提高了他们的社会地位。

为净化社会语言环境，提升城市形象，2010年，吉林省译协协助吉林省质量技术监督局，组织开展了对长春市内公共场所的英语标识的纠错和规范工作，得到了社会各界的好评。

江苏省翻译协会

一、学术方面

2009～2010年，江苏省翻译协会积极开展学术活动，促进相关学科的学术发展。2009年，为隆重庆祝中华人民共和国建国60周年，宣传60年来江苏外语教学与翻译研究的辉煌成就，江苏译协组织了“回顾与展望：江苏外国语言文学与翻译研究60年”主题纪念活动，活动得到全省范围内150多所高等院校的响应与积极参与，活动期间还主办了“建国60年江苏省外国语言文学与翻译研究优秀成果奖”评选活动；2010年9月江苏省翻译协会与江苏省外国文学学会合作举办了“徐州外国文学翻译及学术研讨会”；2010年12月举办了“板桥翻译年会暨学术研讨会”。2009年和2010年元旦，连续两年在新春来临之际组织了在宁高校外文翻译专家联谊交流活动。2010年10月30～31日，“面向翻译的术语研究”全国学术研讨会在南京召开，江苏译协名誉会长张柏然、会长许钧分别到会讲话。

2009～2010年，江苏译协积极组织会员撰写学术论文，编写专业学术著作和翻译出版各类书藉和文章。不少作品获奖，不少图书成为国内最受欢迎的年度畅销书。如由江苏译协理事柯平参与撰写的Symbols of China由英国Compendium Publishing出版公司和中国译林出版社联合出版。该书为国家“十一五”规划重点出版书目和“中国文化著作翻译出版工程”首批入选的5个图书项目之一。江苏译协副秘书长高方的学位论文《中国现代文学在法国的翻译和接受》获得南京大学和江苏省优秀博士学位论文。此外，由许钧与高方共同主持的《翻译理论类教材的编写研究》获2009年度全国翻译硕士专业教育指导委员会科研项目资助。许钧还获得了国家社科基金重大项目“新中国外国文学研究60年”（09&ZD071）子课题“新中国60年外国文学翻译考察与分析”立项。

二、社会公益活动

2009～2010年，江苏省译协积极参加省市各界组织的各种社会公益活动，开展义务讲座，在建设和谐社会与文明城市活动中，积极为本地区精神文明建设贡献自已的力量。在促进本地区企事业经济发展中，江苏译协发挥自己的优势力量，多次调派外语专家协助省市外贸、外事和文化艺术界、学术界涉外活动开展翻译服务。为更好地展现江苏城市开放面貌，在南京市申报2014年青奥会活动中，江苏译协的部分专家学者参与了大量相关文献资料的翻译工作。

三、业务培训

为配合江苏省紧缺人才培训项目的实施，加速长三角地区高层次涉外人才队伍建设，促进和推动江苏地区社会经济发展，提高对外交流服务水平，江苏译协积极配合省市职能部门组织开展公务员外语培训、涉外礼仪知识培训，邀请有关专家在部分学校开展志愿者服务知识系列讲座，深入社区开展科普知识宣讲、公益辅导。如2009年11月6日，江苏译协理事陈新仁应邀为徐州师范大学外国语学院的青年教师和研究生做了题为“翻译的语用学视角”的学术报告。同年在“淮海经济区外语专业语言知识类课程教学交流会”上，陈新仁做了题为“增强语用意识 培养语法能力”的主题发言。2010年4月，江苏译协常务理事刘成富先后赴南京药科大学、东南大学、河海大学和南京师范大学为大学生作了“法语与法国文化”的学术报告。

四、行业管理

针对目前翻译市场的不规范和翻译质量的低下，江苏译协积极组织市场调研，指导翻译公司开展翻译质量跟踪服务。为协助省市职能管理部门开展翻译市场的规范管理，江苏译协于2010年12月成立了分支机构“翻译培训与翻译服务专业委员会”，就行业管理与规范开展协调工作。

五、组织建设

2009 年 9 月 27 日，江苏译协召开了第五届会员代表大会，选举产生了第五届理事会和常务理事会，江苏省社科联副书记廖进参加并主持了大会，许钧当选为江苏译协新任会长，张柏然任名誉会长。第五届理事会通过决议并报省社科联与民政厅主管批准，江苏译协的名称由原来的江苏省翻译工作者协会正式更名为江苏省翻译协会。

六、对外交流

为促进国际学术交流，江苏译协与美国、法国、日本等许多国际著名大学、学术研究机构和学术出版单位保持着良好的关系，在翻译研究、学术交流和文化出版上有很好的合作。2009 年 3 月 29 日至 4 月 3 日，江苏译协会长许钧赴德国参加了中德科教年开幕式并与德国精英大学进行了学术与研究生培养工作交流。2010 年 11 月 9 ~ 10 日，在澳门举行的国际生态翻译学研究会成立大会暨首届国际生态翻译学研讨会上，许钧会长被聘为国际生态翻译学研究会第一届顾问委员会主席。2009 年 9 月 24 ~ 26 日，许钧会长应邀参加韩国高丽大学召开的“翻译批评国际研讨会”，并作了题为“多元文化语境下翻译的使命与批评”的大会报告。

七、基础建设

2009 ~ 2010 年，协会组织召开了一次会员代表大会，进行了理事会换届选举工作，产生了新的理事会及新的领导机构，2 次新春联谊交流会、4 次理事会和 6 次常务理事会，成立了“外语培训与翻译服务专业委员会”，进一步完善了协会的工作程序。

江苏省科技翻译工作者协会

一、学术活动

2009 ~ 2010 年，江苏省科技翻译工作者协会（简称：“江苏科技译协”）举办了多项大型学术活动。其中 2009 年举办第五届会员代表大会，邀请中国翻译协会副会长、原中央编译局副局长、西班牙语专家尹承东作翻译工作实践谈演讲，邀请中国翻译协会翻译服务委员会副主任张南军作了题为“中国翻译服务标准进程”的论文报告，对评选出的 2009 年度江苏科技翻译优秀论文及作品获奖者进行了颁奖仪式。协会还组织会员参加了武汉全国翻译服务学术会议。

2010 年，江苏科技译协与中央编译出版社合作举办了“纪念全国翻译产业创立 10 周年暨中国思想文化走出去翻译研讨会”。会议安排了翻译服务和翻译出版 2 个分论坛，举办了 4 场专题研讨，取得了丰富的成果，受到媒体广泛关注。研讨会所收论文被制作成光盘论文集。

江苏科技译协紧密结合当前科技经济发展的形势，跟踪国内外科学技术的发展态势，关注社会经济问题，先后完成了一批较有影响力的软课题：针对太湖蓝藻问题开展了国外治理方法的跟踪调研，查找并翻译了日本、荷兰、加拿大等国蓝藻科学治理的方法，公开发表了“蓝藻治理对策建议”的论文，并建立了蓝藻专题网站；协会秘书长唐宝莲主持完成了“江苏省光伏产业发展前景及国际竞争力比较研究”、参加完成了“江苏省轨道交通发展战略研究”等省级计划项目课题，为政府决策和企业发展发挥了重要参考作用；组织会员及社会有关专家，共同完成了“吴中医药特色产业基地发展战略研究”课题，该课题获得了吴中区科技进步二等奖，并建立了吴中生物医药特色网站等；针对目前的金融危机，组织会员进行了金融危机对江苏有关方面影响的调研，撰写了金融危机对盐化工的影响和对策专题调研报告。

服务“三农”，也是江苏科技译协的重要工作之一，协会参加了全国科技信息网江苏节点，成为节点中面向行业和面向三农的服务机构，秘书长参加了农技 110 和全国科技信息网江苏节点课题建设，搜集了江苏 10 个涉农特色或支柱企业的专题资料，与会员丁建勇一起到姜堰等地为“三农”作培训讲座和服务，会员丁建勇在取得政府经费支持下，实施了“江苏省科技 110 信息服务平台”工程，并编制“江苏省科技 110 信息服务平台应用手册”3000 余份，发放到农户手中，农户可随时通过电话，获得相关的“农业百事通”自动语音信息及专家在线咨询。会员陆展明常年致力于科技致富信息的研究与发布，受到农户及中小企业的欢迎。

协会为挂靠单位申报江苏省 2009 年服务业重点项目“江苏省企业技术创新信息服务平台”可行性研究报告的编写，及可行性研究报告“智能化矿用隔爆型移动变电站”的编制进行了多项资料翻译和整理工作。

二、社会公益活动

为增加公众、企业对涉外礼仪的了解，提高对外交往及处理涉外业务的能力，协会于 2010 年 4 月 29 日邀请理事会员单位江苏省政府外办外事翻译中心举办了“迎世博，学礼仪”外事礼仪培训活动，邀请江苏省外事礼仪专家、省外办外事翻译中心主任高岩做培训。

为进一步推动江苏翻译事业的发展，提高翻译质量，江苏省科技翻译工作者协会、东南大学翻译研究所联合举办了江苏省首届科技翻译竞赛。30 余人进入决赛，15 人获奖。竞赛对在校大学生坚定从事翻译工作信念发挥积极作用。

三、业务培训

江苏科技译协作为东南大学实习基地接收大学生实习，同时与地方和企业合作，积极组织国内外文献信息检索和利用普及工作，共举办了 20 余次相关培训讲座，在企业举办各类国内外信息检索、中外专利分析等培训 27 场以上，听众人数在 1000 人以上。

四、对外交流

江苏科技译协发挥翻译专家人才众多，对外交往机会多的优势，脚踏实地，为企业做了许多服务工作。协会积极跟踪国际合作信息，为企业开拓海外市场提供翻译和信息服务。应企业邀请，协会派员陪同企业于2010年5月考察了突尼斯，协会人员全程参加了与突方的新能源跟踪、项目合作交流谈判，最终帮助促成了合作。

另外，协会还组织会员、会员单位多次帮助企业进行外文标准、证书、合同等翻译。

五、组织建设

经江苏省科协和民政厅批准，江苏科技译协于2009年6月2日召开会员代表大会，完成了换届工作，新一届领导班子由省政府外办领导、挂靠单位领导、各大翻译机构和高校外院领导组成。近两年协会还吸收发展了数十名新会员，使翻译队伍不断壮大。

六、基础工作

在做好各项重点工作的同时，江苏科技译协还坚持做好各项基础工作。2009～2010年，多次举行理事会、常务理事会。专门举行了小语种发展专委会议等对协会发展方向有针对性的会议。积极参加中国译协和江苏科协组织的各项活动。出版了5期《江苏科技译讯》，及时更新网站内容。被江苏省科协评为“江苏省科协所属省级学会深入学习实践科学发展观活动先进单位”。

辽宁省翻译学会

2009～2010年，辽宁省翻译学会以学术活动、图书出版和教育培训为重点开展学会工作。

一、学术活动

（一）2009年7月31日～8月2日，与内蒙古译协联合举办了“东北亚翻译论坛第一届学术会议”。会议通过了“东北亚翻译论坛通辽宣言”，公布了论坛的性质、任务及组织机构。

（二）2010年7月31日～8月2日，召开了“辽宁省翻译学会第28届暨东北亚翻译论坛第二届学术年会”。会议总结了辽宁省翻译学会一年来所取得的成果，布署了下一步的任务。

（三）2010年10月30～11月2日，辽宁省翻译学会与大连辽宁师范大学共同主办了“首届东北亚语言文学与翻译国际学术论坛”。来自国内外100多所高等院校、科研机构、出版单位、学术团体的专家学者出席会议，与会者围绕语言研究、文学研究、比较文学、地域民族文化等议题广泛展开讨论。会议通过了《东北亚语言文学与翻译学术论坛章程》。会议期间，辽宁省翻译学会与美国学者出版社签订了关于出版该届论坛论文集并进入世界著名检索系统 ISSHP 的合同。

二、出版成果

辽宁省翻译学会历来重视学会会员译著的出版和科研成果的发表。据不完全统计，30 年来经辽宁省翻译学会推荐或接受委托已为国内十几家出版社完成了 300 多本书的翻译工作，平均每年 10 本以上。翻译、编纂出版的大型辞书、百科全书、系列丛书达 20 几部，平均每年一部。其中突出的学会成员，每年都有一二本书出版。

（一）辽宁省翻译学会受哈尔滨出版社委托组稿翻译的火星系列丛书于 2009 年 10 月出版发行。书名及译者如下：《火星公主》（宋韵声译）、《火星之剑》（陶俊林译）、《火星大师》（董广才、郭颖译）、《火星合成人》（胡晓倩、马亚利译）、《火星战士》（荣军、李学东译）、《火星之女》（尹雅娟、张凌译）、《火星战将》（刘芳芳、徐扬译）、《火星棋士》（袁晓亮、马娜译）、《火星众神》（赵晓江、刘佳译）。

（二）辽宁省翻译学会受机械工业出版社委托组稿翻译的两套丛书于 2010 年 6 月出版发行。第一套为《中英双语典藏之走进文学世界》5 册。主编王正元、王燕。《走进加拿大文学——初恋的紫丁香》（廉运杰、邱畅译）、《走进英国文学——夜莺与玫瑰》（陈峰、孙麒、王月译），《走进法国文学——沙漠里的爱情》（刘丽英译）、《走进美国文学——教长的黑面纱》（裴瑞成译）、《走进德国文学——少年维特的烦恼》（李世琴、王迎春译）。第二套为《中英双语典藏之走进文化世界》5 册。主编王正元、曹立华。《非洲丛林纪事》（王健坤、张艳雷译）、《触摸文化七彩球》（苏杭译）、《走进好莱坞》（王娜译）、《世界明星档案》（曹立华、佟艳光译）、《欧罗巴的阳光》（张萍、郝军、杨薇译）

（三）为展示 60 年来辽宁省文学界的成就，辽宁省委宣传部决定在中华人民共和国 60 周年华诞之际，出版《新中国 60 年辽宁文学精品大系》，该书共 9 卷，其中翻译文学卷共收录英美文学 12 篇，俄苏文学 7 篇，日本文学 7 篇，法德文学 3 篇，其他国家文学 5 篇，计约 50 万字。该书于 2009 年 10 月出版，这不仅展示了辽宁文学在 60 年中的成就，也展示了辽宁翻译界的成就。

（四）2009 年 10 月辽宁省翻译学会与中央编译出版社签约将该社中文丛书《民间艺术传承人口述史》译成英文，该书参加了 2010 年 10 月法兰克福世界图书博览会。丛书分册译者分别为：李丽（《布袋木偶》），吕树宽、尹益群、张蕴宁（《世代陶人》），李欣、陶俊林（《手捏戏文》），李洁、王博（《影戏箭杆王》），曹立华、王文彬（《穿在身上的史书》），李欣、陶俊林（《哈氏风筝》），李艳华（《美善唐卡》）。

（五）辽宁省翻译学会与辽宁省高等学校外语教学研究会合作，发动省内多所院校的几十位优秀教师参与编写了由杨俊峰、魏承杰为总主编、戴炜栋为主审的《全新主题大学英语系列教材》29 册。该教材由长春出版社自 2009 年 3 月至 2010 年 12 月陆续出齐，这是辽宁翻译界近两年来的一项重大成果。

三、评奖活动

（一）辽宁省翻译学会在辽宁省作家协会的指导下，于 2010 年 10 月承担了第六届辽宁文学奖 o 文学翻译奖的评选工作。经评审，《菲利普 o 拉金诗选》（高海涛译）、《老人们和白宫》（李冬梅译）、《父亲失踪后》（王春、杨晶译）等三部作品获奖。

（二）2010 年 8 月，辽宁省翻译学会组织了学会年度优秀成果评奖活动。经评审，最终评出一等奖 3 人、二等奖 5 人、三等奖 10 人。

四、培训活动

辽宁省翻译学会于 1997 年创办辽宁省翻译学会外国语培训学校，十几年来培训英、俄、日、德、法 5 个语种、不同水平的学员达 3000 余人，为提高全民外语水平贡献了一份社会力量。

2010 年辽宁省翻译学会外国语培训学校与英国英伦国际教育集团合资经营，吸收大量资金，引进一定数量的外教，这种合作方式不仅促进学生外语水平的提高，也为向国外输送留学生开辟了道路。

南京翻译家协会

一、学术方面

2009 ~ 2010 年，南京翻译家协会积极开展学术活动，促进相关学科的学术发展。2009 年 6 ~ 9 月，协会与江苏译协合作，联合组织了“回顾与展望：江苏外国语言文学与翻译研究 60 年”主题纪念活动，主办了“建国 60 年江苏省外国语言文学与翻译研究优秀成果奖”评选活动；2010 年 9 月与江苏译协以及江苏省外国文学学会联合举办了“徐州外国文学翻译及学术研讨会”；2010 年 12 月举办了“板桥翻译年会暨学术研讨会”；2009 年和 2010 年元旦分别举办了在宁外文翻译专家联谊交流活动。以名誉会长许钧、会长程爱民为首的一批专家积极参与了国内外多项高级别专业学术会议，如 2010 年 8 月 10 ~ 11 日，许钧应邀参加了中国作家协会举办的汉学家文学翻译国际研讨会，并做了题为“我看法国文学在中国的译介”的大会发言。

此外，南京译协还积极组织会员撰写学术论文，编写专业学术著作和翻译出版各类书藉和文章。不少作品获奖，不少图书成为最受欢迎的年度畅销书。如协会理事柯平参与撰写的 The Routledge Encyclopedia of Translation Studies（《翻译研究百科全书》）第二版由国际知名学术出版机构 Routledge 出版公司出版，由常务副会长吴文智主编的系列图书获得第九届大学版优秀畅销书二等奖等。

二、社会公益活动

2009年以来，南京译协积极参加地方社会主义精神文明的各项建设活动，在建设和谐社会与文明城市活动中，积极参加市政府和社会各界组织的各项社会公益活动，为南京地区精神文明建设做出了一定贡献。在促进南京地区企事业经济发展中，南京译协发挥自己的优势，积极主动调配外语专家协助南京地区外贸、外事和文化艺术界、学术界的涉外活动开展翻译服务。特别是在南京市申请世界青奥会举办权的过程中，大量的资料翻译都渗透有南京译协众多会员辛勤工作的心血与汗水。

三、业务培训

为配合南京市紧缺人才培训项目的实施，加速南京地区高层次涉外人才队伍的建设，促进和推动本地区社会经济发展，提高对外交流服务水平，南京译协多次配合省市职能部门组织开展公务员外语培训、涉外礼仪知识培训，同时邀请有关专家在部分学校开展志愿者服务知识系列讲座，组织专家学者深入社区开展科普知识宣讲、公益辅导。如2009年8月2日，协会常务理事刘成富应南京图书馆邀请，为300余名听众作了题为“走进法国文学”的学术报告。刘成富还应邀于2009年10月13日、14日分别为南京财经大学、南京信息工程大学作了题为“法国文学与文化”的讲座，2009年11月4日为中国传媒大学南广学院作了题为“外语专业学科建设”的报告。

四、行业管理

针对目前翻译市场的不规范和翻译质量的式微，南京译协积极组织市场调研，指导翻译公司开展翻译质量跟踪服务，协助政府职能管理部门开展翻译市场的规范管理。

五、组织建设

2010年12月11日，上级主管部门批准，南京翻译家协会召开会员大会，选举产生了新的理事会及领导机构。南京大学海外教育学院院长、博士生导师程爱民任会长，许钧为名誉会长。新的理事会吸收了一批年轻专家学者为成员，为协会增添了活力。

南京译协所有成员均能积极参加各自所在单位按排的政治学习，特别是十七大相关文件的学习，与党的各项方针政策保持一致。

六、对外交流

为促进国内外学术交流，南京译协与美国、法国、日本等许多国际著名大学、学术研究机构和学术出版单位保持着良好的关系，在翻译研究、学术交流和文化出版上有很好的合作。2009年9月16日，协会领导与前来南京访问的法国巴黎政治学院代表进行了交流，并邀请客人为二、三、四年级本科生以及研究生作了专题讲座。2010年11月16~24日，协会常务理事刘成富受中国驻南非大使馆邀请，以中国非洲问题研究会副会长的身份参加了在南非举行的“纪念中非合作论坛10周年学术研讨会”，并作了题为“南非孔子学院的现状与思考”的报告。国家副主席习近平出席了此次研讨会开幕式，并在中国驻南非大使馆接见了中国非洲问题学者代表团。2010年11月6~8日，协会副秘书长刘云虹应邀赴澳门大学参加“国际译联第六届亚洲翻译家论坛”，作了题为“从林纾、鲁迅的翻译看翻译批评的多重视野”的大会发言。

内蒙古自治区翻译工作者协会

一、学术活动

2009~2010年，内蒙古自治区翻译工作者协会与自治区大学外语教学研究会联合举办过2次学术讨论会，共有18人次在会上发言，会后出版了《论文集》。据不完全统计，内蒙古译协这两年共有20多位会员在区内外各类刊物发表论文31篇，申请科研项目6项，出版译著5部，其中有4人获“内蒙古自治区人民政府哲学社会科学奖”。

2010年，协会副会长兼秘书长李卡宁翻译了美国作家哈罗德·莱姆的作品《征服世界的人——成吉思汗》，在自治区内产生了一定影响。

二、社会公益活动

2009~2010年，内蒙古译协与自治区大学外语教学研究会联合举办了两次“CCTV杯全国英语演讲大赛内蒙古初赛、复赛”等活动，参加人数达6000多人；另外还组织开展了对街头巷尾宣传广告外语用词的纠错活动，产生了积极的社会影响。

三、业务培训

2009~2010年，内蒙古译协与内蒙古大学、内蒙古师范大学和内蒙古科技大学等高等院校分别在呼和浩特、包头两地联合举办过4次小型翻译研讨会，为两地的翻译工作者和外语学习者提供了交流经验、切磋翻译技巧的平台。

四、行业管理

为贯彻落实中国译协第六次会员代表大会的精神，积极发挥自治区译协在全区翻译领域中的作用，参与行业管理，针对目前翻译市场鱼龙混杂、缺乏管理的状况，内蒙古译协重点开展了以下工作：

（一）内蒙古译协与呼和浩特市和包头市的9家翻译公司建立了联系，经常互通情况，为提高翻译服务质量、树立翻译行业品牌，从而使翻译服务行业步入规范化管理的轨道建立了基础，为指导翻译行业走上正规、良性的发展道路做了一定的工作。

（二）内蒙古译协发挥全区性组织的优势，组织盟、市会员携手开展行业调研。2009年，协会通过其自身和各盟、市会员组织等平台，提供国内外、区内外有关翻译工作者权益方面的法律法规和案例等相关信息，让广大翻译工作者了解自己的权利与义务。在翻译工作者的权益受到侵犯时，协会提供舆论和咨询支持。

五、内部组织建设

2010 年，内蒙古译协根据协会章程开展了会员的重新登记和新会员的发展工作，规范会员管理。全年共吸纳 3 家企业、26 名个人为协会会员，同时清退了 14 名失去联系的会员。

山东省翻译协会

一、学术方面

2009 年 4 月 11 ~ 12 日，中国海洋大学外国语学院和青岛市翻译协会联合举办了“翻译学学科理论系统构建高层论坛”，来自大陆及港澳 23 位著名学者与会，会议成果为论文集《翻译学理论的系统构建》。

2009 年 10 月 31 日 ~ 11 月 1 日，中国翻译协会翻译理论与翻译教学委员会和山东省译协联合主办、鲁东大学外国语学院承办了第十届华东地区翻译研讨会。来自华东地区多所院校、各省市译协的 80 余名专家学者、高校教师、博士生及硕士生参加了此次研讨会。大会围绕“翻译理论与实践：当代语环境下的系统优化”主题展开了认真的讨论。

2009 ~ 2010 年，山东省译协会长王金铃共出版了《糖都赋》、《廉政赋》、《大丈夫》、精装四卷本《虞舜大传》、《儒赋》。其中王金铃翻译的《大丈夫》是由美国著名作家欧文 · 华莱士所著。

2009 年 5 月，山东省译协会长王金铃作为代表出席了山东省社会科学界第六次代表大会。王金铃的《奥运赋》申报了山东省社科联第 23 次社会科学优秀成果评奖活动。

2010 年 5 月，山东省译协理事徐彬的《计算机辅助翻译研究》由山东教育出版社出版。此书为广大翻译服务从业人员、国内大学外语和翻译专业本科以及研究生的参考读物；2010 年 9 月，山东省译协副会长肖德法主编的《英汉语比较与翻译》出版。此书从英汉语言对比研究、翻译研究、文化与教学研究三方面进行了探讨和研究。

二、社会公益活动

2009 年 6 月 ~ 2010 年 6 月，山东省译协联合山东省政府外事办公室、共青团山东省委、山东省青年联合会开展“山东省资深翻译”、“山东省杰出（优秀）青年翻译”评选表彰活动。29 个机关、企事业、高等院校等单位共推荐上报 85 人，涉及英、韩、日、俄、法、德等 6 种语言。经严格评审，分别评选产生山东省资深翻译 8 名、山东省杰出青年翻译10名、山东省优秀青年翻译50名。

2009～2010年．为提高中国大学生韩国语应用能力，满足中韩两国交往对韩国语人才日益增长的需求，增进中韩两国和两国人民的相互了解和友谊，受中国人民对外友协委托，山东省译协继续承办第四届、第五届“锦湖韩亚杯”中国大学生韩国语演讲大赛山东赛区的比赛。在比赛中获前三名的学生在后来的全国比赛中取得优异成绩，并获得了去韩国留学的机会。

为激发高校大学生学习科技外语的积极性，提高科技外语的应用能力，2009年6月、2010年5月山东省译协协助山东省科协、山东省教育厅举办山东省（驻济高校）大学生科技外语大赛。大赛期间，还举办了大学生就业指导讲座，有关企业也到会进行观摩，并与部分参赛选手签订了招聘意向。

2009年5月，山东省译协单位会员百通思达翻译咨询有限公司与青岛大学就合作建立“就业创业见习基地”以及设立PETROSTAR翻译奖学金举行签字仪式。此次活动成功搭建了校企合作平台，激发了广大学生学习外语的热情，营造了良好的外语学习氛围，也为毕业生提供了更多的就业机会。百通思达翻译咨询有限公司还联合石油大学举办了英语辩论赛，提高了学生学习英语的热情，加深了对石油翻译的认识。

2009年5月，为进一步整合东营市翻译人才资源，选拔、挖掘和储备一批高水平、高素质的优秀翻译人才，更好地服务东营市对外开放和黄河三角洲开发建设，山东省译协单位会员东营市译协承办了“石油装备振兴杯”英语大赛。

2010年6月，为满足我国日益扩大的对外交流需求，培养高素质翻译人才，促进翻译学科建设和翻译行业的繁荣与发展，中国翻译协会、高等教育出版社联合主办首届全国口译大赛，山东省翻译协会和济南市双泽翻译咨询有限公司共同承办此次大赛山东赛区的复赛。来自全省19所高校的52名选手参加了比赛。

2010年6月，山东省翻译协会组织山东省“MTI人才培养”（Master of Translation and Interpreting）公益问卷调查活动，调查以“翻译硕士人才培养供需”为核心，以“行政事业单位”、“公司企业社会团体”、“学校”、“学生、求职者、从业者”为调查对象。活动的目的是为山东省“MTI人才培养计划和执行”提供实际数据和调查报告，充分了解用人单位、高等院校和被培训对象的现状和需求。

2010年9月，山东省译协单位会员双泽翻译咨询有限公司在山东建筑大学、天津理工大学、北京第二外国语学院等高校中开设工程英语课程。该课程的开设大大提高了应届毕业生对工作岗位的适应能力，同时也为用人单位提供了一批“有经验”的新员工。此种校企合作模式为在校学生和应届毕业生创造与社会、企业接触交流的新平台探出了一条新路。

三、业务培训

2009年～2010年3月，山东省译协与山东省翻译中心联合在济南举办第三期、第四期山东省省高级英语翻译培训班。参加培训的人员来自山东省内市政府外办，省直部门、院校及企事业单位，涉及外事、外经贸、环保、科技等领域达200多人。培训聘请了外交部翻译室、商务部的高级翻译授课。

2009年4月，山东省译协对济南市千佛山医院拟派往国外进修的20名专家进行了为期3个月的英语强化培训。

2010年8月，山东省译协组织山东省内外事工作人员参加由中国外文局主办的中译英翻译实践与策略高级研修班。

2010年10月，山东省译协派代表参加由中央编译局、福建省人民政府外事办公室、中国译协社科翻译委员会主办，福建省译协承办的第五届全国中译外研讨会。会议期间就中译外实践与理论研究、外事工作与中译外、中译外教学研究等议题与到会代表进行了广泛交流。

四、组织建设

2009年11月，中国译协第六次会员代表大会暨新中国翻译事业60年论坛在北京举行。在这次代表大会上山东省翻译协会被授予“中国翻译协会优秀单位会员”荣誉称号，济南双泽翻译咨询有限公司被授予“2009年中国翻译协会十佳企业会员”荣誉称号。

2010年9月，中国翻译协会在北京召开的2010中国国际语言服务大会上，山东省翻译协会单位会员百通思达翻译公司和双泽翻译咨询有限公司获得“2010中国翻译协会优秀企业会员”荣誉称号；同年，山东省翻译协会单位会员百通思达翻译公司高级顾问、副总经理郭书仁被中国译协授予“资深翻译家”荣誉称号。

五、行业管理

为宣传贯彻国家技术标准国际化战略、推进中国电力设计标准国际化工作，搭建标准编制单位和标准用户的沟通平台，山东省译协所属单位会员双泽翻译咨询有限公司协助中国电力规划设计协会于2010年12月22日在北京东方文化交流中心举办了“中国电力设计标准国际化工程一期成果发布会”。此次会议介绍了目前我国标准化的现状，对中国标准国际化的迫切需求及中国电力设计标准国际化工程一期成果、阶段总结和下一步工作计划。

山东省国外语言学学会翻译学专业委员会

2009~2010年，山东省国外语言学学会翻译学专业委员会全体会员在搞好翻译教学的同时，取得了比较突出的科研成果。其中包括撰写专著、教材5部，在核心期刊发表文章26篇，申请成功省教育厅、省社科、教育部、国家社科项目14项。

2010年8月，山东省国外语言学学会翻译学专业委员会主办、山东工商学院外国语学院承办了“全国翻译教学与研究论坛暨山东省国外语言学会翻译学专业委员会2010年会”。会议邀请来自南开大学、四川外国语大学、南京师范大学的著名教授作了主题报告，省内外的60余位学者参加了会议，围绕翻译专业博硕士研究生培养课程体系构建与教学研究、翻译专业本科教材、教法、课程与师资队伍建设研究、翻译实践教学创新模式探讨、翻译学研究途径新探索、翻译理论与翻译实践之关系研究、翻译学学科体系构建、文学翻译方法论与批评研究、典籍翻译方法论与批评研究、口译教学方法与模式研究等议题展开研讨。

山西省翻译协会

一、学术方面

2009～2010年，山西省翻译协会多次邀请省内外翻译专家为会员举办翻译专题报告；2010年11月13日，举办山西省首届高级口译研讨会，邀请北京外国语大学高级翻译学院（原联合国译员训练部）联合国认证译员李长栓、上海外国语大学翻译学博士吴赟为会员和高校外语教师作学术报告；围绕国际翻译日主题，举办小语种讲座。

二、社会公益活动

参加第三届“中国（太原）国际能源产业博览会”，为大会提供多语种翻译服务人员。

为发现翻译人才，推进山西省翻译事业的发展，先后举办了“外教社杯”山西省首届英语笔译大赛和第三届“卡西欧”杯英语口译大赛，大赛吸引了众多高校师生和年轻翻译爱好者，发现了一批优秀的翻译人才，个别获奖人员被政府机关录用。

三、业务培训

山西省翻译协会常务理事郭红参加国家人力资源和社会保障部与中国外文局联合举办的中译英翻译实践与策略高级研修班。

针对国家人事部组织的二级、三级翻译专业资格（水平）考试，协会为太谷威狮培训策划中心口译培训班提供师资。

四、组织建设

继续吸纳新会员，特别是稀缺语种如土耳其语、意大利语、荷兰语等的会员，建立完善的翻译人才信息库，为信息化译协打下基础。

五、基础工作

山西省翻译协会2010年编印《译协信息》24期，分发给相关业务领导、单位，相关厅局外事部门和会员，加强了与会员的联系，让社会更多地了解和认识译协组织；充分发挥现代网络的作用，在译协网站上及时发布协会活动信息，建立会员之家博客，增强了译协的凝聚力。协会还非常注重对重大活动进行及时的宣传报道，尤其是翻译大赛吸引了《山西日报》、山西卫视、山西广播电台等10多家省内媒体的关注。

陕西省翻译协会

一、学术活动

2009～2010年，陕西省翻译协会相继举办了“首届东西部文化产业论坛”、“首届陕北民歌全国译介研讨会”；编译出版了俄汉对照版《情系俄罗斯》，在人民大会堂赠送给全国政协主席贾庆林和前来参加中俄建交60周年的俄罗斯代表团。各专业委员会还分别举办了“高中新课程英语课堂教学研讨会”、协助扶风县安上村举办“第三届农民文化艺术节”、“斯诺杯翻译形象大赛”等活动。翻译出版作家张万准的《弘德集》。举办了第三届“全国大学生‘海伦·斯诺翻译奖’大赛”、“首届全国口译大赛西北赛区决赛”及陕西译协成立30周年系列纪念活动等。学术活动的开展增强了会员的凝聚力，扩大了协会的社会影响，提升了协会在会员中和各有关单位的感召力和公信力。

二、公益活动

为纪念和庆祝陕西译协成立30周年，协会自筹资金5万元，摄制电视片《三十而立》，印制纪念画册和纪念文集，组织文艺表演，邀请中国译协常务副会长唐闻生赴陕讲学，展示陕西译协30年的发展成就以及为当地经济建设和改革开放所做出的贡献。

为培养陕西外语尖端人才，陕西省译协培训中心两年来举办过10多场公开义务讲座及模拟国际会议。参加培训中心组织的全国翻译资格（水平）考试考前培训的学员超过200名。

两年来协会还组织会员利用假期到延安、榆林、汉中等地考察和义务讲学。

三、组织建设

两年来，陕西省译协新组建了“法语专业委员会”和“韩语专业委员会”。各委员会在岁末年初召开年度座谈会，总结当年工作，安排次年计划。协会与西部13个省翻译协会联合主办的两个季刊《译苑》与《中外社科论丛》均按期出版，协会官方网站进行了改版，完善了功能，扩大了信息量。两年来协会新入会会员53人。

四、对外交流

为纪念中俄建交60周年，陕西省译协在省作协的支持下，编译出版了大型纪念文集《情系俄罗斯》（俄汉对照），该书主编陈孝英因此获得俄罗斯“契诃夫文学奖”。

这是该奖第一次颁发给中国翻译家。

2009~2010年，旨在把陕西优秀文学作品推向世界的SL OT计划得到长足发展，不仅翻译出版了陕西作家张万准的《弘德集》，而且完成了陕西20部优秀短篇小说的翻译，译稿已送国务院新闻办中国图书对外推广计划办公室，即将在国外出版。2009年，协会还启动了“中美教育双向交流活动项目”，组织会员赴美教授汉语，邀请美国专家来陕义务讲授英语。

五、基础工作

为丰富协会活动内容，构建和谐的精神家园，增加协会的凝聚力和感召力，在做好各项重点工作的同时，陕西译协每年年底均召开常务理事会，每季度召开秘书长联席会议，每年春节前均组织人员慰问协会名誉会长和相关领导，各委员会均在年底前召开年度座谈会。另外，协会积极配合中国译协开展资深翻译家候选人推荐活动，参加中国译协举办的各项学术活动和翻译竞赛以及全国各地有关学术交流活动。

上海翻译家协会

一、学术研讨

上海翻译家协会（简称“上海译协”）始终以学术研讨为重点，积极开展各类学术活动。2009~2010年，协会主办了“纪念果戈理诞辰200周年学术研讨会”、“纪念著名诗人丁尼生和爱伦坡诞辰200周年暨诗歌学组专题研讨会”、“钱春绮文学翻译学术研讨会”、“戈宝权先生逝世10周年座谈会”、“冯春普希金文学翻译研讨会”、“纪念列夫·托尔斯泰逝世100周年学术研讨会”、“《外国文学鉴赏辞典大系》出版座谈会”、“纪念马克·吐温逝世100周年学术研讨会”等，协会还举办了第18、19届“金秋诗会”、青年翻译家沙龙和德语、法语等专业学习组的活动。

两年中，协会还积极参加了与翻译相关的各类活动。参加了“纪念世界文化名人肖洛姆·阿莱汉姆诞辰150周年座谈会”、“中国俄语年在华师大系列活动启动仪式”、“资深翻译出版人出版精神座谈会”、“第九届华东六省一市翻译研讨会”、“萧乾先生诞辰100周年纪念座谈会”、“《大海的激荡，人类的追求——世界百位名人谈上海世博》一书首发仪式等，参加了中国现代百科全书事业的奠基人、著名翻译家、编辑出版家姜椿芳手稿入藏上海图书馆中国文化名人手稿馆等活动。

2009年9月，由上海市文联主办、上海翻译家协会和上海外国语大学高级翻译学院承办的《东方翻译》创刊。翔实丰富的内容和明晰的风格定位使杂志在翻译学术界所产生的影响力逐步扩大。

学术活动推进了翻译理论与实践的深入探讨，也加深了会员之间的交流，加强了协会与兄弟单位之间的联系。

二、公益活动

在2010上海世博会开幕倒计时之际，由上海市文联和市教委共同主办，上海市翻译家协会、市艺联和上海高校外国留学生教育研究会联合承办的“留华梦·世博情”——上海外国留学生中华才艺展演活动，分别于3月19日和4月16日在上戏剧院进行了决赛和展演仪式。活动吸引了沪上20余所高校、来自五大洲50个国家近200位外国留学生踊跃参与。经过专家评委对各高校选送的42个节目的评审，共有3个节目获得一等奖、7个节目获得二等奖、10个节目获得三等奖。决赛和展演活动结束后，部分获奖节目还参加了各类世博演艺活动。

本着发现和培养更多翻译新人，推进我国文学翻译事业的繁荣发展，协会在2009~2010年间，继续举办了第五、第六届CASIO杯大学生影视翻译配音邀请赛和第六、第七届CASIO杯文学翻译竞赛。

上海译协和上海电影译制厂联合举办的影视翻译竞赛活动吸引了沪上10余所高校学生的积极参与，CASIO杯文学翻译竞赛的参赛规模也逾千人，两项赛事产生了良好的社会效应。

协会还积极配合市级法院机关，就“翻译作品合作作者署名顺序问题”提供咨询服务。

2010年，协会和上海市政府新闻办、上海申通地铁集团联合主办的“穿越时空·激荡心灵——中外诗歌进地铁”活动，赋予了上海城市文化的独特魅力。

三、业务培训

近年来，协会所属上海世博翻译进修学院开设的《商务口译》和《联络陪同口译》等课程深受欢迎，学院为干部教育中心设置的专业外语培训课程也得到了市领导及有关单位的好评和肯定。学院为社会提供的外语培训也获得了良好的社会和经济效益。

四、行业管理

上海译协认真履行中国翻译协会布置的有关工作，积极参加中国翻译协会第六次会员代表大会暨新中国翻译事业60年论坛；组织推荐中国资深翻译家候选人。同时，协会还积极加强同沪上翻译行业的交流，联合举办提高专业服务水平的专题研讨活动。

五、内部建设

上海译协注重加强协会组织建设和内部管理工作。2009年9月，协会组织召开了第五次会员代表大会，选举产生了新一届理事会。两年来，协会共组织召开了8次常务理事会和5次理事会，部署落实和汇报总结协会各项工作；协会还注重加强新会员的发展工作，19名新会员加入到翻译家行列，使译协会员队伍持续壮大。

2009~2010年，协会还组织译协主席团成员及年轻会员参加上海市文联举办的双月学习会、组织译协文联委员专题学习会，组织召开2009、2010年译协全体会员新春联欢会，向赠送书籍给协会的译协会员授予荣誉证书。

六、对外交流

2009年12月，上海翻译家协会与来访的日本关西翻译与陪同协会进行了座谈交流。双方介绍了各自协会的成立、发展及现状，上海译协还展示了部分会员翻译的作品。大家就中日文化交流的话题展开了热烈讨论，并希望通过此次座谈，能够进一步加强两国翻译协会之间的交流与合作。

七、其他方面

服务、关心会员是译协日常工作的一个方面。为使翻译家更多地了解世博、参与世博，协会积极组织会员参观2010年上海世博会展示中心，通过环幕影视厅、特效模型、虚拟电子图书、特效影视厅等多媒体手段了解上海世博会的基本概况。此外，为丰富会员活动，协会还组织翻译家到南汇古钟园、鲜花港农业区进行文化采风。

为更好地向广大会员提供优质、完善的服务，协会还与上海市文学艺术家权益维护中心联合举办“文学翻译与维权专题研讨会”，聘请专业律师就翻译作品著作权保护的相关问题进行深入讲解，并对会员提出的维权诉求进行协调。

元旦春节期间，驻会干部走访慰问受中国译协表彰的资深翻译家，拜访译协老领导和协会主席团成员。平日，驻会干部还对生病住院的老翻译家们进行走访慰问。

出版通讯、杂志，网站报导活动是协会宣传工作的主要抓手。两年来，协会出版了8期“上海翻译家”通讯，6期《东方翻译》杂志，不断充实更新译协网站，有关活动信息及时上报中国翻译协会网站。

协会继续做好译著藏品库征集活动。两年来，共收到会员赠送的翻译译著160部，协会译著藏品库收藏书籍逾千册。

为发挥专家协会作用，协会还积极为百余家企事业单位和个人提供翻译咨询服务，收到良好的社会效益和经济效益。

为加强和完善会员管理，协会还对会员信息资料库进行了维护和更新，完善了译协会员信息管理系统。

上海市工程翻译协会

一、学术活动

2009年11月15日，在上海市科学会堂举行“2009上海市工程翻译协会学术交流会”，9位发言者从不同的视角和侧面简要地介绍了相关工程领域的最新概念、最新技术发展现状和工程应用，并结合个人的翻译实践和专业理解阐述了如何提高译文质量的体会。

2010 年 5 月 23 日，邀请中国工程院院士、上海东华大学教授、协会名誉顾问郁铭芳作题为“化学纤维科学前沿”的学术报告。同时还邀请中国科学院上海硅酸盐研究所原副所长王永龄作题为“功能陶瓷及其应用”的报告。60 多位会员出席了报告会。

2010 年 10 月 24 日，在上海科学会堂多功能厅举行科技报告会，邀请徐寿研究会副理事长徐泓作题为“中国近代科技引进与翻译”的学术报告。上海工程译协副理事长宋新新、中科院上海硅酸盐研究所在职博士生翟万银分别作题为“现代造船技术与工程翻译”、“干细胞与诱导型干细胞及其应用”的报告。

二、翻译与出版

由上海工程译协组织 14 位德语资深译员担任翻译、中国造船工程学会《船舶工程》编辑部和上海交通大学出版社从德国海港出版社联合引进的《船舶工程技术手册》中文版于 2009 年 11 月出版。该书是船舶工程领域内的技术专著，在国际船舶工程界具有重要的影响。

上海工程译协组织人员先后完成“蓝宝石”图书英译中一本共 500 页、能源管理人员专业培训教材日译中三本共 1500 多页的翻译任务，得到了客户的认可。

积极参与《中国翻译年鉴 2007～2008》上海市工程翻译协会章节的编撰工作。

三、社会公益活动

2010 年 4 月，青海省玉树县发生 7.1 级地震，上海工程翻译协会开展捐款活动，为抗震救灾尽绵薄之力；积极参加中国译协组织的资深翻译家表彰活动，2009 年推荐了吴嘉森、沈志通为受表彰的资深翻译家候选人，经中国译协五届十二次常务会长会议审议，两位同志被授予“资深翻译家”荣誉称号；定期举行庆祝国际翻译日活动及协会联谊活动；协会会员作为志愿者服务上海世博会。

四、基础工作

定期召开常务理事会，讨论并决定协会重要事项；按照上海市民政局、市社团局的规定按期完成协会年检等工作：举办计算机辅助翻译软件“Trados”培训班，为协会部分会员进行培训；编辑出版会刊《上海工程翻译通讯》共 4 期。

上海市科技翻译学会

一、学术交流

上海市科技翻译学会充分利用自身资源优势，结合迎世博等活动，举办各类翻译学术交流活动。

2009 年 12 月 5 日，学会协同上海海事大学组织召开“中国英汉对比与翻译学科建设高层论坛”。学会理事长左飚主持开幕式并作大会发言，常务理事、上海海事大学外国语学院院长毛立群主持闭幕式，常务理事、同济大学外国语学院教授李梅及部分理事会成员、会员出席了论坛。

2010 年，学会在上海大学外国语学院召开《上海翻译》创刊25 周年座谈会，来自北京、上海、苏州等地专家、学者与会；组织迎世博系列讲座：“英汉对比与翻译”、“解析口译翻译的两条根本原理”、“翻译质量的判定及其检定”、“翻译口译标准及其思维考量”等，内容涵盖中外语言比较及翻译标准、原则、质量判定标准和思维考量等；举办与世博会有关的学术沙龙活动等；与上海交大昂立新日语学院、卡西欧（上海）贸易有限公司和沪江网等单位共同主办全国性日语口译竞赛活动 4 次。

二、翻译咨询

两年来，在广大会员的支持与配合下，学会翻译服务部拓宽了翻译渠道，提高了翻译质量，积累了丰富的经验，逐步形成了一支在科技翻译方面颇具实力的翻译队伍，得到客户好评。在科技资料方面，翻译涉及的专业面广，语种包括英、日、德、俄、法、西、印尼、意、韩、越等 10 余个语种。

在翻译咨询活动中，学会积极参与“2009 年中国翻译服务产业论坛暨全国第七届翻译经营管理工作研讨会和全国首届翻译编辑工作研讨会”和“纪念全国翻译产业创立 10 周年暨中国文化走出去翻译研讨会”，并在会上发表了题为“架好中国思想文化走出去之桥——谈对外传播图书的翻译”等主题发言。在这项活动中，学会主动参与行业翻译服务等活动，在翻译领域发挥了行业的领军作用。

三、组织建设

根据《上海市科学技术协会关于学会理事会换届工作的暂行办法》的有关规定，学会在完成换届改选并组建七届理事会后，着手领导班子建设，成立了六部一处一室（组织联络部、学术部、教学部、宣传部、翻译服务部、财务部、秘书处、办公室），修订并完善学会各类规章制度，实现学会工作制度化和规范化。

四、基础工作

两年来，学会注重各项工作的基础建设，组织召开常务理事会会议 5 次、理事会会议 4 次、会员大会 2 次、新会员座谈会 2 次。此外，还配合中国译协开展资深翻译家表彰活动，更新学会网站等。

上海市外事翻译工作者协会

一、服务世博

根据上海市有关部门的统一安排，上海市外事翻译工作者协会领导和会员先后参与接待了政要团组50余批、世博会开幕式期间国家领导人欢迎仪式和中外双边会谈的组织安排、“国际参展商进社区”的口译工作以及世博有关文件、资料的笔译共计28万余字。

向世博会推荐了140余名各语种的翻译、接待人员，其中小语种翻译16名；数10名会员参加世博志愿服务，年龄最大的是一位72岁高龄的老会员。协会荣获中共上海市委、市政府颁发的“上海世博工作优秀集体”称号。一批会员被评为“优秀个人”或受到“嘉奖”。

二、翻译咨询

以服务世博为契机，协会的翻译服务有新拓展。2009年底，协会搬迁新址，在办公条件得到改善的同时，迅速适应新环境和业务衔接，保证了翻译业务量稳中有升。如参与上海市长国际咨询会议的翻译、会务工作，受到相关部门的好评；翻译了《领馆事务效率手册》、高级法院典型案例以及大量诉讼文件和公司文件、外国官方文件、境外律师文件等。2009年口译、同传达750人次，笔译1500余万字；2010年分别较同期增长6%和7%。

三、学术交流

协会积极参加地区和全国性学术活动，如2009年中国译协第六次会员代表大会暨新中国翻译事业60年论坛、2010年中国国际语言服务行业大会暨大型国际活动语言服务研讨会等。

2009~2010年，协会的英语、法语、日语、俄语、德语等学术小组平均每季度开展一次活动，内容有经验交流、翻译信息、专题研讨等，学术含量较前有所提高。活动形式生动活泼，英语小组邀请译界的行家到会讲课；法语组请组内老同志传经；日语组与访沪的日本学者共同举办诗歌研讨会；俄语小组积极参与“俄语年”活动。协会举办了会员论坛，请原市政府外办翻译室副主任、现在联合国担任翻译的周晓峰作《我们的外事翻译之路》的讲演；协会还组织编印了各语种的《金融词汇》。这些学术活动和资料受到广大会员的欢迎。

四、协会建设

协会建设的重点之一是吸纳人才，开始组建外事翻译的“人才库”。在原有队伍的基础上，吸收更多高水平的外语翻译，包括外企、高校、海归人才，逐步实现翻译队伍年轻化。两年中，经调查筛选、座谈研讨，选出翻译骨干140名，吸收新会员52名。

协会建设的重点之二是加强协会内部管理，逐步完善人员配备，改善工作流程，健全工作制度，推进翻译咨询服务的标准化、规范化、效率化，以提升协会的综合实力。

五、服务会员

两年来，协会在做好“服务世博”等各项工作的同时，继续加大“服务会员”的力度，如支持学术小组形式多样的活动；举行“迎国庆、迎世博、纪念国际翻译日”歌咏会；为2009~2010年被中国译协授予“资深翻译家”荣誉称号的6位同志举行颁证表彰活动；在繁忙的工作中组织了4次参观游览活动，与上海国际旅行社联手组织50多位会员参加“台湾8日游”。同时根据广大会员的需求，酝酿举办“翻译论坛”和“会员沙龙”的活动，以利于会员间的交流互动，进一步加强协会的凝聚力营造团结和谐的氛围。

深圳市翻译协会

一、学术方面和对外交流

深圳市翻译协会为促进深圳市翻译行业的平稳发展和翻译水平的不断提高，组织会员积极参与国内外各种学术研讨和交流活动。

（一）派员参加中国译协在京举办的“2010中国国际语言服务行业大会”，协会会长王宗维在会上作主旨发言，介绍了深圳市国际语言服务的现状和规划以及深圳市规范公共场所国际语言的做法；

（二）在中国译协网站上组织专版，报道了深圳翻译协会在深圳市规范公共场所双语标志方面的做法及影响；

（三）派员参加在澳门举办的“国际译联第六届亚洲翻译家论坛”，向大会介绍了深圳市在规范国际语言服务和构造国际大都会语言环境的实践；

（四）2009~2010年，深圳市翻译协会相继举办了“深圳市公示语现状和纠错”、“翻译行业盈利模式”，“大型外事活动翻译服务”等调研活动。

二、社会公益活动

深圳市翻译协会所从事的另一项工作是为市民和政府提供公益性服务，尤其是大型外事活动的国际语言服务，其中包括：

（一）2010年8月，胡锦涛主席参加深圳经济特区建立30周年庆祝大会的同声传译和全部翻译工作；

（二）2010年11月在深圳举办的联合国科教文组织城市创意大会同声传译和全部翻译工作；

（三）2010年5月召开的深圳市人民代表大会同声传译和全部翻译工作；

（四）上海世博会深圳馆同声传译和全部翻译工作；

（五）2010中国（深圳）国际工业博览会同声传译和全部翻译工作；

（六）第12届中国国际高新技术成果交易会同声传译和部分翻译工作；

（七）2010中国（深圳）国际文化产业博览交易会同声传译和部分翻译工作；

（八）为做好2011年在深圳举办的世界大学生运动会的接待工作，协会经研究，制定了“2011年世界大学生运动会接待方案”，并提供给市政府外办作为参考；

（九）协会提出的“深圳市民讲外语”活动方案和建议，经市政府外办研究修改后上报市政府，引起了中共深圳市委和市政府领导的重视，并决定在全市开展这一活动；

（十）深圳市译协联合深圳市大专院校和市内翻译企业，在中国（深圳）第六界国际文化产业博览交易会上，举办了“深圳翻译成果展”。展览以“精译求精”为主题，图文并茂地展示了深圳翻译界进取奋进的风貌，为深圳市的文明建设以及国际语言环境建设起到了积极的推动作用；

（十一）深圳市译协在市内多个地点开展了多语种的“外语角”活动，参加人数已达数千人；

（十二）2010 年深圳市翻译协会参与了中国译协资深翻译家表彰活动，经中国译协审批同意，由深圳市译协推荐的深圳大学教授河道宽被授予“资深翻译家”荣誉称号。2010 年协会还评选出了思迪软件等 10 家优秀翻译企业。

三、业务培训

（一）翻译行业发展离不开高端翻译人才的不断涌现。深圳市翻译协会是“全国翻译专业资格（水平）考试指定培训机构”，与深圳大学、深圳高级职业技术学院、深圳赛格人才培训中心等教学、科研、培训机构，分别建立长期的合作关系，举办了英语二、三级口笔译考试培训班和翻译考试词汇班。深圳大学、深圳高级职业技术学院派出优秀的教授和专家为学员授课，为推动翻译人才的培养做出了重要的贡献。

（二）由深圳市翻译协会举办的“深圳翻译协会日语沙龙”通过两年多的努力，影响力得到了极大提高，人员不断壮大，水平不断提高。迄今为止，已举办了 34 期，参加人数数百人。沙龙讨论国内外经济发展的各类焦点问题，以及日语翻译当前面临的各种新词汇、新用法等，充分发挥学术交流和提升深圳日语水平的作用。

四、基础工作

深圳市译协在 2010 年对会员档案进行了整理和分类，调整了内部机构以适应各类会员的需求，完善了《会员管理服务制度》。

四川省翻译工作者协会

一、学术方面

（一）创办《译苑新谭》

为了促进翻译学术交流，提高翻译水平，繁荣翻译事业，四川省译协于 2009 年创办了学术性、非营利性辑刊《译苑新谭》，面向全国广大翻译研究者、翻译工作者和翻译爱好者，暂定每年出一辑。栏目设有理论篇、科技篇、文艺篇、口译篇、技巧篇、批评篇、综合篇等。目前已出版两辑，其中有近一半是各级立项科研成果。《译苑新谭》上发表的论文，由专家评选出一、二、三等奖，并在每当年的四川省译协学术年会上颁发获奖证书。

（二）成立经贸外语研究中心

2010年11月18日，四川省译协成立了四川省译协经贸外语研究中心，已开始工作，力争一二年后出研究成果。

二、社会公益活动

（一）举办系列讲座

2010年12月20日，四川省译协与成都语言桥翻译有限公司商讨决定，2011年语言桥与四川省译协携手合作举办《职业翻译与翻译职业》系列讲座30场。针对全省高等院校外语专业学生，推动翻译职业化进程，帮助学生了解职业翻译的现状与未来，培养职业翻译所需的技能和素养，为学生就业指引方向，鼓励学生积极参加国家人事部的翻译资格证书考试，通过协会与校企合作，探索高校人才培养与市场接轨的模式与方法。

（二）赞助口译竞赛，支持创办翻译工作室

2010年4月15日，由电子科大通信学院主办、四川省译协和成都通译公司协办的“科技翻译口译竞赛”在电子科大清水河校区举行。赛前，四川省译协和成都通译翻译公司派出翻译专家给参赛学生作指导，以便他们在口语竞赛中发挥出高水平。赛后，成都通译翻译公司还向通信学院提供资金，支持建立了“翻译工作室”。

三、建立实习基地，培养翻译人才

2009年5月8日，四川省译协领导张梦太、黄开敬、连真然等在成都博语思创翻译公司举行了四川省译协翻译实习基地授牌仪式。之后，实习基地先后与四川大学外国语学院、电子科大外国语学院、西南财经大学外国语学院、西南民族大学外国语学院、川师大文理学院外语系、川外成都学院西语系、西南大学外国语学院、重庆工商大学外国语学院等省内外8所高校与四川省译协翻译实习基地签约，定期或不定期送外语专业学生来基地实习，实施校企结合，培养翻译人才。翻译实习基地要专门安排翻译经验丰富的老师对实习学生进行具体指导，提高他们的翻译实践技能。

天津市翻译工作者协会

一、学术活动

天津市翻译工作者协会把营造浓厚的翻译学术氛围作为协会工作的出发点，坚持开展学术交流，增强协会凝聚力和活力。2009~2010年，先后邀请国内、河北省内知名学者、资深翻译家举办了多次专题学术报告会。报告会内容丰富、实用性强，在高校学生、外语教学及翻译工作者中产生了较大影响，受到了社会的好评。

天津市翻译工作者协会还组织天津高校外语领域学者在天津各高校进行论文巡讲。两年来，来自天津14所高校22名专家在10所高校进行了论文巡讲。论文主题覆盖了外语理论、翻译实践和外语教学等诸多领域，天津的学者们、师生们通过这个平台相互了解，沟通，促进了彼此的合作。

天津市翻译工作者协会还成立了天津市大学艺术团（天津翻译协会演出团），以宣传中国文化为宗旨，以天津市设有汉语教学中心的外国留学生为演出对象，通过配以英文主持和解说的中国民乐演奏，民歌、京剧演唱等形式，宣传中国文化，增进中外友谊。

二、社会公益活动

2009年1月19日，为加强校企合作，天津市翻译工作者协会帮助天津财经大学人文学院外语系与中国对外翻译出版公司签订翻译实习基地协议；2009年4月2日，天津市翻译工作者协会帮助天津财经大学人文学院与元培世纪（北京）教育科技有限公司共同设立"天津财经大学翻译实习基地"，并签署相关协议，落实了天津财经大学人文学院外语系的实习任务，有效增强学生的翻译技能，丰富学生的行业经验，并以此为基础逐步建立双方在课程培训等其他相关领域的友好合作关系。

为表彰老一代翻译工作者，2009年向中国译协推荐了1名资深翻译家人选，获得批准。

三、翻译服务

2009～2010年，天津市翻译工作者协会向社会提供优质翻译服务，为政府部门、企业、科研院所等翻译各种外文资料，种类涉及说明书、工程标书、宣传册、会议文件等，专业范围包括机械、电子、石油化工、农林、交通路桥、旅游、金融、经贸等，为天津市社会经济发展做出了积极贡献。特别是为奥组委翻译赛后文件近40万字，受到奥组委专家的好评。

四、组织建设

为发动天津各高校外语院系领导和学者积极参与、策划、组织天津翻译协会各项学术活动、比赛和培训，协会成立了天津市翻译工作者协会理事会核心小组（即常务理事会扩大会议，成员包括天津各大学外语学院主要负责人和学科带头人），定期召开会议，成为天津市翻译工作者协会强有力的工作班子，使天津市翻译工作者协会更加具有凝聚力和号召力。

天津市翻译工作者协会积极参加天津市社会科学联合会的各项活动，2009年7月，天津市翻译工作者协会获天津市社会科学联合会"2007～2008年度先进学会"荣誉称号，天津市翻译工作者协会常务副会长张金桐、常务副秘书长洪涛、文艺翻译委员会副主任孙建成获天津市社会科学联合会“2007～2008年度先进工作者”荣誉称号，天津市翻译工作者协会语言学与教学委员会副主任丁素萍荣获天津市社会科学联合会2007～2008年度优秀成果奖。

天津市翻译工作者协会每年表彰年度先进干事和优秀译者，孙建成、温秀颖、郭红、葛亚军、孟繁礼等十多位同志荣获优秀译者光荣称号，王立松、殷茵、叶丽文等八位同志荣获先进干事光荣称号。

五、基础工作

天津市翻译工作者协会利用协会网站对协会的性质、社会职能、活动信息及翻译、外语知名专家学者进行了及时且有特色的报道，起到了桥梁和窗口的作用。网站内容及时更新，加强与广大会员，尤其是理事、常务理事的沟通联系。此外，协会围绕国际翻译日主题，开展广泛宣传，扩大了翻译界的社会影响力。

武汉翻译工作者协会

一、学术活动

湖北、武汉译协举办学术交流、专题研讨会10场，参加人次达3000余人。2009年6月，湖北、武汉译协与武汉科技大学共同举办“2009年中部地区翻译理论与教学研讨会”，来自北京、上海、湖北、湖南、广东、河南、广西、江西、安徽、四川10个省市100多名专家学者赴会。2010年6月，湖北、武汉译协与襄樊学院联合举办“2010年中部地区翻译理论与教学研讨会”，邀请北京、上海、江苏、湖南、广东、福建、江西、安徽等省市专家来武汉与湖北地区50多所高校外语院系120多名教授学者交流研讨。

二、社会公益活动

为强化全民外语教育素质，提高外语交流水平，促进湖北经济发展和国际交流，营造深层次对外开放的软环境，推出“中部崛起”所急需的外语翻译人才，湖北省翻译工作者协会、武汉翻译工作者协会联合举办第16、17届湖北省外语翻译大赛。本项活动历时26年，参赛者逾20多万人，是湖北省最权威、最专业、最具品牌价值的年度翻译赛事。2009年、2010年两年参赛人数达2万多人。

为强化青少年儿童外语教育素质，提高青少年儿童英语口语水平，营造湖北、武汉城市对外开放和海内外文化交流的外语氛围，推出与国际接轨的新一代青少年外语人才，湖北省翻译工作者协会、武汉翻译工作者协会联合举办第11、12届青少年儿童英语大赛。2009年、2010年两年参赛人数达1万多人。

三、翻译产业

2009年，由中国翻译协会翻译服务委员会、中国编辑协会翻译编辑专业委员会主办，湖北省译协、武汉译协协办的2009中国翻译服务产业论坛暨全国第七届翻译经营管理工作研讨会、全国首届翻译编辑专业工作研讨会在湖北武昌举行。中国译协顾问宋书声、常务副会长赵常谦、副会长尹承东，中国编辑协会会长桂晓风，湖北省译协会长何世平、副会长兼秘书长吴晓云以及全国翻译界、出版界专家教授和翻译公司总经理等160多人出席会议，就中国翻译产业和出版产业发展战略的新思路、新理念、新模式及运作实务的新信息、新经验、新成果进行交流研讨。

四、基础工作

湖北省译协、武汉译协于2009年12月18日在武汉大学外语学院召开湖北省译协、武汉译协第六届理事会。大会审议通过了湖北省译协、武汉译协工作报告，选举产生湖北省译协、武汉译协第六届理事会及领导机构，湖北省人大常委会外事委员会主任委员何世平任湖北省译协会长，吴晓云任武汉译协会长。大会还向被中国译协授予"资深翻译家"荣誉称号的代表颁发了荣誉证书。

湖北、武汉译协在积极开展多样化学术交流活动的同时，认真做好基础工作。湖北、武汉译协每年举办2次常务理事会议、1次理事会及会员代表大会，1次新春联谊会。每年湖北、武汉译协秘书处组织专人对译协的顾问及老专家进行慰问。

西安翻译协会

一、学术交流

（一）2010年9月17日，西安翻译协会和西安翻译学院应西安市科学技术协会的邀请参与了西安市第七届学术金秋活动，学院组织优秀师生50余人参加了开幕式。

（二）2009年，西安翻译学院积极组织在校专职教师以及兼职教师撰写论文。一年内，涌现出大量优秀论文，其中110余篇发表于各大刊物。

（三）2009年为响应中共西安市委宣传部《关于认真组织做好西安市纪念新中国成立60周年征文活动的通知》，在西安翻译学院内征集稿件共计2000余篇，经过学院及西安译协的精心筛选，向市委宣传部报送优秀征文20篇。

（四）2009年，作为中国翻译协会的单位会员，协会积极参与了《中国翻译年鉴2007～2008》的编撰工作。

（五）2009年5月，中国译协副会长、西安市科协副主席、西安翻译协会副理事长兼秘书长、西安翻译学院院长丁祖诒创办"终南学社"。学社现已开办"终南文化网"和"终南大讲堂"，编辑出版了《终南文化》杂志，为学术、文化界人士提供交流的平台。下一步还将推出《终南文库》。目前来院做学术报告的有贾平凹、孙皓晖、赵馥洁、李浩、李利安、尤西林、刘梦溪等专家学者。

（六）西安翻译学院拥有自主刊物《西安翻译学院学报》，为学院有志于从事教学、科研、管理的研究者提供发表学术论文的园地，也为我国从事高等教育、民办高等教育研究的专家、学者，提供交流的平台。

二、对外交流

2010 年 2 月 9 日，由陕西省对外友好协会组织的“陕西省大学生赴日交流访问活动”正式启动，西安翻译学院派出 5 名优秀学子作为代表参与了这次中日文化交流活动；12 月 14 日，日本亚洲文化交流协会代理理事长小井手浩树、代表理事中村由美子一行 4 人访问西安翻译学院。

三、社会公益服务

（一）西安翻译协会积极参加西安市科协组织的“科技之春”大型科普活动。

（二）继 2008 年、2010 年西安翻译协会先后组织编撰《迎奥运西安市民英语 100 句》和《迎世博西安市民英语 100 句》之后，西安翻译协会又积极组织英语专家、教授汇编成《迎世园西安市民英语 100 句》，并印刷 5000 余册面向社会免费发放。

（三）2010 年 11 月 10 日，西安市公共场所中文名称英译专家委员会在西安成立，西安翻译协会副理事长、西安翻译学院外国语学院院长姚宝荣，西安翻译协会常务理事、西安翻译学院外国语学院副院长冯伟年被聘为专家委员会成员。此次活动是为迎接“2011 年西安世园会”，加快实施公共场所语言文字和公共标识规范治理工作，优化城市双语环境的重要举措。

（四）两年来，西安翻译协会副理事长兼秘书长、西安翻译学院院长丁祖诒应扬子网、新浪网、搜狐网、华商网等全国各大网站的邀请，就如何提高民办高校教学质量、民办教育、高考、高校招生、就业等话题接受访谈。他还先后在北京民办教育国际研讨会、中国科协年会、中国西部论坛等重大活动上发表主旨演讲，并在《环球时报》、《扬子晚报》、《西安晚报》、《陕西日报》、《华商报》等媒体发表文章。

四、业务培训

2009 年西安翻译学院在陕西、河南等 6 省成功进入二本招生，招收了一批品学兼优的学生。两年来，西译选手荣获全国性奖赛冠军 5 项、亚军 3 项以及地区和省级奖赛冠军 23 项，展现了西译学子的综合实力。2009 年 6 月，西安翻译学院成为 2009 年新增学士学位授予权单位。具有学士学位授予权的专业 8 个。2010 年 4 月，西安翻译学院毕业生就业率已达到 85% 以上。

五、协会建设

（一）2010 年 6 月 9 日，西安翻译协会第四届会员代表大会在西安翻译学院召开。

大会最终选举产生西安翻译协会第四届理事会成员56人、常务理事23人。在随后召开的第一次常务理事会上，选举产生了新一届领导机构。

（二）西安翻译协会建立并健全了规范的工作制度，坚持每年召开一次理事会议。

（三）西安翻译协会在会员信息登记方面实行“四有”方针，即有姓名、有工作单位、有详细住址、有联络电话。

（四）西安翻译协会下设8个学术委员会，要求每个委员会都做到每年“三个一”，即：一个工作计划、至少组织一次学术活动、一个工作总结。

（五）协会定期编发内部刊物《西安译讯》，为协会会员交流和学术活动起到了推动作用。

（六）西安翻译协会积极为会员提供各项服务并向中国译协推荐资深翻译家候选人人选。

六、工作创新与荣誉

2010年2月25日，西安市科学技术协会七届八次常委会、七届五次全委会召开，会上授予丁祖诒“学会工作突出贡献奖”荣誉称号，西安翻译协会也荣获“三星级学会”荣誉称号。

西藏翻译工作者协会

2009~2010年，西藏翻译工作者协会在自治区党委、政府的正确领导下，坚持以邓小平理论和“三个代表”重要思想为指导，认真贯彻落实科学发展观和党的十七大精神，坚持新时期西藏工作指导方针，在业务主管单位自治区编译局党组的领导下，在自治区民政厅民间组织管理局的监督指导下，全体会员共同努力，与时俱进，务实创新，使协会工作取得了一定的进展。

一、协会围绕中心，服务大局

协会会员和各级翻译工作者在维护西藏自治区稳定和发展中发挥了不可替代的作用。2009年是西藏继续大力推进经济社会大发展，巩固稳定成果的重要一年。协会会员和广大翻译工作者紧紧围绕这一大局和中心工作，在各级党政部门的公文翻译，新闻影视翻译，教材教参、科普读物翻译等方面，做出了积极的贡献，特别是全区有40多位协会会员及翻译工作者投入到了寺庙教育工作，既承担了大量的寺庙法制宣传教材翻译任务，又直接参与了对僧人的面对面教育。据初步统计，全区各级翻译部门和参与寺教翻译人员2009年一年承担寺教材料的翻译任务达70多万字。

二、学术活动

1. 2009年，中国译协民族翻译委员会向各成员单位发出《关于开展第六次全国民族语文翻译优秀论文评奖活动的通知》。西藏译协及时向区内各地市翻译协会、编译室（局）、藏语委办、西藏译协各成员单位、理事进行转发，在规定时间内，共收到参评论文23篇，经专家审读、评议，西藏译协三届六次常务理事会议最终确定18篇论文参评“第六次全国民族语文翻译优秀论文评奖活动”。

2009年8月，由西藏译协副会长兼秘书长洛桑土美带队的6名西藏译协代表参加了在广西桂林举行的第十三次全国民族语文翻译学术研讨会。会上，由西藏译协推荐的18篇参评、参会论文中，由西藏社科院贡却加撰写的《语境与翻译关系新探》、由西藏大学文学院格桑更堆撰写的《略谈章加．若比多吉的翻译思想》、由西藏大学文学院语言研究室次登多吉撰写的《浅析<米拉日巴传>汉译本中的错译及纠错法》等三篇论文分别获得了二等奖；由西藏自治区教材翻译中心旦增曲扎撰写的《论符号学方法解决文学翻译中的文化障碍》、由西藏自治区党委办公厅编译室洛旦撰写的《文学道情歌词与格言翻译述略》等两篇论文分别获得了三等奖，是此次会议参评参会论文最多，获奖最多的一个省区，受到中国译协会长刘习良、常务副会长唐闻生及中国译协民族语文翻译委员会领导的高度评价。

为不断提高翻译质量，更好地为各级党委和政府服务，为广大农牧民群众服务，为西藏跨越式发展和长治久安服务，经西藏自治区编译局党组批准，西藏译协于2010年9月7~8日在拉萨召开了第二次西藏自治区藏汉文翻译学术研讨会。来自区内各地市编译部门领导和区直各有关部门的专家、学者，以及全区50多个县的翻译骨干，自治区译协理事等共计160多人参加了研讨会。研讨会共收到论文55篇，经评审，共评选出一等奖2篇、二等奖4篇、三等奖9篇，会上对获奖者进行了表彰。

三、社会公益活动

积极参加中国译协开展的资深翻译家表彰活动。根据中国译协《关于开展庆祝建国60周年资深翻译家表彰活动的通知》精神，经自治区编译局党组研究决定，以自治区编译局和自治区翻译工作者协会两家名义，将中国译协通知转发至全区各地市、自治区各委、办、厅、局、西藏译协各分会，经各有关单位推荐、西藏编译局党组批准，由西藏译协确定向中国译协推荐了9名资深翻译家候选人，并于2009年11月在北京召开的中国译协第六次代表大会上受到表彰。这是建国60周年，西藏和平解放以来西藏自治区翻译人员获得的第一次最高荣誉称号，它标志着西藏和平解放以来党对民族文化事业的高度重视和翻译人才培养方面取得了巨大成就。

四、翻译培训

2010年8月17日~9月5日，西藏自治区编译局和西藏翻译工作者协会结合全区开展的效能建设年活动和创先争优活动，为进一步深入学习和贯彻落实中央第五次西藏工作座谈会精神，以加强基层翻译人员的理论修养和提高翻译水平，进而更好地在广大基层群众中宣传好、贯彻好、落实好中央第五次西藏工作座谈会精神和区党委工作会议精神为目的，举办了为期20天的，以基层翻译骨干为主的翻译培训班。培训班邀请区党校老师做中央第五次西藏工作座谈会精神辅导报告。邀请西藏自治区老翻译家讲授翻译理论、翻译实际经验、翻译技巧等课程，并安排学习国产藏文软件操作知识。全区49个县的55名学员参加了培训。

五、基础建设

按照西藏译协章程，西藏译协根据工作情况，及时组织召开译协常务理事会议。2010年4月13日召开西藏译协三届八次常务理事会议，会议认真学习年初召开的中央第五次西藏工作座谈会精神，认真传达学习了中国译协第六次代表大会精神，做好重要活动准备工作。2010年5月28日，西藏翻译工作者协会召开2009年度理事年会暨表彰资深翻译家会议。自治区人大副主任新杂·丹增曲扎、自治区政协副主席洛桑久美、自治区政府副秘书长格桑玉珍、以及自治区编译局、自治区民政厅民间组织管理局等单位领导出席会议。自治区编译局局长、西藏翻译工作者协会会长才旺班久作西藏翻译工作者协会2009年工作报告。会议表彰和奖励了马光华等9名资深翻译家，一名优秀翻译家；表彰和奖励了西藏译协参加第十三次全国翻译学术研讨会获奖论文作者和参评论文作者。

西藏译协积极依靠译协组织和译协理事，加强与国内同行间的联系，扩大翻译工作和翻译协会的社会影响，争取各界理解和支持，不断提高翻译作品的社会价值和翻译工作者的社会地位。

宜宾市翻译协会

一、学术方面

宜宾市翻译协会每年举办年会暨学术研讨会，鼓励会员撰写论文进行交流，相关信息中国译协等媒体也都给予报道。自2006年承办四川省译协年会后，2008～2010连续三年，省译协领导都亲临宜宾译协指导工作。协会每年积极参加四川省译协组织的学术研讨交流活动，作为四川省译协常务理事单位，力所能及地支持《译苑新谭》的编辑出版工作。

二、社会公益活动

协会连续9年举办宜宾市中小学生英语讲故事大赛暨英语风采大赛，宜宾电视台对每次决赛全程进行了实况播出，已经形成品牌效应。参与国家级英语比赛项目，如2010年推选30名选手赴成都参加全国青少年英语技能大赛四川赛区总决赛，获得5个一等奖，6个二等奖，9个三等奖；选出5名选手赴京参加全国总决赛，3人分别获得金、银、铜奖，2人获优秀奖。协会还获得由全国青少年英语技能大赛组委会颁发的优秀组织奖。

协会为宜宾市企事业单位翻译各类资料数百万字。不定期为当地推荐各类口译人才担任现场翻译，为地方对外经济交流做出了一定贡献。如2006年四川省旅游发展大会、2010 APEC中小企业峰会等。

三、业务培训

协会举办全国翻译专业资格（水平）考试培训及出国口译培训。2010年上半年全国翻译专业资格（水平）考试培训生合格率超过60%。

四、对外交流

2009年，协会会长出席了中国译协第六次会员代表大会。2010年出席了在澳门大学举行的国际译联第六届亚洲翻译家论坛。协会每年出席省译协年会暨学术研讨会。通过走出去，进一步提升了宜宾译协的知名度。

六、基础工作

协会每年接受市民政局组织的社团年检。宜宾译协第五次会员代表大会修改的章程获社会组织管理局审核通过。

协会充分利用中国译协和四川省译协网站、宜宾市社会组织管理局网站以及市级主管部门杂志、宜宾市榕树翻译社网站、宜宾市商务局会员所建的QQ群等提供的平台，扩大对外宣传，提高宜宾译协的知名度。鼓励会员在搞好本职工作的同时积极进行科研活动，提高学术水平。会员的翻译论文在省级以上刊物发表的，协会都推荐参加省译协研讨会交流。开展对外翻译咨询与服务工作，支持单位会员扩大翻译与培训业务，利用各种机会为会员提供施展才能的空间和舞台。

云南省翻译工作者协会

一、学术方面

2009~2010年，云南省翻译工作者协会积极开展和参与各种学术研讨活动，包括：参加云南译协民语委召开的以“规范民族语文翻译，提高译文质量，促进云南省民族语文翻译健康发展”为主题的座谈会；为配合“俄罗斯年”的启动，与有关单位联合举办一期赴俄罗斯留学生俄语培训班；为适应云南省对外开放工作对外语人才的需求，举办了一期高级英语口语培训；为总结交流为云天化集团翻译新加坡《税法》（60余万字）的经验和体会，举办“法律文书研讨会”等。

2009~2010年，协会常务副秘书长陈秀兰撰写的多篇论文及学术活动报道文章先后在云南省社科联刊物《社科动态》、云南省外办刊物《云南外事》以及《春城晚报》上发表。云南译协多种学术研讨活动的成功开展，推进了译界翻译理论与实践的探讨，加强了协会与专业单位的联系和交流。

二、社会公益活动

云南译协每年参加由云南省社科联组织的全国科普日活动。在此活动中，协会专门制作展板、印制宣传材料、设立专家咨询台，宣传了云南译协20余年来的学术活动及对外翻译服务成果，让社会了解译协、了解翻译在对外开放和经济发展中的作用，从而更加重视外语学习、重视外语人才的培养。

2009～2010年，云南译协相继为云南省商务厅与云南日报报业集团联合举办的"云南省秀出彩云南1+X外语演讲比赛"活动选派会员担任英语组评委工作，为庆祝中华人民共和国成立60周年以及中俄建交60周年中国"俄语年"活动的启动，举办"俄罗斯歌曲演唱会"等。在云南省公示语翻译专家委员会的领导下继续开展公示语纠错志愿者活动，为省内多个窗口行业单位制作标牌和出版宣传册的中译英条目把关、审核，受到了相关单位的好评。

2010年，云南省遭遇了历史罕见的严重旱灾，云南译协积极响应省委、省政府号召，开展"向灾区人民奉献爱心"动员活动。广大会员纷纷伸出援助之手，踊跃捐赠，充分体现了中华民族扶危济困、团结互助的传统美德。

三、对外翻译服务

云南译协除举办各语种的学术报告会、专题研讨会，出版会刊、简报外，还对外开展翻译服务。2009～2010年，云南译协在翻译服务领域也取得了丰硕的成果，为昆交会、云南省政府、云南省外商投资办、昆明市政府法制办、云天化集团、云南铜业集团、云南锡业公司、福林堂、艾滋病盟、以及美国利维能源公司等政府部门及大型企事业单位提供翻译服务。云南译协还利用东南亚语的人才优势，为省内外多家译协和翻译公司提供各种翻译。此外，协会还为省内外有关部门审判外籍罪犯、商务洽谈、旅游接待、大型国际会议及云南省、市领导接见外宾等工作提供口译服务。云南译协通过各种翻译活动的开展，为云南省的对外开放做出了积极的贡献。

四、基础工作

在做好各项重点工作的同时，云南译协还做好各项基础工作。2009年5月至2010年11月开始，云南译协对自成立以来吸收入会的各语类会员进行重新登记，更新会员基本信息，进一步了解会员情况，更好地发挥会员专业特长，并为他们提供相应的实践机会。2009～2010年，云南译协召开了7次常务理事会暨联络员会议，向会员代表汇报协会的工作情况，并及时传递各种信息。同时，协会积极听取会员意见和建议，以期改进协会工作中存在的不足之处。在做好基础管理工作之余，为丰富会员文化生活和了解国外风情，云南译协先后与省电影电视协会联合组织会员观看中外电影10余场次，并组织部分会员开展郊游、交流活动，增进彼此的了解和信任。

翻译研究与翻译学科建设工作

2009年翻译研究与翻译学科建设工作综述

穆雷　蓝红军

回溯2009，中国译学一如既往地稳步发展，译学研究取得了一系列新的成果，在学科建设的道路上迈出了新的步伐。

一、翻译学学科建设中体制建设的发展

2009年，翻译学的学科建设在体制建设层面开展了一系列活动。包括4月在青岛举行的翻译学学科理论系统构建高层论坛；5月在石家庄召开的第五届全国翻译院系负责人联席会议；7～8月分别在北京举办的大学本科翻译师资培训证书班和在广州举办的第二届全国MTI师资研讨班；10月在金华举行的全球化视域下翻译教学与研究学术研讨会；11月在北京召开的中国翻译协会第六次会员代表大会及全国首届MTI教育与翻译产业研讨会、在广州举办的第五届全国多语翻译理论研讨会和第五届中华译学论坛；12月分别在上海和苏州举行的英汉对比与翻译研究学科建设高层论坛及2009年全国翻译高层论坛。这些会议的共同特点，一是高度重视学科建设的内涵发展和理论研究，二是以队伍建设与人才培养为己任，三是调整了组织机构，一大批中青年学术骨干充实了学术团体。

2009年，12所院校获得了翻译本科招生权，25所院校成为MTI试点培养单位，使翻译本科招生院校扩大到31所，MTI试点培养单位扩大到40个，为翻译人才培养打造了新的平台，同时也有更多的院校更加关注翻译专业教育和翻译人才培养，积极参与申报和建设翻译专业教育机构、提高翻译人才水平。

2009年，国务院学位委员会做出重要决策，调整优化研究生教育结构，扩大全日制专业学位研究生招生范围，积极稳妥地推动我国硕士研究生教育从以培养学术型人才为主，向以培养应用型人才为主的战略性转变。翻译硕士专业学位的发展，正好与国家研究生教育改革的步伐相吻合，得到了社会和广大师生的关注，成为沟通翻译研究、翻译教学、翻译行业和翻译管理几方面的桥梁与纽带。翻译教学的转型，也促使社会开始重视翻译这个古老的行业却又是新兴的学科。

二、国内外语类期刊译学研究发文数量分析

笔者选取南京大学人文社科核心期刊目录（2010－2011年）和北京大学中文核心

期刊目录（2008年版）收录的17种外国语、语言学类核心期刊及6种非核心外语类期刊所刊载的翻译类论文作为对象进行分析与述评。

截至2010年1月31日所获取的数据，此24种期刊所刊发的翻译类文章共602篇，具体各刊发①文数量如下：

中国翻译92	上海翻译76	中国科技翻译65	外语与外语教学57
外语研究34	外语教学30	外国语文27	外语学刊27
解放军外国语学院学报24	*天津外国语学院22	山东外语教学17	中国外语16
*北京第二外国语学院学报16	*西安外国语大学学报15	外语界13	外国语11
外语教学理论与实践10	*语言与翻译10	*外国语言文学10	外语电化教学9
中国俄语教学8	*广东外语外贸大学学报7	外语教学与研究6	现代外语0

（标*号的为非核心外语类期刊）

学术期刊是学科环境建设的重要组成部分，它们在翻译理论建设中起着十分重要的作用，如上图显示，作为翻译专业学术期刊，《中国翻译》、《上海翻译》和《中国科技翻译》是翻译研究论文成果发表的重要阵地，这三种期刊2009年刊发翻译类论文数量合计233篇，占23种外语类期刊刊发翻译类论文总量的38.7%。其他20种外语类期刊全年刊发翻译类文章总数为369篇，平均每刊全年发文18.45篇。有8种外语类期刊全年刊发翻译类论文在10篇以下（含10篇），其中外语类核心期刊《现代外语》全年没有刊发一篇翻译研究文章。除了三种翻译专业学术期刊之外，其他20种外语类综合性学术期刊2009年所刊发论文总量为2393篇，翻译类文章所占比例仅为15.42%，翻译学的学科地位还没有得以充分地体现，学术环境建设依然任重而道远。令人欣慰的是，2009年《东方翻译》得以创刊，明确了其办刊宗旨，这必将对我国的翻译研究构成新的推动力。

本文按照霍姆斯（James Holmes）所设想的翻译研究体系进行分类，各类研究文章具体数量如下：

翻译研究（共 566 篇）	纯翻译研究（共 436 篇）	理论翻译研究（390 篇）	一般理论研究（94 篇）	
			侧重翻译研究（296 篇）	重媒介（30 篇）
				重区域（15 篇）
				重层面（30 篇）
				重文体（111 篇）
				重时间（60 篇）
				重专题（50 篇）
		描写翻译研究（46 篇）	产品研究（23 篇）	
			过程研究（9 篇）	
			功能研究（14 篇）	
	应用翻译研究（共 130 篇）	翻译教学（译员培训）（69 篇）		
		翻译辅助工具（8 篇）		
		相关政策（1 篇）		
		翻译批评（52 篇）		
其他（共 36 篇）	访谈（3 篇）			
	会议综述（4 篇）			
	书评（29 篇）			

上表显示，纯翻译研究论文共 436 篇，占翻译研究文章 566 篇的 77.03%；应用翻译研究论文为 130 篇，占总数的 22.97%，看来 2009 年度我国内地应用翻译研究相对于纯翻译研究而言，数量相差还较大。纯翻译研究中，理论翻译研究共 390 篇，占纯翻译研究文章总数的 89.45%；而描写翻译研究文章仅为 46 篇，占 10.55%。描写翻译研究文章数量少、所占比例小，这在一定程度上反映了我国译界学者更为重视或者习惯于进行价值判断的理论性探索，而强调研究者客观中立的描写翻译研究还没有形成研究主流。

理论翻译研究文章数量为 390 篇，其中一般理论研究为 94 篇，占理论翻译研究文章数量的 24.1%，占全年总数的 16.60%；侧重翻译研究数量最多，共 296 篇，占理论翻译研究的 75.90%，占全年总量的 52.30%。侧重翻译研究中数量最多的是重文体的研究，有 111 篇，占全年总量的 19.61%，此数据显示文学翻译研究和其他实用文体翻译研究依然是研究的热点；重区域的研究数量最少，为 15 篇，由此可见我国现在的翻译研究中基于英－汉以外语言文化的研究还十分薄弱，英语在我国外语教育中处于无法相比的首要地位，因而针对英汉翻译的研究也相应居于主导位置。翻译研究这种语种比较单一的状况难以满足我国对外交流的多语化、多元化发展需求，汉语与其他非英语语种之间翻译的研究需要大力加强。

描写翻译研究中，对于翻译过程的研究明显不足，全年论文成果仅为 9 篇。有关翻译过程发生的原因及作用机制的实证研究在国外已初具规模，并形成了研究热点，与此相比，国内在此方面的研究大为滞后。

应用翻译研究中，有关翻译教学的研究文章为69篇，有关翻译批评的研究文章为52篇，两者分别占应用翻译研究文章总量的53.08%和40%；翻译辅助工具研究的文章只有8篇，虽然目前利用语料库进行各种翻译研究已经引起了越来越多学者的关注，但以语料库或其他翻译辅助工具为研究对象的翻译研究却很少。另外，有关翻译政策的研究仅为1篇，这说明我国虽然已经成为翻译大国，但人们的“翻译市场”意识却不够。“翻译管理”方面的研究还几乎是一片空白。

访谈、学术研讨会和书评等交流活动可以不断拓展学术研究空间，促进学科理论建设。上表显示，2009年我国内地23种学术期刊刊发的对翻译（理论）家的访谈3篇，会议综述4篇，翻译著作的评介29篇。有关会议的综述则是学术研讨会成果呈现的一种重要的载体，近年来，我国内地翻译研究的学术会议的数量、规模、研究范围和成果影响都在不断增大，而相对于实际召开的学术研讨会的数量而言，2009年翻译研讨会会议综述较少。另外，鉴于我国翻译著作出版的现状，与国外学术书评的发表频数相比，2009年我国内地在翻译著作评介方面的工作也显得非常不足。

三、2009年译学研究要点综述

1. 翻译理论研究

进行翻译理论研究的历史反思可以说是2009年中国译界的一大特点。1949年到2009年，新中国走过了风雨中探索与发展的60年，2009年学界各领域普遍都在进行对于既往研究的回顾与总结，翻译界也反思了这60年里翻译研究与翻译学学科发展所走过的历程。许钧、穆雷①分析了60年来中国翻译研究的基本状况与特点，明确提出了在新的历史时期和文化语境中翻译所肩负的历史使命和中国译学研究应该着重关注的几个问题，并就今后一个时期如何加强翻译研究和译学建设提出发展思路。陈众议②回顾了外国文学翻译与研究60年，认为我国的外国文学学科的发展与外国文学的翻译与研究密不可分，翻译具有独特的推进学科发展的社会功能。杨自俭、王菊泉 对改革开放30年以来我国英汉对比与翻译研究进行了回顾和展望。吕俊、侯向群③结合翻译学的发展和观念的变化论述了当今时代的文化和时代精神变迁对我们传统思维方式的改变和对学术研究的影响，提出翻译研究应回归生活世界的主张。

2009年译界对于当前翻译研究现状的反思也蔚然成风。罗选民④对翻译理论研究的诸多问题进行了探讨，指出我们的翻译史研究在思想史方面的功夫还很不够。张柏

① 许钧，穆雷. 探索、建设与发展——新中国翻译研究60年［J］. 中国翻译，2009（6）：5－12.

② 陈众议. 外国文学翻译与研究60年［J］. 中国翻译，2009（6）：13－19.

③ 吕俊，侯向群. 文化和时代精神的变迁与翻译研究［J］. 上海翻译，2009（3）：3－8.

④ 罗选民. 谈我国翻译理论研究的几个基本问题［J］. 中国外语，2009（6）：1＋101－105.

然、辛红娟[①]指出在中国翻译理论界的“杂语喧哗”中，翻译理论的元理论向度与文化理论向度成为最值得关注的问题。谢思田[②]从我国20世纪80年代中期以来否“信”态势切入，对中西翻译解构主义思潮融合现象作出反思。蒙兴灿[③]针对当前翻译语言学派和文化学派双峰对峙的局面，对两大翻译研究范式进行了简要的总结和反思。

2009年“文化转向”和“文化翻译研究”依然是译学界理论批评的众矢之的，呼吁翻译（研究）本体回归的声音还在继续。伍小君[④]、李龙泉[⑤]、李志萍[⑥]、刘泽权、张丽[⑦]等重提了对文化翻译理论的批评。这些批评之声反映了学者们的理论批判精神，但个别研究缺乏严密的论证过程。2009年还可以看到译学界对这种“反思”的反思。耿强[⑧]认为呼吁翻译研究回归本体的学者对翻译研究文化范式的理解出现偏差，结论偏颇；黄德先、杜小军[⑨]指出国内学者对“改写论”存在误读，将之误用为应用翻译理论。周晓梅、吕俊[⑩]甚至质疑我国的译学研究是否真的发生过文化转向。

张会森[⑪]批评我国近几年的翻译理论研究不着眼于本国，不联系本国实际。党争胜[⑫]认为当前翻译理论存在抽象化、玄感化倾向。张会森、党争胜两位观点的共同之处在于认为翻译理论研究的目的在于指导翻译实践，不能帮助提高翻译实践技能的纯理论的是无用的，不应存在的。毫无疑问，全然否定纯理论研究的价值的观点有失偏颇。导致这种争论的原因是一部分人将翻译理论限定为“实践性”理论，而忽略了理论的描写和解释功能，相信理性的辩论可以使人们加深对翻译理论价值的认识。

阐释学之于翻译的理论解释力一直是翻译哲学研究关注的话题。朱献珑、屠国元[⑬]认为现代阐释学的对话模式可有效规避单一主体性的研究倾向，有助于重新审视译者

---

① 张柏然，辛红娟. 当下翻译理论研究的两个向度［J］. 中国外语，2009（5）：93－97.

② 谢思田.“信、达、雅”终极否定下的中西翻译解构主义思潮融合现象之反思［J］. 中国外语，2009（3）：85－91.

③ 蒙兴灿. 后解构主义时代的翻译研究：从双峰对峙走向融合共生［J］. 外语教学，2009（5）：109－112.

④ 伍小君. 翻译研究中的文化转向：批判与反思［J］. 外语学刊，2009（4）：103－105.

⑤ 李龙泉.“改写论”的缘由及弊端［J］. 上海翻译，2009（1）：6－9.

⑥ 李志萍. 回归翻译——兼评文化学派的改写论［J］. 上海翻译. 2009（4）：67－69.

⑦ 刘泽权，张丽. 异化之异化：韦努蒂理论再批评［J］. 外语研究，2009（3）：75－80.

⑧ 耿强. 对国内翻译研究本体回归的思考［J］. 天津外国语学院学报，2009（6）：31－35.

⑨ 黄德先，杜小军. 对勒菲弗尔“改写论”的误读［J］. 广东外语外贸大学学报，2009（6）：77－79.

⑩ 周晓梅、吕俊. 我国的译学研究真的发生过文化转向吗?［J］. 中国外语，2009（2）：93－98.

⑪ 张会森. 当前翻译研究三思［J］. 外语学刊，2009（5）：126－128.

⑫ 党争胜. 近20年中国翻译理论研究方向思辨［J］. 天津外国语学院学报，2009（5）：30－35.

⑬ 朱献珑、屠国元. 译者主体的缺失与回归——现代阐释学“对话模式”的启示［J］. 外语教学，2009（5）：97－99，108.

主体性。朱健平[①]从哲学诠释学视角看翻译的理想与现实，认为翻译中实际的解释度常会偏离理想的解释度。西风[②]对阐释学翻译观在中国的接受情况做了系统的考察，分析了该翻译观在中国所面临的阐释和批判性质疑。

2009译界对于解构主义翻译理论讨论的热度下降得较为明显。以“解构主义”为题名的文章只有2篇。韩子满[③]结合德里达的文章本身以及他的整体理论发展脉络来看“确当的”翻译，揭示解构主义翻译理论在接受过程中存在的问题。庞月慧、朱健平[④]从解构主义的角度审析功能学派翻译理论，认为功能学派翻译理论留有解构主义的印记。

“交互主体性”是2009年翻译主体性研究的核心词。罗丹[⑤]指出关于交互主体性理论本身的系统研究还比较缺乏。此外，她[⑥]还认为翻译的交互主体性研究对女性主义翻译理论具有修正意义。仝亚辉[⑦]认为将马丁·布伯的“之间”概念应用于翻译理论研究具有重要价值。曾利沙[⑧]以科学实践观与翻译主体间性为切入点讨论了应用（旅游）翻译实践能力与专业评价能力。

从哲学角度反思翻译的学科建设和基本概念依然是2009年翻译哲学研究的一个未被忽略的主题。潘文国[⑨]从本体论、认识论、方法论出发，对译学研究的一些现象问题进行追根溯源的探索和思考。郝琳[⑩]以西方哲学的发展演变为例，考察翻译给予其它学科领域的思想滋养。陈大亮[⑪]认为中国传统译论形成了翻译的道德和审美两种境界，两者体现了“信”与“美”和而不同的翻译传统。

2. 翻译教学研究

2009年的翻译教学研究论文反映了改革开放30年以来翻译教学发展的现状。较之以往，2009年的翻译教学研究加强了实证性研究方法的运用和探究，采用实证研究方

---

① 朱健平．视域差与翻译解释的度——从哲学诠释学视角看翻译的理想与现实［J］．中国翻译，2009（4）：5－12.

② 西风．阐释学翻译观在中国的阐释［J］．外语与外语教学，2009（3）：56－60.

③ 韩子满．解构主义翻译理论的论证与接受——以“确当的”翻译为例［J］．外国语文，2009（1）：127－132.

④ 庞月慧，朱健平．功能学派翻译理论的解构主义印记［J］．中国外语，2009（1）：95－99.

⑤ 罗丹．翻译中交互主体性的理论渊源、内涵及特征探析［J］．外语与外语教学，2009（2）：57－60.

⑥ 罗丹．翻译的交互主体性研究对女性主义翻译理论的修正意义［J］．北京第二外国语学院学报，2009（6）：67－73.

⑦ 仝亚辉．马丁·布伯的“之间”概念与文学翻译对话研究［J］．解放军外国语学院学报，2009（1）：73－77.

⑧ 曾利沙．关于科学实践观与翻译主体间性——也谈应用（旅游）翻译实践能力与专业评价能力［J］．广东外语外贸大学学报，2009（6）：72－76.

⑨ 潘文国．译学研究的哲学思考［J］．中国外语，2009（5）：98－105.

⑩ 郝琳．翻译与形而上学批判：在西方哲学的转折点上［J］．外国语，2009（3）：76－85.

⑪ 陈大亮．中国传统译论融合统一的两种境界［J］．外语研究，2009（2）：69－71.

法的论文成果24篇，占全年翻译教学研究论文总数的34.78%。李德凤、胡牧[①]对1980－2006年间的我国翻译教学研究进行回顾分析，指出了这一领域已取得的成就和亟待解决的问题。王金波[②]以上海交通大学为例对非英语专业本科生翻译教学需求进行了调查。段自力[③]基于网络“译审模式”的交互式翻译教学进行了实验研究。史汝波、郭义、秦洪武[④]就平行语料在翻译教学中的应用进行了一项教学实验。

2009年，现代教育教学技术应用于翻译教学的研究受到了一定的重视。王克非、熊文新[⑤]探讨了用于翻译教学与研究的英汉对应语料库的加工。罗选民[⑥]和钱多秀[⑦]分别对开放型语料库翻译教学和“计算机辅助翻译”课程教学进行了思考。王雷、常宝宝[⑧]探讨了大学英语翻译考试人工辅助计算机评分。王金铨、文秋芳[⑨]从语义内容和语言形式出发制定了汉英翻译的分析性评分细则，对翻译测试评分方法进行了探索。王正、孙东云[⑩]发表了系列文章分别探讨了统计及其翻译系统在网络翻译教学中的应用、翻译记忆在翻译教学中的优势与局限性和网络翻译自主学习中的在线评价等问题。吴英俊、赵秀琴[⑪]讨论了非英语专业研究生翻译教学中如何充分利用网络平台拓展课堂教学内容的问题。

教材建设是2009年翻译教学研究中的一大重点。何刚强[⑫]谈论了翻译硕士专业教材

---

① 李德凤，胡牧．翻译教学研究：回顾与展望（1980－2006）（上）[J]．中国科技翻译，2009（2）：32－34；李德凤，胡牧．翻译教学研究：回顾与展望（1980－2006）（下）[J]．中国科技翻译，2009（3）：44－47.

② 王金波．非英语专业本科生翻译教学需求调查——以上海交通大学为例[J]．外语界，2009（5）：72－82＋96.

③ 段自力．基于网络“译审模式”的交互式翻译教学实验研究[J]．中国翻译，2009（3）：44－49.

④ 史汝波，郭义，秦洪武．平行语料在翻译教学中的应用：一项教学实验[J]．外语电化教学，2009（6）：10－13.

⑤ 王克非，熊文新．用于翻译教学与研究的英汉对应语料库的加工[J]．外语电化教学，2009（6）：3－9.

⑥ 罗选民．关于开放型语料库翻译教学的思考[J]．外语教学，2009（6）：45－48.

⑦ 钱多秀．“计算机辅助翻译”课程教学思考[J]．中国翻译，2009（4）：49－53.

⑧ 王雷，常宝宝．大学英语翻译考试人工辅助计算机评分初探[J]．外语电化教学，2009（4）：17－21.

⑨ 王金铨，文秋芳．汉英翻译分析性评分细则的制定[J]．外语教学，2009（4）：96－99＋112.

⑩ 王正，孙东云．统计及其翻译系统在网络翻译教学中的应用[J]．上海翻译，2009（1）：73－77.
王正，孙东云．翻译记忆在翻译教学中的优势与局限性[J]．外语界，2009（2）：16－22.
王正，孙东云．网络翻译自主学习中的在线评价研究[J]．外语研究，2009（1）：70－75.

⑪ 吴英俊，赵秀琴．非英语专业研究生网络辅助翻译教学[J]．上海翻译，2009（3）：49－52.

⑫ 何刚强．取精用弘，图远务实——简谈翻译硕士专业教材《笔译理念与策略精讲》编撰原则[J]．中国翻译，2009（1）：27－32.

《笔译理念与策略精讲》编撰原则。罗选民、邵有学①以实例探讨了大学英语翻译教材的编写。王宏②论述了本科翻译专业典籍英译教材的建设。王银泉③对非文学翻译教材建设和翻译教学的思维转向问题展开综合思考。文军、张瑜清④对1988年到2008年之间国内口译教材情况进行了研究。王谋清⑤讨论的则是民族院校的英语口译教材建设。

口译教学研究论文共11篇，占翻译教学研究文章的15.94%。虽较之以前有所突破，但仍显不足，与社会市场对于口译人才的需求不成正比。王斌华、叶亮⑥结合实际案例说明面向教学的口译语料库建设的作用、意义及宽广前景，并探讨了口译教学语料库建设的主要环节和步骤。陈振东、李澜⑦探讨了基于网络和语料库的口译教学策略。古琦慧⑧发表了两篇文章从译员能力的视角探讨口译课程模式的开发及应用。和静⑨通过参加翻译师资培训获得关于翻译口译教学的思考。胡敏霞⑩也对口译教学师资培训发表了几点感悟。刘建军⑪进行了一项基于学生口译考试语料的实证研究，分析了同声传译中交际策略的使用及其与口译成绩的关系。刘银燕、张珊珊⑫探索了英语专业口译教学结业测试设计与评估方法。上述情况显示，心得体会式研究成果还占了不少比例，口译教学研究模式有待进一步科学化与系统化。

2009年翻译教学研究领域的学者有了对国外翻译教学理论与实践研究的关注。王树槐⑬从10个方面描述西方翻译教学研究的特点，并阐述了其对我国翻译教学研究的启示。贺显斌⑭介绍了欧盟委员会笔译总司的机构设置情况，分析了笔译硕士项目的由

---

① 罗选民，邵有学. 大学英语翻译教学教材编写探讨——以《新时代交互英语（读写译1-4册）为例［J］. 外语与外语教学，2009（11）：63-65.

② 王宏. 典籍英译教材建设的新尝试——介绍本科翻译专业教材《中国典籍英译》的编写［J］. 上海翻译，2009（1）：15-19.

③ 王银泉. 非文学翻译：翻译教材建设和翻译教学的思维转向——对国内近年来相关翻译研究的解读［J］. 外语界，2009（2）：40-49.

④ 文军，张瑜清. 国内口译教材（1988-2008）研究［J］. 上海翻译，2009（2）：48-52.

⑤ 王谋清. 试论民族院校的英语口译教材建设［J］. 外语电化教学，2009（6）：47-50.

⑥ 王斌华，叶亮. 面向教学的口译语料库建设：理论与实践［J］. 外语界，2009（2）：23-32.

⑦ 陈振东，李澜. 基于网络和语料库的口译教学策略探索［J］. 外语电化教学，2009（1）：9-13.

⑧ 古琦慧. 口译课程发展刍议——译员能力的视角［J］. 山东外语教学，2009（4）：109-112
古琦慧. 口译课程模式的开发及应用［J］. 外语界，2009（2）：33-39.

⑨ 和静. 关于翻译口译教学的理性思考——中国译协高等院校本科翻译师资培训心得［J］. 中国翻译，2009（5）：49-50.

⑩ 胡敏霞. 口译教学师资培训的几点感悟［J］. 中国翻译，2009（5）：51-52.

⑪ 刘建军. 同声传译中交际策略的使用及其与口译成绩的关系——一项基于学生口译考试语料的实证研究［J］. 外语界，2009（4）：48-55+76.

⑫ 刘银燕，张珊珊. 英语专业口译教学结业测试设计与评估方法探索［J］. 外语研究，2009（4）：74-78.

⑬ 王树槐. 西方翻译教学研究：特点、范式与启示［J］. 上海翻译，2009（3）：43-49.

⑭ 贺显斌. “欧盟笔译硕士”对中国翻译教学的启示［J］. 上海翻译，2009（1）：45-48.

来和课程设置特点。朱锦平[①]总结了澳大利亚高校翻译教学体系的特点，对中国翻译教学的专业化、多元化和规范化发展提供了一些建议。

从上述情况可以看出，目前我国依然缺乏有机吸收外国翻译教学理论的实证性案例研究及可行性的策略研究，翻译教学研究尚未实现与国际的有效接轨。此外，2009年翻译教学研究成果也暴露出我国译学界极度匮乏对于社会机构进行翻译培训的研究，以及对科技、法律、商务等实用文体翻译教学研究的关注，这两者无疑值得今后译学界更多的研究投入。

3. 翻译批评研究

作为应用翻译研究中不可或缺的组成部分，翻译批评具有促进翻译理论反思和翻译质量提高的作用。虽然就学术论文而言，2009 年翻译批评方面的研究占应用翻译研究的40%，但其所占 2009 年翻译研究论文总量之比例仅为9.19%，可见与翻译学学科的发展的总体趋势相比，我国内地的翻译批评研究依然显得力度不够。而从研究成果的内容来看，随着译学理论的发展和翻译实践活动的进一步繁荣，翻译批评的范围和翻译批评研究者的理论意识均有所扩大和加强，但建立在实践基础上的翻译批评理论体系并未确立，翻译批评的自身理论建设还有待加强。

2009 年内地《外语与外语教学》、《外语学刊》等 8 种刊物刊发过翻译批评理论研究文章共计 14 篇，其中《外语与外语教学》刊发了 5 篇。刘云虹[②]指出翻译的繁荣与批评的缺席之间的矛盾日益严重，积极、有效的批评空间尚未建立，而后者的构建在很大程度上取决于科学的翻译批评精神的树立。司显柱[③]对翻译批评及其相关的几个概念作出甄别。周晓梅、吕俊[④]将叙事学理论引入翻译批评，提出要构建出相对稳定的隐含作者和隐含读者，以确立相对客观的文本规范与价值标准。陈鸣[⑤]呼吁翻译批评者应把社会历史语境因素的制约纳入考虑，以保证翻译批评的客观性、科学性和全面性。姚振军[⑥]归纳了描述翻译学视野下翻译批评的特点，认为描述翻译学的翻译理论对其应用领域中的翻译批评产生间接的影响。

2009 年翻译批评理论研究的一个值得关注的方面就是探索翻译批评的新的理论工具。司显柱、刘莉琼[⑦]从关联理论角度讨论了论译文的效度和信度。苏艳[⑧]则将神话－

① 朱锦平. 从澳大利亚高校的翻译教学看专业化翻译教学体系的建构［J］. 解放军外国语学院学报，2009（5）：76－80.

② 刘云虹. 论翻译批评精神的树立［J］. 外语与外语教学，2009（9）：62－65.

③ 司显柱. 翻译批评：概念甄别与研究评述［J］. 外语与外语教学，2009（11）：46－49.

④ 周晓梅，吕俊. 翻译批评的叙事学视角［J］. 外语与外语教学，2009（2）：53－56.

⑤ 陈鸣. 翻译批评也应“宽容”——论社会历史语境对翻译策略的制约［J］. 外语与外语教学，2009（1）：54－56.

⑥ 姚振军. 描述翻译学视野中的翻译批评［J］. 外语与外语教学，2009（10）：61－64.

⑦ 司显柱，刘莉琼. 论译文的效度和信度［J］. 中国翻译，2009（3）：60－63.

⑧ 苏艳. 神话－原型批评视阈中的文学翻译批评研究［J］. 外语学刊，2009（2）：104－107.

原型批评理论引入文学翻译批评研究，认为借鉴神话－原型批评的“后视”批评法可树立文学翻译批评的层次意识和历史意识。刘嫦、赵友斌①讨论了功能翻译理论给文学翻译批评带来的启示。2009年翻译批评理论研究的视角有了新的尝试。胡翠娥、赵为娅②从《新青年》到《创造》考察了中国现代翻译批评的发生起源。高方③则将翻译批评作为研究中国现代文学在法国的译介与接受情况的一个切入点。

翻译批评实践研究的文章数量为38篇，约占2009年翻译批评研究文章总数的四分之三。译界依然在尝试运用各种各样的理论工具开展翻译批评实践，但总的说来，翻译批评的“感悟式”经验点评为多数，传统文论观照下的词语译评、佳译鉴赏、误译评判、译作比较等方式依然为主要的翻译批评方式。翻译批评的范围包括法律术语、医学专著译本、词典译例、书法体名称翻译、文学典籍翻译、日常用语翻译等方面。

四、结语

除了上述几个要点之外，中国翻译研究在过去的一年里也呈现出几点新的趋势：

翻译哲学研究式微。不管何种学科，其学科理论建设都需要一定的哲学基础。翻译的哲学方面和哲学研究中的翻译主题一直是翻译研究的重点之一，然而2009年从哲学视角进行翻译理论探讨的文章却不到20篇。从数量上来看，翻译哲学研究不如前几年兴旺；从内容上来看，传统哲学的现代意义重构方面的研究缺省，有关西方现代哲学的研究论域也较为分散，阐释学、解构主义、主体（间）性等依然是2009年翻译哲学研究的主题词，继以往的对各种哲学思潮影响下翻译研究得失利弊的思考之后，新的哲学路向的探究尚未形成主流影响。

语言学翻译研究回潮。文化翻译研究的蓬勃兴起曾引起过不少译界人士的高度警惕，他们认为翻译研究的文化转向使得翻译研究与语言学研究之间的距离越来越远，也使得语言学翻译研究日趋落寞。然而从2009年翻译研究的论文成果来看，以语言学理论为基础的和从不同语言层面研究翻译文本的文章数量远远大于文学翻译研究和文化翻译研究。这其中的原因当然不只是译界对于翻译研究回归语言本体的呼吁，更有译界对语言学与翻译学的紧密关系的普遍认同。语言学的进展为翻译学提供了新的理论工具，其高度的理论意识和严谨的治学方式对翻译理论建设产生了积极的影响；同时各种翻译现象也为语言学提供了丰富的研究资源，翻译学研究开始反哺语言学研究。

口译研究趋热。近年来随着西方口译研究成果的引入和口译市场的繁荣，国内口译实践和教学呈蓬勃发展的态势。虽然作为一门新兴学科的子学科，口译研究尚缺乏坚实的理论基础和系统的研究方法，但学界对口译研究的理论意识和方法论意识有了

① 刘嫦，赵友斌．功能翻译理论给文学翻译批评的启示［J］．外语学刊，2009（2）：108－111.

② 胡翠娥，赵为娅．从《新青年》到《创造》看中国现代翻译批评的发生起源［J］．外国语，2009（5）：68－74.

③ 高方．从翻译批评看中国现代文学在法国的译界与接受［J］．外语教学，2009：99－103.

明显的加强，口译研究热情正逐步升高。2009年所发表的口译研究论文已基本摆脱初期的经验介绍模式，主题由口译概说、口译技巧、口译艺术、译员素质等方面，扩展到口译理论、口译模式建构、口译工作机制、口译质量评估、口译教学等方面。从所发表的口译研究论文的作者来看，口译研究队伍“年轻化”的特点鲜明。相信口译研究在今后译学拼图中会成为更重要的一块。

2010年翻译研究与翻译学科建设工作综述

穆雷　蓝红军

2010年，翻译学在中国的学科体制与环境建设、学科人才培养等方面取得了新的成绩。翻译学学科体制建设取得重大成果，翻译作为专业首次进入教育部修订的本科专业目录；全国新增118个翻译硕士专业培养单位，全国设有MTI学位点的高校达到158所；继《中国翻译》、《上海翻译》、《中国科技翻译》之后又一个翻译专业期刊《东方翻译》正式出版发行，为翻译研究者提供了一个新的学术交流平台；南京大学高方博士的学位论文入选2010年全国百篇优秀博士论文，这是翻译学博士论文自2008年以来连续第三次入选全国百篇优博论文，是本学科高端人才培养取得进步的证明。上述成果进一步确立了翻译学的学科地位，特别是翻译专业教育从本科到博士培养体系的建成，为本专业人才培养搭建了完整的平台。

2010年，翻译学的学科理论建设也呈现方兴未艾之势，学术研究成果更加丰富。本文依据国内26种外语类专业期刊2010年所刊发的翻译研究文章，对本年度翻译研究的学术成果进行梳理，以期对2010年的中国翻译研究的发展动态获得一个较为全面的概貌。

一、数据特征

截至2011年1月24日，笔者共收集到国内26种外语类专业期刊刊发的以翻译为主题的文章690篇，其中研究论文621篇，其他文章69篇（访谈8篇、会议综述3篇、书评39篇、杂论19篇）。现按照罗列、穆雷[①]（2010）所提出的学科框架对研究论文进行分类，各类数量如下：

① 罗列，穆雷. 翻译学的学科身份：现状与建设［J］. 上海翻译，2010（4）：11－15.

翻译研究论文（共计621篇）										
类别	普通翻译研究	应用翻译研究	对比翻译研究	文学翻译研究	专业翻译研究	口译研究	翻译技术研究	翻译管理研究	译介研究	翻译史研究
数量（篇）	188	152	14	49	71	24	29	3	18	73
所占比例	30.3%	24.5%	2.3%	7.9%	11.4%	3.9%	4.7%	0.5%	2.9%	11.8%

从上表中可以看出，普通翻译研究论文数量最多，为188篇，占全年翻译研究论文总数的30.3%；其次为应用翻译研究152篇，占24.5%；翻译史研究73篇，占11.8%。上述这三类研究成果合计占到了总数的66.5%，这表明普通翻译研究、应用翻译研究、翻译史研究已经成为当今国内翻译研究的主流。

上表显示，专业翻译研究71篇，占总数的11.4%；而文学翻译研究为49篇，占7.9%。这说明学界对于非文学翻译的研究兴趣已经超过了文学翻译。专业翻译研究中有2篇不涉及具体领域，其余69篇分为经贸商务翻译14篇、科技翻译13篇、旅游外宣翻译13、法律翻译7篇、广告翻译5篇、船海翻译3、网页翻译2、影视翻译2篇。另外新闻翻译、菜谱翻译、歌曲翻译、煤炭工业翻译、戏剧对白翻译、图片说明翻译、政论翻译、中医翻译各1篇。

翻译技术研究成果29篇，占总数的4.7%。与2009年同类文章（8篇）相比，2010年翻译技术研究成果不仅在数量上有显著增加，而且所运用的技术类型更加多样，有关于语料库翻译研究的，也有关于机器翻译评分、机助翻译、网络在线翻译等方面的研究成果。由此可见，随着科技的日新月异，翻译技术研究发展迅速，势将成为翻译研究的又一重点。

口译研究24篇，占总数的3.9%，说明尽管在中国内地口译实践和教学正蓬勃发展，口译研究也受到了越来越多的关注，但相对于笔译研究而言，口译研究队伍还较为薄弱，口译研究的发展须要学界更多地投入与关注。

语言和文化对比之于翻译和翻译研究的重要性是不言而喻的，2010年对比翻译研究文章14篇，占总数的2.3%，显示出结合语言对比或基于语言对比开展的翻译研究并没有人们想象的多。此外，在2010年对比翻译研究成果中，除了2篇是基于俄汉之间的比较之外，其余的均为基于英汉之间的比较，英语之外其他语种外语与汉语的对比与翻译研究亟待加强。

翻译管理研究论文数量最少，仅3篇，占成果总数的0.5%。虽然相比2009年已有所增加，但影响依然十分有限。造成此现象的原因大概有，翻译研究者因为缺乏行业实践工作经验或管理学方面的专业知识而无意或无法开展翻译管理研究，翻译研究和教学与翻译行业、企业的联系不够紧密，翻译行业和企业对自身的研究尚未进入学者的视野等。

二、成果撷要

1. 普通翻译研究

1.1 学科建设研究

在学科体制建设基本完成之后，学科环境与学科内涵的建设就应成为关注的重点。对于翻译学这样一个跨学科性质的学科来说，厘清概念，规范术语，明确对象等都是内涵建设的当务之急。2010年，译学界从不同的角度对这一时期应如何开展翻译理论研究和翻译学科建设进行了认真的思考。面对翻译学何去何从的问题，孙艺风①认为翻译学需做到多元吸纳，融铸新体，真正形成不同学科之间的良性互动。罗列、穆雷②在分析了国内外翻译学学科发展形势和现状的基础上，根据中国内地的实际情况提出了学科路线图。黄德先③认为当前翻译的职业化发展会对翻译研究这个学科带来新的认识。王宏④反思了当前翻译研究的几个热点问题，认为将翻译行为分为严格意义和宽泛意义两种有助于重新认识"翻译"和"翻译研究"所涉范围。庞秀成⑤则指出"一分为三"的视域对于理解翻译本质、翻译与人之间的关系等本体论问题具有重大的启示作用。朱益平⑥强调将语言之外的因素纳入翻译研究的视野中对整个宏观翻译行为具有更大的现实价值。王金岳⑦认为加强就翻译理论与实践中间地带的研究是当下译学建设不可或缺的一个重要方面。随着翻译学独立的学科身份逐渐获得社会与学界的认可，翻译学学科建设的主要任务便由寻求学科身份的确立转向了学科内涵的建设，由此进入到学科体制转型探索的重要时期。

1.2 方法论研究

方法论与本体论和认识论一起，构成了一个学科的基础。关注方法论的探讨，说明一个学科已经开始意识到如何使自己更加学理化、逻辑性地认识研究对象，规范学术话语，提高研究质量。2010年，译学界加强了翻译学方法论方面的探讨。《中国翻译》刊发了著名学者勒代雷⑧的《论翻译学研究方法》，该文对人文派和科学派的研究方法进行了回顾和分析，希望采用不同方法的两类学者不要相互指责，而应为了翻译

---

① 孙艺风. 翻译学的何去何从［J］. 中国翻译，2010（2）：5-10.

② 罗列，穆雷. 翻译学的学科身份：现状与建设［J］. 上海翻译，2010（4）：11-15.

③ 黄德先. 翻译的职业化及对翻译研究的影响［J］. 上海翻译，2010（1）：73-77.

④ 王宏. 对当前翻译研究的几个热点问题的再思考［J］. 上海翻译，2010（2）：52-56.

⑤ 庞秀成. 翻译理论"一分为三"的视域［J］. 外国语，2010（3）：80-88.

⑥ 朱益平. "译"在言外——翻译研究的视角转变［J］. 外语教学，2010（1）：109-112.

⑦ 王金岳. 当下翻译理论与实践的尴尬境地——不离不弃抑或分道扬镳？［J］. 天津外国语学院学报，2010（2）：42-47.

⑧ 玛丽安·勒代雷（著），刘和平（译）. 论翻译学研究方法［J］. 中国翻译，2010（2）：11-18.

学研究的美好未来相互合作。苗菊、刘艳春①明确了翻译实证研究在翻译学中的定位，同时对过程实证研究的理论和方法进行了介绍。罗列、穆雷②以实际案例为基础分析了翻译学研究中选题的基础、原则、方法和步骤，指出增强方法论意识是研究创新的关键。刘军平③对翻译研究的哲学途径作了讨论，认为通过哲学而思是当代翻译学学科范式发展的需要及概念范畴确立的要求。任东升④指出了神学之维对翻译研究的价值和意义。蓝红军⑤对翻译史研究中的史识观、翻译理论、研究问题和研究方法等方法论问题进行了思考。

“范式”与“模式”是2010年中国翻译研究关注的重要的方法论概念。吕俊⑥提出了译学进步的三个模式：范式转换、问题四段式和视角转变。张冬梅⑦对翻译规范的规定性研究范式和描写性研究范式进行了比较，也指出这两种研究范式的缺点所在。喻锋平⑧讨论了译学研究范式转换的理性基础。何元建⑨依据双语平行语料库中的例子考察了汉英本源概念的翻译模式。徐莉娜⑩分析了汉语话题－说明句的基本结构特征，提出了主谓句转换为话题－说明句的5 种模式。朱安博⑪对翻译中的二元对立的思维模式进行了反思。杨红⑫探讨了事件分析模式在翻译中的应用。笔者认为，“范式”、“模式”等概念目前在翻译界仍未厘清，术语混用不利于讨论和研究，须要尽早解决。

1.3 外国译论研究

自改革开放以来，对外国翻译理论的引介一直是中国翻译研究的一个重点。2010年，译学界更为重视对外国翻译理论进行理性的反思，以促进其在中国语境中的本土化发展。陈小慰⑬解析了韦努蒂的主要“异化”理论话语，论证了其成功与不足，扩大了韦努蒂理论的解释力。刘全福⑭对10 余年来我国解构主义翻译研究本土化过程中出

---

① 苗菊，刘艳春．翻译实证研究——理论、方法与发展［J］．中国外语，2010（6）：92－97.

② 罗列，穆雷．选题：翻译学研究方法的重要组成部分［J］．中国外语，2010（6）：98－106.

③ 刘军平．通过翻译而思：翻译研究的哲学途径［J］．外语与外语教学，2010（2）：64－67.

④ 任东升．翻译研究的神学之维［J］．外语研究，2010（4）：68－74.

⑤ 蓝红军．翻译史研究方法论四题［J］．天津外国语学院学报，2010（3）：44－48.

⑥ 吕俊．范式转换抑或视角转变——与谢天振教授商榷［J］．中国翻译，2010（1）：41－45.

⑦ 张冬梅．立法与阐释——翻译规范研究的范式比较与问题思考［J］．外语与外语教学，2010（1）：74－76.

⑧ 喻锋平．论译学研究范式转换的理性基础［J］．天津外国语学院学报，2010（4）：32－37.

⑨ 何元建．论本源概念的翻译模式［J］．外语教学与研究，2010（3）：211－219.

⑩ 徐莉娜．英译汉话题句取向翻译模式研究［J］．中国翻译，2010（3）：63－69.

⑪ 朱安博．翻译中二元对立的思维模式的反思［J］．外语教学，2010（2）：105－108.

⑫ 杨红．论翻译的事件分析模式［J］．外国语文，2010（3）：87－90.

⑬ 陈小慰．韦努蒂“异化”理论话语的修辞分析［J］．中国翻译，2010（4）：5－10.

⑭ 刘全福．批评视角：我国解构主义翻译研究的本土化进程［J］．解放军外国语学院学报，2010（1）：51－56.

现的理性和非理性现象进行了全面的综述、剖析与批评。庞学峰[①]认为解构主义并没有无限提升译者主体性，也没有为译者随意摆布原著开脱，解构主义语境下译者主体性的发挥和控制是统一的。张宵军[②]针对国内译界对德里达解构翻译思想的两种理解提出了不同的看法，认为其“Relevant 翻译”既非“回归”，也非“转变”，而是其解构思想的延续。张瑜[③]提出了后解构主义时代如何从广义修辞学视阈进行文学文本翻译研究的原则和方法。李广荣[④]批评了我国对德国功能翻译理论的误读误用现象。朱晓玲[⑤]探讨了译者与改写理论的意识形态和诗学两要素之间的关系，指出译者分为受制与挑战两种。王洪涛[⑥]认为互文性理论对于翻译学研究具有积极的认识论价值与方法论意义。冯文坤[⑦]分析了蒯因的“翻译的非确定性”的命题及其内涵。李婧劼[⑧]讨论了本雅明在《译者的任务》中提到的译作与原作的三种关系。黄远鹏、孙迎春、张思洁[⑨]运用拉卡托斯的科学研究纲领分析了图里理论中的“规范”，指出了其中预先规范和初始规范存在的问题。吴耀武、张建青[⑩]对佐哈尔多元系统翻译理论的特点、影响与局限及其在中国的译介情况进行了批评性阐释。可以看到，近 10 年来，国外翻译理论没有像二三十年以前那样不断推出新的理论，这一方面有利于我们咀嚼消化理解应用原有理论，另一方面也值得我们思考这些理论背后的社会文化背景以及推出流行的学术原因。

1.4 传统译论研究

传统译论是中国现代翻译理论发展的重要来源，然而“传统”本身就暗含了其与“现代”的矛盾，在当今的学术语境下，传统译论的生命力似乎渐行渐弱，传统译论的继承与发展也就成为译学界近年来一个严肃的话题。2010 年，“传统译论”作为一个研究主题依然受到了学界一定的关注。刘云虹、许钧[⑪]结合翻译理论界对“信达雅”的

---

① 庞学峰. 发挥与控制的统一——德里达解构主义视角下的译者主体性研究［J］. 外语与外语教学，2010（3）：59－62.

② 张宵军. 德里达翻译思想：回归、转变还是其他［J］. 外语研究，2010（2）：77－81.

③ 张瑜. 广义修辞学与后解构主义时代的翻译研究［J］. 解放军外国语学院学报，2010（6）：71－75.

④ 李广荣. 德国功能翻译理论误读误用的反思［J］. 天津外国语学院学报，2010（1）：42－48.

⑤ 朱晓玲. 受制与挑战——译者与改写理论的两要素［J］. 外语研究，2010（1）：79－83.

⑥ 王洪涛. 互文性理论之于翻译学研究：认识论价值与方法论意义［J］. 上海翻译，2010（3）：6－10.

⑦ 冯文坤. 论蒯因“翻译的非确定性”的本体论承诺［J］. 外语教学，2010（5）：102－106，110.

⑧ 李婧劼. 从本雅明翻译思想看译作与原作的关系［J］. 外国语言文学，2010（2）：108－113.

⑨ 黄远鹏，孙迎春，张思洁. 研究纲领视角下的图里理论中的“规范”［J］. 外语与外语教学，2010（1）：77－81.

⑩ 吴耀武，张建青. 佐哈尔多元系统翻译理论的批评性阐释［J］. 外语教学，2010（3）：110－113.

⑪ 刘云虹，许钧. 理论的创新与实践的支点——翻译标准“信达雅”的实践再审视［J］. 中国翻译，2010（5）：13－18.

认识以及“信达雅”作为普遍流行的翻译标准在诸多领域的实践情况，从理论和实践的结合与互动层面对翻译标准“信达雅”进行重新审视，认为“信达雅”并没有过时，而将继续在翻译理论和实践中发挥新的作用。傅惠生①梳理了我国佛经译论体系：将其基本框架构建为横向的译文论、原文论和译者论；纵向的文体和文字研究，以及翻译目的论等。黄忠廉②以傅雷、严复为例辨析了翻译思想与翻译理论的区别，明确提出我国传统译论多表现为思想，呈现为点评和短论之类的泛论。胡安江③通过对中国古代旅行书写的考察，提出了对中国古代翻译研究在中国传统文化规范中的角色定位。如何深入挖掘、深刻理解传统译论，如何让传统译论服务于当下的理论建设和翻译实践，都是值得思考的。

1.5 本土理论构建

除了引介反思外国翻译理论与梳理阐释传统译论，学者们还在进行更具创新性的探索——构建新的本土化的翻译理论。2010 年，学者们陆续提出了一些新的翻译理论，如生态翻译理论。胡庚申④进一步阐述了“生态翻译学”产生的背景与发展的基础以及翻译生态与自然生态的关联性、类似性和同构性。刘爱华⑤介绍了生态翻译学与翻译生态学在命名原则、术语使用、研究方法、核心理论、研究侧重点及发展轨迹等方面的异同。朱桂成⑥对构建整体生态翻译理论图式的方法与步骤进行了探讨。此外，黄忠廉⑦再度论述了其翻译“变”“化”观；张德让⑧提出了翻译会通论；钱纪芳⑨提出了和合翻译的构想；冯全功⑩提出了“和谐”译论。本土翻译理论的建设需注意对之前古今中外各种理论引进运用的融会贯通，深刻理解并科学论证其必要性、合理性、关联性、学术性，不满足于单纯借鉴或照搬套用其他学科和传统译论的术语概念，“创立”众多的 xx 翻译学或翻译 xx 论，而要真正推动翻译理论在学理层面的思考与发展。

1.6 翻译伦理研究

近年来有关翻译伦理的研究热度有所增加，2010 年翻译伦理研究受到了较多的关

---

① 傅惠生．我国的佛经译论体系［J］．上海翻译，2010（1）：1－5，40.

② 黄忠廉．翻译思想≠翻译理论——以傅雷、严复为例［J］．解放军外国语学院学报，2010（5）：77－81.

③ 胡安江．中国古代旅行书写与翻译研究的传统角色［J］．外语学刊，2010（1）：113－117.

④ 胡庚申．生态翻译学：产生的背景与发展的基础［J］．外语研究 2010（4）：62－67，112；胡庚申．翻译生态 vs 自然生态：关联性、类似性、同构性［J］．上海翻译 2010（4）：1－5.

⑤ 刘爱华．生态视角翻译研究考辨——“生态翻译学”与“翻译生态学”面对面［J］．西安外国语大学学报，2010（1）：75－78.

⑥ 朱桂成．整体生态译论场发生机理图式论［J］．上海翻译，2010（2）：11－15.

⑦ 黄忠廉．翻译“变”“化”观［J］．外语学刊，2010（6）：104－108.

⑧ 张德让．翻译会通论［J］．外国语（上海外国语大学学报），2010（5）：66－72.

⑨ 钱纪芳．和合翻译思想初探［J］．上海翻译，2010（3）：11－15.

⑩ 冯全功．试论和谐翻译［J］．天津外国语学院学报，2010（4）：38－43.

注。申连云[①]描述了翻译研究中从“操控”到“投降”的伦理变化，指出全球化背景下“尊重差异，敬畏文明”应该成为跨文化交往中对文化他者应担当的最基本的伦理道义。蒋童[②]分析了韦努蒂翻译思想的话语体系，及其从异化翻译到因地制宜伦理的发展历程。杨洁、曾利沙[③]认为目前翻译伦理研究中存在一些误区，建议在宏观框架理论基础上拓展相应的理论研究次范畴。于兰、杨俊峰[④]论述了现代译学研究者须站在伦理的角度审视文化间的交流发展，处理翻译中文化间、主体间关系。边立红[⑤]描述了翻译比喻中的伦理关系内涵，指出翻译比喻中形象的变化显示了不同语境下译者作为一个伦理主体所负载的不同权利和义务。孙伟[⑥]论述了中西译学研究中翻译伦理的发展演进历程中所受的主流哲学伦理思潮的影响，指出当今全球化语境下探讨翻译伦理研究的理论价值与现实意义。翻译学的研究对象之一是译者，译者的伦理观念与实践一直是翻译研究的关注对象，翻译伦理研究可以随着研究对象和伦理学本身的发展而继续深入。

1.7 译者主体性研究

“译者”和“译者主体性”是2010年普通翻译研究中两个出现频率较高的主题词。马悦、穆雷[⑦]对以往翻译研究中译者身份的静态判断提出了质疑，提出了译者性别身份流动性的概念。周领顺[⑧]发表了译者行为研究的系列成果。陈志杰、吕俊[⑨]认为译者的行为方式并非由社会规范决定，译者的价值创造是以其价值判断为前提的。骆萍[⑩]以胡适的诗歌翻译为个案，分析了译者惯习与翻译规范的相互影响机制。董娜[⑪]尝试性地提出了译者痕迹的分析研究框架。沈华东[⑫]认为适度延异可以充分发挥译者主体性作用。

---

① 申连云. 怎么译：从“操控”到“投降”［J］. 外国语（上海外国语大学学报），2010（2）：44－52.

② 蒋童. 韦努蒂的异化翻译与翻译伦理的神韵［J］. 外国语（上海外国语大学学报），2010（1）：80－85.

③ 杨洁，曾利沙. 论翻译伦理学研究范畴的拓展［J］. 外国语（上海外国语大学学报），2010（5）：73－79.

④ 于兰，杨俊峰. 论翻译研究的伦理倾向［J］. 外语与外语教学，2010（2）：73－76.

⑤ 边立红. 翻译比喻中伦理关系透视［J］. 西安外国语大学学报，2010（3）：84－88.

⑥ 孙伟. 全球化语境下的翻译伦理研究［J］. 北京第二外国语学院学报，2010（8）：7－13.

⑦ 马悦，穆雷. 译者性别身份流动性：女性主义翻译研究的新视角［J］. 解放军外国语学院学报，2010（6）：66－70.

⑧ 周领顺. 译者行为与“求真－务实”连续统评价模式——译者行为研究（其一）［J］. 外语教学，2010（1）：93－97；周领顺. 两则经典“翻译”定义的汉译与两种译评观——译者行为研究（其二）［J］. 上海翻译，2010（2）：6－11；周领顺. 译者“变译”行为的自律和他评——译者行为研究（其五）［J］. 外语研究，2010（4）：79－85.

⑨ 陈志杰，吕俊. 社会规范与译者价值创造［J］. 外语与外语教学，2010（1）：69－73.

⑩ 骆萍. 翻译规范与译者惯习——以胡适译诗为例［J］. 西安外国语大学学报，2010（2）：75－78.

⑪ 董娜. 译者痕迹研究［J］. 广东外语外贸大学学报，2010（5）：43－48.

⑫ 沈华东. 适度延异：发挥译者主体性作用［J］. 上海翻译，2010（4）：39－41.

朱月娥①考察了翻译主体生态系统中译者主体在维护语言多样性、实现文化的互惠和保持文化自我方面的作用。柳晓辉②从语言哲学层面对译者主体性进行了反思。王正良、马琰③认为译者主体性是多种因素的复杂互动与博弈的结果，既受到制约又具有主观能动性。主体性研究从对翻译主体的认识到对主体间性的认识，从静态的认识到动态的认识，从哲学的借鉴到翻译学的应用，正逐步深入。

2. 应用翻译研究

在翻译学的学科框架结构中，应用翻译研究包括翻译教育与教学、翻译批评、翻译测试等，还包括翻译政策、翻译工具、翻译管理等。2010 年翻译教育与教学和翻译批评方面的研究都有较为丰富的成果，而后一部分的研究则刚刚开始兴起。

2.1 翻译教育与教学研究

2010 年，翻译教育与教学研究主题丰富多样：既有对境外、国外翻译学位教育的理念与实践作介绍的，如谭载喜④，张吉良⑤，唐萍、陈琳⑥等；也有对国内各语种翻译教学进行思考的，如罗应珍⑦、乃比江·阿不力孜⑧等；既有讨论高层次翻译人才培养问题的，如穆雷、罗列⑨；也有讨论本科翻译教学的，如刘季春⑩，吴青⑪，詹成、丁欣如⑫；还有关于高职高专翻译教学的，如曾昭涛⑬；既有关于翻译专业和外语专业翻译教学的，如郭英珍⑭、李宁⑮；也有关于大学英语翻译教学的，如王玉西⑯、姚

---

① 朱月娥. 翻译主体生态系统中的译者主体性［J］. 中国科技翻译，2010（1）：55 – 58.

② 柳晓辉. 译者主体性的语言哲学反思［J］. 外语学刊，2010（1）：122 – 125.

③ 王正良，马琰. 译者主体性的多维度构建与博弈［J］. 外语教学 2010（5）：107 – 110.

④ 谭载喜. 香港的翻译学位教育：理念与实践［J］. 东方翻译，2010（6）：9 – 16.

⑤ 张吉良. 国外高校（会议）口译专业办学层次概况［J］. 中国外语，2010（5）：

⑥ 唐萍，陈琳. 加拿大本科翻译专业教学及其启示［J］. 东方翻译，2010（3）：15 – 19.

⑦ 罗应珍. 西班牙语翻译教学在中国的发展现状研究［J］. 外国语文，2010（5）：95 – 99.

⑧ 乃比江·阿不力孜. 高等专科学校汉语翻译教学存在的问题及对策［J］. 语言与翻译，2010（3）：75 – 77.

⑨ 穆雷，罗列. 翻译研究博士论文选题问题分析［J］. 东方翻译，2010（2）：17 – 22.

⑩ 刘季春. 探寻本科翻译教学的第三种模式［J］. 中国科技翻译，2010（2）：30 – 33.

⑪ 吴青. 本科翻译专业培养模式的探索与实践——谈北京外国语大学翻译专业教学理念［J］. 中国翻译，2010（2）：39 – 43.

⑫ 詹成，丁欣如. 对翻译专业本科课程设置的探讨——一项针对我国首批翻译专业毕业生的调查［J］. 东方翻译，2010（6）：22 – 26.

⑬ 曾昭涛. 论初级工具翻译［J］. 中国科技翻译，2010（3）：16 – 19.

⑭ 郭英珍. 翻译专业的翻译教学探索——以河南师范大学的本科教学实践为例［J］. 上海翻译，2010（3）：53 – 55.

⑮ 李宁. 新形势下英语专业本科翻译教学探索——整体建构模式［J］. 外语教学理论与实践，2010（3）：76 – 80.

⑯ 王玉西. 对大学英语翻译教学若干问题的思考［J］. 中国翻译，2010（6）：29 – 33.

欣[①]；既有讨论翻译教学评价模式的，如王树槐、王卫平[②]；也有讨论翻译教材建设的，如戎林海[③]、曾剑平、林敏华[④]；既有关于法律翻译教学的，如张法连、叶盛楠[⑤]；也有关于影视翻译教学的，如肖维青[⑥]；既有关于口译教学的，如王斌华[⑦]、徐然[⑧]；也有关于笔译教学的，如陶友兰[⑨]；既有探讨计算机辅助翻译教学的，如徐彬[⑩]；也有探讨翻译工作坊教学的，如李明、仲伟合[⑪]；既有对翻译教学流派进行批评的，如王树槐[⑫]；也有对翻译教学模式进行探索的，如朱玉彬、许钧[⑬]、魏清光[⑭]、余国良[⑮]，还有交流具体翻译教学法的，如吴文安[⑯]、武光军[⑰]、余军、王朝晖[⑱]等。

综观2010年翻译教育与教学研究，可以发现一个明显的研究重点，那就是关于翻译硕士专业学位（MTI）教育的研究。随着我国翻译职业化进程的加快，作为外语类唯一的专业硕士学位——MTI教育发展迅速，但处于探索性阶段的应用型MTI教育在中国依然受到学术型学位教育的影响，从教育理念到教育方法，从教育内容到教育手段，从课堂教学到岗位实习，从师资培养到学生考核，相关研究与实践引起学界广泛重视。黄友义[⑲]分析了翻译产业的现状、需求和MTI专业学位的发展趋势，应用型研究生将占50%或甚至更高的比例，MTI学位教育在教学理念、教学内容和方法上须注重采取现

---

① 姚欣. 试论翻译在中医院校大学英语教学中的作用 [J]. 山东外语教学，2010 (3)：73－78.

② 王树槐，王卫平. 发展性翻译教学评价模式 [J]. 解放军外国语学院学报，2010 (3)：76－81.

③ 戎林海. 应用型外语人才培养模式观照下的翻译教材编写理念 [J]. 外语界，2010 (2)：25－29，70.

④ 曾剑平，林敏华. 论翻译教材的问题及编写体系 [J]. 中国科技翻译，2010 (4)：41－43.

⑤ 张法连，叶盛楠. 法律翻译教学刍议 [J]. 中国翻译，2010 (3)：48－51.

⑥ 肖维青. 学术性·职业性·趣味性——"影视翻译"课程教学探索 [J]. 外语教学理论与实践，2010 (3)：65－70.

⑦ 王斌华. 翻译本科新专业的口译教学理念探索——兼谈外研社翻译专业本科口译系列教材的编写 [J]. 广东外语外贸大学学报，2010 (4)：78－82.

⑧ 徐然. "专注听力"——口译听力培训方法之我见 [J]. 中国翻译，2010 (3)：43－47.

⑨ 陶友兰. 翻译专业笔译教学的功能主义模式探讨 [J]. 上海翻译，2010 (2)：43－47.

⑩ 徐彬. 计算机辅助翻译教学——设计与实施 [J]. 上海翻译，2010 (4)：45－49.

⑪ 李明，仲伟合. 翻译工作坊教学探微 [J]. 中国翻译，2010 (4)：32－36.

⑫ 王树槐. 吉拉里的建构主义翻译教学：贡献与缺陷 [J]. 天津外国语学院学报，2010 (4)：44－49.

⑬ 朱玉彬，许钧. 关注过程：现代翻译教学的自然转向——以过程为取向的翻译教学的理论探讨及其教学法意义 [J]. 外语教学理论与实践，2010 (1)：84－88.

⑭ 魏清光. 翻译教学的语义－语用模式探索 [J]. 天津外国语学院学报，2010 (2)：48－52.

⑮ 余国良. 翻译教学中批判性思维的培养模式研究 [J]. 外语学刊，2010 (5)：101－104.

⑯ 吴文安. 学生自主选材翻译实践课可行性研究 [J]. 中国翻译，2010 (5)：45－48.

⑰ 武光军. 基于语料库的汉译英中的搭配教学 [J]. 中国外语，2010 (4)：53－59.

⑱ 余军，王朝晖. 基于比较翻译教学法的教学型语料库构建与应用 [J]. 中国翻译，2010 (5)：57－62.

⑲ 黄友义. 翻译硕士专业学位教育的发展趋势与要求 [J]. 中国翻译，2010 (1)：49－50.

代化的技术手段，向着科学化、职业化方向培养高层次、应用型、专业型人才。唐继卫[①]呼吁创新培养模式。提出加强宣传，提高对MTI本质的认识；加强管理体制改革；强化与行业和企业的联系；加强评估，树立品牌等要求。许钧[②]认为MTI专业学位教育须要处理好教育和产业与市场的关系；翻译学术研究与翻译产业的关系；专业教育与树立行业形象的关系。仲伟合[③]针对翻译硕士和翻译本科分析了翻译专业人才的特征，进而提出了翻译专业人才培养的理念与原则。柴明颎[④]也对专业翻译教学建构的现状、问题和对策进行了思考。苗菊、王少爽[⑤]对当前翻译行业的需求状况和职业取向进行了调查分析，从行业视角审视MTI教育培养方案。苗菊、高乾[⑥]还对MTI教育中技术写作课程设置提出了具体的建议。马会娟[⑦]以北外奥组委翻译班毕业论文撰写为个案，探讨MTI学位毕业论文写作模式及问题。吴刚[⑧]介绍了上海外国语大学高级翻译学院在制订MTI毕业论文写作方案时的思路，分析了第一届MTI毕业生在毕业论文写作中出现的问题。俞敬松、王华树[⑨]对计算机辅助翻译硕士专业教学进行了探讨。姚锦清[⑩]根据专业笔译的特性，提出了MTI教学体系中笔译方向的核心理念为实用文献翻译。王传英[⑪]根据本地化行业的发展对翻译人才的需要，提出了对MTI课程体系创新的看法。邱伟平[⑫]以香港浸会大学为例，探讨了翻译硕士课程在设计与教学方面的问题。MTI教育研究不仅给刚刚兴起的MTI教育提供了教育理念、教学方法、管理方式等方面的探讨平台与机制，也带动了原本一直较受忽视的翻译教学理论研究，使得翻译教学不再满足于课堂教学经验的总结，或追随外语教学理论的步伐，而是从翻译行业本身的需求出发，从专业翻译教育的规律探索出发，从中国内地教育体制的实际出发，从理念到理论，从方法到实际，从教师到学生，从课内到课外，全面系统地研究相关的学术问题。

---

① 唐继卫. 加强翻译硕士教育工作 适应翻译产业发展需要［J］. 中国翻译，2010（1）：50－52.

② 许钧. 关于翻译硕士专业学位教育的几点思考［J］. 中国翻译，2010（1）：52－54.

③ 仲伟合. 翻译专业人才培养：理念与原则［J］. 东方翻译，2010（1）：10－14.

④ 柴明颎. 对专业翻译教学建构的思考——现状、问题和对策［J］. 中国翻译，2010（1）：54－56.

⑤ 苗菊，王少爽. 翻译行业的职业趋向对翻译硕士专业（MTI）教育的启示［J］. 外语与外语教学，2010（3）：63－67.

⑥ 苗菊，高乾. 构建MTI教育特色课程——技术写作的理念与内容［J］. 中国翻译，2010（2）：35－38.

⑦ 马会娟. MTI学位毕业论文写作模式探讨——以北外奥组委翻译班毕业论文撰写为个案［J］. 上海翻译，2010（2）：48－51.

⑧ 吴刚. MTI毕业论文写作方案的制订及目前出现的一些问题［J］. 东方翻译2010（2）：14－16.

⑨ 俞敬松，王华树. 计算机辅助翻译硕士专业教学探讨［J］. 中国翻译，2010（3）：38－42.

⑩ 姚锦清. 翻译硕士专业学位（MTI）与专业笔译的理念［J］. 东方翻译，2010（4）：8－11.

⑪ 王传英. 本地化行业发展与MTI课程体系创新［J］. 外语教学，2010（4）：110－113.

⑫ 邱伟平. 翻译硕士课程的设计与教学——以香港浸会大学为例［J］. 东方翻译，2010（6）：17－21.

翻译教学的终极目标就是提高译者/译员的翻译能力。因此“翻译能力”成为翻译教学研究一个重要主题，此主题在2010年翻译教育与教学研究成果中比较突出，学者们主要围绕翻译能力的构成和培养开展讨论。仝亚辉①对西班牙巴塞罗那PACTE翻译能力模式作了介绍，同时指出其中存在的问题，获得对我国翻译能力研究的启示。马会娟、管兴忠②修订了PACTE翻译能力模式，认为汉译英译者的翻译能力由双语交际能力、翻译专业知识、策略能力、语言外能力以及查询资料能力构成。杨志红、王克非③探讨了翻译能力的概念，并对翻译能力实证研究模式、具体方法和研究成果进行了梳理。冯全功④从认知视角提出了翻译能力由翻译图式和认知机制两大范畴构成的观点。文军、李红霞⑤以翻译能力为中心调查了11所高校翻译专业本科课程设置，分析了现有课程设置在宏观层面和具体层面上的不足，并提出了改进建议。钱春花⑥分析了交互性教学对学习者翻译能力的驱动机理，提出翻译能力构成维度的假设，建立了概念模型。孙学涛、马新英、王德军⑦从个人、社会、当前、未来等角度分析了理工科大学生对翻译能力的需求，呼吁提高理工科大学生的实用翻译能力。邬姝丽⑧运用问卷调查的方式对英语专业学生的口译能力进行了量化评估。然而，笔者也注意到，翻译能力研究多年来进展缓慢，鲜有突破，其原因大概与缺少实证研究有关。人们对于翻译能力和译者能力等概念提出了各种各样的猜想和假设，就是极少用真实的数据去证实或者证伪，去对这些猜测作进一步的论证，也就很难在此基础上进行应用的实验。

2.2 翻译测试研究

作为翻译教学评估和完善的支撑性手段，翻译测试的重要性是不言而喻的。然而受到目前译学界对翻译能力的认识以及相关语言测试技术的限制，翻译测试一直是译学研究的一个难题。2010年，我国翻译测试方面的研究依然薄弱，相关研究成果仅有4篇。王克非、杨志红⑨探讨了翻译测试的分类、性质和构念，以及国内外翻译测试在侧重与方式上的异同，讨论了翻译测试设计中的题型设置、试题编制及评分方式等基础性问题。陈怡⑩以八级考试汉英翻译语料为基础展示出学习者翻译语料库在汉英文本

---

① 仝亚辉. PACTE翻译能力模式研究［J］. 解放军外国语学院学报，2010（5）：88－93.

② 马会娟，管兴忠. 发展学习者的汉译英能力——以北外本科笔译教学为例［J］. 中国翻译2010（5）：39－44.

③ 杨志红，王克非. 翻译能力及其研究［J］. 外语教学，2010（6）：91－95.

④ 冯全功. 从认知视角试论翻译能力的构成［J］. 外语教学，2010（6）：110－113.

⑤ 文军，李红霞. 以翻译能力为中心的翻译专业本科课程设置研究［J］. 外语界，2010（2）：2－7.

⑥ 钱春花. 交互性教学对学习者翻译能力的驱动［J］. 外语界，2010（2）：19－24.

⑦ 孙学涛，马新英，王德军. 论理工科大学生的翻译能力需求［J］. 山东外语教学，2010（1）：70－74.

⑧ 邬姝丽. 高校英语专业口译能力评估及其对口译教学的启示［J］. 中国翻译，2010（4）：37－39.

⑨ 王克非，杨志红. 翻译测试中的理论与实践问题［J］. 外国语（上海外国语大学学报），2010（6）：54－60.

⑩ 陈怡. 学习者翻译语料库与汉英文本翻译测试［J］. 外语教学理论与实践，2010（2）：

翻译测试上的应用，认为学习者翻译语料库可以改进汉英文本翻译测试的命题和优化评分量表的制定。江进林、文秋芳①运用多面 Rasch 模型，从考生、评分员和评分项三个方面对一次英语篇章翻译测试的效度进行了研究。另外，江进林、文秋芳②通过比较研究，发现 N 元组匹配和翻译单位对英译汉自动评分作用互为补充，两者结合对译文质量的预测效果最佳。翻译测试须要借鉴测试学等相关学科的研究方法和手段，借助外语测试研究成果的启发和多种计算工具的使用，体现跨学科特点，其研究成果对于翻译教育和行业管理都不无裨益。

2.3 翻译批评研究

和翻译教学一样，翻译批评也是翻译理论应用于翻译实践的重要途径，具有促进翻译学理论反思和提高翻译质量的作用。随着译学理论的发展和翻译实践活动的进一步繁荣，翻译批评研究者的理论意识明显加强，翻译批评的范围不断扩大，批评的方法也不断丰富和变化。这从翻译批评研究成果中得到了反映。2010 年，翻译批评方面的文章共 82 篇，占全年翻译研究文章总数的 11.6%，比 2009 年在数量上和比例上都略有增长。

2010 年，译界学者在翻译批评理论研究方面做了一些积极的探索。王贵明③提出了“译与作同构与异构和同质与异质”命题，认为文学翻译批评应该避免用单一理论就译作表象的建构去测度译者和译作，批评者应该在了解译者的史学和美学倾向以及相关文学时代特征等因素的前提下去评议翻译成果。刘云虹④以林纾和鲁迅的翻译为考察对象，重新审视了翻译批评的维度和视野，指出翻译批评应从特定的历史环境出发，关注不同的文化、政治因素，并充分重视译者对翻译的认知和定位在翻译过程中所起的作用，构建多重批评视野。周晓梅、吕俊⑤批评了当前翻译活动中的理性缺位与标准迷失情况，认为应在交往理性基础上建构新的开放性的翻译标准。王昌玲、张德让⑥认为塞尔的意向性理论用之于翻译批评有助于解释译者意向性、作者意向性和集体意向性之间的动态关系之于译本形态的影响。蒋骁华⑦以英美翻译家的汉籍英译为例评析汉语典籍英译中的“东方情调化翻译倾向”。

笔者注意到，2010 年翻译批评理论研究成果数量仅有 4 篇，其余皆为翻译批评实践类的文章，且批评理论体系并未确立，无论是实践还是理论研究，翻译批评还是难

---

① 江进林，文秋芳. 基于 Rasch 模型的翻译测试效度研究 [J]. 外语电化教学，2010 (1)：14-18.

② 江进林，文秋芳. N 元组和翻译单位对英译汉自动评分作用的比较研究 [J]. 现代外语，2010 (2)：177-184.

③ 王贵明. 文学翻译批评中对译与作的“质”和“构”的认知 [J]. 中国翻译，2010 (3)：17-23.

④ 刘云虹. 从林纾、鲁迅的翻译看翻译批评的多重视野 [J]. 外语教学，2010 (6)：101-104.

⑤ 周晓梅，吕俊. 颠覆与重建：翻译批评中的理性反思 [J]. 外语与外语教学，2010 (4)：64-68.

⑥ 王昌玲，张德让. 意向性翻译批评研究 [J]. 山东外语教学，2010 (5)：83-88.

⑦ 蒋骁华. 典籍英译中的“东方情调化翻译倾向”研究——以英美翻译家的汉籍英译为例 [J]. 中国翻译，2010 (4)：40

免受到批评。翻译批评研究，任重而道远。

3. 翻译史研究

2010年，翻译史研究所受的关注程度持续增加。除成果数量（73篇）和所占全年比例（11.8%）较之2009年（60篇，10.6%）有所上升之外，研究视角呈现多样化的趋势。选题类别包括：一、翻译家，如郭延礼、郭蓁对女翻译家黄静英①、黄翠凝②、吴弱男、薛琪瑛和沈性仁③的研究。二、断代翻译史，如王友贵④对共和国前29年法国文学翻译的研究；孙会军、郑庆珠⑤对新时期（1976~2008）英美文学在中国大陆的翻译的研究；滕威⑥对拉美文学汉译史的研究。三、作品译介史，如崔文东⑦对晚清《鲁滨孙飘流续记》中译的研究；李伟民⑧对《莎氏乐府本事》及其莎剧注释本在中国的译介研究；张建青、刘振宇⑨对包天笑译介《爱的教育》的研究；王琰⑩对《论语》英译的研究。四、翻译出版物，如何琳、赵新宇⑪对《中国文学》的翻译选材研究；黄立波⑫对《新月》期刊体现的翻译思想的探究。五、地区专题译史，如张其帆对香港法庭口译史的研究⑬。还有翻译史分期，如贾洪伟对苏联语言学汉译历史分期的研究⑭。此外2010年翻译史研究还包括了法律翻译史和翻译机构，如熊德米⑮对晚清法律翻译的

① 郭延礼，郭蓁. 一位被尘封的女翻译家和小说家——黄静英［J］. 东方翻译，2010（1）：42-45.

② 郭延礼，郭蓁. 黄翠凝和她的译作《牧羊少年》［J］. 东方翻译，2010（2）：32-35.

③ 郭延礼，郭蓁. 中国近代三位女性戏剧翻译家：吴弱男、薛琪瑛和沈性仁［J］. 东方翻译，2010（3）：35-37.

④ 王友贵. 20世纪中国翻译研究：论共和国首29年法国文学翻译［J］. 外国语言文学，2010（1）：

⑤ 孙会军，郑庆珠. 新时期英美文学在中国大陆的翻译（1976-2008）［J］. 解放军外国语学院学报，2010（2）：73-77.

⑥ 滕威. 拉美文学汉译史话［J］. 东方翻译，2010（5）：63-67.

⑦ 崔文东. 翻译国民性：以晚清《鲁滨孙飘流续记》中译本为例［J］. 中国翻译，2010（5）：19-24.

⑧ 李伟民.《莎氏乐府本事》及其莎剧注释本在中国——莎剧入华的"前经典化"时期［J］. 东方翻译，2010（5）：38-43.

⑨ 张建青，刘振宇. 包天笑与《爱的教育》［J］. 东方翻译，2010（6）：47-50

⑩ 王琰.《论语》英译与西方汉学的当代发展［J］. 中国翻译，2010（3）：24-32

⑪ 何琳，赵新宇. 意识形态与翻译选材——以文革为分期的《中国文学》选材对比研究［J］. 天津外国语学院学报，2010（6）：29-33.

⑫ 黄立波. 新月派的翻译思想探究——以《新月》期刊发表的翻译作品为例［J］. 外语教学，2010（3）：88-91.

⑬ 张其帆. 香港法庭口译的历史沿革［J］. 东方翻译，2010（3）：50-55.

⑭ 贾洪伟. 苏联语言学汉译历史分期［J］. 中国俄语教学，2010（2）：71-74，83.

⑮ 熊德米. 晚清法律翻译的"普罗米修斯"及特殊贡献［J］. 外语教学，2010（5）：94-97.

研究；梁志芳对“复社”的研究[①]等等。2010 年翻译史研究成果显示，按类别来分，文学翻译方面的研究最多，而按历史时段来看，晚清的最多。

2010 年翻译史研究论文作者的学术背景大致分为三种：史学专业，如邹振环[②]；文学专业，如宋炳辉[③]、赵稀方[④]；翻译学专业，如王东风[⑤]、屠国元[⑥]。三类学者都十分重视史实的发掘和史事的钩沉，但却体现出不同学科意识，前两类学者更多地将翻译史研究视为文学史或文化史研究的分支，而第三类则更为重视翻译史研究为翻译学学科发展服务。这种差异体现出翻译史研究的多学科性和跨学科性，构成了翻译史研究方法多元发展的有利条件，而不是学术交流的障碍。

4. 笔译研究

根据罗列、穆雷（2010）的观点，把笔译研究分为文学翻译研究和专业（非文学）翻译研究。专业翻译是相对于文学翻译而言的实用文类的翻译，涉及政治、经济、法律、科技、旅游等各个领域；专业翻译在推动历史进步、促进社会发展方面产生着重大的作用，对专业翻译的关注与研究也逐渐增多。2010 年专业翻译研究成果数量和所占比重均有所增长，虽然依然多为对专业翻译技巧的探讨，但研究者的理论意识有所增强。如：谢家成、刘洪泉[⑦]基于体裁分析探讨了专门用途语篇翻译模式；王宗英、郭

---

① 梁志芳. 翻译 · 文化 · 复兴——记上海“孤岛”时期的一个特殊翻译机构“复社”[J]. 上海翻译，2010（1）：66－69.

② 邹振环. 近代西学翻译由南而北的地域扩散——以澳门华英校书房、宁波华花圣经书房和上海美华馆为例 [J]. 东方翻译，2010（1）：26－34；邹振环. 沪港翻译出版的互动：王韬、黄胜与《火器略说》的抄本与刊本 [J]. 东方翻译，2010（2）：23－31；邹振环. 土山湾印书馆：近代上海天主教翻译抄本的重镇 [J]. 东方翻译，2010（3）：31－41；邹振环. 晚明至晚清的翻译：内部史与外部史 [J]. 东方翻译，2010（4）：18－26；邹振环. 上海大同译书局及其史学译著 [J]. 东方翻译，2010（5）：24－32；邹振环. 樊柄清与上海东文学社刊刻的《东洋史要》[J]. 东方翻译，2010（6）：36－46.

③ 宋炳辉. 作为翻译家的贾植芳先生二周年祭——贾植芳 [J]. 东方翻译，2010（2）：36－40；宋炳辉. 王蒙的翻译活动及其语言才华 [J]. 东方翻译，2010（3）：56－61；宋炳辉. 从穆旦到查良铮：翻译作为一种特殊的表达 [J]. 东方翻译，2010（4）：40－45；宋炳辉. 周立波的文学翻译与文学视野 [J]. 东方翻译，2010（5）：44－49；宋炳辉. 让世界了解中国人民——多语作家叶君健的翻译与文学活动 [J]. 东方翻译，2010（6）：51－55.

④ 赵稀方. 译名之争——“God”的汉译 [J]. 东方翻译，2010（3）：46－49；赵稀方.《红与黑》事件回顾——中国当代翻译文学史话之二 [J]. 东方翻译，2010（5）：33－37；赵稀方. 现代主义的翻译的误读——中国当代翻译文学史话之三 [J]. 东方翻译，2010（6）：51－55.

⑤ 王东风. 论误译对中国五四新诗运动与英美意象主义诗歌运动的影响 [J]. 外语教学与研究，2010（6）：459－464.

⑥ 屠国元. 选择性顺应与顺应性选择——佛教中国化进程中的译者主体性构建透析 [J]. 中国翻译，2010（4）：20－23.

⑦ 谢家成，刘洪泉. 基于体裁分析的专门用途语篇翻译模式及运用 [J]. 上海翻译，2010（2）：28－32.

高攀[①]从认知结构的角度将专业英语翻译纳入概念整合网络；李克兴[②]在讨论法律文本翻译时提出了“静态对等”的概念。这些讨论有助于对专业翻译实践的深入认识，揭示专业翻译中的共性特点，推动专业翻译实践的理性发展。

文学翻译研究仍是2010年翻译研究的一个重要领域，学者们在文学翻译理论、诗歌翻译和文学典籍翻译方面进行了新的探索。王东风[③]从诗学角度分析了文学翻译中形式的诗学价值和翻译意义，指出翻译中不能把具有文学性的表达仅仅译成一串信息流，应注意对相关语境参数进行关联性建构，使译文获得整体性的诗学体现。谢建平[④]从多种视角阐释了文学创作中“情感愉悦”形成的理据，提出了文学翻译之后“情感传真”的基本原则。陈琳[⑤]定义了陌生化翻译策略的概念，阐述了陌生化翻译的区分特征。袁榕[⑥]认为文学译者始终处于陌生化与本土化的策略取向与冲突中，翻译不仅要传达信息，还要再现原著的文学性和艺术性。关于文学意境，周红民[⑦]提出了意境无法翻译的论断，而包通法、刘正清[⑧]则认为忠于原文意象可以构建文学意境美学翻译诗性与理性互为的认识观和方法论。党争胜[⑨]提出了文学翻译审美再现的象似、创作和优化三原则。刘扬[⑩]强调译者应着力准确把握和再现文学作品中的形而上质。刘华文[⑪]认为诗歌翻译同诗歌创作一样会发生审美主体对审美客体的格物、感物和体物等施为行为。朱纯深[⑫]建议翻译汉语诗歌时采用确立焦点意象的方法以再现原文的诗意世界。

笔译研究与口译研究各有特点。我们的笔译研究队伍主要由笔译工作者和笔译教师两部分构成，或许是因为人数众多队伍庞大的缘故，这支队伍缺乏宏观的视野、整体的设计和系统的构思。可以看到，口译研究虽说队伍并不庞大，可是他们已经有了分工和组织，策划与实施，口译实践、口译过程、口译产品、口译教学、口译评估等等，都有专门的研究；口译教学的各个阶段，也正在划分之中……这些正是值得笔译研究队伍学习的。目前的笔译研究，基本上划分为文学笔译和非文学/专业笔译，可是作为教育培训者来说，却并未清楚地规划出每一个学习阶段笔译学习者应该掌握的内

① 王宗英，郭高攀. 概念结构的认知理据与专业英语翻译［J］. 上海翻译，2010（2）：33-36.

② 李克兴. 论法律文本的静态对等翻译［J］. 外语教学与研究，2010（1）：

③ 王东风. 形式的复活：从诗学角度反思文学翻译［J］. 中国翻译，2010（1）：6-12.

④ 谢建平. 论文学作品中的“情感愉悦”与“情感传真”［J］. 中国翻译，2010（5）：29-33.

⑤ 陈琳. 论陌生化翻译［J］. 中国翻译，2010（1）：13-20.

⑥ 袁榕. 文学翻译中陌生化和本土化的策略取向与冲突［J］. 解放军外国语学院学报，2010（3）：88-92.

⑦ 周红民. 意境能翻译吗？［J］. 上海翻译，2010（2）：1-5.

⑧ 包通法，刘正清. 文学翻译中意境的伪证性认识范式研究［J］. 外语学刊，2010（3）：155-160.

⑨ 党争胜. 从翻译美学看文学翻译审美再现的三个原则［J］. 外语教学，2010（3）：96-100.

⑩ 刘扬. 论文学作品翻译中形而上质的再现［J］. 外语教学，2010（5）：98-101.

⑪ 刘华文. 诗歌翻译中的格物、感物和体物［J］. 外语研究，2010（4）：75-78.

⑫ 朱纯深. 从词义连贯、隐喻连贯与意象聚焦看诗歌意境之“出”——以李商隐诗《夜雨寄北》及其英译为例［J］. 中国翻译，2010（1）：57

容，对于笔译过程中的许多细节，也缺乏实证研究。这恰恰说明，笔译研究与笔译教学研究，还“商机无限”。

5. 口译研究

随着口译市场的日益繁荣，口译研究引起越来越多的关注。2010 年在成都召开的第八届全国口译大会暨国际研讨会吸引了 280 余名学者参加，说明口译研究队伍正日渐壮大。2010 年口译研究成果说明，口译研究者已体现出清晰的学科理论意识和方法论意识，从口译研究的学科定位、研究方法论，到口译教学、口译质量评估等方面，都进行了积极的探索。

在口译学科理论和方法的研究方面，仲伟合、王斌华①回顾和梳理了口译研究的学科发展历程，介绍了口译研究的主要视角，回答了口译研究如何进行学科定位和学科框架如何设计这两个学科理论建构的关键问题。另外，仲伟合、王斌华②还从学科视角构建了口译研究的方法论体系。唐芳③通过对口译实验性研究论文的计量分析，考察了口译实证研究在中国的发展，指出国内口译实验性研究的特点和存在的主要问题。高彬、柴明颎④对中国同传研究论文和引证文献进行了量化分析，发现我国与西方在同传研究模式方面存在差异，并就我国同传研究中存在的问题提出了解决建议。莫爱屏⑤从语言选择的顺应性角度探讨了译员主体性意识问题，探索了口译研究的新路径。张威⑥调查与分析口译使用者对科技口译质量因素的评价，为建立科学、系统的口译质量评估体系提供了必要的实证性支撑。

近年来，口译教学在中国发展迅速。但同时口译教学须要进行积极调整和改革，以回应市场对口译教学职业性、专业性和实践性的需求，因而口译教学研究肩负重任。针对专业口译教学发展中存在的问题，柴明颎⑦指出专业口译教学在教学理念、课程设置、教学方法、师资要求、教材建设、教学设施等方面都必须遵循口译的职业规律，按照口译人才的具体规格来设计。2010 年口译教学研究较为注重对经验的总结和借鉴。张吉良追溯了巴黎释意学派的会议口译办学模式（ESIT 模式）的变化历程⑧，对国际

① 仲伟合，王斌华. 口译研究的“名”与“实”——口译研究的学科理论建构之一［J］. 中国翻译，2010（5）：7－12.

② 仲伟合，王斌华. 口译研究方法论－—口译研究的学科理论建构之二［J］. 中国翻译，2010（6）：18－23.

③ 唐芳. 口译实证研究在中国——一项基于口译实验性研究论文的文献计量研究［J］. 外语界，2010（2）：39－46.

④ 高彬，柴明颎. 中国同声传译研究引证分析［J］. 中国翻译，2010（4）：15－19.

⑤ 莫爱屏. 口译中译员主体性意识的语用研究［J］. 中国外语，2010（3）：105－109，113.

⑥ 张威. 科技口译质量评估：口译使用者视角［J］. 上海翻译，2010（3）：43－47.

⑦ 柴明颎. 专业口译教学［J］. 东方翻译，2010（4）：4－7.

⑧ 张吉良. 经典的变迁——巴黎释意学派口译办学模式研究［J］. 外语界，2010（2）：30－38.

口译界有关巴黎释意学派口译理论的争议及其意义进行了介绍[①]。詹成[②]对1979年至2008年间中国内地口译教学活动的发展进行了回顾。在口译教材建设方面，李德超、王克非[③]以香港口译教学为例为内地口译教学如何合法地使用版权材料提供了借鉴意见。陶友兰[④]讨论了基于语料库的口译教材建设的理论基础、原则、设计及其应用价值。

从认知角度探讨口译过程是口译研究的一个重要途径。许明[⑤]归纳和总结了译学界对口译过程中“deverbalization”的研究现状，剖析了“deverbalization”所面对的实质性问题，并结合相关理论构建了口译理解过程中的语义表征模式。谌莉文、王文斌[⑥]以在场概念与不在场概念的运作来阐析口译双重语境的认知构建。汤丹、张克金[⑦]运用Gile所提出的精力负荷模式分析了同传中L+P+M+C之间的相互关系及其对同传的影响。

6. 翻译技术研究

翻译技术指用于翻译、翻译教学和翻译研究中的各种现代信息技术，包括机器翻译和机助翻译软件、在线和非在线电子资源库等工具。随着信息数字化和本地化的发展，翻译技术越来越引起翻译从业者、翻译教师和翻译研究者的重视。2010年，我国翻译技术方面的研究成果为29篇，主要分为以下4个研究主题：一、机器翻译应用系统的介绍。如王金铨、文秋芳[⑧]对国内外机器翻译自动评分系的评述；姚敏锋[⑨]对一种基于短语译文组合的汉英机器翻译系统的描述。二、网络在线翻译工具的利用。如田传茂[⑩]介绍了如何利用网上数据库或语料库帮助解决技术概念的翻译难题；李兴福[⑪]论述了在线翻译的利用原则；王峰[⑫]介绍了Google辅助翻译的功能并设计了Google辅助

① 张吉良. 国际口译界有关巴黎释意学派口译理论的争议及其意义［J］. 外语研究，2010（1）：72-78.

② 詹成. 中国口译教学30年：发展与现状［J］. 广东外语外贸大学学报，2010（6）

③ 李德超，王克非. 口译教学中的选材与版权问题--以香港口译教学为例［J］. 中国科技翻译，2010（2）：34-37，64.

④ 陶友兰. 基于语料库的翻译专业口译教材建设［J］. 外语界，2010（4）：2-8.

⑤ 许明. 口译认知过程中“deverbalization”的认知诠释［J］. 中国翻译，2010（3）：5-11.

⑥ 谌莉文，王文斌. 论口译双重语境的认知构建：在场概念与不在场概念——以温总理在记者招待会上使用的古训口译为例［J］. 中国翻译，2010（6）：24-28.

⑦ 汤丹，张克金. 同声传译的认知图式及其功能探讨［J］. 中国科技翻译，2010（2）：15-17，47.

⑧ 王金铨，文秋芳. 国内外机器自动评分系统评述——兼论对中国学生翻译自动评分系统的启示［J］. 外语界，2010（1）：75-81，91.

⑨ 姚敏锋. 基于短语译文组合的汉英翻译系统［J］. 广东外语外贸大学学报，2010（2）：75-77.

⑩ 田传茂. 基于网上数据库定量定性分析的术语翻译［J］. 上海翻译，2010（1）：50-53.

⑪ 李兴福. 论在线翻译的利用原则［J］. 上海翻译，2010（3）：72-74.

⑫ 王峰. 基于Google新功能辅助汉译英的研究——以高校网页英文翻译为例［J］. 上海翻译，2010（4）：66-69.

翻译的翻译流程。三、语料库的设计与制作。如李德超、王克非[①]介绍了对新型双语旅游语料库的研制和应用；李文中[②]介绍了平行语料库设计及对应单位识别；西尔维安·格朗热[③]介绍了跨语言研究中的对比与翻译语料库——设计、分析及应用；姜怡、姜欣、王大鹏[④]研究了采用多级锚点词提高机器自动对齐双语的精准度。四、基于语料库的研究，此方面的研究多集中于利用语料库研究译语特征及翻译共性。如胡显耀、曾佳[⑤]，胡显耀[⑥]，秦洪武[⑦]，戴光荣、肖忠华[⑧]，肖忠华、戴光荣[⑨]，徐欣[⑩]，陈建生、崔亚妮[⑪]；还有学者对语料库翻译研究进行了评述，如杨梅、白楠[⑫]，李婧、李德超[⑬]，余国良[⑭]；还有极少数学者利用语料库研究译者风格与翻译策略，如刘泽权、闫继苗[⑮]。目前，我们对于翻译技术的研究和开发还远远跟不上时代的步伐，而利用翻译技术开展研究的领域也亟待扩大。如何加强翻译教育和教学以培养翻译技术方面的人才，翻译批评、翻译教学、翻译测试、翻译管理等领域如何利用翻译技术开展研究，这些都成为译界须要面对和解决的问题。

---

① 李德超，王克非. 新型双语旅游语料库的研制和应用［J］. 现代外语，2010（1）：46－54.

② 李文中. 平行语料库设计及对应单位识别［J］. 当代外语研究，2010（9）：22－27.

③ 西尔维安·格朗热. 跨语言研究中的对比与翻译语料库——设计、分析及应用［J］. 当代外语研究，2010（2）：14－21，31.

④ 姜怡，姜欣，王大鹏. 基于多级锚点词的典籍英汉双语对齐研究——以《茶经》及其译文为例［J］. 中国外语，2010（1）：92－97.

⑤ 胡显耀，曾佳. 翻译小说“被”字句的频率、结构及语义韵研究［J］. 外国语（上海外国语大学学报），2010（3）：73－79.

⑥ 胡显耀. 基于语料库的汉语翻译语体特征多维分析［J］. 外语教学与研究，2010（6）：451－458.

⑦ 秦洪武. 英译汉翻译语言的结构容量：基于多译本语料库的研究［J］. 外国语（上海外国语大学学报），2010（4）：73－80.

⑧ 戴光荣，肖忠华. 基于自建英汉翻译语料库的翻译明晰化研究［J］. 中国翻译，2010（1）：76－80.

⑨ 肖忠华，戴光荣. 汉语译文中习语与词簇的使用特征：基于语料库的研究［J］. 外语研究，2010（3）：79－86；肖忠华，戴光荣. 寻求“第三语码”——基于汉语译文语料库的翻译共性研究［J］. 外语教学与研究，2010（1）：52－58.

⑩ 徐欣. 基于多译本语料库的译文对比研究——对《傲慢与偏见》三译本的对比分析［J］. 外国语（上海外国语大学学报），2010（2）：53－59.

⑪ 陈建生，崔亚妮. 基于语料库的中国《政府工作报告》英译本词汇特征研究［J］. 当代外语研究，2010（6）：39－43.

⑫ 杨梅，白楠. 国内语料库翻译研究现状调查——基于国内学术期刊的数据分析（1993－2009）［J］. 中国翻译，2010（6）：46－50.

⑬ 李婧，李德超. 基于语料库的口译研究：回顾与展望［J］. 中国外语，2010（5）：100－105，111.

⑭ 余国良. 语料库对翻译研究的促进作用［J］. 外国语文，2010（2）：117－121.

⑮ 刘泽权，闫继苗. 基于语料库的译者风格与翻译策略研究——以《红楼梦》中报道动词及英译为例［J］. 解放军外国语学院学报，2010（4）：87－92.

7. 翻译管理研究

2010 年，我国翻译管理方面的研究成果有 3 篇。郭晓勇①对我国语言服务行业的发展状况进行了分析，指出了行业存在的主要问题，提出了推进行业健康发展的对策。戴惠萍②介绍了欧盟口译司译员招聘考试的情况，并对我国如何甄选合格会议口译员进行了思考。王传英、崔启亮③分析了本地化行业发展对职业翻译的需求，并对加强本地化培训与规范执业认证提出了建议。经济社会对翻译的需求扩大是翻译学学科地位得以确立的重要条件，然而目前人们对翻译服务行业还缺乏足够的认识和了解，翻译市场也存在着诸如行业恶性竞争、整体质量控制和评判标准缺失、从业人员资格准入标准不规范、从业人员权利保障不足等问题，因而翻译管理研究变得重要而紧迫。

三、结语

回顾2010 年中国译学的发展，我们看到，翻译学科建设大步前进，学术研究取得了令人可喜的成绩，限于篇幅，本文无法一一述评，然而在这些成绩背后却也隐含着我们不得不直面的问题。

翻译学作为新生的学科，其学科影响力还十分有限，这从 26 种外语类学术期刊（注）所刊发的翻译研究论文的数量中可以窥见一斑。2010 年，《中国翻译》、《上海翻译》、《中国科技翻译》和《东方翻译》所刊发的文章数合计为 359 篇，占全年总数的 52%。其他 22 种外语类专业期刊共刊发 2581 篇文章，其中翻译类文章只有 331 篇，仅占各刊所刊发文章总数的 12.8%。另一个重要的指标是，翻译研究的成果对其他人文社会科学研究领域的启发，或者说其他人文学科的研究者对翻译研究成果的关注。在 2010 年的《新华文摘》和人民大学复印资料语言文学卷里，翻译研究论文被全文转载的数量并不多。学术期刊是学界了解本学科发展的主要信息来源，如何进一步提高本学科影响力，实现本学科的可持续性发展，外部宏观学术环境建设固然重要，但更要靠翻译学研究群体自身的研究能力建设，而后者主要体现在研究者的学术规范意识以及研究方法的掌握上。

2010 年《上海翻译》第三期刊发了一则启示，对一位作者的学术失范行为进行了披露和批评。一方面，《上海翻译》的这种坦诚维护学术正义的责任感和严谨求实的办刊精神值得称道；而另一方面，这也给初生伊始的翻译学科敲响了加强学术伦理建设的警钟。在综述过程中发现，学术失范情况并非仅此一例，自我剽窃（以相似稿件多投刊物发表），隐性剽窃（剽窃他人学术思想），虚列参考文献等情况绝不鲜见。至于

---

① 郭晓勇. 中国语言服务行业发展状况、问题及对策［J］. 中国翻译，2010（6）：34－37.

② 戴惠萍. 甄选合格会议口译员的科学性和艺术性——由欧盟口译总司译员招聘考试引发的思考［J］. 东方翻译，2010（5）：21－23.

③ 王传英，崔启亮. 本地化行业发展对职业翻译训练及执业认证的要求［J］. 中国翻译，2010（4）：76－79.

高层次的规范，张南峰[1]曾有如此批评：西方一些主流学术思想和学术规范在中国并未得到一致认同与践行。

恪守学术规范的重要性勿须赘言，翻译学的健康发展，不仅须要了解学术道德方面的准则，树立对学术事业的正确态度，更须要进行研究方法的学习和研究规范的把握，因为最高的学术规范即为创新，而把握科学的研究方法才是取得创新成果的保证。

注释：

这26种外语类专业期刊分别是《中国翻译》、《上海翻译》、《中国科技翻译》、《外语教学与研究》、《外国语》、《外语与外语教学》、《外语界》、《中国外语》、《外语电化教学》、《外语学刊》、《外语教学》、《解放军外国语学院学报》、《外语研究》、《外国语文》（原《四川外语学院学报》）、《山东外语教学》、《外语教学理论与实践》（原《国外外语教学》、《现代外语》、《中国俄语教学》、《东方翻译》、《语言与翻译》、《外国语言文学》、《天津外国语学院学报》、《西安外国语大学学报》、《广东外语外贸大学学报》、《北京第二外国语学院学报》和《当代外语研究》（原《科技英语学习》）。

穆雷：广东外语外贸大学翻译学研究中心研究员、高级翻译学院教授、博士。

蓝红军：广东外语外贸大学翻译学博士生、广东外语艺术职业学院教授。

语言服务产业领域工作

两年来翻译服务领域现状浅析

朱宪超　黄长奇

2009~2010年间，中国翻译协会首次从国家有关部门获得了权威的语言服务产业数据，并组织开展了首次语言服务行业调研。这样，一直缺乏数据支撑的语言服务行业的现状与发展逐步变得清晰起来。这两年间，我国翻译服务领域呈现出以下几个特点：

1. 以翻译服务和本地化服务为主体的语言服务产业进入快速发展期

一方面，随着我国政治、经济和文化全面走向世界，中国与世界的交流日益频繁

① 张南峰. 翻译研究、学术规范与文化传统［J］. 中国翻译，2010（2）：73-80.

与常态化，推动着中国语言服务产业需求不断增长。另一方面，全球信息技术的发展以及互联网的普遍使用同样推动着全球语言服务产业需求总量持续放大。

哪里有需求，哪里就有服务。国家有关部门提供的权威数据和趋势分析显示，截至2009年12月，全国在营语言服务企业达15039家。近几年我国语言服务企业注册数量和注册资金也大幅增加，这表明以翻译服务和本地化服务为主体的语言服务产业已经进入了快速增长期。在2010年9月26~27日召开的“2010中国国际语言服务行业大会暨大型国际活动语言服务研讨会”上，中国译协第一常务副会长郭晓勇作了题为《中国语言服务行业发展状况、问题及对策》的主旨发言，总结了近年来我国语言服务外包产业、语言技术研发、翻译专业人才教育和人才评价体系、语言服务行业的国际交流等方面的发展现状，提出我国语言服务行业已经进入蓬勃发展期，充满希望。

2. 翻译服务在大型国际活动和文化传播中发挥着越来越大的作用

我国全方位、宽领域、多层次的对外开放使我国众多大中型城市成为国际会议、国际体育赛事和大型国际活动的目的地，这为我国翻译服务行业提供了宽阔的发展平台。作为世博会笔译和口译服务供应商的中国对外翻译出版公司和北京元培世纪翻译有限公司继续发挥自身专业优势，为2010上海世博会提供了全面的语言服务，为世博会的顺利举行做出了贡献。2010年广州亚运会期间，中国对外翻译出版公司，北京元培世纪翻译有限公司、北京思必锐翻译有限公司、传神联合（北京）信息技术有限公司、英华博译（北京）信息技术有限公司等作为亚运会笔译和（或）口译资格供应商，为亚运会的成功举办做出了不懈努力。在中国译协和北京市人民政府外事办公室联合主办的“2010中国国际语言服务行业大会暨大型国际活动语言服务研讨会”上，众多大型国际活动组织方和服务方分享了他们如何通过有效的语言服务组织工作保障大型国际活动成功的经验，其中特别强调了语言服务的专业化和社会化问题。

2010年10月27日，纪念全国翻译产业创立10周年暨中国思想文化走出去翻译研讨会在南京召开。来自中国翻译协会、中国编辑学会、国务院新闻办公室、中央编译局、中国外文局、世界知识出版社等单位和部分翻译服务企业、出版单位和高等院校的负责人共同分享和探讨了翻译行业如何服务于中国文化“走出去”，更多地承担起对外翻译和传播中国文化的任务。2009年9月13~15日在武汉举办的2009中国翻译服务产业论坛暨全国第七届翻译经营管理工作研讨会也重点探讨了翻译和出版行业如何优势互补，共同推进中国文化走出去这一课题。中国企业“走出去”更离不开翻译服务产业的桥梁作用，国内很多家翻译公司与本地化公司为中国企业“走出去”提供了大量的技术翻译以及现场翻译服务。《2010中国语言服务行业调研报告》显示，参加调研的企业中以“中译外”为主的已经占到30%左右，其中大部分公司是为中国企业的“全球化”提供语言服务的。

3. 技术发展将引领行业变革，出现新的业务模式

信息技术，特别是以翻译项目管理平台、翻译辅助工具和机器翻译为主流的语言

技术的发展极大地推动着从业者工作方式的改变，以及工作内容的改变，甚至推动着企业经营者经营战略的调整。而实时海量信息的语言转换需求也对传统的语言服务产业提出了严峻的挑战。越来越多的语言服务企业开始将目光投向语言技术的使用，甚至语言技术的研发，以及新的业务模式的开发，以此提升企业的管理水平和效率，满足日益增长的市场需求。新的技术和手段势必将打破语言服务行业原有的资源配置方式，以及公司的经营模式、生产模式与管理模式，从而引领语言服务行业的变革。这一趋势值得关注和期待。

4. 需求的多样化与专业化发展趋势促使翻译企业提供多样化服务

从行业方面来说，中国的国际化是全面的国际化；从区域位置来说，中国的国际化是全方位的国际化。这就是说中国的国际化助推着语言服务行业向着多专业、多语种、多样化的趋势发展。同时，近几年来，中国走向世界的人也越来越多，国内的外籍人士也越来越多，从家庭到社区到一座城市，多种文化与多种语言的大环境正在中国形成，对语言服务新的需求不断涌现。由于多样化需求的出现，翻译公司不再局限于原来的主体业务（即笔译和口译），而是提供更加灵活的、多样的、可供客户选择的服务。比如人力资源派遣、术语管理、文档管理、商务咨询、外语和专业类培训等一系列语言翻译、培训、本地化或国际化服务。2010 中国语言服务产业调研数据显示，参与调研的 108 家语言服务企业中，有 19 家企业已涉足咨询业务，16 家涉足非语言类外包服务，23 家涉足培训业务。

5. 探索建立翻译行业准入和行业资质评估机制

为了推动建立行业准入制度，规范我国翻译服务行业的发展，全国政协委员、中国译协副会长兼秘书长黄友义在 2010 年“两会”期间向全国政协提交了名为《关于规范翻译从业人员，提高翻译质量的提案》，呼吁国家有关职能部门建立准入规则，以杜绝不符合条件的企业和人员进入行业，扰乱市场。国家有关职能部门指出，如果想建立翻译行业准入，必须先有相关立法。这为协会提出了下一步的努力方向——推动翻译立法。

在推动建立行业资质评估机制方面，中国译协翻译服务委员会进行了有益的探索。2009 年 6 月、7 月，中国译协翻译服务委员会标准起草工作组召开两次会议，明确了《翻译服务企业分级》（CAS181－2009，中国标准化协会）标准的适用范围和划分的主要依据，确定了标准草稿征求意见的范围以及下一步工作计划，拟从资金、人员、管理、专业、服务流程、顾客反馈、社会责任等方面制定划分与评定翻译服务企业的标准，以促进更多的企业采用标准化管理方式，提高产品质量，规范化经营。后来在广泛征求翻译服务企业意见时，因业内意见不统一，翻译服务委员会认为编制该标准的时机和条件尚不成熟，暂时中止了编制工作。但这一探索为今后建立行业评估机制提供了宝贵经验。

6. 语言服务产业引起地方政府的重视

近几年来，由于国内大中型城市发展较快，越来越多的国际会议、国际体育赛事、大型活动等在中国举行；另外，各地都在加快招商引资的步伐，现代服务业与服务外包业也在蓬勃发展，在二三线城市工作的外籍人士也越来越多，各级地方政府着力打造软环境，提高软实力，如成都、武汉、南京、无锡、昆明等地政府陆续出台相应政策，着力打造无语言障碍城市，支持语言服务产业的发展。2009 年 4 月，由中国译协和武汉东湖高新技术开发区共建的中国首个多语信息处理产业基地——“武汉 · 中国多语信息处理产业基地”在武汉成立；同月，由中国译协和成都市高新区共建的“成都 · 全球多语信息转换中心”在成都成立。这些地方政府都出台了相关的优惠政策，推动翻译产业的集聚和发展。

7. 翻译服务企业与高等院校开展合作，推动应用型人才培养

随着翻译专业教育的发展，翻译服务企业与高等院校之间加强了沟通和交流，通过建立实习基地、联手研究设置有关课程和聘请具有丰富实践经验的翻译服务从业人员参与教学等方式，共同探索培养高素质、应用型语言服务人才的可行办法。但由于缺乏规范，这些自发的合作出现了一些须要尽快解决的问题。为了使产学合作更加规范，更有效果，2010 年中国译协和全国翻译专业硕士教学指导委员会（MTI 教指委）联合起草了《翻译硕士专业教育兼职教师认证规范》和《全国翻译硕士专业人才实习基地认证规范》，并在业界广泛征求意见。这两份行业规范修改完善后，计划于 2011 年正式发布。

8. 翻译产业开始有组织地走向国际，在国际讲坛上发出声音

翻译本身是一种跨文化、跨国界的交流活动，因此，不少翻译服务企业都在开展国际交流活动，有一部分企业还在国外建有分支机构或有合作伙伴，个别翻译企业负责人也参加过一些国际会议。但是，翻译产业有组织地走向国际却始于 2009 年。这年 10 月，包括中国对外翻译出版公司、双泽翻译咨询有限公司、深圳市比蓝翻译有限公司等企业代表在内的中国翻译协会翻译产业代表团参加了在美国纽约举行的美国翻译协会第 50 届年会并参加了大会配套展览。代表团在会议上以“走向成熟的中国翻译产业”为题举办了一场专题论坛，这是 2008 年第 18 届世界翻译大会之后，中国翻译企业第一次集体在一个国际会议上发出声音，得到了与会代表的关注。会议期间，代表团成员与美国翻译协会及其语言服务企业分会、美国语言服务企业协会等组织和众多的翻译及本地化企业进行了交流。2010 年 5 月，由百通思达翻译咨询有限公司和双泽翻译咨询有限公司代表组成的中国翻译协会翻译产业代表团赴美国和葡萄牙，参加美国语言企业协会年会和国际技术翻译大会，在会议上代表中国翻译协会介绍了中国翻译行业的发展，探讨中外翻译产业方面的合作前景，受到会议组织方的热情接待。这些有组织的国际交流活动有助于国际翻译产业界了解中国翻译产业的状况，促进中外翻译企业的合作。

9. 行业面临的主要问题

为了解语言服务行业的现状，中国译协于 2010 年 7 ~ 9 月组织开展了首次中国语言服务行业调查，上百家企业参与了调查。大部分参与调查的企业认为，目前语言服务

行业存在的主要问题如下：

社会和客户对翻译价值的认知度不够，缺乏对翻译规律的了解和认同，价格承受力不高，导致翻译服务大多在一个较低层面进行竞争，高端服务接受程度低。

翻译行业市场不够规范，准入门槛低，无必要的约束和政策支持，存在恶性竞争、恶性压价的情况，往往牺牲的是质量和翻译服务企业乃至整个行业的信誉。

人才培养与翻译企业用人要求脱节，高素质的专业翻译人才紧缺。虽然教育部明确鼓励加大应用型专业学位教育，获准开办翻译硕士学位和翻译学士学位专业课程的院校也大幅增加，但是翻译专业教育才刚刚起步，在教育目标、课程设置、师资配备等方面还存在诸多问题，离行业的实际需求还有较大的差距。如何加强翻译教育与翻译产业界的交流，培养出社会真正需要的高层次、应用型复合型人才，来充实和加强翻译行业的力量，是须要业内人士认真思考的问题。

此外，行业相对分散，规模效应尚不显著也是一个比较突出的问题。多语种、多专业、多样化的需求决定了语言服务行业的整体特征是以小规模、低成本的个人或公司运作为主体，行业的规模效应尚不明显。这不仅是中国翻译服务行业的特点，全世界的翻译服务行业都显示出此特征。但这一特征因中国所处的经济发展阶段、以及劳动力及鼓励创业等政策的影响，在中国尤为明显。国家有关部门提供的数据显示，在全国 15039 家在营的语言服务企业中，注册金额在 50 万元及以下的中小型甚至微型企业占 80.5%。

10. 对策思路

要解决语言服务行业面临的问题，须要政府、行业协会和业界机构与企业共同努力。由于国家尚没有翻译主管部门，因此，我们须要从下而上地推动政府有关部门将语言服务行业纳入国家的有关管理体系，例如将翻译等语言服务行业的职业纳入国家的《职业大典》，将语言服务行业纳入国家统计数据，制定相关的翻译法规以规范行业行为等。这须要长期的努力。

行业协会作为行业的自律组织，应重点加强行业自身建设和行业宣传。包括开展行业调研、制定行业规范、推动产学研结合、有效整合行业资源，举办和组织参加各种活动以扩大行业的知名度和影响力，让社会和翻译服务使用方更加了解并尊重翻译工作，提高语言服务价值的认知度。中国译协已经在这些方面开展工作，今后将在业界机构与企业的支持下，继续开展相关工作。

朱宪超：中国译协翻译服务委员会副主任、成都语言桥翻译有限公司总经理。

黄长奇：中国翻译协会会长助理、中国译协翻译服务委员会副主任

创新发展的中国本地化服务业

崔启亮

2009 年到 2010 年两年间，我国本地化服务行业初步实现了从自由竞争到有序发展的转变，主要标志是 2009 年 11 月成立的中国翻译协会本地化服务委员会。该委员会在宣传本地化行业、建立行业规范、促进人才培养、开展行业研讨方面发挥了积极作用。这两年间另一个值得注意的现象是，随着翻译专业教育的快速发展，高等院校和语言服务企业等用人单位在语言服务人才培养方面的合作日益频繁，合作形式多样化。本地化服务行业在创新中发展，在发展中前进。

1. 中国语言服务概念应运而生，语言服务行业引起广泛关注

2010 年 9 月 26 日至 27 日，由中国翻译协会和北京市外事办公室联合主办、中国译协本地化服务委员会等承办的“2010 中国国际语言服务行业大会暨大型国际活动语言服务研讨会”在京举行。来自全国 50 多个省、区、市 100 多家国内外语言服务企业负责人、政府代表、大型国际活动组织方负责人参加会议。在这次大会上，中国翻译协会首次正式提出“语言服务行业”概念：一个包括翻译与本地化服务、语言技术工具开发、语言教学与培训、语言相关咨询业务为内容的新兴行业，是全球化产业链的重要组成部分。中国译协有关负责人还在大会上首次发布了语言服务行业的部分权威数据，有助于社会了解这个新兴行业的概貌。本次大会得到业界和媒体的广泛关注。

中国译协本地化服务委员会作为大会承办单位之一，在大会上组织了两场分论坛：知名客户企业与本地化服务企业代表的交流对话论坛和会聚语言服务工具研究和开发机构的“首届语言服务翻译技术论坛”，得到参会人员的一致好评。

2. 汇聚政府、协会、企业、高校，本地化服务行业链初步形成

中国翻译协会本地化服务委员成立之后，本着为本地化服务业相关的组织、机构、企事业单位和个人提供交流平台、促进整体行业健康发展，反映本地化行业的诉求，维护本地化从业者利益的宗旨，积极举办行业论坛、开展行业宣传、参与市场调研、制定行业规范，在国内语言服务行业备受关注。

加入和参与本地化服务委员会活动的单位包括企业、高校、政府有关部门，企业既有本地化服务提供方，也有本地化服务购买方，还包括语言服务技术工具开发方，北京大学和成都大学作为高校也加入了本地化服务委员会。另外，成都高新区政府积极参加本地化服务委员会的活动。中国翻译协会本地化服务委员会已经汇集了服务购买方、提供方、工具开发方、教育方（高校）、政府等不同角色的机构，标志着我国本地化服务行业链初步形成。

3. 促进行业规范发展，本地化服务术语规范即将出台

2010 年 8 月中旬，中国翻译协会本地化服务委员会联合本地化服务的提供方与购买方企业编写的中国本地化行业的第一个行业规范《本地化业务基本术语》完成初稿，9 月份完成向国内企业和高校等机构征求意见，在进一步修改完善后，将于 2011 年以中国翻译协会名义发布为中国语言服务行业规范，并在本地化服务企业和客户企业中进行宣传推广。同时，委员会正在起草《本地化项目报价规范》和《本地化项目质量评价规范》（暂定名），将于 2011 年继续完善并广泛征求意见。

本地化服务行业规范作为语言服务规范的一个重要组成部分，将明确本地化服务行业的概念和知识体系，规范专业术语的使用，促进本地化服务的提供方和购买方之间的业务沟通和交流，有利于双方针对行业基本问题形成共识，为今后进一步制定本地化相关的技术标准奠定基础，有利于本地化行业领域知识的传播，加强本地化相关各方的交流合作，规范本地化行业健康发展。

4. 创建语言服务公共平台，政府给力本地化服务行业

2009 年 4 月 24 日，由成都市高新区与中国译协共建的成都全球多语信息转换中心在成都高新区成立，对于推动我国本地化服务的规模化、规范化发展，加快产业升级，助推成都服务外包基地建设和“企业走出去”战略具有重大的现实意义。

成都全球多语信息转换中心成立后，成都高新区政府在 2010 年继续卓有成效地开展了一系列促进本地化行业发展的工作，积极创建成都高新区多语转换及服务外包公共技术平台，指导开展成都本地化人才培训，参加和举办本地化行业研讨会，得到成都翻译企业，本地化企业，高等院校的积极支持和评价。

5. 从本地化服务向语言综合服务转型，本地化服务企业华丽转身

全球市场和技术的发展改变了语言服务的内涵和形式，本地化服务企业顺应市场和客户的需求，在服务内容方面进行拓展和改变，实现了从本地化服务到语言综合服务的“华丽转身”。这种转变以语言服务为载体，扩展了语言服务的内容和形式，体现在内容、方式和范围三个方面。

第一，多媒体电子学习和产品技术文档的本地化需求不断扩大，它融合了翻译、工程、测试和项目管理工作，工程技术成为其中的主要环节。第二，行业信息情报的多语言编译需求稳步增长，不少本地化服务企业开始为政府、企业、咨询研究机构提供不同行业、不同内容的信息收集、分析和编译服务。第三，为特定客户企业提供从需求分析开始，到产品设计和开发、多语言翻译和本地化、发布和运营维护的全系列信息产品和服务。

6. 举办客户与语言服务供应商圆桌会议，搭建服务购买方与提供方直接交流的平台

2010 年 9 月 27 日，中国翻译协会本地化服务委员会在北京组织承办“经济环境与语言外包服务 - 客户与语言服务供应商圆桌会议”。会议设立“新经济环境下本地化及

翻译行业的客户方和服务方面临的挑战和应对策略”和“客户真正需要的客户服务和客户关系”两个议题。来自美国和国内北京、四川、上海、广东、山东、福建等地的40多名服务购买方和提供方代表参加了本次会议。

将本地化服务购买方和提供方采用圆桌会议的形式聚集在一起进行专题研讨，服务购买方和提供方直接、平等、有效交流，这是国内语言服务行业交流方式的创新探索。会议中采用提问、解释、讨论、求证等方式就设定议题进行深入探讨和交流，参与讨论者贡献自己的观点和经验。通过充分交流，相互学习和借鉴，加深了服务购买方和提供方的了解，列举了存在的问题，提出了解决问题的思路和途径。

7. 翻译技术与工具开发市场进一步发展，为语言服务企业注入技术原动力

现代语言服务行业是语言技术和信息技术为核心的专业服务行业，随着语言服务行业的快速发展，包括机器翻译、翻译记忆、翻译项目管理等语言相关技术也得到了很大发展，国内出现了一批以翻译技术研究和开发为主的机构和企业，其研究成果和产品也提升了语言服务企业的生产效率，改变了语言服务企业的管理模式。

由中国翻译协会主办，中国翻译协会本地化服务委员会承办“首届语言服务翻译技术论坛”于2010年9月27日在北京举行，论坛集中展示了当今先进的翻译管理理念和最新的技术，涉及机器翻译、在线平台、云计算、管理模式和业务模式等，并对翻译技术的现状和趋势进行了研讨，来自全国各省市的语言服务公司的百余名代表参加了本次论坛。

8. 促进高校与企业的交流，探索语言服务产学结合的新模式

语言服务行业是知识密集型、人才密集型高端语言服务行业，专业化和职业化人才教育是行业健康和持续发展的基础，而作为人才培养主体的高校，与人才需求方的企业之间的交流尤为重要。中国翻译协会本地化服务委员会先后走进北京、天津、山东、四川和辽宁等省市的高校，开展“本地化校园行”等行业宣传活动，介绍本地化行业的市场发展状况以及企业人才需求。主办主题为“企业人才需求与高校人才培养”的“2010中国语言信息服务行业高校与企业座谈会”，探讨翻译专业教育与复合型语言服务人才需求，促进翻译教育和翻译产业紧密结合。

9. 高校开设本地化技术课程，本地化人才教育蓬勃发展

以本地化服务为代表语言服务市场迅速发展，对专业人才的需求水涨船高。全国各地高校顺应行业发展的需要，开设了翻译专业本科和翻译专业硕士（MTI）学位课程，一些学校开设了本地化翻译和技术课程。这些举措将促进语言服务行业专业人才的培养，缓解国内语言服务企业缺乏专业基础人才的问题。

截至2010年底，经过教育部审批开设翻译专业本科学位的高校为31所，开设翻译专业硕士学位的高校为158所，分布在全国各个省市自治区。其中开设了本地化翻译、本地化工程、本地化项目管理等课程的高校有北京大学、南开大学、北京第二外国语学院等，其他高校也在准备开设本地化相关课程。

10. 语言服务技术培训前景广阔，从业人员职业能力认证呼声高涨

作为高校基础教育的补充，部分培训机构以传授语言服务企业需要的技术，培养学员职业能力和素质，增强项目实践经验为特色，与企业用人单位紧密合作，以市场需求调研为基础，组织具有丰富实践工作经验的各类人士，编写培训教材和项目案例，根据学员的基础针对性教学，实现多快好省的人才培养和输送。

语言服务行业不仅需要专业的翻译人员，还需要技术人员，项目管理人员；不仅看重从业者的知识，更重视职业能力以及职业素质，需要经过行业认证的人员。目前国内还没有针对语言服务人员职业能力认证，阻碍了企业对专业人才的甄选和聘用，也不利于从业者职业能力展现和职业发展。为了促进我国语言服务职业人才规范化和专业化发展，实施语言服务职业能力认证的呼声高涨。

崔启亮：中国译协本地化服务委员会秘书长，北京昱达环球科技有限公司培训总监。

语言技术与翻译工具概览

王华伟

除了传统语言技术及翻译工具继续发展而外，云计算的理念开始与语言技术联姻，并实质性地促成了语言技术的新方向；另一方面，关于语言技术和翻译工具的普及教育蔚然成风，携翻译专业硕士教育的便利，翻译人才培养与翻译产业需求之间的鸿沟正在逐渐夷平。上述两方面可以说是这两年的最大亮点所在。

综合而言，2009～2010 年语言技术和翻译工具市场呈现出如下特点：

1. 翻译记忆助力机器翻译实现应用突破

翻译记忆技术可以说是发展最为成熟的语言技术，目前主流翻译工具大多基于这一技术而构建，这也是客户认可度和应用度最高的技术。

由于机器翻译技术在一定程度上获得了突破，主要翻译工具提供商的发展重点之一，就是在其产品中集成机器翻译引擎，通过翻译记忆和机器翻译相结合的方式，实现机器翻译的初步应用。如莱博智于 2009 年 10 月推出的 Translation Workspace 就将机器翻译与翻译记忆库集成（MTM 生产），通过后期编辑和质量控制来确保翻译结果的一致性，并保证翻译质量趋近人工翻译的水平。2010 年 4 月，莱博智更和 IBM 达成合作关系，共同开发机器翻译技术，并加速该技术的商业化应用进程。因应这一情势，SDL 公司于 2010 年 7 月份宣布并购统计机器翻译引擎的市场领先者 Language Weaver 公司，并将 Language Weaver 技术集成到 SDL GIM 解决方案中。而作为世界上应用第二广泛的翻译记忆软件，Wordfast 也实现了与诸如 PowerTranslator™，Systran™，Reverso™等

机器翻译软件连接使用的功能，可从机器翻译工具（包括谷歌在线翻译工具）中检索数据。

2. 机器翻译技术的研究继续高歌猛进

随着统计机器翻译成为主流机器翻译技术，以及谷歌在线翻译获得广泛应用，机器翻译技术又一次进入到主流应用行列，而关于机器翻译技术的研究也方兴未艾。

而第十二届机器翻译峰会（2009 年 8 月 26 日到 30 日在加拿大首都渥太华举行）在关注机器翻译研究的同时，更加侧重于关注机器翻译的实际应用，以贴近机器翻译用户。包括 Microsoft、Systran、AAI Group & Advanced Computing Training School、C2DAC、Language Weaver、Basic Basis Technology 等在内的多家著名企业都展示了各自的机器翻译应用系统和其他自然语言处理软件。

国内也于 2009 年 10 月 1 6 日至 17 日在南京大学举办了第五届全国机器翻译研讨会，就机器翻译技术及翻译评测技术进行了深入的探讨，为机器翻译技术的实际应用奠定基础。

而自然语言处理与计算语言学的盛会 COLING 2010 —— 第 23 届国际计算语言学大会（International Conference on Computational Linguistics）及中国中文信息学会（CIPS - Chinese Information Processing Society of China）与 ACT 中文处理专业兴趣小组（SIGHAN - ACL Special Interest Group on Chinese Language Processing）联合举办的 CLP2010 国际会议（CIPS - SIGHAN Joint Conference on Chinese Language Processing）也于 2010 年 8 月 23 日至 29 日在北京国际会议中心举行，显示了机器翻译技术在国际国内的研究热度。

3. 基于云计算的语言技术获得热烈追捧

互联网的无边界只有借助语言技术才能真正实现，因此，包括腾讯这样的正统互联网公司都已开始主动出击，于 2010 年推出了一款基于云计算技术的网络查词翻译软件，谓之 QQ 云词典，为用户提供了全新的翻译体验。其特色之一为在云端提供了海量词汇的丰富解释，包括词语的基本解释、网络解释和例句、百科等内容；特色之二是用户不必安装任何客户端软件，就可以在联网的环境下，在浏览器中轻松实现查词和翻译等诸多功能。

老牌的语言技术与工具提供商自然不甘落后，莱博智公司于 2010 年 4 月份推出的 Translation Workspace™，宣称是基于云计算的翻译记忆管理平台；而 SDL 公司于 2010 年 10 月也推出了 SDL BeGlobal 实时自动翻译云计算平台，该平台基于网络界面，支持公司之间的多语言交流，可实现交流内容的实时自动翻译。

云计算这朵以前漂浮不定、琢磨不透的浮“云”，随着上述语言技术大鳄的相继介入，相信会不断地落到实处，成为语言技术的新发展方向。

4. 智能翻译技术可能走出一条新的发展道路

翻译记忆技术和机器翻译技术在目前各有优缺点，翻译记忆是将人工翻译的内容进行存储的计算机辅助翻译软件，具有语料翻译准确度较高、可信的优点，缺点是对没有事先存储过的内容无法翻译；而机器翻译是利用计算机的各种运算自动得出翻译结果，优点是不受语料存储限制，缺点是翻译质量难以保证。

由此而诞生出的智能翻译技术正在于将这两种技术进行融合，互相取长补短，以达到最终高质量翻译的要求。从本质上来说，智能翻译技术属于 IT 业界人工智能领域的细分行业，对技术要求极高。其技术难度远较搜索引擎或网络游戏复杂。

目前一些主流计算机辅助翻译软件采取在其中加入机器翻译引擎接口的做法来部分地满足用户的需求，但这并未能从根本上实现两种技术的融合。在这方面，乐图公司进行了开拓性的探索，通过设计全新的翻译法则和架构而打造出了乐图语意翻译引擎。该引擎引入了云翻译设计，在将计算机辅助翻译功能发挥到极致的同时，将翻译运算限定在绝对框架内，从而确保语意翻译的准确度。从这一点来说，将翻译记忆与机器翻译技术融合在一起很可能是今后一个阶段智能翻译技术发展的新方向。

5. 协同翻译渐成翻译模式的主流

因应翻译项目规模化发展的要求，辅助翻译工具已经从过去的单机产品发展到今天基于网络以及大型关系数据库的产品套件。

多人协同翻译平台通过共享翻译记忆库，可以让跨地域的不同译员相互借鉴彼此的工作成果，有助于大幅度提高翻译效率、节省翻译费用、保证译文质量、简化项目管理。SDL、莱博智、雅信、传神、格微都是这方面的实践者，并有已经投入应用的协同翻译平台。尤其是 Wordfast 更推出了 Wordfast Anywhere，作为一个开发、协同、基于网络的免费翻译记忆平台（http：//www. freetm. com/），任何个人或团队均可通过该平台进行实时协作，充分利用翻译记忆工具的优势，特别值得称道的是，用户还可通过该平台使用公共翻译记忆库 VLTM 及机器翻译。经过两年来的进一步完善，协同翻译平台必将发展成为一种主流趋势。

6. 开放标准语言技术与翻译工具紧密结合

目前行业内已经形成的开放标准语言技术主要有包括：XML 本地化交换文件格式（XLIFF）、TMX（Translation Memory eXchange）翻译记忆库标准、SRX（Segmentation Rules eXchange）文件分段规则、TBX（Term Base eXchange）术语库标准、UTF - 8（Unicode）文字编码、ISO 639 语言代码标准和 ISO 3166 国家代码标准等。

业界大多数翻译工具在开发之初采用的技术规范都并非基于上述开放标准语言技术，这就人为地设置了很多藩篱，用户在不同工具提供商之间进行选择时往往面临广泛的兼容性问题。这方面的情形现今已经得到了很大的改善，许多工具提供商都在全部或部分地兼容行业技术标准，而 Heartsome 更成为市场上第一款完全基于最新开放标准的语言技术而制作开发的计算机辅助翻译工具，并实现了跨平台应用。这也预示着开放技术标准将成为翻译工具采用的主流标准。

另外，以软件本地化而知名的工具 Alchemy Catalyst，在被 TransPerfect 公司收购之后，其对于 XML 文件格式的支持也日臻完善，针对大多数文件格式都实现了“所见即所得”。随着技术垄断界限逐渐被打破，翻译及本地化的成本也会逐步降低。

7. 国内行业技术标准的建立迈出实质性的一步

在行业技术标准的探索与建立上，限于各种原因，国内一直裹步不前，但这一情形在 2009 年终于有所突破。中国翻译协会与全国术语与语言内容资源标准化委员会联合成立了中国本地化行业标准工作组（简称本地化标准工作组），并于 2009 年 12 月 24 日在北京西郊宾馆召开了第一次工作会议。来自中国标准化研究院、中国翻译协会、语言服务需求方、语言服务提供方的代表共 10 人出席了会议。会议分析了现有的国内外相关标准，听取了服务需求方和服务提供方代表对标准的期望，并就本地化标准工作组的工作范围、工作渠道和工作方式等达成了初步共识。预期标准工作组的成果对于翻译工具的发展方向将会产生实质性的影响。

8. 翻译工具与翻译教学形成初步融合

2009 年随着应用型翻译硕士专业教育的蓬勃发展，国内主要翻译硕士培养院校都进一步强化了语言技术和翻译工具在教学中的实际应用，如北京传神联合信息技术有限公司推出的“翻译教学实训平台”和雅信公司推出的“雅信机辅笔译教学系统 4.5 版”等。2010 年 7 月中国翻译协会和全国翻译硕士专业学位教育指导委员会联合举办的“全国高等院校翻译专业师资培训班”上，就辅助语言技术结合辅助翻译教学系统，对教师进行了培训。

与此同时，各相关院校也组织了大量有关语言技术和翻译工具的讲座和培训，以推动其在高校翻译学科中的应用和教学。北京大学翻译协会除了邀请翻译工具开发商举行现场演示会外，还多次组织协会会员及翻译爱好者到翻译企业进行有关翻译工具使用的学习与交流，这些都有力促进了翻译工具与翻译教学的融合。

9. 翻译人才培养与行业需求实现联动

2009 年 11 月 14 日举办的全国首届翻译硕士（MTI）教育与翻译产业研讨会是我国翻译界首次举行的探讨翻译硕士专业教育与产业相结合的高层论坛，也是翻译产业与翻译教学界的第一次对话。研讨会设大会主题发言以及“翻译硕士专业教育与翻译实践”和“翻译产业需求与语言技术应用”两个分论坛，为探索实现产、学、研有机结合的翻译行业未来发展路径提供了及时而有益的启示和导向。

10. 互联网应用成为语言技术的逐鹿市场

除了云计算在语言技术上的应用而外，互联网大鳄出于抢占市场的战略考虑，可能就是语言技术发展的最直接动因了。作为云计算技术的首倡者，谷歌仍在在线翻译市场占据着庞大的份额，并继续保持着领先的技术优势。

另一方面，微软也不遑多让，与 Google Translate 一样，Microsoft Translator 也开始提供免费的在线语言翻译服务，可以翻译文本和网页，支持多种语言之间的互译，还提供一个免费的翻译和语言检测应用程序用户接口。作为微软所有翻译服务所使用的翻译引擎，Microsoft Translator 在互联网上的集大成应用 Bing Translator 已经登场。两大巨头在这一领域已成水火之势。

国内方面，除了腾讯推出其基于云计算技术的网络查词翻译软件之外，百度在翻译引擎的研发方面也加快了脚步，并通过广泛的合作来强化其在语言技术领域的优势。2010 年 4 月，其旗下的浏览器辅助软件百度工具栏与金山爱词霸网联手推出了在线翻译服务。据悉，该服务将成为迄今为止中文领域使用最简捷、功能最强大、结果最准确的免费翻译服务。

语言技术从以传统的行业应用为发展重点，已经转移到以互联网应用为发展重点。词典翻译、长句翻译、网页翻译、机器翻译等技术纷纷在互联网应用上竞相绽放，成为我们这个时代语言技术与翻译工具结出的最为绮丽的花朵。

王华伟：北京新诺环宇科技有限公司管理人员

翻译人才评价工作

全国翻译专业资格（水平）考试 2009 至 2010 年发展情况概述

杨英姿

一、稳步发展中的翻译资格考试

由人力资源和社会保障部委托中国外文局负责实施与管理的全国翻译专业资格（水平）考试（CATTI），是一项国家职业资格考试，是在全国实行的、统一的、面向全社会的翻译专业资格（水平）认证，是对参试人员口译或笔译方面双语互译能力和水平的评价与认定。该考试自 2003 年开始推出，是对我国翻译系列职称评审制度的重大改革，并在设计上实现了与翻译系列职称评审制度、与翻译硕士专业学位教育以及与翻译行业管理的接轨。

翻译专业资格（水平）考试目前分 7 个语种，即英、日、法、阿拉伯、俄、德、西班牙；两大类别，即：笔译、口译，其中口译又分交替传译和同声传译两个专业类别；四个等级，即：资深翻译与一级、二级、三级口译、笔译翻译。目前，7 个语种的二、三级笔译、口译（交替传译类），加上英语同声传译，共有 29 种 58 个科目的考试已在全国范围推开，上述 7 个语种翻译系列相应等级的职称评审已经停止，通过考试取得二、三级口译或笔译翻译专业资格（水平）证书，并符合《翻译专业职务试行条例》相关条件的人员，用人单位可根据需要聘任为翻译（中级）、助理翻译（初级）职务。

自2005年以来，每次考试报名人数都保持在1万人以上，2009年和2010年考试报名总人数均超过3万人，截至2010年底，7个语种考试累计报考人数近15万人次，累计合格人数近2万人次。

翻译资格考试实施以来，稳步推进，逐步形成了自身鲜明的六大特点：一是面向社会。打破学历、资历、职业的限制，允许有志于从事翻译工作的所有人员报考；二是突出能力。以翻译实际能力为评价标准；三是资格与聘任相衔接。取得各级别翻译资格证书并符合翻译专业职务任职条件的人员，用人单位可根据需要聘任相应职务；四是促进行业管理。加强了中国翻译协会作为一个新兴的行业协会在翻译人才培训、翻译队伍建设和翻译行业管理方面的功能；五是引导翻译教学。2008年，翻译专业硕士学位教育与翻译专业资格（水平）证书实现接轨，标志着翻译高层次人才培养与翻译行业人才评价标准实现了有机结合，翻译考试作为人才评价的标准将逐步起到引导翻译教学、服务翻译教学的作用；六是服务于对外开放。面向海内外，报考对象不仅包括中国公民，还包括在中国工作的外籍人员。

考试的发展在港台地区和国际社会也引起了一定程度的关注，香港、台湾地区及日本、韩国、法国、澳大利亚等国家的相关机构已多次来访。新加坡还希望翻译资格考试在当地能够设置考点。浏览全国翻译考试网站的国家和地区已达几十个。

二、管理与实施部门领导高度重视，积极完善翻译资格考试评价体系

2010年2月25日，人社部和外文局召开翻译考试管理与实施工作联席会议。人社部王晓初副部长、孙建立司长、吴剑英副司长及职称处有关负责同志、人考中心范勇主任与外文局周明伟局长、郭晓勇常务副局长、黄友义副局长兼总编辑以及外文局考试办、考评中心主要负责同志进行了座谈。王晓初对翻译资格考试设立对翻译专业人才进行评价和规范的重要意义以及相关单位在翻译资格考试管理与实施中做出的积极贡献给予了充分肯定，强调要加强考试宣传，提高考试在全社会的权威性，推进翻译职业资格考试在有关单位选拔用人上的优先性。

12月23日，人社部王晓初副部长、孙建立司长、吴剑英副司长和外文局郭晓勇常务副局长、黄友义副局长兼总编辑、齐平景副局长再次共同召开翻译资格考试工作研讨会，并就资深、一级翻译资格评价办法进行专项研讨。王晓初对外文局2010年在考试管理与实施工作中做出的积极贡献和过去几年为推进《资深、一级翻译资格评价办法》所做的大量调研、修订工作给予了充分肯定，指出下一步要重点研究翻译人才评价体系与职称体系之间如何并轨的问题，同时要注意加强考试宣传，为进一步完善国家翻译人才评价体系做出贡献。郭晓勇表示，外文局

将不断健全翻译职业资格评价体系，推动资深、一级翻译资格评价办法尽快出台，抓紧探索翻译资格考试体系建立过程中须要解决的难点问题和政策性问题。

三、加强考务管理，完善命题工作

1. 组织召开第二届全国考务会

2009 年 11 月 18 日，由外文局牵头，人社部人事考试中心、国家外国专家局培训中心共同组织，在广西召开了第二届全国考务会。全国相关省市人事考试中心、BFT 考点等共 80 人参加。外文局副局长兼总编辑、考试领导小组成员、英语专家委员会主任委员黄友义代表考试领导小组作了主题报告，总结了翻译考试的六大特点，即打破资历、突出能力、重视资格、规范管理、引导教学和对外开放。他代表考试领导小组指出，各级领导、各单位的高度重视，是考试成功推进的关键；建立一支高水平的专家队伍，是考试成功推进的保障；多渠道、多形式持续不断地加强宣传推广，是考试成功推进的基础。会议的召开，进一步加强了翻译考试管理与实施各单位之间的沟通，促进了口、笔译考务管理单位与各考点之间的相互了解，通过及时交流经验，可以改进和完善翻译考试考务管理工作，更好地服务考生。

2. 召开全国口译考务工作会议

2010 年 10 月上旬，由国家专家局培训中心牵头，举办了全国口译考务会。全国 20 个口译考点的负责人员，外文局考试办和考评中心以及人社部考试中心的有关领导共 30 余人参加会议。与会各口译考点通过座谈会相互交流了经验，加强了彼此间的联系与合作，通过大会，明确了下一步工作目标。

3. 命题工作科学化，完成英语大纲模块微调工作

根据专家对英语考试大纲模块进行微调的意见，经人社部专技司同意，外文局考试办自 2010 年 4 月起组织有关专家和人员，对英语二级、三级《考试大纲》相关部分进行了修订，并于 5 月印刷出版，共涉及大纲教材中的前言、模块设置、样题、后记和考试问答五个部分。在 2010 年下半年的考试中，采用了微调后的模块结构命题、考试，尤其是其中英译汉和中译英的比例从 4：6 调整到了 5：5，受到了专家和考生的好评，都认为这样的设置更加科学、客观，能更准确地测试出考生的翻译水平。

三、加强专家管理，完成专家委员会换届工作

8 月 6 日，人社部和外文局联合召开翻译资格考试 7 个语种专家委员会换届大会，共有 129 名专家被聘任为新一届专家委员会委员。其中，上届续任 92 人，新增加 37 人，新增加的专家数量占专家委员会总人数的 28.7%。上一届专家委员会有 16 位委员因为年龄原因转入专家顾问委员会，目前，专家顾问委员会已增加到

28 人。同时，本届专家委员会还首次建立了由 32 位专家组成的后备专家库。翻译考试专家组成与管理工作更趋于系统和完善。换届大会上，外文局周明伟局长和人社部专技司孙建立司长分别致辞，肯定了这些年翻译考试的发展和专家委员会所做出的贡献；外文局常务副局长郭晓勇作了题为“翻译事业前景广阔，资格考评任重道远”的主题讲话。原中国驻德国大使、德语专家委员会主任委员梅兆荣代表专家委员会发言。

据不完全统计，共有包括中央人民广播电台、文汇报、新浪、网易、腾讯等在内的 20 余家媒体对换届大会和翻译考试进行了报道。

四、规范翻译市场，加强证书登记和继续教育工作

1. 通过提交政协提案，建议规范翻译市场和从业人员

2010 年初的两会期间，外文局通过政协委员、副局长兼总编辑黄友义，向政协提交了题为“关于规范翻译从业人员，提高翻译质量的建议”的提案，从实施翻译从业人员资格认证，制定翻译企业注册登记和年检审核办法、规范翻译企业用人质量，适时推动翻译立法三个方面提出建议。提案得到了与会多位代表的支持，并联名提交。提案被转到了人社部和工商总局，两个部委都非常重视，并进行了回复。在工商总局的回函中，他们表示对翻译行业，尤其是翻译公司、翻译从业人员资格的规范，目前的政策法规依据还不够完善、操作还比较困难，他们非常赞同适时推动翻译立法，通过立法规范翻译从业人员资格、规范翻译企业经营行为，工商总局将积极配合立法机关对有关问题进行研究论证。

2. 证书登记与继续教育宣传推广取得新进展

2009 年 10 月 12 至 13 日，中国译协行业管理办公室与北京人事局教育考试中心联合开展了翻译资格（水平）证书登记与继续教育宣传推广活动。外文局考试办和北京市人事局教育考试中心相关负责人参加了活动，双方进行了工作交流，并就下一步在共同推进北京地区翻译资格（水平）考试和证书登记工作宣传工作上，如何紧密合作达成了共识。

五、开展课题研究

当前，随着中国国际地位和影响力的迅速提高扩大，在对外交往中发挥重要作用的中译外人才已经成为急需而短缺的战略资源。作为中国翻译协会的主管部门，翻译系列高级职称评审的牵头组织单位和翻译资格考试的管理与实施机构，外文局 2010 年以“软实力建设战略中的中译外人才培养研究”为题，集合外文局相关单位和部门及考试专家委员会相关专家的力量开展课题研究，形成课题报告后将提交有关部门，指导中译外人才培养实践。

六、2009 ~ 2010 年考试情况统计表

2009 年上半年英、法、日、阿拉伯语
二、三级笔译、口译考试情况统计表

级别专业 \ 考试情况			报考人数	参考人数	合格人数	合格率（%）
英语	笔译	二级	4504	3947	350	8.87
		三级	5421	4728	634	13.41
		二级一科	143	133	12	9.02
	小计		10068	8808	996	11.31
	口译交传	二级	1527	1335	99	7.42
		三级	2316	2051	147	7.17
		二级一科	27	26	0	0
	小计		3870	3412	246	7.21
	总计		13938	12220	1242	10.16
法语	笔译	二级	134	111	24	21.62
		三级	232	192	53	27.60
	小计		366	303	77	25.41
	口译交传	二级	78	71	24	33.80
		三级	103	83	18	21.69
	小计		181	154	42	27.27
	总计		547	457	119	26.04
日语	笔译	二级	450	405	134	33.09
		三级	338	298	78	26.17
		二级一科	2	2	0	0
	小计		790	705	212	30.07
	口译交传	二级	231	215	33	15.35
		三级	144	125	37	29.60
		二级一科	0	0	0	0
	小计		375	340	70	20.59
	总计		1165	1045	282	26.99

阿拉伯语	笔译	二级	20	18	5	27.78
		三级	19	17	11	64.71
	小计		39	35	16	45.71
	口译交传	二级	5	3	1	33.33
		三级	8	7	2	28.57
	小计		13	10	3	30.00
	总计		52	45	19	42.22
总计		二级	7121	6266	682	10.88
		13.06	三级	8581	7501	980
		12.07	合计	15702	13767	1662

2009年下半年英、俄、德、西班牙语 二、三级笔译、口译考试情况统计表

级别专业 \ 考试情况			报考人数	参考人数	合格人数	合格率（%）
英语	笔译	二级	4606	4004	444	11. 09
		三级	5875	5048	590	11. 69
		二级一科	147	141	33	23. 40
	小计		10628	9193	1067	11. 61
	口译交传	二级	1436	1208	57	4. 72
		三级	2556	2243	161	7. 18
		二级一科	39	32	3	9. 38
	同声传译	二级	43	37	2	5. 41
		二级一科	23	21	0	0. 00
	小计		4097	3541	223	6. 30
	总计		14725	12734	1290	10. 13

俄语	笔译	二级	164	146	14	9. 59
		三级	124	106	15	14. 15
	小计		288	252	29	11. 51
	口译交传	二级	98	86	4	4. 65
		三级	79	67	4	5. 97
	小计		177	153	8	5. 23
	总计		465	405	37	9. 14
德语	笔译	二级	90	77	20	25. 97
		三级	116	97	17	17. 53
	小计		206	174	37	21. 26
	口译交传	二级	48	30	4	13. 33
		三级	70	58	8	13. 79
	小计		118	88	12	13. 64
	总计		324	262	49	18. 70
西班牙语	笔译	二级	71	65	20	30. 77
		三级	46	36	7	19. 44
	小计		117	101	27	26. 73
	口译交传	二级	28	24	4	16. 67
		三级	30	28	3	10. 71
	小计		58	52	7	13. 46
	总计		175	153	34	22. 22
总计		二级	6793	5871	605	10. 30
		三级	8896	7683	805	10. 48
		合计	15689	13554	1410	10. 40

2010年上半年英、法、日、阿拉伯语二、三级笔译、口译考试情况统计表

级别专业 \ 考试情况			报考人数	参考人数	合格人数	合格率（%）
英语	笔译	二级	4994	4310	435	10.09
		三级	6416	5485	561	10.23
		二级一科	371	357	34	9.52
	小计		11781	10152	1030	10.15
	口译交传	二级	1633	1383	61	4.41
		三级	2677	2407	236	9.80
		二级一科	86	76	3	3.95
	小计		4396	3866	300	7.76
	总计		16177	14018	1330	9.49
法语	笔译	二级	142	118	24	20.34
		三级	277	228	48	21.05
		二级一科	1	1	1	100.00
	小计		420	347	73	21.04
	口译交传	二级	83	68	6	8.82
		三级	138	110	15	13.64
		二级一科	2	2	0	0.00
	小计		223	180	21	11.67
	总计		643	527	94	17.84
日语	笔译	二级	539	474	141	29.75
		三级	361	324	111	34.26
	小计		900	798	252	31.58
	口译交传	二级	261	236	38	16.10
		三级	156	140	25	17.86
	小计		417	376	63	16.76
	总计		1317	1174	315	26.83

阿拉伯语	笔译	二级	46	40	12	30．00
		三级	33	30	12	40．00
	小计		79	70	24	34．29
	口译交传	二级	83	68	6	8．82
		三级	16	12	1	8．33
	小计		99	80	7	8．75
	总计		178	150	31	20．67
总计		二级	8241	7133	761	10．88
		三级	10074	8736	1009	13．06
		合计	18315	15869	1770	11．15

2010年下半年英、俄、德、西班牙语 二、三级笔译、口译考试情况统计表

级别专业 \ 考试情况			报考人数	参考人数	合格人数	合格率（%）
英语	笔译	二级	5352	4636	482	10．40
		三级	6796	5812	612	10．53
		二级一科	518	494	42	8．50
	小计		12666	10942	1136	10．38
	口译交传	二级	1525	1263	77	6．10
		三级	2640	2304	67	2．91
		二级一科	119	106	11	10．38
	口译同传	二级	37	33	2	6．06
		二级一科	26	24	1	4．17
	小计		4347	3706	157	4．24
	总计		17013	14648	1293	8．83

俄语	笔译	二级	235	216	36	16.67
		三级	146	116	15	12.93
		二级一科	2	2	0	0
	小计		383	334	51	15.27
	口译交传	二级	109	98	7	7.14
		三级	98	81	7	8.64
		二级一科	1	1	0	0
	小计		208	180	14	7.78
	总计		591	514	65	12.65
德语	笔译	二级	103	88	17	19.32
		三级	157	130	26	20.00
	小计		260	218	43	19.72
	口译交传	二级	42	35	10	28.57
		三级	76	66	8	12.12
	小计		118	101	18	17.82
	总计		378	319	61	19.12
西班牙语	笔译	二级	71	65	8	12.31
		三级	80	70	10	14.29
	小计		151	135	18	13.33
	口译交传	二级	36	29	3	10.34
		三级	31	25	6	24.00
	小计		67	54	9	16.67
	总计		218	189	27	14.29
总计		二级	8176	7090	696	9.82
		三级	10024	8604	751	8.73
		合计	18200	15694	1447	9.22

1. 根据学位【2008】28 号文件精神，翻译硕士专业学位研究生，在校学习期间参加二级口译或笔译翻译专业资格（水平）考试，可免试《综合能力》科目，只参加《口译实务》或《笔译实务》科目考试。

2. 根据国人厅发【2005】89 号文件精神，通过二级英语口译交替传译类考试并取得证书的人员，报考二级口译英语同声传译类考试，可免试《口译综合能力》科目，只参加《口译实务（同声传译类）》科目的考试。

杨英姿：中国外文局人事部副主任兼专业技术人员管理处处长，全国翻译硕士专业学位教育指导委员会委员，全国翻译专业资格（水平）考试办公室副主任。

Publications

译界出版物

部分翻译专业类专著/论文集

编者按：本栏目所有作品的“内容简介”一部分为约请出版单位或编著者本人提供，其余为援用出版单位出版相关作品时所作的介绍。本编辑部除作个别体例修改外，未做文字取舍。特致谢意并说明。

翻译理论类

书　名：《巴黎释意学派口译理论研究》

编/著者：张吉良

出版单位：上海外语教育出版社

出版时间：2010年

内容简介：

本书结合认知科学的相关理论，并借助语言与思维关系的讨论，全面系统地研究分析了释意学派从诞生、发展、鼎盛到逐渐沉寂的过程及原因，探讨了国际口译研究未来发展的可能性。

书　名：《典籍英译标准的整体论研究》

编/著者：黄中习

出版单位：华东师范大学出版社

出版时间：2010年

内容简介：

本书以整体论视角探讨翻译标准的信、顺、创三大中心取向，并以《庄子》英译为个案分析，其综述回顾、理论探讨、个案研究都各有特色，专注典籍英译研究领域的翻译标准问题。

书　名：《20世纪西方翻译理论在中国的接受史》

编/著者：杨柳

出版单位：上海外语教育出版社

出版时间：2009年

内容简介：

本书结合西方翻译理论的发展史和相关翻译理论在中国的接受效果，以“先笔译理论、后口译理论”的基本顺序，从三个大的视角展开深入的讨论：1）西方翻译理论和中国翻译科学研究模式的转型；2）西方翻译理论和中国翻译文化研究模式的转型；3）西方翻译理论和中国翻译哲学研究模式的转型。具体包括八大内容：西方翻译对等论在中国的接受、目的论在中国的流布、多元系统论在中国的位置、后殖民主义翻译理论在中国的旅行、女性主义翻译理论在中国的遭遇、解构主义翻译理论在中国的解构、阐释学翻译理论在中国的阐释，以及口译理论在中国的传播。

书　　名：《翻译、改写以及对文学名声的制控（Translation，Rewriting and the Manipulation of Literary Fame）》

编／著者：（美）安德鲁·勒菲弗尔（Andre Lefevere）

出版单位：上海外语教育出版社

出版时间：2010 年

内容简介：

本书作者指出翻译不仅仅是语言层次上的转换，更是译者对原作所进行的文化层面上的改写。作者在书中引进了“改写”（rewriting）这个重要概念，它泛指对文学原作进行的翻译、改写、编撰选集（anthology）、批评（criticism）和编辑（editing）等各种加工和调整的过程。作者指出，在不同的历史条件下，改写主要受到意识形态（ideology）和诗学形态（poetology）两方面的限制。改写者往往会对原作进行一定程度上的调整，以使其与改写者所处时期的主流意识形态和诗学形态相符，从而达到让改写的作品被尽可能多的读者接受的目的。

书　　名：《翻译、历史与文化论集（Translation/History/ Culture：A Sourcebook）》

编／著者：（美）安德鲁·勒菲弗尔（Andre Lefevere）

出版单位：上海外语教育出版社

出版时间：2010 年

内容简介：

本书侧重于文化视角，汇集了从公元前 106 年到公元 1931 年有关翻译研究的重要思想，其中部分文献首次以英文发表，是对翻译研究者知识体系的一个重要补充。书中所录均是有关翻译论述的片段，分别按意识形态的影响、赞助人的作用、诗歌翻译、文化体系、翻译与语言发展和教育、翻译技巧、中心文本和中心文化等主题排列。

书　　名：《翻译方法论》

编／著者：黄忠廉

出版单位：中国社会科学出版社

出版时间：2009 年

内容简介：

本书主要探讨了翻译实践方法论和翻译研究方法论。翻译方法可分为全译方法和变译方法：全译方法包括对译、增译、减译、转译、换译、分译、合译；变译方法包括摘译、编译、译述、缩译、综述、述评、译评、译写、改译、阐译、参译、仿作。翻译研究方法论包括“三个充分”（观察充分、描写充分和解释充分）的研究要求、“两个三角”（“表－里－值”小三角和“语－思－文”大三角）的研究思路和“从方法到学科”的研究路径。

书　　名：《翻译方圆》

编／著者：郑延国

出版单位：复旦大学

出版时间：2009 年

内容简介：

本书由“翻译理论”、“翻译批评”、“翻译实践”三个板块构成，对众多翻译理论做了全面梳理和归纳，同时对翻译作为学术和作为文化类型的要义提供了见解。

书　名：《翻译概论》

编／著者：许钧

出版单位：外语教学与研究出版社

出版时间：2009 年

内容简介：

全书共十章，围绕九大核心问题展开，对有关翻译的各个重要方面展开思考与讨论，内容脉络清晰；对翻译问题的探讨步步深入，全面关照，内部与外部结合，宏观与微观兼顾，涵盖不同视角，突出重点问题；在内容编写与思考题设计上启发学习者对翻译问题进行批判性思考与探索，循序渐进地提高学习者的理论素养。本书的主要目的在于帮助学生全面认识翻译、理解翻译、对翻译所涉及的基本理论问题有所了解，进而对翻译的本质、翻译的功能、对翻译的评价以及多元文化语境下翻译的精神和使命有较为全面、系统和深刻的认识，树立正确的翻译观，提高翻译技能。

书　名：《翻译伦理：韦努蒂翻译思想研究》

编／著者：张景华

出版单位：上海交通大学出版社

出版时间：2009 年

内容简介：

本书主要针对目前国内将韦努蒂的翻译理论作为解构主义的单一视角，对其翻译理论进行了全面系统的分析。在深入分析差异性伦理的哲学基础上，探寻韦努蒂如何将差异性作为翻译的价值基础，并将差异性伦理理论化的方法，由此追溯异化翻译论的起源、发展和形成过程等。

书　名：《翻译批评模式研究》

编／著者：肖维青

出版单位：上海外语教育出版社

出版时间：2010 年

内容简介：

本书从翻译批评主体、客体、参照系和功用的角度，审视翻译批评的定义、分类和学术地位，提出了“翻译批评是批评的批评”的论断，赋予翻译批评建构之名。作者提出翻译批评标准的三个层面；社会道德标准、行业规范和学术尺度，加强了对道德批评，尤其是行业规范批评的讨论。本书比较全面地总结、归纳中西学术史上重要的翻译批评模式，并在翻译批评学术层面上构建开放、多元、动态、选择的翻译批评观。

书　名：《翻译批评学引论》

编／著者：吕俊、侯向群

出版单位：上海外语教育出版社

出版时间：2009 年

内容简介：

本书是一部关注翻译批评的理论著作。全书共三篇：第一篇从价值哲学的角度讨论了翻译标准以及翻译批评中所涉及的多元性与客观性等问题；第二篇从实践哲学的角度对翻译活动的几大要素

（如主体、客体、媒介等）进行了理论探讨；第三篇以建构主义思想为指导对译学研究方法论问题提出作者的看法。

书　　名：《翻译学方法论》

编／著者：李惠红

出版单位：国防工业出版社

出版时间：2010 年

内容简介：

本书对翻译学方法论体系进行了深入探索，就翻译学方法论的概念、构成，方法的结构、功能与特点，方法的应用、发展规律和方向等进行了理论上的探究，从而尝试构建出一个科学的翻译学方法论体系。

书　　名：《翻译学概论》

编／著者：许钧、穆雷

出版单位：译林出版社

出版时间：2009 年

内容简介：

本书系翻译理论教材，展现了翻译学发展的历史轨迹，特别对近几十年来中西方学者在翻译研究领域所取得的成果作了系统的梳理；在把握翻译学现状和发展的基础上，融合中西视野，对翻译学主要流派作了归纳与评述；以基本理论问题为中心，采取中西比较的方法，凸显翻译学的内涵和学科特色；采用历史、发展的目光审视与思考翻译问题，注重揭示理论发展过程中各种流派或理论之间内在的、历史的联系；提出了 100 个思考题，涉及翻译学的基本问题和翻译学研究的新课题，提供了学术思考线索和新的思考空间，引导读者对翻译活动和翻译研究做出思考。

书　　名：《翻译研究（第三版）（Translation Studies）》

编／著者：（英）苏珊·巴斯奈特（Susan Bassnett）

出版单位：上海外语教育出版社

出版时间：2010 年

内容简介：

本书总结了苏珊·巴斯奈特翻译研究的主要思想。作者通过对翻译中意义的分析、不可译性、等值论等中心问题的剖析，追溯了翻译理论发展的历史，阐述了诗歌、小说及戏剧翻译的具体问题，界定了翻译研究作为一门独立学科的基本研究范畴。

书　　名：《翻译研究的文化转向》

编／著者：王宁

出版单位：清华大学出版社

出版时间：2009 年

内容简介：

本书从跨学科和跨文化的角度对传统的翻译定义作了全新的界定,．首次把跨文化语符翻译纳入翻译研究者的视野，系统阐述了翻译研究的文化转向；集中讨论了本雅明的翻译理论、德里达及其解构主义的翻译观、后殖民主义翻译理论与实践，所涉及的翻译理论家和文化理论家还包括希利斯·米勒、沃夫尔冈·伊瑟尔、爱德华·赛义德、佳亚特里·斯皮瓦克、霍米·巴巴、安德烈·勒弗菲尔、苏珊·巴斯奈特、劳伦斯·韦努蒂以及中国翻译家傅雷。

书　名：《翻译研究的语用学转向》

编／著者：李菁

出版单位：上海译文出版社

出版时间：2009 年

内容简介：

本书作者从翻译实践的本体出发，试图回归生活世界，回归翻译语言依赖的生活、文化土壤，避免结构主义译学研究脱离生活世界、背离翻译活动的实践性和翻译活动的真正目的和意义的作为，也同时指出解构主义译学研究，已将这门学科引向越来越神秘、越来越哲学化的玄虚倾向。本书研究视野和研究方法较为客观，立论扎实，分析周详。

书　名：《翻译研究入门：理论与应用（Introducing Translation Studies: Theories and Applications)》

编／著者：（英）杰里米·曼迪（Jeremy Munday）

出版单位：上海外语教育出版社

出版时间：2010 年

内容简介：

本书系统介绍了古罗马以来的翻译理论流派与思潮，绘制了一幅西方译学研究的进程图，展现了本领域最新的学术成果及研究动向。本书强调理论之间的内在联系，体现翻译学的系统性；注重理论与实际相结合，突出翻译学的实证性；鼓励进行独立思考与研究，追求翻译学的创新性。

书　名：《翻译与翻译之存在》

编／著者：冯文坤

出版单位：四川人民出版社

出版时间：2009 年

内容简介：

本书以现当代学术思想为背景，以传统译学理论为反思对象，提出了“翻译的生存本体论研究”，集中研究了作为实施翻译行为的译者或在具体情景中引发翻译行为的译者主体。

书　名：《翻译与跨文化交流：嬗变与解读》

编／著者：胡庚申

出版单位：上海外语教育出版社

出版时间：2010 年

内容简介：

本书为第三届海峡“两岸四地”翻译与跨文化交流研讨会论文集。本次会议以“翻译与跨文化交流的嬗变与解读”为主旨，研讨议题主要包括：翻译理论的嬗变与解读，翻译、跨文化与跨学科研究，社会、文化、交际、语言与翻译生态系统研究，翻译理论与翻译实践研究，海峡“两岸四地”的翻译专业与交流合作研究等。依照研讨会的专题重点，本论文集由翻译学发展研究、翻译理论研究、翻译研究、翻译与跨文化研究、翻译教学研究五大部分组成。

书　　名：《翻译与跨文化交流：整合与创新》

编／著者：胡庚申

出版单位：上海外语教育出版社

出版时间：2009 年

内容简介：

本书为第二届海峡“两岸四地”翻译与跨文化交流研讨会（澳门理工学院，2007 年 11 月）论文集。中国内地以及港澳台等地 50 余位专家学者参加了本次研讨会，并提交了论文全文或摘要。依照研讨会专题重点，本论文集由译学发展、译论研究、翻译教学、字典词学、文学诗学、翻译综论 6 大部分组成。

书　　名：《翻译语境描写论纲》

编／著者：李运兴

出版单位：清华大学出版社

出版时间：2010 年

内容简介：

本书具体介绍了基于经验意义、人际意义和语篇意义三个范畴的翻译语境描写体系，共分为上、下两编。上编从“模式－途径”和“语境张力”两个视角对 50 余年来现代翻译理论的发展进行梳理，集中对语言学途径进行反思，揭示翻译研究中跨学科移植的规律，探讨语言学途径的发展路径。下编基于上述对翻译研究发展史的认识，借鉴 Verschueren 的“语境顺应论”模式、Halliday 的“语言元功能”等语用学、语言学概念，提出翻译语境模式，并以平行语料为例证，力图建立以“语用－功能”为框架的翻译语境描写提纲。

书　　名：《翻译中的意义空白填补机制研究》

编／著者：瞿宗德、魏清光

出版单位：华东理工大学出版社

出版时间：2010 年

内容简介：

本书从认知语言学的视角，对意义空白在大脑认知中的表现进行描述，并揭示意义空白填补的认知运行过程和规律。

书　　名：《翻译中人际意义的跨文化建构》

编／著者：郑元会

出版单位：中国社会科学出版社

出版时间：2009 年

内容简介：

本书从翻译中主体互动的角度提出了人际意义跨文化建构的概念，从实现语言人际功能的语气、情态和评价等三个语义系统分别考察了人际意义跨文化建构的条件、方式及主体性因素，建立了翻译的人际意义分析模式，对翻译批评的理论化有一定贡献，并对翻译实践和翻译教学带来新的启示。

书　　名：《“隔”与“不隔”的循环：钱锺书“化境”论的再阐释》

编／著者：于德英

出版单位：上海译文出版社

出版时间：2009 年

内容简介：

本书以钱锺书先生的治学、著述及翻译成就为依据，从翻译研究现状及存在的问题切入，以钱先生译学中的精辟论断“化境论”为核心展开论述，剖析了文学文本生成中作者、译者及文本的多重复杂关系及相关因素。批评了译学研究中存在的译者从属于作者的“主仆”关系说，指出译者在翻译创造过程中完成的最高境界“化境”应是：译者不仅能够传达原作的真髓，而且能使原作就此获得再生。从此意义上讲，原作者与译者的关系是共生共存、相互依赖的。

书　　名：《归化与异化：中国文学翻译研究的百年流变》

编／著者：朱安博

出版单位：科学出版社

出版时间：2009 年

内容简介：

本书追溯了中国文学翻译研究的百年发展历程，以归化与异化为原则，在梳理中国近百年来翻译研究中归化与异化的策略流变过程中，拟以归化和异化的发展历程为经，以不同时期有代表性的译者与译作为纬，对有关归化异化研究的大量的史实资料进行了分类、整理、归纳、分析和研究的基础上，从归化异化发展的渊源角度出发，比较系统地阐述了二者的渊源、性质、内容与方法等问题，不仅再次界定澄清了传统翻译研究上的一些误区，同时也对归化异化研究的理论、内容和方法上进行了一些新的尝试。

书　　名：《话语与翻译》

编／著者：莫爱屏

出版单位：武汉大学出版社

出版时间：2010 年

内容简介：

本书将话语与翻译结合起来研究，旨在探讨话语分析的重要研究对象，对翻译实践与翻译研究的启示。全书共分十二章，包括导论、言语行及翻译、语境与翻译、会话分析与翻译，体裁与翻译，实用文体与翻译，跨文化交际与翻译等内容。

书　　名：《基于语料库的“译者痕迹”研究：林语堂翻译文本解读》

编／著者：董娜

出版单位：中国社会科学出版社

出版时间：2010 年

内容简介：

本书主要以语料库语言学的工具和方法来描写、分析和解释翻译过程中的译者痕迹。译者痕迹指的是在文学翻译的过程中，由于翻译策略的取向、源语文本的选择或译者个人因素等，译者在翻译源语文本时留下的创造性并有别于原作的痕迹，依照这些痕迹便可以分辨出译者的目的、个性、风格以及其他特征。译者痕迹可以真实地反映译者在一个时期的翻译行为，并且可以对某个时期不同译者的翻译行为做出合理的解释。本书共分三个部分，内容包括：“译者痕迹”及其历史起点；“译者痕迹”理论、分析框架及解释机制；基于林语堂翻译语料库的“译者痕迹”分析等。

书　　名：《基于自译语料的翻译理论研究》

编／著者：陈吉荣

出版单位：中国社会科学出版社

出版时间：2009 年

内容简介：

本书以自译语料的形式介入翻译理论研究，把张爱玲自译个案放在翻译现象学背景里加以考察，进行自译现象学的分层次阐释和构建，并在不断拓展的翻译研究领域中对此进行概念上的定位。

书　　名：《江枫翻译评论自选集》

编／著者：江枫

出版单位：武汉大学出版社

出版时间：2009 年

内容简介：

本书作者是中国著名翻译理论家、中国彩虹翻译终身奖得主江枫先生的翻译论文集，共收录 26 篇论文。书中主要陈述江先生个人对翻译诗歌研究的心得体会，其中也有一些与国内其他知名学者的论辩，具有一定的学术价值。

书　　名：《结构·解构·建构——翻译理论研究》

编／著者：罗选民

出版单位：上海外语教育出版社

出版时间：2009 年

内容简介：

本书为系列文集之六，精选论文 38 篇，时间跨度为 30 年，入选论文代表了各个时期的翻译理论研究成果，共分译学理论研究、译学方法研究 、相关学科研究、译学史论研究四大部分。本文集注重研究的材料、角度、方法和社会背景，力争从历史语境中去探讨翻译理论；综合了结构主义、解构主义、女性主义、多元系统理论、功能学派翻译研究、科学翻译学等理论研究，体现了翻译学的跨学科研究特性，勾勒了近 30 年来中国翻译理论研究的路径。

书　　名：《借鉴与批判——解构主义翻译观专题研究》

编／著者：李龙泉

出版单位：重庆大学出版社

出版时间：2009 年

内容简介：

本书以中华传统文化为依托，运用辩证唯物主义原理，对解构主义翻译观进行了深入系统的剖析，阐明它是西方主观唯心主义与东方犹太民族文化特性相结合的产物，其优点是彻底的批判精神、全新的研究视角和有效的阅读方法，其缺陷为理论与实践脱节，立论与体系背离，以偏概全走极端；指出我国译学理论的构建、发展之路应当是以外译中和中译外实践为基础、以中华传统文化为根基、以辩证唯物主义原理为指导的翻译研究之路。

书　　名：《跨学科视域下的当代译学研究》

编／著者：胡开宝

出版单位：外语教学与研究出版社
出版时间：2009 年
内容简介：
本书为 2006 年 5 月和 2007 年 3 月在上海召开的“翻译与跨学科研究”及“语料库与译学研究”等专题国际学术会议的论文集。收入论文 25 篇，分别从文化研究与翻译和语言学与翻译等视角探讨了不同学科理论在当代译学研究中的应用，体现了当代译学显著的跨学科研究态势。对翻译工作、翻译教学以及翻译研究具有很高的参考价值。

书　名：《跨越边界：从比较文学到翻译研究》
编 / 著者：张旭
出版单位：北京大学出版社
出版时间：2010 年
内容简介：
本书作者试图从现代跨越性的角度，在“上下古今”的坐标系中，参照东西方的知识谱系特征，就比较文学和翻译研究共同关注的相关问题展开讨论，以期说明当代语境下文学比较研究中现代跨越性研究途径的适应性。全书分为 14 章，包含两个部分，第一部分主要是对比较文学学科现状和前景的探讨以及比较文学和翻译文学研究关系的梳理，第二部分则聚焦文学翻译研究中的个案分析。

书　名：《跨越语言的识解——翻译的认知语言学探索》
编 / 著者：谭业升
出版单位：上海外语教育出版社
出版时间：2009 年
内容简介：
本书是以认知语言学为视角对翻译现象进行的一项系统研究。它吸收了关联翻译论和翻译图示研究的成果，结合认知语言学的基本理论假设，创建了翻译中意义建构的认知模式。本书以“识解”作为文本对比分析的中介概念，刻画了具体翻译中涉及的多样化认知运作，并对若干翻译案例在系统描述的基础上结合三个认知原则进行了解释，模拟了翻译认知文本分析的框架。

书　名：《连贯与翻译》
编 / 著者：王东风
出版单位：上海外语教育出版社
出版时间：2009 年
内容简介：
本书将语言学理论与文学理论加以有机的结合，以语篇连贯性为切入点，考察不同维面上的连贯机制在语篇结构、意义、风格、效果等方面的整合作用；意在突破传统翻译理论单维视角的局限，摆脱其一一对应的静态语义等值模式，并用大量实例表明，任何一个语言单位都与语篇内其他语言单位和语篇外相关知识存在着不同维面上的相互关系。在文学翻译中，只有以最优化的手段体现了这些关系，才有可能以最接近于原文风格的方式再现原文在各个维面上的连贯机制，译文才可以获得最高的等值量。

书　名：《梁启超“豪杰译”研究》

编／著者：蒋林
出版单位：上海译文出版社
出版时间：2009 年
内容简介：

本书作者在广泛地收集和整理相关资料的基础上，运用翻译学、文体学、文化学等理论工具，采取宏观与微观，评述与分析相结合的方法，对特定历史背景下，政治家兼翻译家梁启超“豪杰译”的由来、发展及演化的内外原因进行了探讨。并对“豪杰译”所具有的现代性内涵及在中国文学转型中所起的作用给予了较为客观的评价。

书　　名：《鲁迅翻译研究》
编／著者：周青丰
出版单位：福建教育出版社
出版时间：2009 年
内容简介：

本书从鲁迅与翻译合作者的关系、鲁迅参与和主持的几套翻译丛书与杂志、鲁迅翻译与创作之间的关系等几个方面入手，力图通过对鲁迅翻译的研究，从一个独特的角度，更为全面和深入鲁迅研究中的诸多问题。鲁迅是思想家型的翻译家，他对于翻译作品的选择往往带着自己某一方面的深入思考，而其中译本的序跋附记尤为研究其思想的珍贵文献，本书于此也有全景的观照和深入的探讨。

书　　名：《“模拟”翻译教学模式探究：原型－模型翻译理论与翻译教学模式探究》
编／著者：赵联斌、马丽娅
出版单位：国防工业出版社
出版时间：2010 年
内容简介：

本书是以“模拟”为翻译本质，以迎合译语文本读者需求为翻译目的，以适合与忠实为翻译标准，站在译语文本读者立场考虑译语文本质量的翻译理论。

书　　名：《认知隐喻翻译研究》
编／著者：张光明
出版单位：国防工业出版社
出版时间：2010 年
内容简介：

本书以英语和汉语隐喻差异为研究对象。英、汉隐喻差异表现在各种语体之中，除了主要突出各种文学体裁，如诗歌、散文、小说等隐喻比较研究之外，也兼顾了它们在其他文体中的表现，如科技类文章、应用文，对一些典型的译例进行了必要的剖析。本书主要集中研究词、短语、句子、话语和篇章层次上的隐喻修辞现象，尤其是短小精悍的完整句子，容易为一般读者所理解和掌握。

书　　名：《儒家思想在西方的翻译与传播》
编／著者：李玉良、罗公利
出版单位：中国社会科学出版社
出版时间：2009 年

内容简介：

本书主要分析中国儒家思想的经典著作和核心概念的翻译状况，考察儒家思想西传过程中发生的舛误与成因，及其在传播过程中产生的变异状况；并且从历史和传播主体两个视角，考察中国儒家思想在西方的传播历史与发展现状；通过在英美等国开展社会调查，分析儒家思想在西方社会的接受程度和影响力，并在此基础上，分析儒家思想在西方传播过程中存在的问题，制定未来儒家思想的翻译与传播战略。

书　　名：《商务翻译标准多元论》

编／著者：李清明

出版单位：湖南人民出版社

出版时间：2009 年

内容简介：

本书在传统翻译理论和现代翻译理论的指导下，结合作者的商务实践和教学经验，寻求常见的几种商务文体分门别类的翻译标准。全书共分七部分：第一部分概述了商务英语常见文体形式、种类、商务英语翻译的重要性和素质要求、商务英语普遍的文体风格、语言特征及其翻译标准多元化理论的支撑和实际应用。其他六个部分分别介绍商标词、商务广告、商务合同、商务信函、产品说明书、商务信用证的翻译背景知识，阐述了这些应用文体的语言特征、文体风格并根据这些分门别类的文体特点归纳和总结了各自的翻译策略和翻译标准。

书　　名：《生民之本——<孝经>的哲学诠释及英译》

编／著者：（美）安乐哲（Roger T. Ames）、罗思文（Henry Rosemont Jr.）

出版单位：北京大学出版社

出版时间：2010 年

内容简介：

本书主要研究《孝经》的翻译。两位作者都是海外研究中国哲学的学者。这部书既是两位作者研究中国经典《孝经》的精湛专著，同时又包含了两人对《孝经》的完整翻译。作者对《孝经》历史、哲学和宗教方面进行了详细说明，并附以主要术语汇解，导论和翻译也都附有注释。作者希望它们能帮助读者融入《孝经》文本本身，既引导他们将之历史性地放入中国语境中认识，亦有助于理解其对所有社群具有的当代价值。

书　　名：《文本意识形态批评分析及其翻译研究》

编／著者：孙志祥

出版单位：中国社会科学出版社

出版时间：2009 年

内容简介：

本书在反观以往翻译意识形态维度研究成果与不足的基础上，廓清翻译意识形态维度研究中意识形态这一概念的内涵与外延，借鉴批评话语分析和深度解释学的研究成果，以翻译为导向，理论阐述与以小说《骆驼祥子》三个译本为语料的实证研究相结合，提出了文本意识形态的批评分析解释方法论架构，着力研究隐藏于文本内部词汇和语法层面包括分类系统、及物性系统、情态系统和转换系统在内的意识形态意义及其在翻译中的转换。

书　　名：《文化翻译论》

编／著者：李建军

出版单位：复旦大学

出版时间：2010 年

内容简介：

本书从分析中西文化的渊源和差异入手，阐明中西语言在文化影响下的差异，继而对文化翻译中的影响因素如文化的缺位和错位进行分析，阐述对等理论、归化异化理论和目的论等在文化翻译中的应用及倾向性把握，提出文化翻译中注重文化内涵，摒弃语言层面翻译的微观论，弘扬文化层面翻译宏观论的文化翻译原则和策略。

书　　名：《文化介入与翻译的文本行为研究》

编／著者：魏瑾

出版单位：上海交通大学出版社

出版时间：2009 年

内容简介：

本书以全球文化语境为背景，以现有汉英翻译文本为研究对象，从汉英文化视角，对翻译的文本行为进行研究，深入挖掘文化因素怎样介入翻译的文本解读与文本构建过程，从而探索译者的文本策略。

书　　名：《文化与翻译（修订版）》

编／著者：白靖宇

出版单位：中国社会科学出版社

出版时间：2010 年

内容简介：

本书旨在从语言文化角度，研究和探索文化翻译的理论与方法，推动翻译理论的发展与创新，促进翻译学科建设；同时，使译者不断培养跨文化意识，树立跨文化翻译观。主要内容包括：文化翻译的原则与方法、语言文化与翻译、地域文化与翻译、宗教文化与翻译、习俗文化与翻译、人名地名文化与翻译、饮食文化与翻译以及《红楼梦》文化翻译研究评述等。

书　　名：《西方翻译理论通史》

编／著者：刘军平

出版单位：武汉大学出版社

出版时间：2009 年

内容简介：

本书对西方翻译理论的历史做了全面的论述，梳理其主要发展脉络和流派，列举各个学派代表性的人物和主要翻译观点，以展现西方翻译活动及翻译理论的全貌。本书描述了漫长历史长河中涌现出的著名翻译理论家的生平、勾勒其理论的显著特点，并且将其归属到不同的翻译学派。本书还阐发了各种翻译理论产生的语言、文学、文化或哲学的背景，剖析各种翻译理论观的异同，界定了各个学派所使用的关键概念、范畴、术语。

书　　名：《西方译学理论辑要》

编／著者：杨建华

出版单位：天津大学出版社

出版时间：2009 年

内容简介：

本书系统地介绍了西方古今具有较大影响力的150余名译论家及其理论，内容包括对其生平及重要译论的介绍与评述及其具有代表性的重要译论史稿的辑选，以历史分期为线索逐人编写，是一本具有史料性质的西方译论案边资料。

书　　名：《“信、达、雅”重构视界下的中西译理融合》

编／著者：谢思田

出版单位：知识产权出版社

出版时间：2010 年

内容简介：

本书在比较译学视角下，以百年来中国译论家对“信、达、雅”的重构性阐发为主线，系统梳理了这一中国传统译论经典的重构历程，同时通过透视各大重构形态之下的理论流派及其子流派的理论性征，将西方相应的译理思想有意识地吸纳进来，进行中西译理的有机接洽与融合，并对中西方共同关注的问题作出了理论的纵深与发展，得出“信、达、雅”的各种重构都是学术思想上难能可贵的探索和努力，并展望21世纪以“信、达、雅”为代表的中国翻译释意思想的传承与发展，最后提出中西译学在学术互动中加深认识和拓展这一前瞻性的学科远景。

书　　名：《译学词典论》

编／著者：孙迎春

出版单位：上海外语教育出版社

出版时间：2009 年

内容简介：

本书在对译典编研历史进行详细回顾的基础上，探讨了译典的性质与功用、译典编研的对象与结构、学域定位、译典类型划分、编纂方法、编纂原则、过程与行为、宏观结构与微观结构、价值与评价等若干课题，其理论性、学术性、可读性与实践指导价值兼具，可对译典学者从事译典编研提供理论武器和研究思路，并为译学学者从事研究提供参考。

书　　名：《译者的隐形：翻译史论（The Translator's Invisibility：A History of Translation）》

编／著者：（美）劳伦斯·韦努蒂（Lawrence Venuti）

出版单位：外语教学与研究出版社

出版时间：2009 年

内容简介：

本书对17世纪以来的翻译进行了详尽的批评性探讨。本书揭示了这段时期通顺策略如何凌驾于其他翻译策略之上，并以此建构英语中外国文学的经典，同时对这段时期译者将本国价值观嵌入异域文本中这种做法的民族中心主义和帝国主义文化后果提出了质疑。在追溯翻译史的过程中，劳伦斯·韦努蒂找到了能够制衡通顺策略的其他翻译理论与实践，它们意在传达而不是消弭语言文化差异。

书　　名：《英语翻译理论与实践论文集》

编／著者：俞利军

出版单位：对外经济贸易大学出版社

出版时间：2009 年

内容简介：

本书收录的是来自不同行业的 40 多篇论文，有谈翻译理论的，也有谈翻译方法与策略的，还有谈具体翻译技巧的。就题材而言，有涉及传统的文学和文化翻译的，也有谈应用翻译的，包括经贸翻译、科技翻译、法律翻译、新闻翻译等等。尽管如此，这些文章有一个共同点，那就是都是围绕着翻译理论和实践中的一些问题展开。

书　　名：《英语因果修辞与翻译》

编／著者：常晖

出版单位：湖南人民出版社

出版时间：2009 年

内容简介：

本书描述了语言的基本性质、基本功能，探讨了“积极”结构的形式和意义以及在因果修辞上的作用，阐述了动词的语法功能、语言意义和基本构句原则，分析了语言因果事件以及结果句对于语言的理解、表达和应用所具有的积极意义。

书　　名：《语言、文化与翻译》

编／著者：王德春

出版单位：国防工业出版社

出版时间：2009 年

内容简介：

本书精选了中国修辞学会旅游语言研究会第三届全国旅游语言与文化学术会议的优秀论文 66 篇，内容涵盖了旅游、文化、翻译、文学及语言学等领域，涉及学术界较为前沿的课题，展示了高校一线外语教师在教学改革和学术研究方面所取得的成果。

书　　名：《语言接触和文化互动：汉译佛经词汇的生成与演变研究》

编／著者：杨同军

出版单位：中华书局

出版时间：2010 年

内容简介：

本书以汉译佛经史上的重要翻译作品——支谦译经——的复音词为研究对象，从语言接触和文化互动的角度，具体、深入地考察了汉译佛经词汇的生成与演变，并就因此而形成的汉译佛经语言对汉语词汇发展的影响作了探讨，对汉语词典的编纂也提出了参考性意见。

书　　名：《语言与翻译》

编／著者：李明、卢红梅

出版单位：武汉大学出版社

出版时间：2010 年

内容简介：

本书结合理论与实践，用大量的例证探讨了翻译离不开语言，要理解翻译就必须理解语言，这两者之间相互转换的辩证关系。

书　　名：《原型－模型翻译理论》

编／著者：赵联斌、刘治

出版单位：国防工业出版社

出版时间：2009 年

内容简介：

本书在西方的原型论的基础上，对我国王宏强教授与张今教授的原型理论研究进行借鉴，把原型－模型理论引入翻译研究。本书首先探讨了原型－模型翻译理论研究的动机和目的，考察了原型论的发展过程及其研究空间，以及原型范畴理论在语言学中的研究和发展，进而论述了原型范畴理论在翻译中的研究和发展。书中还论及王宏强的原型－模型理论、目的论与翻译研究以及原型－模型论在语言学和文学翻译中的研究和发展等各个方面。

书　　名：《中国传统译论专题研究》

编／著者：吴志杰

出版单位：上海译文出版社

出版时间：2009 年

内容简介：

本书作者分别从“意”、“诚”、“心”、“神”、“适”五个主要方面来论述翻译的本体观、伦理观、认识观以及文化生态观，对翻译的语言属性、伦理属性、思维属性、审美属性以及文化属性分别做出了理论阐释与分析。并尝试在此基础上运用由“意”、“诚”、“心”、“神”、“适”构成的理论框架来评价与赏析翻译过程诸因素，以此体现中国传统文化中“体用一源”的特色。

书　　名：《中国翻译研究（1949～2009 年）》

编／著者：许钧、穆雷

出版单位：上海外语教育出版社

出版时间：2009 年

内容简介：

本书在梳理历史资料的基础上，展现了 60 年来我国翻译研究和学科建设的成果，重点论述了该领域的发展趋势和研究方向，并提出建设性意见。

书　　名：《中国翻译研究范式论》

编／著者：顿官刚

出版单位：外语教学与研究出版社

出版时间：2010 年

内容简介：

本书从“范式”和“范式转换”的角度，考察翻译研究、尤其是中国翻译研究的范式问题。主要内容包括范式研究的方法，西方翻译研究的范式角度以及中国翻译研究的范式问题等。

书　　名：《中西文化比较及翻译研究》

编／著者：林巍

出版单位：华东理工大学出版社

出版时间：2009 年

内容简介：

本书内容涵盖了中西传统文化、法律文化、中医文化、博彩（赌博）文化、旅游文化等的比较及其相关的翻译问题。语言以中英文为主（后部分论文以英文撰写），但由于特殊环境，也不可避免地涉及了某些葡文、日文及广东话，作为分析、比较时的辅助语言。同时，由于作者长期从事教学工作，故翻译教学特别是口译教学的论文亦被收入其中。

翻译教学类

书　　名：《本科翻译学位教育（Translation in Undergraduate Degree Programmes）》

编／著者：克尔斯坦·马姆克（Kirsten Malmkjaer）、穆雷、吕立松、桑仲刚

出版单位：上海外语教育出版社

出版时间：2010 年

内容简介：

本书收录了国外翻译教师和研究者的 12 研究篇论文，内容涉及对教学模式的讨论、对课程内容设置的建议和尝试以及理论与实践、语言教学与翻译教学、翻译教学与翻译培训、本科课程与研究生课程的衔接等翻译教学中的重要问题。论文的作者大部分既是翻译者，也是从事教育、教学多年的实践者，书中谈到的教学模式的设计具体而且有针对性，是一本介绍新世纪之初国外本科翻译教育、教学思想的学术文集和教学参考书。

书　　名：《翻译教学：从研究到课堂（教师手册）（From Research to the Classroom: A Handbook for Teachers）》

编／著者：（美）索尼亚·科林娜（Sonia Colina）

出版单位：上海外语教育出版社

出版时间：2010 年

内容简介：

本书将功能翻译理论、语篇翻译理论、描述翻译学、教育学、心理学、外语教学法的最新研究成果融入翻译教学，并进一步讨论和研究课堂大纲、教学材料、课堂形式以及翻译能力评估模型，在将翻译理论联系教学实践、促进翻译教学与评估的科学化上做出了富有成效的探索。

书　　名：《翻译理论与实践：功能翻译学的口笔译教学论》

编／著者：朱小雪、（德）高立希（Ulrich Kautz）、刘学慧、王京平

出版单位：北京大学出版社

出版时间：2010 年

内容简介：

本书以功能翻译学为主要理论基础，简介了翻译学发展的历史，区分了以结构主义语言学为基础的传统翻译学和以语用学、交际理论为基础的现代翻译学。笔译和口译入门部分以翻译过程为主

要研究对象，重新对笔译和口译进行了定义，全面阐述了翻译的类型、语篇的种类、翻译的宏观对策和微观对策、笔译的难点及处理方法、口译的对策与技术。笔译和口译教学法部分，提供了以翻译过程各阶段的能力培养为目标的丰富多样的教学方法和手段。

书　　名：《网络外语教学理论与设计》

编／著者：张红玲

出版单位：上海外语教育出版社

出版时间：2010 年

内容简介：

本书旨在对网络外语教学各个层次和环节的相关概念及理论进行梳理，以促进网络外语教学研究学科体系的建立。同时，本书重点关注网络外语教学设计，希望通过对外语听、说、读、写、译的网络课程教学设计的探讨，进一步推动我国网络外语教学发展。

口译研究类

书　　名：《口笔译教学法：新千年的培训（Training for the New Millennium：Pedagogies for Translation and Interpreting）》

编／著者：（西班牙）玛撒·泰南德（Martha Tennent）

出版单位：上海外语教育出版社

出版时间：2010 年

内容简介：

本书收录了国外翻译教师和研究者的 12 篇论文，内容涉及翻译教学的背景与现状、口笔译教学理论、教学原则、课程设计以及未来翻译教学的发展趋势等重要问题。书中比较系统地介绍了欧美主要国家的翻译教学体制，入学考试形式，课程设置，教学内容和教学方法，这对我国刚起步的翻译专业本科、翻译专业硕士学位（MTI），人力资源和社会保障部、教育部的翻译资格考试以及各个外语院系开展的短期翻译培训，都有直接的借鉴意义。

书　　名：《口译研究概论》

编／著者：（奥）弗兰茨·波契哈克（Franz Pöchhacker）

出版单位：外语教学与研究出版社

出版时间：2009 年

内容简介：

本书是一部编排科学的口译研究入门专著，分三个部分：第一部分“理论基础”介绍口译研究的基本概念、历史沿革、研究路径、研究范式、口译模式等。第二部分“选题及研究”讨论口译研究的四个主要方面，包括口译过程研究、口译产品及译员表现研究、口译实践与职业研究、口译教学研究等。第三部分“研究趋向”对口译研究的学科发展态势和关键问题进行扼要总结，并对今后口译研究的发展趋势和路径作出预测。

书　　名：《口译在中国：新趋势与新挑战——第七届全国口译大会暨国际研讨会论文集》

编／著者：仲伟合

出版单位：外语教学与研究出版社

出版时间：2010 年

内容简介：

本书是第七届全国口译大会暨国际研讨会论文集。本论文集的内容主要涉及两个方面：一、口译教学：从理念到方法（11 篇）；二、口译研究：从理论到实践（13 篇）。

书　　名：《联络口译过程中译员的主体性意识研究》

编／著者：任文

出版单位：外语教学与研究出版社

出版时间：2010 年

内容简介：

本书研究的是联络口译过程中译员的主体性意识。主体性意识主要包括显身意识、赋权意识和非中立的立场观。作者的研究假设是：称职的联络译员应不仅具有出类拔萃的语言文化知识和翻译技能，还应经常在交际过程中体现出较强的主体性意识。为了证实这一假设，作者采取多视角、综合式的研究方法，既有跨学科的理论分析，也有话语分析、问卷调查和译员访谈的实证研究。其研究结果在口译实战和口译培训等方面具有重要的启示意义。

文学翻译类

书　　名：《20 世纪中国翻译文学史——近代卷》

编／著者：连燕堂

出版单位：百花文艺出版社

出版时间：2009 年

内容简介：

本书探讨 20 世纪中国文学的近代翻译文学。首先梳理了近代翻译的发展脉络，进而分别探讨了近代翻译理论、近代的诗歌翻译及小说翻译，转而探讨了近代著名翻译家及其影响与作用，主要包括严复、林纾、梁启超、周桂笙、徐念慈、马君武、苏曼殊、伍光建、曾朴等人。此外本书还探讨了俄罗斯文学翻译与戢翼翚、吴祷、陈嘏、鲁迅、周作人的早期翻译活动，以及陈独秀、胡适、刘半农在近代翻译转折期中的独特作用。

书　　名：《20 世纪中国翻译文学史——三四十年代俄苏卷》

编／著者：李今

出版单位：百花文艺出版社

出版时间：2009 年

内容简介：

本套丛书试图将翻译文学纳入现代中国文学的发展图景内，来描述 20 世纪“中国翻译文学”。本书围绕 20 世纪中国三四十年代俄苏翻译文学史展开论述，主要内容包括三四十年代的翻译论争和文学翻译艺术的理论及哲学探讨，苏联文学翻译，鲁迅、曹靖华与苏联文学的关系，俄罗斯古典文学翻译等。

书　　名：《20世纪中国翻译文学史——三四十年代英法美卷》

编／著者：李宪瑜

出版单位：百花文艺出版社

出版时间：2009年

内容简介：

本书围绕20世纪中国三四十年代英法美翻译文学史进行了追根溯源、提纲挈领的分析。内容包括英国、美国、法国的文学翻译，论述了莎士比亚、弥尔顿、莫里哀、雨果、爱伦·坡、霍桑等多位作家作品的翻译。

书　　名：《20世纪中国翻译文学史——十七年及“文革”卷》

编／著者：周发祥、程玉梅、李艳霞、孙红、张卫晴

出版单位：百花文艺出版社

出版时间：2009年

内容简介：

本书主要阐述建国以来17年及“文革”间的翻译文学历史，围绕最近30年来翻译文学与中国本土语境的复杂关系，进行了追根溯源、提纲挈领的分析。书中分为翻译事业的组织与建设、20世纪外国文学翻译的新高峰、“文革”前的亚非拉文学翻译以及“文革”时期的外国文学翻译等内容。

书　　名：《20世纪中国翻译文学史——五四时期卷》

编／著者：秦弓

出版单位：百花文艺出版社

出版时间：2009年

内容简介：

本书立足于翻译文学这一文学因子在中国现代文学多元系统中的独立的文学价值，对五四时期的翻译文学进行了详细的思考和勘探，全面系统地阐发了这一时期翻译文学的面貌。本书共7章23节，梳理了五四时期翻译文学的发展轨迹。主要内容探讨了中国对泰戈尔的第一次翻译热潮，日本文学的翻译轨迹及个案，易卜生戏剧在五四时期的译介，安徒生童话为代表的儿童文学翻译，俄罗斯文学的翻译情况，以及五四时期翻译中涉及的翻译方法。

书　　名：《20世纪中国翻译文学史——新时期卷》

编／著者：赵稀方

出版单位：百花文艺出版社

出版时间：2009年

内容简介：

本书不仅梳理了最近30年外国文学的译介情况，还详细分析了这一大规模的翻译活动和新时期话语实践之间的关系。本书首先对30年来外国文学的“翻译史”，进行了富有历史感的学术梳理，接下来勾勒了中国当代文学的文体革新与舶来的外国文学之间的内在关系。此外，本书形成了行之有效的解释框架，并论及多个个案，如《人性的证明》在中国的接受史，《红与黑》事件等等。

书　　名：《翻译：中西诗性话语交融的家园》

编／著者：陈凌

出版单位：华东师范大学出版社

出版时间：2010 年

内容简介：

本书分上、下篇。上篇围绕诗歌及诗歌翻译的本质，从英汉两种语言文字的本体性差异入手，进行诗学、美学、译学乃至哲学层面的思考与探索；下篇则是将翻译置于一个比传统意义上的翻译内涵要大得多的文化交流和文化交往的层面上加以审视和研究，并且针对形形色色的英汉误译、误释、误表达现象展开剖析讨论，也涉及不同文体与修辞手段的翻译处理。

书　　名：《翻译与文化身份——美国华裔文学翻译研究》

编／著者：刘芳

出版单位：上海交通大学出版社

出版时间：2010 年

内容简介：

本书是当代语言学研究文库之一，以汤亭亭和谭恩美等小说作品中的文化翻译及这些作品的汉译为个案，借用后殖民理论的框架来研究美国华裔文学作品中的文化翻译以及该类作品的汉译与文化身份之间错综复杂的关系。

书　　名：《古诗词曲英译文化溯源》

编／著者：顾正阳

出版单位：国防工业出版社

出版时间：2010 年

内容简介：

本书为研究中国古诗词曲翻译理论的专著。作者主要从文化层面探讨古诗词曲的可译性，并以古诗词曲的优秀译文展示其传译的要旨与技巧。书中探讨了古诗词曲英译中的鸟类文化、闺怨文化、乐器文化、宫廷文化、服饰文化、禅文化的翻译。

书　　名：《红楼梦概念隐喻的英译研究》

编／著者：肖家燕

出版单位：中国社会科学出版社

出版时间：2009 年

内容简介：

本书应用概念隐喻理论，以定性与定量分析，实证调查与理论诠释相结合的研究方法，用《红楼梦》的比较有代表性的英文译本（杨益宪、戴乃迭译本，Hawkes 译本）为研究对象，全面系统地考察了文本的六大隐喻系统的翻译基础，策略取舍语境要素和评价依据，比较深入地论述了语境对策略的深层影响；明确提出并充分论证了翻译的差额观，突破了翻译“等值论”的局限性，并结合汉语传统翻译理论中的“似”和“幅度”标准，以及模糊数学中的“隶度变”概念，以翻译策略为评价依据，初步建立起隐喻翻译的模糊评价模式。

书　　名：《＜红楼梦＞中英文语料库的创建及应用研究》

编／著者：刘泽权

出版单位：光明日报出版社

出版时间：2010 年

内容简介：

本书分为两部分，上篇围绕《红楼梦》一书三译平行语料库的创建，着重介绍了在建库过程中所遇到的问题和挑战，以及在实践中所摸索出来的解决办法，包括平行语料库概述、《红楼梦》版本及英译述要、语料库的设计、全库数据统计分析及检索软件功能介绍；下篇为基于该平行语料库所展开的系统全面、定量与定性相结合的应用研究，涉及习语、叙事标记语、报道动词、委婉语、称谓、人物形象塑造及其三种英译的翻译研究。

书　　名：《幻想与现实：二十世纪科幻小说在中国的译介》

编／著者：姜倩

出版单位：复旦大学

出版时间：2010 年

内容简介：

本书着重考察中国在 20 世纪对科幻小说这一通俗小说门类的译介与接受状况，通过对典型文本的分析，由点及面，对各时期科幻小说的译介背景和特征进行深入的探讨，考察译介过程中翻译与政治、经济、科技、文化、文学等不同系统之间复杂微妙的关系，从而揭示不同历史时期制约或推动科幻小说的翻译与接受的种种因素，以及科幻翻译对本土科幻文学发展的深远影响。

书　　名：《江枫论文学翻译自选集》

编／著者：江枫

出版单位：武汉大学出版社

出版时间：2009 年

内容简介：

本书收录了我国著名翻译家江枫先生关于探讨翻译理论及方法的多篇论文，并以案例方式探讨了诗歌翻译的原则。所收录文章论述透彻详实，为广大诗歌翻译爱好者提供了很好的借鉴。

书　　名：《李清照词英译对比研究》

编／著者：郦青

出版单位：三联出版社

出版时间：2009 年

内容简介：

本书在两个方面作了探索：一个是西方当代翻译理论的发展是以“文化转向”为标志的，面临着中西这样截然不同的语言文化形态，西方翻译理论如何本土化、中国化？另一个问题是：中西的语言文化形态如此不同，西译中和中译西是一回事吗？适用于西西互译甚或是西文中译的理论也一定适用于中文西译吗？如何判别和保证中译外的质量？这两个是中国翻译理论研究的核心问题，也是建立中国气派的翻译理论的关键问题。

书　　名：《＜论语＞英译之跨文化阐释——以理雅各、辜鸿铭为例》

编／著者：金学勤

出版单位：四川大学出版社

出版时间：2009 年

内容简介：

本书采用当代翻译研究中的功能主义和文化翻译等理论，结合哲学阐释学视角，详细探讨了理雅各和辜鸿铭的《论语》英译实践。作者通过文内对比研究和译者阐释实践的探讨，论证了经典翻译作为跨文化阐释实践的复杂性，指出不同的翻译动机决定翻译的策略，而译者的文化传统则构成了翻译阐释的强大的“前见”，深刻影响着译者对源语文化的阐释过程。

书　　名：《日本近现代文学翻译研究》

编／著者：康东元

出版单位：上海交通大学出版社

出版时间：2009 年

内容简介：

本书从资料论的观点考察了从清末至今 100 多年日本近现代文学翻译情况和历史意义。主要考察了日本文学作品在中国翻译的数量变化与中国社会变革之间的关联性。

书　　名：《<诗经·国风>白话英语双译探索》

编／著者：王方路

出版单位：四川大学出版社

出版时间：2010 年

内容简介：

本书以中国诗歌经典《诗经·国风》的白话译文和通行的英语翻译文本作为案例从语言学、文学、翻译理论及相关文化背景对这一部分中国经典诗歌的现代汉语及英语的翻译进行理论探索，并提交出作者的翻译实例。

书　　名：《双重声音 双重语意——译介学视角下的中国女性主义文学批评》

编／著者：吴新云

出版单位：经济科学出版社

出版时间：2009 年

内容简介：

本书从译介学的视角对女性主义文学批评在中国的传播和发展进行研究，阐明西方女性主义在中国译介和应用过程中的“原件失真”现象如何反映了中西的文化差异。也就是说，根据译介学的理论，依次从翻译时目标文本的选择、译者的表述、译介后受众的模仿与建构等方面研究女性主义文学批评在中国被引入、被阐释、被接受和应用的过程，审视和阐发东西方交流中信息的传播与变化，挖掘这一过程的文化含义。

书　　名：《<水浒传>英译的语言与文化》

编／著者：孙建成

出版单位：复旦大学

出版时间：2009 年

内容简介：

本书从中西文化交流的视角对《水浒传》英译进行了系统的比较研究，通过比较四个译本译者翻译的意图、策略、方法和效果，质疑了传统思维定式的译者观，重构了译者的翻译主体地位，为这一领域的深入研究提供了实证性参照。内容包括《水浒传》及其英译研究的成就与问题，原本的写作及其传播与接受，英译本的写作概况、语境与取向，英译本的策略与方法，英译的价值以及译本对中西文化交流的意义。

书　　名：《文化传播美学与诗歌翻译》

编／著者：王芳

出版单位：电子科技大学出版社

出版时间：2009 年

内容简介：

本书以比较文化、传播学、接受美学等基础理论为观照，从中西文化审美译介与传播接受、中外代表性译家的诗歌翻译理论与实践、诗歌翻译史上的重要事件、英汉代表诗型译介审美要求、汉英诗歌名篇翻译审美评估等多个角度对诗歌翻译审美传播影响因素作出了分析，揭示了诗歌翻译与文化传播审美的共性要求与规律，提出了根据诗歌翻译与文化传播审美规律，阐释、传达各民族诗歌丰富的文化审美性，从而促进诗歌翻译审美传播的观点和途径。

书　　名：《文学第一线——45 位译界耆宿和文学名家的访谈印象》

编／著者：黑马

出版单位：中央编译出版社

出版时间：2010 年

内容简介：

本书收录了作者对 45 位译界耆宿和文学名家的访谈录，从 1988 年开始到 2006 年，历时 18 年（其中以 90 年代中期以前为主）。其中包括飞白、王逢振、叶君健、冯亦代、毕朔望、吕同六、孙绳武、巫宁坤、李文俊、劳陇、范大灿、林纪焘、杨绛等著名翻译家。

书　　名：《文学翻译的理论与实践——翻译对话录（增订本）》

编／著者：许钧

出版单位：译林出版社

出版时间：2010 年

内容简介：

本书以访谈对话的形式收录多位著名翻译家的翻译观点。许钧教授就文学翻译的一些基本问题，有针对性地与国内译坛一些卓有成就、又有一定代表性的著名翻译家，通过对谈的方式进行探讨，让他们结合自己丰富的翻译实践，畅谈各自对文学翻译的独到经验、体会和见解。先后参加对谈的有季羡林、萧乾、文洁若、叶君健、陈原、草婴、方平、许渊冲、屠岸、江枫、李芒、赵瑞蕻、杨苡、李文俊、吕同六、杨武能、郭宏安、罗新璋、施康强、林一安等 20 多位翻译家。

书　　名：《文学翻译批评论稿（第二版）》

编／著者：王宏印

出版单位：上海外语教育出版社

出版时间：2010 年

内容简介：

本书是一部有力度的文学翻译批评专著。作者在思考该学科的基本理论和哲学基础并进一步追索学科前沿问题的时候，运用多学科观照的建构视野，综合性地审视当前典型的文学翻译现象，提出鉴赏性和研究性相结合的文学翻译批评概念，初步建立了自己独特的文学翻译批评的理论框架。另一方面，以古今诗歌翻译为原型启发，兼顾理论建构性和学术批判性的双重品质，结合中国传统文论和文学批评模式，吸取西方现代文论与议论研究成果中的合理因素，阐发了一系列便于操作和值得借鉴的翻译批评机制、评级系统和写作范式。

书　　名：《文学翻译审美学》

编／著者：王平

出版单位：国防工业出版社

出版时间：2009 年

内容简介：

本书从审美学和文化学的角度探讨文学翻译审美规律，主要内容包括译者的审美理想、译者的审美感知和想象、译者的审美情感、译者的审美认识和判断、译者的审美个性和风格、文学翻译学的文化论、文学翻译中的审美客体等。

书　　名：《文学翻译与社会文化的相互作用关系研究》

编／著者：姜秋霞

出版单位：外语教学与研究出版社

出版时间：2009 年

内容简介：

本书运用实证描述与理论分析相结合的文法，从宏观、中观、微观等层面深入探讨了文学翻译与社会文化的相互作用关系，对文学翻译工作、翻译教学及翻译研究具有参考价值。全书分为五部分，引论部分：介绍文学翻译、翻译文学与社会文化等概念；宏观篇：深入探讨社会文化与文学翻译宏观结构的关系；中观篇：重点研究文学翻译与文学系统之间的关系；微观篇：具体分析社会文化与译者、翻译文本等要素的关系；结论与余论：总结研究结论，指出研究局限。

书　　名：《文学翻译与译介学理论新探》

编／著者：夏廷德、刘迎春、陈文铁

出版单位：大连海事大学出版社

出版时间：2009 年

内容简介：

本书是将译介学纳入翻译学范畴的文学翻译领域进行的系统性研究。书中主要内容包括文学翻译、翻译文学与译介学的发轫和发展；翻译学、文学翻译研究与译介学的关系；语言与非语言因素对文学翻译的影响及其表现形式；文学翻译的变异及其意义等。

书　　名：《文学翻译中原作陌生化手法的再现研究》

编／著者：金兵

出版单位：复旦大学

出版时间：2009 年

内容简介：

本书认为陌生化手法是造就文学性的重要手段，成功的文学翻译作品必须尽量再现原作中的陌生化手法。主要内容涉及内容与形式的对峙及其对文学翻译的影响，陌生化手法及其在文学中的作用，陌生化手法再现的必要性和可能性，以及再现陌生化手法的基本策略和原则探讨。作者认为，在翻译实践中，类比式翻译是再现陌生化手法的有效手段。对于某些暂时难以再现的陌生化手法，译者可以采取更换原作的手法、添加注释等适当的补偿措施。

书　　名：《文言语体与文学翻译——文言在外汉翻译中的适用性研究》

编／著者：陈志杰

出版单位：上海外语教育出版社

出版时间：2009 年

内容简介：

本书深入探讨了文言在文学外汉翻译中的作用，通过援引、分析大量名家翻译实例指出，无论词语和句子的翻译、源文本风格的再现，还是源文本与译入语文化间历史关系的呈现，文言都具有较大的利用价值，有助于忠实地传译源文本的内容，再现其内在的文学艺术性。因此，文言及其文学传统在外汉翻译中的回归，将为译者提供更大的自主空间和更多的策略选项，对提高文学翻译的质量有积极的影响。

书　　名：《五四前后英诗汉译的社会文化研究》

编／著者：蒙兴灿

出版单位：科学出版社

出版时间：2009 年

内容简介：

本书将五四前后的英诗汉译现象，置于当时中国社会文化转型和文学嬗变的历史视野中加以考察，着力运用了当代文化翻译理论、当代西方文艺批评和文化批评理论，从社会文化因缘、社会文化心理、社会文化功能以及译学社会文化行为分析和译学社会文化行为反思等五个方面，结合英诗汉译经典文本分析，对五四前后中国这段特定历史时期近 30 年间英诗汉译的主要译家和译作，进行了历时和共时、宏观和微观相结合的描述性研究，在社会文化和历史语境中研究英诗汉译作品，借以揭示五四前后英语诗歌翻译的成因、特点及其产生的影响和承载的社会文化或社会历史意义，诠释译本中社会文化的文本表现。

书　　名：《修辞格翻译的语用学探解》

编／著者：陈科芳

出版单位：复旦大学

出版时间：2010 年

内容简介：

本书以《红楼梦》及其两个英文译本为对象，通过定量和定性相结合的手法，在分析整合语用学原理优势的基础上，提出基于关联理论的语用推理机制，并且应用这个语用推理机制来描述翻译现象、尤其是文化负载词语的翻译现象，最后提出一个多元的描述性翻译过程框架。这个框架能比较客观地解释翻译过程，回答译者主体地位的确定性、读者分析法的必要性、多元译本存在的合理性等问题。

书　　名：《中国 1895 ~ 1911 年文学翻译研究》

编／著者：王晓元

出版单位：上海外语教育出版社

出版时间：2010 年

内容简介：

本书作为晚清文学翻译与翻译文学之研究，属断代史研究。作者率先在中国国内建立了翻译社会学模式，在考察晚清宏观文化语境的基础上，通过不同的典型个案，从翻译方式、翻译方法、翻译主体、翻译目的和翻译话语与意识形态等方面较为全面而又深入地研究了中国翻译史上的第一次翻译高潮。

书　　名：《中国的英美文学翻译：1949～2008》

编／著者：孙致礼

出版单位：译林出版社

出版时间：2009 年

内容简介：

本书分上、下两编，分别论述和总结了建国后到“文化大革命”之前（1949－1966）17 年间及新时期（1976～2008）30 余年来，我国英美文学翻译出版的概况。主要内容有：17 年间英美文学翻译出版概况、概述；17 年间英国文学的翻译出版；17 年间美国文学的翻译出版；17 年间英美文学翻译家、综述、莎剧翻译家、诗歌翻译家、小说翻译家、综合型翻译家；17 年间英美文学翻译的经验与启示、加强组织领导、实行计划译书、开展翻译批评，提高翻译质量、注意理论研究，提倡百家争鸣等。

书　　名：《中国诗歌在英语世界——英美译家汉诗翻译研究》

编／著者：朱徽

出版单位：上海外语教育出版社

出版时间：2009 年

内容简介：

本书从 19 世纪中叶以来的英美翻译家中精选最具代表性的 20 位（含四位美籍华裔学者），运用现当代西方翻译理论观念和丰富的译例，对他们英译汉诗的主要成就、译学思想、翻译策略、形式技巧、历史贡献和误解误译等作系统的分析评述，以此对一个多世纪以来中国诗歌在英语世界的翻译与传播作历时性的描述。

书　　名：《中西诗比较鉴赏与翻译理论（第二版）》

编／著者：辜正坤

出版单位：清华大学出版社

出版时间：2010 年

内容简介：

本书由《中西诗比较鉴赏与翻译理论》修订而成。在修订版中作者补录了 2003 年之后发表的学术论文若干篇，修改或增添的内容占原书篇幅的 40% 左右。本书在总体方向上创造性地提出了中西诗歌鉴赏理论和翻译标准系统，并将二者有机结合起来，以诗歌理论、诗歌翻译、诗歌赏析及诗歌比较构建一个多层面的框架，各部分互相贯通、互为表里。

应用翻译类

书　　名：《法律语言翻译的文化制约》

编／著者：马莉
出版单位：法律出版社
出版时间：2009 年
内容简介：

本书选题从法律语言翻译的角度论述，属于新兴的法学研究领域。为实现法律文本翻译的严谨性和准确性，本书不仅从词法和句法两个层面详细分析了中外法律语言特点的差异，并在语言和文化两个层面探讨了法律文本的翻译，确认了中外法律文本特有的文化内涵在法律语言中所产生的语义效果。另外，本书对中外法律语言中不同的语用特征进行了研究，指出法律语言对于法律文化的构成性作用，强调了不同语言的法律文本所具有不同语用特征，从而使法律文本翻译能够超越语言的表面形式兼顾文化和语用内涵而实现功能对等。

书　　名：《国际商务语言与翻译研究》
编／著者：王海燕
出版单位：大连海事大学出版社
出版时间：2010 年
内容简介：

本书由“理论思考”和“实践探索”上下两篇组成。上篇由两章组成：第一章提出，当代国际商务文献翻译研究一方面应该继承和发展中西方传统译论的核心思想，另一方面应该吸收与借鉴西方现代应用翻译理论的最新研究成果。第二章通过对国内商务翻译研究进行评述，论述了中西方翻译理论对国际商务翻译的理论意义。下篇由五章组成，分别结合国际商务合同、信用证、信函、广告和商标的语言特点、文本类型和译文的功能目的，提出了针对上述五种国际商务文本的翻译原则和策略。

书　　名：《应用翻译研究》
编／著者：刘小云
出版单位：电子科技大学出版社
出版时间：2009 年
内容简介：

本书从功能翻译理论的角度，根据不同翻译目的和文本类型，讨论了不同功能文本的翻译策略和具体的翻译方法以及技巧，对应用翻译进行了较为系统的阐述，针对性强，具有可读性，并有利于实际操作。全书分为 9 章，前 3 章为“关于应用翻译”、“功能翻译理论概述”、“译品类型”，后 6 章运用功能翻译理论的基本原理分别对法律翻译、新闻翻译、旅游翻译、广告翻译、科技翻译、公示语翻译等应用翻译体裁做了较为系统的论述。书后附有部分翻译的佳译实例供读者鉴赏，以弥补篇章上的不足，给读者一个整体概念。

书　　名：《应用翻译语用观研究》
编／著者：叶苗
出版单位：上海交通大学出版社
出版时间：2009 年
内容简介：

本书研究对象为应用文体的语用翻译理论及应用。全书共 8 章，内容包括应用翻译研究的多重视角、语用翻译学的基本观念、应用翻译的语用学原则以及应用文体的语用翻译实践等。

书　　名：《应用翻译中的审美与文化透视——基于商标品牌名和品牌广告口号的翻译研究》

编／著者：冯修文

出版单位：上海交通大学出版社

出版时间：2010 年

内容简介：

本书从审美角度剖析了中英文商标品牌名的音韵美、意境美和形式美。从音美、意美和形美三个方面详细阐述了品牌广告口号的修辞特点，并在此基础上，提出了品牌广告口号的翻译标准和翻译策略。

书　　名：《英汉对比法律语言学——法律英语翻译进阶》

编／著者：西南政法大学

出版单位：北京大学出版社

出版时间：2010 年

内容简介：

本书总计 12 章，从英汉法律语言及英汉对比法律语言学的概念、分类、沿革、特征等入手，就相关学科、研习方法、英汉法律语言的变异性、构词理据、法律英语及法律汉语的词汇特征、句法特征、词汇缺项、法律文化、法律语言辩证关系、法律语境、法律阐释和法律翻译的关系等，多角度全方位地进行了论述，涉及到有关比较法学、法律语义学、法律阐释学、法律翻译等多学科知识的融会贯通。

综合类

书　　名：《比较・鉴别・应用——英汉对比应用研究》

编／著者：刘英凯、李静滢

出版单位：上海外语教育出版社

出版时间：2009 年

内容简介：

本书为系列文集之四，共选收了 37 篇各个历史时期的重要论文，分别讨论了对比研究在教学、双语词典编纂以及翻译三个方面的应用。其特点是，虽然重在“形而下”的作用，然而真知灼见、覃思妙论处处可见；思想新锐，拓殖新荒，深耕细作；多元理论指导，语言的多层面探讨令人目不暇接。本文集对如何把语言学理论与应用实践结合起来具有借鉴作用。

书　　名：《冲突・互补・共存——中西文化对比研究》

编／著者：左飚

出版单位：上海外语教育出版社

出版时间：2009 年

内容简介：

本书为系列文集之五，共选收了 38 篇重要论文，主要为最近 30 年的优秀论文，但也收录了少量

1977年以前的名家大师的经典作品。内容包括文化对比研究的理论与方法、中西文化的综合对比、语言交际对比，以及哲学、宗教学、社会学、宇宙观、道德观、时间观、思维方式等多领域对比研究的内容与方法。

书　　名：《典籍英译研究（第4辑）》

编／著者：汪榕培、门顺德

出版单位：外语教学与研究出版社

出版时间：2010年

内容简介：

本书为典籍英译研究论文集，收录了2008年10月在大连大学召开的第五届中国典籍英译研讨会上的优秀论文。全书包括三个部分内容，分别是：1）典籍英译理论与实践；2）诗歌翻译；3）文化翻译及其他。典籍作品不仅常翻常新，而且是理论研究的绝佳例证，也是学习的绝佳材料。本文集收集的材料是我国典籍英译研究的最新记载。

书　　名：《翻译教学与研究（第一辑）》

编／著者：黄勇民

出版单位：复旦大学

出版时间：2010年

内容简介：

本书收集了有关翻译教学和研究的论文，收录了本科翻译专业教学探讨、口译教学探索、典籍翻译研究、文学翻译研究、中西语言对比与翻译、词典编译评论、翻译理论与实用文体与翻译等几个方面的论文。

书　　名：《翻译理论综合案例教学：中西方译学理论选介》

编／著者：贺学耘

出版单位：中国人民大学出版社

出版时间：2010年

内容简介：

本书分三篇：中国译学理论选介，西方译学理论选介，翻译理论的主要流派。中国译学理论选介部分是以翻译史高潮为线索编写的。五次高潮为：东汉到北宋、明末清初、鸦片战争至五四运动、五四运动至新中国成立及新中国成立后，选取了这五个时期有影响的译论家，对他们的生平和主要译论做简要介绍和分析，并选编了他们的部分重要译论。西方译学理论选介的编写是以古代、近代、现代的历史分期为线索的。每一历史分期选取重要代表人物逐人编写，首先介绍代表人物及其主要译论，并在此基础上选编部分重要译论。翻译的主要流派部分主要按照各翻译理论关注焦点的不同，分别介绍翻译的“文艺学派”、“语言学派”、“研究学派”和“解构主义学派”，着重介绍其中最有影响的译论家及其翻译思想。此外，也介绍了中国翻译的文艺美学学派。

书　　名：《翻译论集（修订本）（第二版）》

编／著者：罗新璋、陈应年

出版单位：商务印书馆

出版时间：2009年

内容简介：

本书收辑自汉末至编定之日止，有关翻译的文论 180 余篇，按时代分为五辑：汉魏唐宋、明末清初、近代、“五四”后和解放后。书后附有“论著与文章索引”，供进一步研究之用。

书　　名：《翻译学理论的系统构建——2009 年青岛“翻译学学科理论系统构建高层论坛”论文集》

编／著者：任东升

出版单位：上海外语教育出版社

出版时间：2010 年

内容简介：

本书是 2009 年青岛“翻译学学科理论系统构建高层论坛”研讨会的论文集，收录了来自我国内地及港澳地区 31 位著名翻译研究学者的 29 篇论文。这些论文从翻译学学科理论的构建历史、翻译学研究的哲学之维和文化之维、理论构建中的多种视角和方法途径及翻译史论、批评和实践等多个方面，系统地、多角度地论述了翻译学作为一门特殊的学科在其理论体系构建方面碰到的问题，全面展现了翻译学学科理论研究的方向、崭新的研究视角与方法。

书　　名：《翻译研究百科全书（第二版）（Routledge Encyclopedia of Translation Studies）》

编／著者：（英）蒙娜·贝克（Mona Baker）

出版单位：上海外语教育出版社

出版时间：2010 年

内容简介：

本书 1998 年初版。第二版在对第一版修改和扩充的基础上，对翻译学这一迅速发展的人文学科做了更加透彻和具有权威性的评述。本书分两个部分，为便于查阅均按字母表排序。第一部分（通论）涵括了该学科的概念框架和关键问题。第二部分（历史与传统）涵括了世界上主要的语言和文化媒体的翻译学历史，很多词条阐释是基于迄今尚未出版的研究成果，并新增了一个词条：东南亚传统。

书　　名：《<福乐智慧>英译研究》

编／著者：李宁

出版单位：民族出版社

出版时间：2010 年

内容简介：

本书主要研究《福乐智慧》英译本中思想文化和文学艺术翻译。在对西域宗教信仰变迁梳理的基础上，析出作品中的主要宗教思想及相互关系，分析身处基督教文化系统中的译者，对作品中传统的萨满教信仰、确立为国教的伊斯兰教思想以及苏菲神秘主义、佛教等宗教思想的翻译。

书　　名：《高级译学原典读本（Translation：Anadvanced Resource Book）》

编／著者：（英）巴兹尔·哈蒂姆（Basil Hatim）、（英）杰里米·曼迪（Jeremy Munday）

出版单位：上海外语教育出版社

出版时间：2010 年

内容简介：

本书从经典的语言学翻译理论出发，结合当代语言学翻译理论来分析和阐释翻译中的各种问题。在引用经典论著的同事，辅以大量代表性论述，并设计了形式多样的练习和作业，有益于读者在掌握理论的同时，进一步提高分析问题和解决问题的能力，提高翻译实践的技能。

书　　名：《功能主义视角下的中国高校英文网页中的翻译问题研究》

编／著者：范勇

出版单位：科学出版社

出版时间：2009 年

内容简介：

本书首先分析了中国高校网页中的“学校简介”的英译要求（包括译文功能、目标读者、接受环境和传播媒体等），基于这些要求和“翻译目的论”的相关原理，对 10 所中国一流大学的网页英文版“学校简介”进行了实证分析，以发现其中存在的翻译失误或翻译不当之处，包括功能性、文化性和语言性等类型的翻译失误；探讨了失误的实质和根源，提出了改正的方法及改进国内高校英文网页翻译质量的建议。

书　　名：《计算语言学与机器翻译导论》

编／著者：张政

出版单位：外语教学与研究出版社

出版时间：2010 年

内容简介：

全书共分 10 章，内容涉及到计算语言学的基本概念、基本内容、主要用途、自然语言知识的表达，自然语言处理技术的应用与语言信息工程、形式语法理论、语料库与语料库语言学的关系、语料库的种类、语料库的收集与加工、语料库语言学的应用，机器翻译的实现过程、机器翻译评价、机器辅助翻译的原理，翻译记忆（Translation Memory）、翻译记忆检索的相关介绍以及机器辅助翻译系统的使用等。

书　　名：《口语机器翻译（The Spoken Language Translation）》

编／著者：（美）曼尼·雷纳（Manny Rayner）、大卫·卡特（David Carter）、皮尔来特·布伊隆（Pierrette Bouillon）

出版单位：北京大学出版社

出版时间：2010 年

内容简介：

本书主要探讨口语翻译。口语翻译（Spoken Language Translation，SLT）是指让计算机实现从一种语言的语音到另一种语言的语音自动翻译的过程。由于多数情况下说话人的话语都以口语风格为主，人们尤其希望翻译系统可以接受并实现任意口语化的、自由交谈式的对话语音直接翻译。本书全面、系统地介绍了 SLT 项目研究的主要成果，内容包括语言处理与语料收集、语言覆盖性、语音处理和系统评估等各个方面，其中语言处理部分是本书的主要内容。

书　　名：《认知·语用·功能——英汉宏观对比研究》

编／著者：牛保义

出版单位：上海外语教育出版社

出版时间：2009 年

内容简介：

本书为系列文集之三，共选收近30年来国内英汉宏观对比研究方面的重要论文41篇，分别归入“语篇与功能”、“语用与修辞”、“认知与思维”三个栏目。这些文章从一个侧面反映出我国的英汉对比研究由微观逐步走向宏观，不断拓展研究领域，向纵深发展的过程。编者预言，宏观对比研究将成为英汉语对比研究的主旋律，汉语的主体性将在英汉语宏观对比研究中受到更多人的关注，而定性和定量相结合将会成为其主要研究方法。

书　　名：《<圣经>汉译的文化资本解读》

编／著者：傅敬民

出版单位：复旦大学

出版时间：2009年

内容简介：

本书通过对《圣经》汉译文化资本化的分析，为《圣经》汉译的研究提供一个全新的理论视角，并对《圣经》汉译这一特殊的社会现象提供一个更为深刻的认识。本书分两个部分，第一部分对文化资本理论进行综述之后，对《圣经》的汉译轨迹进行梳理。第二部分研究《圣经》汉译的符号嬗变，探讨了汉译与宗教的关系，并对汉译的文化资本进行了分析。本书认为《圣经》汉译已经形成为强大的文化资本，进而以文化资本的形式与中国固有的传统文化共生、相融。

书　　名：《诗人、翻译家曹葆华（全二册）》

编／著者：陈晓春、陈俐

出版单位：上海书店

出版时间：2010年

内容简介：

本书分为诗歌卷、史料·评论两卷，诗歌卷是目前所发现的曹葆华所有的诗歌作品的最完整汇编本；史料·评论两卷主要搜集汇编了20世纪30年代至现在关于曹葆华书信、生平事迹的介绍、作品评论等重要研究资料，同时首次编入关于他的诗歌创作及文艺理论、马列著作翻译的详细著译目录。曹葆华的诗歌创作和文艺理论著作翻译今天看来，有其艺术价值和历史价值，有待于研究者重新挖掘和评价。他在马列主义思想经典著作和西方文论翻译方面的成绩，构成20世纪外来文化思想传播的独特风景。

书　　名：《英汉词语互译研究》

编／著者：何家宁、刘绍龙、陈伟

出版单位：武汉大学出版社

出版时间：2009年

内容简介：

本书在突出词语翻译理论基础或理论思想的同时，尽量兼顾传统的微观研究及其相关成果，从6个章节对词语翻译的理论、技术、工具和词语翻译的研究方法等进行了比较系统深入的探讨，其目的是使词语翻译更为准确，从而提高译文的质量。

书　　名：《英汉语比较与翻译（7）》

编／著者：杨自俭

出版单位：上海外语教育出版社

出版时间：2010 年

内容简介：

本书是中国英汉语比较研究会第七次全国学术研讨会论文集。组委会在 150 多篇论文中挑选出 45 篇，分为英汉语言对比研究、中西文化对比研究、翻译研究等三大部分。

书　　名：《英汉语比较与翻译（8）》

编 / 著者：戴炜栋

出版单位：上海外语教育出版社

出版时间：2010 年

内容简介：

本书是中国英汉语比较研究会第八次全国学术研讨会论文集。组委会在 150 多篇论文中挑选出 45 篇，分为英汉语言对比研究、中西文化对比研究、翻译研究等三大部分。

书　　名：《语言学与翻译：概念与方法》

编 / 著者：王东风

出版单位：上海外语教育出版社

出版时间：2009 年

内容简介：

本书系一部理论与实际紧密结合的教材，主要面向翻译专业本科高年级和翻译方向硕士研究生。本书考虑到翻译专业和英语专业本科生的知识结构，在编写时采用了以语言学的基本概念为切人点的方式，根据翻译实践和教学的需要，从十个语言学的基本概念人手，由浅入深，运用语言学的方法解决翻译中所出现的问题。所涉及的语言学知识包括语法学、语义学、语用学、篇章语言学、认知语言学、文体学等等，将语言学的研究方法应用到翻译实践、翻译批评和翻译教学之中。

书　　名：《浙江翻译家研究》

编 / 著者：温中兰、贺爱军、于应机

出版单位：上海交通大学出版社

出版时间：2010 年

内容简介：

本书对浙江历史上的翻译家进行了细致的梳理和研究，以研究翻译家为“经”，以研究催发翻译事业繁荣的经济、社会原因为“纬”，聚焦于唐宋时期、清末民初、民国时期以及建国后这几个历史时段中涌现出来的诸多浙江籍翻译家的翻译活动和译学观点，探究浙江作为翻译家故乡深刻的历史、经济及地缘原因。

书　　名：《中国翻译话语英译选集（上册）：从最早期到佛典翻译》

编 / 著者：张佩瑶

出版单位：上海外语教育出版社

出版时间：2010 年

内容简介：

本书系统梳理了中国古老的翻译实践及翻译论述的发展脉络，遵循独特的选、译、评、注原则，按照时间顺序详尽地展示出一幅宏大的中国传统翻译话语画卷。主要内容包括道德经、论语、大戴礼记、周易等经典文本里有关翻译的话语的英文翻译。

书　名：《中华翻译文摘（2004～2005卷）》

编／著者：罗选民

出版单位：清华大学出版社

出版时间：2009年

内容简介：

本文摘经国际顾问和编委会从上千篇文章中遴选而成，中英文对照，辑录了2004～2005年中国大陆、台湾、香港等地区有关英汉翻译的论文与专著，以期帮助读者了解这段时期中国翻译研究的发展状况。文摘共计96篇，分为8大板块：翻译与文学、翻译与文化、翻译与语言学、机器翻译与口译、翻译技巧论、翻译教学、翻译理论著作以及其他综合类研究。

书　名：《中西翻译简史》

编／著者：谢天振

出版单位：外语教学与研究出版社

出版时间：2009年

内容简介：

全书共15章，对中西翻译史三大发展阶段进行了宏观描述，同时对重大翻译事件、主要代表人物进行具体阐释，帮助学习者在掌握中西翻译史发展脉络的同时，对中西译学观念的演变、建立翻译学学科的历史必然性等产生深刻的认识。本书主要特点是：明确提出中西翻译史的整体观，对中西翻译史进行历时的梳理和共时的比较；将翻译思想及理论的演变与翻译史上特定历史时期的主流翻译对象联系起来，并据此对中西翻译史的发展阶段重新进行划分，揭示中西译学观念的演变；将翻译的职业化、规范化以及网络翻译等当今生活中的翻译事件和现象编入翻译史教材内，拉近与现实生活的距离，体现时代特征。

部分翻译专业类教材／工具书

B

书　名：《笔译理论与技巧》

编／著者：何刚强

出版单位：外语教学与研究出版社

出版时间：2009年

C

书　名：《创新大学英语读写译教程（1－4）（教学参考）》

编／著者：王大伟

出版单位：华东师范大学出版社

出版时间：2010年

书　名：《创新大学英语读写译教程（3－4）（学生用书）》

编／著者：王大伟

出版单位：华东师范大学出版社

出版时间：2010年

D

书　　名：《大学英汉翻译教程（第三版）》
编／著者：王恩冕
出版单位：对外经济贸易大学出版社
出版时间：2009 年

书　　名：《大学英语 4 级写作/翻译周周练》
编／著者：陈慧莲、刘雪梅
出版单位：上海交通大学出版社
出版时间：2010 年

书　　名：《大学英语读写译教程（学生用书 1）》
编／著者：王大伟
出版单位：华东师范大学出版社
出版时间：2009 年

书　　名：《大学英语读写译教程（学生用书 2）》
编／著者：王大伟
出版单位：华东师范大学出版社
出版时间：2009 年

书　　名：《大学英语甲级综合点津：写作、翻译与完形填空》
编／著者：叶红卫
出版单位：上海交通大学出版社
出版时间：2009 年

书　　名：《大学英语六级考试教程——写作与翻译》
编／著者：吴书芳
出版单位：大连海事大学出版社
出版时间：2009 年

书　　名：《大学英语六级综合点津－写作、翻译与完形填空》
编／著者：叶红卫
出版单位：上海交通大学出版社
出版时间：2009 年

书　　名：《大学英语实用翻译教程》
编／著者：辛凌、王婷
出版单位：重庆大学出版社
出版时间：2009 年

书　　名：《大学英语四级 710 分综合测试精典（完形填空＋篇章选词＋翻译）》
编／著者：方振宇
出版单位：中国水利水电出版社
出版时间：2010 年

书　　名：《大学英语四级考试教程——写作与翻译》
编／著者：陈晓明
出版单位：大连海事大学出版社
出版时间：2009 年

书　　名：《大学英语写译教程》
编／著者：曾剑平、何晓勤
出版单位：北京大学出版社
出版时间：2010 年

书　　名：《当代西方翻译理论选读》
编／著者：马会娟、苗菊
出版单位：外语教学与研究出版社
出版时间：2009 年

书　　名：《当代西方翻译研究原典选读》
编／著者：廖七一
出版单位：外语教学与研究出版社
出版时间：2010 年

书　　名：《点拨千钧——听力理解、完型填空和翻译》
编／著者：徐光源
出版单位：四川大学出版社
出版时间：2009 年

书　　名：《电力科技英语口译》
编／著者：杨海燕
出版单位：国防工业出版社
出版时间：2010 年

书　　名：《电力英语阅读与翻译（第三版）》
编／著者：刘健
出版单位：中国水利水电出版社
出版时间：2009 年

书　　名：《德语学习 30 周年精选（翻译卷）》
编／著者：钟力平
出版单位：外语教学与研究出版社
出版时间：2009 年

E

书　　名：《2010 年考研英语 80 分之路·阅读篇（段落、配伍和翻译）》
编／著者：魏保生
出版单位：科学出版社
出版时间：2009 年

书　　名：《2010 年考研英语短文写作及英汉翻译》
编／著者：刘鸿飞、孙艺之
出版单位：中国人民大学出版社
出版时间：2009 年

书　　名：《2010 年考研英语专项突破（英语知识运用、翻译和写作）》
编／著者：韩鹏、任治远、唐宇、黄培辰
出版单位：高等教育出版社
出版时间：2009 年

书　　名：《2011 考研英语 80 分之路·阅读篇（段落、配伍和翻译）》
编／著者：魏保生
出版单位：科学出版社
出版时间：2010 年

书　　名：《2011 考研英语短文写作及英汉翻译》
编／著者：刘鸿飞、孙艺之
出版单位：中国人民大学出版社
出版时间：2010 年

书　　名：《2011 考研英语英译汉四步定位翻译法》
编／著者：胡敏
出版单位：中国对外翻译出版公司
出版时间：2010 年

书　　名：《2011 考研英语阅读完形翻译全突破》
编／著者：赵小冬
出版单位：中国人民大学出版社
出版时间：2010 年

书　　名：《2011 年考研英语（一）专项突破（英语知识运用、翻译和写作）》
编／著者：韩鹏、任治远、唐宇、黄培辰
出版单位：高等教育出版社
出版时间：2010 年

书　　名：《21 世纪大学新英语读写译教程（第 1 册）》

编／著者：邱东林
出版单位：复旦大学出版社
出版时间：2010年

书　　名：《21世纪大学新英语读写译教程（第2册）》
编／著者：陈永捷
出版单位：复旦大学出版社
出版时间：2010年

书　　名：《21世纪大学新英语读写译教程（第3册）》
编／著者：邱东林
出版单位：复旦大学出版社
出版时间：2010年

书　　名：《21世纪大学新英语读写译教程（第4册）》
编／著者：李战子
出版单位：复旦大学出版社
出版时间：2010年

书　　名：《21世纪大学新英语读写译教程教学参考书（第1册）》
编／著者：邱东林
出版单位：复旦大学出版社
出版时间：2010年

书　　名：《21世纪大学新英语读写译教程教学参考书（第2册）》
编／著者：陈永捷
出版单位：复旦大学出版社
出版时间：2010年

书　　名：《21世纪大学新英语读写译教程教学参考书（第3册）》
编／著者：邱东林
出版单位：复旦大学出版社
出版时间：2010年

书　　名：《21世纪大学新英语读写译教程教学参考书（第4册）》
编／著者：李战子
出版单位：复旦大学出版社
出版时间：2010年

书　　名：《21世纪大学英语教程——翻译》
编／著者：凌伟卿、张季红、陶文瑛
出版单位：上海大学出版社
出版时间：2009年

书　　名：《俄汉翻译基础教程》
编／著者：杨仕章
出版单位：高等教育出版社
出版时间：2010年

F

书　　名：《法庭口译实务（The Practice of Court Interpreting）》
编／著者：（美）Alicia B. Edwards
出版单位：上海外语教育出版社
出版时间：2009年

书　　名：《法语口译笔记法实战指导》
编／著者：苏昉
出版单位：武汉大学出版社
出版时间：2010年

书　　名：《法语口译教程（教师用书）》
编／著者：刘和平
出版单位：上海外语教育出版社
出版时间：2009年

书　　名：《法语口译教程（学生用书）》
编／著者：刘和平

出版单位：上海外语教育出版社
出版时间：2009 年

书　　名：《翻译工作坊（汉译英）》
编／著者：李明
出版单位：武汉大学出版社
出版时间：2010 年

书　　名：《翻译理论与实践（涉外法律专业）》
编／著者：马莉
出版单位：北京大学出版社
出版时间：2010 年

书　　名：《翻译理论与实践丛书：名作精译——<中国翻译>英译汉选粹（第四版）》
编／著者：杨平
出版单位：青岛出版社
出版时间：2010 年

书　　名：《翻译批评与赏析（第二版）》
编／著者：李明
出版单位：武汉大学出版社
出版时间：2010 年

书　　名：《翻译实用手册》
编／著者：文军
出版单位：外语教学与研究出版社
出版时间：2010 年

书　　名：《翻译新概念英汉互译实用教程（第 5 版）》
编／著者：宋天锡
出版单位：国防工业出版社
出版时间：2010 年

书　　名：《翻译与写作 B 级》
编／著者：燕静君、舒小芰
出版单位：机械工业出版社
出版时间：2009 年

书　　名：《翻译与写作专项应试高分突破第 3 版》
编／著者：徐国萍
出版单位：机械工业出版社
出版时间：2009 年

书　　名：《翻译者手册（第 6 版）》
编／著者：（美）莫里・索夫著
马萧、熊霄译
出版单位：武汉大学出版社
出版时间：2009 年

书　　名：《翻译专业名著名译研读本 3・隐身人（英汉对照）》
编／著者：黄源深
出版单位：上海外语教育出版社
出版时间：2010 年

书　　名：《非文学翻译》
编／著者：李长栓
出版单位：外语教学与研究出版社
出版时间：2009 年

G

书　　名：《高级翻译十二讲》
编／著者：杨全红
出版单位：武汉大学出版社
出版时间：2009 年

书　　名：《高级汉英翻译》
编／著者：陈宏薇
出版单位：外语教学与研究出版社
出版时间：2009 年

书　　名：《高级口译口试备考训练》
编／著者：口译教学与测试研究中心
出版单位：上海交通大学出版社
出版时间：2010 年

书　　名：《高级口译英汉互译教程》
编／著者：南京中医药大学
出版单位：上海科学技术出版社
出版时间：2010 年

书　　名：《高级文学翻译》
编／著者：胡显耀、李力
出版单位：外语教学与研究出版社
出版时间：2009 年

书　　名：《高级英汉翻译》
编／著者：孙致礼、周晔
出版单位：外语教学与研究出版社
出版时间：2010 年

书　　名：《高考英语 900 句（汉译英第五版）》
编／著者：本书编写组
出版单位：华东师范大学出版社
出版时间：2010 年

书　　名：《高职高专教材：商务英汉翻译》
编／著者：常玉田
出版单位：华东师范大学出版社
出版时间：2009 年

书　　名：《高中英语翻译小题库》
编／著者：朱震一
出版单位：上海科学技术出版社
出版时间：2010 年

书　　名：《高中英语翻译与写作》
编／著者：邱娜萍
出版单位：上海交通大学出版社
出版时间：2010 年

书　　名：《歌德汉译与研究总目（1878～2008）》
编／著者：顾正祥
出版单位：中央编译出版社
出版时间：2009 年

书　　名：《工程硕士研究生实用英语教程·读写译（教师用书）》
编／著者：仓兰菊
出版单位：上海外语教育出版社
出版时间：2010 年

书　　名：《工程硕士研究生实用英语教程·读写译（学生用书）》
编／著者：仓兰菊
出版单位：上海外语教育出版社
出版时间：2010 年

书　　名：《公共场所英语标识语错译解析与规范》
编／著者：上海市语言文字工作委员办公室、上海市公共场所名称英译专家委员会秘书处
出版单位：上海外语教育出版社
出版时间：2010 年

书　　名：《攻克六级 710 分词汇、完型填空及翻译》
编／著者：大学英语六级考试命题研究小组
出版单位：中国水利水电出版社
出版时间：2009 年

书　　名：《攻克四级 710 分词汇、完型填空及翻译》

编／著者：大学英语四级考试命题研究小组
出版单位：中国水利水电出版社
出版时间：2009 年

书　　名：《攻克四级 710 分词汇、完型填空及翻译（第二版）（攻克大学英语四六级考试）》
编／著者：大学英语四级考试命题研究小组
出版单位：中国水利水电出版社
出版时间：2010 年

书　　名：《广告翻译理论与实践》
编／著者：李克兴
出版单位：北京大学出版社
出版时间：2010 年

书　　名：《国际商务英语翻译（二级）》
编／著者：中国国际贸易学会商务专业培训考试办公室
出版单位：中国商务出版社
出版时间：2009 年

H

书　　名：《韩汉翻译基础》
编／著者：柳英绿
出版单位：延边大学出版社
出版时间：2010 年

书　　名：《韩汉翻译教程》
编／著者：李龙海、李承梅
出版单位：上海外语教育出版社
出版时间：2009 年

书　　名：《韩中翻译教程》
编／著者：柳英绿
出版单位：延边大学出版社
出版时间：2009 年

书　　名：《汉朝朝汉翻译基础》
编／著者：金永寿、全华民
出版单位：延边大学出版社
出版时间：2010 年

书　　名：《汉俄翻译教程（教师用书）》
编／著者：胡谷明
出版单位：上海外语教育出版社
出版时间：2010 年

书　　名：《汉俄翻译教程（学生用书）》
编／著者：胡谷明
出版单位：上海外语教育出版社
出版时间：2010 年

书　　名：《汉日口译基础》
编／著者：修德健
出版单位：外语教学与研究出版社
出版时间：2010 年

书　　名：《汉译日翻译问题》
编／著者：吴大纲
出版单位：华东理工大学出版社
出版时间：2009 年

书　　名：《汉译英教程（第二版）》
编／著者：司显柱、曾剑平
出版单位：东华大学出版社
出版时间：2009 年

书　　名：《汉英翻译基础与策略》
编／著者：李乎声
出版单位：旅游教育出版社
出版时间：2010 年

书　　名：《汉英翻译技巧——译者的金刚钻》
编／著者：黄成洲

出版单位：西北工业大学出版社
出版时间：2009 年

书　　名：《汉英翻译教程》
编／著者：肖婉丽
出版单位：重庆大学出版社
出版时间：2010 年

书　　名：《汉英翻译教程》
编／著者：朱徽
出版单位：重庆大学出版社
出版时间：2010 年

书　　名：《汉英互动翻译教程》
编／著者：李明
出版单位：武汉大学出版社
出版时间：2009 年

书　　名：《汉英互译基础（第二版）》
编／著者：张震久、袁宪军
出版单位：北京大学出版社
出版时间：2009 年

书　　名：《汉英交替传译教程》
编／著者：江晓梅、杨元刚
出版单位：武汉大学出版社
出版时间：2009 年

书　　名：《汉英科技翻译教程》
编／著者：魏羽、高宝萍
出版单位：西北工业大学出版社
出版时间：2010 年

书　　名：《汉英科技翻译新说》
编／著者：严俊仁
出版单位：国防工业出版社
出版时间：2010 年

书　　名：《汉英口译：转换技能进阶》
编／著者：王斌华、伍志伟
出版单位：外语教学与研究出版社
出版时间：2010 年

书　　名：《汉英口译强化 100 篇》
编／著者：蒋凤霞
出版单位：北京大学出版社
出版时间：2010 年

书　　名：《汉英同声传译教程》
编／著者：江晓梅
出版单位：武汉大学出版社
出版时间：2010 年

书　　名：《汉英误译经典例析 1000》
编／著者：张传彪、缪敏
出版单位：上海译文出版社
出版时间：2009 年

书　　名：《汉英新闻编译》
编／著者：刘其中
出版单位：清华大学出版社
出版时间：2009 年

书　　名：《会展德语——口译与笔译》
编／著者：陈明浩
出版单位：同济大学
出版时间：2010 年

书　　名：《会展英语现场口译》
编／著者：黄建凤
出版单位：武汉大学出版社
出版时间：2010 年

I

书　　名：《IT 词汇日英汉对译手册》
编／著者：日本北海道情报大学、南京大学外国语学院

出版单位：南京大学出版社
出版时间：2010 年

J

书　　名：《900 科技英语长难句分析与翻译》
编／著者：严俊仁
出版单位：国防工业出版社
出版时间：2010 年

书　　名：《机器翻译简明教程》
编／著者：李正栓、孟俊茂
出版单位：上海外语教育出版社
出版时间：2009 年

书　　名：《基础口译》
编／著者：仲伟合、王斌华
出版单位：外语教学与研究出版社
出版时间：2009 年

书　　名：《基础口译备考指南》
编／著者：口译教学与测试研究中心
出版单位：上海交通大学出版社
出版时间：2010 年

书　　名：《基础口译分类词汇》
编／著者：口译教学与测试研究中心
出版单位：上海交通大学出版社
出版时间：2010 年

书　　名：《基础口译阅读教程》
编／著者：口译教学与测试研究中心
出版单位：上海交通大学出版社
出版时间：2010 年

书　　名：《简明商务英语口译教程》
编／著者：董琳
出版单位：对外经济贸易大学出版社
出版时间：2010 年

书　　名：《交替传译》
编／著者：任文
出版单位：外语教学与研究出版社
出版时间：2009 年

书　　名：《交替传译笔记：速成课程 (Note – Taking for Consecutive Interpretin – A Short Course)》
编／著者：（英）Andrew Gillies
出版单位：上海外语教育出版社
出版时间：2009 年

K

书　　名：《考博英语写译精练第 2 版》
编／著者：刘华
出版单位：机械工业出版社
出版时间：2009 年

书　　名：《考博英语阅读理解、翻译与写作高分突破》
编／著者：命题研究组
出版单位：中国人民大学出版社
出版时间：2009 年出版，2010 年再版

书　　名：《考博英语阅读理解、翻译与写作精讲精练》
编／著者：成芬等
出版单位：复旦大学出版社
出版时间：2009 年

书　　名：《科技英语翻译技巧与实践》
编／著者：谢小苑
出版单位：国防工业出版社
出版时间：2010 年

书　　名：《科技英语翻译实用教程》
编／著者：本书编委会
出版单位：国防工业出版社
出版时间：2010 年

书　　名：《科技英语阅读与翻译》
编／著者：李健
出版单位：外语教学与研究出版社
出版时间：2009 年

书　　名：《口笔译高频词汇词典》
编／著者：王斌华
出版单位：武汉大学出版社
出版时间：2010 年

书　　名：《口译核心词汇 1000》
编／著者：钦寅、廖怀宝
出版单位：同济大学
出版时间：2009 年

书　　名：《口译基础》
编／著者：苏伟、邓轶
出版单位：上海外语教育出版社
出版时间：2009 年

书　　名：《口译技能教程》
编／著者：梅德明
出版单位：上海外语教育出版社
出版时间：2009 年

书　　名：《口译教程》
编／著者：国晓立
出版单位：对外经济贸易大学出版社
出版时间：2009 年

书　　名：《口译进阶教程：会议同传》
编／著者：梅德明
出版单位：北京大学出版社
出版时间：2009 年

书　　名：《口译进阶教程：通用交传》
编／著者：梅德明
出版单位：北京大学出版社
出版时间：2009 年

书　　名：《口译句型强化》
编／著者：蒋凤霞
出版单位：北京大学出版社
出版时间：2010 年

书　　名：《口译理论与实践教程》
编／著者：秦小雅
出版单位：中国水利水电出版社
出版时间：2010 年

书　　名：《跨文化民政与社会工作翻译》
编／著者：邹照兰
出版单位：湖南人民出版社
出版时间：2010 年

L

书　　名：《蓝莲花：歌词英译·杂谈》
编／著者：李杜
出版单位：武汉大学出版社
出版时间：2009 年

书　　名：《雷公山苗族酒歌选译》
编／著者：杨通华
出版单位：中央民族大学出版社
出版时间：2010 年

书　　名：《历代诗词曲英译赏析》
编／著者：刘国善
出版单位：外文出版社
出版时间：2009 年

书　　名：《历年考研英语翻译真题精读笔记》
编／著者：蒋军虎
出版单位：中国人民大学出版社
出版时间：2009 年

书　　名：《历年考研英语翻译真题老蒋笔记（1990～2010 年）》
编／著者：蒋军虎
出版单位：中国人民大学出版社
出版时间：2010 年

书　　名：《联络口译》
编／著者：王斌华、伍志伟
出版单位：武汉大学出版社
出版时间：2010 年

书　　名：《联络口译》
编／著者：詹成
出版单位：外语教学与研究出版社
出版时间：2010 年

书　　名：《六级巧填妙译快纠错》
编／著者：杨丽
出版单位：外语教学与研究出版社
出版时间：2009 年

书　　名：《旅游英汉互译教程》
编／著者：陈刚
出版单位：上海外语教育出版社
出版时间：2009 年

书　　名：《旅游英语导译教程》
编／著者：陈刚
出版单位：上海外语教育出版社
出版时间：2010 年

书　　名：《逻辑比较与英汉翻译》
编／著者：穆凤良
出版单位：国防工业出版社
出版时间：2009 年

M

书　　名：《MBA 联考满分翻译与写作第 4 版》
编／著者：王令
出版单位：机械工业出版社
出版时间：2009 年

书　　名：《名家评点翻译佳作：“韩素音青年翻译奖”竞赛作品与评析》
编／著者：《中国翻译》编辑部
出版单位：译林出版社
出版时间：2010 年

书　　名：《明清间耶稣会士译著提要》
编／著者：徐宗泽
出版单位：上海书店
出版时间：2010 年

Q

书　　名：《710 分四级完型填空与汉译英单项技能突破》
编／著者：王烨、梁媛
出版单位：中国水利水电出版社
出版时间：2010 年

书　　名：《全国高校英语专业八级口语与口译考试指南》
编／著者：江晓梅
出版单位：武汉大学出版社
出版时间：2010 年

书　　名：《全国外语翻译证书考试日语翻译证书考试大纲（第二版）》

编／著者：万学海文名师团队
出版单位：高等教育出版社
出版时间：2010年

书　名：《全日制翻译硕士专业学位（MTI）研究生入学考试指南》
编／著者：全国翻译硕士专业学位教育指导委员会
出版单位：外语教学与研究出版社
出版时间：2009年

R

书　名：《日汉翻译教程》
编／著者：贾笑寒
出版单位：中国社会科学出版社
出版时间：2009年

书　名：《日语翻译》
编／著者：龙开胜
出版单位：对外经济贸易大学出版社
出版时间：2010年

书　名：《日语口译》
编／著者：丁莉
出版单位：北京大学出版社
出版时间：2009年

书　名：《日语口译实务教程》
编／著者：陈娟
出版单位：知识产权出版社
出版时间：2010年

书　名：《日语同声传译教程》
编／著者：吴枫
出版单位：对外经济贸易大学出版社
出版时间：2010年

书　名：《日语中级口译岗位资格证书考试·翻译教程》
编／著者：陆留弟
出版单位：华东师范大学出版社
出版时间：2009年

书　名：《日语中级口译岗位资格证书考试·口语教程》
编／著者：陆留弟
出版单位：华东师范大学出版社
出版时间：2009年

书　名：《容易误译的英语（修订版）》
编／著者：何炳威
出版单位：外语教学与研究出版社
出版时间：2009年

书　名：《如何翻译英语法律文献（第二版）》
编／著者：周玲
出版单位：对外经济贸易大学出版社
出版时间：2009年

S

书　名：《商务法语谈判口译》
编／著者：李冬冬
出版单位：东华大学出版社
出版时间：2010年

书　名：《商务翻译（汉译英）》
编／著者：潘惠霞
出版单位：对外经济贸易大学出版社
出版时间：2009年

书　名：《商务翻译（英译汉）》
编／著者：潘惠霞
出版单位：对外经济贸易大学出版社
出版时间：2009年

书　　名：《商务汉英特色词汇翻译》
编／著者：李太志
出版单位：国防工业出版社
出版时间：2009 年

书　　名：《商务口译》
编／著者：刘建珠
出版单位：武汉大学出版社
出版时间：2010 年

书　　名：《商务口译》
编／著者：赵军峰
出版单位：外语教学与研究出版社
出版时间：2009 年

书　　名：《商务口译入门》
编／著者：印晓红、杨瑛
出版单位：上海交通大学出版社
出版时间：2010 年

书　　名：《商务英汉翻译教程》
编／著者：李明
出版单位：上海外语教育出版社
出版时间：2010 年

书　　名：《商务英语笔译》
编／著者：边毅
出版单位：清华大学出版社
出版时间：2010 年

书　　名：《商务英语翻译教程（笔译）（第二版）》
编／著者：耿静先
出版单位：中国水利水电出版社
出版时间：2010 年

书　　名：《商务英语翻译教程（口译）》
编／著者：邹力
出版单位：中国水利水电出版社
出版时间：2009 年

书　　名：《商务英语翻译教程（配 MP3 光盘）》
编／著者：王盈秋
出版单位：北京理工大学出版社
出版时间：2010 年

书　　名：《商务英语翻译实训教程》
编／著者：刘校海
出版单位：上海交通大学出版社
出版时间：2010 年

书　　名：《商务英语合同翻译与写作》
编／著者：张林玲
出版单位：机械工业出版社
出版时间：2009 年

书　　名：《商务英语口译》
编／著者：王艳
出版单位：外语教学与研究出版社
编版时间：2009 年

书　　名：《商务英语口译（第二版）》
编／著者：赵军峰
出版单位：高等教育出版社
出版时间：2009 年

书　　名：《商务英语口译教程》
编／著者：王正元
出版单位：机械工业出版社
出版时间：2009 年

书　　名：《上海旅游观光常用词句手册》
编／著者：陶黎铭

出版单位：上海外语教育出版社
出版时间：2009 年

书　　名：《上海世博会用语词典（中、英、法）》
编／著者：周汉民
出版单位：上海辞书出版社
出版时间：2009 年

书　　名：《涉外企业翻译实务》
编／著者：黄立进
出版单位：国防工业出版社
出版时间：2009 年

书　　名：《时事汉词英译手册》
编／著者：徐蔚
出版单位：国防工业出版社
出版时间：2010 年

书　　名：《实用阿汉互译教程》
编／著者：马景春
出版单位：上海外语教育出版社
出版时间：2010 年

书　　名：《实用德汉翻译教程》
编／著者：桂乾元
出版单位：同济大学
出版时间：2009 年

书　　名：《实用翻译技能集成》
编／著者：李养龙
出版单位：科学出版社
出版时间：2009 年

书　　名：《实用翻译教程（英汉互译）（第三版）》
编／著者：冯庆华
出版单位：上海外语教育出版社
出版时间：2010 年

书　　名：《实用汉英电视新闻翻译》
编／著者：王银泉
出版单位：武汉大学出版社
出版时间：2009 年

书　　名：《实用汉英翻译》
编／著者：孔令翠、蒙兴灿
出版单位：四川大学出版社
出版时间：2010 年

书　　名：《实用口译教程新编》
编／著者：李芳琴
出版单位：四川人民出版社
出版时间：2009 年

书　　名：《实用日语翻译》
编／著者：薛朝晖
出版单位：上海交通大学出版社
出版时间：2009 年

书　　名：《实用商务英语翻译》
编／著者：段云礼
出版单位：对外经济贸易大学出版社
出版时间：2009 年

书　　名：《实用文体翻译》
编／著者：顾维勇
出版单位：国防工业出版社
出版时间：2010 年

书　　名：《实用文体英汉翻译》
编／著者：杨山青
出版单位：国防工业出版社
出版时间：2010 年

书　　名：《实用英汉对比与翻译（英汉

双向)》
编/著者：彭萍
出版单位：中央编译出版社
出版时间：2009 年

书　名：《实用英汉翻译（第二版）》
编/著者：蒙兴灿
出版单位：四川大学出版社
出版时间：2009 年

书　名：《实用英语高级口译教程》
编/著者：邬姝丽
出版单位：外语教学与研究出版社
出版时间：2009 年

书　名：《实用英语基础口译教程》
编/著者：万正方
出版单位：清华大学出版社
出版时间：2010 年

书　名：《实用中国语翻译教程》
编/著者：王宣琦
出版单位：武汉大学出版社
出版时间：2009 年

书　名：《世说英语别样时尚（英语精短时文译评)》
编/著者：李家真
出版单位：外语教学与研究出版社
出版时间：2009 年

书　名：《世说英语国家小事（英语精短时文译评)》
编/著者：李家真
出版单位：外语教学与研究出版社
出版时间：2009 年

书　名：《世说英语科技边缘（英语精短时文译评)》
编/著者：李家真
出版单位：外语教学与研究出版社
出版时间：2009 年

书　名：《世说英语人与自然（英语精短时文译评)》
编/著者：李家真
出版单位：外语教学与研究出版社
出版时间：2009 年

书　名：《世说英语五味人生（英语精短时文译评)》
编/著者：李家真
出版单位：外语教学与研究出版社
出版时间：2009 年

书　名：《世说英语艺文轶事（英语精短时文译评)》
编/著者：李家真
出版单位：外语教学与研究出版社
出版时间：2009 年

书　名：《四级巧填妙译》
编/著者：刘璐
出版单位：外语教学与研究出版社
出版时间：2009 年

书　名：《宋词三百首赏译》
编/著者：范晓燕
出版单位：湖南人民出版社
出版时间：2009 年

T

书　名：《泰汉翻译理论与实践》
编/著者：梁源灵
出版单位：重庆大学出版社
出版时间：2010 年

书　　名：《唐诗精品百首英译》
编／著者：郭著章、江安、鲁文忠选译注
出版单位：武汉大学出版社
出版时间：2009 年

书　　名：《挑战日语口语：日文剧本、师生对话、汉语翻译》
编／著者：赵平
出版单位：南京大学出版社
出版时间：2009 年

书　　名：《通达英汉互译》
编／著者：李庆明
出版单位：西安交通大学出版社
出版时间：2010 年

书　　名：《同传捷进——英语高级口译技能训练教程》
编／著者：陈翔
出版单位：华东师范大学出版社
出版时间：2009 年

书　　名：《同声传译》
编／著者：仲伟合、詹成
出版单位：外语教学与研究出版社
出版时间：2009 年

书　　名：《同声传译基础》
编／著者：仲伟合
出版单位：外语教学与研究出版社
出版时间：2010 年

书　　名：《脱离/再入语境的同声传译（De -/Re - Contextualizing Conference Interpreting）》
编／著者：（土）Ebru Diriker
出版单位：上海外语教育出版社
出版时间：2010 年

W

书　　名：《外国公法译介与移植》
编／著者：胡建淼
出版单位：北京大学出版社
出版时间：2009 年

书　　名：《外事笔译》
编／著者：姜秋霞
出版单位：外语教学与研究出版社
出版时间：2009 年

书　　名：《望文生“译”：英汉翻译中的“假朋友”》
编／著者：成昭伟
出版单位：国防工业出版社
出版时间：2010 年

书　　名：《文学翻译概论》
编／著者：成昭伟
出版单位：国防工业出版社
出版时间：2010 年

X

书　　名：《现代汉译英口译教程（第二版）》
编／著者：吴冰
出版单位：外语教学与研究出版社
出版时间：2010 年

书　　名：《现代汉译英口译教程练习册（第二版）》
编／著者：吴冰
出版单位：外语教学与研究出版社
出版时间：2010 年

书　　名：《写作与翻译专项训练》

编／著者：邹家元等
出版单位：复旦大学出版社
出版时间：2010 年

书　　名：《新编高级英汉汉英口译教程（修订版）》
编／著者：杨大亮、杨海燕
出版单位：北京大学出版社
出版时间：2010 年

书　　名：《新编汉英翻译教程（第二版）》
编／著者：陈宏薇、李亚丹
出版单位：上海外语教育出版社
出版时间：2010 年

书　　名：《新编汉英翻译实践》
编／著者：陈宏薇、李亚丹
出版单位：上海外语教育出版社
出版时间：2010 年

书　　名：《新编日译汉教程》
编／著者：陈岩
出版单位：大连理工大学出版社
出版时间：2009 年

书　　名：《新编实用翻译教程》
编／著者：戎林海
出版单位：上海外语教育出版社
出版时间：2010 年

书　　名：《<新编实用翻译教程>练习参考答案》
编／著者：戎林海
出版单位：上海外语教育出版社
出版时间：2010 年

书　　名：《新编实用英语——经贸口译》
编／著者：肖辉、陶长安
出版单位：南京大学出版社
出版时间：2009 年

书　　名：《新编实用英语口译教程》
编／著者：冯伟年
出版单位：清华大学出版社
出版时间：2009 年

书　　名：《新编英汉翻译速通》
编／著者：吴伟雄、吴庆雯
出版单位：武汉大学出版社
出版时间：2009 年

书　　名：《新编英汉口译教程（第 2 版）》
编／著者：崔永禄、孙毅兵
出版单位：上海外语教育出版社
出版时间：2010 年

书　　名：《新汉英科技翻译》
编／著者：严俊仁
出版单位：国防工业出版社
出版时间：2010 年

书　　名：《新科技阅读与翻译——重点与难点解读》
编／著者：严俊仁
出版单位：国防工业出版社
出版时间：2010 年

书　　名：《新理念英语口译教程》
编／著者：黄敏、贾莉娜
出版单位：武汉大学出版社
出版时间：2009 年

书　　名：《新思路大学英语读写译教程

第二册》
编／著者：王健芳
出版单位：中国人民大学出版社
出版时间：2010年

书　　名：《新思路大学英语读写译教程第三册》
编／著者：吴松江
出版单位：中国人民大学出版社
出版时间：2010年

书　　名：《新思路大学英语读写译教程第三册（教师参考书）》
编／著者：吴松江
出版单位：中国人民大学出版社
出版时间：2010年

书　　名：《新思路大学英语读写译教程第一册》
编／著者：蔡昌卓
出版单位：中国人民大学出版社
出版时间：2009年

书　　名：《新思路大学英语读写译教程第一册（第二版）》
编／著者：傅广生
出版单位：中国人民大学出版社
出版时间：2010年

书　　名：《新思路大学英语读写译教程第一册（教师参考书）》
编／著者：傅广生
出版单位：中国人民大学出版社
出版时间：2009年

书　　名：《新思路大学英语阅读完形翻译写作》
编／著者：关慧
出版单位：国防工业出版社
出版时间：2009年

书　　名：《新英汉科技翻译》
编／著者：严俊仁
出版单位：国防工业出版社
出版时间：2010年

Y

书　　名：《100个热门话题汉译英》
编／著者：王逢鑫
出版单位：北京大学出版社
出版时间：2010年

书　　名：《研究生英语读与译》
编／著者：张向阳、张海洪
出版单位：复旦大学出版社
出版时间：2010年

书　　名：《译海淘沙录——汉英英汉互译经典"陷阱"》
编／著者：张传彪、缪敏
出版单位：科学出版社
出版时间：2010年

书　　名：《译理探微——英汉互译的基本问题》
编／著者：成昭伟
出版单位：国防工业出版社
出版时间：2009年

书　　名：《译事随笔》
编／著者：刘炳善
出版单位：河南大学出版社
出版时间：2009年

书　　名：《译通两岸：海峡两岸口译大赛》

编／著者：陈菁
出版单位：外语教学与研究出版社
出版时间：2010 年

书　　名：《意汉翻译理论与实践》
编／著者：周莉莉
出版单位：外语教学与研究出版社
出版时间：2010 年

书　　名：《应试英语写作与翻译教程》
编／著者：宋天赐
出版单位：国防工业出版社
出版时间：2009 年

书　　名：《英国散文名篇欣赏（第二版）》
编／著者：杨自伍
出版单位：上海外语教育出版社
出版时间：2010 年

书　　名：《英汉/汉英口译基础教程》
编／著者：孙亚
出版单位：对外经济贸易大学出版社
出版时间：2009 年

书　　名：《英汉·汉英保险词汇手册》
编／著者：董新
出版单位：上海外语教育出版社
出版时间：2009 年

书　　名：《英汉·汉英材料学词汇手册》
编／著者：黄聆
出版单位：上海外语教育出版社
出版时间：2009 年

书　　名：《英汉·汉英财政学词汇手册》
编／著者：陶怡
出版单位：上海外语教育出版社
出版时间：2009 年

书　　名：《英汉·汉英测绘学词汇手册》
编／著者：严勇、王颖
出版单位：上海外语教育出版社
出版时间：2009 年

书　　名：《英汉·汉英出版印刷词汇手册》
编／著者：伊静波
出版单位：上海外语教育出版社
出版时间：2009 年

书　　名：《英汉·汉英地质学词汇手册》
编／著者：李健
出版单位：上海外语教育出版社
出版时间：2010 年

书　　名：《英汉·汉英电子、通信与自动控制技术词汇手册》
编／著者：洪素娟、李健儿、吴雪飞
出版单位：上海外语教育出版社
出版时间：2010 年

书　　名：《英汉·汉英房地产词汇手册》
编／著者：薛姝姝
出版单位：上海外语教育出版社
出版时间：2009 年

书　　名：《英汉·汉英工程与技术词汇手册》
编／著者：张敏波
出版单位：上海外语教育出版社

出版时间：2009 年

书　　名：《英汉·汉英管理学词汇手册》
编／著者：陈菊
出版单位：上海外语教育出版社
出版时间：2010 年

书　　名：《英汉·汉英国际贸易词汇手册》
编／著者：李菲、施箐
出版单位：上海外语教育出版社
出版时间：2009 年

书　　名：《英汉·汉英航空航天词汇手册》
编／著者：张霄军
出版单位：上海外语教育出版社
出版时间：2009 年

书　　名：《英汉·汉英化工词汇手册》
编／著者：杨帆、吴芯芯
出版单位：上海外语教育出版社
出版时间：2009 年

书　　名：《英汉·汉英化学词汇手册》
编／著者：吴狄
出版单位：上海外语教育出版社
出版时间：2009 年

书　　名：《英汉·汉英交通运输工程词汇手册》
编／著者：顾静芸、毛立群
出版单位：上海外语教育出版社
出版时间：2009 年

书　　名：《英汉·汉英力学词汇手册》
编／著者：李侠、宣安
出版单位：上海外语教育出版社
出版时间：2010 年

书　　名：《英汉·汉英林业词汇手册》
编／著者：章晓雯
出版单位：上海外语教育出版社
出版时间：2009 年

书　　名：《英汉·汉英旅游词汇手册》
编／著者：程淑芳
出版单位：上海外语教育出版社
出版时间：2010 年

书　　名：《英汉·汉英美术、书法与摄影词汇手册》
编／著者：陈佳
出版单位：上海外语教育出版社
出版时间：2010 年

书　　名：《英汉·汉英美文翻译与鉴赏（新编版）》
编／著者：刘士聪
出版单位：译林出版社
出版时间：2010 年

书　　名：《英汉·汉英农业词汇手册》
编／著者：王宇
出版单位：上海外语教育出版社
出版时间：2009 年

书　　名：《英汉·汉英人口学词汇手册》
编／著者：王云竹、江顺
出版单位：上海外语教育出版社
出版时间：2009 年

书　　名：《英汉·汉英人类学词汇手册》

编／著者：支顺福
出版单位：上海外语教育出版社
出版时间：2009 年

书　　名：《英汉·汉英商务词汇手册》
编／著者：韩天霖、程杨
出版单位：上海外语教育出版社
出版时间：2009 年

书　　名：《英汉·汉英社会学词汇手册》
编／著者：徐江
出版单位：上海外语教育出版社
出版时间：2009 年

书　　名：《英汉·汉英市政工程词汇手册》
编／著者：徐申生
出版单位：上海外语教育出版社
出版时间：2010 年

书　　名：《英汉·汉英数学词汇手册》
编／著者：王鹿鸣、吴狄
出版单位：上海外语教育出版社
出版时间：2009 年

书　　名：《英汉·汉英天文学词汇手册》
编／著者：钱明丹
出版单位：上海外语教育出版社
出版时间：2009 年

书　　名：《英汉·汉英统计学词汇手册》
编／著者：徐晶、金竑彦
出版单位：上海外语教育出版社
出版时间：2009 年

书　　名：《英汉·汉英土木建筑词汇手册》
编／著者：郭鹏、陈芳
出版单位：上海外语教育出版社
出版时间：2009 年

书　　名：《英汉·汉英网络与多媒体词汇手册》
编／著者：陈健、朱翊、马达
出版单位：上海外语教育出版社
出版时间：2010 年

书　　名：《英汉·汉英物理学词汇手册》
编／著者：张军鹰
出版单位：上海外语教育出版社
出版时间：2010 年

书　　名：《英汉·汉英戏剧、戏曲与舞蹈词汇手册》
编／著者：陈荣
出版单位：上海外语教育出版社
出版时间：2009 年

书　　名：《英汉·汉英畜牧与兽医词汇手册》
编／著者：何琼
出版单位：上海外语教育出版社
出版时间：2009 年

书　　名：《英汉·汉英药学词汇手册》
编／著者：金知萍、金竑彦
出版单位：上海外语教育出版社
出版时间：2009 年

书　　名：《英汉·汉英语言学词汇手册》
编／著者：徐晓红、张荣根

出版单位：上海外语教育出版社
出版时间：2010 年

书　　名：《英汉·汉英微生物与病毒学词汇手册》
编／著者：魏纯熹
出版单位：上海外语教育出版社
出版时间：2010 年

书　　名：《英汉比较研究与翻译（第二版）》
编／著者：萧立明
出版单位：上海外语教育出版社
出版时间：2010 年

书　　名：《英汉翻译：方法与试笔（第二版）》
编／著者：祝吉芳
出版单位：北京大学出版社
出版时间：2009 年

书　　名：《英汉翻译高级教程》
编／著者：王宏印
出版单位：大连海事大学出版社
出版时间：2009 年

书　　名：《英汉翻译技巧》
编／著者：钟书能
出版单位：对外经济贸易大学出版社
出版时间：2010 年

书　　名：《英汉翻译教程》
编／著者：安菊梅
出版单位：重庆大学出版社
出版时间：2010 年

书　　名：《英汉翻译教程（修订本）》
编／著者：张培基
出版单位：上海外语教育出版社
出版时间：2009 年

书　　名：《英汉翻译一本通》
编／著者：龚学众
出版单位：中国人民大学出版社
出版时间：2010 年

书　　名：《英汉互译简明教程》
编／著者：张震久、孙建民
出版单位：外语教学与研究出版社
出版时间：2009 年

书　　名：《英汉互译教程》
编／著者：司显柱、曾剑平
出版单位：北京大学出版社
出版时间：2009 年

书　　名：《英汉互译入门教程》
编／著者：许建平
出版单位：清华大学出版社
出版时间：2009 年

书　　名：《英汉互译实用教程（第四版）》
编／著者：郭著章
出版单位：武汉大学出版社
出版时间：2010 年

书　　名：《英汉互译一本通：基础篇》
编／著者：祝东江、彭家玉
出版单位：中国水利水电出版社
出版时间：2009 年

书　　名：《英汉互译一本通：应用篇》
编／著者：祝东江、李晓燕
出版单位：中国水利水电出版社
出版时间：2009 年

书　　名：《英汉互译语感译技多层次》
编／著者：麦绍文
出版单位：华南理工大学出版社
出版时间：2009 年

书　　名：《英汉交替传译教程》
编／著者：江晓梅、杨元刚
出版单位：武汉大学出版社
出版时间：2009 年

书　　名：《英汉科技翻译新说》
编／著者：严俊仁
出版单位：国防工业出版社
出版时间：2010 年

书　　名：《英汉名篇名译》
编／著者：朱明炬、谢少华、吴万伟
出版单位：译林出版社
出版时间：2010 年

书　　名：《英汉视译》
编／著者：秦亚青、何群
出版单位：外语教学与研究出版社
出版时间：2009 年

书　　名：《英汉双解英语谚语辞典（第二版）》
编／著者：李永芳
出版单位：上海外语教育出版社
出版时间：2009 年

书　　名：《英汉同声传译教程》
编／著者：江晓梅
出版单位：武汉大学出版社
出版时间：2010 年

书　　名：《英汉文化互译教程》
编／著者：兰萍
出版单位：中国人民大学出版社
出版时间：2010 年

书　　名：《英汉新闻翻译》
编／著者：刘其中
出版单位：清华大学出版社
出版时间：2009 年

书　　名：《英汉应用文互译：商务·文秘·旅游·社交》
编／著者：徐剑、何渊
出版单位：上海交通大学出版社
出版时间：2009 年

书　　名：《英汉语比较导论（第二版）》
编／著者：魏志成
出版单位：上海外语教育出版社
出版时间：2010 年

书　　名：《英文国际贸易单证的使用与翻译》
编／著者：陈艳辉
出版单位：机械工业出版社
出版时间：2009 年

书　　名：《英文合同阅读与翻译》
编／著者：刘川
出版单位：国防工业出版社
出版时间：2010 年

书　　名：《英译汉（考研英语复习笔记 2011）》
编／著者：童玲、吴卫平
出版单位：武汉大学出版社
出版时间：2010 年

书　　名：《英译中国古典诗词名篇》
编／著者：张炳星

出版单位：中华书局
出版时间：2010 年

书　　名：《英译重编传奇小说》
编／著者：林语堂
出版单位：外语教学与研究出版社
出版时间：2009 年

书　　名：《英语笔译训练教程》
编／著者：李敏杰、朱薇
出版单位：武汉大学出版社
出版时间：2010 年

书　　名：《英语读写译教程（上）》
编／著者：贾明舫
出版单位：清华大学出版社
出版时间：2009 年

书　　名：《英语读写译教程（下）》
编／著者：胡阳、吴炜
出版单位：清华大学出版社
出版时间：2009 年

书　　名：《英语翻译二级笔译（全国外语翻译证书考试指定教材）》
编／著者：陈德彰
出版单位：外语教学与研究出版社
出版时间：2009 年

书　　名：《英语翻译二级口译》
编／著者：王立弟、王东志
出版单位：外语教学与研究出版社
出版时间：2010 年

书　　名：《英语翻译入门汉译英翻译入门》
编／著者：赵磊
出版单位：南开大学出版社
出版时间：2010 年

书　　名：《英语翻译入门——英译汉翻译入门》
编／著者：邢力
出版单位：南开大学出版社
出版时间：2010 年

书　　名：《英语翻译三级笔译》
编／著者：曾诚、王琼琼
出版单位：外语教学与研究出版社
出版时间：2009 年

书　　名：《英语翻译三级口译》
编／著者：戴宁、和静
出版单位：外语教学与研究出版社
出版时间：2010 年

书　　名：《英语翻译与写作（第二版）》
编／著者：江红斌
出版单位：四川大学出版社
出版时间：2009 年

书　　名：《英语翻译与写作（第三版）》
编／著者：江红斌
出版单位：四川大学出版社
出版时间：2010 年

书　　名：《英语高级口译岗位资格证书考试练习·翻译 300 题》
编／著者：张曦
出版单位：上海交通大学出版社
出版时间：2009 年

书　　名：《英语高级口译岗位资格证书考试练习·口语与口译 300 题》
编／著者：张曦

出版单位：上海交通大学出版社
出版时间：2009 年

书　　名：《英语高级口译岗位资格证书考试练习・听力 300 题》
编／著者：李龙帅
出版单位：上海交通大学出版社
出版时间：2009 年

书　　名：《英语高级口译岗位资格证书实考试卷解析（IV）（笔试与口试）》
编／著者：陈德民
出版单位：上海交通大学出版社
出版时间：2010 年

书　　名：《英语口译基础能力证书考试・实考试卷汇编（听力、口试及参考答案）》
编／著者：罗杏焕
出版单位：上海外语教育出版社
出版时间：2010 年

书　　名：《英语口译训练教程》
编／著者：雷静
出版单位：武汉大学出版社
出版时间：2010 年

书　　名：《英语四级词汇与翻译讲练》
编／著者：李伟
出版单位：北京理工大学出版社
出版时间：2010 年

书　　名：《英语同声传译》
编／著者：曾传生
出版单位：对外经济贸易大学出版社
出版时间：2009 年

书　　名：《英语同声传译概论》
编／著者：曾传生
出版单位：北京大学出版社
出版时间：2010 年

书　　名：《英语写作与翻译专项训练（第二版）》
编／著者：邹家元、叶秀牧
出版单位：复旦大学出版社
出版时间：2010 年

书　　名：《英语写作与翻译专项训练（第二版）》
编／著者：邹家元等
出版单位：复旦大学出版社
出版时间：2010 年

书　　名：《英语中高级口译考试词解》
编／著者：谭宝全
出版单位：东华大学出版社
出版时间：2010 年

书　　名：《英语中级口译岗位资格证书考试练习・口语与口译 300 题》
编／著者：杨丹
出版单位：上海交通大学出版社
出版时间：2009 年

书　　名：《英语中级口译岗位资格证书考试练习・听力 300 题》
编／著者：林玫、张曦
出版单位：上海交通大学出版社
出版时间：2009 年

书　　名：《英语中级口译岗位资格证书考试练习・阅读 300 题》
编／著者：王欣

出版单位：上海交通大学出版社
出版时间：2009 年

书　　名：《英语中级口译岗位资格证书考试练习——翻译 300 题》
编 / 著者：张曦
出版单位：上海交通大学出版社
出版时间：2009 年

书　　名：《英语中级口译真题解析》
编 / 著者：新世界英语口译教研组
出版单位：华东理工大学出版社
出版时间：2009 年

书　　名：《英语中级口译证书考试预测试卷》
编 / 著者：本书编写组
出版单位：上海交通大学出版社
出版时间：2010 年

书　　名：《英语专业八级备考指南翻译分册》
编 / 著者：陈毅平
出版单位：外语教学与研究出版社
出版时间：2009 年

书　　名：《英语专业八级翻译应试技巧与训练》
编 / 著者：余高峰
出版单位：国防工业出版社
出版时间：2009 年

书　　名：《英语专业八级考试 · 翻译、校对与改错解析》
编 / 著者：甘霞
出版单位：重庆大学出版社
出版时间：2009 年

Z

书　　名：《在职攻读硕士学位全国联考英语考试阅读理解、翻译与写作精讲精练》
编 / 著者：成芬等
出版单位：复旦大学出版社
出版时间：2009 年

书　　名：《怎样阅读及翻译英文专利文献》
编 / 著者：江镇华
出版单位：知识产权出版社
出版时间：2010 年

书　　名：《中高级口译核心词汇》
编 / 著者：钦寅、廖怀宝
出版单位：上海交通大学出版社
出版时间：2009 年

书　　名：《中国典籍英译》
编 / 著者：汪榕培、王宏
出版单位：上海外语教育出版社
出版时间：2009 年

书　　名：《中国文化典籍英译》
编 / 著者：王宏印
出版单位：外语教学与研究出版社
出版时间：2009 年

书　　名：《中韩翻译教程》
编 / 著者：张敏、金宣希
出版单位：北京大学出版社
出版时间：2009 年

书　　名：《中韩韩中翻译》
编 / 著者：蔡铁军
出版单位：黑龙江朝鲜民族出版社
出版时间：2010 年

书　　名：《中级口译考前冲刺试卷》
编／著者：口译教学与测试研究中心
出版单位：上海交通大学出版社
出版时间：2009 年

书　　名：《中级口译口试备考训练》
编／著者：口译教学与测试研究中心
出版单位：上海交通大学出版社
出版时间：2010 年

书　　名：《中日口译教程中级》
编／著者：刘丽华
出版单位：外语教学与研究出版社
出版时间：2009 年

书　　名：《中英日专利用语对照速查词典》
编／著者：宇海
出版单位：上海辞书出版社
出版时间：2010 年

书　　名：《综合汉英翻译教程》
编／著者：王述文
出版单位：国防工业出版社
出版时间：2010 年

部分语言翻译类专业期刊

《广东外语外贸大学学报》（*Journal of Guangdong University of Foreign Studies*）

《广东外语外贸大学学报》双月刊，1990 年创刊，2002 年全国公开发行，由广东省教育厅主管，广东外语外贸大学主办，是多学科综合性学报。办刊宗旨：交流涉外型专业教学与科研的新成果、新经验和新情况，探索双语教学、全英语教学的新途径，为语言学、文学、经济学、管理学、法学、外交学和信息科学等学科的成果发表和学术交流提供园地。刊号：CN 44 - 1554/Z，ISSN 1672 - 0962，单月 30 日出版，大 16 开，112 页，单价：8.00 元，全年定价：48.00 元。

地　　址：广东省广州市白云大道北 2 号《广东外语外贸大学学报》编辑部
邮　　编：510420
电　　话：(020) 36204656
传　　真：(020) 36209506
电子信箱：gpxb306@mail.gdufs.edu.cn
网　　址：http://gdwy.chinajournal.net.cn/

《解放军外国语学院学报》（*Journal of PLA University of Foreign Languages*）

《解放军外国语学院学报》，双月刊，1978 年创刊，由解放军总参谋部政治部主管，解放军外国语学院主办，是外国语言文学学术性刊物。学报主要面向外语教学与研究工作者，以促进我国外语教育和科研事业的发展为己任。刊号：CN 41 - 1164/H，ISSN 1002 - 722X，邮发代号：36 - 212，国外发行代号：BM1651，单月 25 日出版，大

16 开，128 页，单价：6.00 元，全年定价：36.00 元

地　　址：河南省洛阳市涧西区广文路 2 号院《解放军外国语学院学报》编辑部
邮　　编：471003
电　　话：（0379）69843520
传　　真：（0379）69842325
电子信箱：jfjwgyxyxb@163.com
网　　址：http://jfjw.chinajournal.net.cn

《民族翻译》（*Minority Translators Journal*）

《民族翻译》季刊（原内刊《民族译坛》），2008 年 8 月创刊，由国家民族事务委员会主管、中国民族语文翻译局（中心）主办，《民族翻译》杂志编辑部编辑出版，是国家级民族语文翻译方面的专业学术刊物。办刊宗旨：开展民族语文翻译理论研究，交流翻译经验，提高翻译质量，促进民族语文翻译事业的发展。刊号：ISSN 1674 - 280X，CN11 -5684/H，邮发代号：（暂无），季末月 15 日出版，大 16 开，96 页，单价 10.00 元；全年定价：40.00 元。

地　　址：北京市海淀区倒座庙 1 号中国民族语文翻译局《民族翻译》编辑部
邮　　编：100080
电　　话：（010）82685489，（010）62555131 转 6312、6317
传　　真：（010）82685489
电子邮箱：chinaminzfy@yahoo.com.cn

《日语学习与研究》（*Journal of Japanese Language Study and Research*）

《日语学习与研究》双月刊，1979 年创刊，由教育部主管，对外经济贸易大学主办，是中国日语教学研究会会刊、国内日语界权威学术刊物。办刊宗旨：面向全国广大日语教学工作者、翻译工作者以及专门从事日本语言、文学和文化研究的学者。选登国内外有关日本学研究的高水平学术论文，介绍国内外日本学研究动态，交流研究成果及教学经验，促进日语教育事业的繁荣。刊号：CN 11 - 1619/H，ISSN 1002 - 4395，邮发代号：2 -446，国际代号：Q281，双月 25 日出版，大 16 开，96 页，单价：12.00 元，全年定价：72.00 元

地　　址：北京市朝阳区惠新东街对外经济贸易大学 106 信箱《日语学习与研究》杂志社
邮　　编：100029
电　　话：（010）64493203
传　　真：（010）64493203
电子信箱：ryxxyyj@vip.163.com
网　　址：http://ryxy.chinajournal.net.cn www.ryxxyyj.com

《山东外语教学》（*Shandong Foreign Language Teaching Journal*）

《山东外语教学》双月刊，1980 年创刊，由山东师范大学主办，国内外公开发行的学术理论性期刊。旨在为外语教师及国内外外语工作者及语言、文学研究者提供交流经验、发表教学科研成果、开展学术讨论的共同园地。刊号：CN 37 - 1026/G4，ISSN 1002 - 2643，邮发代号：24 - 141，双月 30 日出版，大 16 开，112 页，单价：9.00 元，全年定价：54.00 元

地　　址：济南市文化东路 88 号山东师范大学内《山东外语教学》编辑部
邮　　编：250014
电　　话：（0531）86180155，86180844
传　　真：（0531）86180156
电子信箱：waibian@ jn - public. sd. cninfo. net

《上海翻译》（*Shanghai Journal of Translators*）

《上海翻译》季刊，1986 年创刊，由上海市教育委员会主管，上海市科技翻译学会主办，上海大学外国语学院承办，是侧重研究理、工、农、医、经贸等各类实用文体翻译理论和实践的、普及与提高相结合的专业性期刊。刊号：CN31 - 1937/H，ISSN 1672 - 9358，国内邮发代号：4 - 580，国外发行代号：Q4468，季中月 10 日出版，16 开，80 页，单价：9.00 元，全年定价：36.00 元。

地　　址：上海市延长路 149 号上海大学 33 信箱
邮　　编：200072
电　　话：（021）28316080
传　　真：（021）65420358
电子信箱：SHKF@ chinajournal. net. cn
网　　址：http：//shkf. chianjournal. net. cn

《天津外国语大学学报》（*Journal of Tianjin Foreign Studies University*）

《天津外国语大学学报》双月刊，1993 年创刊，由天津市教育委员会主管，天津外国语大学主办，是我国常用外语研究的学术期刊，辟有翻译研究、外国语言研究、外语教学研究、外国文学研究及综合外语研究等栏目。刊号：12 - 1422/H，ISSN 1008 - 665X，邮发代号：6 - 160，单月 20 日出版，16 开，80 页，单价：9.00 元，全年定价：54.00 元

地　　址：天津市河西区马场道 117 号
邮　　编：300204
电　　话：（022）23285743
电子信箱：journal@ tjfsu. edu. cn

《外国语》(*Journal of Foreign Languages*)

《外国语》双月刊，1978 年创刊，由国家教育部主管，上海外国语大学主办。是外国语言类学术期刊，主要刊载语言学及具体语言研究；翻译研究；以及语言、翻译类书籍评介等方面的文章；同时也刊登国内外语言学、翻译学、外语教学等学术会议简讯。刊号：CN 31 - 1038/H，ISSN 1004 - 5139，国内邮发代号：4 - 252，国外发行代号：BM 514，单月 20 日出版，16 开，96 页，单价：10.00 元，全年定价：60.00 元

地　　址：上海市大连西路 550 号《外国语》编辑部
邮　　编：200083
电　　话：(021) 35373317
传　　真：(021) 35373317
电子信箱：jfl@ shisu. edu. cn
网　　址：http://jfl. shisu. edu. cn

《外国语文》(*Foreign Languange and Literature*)

《外国语文》(原《四川外语学院学报》) 双月刊，1980 年创刊，2009 年更名；由重庆市教育委员会主管，四川外语学院主办，是外国语类核心期刊。《外国语文》以提升学术品位，提倡严谨学风，倡导创新精神为办刊宗旨；以外国语言文学、翻译研究为重点，兼顾其他学科。刊号：CN 50 - 1197/H，ISSN 1674 - 6414，邮发代号：78 - 95，双月 25 日出版，大 16 开，144 页，单价：10.00 元，全年定价：60.00 元。

地　　址：重庆市沙坪坝区
邮　　编：400031
电　　话：(023) 65385313
传　　真：(023) 65385313
电子信箱：wgyw5313@ 163. com

《外国语言文学》(*Foreign Language and Literatures Studies*)

《外国语言文学》季刊，1984 年创刊，由福建师范大学主管、主办，是外语类学术刊物。办刊宗旨：开展语言、教学、翻译、文学研究，反映国内外最新学术动态。刊号：CN 35 - 1266/G4，ISSN 1672 - 4720，邮发代号：34 - 100，季末月 20 日出版，16 开，72 页，单价：5.00 元，全年定价：20.00 元。

地　　址：福州市福建师范大学外国语学院《外国语言文学》编辑部
邮　　编：350007
电　　话：(0591) 83465378
传　　真：(0591) 83465216
电子信箱：fjwy@ fjnu. edu. cn
网　　址：http://nwyj. chinajournal. net. cn

《外语教学》(*Foreign Language Education*)

《外语教学》双月刊，1979 年创刊，由陕西省教育厅主管，西安外国语大学主办，是专业性外语学术期刊。该刊以繁荣学术、促进中国的外语教学与研究为己任。国内外公开发行。刊号：CN 61 - 1023/H，ISSN 1000 - 5544，邮发代号：52 - 170，单月 6 日出版，大 16 开，112 页，单价：10.00 元，全年定价：60.00 元

地　　址：西安市长安南路 437 号 西安外国语大学内《外语教学》编辑部

邮　　编：710061

电　　话：(029) 85309400

传　　真：(029) 85309400

电子信箱：xuebao@ xisu. edu. cn

网　　址：http：//www. xisu. edu. cn

《外语教学与研究》(*Foreign Language Teaching and Research*)

《外语教学与研究》双月刊，1957 年创刊，是北京外国语大学学报，教育部主管，北京外国语大学主办，中国外语教育研究中心承办，为教育部高校哲学社会科学学报名刊，主编：王克非。设有语言学理论、语言研究、外语教育（包括语言教学、习得、测试）、翻译研究、中外文化比较研究等栏目，刊载境内外学者在上述领域的研究成果，推进我国外语教育事业和中外文化交流事业的发展。刊号：CN 11 - 1251/G4，ISSN 1000 - 0429，邮发代号：2 - 130，国外发行代号：BM 203。单月 20 日出版，16 开，80 页。单价：9.00 元，全年定价：54.00 元。

地　　址：北京西三环北路 2 号 北京外国语大学《外语教学与研究》编辑部

邮　　编：100089

电　　话：(010) 88816466

电子信箱：bwyys@ 126. com

网　　址：http：//www. fltr. ac. cn

《外语学刊》(*Foreign Language Research*)

《外语学刊》的前身是创刊于 1951 年的《哈外专教学通讯》，1980 年改为现名，双月刊，由黑龙江大学主管，黑龙江大学主办。办刊宗旨：以语言学为本，语言哲学为特点，涵盖翻译研究和外语教学两个领域的多语种外语类学术刊物；整个期刊以语言本体论为理念，从语言哲学、语言学、翻译学和外语教学 4 个维度探讨语言的存在方式和使用规则。刊号：CN 23 - 1071/H，ISSN 1000 - 0100，国内邮发代号：14 - 24，国外发行代号：Q469，单月 5 日出版，大 16 开，144 页，单价：12.00 元，全年定价：72.00 元。

地　　址：哈尔滨市南岗区学府路 74 号黑龙江大学 129 信箱《外语学刊》编辑部

邮　　编：150080

电　　话：0451－86608322（编辑室），0451－86609913（主编室）
电子信箱：zhaoxia01@sina.com

《外语研究》(*Foreign Languages Research*)

《外语研究》双月刊，1984年创刊，原名《南外学报》，1987年改为现名，南京国际关系学院主办。是中国外语类核心期刊，CSSCI检索来源期刊，中国学术期刊（光盘版）入编刊物。该刊宗旨：开展外语理论研究，以现代语言学研究为主，立足学科前沿，反映最新成果，倡导语言研究的科学精神和人文精神，推进外语教学研究、翻译学研究、外国文学研究等相关学科发展，繁荣外语教育事业。刊号：CN 32－1001/H，ISSN 1005－7242，邮发代号：28－279，双月15日出版，16开，112页，单价：8.00元，全年定价：48.00元

地　　址：南京国际关系学院《外语研究》编辑部
邮　　编：210039
电　　话：(025) 80838423
电子信箱：waiyuyanjiu@163.com
网　　址：http://nwyj.chinajournal.net.cn

《西安外国语大学学报》(*Journal of Xi'an International Studies University*)

《西安外国语大学学报》季刊，2007年4月创刊（原《西安外国语学院学报》1993年创刊)，由陕西省教育厅主管，西安外国语学院主办，以外语为主，兼顾人文社会科学的学术刊物；刊号：CN 61－1457/H，ISSN 1673－9876，邮发代号：52－181，季末月1日出版，大16开，112页，单价：10.00元，全年定价：40.00元。

地　　址：西安市长安南路437号西安外国语大学（雁塔校区）《西安外国语大学学报》编辑部
邮　　编：710061
电　　话：(029) 85309400
传　　真：(029) 85309400
电子信箱：xuebao@xisu.edu.cn
网　　址：www.xisu.edu.cn

《语言与翻译（汉文版）》(*Language and Translation*)

《语言与翻译》(汉文版) 季刊，1985年创刊，由新疆维吾尔自治区民族语言文字工作委员会主管，语言与翻译杂志社主办，是语言学/汉语/中国少数民族语言类核心期刊。办刊宗旨：以马克思主义民族理论为指导，宣传党和国家的语文方针、政策、法规；刊登以不同学术观点撰写的有关突厥语族诸语言的研究、翻译理论与实践研究、汉语与双语教学与双语学习研究等内容的文章。刊号：CN 65－1015/H，ISSN 1001－

0823，邮发代号：58－23，国外发行代号：Q4076，季中月15日出版，大16开，80页，单价：5.00元，全年定价：20.00元。

地　　址：新疆乌鲁木齐市新华南路654号《语言与翻译》汉文编辑部

邮　　编：830049

电　　话：（0991）8559426

电子信箱：yyfy1985@sohu.com

《中国比较文学》（*Comparative Literature in China*）

《中国比较文学》季刊，创刊于1984年，由国家教育部主管，上海外国语大学、中国比较文学学会联合主办，是目前中国大陆惟一的一份面向国内外比较文学界、及时反映本学科前沿信息的国际性专业学术期刊。刊号：CN 31－1694/I，ISSN 1006－6101，国内邮发代号：4－560，国外发行代号：Q5148，季首月20日出版，16开，160页，定价：18.00元，全年定价：72.00元。

地　　址：上海市大连西路550号《中国比较文学》编辑部

邮　　编：200083

电　　话：（021）65311900转2625

电子信箱：shccl203@yahoo.com.cn

网　　址：http：//www.sflep.com.cn/ZGBJWX.asp

《中国俄语教学》（*Chinese Russian Teaching*）

《中国俄语教学》季刊，1982年创刊，为中国俄语教学研究会会刊，北京外国语大学主办，主要介绍我国俄语教学方面的科研成果，交流俄语教学经验，反映俄语教学研究动态，评介俄语教学与研究的书刊、资料等。内容涉及俄语语言学、俄语教学理论、俄罗斯文学语言及修辞学、俄汉翻译、俄汉语言对比等方面。刊号：CN 11－2727/H，ISSN 1002－5510，邮发代号：82－391，国际代号：Q1384，季中月21号出版，16开，2009年起变为96页，单价：10.00元，全年定价：40.00元。

地　　址：北京市海淀区西三环北路83号《中国俄语教学》编辑部

邮　　编：100089

电　　话：（010）68901923

传　　真：（010）68901923

电子信箱：kaprial@163.com

网　　址：http：//www.kaprial.org

《中国翻译》（*Chinese Translators Journal*）

《中国翻译》双月刊，1980年创刊，由中国外文出版发行事业局主管，中国外文局对外传播研究中心、中国翻译协会主办，是中国翻译协会会刊。办刊宗旨：开展译学研究，关注前沿动态，切磋翻译技艺，探讨翻译教学，促进国际交流，繁荣翻译事业。刊号：CN 11－1354/H，ISSN 1000－873X，邮发代号：2－471，国外代号：BM272，单月15日出版，大16开，96页，单价：10.00，全年定价：60.00元。

地　　址：北京阜外百万庄大街24号《中国翻译》编辑部
邮　　编：100037
电　　话：(010) 68326681，68327209
传　　真：(010) 68995951
电子信箱：ctjtac@gmail.com
网　　址：http://www.tac-online.org.cn

《中国科技翻译》(*Chinese Science & Technology Translators Journal*)

《中国科技翻译》季刊，1988年创刊，由中国科学院出版委员会主管，中国科学院科技翻译工作者协会主办。该刊理论与实践并重，以英汉翻译为主兼顾各语种，纵览各学科，注重实用性、指导性，以提高读者的翻译实践能力和水平为重心，是科技翻译和外语学习者的得力助手。读者为科研机构、科技企事业单位广大科技翻译工作者、大专院校从事科技翻译和研究的师生及科技外语爱好者。刊号：CN 11－2771/N，ISSN 1002－0489，全国各地邮局发行，邮发代号：82－586，国外发行代号：Q3248，季中月15日出版，16开，64页，单价：7.00元，全年定价：28.00元。

地　　址：北京市西城区三里河路52号《中国科技翻译》编辑部
邮　　编：100864
电　　话：(010) 68597754
传　　真：(010) 68511095
电子信箱：jyzhang@cashq.ac.cn

《中国科技术语》(*China Terminology*)

《中国科技术语》双月刊，1998年创刊，由中国科学院主管，全国科学技术名词审定委员会主办，商务印书馆出版，该刊辟有理论研究、术语与翻译、术语探源、探讨与争鸣、规范与应用、科技新词、名家访谈、公布名词、发布试用等栏目。国内外公开发行，刊号：CN 11－5554/N，ISSN 1673－8578，邮发代号：2－947，双月25日出版，大16开，64页，单价：9.00元，全年定价：54.00元。

地　　址：北京市东皇城根北街16号1号楼《中国科技术语》杂志社
邮　　编：100717
电　　话：(010) 84010681，64032905
传　　真：(010) 64002337
电子信箱：csttj@263.net.cn；cnctst@263.net
网　　址：www.term.org.cn

《中国外语》(*Foreign Languages in China*)

《中国外语》双月刊，2004 年创刊，是由国家教育部主管、高等教育出版社主办的外语学术期刊。该刊面向教学，强化应用，以引导性、前瞻性、学术性、实践性展示我国外语教学改革和理论研究成果。刊号：CN11 -5280/H，ISSN 1672 -9382，国内邮发代号：80 -350，国外发行代号：BM1911，单月 5 日出版，大 16 开，112 页，单价：9.60 元，全年定价：57.60 元。

地　　址：北京市朝阳区惠新东街 4 号富盛大厦 22 层《中国外语》杂志社
邮　　编：100029
电　　话：(010) 58581353
传　　真：(010) 58556496
电子信箱：flc@ pub. hep. cn
网　　址：http：//www. flcjournal. com

部分语言翻译类专业期刊论文

译论研究类

B

【文章】比较文学与翻译研究的文化转向
【作者】王宁
【刊物】中国翻译
【刊期】2009 年第 5 期　第 19 ~26 页

【文章】辩证法观照下的翻译标准
【作者】肖志红
【刊物】外国语文
【刊期】2009 年第 5 期　第 90 ~92 页

【文章】布拉格学派对戏剧翻译理论的贡献
【作者】孟伟根
【刊物】外国语文
【刊期】2010 年第 3 期　第 35 ~39 页

C

【文章】超越“自然选择”、促进“文化多元”——试与胡庚申教授商榷
【作者】王育平、吴志杰
【刊物】外国语文
【刊期】2009 年第 4 期　第 135 ~138 页

【文章】从“有机体”角度整体透视翻译系统
【作者】周朝伟
【刊物】上海翻译
【刊期】2010 年第 3 期　第 16 ~20 页

【文章】从本雅明翻译思想看译作与原作的关系
【作者】李婧劼

【刊物】外国语言文学
【刊期】2010 年第 2 期　第 108 ~ 113 页

【文章】从翻译的不确定性看译者主体性
【作者】宫军
【刊物】外语学刊
【刊期】2010 年第 2 期　第 128 ~ 130 页

【文章】从功能翻译理论视角谈应用翻译
【作者】刘美华、贾玮品
【刊物】上海翻译
【刊期】2009 年第 1 期　第 27 ~ 29 页

【文章】从哈贝马斯普遍语用学角度谈可译性
【作者】芮燕萍
【刊物】外语学刊
【刊期】2009 年第 6 期　第 154 ~ 156 页

D

【文章】当代译学术语研究概述
【作者】王一多
【刊物】上海翻译
【刊期】2010 年第 2 期　第 16 ~ 21 页

【文章】当代语境下的译文意义与译者的角色
【作者】王文华
【刊物】天津外国语学院学报
【刊期】2009 年第 3 期　第 23 ~ 28，45 页

【文章】当下翻译理论研究的两个向度
【作者】张柏然、辛红娟
【刊物】中国外语
【刊期】2009 年第 5 期　第 93 ~ 97 页

【文章】当下翻译理论与实践的尴尬境地——不离不弃抑或分道扬镳？
【作者】王金岳
【刊物】天津外国语学院学报
【刊期】2010 年第 2 期　第 42 ~ 47 页

【文章】德国功能翻译理论误读误用的反思
【作者】李广荣
【刊物】天津外国语学院学报
【刊期】2010 年第 1 期　第 42 ~ 48 页

【文章】德里达翻译思想：回归、转变还是其他？
【作者】张霄军
【刊物】外语研究
【刊期】2010 年第 2 期　第 77 ~ 81 页

【文章】荻生徂徕的翻译思想
【作者】刘芳亮
【刊物】解放军外国语学院学报
【刊期】2009 年第 2 期　第 79 ~ 85 页

【文章】动态意义观下对传统忠实论的梳理与阐释
【作者】张文斐
【刊物】天津外国语学院学报
【刊期】2010 年第 6 期　第 34 ~ 37 页

【文章】对当前翻译研究几个热点问题的再思考
【作者】王宏
【刊物】上海翻译
【刊期】2010 年第 2 期　第 52 ~ 56 页

【文章】对国内翻译研究本体回归的思考
【作者】耿强
【刊物】天津外国语学院学报
【刊期】2009 年第 6 期　第 31 ~ 35 页

【文章】对话主义与意象翻译中的他性解读
【作者】马永良、张尚莲
【刊物】上海翻译
【刊期】2010 年第 4 期　第 16 ~ 20 页

【文章】对立而统一：论翻译行为的限制性与创造性
【作者】唐健禾
【刊物】外国语文
【刊期】2010 年第 5 期　第 76 ~ 79 页

【文章】多元文化系统视角下的“直译”和“意译”
【作者】赵德全、宁志敏
【刊物】上海翻译
【刊期】2009 年第 3 期　第 19 ~ 22 页

E

【文章】2009 中国翻译研究综述
【作者】蓝红军、穆雷
【刊物】上海翻译
【刊期】2010 年第 3 期　第 21 ~ 26 页

F

【文章】翻译：模糊艺术
【作者】王秉钦
【刊物】上海翻译
【刊期】2009 年第 4 期　第 19 ~ 21 页

【文章】翻译：一种“双声”的对话——解析道格拉斯·罗宾逊的翻译对话理论
【作者】王莉娜
【刊物】外国语文
【刊期】2009 年第 3 期　第 110 ~ 115 页

【文章】翻译：一种中介性的存在
【作者】冯文坤
【刊物】外国语文
【刊期】2009 年第 6 期　第 41 ~ 46 页

【文章】翻译·模糊法则·信息熵
【作者】谭载喜
【刊物】中国翻译
【刊期】2010 年第 4 期　第 11 ~ 14，94 页

【文章】翻译会通论
【作者】张德让
【刊物】外国语
【刊期】2010 年第 5 期　第 66 ~ 72 页

【文章】翻译理论“一分为三”的视域
【作者】庞秀成
【刊物】外国语
【刊期】2010 年第 3 期　第 80 ~ 88 页

【文章】翻译乃翻“异”——论异质因素的重构
【作者】胡卫平、季可夫
【刊物】天津外国语学院学报
【刊期】2009 年第 1 期　第 36 ~ 40 页

【文章】翻译能力及其研究
【作者】杨志红、王克非
【刊物】外语教学
【刊期】2010 年第 6 期　第 91 ~ 95 页

【文章】翻译批评标准新探——以历史语境化、译者主体性和接受语境为基本参数
【作者】李英垣
【刊物】外国语言文学
【刊期】2010 年第 4 期　第 251 ~ 257 页

【文章】翻译规范及其研究途径
【作者】廖七一
【刊物】外语教学
【刊期】2009 年第 1 期 第 95～98，103 页

【文章】翻译生态 vs 自然生态：关联性、类似性、同构性
【作者】胡庚申
【刊物】上海翻译
【刊期】2010 年第 4 期 第 1～5 页

【文章】翻译实证研究——理论、方法与发展
【作者】苗菊、刘艳春
【刊物】中国外语
【刊期】2010 年第 6 期 第 92～97 页

【文章】翻译事业：传承与发展
【作者】李亚舒
【刊物】中国外语
【刊期】2010 年第 3 期 第 1，102 页

【文章】翻译思想≠翻译理论——以傅雷、严复为例
【作者】黄忠廉
【刊物】解放军外国语学院学报
【刊期】2010 年第 5 期 第 77～81 页

【文章】翻译选择的政治思辨
【作者】刘明东
【刊物】外语学刊
【刊期】2010 年第 1 期 第 126～128 页

【文章】翻译学的何去何从
【作者】孙艺风
【刊物】中国翻译
【刊期】2010 年第 2 期 第 5～10，94 页

【文章】翻译学的学科身份：现状与建设
【作者】罗列、穆雷
【刊物】上海翻译
【刊期】2010 年第 4 期 第 11～15 页

【文章】翻译研究：规定、描写、伦理
【作者】朱志瑜
【刊物】中国翻译
【刊期】2009 年第 3 期 第 5～12，95 页

【文章】翻译研究的神学之维
【作者】任东升
【刊物】外语研究
【刊期】2010 年第 4 期 第 68～74 页

【文章】翻译研究的文化人类学纬度：深度翻译
【作者】孙宁宁
【刊物】上海翻译
【刊期】2010 第 1 期 第 14～17 页

【文章】翻译研究的文体学视角探索
【作者】黄立波
【刊物】外语教学
【刊期】2009 年第 5 期 第 104～108 页

【文章】翻译研究目标、学科方法与诠释取向——与费乐仁教授谈翻译的跨学科研究（英文）
【作者】费乐仁、岳峰
【刊物】中国翻译
【刊期】2010 年第 2 期第 27～34，94 页

【文章】翻译研究与文化批评
【作者】吕俊、侯向群
【刊物】外国语文
【刊期】2009 年第 1 期 第 122～126 页

【文章】翻译研究中的文化转向：批判与反思
【作者】伍小君
【刊物】外语学刊
【刊期】2009 年第 4 期　第 103 ~ 105 页

【文章】翻译与创作：文本“越界”和建构——В. Г. 别林斯基翻译思想研究之二
【作者】彭甄
【刊物】中国俄语教学
【刊期】2010 年第 2 期　第 67 ~ 70 页

【文章】翻译与形而上学批判：在西方哲学的转折点上
【作者】郝琳
【刊物】外国语
【刊期】2009 年第 3 期　第 76 ~ 85 页

【文章】翻译中的显化思维和方法
【作者】姜菲、董洪学
【刊物】外语学刊
【刊期】2009 年第 4 期　第 106 ~ 109 页

【文章】翻译主体生态系统中的译者主体性
【作者】朱月娥
【刊物】中国科技翻译
【刊期】2010 年第 1 期　第 55 ~ 58 页

【文章】非新无以为进
【作者】罗新璋
【刊物】上海翻译
【刊期】2009 年第 2 期　第 1 ~ 2 页

【文章】傅雷翻译思想的生态翻译学诠释
【作者】胡庚申
【刊物】外国语
【刊期】2009 年第 2 期　第 47 ~ 53 页

G

【文章】“改写论”的缘由及弊端
【作者】李龙泉
【刊物】上海翻译
【刊期】2009 年第 1 期　第 6 ~ 9，34 页

【文章】功能学派翻译理论的解构主义印记
【作者】庞月慧、朱健平
【刊物】中国外语
【刊期】2009 年第 1 期　第 95 ~ 99 页

【文章】关于翻译研究及其各种“转向”——蒙娜·贝克访谈录
【作者】徐方赋
【刊物】上海翻译
【刊期】2009 年第 3 期　第 9 ~ 13 页

【文章】广义修辞学与后解构主义时代的翻译研究
【作者】张瑜
【刊物】解放军外国语学院学报
【刊期】2010 年第 6 期　第 71 ~ 75 页

【文章】国内翻译的意识形态维度研究回顾与展望
【作者】孙志祥
【刊物】上海翻译
【刊期】2009 年第 2 期　第 18 ~ 22 页

H

【文章】和合翻译思想初探
【作者】钱纪芳
【刊物】上海翻译
【刊期】2010 年第 3 期　第 11 ~ 15 页

【文章】和合学途径的翻译研究
【作者】张从益
【刊物】外语学刊
【刊期】2009 年第 3 期　第 94 ~ 96 页

【文章】后解构主义时代的翻译研究：从双峰对峙走向融合共生
【作者】蒙兴灿
【刊物】外语教学
【刊期】2009 年第 5 期　第 109 ~ 112 页

【文章】后期维特根斯坦意义观在翻译中的运用
【作者】盖晓兰
【刊物】外语学刊
【刊期】2009 年第 6 期　第 150 ~ 153 页

【文章】互文性理论之于翻译学研究：认识论价值与方法论意义
【作者】王洪涛
【刊物】上海翻译
【刊期】2010 年第 3 期　第 6 ~ 11 页

J

【文章】基于实践的翻译批评应具学理性与客观论证性——兼论旅游翻译中的“商业伦理”
【作者】曾利沙
【刊物】上海翻译
【刊期】2009 年第 2 期　第 14 ~ 17 页

【文章】解构主义翻译观对翻译研究的影响
【作者】补爱华
【刊物】外国语文
【刊期】2010 年第 5 期　第 89 ~ 91 页

【文章】解构主义翻译理论的论争与接受——以“确当的”翻译为例
【作者】韩子满
【刊物】外国语文
【刊期】2009 年第 1 期　第 127 ~ 132 页

【文章】近 20 年中国翻译理论研究方向思辨
【作者】党争胜
【刊物】天津外国语学院学报
【刊期】2009 年第 5 期　第 30 ~ 35 页

【文章】距离合法性视角下译者当译之本的知情选择与情感同构
【作者】屠国元、李静
【刊物】中国翻译
【刊期】2009 年第 4 期　第 13 ~ 18，94 页

K

【文章】开放与杂和：法国译学研究现状之管窥——兼评《什么是翻译学?》
【作者】张晓明
【刊物】外国语文
【刊期】2009 年第 3 期　第 116 ~ 120 页

【文章】跨文化语境中的可译性研究
【作者】汪国军
【刊物】外国语文
【刊期】2010 年第 6 期　第 93 ~ 95 页

L

【文章】莱比锡学派的理论渊源及其贡献
【作者】苗菊、高乾
【刊物】外国语文
【刊期】2010 年第 4 期　第 80 ~ 84 页

【文章】理论的创新与实践的支点——翻译标准“信达雅”的实践再审视
【作者】刘云虹、许钧
【刊物】中国翻译
【刊期】2010年第5期　第13～18，94页

【文章】两则经典“翻译”定义的汉译与两种译评观——译者行为研究（其二）
【作者】周领顺
【刊物】上海翻译
【刊期】2010年第2期　第6～11页

【文章】论翻译伦理学研究范畴的拓展
【作者】杨洁、曾利沙
【刊物】外国语
【刊期】2010年第5期　第73～79页

【文章】论翻译学研究方法
【作者】玛丽安·勒代雷、刘和平
【刊物】中国翻译
【刊期】2010年第2期　第11～18，94页

【文章】论翻译中意义的认知建构
【作者】谭业升
【刊物】外国语文
【刊期】2009年第1期　第133～139页

【文章】论理论翻译批评
【作者】卢华国、范勇
【刊物】天津外国语学院学报
【刊期】2009年第5期　第42～48页

【文章】论陌生化翻译
【作者】陈琳
【刊物】中国翻译
【刊期】2010年第1期　第13～20，95页

【文章】论译感
【作者】贾文渊、贾令仪
【刊物】上海翻译
【刊期】2009年第1期　第10～14页

【文章】论译学研究范式转换的理性基础
【作者】喻锋平
【刊物】天津外国语学院学报
【刊期】2010年第4期　第32～37页

【文章】论译者主体性——张谷若翻译活动个案研究
【作者】朱献珑、屠国元
【刊物】外国语文
【刊期】2009年第2期　第120～124页

P

【文章】批评视角：我国解构主义翻译研究的本土化进程
【作者】刘全福
【刊物】解放军外国语学院学报
【刊期】2010年第1期　第51～56页

Q

【文章】钱钟书对翻译概念的阐释及其对翻译研究的启示
【作者】张佩瑶
【刊物】中国翻译
【刊期】2009年第5期　第27～32页

S

【文章】生态翻译学：产生的背景与发展的基础
【作者】胡庚申
【刊物】外语研究
【刊期】2010年第4期　第62～67页

【文章】生态翻译学：译学研究的“跨科际整合”
【作者】胡庚申
【刊物】上海翻译
【刊期】2009 年第 2 期　第 3～8 页

【文章】生态视角翻译研究考辨——“生态翻译学”与“翻译生态学”面对面
【作者】刘爱华
【刊物】西安外国语大学学报
【刊期】2010 年第 1 期　第 57～59 页

【文章】实践诠释学视阈下韦努蒂的“差异伦理”
【作者】杨镇源
【刊物】外国语文
【刊期】2010 年第 3 期　第 96～99 页

【文章】诗意的畅想：在可译性与不可译性之间——德里达关联翻译概念考辨及误读分析
【作者】刘全福
【刊物】外语教学
【刊期】2009 年第 6 期　第 100～104 页

【文章】视域差与翻译解释的度——从哲学诠释学视角看翻译的理想与现实
【作者】朱健平
【刊物】中国翻译
【刊期】2009 年第 4 期　第 5～12，94 页

【文章】试论翻译理论的成分构成——从“看易写”定性之争谈起
【作者】林克难
【刊物】上海翻译
【刊期】2009 年第 4 期　第 22～25 页

【文章】试论和谐翻译
【作者】冯全功
【刊物】天津外国语学院学报
【刊期】2010 年第 4 期　第 38～43 页

【文章】试论中西语境下的“翻译的政治”研究
【作者】胡翠娥、杨卉
【刊物】中国翻译
【刊期】2009 年第 2 期　第 5～11，94 页

【文章】适度延异：发挥译者主体性作用
【作者】沈华东
【刊物】上海翻译
【刊期】2010 年第 4 期　第 39～41 页

【文章】释意理论的历史性解读
【作者】高彬、柴明颎
【刊物】解放军外国语学院学报
【刊期】2009 年第 3 期　第 71～76 页

【文章】受制与挑战——译者与改写理论的两要素
【作者】朱晓玲
【刊物】外语研究
【刊期】2010 年第 1 期　第 79～83 页

【文章】斯皮瓦克的翻译思想：悖论与修辞误用
【作者】蔡新乐
【刊物】外语教学
【刊期】2010 年第 3 期　第 84～87 页

【文章】斯皮瓦克翻译思想探究
【作者】李红玉

【刊物】中国翻译
【刊期】2009 年第 2 期　第 12～16，94 页

【文章】索隐式翻译研究
【作者】岳峰、程丽英
【刊物】中国翻译
【刊期】2009 年第 1 期第 33～37，92～93 页

T

【文章】谈我国翻译理论研究的几个基本问题
【作者】罗选民
【刊物】中国外语
【刊期】2009 年第 6 期　第 1，101～105 页

【文章】探索、建设与发展——新中国翻译研究 60 年
【作者】许钧、穆雷
【刊物】中国翻译
【刊期】2009 年第 6 期　第 5～12，92 页

W

【文章】韦努蒂“异化”理论话语的修辞分析
【作者】陈小慰
【刊物】中国翻译
【刊期】2010 年第 4 期　第 5～10，94 页

【文章】韦努蒂的异化翻译与翻译伦理的神韵
【作者】蒋童
【刊物】外国语
【刊期】2010 年第 1 期　第 80～85 页

【文章】文本类型理论及其对翻译研究的启示
【作者】张美芳
【刊物】中国翻译
【刊期】2009 年第 5 期　第 53～60 页

【文章】文化和时代精神的变迁与翻译研究
【作者】吕俊、侯向群
【刊物】上海翻译
【刊期】2009 年第 3 期　第 3～8 页

【文章】“文质”的现代转化问题——兼论传统译论的价值和现代阐释
【作者】赵巍、石春让
【刊物】上海翻译
【刊期】2009 年第 3 期　第 14～18 页

【文章】我国的译学研究真的发生过文化转向吗？
【作者】周晓梅、吕俊
【刊物】中国外语
【刊期】2009 年第 2 期　第 93～98，104 页

【文章】我国英汉对比与翻译研究 30 年：回顾与展望
【作者】杨自俭、王菊泉
【刊物】上海翻译
【刊期】2009 年第 1 期　第 1～5 页

X

【文章】西方翻译规范研究特点分析
【作者】仝亚辉
【刊物】山东外语教学
【刊期】2009 年第 1 期　第 83～88 页

【文章】西方翻译研究的文化取向、文化初识与文化转向
【作者】孙圣勇
【刊物】外语学刊
【刊期】2010 年第 4 期　第 135～138 页

【文章】“信、达、雅”终极否定下的中西翻译解构主义思潮融合现象之反思
【作者】谢思田
【刊物】中国外语
【刊期】2009 年第 3 期　第 85 ~ 91，111 页

【文章】虚同、约制与隐匿——“镜像理论”观照下翻译“自我”实现过程探究
【作者】张晓雪
【刊物】上海翻译
【刊期】2010 年第 4 期　第 20 ~ 25 页

【文章】选题：翻译学研究方法的重要组成部分
【作者】罗列、穆雷
【刊物】中国外语
【刊期】2010 年第 6 期　第 98 ~ 106 页

Y

【文章】严复译著《天演论》的生态翻译学解读
【作者】焦卫红
【刊物】上海翻译
【刊期】2010 年第 4 期　第 6 ~ 10 页

【文章】一个简单翻译过程模式的功能分析
【作者】黄国文
【刊物】外语研究
【刊期】2009 年第 1 期　第 1 ~ 7 页

【文章】异化之异化：韦努蒂理论再批评
【作者】刘泽权、张丽
【刊物】外语研究
【刊期】2009 年第 3 期　第 75 ~ 80 页

【文章】译文 · 异文 · 易文——翻译行为的第三个度向
【作者】褚孝泉
【刊物】上海翻译
【刊期】2010 年第 3 期　第 1 ~ 5 页

【文章】译学研究的哲学思考
【作者】潘文国
【刊物】中国外语
【刊期】2009 年第 5 期　第 98 ~ 105 页

【文章】“译”在言外——翻译研究的视角转变
【作者】朱益平、马彩梅
【刊物】外语教学
【刊期】2010 年第 1 期 第 109 ~ 112 页

【文章】译者“变译”行为的自律和他评——译者行为研究（其五）
【作者】周领顺
【刊物】外语研究
【刊期】2010 年第 4 期　第 79 ~ 85 页

【文章】译者标记性研究：自我翻译者
【作者】杨仕章
【刊物】解放军外国语学院学报
【刊期】2009 年第 3 期　第 77 ~ 82 页

【文章】译者的隐身——论傅译作品的语体选择
【作者】胡安江、许钧
【刊物】中国翻译
【刊期】2009 年第 2 期　第 28 ~ 33，95

【文章】译者痕迹研究
【作者】董娜

【刊物】广东外语外贸大学学报
【刊期】2010 年第 5 期　第 43 ~ 48 页

【文章】译者行为与“求真 - 务实”连续统评价模式——译者行为研究（其一）
【作者】周领顺
【刊物】外语教学
【刊期】2010 年第 1 期　第 93 ~ 97 页

【文章】译者性别身份流动性：女性主义翻译研究的新视角
【作者】马悦、穆雷
【刊物】解放军外国语学院学报
【刊期】2010 年第 6 期　第 66 ~ 70 页

【文章】译者——与隐含作者心灵契合的隐含读者
【作者】周晓梅、吕俊
【刊物】外国语
【刊期】2009 年第 5 期　第 60 ~ 67 页

【文章】译者职责的翻译伦理解读
【作者】祝朝伟
【刊物】外国语文
【刊期】2010 年第 6 期　第 77 ~ 82 页

【文章】译者主体的缺失与回归——现代阐释学“对话模式”的启示
【作者】张先刚
【刊物】外语教学
【刊期】2009 年第 5 期　第 97 ~ 99，108 页

【文章】译者主体性的语言哲学反思
【作者】柳晓辉
【刊物】外语学刊
【刊期】2010 年第 1 期　第 122 ~ 125 页

【文章】译者主体性与认知策略
【作者】侯智德
【刊物】西安外国语大学学报
【刊期】2009 年第 1 期　第 78 ~ 81 页

【文章】意向性翻译批评研究
【作者】王昌玲、张德让
【刊物】山东外语教学
【刊期】2010 年第 5 期　第 83 ~ 88 页

【文章】语法隐喻在翻译研究中的应用
【作者】黄国文
【刊物】中国翻译
【刊期】2009 年第 1 期　第 5 ~ 9，92 页

【文章】语言学派翻译研究的意义观——一个历时的视角
【作者】卢玉卿、温秀颖
【刊物】外语教学
【刊期】2009 年第 1 期　第 104 ~ 108 页

【文章】语域流变、互文干扰与翻译策略：以几则奥/亚运会宣传用语的翻译为例
【作者】王东风
【刊物】中国翻译
【刊期】2009 年第 1 期　第 10 ~ 16，92 页

Z

【文章】再论奈达翻译理论中的“功能对等”
【作者】黄远鹏
【刊物】西安外国语大学学报
【刊期】2010 年第 4 期　第 101 ~ 104 页

【文章】怎么译：从“操控”到“投降”
【作者】申连云
【刊物】外国语

【刊期】2010 年第 2 期　第 44～52 页

【文章】张谷若与“适应”、“选择”
【作者】孙迎春
【刊物】上海翻译
【刊期】2009 年第 4 期　第 1～6 页

【文章】哲学阐释学的拓展与翻译研究
【作者】梁真惠、耿强
【刊物】外国语文
【刊期】2010 年第 6 期　第 83～88 页

【文章】挣脱理性桎梏，回归人文关怀——美国翻译理论家道格拉斯·罗宾逊教授访谈
【作者】朱琳、高乾、刘艳春
【刊物】中国翻译
【刊期】2009 年第 2 期　第 39～44 页

【文章】整体生态译论场发生机理图式论
【作者】朱桂成
【刊物】上海翻译
【刊期】2010 年第 2 期　第 11～15 页

【文章】中国传统译论融合统一的两种境界
【作者】陈大亮
【刊物】外语研究
【刊期】2009 年第 2 期　第 67～71 页

【文章】中国翻译学研究 30 年（1978－2007）
【作者】许钧、穆雷
【刊物】外国语
【刊期】2009 年第 1 期　第 77～87 页

【文章】中国特色的翻译学：误区还是必然？——兼评《中西翻译思想比较研究》
【作者】鲁伟、李德凤
【刊物】中国科技翻译
【刊期】2010 年第 2 期　第 11～14，29 页

【文章】中国译学发展的自我定位
【作者】李林波
【刊物】天津外国语学院学报
【刊期】2009 年第 2 期　第 32～38 页

【文章】中西翻译伦理研究述评
【作者】骆贤凤
【刊物】中国翻译
【刊期】2009 年第 3 期　第 13～17，95 页

【文章】佐哈尔多元系统翻译理论的批评性阐释
【作者】吴耀武、张建青
【刊物】外语教学
【刊期】2010 年第 3 期　第 110～113 页

译史研究类

A

【文章】《哀希腊》的译介与符号化
【作者】廖七一
【刊物】外国语
【刊期】2010 年第 1 期　第 73～79 页

C

【文章】操纵与改写：辜鸿铭英译儒经

【作者】边立红
【刊物】山东外语教学
【刊期】2009 年第 3 期　第 86 ~ 91 页

【文章】重读玄奘译论“五种不翻”——论宗教类、文化类外来词语的翻译策略
【作者】郭虹宇
【刊物】天津外国语学院学报
【刊期】2009 年第 4 期　第 36 ~ 41 页

【文章】从《新青年》到《创造》看中国现代翻译批评的发生起源
【作者】胡翠娥、赵为娅
【刊物】外国语
【刊期】2009 年第 5 期　第 68 ~ 74 页

【文章】从翻译看马克思主义在中国的早期传播
【作者】李百玲
【刊物】上海翻译
【刊期】2009 年第 1 期　第 67 ~ 69 页

【文章】从林纾、鲁迅的翻译看翻译批评的多重视野
【作者】刘云虹
【刊物】外语教学
【刊期】2010 年第 6 期　第 101 ~ 104 页

【文章】从毛泽东著作的翻译谈建国以来的中译外工作
【作者】尹承东
【刊物】中国翻译
【刊期】2009 年第 5 期　第 13 ~ 16 页

【文章】从目的论管窥严复译《天演论》
【作者】邓隽
【刊物】上海翻译
【刊期】2010 年第 2 期　第 73 ~ 75 页

E

【文章】20 世纪初叶中国虚无党小说及“虚无美人”译介风潮研究
【作者】罗列
【刊物】天津外国语学院学报
【刊期】2009 年第 1 期　第 29 ~ 35 页

【文章】20 世纪中国翻译研究：论共和国前 29 年法国文学翻译
【作者】王友贵
【刊物】外国语言文学
【刊期】2010 年第 1 期　第 34 ~ 39 页

【文章】20 世纪中国翻译研究：特殊年代的文化怪胎“黄皮书”
【作者】王友贵
【刊物】广东外语外贸大学学报
【刊期】2010 年第 3 期　第 43 ~ 47 页

F

【文章】翻译·文化·复兴——记上海“孤岛”时期的一个特殊翻译机构“复社”
【作者】梁志芳
【刊物】上海翻译
【刊期】2010 年第 1 期　第 66 ~ 69 页

【文章】翻译的亲社会性——近现代中国翻译史研究之一
【作者】宋以丰
【刊物】上海翻译
【刊期】2010 年第 4 期　第 70 ~ 80，65 页

【文章】翻译史研究方法论四题
【作者】蓝红军

【刊物】天津外国语学院学报
【刊期】2010 年第 3 期　第 44 ~ 48 页

【文章】翻译适应选择论与林语堂英译《浮生六记》
【作者】翟红梅、张德让
【刊物】外语学刊
【刊期】2009 年第 2 期　第 112 ~ 114 页

【文章】翻译一事，系制造之根本 –—江南制造局的翻译及其影响
【作者】张美平
【刊物】中国翻译
【刊期】2010 年第 6 期　第 38 ~ 42 页

【文章】非常时期的非常翻译——关于中国大陆文革时期的文学翻译
【作者】谢天振
【刊物】中国比较文学
【刊期】2009 年第 2 期　第 23 ~ 35 页

G

【文章】辜鸿铭《论语》翻译的自我东方化倾向及其对翻译目的的消解
【作者】钟明国
【刊物】外国语文
【刊期】2009 年第 2 期　第 135 ~ 139 页

【文章】辜鸿铭译者文化身份与翻译思想初探
【作者】田怡俊、包通法
【刊物】上海翻译
【刊期】2010 年第 1 期　第 61 ~ 65 页

【文章】国内外手语翻译研究：历史与现状
【作者】王继红
【刊物】上海翻译
【刊期】2009 年第 2 期　第 23 ~ 28 页

H

【文章】胡适在翻译史中被边缘化现象的改写理论解析
【作者】赵文静
【刊物】外语教学
【刊期】2009 年第 3 期　第 85 ~ 89 页

【文章】回归历史：解读佛经翻译的文质之争
【作者】汪东萍、傅勇林
【刊物】外语教学
【刊期】2010 年第 2 期　第 97 ~ 100 页

J

【文章】江南制造局翻译馆的译书活动及其影响
【作者】张美平
【刊物】中国科技翻译
【刊期】2009 年第 4 期　第 48 ~ 51，41 页

【文章】近代日译中文书在日本的传播和影响
【作者】庞焱
【刊物】广东外语外贸大学学报
【刊期】2010 年第 5 期　第 89 ~ 92 页

【文章】经典化和政治化——一部汉语佛经的诞生
【作者】刘敬国、项东
【刊物】中国翻译
【刊期】2010 年第 4 期　第 24 ~ 27，94 ~ 94 页

【文章】90 年代出版业的市场化与“情色描写”——与日本翻译文学

的关系

【作者】王志松

【刊物】日语学习与研究

【刊期】2010 年第 4 期　第 11 ~ 18，63 页

L

【文章】勒菲弗尔操控论视野下的 17 年文学翻译

【作者】刘彬

【刊物】解放军外国语学院学报

【刊期】2010 年第 4 期　第 93 ~ 97 页

【文章】理雅各与韦利的《论语》英译本中风格与译者动机及境遇的关系

【作者】岳峰、周秦超

【刊物】外国语言文学

【刊期】2009 年第 2 期　第 102 ~ 109 页

【文章】历史的重构：一部中国英诗汉译断代批评史的构想

【作者】张旭

【刊物】外语研究

【刊期】2009 年第 2 期　第 72 ~ 76 页

【文章】林纾文化身份的建构及对其翻译的影响

【作者】陈国兴

【刊物】外国语文

【刊期】2009 年第 5 期　第 76 ~ 80 页

【文章】林语堂的东方主义倾向与其翻译的互文性分析

【作者】王少娣

【刊物】解放军外国语学院学报

【刊期】2009 年第 2 期　第 55 ~ 60 页

【文章】林语堂对中国传统书法理论的译介

【作者】顾毅

【刊物】中国翻译

【刊期】2009 年第 2 期　第 53 ~ 57，95 页

【文章】另类的“学术传教”——解析明末清初传教士对中国典籍的译介

【作者】戴俊霞、杨宸

【刊物】中国科技翻译

【刊期】2009 年第 4 期　第 52 ~ 54，26 页

【文章】论傅雷的后期翻译

【作者】王云霞、李寄

【刊物】外国语文

【刊期】2010 年第 3 期　第 100 ~ 104 页

Q

【文章】清末民初（1891 ~ 1917）科幻小说翻译探究

【作者】任东升、袁枫

【刊物】上海翻译

【刊期】2010 年第 4 期　第 72 ~ 76 页

R

【文章】日欧跨文化交流中的荷兰语翻译考述

【作者】刘小珊

【刊物】广东外语外贸大学学报

【刊期】2010 年第 2 期　第 71 ~ 74 页

S

【文章】适应与选择：严复翻译思想探源

【作者】黄忠廉

【刊物】上海翻译

【刊期】2009 年第 4 期 第 7 ~ 11 页

【文章】《四川译学报》及其赞助者研究
【作者】罗天
【刊物】外国语文
【刊期】2010 年第 6 期　第 96 – 99 页

【文章】宋辽金时期翻译制度初探
【作者】乌云格日勒、宝玉柱
【刊物】语言与翻译
【刊期】2010 年第 4 期　第 54 ~ 56 页

【文章】苏联语言学汉译历史分期
【作者】贾洪伟
【刊物】中国俄语教学
【刊期】2010 年第 2 期　第 71 ~ 74，83 页

T

【文章】他们仨：翻译连着你我他——傅雷、钱钟书、杨绛之间的翻译轶事
【作者】杨全红
【刊物】外国语文
【刊期】2010 年第 5 期　第 80 ~ 84 页

【文章】天朝话语与乔治三世致乾隆皇帝书的清宫译文
【作者】王辉
【刊物】中国翻译
【刊期】2009 年第 1 期　第 27 ~ 32，92 页

【文章】"天籁之音"：吴芳吉译诗的创格寻踪
【作者】张旭
【刊物】外国语文
【刊期】2009 年第 3 期　第 105 ~ 109 页

W

【文章】外交翻译 60 年
【作者】施燕华
【刊物】中国翻译
【刊期】2009 年第 5 期　第 9 ~ 12 页

【文章】晚清法律翻译的"普罗米修斯"及特殊贡献
【作者】熊德米
【刊物】外语教学
【刊期】2010 年第 5 期　第 94 ~ 97 页

【文章】晚清翻译小说的误读、误译与创造性误译考辨
【作者】裘禾敏
【刊物】外国语
【刊期】2010 年第 4 期第 64 ~ 72 页

【文章】文化与改写——蠡勺居士的翻译实践探析
【作者】张政、张卫晴
【刊物】中国外语
【刊期】2009 年第 1 期　第 79 ~ 84 页

【文章】文虽左右，旨不违中——蠡勺居士翻译中的宗教改写探析
【作者】张政、张卫晴
【刊物】中国翻译
【刊期】2010 年第 2 期　第 19 ~ 22 页

【文章】我国的佛经译论体系
【作者】傅惠生
【刊物】上海翻译
【刊期】2010 年第 1 期　第 1 ~ 5，40 页

X

【文章】新时期英美文学在中国大陆的翻译（1976 – 2008）
【作者】孙会军、郑庆珠
【刊物】解放军外国语学院学报

【刊期】2010 年第 2 期　第 73 ~ 77，88 页

【文章】新月派的翻译思想探究——以《新月》期刊发表的翻译作品为例
【作者】肖娴
【刊物】外语教学
【刊期】2010 年第 3 期　第 88 ~ 91 页

【文章】玄奘翻译思想辨伪
【作者】杨全红
【刊物】解放军外国语学院学报
【刊期】2010 年第 6 期　第 61 ~ 65，80 页

【文章】选择性顺应与顺应性选择——佛教中国化进程中的译者主体性构建透析
【作者】屠国元、朱献珑
【刊物】中国翻译
【刊期】2010 年第 4 期　第 20 ~ 23 页

Y

【文章】1949 年以前韩国文学汉译和意识形态因素
【作者】金鹤哲
【刊物】中国比较文学
【刊期】2009 年第 4 期　第 61 ~ 71 页

【文章】意识形态对辜鸿铭翻译的操控
【作者】王静、周平
【刊物】外语学刊
【刊期】2010 年第 2 期　第 124 ~ 127 页

【文章】"译学"萌芽于康熙朝
【作者】孙迎春
【刊物】中国科技翻译
【刊期】2009 年第 4 期　第 45 ~ 47，12 页

【文章】语朴情醇是正行——深切缅怀中国翻译界的一面旗帜季羡林先生
【作者】郭晓勇
【刊物】中国翻译
【刊期】2009 年第 5 期　第 17 ~ 18 页

【文章】语言哲学视阈下林语堂翻译思想的多维解读
【作者】冯智强
【刊物】天津外国语学院学报
【刊期】2009 年第 4 期　第 31 ~ 35 页

【文章】郁达夫英诗汉译散体化现象考察
【作者】张旭
【刊物】外语教学
【刊期】2009 年第 6 期　第 105 ~ 108 页

Z

【文章】张爱玲的中英自译：一个后殖民理论的视点
【作者】王晓莺
【刊物】外国语文
【刊期】2009 年第 2 期　第 125 ~ 129 页

【文章】中国翻译工具书回眸（1949 ~ 2009）
【作者】蔡青、文军
【刊物】上海翻译
【刊期】2010 年第 1 期　第 78 ~ 80 页

【文章】中国古代法律英译的补偿问题探讨
【作者】刘迎春、王海燕
【刊物】中国外语
【刊期】2009 年第 1 期　第 100 ~ 104 页

【文章】中国古代及近现代译名研究回顾
【作者】王英姿、许宏
【刊物】外国语文
【刊期】2009 年第 4 期　第 139 ~ 144 页

【文章】中国早期商务英语变体考
【作者】邱立中
【刊物】上海翻译
【刊期】2009 年第 2 期　第 39 ~ 43 页

【文章】宗教典籍汉译对于小说汉译的借镜作用
【作者】方开瑞
【刊物】中国翻译
【刊期】2010 年第 1 期　第 21 ~ 26，95 页

文学翻译类

A

【文章】爱伦·坡作品在中国的译介——纪念爱伦·坡 200 周年诞辰
【作者】曹明伦
【刊物】中国翻译
【刊期】2009 年第 1 期　第 46 ~ 50，93 页

B

【文章】巴尔扎克传播中国的宝贵发现－由蒋芳的《巴尔扎克在中国》说开去
【作者】王福和
【刊物】中国比较文学
【刊期】2010 年第 2 期　第 151 ~ 153 页

【文章】被扭曲的中华称谓——《红楼梦》尊他敬语五种英译之比较
【作者】肖家燕、刘泽权
【刊物】外国语文
【刊期】2009 年第 6 期　第 51 ~ 56 页

【文章】卞之琳诗歌翻译的文体选择及审美价值
【作者】肖曼琼
【刊物】外语学刊
【刊期】2009 年第 3 期　第 109 ~ 112 页

【文章】别求新声于异邦——《红楼梦》俄译事业的历时研究
【作者】李锦霞、孙斌
【刊物】中国俄语教学
【刊期】2009 年第 1 期　第 69 ~ 72 页

C

【文章】传神达意，“译”味隽永——汪榕培英译“枫桥夜泊”的艺术
【作者】张玲
【刊物】中国外语
【刊期】2010 年第 1 期　第 98 ~ 100 页

【文章】此时无声胜有声——超越诗歌翻译损失的“留白”性翻译
【作者】蔡华
【刊物】中国外语
【刊期】2009 年第 3 期　第 92 ~ 99 页

【文章】从“父与子”谈《狼图腾》中的拟亲属称谓及其英译
【作者】王颖冲
【刊物】中国翻译

【刊期】2009年第1期　第68～70，93页

【文章】从《罗生门》的翻译看中国文学与翻译文学的关系

【作者】孙立春

【刊物】日语学习与研究

【刊期】2010年第6期　第113～118页

【文章】从《舞舞舞》的三种译本谈译者的翻译态度

【作者】于桂玲

【刊物】外语学刊

【刊期】2010年第6期　第117～120页

【文章】从《葬花吟》翻译透析林语堂的翻译风格

【作者】黄宁夏、杨萍

【刊物】西安外国语大学学报

【刊期】2010年第4期　第97～100页

【文章】从词义连贯、隐喻连贯与意象聚焦看诗歌意境之“出”——以李商隐诗《夜雨寄北》及其英译为例

【作者】朱纯深、崔英

【刊物】中国翻译

【刊期】2010年第1期　第57～64，95～96页

【文章】从翻译美学看文学翻译审美再现的三个原则

【作者】党争胜

【刊物】外语教学

【刊期】2010年第3期　第96～100页

【文章】从翻译批评看中国现代文学在法国的译介与接受

【作者】高方

【刊物】外语教学

【刊期】2009年第1期 第99～103页

【文章】从翻译适应选择论看新闻报道中隐喻习语的翻译

【作者】刘艳芳

【刊物】上海翻译

【刊期】2009年第4期　第16～19页

【文章】从赋、比、兴观《诗经》之英译

【作者】吴结评

【刊物】天津外国语学院学报

【刊期】2009年第6期　第26～30页

【文章】从关联翻译理论看《老人与海》中的外来语变异及其翻译重构

【作者】陈彬彬

【刊物】外国语言文学

【刊期】2009年第1期　第29～34页

【文章】从霍译《红楼梦》看译者主体性在文学翻译改写中的表现

【作者】张敬

【刊物】中国外语

【刊期】2009年第4期　第98～101页

【文章】从接受美学视角探究唐诗英译——以《江雪》两种英译文为例

【作者】朱小美、陈倩倩

【刊物】西安外国语大学学报

【刊期】2010年第4期　第105～108页

【文章】从文体学视角看格律诗的翻译——以许渊冲英译李商隐的《无题》为例

【作者】万兵
【刊物】天津外国语学院学报
【刊期】2010 年第 6 期　第 24 ~ 28 页

【文章】从语际翻译看文学语言的特性——也谈诗的可译与不可译
【作者】钱静、陈学广
【刊物】外语学刊
【刊期】2010 年第 5 期　第 105 ~ 108 页

D

【文章】得意岂能忘形——从《傲慢与偏见》的两种译文看文学翻译中主位－信息结构之再现
【作者】李明
【刊物】广东外语外贸大学学报
【刊期】2009 年第 4 期　第 88 ~ 92 页

【文章】典故翻译的注释原则——以《尤利西斯》的典故注释为例
【作者】许宏
【刊物】解放军外国语学院学报
【刊期】2009 年第 1 期　第 78 ~ 83 页

【文章】典籍英译与文化意识——兼议《古文百篇英译》的文化传递
【作者】蔡石兴
【刊物】上海翻译
【刊期】2010 年第 2 期　第 57 ~ 60 页

【文章】典籍英译中的"东方情调化翻译倾向"研究——以英美翻译家的汉籍英译为例
【作者】蒋骁华
【刊物】中国翻译
【刊期】2010 年第 4 期　第 40 ~ 45，95 页

【文章】典籍英译中的文化语境顺应研究
【作者】魏晓红、李清源
【刊物】外语教学
【刊期】2010 年第 2 期　第 109 ~ 112 页

【文章】对"现代"的追求——试论《现代》杂志译介外国文学的特点
【作者】张生
【刊物】中国比较文学
【刊期】2009 年第 4 期　第 72 ~ 79 页

【文章】对《满月——厨房Ⅱ》一处译文的分析及探讨
【作者】由同来
【刊物】日语学习与研究
【刊期】2010 年第 5 期　第 124 ~ 128 页

【文章】对翻译小说语法标记显化的语料库研究
【作者】胡显耀、曾佳
【刊物】外语研究
【刊期】2009 年第 5 期 第 72 ~ 79 页

【文章】多维视角下二元翻译因素的并置与转换——以《红楼梦》判词的英译为例
【作者】张瑞娥、董杰
【刊物】天津外国语学院学报
【刊期】2010 年第 2 期　第 35 ~ 41 页

E

【文章】俄国文学名著注释本对汉译的重要参考作用——以《叶甫盖尼·奥涅金》注释本为例
【作者】王加兴
【刊物】外语学刊

【刊期】2010 年第 5 期　第 136～139 页

F

【文章】翻译、解读与文化的越境——也谈“林译”村上文学
【作者】王志松
【刊物】日语学习与研究
【刊期】2009 年第 5 期　第 117～122 页

【文章】翻译“他者中的他者”：一种策略上的本质主义——透视斯皮瓦克的后殖民翻译诗学
【作者】郝琳
【刊物】中国比较文学
【刊期】2009 年第 1 期　第 66～79 页

【文章】翻译的诗学变脸
【作者】杨柳
【刊物】中国翻译
【刊期】2009 年第 6 期　第 42～47，93 页

【文章】翻译的文体与政治——“林译”文体论争之刍议
【作者】王成
【刊物】日语学习与研究
【刊期】2009 年第 1 期　第 124～128 页

【文章】翻译规范与译者惯习——以胡适译诗为例
【作者】骆萍
【刊物】西安外国语大学学报
【刊期】2010 年第 2 期 第 95～97 页

【文章】翻译国民性：以晚清《鲁滨孙飘流续记》中译本为例
【作者】崔文东
【刊物】中国翻译
【刊期】2010 年第 5 期　第 19～24，94 页

【文章】翻译间性与徐志摩陌生化诗歌翻译
【作者】陈琳、张春柏
【刊物】中国比较文学
【刊期】2009 年第 4 期　第 46～60 页

【文章】翻译经典的构建——以梁译《莎士比亚全集》为例
【作者】王静、兰莉
【刊物】外语教学
【刊期】2010 年第 1 期　第 104～1088 页

【文章】翻译托马斯·威尔和杰拉尔丁·威尔作品的体会
【作者】孙建成
【刊物】中国翻译
【刊期】2010 年第 1 期　第 82～84 页

【文章】翻译小说“被”字句的频率、结构及语义韵研究
【作者】胡显耀、曾佳
【刊物】外国语
【刊期】2010 年第 3 期　第 73～79 页

【文章】翻译学与比较文学：两个相切相重的学科
【作者】陈思和
【刊物】中国比较文学
【刊期】2009 年第 2 期　第 46～50 页

【文章】翻译研究新视野：中国武侠小说俄译初探
【作者】赵为
【刊物】外语学刊
【刊期】2009 年第 5 期　第 129～132 页

【文章】翻译研究与比较文学的未来——苏珊·巴斯奈特访谈
【作者】苏珊·巴斯奈特、黄德先
【刊物】中国比较文学
【刊期】2009 年第 2 期　第 15～22 页

【文章】翻译与创作并举——女翻译家杨绛
【作者】乔澄澈
【刊物】外语学刊
【刊期】2010 年第 5 期　第 109～112 页

【文章】翻译与现代白话规范
【作者】廖七一
【刊物】外国语文
【刊期】2010 年第 3 期　第 81～86 页

【文章】翻译与英语文学经典的形成——评《牛津英语文学翻译史》（卷三）
【作者】陈历明
【刊物】外语教学与研究
【刊期】2009 年第 5 期　第 391～393 页

【文章】翻译中的归化和异化：沙译《水浒传》分析
【作者】闫玉涛
【刊物】山东外语教学
【刊期】2010 年第 2 期　第 95～98 页

【文章】傅雷的对话翻译艺术——以傅译《都尔的本堂神甫》为例
【作者】宋学智、许钧
【刊物】外语教学
【刊期】2010 年第 6 期　第 87～90，100 页

G

【文章】歌德笔下的"中国女诗人"
【作者】谭渊
【刊物】中国翻译
【刊期】2009 年第 5 期　第 33～38 页

【文章】功能翻译理论给文学翻译批评的启示
【作者】刘嫦、赵友斌
【刊物】外语学刊
【刊期】2009 年第 2 期　第 108～111 页

【文章】古池，蛙纵水声传——一词加一句形式的俳句翻译
【作者】金中
【刊物】外语研究
【刊期】2010 年第 1 期　第 88～92 页

【文章】古籍英译译者选词差异实证研究——以《孙子兵法》英译独特用词为例
【作者】陈红、李加军
【刊物】中国翻译
【刊期】2009 年第 6 期　第 57～62，93 页

【文章】古诗歌"意境"翻译的可证性研究
【作者】包通法、杨莉
【刊物】中国翻译
【刊期】2010 年第 5 期　第 34～38，95 页

【文章】古诗英译中的情景组合初探
【作者】陈静
【刊物】外国语言文学
【刊期】2009 年第 4 期　第 259～262 页

【文章】关联理论关照下文学作品的重译——以 David Copperfield 的翻译

为例
【作者】于涛
【刊物】外国语言文学
【刊期】2009 年第 1 期　第 35 ~ 41 页

【文章】关联理论视角下汉诗英译的认知推理过程探析——以唐诗《春望》五种译文为例
【作者】段奡卉
【刊物】外语教学
【刊期】2010 年第 4 期　第 96 ~ 100 页

【文章】关于《文心雕龙》的英译与研究
【作者】刘颖
【刊物】外语教学与研究
【刊期】2009 年第 2 期　第 142 ~ 147 页

【文章】关于近年赛译《水浒传》研究的反思
【作者】唐艳芳
【刊物】外语研究
【刊期】2009 年第 2 期　第 77 ~ 81 页

【文章】国内外《论语》英译研究比较
【作者】王琰
【刊物】外语研究
【刊期】2010 年第 2 期　第 70 ~ 73 页

H

【文章】海德格尔《荷尔德林的赞美诗〈伊斯特〉》中的本体论的翻译思想
【作者】蔡新乐
【刊物】外国语文
【刊期】2010 年第 1 期　第 94 ~ 99 页

【文章】汉诗英译风格的“隐”与“秀”
【作者】魏家海
【刊物】天津外国语学院学报
【刊期】2010 年第 5 期　第 35 ~ 40 页

【文章】汉文化经典误读误译现象解析：以威利《论语》译本为例
【作者】徐珺
【刊物】外国语
【刊期】2010 年第 6 期　第 61 ~ 69 页

【文章】汉学家和中国文学的翻译——中外文化沟通的桥梁
【作者】黄友义
【刊物】中国翻译
【刊期】2008 年第 5 期　第 16 ~ 17 页

【文章】汉语重叠词的突显意义及其在翻译中的识解型式——《干校六记》重叠词英汉语料的比较分析
【作者】陈吉荣
【刊物】上海翻译
【刊期】2010 年第 4 期　第 30 ~ 34 页

【文章】和歌汉译中形式的选择与信息的增减——以《百人一首》为例
【作者】潘小多
【刊物】日语学习与研究
【刊期】2009 年第 4 期　第 57 ~ 64 页

【文章】《红楼梦》俄译本中的文化误译
【作者】李磊荣
【刊物】中国俄语教学
【刊期】2010 年第 3 期　第 61 ~ 66 页

【文章】《红楼梦》法译本传统文化内涵的翻译策略

【作者】郭玉梅
【刊物】天津外国语学院学报
【刊期】2009 年第 3 期　第 34 ~ 39 页

【文章】《红楼梦》隐含视觉主体叙事学解析与翻译
【作者】陈琳
【刊物】外国语言文学
【刊期】2009 年第 2 期　第 116 ~ 122 页

【文章】《红楼梦》隐喻法译研究
【作者】莫旭强
【刊物】广东外语外贸大学学报
【刊期】2010 年第 3 期　第 48 ~ 52 页

【文章】《红楼梦》英译本方法比较研究
【作者】党争胜
【刊物】外语教学
【刊期】2009 年第 2 期　第 106 ~ 109，113 页

【文章】后殖民翻译理论观照下的赛珍珠《水浒传》译本
【作者】张志强
【刊物】中国翻译
【刊期】2010 年第 2 期　第 44 ~ 48，95 页

J

【文章】基于转喻认知机制的文学隐含意翻译研究
【作者】江莉
【刊物】西安外国语大学学报
【刊期】2009 年第 3 期　第 66 ~ 68 页

【文章】接受美学视野下文学作品的模糊性及其翻译
【作者】魏晓红
【刊物】上海翻译
【刊期】2009 年第 2 期　第 61 ~ 64 页

【文章】接天莲叶无穷碧，映日荷花别样红——法国现当代中国文学翻译家何碧玉研究
【作者】陆洋
【刊物】中国翻译
【刊期】2009 年第 4 期　第 26 ~ 29，94 页

【文章】近代小说翻译的文学文本翻译——以侦探小说 The Hound of the Baskervilles 的译介为例
【作者】饶梦华
【刊物】广东外语外贸大学学报
【刊期】2010 年第 5 期　第 54 ~ 58，92 页

【文章】经典重译　旨求臻境——评黄源深译作《最后一片叶子》
【作者】石云龙
【刊物】解放军外国语学院学报
【刊期】2010 年第 2 期　第 67 ~ 72 页

K

【文章】抗战时期重庆《文艺阵地》对外国文学的译介
【作者】徐惊奇
【刊物】外国语文
【刊期】2009 年第 6 期　第 112 ~ 115 页

【文章】肯尼斯·雷克思罗斯的“同情”诗歌翻译观
【作者】郑燕虹
【刊物】外语教学与研究
【刊期】2009 年第 2 期　第 137 ~ 141 页

【文章】跨文化与异质语言体验——多和田叶子的翻译和语言世界管窥
【作者】刘军、李云

【刊物】外语研究
【刊期】2009年第1期　第81～85页

L

【文章】蠡勺居士《昕夕闲谈》诗歌翻译策略探析
【作者】张卫晴、张政
【刊物】解放军外国语学院学报
【刊期】2010年第1期　第62～66页

【文章】李杜诗篇的人文意蕴与英译策略
【作者】魏瑾
【刊物】外语学刊
【刊期】2009年第3期　第105～108页

【文章】历史意识与诗性原则——美国诗人加里·斯奈德的翻译诗学研究
【作者】胡安江
【刊物】外国语文
【刊期】2009年第2期　第130～134页

【文章】梁实秋《威尼斯商人》译本研究
【作者】李明清
【刊物】外国语文
【刊期】2010年第4期　第89～91页

【文章】梁宗岱译《莎士比亚十四行诗》：基于其诗论和译论的再创之作
【作者】方汉泉、洪斌
【刊物】广东外语外贸大学学报
【刊期】2009年第5期　第61～65，87页

【文章】两会记者招待会温家宝总理所引诗词的翻译探讨
【作者】过家鼎
【刊物】中国翻译
【刊期】2010年第3期　第52页

【文章】《聊斋志异》还是《来自一个中国书斋的奇异故事》
【作者】曾婳颖
【刊物】广东外语外贸大学学报
【刊期】2010年第2期　第78～83页

【文章】论《红楼梦》颜色词翻译
【作者】汪小祥
【刊物】外国语言文学
【刊期】2010年第3期　第185～190，195页

【文章】论安乐哲《论语》翻译的哲学思想
【作者】陈国兴
【刊物】中国比较文学
【刊期】2010年第1期　第24～33，157页

【文章】论创作取向的翻译——以庞德、斯奈德等人英译中国古诗为例
【作者】肖跃田
【刊物】外语教学
【刊期】2010年第3期　第101～105页

【文章】论村上春树的翻译
【作者】杨炳菁
【刊物】日语学习与研究
【刊期】2010年第2期　第123～128页

【文章】论读者创新期待
【作者】丛滋杭
【刊物】中国翻译
【刊期】2009年第2期　第68～73，95～96页

【文章】论翻译之颠覆力与重塑力——重思中国新诗的发生

【作者】汤富华
【刊物】中国翻译
【刊期】2009 年第 3 期　第 23 ~ 28，95 页

【文章】论古汉语诗词英译批评本体论意义阐释框架——社会文化语境关联下的主题与主题倾向性融合
【作者】曾利沙
【刊物】外语教学
【刊期】2010 年第 2 期　第 88 ~ 92 页

【文章】论汉英法律翻译中的形式对等问题
【作者】金朝武
【刊物】中国翻译
【刊期】2009 年第 2 期第 62 ~ 67 页

【文章】论芮效卫《金瓶梅》英译本的体制与策略
【作者】温秀颖、李兰
【刊物】中国外语
【刊期】2010 年第 1 期　第 101 ~ 105 页

【文章】论文化修辞能量及其跨文化传达——以《九月九日忆山东兄弟》及其俄译为例
【作者】蒙曜登
【刊物】中国俄语教学
【刊期】2010 年第 2 期　第 61 ~ 66 页

【文章】论文学作品翻译中艺术形式的再现
【作者】刘扬、曹志希
【刊物】外语教学
【刊期】2009 年第 6 期　第 109 ~ 112 页

【文章】论文学作品中的“情感愉悦”与“情感传真”
【作者】谢建平
【刊物】中国翻译
【刊期】2010 年第 5 期　第 29 ~ 33，94 ~ 95 页

【文章】论误译对中国五四新诗运动与英美意象主义诗歌运动的影响
【作者】王东风
【刊物】外语教学与研究
【刊期】2010 年第 6 期　第 459 ~ 464 页

【文章】论薛范歌曲翻译的三项要求
【作者】廖志阳
【刊物】西安外国语大学学报
【刊期】2010 年第 1 期　第 45 ~ 48 页

【文章】《论语》英译与西方汉学的当代发展
【作者】王琰
【刊物】中国翻译
【刊期】2010 年第 3 期　第 24 ~ 32，95 ~ 96 页

【文章】《罗生门》鲁迅译文探析
【作者】何家蓉
【刊物】解放军外国语学院学报
【刊期】2009 年第 3 期　第 83 ~ 87 页

M

【文章】马丁·布伯的“之间”概念与文学翻译对话研究
【作者】仝亚辉
【刊物】解放军外国语学院学报
【刊期】2009 年第 1 期　第 73 ~ 77 页

【文章】毛泽东诗词的静态意象及其英译——以“山”为例
【作者】张智中
【刊物】天津外国语学院学报

【刊期】2009 年第 2 期　第 39 ~ 43 页

【文章】毛泽东诗词中数词英译研究

【作者】张智中

【刊物】解放军外国语学院学报

【刊期】2009 年第 4 期　第 74 ~ 78 页

【文章】美的感悟、传译与创造——以刘士聪《落花生》英译文为例谈散文翻译

【作者】张保红

【刊物】广东外语外贸大学学报

【刊期】2010 年第 3 期　第 15 ~ 20 页

【文章】美国学者伯顿·华生的寒山诗英译本研究

【作者】胡安江

【刊物】解放军外国语学院学报

【刊期】2009 年第 6 期　第 75 ~ 80 页

【文章】民族文化审美与外国诗歌形式的误译

【作者】熊辉

【刊物】山东外语教学

【刊期】2009 年第 2 期　第 80 ~ 83 页

P

【文章】"pun"的译名及其在文学文本中的汉译

【作者】蓝若宇

【刊物】外语研究

【刊期】2009 年第 2 期　第 89 ~ 93 页

【文章】叛逆：显性？隐性？——从文化构建看文学翻译中的叛逆

【作者】黄四宏

【刊物】西安外国语大学学报

【刊期】2009 年第 2 期　第 81 ~ 84 页

【文章】庞德《诗经》翻译中译古喻今的"现实"原则与意象主义诗学

【作者】李玉良

【刊物】外语教学

【刊期】2009 年第 3 期　第 90 ~ 94 页

【文章】庞德创译中国古诗中的中国传统情结

【作者】魏家海

【刊物】天津外国语学院学报

【刊期】2009 年第 5 期　第 36 ~ 41，48 页

【文章】平静若水淡如烟——深切缅怀翻译界泰斗杨宪益先生

【作者】郭晓勇

【刊物】中国翻译

【刊期】2010 年第 1 期　第 46 ~ 48 页

【文章】评阿瑟·韦利的蒙古族典籍《蒙古秘史》英译本——兼谈民族典籍翻译研究的学科定位

【作者】邢力

【刊物】解放军外国语学院学报

【刊期】2010 年第 2 期　第 78 ~ 82 页

【文章】评价系统视域中的翻译研究——以《红楼梦》两个译本对比为例

【作者】刘晓琳

【刊物】外语学刊

【刊期】2010 年第 3 期　第 161 ~ 163 页

Q

【文章】浅论哈萨克诗歌的汉译技巧

【作者】迪丽达·吐斯甫汗
【刊物】语言与翻译
【刊期】2009 年第 3 期　第 53 ~ 55 页

【文章】“巧笑倩兮，美目盼兮”——蠡勺居士译作中女性形象翻译策略探析
【作者】张卫晴、张政
【刊物】外语教学
【刊期】2010 年第 4 期　第 101 ~ 104 页

【文章】《全唐诗》中的翻译术语研究
【作者】赵巍
【刊物】解放军外国语学院学报
【刊期】2009 年第 5 期　第 72 ~ 75，119 页

R

【文章】日本文学翻译中的“汉字之痒”
【作者】王晓平
【刊物】日语学习与研究
【刊期】2010 年第 5 期　第 101 ~ 108 页

【文章】融化新知与诗学重诂
【作者】张旭
【刊物】外语研究
【刊期】2010 年第 6 期　第 80 ~ 85 页

【文章】儒家经典翻译的诠释学理论前提——以英译《论语》为例
【作者】曹威
【刊物】外语学刊
【刊期】2010 年第 6 期　第 109 ~ 113 页

S

【文章】赛珍珠以汉语为基础的思维模式——谈赛译《水浒传》
【作者】董琇
【刊物】中国翻译
【刊期】2010 年第 2 期　第 49 ~ 54，95 页

【文章】散文语言的音乐美与翻译
【作者】童兆升、卢志宏
【刊物】山东外语教学
【刊期】2009 年第 1 期　第 89 ~ 93 页

【文章】莎剧中称呼的翻译
【作者】王瑞、陈国华
【刊物】解放军外国语学院学报
【刊期】2010 年第 1 期　第 72 ~ 78 页

【文章】莎士比亚戏剧英汉平行语料库的创建与应用
【作者】胡开宝、邹颂兵
【刊物】外语研究
【刊期】2009 年第 5 期　第 64 ~ 71 页

【文章】善译必由之路：论典籍翻译的补偿
【作者】夏廷德
【刊物】外语学刊
【刊期】2009 年第 2 期　第 96 ~ 100 页

【文章】神话－原型批评视阈中的文学翻译批评研究
【作者】苏艳
【刊物】外语学刊
【刊期】2009 年第 2 期　第 104 ~ 107 页

【文章】沈从文小说英译述评
【作者】徐敏慧
【刊物】外语教学与研究
【刊期】2010 年第 3 期　第 220 ~ 225 页

【文章】诗歌翻译的美学取向
【作者】丁志斌
【刊物】外国语文

【刊期】2010 年第 1 期　第 100 ~ 104 页

【文章】诗歌翻译取决于译者目的——伊恩·梅森访谈录
【作者】焦鹏帅
【刊物】外语研究
【刊期】2010 年第 6 期　第 86 ~ 88 页

【文章】诗歌翻译中的格物、感物和体物
【作者】刘华文
【刊物】外语研究
【刊期】2010 年第 3 期　第 75 ~ 78 页

【文章】诗歌人际意义的跨文化建构——以《红楼梦》咏蟹诗英译为例
【作者】李珊
【刊物】外国语言文学
【刊期】2009 年第 3 期　第 184 ~ 189 页

【文章】《诗经》译本的底本及参考系统考析
【作者】李玉良
【刊物】外语学刊
【刊期】2009 年第 3 期　第 101 ~ 104 页

【文章】施蛰存的小说翻译对其创作的影响
【作者】杨迎平
【刊物】中国比较文学
【刊期】2010 年第 2 期　第 96 ~ 104 页

【文章】实践刘重德教授的译诗主张——《六祖坛经》中偈、颂的翻译
【作者】蒋坚松、陈惠
【刊物】中国外语
【刊期】2009 年第 1 期　第 90 ~ 94 页

【文章】试论形式之维的诗歌误译
【作者】熊辉
【刊物】天津外国语学院学报
【刊期】2009 年第 2 期　第 44 ~ 47，54 页

【文章】四川与歌德 歌德与四川——为川外 60 华诞暨歌德研究所成立而作
【作者】杨武能
【刊物】外国语文
【刊期】2010 年第 2 期　第 1 ~ 6 页

【文章】似是而非说迦茵：林译《迦茵小传》中迦茵形象的修辞解读
【作者】潘红
【刊物】西安外国语大学学报
【刊期】2010 年第 3 期　第 70 ~ 74 页

T

【文章】唐诗中隐喻和转喻互动的翻译
【作者】高原
【刊物】天津外国语学院学报
【刊期】2010 年第 5 期　第 29 ~ 34 页

【文章】“天籁之音”：吴芳吉译诗的创格寻踪
【作者】张旭
【刊物】外国语文
【刊期】2009 年第 3 期　第 105 ~ 109 页

W

【文章】外国文学翻译与研究 60 年
【作者】陈众议
【刊物】中国翻译
【刊期】2009 年第 6 期　第 13 ~ 19 页

【文章】王佐良翻译观探析
【作者】黎昌抱
【刊物】中国翻译

【刊期】2009 年第 3 期　第 29 ~ 35 页

【文章】为《译文》溯源——从茅盾的《译文·发刊词》说起
【作者】崔峰
【刊物】中国比较文学
【刊期】2009 年第 4 期　第 80 ~ 88 页

【文章】韦利创意英译如何进入英语文学——以阿瑟·韦利翻译的《中国诗歌 170 首》为例
【作者】李冰梅
【刊物】中国比较文学
【刊期】2009 年第 3 期　第 106 ~ 115 页

【文章】韦利创意英译如何进入英语文学——以阿瑟·韦利翻译的《中国诗歌 170 首》为例
【作者】李冰梅
【刊物】中国比较文学
【刊期】2010 年第 3 期　第 106 ~ 115 页

【文章】文本的翻译与评说——以林少华译《挪威的森林》为例
【作者】林璋
【刊物】日语学习与研究
【刊期】2009 年第 5 期　第 109 ~ 116 页

【文章】文化典籍外译与文化自觉
【作者】曾春莲、傅晓玲
【刊物】语言与翻译
【刊期】2010 年第 4 期　第 57 ~ 60 页

【文章】文化翻译的策略及其制约因素——以《红楼梦》两个全译本对原文本文化信息的处理方式为例
【作者】左飚
【刊物】上海翻译
【刊期】2009 年第 1 期　第 35 ~ 40 页

【文章】文体的翻译和翻译的文体
【作者】林少华
【刊物】日语学习与研究
【刊期】2009 年第 1 期　第 118 ~ 123 页

【文章】文学翻译批评中对译与作的"质"和"构"的认知
【作者】王贵明
【刊物】中国翻译
【刊期】2010 年第 3 期　第 17 ~ 23，95 页

【文章】文学翻译思维中所指网上的舞蹈——亨利·詹姆斯的代表作《一位女士的画像》译后联想（之一）
【作者】吴可
【刊物】中国翻译
【刊期】2009 年第 6 期　第 63 ~ 67 页

【文章】文学翻译行为中的意义变异和新意衍生
【作者】赵小兵
【刊物】西安外国语大学学报
【刊期】2009 年第 3 期　第 71 ~ 74 页

【文章】文学翻译与翻译文学——林译村上文本在中国大陆
【作者】杨炳菁
【刊物】日语学习与研究
【刊期】2009 年第 5 期　第 123 ~ 128 页

【文章】文学翻译中的文化意识差异——对《红楼梦》两个英译本的描

述性对比研究
【作者】姜秋霞、郭来福、杨正军
【刊物】中国外语
【刊期】2009 年第 4 期　第 90 ~ 94，97 页

【文章】文学翻译中灵感思维的认识与体现
【作者】杨跃、齐涛云
【刊物】外语教学
【刊期】2010 年第 3 期　第 106 ~ 109 页

【文章】文学翻译中陌生化和本土化的策略取向与冲突
【作者】袁榕
【刊物】解放军外国语学院学报
【刊期】2010 年第 3 期　第 88 ~ 92 页

【文章】文学翻译中意境的伪证性认识范式研究
【作者】包通法、刘正清
【刊物】外语学刊
【刊期】2010 年第 3 期　第 155 ~ 160 页

【文章】文学文体学在小说反讽翻译中的应用
【作者】张文瑜
【刊物】语言与翻译
【刊期】2010 年第 2 期　第 57 ~ 60 页

【文章】文学译介与中国文学“走出去”
【作者】耿强
【刊物】解放军外国语学院学报
【刊期】2010 年第 3 期　第 82 ~ 87 页

【文章】文学作品复译的原型观
【作者】刘孔喜、杨炳钧
【刊物】西安外国语大学学报
【刊期】2010 年第 3 期　第 66 ~ 69，74 页

X

【文章】西方诗学视野中的节奏与翻译
【作者】曹丹红
【刊物】中国翻译
【刊期】2010 年第 4 期第 51 ~ 55 页

【文章】《西游记》余国藩英译本中诗词全译的策略及意义
【作者】苏艳
【刊物】外语研究
【刊期】2009 年第 2 期　第 82 ~ 86 页

【文章】系统功能语言学翻译质量评估模式的实证与反思
【作者】吕桂
【刊物】外语研究
【刊期】2010 年第 2 期　第 64 ~ 69 页

【文章】“辖域”对原语文本理解与翻译的制约——以李白诗歌英译为例
【作者】王明树
【刊物】外国语文
【刊期】2010 年第 3 期　第 91 ~ 95 页

【文章】现代西班牙汉译文学的译介策略
【作者】申欣欣
【刊物】中国比较文学
【刊期】2009 年第 3 期　第 116 ~ 123 页

【文章】现代西班牙汉译文学的译介策略
【作者】申欣欣
【刊物】中国比较文学
【刊期】2010 年第 3 期　第 116 ~ 123 页

【文章】现状、问题与建议——关于中国文学走出去的思考

【作者】高方、许钧
【刊物】中国翻译
【刊期】2010年第6期　第5~9，92页

【文章】形式的复活：从诗学的角度反思文学翻译
【作者】王东风
【刊物】中国翻译
【刊期】2010年第1期　第6~12，95页

【文章】叙事角度与中国古诗英译的文化意义亏损——以许渊冲的英译《春江花月夜》为例
【作者】汪小英
【刊物】外语学刊
【刊期】2010年第4期　第128~131页

Y

【文章】一沙一世界 一花一天国——布莱克《天真的预言》汉译的文化解读
【作者】李玲
【刊物】外国语文
【刊期】2010年第5期　第92~94页

【文章】依据关联翻译论探讨汉诗英译的凝炼美
【作者】李磊
【刊物】山东外语教学
【刊期】2010年第1期　第75~80页

【文章】亦步亦趋：卞之琳的诗歌翻译思想——从卞译《哈姆雷特》谈起
【作者】许宏、王英姿
【刊物】解放军外国语学院学报
【刊期】2010年第2期　第83~88页

【文章】译，还是不译：文学翻译中的反复现象及处理
【作者】孙会军、郑庆珠
【刊物】中国翻译
【刊期】2010年第4期　第46~50页

【文章】译者的选择性适应与适应性选择评《牡丹亭》的三个英译本
【作者】蒋骁华
【刊物】上海翻译
【刊期】2009年第4期　第11~15页

【文章】译者主体性视域下的话语标记语的英译研究——以《红楼梦》中的“我想”为例
【作者】祖利军
【刊物】外语教学
【刊期】2010年第3期 第92~95，113页

【文章】意义阐释和文学翻译的伦理
【作者】张道振
【刊物】中国翻译
【刊期】2009年第3期　第18~22，95页

【文章】“隐秀”美学风格之传译——以海明威《永别了，武器》汉译为例
【作者】周晔
【刊物】外国语文
【刊期】2010年第1期　第115~119页

【文章】英伽登的层次理论与Burton watson英译中国古诗
【作者】魏家海
【刊物】中国翻译
【刊期】2009年第1期　第63~67，93页

【文章】英语格律诗汉译探索——以斯宾塞《小爱神》第 75 首汉译为个案
【作者】余晓燕
【刊物】外国语文
【刊期】2010 年第 6 期　第 100 ~ 103 页

【文章】英语格律诗汉译形式美要求与文化传播的审美规律探析
【作者】王芳
【刊物】中国外语
【刊期】2009 年第 2 期　第 99 ~ 104 页

【文章】英语世界《聊斋志异》译介述评
【作者】何敏
【刊物】外语教学与研究
【刊期】2009 年第 2 期　第 148 ~ 152 页

【文章】影响颜色词翻译的因素——以中日文学作品中的“青”为例
【作者】林娶
【刊物】日语学习与研究
【刊期】2009 年第 4 期　第 72 ~ 80 页

【文章】由翻译引起的争论？就“Reflections on Comparative Literature in the Twenty - First Century”的译文及其引发的争论与有关学者商榷
【作者】天一
【刊物】中国比较文学
【刊期】2010 年第 1 期　第 126 ~ 130 页

【文章】语言形象再现的文类冲突——以《红楼梦》对联翻译为例
【作者】张小波、张映先
【刊物】解放军外国语学院学报
【刊期】2009 年第 3 期　第 67 ~ 70，97 页

【文章】乐府英译文化取向与翻译策略研究
【作者】贾晓英、李正栓
【刊物】外语教学
【刊期】2010 年第 4 期　第 91 ~ 95 页

Z

【文章】再谈《红楼梦》中古器物的汉英翻译问题
【作者】左耀琨
【刊物】中国翻译
【刊期】2010 年第 3 期　第 77 ~ 79 页

【文章】展开一场跨文化的对话——“翻译与 20 世纪中国文学”研讨会综述
【作者】李杨
【刊物】中国比较文学
【刊期】2009 年第 1 期　第 148 ~ 151 页

【文章】张爱玲翻译的《老人与海》
【作者】王璟、罗选民
【刊物】外语教学
【刊期】2010 年第 6 期　第 65 ~ 68 页

【文章】中国古代旅行书写与翻译研究的传统角色
【作者】胡安江
【刊物】外语学刊
【刊期】2010 年第 1 期　第 113 ~ 117 页

【文章】中国古典诗歌翻译叙事“主体”符码化的理论和实践问题
【作者】庞秀成

【刊物】外国语
【刊期】2009 年第 3 期　第 86 ~ 95 页

【文章】中国古典诗歌英译探析——诗性隐喻解读和翻译的认知视角与诗歌意境的传达
【作者】李气纠、李世琴
【刊物】山东外语教学
【刊期】2009 年第 3 期　第 70 ~ 75 页

【文章】中国诗歌英译文如何在美国成为本土化传统：以简·何丝费尔吸纳杜甫译文为例
【作者】钟玲
【刊物】中国比较文学
【刊期】2010 年第 2 期　第 41 ~ 52 页

【文章】中国文学“走出去”之译者模式及翻译策略研究——以美国汉学家葛浩文为例
【作者】胡安江
【刊物】中国翻译
【刊期】2010 年第 6 期　第 10 ~ 16，92 页

【文章】周氏兄弟的《域外小说集》：翻译规范的失与得
【作者】廖七一
【刊物】外语研究
【刊期】2009 年第 6 期　第 64 ~ 69 页

【文章】“主观化”对文本对等的制约——以古诗英译为例
【作者】王明树
【刊物】外国语文
【刊期】2009 年第 1 期　第 140 ~ 144 页

【文章】追随蒲松龄的足迹——《聊斋志异》英译概述
【作者】李海军
【刊物】外国语文
【刊期】2009 年第 5 期　第 81 ~ 85 页

【文章】宗教文化与文学翻译中的形象变异
【作者】李畅
【刊物】外语学刊
【刊期】2009 年第 5 期　第 143 ~ 146 页

【文章】作者、译者与读者——从村上春树「ダンス ダンス ダンス」的翻译谈起
【作者】于桂玲
【刊物】日语学习与研究
【刊期】2010 年第 6 期　第 100 ~ 106 页

【文章】《红楼梦》英译的若干问题研究
【作者】祖利军
【刊物】外国语言文学
【刊期】2010 年第 4 期　第 268 ~ 276 页

应用翻译类

A

【文章】AIDMA 法则观照下广告译语的美学等效
【作者】李明清
【刊物】外语学刊
【刊期】2010 年第 2 期　第 135 ~ 137 页

B

【文章】报关英语中英文单据翻译的实践与应用
【作者】李春红、汤雪琪
【刊物】中国科技翻译
【刊期】2009 年第 3 期　第 32～35，封 3

【文章】变译理论视角下的政府网站英译策略
【作者】张尚莲、孙乃荣
【刊物】山东外语教学
【刊期】2010 年第 5 期　第 89～93 页

【文章】标书文本语言特征分析及翻译对策
【作者】戴光荣
【刊物】中国科技术语
【刊期】2010 年第 4 期　第 37～40 页

【文章】标语翻译的文本分析和翻译策略——以上海世博会标语的翻译为例
【作者】李德超、王克非
【刊物】中国翻译
【刊期】2010 年第 1 期　第 65－70，96 页

C

【文章】成语典故的英译
【作者】高嘉正、高菁
【刊物】上海翻译
【刊期】2010 年第 1 期　第 29～32 页

【文章】刍议中医“补”字词组的英译
【作者】江楠
【刊物】中国科技术语
【刊期】2009 年第 6 期　第 45～48 页

【文章】传播学视角下的网页汉英翻译——兼评故宫博物院英语网页
【作者】孙建成、李昕亚
【刊物】中国科技翻译
【刊期】2009 年第 3 期　第 28～31，4 页

【文章】船舶信函的语言特点与英译
【作者】隋桂岚
【刊物】中国科技翻译
【刊期】2010 年第 2 期　第 56～60 页

【文章】从“目的论”角度看广告翻译的顺应
【作者】郑燕梅
【刊物】广东外语外贸大学学报
【刊期】2010 年第 1 期　第 33～35，45 页

【文章】从“天人合一”的英译看中国传统哲学术语外译的多重视域融合
【作者】柴改英
【刊物】外语教学
【刊期】2010 年第 2 期　第 93～96 页

【文章】从词典比较看英文语言学术语的汉译
【作者】龙海平
【刊物】中国科技术语
【刊期】2010 年第 4 期　第 46～51 页

【文章】从词典翻译功能谈双语词典的翻译——以《牛津英汉汉英词典》为例
【作者】曾艳
【刊物】上海翻译
【刊期】2010 年第 1 期　第 70～72 页

【文章】从电影片名翻译的角度看英汉翻译中的文化差异及其超越
【作者】徐建国
【刊物】外国语文
【刊期】2010 年第 6 期　第 89～92 页

【文章】从功能翻译理论谈实用文体的翻译
【作者】赵亮
【刊物】语言与翻译
【刊期】2009 年第 4 期　第 43～46 页

【文章】从功能翻译论视角谈张家界旅游资料英译
【作者】白蓝
【刊物】中国科技翻译
【刊期】2010 年第 3 期　第 45～48 页

【文章】从关联理论看导游词《滕王阁》的翻译
【作者】刘冰泉、徐桔林
【刊物】中国科技翻译
【刊期】2010 年第 4 期　第 51～52，55 页

【文章】从某些语言学术语的翻译谈起
【作者】陆丙甫
【刊物】外国语
【刊期】2009 年第 2 期　第 2～7 页

【文章】从评价理论看商务语篇态度的表达及翻译
【作者】扶丽华
【刊物】中国科技翻译
【刊期】2010 年第 1 期　第 28～30，23 页

【文章】从社会语言学角度看化妆品商标翻译
【作者】魏亚丽
【刊物】语言与翻译
【刊期】2009 年第 1 期　第 51～53 页

【文章】从异化视角看民俗文化的传播——浙江省民俗文化翻译研究
【作者】姜智慧
【刊物】中国科技翻译
【刊期】2010 年第 2 期　第 48～51 页

【文章】从语篇的衔接与连贯论《中国的环境保护》（白皮书）的英译
【作者】陈明瑶、邱辉
【刊物】上海翻译
【刊期】2009 年第 1 期　第 20～24 页

【文章】从语言的经济价值角度看译者主体性发挥——以中国－东盟博览会官方英文贸易网站为例
【作者】赫志欣、周锰珍
【刊物】广东外语外贸大学学报
【刊期】2009 年第 5 期　第 70～74 页

【文章】从语用角度看商务翻译的礼貌性原则
【作者】黄艺平
【刊物】中国科技翻译
【刊期】2010 年第 4 期　第 34～37 页

D

【文章】当前对外会展宣传翻译中的常见问题
【作者】王振南
【刊物】上海翻译
【刊期】2009 年第 4 期　第 34～37，25 页

【文章】岛国生境与英语鱼船文化解读

【作者】戴卫平、田平
【刊物】中国科技翻译
【刊期】2010 年第 3 期 第 49 ~ 52 页

【文章】道桥专业英语翻译特点与技巧探究
【作者】柴秀智
【刊物】中国科技翻译
【刊期】2010 年第 4 期 第 16 ~ 18 页

【文章】地震新闻标题的翻译
【作者】黄焰结
【刊物】中国科技翻译
【刊期】2009 年第 1 期 第 5 ~ 9，27 页

【文章】对“显微摄影”和“缩微摄影”对应外文词的探讨
【作者】崔炳光、高建新
【刊物】中国科技术语
【刊期】2010 年第 5 期 第 57 ~ 58 页

【文章】对官方口号翻译有效性的实证研究
【作者】窦卫霖、祝平
【刊物】中国翻译
【刊期】2009 年第 5 期 第 61 – 65 页

【文章】对外传播及汉译外现状研究
【作者】熊欣
【刊物】山东外语教学
【刊期】2010 年第 5 期 第 99 ~ 103 页

【文章】对文化语境的认知与广告语篇的英译
【作者】张敬
【刊物】中国科技翻译
【刊期】2009 年第 2 期 第 29 ~ 31，39 页

E

【文章】俄文术语汉译的几个常见问题
【作者】马菊红
【刊物】中国科技术语
【刊期】2009 年第 1 期 第 45 ~ 48 页

F

【文章】法律翻译教学刍议
【作者】张法连、叶盛楠
【刊物】中国翻译
【刊期】2010 年第 3 期 第 48 – 51 页

【文章】法律术语翻译中的文化缺省
【作者】马莉
【刊物】中国科技术语
【刊期】2010 年第 5 期 第 33 ~ 36 页

【文章】法律文体翻译基本原则探究
【作者】张法连
【刊物】中国翻译
【刊期】2009 年第 5 期 第 72 – 76 页

【文章】法律英语翻译中的文化因素探析
【作者】张法连
【刊物】中国翻译
【刊期】2007 年第 6 期 第 48 – 51，93 页

【文章】法律英语语篇名词化结构及其汉译
【作者】杜广才
【刊物】西安外国语大学学报
【刊期】2010 年第 2 期 第 84 ~ 87 页

【文章】纺织辞书中术语使用的几个问题
【作者】于磊岚
【刊物】中国科技术语
【刊期】2010 年第 3 期 第 44 ~ 46 页

G

【文章】工程图纸英语缩略表达与翻译
【作者】黄映秋
【刊物】中国科技翻译
【刊期】2009 年第 1 期　第 10 ~ 12 页

【文章】公示语翻译的互文性视角
【作者】樊桂芳
【刊物】中国科技翻译
【刊期】2010 年第 4 期　第 47 ~ 50，63 页

【文章】公示语翻译的再思考
【作者】邵有学
【刊物】中国科技翻译
【刊期】2009 年第 2 期　第 48 ~ 51 页

【文章】公示语及其汉英翻译原则研究
【作者】皮德敏
【刊物】外语学刊
【刊期】2010 年第 2 期　第 131 ~ 134 页

【文章】公示语英译错误分析及对策
【作者】刘美岩、胡毅
【刊物】外语教学
【刊期】2009 年第 2 期　第 110 ~ 113 页

【文章】功能对等理论对电影字幕翻译的启示
【作者】邵巍
【刊物】西安外国语大学学报
【刊期】2009 年第 2 期　第 56 ~ 59 页

【文章】古碑帖名称英译初探
【作者】杨晓波
【刊物】中国翻译
【刊期】2009 年第 4 期　第 63 ~ 67，95 页

【文章】关联论视角下的旅游资料变译策略
【作者】叶苗
【刊物】上海翻译
【刊期】2009 年第 3 期　第 28 ~ 31 页

【文章】关联 - 顺应视角下的广告标语翻译研究
【作者】王雪莹
【刊物】天津外国语学院学报
【刊期】2010 年第 5 期　第 41 ~ 43 页

【文章】关于科学实践观与翻译主体间性——也谈应用（旅游）翻译实践能力与专业评价能力
【作者】曾利沙
【刊物】广东外语外贸大学学报
【刊期】2009 年第 6 期　第 72 ~ 76 页

【文章】广告英语中的模糊语言及其汉译策略
【作者】孙然
【刊物】山东外语教学
【刊期】2010 年第 6 期　第 76 ~ 81 页

【文章】广告语篇中的双关语翻译策略
【作者】王瑛
【刊物】中国科技翻译
【刊期】2009 年第 4 期　第 20 ~ 22 页

【文章】国际传播与翻译策略——以中医翻译为例
【作者】葛校琴
【刊物】上海翻译
【刊期】2009 年第 4 期　第 26 ~ 29 页

【文章】国际工程招标文件中的法语准专业名词翻译研究

【作者】朱浩然
【刊物】山东外语教学
【刊期】2009 年第 5 期　第 92 ~ 96 页

【文章】国际贸易市场营销英语的特点与翻译
【作者】蒋林平
【刊物】中国科技翻译
【刊期】2010 年第 4 期　第 30 ~ 33 页

【文章】国际贸易术语的译名与解读（二）
【作者】梁志坚
【刊物】中国科技术语
【刊期】2009 年第 4 期　第 47 ~ 49 页

【文章】国际贸易术语的译名与解读（一）
【作者】梁志坚
【刊物】中国科技术语
【刊期】2009 年第 3 期　第 48 ~ 51 页

H

【文章】汉英旅游翻译的可接受性研究
【作者】袁小陆
【刊物】外语教学
【刊期】2009 年第 4 期　第 104 ~ 108 页

【文章】汉语公示语英译问题及应对策略——以杭州市公示语为例
【作者】顾秀丽
【刊物】外国语文
【刊期】2010 年第 4 期　第 92 ~ 95 页

【文章】汉语流行语的翻译策略
【作者】余义勇
【刊物】中国科技翻译
【刊期】2010 年第 4 期　第 44 ~ 46，11 页

【文章】汉语旅游语篇英译中语篇信息的重组
【作者】卢红梅
【刊物】广东外语外贸大学学报
【刊期】2010 年第 3 期第 53 ~ 56，98 页

【文章】航海日志的语言特点及翻译
【作者】刘保强
【刊物】中国科技翻译
【刊期】2010 年第 1 期　第 16 ~ 19 页

【文章】航海日志的语言特点及其英译
【作者】隋桂岚
【刊物】中国翻译
【刊期】2010 年第 3 期第 70 ~ 73 页

【文章】航海通信用语的特点及翻译
【作者】刘玉红
【刊物】中国科技翻译
【刊期】2009 年第 2 期　第 7 ~ 9，6 页

【文章】化工仪表英语的翻译技巧
【作者】段文
【刊物】中国科技翻译
【刊期】2009 年第 3 期　第 8 ~ 10 页

【文章】环境学科专业英语的特点及翻译
【作者】王平、杨世迎
【刊物】中国科技翻译
【刊期】2009 年第 2 期　第 1 ~ 3，13 页

【文章】《黄帝内经》英译得失谈
【作者】李照国
【刊物】中国科技翻译
【刊期】2009 年第 4 期　第 3 ~ 7 页

【文章】火炸药专业文献的翻译技巧

【作者】刘素梅、王中、杨彩宁、梁勇
【刊物】中国科技翻译
【刊期】2009 年第 3 期　第 5 ~ 7，27 页

J

【文章】基于“变通”原则的商务英语翻译
【作者】李明清
【刊物】外语学刊
【刊期】2009 年第 1 期 第 120 ~ 122 页

【文章】基于多级锚点词的典籍英汉双语对齐研究——以《茶经》及其译文为例
【作者】姜怡、姜欣、王大鹏
【刊物】中国外语
【刊期】2010 年第 1 期　第 92 ~ 97 页

【文章】基于网上数据库定量定性分析的术语翻译
【作者】田传茂
【刊物】上海翻译
【刊期】2010 年第 1 期　第 50 ~ 53 页

【文章】建筑术语“女儿墙”的英译
【作者】陈香美、岳峰
【刊物】中国科技术语
【刊期】2010 年第 1 期　第 42 ~ 44 页

【文章】金融危机英语隐喻词汇的翻译
【作者】高新华、刘白玉
【刊物】外语学刊
【刊期】2010 年第 5 期　第 119 ~ 121 页

【文章】谨防术语翻译的“张冠李戴”——以航海术语翻译为例
【作者】何瑞清、张小波
【刊物】中国科技术语
【刊期】2010 年第 5 期　第 37 ~ 39 页

【文章】警务术语汉译英探析
【作者】栗长江
【刊物】中国科技翻译
【刊期】2009 年第 1 期　第 38 ~ 42 页

K

【文章】科技术语的符号及语符互文性研究——以 plasma 的定名为例
【作者】廖华英、石立林
【刊物】中国科技术语
【刊期】2010 年第 3 期　第 34 ~ 37 页

【文章】科技术语翻译：归化是正途
【作者】石春让、赵巍
【刊物】山东外语教学
【刊期】2010 年第 1 期　第 81 ~ 87 页

【文章】科技术语翻译之“约定俗称”与创新
【作者】温雪梅、邱飞燕
【刊物】中国科技翻译
【刊期】2010 年第 3 期　第 13 ~ 15，19 页

【文章】科技术语译名的接受问题
【作者】袁宜平
【刊物】解放军外国语学院学报
【刊期】2009 年第 4 期　第 83 ~ 86 页

【文章】“科学发展观”英译商榷——兼论重大政治理论术语翻译的原则和标准
【作者】冯志杰
【刊物】上海翻译
【刊期】2010 年第 2 期　第 70 ~ 72 页

【文章】跨文化传播视阈下的新闻编译

——以《参考消息》防控甲流的几则新闻稿为例

【作者】程维
【刊物】上海翻译
【刊期】2010 年第 3 期　第 27 ~ 32 页

【文章】跨文化交际学中的术语汉译探赜
【作者】任瑞
【刊物】中国科技术语
【刊期】2010 年第 3 期　第 38 ~ 43 页

L

【文章】礼仪祝辞类口译中预测作用的实证研究
【作者】朱巧莲、张楠
【刊物】上海翻译
【刊期】2009 年第 2 期　第 53 ~ 57 页

【文章】林业科技翻译刍议
【作者】张沉香
【刊物】中国科技翻译
【刊期】2009 年第 1 期　第 13 ~ 16 页

【文章】旅游文本英译的跨文化反思
【作者】闫丽俐
【刊物】广东外语外贸大学学报
【刊期】2010 年第 4 期　第 54 ~ 57 页

【文章】略论中国航天器名字的英译
【作者】朱毅麟
【刊物】中国科技术语
【刊期】2009 年第 4 期　第 40 ~ 42，52 页

【文章】论 Susan　arievi　的法律翻译观
【作者】屈文生
【刊物】外语研究
【刊期】2009 年第 3 期　第 88 ~ 92 页

【文章】论法规文件英汉/汉英译名的唯一性
【作者】刘法公
【刊物】中国翻译
【刊期】2010 年第 5 期　第 71 ~ 73 页

【文章】论法律文本的静态对等翻译
【作者】李克兴
【刊物】外语教学与研究
【刊期】2010 年第 1 期　第 59 ~ 65 页

【文章】论广告语言中的语用预设及其翻译
【作者】袁建军、梁道华
【刊物】语言与翻译
【刊期】2010 年第 3 期　第 43 ~ 47 页

【文章】论经贸术语译名的统一与规范——一项基于经贸英汉词典的研究
【作者】李海峰
【刊物】中国翻译
【刊期】2010 年第 2 期　第 65 – 69 页

【文章】论军事文献中专有名词的翻译
【作者】韩子满
【刊物】解放军外国语学院学报
【刊期】2009 年第 2 期　第 67 ~ 72 页

【文章】论戏剧翻译研究中的主要问题
【作者】孟伟根
【刊物】外语教学
【刊期】2009 年第 3 期　第 95 ~ 99 页

【文章】论意识形态对影视译制的影响
【作者】董海雅
【刊物】山东外语教学

【刊期】2010 年第 6 期　第 63 ~ 67 页

【文章】论英文法律文本中古旧词的使用原则——兼评中国法律译本中滥用古旧词的现象
【作者】李克兴
【刊物】中国翻译
【刊期】2010 年第 4 期　第 61 ~ 66 页

【文章】逻辑推理与科技翻译
【作者】耿智、刘宜
【刊物】中国科技翻译
【刊期】2010 年第 2 期　第 8 ~ 10，33 页

M

【文章】漫话宗教神话与翻译
【作者】王颉、王秉钦
【刊物】上海翻译
【刊期】2010 年第 1 期　第 57 ~ 60 页

【文章】煤炭工业英语的特点及翻译
【作者】郝雪婧
【刊物】中国科技翻译
【刊期】2010 年第 4 期　第 12 ~ 15 页

【文章】《梦溪笔谈》译本翻译策略研究
【作者】王宏
【刊物】上海翻译
【刊期】2010 年第 1 期　第 18 ~ 22 页

【文章】面向翻译的术语教育
【作者】李健民
【刊物】中国科技术语
【刊期】2010 年第 4 期　第 36 ~ 38 页

【文章】名不经"传"译有止境——谈英汉词典中的译名改进问题
【作者】高永伟
【刊物】上海翻译
【刊期】2010 年第 1 期　第 45 ~ 49 页

【文章】名词类术语的数范畴及汉译策略
【作者】信娜
【刊物】中国科技术语
【刊期】2010 年第 3 期　第 14 ~ 18 页

【文章】名词性科技术语的构成与翻译
【作者】李延林
【刊物】中国科技翻译
【刊期】2009 年第 4 期　第 13 ~ 15 页

【文章】目的论对商务翻译的启示
【作者】潘洞庭
【刊物】外语学刊
【刊期】2010 年第 5 期　第 116 ~ 118

【文章】目的论视域下的政论文英译策略研究——以 2010 年《政府工作报告》为例
【作者】李红霞
【刊物】外国语文
【刊期】2010 年第 5 期　第 85 ~ 88 页

【文章】目的论与歌曲翻译之标准
【作者】陈水平、何高大
【刊物】外语教学
【刊期】2009 年第 4 期　第 100 ~ 103 页

N

【文章】凝聚态物理中的新术语
【作者】徐刚、方忠
【刊物】中国科技翻译
【刊期】2009 年第 2 期　第 22 ~ 24 页

【文章】《纽约时报》涉华报道对中国特色词汇翻译策略之研究

【作者】范勇
【刊物】解放军外国语学院学报
【刊期】2010 年第 5 期　第 82 ~ 87 页

【文章】农科专业英语长句的翻译技巧
【作者】袁瑛
【刊物】中国科技翻译
【刊期】2009 年第 2 期　第 4 ~ 6 页

P

【文章】平行文本比较模式与旅游文本的英译
【作者】李德超、王克非
【刊物】中国翻译
【刊期】2009 年第 4 期　第 54 ~ 58，95 页

Q

【文章】企业财务报表的词汇特点及其翻译
【作者】陈明瑶
【刊物】上海翻译
【刊期】2009 年第 4 期　第 63 ~ 67 页

【文章】"契约"概念翻译：比较法律文化的探究
【作者】林巍
【刊物】中国翻译
【刊期】2010 年第 2 期　第 55 – 60，95 页

【文章】浅谈"五行生克"的源流及英译
【作者】欧阳利锋
【刊物】中国科技翻译
【刊期】2010 年第 2 期　第 4 ~ 7，51 页

【文章】浅谈经济改革新词语的英译
【作者】官忠明
【刊物】中国翻译
【刊期】2009 年第 4 期第 59 ~ 62，95 页

【文章】全球化与老字号译名
【作者】吕和发
【刊物】中国科技翻译
【刊期】2009 年第 1 期　第 24 ~ 27 页

【文章】权威英汉词典中的典型误译
【作者】王彦炟
【刊物】外国语言文学
【刊期】2009 年第 3 期　第 190 ~ 193 页

R

【文章】人文社科术语翻译中的术语属性
【作者】魏向清
【刊物】外语学刊
【刊期】2010 年第 6 期　第 165 ~ 167 页

【文章】如何提高我国术语翻译的准确性
【作者】徐嵩龄
【刊物】中国科技术语
【刊期】2010 年第 2 期　第 36 – 42 页

S

【文章】商标翻译中的文化失真及补偿研究
【作者】丁立福
【刊物】山东外语教学
【刊期】2009 年第 5 期　第 97 ~ 101 页

【文章】商务文体翻译虚实语义语际比较分析
【作者】孟广君
【刊物】上海翻译
【刊期】2009 年第 2 期　第 44 ~ 47 页

【文章】商务英语词汇特征分析及翻译刍议

【作者】柳青军
【刊物】山东外语教学
【刊期】2010 年第 3 期　第 89 ~ 93 页

【文章】商务英语的词块体系与功能等值翻译
【作者】李昌标、于善志
【刊物】中国科技术语
【刊期】2010 年第 1 期　第 31 ~ 37 页

【文章】商务英语翻译的文体意识
【作者】顾维勇、孙维林
【刊物】中国翻译
【刊期】2010 年第 5 期　第 67 ~ 70 页

【文章】商务英语汉译之文体语用经纬
【作者】姚嘉五
【刊物】中国科技翻译
【刊期】2010 年第 4 期　第 26 ~ 29 页

【文章】商务英语语言特点与翻译信息对等
【作者】李艺倩
【刊物】中国科技翻译
【刊期】2010 年第 3 期　第 31 ~ 34，52 页

【文章】商务英语中条件关系的表达及其翻译
【作者】彭漪、于鑫
【刊物】中国科技翻译
【刊期】2010 年第 2 期　第 18 ~ 21 页

【文章】社会视角及语言视角下的公示语翻译
【作者】王永泰
【刊物】中国科技翻译
【刊期】2009 年第 4 期　第 42 ~ 44，7 页

【文章】生态翻译学视角下的公示语翻译——以上海世博会主题标语为例
【作者】束慧娟
【刊物】上海翻译
【刊期】2010 年第 2 期　第 39 ~ 42 页

【文章】生物专业英语定语从句的翻译技巧
【作者】袁瑛
【刊物】中国科技翻译
【刊期】2010 年第 1 期　第 6 ~ 8 页

【文章】实用文体翻译的平行文本比较模式
【作者】龙明慧
【刊物】山东外语教学
【刊期】2009 年第 6 期　第 78 ~ 83 页

【文章】市场营销英语的语体特点及翻译方法
【作者】张琳琳
【刊物】天津外国语学院学报
【刊期】2008 年第 3 期　第 55 ~ 58 页

【文章】试论法律术语翻译的精确性
【作者】刘瑞玲
【刊物】外语学刊
【刊期】2010 年第 4 期　第 125 ~ 127 页

【文章】书名、篇名的翻译
【作者】周晔、孙致礼
【刊物】上海翻译
【刊期】2009 年第 4 期　第 30 ~ 33 页

【文章】术语翻译刍议
【作者】戎林海、戎佩珏
【刊物】中国科技术语
【刊期】2010 年第 6 期　第 39 ~ 43 页

【文章】术语汉译方法的变迁
【作者】石春让、赵巍
【刊物】中国科技术语
【刊期】2009 年第 6 期　第 40～44 页

【文章】术语元素：术语意译的最小单位
【作者】信娜
【刊物】中国俄语教学
【刊期】2010 年第 4 期　第 86～89，93 页

【文章】双语标识译写研究——街名标识篇
【作者】杨永林、李晋
【刊物】外国语言文学
【刊期】2010 年第 4 期　第 258～267 页

T

【文章】tertium comparationis 译名商榷
【作者】冉诗洋
【刊物】中国科技术语
【刊期】2010 年第 1 期　第 31～48，57 页

【文章】谈高校留学教育术语的翻译
【作者】谭燕萍
【刊物】中国科技翻译
【刊期】2010 年第 1 期　第 31～33 页

【文章】谈人名翻译的统一与规范化问题——从查理曼，还是查理曼大帝说起
【作者】屈文生
【刊物】中国科技术语
【刊期】2009 年第 5 期　第 39～45 页

【文章】谈谈“五行”的英语翻译问题
【作者】李照国
【刊物】中国科技术语
【刊期】2009 年第 5 期　第 46～47 页

【文章】体裁社会目的的实现与翻译策略的选择——从 Halliday 的功能语言观谈仿拟广告的翻译策略和广告套译法
【作者】李国庆
【刊物】外语学刊
【刊期】2009 年第 5 期　第 133～136 页

【文章】跳出菜名译菜谱——影响中式菜谱英译策略选择的几组关系
【作者】何武
【刊物】外语学刊
【刊期】2010 年第 4 期　第 132～134 页

W

【文章】外汇交易市场英语翻译目的论研究
【作者】蒋林平
【刊物】中国科技翻译
【刊期】2009 年第 2 期　第 25～28 页

【文章】外来术语仿译与活译的探讨
【作者】周其焕
【刊物】中国科技术语
【刊期】2009 年第 2 期　第 45～48 页

【文章】外贸产品样本的典型误译与评析
【作者】梁雪松
【刊物】中国科技翻译
【刊期】2009 年第 1 期　第 28～32 页

【文章】外宣翻译：意识形态操纵下的改写
【作者】胡芳毅、贾文波
【刊物】上海翻译

【刊期】2010 年第 1 期　第 23 ~ 28 页

【文章】外宣资料的功能性编译法探讨
【作者】王静
【刊物】上海翻译
【刊期】2010 年第 3 期　第 40 ~ 42 页

【文章】文化差异与中医英译
【作者】卢晓青
【刊物】外国语文
【刊期】2009 年第 5 期　第 97 ~ 101 页

【文章】文化途径看澳门——浅谈澳门世界遗产景点译名
【作者】张美芳
【刊物】上海翻译
【刊期】2009 年第 2 期　第 29 ~ 33 页

【文章】我国《宪法》序言的英译策略
【作者】范晶波
【刊物】中国科技翻译
【刊期】2010 年第 1 期　第 39 ~ 42，64 页

【文章】我国新世纪公示语翻译研究综述
【作者】杨永和
【刊物】外语教学
【刊期】2007 年第 5 期　第 104 ~ 108 页

X

【文章】析 AVT 名称演变：从电影翻译到多媒体翻译
【作者】刘大燕
【刊物】上海翻译
【刊期】2010 年第 4 期　第 61 ~ 65 页

【文章】形兮义之所依，义兮形之所伏——以标识语的翻译为例
【作者】冯奇、薛娟
【刊物】上海翻译
【刊期】2009 年第 4 期　第 58 ~ 62 页

【文章】薛范的歌曲译配理论之途
【作者】陈历明
【刊物】外国语文
【刊期】2010 年第 2 期　第 111 ~ 116 页

Y

【文章】演讲翻译的尺度
【作者】王军平
【刊物】中国科技翻译
【刊期】2009 年第 4 期　第 33 ~ 37 页

【文章】医学论文英文摘要的写作原则
【作者】王燕
【刊物】中国科技翻译
【刊期】2009 年第 4 期　第 8 ~ 12 页

【文章】以目的语为依归的外宣英译特质——以《南京采风》翻译为例
【作者】袁晓宁
【刊物】中国翻译
【刊期】2010 年第 2 期　第 61 – 64 页

【文章】臆造英语商标词构成探析
【作者】李广伟、戈玲玲
【刊物】中国科技翻译
【刊期】2009 年第 3 期　第 40 ~ 43 页

【文章】应用文翻译岂可再“免检”
【作者】王金岳
【刊物】上海翻译
【刊期】2009 年第 3 期　第 59 ~ 62 页

【文章】应用语言学中的术语翻译问题
【作者】尹洪山
【刊物】语言与翻译

【刊期】2009 年第 1 期　第 47 ~ 50 页

【文章】英美法中 CONSIDERATION 原则及其相关概念法律术语释义翻译问题的商榷
【作者】于丹翎
【刊物】中国翻译
【刊期】2009 年第 3 期　第 83 ~ 86 页

【文章】英文合同的整体性程式：事务的视角
【作者】葛亚军
【刊物】中国科技翻译
【刊期】2009 年第 3 期　第 48 ~ 51 页

【文章】英文期刊《经济学人》汉译英时政词语点评
【作者】官忠明
【刊物】上海翻译
【刊期】2009 年第 2 期　第 65 ~ 69 页

【文章】英译《中华人民共和国国歌》说明及中国歌曲英译入门须知
【作者】黄俊雄
【刊物】中国翻译
【刊期】2009 年第 5 期　第 91 – 93 页

【文章】英语广告汉译过程的语用透析
【作者】李占喜
【刊物】中国科技翻译
【刊期】2009 年第 4 期　第 23 ~ 26 页

【文章】英语科技新词翻译的本质研究
【作者】张文英
【刊物】中国科技翻译
【刊期】2009 年第 3 期　第 1 ~ 4 页

【文章】英语社科文著汉译行文五诀
【作者】何刚强
【刊物】上海翻译
【刊期】2009 年第 2 期　第 34 ~ 38 页

【文章】英语新闻常用词语的翻译特点及策略
【作者】陈振光
【刊物】中国科技翻译
【刊期】2009 年第 2 期　第 40 ~ 44 页

【文章】语法化相关术语的中译探讨
【作者】赵学德
【刊物】中国科技术语
【刊期】2009 年第 4 期　第 43 ~ 46，59 页

【文章】语类观照下商务语篇类型的翻译研究——以一则汉语“谅解备忘录”的英译为例
【作者】李明
【刊物】广东外语外贸大学学报
【刊期】2010 年第 5 期　第 49 ~ 53，62 页

【文章】语言学术语翻译的系统 – 可辨性原则——兼评姜望琪（2005）
【作者】侯国金
【刊物】上海翻译
【刊期】2009 年第 2 期　第 69 ~ 73 页

Z

【文章】再论科技术语汉译方法的变迁
【作者】石春让、覃成强、吴耀武
【刊物】中国科技术语
【刊期】2010 年第 4 期　第 41 ~ 45 页

【文章】再论术语翻译的标准——答侯国金（2009）
【作者】姜望琪
【刊物】上海翻译

【刊期】2010 年第 2 期　第 65 ~ 69 页

【文章】“哲学理念”与“科学概念”间的梳理与转述——中医翻译的一种基本认识
【作者】林巍
【刊物】中国翻译
【刊期】2009 年第 3 期　第 64 ~ 68，96 页

【文章】政治语篇翻译的批评性话语分析
【作者】王彦
【刊物】上海翻译
【刊期】2009 年第 3 期　第 23 ~ 27 页

【文章】中国博物馆解说词英译策略
【作者】李芳
【刊物】中国翻译
【刊期】2009 年第 3 期　第 74 ~ 77 页

【文章】中国驰名商标英译类型的历时考察
【作者】徐赛颖、黄大网
【刊物】西安外国语大学学报
【刊期】2009 年第 2 期　第 60 ~ 62 页

【文章】中国地名英译拼音化之文化反思
【作者】葛校琴
【刊物】解放军外国语学院学报
【刊期】2009 年第 2 期　第 61 ~ 66 页

【文章】中国电视栏目名称中文化的折射及其英译
【作者】朱月娥
【刊物】中国科技翻译
【刊期】2009 年第 3 期　第 56 ~ 58，10 页

【文章】中国俄语标题研究 30 年：现状与方向
【作者】刘丽芬
【刊物】解放军外国语学院学报
【刊期】2010 年第 1 期　第 30 ~ 34 页

【文章】中国古代军语英译策略浅析
【作者】黄海翔
【刊物】中国科技术语
【刊期】2009 年第 2 期　第 39 ~ 43 页

【文章】中国书法书体名称英译对中国书法史的误读
【作者】杨晓波
【刊物】中国科技翻译
【刊期】2009 年第 1 期　第 33 ~ 37 页

【文章】中国网络皮钦语的文体形式及特征
【作者】扈畅
【刊物】中国科技翻译
【刊期】2009 年第 1 期　第 20 ~ 23 页

【文章】中美专利说明书撰写差异及翻译
【作者】扈畅、杨慧丽
【刊物】中国科技翻译
【刊期】2010 年第 1 期　第 24 ~ 27 页

【文章】中外合作办学协议翻译的规范化探讨——兼论协议、合同文本翻译的基本原则
【作者】陈建平
【刊物】山东外语教学
【刊期】2010 年第 6 期　第 68 ~ 75 页

【文章】中外译学术语的差异比较
【作者】卜爱萍、宫金燕
【刊物】上海翻译
【刊期】2010 年第 1 期　第 54 ~ 56 页

【文章】中文电影片名英译中的名物化研究

【作者】苏琪

【刊物】广东外语外贸大学学报

【刊期】2009 年第 5 期　第 93 ~ 96 页

【文章】中医典籍中的文化图式及其翻译

【作者】蒋学军

【刊物】中国科技翻译

【刊期】2010 年第 1 期　第 34 ~ 38 页

【文章】中医学中"脏腑"的源流与翻译

【作者】兰凤利、梁国庆、张苇航

【刊物】中国科技术语

【刊期】2010 年第 5 期　第 40 ~ 45 页

【文章】追忆"毛著"翻译

【作者】刘习良

【刊物】中国翻译

【刊期】2009 年第 5 期　第 5 ~ 8 页

【文章】租赁合同的特点与翻译

【作者】吴洁

【刊物】中国科技翻译

【刊期】2009 年第 3 期　第 36 ~ 39，43 页

翻译教学类

B

【文章】本科翻译专业培养模式的探索与实践——谈北京外国语大学翻译专业教学理念

【作者】吴青

【刊物】中国翻译

【刊期】2010 年第 2 期　第 39 ~ 43 页

【文章】比读与反思：翻译笔记在英语翻译教学中的应用研究

【作者】胡晓姣

【刊物】天津外国语学院学报

【刊期】2009 年第 6 期　第 41 ~ 44 页

C

【文章】传统的理性回归——翻译教学法与大学英语教学

【作者】章国军

【刊物】外语学刊

【刊期】2009 年第 3 期　第 113 ~ 116 页

【文章】从澳大利亚高校的翻译教学看专业化翻译教学体系的建构

【作者】朱锦平

【刊物】解放军外国语学院学报

【刊期】2009 年第 5 期　第 76 ~ 80 页

D

【文章】大学英语翻译教学的问题与对策

【作者】宫慧玲

【刊物】山东外语教学

【刊期】2009 年第 2 期　第 44 ~ 48 页

【文章】地方院校开设翻译本科专业的思考

【作者】苏广才

【刊物】外国语文

【刊期】2009 年第 5 期　第 93 ~ 96 页

【文章】对大学英语翻译教学若干问题的思考
【作者】王玉西
【刊物】中国翻译
【刊期】2008 年第 6 期　第 29 ~ 33 页

【文章】对英语专业高年级学生口译能力的调查——兼谈口译教学
【作者】王文宇、周丹丹、王凌
【刊物】外语教学
【刊期】2010 年第 5 期　第 71 ~ 75 页

【文章】对专业翻译教学建构的思考——现状、问题和对策
【作者】柴明熲
【刊物】中国翻译
【刊期】2010 年第 1 期　第 54 ~ 56 页

E

【文章】俄语翻译教学若干问题探析
【作者】刘玉宝
【刊物】中国俄语教学
【刊期】2009 年第 4 期　第 86 ~ 89 页

【文章】俄语专业翻译教学的改革与成就
【作者】丛亚平
【刊物】中国俄语教学
【刊期】2009 年第 4 期　第 81 ~ 85 页

F

【文章】发展性翻译教学评价模式
【作者】王树槐、王卫平
【刊物】解放军外国语学院学报
【刊期】2010 年第 3 期　第 76 ~ 81 页

【文章】发展学习者的汉译英能力——以北外本科笔译教学为例
【作者】马会娟、管兴忠
【刊物】中国翻译
【刊期】2010 年第 5 期　第 39 ~ 44 页

【文章】翻译本科新专业的口译教学理念探索——兼谈外研社翻译专业本科口译系列教材的编写
【作者】王斌华、仲伟合
【刊物】广东外语外贸大学学报
【刊期】2010 年第 4 期 第 78 ~ 82 页

【文章】翻译测试中的理论与实践问题
【作者】王克非、杨志红
【刊物】外国语
【刊期】2010 年第 6 期　第 54 ~ 60 页

【文章】翻译的课程模式与教学模式辨析
【作者】林记明、穆雷
【刊物】外国语文
【刊期】2009 年第 2 期　第 115 ~ 119 页

【文章】翻译工作坊教学探微
【作者】李明、仲伟合
【刊物】中国翻译
【刊期】2010 年第 4 期　第 32 ~ 36，95 页

【文章】翻译规范教学与拉康的话语理论
【作者】Douglas Robinson University of Mississippi，USA
【刊物】中国翻译
【刊期】2009 年第 4 期　第 45 ~ 48，94 ~ 95 页

【文章】翻译过程中翻译策略的实证性研究——基于英语专业大学生的有声思维调查
【作者】文军、殷玲
【刊物】解放军外国语学院学报
【刊期】2010 年第 4 期　第 75 ~ 80 页

【文章】翻译教学的发展与 TOT 计划的实施
【作者】任文
【刊物】中国翻译
【刊期】2009 年第 2 期　第 48 ~ 52，95 页

【文章】翻译教学的事件分析途径
【作者】杨红
【刊物】中国科技翻译
【刊期】2009 年第 2 期　第 35 ~ 39 页

【文章】翻译教学的语义 – 语用模式探索
【作者】魏清光
【刊物】天津外国语学院学报
【刊期】2010 年第 2 期　第 48 ~ 52 页

【文章】翻译教学研究：回顾与展望（1980 ~ 2006）（上）
【作者】李德凤、胡牧
【刊物】中国科技翻译
【刊期】2009 年第 2 期　第 32 ~ 34 页

【文章】翻译教学研究：回顾与展望（1980 ~ 2006）（下）
【作者】李德凤、胡牧
【刊物】中国科技翻译
【刊期】2009 年第 3 期　第 44 ~ 47 页

【文章】翻译教学中“守土有责”意识的培养——中式英语遭追捧现象剖析
【作者】陈小慰
【刊物】上海翻译
【刊期】2010 年第 3 期　第 48 ~ 52 页

【文章】翻译教学中的预设诱导
【作者】郭英珍
【刊物】上海翻译
【刊期】2009 年第 4 期　第 46 ~ 50 页

【文章】翻译教学中批判性思维的培养模式研究
【作者】余国良
【刊物】外语学刊
【刊期】2010 年第 5 期　第 101 ~ 104 页

【文章】翻译教学专业化背景下的双语课程体系建设
【作者】冯建中
【刊物】外语研究
【刊期】2009 年第 4 期　第 79 ~ 82 页

【文章】翻译师资培训：翻译教学成功的关键
【作者】鲍川运
【刊物】中国翻译
【刊期】2009 年第 2 期　第 45 ~ 47 页

【文章】翻译硕士（MTI）课程设置研究
【作者】文军、穆雷
【刊物】外语教学
【刊期】2009 年第 4 期　第 92 ~ 95 页

【文章】翻译硕士专业学位教育的发展趋势与要求
【作者】黄友义
【刊物】中国翻译
【刊期】2010 年第 1 期第 49 ~ 50 页

【文章】翻译专业笔译教学的功能主义模式探讨
【作者】陶友兰
【刊物】上海翻译
【刊期】2010 年第 2 期　第 43 ~ 47 页

【文章】翻译专业的翻译教学探索——以河南师范大学的本科教学实践为例
【作者】郭英珍
【刊物】上海翻译
【刊期】2010 年第 3 期　第 53 ~ 55 页

【文章】非英语专业研究生网络辅助翻译教学
【作者】吴英俊、赵秀琴
【刊物】上海翻译
【刊期】2009 年第 3 期　第 49 ~ 52 页

G

【文章】高等专科学校汉语翻译教学存在的问题及对策
【作者】乃比江阿不力孜
【刊物】语言与翻译
【刊期】2010 年第 3 期　第 75 ~ 77 页

【文章】高校英语专业口译能力评估及其对口译教学的启示
【作者】邬姝丽
【刊物】中国翻译
【刊期】2010 年第 4 期　第 37 ~ 39 页

【文章】构建 MTI 教育特色课程——技术写作的理念与内容
【作者】苗菊、高乾
【刊物】中国翻译
【刊期】2010 年第 2 期　第 35 ~ 38 页

【文章】关于本科翻译专业社会应用型人才培养的一些思考
【作者】陈科芳
【刊物】中国翻译
【刊期】2009 年第 3 期第 50 ~ 53 页

【文章】关于本科口译教学的理性思考——中国译协高等院校本科翻译师资培训心得
【作者】和静
【刊物】中国翻译
【刊期】2009 年第 5 期　第 49 ~ 50 页

【文章】关于对外汉语专业翻译课的思考
【作者】刘丽宁
【刊物】语言与翻译
【刊期】2010 年第 4 期　第 73 ~ 76 页

【文章】关于翻译硕士专业学位教育的几点思考
【作者】许钧
【刊物】中国翻译
【刊期】2010 年第 1 期　第 52 ~ 54 页

【文章】关于同声传译中的听力教学
【作者】李莉
【刊物】日语学习与研究
【刊期】2009 年第 4 期　第 87 ~ 92 页

【文章】国内口译教材（1988 - 2008）研究
【作者】文军、张瑜清
【刊物】上海翻译
【刊期】2009 年第 2 期　第 48 ~ 52 页

【文章】国外高校（会议）口译专业办学层次概况
【作者】张吉良、柴明熲
【刊物】中国外语
【刊期】2010 年第 5 期　第 93 ~ 99 页

H

【文章】汉英中介语——TEM 8 翻译语料

研究
【作者】王沁
【刊物】上海翻译
【刊期】2009 年第 2 期　第 74 ~ 77 页

【文章】"惑→诱→产"翻译教学法实验
【作者】王树槐
【刊物】外语研究
【刊期】2010 年第 6 期　第 70 ~ 75 页

J

【文章】基于本土实用文本的翻译教学
【作者】王爱琴
【刊物】中国科技翻译
【刊期】2009 年第 4 期　第 27 ~ 29，19 页

【文章】基于记忆训练的交互式口译教学模式实证探索
【作者】王建华
【刊物】外语学刊
【刊期】2010 年第 3 期　第 134 ~ 139 页

【文章】吉拉里的建构主义翻译教学：贡献与缺陷
【作者】王树槐
【刊物】天津外国语学院学报
【刊期】2010 年第 4 期　第 44 ~ 49 页

【文章】计算机辅助翻译硕士专业教学探讨
【作者】俞敬松、王华树
【刊物】中国翻译
【刊期】2008 年第 2 期　第 38 ~ 42，96 页

【文章】加强翻译硕士教育工作 适应翻译产业发展需要
【作者】唐继卫
【刊物】中国翻译
【刊期】2010 年第 1 期　第 50 ~ 52 页

K

【文章】口译教学师资培训的几点感悟
【作者】胡敏霞
【刊物】中国翻译
【刊期】2009 年第 5 期　第 51 ~ 52 页

【文章】口译教学中的选材与版权问题——以香港口译教学为例
【作者】李德超、王克非
【刊物】中国科技翻译
【刊期】2010 年第 2 期　第 34 ~ 37，64 页

【文章】口译课程发展刍议——译员能力的视角
【作者】古琦慧
【刊物】山东外语教学
【刊期】2009 年第 4 期　第 109 ~ 112 页

【文章】口译人才培养教学体系之探讨——第三届同声传译翻译教学国际学术研讨会专题讨论引发的思考
【作者】杨玲
【刊物】日语学习与研究
【刊期】2009 年第 4 期　第 65 ~ 71 页

L

【文章】利器以善事，正名以顺言——参加高等院校本科翻译师资培训感言
【作者】张文涛
【刊物】中国翻译
【刊期】2009 年第 5 期　第 43 ~ 45 页

【文章】论本科翻译教学的原则与方法

【作者】刘和平
【刊物】中国翻译
【刊期】2009 年第 6 期　第 34 ~ 41，92 ~ 93 页

【文章】论翻译教材的问题及编写体系
【作者】曾剑平、林敏华
【刊物】中国科技翻译
【刊期】2010 年第 4 期　第 41 ~ 43，15 页

【文章】论翻译在高校双语教学中的适用性
【作者】苏广才
【刊物】外语学刊
【刊期】2009 年第 4 期　第 123 ~ 125 页

【文章】论高职应用翻译理论
【作者】曾昭涛
【刊物】上海翻译
【刊期】2009 年第 1 期　第 49 ~ 52 页

【文章】论理工科大学生的翻译能力需求
【作者】孙学涛、马新英、王德军
【刊物】山东外语教学
【刊期】2010 年第 1 期　第 70 ~ 74 页

O

【文章】"欧盟笔译硕士"对中国翻译教学的启示
【作者】贺显斌
【刊物】上海翻译
【刊期】2009 年第 1 期　第 45 ~ 48 页

P

【文章】PACTE 翻译能力模式研究
【作者】仝亚辉
【刊物】解放军外国语学院学报
【刊期】2010 年第 5 期　第 88 ~ 93 页

Q

【文章】千帆竞过，万木争春——全球化视域下翻译教学与研究学术研讨会综述
【作者】穆雷
【刊物】中国比较文学
【刊期】2010 年第 1 期　第 141 ~ 143 页

【文章】切实聚焦应用，务实培育译才——应用翻译与应用翻译教学刍议
【作者】何刚强
【刊物】上海翻译
【刊期】2010 年第 1 期　第 37 ~ 40 页

【文章】求真务实，迎接翻译教学新时代——四次参加翻译师资培训与我的翻译教学
【作者】李淑琴
【刊物】中国翻译
【刊期】2009 年第 5 期　第 46 ~ 49 页

【文章】全国翻译专业资格（水平）考试分析及其对翻译队伍建设的启示
【作者】蔡啸
【刊物】中国翻译
【刊期】2009 年第 1 期　第 60 ~ 62 页

【文章】全国英语专业八级口译考试评判标准评议
【作者】黄晓佳、王建国
【刊物】中国翻译
【刊期】2009 年第 1 期　第 54 ~ 59 页

R

【文章】认知视角下的翻译思维与翻译教

学研究
【作者】苗菊、朱琳
【刊物】外语教学
【刊期】2010 年第 1 期　第 98～103 页

S

【文章】实施案例教学，培养职业译者——MTI 笔译教学模式探索
【作者】冯全功、苗菊
【刊物】山东外语教学
【刊期】2009 年第 6 期　第 28～32 页

【文章】视觉化翻译的认知语言学观
【作者】王瑛、谭业升
【刊物】上海翻译
【刊期】2010 年第 2 期　第 22～27 页

【文章】试论典籍英译教材的编写——以本科翻译专业教材《中国典籍英译》为例
【作者】王宏、付瑛瑛
【刊物】中国外语
【刊期】2009 年第 2 期　第 105～108 页

【文章】试论翻译在中医院校大学英语教学中的作用
【作者】姚欣、顾卫星
【刊物】山东外语教学
【刊期】2010 年第 3 期　第 73～78 页

T

【文章】谈口译课堂主题词句的教学
【作者】王晓娟
【刊物】中国俄语教学
【刊期】2009 年第 1 期　第 82～85 页

【文章】谈日语口译教学中的“视译”
【作者】肖爽
【刊物】日语学习与研究
【刊期】2009 年第 3 期　第 73～78 页

【文章】探寻本科翻译教学的第三种模式
【作者】刘季春
【刊物】中国科技翻译
【刊期】2010 年第 2 期 第 30～33 页

X

【文章】西班牙语翻译教学在中国的发展现状研究
【作者】罗应珍
【刊物】外国语文
【刊期】2010 年第 5 期　第 95－99 页

【文章】西方翻译教学研究：特点、范式与启示
【作者】王树槐
【刊物】上海翻译
【刊期】2009 年第 3 期　第 43～49 页

【文章】信息化背景下体验式小组合作应用翻译教学
【作者】岑秀文、张尚莲、赵淑华
【刊物】上海翻译
【刊期】2009 年第 4 期　第 51～53 页

【文章】学生自主选材翻译实践课可行性研究
【作者】吴文安
【刊物】中国翻译
【刊期】2010 年第 5 期　第 45～48 页

【文章】学习者汉英翻译分析性评分细则的制定
【作者】王金铨、文秋芳
【刊物】外语教学

【刊期】2009 年第 4 期　第 96 ~ 99，112 页

Y

【文章】英汉口译听辨：认知心理模式、技能及教学
【作者】卢信朝
【刊物】山东外语教学
【刊期】2009 年第 5 期　第 53 ~ 59 页

【文章】英译教学的认知图式及其应用
【作者】熊力游
【刊物】中国科技翻译
【刊期】2009 年第 4 期　第 30 ~ 32 页

【文章】英语专业本科口译教学结业测试设计与评估方法探索
【作者】刘银燕、张珊珊
【刊物】外语研究
【刊期】2009 年第 4 期　第 74 ~ 78 页

【文章】"有声思维" 教学：一种新的翻译教学尝试
【作者】张倩
【刊物】西安外国语大学学报
【刊期】2010 年第 4 期　第 84 ~ 86，100 页

【文章】原文之形 译文之义——大学英语翻译教学基本目标的实现
【作者】陈小曼、郑长贵
【刊物】山东外语教学
【刊期】2009 年第 1 期　第 66 ~ 69 页

Z

【文章】再论俄语口译教学与研究之我见
【作者】王仰正
【刊物】外语学刊
【刊期】2009 年第 2 期　第 124 ~ 126 页

【文章】中国口译教学 30 年：发展及现状
【作者】詹成
【刊物】广东外语外贸大学学报
【刊期】2010 年第 6 期　第 89 ~ 92 页

口译研究类

B

【文章】巴比塔隐蔽的一面——通过同声传译揭开认知、智力和感知的面纱
【作者】仲伟合
【刊物】中国翻译
【刊期】2009 年第 3 期　第 36 ~ 40 页

【文章】巴黎释意学派口译理论成就谈
【作者】张吉良
【刊物】中国科技翻译
【刊期】2009 年第 4 期　第 16 ~ 19 页

C

【文章】从"传声筒"到"医患关系的协调者"——一项针对医疗译员角色的实证研究
【作者】苏伟
【刊物】外语研究
【刊期】2010 年第 5 期　第 84 ~ 88 页

【文章】从研究方法看释意学派和科学研

究派的口译研究

【作者】张吉良

【刊物】外语研究

【刊期】2009 年第 4 期　第 68 ~ 73 页

【文章】从中英数字差异看多位数口译

【作者】丁占罡

【刊物】外国语文

【刊期】2007 年第 5 期　第 86 ~ 89 页

E

【文章】俄语口译困境的应对策略

【作者】顾鸿飞、倪俊霞

【刊物】中国俄语教学

【刊期】2010 年第 1 期　第 77 ~ 80，71 页

F

【文章】访谈类节目同声传译的多任务处理模式

【作者】雷静

【刊物】中国科技翻译

【刊期】2009 年第 1 期　第 17 ~ 19，52 页

G

【文章】工作记忆在不同方向同传中的作用

【作者】张威

【刊物】外语教学与研究

【刊期】2009 年第 5 期　第 371 ~ 378 页

【文章】国际口译界有关巴黎释意学派口译理论的争议及其意义

【作者】张吉良

【刊物】外语研究

【刊期】2010 年第 1 期　第 72 ~ 78 页

【文章】国内口译研究的发展及研究走向——基于 30 年期刊论文、著作和历届口译大会论文的分析

【作者】穆雷、王斌华

【刊物】中国翻译

【刊期】2009 年第 4 期　第 19 ~ 25，94 页

H

【文章】汉英会议口译语料库的创建与应用研究

【作者】胡开宝、陶庆

【刊物】中国翻译

【刊期】2010 年第 5 期　第 49 ~ 56，95 页

【文章】汉英会议口译中语篇意义显化及其动因研究——一项基于平行语料库的研究

【作者】胡开宝、陶庆

【刊物】解放军外国语学院学报

【刊期】2009 年第 4 期　第 67 ~ 73 页

【文章】汉英交替传译活动中的口译停顿现象实证研究——以国际会议职业口译受训译员为例

【作者】徐海铭

【刊物】外语研究

【刊期】2010 年第 1 期　第 64 ~ 71 页

【文章】汉英时政类同传常见问题的应对策略

【作者】高洁、堵海鹰

【刊物】中国科技翻译

【刊期】2010 年第 4 期　第 23 ~ 25，64 页

J

【文章】交际策略视角下的口译研究

【作者】郭继东、李波阳

【刊物】语言与翻译

【刊期】2009 年第 2 期　第 58 ~ 62 页

【文章】交替传译笔记实例分析及启示
【作者】毕建录、陈祎
【刊物】西安外国语大学学报
【刊期】2010 年第 4 期　第 109 ~ 113 页

【文章】交替传译中"单纯繁复数字"传译技巧
【作者】张睿、方菊
【刊物】中国科技翻译
【刊期】2009 年第 3 期　第 24 ~ 27 页

【文章】景观设计英汉口译中明示记忆的运用机制
【作者】莫莉莉
【刊物】上海翻译
【刊期】2009 年第 3 期　第 39 ~ 42 页

K

【文章】科技口译质量评估：口译使用者视角
【作者】张威
【刊物】上海翻译
【刊期】2010 年第 3 期　第 43 ~ 47 页

【文章】口译的职业化与职业化发展——上海及江苏地区口译现状调查研究
【作者】潘珺、孙志祥、王红华
【刊物】解放军外国语学院学报
【刊期】2009 年第 6 期　第 81 ~ 85，101 页

【文章】口译认知过程中"deverbalization"的认知诠释
【作者】许明
【刊物】中国翻译
【刊期】2010 年第 3 期　第 5 ~ 11，95 页

【文章】口译研究的"名"与"实"——口译研究的学科理论建构之一
【作者】仲伟合、王斌华
【刊物】中国翻译
【刊期】2010 年第 5 期　第 7 ~ 12，94 页

【文章】口译研究方法论 -—口译研究的学科理论建构之二
【作者】仲伟合、王斌华
【刊物】中国翻译
【刊期】2010 年第 6 期　第 18 ~ 24，92 页

【文章】口译研究及新疆高级维汉口译人才培养模式的构建
【作者】安德源
【刊物】语言与翻译
【刊期】2010 年第 2 期　第 52 ~ 56 页

【文章】口译语料库的开发与建设：理论与实践的若干问题
【作者】张威
【刊物】中国翻译
【刊期】2009 年第 3 期　第 54 – 59 + 96 页

【文章】口译中译员主体性意识的语用研究
【作者】莫爱屏
【刊物】中国外语
【刊期】2010 年第 3 期　第 103 ~ 107，111 页

L

【文章】论口译双重语境的认知构建：在场概念与不在场概念——以温总理在记者招待会上使用的古训口译为例

【作者】谌莉文、王文斌
【刊物】中国翻译
【刊期】2010 年第 6 期　第 24～28，92 页

【文章】论口译训练中的术语教学
【作者】厉平
【刊物】中国科技术语
【刊期】2009 年第 5 期　第 34～38 页

【文章】论同声传译中省略策略的应用
【作者】王琼
【刊物】外国语言文学
【刊期】2009 年第 2 期　第 110～115，122 页

【文章】逻辑思维与口译理解
【作者】李学兵
【刊物】中国科技翻译
【刊期】2010 年第 3 期　第 20～23 页

M

【文章】美国电话口译的职业现状及理论分析
【作者】肖晓燕、张梅
【刊物】上海翻译
【刊期】2009 年第 1 期　第 30～34 页

R

【文章】如何更好地进行口译训练
【作者】李军
【刊物】中国科技翻译
【刊期】2010 年第 1 期　第 20～23 页

S

【文章】社区口译新趋势——电话口译
【作者】肖晓燕、郁锐玲
【刊物】中国翻译
【刊期】2009 年第 2 期　第 22～27，94 页

【文章】社区口译在中国
【作者】苏伟
【刊物】上海翻译
【刊期】2009 年第 4 期　第 42～45 页

【文章】数字口译教学探究
【作者】杨莉
【刊物】中国科技翻译
【刊期】2010 年第 4 期　第 38～40 页

T

【文章】谈古训汉英口译的言效契合原则
【作者】谌莉文
【刊物】中国科技翻译
【刊期】2010 年第 4 期　第 19～22，33 页

【文章】谈司法审判工作中的庭审口译
【作者】刘学平
【刊物】语言与翻译
【刊期】2010 年第 3 期　第 48～51 页

【文章】谈同声传译的一些方法和技巧
【作者】国玉奇
【刊物】中国俄语教学
【刊期】2010 年第 1 期　第 67～71 页

【文章】同声传译的工作记忆机制研究
【作者】张威
【刊物】外国语
【刊期】2010 年第 2 期　第 60～66 页

【文章】同声传译的认知图式及其功能探讨
【作者】汤丹、张克金
【刊物】中国科技翻译
【刊期】2010 年第 2 期　第 15～17，47 页

【文章】同声传译的顺句驱动和非顺句驱

动策略

【作者】李春怡

【刊物】中国翻译

【刊期】2009 年第 3 期　第 69 ~ 73，96 页

【文章】同声传译认知加工分析：工作记忆能力与同声传译效果的关系——一项基于中国英语口译人员的实证研究报告

【作者】张威

【刊物】外国语文

【刊期】2009 年第 4 期第 128 ~ 134 页

【文章】同声传译中的交际策略

【作者】唐爱燕

【刊物】中国科技翻译

【刊期】2009 年第 3 期　第 19 ~ 23 页

【文章】同声传译中的视译记忆实验研究

【作者】王建华

【刊物】中国翻译

【刊期】2009 年第 6 期　第 25 ~ 30，92 页

X

【文章】西方同声传译研究的新发展——一项文献计量研究

【作者】高彬、柴明熲

【刊物】中国翻译

【刊期】2009 年第 2 期　第 17 ~ 21，94 页

【文章】香港的法庭口译制度评析

【作者】杜碧玉

【刊物】山东外语教学

【刊期】2010 年第 2 期　第 91 ~ 94 页

Y

【文章】英语演讲艺术与口译

【作者】周青

【刊物】中国科技翻译

【刊期】2010 年第 3 期　第 24 ~ 26，64 页

Z

【文章】中国同声传译研究引证分析

【作者】高彬、柴明熲

【刊物】中国翻译

【刊期】2010 年第 4 期　第 15 ~ 19，94 页

【文章】中西口译研究的相似性

【作者】张威

【刊物】中国科技翻译

【刊期】2009 年第 2 期　第 18 ~ 21 页

【文章】中英交替传译之显化现象：案例分析

【作者】张其帆

【刊物】中国翻译

【刊期】2009 年第 5 期　第 77 ~ 81 页

【文章】“专题口译”课程的专题设置及语料选用

【作者】张艳、戴桂玉

【刊物】广东外语外贸大学学报

【刊期】2009 年第 4 期　第 31 ~ 33，60 页

【文章】“专注听力”——口译听力培训方法之我见

【作者】徐然

【刊物】中国翻译

【刊期】2010 年第 3 期　第 43 ~ 47，96 页

书刊评介类

【文章】《谁翻译？——论超越理性的译者主体性》述介
【作者】朱琳
【刊物】中国科技翻译
【刊期】2009 年第 3 期　第 62 ~ 64，23 页

【文章】《中医基本名词术语英译国际标准化研究》述评
【作者】李宏德、田志东
【刊物】中国科技翻译
【刊期】2010 年第 3 期　第 61 ~ 63，44 页

B

【文章】把握理论脉动，提高翻译能力——《英汉翻译综合教程》述评
【作者】王治国
【刊物】山东外语教学
【刊期】2009 年第 2 期　第 99 ~ 101 页

C

【文章】承前启后 高瞻远瞩——评《中国译学大辞典》
【作者】陈飘平
【刊物】上海翻译
【刊期】2010 年第 3 期　第 75 ~ 77 页

【文章】触动死结的思想之旅——《翻译与自我 - 德里达 < 死结 > 的翻译学解读与批判》评析
【作者】徐艳利
【刊物】中国比较文学
【刊期】2010 年第 2 期　第 148 ~ 150 页

D

【文章】当代美洲翻译理论研究的新方向——根茨勒新著《美洲的翻译与身份认同：翻译理论的新方向》评介
【作者】李红满
【刊物】中国翻译
【刊期】2010 年第 1 期　第 38 ~ 40 页

【文章】典籍英译教材建设的新尝试——介绍本科翻译专业教材《中国典籍英译》的编写
【作者】王宏
【刊物】上海翻译
【刊期】2009 年第 1 期　第 41 ~ 44 页

【文章】独辟蹊径，勇于开拓——评《自由派翻译传统研究》一书
【作者】皮野
【刊物】山东外语教学
【刊期】2009 年第 1 期　第 104 ~ 106 页

E

【文章】《汉俄大词典》简介
【作者】岳永红
【刊物】外国语
【刊期】2009 年第 4 期　第 96 页

F

【文章】《翻译理论探讨》——对当代西方翻译理论的批判性认识
【作者】王鹏
【刊物】中国翻译
【刊期】2010 年第 3 期　第 33 ~ 37 页

【文章】翻译史研究的一种方法——评介 Method in Translation History
【作者】郑贞
【刊物】外语研究
【刊期】2009 年第 1 期　第 110 ~ 111 页

【文章】翻译文学研究的新收获——读秦弓《20 世纪中国翻译文学史·五四时期卷》
【作者】王红
【刊物】中国比较文学
【刊期】2010 年第 4 期　第 147 ~ 149 页

【文章】翻译文学与新时期中国的历史关联——读赵稀方《20 世纪中国翻译文学史·新时期卷》
【作者】李思清
【刊物】中国比较文学
【刊期】2010 年第 4 期　第 143 ~ 147 页

【文章】《翻译学理论的系统建构》序——为纪念杨自俭教授而作
【作者】方梦之
【刊物】上海翻译
【刊期】2009 年第 4 期　第 78 ~ 80，50 页

【文章】翻译研究的全息扫描——Routledge Encyclopedia of Translation Studies 第二版简评
【作者】方梦之
【刊物】外语研究
【刊期】2010 年第 2 期　第 108 ~ 111 页

【文章】翻译研究的社会 - 心理学转向——爱德文·根茨勒新著《美洲的翻译与身份认同》述评
【作者】梁志芳
【刊物】外国语
【刊期】2010 年第 1 期　第 91 ~ 95 页

【文章】翻译研究的哲学诠释学和接受美学视角——《翻译：跨文化解释》评介
【作者】张云、曾凡桂
【刊物】外国语
【刊期】2009 年第 1 期　第 88 ~ 90 页

【文章】翻译与美学跨学科研究的新尝试——《朱光潜西方美学翻译思想》评介
【作者】李瑞、李强
【刊物】山东外语教学
【刊期】2009 年第 5 期　第 102 ~ 104 页

【文章】翻译中的限制和自由——谈《自由派翻译传统研究》
【作者】徐莉娜
【刊物】上海翻译
【刊期】2009 年第 2 期　第 9 ~ 13 页

【文章】风雨十载磨一剑——《翻译方法论》评介
【作者】冯全功
【刊物】山东外语教学
【刊期】2010 年第 3 期　第 103 ~ 106 页

H

【文章】回顾、思考与展望《Routledge 翻译研究指南》评述
【作者】段峰
【刊物】中国翻译
【刊期】2009 年第 4 期　第 30 ~ 33 页

J

【文章】建国以来中国翻译理论著作出版评述
【作者】文军
【刊物】中国翻译
【刊期】2010 年第 1 期　第 33 ~ 37 页

L

【文章】刘宓庆著《新编汉英对比与翻译》述评
【作者】王建国
【刊物】中国科技翻译
【刊期】2009 年第 1 期　第 63 ~ 64，封三页

【文章】论《小句中枢全译说》的逻辑力量
【作者】余承法
【刊物】中国科技翻译
【刊期】2010 年第 4 期　第 56 ~ 58 页

M

【文章】迈向绿色生态翻译——评许建忠教授的《翻译生态学》
【作者】黄秀敏
【刊物】中国科技翻译
【刊期】2009 年第 4 期　第 59 ~ 60，37 页

Q

【文章】取精用弘，图远务实——简谈翻译硕士专业教材《笔译理念与策略精讲》编撰原则
【作者】何刚强
【刊物】中国翻译
【刊期】2009 年第 1 期　第 51 ~ 53 页

【文章】全球/本土的共融和对话——评《翻译、全球化与本土化——中国的视角》
【作者】尹星
【刊物】中国外语
【刊期】2010 年第 1 期　第 106 ~ 110 页

【文章】全球化视野下翻译研究的文化转向——读王宁新著《翻译研究的文化转向》
【作者】汪沛
【刊物】中国翻译
【刊期】2009 年第 6 期　第 31 ~ 33 页

【文章】“权力转向”与自我再现——评《翻译中国》
【作者】张旭
【刊物】中国翻译
【刊期】2010 年第 4 期　第 28 ~ 31 页

R

【文章】认知翻译研究的可贵探索——评《跨越语言的识解：翻译的认知语言学探索》
【作者】陈吉荣
【刊物】中国翻译
【刊期】2010 年第 5 期　第 25 ~ 28 页

S

【文章】索百年之文，引明日之路——评《翻译资料与翻译研究丛书》
【作者】刘畅、赖思维
【刊物】中国翻译
【刊期】2009 年第 1 期　第 43 ~ 45 页

T

【文章】透视当代西方翻译研究的一扇窗户——《翻译研究指南》评介
【作者】熊兵

【刊物】上海翻译
【刊期】2009 年第 1 期　第 78～80 页

W

【文章】为有源头活水来——《中国佛籍译论选辑评注》的解读与评论
【作者】王璟
【刊物】上海翻译
【刊期】2009 年第 3 期　第 71～74 页

【文章】我国翻译学（论）专著评介
【作者】鲍德旺
【刊物】山东外语教学
【刊期】2009 年第 4 期　第 99～103 页

X

【文章】西方翻译理论的新作——《双语文本：文学自译史及其理论》
【作者】陈吉荣
【刊物】中国翻译
【刊期】2009 年第 1 期　第 38～42 页

【文章】西方影视翻译研究的最新发展——《影视翻译：屏幕上的语言转换》介评
【作者】李占喜
【刊物】上海翻译
【刊期】2010 年第 4 期　第 70～72 页

【文章】新闻翻译研究的新收获——评张健教授新著《报刊语言翻译》
【作者】刘金龙
【刊物】上海翻译
【刊期】2009 年第 3 期　第 75～77 页

Y

【文章】一部开拓汉英新闻翻译研究新境界的力作——评王银泉教授《实用汉英电视新闻翻译》
【作者】刘金龙、徐彬
【刊物】山东外语教学
【刊期】2010 年第 2 期　第 99～103 页

【文章】异化与归化：道德态度与话语策略——韦努蒂《译者的隐形》第二版评述
【作者】郭建中
【刊物】中国翻译
【刊期】2009 年第 2 期　第 34～38，95 页

【文章】译学研究的反思与前瞻——评《翻译学概论》
【作者】董娜
【刊物】中国翻译
【刊期】2010 年第 2 期　第 23～26 页

【文章】由静态、稳定走向动态、多变——《超越描述翻译学》评介
【作者】谭晓丽
【刊物】中国翻译
【刊期】2009 年第 5 期　第 39～42 页

【文章】“语言好客性”与“译‘不可译’”——保尔·利科翻译思想述评
【作者】张晓明
【刊物】外语学刊
【刊期】2009 年第 5 期　第 121～125 页

【文章】欲善其事 先利其器——《翻译与技术》介评
【作者】王少爽
【刊物】中国科技翻译
【刊期】2010 年第 2 期　第 61～64 页

Z

【文章】中外译论百部述要

【作者】佘烨、易奇志、佘协斌

【刊物】上海翻译

【刊期】2009 年第 3 期　第 63 ~ 70 页

【文章】自省翻译研究的西方中心——《扩展翻译，赋权译者》述评

【作者】黄德先

【刊物】外国语

【刊期】2010 年第 1 期 第 86 ~ 90 页

【文章】纵横古今 跨越中西——《跨越边界：从比较文学到翻译研究》评介

【作者】袁丽梅

【刊物】中国翻译

【刊期】2010 年第 6 期　第 43 ~ 45 页

【文章】纵横与跨越——张旭新著《跨越边界：从比较文学到翻译研究》评介

【作者】袁丽梅

【刊物】中国比较文学

【刊期】2010 年第 4 期　第 149 ~ 153 页

【文章】走出象牙塔研究翻译——评介 Basics of Translation Studies

【作者】黄德先

【刊物】外语研究

【刊期】2009 年第 1 期　第 108 ~ 109 页

翻译服务与翻译技术类

B

【文章】本地化行业发展对职业翻译训练及执业认证的要求

【作者】王传英、崔启亮

【刊物】中国翻译

【刊期】2010 年第 4 期　第 76 ~ 79，95 页

【文章】变译平行语料库概说——以严复《天演论》为例

【作者】黄忠廉

【刊物】外语学刊

【刊期】2009 年第 1 期　第 116 ~ 119 页

C

【文章】常规对应、数据关联与“谷歌翻译”评价

【作者】褚东伟

【刊物】广东外语外贸大学学报

【刊期】2010 年第 4 期　第 50 ~ 53 页

F

【文章】翻译单位研究对计算机辅助翻译的启示

【作者】苏明阳、丁山

【刊物】外语研究

【刊期】2009 年第 6 期　第 84 ~ 89 页

【文章】翻译的职业化及对翻译研究的影响

【作者】黄德先、杜小军

【刊物】上海翻译

【刊期】2010 年第 1 期　第 73 ~ 77 页

【文章】翻译语料库：深化译论研究的有

效工具

【作者】黄忠廉

【刊物】外语学刊

【刊期】2009 年第 1 期　第 101 页

G

【文章】国内语料库翻译研究现状调查——基于国内学术期刊的数据分析（1993～2009）

【作者】杨梅、白楠

【刊物】中国翻译

【刊期】2010 年第 6 期　第 46～50 页

H

【文章】汉语译文中习语与词簇的使用特征：基于语料库的研究

【作者】肖忠华、戴光荣

【刊物】外语研究

【刊期】2010 年第 3 期　第 79～86 页

【文章】《红楼梦》叙事标记语及其英译——基于语料库的对比分析

【作者】刘泽权、田璐

【刊物】外语学刊

【刊期】2009 年第 1 期　第 106～110 页

J

【文章】机器翻译中汉语词语切分的现状——汉语分词与汉英机器翻译研究系列之一

【作者】吴志杰

【刊物】外语研究

【刊期】2009 年第 1 期　第 8～13 页

【文章】基于比较翻译教学法的教学型语料库构建与应用

【作者】余军、王朝晖

【刊物】中国翻译

【刊期】2010 年第 5 期　第 57～62，95 页

【文章】基于短语译文组合的汉英翻译系统

【作者】姚敏锋

【刊物】广东外语外贸大学学报

【刊期】2010 第 2 期　第 75～77 页

【文章】基于对应语料库的英译汉语言特征分析

【作者】秦洪武、王克非

【刊物】外语教学与研究

【刊期】2009 年第 2 期　第 131～136 页

【文章】基于多译本语料库的译文对比研究——对《傲慢与偏见》三译本的对比分析

【作者】徐欣

【刊物】外国语

【刊期】2010 年第 2 期　第 53～59 页

【文章】基于网络“译审模式”的交互式翻译教学实验研究

【作者】段自力

【刊物】中国翻译

【刊期】2009 年第 3 期　第 44～49，95～96 页

【文章】基于语料库的《红楼梦》中的元话语“又”及其英译对比研究

【作者】黄勤、王晓利

【刊物】西安外国语大学学报

【刊期】2010 年第 3 期　第 75～78 页

【文章】基于语料库的汉译英中的搭配教学

【作者】武光军
【刊物】中国外语
【刊期】2010 年第 4 期　第 53 ~ 59，83 页

【文章】基于语料库的汉语翻译语体特征多维分析
【作者】胡显耀
【刊物】外语教学与研究
【刊期】2010 年第 6 期　第 451 ~ 458 页

【文章】基于语料库的口译研究：回顾与展望
【作者】李婧、李德超
【刊物】中国外语
【刊期】2010 年第 5 期　第 100 ~ 105，111 页

【文章】基于语料库的莎剧《哈姆雷特》汉译文本中“把”字句应用及其动因研究
【作者】胡开宝
【刊物】外语学刊
【刊期】2009 年第 1 期　第 111 ~ 115 页

【文章】基于语料库的学习者汉英翻译省译策略研究
【作者】潘鸣威
【刊物】外语研究
【刊期】2010 年第 5 期　第 72 ~ 77 页

【文章】基于语料库的译者风格与翻译策略研究——以《红楼梦》中报道动词及英译为例
【作者】刘泽权、闫继苗
【刊物】解放军外国语学院学报
【刊期】2010 年第 4 期　第 87 ~ 92 页

【文章】基于语料库的英汉科技语篇衔接机制比较与翻译
【作者】尹富林、胡元江
【刊物】外语研究
【刊期】2010 年第 3 期　第 87 ~ 92 页

【文章】基于自建英汉翻译语料库的翻译明晰化研究
【作者】戴光荣、肖忠华
【刊物】中国翻译
【刊期】2010 年第 1 期　第 76、80 页

【文章】计算机辅助翻译教学——设计与实施
【作者】徐彬
【刊物】上海翻译
【刊期】2010 年第 4 期　第 45 ~ 49 页

【文章】“计算机辅助翻译”课程教学思考
【作者】钱多秀
【刊物】中国翻译
【刊期】2009 年第 4 期　第 49 ~ 53，95 页

Q

【文章】浅谈语料库翻译学
【作者】秦平新
【刊物】语言与翻译
【刊期】2009 年第 2 期　第 63 ~ 65 页

T

【文章】统计机器翻译系统在网络翻译教学中的应用
【作者】王正、孙东云
【刊物】上海翻译
【刊期】2009 年第 1 期　第 73 ~ 77 页

X

【文章】信息时代下的翻译教学——柯平教授的语言与翻译技术课程介绍
【作者】朱晓敏
【刊物】上海翻译
【刊期】2010 年第 4 期　第 50 ~ 52 页

【文章】寻求“第三语码”——基于汉语译文语料库的翻译共性研究
【作者】肖忠华、戴光荣
【刊物】外语教学与研究
【刊期】2010 年第 1 期　第 52 ~ 58 页

Y

【文章】一份社会语言调查对汉英机器翻译中词语切分的启示——汉语分词与汉英机器翻译研究系列之二
【作者】吴志杰
【刊物】外语研究
【刊期】2009 年第 5 期　第 58 ~ 63 页

【文章】译者权益与翻译出版合同
【作者】肖维青
【刊物】上海翻译
【刊期】2009 年第 2 期　第 78 ~ 80 页

【文章】英汉学习型词典的设计特征与语料库的深加工
【作者】魏向清
【刊物】外语研究
【刊期】2009 年 第 5 期　第 86 ~ 90 页

【文章】英译汉语言特征探讨——基于对应语料库的宏观分析
【作者】王克非、秦洪武
【刊物】外语学刊
【刊期】2009 年第 1 期　第 102 ~ 105 页

【文章】英语高校的“翻译技术”教学及其启示
【作者】张霄军
【刊物】外语研究
【刊期】2010 年第 6 期　第 76 ~ 79 页

【文章】用语料库考察汉语翻译小说定语的容量和结构
【作者】胡显耀、曾佳
【刊物】解放军外国语学院学报
【刊期】2009 年第 3 期　第 61 ~ 66 页

【文章】语篇 语境 机译质量
【作者】张敬源、彭漪
【刊物】山东外语教学
【刊期】2009 年第 6 期　第 73 ~ 77 页

Z

【文章】中国语言服务行业发展状况、问题及对策——在 2010 中国国际语言服务行业大会上的主旨发言
【作者】郭晓勇
【刊物】中国翻译
【刊期】2010 年第 6 期　第 34 ~ 37 页

综合类

A

【文章】AVENGE 与 REVENGE 用法译评
【作者】吴国良
【刊物】上海翻译
【刊期】2009 年第 4 期　第 54 ~ 57 页

【文章】奥巴马获胜演讲中转喻的解读与翻译
【作者】张志慧
【刊物】中国科技翻译
【刊期】2009 年第 2 期　第 52 ~ 55 页

【文章】奥巴马新词初探
【作者】丁立福、赵正国
【刊物】上海翻译
【刊期】2009 年第 1 期　第 62 ~ 64 页

B

【文章】BLAME 用法译评
【作者】吴国良、吴春
【刊物】上海翻译
【刊期】2010 年第 2 期　第 61 ~ 65 页

【文章】保存与“再创造”
【作者】朱柏桐
【刊物】中国翻译
【刊期】2010 年第 3 期　第 92 ~ 93 页

【文章】被动语态的翻译研究
【作者】杨红
【刊物】中国科技翻译
【刊期】2010 年第 3 期　第 57 ~ 59，23 页

【文章】笔译示范读物中译例失范举隅
【作者】王维东
【刊物】中国翻译
【刊期】2009 年第 3 期　第 78 ~ 82 页

【文章】“变异”语言翻译初探
【作者】崔长青
【刊物】中国翻译
【刊期】2009 年第 4 期　第 76 ~ 78，96 页

【文章】辩证逻辑学派方法论在科技英语翻译中的应用
【作者】邹照兰
【刊物】中国科技翻译
【刊期】2010 年第 3 期　第 10 ~ 12 页

【文章】“不折腾”的语境内涵与英译
【作者】曾利沙
【刊物】中国科技翻译
【刊期】2009 年第 2 期　第 59 ~ 60，封三页

C

【文章】Chinglish：英式汉语？
【作者】李淑敏
【刊物】上海翻译
【刊期】2009 年第 1 期　第 65 ~ 66 页

【文章】Concession 与 franchise 释义的再辨析
【作者】徐嵩龄
【刊物】中国科技术语
【刊期】2009 年第 5 期　第 48 ~ 49 页

【文章】成语翻译新论：互文性视角
【作者】王红利
【刊物】西安外国语大学学报
【刊期】2009 年第 4 期　第 40 ~ 44 页

【文章】传统译论中的翻译策略术语研究——重九译、重译、九译、直译和音译
【作者】赵巍、马艳姿
【刊物】西安外国语大学学报
【刊期】2010 年第 3 期　第 61 ~ 65 页

【文章】创造性翻译与文化挪用——庞德的儒经译介评析
【作者】杨平
【刊物】天津外国语学院学报

【刊期】2010 年第 1 期　第 30 ~ 36 页

【文章】词无定义 译有“定”法
【作者】张政
【刊物】中国科技翻译
【刊期】2009 年第 3 期　第 59 ~ 61，47 页

【文章】词语翻译转换过程的认知心理学研究——基于“注意论”的词语翻译心理模型探索
【作者】王柳琪、刘绍龙
【刊物】外语教学
【刊期】2009 年第 5 期　第 93 ~ 96 页

【文章】词语翻译转换模型的心理语言学研究——一个基于语义习得表征的理论探索
【作者】阮绩智、王柳琪
【刊物】中国外语
【刊期】2010 年第 3 期　第 95 ~ 102 页

【文章】从“artistic gymnastics”的汉译说起
【作者】张顺生
【刊物】中国科技翻译
【刊期】2009 年第 1 期　第 53 ~ 55，58 页

【文章】从“第 20 届韩素音青年翻译竞赛”汉译英参考译文看翻译中的“伪友”现象
【作者】施佳胜
【刊物】中国翻译
【刊期】2009 年第 4 期　第 79 ~ 82，96 页

【文章】从 femtocell 的中文定名谈起
【作者】邵一敏
【刊物】中国科技术语
【刊期】2010 年第 5 期　第 54 ~ 55 页

【文章】从傅雷译作中的注释看译者直接阐释的必要性——以《傅雷译文集》第三卷为例
【作者】杨振、许钧
【刊物】外语教学
【刊期】2009 年第 3 期　第 82 ~ 84，89 页

【文章】从概念合成理论看隐喻翻译
【作者】苏立昌、李建波
【刊物】天津外国语学院学报
【刊期】2009 年第 3 期　第 29 ~ 33 页

【文章】从关联理论角度看语境在翻译中的作用
【作者】邹照兰
【刊物】中国科技翻译
【刊期】2009 年第 1 期　第 46 ~ 48 页

【文章】从哈贝马斯的语言哲学看译作与原作关系的理性重建
【作者】唐建军
【刊物】西安外国语大学学报
【刊期】2009 年第 3 期　第 63 ~ 65 页

【文章】从汉语词语的文字理据性看外来词的译介过程
【作者】杨延龙、曹勇
【刊物】外语教学
【刊期】2009 年第 3 期　第 100 ~ 103 页

【文章】从莫里斯的现代符号学理论看翻译中的语义选择
【作者】何远秀
【刊物】外国语文
【刊期】2009 年第 2 期　第 140 ~ 144 页

【文章】从认知视角试论翻译能力的构成
【作者】冯全功
【刊物】外语教学
【刊期】2010 年第 6 期　第 110 ~ 113 页

【文章】从顺应论看应用翻译异化观——基于《中国国家地理——选美中国特辑》英译个案的研究
【作者】叶苗
【刊物】中国外语
【刊期】2009 年第 4 期　第 102 ~ 106 页

【文章】从外籍编委审校英文学报看中译英常见的问题
【作者】郭霞、徐正一、张艳、李长复
【刊物】中国科技翻译
【刊期】2009 年第 3 期　第 11 ~ 15 页

【文章】从习语的汉译维谈翻译的可译性限度问题
【作者】彭晓丽
【刊物】语言与翻译
【刊期】2009 年第 1 期　第 54 ~ 56 页

【文章】从英汉模因差异看“托儿”英译的多维度思索
【作者】任开兴
【刊物】中国翻译
【刊期】2009 年第 5 期　第 82 ~ 85 页

D

【文章】“戴着镣铐跳舞”——第 22 届韩素音青年翻译奖竞赛英译汉参赛译文评析
【作者】周小进
【刊物】中国翻译
【刊期】2010 年第 6 期　第 81 ~ 85 页

【文章】当代汉语流行词汇的译法与问题
【作者】钟利平
【刊物】上海翻译
【刊期】2010 年第 3 期　第 66 ~ 68 页

【文章】当前翻译研究三思
【作者】张会森
【刊物】外语学刊
【刊期】2009 年第 5 期　第 126 ~ 128 页

【文章】“地铁车站”汉语译本的读者接受调查分析及其启示
【作者】周昕
【刊物】山东外语教学
【刊期】2009 年第 4 期　第 69 ~ 74 页

【文章】“定语 + 人称代词”结构的翻译审美
【作者】何雅媚
【刊物】中国翻译
【刊期】2010 年第 4 期　第 56 ~ 60 页

【文章】独立成篇：超越“忠实”的忠实
【作者】刘季春
【刊物】上海翻译
【刊期】2010 年第 1 期　第 41 ~ 45 页

【文章】对 clockwise 译名的商榷
【作者】崔炳光
【刊物】中国科技术语
【刊期】2009 年第 2 期　第 64 页

【文章】对翻译中“约定俗成”的再思考
【作者】张顺生
【刊物】上海翻译
【刊期】2009 年第 2 期　第 57 ~ 60 页

【文章】对可译性问题的多维度审视
【作者】吴建、张韵菲
【刊物】外国语言文学
【刊期】2009 年第 4 期　第 254 ~ 258 页

【文章】对外传播符号转换与重要词语翻译
【作者】王平兴
【刊物】中国翻译
【刊期】2010 年第 1 期　第 71 ~ 75 页

【文章】对外汉语教材文化翻译例说
【作者】余心乐
【刊物】中国翻译
【刊期】2009 年第 4 期　第 68 ~ 70 页

【文章】《敦煌壁画中的精彩故事》篇名的汉译日翻译策略
【作者】何家蓉
【刊物】天津外国语学院学报
【刊期】2009 年第 4 期　第 42 ~ 44 页

E

【文章】E – 时代词语的翻译：适应和选择
【作者】陈红
【刊物】解放军外国语学院学报
【刊期】2009 年第 6 期　第 71 ~ 74 页

【文章】俄汉互译时的形式信息失真及其补救策略
【作者】谭克新
【刊物】中国俄语教学
【刊期】2010 年第 1 期　第 72 ~ 76 页

【文章】俄语篇章汉译研究：回顾与前瞻
【作者】杨仕章
【刊物】中国俄语教学
【刊期】2010 年第 2 期　第 56 ~ 60，44 页

【文章】俄语语篇中话题指称的回指与翻译
【作者】赵红
【刊物】外语教学
【刊期】2010 年第 4 期　第 105 ~ 109 页

【文章】2010 年国际翻译日主题 多样化的语言 高质量的翻译
【作者】吕冬、黄长奇
【刊物】中国翻译
【刊期】2010 年第 4 期　第 19 页

【文章】2010 年政府工作报告英译本中的迁移性冗余：分析与对策
【作者】武光军
【刊物】中国翻译
【刊期】2010 年第 6 期　第 64 ~ 68 页

【文章】21 世纪全球化语境中的汉文化经典外译策略探索
【作者】徐珺
【刊物】外语教学
【刊期】2009 年第 2 期　第 88 ~ 95 页

F

【文章】“four freedoms” 到底是几大自由
【作者】黄粉保
【刊物】中国科技翻译
【刊期】2010 年第 4 期　第 53 ~ 55 页

【文章】翻译：在语言文化间周旋
【作者】王克非
【刊物】中国外语
【刊期】2010 年第 5 期　第 1，92 页

【文章】翻译"变""化"观
【作者】黄忠廉
【刊物】外语学刊
【刊期】2010 年第 6 期　第 104 ~ 108 页

【文章】翻译比喻中伦理关系透视
【作者】边立红
【刊物】西安外国语大学学报
【刊期】2010 年第 3 期　第 70 ~ 74 页

【文章】翻译错误价值论
【作者】许建忠
【刊物】上海翻译
【刊期】2010 年第 1 期　第 10 ~ 13 页

【文章】翻译导读："不可译"语句翻译技巧
【作者】黄俊雄
【刊物】中国翻译
【刊期】2010 年第 4 期　第 91 ~ 92 页

【文章】翻译导读：关于行文的自然与流畅
【作者】刘士聪、卞建华
【刊物】中国翻译
【刊期】2010 年第 4 期　第 88 ~ 89 页

【文章】翻译的动态性探析
【作者】肖婉丽、吕允丽
【刊物】西安外国语大学学报
【刊期】2010 年第 1 期　第 49 ~ 52 页

【文章】翻译非易事，得失寸心知——第 22 届韩素音青年翻译奖竞赛汉译英参赛译文评析
【作者】温建平
【刊物】中国翻译
【刊期】2010 年第 6 期　第 87 ~ 91 页

【文章】翻译即反译
【作者】欧阳昱
【刊物】中国翻译
【刊期】2010 年第 3 期 第 53 ~ 57 页

【文章】"翻译腔"与翻译任务复杂度和译者工作记忆关系的实证研究
【作者】王福祥、徐庆利
【刊物】外语教学
【刊期】2010 年第 6 期　第 105 ~ 109 页

【文章】翻译文化研究的渊源及影响
【作者】薛芳
【刊物】西安外国语大学学报
【刊期】2010 年第 1 期　第 53 ~ 56 页

【文章】翻译信息转换模型的认知心理学研究——基于符号加工范式的思考与构建
【作者】王柳琪、刘绍龙
【刊物】中国翻译
【刊期】2009 年第 6 期　第 20 ~ 24，92 页

【文章】翻译研究、学术规范与文化传统
【作者】张南峰
【刊物】中国翻译
【刊期】2010 年第 2 期　第 73 ~ 80，95 页

【文章】翻译研究的框架语义学视角评析
【作者】邓静
【刊物】外语教学与研究
【刊期】2010 年第 1 期　第 66 ~ 71 页

【文章】翻译中常见的几种引申现象
【作者】许进兴
【刊物】上海翻译

【刊期】2010 年第 2 期　第 37 ~ 39 页

【文章】翻译中的“望文生义”与“张冠李戴”
【作者】许建平
【刊物】中国科技翻译
【刊期】2010 年第 3 期　第 35 ~ 38 页

【文章】翻译中的“主观化”对等
【作者】王明树
【刊物】外语学刊
【刊期】2010 年第 1 期　第 41 ~ 44 页

【文章】翻译中的结构对应与结构置换——以情感动补结构为例
【作者】汪立荣
【刊物】西安外国语大学学报
【刊期】2010 年第 2 期　第 92 ~ 95 页

【文章】翻译中的语体风格、修辞意图与文本连贯性
【作者】王克友
【刊物】解放军外国语学院学报
【刊期】2010 年第 1 期　第 57 ~ 61 页

【文章】翻译中的语义三维
【作者】王斌
【刊物】外语研究
【刊期】2009 年第 1 期　第 14 ~ 16 页

【文章】翻译中二元对立的思维模式的反思
【作者】朱安博
【刊物】外语教学
【刊期】2010 年第 2 期　第 105 ~ 108 页

【文章】翻译中失去的到底是什么？——Poetry is what gets lost in translation 出处之考辨及其语境分析
【作者】曹明伦
【刊物】解放军外国语学院学报
【刊期】2009 年第 5 期　第 65 ~ 71 页

【文章】翻译中相对价值的产生及其再现
【作者】温建平
【刊物】中国翻译
【刊期】2010 年第 5 期　第 63 ~ 66 页

【文章】翻译中主题句取向的语用视点
【作者】徐莉娜
【刊物】外语研究
【刊期】2010 年第 3 期　第 71 ~ 78 页

【文章】范式转换抑或视角转变——与谢天振教授商榷
【作者】吕俊、侯向群
【刊物】中国翻译
【刊期】2010 年第 1 期　第 41 ~ 45，95 页

【文章】“房奴”英译的文化解读
【作者】朱安博
【刊物】中国科技翻译
【刊期】2010 年第 3 期　第 53 ~ 56，38 页

【文章】富有特色的第 13 届科技翻译研讨会开幕式
【作者】李佩
【刊物】中国科技翻译
【刊期】2009 年第 4 期　第 1 ~ 2 页

G

【文章】概念词“Ontology”的“不可译性”探源
【作者】文炳、何莉
【刊物】西安外国语大学学报
【刊期】2010 年第 2 期　第 96 ~ 封 3 页

【文章】概念结构的认知理据与专业英语翻译
【作者】王宗英、郭高攀
【刊物】上海翻译
【刊期】2010 年第 2 期　第 33 ~ 36 页

【文章】概念隐喻视角下的隐喻翻译研究
【作者】肖家燕、李恒威
【刊物】中国外语
【刊期】2010 年第 5 期 第 106 ~ 111 页

【文章】跟踪奥巴马 学时尚新词
【作者】丁立福、赵正国
【刊物】中国科技翻译
【刊期】2009 年第 2 期　第 56 ~ 58，55 页

【文章】功能语言学视角下的文化翻译探讨
【作者】杨洁、邹宁
【刊物】山东外语教学
【刊期】2009 年第 3 期　第 104 ~ 108 页

【文章】关联理论之于翻译过程的重构
【作者】张利平
【刊物】广东外语外贸大学学报
【刊期】2009 年第 5 期　第 66 ~ 69 页

【文章】关于“bow wave”和“heat sink”的正确译法
【作者】吴承康
【刊物】中国科技术语
【刊期】2009 年第 6 期　第 52 页

【文章】关于“粉煤灰”的英译
【作者】廖宜顺
【刊物】中国科技术语
【刊期】2009 年第 2 期　第 64 页

【文章】关于“三十而立，四十而不惑”翻译的探讨
【作者】郝光峰、李燕
【刊物】中国翻译
【刊期】2010 年第 6 期　第 68 ~ 70 页

【文章】关于“译意不译词”的几点思考——以梁启超的翻译实践为中心
【作者】蒋林
【刊物】天津外国语学院学报
【刊期】2009 年第 4 期　第 26 ~ 30 页

【文章】关于 constitutive 中文定名的商榷
【作者】韩贻仁
【刊物】中国科技术语
【刊期】2010 年第 2 期　第 43 ~ 44 页

【文章】关于 dependable computing 和 trusted computing 的翻译
【作者】闵应骅、杨孝宗
【刊物】中国科技术语
【刊期】2009 年第 6 期　第 49 ~ 51 页

【文章】关于 frustrated Lewis pair 的中文名
【作者】彭斌、聂永
【刊物】中国科技术语
【刊期】2010 年第 6 期　第 44，49 页

【文章】关于翻译的困惑
【作者】倪志娟
【刊物】外国语言文学
【刊期】2010 年第 3 期　第 191 ~ 195 页

【文章】关于异化翻译的再思考

【作者】余国良、文炳
【刊物】外语学刊
【刊期】2009 年第 3 期　第 97～100 页

【文章】归化法和异化法的巧妙结合——简评《风之影》的汉译
【作者】张珂
【刊物】解放军外国语学院学报
【刊期】2009 年第 4 期　第 79～82 页

【文章】归化作为一种翻译策略的运用及其认知基础
【作者】周晶、何元建
【刊物】中国翻译
【刊期】2010 年第 6 期 第 58～63 页

【文章】规范、个性与译者的价值观——基于社会学视角的跨世纪《孙子兵法》两译本研究
【作者】黄海翔
【刊物】天津外国语学院学报
【刊期】2009 年第 2 期　第 48～54 页

【文章】郭沫若翻译探源
【作者】王维民、俞森林、傅勇林
【刊物】西安外国语大学学报
【刊期】2009 年第 3 期　第 69～70 页

【文章】郭译之瑕与辯
【作者】孔令翠
【刊物】外国语文
【刊期】2009 年第 6 期　第 47～50 页

H

【文章】Heritage language 的由来及其中文译名
【作者】高虹
【刊物】中国科技术语
【刊期】2010 年第 2 期　第 48～50，54 页

【文章】Homo－和 hetero－的中文译名
【作者】王克夷
【刊物】中国科技术语
【刊期】2010 年第 5 期　第 56，58 页

【文章】汉维文化差异对成语翻译的影响
【作者】巩晓
【刊物】语言与翻译
【刊期】2010 年第 1 期　第 54～58，70 页

【文章】汉英词典编纂中文化特色词的处理
【作者】姚喜明
【刊物】上海翻译
【刊期】2010 年第 4 期　第 53～56 页

【文章】汉英短语翻译中的“趋避”意识与翻译策略探讨
【作者】孟祥春
【刊物】中国翻译
【刊期】2009 年第 2 期　第 74～78，96 页

【文章】汉英翻译中运动事件的再词汇化过程
【作者】刘华文、李海清
【刊物】外语教学与研究
【刊期】2009 年第 5 期　第 379－385 页

【文章】汉英交替传译的逻辑关系
【作者】黄晓佳
【刊物】天津外国语学院学报
【刊期】2010 年第 3 期　第 49～54 页

【文章】《汉英外事实用词典》若干法律术语英译商榷
【作者】屈文生

【刊物】中国翻译
【刊期】2010 年第 4 期　第 80 ~ 85 页

【文章】汉英无主句翻译策略探究
【作者】张书健、李玲
【刊物】上海翻译
【刊期】2010 年第 4 期　第 42 ~ 44 页

【文章】汉英颜色词“白”与“white”之语义韵比较及翻译
【作者】宋伟华
【刊物】中国科技翻译
【刊期】2010 年第 3 期　第 27 ~ 30 页

【文章】汉语标点符号须要进一步规范和完善——从译者角度发出的一项呼吁
【作者】孙致礼、周晔
【刊物】中国翻译
【刊期】2010 年第 2 期　第 70 ~ 72 页

【文章】汉语词尾“-化”之派生词的英译
【作者】费维宝、蒲茂华
【刊物】西安外国语大学学报
【刊期】2009 年第 1 期　第 74 ~ 77 页

【文章】汉语句子话题与英语句子主语对比分析与翻译
【作者】马跃珂
【刊物】上海翻译
【刊期】2010 年第 3 期　第 37 ~ 39 页

【文章】汉语偏旁与英语实物名词汉译
【作者】刘洪泉
【刊物】中国科技翻译
【刊期】2009 年第 2 期　第 45 ~ 47 页

【文章】汉语双主句英译初探
【作者】马嘉、张耘
【刊物】解放军外国语学院学报
【刊期】2010 年第 1 期　第 67 ~ 71 页

【文章】“和谐号”列车服务手册的翻译与人才培养
【作者】解肱一、张宝丹
【刊物】中国科技翻译
【刊期】2009 年第 1 期　第 43 ~ 45 页

【文章】回归翻译——兼评文化学派的改写论
【作者】李志萍
【刊物】上海翻译
【刊期】2009 年第 4 期　第 67 ~ 69 页

【文章】婚姻和翻译的隐喻
【作者】朱波
【刊物】外国语言文学
【刊期】2010 年第 3 期　第 196 ~ 201 页

I

【文章】“Independence”抑或“Secession”，同乎，异乎？
【作者】于丹翎
【刊物】中国翻译
【刊期】2009 年第 1 期　第 73 ~ 75 页

【文章】International Negotiating 中译本错误评析
【作者】张宗让、张丽
【刊物】中国科技翻译
【刊期】2010 年第 2 期　第 22 ~ 25 页

J

【文章】基于 Google 新功能辅助汉译英

的研究——以高校网页英文翻译为例
【作者】王峰、彭石玉、严丹
【刊物】上海翻译
【刊期】2010 年第 4 期　第 66 ~ 69 页

【文章】基于实证角度的翻译过程之变量分析
【作者】韩淑芹、孙三军
【刊物】山东外语教学
【刊期】2010 年第 6 期　第 82 ~ 87 页

【文章】基于体裁分析的专门用途语篇翻译模式及运用
【作者】谢家成、刘洪泉
【刊物】上海翻译
【刊期】2010 年第 2 期　第 28 ~ 32 页

【文章】基于信息理论的英汉句层翻译方法研究
【作者】杨晓华
【刊物】西安外国语大学学报
【刊期】2010 年第 2 期　第 78 ~ 81 页

【文章】基于语用推理机制的翻译过程框架
【作者】陈科芳
【刊物】中国翻译
【刊期】2010 年第 3 期　第 12 ~ 16，95 页

【文章】季羡林翻译思想“三论”
【作者】王秉钦
【刊物】中国外语
【刊期】2009 年第 5 期　第 89 ~ 92 页

【文章】《家庭治疗——理论与方法》译著主要错误评析
【作者】权朝鲁
【刊物】中国翻译
【刊期】2009 年第 1 期　第 78 ~ 80 页

【文章】简论异化与归化的运用原则
【作者】黄艳春、黄振定
【刊物】外语教学
【刊期】2010 年第 2 期　第 101 ~ 104 页

【文章】将“boronic acid”定名为烱酸的建议
【作者】吴国庆
【刊物】中国科技术语
【刊期】2010 年第 6 期　第 50 ~ 51，57 页

【文章】接续式联系翻译转换的个案研究
【作者】杨仕章、韩燕
【刊物】中国俄语教学
【刊期】2009 年第 2 期　第 78 ~ 81 页

【文章】金岳霖翻译思想的悖论解析
【作者】陈大亮
【刊物】天津外国语学院学报
【刊期】2010 年第 1 期　第 37 ~ 41 页

【文章】禁忌语翻译的“语用标记对应”原则
【作者】周晔
【刊物】外语研究
【刊期】2009 年第 4 期　第 83 ~ 85 页

【文章】“景观”及相关术语译法探讨
【作者】黄润华
【刊物】中国科技术语
【刊期】2009 年第 1 期　第 32，37 页

【文章】句首受事话题句及其英译
【作者】童剑平、周国强

【刊物】解放军外国语学院学报
【刊期】2010 年第 4 期　第 81 ~ 86 页

【文章】聚焦功能　观照情态——话语的情态系统解读与翻译中的功能建构
【作者】张瑞娥、陈德用
【刊物】外国语言文学
【刊期】2010 年第 1 期　第 40 ~ 45 页

K

【文章】科技词汇的相似性对科技新词翻译的启示
【作者】张沉香
【刊物】中国科技翻译
【刊期】2010 年第 1 期　第 9 ~ 11，38 页

【文章】科技翻译中的逻辑活动
【作者】王平
【刊物】中国科技翻译
【刊期】2010 年第 4 期　第 1 ~ 4，37 页

【文章】科技文献汉英翻译中的信息冗余
【作者】黄映秋
【刊物】中国科技翻译
【刊期】2010 年第 3 期　第 1 ~ 4，41 页

【文章】科技英语翻译中的显化现象探微
【作者】秦平新
【刊物】中国科技翻译
【刊期】2009 年第 3 期　第 16 ~ 18，55 页

【文章】科技英语翻译中汉语成语的审美功能
【作者】李庆明、尹丕安、管晓蕾
【刊物】西安外国语大学学报
【刊期】2009 年第 2 期　第 85 ~ 87 页

【文章】科技英语名词单复数的转义
【作者】许明武、廖全
【刊物】中国科技翻译
【刊期】2009 年第 3 期　第 52 ~ 55 页

【文章】科技英语缩略语的另类构成与翻译
【作者】陈兴
【刊物】中国科技翻译
【刊期】2010 年第 4 期　第 5 ~ 7 页

【文章】科技英语语义场同化效应与翻译
【作者】刘源甫
【刊物】中国科技翻译
【刊期】2010 年第 2 期　第 1 ~ 3，5 页

【文章】科技英语中的隐喻
【作者】刘向红、刘婷婷
【刊物】中国科技翻译
【刊期】2009 年第 1 期　第 49 ~ 52 页

【文章】科技与文学语篇英译汉翻译单位实证研究
【作者】杨榕
【刊物】外语研究
【刊期】2009 年第 6 期　第 79 ~ 83 页

【文章】“科学发展观”英译探微
【作者】谢桥
【刊物】中国翻译
【刊期】2009 年第 1 期　第 71 ~ 72 页

【文章】可译性和不可译性——以日汉互译为例
【作者】庞焱
【刊物】外语研究
【刊期】2009 年第 2 期　第 87 ~ 88 页

【文章】框架元素 Cause 的翻译和认定
【作者】周领顺
【刊物】外语研究
【刊期】2009 年第 6 期　第 1 ~ 6 页

L

【文章】理解精准方可表达到位
【作者】叶子南
【刊物】中国翻译
【刊期】2010 年第 2 期　第 87 ~ 89 页

【文章】历史视界与翻译阐释：以王维的《鹿柴》为例
【作者】杨柳、黄劲
【刊物】中国翻译
【刊期】2010 年第 6 期　第 54 ~ 57 页

【文章】刘宓庆文化翻译理论简评
【作者】王建国
【刊物】外语研究
【刊期】2010 年第 2 期　第 74 ~ 76 页

【文章】流水句英译的认知解读
【作者】蒋侠
【刊物】山东外语教学
【刊期】2010 年第 3 期　第 94 ~ 98 页

【文章】鲁迅“硬译”的文化解读
【作者】贺爱军
【刊物】上海翻译
【刊期】2009 年第 4 期　第 70 ~ 73 页

【文章】略论翻译——四川外国语学院翻译论坛上的即兴发言
【作者】王德春
【刊物】上海翻译
【刊期】2009 年第 3 期　第 1 ~ 2 页

【文章】《论语》英译本研究的功能语篇分析方法
【作者】陈旸
【刊物】外国语文
【刊期】2010 年第 1 期　第 105 - 109 页

【文章】论本源概念的翻译模式
【作者】何元建
【刊物】外语教学与研究
【刊期】2010 年第 3 期　第 211 - 219 页

【文章】论初级工具翻译
【作者】曾昭涛
【刊物】中国科技翻译
【刊期】2010 年第 3 期　第 16 ~ 19 页

【文章】论多功能汉英专科词典的编纂
【作者】徐树德、李气纠
【刊物】中国科技翻译
【刊期】2010 年第 2 期　第 42 ~ 47 页

【文章】论翻译的事件分析模式
【作者】杨红
【刊物】外国语文
【刊期】2010 年第 3 期　第 87 ~ 90 页

【文章】论翻译中的语言移情
【作者】谭业升
【刊物】外语学刊
【刊期】2009 年第 5 期　第 137 ~ 142 页

【文章】论翻译中的组合与原则
【作者】万华
【刊物】上海翻译
【刊期】2010 年第 3 期　第 63 ~ 65 页

【文章】论傅雷的艺术翻译观
【作者】黄勤、王晓利

【刊物】西安外国语大学学报
【刊期】2010 年第 1 期　第 49 ~ 51 页

【文章】论汉语四字结构在英译汉中的优化作用
【作者】李有贵
【刊物】山东外语教学
【刊期】2009 年第 2 期 第 84 ~ 87 页

【文章】论基于认知语言学的翻译机制
【作者】蔡龙文
【刊物】广东外语外贸大学学报
【刊期】2010 年第 3 期　第 57 ~ 61 页

【文章】论句调精神与翻译
【作者】耿智、王玉平
【刊物】上海翻译
【刊期】2009 年第 1 期　第 25 ~ 27 页

【文章】论推理与句层翻译
【作者】梁艳君、耿智
【刊物】上海翻译
【刊期】2009 年第 4 期　第 38 ~ 41 页

【文章】论译文的效度和信度
【作者】司显柱、刘莉琼
【刊物】中国翻译
【刊期】2009 年第 3 期　第 60 ~ 63，96 页

【文章】论英汉成语对译的适度性
【作者】赵振春
【刊物】中国科技翻译
【刊期】2010 年第 1 期　第 52 ~ 54，8 页

【文章】论英语首字母缩略语及其零翻译类型——以 SARS 与甲型 H1N1 流感为例
【作者】杜思民
【刊物】外语学刊
【刊期】2010 年第 5 期　第 113 ~ 115 页

【文章】论在线翻译的利用原则
【作者】李兴福
【刊物】上海翻译
【刊期】2010 年第 3 期　第 72 ~ 74 页

M

【文章】名词化视角下“八荣八耻”译文的再思考
【作者】孙丽冰
【刊物】中国科技翻译
【刊期】2010 年第 2 期　第 52 ~ 55 页

【文章】模糊视阈下的汉英数字翻译思辨
【作者】王晓凤、张丽娟、王定安
【刊物】上海翻译
【刊期】2010 年第 3 期　第 33 ~ 36 页

【文章】目的论视域下的零翻译与英语姓名汉译研究
【作者】汤新兰、张蕾
【刊物】外国语文
【刊期】2010 年第 1 期　第 110 ~ 114 页

N

【文章】女性主义翻译的先锋——芭芭拉·戈达尔德
【作者】李红玉
【刊物】外国语
【刊期】2009 年第 2 期　第 62 ~ 67 页

O

【文章】OFFER 用法译评
【作者】吴国良、姚兰芝
【刊物】上海翻译
【刊期】2009 年第 1 期　第 53 ~ 57 页

【文章】"Online"一词的演变及规范译法
【作者】赵红梅、胡忆沩
【刊物】上海翻译
【刊期】2010 年第 3 期　第 56 ~ 58 页

P

【文章】"赔偿"还是"免责"? ——商榷 Indemnity 之中文表达
【作者】蒋开召、杨旸
【刊物】中国翻译
【刊期】2010 年第 3 期　第 74 ~ 76 页

【文章】平行式联系句组翻译转换的个案研究
【作者】杨仕章、宋璐璐
【刊物】外语研究
【刊期】2010 年第 1 期　第 84 ~ 87 页

Q

【文章】钱钟书先生"化境"说之我见
【作者】谭建香、唐述宗
【刊物】语言与翻译
【刊期】2010 年第 1 期　第 50 ~ 53，66 页

【文章】浅谈"责任编辑"英译
【作者】廖宜顺
【刊物】中国科技术语
【刊期】2009 年第 2 期　第 49 ~ 50 页

【文章】浅谈翻译中的文化现象
【作者】茹娴古丽·木沙
【刊物】语言与翻译
【刊期】2009 年第 3 期　第 56 ~ 58 页

R

【文章】REQUEST 用法译评
【作者】吴国良、姚兰芝
【刊物】上海翻译
【刊期】2009 年第 3 期　第 53 ~ 56 页

【文章】人际意义跨文化建构：比较与翻译
【作者】司显柱、吴玉霞
【刊物】西安外国语大学学报
【刊期】2009 年第 4 期　第 67 ~ 69 页

【文章】认知 – 功能视角下科技英语修辞及其汉译
【作者】常晖
【刊物】中国科技翻译
【刊期】2010 年第 1 期　第 12 ~ 15，27 页

【文章】认知语言学语境下被动句英译汉的原则与方法
【作者】肖坤学
【刊物】外语研究
【刊期】2009 年第 1 期　第 17 ~ 22 页

【文章】日语被动句汉译时的不对应现象
【作者】张晓帆
【刊物】日语学习与研究
【刊期】2010 年第 6 期　第 119 ~ 126 页

【文章】日语惯用语的汉译及其习得问题——以与汉语文化背景有关的惯用语为中心
【作者】王华伟、曹亚辉、王爱静
【刊物】日语学习与研究
【刊期】2010 年第 3 期　第 123 ~ 128 页

【文章】日语信息附加性连体修饰节的汉语表达
【作者】王诗荣
【刊物】外语研究

【刊期】2009 年第 4 期　第 86 ~ 90 页

S

【文章】"Smart Power" 的由来、内涵与译法
【作者】张顺生
【刊物】上海翻译
【刊期】2010 年第 3 期 第 59 ~ 62 页

【文章】"山寨" 的隐喻意义与英译
【作者】殷燕
【刊物】中国科技术语
【刊期】2010 年第 2 期　第 45 ~ 47 页

【文章】《上海翻译》(2005 ~ 2009) 载文分析与研究
【作者】刘金龙
【刊物】上海翻译
【刊期】2010 年第 2 期　第 76 ~ 80 页

【文章】《上海翻译》百期回眸
【作者】方梦之
【刊物】上海翻译
【刊期】2009 年第 3 期　第 78 ~ 80 页

【文章】摄入性改写视域下的翻译理论研究——以方言翻译为例
【作者】陈吉荣
【刊物】西安外国语大学学报
【刊期】2010 年第 2 期　第 88 ~ 91 页

【文章】"师范" 英译追根溯源
【作者】郭虹宇
【刊物】中国科技术语
【刊期】2010 年第 5 期　第 46 ~ 49 页

【文章】事件分析之陈述功能翻译探究
【作者】常晖
【刊物】外国语文
【刊期】2010 年第 4 期　第 85 ~ 88 页

【文章】试论中西 "心" 概念及其翻译
【作者】林巍
【刊物】中国科技翻译
【刊期】2009 年第 1 期　第 1 ~ 4 页

【文章】试析国内汉日新词词典的词条翻译问题
【作者】王志军
【刊物】解放军外国语学院学报
【刊期】2010 年第 6 期　第 76 ~ 80 页

【文章】是 "补偿"、"赔偿" 还是 "免责"? ——浅谈 indemnity 一词的中文表述
【作者】龙长祥
【刊物】中国翻译
【刊期】2009 年第 1 期　第 76 ~ 77 页

【文章】"视域融合" 对译作与原作关系的动态描述
【作者】朱健平
【刊物】外语教学
【刊期】2009 年第 2 期　第 96 ~ 100 页

【文章】术语 humanism 汉译探讨
【作者】梁志坚
【刊物】天津外国语学院学报
【刊期】2009 年第 6 期　第 36 ~ 40 页

【文章】死隐喻及其翻译
【作者】丁国旗
【刊物】外国语言文学
【刊期】2009 年第 3 期　第 194 ~ 200 页

T

【文章】Translationese：翻译体？翻译症？翻译腔？
【作者】杨普习、刘典忠、周小岩
【刊物】中国科技术语
【刊期】2009 年第 3 期 第 52 ~ 54 页

【文章】泰山北斗 一代通儒——缅怀德国功能派翻译理论创始人汉斯·费梅尔教授
【作者】王建斌
【刊物】中国翻译
【刊期】2010 年第 3 期 第 80 ~ 83 页

【文章】谈“山寨”的翻译
【作者】叶红卫
【刊物】上海翻译
【刊期】2009 年第 3 期 第 57 ~ 58 页

【文章】谈汉语四字词组的英译
【作者】李桂山、张晓燕
【刊物】解放军外国语学院学报
【刊期】2009 年第 6 期 第 67 ~ 70 页

【文章】探析自译——问题与方法
【作者】桑仲刚
【刊物】外语研究
【刊期】2010 年第 5 期 第 78 ~ 83 页

【文章】“唐僧”是谁——“唐僧”的姓名及其他
【作者】杨全红
【刊物】上海翻译
【刊期】2010 年第 3 期 第 69 ~ 71 页

【文章】《天演论》译文片段赏析
【作者】王东风
【刊物】中国翻译
【刊期】2010 年第 5 期 第 74 ~ 79 页

【文章】调适语义 彰显功能——称谓语在翻译中的语义嬗变与功能指向阐释
【作者】张瑞娥
【刊物】天津外国语学院学报
【刊期】2009 年第 1 期 第 41 ~ 47，54 页

W

【文章】WELCOME 用法译评
【作者】吴国良、吴春
【刊物】上海翻译
【刊期】2010 年第 3 期 第 57 ~ 60 页

【文章】完善翻译竞赛 成就优秀人才——“韩素音青年翻译奖”竞赛回望与期望
【作者】叶小宝
【刊物】中国翻译
【刊期】2010 年第 1 期 第 91 ~ 93 页

【文章】网络翻译自主学习中的在线评价研究
【作者】王正、孙东云
【刊物】外语研究
【刊期】2009 年第 1 期 第 70 ~ 75 页

【文章】为历史正名：“洋务运动”英译名剖析
【作者】孟祥春
【刊物】解放军外国语学院学报
【刊期】2009 年第 1 期 第 70 ~ 72 页

【文章】为了译文的衔接与连贯
【作者】刘士聪、高巍
【刊物】中国翻译
【刊期】2010 年第 2 期 第 92 ~ 93 页

【文章】委婉语的语域变异及其翻译
【作者】朱月娥
【刊物】外国语文
【刊期】2009 年第 5 期　第 102 ~ 104 页

【文章】文化翻译层次论
【作者】黄忠廉
【刊物】中国俄语教学
【刊期】2009 年第 2 期　第 73 ~ 77 页

【文章】文化研究的翻译与旅行
【作者】李根芳
【刊物】中国比较文学
【刊期】2009 年第 1 期　第 40 ~ 52 页

【文章】我是怎样翻译《国富论》的
【作者】谢祖钧
【刊物】中国科技翻译
【刊期】2010 年第 1 期　第 48 ~ 51 页

【文章】50 年前几件译事 难忘师哲同志
【作者】谢祖钧
【刊物】中国科技翻译
【刊期】2010 年第 3 期　第 60，30 页

【文章】勿以善小而不为——评当前国际关系理论研究领域若干译著质量
【作者】赵念渝
【刊物】中国翻译
【刊期】2010 年第 2 期　第 81 ~ 85 页

X

【文章】西方翻译过程研究：理论回顾与语用构建——以“十五个吊桶打水，七上八下”的翻译为例
【作者】李占喜
【刊物】天津外国语学院学报
【刊期】2009 年第 4 期　第 21 ~ 25 页

【文章】西汉文化词汇翻译方法探析
【作者】张振山、肖兰、曹啁童
【刊物】天津外国语学院学报
【刊期】2010 年第 5 期　第 77 ~ 80 页

【文章】小句动词翻译方法论
【作者】李发根、李琪
【刊物】西安外国语大学学报
【刊期】2009 年第 4 期　第 52 ~ 55 页

【文章】小句全译语气转化研析
【作者】黄忠廉
【刊物】外国语
【刊期】2010 年第 6 期　第 70 ~ 75 页

【文章】《笑话的背后》英译文的商榷之处
【作者】俞善林
【刊物】中国翻译
【刊期】2009 年第 1 期　第 81 ~ 82 页

【文章】《新编大学英译汉教程》中 drag 的理解
【作者】黄卫峰
【刊物】中国科技术语
【刊期】2009 年第 1 期　第 30 ~ 31 页

【文章】《新时代汉英大词典》谚语部分译文商榷
【作者】欧阳利锋、吴伟雄
【刊物】中国科技翻译
【刊期】2009 年第 2 期　第 61 ~ 64，24 页

【文章】新松恨不高千尺——以《美国文学概况》的翻译为例
【作者】王程辉
【刊物】中国翻译

【刊期】2010 年第 5 期　第 80 ~ 84 页

【文章】新中国科学翻译 60 年
【作者】黎难秋
【刊物】中国翻译
【刊期】2010 年第 1 期　第 27 ~ 32 页

【文章】“信息化”的英译及学理思考
【作者】金其斌
【刊物】中国科技术语
【刊期】2010 年第 5 期　第 28 ~ 32 页

【文章】信息论翻译的多维度探索
【作者】岳启业
【刊物】外语学刊
【刊期】2010 年第 4 期　第 121 ~ 124 页

【文章】选择顺应论视角下的翻译错误非二元对立性分析
【作者】宋志平、徐珺
【刊物】外语研究
【刊期】2009 年第 6 期 第 74 ~ 78 页

Y

【文章】“亚卫”神名译法的标志性意义
【作者】任东升
【刊物】外语教学
【刊期】2010 年第 6 期　第 96 ~ 100 页

【文章】言语行为理论与英汉双关翻译
【作者】艾琳
【刊物】上海翻译
【刊期】2010 年第 1 期　第 33 ~ 36 页

【文章】言语行为理论与语篇翻译的连贯性
【作者】卞凤莲、裴文斌
【刊物】山东外语教学
【刊期】2009 年第 3 期　第 92 ~ 95 页

【文章】杨自俭翻译学系统理论探究
【作者】尹延安
【刊物】上海翻译
【刊期】2010 年第 4 期　第 26 ~ 30 页

【文章】一份翻译研究期刊的学术脉络管窥——《上海翻译》（1986 - 2007）所刊论文标题词频统计个案研究
【作者】袁良平、汤建民
【刊物】外语研究
【刊期】2009 年第 1 期　第 76 ~ 80 页

【文章】以湖北三国景点为例谈文化旅游翻译
【作者】田传茂
【刊物】中国科技翻译
【刊期】2010 年第 3 期　第 42 ~ 44 页

【文章】异化归化要义
【作者】黄艳春
【刊物】外语学刊
【刊期】2010 年第 4 期　第 116 ~ 120 页

【文章】译文商榷
【作者】张庆路
【刊物】上海翻译
【刊期】2009 年第 1 期　第 70 ~ 72 页

【文章】意境能翻译吗?
【作者】周红民
【刊物】上海翻译
【刊期】2010 年第 2 期　第 1 ~ 5 页

【文章】意识形态与翻译选材——以文革为分期的《中国文学》选材对

比研究
【作者】何琳、赵新宇
【刊物】天津外国语学院学报
【刊期】2010 年第 6 期　第 29 ~ 33 页

【文章】因果事件分析在英语句子层面翻译中的应用
【作者】杨红
【刊物】山东外语教学
【刊期】2010 年第 4 期　第 96 ~ 100 页

【文章】音译法使用中的“对等”原则
【作者】王丽
【刊物】山东外语教学
【刊期】2010 年第 4 期　第 110 ~ 112 页

【文章】音译与可译性限度的消解
【作者】刘祥清
【刊物】中国科技翻译
【刊期】2010 年第 2 期　第 38 ~ 41，60 页

【文章】音译与权力——对我国现阶段音译现象的审视
【作者】申连云
【刊物】外语教学
【刊期】2009 年第 5 期　第 100 ~ 103 页

【文章】隐喻的翻译和隐喻式翻译
【作者】王斌
【刊物】西安外国语大学学报
【刊期】2010 年第 4 期　第 91 ~ 96 页

【文章】隐喻翻译局限的认知解释——以“熊猫”为例
【作者】邵斌、张建理
【刊物】西安外国语大学学报
【刊期】2009 年第 4 期　第 55 ~ 58 页

【文章】隐喻认识观照下的颜色隐喻及翻译研究
【作者】黄海军、马可云
【刊物】中国翻译
【刊期】2009 年第 5 期　第 66 ~ 71 页

【文章】英汉“低碳”新词翻译以及生成机制的认知阐释
【作者】邵斌、黎昌抱
【刊物】中国翻译
【刊期】2010 年第 4 期第 67 ~ 71 页

【文章】英汉翻译中的词义引申
【作者】徐昌和
【刊物】中国科技翻译
【刊期】2009 年第 2 期　第 10 ~ 13 页

【文章】英汉翻译中的隐性衔接与连贯问题
【作者】王璁、陈铸芬
【刊物】外语研究
【刊期】2009 年第 3 期　第 93 ~ 96 页

【文章】英汉翻译中衔接意义的处理
【作者】曹路漫
【刊物】外语学刊
【刊期】2009 年第 6 期　第 161 ~ 163 页

【文章】英汉互译中的认知隐喻翻译
【作者】刘冰泉、张磊
【刊物】中国翻译
【刊期】2009 年第 4 期　第 71 ~ 75，95 ~ 96 页

【文章】英汉互译中的一致式与隐喻式
【作者】邓玉荣、曹志希
【刊物】外语学刊
【刊期】2010 年第 5 期　第 114 ~ 116 页

【文章】英汉语法标记手段对比与翻译中原作内部意义的再现
【作者】张军平
【刊物】外语学刊
【刊期】2009 年第 6 期　第 157 ~ 160 页

【文章】英汉语篇翻译中的元功能对应——以 Alice in Wonderland 中"尾诗"的几种译本对照为例
【作者】洪明、汪国萍
【刊物】外语教学
【刊期】2009 年第 1 期　第 109 ~ 112 页

【文章】英文人名汉译规范之管见
【作者】刘洪泉、吴长青
【刊物】上海翻译
【刊期】2009 年第 1 期　第 57 ~ 61 页

【文章】英译汉翻译语言的结构容量：基于多译本语料库的研究
【作者】秦洪武
【刊物】外国语
【刊期】2010 年第 4 期　第 73 ~ 80 页

【文章】英译汉话题句取向翻译模式研究
【作者】徐莉娜
【刊物】中国翻译
【刊期】2010 年第 3 期　第 63 ~ 69，96 页

【文章】英译汉中汉语四字格的运用探索
【作者】郭卫民
【刊物】山东外语教学
【刊期】2009 年第 4 期　第 84 ~ 87 页

【文章】英语长句连接词的汉译方法
【作者】刘莺、蒋林
【刊物】中国科技翻译
【刊期】2010 年第 3 期　第 39 ~ 41 页

【文章】英语定语从句的并列法翻译
【作者】郑声滔
【刊物】中国科技翻译
【刊期】2009 年第 2 期　第 14 ~ 17 页

【文章】英语聚集型结构和汉语流散型结构的转换
【作者】王大来
【刊物】中国科技翻译
【刊期】2009 年第 4 期　第 38 ~ 41 页

【文章】英语术语 CIF 不应译为"到岸价格"
【作者】刘白玉
【刊物】中国科技翻译
【刊期】2010 年第 1 期　第 60 ~ 61，33 页

【文章】英语特殊隐喻研究及其汉译
【作者】傅敬民
【刊物】上海翻译
【刊期】2009 年第 1 期　第 15 ~ 19 页

【文章】英语中的"协会"
【作者】张顺生
【刊物】中国科技术语
【刊期】2009 年第 1 期 第 41 ~ 44 页

【文章】影响译者选择翻译主题的多重因素——以王佐良的两部译作为例
【作者】张永喜
【刊物】外语研究
【刊期】2009 年第 6 期　第 70 ~ 73 页

【文章】"语际书写"/"跨语际实践"：不可忽略的文化翻译研究视角
【作者】费小平
【刊物】中国比较文学

【刊期】2010 年第 1 期　第 34 ~ 43，157 页

【文章】语料库对翻译研究的促进作用

【作者】余国良

【刊物】外国语文

【刊期】2010 年第 2 期　第 117 ~ 121 页

【文章】语篇翻译的认知视角

【作者】王红利

【刊物】外语教学

【刊期】2009 年第 2 期　第 101 ~ 105 页

【文章】语篇翻译之四要素

【作者】郑立群

【刊物】中国翻译

【刊期】2010 年第 1 期　第 86 ~ 87 页

【文章】语篇话题在翻译过程中的导入、延续与转换

【作者】黄琛、唐青叶

【刊物】上海翻译

【刊期】2010 年第 4 期　第 35 ~ 38 页

【文章】语篇连贯与翻译

【作者】张敬

【刊物】中国科技翻译

【刊期】2010 年第 2 期 第 26 ~ 29 页

【文章】语篇衔接连贯与翻译

【作者】余高峰

【刊物】语言与翻译

【刊期】2010 年第 4 期　第 47 ~ 51 页

【文章】语言模因论观照下词语的变异与翻译

【作者】任开兴

【刊物】中国科技翻译

【刊期】2010 年第 3 期　第 5 ~ 9，12 页

【文章】语言哲学：超越归化与异化的“二元对立”情结

【作者】朱安博

【刊物】外语学刊

【刊期】2010 年第 1 期　第 118 ~ 121 页

【文章】语用预设与翻译方法

【作者】肖慧

【刊物】上海翻译

【刊期】2009 年第 3 期　第 36 ~ 39 页

【文章】语域流变、互文干扰与翻译策略：以几则奥/亚运会宣传用语的翻译为例

【作者】王东风

【刊物】中国翻译

【刊期】2009 年第 1 期　第 10 ~ 16，92 页

【文章】原型范畴理论对于汉英成语相互转换的启示

【作者】龚晓斌

【刊物】山东外语教学

【刊期】2010 年第 2 期　第 104 ~ 107 页

Z

【文章】怎样英译“三月街”

【作者】连真然

【刊物】中国科技术语

【刊期】2009 年第 4 期　第 60 页

【文章】知觉视点在翻译中的转换与等值效果

【作者】彭正银

【刊物】外国语文

【刊期】2010 年第 2 期　第 105 ~ 110 页

【文章】摭谈英语“外来词”的翻译
【作者】张立丽
【刊物】西安外国语大学学报
【刊期】2010 年第 2 期　第 75 ~ 77 页

【文章】《中国科技翻译》2004 ~ 2009 年载文分析与研究
【作者】舒畅、刘金龙
【刊物】中国科技翻译
【刊期】2010 年第 1 期　第 43 ~ 47 页

【文章】中文“把”字句英译认知分析
【作者】寇代辉
【刊物】山东外语教学
【刊期】2010 年第 3 期　第 99 ~ 102 页

【文章】中西文化差异与高校名称翻译
【作者】丁夏林
【刊物】山东外语教学
【刊期】2009 年第 3 期　第 99 ~ 103 页

【文章】重述之道德规范
【作者】莫娜 · 贝克、安德鲁 · 切斯特曼、赵文静
【刊物】中国翻译
【刊期】2009 年第 4 期　第 34，44 页

【文章】重写——实用的科技翻译手段
【作者】季可夫、胡卫平
【刊物】语言与翻译
【刊期】2009 年第 1 期　第 43 ~ 46 页

【文章】主题句和主谓句的比较与翻译
【作者】徐莉娜
【刊物】外国语
【刊期】2009 年第 5 期　第 75 ~ 82 页

【文章】转喻的图式 – 例示与翻译的认知路径
【作者】谭业升
【刊物】外语教学与研究
【刊期】2010 年第 6 期　第 465 – 471 页

【文章】走出误区：对于工具性翻译观的反思
【作者】葛林、尹铁超
【刊物】外语学刊
【刊期】2010 年第 6 期　第 81 ~ 84 页

【文章】作为语码转换过程的翻译过程
【作者】黄国文
【刊物】外语教学
【刊期】2009 年第 2 期　第 83 ~ 87 页

【文章】《中国翻译》和我
【作者】林煌天
【刊物】中国翻译
【刊期】2010 年第 6 期　第 51 ~ 53 页

Organizations and Institutions

翻译组织与机构

翻译社会团体

中国翻译协会

中国翻译协会简介

中国翻译协会（原名“中国翻译工作者协会”，简称“中国译协”）成立于1982年，是由与翻译及与翻译工作相关的企事业单位、社会团体及个人自愿结成的全国性、行业性、非营利社会组织，是我国翻译领域唯一的全国性行业组织，由分布在全国各省、市、区的单位会员和个人会员组成。下设社会科学、文学艺术、科学技术、军事科学、民族语文、外事、对外传播、翻译理论与翻译教学、翻译服务、本地化服务10个专业委员会。业务主管部门为中国外文局。协会常设工作机构秘书处、行业管理办公室，均设在中国外文局对外传播研究中心。

中国译协的宗旨是协助政府有关部门加强对翻译行业的指导与管理，规范行业行为；开展翻译研究和交流，促进人才培养和队伍建设；维护翻译工作者的合法权益；开展与国内外相关组织之间的交流与合作，为提高翻译质量、改进翻译服务、促进翻译行业健康可持续发展服务。

中国译协自成立以来，充分利用自身的资源优势，举办各类翻译行业活动、学术交流活动以及与翻译工作相关的社会公益活动。1986年创办、每年一届的“韩素音青年翻译奖”竞赛是目前中国翻译界组织时间最长、规模最大、影响最广的翻译大赛；2001年以来开展的“资深翻译家表彰活动”和2006年以来开展的“翻译文化终身成就奖表彰活动”，受到社会和媒体的广泛关注；2004年举办的“中国翻译成就展”、2006年举办的“中国国际翻译文化周”、2008年与国际翻译家联盟共同主办的“第18届世界翻译大会”，均产生了重大社会影响。2009年创办的“全国口译大赛”填补了我国全国性、多语种口译大赛的空白；2010年，在连续多年举办翻译教师培训的基础上与全国翻译硕士专业教育指导委员会共同推出“全国高等院校翻译专业师资培训”，成为我国翻译师资培训的权威品牌；2010年创办的“中国国际语言服务行业大会”，首次提出“语言服务行业”的概念，并在会议结束之后发表了我国语言服务行业首份权威、务实的行业发展报告——《中国语言服务行业发展状况、问题及对策》，对于语言服务行业的发展具有指导意义。

中国译协积极参与行业管理，组织策划并推动制定了中国翻译行业首批国家标准，并积极致力于制定行业规范，营造健康可持续的行业发展环境。

2006年中国译协受国家人事部和中国外文局全国翻译专业资格（水平）考试办公

室委托，负责全国翻译专业资格（水平）考试证书登记与继续教育工作的具体实施。

中国译协积极开展与国外翻译界的交流与合作，于1987年正式加入国际翻译家联盟，其代表在多年连续当选该联盟理事之后，自2005年起，一直当选国际译联副主席。中国译协于1995年发起组织的“国际译联亚洲翻译家论坛”已成功举办6届，中国译协主办了1995年第一届和2004年第四届。

《中国翻译》（双月刊）杂志是中国译协会刊，1980年创刊，属翻译专业学术期刊，是国内外译界同行进行学术交流的园地，在国内翻译界发挥了重要的学术导向作用，产生了良好的社会影响。《中国翻译》杂志多年被新闻出版总署评为双效期刊并列入中国期刊方阵。

联络方式：

地址：北京市西城区百万庄大街24号

邮编：100037

电话：010－68994027（秘书处）　68995903（行业管理办公室）

传真：010－68995951（秘书处）　68990246（行业管理办公室）

电子信箱：taccn@163bj.com（秘书处）tachgb@sina.com.cn（行业管理办公室）

网址：www.tac-online.org.cn

组织机构图

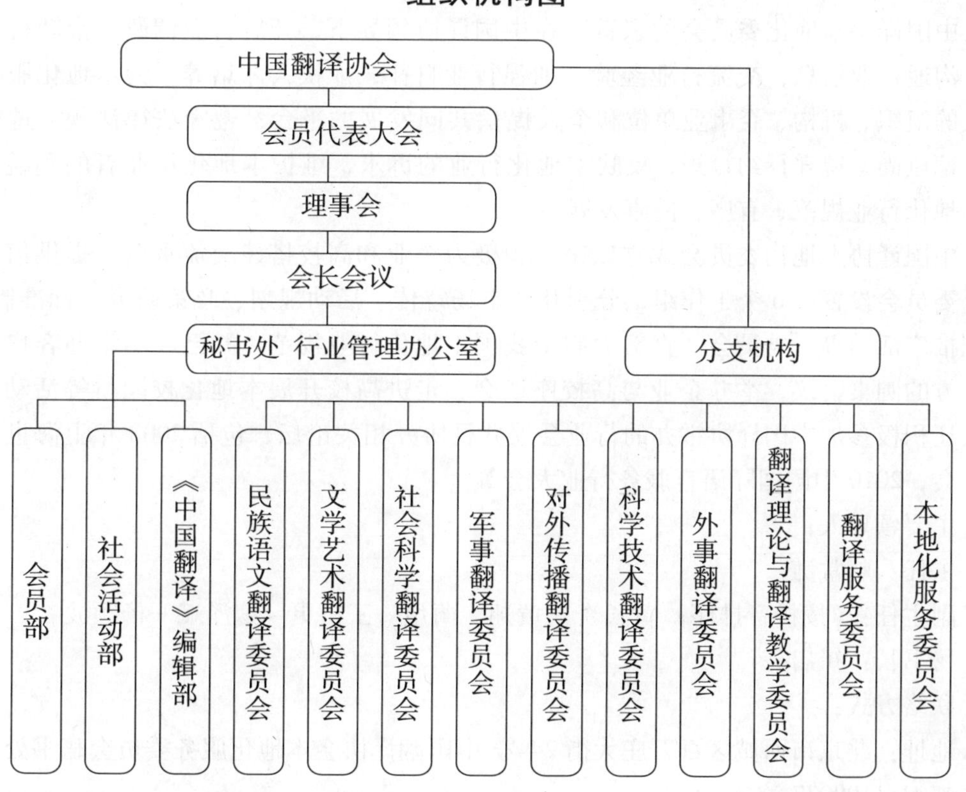

中国翻译协会第五届全国理事会名誉会长、名誉理事、顾问、领导机构成员和理事名单

参见本书第 39 页“专题报道”栏目

分支机构简介（按拼音排序）

中国翻译协会本地化服务委员会

中国翻译协会本地化服务委员会（简称“中国译协本地化委员会”）成立于 2009 年，是全国行业组织中国翻译协会的分支机构，由加入中国翻译协会的本地化服务企业、语言服务购买企业、工具开发商、教育培训机构和国际化与本地化行业专家学者组成。常设工作机构为中国译协本地化服务委员会秘书处。

中国译协本地化委员会的宗旨是在中国译协领导下，开展行业调研，推动行业认识，沟通行业信息，交流行业经验，加强行业自律，加快人才培养，为本地化服务业相关的组织、机构、企事业单位和个人提供共同发展的平台；遵守法律法规，遵守社会道德风尚，遵守行约行规，反映本地化行业的诉求，维护本地化从业者的利益，推进本地化行业规范、有序、健康发展。

中国译协本地化委员会成立以来，积极为企业和高校搭建交流平台，提供信息服务。委员会设置了 6 个工作组，分别开展市场宣传、活动规划、政策研究、标准制定、校园推广活动等。委员会一直努力制定我国本地化行业规范，并已成功举办客户方与服务方的圆桌会议，举办企业与高校座谈会，走进高校开展本地化校园行等活动。委员会还积极参加中国译协举办的行业会议并且协办相关论坛，包括 2008 年上海世界翻译大会，2010 中国国际语言服务行业大会等。

主要领导人：

主任：赵常谦

副主任：（按拼音排序）黄长奇　黄翔　蔺熠　王祖更　魏泽斌　杨颖波

秘书长：崔启亮

联络方式：

地址：北京市西城区百万庄大街 24 号 中国翻译协会本地化服务委员会秘书处

邮编：100037

电话：010－68990246
传真：010－68990246
电子信箱：office@ taclsc. org
网址：www. taclsc. org

中国翻译协会对外传播翻译委员会

中国翻译协会对外传播翻译委员会（原名“中国翻译工作者协会对外传播翻译委员会”，简称“中国译协对外传播翻译委员会”）成立于1991年，是全国性、行业性、非营利社会团体分支机构。成员由来自外交部、文化部、商务部、中联部、国务院法制办公室、新华社、中国外文局、中央编译局、中国日报社、中国国际广播电台等党和国家重要外事、外宣部门的专家学者组成，下设中译英、中译法和中译日3个小组，常设工作机构为中国译协对外传播翻译委员会秘书处。

中国译协对外传播翻译委员会业务范围为中译外学术研讨、专业培训、咨询服务等。自成立以来，定期组织学术会议，对我国政治、经济和社会生活中新出现的疑难词汇、用语的翻译进行研讨，并将讨论确定的参考译文向社会公布，供各级外宣、外事部门参考使用。这项工作的开展受到各级外宣、外事部门和翻译界的广泛关注与好评，对于改进和提高对外宣传中的翻译质量，促进外宣工作的健康发展具有重要的意义和影响。

主要领导人：

主任：朱英璜

副主任：（按拼音排序）常勇　侯贵信　黄友义　姜江　李振国　邱鸣　王刚毅　杨磊

秘书长：黄友义（兼）

联络方式：

地址：北京西城区百万庄大街24号
邮编：100037
电话：010－68326681
传真：010－68995951
电子信箱：ictc. tac@ gmail. com

（注：委员会主要领导人为2010年换届产生，2011年1月5日中国译协六届三次常务理事会审议通过，以下8个委员会同。）

中国翻译协会翻译服务委员会

中国翻译协会翻译服务委员会（原名“中国翻译工作者协会翻译服务委员会”，简称“中国译协翻译服务委员会”）成立于2002年，是全国性、行业性、非营利社会团体分支机构，其前身是“全国翻译企业协作网”。业务主管部门为中国对外翻译出版公司。业务范围：经验交流、咨询服务、规范翻译服务市场。常设工作机构为中国译协翻译服务委员会秘书处。

为规范全国翻译服务市场，优化翻译资源，由中央编译局、中国对外翻译出版公司、参考消息编辑部等30多家单位于2001年11月共同发起成立“全国翻译企业协作网”。同年年底，向中国译协提交设立翻译服务委员会的申请。经中国译协常务理事会研究，决定成立负责协调、规范全国翻译服务行业的翻译服务委员会。中国译协2002年9月上报国家民政部申请成立新的分支机构——翻译服务委员会，当年11月28日民政部正式批复同意设立。

中国译协翻译服务委员会是一个强调行业自律和协调、协作的机构。它的宗旨是，按照自愿、自律、优势互补、资源共享的原则，联合国内大中型翻译公司和翻译服务机构，共同推进翻译服务行业规范、有序、健康发展。

中国译协翻译服务委员会已制定了3个国家标准，内容涉及翻译服务规范（口笔译）和翻译服务译文质量要求。这些国家标准由国家标准化管理委员会批准，由国家质检总局颁布。

中国译协翻译服务委员会已聚集了一批国内知名的翻译公司和翻译服务机构。服务语种涉及英、法、西、俄、日、德、葡、意、荷、捷、希、韩、越、柬、蒙、印尼、马来、阿拉伯文等。

中国译协翻译服务委员会2004年被中国译协评为“先进分支机构”、2009年被中国译协评为“优秀分支机构”并受到表彰。

主要领导人：

主任：郭晓勇

常务副主任：林国夫

副主任：（按拼音排序）黄长奇　贾砚丽　孙承唐　张南军　张勇　朱宪超

秘书长：孙承唐（兼）

联络方式：

地址：北京市西城区车公庄大街甲4号物华大厦6层

邮编：100044

电话：010－85805840　010－68005858转6037

传真：010－68002510

电子信箱：jiayanli@ ctpc. com. cn　liudiman@ ctpc. com. cn

网址：www. tsc. org. cn

中国翻译协会翻译理论与翻译教学委员会

中国翻译协会翻译理论与翻译教学委员会（原名“中国翻译工作者协会翻译理论与翻译教学委员会”，简称“中国译协翻译理论与翻译教学委员会”）成立于1995年，是全国性、行业性、非营利社会团体分支机构。成员由来自全国著名高等院校的专家学者组成，常设工作机构为中国译协翻译理论与翻译教学委员会秘书处。

中国译协翻译理论与翻译教学委员会业务范围为开展翻译理论研究、探讨翻译教学、培养翻译人才。自成立以来，经常组织学术会议和各类学术活动，如："全国翻译理论与教学研讨会"、"全国翻译学博士论坛"等，在翻译界产生了良好的社会影响，对于促进翻译理论研究和翻译学科建设发挥了应有的学术导向作用。

主要领导人：

主任：许钧

副主任：（按拼音排序）刘树森　穆雷　王东风　王克非　王宁　谢天振　杨平　仲伟合

秘书长：杨平（兼）

联络方式：

地址：北京西城区百万庄大街24号

邮编：100037

电话：010－68995954

传真：010－68995951

电子信箱：ttttc. tac@ gmail. com

中国翻译协会军事翻译委员会

中国翻译协会军事翻译委员会（原名"中国翻译协会军事科学翻译委员会"，简称"中国译协军事翻译委员会"）成立于1987年。中国译协军事翻译委员会是全国性、行业性、非营利社会团体分支机构。委员会由军队驻京各大单位所属有关部门、解放军国际关系学院、解放军外国语学院等近30个单位和部门的代表组成。业务主管单位为中国人民解放军军事科学院世界军事研究部。常设工作机构为中国译协军事翻译委员会秘书处。

中国译协军事翻译委员会的业务范围为：团结军内翻译工作者和军事外国语言文字工作者，加强相互之间的联系与合作，繁荣军事翻译事业；举办各种与翻译和军事外国语言文字工作相关的学术交流活动；开展相关的服务咨询工作；开展翻译合作；维护军队翻译工作者和军事外国语言文字工作者的合法权益；加强与国内外同类组织之间的学术交流与联系。

中国译协军事翻译委员会成立以来，每年要举办一至两次学术研讨会，一至两次学术讲座，组织次数不等的军事翻译合作，不定期召开委员会的主任委员会议，举办一次年会。从2006年开始，开展军队资深翻译家的表彰活动，这项活动每两年举办一次。中国译协军事翻译委员会作为军内群众性学术团体，始终把委员会自身的思想政治建设摆在首位，经常组织包括时事政治讲座、到部队参观学习等活动。

中国译协军事翻译委员会主要通过业务主管单位创办的全军性刊物《外国军事学

术》、各成员单位及院校创办的刊物及学报，发表有关翻译成果、军事翻译理论学术论文及翻译技巧文章，促进军事翻译工作的繁荣与发展。

在新的历史时期，在军队各有关单位党委的领导下，中国译协军事翻译委员会继续发挥军内群众性学术团体应有的作用，团结并协助广大军事翻译及军事外国语言文字工作者，着眼国际战略形势的新变化、世界新军事变革的发展趋势、高技术条件下战争的特点和规律，增强使命意识，坚持军队的总目标和总要求，积极进取，奋力登攀，为推进有中国特色的军事变革，实现我军现代化而努力奋斗。

主要领导人：

主任：赵丕

常务副主任：张世斌

副主任：（按拼音排序）陈友谊　孟学政　钱利华　沈卫平　朱成虎

秘书长：聂送来

联络方式：

地址：北京市海淀区厢红旗东门外 1 号

邮编：100091

电话：010－66317565

传真：010－66767488

中国翻译协会科技翻译委员会

中国翻译协会科技翻译委员会（原名“中国翻译工作者协会科技翻译委员会”，简称“中国译协科技翻译委员会”）成立于 1992 年，时任中国译协副会长叶笃庄任首届科技翻译委员会主任。中国译协科技翻译委员会是全国性、行业性、非营利性社会团体分支机构，2004 年荣获中国译协颁发的“先进分支机构”荣誉称号。

中国译协科技翻译委员会主要业务范围：组织科技翻译工作者开展学术研究，促进科技翻译人才的培养，开展国内外学术交流活动，并以市场化方式为社会各界提供优质的翻译服务。

中国译协科技翻译委员会每两年举行一次全国科技翻译学术研讨会，组织过不定期的全国大中型企业翻译研讨会，多次开展了科技翻译优秀论文评奖活动，并参加国际译联的世界翻译大会和竞选国际译联理事。

受中国译协的委托，中国科学院科技翻译协会力学所分会承接了 2008 年第 18 届世界翻译大会的“科技翻译论坛”的组织工作。

1988 年，《中国科技翻译》创刊。目前该刊已开辟了近 20 个栏目，是外语类、语言类核心期刊，被收入“中文科技期刊数据库”，并曾获得国际译联 1990～1993 年度最佳国家级翻译期刊奖。

主要领导人：

主任：曹京华

副主任：（按拼音排序）高文杰　李晓棣　邱举良　盛宏至　王克仁　晏勤
赵文利　郑如刚
秘书长：李伟格
地址：北京市西城区三里河路52号 中科院科技翻译协会秘书处
邮编：100864
电话：010－68597754
传真：010－68511095

中国翻译协会民族语文翻译委员会

中国翻译协会民族语文翻译委员会（原名“中国翻译工作者协会民族语文翻译委员会”，简称“中国译协民族语文翻译委员会”）成立于1985年6月25日，是由与民族语文翻译及与翻译工作相关的事业单位、社会团体自愿结成的全国性、行业性、非营利社会团体分支机构，委员会由中国民族语文翻译局（中心）、民族出版社、中国藏学研究中心、中央人民广播电台民族广播中心、民族团结杂志社、中国第一历史档案馆满文部、中央民族大学少数民族语言文学学院、民族画报社等中央在京单位组成，并由这些单位的相关负责人在该委员会担任主任、副主任。挂靠中国民族语文翻译局（中心），其常设办事机构为中国翻译协会民族语文翻译委员会办公室〔设在中国民族语文翻译局（中心）研究室〕。在2004年中国译协第五届全国理事会和2009年中国译协第六次会员代表大会上，分别荣获中国译协“先进分支机构”和“优秀分支机构”荣誉称号。

中国译协民族语文翻译委员会的业务范围是：组织和联合全国有关省、市、自治区的民族语文翻译工作者，贯彻落实政府有关民族政策、法规，向主管部门反映各民族会员和民族语文翻译界的愿望及要求，提出民族语文翻译行业发展建议；开展民族语文翻译行业调研，制定推广行规行约，参与制定行业标准，加强行业自律，规范行业行为；组织召开全国有关省、市、自治区民族语文翻译协会会长、秘书长会议，举办各种形式的民族语文翻译学术研讨与交流活动，协调和参与按语种、按学科召开的全国性民族语文翻译学术研讨活动，推进学术研究，促进民族语文翻译事业的发展；开展民族语文翻译行业相关的服务、咨询、办学和培训等工作；维护民族语文翻译工作者合法权益，保护知识产权；举办民族语文翻译评比、表彰、奖赛等各类公益活动；加强与国内外相关组织之间的交流与合作，增进友好往来；依照国家有关规定编辑出版会刊及各种介质的相关资料和书籍；开展符合委员会宗旨的其它活动。各成员单位担负的主要任务是：1. ①承担党和国家重要文件文献、法律法规和重大会议的民族语文翻译和同声传译工作，为党和国家及社会组织提供民族语文翻译服务；②开展民族语文基础理论、翻译理论和有关特殊问题的研究，提出有关意见建议；③开展民族语文新词术语规范化、标准化研究，提出民族语文新词术语标准建议；④开展民族语文信息化研究，参与或承办民族语文信息化相关工作；⑤联系民族语文翻译工作机构和民族语文翻译专家，承担民族语文翻译有关业务交流和业务培训工作；⑥承办国家民委交办的其他事项。翻译人民网重要新闻。用蒙古、藏、维吾尔文编译出版《民族文学》。编辑出版翻译专业季刊《民族翻译》杂志等。2. 用蒙古、藏、维吾尔、哈萨克、朝鲜五种民族语言从事中央人民广播台民族语广播的翻译和播音任务。3. 用汉、蒙古、藏、维吾尔、哈萨克、朝鲜6种文字编辑出版国家级期刊《中国民族》、《民族画报》。4. 整理、翻译和研究清代中央机关的满文档案、史料。5. 用藏、汉、英三种文字整理、翻译、出版和研究藏文古籍，编辑出版国家级藏学专业期刊《中国藏学》杂志，承担民族语言文学研究和翻译教学等。

中国译协民族语文翻译委员会成立以来，同全国各有关省、自治区、自治州译协每两年共同举办一次全国民族语文翻译学术研讨会（迄今已举办13届），每两年举办一次全国民族省区译协会长、秘书长工作会议（迄今已举办10次），不定期协调举办专业语种的翻译学术讨论会。先后开展了6次优秀论文评奖活动，在中国翻译协会指导下开展了两次全国少数民族资深翻译家表彰活动，共表彰128名资深翻译家。开展了包括国际译联第18届翻译大会民族翻译分论坛在内的有利于民族语文翻译工作者学习和工作的其他大型活动。

由国家民族事务委员会主管、中国民族语文翻译局主办、中国译协民族翻译委员会编辑出版的会刊《民族翻译》（原《民族译坛》，1985年创刊）转为公开发行刊物两年多来，发表了有关民族语文翻译理论和技巧方面的许多文章，成为了广大民族语文翻译工作者交流翻译经验的重要学术园地。

主要领导人：

主任：吴水姊

副主任：（按拼音排序）安清萍　甘玉贵　李建辉　那仓·向巴昂翁　祁继先
文日焕　吴元丰　肖玉林　郑堆

秘书长：旺堆

联络方式：

地址：北京市海淀区倒座庙1号中国民族语文翻译局民族翻译研究所

邮编：100080

电话：010－62556673

传真：010－62556673

电子信箱：chinaminzfy@ yahoo. com. cn　　imab2005@ sina. com

中国翻译协会社会科学翻译委员会

中国翻译协会社会科学翻译委员会（原名“中国翻译工作者协会社会科学翻译委员会”，简称“中国译协社科翻译委员会”）成立于1986年，是全国性、行业性、非营利社会团体分支机构。委员会由来自中国有关高校、科研机构、新闻出版机构等单位的代表组成。业务主管部门为中共中央编译局，常设工作机构为中国译协社科翻译委员会秘书处。

中国译协社科翻译委员会在中国译协领导下，依照译协章程开展工作，为繁荣我国社会科学翻译事业而努力。业务范围为：1. 团结全国哲学、社会科学翻译工作者和从事哲学、社会科学翻译的哲学、社会科学界的专家学者，开展各项联谊活动，交流翻译经验，讨论与哲学、社会科学翻译有关的各种问题，以推动我国哲学、社会科学的翻译事业发展；2. 不定期举行地区性和全国性的“社会科学翻译研讨会”，就与社会科学翻译有关的各种学术问题交流经验、进行研讨；3. 为广大社科翻译工作者推荐选题，了解学术动态和出版信息，提供力所能及的帮助；4. 在中国译协的领导下，定期开展表彰社科翻译界资深翻译家活动；5. 对社科翻译图书在选题方向和翻译质量上存在的不良倾向或较为严重的问题，组织专题调查和组织撰写批评稿件；6. 对优秀社科翻译著作组织撰写表扬和评介文章，向有关部门推荐以参加评奖。

主要领导人：

主任：王学东

常务副主任：陈小文

副主任：（按姓氏笔划排序）张友云　李河　蒋仁祥

秘书长：张文红

联络方式：

地址：北京市西城区西斜街 36 号 中央编译局

邮编：100032

电话：010 －66509860

电子信箱：wenhzhang1968@ yahoo. com. cn

中国翻译协会外事翻译委员会

中国翻译协会外事翻译委员会（原名“中国翻译工作者协会外事翻译委员会”，简称“中国译协外事翻译委员会”）是全国性、行业性、非营利社会团体分支机构。成立于 1993 年，委员会由外交部、商务部、中联部及有关省、市、自治区人民政府外事办公室等外事翻译部门的代表组成。业务主管部门是外交部翻译室。

中国译协外事翻译委员会担负的主要任务是：1. 就我国外事翻译领域内的理论与实践问题进行学术研讨，对重要提法的翻译提出意见和建议；2. 组织外事翻译部门开展跨学科、跨语种的业务交流活动；3. 开展外事翻译人员感兴趣的其他公益活动。

中国译协外事翻译委员会成立以来举行过多次不同规模的全国外事翻译理论与实践学术研讨会，并在中国译协决定开展资深翻译家表彰活动后，率先组织召开了全国首批资深翻译家表彰大会。近年来，多次组织或参与语言难点译法讨论会。

主要领导人：

主 任：施燕华

副主任：（按拼音排序）杜艳　张谦

秘书长：姜江

联络方式：

地址：北京市朝阳门南大街2号

邮编：100701

电话：010－65963800

传真：010－65963809

中国翻译协会文学艺术翻译委员会

中国翻译协会文学艺术翻译委员会（原名“中国翻译工作者协会文学艺术翻译委员会”，简称“中国译协文学艺术翻译委员会”）成立于1986年，是全国性、行业性、非营利社会团体分支机构。业务主管单位是人民文学出版社。委员会由来自中国社会科学院外国文学研究所、北京大学、人民文学出版社等在京单位的代表组成。委员会聘请北京、上海部分大专院校知名人士为委员，其中以文学翻译家为主，同时还包括电影、美术、音乐、戏剧专家。秘书处设在人民文学出版社。

中国译协文学艺术翻译委员会着眼于外国文学翻译全局的发展，协助英、德、法、俄等大语种的翻译团体开展专题学术活动。同时也促进历史较短、专家人员较少的其他语种开展学术活动。20世纪80年代至90年代，中国译协文学艺术翻译委员会同有关单位，包括各语种文学研究会联合主办过有关亚、非各国以及澳大利亚、瑞士的国际文学翻译研讨会，以及综合性的全国范围的文学翻译研讨会和多方协作的专题性研讨会，如：先后在石家庄和北京大学举行的“英语诗歌研讨会”、与中国译协军事翻译委员会合办的“外国军事题材文学研讨会”、与北京少儿出版社合办的“外国儿童文学翻译研讨会”等。此外，还举行了一些外国作家（马雅可夫斯基、法捷耶夫、易卜生、安徒生、斯特林堡、济慈等）诞辰纪念会、海峡两岸翻译家文学翻译研讨会。这些活动对沟通信息、交流经验和提高翻译水平起了一定作用。

中国译协文学艺术翻译委员会成立以来，在中国译协的指导下，还于2004年成功举办了首届文学艺术翻译领域的资深翻译家评选活动，表彰了在京的41位为我国文学艺术翻译做出突出贡献的老翻译家；2006年、2009年分别表彰了45位和44位几十年来为我国文学艺术翻译事业做出贡献的资深翻译家，在文学艺术界产生了极大反响和良好的社会效应。

主要领导人：

主任：陈众议

副主任：（按拼音排序）仝保民　余中先

秘书长：张福生

联络方式：

地址：北京市东城区朝内大街166号

邮编：100705

电话：010－65252127　65253701
传真：010－85111921
电子信箱：tongbaomin@263.net

各地翻译社会团体（按拼音顺序排列）

长春市翻译工作者协会

长春市翻译工作者协会（简称“长春译协”），中国翻译协会单位会员．成立于2000年，是长春市翻译工作者专业性学术团体，是长春市翻译工作者进行翻译学术研究的权威机构，是长春市翻译界的行业组织。长春译协是经长春市民政局登记的社团法人，其业务主管部门是长春市社会科学界联合会，其宗旨是在上级单位的领导下，遵守国家的政策、法规，遵守社会道德风尚，团结并组织全市翻译工作者，增进与其他省市翻译组织之间的合作与交流，以提高长春市的翻译工作者水平。现有单位会员3家，团体会员5家，个人会员400人，主要来自于全省各大专院校及科研院所，他们具有广泛的翻译实践经验及各类的专业知识。

长春译协自2002年9月加入中国译协后，严格遵守国家法律、法规和中国翻译协会章程，积极完成中国译协委托的工作和任务。

长春译协着重于宣传、贯彻国家、省、市有关翻译的法律、法规和方针政策，并积极向政府和有关部门反映翻译工作方面的意见和建议，维护翻译工作者的合法权益。开展翻译学术交流、经验交流、工作交流及翻译培训，学习和借鉴国外翻译先进经验，提高业务素质和翻译水平。

长春译协设有专职工作人员3人，下设翻译部、培训部（和万洋外语学校合作举办全国翻译专业资格（水平）考试培训，目前已举办5期）、对外联络部。协会现有译审30人，副译审50人，翻译100人，助理翻译若干名。协会可为客户提供准确、即时的口笔译服务，并可进行多语种之间的互译，语种涉及英、日、德、法、俄、意、韩、、葡、西、阿拉伯、泰国、罗马尼亚、蒙古等。

长春地处于东北老工业区中心，汇集众多的俄、日、韩语科技人才。长春译协以俄、日、韩语为优势，在不断招聘翻译人才的同时，更注重培养新人，协会的大多数翻译人员都是经由协会自身培养出来的。随着中国和中亚5国关系升温，长春译协为中国与中亚5国间的交流与合作提供大量的俄语科技翻译服务。

长春市是东北三省唯一的全国翻译专业资格（水平）考试笔译考试试点城市，长春译协是吉林省首家被中国翻译协会认定的“全国翻译专业资格（水平）考试培训机构”，开展相应的培训工作。

主要领导人：

会长：南亿

副会长：（按拼音排序）李成焕　李玉　申晓伟　王杰　张忠

执行副会长：张忠

秘书长：王芳

联络方式：

地址：长春市普庆路169号（建设街与普庆路交汇处）天庭大厦8层

邮编：130061

电话：0431－88565533　88528033

传真：0431－88568534

电子信箱：ccta. 2007@163. com

网址：www. jlcta. net

长沙应用翻译学会

长沙应用翻译学会，中国翻译协会单位会员。成立于2008年，是由长沙学院外语系、中南林业科技大学外国语学院、湖南省水利电力研究所情报翻译中心等部门的翻译工作者组成的学术性、行业性非营利社团组织。现有单位会员5家，个人会员60余人。

长沙应用翻译学会的翻译及翻译研究实力雄厚，会员由资深教授、译审、有丰富经验的翻译构成，技术专业涵盖自然科学和社会科学的各个领域。

长沙应用翻译学会和国内外翻译、科研机构、高等学府以及企事业单位有着广泛密切的联系，为全市乃至全国的各级政府部门、企事业单位提供口笔译服务。

主要领导人：

会长：张梅岗

副会长：（按拼音排序）黄艳君　熊力游　张沉香

秘书长：熊力游（兼）

联络方式：

地址：湖南省长沙市开福区洪山路98号

邮编：410003

电话：13975894464

电子信箱：csats@sina. com

成都翻译协会

成都翻译协会，中国翻译协会单位会员，成立于1996年，是由中科院成都分院、核工业西物研究院、电子部30所、四川大学、西南交大、电子科技大学等在川的科研院所、企事业单位、高等院校、情报部门的翻译及高中级翻译工作者组成的学术性、行业性非营利社团组织。

成都翻译协会翻译、研究实力雄厚，高级翻译人才济济，现有高、中级会员400余人，涉及英语、日语、德语、法语、俄语、阿拉伯语、荷兰语、捷克语、朝鲜语等几十个语种，技术专业涵盖自然科学和社会科学的各个领域。

成都翻译协会下设翻译部、培训部、编译出版部、学术交流部及外语教学与翻译专委会、科技翻译专委会、青少年英语专委会等。业务主管部门是成都市社科联和成都市科协。

成都翻译协会与国内外翻译、科研机构、高等学府和企事业单位有着广泛密切的联系，为四川省及成都市的政府各部门、企事业单位提供经常的口笔译服务，举办各类外语培训班，是中国外文局、中国译协确定的“全国翻译专业资格水平考试指定培训机构”。

成都翻译协会与中国科学院成都有机化学所等单位共同主办了国家级公开发行刊物《中国西部科技》，并承担主要的编辑出版工作。几年来，组织编译出版各类图书50余部。

成都翻译协会2005~2006年度因成绩显著，被评为成都市社科界“先进学会”。2010年被评为全国大中城市社会科学界“全国先进社会科学团体”。

主要领导人：

理事长：徐宗英

常务副理事长：孙光成

副理事长：（按拼音排序）李世雄　舒启全　熊川

秘书长：孙光成（兼）

联络方式：

地址：四川成都市一环路南二段16号中科院成都分院237信箱

邮编：610041

电话：028-85248422，85250805　87791395

传真：028-85250805

电子邮箱：ccdta@ccdta.org　xibukeji@sina.com

网址：www.ccdta.org

重庆翻译学会

重庆翻译学会，中国翻译协会单位会员，是由重庆市与翻译工作相关的机关、企事业单位、社会团体及个人自愿结成的学术性、行业性非营利组织。会员由重庆市内的单位会员和个人会员组成。业务主管部门为重庆市科学技术协会。现有团体会员6家，个人会员400余人。

重庆翻译学会的宗旨是以马克思主义为指导，坚持党的基本路线，坚持为人民服务、为社会主义现代化建设服务的方向，坚持“百花齐放、百家争鸣”的方针，团结和组织重庆市翻译工作者开展翻译工作的研究和学术交流，提高重庆市翻译工作者的水平，促进本地区的对外文化交流，为建设有中国特色的社会主义而奋斗。

重庆翻译学会的翻译理论研究实力雄厚，翻译实践水平高，会员涉及英语、日语、德语、法语等多个语种，技术专业涵盖自然科学和社会科学的各个领域。

主要领导人：

会长：廖七一

秘书长：董洪川

联络方式：

地址：重庆市沙坪坝区壮志路 33 号

邮编：400031

电话：023－65385276

传真：023－65385276

电子信箱：kyc@ sisu. edu. cn 吧

福建省翻译协会

福建省翻译协会（原名“福建省翻译工作者协会”，简称“福建译协”）成立于 1984 年 9 月 21 日，是依法在福建省民政厅登记，由全省与翻译工作相关的机关、企事业单位、社会团体及个人自愿结成的、具有法人资格的学术性、行业性的非营利组织。现为中国翻译协会单位会员。现有个人会员 500 多人，团体会员单位 25 个。

福建译协业务范围：1. 团结全省翻译工作者，开展与国内各地翻译工作者以及各地协会之间包括与港澳地区和台湾省以及海外侨胞中翻译工作者的学术交流活动，繁荣翻译事业；2. 举办各种与翻译相关的学术交流活动；3. 开展与翻译相关的服务、咨询、办学和培训等工作；4. 加强与国外同行业组织之间的联系和合作，推进中外翻泽学术交流，参加国际翻译界活动，增进友好往来；5. 维护翻译工作者的合法权益；6. 出版会刊，编印翻译学术资料和书籍；7. 开展行业调查研究，加强行业自律，规范行业行为。

福建译协分别于 2004 年和 2009 年被中国译协授予“先进团体会员”和“优秀单位会员”称号。

主要领导人：

会长：宋克宁

副会长：（按拼音排序）陈爱京　陈道明　陈维振　陈小慰　林本椿　林大津　王天明　吴松江　杨仁敬　杨信彰

秘书长：赵珠元

联络方式：
地址：福州市华林路97号省外事大楼702、703室
邮编：350003
电话：0591－87827338　87876953　87873331
传真：0591－87847635
电子信箱：fjfyxh@163.com
网址：www.fjfyxh.com

广东省翻译协会

广东省翻译协会（原名“广东省翻译工作者协会”，简称“广东译协”），中国翻译协会单位会员，成立于1986年4月15日。是由广东省与翻译工作相关的企业事业单位、社会团体及个人自愿结成的专业性、非营利性社会组织，是广东省科学技术协会的组成部分，是党和政府联系翻译工作者的桥梁和纽带，是推动翻译事业发展的重要力量。现有单位会员37个，个人会员891个。

广东译协下设秘书处、培训部、翻译部和组织、学术交流、外语培训等3个工作委员会以及多语翻译、科技日语速成、医学翻译、语言与翻译等4个专业委员会。业务主管部门是广东省科学技术协会。

广东译协的业务范围是团结全省翻译工作者，加强与翻译界的联系与合作，繁荣翻译事业；举办各种与翻译相关的学术交流活动；开展与翻译相关的教学培训和咨询服务等工作；开展调查研究，加强自律，规范会员行为；维护翻译工作者的合法权益；开展与国内外相关组织之间的交流与合作，推动中外翻译学术交流，增进友好往来；编辑会刊，编印翻译学术资料和书籍，宣传翻译事业。

1999年2月3日，经广东省高等教育厅（现广东省教育厅）批准，广东译协成立了广东省翻译协会自学考试辅导中心（现广东省翻译自学考试辅导中心），2002年1月，广东译协创办了广东省翻译协会松园英文书院（现广东译协国际语言培训中心），2004年2月25日，广东译协与中国外文局翻译专业资格考评中心签订了《翻译考试培训协议书》，成为当时全国8家“全国翻译专业资格（水平）考试培训认定机构”和“中国外文局翻译培训继续教育培训认定机构”之一。2008年7月6日，经国家外国专家局批准，向广东译协颁发了“聘请外国专家单位资格认可证书”。2010年9月，根据广东省民政厅、广东省科协《关于开展科技类社会团体创新发展试点工作的通知》精神，经广东省科协学会改革领导小组评审，广东省科协批准，广东译协被确定为省级学会创新发展第三批试点单位。

2004年11月，广东译协被中国译协授予“先进团体会员”荣誉称号，广东译协还被评为“广东省科协省级学会2000～2001年度表扬集体”、“广东省科协省级学会2002～2004年度表扬集体”、“广东省科协省级学会2005～2006年度先进集体”、“广东省

科协省级学会2008～2009年度先进集体”。

《广东译讯》是广东译协会刊，1996年创刊。

主要领导人：

会长：徐真华

常务副会长：何其锐

副会长：（按拼音排序）李守进　区鉷　仲伟合

秘书长：古导仁

联络方式：

地址：广州市连新路171号广东科学馆大院4号楼418室

邮编：510040

电话：020－83565689

传真：020－83565689

电子信箱：gdtag@163.com

网址：www.gdtag.org

广西翻译协会

广西翻译协会（原名“广西翻译工作者协会”，简称“广西译协”），中国翻译协会单位会员。成立于1988年5月，是广西外语翻译界和民族语文界最重要的群众性、学术性、行业性非盈利社团组织。会员遍及全区80多所高校、高职院校以及涉外、科研部门、新闻媒体、厂矿企业等。2009年末有个人会员845人（其中具有高级专业技术职务资格的190人，中级职称475人），广西翻译协会下设秘书处、民语部、学术部、培训部、翻译部等，其业务主管部门为广西社会科学界联合会。现任领导机构是第五届理事会，有理事87人，常务理事26人。

广西翻译协会拥有一批外语和民族语文翻译的高端人才，翻译实践和翻译研究实力雄厚。会员涉及英语、法语、日语、俄语、泰语、越南语等外语以及壮语、苗语、彝语等民族语种，涵盖社会科学的各个领域。

广西译协与国内外翻译、科研机构、高等学府和企事业单位有着广泛密切的联系，为广西的政府部门、企事业单位提供经常口笔译服务，是中国外文局翻译专业资格考评中心认定的“全国翻译专业资格（水平）考试指定培训机构”。

为了加强与会员之间的联系和沟通，该会定期出版《广西译讯》内部刊物。2009年，因成绩突出，该会被广西壮族自治区社科联评为全区先进（学）协会，同时荣获全区社科联系统舆情信息工作先进单位称号。

主要领导人：

会长：黄天源

副会长：（按拼音排序）柏敬泽　黄甫芳　卢保江　陆云　容向前　孙泽红

韦汉　温科学

秘书长：：卢保江（兼）

联络方式：

地址：广西南宁 广西民族大学 5－15－132 信箱

邮编：530006

电话：0771－2035938

传真：0771－3264836

电子信箱：translatorgx@ 126. com

贵州省翻译工作者协会

贵州省翻译工作者协会（简称“贵州省译协”），中国翻译协会单位会员。成立于1984 年，是由贵州英特翻译信息公司、贵州省地质化工研究所、贵航集团、贵州轮胎股份公司、贵州大学、贵州师范大学等 10 多所高等院校和企事业单位的高中级翻译工作者组成的学术性、行业性非营利社会组织。现有单位会员 5 家，团体会员 10 家，个人会员 300 人。业务主管部门是贵州省外事办，学术上接受省科协、省社科联的指导。贵州省译协的翻译、翻译研究实力雄厚，会员涉及英语、日语、德语、法语、俄语、韩语、波兰语等十几个语种，技术专业涵盖自然科学和社会科学的各个领域。贵州省译协与国内外翻译、科研机构、高等院校和企事业单位有着广泛密切的联系，为贵州省及贵阳市的政府各部门、企事业单位提供经常的口笔译服务。

贵州省译协 2007 年度因成绩突出，被评为贵州省社科界“优秀学会”。

主要领导人：

会长：徐仲伦

副会长：（按拼音排序）江光伦　冒国安　王健芳　杨继秋　杨民生
杨祥华　张和平

秘书长：滕树立

联络方式：

地址：贵州省贵阳市宝山南路 27 号（蟠桃宫）凯尼大厦 20 楼 7 号

邮编：550002

电话：0851－5584469

传真：0851－5584479

电子信箱：gzfyxh1984@ 126. com（贵州省翻译工作者协会）

gzinter@ 126. com（贵州英特翻译信息公司）

哈尔滨市翻译协会

哈尔滨市翻译协会（简称“哈尔滨市译协”），中国翻译协会单位会员。协会成立于2003年，是由哈尔滨市人民政府外事侨务办公室、哈尔滨工业大学、东北林业大学、黑龙江大学、哈尔滨理工大学、哈尔滨师范大学等在哈的企事业单位和高等院校的高中级翻译工作者组成的学术性、行业性、非营利社团组织，现有团体会员10家，个人会员137人。协会业务主管部门是哈尔滨市外事侨务办公室。

哈尔滨市译协的会员涉及英语、俄语、日语、韩语、法语、西班牙语、葡萄牙语、德语等近10个语种，技术专业涵盖自然科学和社会科学的各个领域。

哈尔滨市译协与国内外翻译、科研机构、高等学府和企事业单位有着广泛密切的联系，为黑龙江省及哈尔滨市的政府各部门、企事业单位提供口笔译服务。

主要领导人：

会长：于沐琳

副会长：（按拼音排序）傅利　孙永文　徐颖琪　尹铁超　赵秋野

秘书长：宋向东

联络方式：

地址：黑龙江省哈尔滨市松北区世纪大道1号1728室

邮编：150021

电话：0451－84664730

传真：0451－84664225

电子信箱：hrbfao@126.com

海南省翻译协会

海南省翻译协会（原名“海南省翻译工作者协会”，简称”海南省译协”），中国翻译协会的单位会员，成立于1982年，是由与翻译工作相关的机关、企事业单位、社会团体及个人自愿结成的学术性、行业性非营利社团组织，是海南省翻译领域唯一的省级社会团体。会员由分布在海南省各市、区的单位会员和个人会员组成。现有单位会员13家，个人会员为200人，其中高级（资深）会员为18人。

海南省译协下设会员部、学术部、社会服务部（分为咨询培训和翻译服务两组）、宣传及外联部、财务部5个内部职能部门。

海南省译协的翻译、翻译研究实力雄厚，会员涉及英语、日语、法语、俄语、德语、朝鲜语等语种，技术专业涵盖自然科学和社会科学的各个领域。

海南省译协积极开展翻译研究和学术交流，促进翻译人才培养和翻译队伍建设，维护翻译工作者的合法权益，为海南和全国的翻译事业发展服务。

主要领导人：
会长：冯源
副会长：（按拼音排序）曹玲娟　陈宗华　李永才　尚志强
秘书长：王琳
联络方式：
地址：海南省海口市人民大道58号海南大学旅游学院
邮编：570228
电话：0898－66256355，66272458
传真：0898－66258711
电子信箱：wanglin@ hainu. edu. cn

杭州市翻译协会

杭州市翻译协会（简称“杭州译协”），中国翻译协会单位会员，2005年4月4日正式登记注册，是杭州地区外语、翻译工作者为促进外语、翻译工作及业务交流，提高外语、翻译队伍素质而自愿结成的、依法在杭州市民政局登记注册的、具有法人资格的学术性、服务性组织。杭州译协接受杭州市社会科学界联合会和杭州市民政局的业务指导及监督管理。

杭州译协作为唯一的翻译服务机构被列入“2006杭州世界休闲博览会”服务指南手册。2006年2月作为单位会员加入了中国翻译协会。从2006年起，已经连续5年被评为杭州市社会科学界联合会先进集体。2008年，杭州市人民政府授予杭州译协“杭州市2006～2007年度科普工作先进集体”称号。2010年3月被杭州市民政局授予AAA级信用社团，同年9月获得全国大中城市社科联先进社团。

杭州译协目前已经拥有来自杭州市各个单位具有不同行业背景和专业知识的语言精英会员200多名，单位会员6家，涵盖了英、法、日、德、俄、韩、西、意、泰、印尼、希腊、阿拉伯语、世界语等近20个语种，形成了一定的团体规模和层次水平，并在继续发展壮大。杭州译协翻译中心自协会成立以来为浙江省政府、杭州市政府、娃哈哈集团、浙江省土畜产进出口公司、浙江省建工集团等许多机构提供了多语种的翻译服务。

杭州译协于2007年举办了浙江省首届公示语外语纠错大赛和首届在杭州高校英语演讲大赛。其中浙江省公示语外语纠错大赛至2010年已经举办了3届。2008年和2010年分别举办了浙江省首届和第二届法语教学研讨会。2010年12月杭州译协发起并承办了“郭建中教授翻译思想及翻译实践研讨会”。

杭州译协于2006年3月成为浙江大学城市学院产学研合作基地。2010年3月起，会长单位为浙江大学城市学院外国语学院。杭州译协与在杭高校开展了广泛的合作和交流。为浙江省内高校提供了外语、外贸及翻译、就业等各类讲座数10场。杭州译协自成立以来已经为近百名高校学生提供了实习及就业机会。2010 年 11 月，协会成立了学生会员委员会。

杭州译协坚持翻译理论与翻译实践相结合，坚持翻译业务与社会经济建设和对外交流合作相结合，致力于加强杭州地区外语翻译工作者之间的联系，提高杭州市翻译队伍的综合素质，整合翻译资源，交流翻译经验，为杭州市政府提出的建立国际化的和谐与休闲城市而贡献力量，为杭州市哲学和社会科学的繁荣发展添砖加瓦。

主要领导人：

会长：王之江

执行会长：应远马

副会长：（按拼音排序）陈建伟　陈小莺　戴平丰　桂清扬　黎昌抱　刘绍龙　文敏

秘书长：应远马（兼）

联络方式：

地址：浙江省杭州市下城区永康苑 63 - 2 - 502 室。

邮编：310004

电话：0571 - 85519732　13958109632

传真：0571 - 28939297

电子信箱：ymc2004@ mail. hz. zj. cn

网址：www. fanyi110. com

河北省翻译工作者协会

河北省翻译工作者协会（简称“河北译协”），中国翻译协会单位会员，成立于 1984 年，是由全省机关团体、科研院所、厂矿企业、大专院校翻译工作者组成的学术性、非营利性的群众团体，是党和政府联系翻译工作者的桥梁和纽带，是发展河北省翻译事业的社会力量。河北译协现有单位会员 39 个，团体会员 12 家，个人会员 1080 余名。

河北译协下设翻译理论与科技翻译、翻译教学、翻译服务 3 个专业委员会和秘书处，挂靠单位是河北省科学技术情报研究院，业务主管部门是河北省科学技术协会。

河北译协拥有一支精通专业、多语种、高水平的翻译人才队伍，主要从事英、日、俄、法、德、意、韩、西班牙、捷克等语种的笔译、口译业务，为社会各界提供专业翻译，专业涵盖自然科学和社会科学的各个领域。

河北译协充分发挥自身优势，利用外语人才集中的特点，面向社会、面向经济建设开展了大量的学术活动和服务活动，不但推动河北省翻译事业的发展，同时也促进了河北省的对外开放与交流，为全省的经济发展与科技进步做出了应有的贡献。

河北译协 2009 ~ 2010 年度因成绩突出，被评为河北省科协系统先进单位。

主要领导人：

会长：潘炳信

副会长：（按拼音排序）杜改江　郭凤山　郭献庭　韩连华　姬生雷　李正栓
　　王晓玲　赵登瑞　张森

秘书长：段惠芳

联络方式：

地址：河北省石家庄市青园街233号

邮编：050021

电话：0311－85813880

传真：0311－85813904

电子信箱：hebtrans@126.com

河南省翻译协会

河南省翻译协会（原名“河南省翻译工作者协会”，简称“河南译协”），中国翻译协会的单位会员，成立于1985年9月，是由省内科研院所、高等院校、政府部门及企事业单位的高、中级翻译工作者自愿结合、依法注册成立的学术性、行业性、非营利性社团组织。现有单位会员12家，团体会员2家，个人会员2000余名。

河南译协下设秘书处和社科文学翻译专业委员会、科技应用翻译专业委员会、翻译教学与研究专业委员会、外事翻译专业委员会。业务主管部门为河南省科学技术协会，挂靠单位为河南省科学技术信息研究院。

河南译协具有较雄厚的翻译及学术研究实力。会员涉及英语、日语、德语、法语、西班牙语、韩语、泰语、越南语、老挝语等10多个语种，技术专业涵盖自然科学和社会科学的各个领域。

河南译协与国内其他翻译学术团体有着广泛的联系，积极参与中国译协所属机构举办的各种学术活动。坚持与政府有关部门合作，与科研院所、高校和企事业单位合作，积极开展学术交流和翻译服务，推动翻译学术水平提升，翻译实践能力提升和队伍整体素质提升，积极为中原崛起河南振兴做出贡献。

主要领导人：

会长：张永超

副会长：（按拼音排序）白志峰　程工　郭俊峰　何琳　康天峰　李海俊
　　王宪生　杨玮斌　朱耀先

秘书长：张敏

联络方式：

地址：郑州市政六街3号

邮编：450003

电话：0371－65997722、65995233
传真：0371－65997722、65995233
电子信箱：hnfy0371@163.com
网址：www.hnsti.cn/application/fyxh/

黑龙江省翻译协会

黑龙江省翻译协会（原名"黑龙江省翻译工作者协会"，简称"黑龙江省译协"），中国翻译协会单位会员。成立于1984年8月16日，是黑龙江省与翻译工作相关的机关、企事业单位、社会团体及个人自愿结成的学术性、行业性、非营利组织，是全省翻译领域唯一的社会团体。

黑龙江省译协由分布在黑龙江省各地、市、区的单位会员和个人会员组成。下设外事翻译委员会、文学翻译委员会、社会科学翻译委员会、翻译咨询服务委员会4个分支机构。黑龙江省译协俄语翻译力量相对较强，现有团体会员38家，个人会员862人。其业务主管部门为黑龙江省人民政府外事办公室。

黑龙江省译协的宗旨是广泛团结和组织省内各界翻译工作者，积极开展翻译工作的研究、实践和学术交流，不断提高黑龙江省翻译的质量和水平，加强与国内翻译界的交流与合作，促进翻译人才的培养和队伍建设，维护翻译工作者的合法权益，促进黑龙江省翻译事业的繁荣与发展，为黑龙江的改革开放服务，力求在黑龙江省的国际交往和经济社会发展中发挥更大的作用。

黑龙江省译协主要业务范围还包括举办各种与翻译相关的学术交流活动，开展与翻译相关的服务、咨询、办学和培训等工作，开展行业调查研究，加强行业自律，规范行业行为，开展同其它省市译协和国外相关组织之间的学术交流与合作，出版会刊，编印翻译学术资料和书籍，宣传翻译事业。《翻译论丛》是黑龙江省译协的不定期出版物，已出版4集。该刊是黑龙江翻译工作者交流译学研究和翻译实践经验以及学术争鸣的园地。

黑龙江省译协2009年获中国翻译协会"优秀单位会员"荣誉称号，并被黑龙江省社会科学界联合会评为第一届黑龙江省社科联系统"行业先锋型特色社团"。

主要领导人

会长：王海军

常务副会长：张大铸

副会长：（按拼音排序）陈百海　傅利　黄素英　金亚娜　姜涛　李述笑
李蓉　孙梦彪　谭百成　王铭玉　尹铁超

秘书长：谭百成（兼）

联络方式：

地址：黑龙江省哈尔滨市南岗区果戈里大街298号

邮编：150001

电话：0451－53605562　53638455

电子信箱：hljac1984@163.com

网址：www.hljfyxh.com

湖北省翻译工作者协会

湖北省翻译工作者协会（简称"湖北省译协"），1984年12月15日经湖北省社会科学联合会批准成立，1996年经湖北省民政厅注册登记为社会团体法人。中国翻译协会单位会员。湖北省译协为湖北地区翻译专业学术团体，由湖北省外事办公室、湖北省商务厅、湖北省旅游局、武汉大学、华中科技大学、华中师范大学、中国地质大学、中南财经政法大学、中南民族大学、华中农业大学、湖北大学、湖北人民出版社、湖北科技出版社、湖北教育出版社等从事翻译、翻译研究及教学的专业工作者组成，个人会员为2298人，单位会员为29家。湖北省译协业务范围为翻译专业的学术交流、理论研讨、教学培训、课题研究、成果推广、咨询服务及社会性公益活动等。26年来，协会举办各具特色的专题研讨会及学术交流活动达140多场，参加人次累计达数6万多人。协会与湖北地区出版社联合正式出版《翻译与文化》论文集共9辑，发表译协会员和武汉地区高校研究生优秀论文1362篇。协会与武汉译协联合举办了17届"湖北省外语翻译大赛"和12届"湖北省青少年儿童英语大赛"，两项赛事活动参赛者达27万多人。湖北省译协以其独具活力成为湖北地区外语翻译业界最具权威、最具影响的社会团体。

主要领导人：

会长：何世平

副会长：（按拼音排序）杜青纲　刘军平　罗建生　吴晓云　许宽华　张维友

秘书长：吴晓云（兼）

联络方式：

地址：湖北省武汉市香港路153号（香江宾馆3198室）

邮编：430015

电话（传真）：027－85799411

电子信箱：translation2001@21cn.com

湖南省翻译工作者协会

湖南省翻译工作者协会（简称"湖南省译协"），中国翻译协会单位成员，是湖南省外语和翻译工作者的群众性学术团体。自1983年成立以来，在首任会长刘重德先生制订的"信息公开、学术民主、工作协商"的12字方针的指导下，协会不断成长壮大，各项工作蒸蒸日上，成为全省开展活动最经常、最有生气、最具活力的学术团体之一。协会会员遍布全省各高校外语院（系），涉外、旅游、新闻、出版单位，厂矿、公司、科研院（所）的情报、资料部门，语种涉及英、日、法、德、俄、韩、阿拉伯等。截至2008年底，湖南省译协有单位会员29家，个人会员400余人。译协会员中，既有闻名全国乃至享誉海内外的外语界的老专家，又有一大批卓有建树的中青年学者，包括一批外国语言文学、翻译学的教授、博士、博导，可谓队伍齐整，著译丰富。

湖南省译协秉着“为湖南经济和文化繁荣团结外语人才，架设语言桥梁”的宗旨，坚持学术活动，开展外语、翻译咨询与服务，为湖南外语、翻译整体水平的提高，为全省改革开放、振兴经济做出了积极的贡献。协会主办、联合主办或积极参与了一系列在湘举行的全国和全省性的外语、翻译活动，诸如“首届全国文学翻译研讨会”、“湖南青年翻译奖竞赛”、“全国中外文学翻译研讨会”、“中国翻译理论回顾与前瞻研讨会”等等。作为学术团体，协会积极支持学术研究，出版了《三湘译论》9辑，还在主管部门的支持下，创立了“湖南省外国语言与翻译优秀成果奖”，每两年一次进行评奖，提升了外语类科研成果的地位和档次，调动了外语和翻译工作者从事科研和专业工作的积极性。由于活动频繁、影响广泛、充满创新活力，湖南省译协已连续12年被评为湖南省社科界“先进学会”。

主要领导人：

会长：蒋坚松

副会长：（按拼音排序）白解红　蒋洪新　屠国元　贾德江

秘书长：黄振定

联络方式：

地址：湖南省长沙市岳麓区湖南师范大学外国语学院 湖南省翻译工作者协会办公室

邮编：410081

电话：0731－8872453

电子邮箱：bluehair228@yahoo.com.cn

湖南省科技翻译工作者协会

湖南省科技翻译工作者协会（简称“湖南省科技译协”），中国翻译协会单位会员，成立于1987年。湖南科技译协由湖南省各高校专家、教授及中央在湖南省的大型企业情报研究部门的翻译工作者组成。首任理事长为湖南大学教授谢卓杰，副理事长为国防科技大学教授程建华和王才美、中南大学教授杨寿康、化工部长沙化工设计研究院高级工程师刘罗颐、矿冶研究院译审李际平、湖南大学教授徐光智，秘书长为颜如苏。之后在衡阳、益阳等地区发展了地方高校的外语系老师参加协会。

湖南省科技译协下设翻译部及翻译公司，学术部、编译出版部、外语教学培训部。业务主管部门是湖南省科协和省民政厅。

湖南省科技译协翻译实力雄厚。会员涉及英、日、德、法、俄、朝鲜、荷兰、意大利等语种。

主要领导人：

理事长：盛之

副理事长：（按拼音排序）陈琳　李延林　梁晓波　廖瑛　罗巨进　罗忠民　潘健　潘卫民　覃先美　唐德根　王建新　温雪梅　熊雁鸣　徐国强　杨萍　杨晓军　张沉香　张从益

秘书长：罗巨进（兼）

联络方式：

地址：长沙市开福区东风路17号湖南省科学技术协会大楼3楼316室

邮编：410005

电话：0731－84438973

传真：0731－82244972

电子信箱：hniaec@ yahoo. com. cn

吉林省翻译工作者协会

吉林省翻译工作者协会（简称“吉林省译协”）成立于1984年5月，其业务主管部门是吉林省政府外事办公室，是中国翻译协会单位会员。

吉林省译协的主要职责是：1. 承担吉林全省翻译行业管理工作，规范翻译市场，强化翻译道德，繁荣翻译事业；2. 举办各种与翻译有关的学术研讨会、报告会和其他学术交流活动；3. 承担吉林省委和省政府交办的各项与翻译有关的业务和工作；4. 组织会员为社会服务，开展翻译、翻译咨询、翻译评价、翻译水平考试、举办翻译人员培训班等工作；5. 加强与省外、国外同行业组织之间的联系和合作，推进翻译学术交流，增进友好往来；6. 维护全省翻译工作者的合法权益。

吉林省译协是全省翻译工作者的专业性学术团体，是全省翻译工作者学术研究的权威机构，是全省翻译行业的管理组织。现有团体会员10家，个人会员160人。会员主要来自吉林省内各高校、科研院所、国有企业及各级政府外事机构，涉及语种主要以英、日、韩、俄、德语为主。

吉林省译协是非营利性的社团组织，长期为吉林省政府各部门、企事业单位及个人提供翻译咨询及翻译服务，组织与翻译有关的公益性活动，为增强社会对翻译工作重要性的认识，提高翻译工作者的地位做了大量的工作。

主要领导人：

会长：张志军（兼）

专职副会长：王志伟（兼）

秘书长：王玮

联络方式：

地址：吉林省长春市新发路300号

邮编：130041

电话：0431－88906704

传真：0431－82711906

电子信箱：sq3192_ cn@ sina. com

江苏省翻译协会

江苏省翻译协会（原名“江苏省翻译工作者协会”，简称“江苏译协”）成立于1985年，中国翻译协会单位会员，是具有独立法人资格的非营利性学术团体，挂靠南京大学外国语学院，主管单位是江苏省社科联。江苏译协主要由南京大学、南京师范大学、南京航天航空大学、东南大学、苏州大学、解放军国际关系学院等省内几十所高校的中高级外语教师以及省市外事、外贸、科研院所、大型厂矿企业中的中高级翻译组成。目前有团体会员23个、单位会员17个、会员709人。

江苏省翻译协会拥有一批高水平的翻译人才，翻译实力雄厚，无论是中译外还是外译中，均有过骄人的业绩，语种有英、法、德、俄、日、韩、意大利语，缅甸语，越南语，泰语等10多种。

江苏省翻译协会下设秘书处、翻译学术研究专业委员会、翻译服务专业委员会、翻译出版专业委员会和中外文化交流中心。

江苏省翻译协会的宗旨是坚持以马克思主义为指导，致力于翻译实践与研究，面向社会，为祖国建设事业做贡献。

江苏省翻译协会的主要任务是为社会服务，多办实事，团结江苏省各行各业有志于翻译与翻译研究的优秀人才，紧密结合翻译实践与翻译教学、研究，积极开展翻译咨询、各类口笔译、外语培训等多种形式的活动，并与国内外有关团体、组织广泛建立横向联系，进行学术交流，维护会员的合法权益。

主要领导人：

会长：许钧

常务副会长：刘宗和

副会长：（按拼音排序）程爱民　仇小萍　李建波　刘锋　王华　王腊宝　俞洪亮　张杰　张亚非　郑玉琪　邹惠玲

秘书长：吴文智

联络方式：

地址：南京市汉中路159号金泽大厦902室

邮编：210029
电话：025－8483720857　83725357
电子信箱：wwz98@ tom. com

江苏省科技翻译工作者协会

江苏省科技翻译工作者协会，（简称“江苏科技译协”），中国翻译协会单位会员，是由江苏省与翻译工作有关的机关、企事业单位、社会团体及个人自愿结成的学术性、行业性非营利组织，是江苏省翻译领域的全省性社会团体。协会的宗旨是：繁荣科技翻译事业，提高科技翻译水平。现有单位会员 16 家，团体会员 16 家，个人会员 326 人。

江苏科技译协成立于 1985 年 6 月 1 日，最初挂靠在江苏省哲社联，1987 年被正式批准挂靠在江苏省科技情报研究所，批准文号为苏科政 87（47）号。协会的主要任务是：组织会员交流和研究科技翻译技巧，提高学术水平和工作水平，组织业务培训，开展咨询和代译服务。至今共经历了 5 届理事会。业务主管部门是江苏省科协。

协会积极参加江苏的改革开放事业，还把服务领域延伸到外省。会员涉及英语、俄语、德语、法语、日语、意大利语、阿拉伯语、西班牙语、朝鲜语等几十个语种。技术专业涵盖自然科学和社会科学的各个领域。自协会成立以来，已承接并圆满完成 13 项国家大型工程的资料翻译任务，总字数在一亿以上。例如南京华能电厂、扬子石化公司巴斯夫工程、汕头华能电厂、南昌飞机制造公司等项目的工程资料翻译。协会 2009 年被评为“省级先进学会”。

主要领导人：
理事长：黄锡强
常务副理事长（按拼音排序）：夏太寿　张南军
副理事长：（按拼音排序）包亚芝　蔡永军　杜广亮　王成兵　袁晓宁　朱纪伟
秘书长：唐宝莲
联络方式：
地址：江苏省南京市龙蟠路 171 号江苏省科学技术情报研究所 210 室
邮编：210042
电话：025－85407862　85410394
传真：025－85407862
电子信箱：tangbaolian@ yeah. net
网址：www. jsfyxh. net

辽宁省翻译学会

辽宁省翻译学会（原名“辽宁省文学翻译学会”、“辽宁省翻译家协会”）成立于1983年4月27日，中国翻译协会单位会员。

辽宁省翻译学会为辽宁省一级法人学会，行政管理隶属辽宁省民政厅社团管理局，业务指导隶属于辽宁省社会科学界联合会。其主要成员为省内各高等院校从事外语教学与研究的教授和副教授，省、市社会科学院及文化厅、局从事外国文学与艺术研究的研究员和副研究员，省内各出版社从事翻译书刊编辑工作的编审和副编审，以及省内各大科研机构、大型厂矿企业、重要商务、贸易机构的译审和副译审，还有一定数量的外事工作人员。

辽宁省翻译学会实行团体会员制和个人会员制，其特点是团体会员单位的个人会员免收会费。

辽宁省翻译学会的最大特点有二：

一、作为民间社会团体，于1996年率先建立了党组织，并开始发展党员。这一举措，曾获得辽宁省民政厅和国家民政部的表彰。

二、由于文学翻译是文学创作的一种形式，辽宁省翻译学会与辽宁省作家协会的联系异常密切，几乎成为它的一个会外分支，以辽宁省翻译学会成员为主体的“辽宁省作家协会中外文化交流委员会”是辽宁省作家协会6大委员会之一。

十几年来，辽宁省翻译学会每年都向省作协推荐2名会员。辽宁省翻译学会的会员已有30人为省作家协会会员。

辽宁省翻译学会现有团体会员21个，个人会员328名。

主要领导人：

会长：孙麒（代）

副会长：（按拼音顺序）曹彦　陈迎　董广才　姜文宏　金启军　门顺德　任秀桦　史国强　魏承杰　尹雅娟　张志明

秘书长：廉运杰

联络方式：

地址：辽宁省沈阳市皇姑区崇山中路66号辽宁大学图书馆105室

邮编：110036

电话：024－86853705

电子信箱：Lnta1983@yahoo.com.cn

南京翻译家协会

南京翻译家协会（简称“南京译协”）原名南京青年翻译家协会，成立于1986年，

1995 年 7 月更名为南京翻译家协会，挂靠在南京大学外国语学院，是中国翻译协会单位会员。南京译协的主要成员为南京大学、南京师范大学、南京航天航空大学、东南大学、解放军国际关系学院等 10 多所驻宁高校的中高级外语教师以及外事、外贸、科研院所、大型厂矿企业中的骨干翻译，目前有会员 129 人。

南京译协拥有一批实力强劲的高水平翻译人才，无论是中译外还是外译中，均有过骄人的业绩，语种有英、法、德、俄、日、韩、意大利、缅甸、越南、泰语等 10 多种。协会下设秘书处、学术交流部、翻译服务部和中外文化交流中心。

南京译协的宗旨是坚持以马克思主义为指导，致力于翻译实践与研究，面向社会，为江苏省和南京市的改革开放事业做贡献。

南京译协的主要任务是为社会服务，多办实事，团结南京市各行各业有志于翻译与翻译研究的优秀人才，紧密结合翻译实践、翻译教学与翻译研究，积极开展翻译咨询、各类口笔译、外语培训等多种形式的活动，并与国内外有关团体、组织广泛建立横向联系，进行学术交流，维护会员的合法权益。

南京翻译家协会曾获评南京市社会科学界先进社团。

主要领导人：

会长：程爱民

常务副会长：吴文智

副会长：（按拼音排序）刘华文　宋学智　王波　王理行　肖辉　尹富林　张新木

秘书长：吴文智（兼）

联络方式：

地址：江苏省南京市汉中路 159 号金泽大厦 902 室

邮编：210029

电话：025－83725357　84523573

电子信箱：wwz98@ tom. com

内蒙古自治区翻译工作者协会

内蒙古自治区翻译工作者协会（简称“内蒙古译协”），中国翻译协会单位会员，成立于 1992 年，是全区性的群众学术团体，也是自治区范围内翻译工作者和外语教育工作者联系的桥梁和纽带，受内蒙古自治区社科联的领导。内蒙古译协的主要工作任务是联系和组织自治区各行业、各地区的外语工作者和学习者开展学术研究、学术交流以及外语翻译和对外联系。

内蒙古译协目前有注册会员 1100 多人，主要集中在呼和浩特市、包头市、乌海市、赤峰市和通辽市等地区。内蒙古译协与这些盟市地区翻译协会保持经常性的业务联系和工作交往。会员涉及英语、日语、俄语、德语、法语、韩语以及蒙古语等十几个语种，涵盖专业涉及自治区社会科学和自然科学的多个领域。

内蒙古译协一直紧密结合自治区在改革开放、经济建设和对外交流等方面对外语的实际需求开展工作，举办了多次学术报告会，出版了多部反映自治区翻译工作者结合具体工作开展研究的论文集，同时还进行了外语培训和咨询工作，在自治区范围内形成了联系网络，产生了一定的影响。

主要领导人：

会长：姜炳信

副会长：（按拼音排序）拉西色乃　李卡宁　徐炳勋　张洁

秘书长：李卡宁（兼）

联络方式：

地址：呼和浩特市赛罕区满都海西巷

邮编：010021

电话：0471—6980538

传真：0471—6980538

电子信箱：likaning_ 55@ yahoo. com. cn　likaning@ hotmail. com

青岛翻译协会

青岛翻译协会（原名"青岛翻译工作者协会"，简称"青岛译协"）成立于1989年，中国翻译协会单位会员，业务主管单位为青岛市社会科学界联合会，社团登记管理机关为青岛市民政局，理事长单位是青岛市国际商务翻译事务所，常设工作机构为秘书处、行业管理办公室。青岛翻译协会是由青岛与翻译工作相关的机关、学院、企事业单位、社会团体及个人自愿组成的学术性、行业性、非营利社团组织，下设社会科学、文学艺术、外事、对外传播、翻译服务、本地化服务6个专业委员会。青岛翻译协会的翻译、翻译研究实力雄厚，会员涉及英语、日语、德语、法语、俄语、阿拉伯语、荷兰语、捷克语、朝鲜语等几十个语种，技术专业涵盖自然科学和社会科学的各个领域。

青岛翻译协会的宗旨是团结和组织青岛各行各业翻译工作者和为翻译事业做出贡献的社会各界人士，开展翻译研究和学术交流；促进翻译人才培养和翻译队伍建设；进行行业指导，参与行业管理；维护翻译工作者的合法权益；使翻译事业更好地服务于社会和经济发展。

青岛译协自成立以来，充分利用自身的资源优势，经常举办翻译学术和行业交流活动，积极开展翻译人才培训、出版会刊和印编有关学术资料，加强与国（境）外语言教育单位的联络，为青岛市民与青岛市青少年儿童出国留学做好信息沟通与服务工作，开展翻译咨询服务和与翻译工作相关的社会公益活动，产生了重大的社会影响。

主要领导人：

会长：张德禄

联络方式：
地址：山东省青岛市市南区香港中路 6 号（世贸中心）A 座 1223 室
邮编：266071
电话：0532－85918088　85918089
传真：0532－85918089
电子信箱：qtooibac@163. com
网址：www. qingdaotranslation. com/

山东省翻译协会

山东省翻译协会（原名“山东省翻译工作者协会”，简称“山东省译协”）成立于 1986 年，中国翻译协会单位会员。协会业务主管单位为山东省人民政府外事办公室，秘书处设在山东省外事翻译中心。山东省译协是全省行业性社会法人团体，其主要职责是：翻译服务行业管理、翻译学术交流、翻译服务、翻译业务培训等。现有单位会员 35 家，个人会员 600 名。山东省译协云集了山东省内翻译界的精英，有老一辈的资深翻译家、高等院校的知名教授、常年从事涉外翻译的硕士、留学回国人员和同声传译硕士生。

山东省译协先后圆满完成了“东北亚经济论坛”、“联合国人居节”、“山东省国际文化产业博览会”、“中国太阳能热利用大会”、“东北亚地方政府联合会第七次全体会议”、“第六届友好省州领导人峰会”等重大国际活动的笔译和同声传译任务。山东省译协翻译力量雄厚、语种齐全，覆盖社科、外事、文教、电力、石化、法律、旅游、广告、机械、经济、金融等行业。协会还开展多种形式的翻译培训工作，组织省内翻译人员出国培训、组织全国翻译专业资格水平考前培训、举办翻译业务专题研讨班、中短期培训班等，以不断提高全省翻译队伍的整体素质和业务水平。

山东省译协 2009 年被中国译协评为“优秀单位会员”。

主要领导人：

会长：王金铃

常务副会长：段毅军

副会长：（按拼音排序）李木　栾述文　孙建奎　吴澄　肖德法　杨敏　张德禄

秘书长：李永森（兼）

联络方式：
地址：山东省济南市历下区省府前街 1 号综合楼 421 室
邮编：250011
电话：0531－86118918　86127742
传真：0531－86019718
电子信箱：sdfatc2008@163. com

山东省国外语言学学会翻译学专业委员会

山东省国外语言学学会翻译学专业委员会，中国翻译协会单位会员，成立于2006年4月，是由山东大学、山东师范大学、曲阜师范大学、中国海洋大学、青岛大学、青岛科技大学、鲁东大学、聊城大学、山东工商学院等30余所山东省高校高、中级翻译教师与学者组成的学术性、行业性、非营利社团组织。现有会员80余人。

主要领导人：

会长：孙迎春

副会长：（按拼音排序）丛亚平　贾正传　李绍明　卢卫中　徐莉娜

秘书长：孙昌坤

联络方式：

地址：威海市文化西路山东大学翻译学院

邮编：264209

电话：0631－5688646

山西省翻译协会

电子信箱：sychun@ sdu. edu. cn

山西省翻译协会（原名“山西省翻译工作者协会”，简称“山西省译协”），是中国翻译协会单位会员。1985年7月由山西省人民政府外事办公室筹备，吸收以太原市为主、包括省内各地市初级以上职称的翻译工作者和翻译爱好者近800人，组建了山西省外事翻译协会。1986年更名为山西省翻译工作者协会，2006年改用现名。

山西省译协的宗旨是坚持党的基本路线，遵守宪法、法律、法规和国家政策，开展翻译研究和学术交流；促进翻译人才培养和队伍建设；维护翻译工作者的合法权益；开展与国内外相关组织之间的交流与合作；促进山西省翻译事业的繁荣和发展；为地方经济建设和社会发展服务。其业务主管单位是山西省人民政府外事办公室。

山西省译协成立20多年来，不定期开展了学术讲座与外语培训；1995年成立10周年之际，出版了《山西省翻译工作者协会论文专辑》；为亚运会、“世妇会”、SCOLA世界年会、山西省“两会一节”、“平遥国际摄影大展”“中国（太原）国际能源产业博览会”等活动承揽翻译任务；为平朔煤矿、神头电厂、太钢、太重、宝钢、山化等省内重点建设项目推荐并组织翻译人员；承担山西省翻译系列职称评审工作，评审了翻译494人、副译审167人、初评了译审6人。受山西省政府法制办委托，组织翻译专家翻译省政府出台的地方性法规，计3万余字。山西省译协为山西省翻译人才的培养、经济建设和对外交流做出了贡献。

主要领导人：

会长：王正仁

副会长：（按拼音排序）贾雪峰　连彩云　田锡钊　叶炳勋　张君良　张思洁

秘书长：张同生

联络方式：

地址：山西省太原市新建南路文源巷 18 号

邮编：030001

电话：0351－2021574

传真：0351－4044030

电子信箱：sxfyxh@ sina. com

网址：www. sxfyxh. com

陕西省翻译协会

陕西省翻译协会（简称“陕西省译协”）成立于1980 年11 月2 日，当时名为“西安翻译工作者协会”，1983 年经陕西省委宣传部批准，更名为“陕西省翻译工作者协会”。2007 年9 月经第六次代表大会讨论通过，正式更名为“陕西省翻译协会”。现有会员3000 多名，第六届理事会208 人（含8 个地市译协理事各16 名）。经民政部门的批准下设文学翻译、科技翻译、社科翻译、翻译理论、医学翻译、中美文化研究会、斯诺研究中心等17 个分支机构。1997 年开始承担全省翻译系列中、高级职称评审任务。1999 年开始联合西部13 个省、市、区译协创办两个季刊《译苑》和《中外社科论丛》。陕西省翻译协会培训中心是中国外文局翻译专业资格考评中心认定的“全国翻译专业资格（水平）考试指定培训机构”。陕西省译协多年被评为陕西省文联优秀社团，在2004 年中国译协第五届全国理事会议上被评为“先进团体会员”。

主要领导人：

主席：安危

常务副主席：马珂

副主席：（按拼音排序）白靖宇　葛广纯　胡宗锋　李庆明　刘谦　田建国　王文　杨达复　杨瑞英　杨跃　姚超英　余宝珠　余朝明　袁沛清

秘书长：马珂

联络方式：

地址：陕西省西安市南关正街101 号 世家商务303 室

邮编：710068

电话：029－87806269

传真：029－87815713

电子信箱：sta2021@ 163. com

网址：www. chsta. org

上海翻译家协会

上海翻译家协会（简称“上海译协”），中国翻译协会单位会员。成立于1986年3月，是经上海市民政局审核批准、由上海翻译家自愿组成的专业性的社会团体，是上海市文学艺术界联合会（简称“上海市文联”）的单位会员。会员主要来自高等院校、出版社、研究所和影视译制等单位，高级职称人数超过75%。上海译协现有注册会员600余人，语种涉及英、俄、法、德、日、西班牙、阿拉伯、朝鲜等10余种。上海译协下设小说、诗歌、影视、理论和法语、德语、日语等专业学组以及口译专业委员会。业务主管部门为上海市文联。

上海译协宗旨：在中国共产党领导下，以马克思主义为指导，贯彻党的方针政策，充分发挥协会“联络、协调、服务”的职能，团结和组织译界同仁，致力于繁荣和发展中国的翻译事业，为两个文明建设服务。

上海译协的业务范围：翻译创作、学术研讨、咨询服务、培训认证、对外交流、权益维护和比赛评奖等。

上海译协工作任务：举办各种与翻译有关的学术研讨会、报告会；积极开展与国内外同行的交流活动；积极维护翻译工作者的合法权益；组织开展外语翻译比赛、评奖等活动；积极开展翻译咨询和外语培训；积极做好协会通讯、杂志、网站宣传等工作。

上海译协自成立以来开展了丰富多彩的活动，加强了会员与行业之间的交流与合作。多年来，上海译协的老翻译家孜孜不倦，翻译、修订世界名著；中青年翻译家厚积薄发、译著纷呈，广大会员在翻译、教学、研究和编辑等领域取得了丰硕的成果，获得了国内外众多荣誉和奖项。

为充分发挥上海译协的专家优势，扩大服务社会的功能，协会还创办了“上海世博翻译进修学院”，旨在培养更多参与国际竞争、适应世界经济、文化发展的翻译人才。

协会于2002年创办了《上海翻译家》通讯，2009年创办《东方翻译》期刊，为广大会员和翻译界、文化界、教育界专业人才提供了学习、交流的良好平台。

主要领导人：

会长：谭晶华

副会长：（按拼音排序）柴明颎　黄勇民　吴洪　袁莉　张春柏　张慈赟　张伊兴　郑体武

秘书长：赵芸

联络方式：

地址：上海市延安西路200号

邮编：200040

电话：021－62473142　62483323－215
传真：021－62473142
电子信箱：shfyjxh@ sta. org. cn
网址：www. sta. org. cn

上海市工程翻译协会

上海市工程翻译协会（简称“上海工程译协”），中国翻译协会单位会员，成立于1996年12月28日，是经上海市民政局注册，受上海科学技术委员会直接领导的具有法人资格的社会团体，现挂靠单位为中国科学院上海硅酸盐研究所，是目前国内唯一的以工程建设项目翻译为服务方向的群众性学会团体。中科院院士、工程院院士严东生教授为协会名誉理事长，工程院周翔院士、工程院郁铭芳院士、赵其昌教授、肖怡江教授、陈立东教授为协会名誉理事。

上海市工程翻译协会现有会员近360名，来自上海各大中型企业、科研院所及高等院校，其中80%以上会员获得中、高级专业技术职称。高级专业技术职称人员约占会员总数的1/3，受中国译协表彰的资深翻译家有18名。下设各语种委员会以及学术委员会、翻译服务部、工程咨询部、信息技术应用部和协会通讯编辑部等。

上海市工程翻译协会的宗旨是团结和组织全市各工程领域的翻译工作者，开展学术研讨、信息交流和联谊活动，承接工程翻译业务，为国内外客户提供咨询和服务。

上海市工程翻译协会翻译语种齐全，翻译服务涉及领域广泛。拥有高水平的英、德、日、法、俄、西班牙、葡萄牙、波兰、捷克、瑞典、阿拉伯、越南、韩国、印尼、马来西亚等语种的口笔译人才。英语翻译约占会员数50%以上。自成立以来，已先后为航天航空、石油化工、工程材料、船舶与海洋工程、汽车制造、磁悬浮轨道交通、地铁等重大项目提供资料翻译以及口译服务，并得到各界的好评。

受中国译协委托，上海市工程翻译协会在2008年成功地协办了第18届世界翻译大会的分论坛。2009年组织翻译了《船舶工程技术手册》，2010年组织翻译了《阿尔法·文图斯风能技术》，2011年组织翻译《房屋消防安全技术》等一系列重要的、国内急需的技术专著。

上海市工程翻译协会将根据社会的需求，在城市公共安全、船舶与海洋工程、能源与材料、现代汽车制造等专业领域优先拓展，积极发挥专业翻译协会的作用。

主要领导人：

理事长：张菊珍

常务副理事长：宋新新

副理事长：（按拼音排序）俞素贞　郑瑜

秘书长：胡延龄

联络方式：
地址：上海市恒通路360号一天下大厦A区2504室
邮编：200070
电话：021－63801609
传真：021－63805614
电子信箱：entrans@ saetnet. com
网址：www. saetnet. com

上海市科技翻译学会

上海市科技翻译学会（简称“学会”），中国翻译协会单位会员，成立于1985年1月，受上海市科学技术协会直接领导，是由上海市国家重要科研机构、图书情报部门、高等院校、国家重点企业、合资企业等单位团体会员和个人会员自愿组成的、具有法人资格的学术性非营利社团组织。学会现有团体会员10家，个人会员422人。学会下设六部一处一室：组织联络部、学术部、教学部、宣传部、翻译服务部、财务部、秘书处及办公室。学会常设工作机构为秘书处及办公室。

学会宗旨是组织上海市各行业翻译工作者以及为翻译事业做出贡献的社会各界人士，开展翻译研究和学术交流，探讨翻译理论与技巧，组织翻译教学，促进翻译人才培养和翻译队伍建设，维护翻译工作者合法权益，与海内外有关组织开展交流与合作，促进翻译事业更好地服务于社会和经济发展。

学会的主要活动形式为组织各类学术研讨会、报告会、学术沙龙，举办高级研修班、翻译竞赛，开展会员联谊活动等。

在科技翻译方面，学会积累了丰富的翻译实践经验，语种有英、日、德、俄、法、西、印尼、意、韩、捷克、波兰等10余种。专业涉及钢铁冶金、化学化工、建筑、纺织、机械制造、计算机、生物医学等领域。学会以质量、诚信、速度和合理的收费价格赢得了客户和市场，与国内外多家大中型企业建立了良好的长期业务往来，并被中国译协翻译服务委员会评为“翻译服务诚信单位”。

学会会刊《上海翻译》（原名《上海科技翻译》），1986年创刊，国内外公开发行，为国家外语类核心期刊，在国内译界发挥了重要的学术导向作用，有着良好的社会影响。学会还出版了多种论文集、《英汉或汉英（高）科技词典》、《中国科技翻译家辞典》等书籍。

主要领导人

理事长：左飚

副理事长：（按拼音排序）陈忠良　汤杰　谢之君

秘书长：翁国强

联络方式

地址：上海市淮海中路 1634 号 005 室
邮编：200031
电话：021 - 64378073
传真：021 - 64378073
电子信箱：ssts_ tsd@ 126. com
网址：www. sstts. org. cn

上海市外事翻译工作者协会

上海市外事翻译工作者协会（简称“上海外事译协”），中国翻译协会单位会员。成立于 1987 年，现拥有掌握 30 多个语种的近千名会员，主要来自上海外事和其他系统的翻译和外事干部，他们中绝大多数拥有中高级翻译职称。业务主管部门为上海市人民政府外事办公室。

上海外事译协的宗旨是“服务外事、服务社会、服务会员”。多年来，外事译协积极参与上海重大外事活动的翻译工作；为社会提供翻译咨询服务；开展各类学术研讨活动；举办形势和专业讲座；不断提高会员素质，加强协会建设。《译友》为上海外事译协内部刊物，成为会员学习、交流、研究翻译工作的平台。

2009 年上海外事译协荣获中国翻译协会授予的“优秀单位会员”称号。2010 年，荣获上海市委、市政府颁发的“上海世博工作优秀集体“荣誉称号”。

主要领导人：

会长：张伊兴

常务副会长：夏永芳

副会长：（按拼音排序）道书明　宋超麒　孙锡远　张树奎　周峻

秘书长：陈爱国

地址：上海市北京西路 1277 号 1607 室
邮编：200040
电话：021 - 63294760　63239910
传真：021 - 63239910　63239181
电子信箱：fanyixiehui @ vip. citiz. net
网址：www. shwsfy. com

深圳市翻译协会

深圳市翻译协会，中国翻译协会单位会员。成立于 2005 年，是深圳市翻译工作者和外事工作者组成的学术性、行业性、非营利性社会团体，由深圳市人民政府外事办公室、深圳大学、深圳高级职业技术学院和深圳报业集团联合创办。协会现有会长单位5家，团体会员单位47家，个人会员400余人。会员以中高级翻译工作者和资深外事工作者为主。协会的业务主管部门是深圳市人民政府外事办公室。

深圳市翻译协会的宗旨是团结组织翻译工作者和外事工作者开展翻译和外事工作实践、学术研究和交流；促进翻译和外事工作人才的培养和高级人才的队伍建设；开展行业调研、加强行业自律、完善行业交流的平台、促进翻译行业的规范发展；维护翻译和外事工作者的合法权益。

深圳市翻译协会的最高机构为会员代表大会，执行机构为理事会。办事机构为协会秘书处，下设综合部、会员服务部、翻译服务部、培训部、培训基地。协会还设有由国内外专家组成的专家委员会，开展翻译质量的审定和监督工作，为政府和协会建言献策。

深圳市翻译协会是中国翻译协会和中国外文局翻译资格考评中心认定的“全国翻译资格（水平）考试（CATTI）指定培训机构”。

深圳市翻译协会因成绩突出，于2009年被中国译协评为“优秀单位会员”。

主要领导人：

会长：王宗维

副会长：（按拼音排序）曹亚军　马显荣　汪海洋　徐小贞

秘书长：邱永乐

联络方式：

地址：深圳市福田区江苏大厦A座902

邮编：0755-83734587　82902838　82960821

传真：0755-83734587

电子信箱：tas@ yas. org. cn

网址：www. tas. org. cn

四川省翻译工作者协会

四川省翻译工作者协会（“简称四川省译协”），成立于1984年，中国译协单位会员，由翻译与翻译相关的企事业单位、社会团体及个人自愿组成的四川省学术性、行业性、非营利性社会组织，直接接受四川省民政厅和四川省科协领导。四川省译协主要由高等院校、翻译公司、科研机构等组成，主要有：四川大学、电子科大、西南交大、西南财大、西南科大、西南民大、四川师大、成都理工大学、成都中医药大学、四川理工学院、成都医学院、成都大学、四川外语学院成都学院、成都体院、宜宾学院、乐山师范、攀枝花大学、成都军区78006部队、四川语言桥信息技术有限公司、成都通译翻译公司、成都博语思创翻译有限公司、成都译采翻译有限公司、中国工程物理研究院、中国核动力研究院、核工业西南物理研究院、成都飞机设计研究所等。

四川省译协下设五个协作网：学术工作协作网、科技翻译协作网、教育工作协作网、资源与服务工作协作网、资深翻译家工作协作网。此外，还有一个翻译实习基地，一个经贸外语研究中心。经有关部门批准成立了四川省软成果和产品研究与评估中心，以推进国家技术标准化的实施。

四川省译协创办辑刊《译苑新谭》，搭建学术交流平台，荟萃科研成果。

主要领导人：

会长：石坚

副会长：（按拼音排序）黄开敬　连真然　张梦太

秘书长：黄开敬（兼）

联络方式：

地址：四川省成都市一环路西一段114号京川宾馆C座310

邮编：610072

电话：028－87026606　13308038499

电子信箱：ruhe 1950@ sina. com

天津市翻译工作者协会

天津市翻译工作者协会是由天津市与翻译和外语教学工作相关的机关、企事业单位、社会团体及个人自愿结成的学术性、行业性、非营利组织。其宗旨是团结和组织全市翻译工作者开展翻译和外语工作的研究和学术交流，促进翻译人才培养和翻译队伍建设，进行行业指导，参与行业管理，维护翻译工作者的合法权益，开展与国内外相关组织之间的交流合作．。

天津市翻译工作者协会接受业务主管部门天津市教委的业务指导和社团登记管理机关的监督管理，经天津市民政局登记注册，是中国翻译协会和天津市社会科学界联合会的单位会员。

协会下设文学翻译委员会、科技翻译委员会、社科翻译委员会、语言学与翻译教学委员会、外事外贸翻译委员会与翻译服务委员会等6个分委员会和老专家联谊会，单位会员28家，个人会员1178位。

协会的翻译、翻译研究和外语教学实力雄厚，涉及英、日、德、法、俄、阿拉伯、西班牙、韩等近20个语种，涵盖社会科学、自然科学的各个领域。

协会与国内外翻译、科研、高校、企事业单位有密切的联系，向天津市与国内各企事业单位提供优质口、笔译服务。针对国内大型外事、外经贸活动提供专业的翻译培训。

主要领导人：

会长：修刚

副会长：（按拼音排序）陈法春　顾钢　李贵山　李旭　刘凤嵩　王宏印　张金桐

常务副秘书长：洪涛

联络方式：

地址：天津市河西区 117 号

邮编：300204

电话：022－23288213

传真：022－23280875

电子信箱：hongtao5628@163.com

网址：www.ttatta.cn

武汉翻译工作者协会

武汉翻译工作者协会（简称“武汉译协”），经武汉市社会科学联合会批准成立，1996 年经武汉市民政局注册登记为社会团体法人，中国翻译协会单位会员。武汉译协为武汉地区翻译专业学术团体，由武汉市外事办公室、武汉商务局、武汉旅游局、武汉钢铁公司、长江水利委员会、神龙汽车公司、武汉理工大学、武汉科技大学、武汉工程大学、武汉科技学院、武汉工业学院、海军工程大学、空军雷达学院、通讯指挥学院、江汉大学、武汉外国语学校等从事翻译、翻译研究及教学的专业工作者组成，个人会员为 1324 人，单位会员为 14 家。武汉译协业务范围为翻译专业的学术交流、理论研讨、教学培训、课题研究、成果推广、咨询服务及社会性公益活动等。26 年来，武汉译协举办各具特色的专题研讨会及学术交流活动达 140 多场，参加人次累计达数 6 万多人。协会与武汉地区出版社联合正式出版《翻译与文化》论文集共 9 辑，发表译协会员和武汉地区高校研究生优秀论文 1362 篇。协会与湖北省译协联合举办了 17 届“湖北省外语翻译大赛”和 12 届“湖北省青少年儿童英语大赛”，两项赛事活动参赛者达 27 万人。湖北译协以其独具活力成为武汉地区外语翻译业界最具权威最具影响的社会团体。

主要领导人：

会长：吴晓云

副会长：（按拼音排序）董兴元　胡谷明　胡孝申　华先发　雷万忠　李鸿朗　彭石玉　谢　群　燕华兴　杨元刚

秘书长：楼德华

联络方式：

地址：湖北省武汉市香港路 153 号（香江宾馆 3198 室）

邮编：430015

电话（传真）：027－85799411

电子信箱：translation2001@21cn.com.

西安翻译协会

西安翻译协会（简称“西安译协”）是中国翻译协会单位会员，成立于1985年10月，是西安地区（含市属县）广大翻译工作者的学术团体，经西安市民政局批准，具有社会团体法人资格。西安译协的业务主管部门为西安市科学技术协会。在册会员1265人。

西安翻译协会下设有科学技术、社会科学、外事外经贸、理论与教学、旅游、医学及翻译服务7个翻译专业委员会。协会会员涉及英语、法语、德语、日语、俄语、西班牙语、阿拉伯语、意大利语、韩国语、世界语等语种。

西安译协于1987年创办西安翻译学院，2005年被国家教育部批准为民办本科院校。中国译协领导曾赞扬西安译协是“以会办学，以学养会的典范”。西安翻译学院现自有校园面积2000亩、自有校舍70万平方米，在校学生近4万，下设6个二级学院，开设近60个专业。20多年来已为国家培养了6万余名建设人才，为国家积累了10亿余校产。

西安译协成立至今获得了诸多荣誉，多次被中国译协、陕西省科协、陕西省民政局、陕西省社会科学界联合会、西安市科协授予先进社会团体、先进学会、星级学会。

西安翻译协会为给会员提供更好的交流平台，编有刊物《西安译讯》。

主要领导人：

理事长：何克敬

副理事长：丁祖诒

秘书长：丁祖诒（兼）

联络方式：

地址：陕西省西安市长安区太乙宫镇西安翻译学院摇篮楼

邮编：710105

电话：029－85898533

传真：029－85898533

电子信箱：wangfeiya1547@126.com　fx_2002@163.com

西藏翻译工作者协会

西藏翻译工作者协会（简称“西藏译协”），中国翻译协会单位会员，成立于1993年。西藏译协是由西藏自治区藏语文工作委员会办公室、西藏自治区编译局、西藏日报社、西藏电视台、西藏人民广播电台、西藏人民出版社、西藏新闻出版局、西藏教材编译中心、西藏大学、西藏藏医学院等单位和高等院校的民族语文翻译工作部门及高中级翻译工作者组成的学术性、行业性、非营利社团组织。现有单位会员15家、个人会员68人。

西藏译协下设有办公室，挂靠部门是西藏自治区编译局。西藏译协主要从事藏汉翻译和民族语文翻译学术交流和藏汉语文翻译专业人员培训工作。技术专业涵盖自然科学和社会科学的各个方面。

西藏译协的成立极大地促进了汉藏翻译学术交流活动。协会成立以来先后举办了多次全国性和区域性的学术交流会议，积极地参与中国译协组织的国内外学术活动。目前，拉萨、日喀则、山南、那曲、昌都等地区也相继建立了地市级的翻译工作者协会。

西藏译协与西藏藏语文工作委员会办公室、西藏自治区编译局、共同主办有内部刊物《藏语文工作》。

西藏译协因成绩突出，在2005年7月自治区民政厅召开的全区民间组织表彰大会上，被授予“全区先进民间组织”荣誉称号。

主要领导人：

会长：才旺班久

副会长：（按拼音排序）阿旺次仁　次旦扎西　次仁顿珠　次仁玉珍　格列班典　罗松群培　洛桑土美　旺堆次仁　云丹次仁

秘书长：洛桑土美（兼）

联络方式：

地址：西藏拉萨市康昂东路1-5号自治区编译局译协办

邮编：850000

电话：0891-6334142-8203　6334142-8002　6346609

传真：0891-6346609　6360445

电子信箱：webmaster@ xzzyw. cn

网址：www. xzzyw. cn

宜宾市翻译工作者协会

宜宾市翻译工作者协会（简称“宜宾译协”），中国翻译协会单位会员。成立于1988年，原业务主管单位为宜宾市人民政府外事办，2001年起为宜宾学院。下设秘书处、学术部、翻译咨询部和培训部，秘书处设在宜宾学院对外交流与合作处。2005年成为四川省译协团体会员单位，2007年成为四川省译协常务理事单位，目前有四川省译协常务理事1人，理事3人；2008年成为中国译协单位会员。会长在2009年中国译协第六次会员代表大会上当选为中国译协理事。协会现有受中国译协表彰的资深翻译家2名，四川省优秀翻译工作者4名，2008年会员中获人事部二级翻译资格证书者1名。目前有单位会员15个，个人会员140多人。

宜宾译协在翻译与翻译研究方面具有较强的实力，会员涉及英语、日语、德语、法语、俄语、韩语、捷克语等几十个语种，技术专业涵盖自然科学和社会科学各个领域。

宜宾译协与国内外翻译、科研机构、高等学府和企事业单位有着广泛密切的联系，为四川省及宜宾市的政府各部门、企事业单位提供经常的口笔译服务，

宜宾译协自2005年以来年年被评为宜宾市级先进学会，协会成员科研成果丰富并多次荣获省市社科等各级奖励。

主要领导人：

会长：江丽蓉

副会长：（按拼音排序）罗健康　赵杰

秘书长：葛有进

联络方式：

地址：四川省宜宾市五粮液大道酒圣路8号宜宾学院对外交流与合作处

邮编：644000

电话：0831－3531186

传真：0831－3531186

电子信箱：college. english@ 163. com　profj_ phoe@ 163. com（会长）

网址：www. yibinu. cn

云南省翻译工作者协会

云南省翻译工作者协会（简称“云南译协”），成立于1988年，是中国翻译协会团体会员，挂靠云南省人民政府外事办公室，业务主管部门是云南省社会科学界联合会。云南译协拥有英、日、俄、德、法、越、老、缅、泰、柬、西班牙、意大利、阿拉伯、韩国、马来、印尼语等23个外语语种和18个少数民族语种的会员1900余人，其中包括从事翻译与外语教学工作多年的教授、拥有高级翻译职称的专家、具有较高外语口/笔译水平的中青年海归学者以及被中国译协授予“资深翻译家”称号的翻译家。因云南临近越南、老挝、缅甸、泰国等东南亚国家，云南译协拥有大批越南语、老挝语、缅语、泰语和柬埔寨语人才。

云南译协拥有以下会员单位：玉溪译协、曲靖译协、昆明医学院、云南省电网公司以及民族语文委员会、会刊编辑委员会等专业委员会等。协会不定期出版会刊《云南翻译》、《译协通讯》和简报。

长期以来，云南译协一直与中国译协及福建译协、泉州译协、陕西译协、贵州译协、成都译协、青岛译协等兄弟协会保持着业务及学术上的交流，使云南译协的知名度得到了提高，业务得到了长足的发展。

因工作成绩突出，云南译协多次被云南省社科联评为“十佳学会”和“先进学会”，2010年又被评为2008～2009年度“优秀学会”。

主要领导人：

会长：周红

常务副会长：（按拼音排序）施明辉　赵松毓

副会长：（按拼音排序）杜勇　甘雪春　管开云　和少英　吴中宁　徐小川

秘书长：赵松毓（兼）

联络方式：

地址：云南省昆明市国防路2号

邮编：650032

电话：0871－4145503　4196335

传真：0871－4196335

电子信箱：ynta4196@126.com

网址：www.ynta.org

浙江省翻译协会

浙江省翻译协会（原名“浙江省翻译工作者协会”，简称“浙江译协”）成立于1986年，是由全省与翻译工作相关的机关、企事业单位、社会团体及个人自愿结成的学术性、行业性组织，依法在浙江省民政厅登记，具有社会团体法人资格，是中国翻译协会单位会员。

浙江译协宗旨是团结和组织全省翻译工作者，开展翻译研究和学术交流，加强翻译人才培养和翻译队伍建设，提高翻译工作者的专业水平，保护翻译工作者的合法权益，开展翻译服务和培训活动，为浙江省的对外开放和经济建设服务。

浙江译协立足于协会的职能，在为社会提供大量高质量翻译服务的同时，也十分重视协会的横向发展，提高社会影响力。2009年，浙江译协承办由外交部办公厅、英国驻华大使馆文化教育处和英语沙龙杂志社支持举办的首届国际英语大赛暨文化交流大使选拔赛浙江赛区的比赛，圆满完成比赛组织任务，并通过比赛为我国倡导的“中国文化走出去”的战略目标输送了一批熟悉中西文化的新型英语翻译人才。2010年，浙江译协承办由中国翻译协会、高等教育出版社主办的首届全国口译大赛浙江省赛区和华东大区决赛，圆满完成比赛的各项活动，并选送了3名优秀选手晋级全国总决赛。

同时，协会积极组织开展与翻译相关的学术活动。如：2009年11月召开的浙江省第四届高校翻译教学研讨会、2010年12月召开的郭建中教授翻译思想及翻译实践研讨会。

主要领导人：

会长：范捷平

秘书长：郭国良

联络方式：

地址：浙江大学西溪校区教学主楼915室 浙江省翻译协会秘书处

邮编：310028
电话：0571－88273036 88083772
传真：0571－87048006
电子信箱：zjfyw@163.com zjfyw4@163.com
网址：www.transzj.net www.zjfyw.com

翻译教育培训与研究机构

编者按：广东外语外贸大学翻译学研究中心《中国翻译年鉴 2009～2010》编写组以公开征集和向各单位负责人调查的形式，向中国内地正规翻译培训与研究机构进行了调查。本次数据的采集时间为 2011 年 1 月 25 日至 2011 年 2 月 28 日，数据以各翻译培训机构与研究机构反馈的信息为准；对未能及时回复的培训机构与研究机构，编写组工作人员根据其官方主页上的最新统计数据进行了核对与更新。

为保持体例的统一性，《中国翻译年鉴 2009～2010》尽量保留上卷信息的编排方式，根据近年来翻译学学科的发展，首次将翻译专业培养单位按翻译专业本科（BTI）、翻译专业硕士（MTI）与翻译学博士培养单位作了区分，更新了 118 所院校的名称、联系方式等。其中百余所院校由于为近两年新增培养单位，尚未开始招生或未有毕业生，暂时无法提供开设语种、生源、毕业生人数等信息，因此在本次统计中减少了这部分信息。

中国内地公办专业翻译学院（按拼音排序）

北京第二外国语学院翻译学院

北京第二外国语学院翻译学院是适应我国对外交流合作的日益频繁以及经济、文化诸行业的迅猛发展对高级翻译人才的需求，遵循高等教育与经济社会协调发展相适应的规律，于 2006 年成立的一所旨在培养高质量、多层次口笔译翻译人才的教学机构。

凭借北京第二外语学院 40 多年翻译教学经验的沉淀和积累，雄厚的师资力量、丰富的学术资源、先进的教学设施和培训方式，以及与国际上 80 多所大学开展合作与交流的基础，翻译学院将为学生提供系统化的专业教育。

翻译学院拥有全国知名翻译学教授长期从事口笔译教学与理论研究，部分教授为中国翻译协会专家会员，并担任中国译协对外传播翻译委员会、全国翻译资格（水平）

考试委员会的专家；学院还聘请外交部翻译室主任、中国译协副会长等担任兼职教授。

翻译学院目前招收：1）翻译专业本科生；2）三年制应用翻译方向硕士研究生；3）两年制国际会议传译硕士研究生。

翻译学院的办学以笔译为基础，以口译为重点，以培养多语种（三个以上语种）传译能力为特色，以吸纳国际生源为办学亮点；侧重培养具有较强口笔译翻译技能，具有复合型知识结构，能够担任国际会议传译和文件翻译工作，或承担外交、外贸、企业、新闻媒体、金融、法律等部门口笔译工作的高质量翻译人才。

翻译学院教学设施先进、齐全，包括同传实验室、计算机辅助翻译实验室、多媒体教学实验室、丰富的中外文图书音像资料、翻译教学语料数据库，这些都为学生提供了优越的学习条件和环境。

翻译学院与美国蒙特雷高级翻译学院建立有合作交流关系，有长短期学生交流项目，并与境外多所高校有合作意向。翻译学院与全国外事、旅游及经贸等行业和部门有着广泛的联系，与中国外文出版发行事业局、中国对外翻译出版公司、英华博译（北京）信息技术有限公司等成立了教学实习基地。学生培养走“产、学、研”相结合的道路，采用“请进来，走出去”的方法，与用人企事业单位合作建立实习基地和实践教学模式，并组织学生为各种大型国际会议服务。翻译学院积极鼓励学生在学期间取得“全国翻译专业资格证书”并为之创造条件。

地址：北京市朝阳区定福庄南里 1 号

邮编：100024

电话：010－65578945

北京外国语大学高级翻译学院

北京外国语大学高级翻译学院（Graduate School of Translation and Interpretation, Beijing Foreign Studies University）成立于 1994 年，其前身为 1979 年设立的联合国译员训练部（班），为联合国组织和国内各机构共培养了 500 余名专业翻译人才。北外高级翻译学院在翻译人才培养方面具备优良传统和卓越成绩，在社会上享有广泛的声誉，同联合国机构和其他国际组织保持密切关系。学院多次为联合国组织承办中文翻译人员的考试，为香港、澳门、新加坡及 WTO－中国项目举办翻译培训班。

学院有专职教师 24 人，校内兼职教授 8 人，校外客座教授 2 人。专职教师都在联合国纽约总部、日内瓦欧洲总部、联合国教科文组织、国际劳工组织和世界卫生组织等机构从事过口笔译翻译工作，为国内外举办的各种国际会议提供会议翻译服务工作，具备丰富的翻译实践经验。

学院目前设有三个专业：翻译理论与实践（同声传译、交替传译、笔译）；翻译理论与实践（复语班）（多语种同声传译、交替传译、笔译）；翻译硕士（MTI）。主要培养英汉同声传译人才和其他高级口笔译人才，属应用类研究生。毕业生应能承担国际会议同声传译和文件翻译工作，或承担政府部门高级口笔译工作。

2008年5月8日，学院加入国际大学翻译学院联合会（CIUTI），成为国际一流翻译学院的一员。同时成立了亚太翻译培训中心，将为亚太地区乃至世界翻译事业的发展做出更大的贡献。

地址：北京西三环北路二号16信箱

邮编：100089

电话：010－88816386

广东外语外贸大学高级翻译学院

广东外语外贸大学高级翻译学院是应广东经济、文化、教育建设的需要，遵循现代高等教育发展的规律，遵循现代教育与经济社会协调发展相适应规律而设立的一所旨在培养高层次翻译人才的研究型学院。高级翻译学院整合广东外语外贸大学已有40多年历史的高层次翻译教学、研究资源与师资力量，致力于打造中国乃至国际一流的高级翻译学院。

高级翻译学院践行“明德尚行、学贯中西”的校训，培养能适应我国经济建设和社会发展需要的高层次翻译人才。培养具有坚实的双语语言基础和娴熟的语言交际能力，掌握多方面的口、笔译知识和技能的高层次翻译应用型人才及受过严格、规范的翻译理论训练的翻译研究型人才。毕业生能胜任外交、外经贸、国际文化科技交流等方面的高层次口译、笔译任务及译审工作；能胜任大型国际会议的同声传译工作及高级别领导人的口译工作；胜任高校和有关研究机构的高级翻译教学和研究工作。

高级翻译学院培养5种人才：（1）翻译学博士研究生；（2）翻译学硕士研究生（设国际会议传译、口译理论与实践、翻译学研究、法律翻译研究、商务翻译研究、传媒翻译研究、文学翻译研究等7个方向）；（3）翻译硕士专业学位学生（暂设口译和笔译两个方向）；（4）“翻译实务”双学位/双专业本科生；（5）翻译专业本科生。我院为全国的翻译从业人员及拟参加全国翻译专业资格证书考试的考生提供培训，特别是定期为本省各主要外事、外经贸单位提供团体翻译人才培训，为全国的高校翻译师资，特别是口译教学师资提供培训。高级翻译学院是中国外文局翻译专业资格考试中心暨中国翻译协会认证的“翻译专业资格考试”指定培训机构。

高级翻译学院目前有口译系、笔译系、翻译学研究中心、高级译员研修部、全国翻译研究资料中心等教学研究机构。高级翻译学院目前有专任教师21名，其中教授、副教授12名，拥有博士学位者8名，在读博士2名。

地址：广州市白云大道北2号 广东外语外贸大学高级翻译学院

邮编：510420

电话：020－36207181（办公室）　020－36209086（研修部）

传真：020－36207181

山东大学威海分校翻译学院

山东大学威海分校翻译学院成立于2004年6月，前身是建立于1991年8月的外国语言文学系，现设有英语系和日语系。英语系设英语语言文学、翻译本科专业，其中英语语言文学专业分英德双语和英语语言文学两个培养方向，本专业可以在英汉双语翻译、英语语言与教学两个方向上招收硕士研究生；日语系下设日语语言文学本科专业。

全院现有教职员工66人，其中专任教师有46人。目前共有教授7人，副教授12人，外籍教师10人，其中博士生导师1人，硕士生导师6人。共有学生1021人，其中研究生51人，本科生970人。学院教学资源与设备先进，其中包括图书资料室1个，自主管理数字化语音实验室3个，电教中心语言实验室6个，多媒体实验室2个。

学院高度重视师资队伍建设，90%以上的专任教师具有硕士、博士学位，并聘请南京大学外国语学院博士生导师、中国翻译协会副会长张柏然教授等著名学者作为学院的兼职教授。近年来，承担和参与多项国家社科项目、教育部人文社科项目、省级精品课程建设等科研与教研项目，出版各类著作30余部，发表学术文章200余篇。学院还先后成立了翻译研究所、日语研究中心等科研机构，翻译研究所在翻译学词典研究方面已形成特色，并在全国有一定影响。

翻译学院秉承“Honesty，Industry，Collaboration Innovation（诚信，勤奋，合作，创新）”的院训精神，始终坚持以观念更新为先导，以制度创新为动力，以师资和学科建设为关键，以培养符合社会发展需要的复合型人才为中心，逐步建立了以翻译教学与研究为特色的教学和科研体系，不断拓展学科发展空间，提高教育质量、办学水平和办学效益，以实现学院的跨越式发展。

地址：威海市文化西路180号山东大学威海分校翻译学院

邮编：264209

电话：0631－5688253

上海外国语大学高级翻译学院

上海外国语大学高级翻译学院（Graduate Institute of Interpretation and Translation）成立于2003年4月18日，拥有中国大陆第一个翻译学学位点，可授予翻译学硕士和翻译学博士学位。学院下设口译系、笔译系和翻译研究所。

高级翻译学院口译系开设的“会议口译”（同声传译和交替传译）课程是国家“十五”、“211”重点项目，教育部唯一指定和投资建设的全国性专业口译培训基地，并于2005年获得了国际会议口译员协会（AIIC）的最高评级，荣获全球“一级会议口译教学单位”称号，成为包括港澳台地区在内的全国唯一一所名列世界“15强”的专业会议口译办学机构。联合国、欧洲委员会口译总司承认其所颁发会议口译专业证书，同时联合国为口译系学生提供实习机会。通过两年全日制硕士层次专业会议口译培训课程，旨在培养达到国际标准的，胜任国际组织、外交外事及各种国际会议和其他国际场合的同声传译和交替传译工作的专业会议口译员。

笔译系以培养高级专业笔译人才为目标的教学单位，其宗旨在于培养一批外语熟练、知识面广，同时又具有一定的理论和文化修养的翻译学科理论与实践的高端人才。教学目的为培养笔译专业的学生全面掌握笔译技巧和不同文体的笔译方法；使他们能够胜任国际国内会议文件、各种应用文、报刊文章等各类文本翻译；能熟练翻译联合国的正式文件以及有相当深度的政治、经济、金融和法律等领域的文本；能掌握使用现代笔译工具，学会团队承接大型笔译项目的技能。

在为期两年的全日制学习期间，学生不仅要接受全面、严格的口笔译理论与技巧的训练，更要进行大量的实习翻译。翻译实习以联合国有关文件和会议（环境保护、人口问题、国际关系、经济等）为主，并结合我国各类国际交往中的口、笔译实务，辅以文学及实用文体翻译等大量口、笔译训练。除此之外，所有学生还必须通过由外部考官参加的专业考试。作为翻译专业硕士，学生还应当掌握一定的翻译理论，并具有相当的独立科研能力。

地址：上海外国语大学（上海市大连西路550号）高级翻译学院

邮编：200083

电话：021－35373113　65311900－35372991

传真：021－35373113

四川外语学院高级翻译学院

四川外语学院高级翻译学院成立于2006年，是应我国，特别是西部地区经济、文化、教育建设的需要，适应现代高等教育发展与经济社会协调发展规律而设立的一所旨在培养高层次翻译人才的研究型学院。高级翻译学院整合了四川外语学院已有50余年历史的高层次翻译教学、研究资源和师资力量，旨在打造中国培养高层次翻译人才的重要基地之一。

高级翻译学院现有教师18人，9人拥有博士学位，教师中教授9人，副教授8人，形成了一支以学科带头人为核心的结构合理、优势互补、团结协作、勇于攻关的教学科研梯队。学院的主要学术骨干分别担任重庆市翻译学会会长、全国英国文学学会常务理事、全国美国文学学会理事等。

高级翻译学院目前有口译教研室、笔译教研室、翻译学教研室和翻译研究所等教学研究机构。其目标是培养具有国际视野和创新意识，有扎实的专业功底和跨文化交际能力，具有坚实的双语语言基础，掌握多方面的口、笔译知识和技能的人才。毕业生能胜任外交、外经贸、国际文化和科技交流等方面的高层次口译、笔译任务及译审工作；能胜任大型国际会议的同声传译工作及高级别领导人的口译工作；能胜任高校和有关研究机构的高级翻译教学及研究工作。

高级翻译学院着力提高学生的学习能力、实践能力和创新能力。高级翻译专业目前下设三个研究方向：

翻译学方向：该方向旨在培养具有专注的学术精神及优良的学术潜质，具有高级口笔译翻译实践能力，并具备深厚翻译学理论素养和研究能力的硕士研究生。毕业生能胜任高校翻译专业相关的教学工作，并具备继续深造，攻读翻译学博士学位的理论水平，是集翻译理论研究、翻译教学和翻译实践能力于一身的高级综合型翻译人才。

口译研究方向：该方向旨在培养英汉高级口笔译人才。学生应熟练掌握英汉口、笔译技能及基本翻译理论知识。毕业生应能独立担任大型会议同声传译以及政府部门、企事业单位的高级口、笔译工作，能胜任高等学校翻译教学及研究工作。

笔译研究方向：该方向旨在培养具有熟练笔译能力并有一定翻译理论水平和研究方法的高等学校英语专业翻译课教师或高级翻译工作者。着重培养学生的笔头翻译功底和双语转换能力，使其能胜任重大的口笔译工作及专业书籍/文档的翻译工作；能胜任高等学校翻译教学研究工作及相关企事业单位的翻译、译审等工作。

四川外语学院高级翻译学院将秉承“团结、勤奋、严谨、求实”的川外精神，按照“找准位置，发挥优势，办出特色”的发展思路，以提高教学质量为中心，以育人为根本，为西南地区以及中国的对外交往和文化建设培养具有专注的学术精神和优秀的实践能力的翻译人才。

地址：重庆市沙坪坝区烈士墓壮志路33号

邮编：40031

电话：023－65385238

西安外国语大学高级翻译学院

西安外国语学院高级翻译学院成立于2005年5月，是国家教育部批准在全国设立的本科翻译专业培养单位、翻译硕士专业学位（MTI）培养单位。该学院立足社会对应用型翻译人才的需求，开展文化翻译、商务翻译和科技翻译教学，坚持“高起点、厚基础、重技能”的教学原则，实行以分级教学方案为指导、以过程教学为导向、以项目学习为特色的教学模式。基础阶段以语言和通识课程教学为主，三、四年级以翻译专业教学为重点。在多年培养研究型翻译人才的基础上，2009年开始培养翻译硕士专业学位研究生，分口译、笔译两个方向。

学院现有专职教师16名，其中教授、副教授7名，讲师8名；博士和在读博士4名，双硕士教师4名。90%以上的教师具有国外学习、研究或教学经历。高翻学院每年聘请外籍专家担任专职教师，同时聘请15名翻译专家为客座教授。

学院已建成高端同声传译实验室2座、同传会议室1个、计算机辅助翻译实验室1座。实验室安装了Trados机辅翻译系统、雅信笔译训练系统以及自主研发的笔译互动平台，形成了融网络信息资源、翻译语料库、计算机辅助翻译平台、BBS 论坛为一体的翻译教学系统。

高翻学院坚持面向经济和社会发展需要，采取校内、校外相结合的方式，培养学生的实践能力和应用能力。根据教学方案的要求，组织学生开展课堂单项翻译实践和毕业专题翻译实践。成立了项目翻译中心，开辟多种渠道，将项目翻译纳入教学系统，以现实翻译情境为支撑，培养学生的应用能力。与商务印书馆等出版机构建立合作关系，承担了实习基地陕西省总工会国际部、环球时报等多次口笔译项目，多次参加“第十一届中国东西部合作与投资贸易洽谈会”、“第十五届国际古迹遗址保护大会”等国际会议的口译工作。

高翻学院设立了翻译教学研究中心，确立了以翻译教学为核心的科研攻关目标。近年来，主持省级高教改革重点项目 2 项，省级人文社科、软科学项目 2 项，中国外语教育基金项目口译教学研究项目 1 项，陕西省高校人文社科重点研究基地项目 1 项。在《中国翻译》、《外语教学》等学术刊物发表高质量的学术或教学论（译）文 30 余篇，在商务印书馆、百花文艺出版社等出版了学术译著 10 余部。

地址：西安郭度教育科技产业开发区文苑南路教学楼 I 区 3 楼

邮编：710128

电话：029－85319014

中山大学翻译学院

中山大学翻译学院成立于 2005 年，是我国内地第一所以培养应用型双语人才为宗旨的公办四年制本科学院。学院自创办不久，就已经确立了“一个专业（英语），三个方向（翻译、商务、外汉），两门外语”的实用型办学方针。并且通过第二外语辅修课实践，积累了双外语教学经验，为筹办新的本科专业以及推动相关的科研活动奠定了学科基础。

学院现设有翻译系、商务外语系、对外汉语系、朝鲜语系、西班牙语系和阿拉伯语系等 6 个系。学院也适应发展和扩大对外交流的需要，将英文名由 School of Translation and Interpretation 调整为 School of International Studies。

学院现有教师 80 余名，20% 为外籍教师（近期内将增至 30%）。本国专职教师全部具备硕士或博士学位，其中三分之一是从英国、美国、澳大利亚、加拿大学成归来的博士、硕士。学院积极从国内外其他高校引进高学历高水平的专家学者，并聘请了一批学术水平、翻译能力甚强的兼职和客座教授，如：黄国文教授（兼职）是语言学方向的博士生导师，陈峰教授（客座）是联合国具有 30 年同声翻译经验的资深译员。

学院自 2005 年创办以来，依托多语种培训机制和对外汉语系的教/学双重功能，开创了本科 2＋2 和 3＋1 培养模式，本模式经中山大学和外国大学的双方校长签署正式合作协议，双方互相承认学生在两校学习期间所获得的学分，旨在开拓学生的国际视野，将本科教育与国际接轨。

地址：珠海市唐家湾中山大学珠海校区

邮编：519082

电话：0756－3668046

传真：0756－3668537

中国内地翻译本科专业学位课程试办院校名录

（按设立的时间排序）

院校名称	批准设立翻译本科专业学位时间	邮编	通信地址
复旦大学	2006	200433	上海市杨浦区邯郸路220号复旦大学翻译系
广东外语外贸大学	2006	510420	广东省广州市白云区白云大道北2号广东外语外贸大学高翻学院
河北师范大学	2006	50016	河北省石家庄市裕华东路113号河北师范大学
北京外国语大学	2007	100081	北京市海淀区西三环北路2号高翻学院/英语学院
上海外国语大学	2007	200083	上海市大连西路550号上海外国语大学高级翻译学院
西安外国语大学	2007	710128	陕西省西安市文苑南路1号
浙江师范大学	2007	321004	浙江省金华市迎宾大道688号
北京第二外国语学院	2008	100024	北京市朝阳区定福庄南里1号北京第二外国语学院翻译学院
北京语言大学	2008	100083	北京市海淀区学院路15号高级翻译学院
对外经济贸易大学	2008	100029	北京市朝阳区惠新东街12号对外经济贸易大学英语学院
华东师范大学	2008	200062	上海市中山北路3663号华东师范大学外国语学院

山东大学	2008	250100	山东省济南市山大南路27号山东大学外语学院
四川外语学院	2008	400031	重庆市沙坪坝区烈士墓壮志路33号四川外语学院翻译系
河南师范大学	2009	453007	河南省新乡市建设东路46号
湖北大学	2009	430062	湖北省武汉市武昌区学院路11号外语学院
华中科技大学	2009	430074	湖北省武汉市洪山区珞喻路1037号华中科技大学外语学院
沈阳师范大学	2009	110034	沈阳市皇姑区黄河北大街253号
天津外国语学院	2009	300204	天津市河西区马场道117号
外交学院	2009	100037	北京市西城区展览路24号
北京航空航天大学	2010	100083	北京市海淀区学院路37号北京航空航天大学外国语学院翻译系
大连外国语学院	2010	116026	辽宁省大连市凌海路1号大连海事大学外国语学院
河南大学	2010	475001	河南省开封市明伦街85号河南大学外语学院
黑龙江大学	2010	150080	黑龙江省哈尔滨市南岗区学府路74号
华中师范大学	2010	430079	湖北省武汉市洪山区珞喻路152号华中师范大学外语学院
吉林华侨外国语学院	2010	130117	吉林省长春市净月大街3658号
暨南大学	2010	510632	广东省珠海市前山路206号暨南大学翻译学院
南开大学	2010	300071	天津市南开区卫津路94号

曲阜师范大学	2010	273165	山东省曲阜市静轩西路57号曲阜师范大学外国语学院
武汉大学	2010	430072	湖北省武汉市武昌区珞珈山
西北师范大学	2010	730070	甘肃省兰州市安宁东路967号西北师范大学外国语学院
西南交通大学	2010	610031	四川省成都市二环路北一段111号西南交通大学

中国内地翻译硕士专业学位课程试办院校名录

（按设立的时间排序）

院校名称	批准设立翻译硕士专业学位时间	邮编	通信地址
北京大学	2007	100871	北京市海淀区颐和园路5号北京大学外国语学院
北京外国语大学	2007	100081	北京市海淀区西三环北路2号高翻学院/英语学院
复旦大学	2007	200433	上海市杨浦区邯郸路220号复旦大学翻译系
广东外语外贸大学	2007	510420	广东省广州市白云区白云大道北2号广东外语外贸大学高翻学院
湖南师范大学	2007	410081	湖南省长沙市岳麓区湖南师范大学外国语学院
解放军外国语学院	2007	471003	河南省洛阳市解放军外国语学院
南京大学	2007	210093	江苏省南京市汉口路22号南京大学研究生院
南开大学	2007	300071	天津市南开区卫津路94号南开大学外语学院

上海交通大学	2007	200240	上海市闵行区东川路800号上海交通大学外国语学院
上海外国语大学	2007	200083	上海市大连西路550号上海外国语大学高级翻译学院
同济大学	2007	200092	上海市四平路1239号同济大学外国语学院
西南大学	2007	400715	重庆市北碚区天生路2号西南大学外语学院
厦门大学	2007	361005	福建省厦门市思明南路422号厦门大学外语学院
中南大学	2007	410075	湖南省长沙市麓山南路932号中南大学外语学院
中山大学	2007	510275	广东省广州市新港西路135号中山大学外语学院
北京第二外国语学院	2009	100024	北京市朝阳区定福庄南里1号北京第二外国语学院翻译学院
北京航空航天大学	2009	100191	北京市海淀区学院路37号北京航空航天大学外国语学院
北京师范大学	2009	100875	北京市新街口外大街19号北京师范大学外国语学院
北京语言大学	2009	100083	北京市海淀区学院路15号高级翻译学院
大连外国语学院	2009	116044	辽宁省大连市旅顺南路西段6号大连外国语学院
东北师范大学	2009	130024	吉林省长春市人民大街5268号东北师范大学
对外经济贸易大学	2009	100029	北京市朝阳区惠新东街12号对外经济贸易大学英语学院
福建师范大学	2009	350007	福建省福州市仓山区上三路8号福建师范大学仓山校区外语学院
河南大学	2009	475001	河南省开封市明伦街85号河南大学外语学院

黑龙江大学	2009	150080	黑龙江省哈尔滨市南岗区学府路74号
湖南大学	2009	410082	湖南省长沙市岳麓山湖南大学外语学院
华东师范大学	2009	200062	上海市中山北路3663号华东师范大学外国语学院
华中师范大学	2009	430079	湖北省武汉市洪山区珞喻路152号华中师范大学外语学院
吉林大学	2009	130012	吉林省长春市前进大街2699号吉林大学外国语学院
南京师范大学	2009	210097	江苏南京宁海路122号南京师范大学
山东大学	2009	250100	山东省济南市山大南路27号山东大学外语学院
首都师范大学	2009	100048	北京市西三环北路105号首都师范大学研究生部
四川大学	2009	610065	四川省成都市一环路南一段24号四川大学外国语学院
四川外语学院	2009	400031	重庆市沙坪坝区烈士墓壮志路33号四川外语学院翻译系
苏州大学	2009	215006	江苏省苏州市十梓街1号苏州大学外国语学院
天津外国语学院	2009	300204	天津市河西区马场道117号天津外国语学院
武汉大学	2009	430072	湖北省武汉市武昌区珞珈山
西安外国语大学	2009	710128	陕西西安郭杜教育科技产业开发区文苑南路
延边大学	2009	133002	吉林省延吉市公园路977号延边大学朝鲜韩国语学院
中国海洋大学	2009	266100	山东省青岛市崂山区松岭路238号中国海洋大学外语学院

安徽大学	2010	230601 230039	安徽省合肥市经济开发区九龙路111号（磬苑校区） 安徽省合肥市肥西路3号（龙河校区）
安徽师范大学	2010	241000	安徽省芜湖市北京东路1号
北华大学	2010	132013	吉林省吉林市华山路3999号
北京交通大学	2010	100044	北京市海淀区上园村3号研招办
北京科技大学	2010	100083	北京市海淀区学院路30号研究生工作部事务管理办公室
北京理工大学	2010	100081	北京海淀区中关村南大街5号
北京林业大学	2010	100083	北京市海淀区清华东路35号北京林业大学外国语学院
北京邮电大学	2010	100876	北京市西土城路10号研究生办公室
长沙理工大学	2010	410004	湖南省长沙市（雨花区）万家丽南路2段960号长沙理工大学外语学院
成都理工大学	2010	610059	四川省成都市成华区二仙桥东三路2号成都理工大学外语学院
重庆大学	2010	400030	重庆市沙坪坝区沙正街174号重庆大学外语学院
重庆师范大学	2010	400047	重庆市沙坪坝区天陈路12号重庆师范大学外语学院
大连海事大学	2010	116026	辽宁省大连市凌海路1号大连海事大学外国语学院
大连理工大学	2010	116024	辽宁省大连市甘井子区陵工路2号

电子科技大学	2010	611731	四川省成都市高新区（西区）西源大道2006号电子科技大学
东北大学	2010	110819	辽宁省沈阳市和平区文化路3号巷11号
东北林业大学	2010	150040	黑龙江省哈尔滨市香坊区和兴路26号
东华大学	2010	201620	上海市松江区人民北路2999号东华大学外语学院
东南大学	2010	211189	南京市四牌楼2号东南大学外国语学院
福州大学	2010	350108	福建省福州市福州地区大学新区学园路2号福州大学外语学院
广西大学	2010	530004	广西省南宁市大学路100号广西大学外国语学院
广西民族大学	2010	530006	广西省南宁市大学东路188号广西民族大学外语学院
广西师范大学	2010	541004	广西省桂林市育才路15号广西师范大学研究生院
贵州大学	2010	550025	贵州省贵阳市花溪区贵州大学研究生院
贵州师范大学	2010	550001	贵州省贵阳市宝山北路116号
国际关系学院	2010	100091	北京市海淀区坡上村12号
哈尔滨工程大学	2010	150001	黑龙江省哈尔滨市南岗区南通大街145号
哈尔滨工业大学	2010	150006	黑龙江省哈尔滨市南岗区西大直街92号
		150090	黑龙江省哈尔滨市南岗区海河路202号

哈尔滨理工大学	2010	150080 150040 150040	西区：黑龙江省哈尔滨市南岗区学府路52号 东区：黑龙江省哈尔滨市香坊区三大动力路23号 南区：黑龙江省哈尔滨市林园路4号
哈尔滨师范大学	2010	150080	黑龙江省哈尔滨市南岗区和兴路50号
海南大学	2010	570228	海南省海口市人民大道58号海南大学外语学院
合肥工业大学	2010	230009	安徽省合肥市屯溪路193号
河北大学	2010	71002	河北省保定市五四东路180号
河北理工大学	2010	63009	河北省唐山市新华西道46号
河北师范大学	2010	50016	河北省石家庄市裕华东路113号河北师范大学
河海大学	2010	210098	江苏省南京市西康路1号河海大学外国语学院
河南科技大学	2010	471003	河南省洛阳市西苑路48号
河南师范大学	2010	453007	河南省新乡市建设路东46号
湖北大学	2010	430062	湖北省武汉市武昌区学院路11号外语学院
湖南科技大学	2010	411201	湖南省湘潭市桃园路湖南科技大学外语学院
华北电力大学	2010	102206	北京德外朱辛庄北农路2号
华南理工大学	2010	510641	广东省广州市天河区五山路381号华南理工大学外国语学院

华南师范大学	2010	510631	广东省广州市石牌华南师范大学
华中科技大学	2010	430074	湖北省武汉市洪山区珞喻路1037号华中科技大学外语学院
吉林师范大学	2010	136000	吉林省四平市铁西区海丰大街1301号
济南大学	2010	250022	山东省济南市济微路106号济南大学外语学院
暨南大学	2010	510632	广东省珠海市前山路206号暨南大学翻译学院
江西师范大学	2010	330022	江西省南昌市紫阳大道99号江西师大瑶湖校区外国语学院
兰州大学	2010	730000	甘肃省兰州市天水南路222号
辽宁大学	2010	110036	辽宁省沈阳市皇姑区崇山中路66号（崇山校区）
		110136	辽宁省沈阳市沈北新区道义南大街58号（蒲河校区）
		111000	辽宁省沈阳市青年大街38号（武圣校区）
辽宁师范大学	2010	116029	辽宁省大连市黄河路850号
聊城大学	2010	252000	山东省聊城市湖南路1号聊城大学外语学院
鲁东大学	2010	264025	山东省烟台市芝罘区红旗中路186号鲁东大学外国语学院
内蒙古大学	2010	10021	内蒙古呼和浩特市大学西路235号
内蒙古师范大学	2010	10022	内蒙古呼和浩特市赛罕区昭乌达路81号
南昌大学	2010	330031	江西省南昌市红谷滩新区学府大道999号

南京航空航天大学	2010	210016	明故宫校区：江苏省南京市白下区御道街29号
		211106	将军路校区：江苏省南京市江宁区将军大道29号
南京理工大学	2010	210094	江苏省南京市孝陵卫200号南京理工大学外语学院
南京农业大学	2010	210095	中国南京卫岗1号南京农业大学外语学院
宁波大学	2010	315211	浙江省宁波市江北区风华路818号宁波大学外语学院
宁夏大学	2010	750021	宁夏银川市西夏区贺兰山西路489号
青岛大学	2010	266071	山东省青岛市宁夏路308号外语学院
青岛科技大学	2010	266042	山东省青岛市四方区郑州路53号青岛科技大学外语学院
曲阜师范大学	2010	273165	山东省曲阜市静轩西路57号曲阜师范大学外国语学院
三峡大学	2010	443002	湖北宜昌市大学路8号三峡大学外语学院
山东财政学院	2010	250014	山东省济南市舜耕路40号山东财政学院外国语学院
山东科技大学	2010	266510	山东省青岛市青岛经济技术开发区前湾港路579号
山东师范大学	2010	250014	山东省济南市文化东路88号山东师范大学外国语学院
山西大学	2010	30006	山西省太原市坞城路92号
山西师范大学	2010	41004	山西省临汾市贡院街1号
陕西师范大学	2010	710062	陕西省西安市长安南路199号陕西师范大学

上海大学	2010	200444	上海市宝山区上大路99号（宝山校区）
		200072	上海市延长路149号（延长校区）
		201800	上海市嘉定区城中路20号（嘉定校区）
上海对外贸易学院	2010	201620	上海市松江区文翔路1900号
上海海事大学	2010	200135	上海市浦东大道1550号
上海理工大学	2010	200093	上海市杨浦区军工路516号（本部）
上海师范大学	2010	200234	上海市桂林路100号
沈阳师范大学	2010	110034	辽宁省沈阳市黄河北大街253号
四川师范大学	2010	610068	四川省成都市锦江区静安路5号四川师范大学研究生学院
太原理工大学	2010	30024	山西省太原市迎泽西大街79号
天津财经大学	2010	300222	天津市河西区珠江道25号
天津大学	2010	300072	天津市南开区卫津路92号
天津理工大学	2010	300384	中国天津市西青区宾水西道391号
		300191	天津市南开区红旗南路263号外国语学院
天津师范大学	2010	300387	天津市西青区宾水西道393号
外交学院	2010	100037	北京市西城区展览馆路24号外交学院英语系

武汉理工大学	2010	430070	湖北省武汉市珞狮路122号武汉理工大学外国语学院
西安电子科技大学	2010	710126	陕西省西安市太白南路2号
西安交通大学	2010	710049	陕西省西安市咸宁西路
西北大学	2010	710069	陕西省西安市环城南路西段71号
西北工业大学	2010	710072	陕西省西安市友谊西路127号
西北师范大学	2010	730070	甘肃省兰州市安宁东路967号西北师范大学外国语学院
西华大学	2010	610039	四川省成都市金牛区西华大学研究生部
西南财经大学	2010	610074	四川省成都市青羊区光华村街55号西南财经大学外国语学院
西南交通大学	2010	610031	四川省成都市二环路北一段111号西南交通大学
西南科技大学	2010	621010	四川省绵阳市涪城区青龙大道中段59号西南科技大学外语学院
西南石油大学	2010	610500	四川省成都市新都区新都大道8号西南石油大学
西南政法大学	2010	401120	重庆市渝北区回兴街道宝圣大道301号西南政法大学外语学院
		400031	重庆市沙坪坝区壮志路2号西南政法大学外语学院
湘潭大学	2010	411105	湖南省湘潭市湘潭大学外国语学院
新疆大学	2010	830046	新疆乌鲁木齐市胜利路14号新疆大学
新疆师范大学	2010	830054	新疆乌鲁木齐市新医路19号新疆师范大学

信阳师范学院	2010	464000	河南省信阳市长安路237号
徐州师范大学	2010	221116	江苏省徐州市铜山新区上海路101号徐州师范大学
烟台大学	2010	264005	山东省烟台市清泉路32号烟台大学外国语学院
燕山大学	2010	66004	河北省秦皇岛市河北大街西段438号
扬州大学	2010	225009	江苏省扬州市大学南路88号扬州大学外语学院
云南大学	2010	650091	云南省昆明市翠湖北路2号
云南民族大学	2010	650031	云南省昆明市一二一大街134号云南民族大学
云南师范大学	2010	650092	云南省昆明市一二一大街298号
浙江大学	2010	310058	浙江省杭州市西湖区余杭塘路388号浙江大学外语学院
浙江工商大学	2010	310018	浙江省杭州市下沙高教园区学正街18号浙江工商大学外语学院
浙江师范大学	2010	321004	浙江省金华市迎宾大道688号
郑州大学	2010	450001	河南省郑州市科学大道100号
中国地质大学	2010	430074	湖北省武汉市鲁磨路388号中国地质大学外国语学院
中国科学技术大学	2010	230026	安徽省合肥市金寨路96号
中国科学院研究生院	2010	100049	北京市石景山区玉泉路19号(甲)
中国矿业大学	2010	221116	江苏省徐州市大学路中国矿业大学外语学院

中国石油大学	2010	102249	北京市昌平区府学路18号 中国石油大学外语系
中南财经政法大学	2010	430073	湖北省武汉市洪山区南湖南路1号中南财经政法大学外国语学院院办
中南民族大学	2010	430074	湖北省武汉市洪山区民院路708号中南民族大学外语学院

中国内地部分设置翻译学硕士博士学位点的院校名录

（按设立的时间排序）

院校名称	批准设立翻译学博士学位时间	邮编	通信地址
上海外国语大学	2004	200083	上海市大连西路550号上海外国语大学高级翻译学院
广东外语外贸大学	2006	510420	广东省广州市白云区白云大道北2号广东外语外贸大学高翻学院
北京外国语大学	2008	100081	北京市海淀区西三环北路2号高翻学院/英语学院

中国内地部分民办高校翻译院系名录

（按拼音排序）

学校名称	邮编	地址	电话	网址
大连翻译职业学院	116600	大连开发区铁山西路11－10号	（0411）7646008	www. dltcedu. org
河北翻译培训学院	050001	石家庄市新华区西三庄街95号	（0311）87650499、86043108	www. hbfyxy. cn

南京金陵翻译院	210008	南京市鼓楼区渊声巷18号	（025）83319163	www. gojyjy. com
山东外事翻译学院	250100	济南市历山北路2号	（0631）6771788	www. wsfy. cn
四川外语学院重庆南方翻译学院	401120	重庆市渝北区回兴街道	（023）67138005	www. tcsisu. com
西安翻译学院	710105	西安市长安区太乙宫	（029）85891551、85891139	www. xfuedu. org/newssite

中国内地部分翻译教育研究机构名录

（按设立的时间排序）

所在院校	机构名称	成立时间	大致人数	主要负责人	重点研究方向
北京外国语大学英文学院	翻译研究中心	2000	9	申雨平 吴　青	翻译理论、认知与语言、话语研究、交际理论
哈尔滨工业大学计算机学院	机器智能与翻译研究室	2000	6	李　生 赵铁军	互联网信息智能处理、机器翻译及其相关技术和资源的研究与建设、、文景转换技术、语言分析技术与应用、机器学习、人工智能技术的应用
湖南师范大学	翻译研究所	2000	15	黄镇定	翻译哲学、翻译史、典籍外译
华中师范大学	翻译研究中心	2000	15	华先发	翻译理论与实务、社会符号学、认知语言学、变译理论
天津师范大学	翻译研究所	2000	8	李运兴	翻译研究的语言学途径、中国翻译理论史、翻译教学
福州大学	外国文学与翻译研究所	2001	14	吴松江	应用翻译

解放军国际关系学院	翻译研究中心	2001	4	杨晓荣 张光明	翻译理论与实践、翻译批评、翻译思维研究
南开大学	翻译研究中心	2001	15	刘士聪	翻译理论、典籍翻译
清华大学	翻译与跨学科研究中心	2001	11	罗选民	翻译理论、翻译教学、语言学与翻译、翻译与跨文化研究
四川外语学院	翻译研究所	2001	8	廖七一	翻译理论、中国翻译史与翻译家研究、口笔译翻译教学
华东师范大学	翻译研究中心	2002	10	张春柏	翻译史、翻译理论与实践
解放军外国语学院	翻译研究中心	2002	20	孙致礼 孙会军 韩子满	翻译理论与实践、翻译批评
乐山师范学院	翻译研究所	2002	3	孔令翠	经贸、旅游翻译
南京大学	翻译研究所	2002	17	张柏然 许　钧	翻译理论研究、翻译人才培养、中外文化交流
宁夏大学外国语学院	文化翻译研究所	2002	26	周玉忠	翻译学、外国文学和中外文化对比
上海大学	外国语学院翻译研究中心	2002	4	唐述宗	政府文件翻译
上海外国语大学	高级翻译学院翻译研究所	2002	22	谢天振	翻译理论、口笔译教学
厦门大学	口笔译资格认证考试中心	2002	8	陈　菁	口译测试，口译培训模式、方法，口译的认知过程，口译习得
中南大学外国语学院	中外文化交流与翻译研究所	2002	30	屠国元 余协斌	中西译论、翻译史、中外语言对比与翻译、同声传译等
北京师范大学	比较文化与翻译研究所	2003	20	刘象愚 郑海凌	比较文化、翻译理论、翻译史、翻译教学

广东外语外贸大学	国际商务英语学院商务翻译研究中心	2003	10	曾利沙	翻译学理论研究、应用翻译理论与实践、翻译批评理论
株洲工学院	中西语言文化比较研究所	2003	7	肖建安	中西文化对比翻译语境研究
电子科技大学	英语文学与翻译研究所	2004	8	冯文坤	比较文学与翻译研究、典籍翻译与接受、翻译教学
华东师范大学	英语语言研究所翻译学研究室	2004	4－8	傅惠生	翻译学理论、汉译英研究、翻译教学
江苏淮阴师范学院	翻译研究所	2004	7	陈　凌	翻译理论与教学翻译培训
宁波大学	翻译研究所	2004	15	许希明	文学翻译、跨文化翻译、翻译理论
山东大学威海分校翻译学院	翻译研究所	2004	16	孙迎春	译学词典编纂与研究、翻译理论与实践
山东临沂师范学院	翻译研究中心	2004	10	杨自得	文学翻译现象
上海交通大学	翻译与词典学研究中心	2004	10	胡开宝	词典学、翻译学
深圳大学	外国语学院翻译研究所	2004	20	王　辉	翻译理论、翻译文化、典籍翻译
四川大学	翻译研究中心	2004	10	朱　徽	翻译理论、文学翻译、口译
西北大学	文化与翻译研究所	2004	5	胡宗锋	圣经文学研究、陕西作家与世界文坛研究
西北师范大学	翻译与文化研究中心	2004	10	姜秋霞	翻译学、翻译教学研究、中西文化比较
浙江大学	外国语言文化与国际交流学院翻译学研究所	2004	25	陈　刚	翻译学、跨文化翻译、文学翻译与接受美学、翻译与阐释学、翻译与认知、旅游翻译
北京大学	翻译研究中心	2005	4－8	刘树森	翻译理论、文学翻译、中国翻译史

北京第二外国语学院	公示语翻译研究中心	2005	20	王　颖 蒋　璐	公示语翻译、旅游翻译、文化创意产业翻译
大连理工大学	外国语学院 典籍英译研究所	2005	9	王义静	典籍翻译、文学翻译
东南大学	外国语学院 翻译研究所	2005	4	袁晓宁	翻译理论与实践
广东外语外贸大学	翻译学研究中心	2005	10	莫爱屏	翻译学理论、口译理论与教学、翻译史
华中科技大学外国语学院	翻译研究所	2005	17	黄　勤	科技翻译研究、新闻翻译研究、翻译教学的实证研究、基于语料库的英汉话语对比与翻译、文学翻译批评、典籍翻译、译家研究、语言哲学与翻译、口译研究
中山大学	翻译研究中心	2005	2	王东风	翻译理论
对外经济贸易大学	翻译研究所	2006	15	俞利军 王恩冕	经贸翻译、法律翻译、文学翻译、
河南师范大学外国语学院	翻译学研究所	2007	23	赵文静	翻译批评的研究、教学与研究、翻译理论与翻译实践
鲁东大学外国语学院	翻译研究所	2007	18	贾正传	元翻译学、基础翻译学、技术翻译学、应用翻译学
南京晓庄学院外国语学院	翻译研究所	2007	8	周红民	翻译文化研究；翻译中的语言研究；中国传统文论在翻译理论中的开发；实用文体翻译研究；翻译教学研究
合肥工业大学外国语学院	翻译研究所	2008	15	任静生	口译理论与实践、翻译史、翻译家

曲阜师范大学	翻译研究所	2008	23	卢卫中	英汉语对比；翻译理论与实践；中西翻译理论；翻译教学；口译研究；电脑辅助翻译（CAT）研究与应用；语料库语言学与翻译研究；文体翻译；认知语言学与翻译研究；文化与翻译；商贸翻译
常州工学院	翻译研究所	2009	20	戎林海	翻译理论和实践研究
外交学院	翻译研究中心	2009	4	范守义	翻译教学和翻译研究
西安外国语大学高级翻译学院	翻译教学研究中心	2009	15	李瑞林	翻译教学
浙江师范大学外国语学院	典籍英译研究所	2009	7	卓振英	典籍翻译、文学翻译
中国海洋大学外国语学院	翻译研究所	2009	14	任东升	翻译理论与实践

翻译服务与技术机构

编者按：鉴于翻译服务与翻译技术在我国的发展现状，本年鉴暂只能收入中国内地的部分翻译服务企业和技术机构对各自的情况介绍。另，及至本卷截稿，编辑部仍没有收到个别企业、机构更新后的信息，沿用了前年的资料，这里特作说明，并表示歉意。本名单按照企业、机构的名称的拼音排序。

北京奥博文翻译中心

基本信息：该公司成立于2001年，是中国翻译协会单位会员。公司对外提供英、日、韩、俄、德、法等语种的口笔译服务，涉及经贸、法律、机械、电子、医药等多个领域。

地址：北京市西城区黄寺大街 24 号明湖大厦 A 座 409 室
邮编：100000
电话：010－51658845
传真：010－62048257
网址：www. aobowo. com
电子信箱：marketing@ aobowo. com

北京奥莱克翻译有限责任公司

基本信息：该公司成立于 2003 年，是中国翻译协会单位会员。公司下设三个部门：翻译部、技术支持部、印刷部，向外提供集多语种翻译、创意设计、印刷、光盘制作、网页本地化及仓储分发为一体的综合性服务，涉及信息技术、通讯、电子、医药、金融、汽车、机械、化工、环保、食品、人力资源培训等多个领域。

地址：北京市海淀区广源闸 5 号广源大厦 5011 室
邮编：100081
电话：010－88891630　51669400
传真：010－68703601
网址：www. alllike. net
电子信箱：alllike@ 126. com

北京百通思达翻译咨询有限公司

基本信息：该公司创建于 1999 年，是中国翻译协会单位会员。公司涵盖多语种的专业翻译咨询服务机构，2010 年获得“中国翻译协会十佳企业会员”称号。以规范的工作流程、严格的质量管理体系、丰富的专业翻译经验为国际各类工程项目，尤其是海外石油天然气化工项目的招投标和施工提供翻译和咨询服务。公司业务范围涉及石油地质、物探、钻井、录井、测井、地面工程建设、井下作业、采油、油藏、油气管道、储运、石油经济、商贸、科技、法律、合同、机电、建筑、水利等诸多领域。公司主要翻译语种包括英语、俄语、法语、西班牙语、阿拉伯语、日语、韩语、德语等。

地址：北京市朝阳区红军营南路天朗园傲城融富中心 B 座 2706 室
电话：010－84934236
传真：010－84931439
网址：www. petrostar. com. cn
电子信箱：petrostar@ 163. com

北京百益都商贸有限公司百益都翻译分公司

基本信息：该公司成立于2003年，是中国翻译协会单位会员。公司主要向外提供多语种的口笔译服务。此外，公司在多语言组合翻译方面具有专业优势，可提供俄法、英德、日英、意阿等多种语言组合的翻译服务。

地址：北京朝阳区光华桥西侧旺座中心西塔楼2707房

邮编：100020

电话：010－65611261

传真：010－65611263

网址：www.byd2008.com

电子信箱：64290511@163.com

北京超品锐智技术有限责任公司

基本信息：该公司以英语为母语的技术和语言专家使用最新的相关软件和技术工具，向社会提供全面简化汉化服务，包括软件本地化和测试、网站全球化、文件本地化、多媒体本地化、整体解决方案以及本地化咨询。

地址：北京市海淀区上地信息路28号科实大厦B座B－12－E室

邮编：100085

电话：010－82790953

传真：010－82790532

网址：www.transpac.com.cn

电子信箱：partner@transpac.com.cn　project@transpac.com.cn

北京创思智汇科技有限公司

基本信息：该公司（E－C）成立于1997年4月，是中国翻译协会理事单位会员。公司总部设在中国北京，另在沈阳、成都、上海、香港、新加坡、美国和欧洲设有7个分支机构。

该公司自成立以来，致力于软件、网站和多媒体的本地化、技术和市场资料翻译、桌面排版及口译等业务。公司使用母语为目标语种，拥有相关背景经验的翻译人员和各种先进的技术工具，通过严格的质量保证体系，力求为客户提供高质量的服务。该公司在信息技术及软件、自动化、电子、汽车制造、通讯、金融、法律、生命科学和医疗、教育及电子学习等各个领域享有声誉。并与世界许多领先企业建立有长期良好的合作关系。

该公司2009年、2010年分别获得“中国翻译协会十佳企业会员”称号。

地址：北京市经济技术开发区西环北路23号华腾发展大厦2层

邮编：100176

电话：010－67868761　67868762　67868763　67868793

传真：010－67868765

网址：www. e－cchina. com　www. ectranslate. com. cn

电子信箱：service@ e－cchina. com

北京大来创杰咨询有限公司

基本信息：该公司成立于1997年，是中国翻译协会单位会员。旨在构建中日两国语言文化沟通的桥梁，促进中日交流。“大来”源于“大家来”，倾注了大来人的期盼。公司设有4个业务部门——口译服务、笔译服务、商务支持、教育推广，这4个部门相辅相成，为中日交流营造更为便捷的环境，为客户提供最优质的服务。

地址：北京朝阳区望京湖光中街1号LOFTEL 802室

邮编：100102

电话：010－82621623

传真：6470－0346

网址：http：//beijingdalai. com/contact. aspx

北京东方爱译科技有限责任公司

基本信息：该公司成立于2009年，中国翻译协会单位会员。公司主要从事计算机人工智能翻译软件和智能知识库的研发、推广、应用。现已开发出适合自由译者、翻译公司和企事业单位不同层次需求的Bodiansoft系列智能翻译软件产品，不仅满足客户随时储存翻译成果，共建共享专业智能知识库，实现高效计算机翻译的需求，还可以依据企业需求进行定制开发，如项目管理、流程管理、人员管理、术语提取等。除了提供专业翻译产品和定制服务之外，公司还针对不同规模的单位提供其他的技术支持和服务，如系统维护、服务器托管、合作开发、网络推广等。

地址：北京市海淀区上地信息路2号创业园D栋608A

邮编：100085

电话：86－10－82893875

网址：Http：//www. aitrans. net

电子信箱：info@ aitrans. net

北京东方雅信软件技术有限公司

基本信息：该公司成立于2005年，是中国翻译协会理事单位会员。公司为一家注册于中关村软件科技园区的高新技术企业，主要面向教育、政府、科研和企业用户，提供翻译技术、互联网应用技术和信息系统应用的软件产品，如专业翻译软件“东方雅信CATS”等，可全方位满足翻译从业者的各种需求。近年来，东方雅信又研制开发出“雅信机辅笔译教学系统”、“雅信机辅写作教学系统”等系列外语教学产品，将教与学、教学与实训完美结合，改变了传统外语教学模式。该系统产品进入高校后，得到专家和学者的好评，成为高校外语教学的首选产品之一。历经多年的发展，该公司产品已涉足于翻译信息化、互联网应用、数字文献本地化和科技情报等诸多领域，为高校、政府、企事业单位的教育改革、国际交往和信息化应用提供人性化服务和优质专业技术支持。

地址：北京市海淀区中关村软件园8号楼华夏科技大厦

电话：010－82825575/85/95

传真：010－82825585－602

网址：www. yxcat. com

电子信箱：lirl@ yxcat. com

北京东方正龙数字技术有限公司

基本信息：该公司创立于1998年，是中国翻译协会单位会员。经过10多年的努力，在语言教学设备领域全面实现了数字化、专业化和标准化，从依赖进口发展到出口国外市场，走过了从“中国制造”到“中国创造”的辉煌历程。

该公司拥有高水平的技术研发团队，在多媒体技术、网络技术及嵌入式系统技术领域拥有一系列完全自主知识产权的核心技术。公司主流产品分三大类：同声传译训练系统、数字语言学习系统和多媒体网络教学系统。其同声传译训练系统填补了国内空白，为国内数百所高校所使用；其数字语言学习系统，装备全球数千间语言实验室；其多媒体网络教学系统，也为全球数万间多媒体网络教室采用。

地址：北京市海淀区上地三街9号嘉华大厦D座1008室

邮编：100085

电话：010－51298899

传真：010－62973888

网址：www. newclass. com. cn

电子信箱：service@ newclass. com. cn　yq@ newclass. com.

北京华联亚通网络信息技术有限公司（中国标准翻译网）

基本信息：该公司成立于2000年，中国翻译协会理事单位会员。注册资金100万元，自2002年起，公司开发并运营了国内最大的国家标准、行业标准翻译咨询平台：中国标准翻译网（http：//www. cn－standard. net）。目前，中国标准翻译网已收录百万条中英文标准信息、几千份标准译文，为国内外专家、研究机构、政府部门和企业提供国内外标准信息检索和专业化翻译服务，协助国内企业将中国产品、技术和服务引向国际，为中国产品、中国制造、中国品牌的标准化、国际化进程做出贡献。

地址：北京市海淀区知春路49号希格玛大厦B座1605室

邮编：100190

电话：010－88099016　88097017

传真：010－88097217

网址：www. cn－standard. net

QQ：183243162

MSN及电子信箱：zxd711020@hotmail. com

北京华清译苑翻译中心

基本信息：该公司成立于2003年，是中国翻译协会理事单位会员，主要向外提供多语种的口笔译、网站本地化等服务。

地址：北京海淀区大钟寺13号华杰大厦11层B16室

邮编：100098

电话：010－62130420

传真：010－62132234

网址：www. kaiergroup. com

电子信箱：mujie@kaiergroup. com

北京环球华译文化传播有限责任公司

基本信息：该公司成立于2003年，是中国翻译协会单位会员。该公司下属的北京金虹桥翻译服务中心立足中国提供笔译、口译以及文化产品本地化等全方位服务。公司与客户之间的密切合作使他们能够成功地进入到他们的目标国际市场。公司业务范围包括综合的翻译服务，多语言本地化项目，国际化的网站制作以及重要会议的同声传译。

地址：北京市朝阳区北三环东路胜古家园A座1602室

邮编：100028
电话：010－64428692
传真：010－64422092－8007
网址：www. sino－translator. com
电子信箱：goldenbt@ sino－translator. com

北京环球交流科技开发中心

基本信息：该中心成立于1999年，是中国翻译协会单位会员。主要从事技术开发和文化交流。2002年，凭借国际业务网络，与北京大学，中华研修大学等多所高校合作，启动国际合作项目，该项目主要从事对外汉语语言文化培训，国际技术和商务交流。

地址：北京市海淀区上地信息路甲28号科实大厦C5C
邮政编码：100085
电子信箱：limei@ glexchange. net

北京甲骨易翻译服务有限责任公司

基本信息：该公司成立于2004年，是中国翻译协会单位会员。翻译专业领域包括：金融证券、财税、银行、保险、电力、工程建筑、机械制造、石油化工、水文水利、地质勘探、自动化、临床医学、医疗器械、生物工程、航空航天、船舶制造、信息技术、国际贸易、法律文书及合同等多个专业，翻译语言涉及：英、法、德、日、韩、俄等语种。

地址：北京市宣武区广安门外北滨河路甲1号 恒物金属大厦5层
邮编：100055
电话：010－63320310　63320786
传真：010－63325379
网址：www. chinabesteasy. com
电子信箱：besteasy@ vip. 163. com

北京甲申同文翻译有限公司

基本信息：公司组建于2004年，分支机构包括北京、上海、长沙等多家分公司。6年来，公司建立起由AIIC会员及300多名具有中高级口笔译职称的译员构成的专业团队，为近百家国内外知名企业提供专业的口笔译服务。

2006年被授予“全国翻译资格水平考试”（CATTI）指定培训机构；2007年被全

国总商会授予“商务口译考试”（ETTBL）指定报名、培训机构；自2006年起，参与上海知识产权局、共青团上海市委合作启动的创意世博青年创业行动，并于2008年被指定为“创意世博创业园语言文化交流中心”；2008年成为第18届世界翻译大会协办单位；2009、2010年签约为博鳌亚洲论坛独家提供口译服务；2009年获得“中国翻译协会十佳企业会员”称号。

地址：北京市朝阳区东三环中路39号建外SOHO A座602室

邮编：100022

电话：010－58691692

网址：www. ti信息技术. com. cn/

北京骄阳世纪翻译咨询服务有限公司

基本信息：该公司成立于2001年，是中国翻译协会单位会员。下设客服部、项目部、译校部、排版部等职能部门；提供100多个语种的中外、外外互译、同声传译、本地化以及编辑、印刷等服务。成立至今已完成了数亿字的翻译量，曾为多家世界五百强企业及美国前总统克林顿、英国前首相梅杰提供翻译服务。

地址：北京市朝阳区曙光西里甲6号时间国际中心A－2102室

邮编：100028

电话：＋8610 84406028，84406223

传真：＋8610 58677415

网址：Http：//www. sunlikecn. com

电子信箱：bjcs01@ sunlikecn. com，bjcs02@ sunlikecn. com

北京今日华美翻译有限公司

基本信息：该公司成立于2004年，是中国翻译协会单位会员。该公司提供技术翻译、口译、软件和网站本地化、多媒体视听翻译、中外文录入排版等一系列语言服务，帮助海外客户将其产品和服务拓展到包括中国在内的庞大的亚洲市场，并协助国内客户成功拓展国际市场。

地址：北京市建国路88号SOHO现代城4号楼2706

邮编：100022

电话：010－85891746　85891748

传真：010－85891747

网址：www. todaytrans. com

电子信箱：servicebj@ todaytrans. com

北京金桥译通科技有限责任公司

基本信息：该公司成立于2004年，是中国翻译协会单位会员。主要提供多语种口笔译和网站本地化服务。

地址：北京市海淀区马甸冠城院11号楼8B

邮编：100083

电话：010－84962700

传真：010－84962788

网址：www. netat. net. cn

电子信箱：Jun_ zhen@ msn. com

北京君策天马翻译有限公司

基本信息：该是中国翻译协会理事单位会员。公司主要从事翻译服务、翻译培训、翻译类计算机软件开发业务，是第26届世界大学生运动会翻译服务供应商、APEC中小企业峰会独家翻译服务供应商、博鳌亚洲论坛翻译服务供应单位、美国翻译协会会员单位、第八届全国口译大会暨国际研讨会承办单位、北京外国语大学指定翻译实践基地。公司系ISO9001：2008质量体系认证企业。公司长期为世界银行、亚洲开发银行、高盛、摩根斯坦利、中石油、中海油、波士顿咨询集团等跨国企业、国际组织提供多语种的陪同口译、交替传译、同声传译服务。公司研发的“CEMA Interpreter”（CEMA口译通）手机软件已正式向全球发布，支持多达14种语言的现场语音口译，已广泛应用于苹果、索尼爱立信、摩托罗拉、谷歌、联想等品牌手机。

地址：中国北京市东城区东长安街1号东方广场E2座19层

邮编：100738

电话：4006－908－123

网址：www. grouphorse. com

电邮：info@ grouphorse. com

北京凯德利澳翻译服务有限公司

基本信息：该公司成立于2005年。公司翻译服务业务主要依托旗下的译心译意（www. 1x1y. com）和随你译（www. suiniyi. com）两个网站。该公司2009年获得“中国翻译协会十佳企业会员”称号。

译心译意（www. 1x1y. com）是国内翻译行业最大的社区网站之一，专注于翻译行业内专业译者的翻译经验交流与讨论，为专业译者、翻译爱好者和客户提供沟通交流平台和业内资讯。

随你译（www. suiniyi. com）是提供在线专业人工翻译服务的电子商务网站，向客户提供21个语种，41个不同行业的专业人工翻译服务。包括笔译、口译、本地化等。

公司致力于用互联网为广大企业和个人客户提供专业翻译服务，是一家集专业翻译服务与网络技术于一体的新型翻译服务公司。截至目前，已经为众多跨国公司、中国企业及政府机构、中小企业和个人客户提供了各种文件资料翻译、网站本地化、国际化和口译等服务。

地址：北京东城区灯市口大街75号中科大厦B座211－215

电话/Tel：010 85806513 / 85893012

传真/Fax：010 85806513

电子信箱：service@ suiniyi. com

北京乐图在线科技有限公司

基本信息：该公司成立于2007年，是中国翻译协会单位会员。该公司是一家总部设在美国纽约市的跨国公司，在北美其他地区和亚洲拥有办事处、代理商和分支机构。公司研发了汉英和英汉机器翻译技术，为全球的企业和个人提供多语言计算、多语言翻译解决方案、多语言编程、多语言搜索、多语言管理、多语言网络信息门户和多语言知识库，为来自不同族群、不同文化背景和不同地区的人们提供国际商务、智能信息检索和自然语言互动交流的关键技术，是全球多语言计算、多语言翻译解决方案、网络语言信息门户和语言知识库的重要供应商。公司已经在北美和亚洲取得较大的市场份额，其产品和服务包括个人、中小企业和全球性的组织、机构和公司，如联合国总部网页科，美国世界日报，美国CMN媒体公司和美国电气租赁公司等。

地址：北京市朝阳区工人体育场北路8号三里屯SOHO，C座1502

邮编：100027

电话：（010）59359106

传真：（010）59359107

网址：：www. loto. com. cn

电子信箱：info@ loto. com. cn

北京立信达雅翻译有限公司

基本信息：该公司成立于2005年，是中国翻译协会单位会员。是较早在北美地区设立服务网点的国内翻译公司，目前在美国、法国、意大利、阿联酋、新加坡、澳大利亚等国家拥有稳定的国际客户群。

地址：北京市朝阳区百子湾路16号后现代城12－1304

邮编：100124
电话：4006 1818 06
传真：010－5 1295917
网址：www. langscale. com
电子信箱：fanyi@ fybest. com　51295915@ 163. com

北京米斯特翻译有限公司

基本情况：该公司成立于2002年，是中国翻译协会单位会员，加中贸易理事会企业会员。公司专职、兼职翻译团队中除译龄超过10年的本科学历译员外，其他译员均为各专业硕士以上学历，同时具备50万字以上翻译经验。公司曾为国务院、国家发改委、北京奔驰、LENOVO、芬兰POYRY集团、日本NEDO、韩国CJ等机构、公司提供翻译服务。

地址：北京市朝阳区朝外SOHO A座5009
咨询电话：（010）59798087
24小时免费咨询热线：13911008649
公司网址：http：//www. mrtranslator. cn

北京欧亚晞朗教育文化发展有限公司

基本信息：该公司成立于2001年，是中国翻译协会理事单位会员。公司是一家专业的商务俄语教育机构。以培养国际化人才，做专业、敬业的商务俄语教育专家为目标。经过七年的潜心经营，该公司核心教育产品《晞朗俄语》现已成为北京地区商务俄语知名品牌之一。

地址：北京朝阳区雅宝路京华豪园北座5层C室
邮编：100020
网址：http：//www. xi－lang. com

北京普莱瑞斯翻译有限公司

基本信息：该公司成立于2001年，是中国翻译协会单位会员。向外提供英、德、法、日、韩、俄、西、葡等多个语种的口笔译专业翻译服务。

地址：北京市海淀区中关村南大街甲56号方圆大厦公寓B0502室
邮编：100016
电话：010－87373077－12　87373077－13　51652549
传真：010－87373077－14

网址：www－bj－polaris－com
电子信箱：market@ bj－polaris. com polaris_ fanyi@ yahoo. com. cn

北京润格信息技术有限公司

基本信息：北京润格信息技术有限公司致力于向国内外企业提供软件本地化/国际化以及软件开发和测试服务的信息技术外包服务。主营业务之一是提供面向简体中文、繁体中文及其他亚洲主要语言的专业软件本地化服务，包括软件界面、联机帮助和技术文档等的翻译、相关的工程处理、测试以及桌面排版等。

地址：北京市海淀区上地3街9号嘉华广场B座1011室
邮编：100085
电话：010－82894689
传真：010－82894689
网址：www. hiroger. com
电子信箱：info@ hiroger. com

北京神州华译翻译有限公司

基本信息：该公司成立于2002年，是中国翻译协会单位会员。公司专注于翻译、软件本地化、翻译出版及翻译外包相关业务，在北京和上海建有两个客户服务中心，向客户提供20多个语种的口笔译服务。

地址：北京市朝阳区樱花西街8号北方安华大厦303
邮编：100029
电话：010－64450921
传真：010－64451750
网址：www. translationaa. com
电子信箱：sino@ translationaa. com

北京世博友翻译服务中心

基本信息：该中心成立于2004年，是中国翻译协会单位会员。中心成立以来为众多企业和个人完成了大量各语种的笔译和口译服务工作。中心在上海设有分公司，并拥有上千名高素质外语兼职人才和较大的全国翻译人才网络以及稳定的客户群体。

地址：北京市海淀区紫竹院路116号嘉豪国际中心D座1102室
邮编：100097
电话：010－51293188

传真：010－58931168

网址：www. span1. com

电子信箱：sby@ span1. com，sbytranslation@ gmail. com，

北京世纪同声翻译社

基本信息：该公司成立于2003年，是中国翻译协会单位会员。公司提供专业的资料翻译、陪同翻译、同声传译及博世同传设备租赁服务。公司已在北京、上海、南京设立翻译业务处理中心，加盟翻译公司网络覆盖全国主要经济城市。世纪同声擅长运作重大翻译项目，在法律、金融投资、信息技术、集成电路、建筑、电气、医学、生物、制药工程、环境保护、汽车机械、通信技术、航空航天、化工、能源等领域提供高性价比的翻译服务。

地址：北京市海淀区大钟寺13号华杰大厦6B16

邮编：100098

电话：010－62122135　62122136　62122137

传真：010－62122073

网址：http：//bicsi. com. cn/index. htm

北京市外文翻译服务有限公司

基本信息：该公司是北京市属国有股份制公司，成立于1985年，是中国翻译协会单位会员。是北京市成立较早的几家翻译公司之一，其翻译服务得到公检法等政府部门及各国驻华使团的认可，2003年以来该公司还成为北京市高级人民法院的4家在册翻译机构之一。

地址：北京市朝阳区大郊亭中街2号华腾国际3号楼6B、6C

邮编：100022

电话：010－87952569　87952579

传真：010－87952638

网址：www. bflts. cn

电子信箱：bflts@ 263. net

北京思必锐翻译有限责任公司

基本信息：该公司成立于2003年。向客户提供英、法、德、日等多语种口笔译服务，特别在法律、经贸、金融、知识产权等领域的翻译服务方面具有专业优势。

地址：北京朝阳区朝阳门外大街泛利大厦1218

邮编：100020
电话：010－65881808　65881809
传真：010－65881810
网址：www. bjspir 信息技术 . com. cn
电子信箱：marketing@ bjspir 信息技术 . com. cn

北京天和汇佳翻译有限公司

基本信息：该公司成立于 2001 年，是中国翻译协会单位会员。公司在上海、广州、济南设有直营分公司，主要向客户提供多语种口笔译服务，网站、软件本地化及语言培训服务。

地址：北京市海淀区中关村东路 18 号财智国际大厦 C 座 1505 室
邮编：100083
电话：010－82601661　82601662　82601663　82601670
传真：010－82601730
网址：www. harmonylink. com
电子信箱：info@ harmonylink. com

北京天石易通信息技术有限公司

基本信息：该公司成立于 1997 年，是中国翻译协会理事单位会员。公司是一家专门为跨国客户提供传播服务的专业服务企业，拥有专业团队致力于与客户合作，帮助客户在中国、亚洲乃至全球市场取得成功。公司下设天石公关、天石互动、天石系统和天石翻译 4 个事业部，在北京和上海设有运营机构，合计拥有超过百名各领域专家，为客户提供精准、互动、网络和面向国际的传播支持。天石公关的主要服务包括：企业和产品的品牌包装、概念开发，以及具体传播方案和活动的策划与实施；天石互动的主要服务包括：交互式媒体的设计与开发，包括 2D、3D 动画以及 Flash 动画；天石系统的主要服务包括：互联网技术开发，包括系统架构设计和程序实现；天石翻译的主要服务包括：全球主要语种的互译，特别是中文到世界其它语种的翻译。公司是本地化国际标准协会（LISA）会员、中国翻译协会理事单位、中国翻译协会本地化服务委员会副主任单位，2009 年、2010 年荣获“中国翻译协会十佳企业会员称号”。成立 10 余年来，公司与全球百余家跨国企业建立了长期合作关系，现已成为多家 500 强企业的亚太区合作伙伴。目前该公司服务的行业范围包括：信息技术软件业、信息技术硬件业、信息技术服务业、电信业、电子业、医药业、机械制造业、快速消费品业、政府等。

地址：北京市丰台区方庄芳古路金城中心 301 室

邮编：100078

电话：87670820

传真：87672728

网址：http：//www. celestone. com. cn

电子信箱：info@ celestone. com. cn

北京同文世纪科技有限公司

基本信息：该公司成立于2003年，是中国翻译协会单位会员。公司面向全球客户提供翻译服务、本地化服务，拥有英、日、法、德、俄、西、葡、意、阿、韩、蒙、泰等语种译员。公司业务领域覆盖文化、法律、金融、建筑、电信、机械、环保、医药、出版等十余个行业。同文译馆（OkTranslation. com）是该公司下属翻译行业门户网站，集翻译人才培养和翻译服务提供于一身，为国内外客户提供在线语言服务。

地　址：北京市海淀区知春路49号希格玛公寓 A1503

电话：010－88099858

传真：010－51559909

手机：13910820765

网址：www. oktranslation. com

电子信箱：translation@ oktranslation. com

北京文心雕语翻译有限公司

基本信息：该公司成立于2008年，是中国翻译协会单位会员。公司的翻译团队由不同专业背景和知识结构的资深翻译和留学归国人员组成，为向客户提供笔译、口译、同声传译、交替传译、桌面排版及本地化等全方位翻译服务。公司翻译业务范围涵盖信息技术、汽车、农机、机床、服装、造纸、食品、农牧项目、石油、能源项、建筑、建材、生物、医药、医疗设备报批、化工环保、财政、金融及法律项目等领域。公司客户包括世界500强企业、政府机构、各国驻华使领馆和各类型民营企业，并与清华大学、北京语言大学、北京外国语学院等高校建立了长期的合作关系。

地址：北京市朝阳区三元桥国际港 A 座205室

邮编：100096

电话：010－84471309　62473831

传真：010－84471309

电子信箱：info@ lancarver. com　　kf@ lancarver. com

MSN：info@ lancarver. com

QQ：19315219　78206191

北京纬度翻译有限公司

基本信息：该公司成立于 1997 年，是中国翻译协会单位会员。专注于日文/中文互译。擅长领域：环保、农林、法律、贸易、消防、水利、机械、信息技术、汽车、电子、电气等。

地址：北京市崇文区东兴隆街 58 号 北京汇 413 室

邮编：100062

电话：010 - 66413353　66413363

传真：010 - 66413773

网址：www. wedo21. com

电子信箱：wedobj@ 21cn. net

北京五洲人合翻译有限责任公司

基本信息：该公司成立于 2005 年，是中国翻译协会单位会员。公司可提供几十种国际语言文字的口译、笔译及相关服务，与国内外上百家企事业单位、使馆及律师事务所有着长期稳定的合作关系。

地址：北京朝阳区农展馆南路 5 号京朝大厦 12 层

邮编：100125

电话/传真：010 - 65023775

网址：www. wuzhourenhe. com. cn

电子信箱：wuzhourenhe@ vip. 163. com

北京祥尔泰信息技术有限公司

基本信息：该公司是中国翻译协会单位会员；是信息时代专业语言技术服务商，致力于为世界各地客户提供优质的翻译服务保障。公司拥有全国各地国家级译审、外籍专家、留学回国人员、各大科研院所的专业翻译人员和具有多年翻译经验的外语专业人员。目前，公司可在众多领域提供英、俄、日、韩、法、德、葡萄牙、西班牙等 30 余种国际语言文字的翻译及相关服务，尤其是在汽车、能源、机械、交通、建筑等领域，能为机关、企事业单位、社会团体以及个人提供专业、权威、快速、保密的优质服务。

地址：北京市朝阳区建国路 98 号盛世嘉园 B 座 901

邮编：100026

电话：010 - 85890869　85890659

传真：010 - 85890195

网址：www. bjxet. com

电子信箱：info@ bjxet. com

北京小译鼠翻译有限公司

基本信息：该公司成立于 2007 年，是中国翻译协会单位会员。公司致力于为客户提供优质的翻译和本地化服务，通过严格的项目管理流程和 TPQ 笔译流程，帮助客户加快产品和服务的上市步伐，增强客户在本地及国际上的发展速度和曝光率。

地址：北京市朝阳区润枫嘉尚大厦 1 号楼 608

邮编：100025

电话：010 - 84256886，85843136

传真：010 - 85841595

网址：www. micromice. com. cn

电子信箱：steven. zhang@ micromice. com. cn

leeah. liu@ micromice. com. cn

北京新诺环宇科技有限公司

基本信息：该公司成立于 2005 年，是中国翻译协会理事单位会员，是亚太地区专业的语言解决方案提供商，在以本地化为中心的语言服务及管理领域服务于高端客户的高端需求，协助国际性企业打造符合亚洲语言及文化要求的产品和服务。公司业务涵盖翻译、本地化、项目管理外包。公司主要管理人员均来自此前全球最大的本地化公司 Bowne Global Solutions，在语言类项目管理和实施上承续了先进的国际理念和规范。公司的三大竞争优势为：与 Idiom 及 Language Weaver 公司建立合作关系，保持行业技术领先地位；开发出基于 LISA QA Model 的先进质量控制体系；作为中国译协本地化服务委员会的副主任单位，主导及参与了多部行业性书籍的编写与出版，确保了技术服务的专业性和先进性。未来，公司将继续通过先进的技术、流程及理念等多重保障，帮助客户实现价值最大化。

地址：北京市朝阳区望京东路 8 号锐创国际 E7 座 724，

邮编：100102

电话：10 - 57839060

电子信箱：info@ SynerGlobal. com

北京新语丝翻译咨询有限公司

基本信息：该公司成立于1999年，是中国翻译协会单位会员。公司主要对客户提供英、日、法、德、俄、韩、西、意等多语种多领域口笔译服务，特别在标书、股票、法律合同、医药、化工、通讯、电力等领域具有专业翻译优势。

地址：北京朝阳区朝阳北路199号摩码大厦1119室

邮编：100026

电话：010－85969292

传真：010－85969393

网址：www. synchros. com. cn

电子信箱：xys218@ vip. sina. com

北京星辉翻译中心

基本信息：该中心成立于1992年，是中国翻译协会单位会员。中心7名译员被中国翻译协会授予“资深翻译家”称号。公司可承接全世界多种语言文字的翻译服务工作，服务项目包括：口译、笔译、交替传译、同声传译、本地化、影视译制、外语培训、同传设备租赁等。该中心有严格的作业流程，服务中严格执行国家标准。

地址：北京市朝阳区北四环中路6号华亭D座4C

邮编：100101

电话：010－62125866

传真：010－62125266

业务手机：13911620200　15911172881　15911172882

网址：www. xinghui. com　www. hbwy. org

集团信箱：starlight@ xinghui. com

业务电子信箱：market@ xinghui. com

北京学古国际传媒广告有限公司

基本信息：该公司成立于1995年，中国翻译协会单位会员。公司在北京、上海、香港、多伦多等地设有办事机构，拥有由百余位专家组成的团队，与北美和欧洲的千余名专业人士一起为中国客户提供定制的国际化和本地化服务。公司主要客户包括：爱立信、思科、RIM黑莓、中国联通、中国移动、史赛克、美铝、施耐德、飞思卡尔、上海大众等。

地址：北京市朝阳区朝阳门外大街26号朝外MEN A座2104室

邮编：100020
电话：010－85653188　85653599
传真：010－85653088
网址：www. peng－s. com
电子信箱：collette@ peng－s. com　zhen. sun@ peng－s. com

北京阳光创译语言翻译有限公司

基本信息：该公司成立于2008年，中国翻译协会单位会员。公司为客户提供多语种口译、笔译、商务谈判陪同、野外考察陪同、网站杂志翻译等服务。公司是世界最大矿业公司必和必拓的翻译供应商，并先后为逾50家国际矿业、石油公司提供翻译服务，形成了以地质、矿业、石油翻译为特色的多领域翻译团队。公司于2008年9月在美国俄亥俄州成立了美国事业部。在2010年中国国际矿业大会上作为语言供应商承担大量翻译工作，并组织翻译了《2010世界矿业年鉴》等大型出版物。

地址：北京市海淀区五道口华清嘉园13号楼909
邮编：100083
电话：010－82865216　010－57192315
传真：010 5221 4567－1616
网址：www. bjsuntrans. com
电子信箱：trans@ bjsuntrans. com

北京译邦达翻译有限公司

基本信息：该公司成立于2007年，是中国翻译协会单位会员。公司是一家语言翻译处理机构，业务涵盖中译外、外外互译、商务谈判口译、交替传译及同声传译等翻译服务。公司的翻译专用章经北京市公安局特批备案（特 No. 0074163），以认定公司的译文效力。公司依托国内外多所语言学术研究中心与海外留学促进会，结合了中国本土化所特有的各领域专业的语言特征，建立了拥有深厚语言翻译功底的核心团队，所属译员在各自专业领域都有5－10年以上的行业翻译经验。

地址：北京市朝阳区百子湾路16号后现代城7号楼0902室
邮编：100022
电话：010－87748190　87748415
传真：010－87748415
网址：www. transbond. cn
电子信箱：tbondservice@ hotmail. com

北京宇泉国际教育交流有限公司

基本信息：该公司成立于2001年，是中国翻译协会单位会员。公司以翻译和翻译培训为主营项目，曾为多家企事业单位翻译大量资料，为大型国际会议提供现场同传交传。自2001年起公司与北京外国语大学翻译培训中心合作创立了北外翻译培训中心东部教学区，协助办理北外翻译水平证书的相关考务工作。2003年人事部翻译资格（水平）证书考试启动后，公司被第一批认定为人事部翻译资格（水平）考试指定培训机构。

地址：北京市朝阳区朝外大街38号保罗大厦三楼301室

邮编：100020

电话：010－85626416　85626417　85611537

网址：www. beaktrans. com

电子信箱：beak@ public. bta. net. cn

北京语通天下翻译服务有限公司

基本信息：该公司成立于2006年，是中国翻译协会单位会员，是美国朗洁集团下属企业之一，现有专职译员37人。主要向客户提供多语种多领域的口笔译服务和翻译培训服务。

地址：北京市西三环北路89号中国外文大厦A座905

邮编：100037

电话：010－88820281

传真：010－88820281

网址：www. glang. cn

北京元培世纪翻译有限公司

基本信息：该公司成立于2005年，是中国翻译协会单位会员，是中国译协一家全球语言服务供应商（LSP）和产业情报供应商（IIP）。公司是基于互联网及现代通信技术之上，运用现代科技手段、信息化服务平台、多语言资源和创新理念向全球客户提供服务的创新型语言服务企业。

借助互联网及信息化技术，元培翻译着力打造多语信息处理平台和多语远程支持平台两大运营平台，并依托后台资源管理系统，通过严谨的流程控制体系，实现业务的信息化、平台化运作，服务于政府、企业、公众三大客户群体。

元培翻译为语言、情报、本地化、国际化包装等问题提供全套解决方案；元培产业情报为国内外经济研究机构及企事业单位提供产业情报；元培培训以跨文化学习为基本形式，为个人和团体提供翻译和职业外语培训服务；译员工作系统则是为全球译者开放、共享的工作平台，提供先进、实用的计算机辅助翻译工具和数据库、术语库。

在全球，元培翻译设立了北美（芝加哥）、香港、中国内地（南京）、欧盟（筹建）四大服务基地。在中国内地，元培翻译将设立一个生产中心（南京）、四大营运中心（北京、上海、广州、西安）、12 家分公司、40 家办事处的服务格局。

元培翻译是北京 2008 年奥运会笔译口译供应商，也是 2010 年上海世博会笔译和口译项目赞助商。2010 年被北京中关村国家创新产业园区列为“蹬羚计划”企业，元培翻译的总裁被北京市评为高端领军人才，并获北京市政府 100 万人民币的奖励。从 2005 年至今，元培翻译共获得 30 多项各种荣誉，2009 年获得“中国翻译协会十佳企业会员”称号，2010 年获得中国翻译协会“中国翻译行业特殊贡献奖”称号。

地址：北京市海淀区中关村北大街 127－1 号北大科技园创新中心 2 层 205
邮编：100084
电话：62760606　62612559/8981（培训部）
传真：62762626 62645875
网址：www. pkuyy. com/

北京兆林新世纪翻译有限公司

基本信息：该公司是中国翻译协会理事单位会员。公司是一家专业从事翻译培训、语言服务以及本地化服务的企业，成立之初就以“把公司打造成全球中文语言服务第一品牌”作为全体工作人员的奋斗目标。翻译服务和考试培训是公司的主要经营项目。公司拥有专家顾问团和优秀的 CATTI 考试培训师精英团队，他们常年跟踪 CATTI 考试，研究 CATTI 考试题型，在 CATTI 考试方面积累了丰富的教学经验。凭借独特的教学理念、科学的教学方法、负责的教学态度，公司 CATTI 考试培训的通过率一直保持较高水平，走在国内 CATTI 考试培训界的前列。

地址：北京市海淀区上地东里科贸大厦 718
邮编：100085
联系电话：010－82168801　82168776
电子信箱：zhaolinfanyi@163. com

北京中标金质科技有限责任公司

基本信息：该公司成立于 1999 年，是中国翻译协会单位会员。公司是从事质量和标准化研究、咨询、技术翻译的专业机构。1999 年以来，依托国家级标准化权威机构——中国标准化研究院和《世界标准化与质量管理》杂志社，先后策划和组织了“标准化与贸易壁垒研讨会”、“中国企业认证经验巡回交流会”、“中国企业质量经营战略高层论坛”、“中国技术标准发展战略高层论坛”、“社会责任标准与中国企业产品出口高级研讨会”等一系列大型活动，得到了国家质检总局（AQSIQ）、国家标准委（SAC）、国家认监委（CNCA）、中国质协等部门和机构的参与和支持，与国内质量和标准化界的学者、知名专家、机构以及海尔、联想、中石油、中石化等国内外企业建立了良好的关系。

地址：北京市海淀区清河清缘商厦一层

邮编：100192

电话：62993931

网址：www. gsiic. com. cn/Index. html

电子信箱：rfm911@ 163. com

北京中外翻译咨询公司

基本信息：该公司前身是中国翻译协会翻译服务部，成立于1983年，后于1993年正式注册成为一家具有独立法人资格的翻译服务公司。公司的上级主管部门为中国外文局。外文局一直承担着我国的对外宣传工作，拥有60年的历史和20多个语种共计1000余名专业翻译人员；有近百位资深翻译家和几十位来自英、美、日、德、法、俄、阿拉伯等国家和地区的外籍专家；有现代化的网络中心（中国网）、电子照排和中外文录入中心、外文期刊和中外文出版社及外文印刷厂等。公司依托中国翻译协会和中国外文局两大机构的支持，拥有雄厚的翻译力量和翻译资源。公司可以提供包括泰米尔语、越南语、印地语、乌尔都语、斯瓦西里语等亚非各国语言在内的35种语言的中外文双向翻译，涉及商贸、金融、法律、科技、医药、影视等20多个领域。

地址：北京西城区百万庄大街24号

邮编：100037

电话：010－68320029　68995949

传真：010－68326084

网址：www. ctis－cn. com

电子信箱：ctis@ ctis－cn. com

博芬软件（深圳）有限公司

基本信息：该公司成立于1996年，是中国翻译协会理事单位会员。公司是专业从事本地化服务的翻译服务企业，在其不断发展壮大的10年间，完成了数以千计的本地化项目。服务的主要客户为Microsoft、Intel、Cisco、HP、NAI等全球五百强企业，同时也与业内的国际巨头如LionBridge、SDL等建立了长期合作关系，成为其中文本地化及多语种排版的合作伙伴。公司参考国际本地化行业协会推荐使用的质量控制模型（LISA QA Model 3.0），制订了一套严格的工作流程，道道控制、层层把关，确保项目最终获得成功。公司拥有最好的本地化技术人才和翻译专家，多年来一直坚持不懈地提升技术和服务水平，在创建一流的亚洲语言本地化公司的道路上不断前进。

地址：广东省深圳市 蛇口工业大道 27 号北科创业大厦 602－610 室
邮编：518067
电话：＋86－755－2667－1715
传真：＋86－755－2668－0283
电子信箱：sz@ boffinchina. Com

博雅世纪（北京）信息技术有限公司

基本信息：该公司成立于 2009 年，是中国翻译协会单位会员。公司是互联网时代，依托北京大学和北京第二外国语学院的语言优势和人才优势创立的专业语言服务供应商，致力于成为中国翻译的领航者并逐步走入国际化道路。本着为客户负责的原则，最大程度降低成本，回馈客户，为客户的国际化道路保驾护航，不断实现自身价值！公司经营范围主要为汽车、机械、石油、化工、旅游方面。公司全球签约译员超过 9000 人，并继续吸纳优秀译员以满足客户不断增长的品质要求。公司以“专业、优质和诚信”为永恒的服务理念，为全球客户提供用心服务。

地址：北京市朝阳区广渠门外大街 8 号优士阁 B 座 1603 室
邮编：100022
电话：（010）58612400－813
传真：（010）58612400－801
网址：www. boyashiji. com
电子信箱：boyafanyi001@ 163. com

博彦科技股份有限公司

基本信息：该公司（Beyond soft）是亚洲领先的信息技术服务外包企业，具备全球范围内的交付能力。博彦科技为全球客户提供信息技术咨询、应用程序开发和维护、ERP 和 BPO（业务流程外包）等服务。博彦的总部位于北京，并在中国主要城市设立分支机构和研发中心，在美国、日本、新加坡和印度也都设有交付中心。博彦科技的全球交付能力以及灵活使用现场服务、近岸服务和多级离岸交付中心等交付方式的能力，使得博彦在全球范围内都能够以低成本交付高质量的服务。博彦还取得了 ISO 27001 的安全认证。世界领先的科技公司中，3/5 都是博彦的长期客户。作为一家提供端对端信息技术 O 和 BPO 服务的领先企业，博彦在垂直行业里专注于医药、金融服务、电信工程等领域。

地址：北京海淀东北旺西路8号中关村软件园9号楼国际软件大厦博彦科技

邮编：100193

电话：010－82826100

传真：010－82826101

网址：www. beyondsoft. com

电子信箱：info@ beyondsoft. com

长春亿洋翻译有限公司

基本信息：该公司成立于2006年，是中国翻译协会理事单位会员。公司是中国最早一批专业涉外翻译服务机构，全国连锁；中国翻译行业首批通过ISO9001国际质量管理体系认证；注册资金100万元，固定资产500万元，年翻译量9000万字；专业提供笔译、口译、同声传译、网站本地化、中外文配音、涉外会议服务、印刷和同传设备租赁等服务。2007年，该公司成为第六届亚洲冬季运动会国内唯一指定翻译单位。

地址：吉林省长春市红旗街巴黎春天百货1605室

电话：0431－85931792－801

传真：0431－85931792－802

手机：13664404096

网址：www. yiyangfanyi. com

电子信箱：yiyangfanyi@ 126. com

长沙青铜翻译咨询有限公司

基本信息：该公司成立于2002年，是中国翻译协会单位会员。公司主要向客户提供英、日、韩、德、法、俄等多语种多领域翻译服务，特别在财经、法律、工业技术领域具有专业翻译优势。

地址：湖南省长沙市芙蓉中路二段91号东成大厦2409室

邮编：410011

电话：0731－4450555　4446777

传真：0731－4423987

网址：www. csqtfy. com

电子信箱：ok2409@ 263. net

成都博语思创有限公司

基本信息：该公司成立于2001年，是中国翻译协会理事单位会员。公司总部位于成都，在北京、重庆以及美国旧金山设有分公司和办事处。公司是中国翻译协会、美国翻译协会、国际本地化标准组织（LISA）成员，并获中国译协翻译服务委员会“翻译服务诚信单位”和四川省译协“2007翻译服务先进集体”荣誉称号。公司在海内外拥有强大的翻译队伍，50种语言的实际翻译能力使公司成为中国西部翻译语种最齐全的翻译企业之一。公司曾承接众多跨国公司、世界500强、各级政府、国内外重大工程项目的翻译任务，赢得了广泛赞誉。公司业务范围包括土木建筑、石油化工、机械制造、汽车船舶、电力能源、钢铁冶金、航空航天、经济金融、财经法律、体育文学、卫生医药、信息技术电子、材料纺织、环境科学等领域。

地址：四川省成都市东大街紫东楼街11号，东方广场A座16层

邮编：610061

电话：028－84457808　85433877

传真：028－85215889

业务手机：13982260688

全国统一客户服务热线：800－886－1998

电子信箱：boyustrong@126.com　boyustrong2@126.com

网址：http://www.boyustrong.com

MSN：boyustrong_cn@hotmail.com

QQ：969705900（翻译）　841688474（成都培训）931043212（重庆培训）

成都市语言家翻译社

基本信息：该公司成立于2007年，是中国翻译协会单位会员。公司是澳大利亚Linguist在中国西南地区设立的翻译分部，汇聚澳大利亚、美国、日本、法国、德国、韩国等40个国家和地区的30余所全球知名大学、百余家翻译机构的精髓，由千余名资深自由译者、翻译专家、语言教授组成的强大翻译团队遍布全球翻译网络。

地址：四川省成都市高新区府城大道西段399号天府新谷科研孵化大厦8号楼10层03号。

邮编：610021

电话：028－86036486　86038146　86038640

传真：028－86662245

网址：www.chinalinguist.com

电子信箱：chinalinguist@163.com

成都语言桥翻译有限公司

基本信息：该公司成立于2000年，是中国翻译协会理事单位会员。公司于2009年、2010年连续两年获得“中国翻译协会十佳企业会员”称号。公司还加入了美国翻译协会（ATA）与国际本地化行业标准协会（LISA），2004年通过ISO9001：2000质量体系认证。在北京、重庆、昆明设有分公司，可向客户提供英语、法语、西班牙语、俄语、德语、日语以及越、老、缅、泰等多语种翻译服务，擅长石油、化工、天然气、电力、交通、市政、机电设备等领域翻译工作。

地址：四川省成都市金牛区沙湾路77号新天地大厦四楼C座

邮编：610031

电话：028-87675896　87685859　87659929

传真：028-87675459

网址：http：//www. lan-bridge. com

电子信箱：cd@ lan-bridge. com

传神联合（北京）信息技术有限公司

基本信息：该公司成立于2005年，是中国翻译协会理事单位会员。公司是国内大型语言服务提供商，服务范围涉及石油、石化、机械、汽车、法律、通讯、出版、会展、能源、电力等50多个专业领域。

公司总部位于北京，在武汉设有多语信息处理基地，在上海、济南、广州及乌鲁木齐、长沙等地设有全资子公司及分支机构。平均单日处理能力超过700万字，累计处理字数已达30亿字。

公司通过了ISO9000质量管理体系认证。并获得中关村企业信用促进会会员、入选中关村科技园区“瞪羚企业”计划、“海淀区创新企业”、“中关村高新技术企业”、“拥有自主知识产权的高新技术企业”、中国奥委会官方网站唯一多语合作伙伴、上海交易会唯一多语合作伙伴及第十六届广州亚运会多语合作伙伴、2010上海世博会翻译服务供应商等荣誉资质。

公司将管理技术、信息技术和互联网技术应用于翻译及本地化的过程控制及质量管理领域，其研发的（碎片）云翻译系统既是一个先进的互联网软件系统，更是先进的翻译生产模式，为解决翻译任务的大规模协作生产，提升翻译生产效率提供了基于“云”技术的新的技术方案和解决策略，在翻译的生产模式上带来根本性的变革。

该公司2009年获得“中国翻译协会十佳企业会员”称号，2010年获得中国翻译协会“中国翻译行业特殊贡献奖”称号。

地址：北京市朝阳区东三环中路39号 建外SOHO18号楼17层

邮编：100022

电话：010－58789000

传真：010－58696737

网址：www. transn. com

重庆华电翻译有限公司

基本信息：该公司成立于1998年。主要向客户提供多语种多领域的口笔译服务，特别在电力、化工、机械、汽车等领域具有专业翻译优势。

地址：重庆市江北区红石路5号北部尚座A座21－19

邮编：400020

电话：023－61826907　61826908　61826909

传真：023－61826906

网址：www. 21stwestop. com

电子信箱：hdtchina@ vip. sina. com

重庆索通翻译有限公司

基本信息：该公司成立于1997年。"索通SOLTON"商标经国家商标局核准注册。对客户提供11个语种的口笔译服务，涉及信息技术、工业、农业、通讯、能源、交通、社会科学、金融、法律、国际贸易等多个领域。

地址：重庆市渝中区临江路69号邹容广场24楼

邮编：400010

电话：023－63834895

传真：023－63792026

电子信箱：sttrans@ cta. cq. cn

重庆信达雅翻译咨询有限责任公司

基本信息：该公司成立于2002年。公司拥有一大批资深的外事工作者，可实现高质量、高效率的跨地区口、笔译服务。

地址：重庆市渝北区龙山一路附5号扬子江商务中心19层

邮编：401147

电话：023－67573389　67573296

传真：023－67573297

网址：www. cqfet. com

电子信箱：cqfet@163. com　cqfet@126. com

东方君泰（北京）信息技术有限公司

基本信息：该公司成立于2006年，是中国翻译协会单位会员。公司是一家依托互联网与计算机辅助翻译系统应用相结合的高科技语言服务供应商，特别在机械和汽车专业翻译方面具有专长。翻译流程严格按照ISO9001：2000质量控制体系进行生产，译文质量遵循GB/T19682－2005国家标准，并通过科技手段实现语料知识库智能管理，节省项目处理时间，保持译文风格的一致性和术语的统一性。

地址：北京市丰台区顺三条21号嘉业大厦1号楼12B09室

邮编：100071

电话：010－67668899

传真：010－67668899－801　67668899－802

网址：www. ejuntai. com/main. php

电子信箱：service@ ejuntai. com

东莞市众桥翻译有限公司

基本信息：该公司成立于2005年，是中国翻译协会单位会员。公司立足于向珠三角地区提供多语种口笔译服务，涉及商务、金融、法律、书籍出版、会议现场口译等多个领域。

地址：广东省东莞市南城区莞太路星鹏商务大厦A座3a－D

邮编：523072

电话：0769－22855198

传真：0769－22824804

网址：www. dgcft. com

电子信箱：leyideaa@ gmail. com

东营市信意达翻译咨询有限公司

基本信息：该公司成立于2004年，前身为胜利国际石油信息翻译事务所。公司专门从事英、俄、法、西、德、日、韩和阿拉伯等语种的翻译服务，在石油、石化、建筑等领域具有专业翻译优势。

地址：山东省东营市济南路238号（胜利油田设计院科贸中心816室）

邮编：257000

电话：0546－8780955

传真：0546－7779075

网址：www. xinyida. com

电子信箱：stc@ xinyida. com　stc816@ 163. com

福州合力达信息科技有限公司

基本信息：该公司成立于2004年，是中国翻译协会单位会员。公司主要从事网络技术开发、网站本地化、软件本地化及多文种口笔译业务。

地址：福建省福州市五四路外贸中心集团大厦11层

邮编：350001

电话：0591－28365025

传真：0591－28365026

网址：www. hollytran. com

电子信箱：edwardyang@ hollytran. com

福州台江区博闻翻译有限公司

基本信息：该公司成立于2010年，是中国翻译协会单位会员。公司专注于中英文翻译，侧重于法律、金融和技术等专业领域，致力于成为一家精品翻译服务提供商。自成立以来，先后为多家国际投资及法律机构提供金融和法律方面的翻译服务。

地址：福建省福州市五一南路2号茂泰世纪大厦529

电话：0591－83201831

传真：0591－87452390

网址：www. bowin－communication. com

电子信箱：rogerxie@ 126. com

福州译国译民翻译服务有限公司

基本信息：该公司（原名：语桥信息科技有限公司）成立于2003年，是中国翻译协会理事单位会员，是福建省较早成立的专业翻译公司之一。作为中国翻译协会会员单位，公司秉承专业化发展道路，深耕于多语种的口译和笔译业务。公司经营地点涉及福建、上海、深圳、北京、武汉和重庆等地，已经形成以福建为主和各地加盟分公司经营格局。

地址：福州市鼓楼区五一北路129号榕城商贸中心2106室

邮编：350004

电话：0591－83700788　83782230

传真：0591－83731837
网址：www. fuzhoufanyi. com
电子信箱：lanbridge@ hotmail. com　674913488@ qq. com

广州朗瑞翻译有限公司

基本信息：该公司成立于2009年，是中国翻译协会单位会员，母公司为香港朗瑞翻译有限公司。公司是一家专业性强、服务范围广、实力雄厚的大型翻译服务机构，致力于为客户提供多元化服务。公司以广州为基地，在深圳、上海、长沙、成都、西安、大连、重庆、天津、南京、杭州、香港、青岛等地成立了分公司，服务网络覆盖全国各地，面向全球客户。自成立以来，为全国各地及港澳台地区千余家公司、企业和政府机关提供笔译、口译服务。公司与数家著名的欧洲同业展开合作，联手解决翻译方面的难题。

地址：广州市黄埔大道西201号金泽大厦7楼713室
服务热线：4006－576－168
业务部：020－61989036 61989053
传真：020－61989487
邮编：510000
网址：http：//www. odbjx. com/gz

广州三德信息科技有限公司（广州翻译网）

基本信息：该公司成立于2004年，是中国翻译协会单位会员。公司主要面向泛珠三角商业圈提供翻译服务；广州翻译网由三德信息科技公司创建，主要致力于通过网络整合翻译人才，实现翻译信息及资源共享。

地址：广东省广州市天河区黄埔大道西201号1602（金泽大厦）
邮编：510000
电话：020－87591990
传真：020－87579310
网址：www. gzfyw. com
电子信箱：info@ gzfyw. com

广州市联普翻译有限公司

基本信息：该公司成立于1998年，是中国翻译协会理事单位会员，是中国翻译网（www. chinatranslation. org）的直接控股和管理经营单位，中国质量万里行质量、服务、信誉AAA级示范单位。经英国DAS审核，公司通过ISO9001：2000国际质量体系认证。

地址：广东省广州市天河区黄埔大道西55#恒城大厦A座2602－2702

邮编：510620

电话：020－85587966

传真：020－85587955

网址：www.langpro.com.cn

电子信箱：gz@langpro.com.cn

海辉软件（国际）集团公司

基本信息：该公司成立于1996年，是中国翻译协会理事单位会员。公司是一家一流的全球信息技术服务供应商，在中国、日本、美国和新加坡均设有办公机构。2010年该公司获得“中国翻译协会十佳企业会员”称号。海辉通过其遍布全球近3000名专业人士的人力资源、完善的解决方案平台和成熟的服务模式为财富1000客户提供高质量信息技术服务，并迅速成长为公认的中国领先信息技术服务公司之一。海辉的业务涵盖整个应用服务的生命周期，主要业务包括企业应用服务（如：套装解决方案、应用开发和管理、质量保证服务等）和产品工程服务（包括产品开发服务、质量保证服务、本地化和全球化）。

地址：（总部）辽宁省大连市高新技术园区七贤岭礼贤街33号/

（总部办公室）北京市海淀区上地东路1号环洋大厦6层

邮编：116023　100085

电话：0411－84556666　59875566

传真：0411－84791350　59875599

网址：www.hisoft.com

电子信箱：corp@hiSoft.com

杭州海博翻译社

基本信息：该公司成立于1994年，是中国翻译协会单位会员。公司在财政金融、法律、国际贸易、教育、机械、电子、计算机、网络、通信、房产、建筑、装饰工程、市政、汽车、铁路、航空航天、化工、能源、环保、医药、保健、生物、医疗设备器械、纺织、化妆品、百货、餐饮、旅游、新闻出版、媒体、电影文学等专业领域，提供20多个语种的口笔译、网站本地化服务。多年来，公司为包括浙江省和杭州市政府有关部门、法律金融机构、跨国公司、新闻出版单位、企事业单位提供服务。

地址：浙江省杭州市上城区青年路27号

邮编：310001
电话：0571 – 87087350
传真：0571 – 87017710
网址：www. haibofanyi. com
电子信箱：haibo@ mail. hz. zj. cn   haibofanyi@ 163. net

杭州语言桥翻译有限公司

基本信息：该公司成立于2005年，是中国翻译协会单位会员。公司向客户提供多语种口笔译服务、网站本地化和宣传出版物翻译、编辑、印制服务等。公司联合浙江大学翻译学研究所创建的浙江翻译网（www. zjfyw. com）已成为浙江省内最大的翻译产业信息交流平台。

地址：浙江省杭州市庆春路52号东清大厦E座1905
邮编：310003
电话：0571 – 87044426   87046457
传真：0571 – 87046457
网址：www. zjfyw. com
电子信箱：zj@ zjfyw. com   zjfyw@ 163. com

河北彼岸教育咨询有限公司

基本信息：该公司成立于2008年，是中国翻译协会单位会员。“彼岸教育”为广大学生提供雅思、新托福、考研英语、英语四/六级考试、口语等优质培训课程，自创立以来培训了众多雅思和托福高分学员。“彼岸教育”拥有自己的教研团队，全力发展专职教师，提高教师的教学水平，针对自身情况研发教学方法，并拥有自行编辑出版的图书服务教学。

地址：河北省石家庄市建设北大街26 – 3长安花苑底墒
邮编：050000
电话：0311 – 86087711 86087722
传真：0311 – 86972116
网址：www. sjzxhd. com
电子信箱：xinhangdao@ yeah. net

黑龙江省信达雅翻译有限公司

基本信息：该公司成立于1992年，是中国翻译协会单位会员。公司可向客户提供多语种多领域口笔译服务。

地址：黑龙江省哈尔滨市南岗区中山路207号17层C座
邮编：150001
电话：0451－53629746
传真：0451－53650300
网址：www.xindaya1992.com
电子信箱：xindaya@126.com

湖南省科技翻译工作者协会翻译投资咨询中心

基本信息：该中心成立于1980年，可提供德、日、法、俄等主要语言及多种小语种资料的翻译服务，特别在交通、水利水电、公用基础设施建设等领域具有专业翻译优势。

地址：湖南省长沙市湖南大学主楼121室
邮编：410082
电话：0731－8821608
传真：0731－8649284
电子信箱：jenjling@163.com

华为技术有限公司

基本信息：该公司是中国翻译协会单位会员，是全球领先的电信解决方案供应商。公司在电信基础网络、业务与软件、专业服务和终端等四大领域都确立了端到端的全球领先地位。凭借在固定网络、移动网络和IP数据通信领域的综合优势，已成为全IP融合时代的领导者。目前，公司的产品和解决方案已经应用于全球百余个国家，服务全球运营商50强中的45家及全球1/3的人口。华为在海外设立了22个地区部，百余个分支机构。

华为融入和支持主流国际标准并做出了积极贡献。2009年，华为在123个标准组织中担任了148个关键领导职位：如在信息技术U中担任信息技术U－T SG11主席、SG16副主席，以及信息技术U－RSG5副主席和WP5D技术组主席，在其他组织中担任的重要职位包括3GPP CT副主席、GERAN副主席、SA5主席，IEEENGSON主席，IETF Routing Area AD和OMA DM主席等。截至2009年12月31日，华为共向标准组织提交文稿18000多篇。华为对行业标准组织的贡献已经得到认可，2009年，华为获得了IEEE标准组织授予的2009年度杰出公司贡献奖。

地址：广东省深圳市龙岗区坂田华为基地
邮编：518129

电话：0755－28780808

系统设备客户服务中心电子信箱：support@ huawei. com

终端产品客户服务中心电子信箱：mobile@ huawei. com

华译通商务咨询（昆明）有限公司

基本信息：该公司成立于2006年，是中国翻译协会单位会员。公司总部设在香港，服务覆盖全国各个省区及直辖市，在美国和英国均设有办事处。专业的公司团队经过了精心的挑选和严格的培训：所有成员都具有过硬的专业素质、丰富的实务经验以及卓越的客户服务理念。公司是中国目前唯一一家提供24小时全天候电话口译的公司，凭借着全球最先进的通信技术和人性化的服务宗旨，华译通已经成为中国同行业中的领军者。

地址：云南省昆明市金碧路408号达阵广场8层

邮编：650021

电话：0871－4191800

网址：www. ChinaOneCall. com

电子信箱：commercialchina@ ChinaOneCall. com

吉林省金伦商业服务有限公司

基本信息：该公司成立于2000年，是中国翻译协会单位会员。公司提供77种语言口笔译服务。公司品牌“金伦翻译”是吉林省著名商业品牌，该公司翻译网站（www. jinlunfanyi. com）在东北三省翻译行业具有相当影响力。公司核心管理层由两名博士、一名硕士组成。公司奉行全系统、全流程翻译质量管理，具有良好、稳健的商誉。

地址：吉林省长春市南关区人民大街4756号1层

邮编：130022

电话：0431－85674545 85673501

传真：0431－85674545

网址：www. jinlunfanyi. com

电子信箱：jinlun5673501@ 163. com

江苏省工程技术翻译院有限公司

基本信息：该公司成立于1978年，是中国翻译协会单位会员。公司是国内创建最早的大型专业工程技术翻译机构，2010年获得“中国翻译协会十佳企业会员”称号。

该公司长期为全球涉外的工程项目、设计院、设备制造商和工程公司等提供专业翻译服务，一直从事各类工程技术资料的中外文互译，拥有一大批具有丰富工程技术资料翻译经验的专业人才，能承接英、德、法、日、俄、阿拉伯、意大利、西班牙等多个语种的翻译业务，专业涉及电力（含核电、火电和新能源等）、石化、机械、冶金和交通等多个领域，可提供笔译、口译以及译文编排和印刷全套服务。

地址：江苏省南京市中山北路283号1号楼5楼

邮编：210003

电话：025－57711647，83340008

传真：025－83361505

电子信箱：jetiyw@ vip. 163. com

网址：www. china－jeti. com

江苏通用信息技术有限公司

基本信息：该公司成立于2008年，是中国翻译协会单位会员。公司是一家专业型的语言和信息服务企业，定位于科技翻译业务，以信息技术为基础，为客户提供整合语言解决方案。公司目前服务于信息技术、软件、汽车、医疗等各行业中世界500强企业的国际大型专业语言项目，在软件本地化及专业技术文档（涉及电子、通讯、机械、汽车、电力、工程、化学、生物、医药等）的翻译业务领域有着系统的发展计划。公司目前拥有60多名专职译员译审，其中绝大多数毕业于江苏及周边知名院校，具有优秀理工科背景和专业英语水准。

地址：江苏省南京市珠江路67号华利国际大厦13楼（210008）

电话：025 66606333

传真：025 66615623

网址：http：//www. ge－info. com

江苏钟山翻译有限公司

基本信息：该公司成立于1996年，是中国翻译协会理事单位会员。公司是经江苏省工商局批准成立的省级翻译机构，是中国译协翻译服务委员会副主任单位，首批中国翻译服务诚信单位，2000年通过了ISO9000国际质量体系认证。公司专门从事石油化工、煤炭化工等国家重大项目的翻译工作，拥有一大批长期从事工程技术翻译的技术人员和翻译人才，其中11人被中国翻译协会授予资深翻译家称号。公司倡导并参与了《翻译服务规范》、《翻译服务译文质量要求》国家标准中文文本的制订工作。

地址：江苏省南京市中山南路288号东恒大厦11楼

邮编：210005

电话：025－84201518
传真：025－84206138
网址：www. ctss. net. cn
电子信箱：master@ ctss. net. cn

江西必特翻译有限公司

基本信息：该公司成立于2004年，是中国翻译协会单位会员。公司秉承欧洲先进的服务理念和成功的管理经验，汇聚国内外优秀的外语翻译人才，利用国际互联网技术，为国内外顾客提供亲切、便捷、高效、优质的翻译服务。

地址：江西省南昌市阳明路79号南昌市司法大楼七楼
邮编：330046
电话：13607001233　18979118114
传真：0086 791－6814783
电子信箱：BTR－company@ tom. com　BTR－company@ sohu. com

金前程人力资源顾问有限公司

基本信息：该公司成立于1999年，是山东省首家人才中介机构，也是青岛市政府向外商推介的唯一人才外包机构。公司注重同国际行业标准接轨，以先进的理念推动公司发展，先后成为美国人力资源协会（SHRM）会员、美国人力资源外包协会（ASA）国际会员、上海人才服务行业协会会员、青岛人才交流协会常务理事单位。经过10年的快速发展，已实现全国派遣用工万余名，成为山东省规模最大、最具知名度和影响力的人力资源外包服务机构。目前，公司业务涉及猎头服务、人才派遣、人事代理、项目外包、托业（TOEIC）职业英文测评及商务英文培训，微软办公软件国际认证的培训与测评、人力资源培训等。

地址：山东省青岛市市南区宁夏路288号G5楼12层
邮编：266071
电话：（＋86 532）85900010
传真：（＋86 532）85900011
网址：http：//www. goldencareer. com. cn
电子信箱：gc@ goldencareer. com. cn

昆明宇通翻译服务有限公司

基本信息：该公司是中国翻译协会单位会员。自成立以来，凭借丰富的人才资源和完善的质量管理体系和售后服务，为国内外客户提供准确、迅捷、保密的翻译服务。公司专职翻译人员都有着8年（部分20年）以上的翻译背景，翻译经验丰富，对专业性强的资料有很强的处理能力。公司可提供英语、日语、缅语、阿拉伯语、泰语、越南语、意大利语、法语、德语、俄语、韩语、西班牙语、老挝语、葡萄牙语、拉丁语等多语种翻译服务。翻译领域涵盖：技术设备、公路工程、环保、能源、水电站、旅游、贸易、地质与矿山、农业、生物技术、公证、水利、冶金、汽车、医学、电子、通讯、金融、法律、信息技术、造纸、航空、食品等。公司有着严格科学的质量管理体系、规范化的操作流程、专业而完善的翻译、审校标准，在保证翻译质量的前提下，最大限度地为客户节省时间和费用。

地址：昆明市青年路鸿城广场16－20座
邮政编码：650021
电话：+86－0871－3107557
传真：+86－0871－3108053
电子信箱：yutongfanyi@ vip. yncnc. com

莱博智环球科技有限公司

基本信息：该公司成立于1996年，是中国翻译协会理事单位会员。总部设在美国马萨诸塞州沃尔瑟姆。公司为全球化企业，在26个国家和地区设有分支机构，聘用4600多名涵盖翻译、项目经理、工程师、学科专家、内容开发人员、质量保证人员在内的当地和外籍员工。2010年获得“中国翻译协会十佳企业会员”称号。

公司的翻译和本地化服务范围包括翻译和本地化、国际化、口译、测试、产品认证、电子学习、软件和内容开发，涵盖汽车、消费品、教育、金融服务、生命科学、制造业、技术、电信等领域。

此外，该公司还致力于语言服务软件的开发和测试。其软件开发包括应用程序开发和维护、产品工程和内容开发等项目。公司以Ver信息技术est®品牌提供的测试服务能够确保软件、硬件、网站和内容的质量、互操作性、可用性等性能，同时还提供第三方产品认证项目。

公司的的典型客户有：Computer Associates、EMC、Expedia Golden Living、HP、IBM、Merck、Microsoft、Motorola、Nokia、Oracle、Pearson 、Porsche、Sony Ericsson、Thomson、Volvo等。

地址：北京市东长安街1号东方广场W1办公楼303室
邮编：100738
电话：010－ 85186161
传真：010－85186933
网址：www. lionbridge. com/lionbridge. htm

电子信箱：sales - china. bei@ lionbridge. com

辽宁秋阳翻译咨询科技有限（集团）公司

基本信息：该公司成立于1992年，是中国翻译协会理事单位会员，中华职教社团体社员，下属五个公司。公司主要业务范围包括各语种专业口笔译、翻译人才培训、网站本土化、人才猎头、国际会展、图书翻译出版、版权代理等领域，创办有“翻译出版网”www. fy15. com。其下属秋阳翻译学院被民建中央授予“全国办学先进单位”，集团董事长杨秋林被授予“黄炎培职业教育校长奖”。

地址：辽宁省沈阳市青年大街122号开宇大厦6楼

邮编：110014

电话：024 - 23853665　22835133

传真：024 - 22705544

网址：www. qiuyang. com

电子信箱：qiuyangfanyi@ 163. com

南京领域翻译有限公司

基本信息：该公司成立于2002年，是中国翻译协会理事单位会员。公司下设5个部门：翻译部、业务部、财务部、技术支持部和客服部，向客户提供多语种翻译服务，涉及公证、工程、电子、医药、金融、汽车、机械、化工、环保、食品、人力资源培训等多个领域。

地址：南京市新街口中山南路100号天安国际4004室

邮编：210000

电话：025 - 83766077

传真：025 - 86795371

网址：www. notary - trans. com

电子信箱：lingyutranslation@ 126. com

南京瑞科翻译有限公司

基本信息：该公司成立于2004年，是中国翻译协会单位会员。公司是一家高端专业翻译机构，专注于技术文档翻译、市场文档翻译、财经法律翻译、合同标书翻译、医学文档翻译、专利文档翻译、投标文档翻译、影音翻译、网站多语种翻译和发布、商务陪同口译、现场口译、交替传译、同声传译、软件本地化、多语种桌面排版以及同传设备租赁和销售等服务。公司分别在上海和南京设有运营中心，与北外、上外、南大等高校副教授以上的高级翻译人员保持着长期的合作关系，可以处理包括英语、日语、韩语、俄语、德语、法语、意大利语、西班牙语、葡萄牙语等在内的近 80 个语种的笔译和口译工作。

地址：江苏省南京市中山北路 105 号中环国际大厦 4199

邮编：210011

电话：025－83602926　83585369

传真：025－68650018

网址：www. locatran. com/chinese

电子信箱：info@ locatran. com

南京泰利特翻译有限公司

基本信息：该公司成立于 1997 年，是中国翻译协会单位会员。公司主要向客户提供多语种口笔译服务，特别在金融、经贸领域具有专业翻译优势。

地址：江苏省南京市中山南路 288 号东恒国际大厦五楼 A 座

邮编：210002

电话：025－84468805　84468835

传真：025－84468681

网址：www. njtalent. com. cn

电子信箱：info@ njtalent. com. cn　ftinjcn1@ public1. ptt. js. cn

南京语博语言翻译有限公司

基本信息：该公司成立于 2002 年，是中国翻译协会单位会员。公司专业从事语言文字的翻译工作，拥有一批精通各类专业技术知识和英、法、德、意、日、韩、俄、西班牙、葡萄牙、希伯来、阿拉伯等语种的翻译人才，审核人才和计算机运用人才。他们均具有本科以上学历，以及至少有 3 年以上翻译工作经验。公司的翻译业务包括工业机械、化工医药、财政、金融、法规、预评估报告、说明书、信息技术产业项目、软件汉化、文学作品。同时可进行各种会议及旅游、新闻发布的陪同及同声口译、笔译服务等。

地址：江苏省南京市新街口正洪街 1 号正洪大厦 19D 座

邮编：210005

电话：025－84712587　84703703　84712322

传真：025－84712322－808

网址：www. nj－yubo. com

电子信箱：stevenfan88@ vip. sina. com　yubofanyi@ yahoo. com. cn

宁波市江东拉拉翻译有限公司

基本信息：该公司成立于2005年，是中国翻译协会单位会员。公司位于宁波市波特曼商业中心，为宁波地区高端企业提供专业、优质的翻译服务，包括40多个语种的笔译、交互传译、同声传译，以及网站本土化等服务，获有良好的社会声誉。

地址：浙江省宁波市鄞州区鄞县大道东段1299号鄞州商会大厦北楼21楼2102
邮政编码：315000
传真：0574－87956576
电话：0574－87956575
电子信箱：info@ lala－trans. com
网址：www. lala－trans. com

农业部国际交流服务中心

基本信息：该中心成立于1998年，是中国翻译协会单位会员。中心是农业部直属事业单位，为农业部农业国际合作与交流提供技术支持与服务。中心拥有一支外语水平高、团队精神强、勇于开拓奉献、朝气蓬勃的职工队伍，具有多年从事农业外事翻译、多边和双边项目工作、对外技术援助、国际团组交流、国际会议服务以及国外农业调研的丰富经验。

中心的职能主要有：提供农业外事翻译服务、组织外派和接待国际交流团组、实施农业部系统国际合作项目、承担南南合作技术援助项目、办理系统内因公出国护照及签证、承办国际会议和培训、促进农业国际民间交流、开展国外农业调研及信息咨询。

地址：北京市农展馆南里11号
邮编：100125
电话：010－59192449/2615
传真：010－59191831/2615

欧亚明星（北京）翻译有限公司

基本信息：该公司成立于2002年，是中国翻译协会单位会员。公司主要为政府机构、外国使领馆、跨国公司、合资企业、国内大型企事业单位及出版社等机构提供包括笔译、同声传译、交替传译、出版翻译、专利翻译、网站翻译、本地化翻译等方面的多语种翻译服务。公司是北京语言大学、北京第二外国语学院翻译专业研究生实习基地。

公司以《中国翻译质量国家标准》为准则，依托世界各地的翻译专家，在世界范围内建立起广泛的翻译网络，拥有全球众多固定客户群体。

地址：北京市海淀区海淀路50号北大资源东楼四层

电话：8610－62556011 62557576 62567856 82629223

传真：82629223－8009

电子信箱：wastars@163.com

网址：www.wastars.com

青岛译皓佳翻译服务有限公司

基本信息：该公司成立于2008年，是中国翻译协会单位会员。公司是一家从事多种语言翻译的专业服务机构，可提供英、日、法、德、意、韩、俄、西、阿、印尼、印地等30多种语言的口、笔译服务。公司汇聚了近千名具有专业教育背景的高素质外语人才，其中有教授级译审和外籍编辑多名，能够在众多领域中及时、专业地为客户解决各种语言问题，提供高质量、快速的翻译服务。

地址：山东省青岛市紫锦广场1113室

邮编：266000

电话：0532－86888703

传真：0532－82246323

网址：www.qdyiha.com/ch/index.asp

电子信箱：qdyiha@126.com　qdyiha@qdyiha.com

瑞易通商务咨询（上海）有限公司

基本信息：该公司成立于2006年，是中国翻译协会单位会员，是瑞士CLS Communication AG集团设于上海的分公司。公司依托瑞士总公司的资源，面向国内提供多语种笔译及本地化服务，特别在为银行、保险、医药类企业提供本地化服务方面具有专业优势。

地址：上海市南京西路1168号中信泰富35楼

邮编：200041

电话：021－51169169

传真：021－52524616

网址：www.cls.communication.com

电子信箱：asiapacific@cls.communication.com

山东通译天下翻译咨询有限公司

基本信息：该公司是中国翻译协会单位会员。山东通译天下翻译咨询是具有省级资质的大型翻译公司，致力于提供全球化语境下的多语种翻译和本地化服务。公司为中国企业参与国际竞争和外国公司进入中国市场提供强大的语言支持。公司自成立之日起，就引进了《ISO 译文质量体系》作为自己翻译的准绳，为广大企事业单位、政府部门、科研机构、社会团体和使领馆等提供标准化、专业化的翻译服务。主要业务为笔译、口译、同传、网站本地化服务。

地址：山东省济南市山大南路 27 号山东大学金谛园 103 室

邮编：250100

电话：0531－88369431　88369432

传真：0531－88369431

网址：www. shandongfanyi. com

电子信箱：sdtytx@ 163. com

上海奥蓝翻译有限公司

基本信息：该公司成立于 2008 年，是中国翻译协会单位会员。公司致力于跨国文化交流和经济交流，融合最新的信息技术和语言服务，不断探索跨越国家、文化、时空和语言差异的解决方案。公司现设有多语翻译中心、多语本地化中心、语言技术研发中心、日本客户服务中心和中国客户服务中心。依托强大的技术力量、多元化的人才、忠实的客户服务、不断创新的理念，积极开拓公司语言服务业务。现有业务不仅涉及母语翻译、桌面排版、网页制作及网站、多媒体和软件的本地化，还涵盖亚洲、欧洲的 50 多种语言。

地址：上海市徐汇区零陵路 899 号飞洲国际广场 8H

邮编：200030

电话：021－5459－0605

传真：021－6192－7281

网址：http：//china. olandcorp. com/

电子信箱：zhanghb@ olandcorp. com

上海东方翻译中心有限公司

基本信息：该公司成立于 2004 年，是中国翻译协会理事单位会员。公司可向客户提供多语种、多领域口笔译服务，特别在法律、经贸、金融、天然气等领域具有专业翻译优势。

地址：上海市中山西路888号银河宾馆三楼

邮编：200051

电话：021-52570598

传真：021-62707608

网址：www. sotc. com. cn

电子信箱：sotc@ sotc. com. cn

上海汉桥文化传播有限公司

基本信息：该公司成立于2009年，是中国翻译协会单位会员。公司致力于汉语培训、国际交流、翻译服务等三个方面的业务。承接国家汉办的小语种文化传播类书籍的翻译工作，同时担任各大公司以及政府机构的口译笔译工作。公司是上海领先的汉语培训企业。

地址：上海市南京西路818号长春藤运通大厦916室

邮编：200041

电话：021-55390962

电子信箱：info@ hanbridge. org

网址：www. hanbridge. org/Contact. asp

上海合富翻译公司

基本信息：该公司成立于2007年，是中国翻译协会单位会员。公司提供英语、日语、韩语、德语、法语、俄语、西班牙语、葡萄牙语、意大利语、阿拉伯语等世界主要语言的翻译服务。其中笔译服务范围包括项目管理、标书文件、工程报告、设备安装说明、质量维修手册、技术资料、产品说明书、会计报告、法律合同、招投标书、培训资料、商业计划书等；口译服务范围包括工程安装、技术指导、会展、导游、陪同等。公司拥有专业翻译团队和严格的翻译质量控制体系，能为大型项目及中外大、中型企业提供优质翻译服务。

地址：上海市浦东新区东方路1381号蓝村大厦20E室

邮编：200125

电话：021-58755251

传真：021-58755251

电子信箱：hefufane@163. com

上海环日翻译服务事务所

基本信息：该公司成立于2006年，是中国翻译协会单位会员。公司坚持不做则已，做必求精的宗旨，向日本、台湾、香港、新加坡、中国大陆企业，以及新闻媒体、政府招商机构提供日译中、中译日、日译英、英译日翻译服务。服务范围包括财务会计、国际贸易、ISO9001、ISO14001、OHSMS18001翻译为特色，涵盖机械、电子、通信、汽车、新闻、法律、食品、农业、林业、生物、纺织、石油、化工、金融、旅游、财政税务、人力资源、行政管理、市场营销、广告策划、印刷、工商管理、环境保护等领域。公司从丸红、日立、东芝、NEC、松下等著名外资企业和著名高等院校中招募具有翻译实践经验的翻译、教师、科研人员作为翻译、译审团队，并参照ISO9001质量管理体系，确保翻译质量。

地址：上海市奉贤区 西渡社区鸿宝一村72幢374号402室

邮编：201401

电话：021-61020882

移动电话：13817007990

传真：021-51861936

网址：http://jefic.biz　http://jefic.cn.alibaba.com

上海环商商务咨询有限公司

基本信息：该公司成立于2003年，是中国翻译协会单位会员。公司作为提供“语言交流”的专业机构，努力从事口译、笔译和人才派遣等业务，得到众多企业客户的全力支持。如今，公司正在努力超越语言与人才服务的框架，冲破旧的价值观念与固定模式之束缚，发挥自由想象力，进一步开拓事业，在商务咨询及网络运用的新兴市场上挑战新的可能性。

地 址：上海市卢湾区淮海中路887号永新大厦9F

邮编：200020

电话：86-021-64740041

传真：021-64740023

网址：www.chinabusiness-info.com/ch/contactus/index.aspx.html

电子信箱：info@chinabusiness-info.com

上海佳艺翻译咨询有限公司

基本信息：该公司成立于2001年，是中国翻译协会单位会员。公司专业从事工程技术翻译，向国家大型引进技术项目、外商独资项目和中外合资项目提供高品质翻译服务。公司客户包括许多世界500强外资企业、政府机构和国际组织，曾为10余个投资数百亿元的大型中外合资项目提供翻译服务。在保持平稳发展的基础之上，公司还积极开拓平面/室内设计、外语培训、涉外旅游、国际贸易、电子商务、文化传媒等领域。

地址：上海市四川北路2261号嘉兰大厦22楼B座200081室

邮编：200086

电话：021－65142192　65138349　65635266

传真：021－65142192

网址：www. bestart. cn

电子信箱：gloria. wang@ bestart. cn

上海金译工程技术翻译有限公司

基本信息：该公司成立于1992年，是中国翻译协会单位会员。公司由原上海石化总厂外事处翻译科改制而成，可向客户提供多语种多领域的口笔译服务，特别在石油化工、工程制造、商务合同及招投标方面具有专业翻译优势。

地址：上海市金山区石化新城路288号友谊楼四楼

邮编：200540

电话：021－57940681　57936199

传真：021－57939147

网址：www. jytrans. com

电子信箱：shjyt@ vip. 163. com　jinyi@ jytrans. com

上海锦译翻译有限公司

基本信息：该公司成立于2009年，是中国翻译协会单位会员。公司专业提供笔译、口译、同声传译、网站本地化、中外文配音等服务。公司拥有全职翻译和兼职翻译，翻译语种涉及英语、日语、韩语、法语、德语、意大利语、西班牙语、葡萄牙语、俄语等语种，同时能够提供其他其他稀有语种翻译服务。公司服务范围包含很多行业，与多家企业建立了长期合作关系。

地址：上海市浦东新区浙桥路277号碧云国际3519室

邮政编码：201206

电话：021－51920780－0

电子信箱：maxtriper maxtrip. cn

企业：. maxtrip.

上海坤伦翻译有限公司

基本信息：该公司是中国翻译协会单位会员。对客户提供40多个语种及部分国内少数民族语言的口笔译服务、全球网站/软件本地化服务、影音制品的翻译、配音、字幕制作等服务。

地址：上海市中山西路800弄55号紫云大厦24楼C座

邮编：200051

电话：021－51096760

传真：021－62743892

网址：www. transwell. net

电子信箱：info@ transwell. net

上海妙文翻译有限公司

基本信息：该公司成立于2004年，是中国翻译协会单位会员。公司是一家专注于高端翻译领域的多语种翻译服务提供商，在北京、天津、上海、南京、苏州、青岛、烟台、乌鲁木齐等各主要城市设有分公司。公司主要提供笔译、口译、本地化、翻译设备租赁、DTP排版设计、印刷服务、网站建设等服务。公司服务涵盖了160多种语言，遍及40多个领域。公司有着严格的质量管理体系，通过了ISO9001：2000质量体系认证。公司客户包括沃尔玛、IBM、西门子、三菱、格兰仕、海尔等国内外著名公司；德国、西班牙、韩国等国驻上海领事馆以及国内的政府机构、教育科研单位。

地址：上海市浦东南路360号新上海国际大厦11楼D座

邮编：200120

电话：021－68862395 68862887 68863993 68863991

传真：021－68863675

MSN：acme－susan@ acmetranslation. com

QQ：492923308

电子信箱：aaa2008@263. net

网址：www. paper－translation. com

上海齐通文化传播有限公司

基本信息：该公司成立于2006年，是中国翻译协会单位会员。公司为客户提供不同语言、不同文化环境的语言服务解决方案，业务涵盖77种语言的笔译、口译、技术写作、网站本地化、多媒体产品翻译服务。完成的翻译服务项目有上海环球金融中心技术、商务标书、新加坡海水脱盐工程、上海市公共交通系统 BRT 工程等。公司尤其擅长制造业、金融业、法律行业大型语言服务项目，具备强大的软件、硬件技术支持。

地址：上海市新金桥路 255 号金桥商务大楼 224 室

邮编：200126

电话：021 -51352591

传真：021 -51352673

网址：www. ch 信息技术 ontrans. com

电子信箱：info@ ch 信息技术 ontrans. com

上海上外网络教育发展有限公司

基本信息：该公司成立于 2000 年，是中国翻译协会单位会员。公司主营高质量的翻译服务、专业的多语网站国际化服务、远程教育和企业培训服务。公司致力于中国企事业单位的网站国际化进程，专注于为客户构建基于网络的电子政务和电子商务多语沟通平台；其电子政务国际化研究中心从事中国各地方政府及各部委电子政务国际化的研究，帮助中国各地方政府树立良好的国际形象；其网站规划设计团队提供基于跨文化研究的专业多语网站调研、设计、评估、维护服务；专职翻译团队拥有上海外国语大学语言专家组成的专家审核团队和上外丰富的小语种人才资源，自行研发的翻译软件为质量监控提供了支撑。

地址：上海市虹口区东体育会路 100 弄 3 号楼 2 楼

邮编：200081

电话：021 -65872255 -6112

传真：021 -65874185

电子信箱：wangjing@ cnssi. cn

网址：www. cnssi. cn/webinternational_ cn/

上海世语翻译有限公司

基本信息：该公司成立于 2003 年，是中国翻译协会理事单位会员。公司是美国翻译协会（ATA）会员，AAA 级资信企业。现拥有 39 家成员单位，遍及国内各主要城市，覆盖世界主要语种。公司客户包括联合国分支机构、世界 500 强企业和外国驻华使领馆等。公司现拥有庞大的专、兼职翻译队伍，涉及 70 余种语言，为全球各地客户提供笔译、同声传译、陪同翻译、视频、音频翻译、配音翻译、手语翻译等翻译服务。

地址：上海市肇嘉浜路 825 号 2 号 6 楼 B1 -C2 座

邮编：200032

上海总部电话：86 -21 -51815181

全国免费电话：400－600－5181

传真：86－21－52815281

网址：www. 51815181. com

电子信箱：5181@51815181. com

上海思满林翻译服务有限公司

基本信息：该公司成立于2006年，是中国翻译协会单位会员。公司是由海外归来的专业人士创办，由富有国际管理经验的决策者经营，拥有一支高资质、高水平、高标准的专业翻译队伍。公司提供英译中、德译中的笔译、口译及本地化服务。技术文档翻译是公司业务的重点，能提供机械制造、汽车制造、能源及自动化等行业的专业文档翻译。除此之外，公司还涉足软件本地化业务和网站本地化服务。公司的宗旨：提供卓越而值得信赖的笔译和口译服务，为客户的成功助一臂之力。

地址：上海市恒通路360号一天下大厦25C07室

电话：021－63809398

传真：021－51012036

电子信箱：lily. lue@ smltranslation. com

上海天华煜京翻译有限公司

基本信息：该公司成立于2006年，是中国翻译协会单位会员。公司以“引领行业、追求卓越”为远景目标，不断超越自我，整合本地及全球的翻译资源，始终坚持以“不断满足客户的不同需求”为公司的服务理念，提供便捷的、高效的、专业的翻译解决方案。提供英语、日语、法语、德语、俄语、韩语、意大利语、西班牙语、阿拉伯语、葡萄牙语，泰语、印地语、越南语、孟加拉语、土耳其语、波兰语、荷兰语、捷克语等70多个语种翻译服务，致力于成为电气自动化、汽车、法律、金融保险、生物医药医疗器械六大行业的翻译供应商。

地址：上海市浦东新区张江路665号德宏大厦404～406室

邮编：201203

电话：021－50799280

传真：021－50799281

网址：www. shyujing. com

电子信箱：servicecenter@ shyujing. com

上海维迪耐德翻译有限公司

基本信息：该公司成立于2006年，是中国翻译协会单位会员。公司总部位于上海，由专业翻译团队及行业专家组成，依托国内享有盛名的专业科研院所，实现高质量、高效率的行业学科翻译。公司现已发展成为国内大型专业翻译服务提供商之一，为全球客户提供及时的多语种翻译服务。作为世界财富五百强CRH公司指定的翻译机构，维迪耐德在建材、矿山、机械、医学和贸易领域的专业性翻译服务已获得国际及国内客户的一致认可。

地址：上海市虹口区华昌路9号金象大厦7011室

邮编：200083

电话：021－56626139

传真：021－61483135

网址：www. vividtr. com

电子信箱：liming@ vividtr. com shvivid@ 163. com

上海一知堂翻译有限公司

基本信息：该公司成立于1997年，是中国翻译协会单位会员。公司提供合同、科技、金融等文件翻译、口译、网站和软件本地化、多语言桌面排版等服务。公司在金融、法律、医药等领域积累了许多宝贵的翻译经验，同时也培养了一支上乘的专业翻译队伍。公司的客户大多是全球领先的企业，我们的专业服务享有卓越的国际声誉。

地址：上海市虹口区足球场花园路16号嘉和国际大厦东楼23层2314室

邮编：200083

电话/传真：021－56960711

邮址：jackln@ chineselocalize. com jackln@ vip. sina. com

上海译港网络科技有限公司

基本信息：该公司成立于2002年，是中国翻译协会会员。其前身为中科院内部翻译机构。公司自成立之初便一直伴随着上海国际化的进程不断壮大，在做精做专英、日等语种服务的同时，专门设立小语种服务部，整合全球译员资源。同时，围绕客户的语言需求提供母语润稿、编辑、设计、排版、印刷、网站本地化、影音本地化、外语客服中心外包等一系列服务。

地址：上海市普陀区长寿路433号锦海大厦1号楼17B

邮编：200060

电话：021－32271117　52520292

传真：021－52520292＊8009

网址：www. utrans. net. cn

电子信箱：amy@ shyg. com 32271117@ 163. com

上海译桥翻译有限公司

基本信息：该公司成立于2003年，是中国翻译协会单位会员。公司是一家专业从事翻译及本地化业务的服务提供商，翻译服务范围涉及的领域包括：汽车、机械、能源、化工、电力、法律、金融、证券、建筑、信息技术、通信、计算机软件、生命科学、政府部门需求等。公司的愿景：翻译行业之翘楚，最受客户信赖之伙伴；公司的核心价值观：诚信．品质．进取；公司的核心优势：品质．性价比．响应速度。

地址：上海市黄浦区西藏南路765号永惠大厦1105室

电话：021－63456646　热线电话：4008206936

传真：021－63456746　邮编：200011

网址：www. transbridge. com. cn

电子信箱：janus@ transbridge. com. cn；sky@ transbridge. com. cn

上海译涯翻译有限公司

基本信息：该公司成立于2006年，是中国翻译协会单位会员。公司经上海市工商行政管理局注册登记的专业翻译企业，拥有丰富的专、兼职及母语译员资源，为客户提供多语种专业资料笔译、口译、本地化服务。作为“2010上海世博会巴西国家馆唯一翻译服务供应商”，该公司拥有严格的标准化质量管理流程及专业项目管理流程，能为不同专业需求的客户提供一站式语言综合服务。

地址：上海市静安区武定路1135弄鑫和大厦1503&306室

邮编：200042

电话：021－62329787

传真：021－62329767

网址：www. translationtop. com

电子信箱：info@ translationtop. com

上海译云信息服务有限公司

基本信息：该公司成立于2003年，是中国翻译协会单位会员。公司总部设在上海，在英国、加拿大、美国及国内多个省市设有23家连锁加盟店和分部，向社会提供专业的口笔译服务。

地址：上海市天目西路547号联通国际大厦2501室（总部）

邮编：200070

电话：021－63546686

传真：021－63540889

网址：www. yesmeaning. com

电子信箱：Daisy. chen@ yesmeaning. com

上海语通翻译有限公司

基本信息：该公司成立于2001年，是中国翻译协会本地化服务委员会委员，旗下设有上海译宝信息技术公司。公司以高端语言专才为本，先进信息技术为辅，为企业提供法律和技术领域的文档翻译、排版、网站和软件本地化、企业手册设计印刷、涉外会务等服务。公司在上海浦东陆家嘴和静安区南京路设有分公司。

地址：上海市静安区愚园路168号环球世界大厦2403A（总部）

邮编：200040

电话：021－31261886，4006880727

传真：021－58366800

网址：www. uniwords. com. cn

电子信箱：info@ uniwords. com. cn

深圳市艾朗科技有限公司

基本信息：该公司成立于2002年，是中国翻译协会理事单位会员。公司总部位于深圳，在成都设有分公司，是中国最大的本地化服务企业之一。作为中国翻译协会理事单位，2009年中国翻译协会十佳企业会员，提供包括本地化翻译、桌面排版、本地化工程、软件开发与测试、本地化培训与咨询、口译、配音等服务的全套本地化解决方案，是多家全球大型计算机硬件、软件、芯片厂商及其他各类产品制造商或服务提供商（包括汽车、医药、医疗器械、法律、机械、游戏、经贸等）的指定本地化公司。近年来该公司自主开发了包括项目管理系统（GMS）、在线招聘测试系统（IRTS）等的一系列本地化管理软件，不断提高服务水平，保持了强劲的增长势头。

地址：广东省深圳市南山区南光路现代城6栋2单元15A

邮编：518052

电话：＋86－755－86229382

传真：＋86－755－86229385

网址：http：//www. i－len. com

电子信箱：info@ i - len. com

深圳市比蓝翻译有限公司

基本信息：该公司成立于2005年，是中国翻译协会理事单位会员。公司是一家中外合资的多语言服务提供商，外方为总部位于比利时布鲁塞尔、服务网络遍布全球的TELELINGUA INTERNATIONAL。比蓝翻译中国总部位于深圳，在北京、上海及广州设有分公司或办事处。比蓝翻译提供包括同声传译在内的各种口译服务、众多领域的专业笔译服务、软件和网站本地化、各类文档手册宣传资料设计制作、动画设计等相关服务。

地址：广东省深圳市上步南路上步大厦26I - J - K - L

邮编：518031

电话：0755 - 83661441

传真：0755 - 83661054

网址：www. brighttrans. com

电子信箱：job@ brighttrans. com

深圳市博文翻译有限公司

基本信息：该公司成立于2001年，是中国翻译协会、深圳翻译协会单位会员，深圳优秀翻译企业。公司总部位于深圳，在广州、苏州、香港等地设立有分公司和办事处，通过ISO9001：2008质量体系认证。成立10余年来，已为1万多客户提供了2亿多字的专业文件翻译服务、1万多工作日的口译服务等专业翻译服务。

地址：广东省深圳市福田区彩田路彩虹新都彩霞阁23A

邮编：518000

电话：0755 - 83042508　83042528

传真：0755 - 83975898

网址：www. bowwin. com

电子信箱：contact@ bowwin. com　bowiwn@ 263. net

深圳市飞蓝信息技术有限公司

基本信息：该公司成立于2003年，是中国翻译协会单位会员。公司下设五个部门：翻译部、本地化部、排版部、市场部、行政部。向客户提供资料翻译、商务口译、网站和软件本地化、桌面排版服务。主攻信息技术技术、生物医药、市场管理、机械化工等领域。

地址：广东省深圳市南山区科技园科技南12路方大大厦1706
邮编：518031
电话：0755－83865406
传真：0755－88250386
网址：www. fairland. cn
电子信箱：sales@ fairland. cn

深圳市沟通翻译有限公司

基本信息：该公司成立于2004年，是中国翻译协会单位会员。在短短的几年时间里，沟通翻译已经成为中国翻译界，尤其是华南翻译界知名品牌，不仅与爱普生、惠普等全球500强企业建立了业务往来，还与众多本地企业建立了长期合作关系。自创办起，沟通翻译以整合全球翻译资源，提供最优秀的翻译为目标。目前公司在深圳、广州、北京等地设有办公室，在东莞、长沙、昆明、重庆设有联络处。

地址：广东省深圳市福田区彩田南路海天大厦2507室
邮编：518000
电话：0755－83460102　83460499　83461086
传真：0755－83461426
网址：www. go－tone. com
电子信箱：fanyigongsi@ hotmail. com

深圳市好博译翻译有限公司

基本信息：该公司成立于1997年，是中国翻译协会理事单位会员。公司是国内知名的大型翻译和本地化服务机构，总部位于深圳，在北京、上海等城市设有分支机构。公司提供高质量的文字翻译和本地化服务，并可承担各种级别的国际会议同声传译、交替传译等翻译服务。

地址：深圳市福田区深南大道6029号世纪豪庭5A
邮编：518040
电话：0755－83497730　83497770
传真：0755－83842289
网址：www. giltbridge. com
电子信箱：Market@ giltbridge. com

深圳市华矩翻译有限公司

基本信息：该公司成立于2002年，是中国翻译协会单位会员。公司年翻译资料数千万字，提供40多种语言的笔译、本地化、口译、审校、排版（DTP）服务。从2004年起为50多家欧美翻译公司和本地化公司提供英语到亚洲语种、中文到外文的外包翻译服务。公司高素质的专职译员和庞大的多语种兼职团队能够满足各语种的特殊需求。公司翻译服务领域包括金融、法律、软件、硬件、信息技术、电信、半导体、电子、市场营销、旅游、教育、医学、机械、汽车、贸易、货运、专利、施工建造、能源、环境、运输、食品、航空、农业、艺术等行业。

地址：广东省深圳市南山区艺园路名家富居6栋13C

邮编：518000

电话：0755－86272903

传真：0755－86272902

电子信箱：contact@ sino－vantage. net

网址：www. sino－vantage. net

深圳市华章翻译有限公司

基本信息：该公司成立于2001年，是中国翻译协会单位会员。分设技术、法律、财经、综合等四个翻译部，对外承接各种技术类、财经类、法律类的多语种口笔译服务。

地址：广东省深圳市南山区后海大道蔚蓝海岸A1－8E

邮编：518054

电话：0755－26061698

传真：0755－26413769

网址：www. huazhang. com. cn

电子信箱：service@ huazhang. com. cn

深圳市佳域通科技实业有限公司

基本信息：该公司成立于1996年，是中国翻译协会单位会员，深圳翻译协会理事单位会员，深圳优秀翻译企业。公司总部位于中国深圳，并在英国设有分公司。公司在本地化和翻译行业拥有15年以上的实践经验，通过ISO9001：2008质量管理系统认证。在董事长米佳的领导下，公司发展迅速，客户已遍布世界各地，凭借其实力和出色的服务赢得了客户的广泛赞誉，在全球翻译和本地化领域树立起卓著信誉。公司服务过世界500强企业中的大多数企业。也是深圳2011年世界大学生运动会笔译指定供应商。主要提供笔译、口译、网站全球化、软件本地化、多媒体本地化、多语言排版服务及翻译辅助工具培训、中文培训。

地址：深圳市福田区车公庙泰然九路海松大厦A座1203室

邮编：518040

电话：0755－23981348

传真：0755－82782824

网址：www. gvlocalization. com

电子信箱：sz@ gvlocalization. com

深圳市立创翻译有限公司

基本信息：该公司成立于2004年，是中国翻译协会单位会员。公司总部位于深圳市，在安徽合肥设立多语言信息服务中心，在北京、上海、厦门等地设有分支机构。公司提供包括同声传译在内的各种口译、众多专业领域的笔译、软件和网站本地化、多媒体本地化、桌面排版、各类文档手册宣传资料设计制作等服务，服务范围包括电子制造、设备贸易、医疗卫生、信息技术。公司拥有大量精通多种语言的专业技术人才，可以翻译全球72种语言，严格执行翻译流程管理，确保质量，为客户严守商业秘密，提供人性化的翻译服务。

地址：广东省深圳市福田区上步南路1001号锦峰大厦11A

邮编：518031

电话：0755－23994888　26978118　26978228

传真：0755－26510808

网址：www. hkgsl. com/

电子信箱：sales@ hkgsl. com

深圳市诺贝笔翻译有限公司

基本信息：该公司成立于2002年，是中国翻译协会理事单位会员。深圳翻译协会理事单位。公司拥有中、外籍专职翻译团队，能够提供40种语言的笔译、口译和网站翻译服务，业务范围涵盖电子电信、生物医疗、法律、汽车、电力、交通、建筑、安防等领域。公司使用Trados等本地化工具进行项目和术语管理，有严格的翻译质量管理流程。

地址：广东省深圳市福田区新洲北路景鹏大厦1栋302

邮编：518034

电话：0755－83939141 83940511

传真：0755－83939465

网址：www. noblepen. com

电子信箱：info@ noblepen. com

深圳市世纪通翻译有限公司

基本信息：该公司是中国翻译协会理事会员单位，拥有高素质员工多名，是由精通各语种专业的翻译、审校人才、计算机应用人才和管理人才组成的具有广泛的专业技术知识的队伍。

在公证翻译、商务翻译领域的翻译工作是本公司特色。世纪通翻译已实现了翻译队伍的专业化、规模化，从而保证了在较短的时间内，向客户迅速交付合格的翻译稿件，满足不同客户的要求。

地址：深圳市南山区南海大道新保辉大厦8楼

邮 编：518054

电话：0755－26067856　0755－26063929

传真：0755－26067321

联系人：陈先生

网 址：www. szsjtfy. cn

邮 箱：zgsjtfy@ 163. com

深圳市台电实业有限公司

基本信息：该公司成立于1996年，是中国翻译协会单位会员。公司是深圳市高新技术企业，专门从事现代会议系统设备的研发、设计、生产和世界范围的销售，是全球领先的现代会议系统设备制造商之一，也是“ICCA（国际大会及会议协会）”中国区唯一一家国际大会会议设施技术支持成员。公司所产会议系统已遍布中国32个省市区，并进入了美国、英国、俄罗斯、意大利等50多个国家和地区，装备了联合国（纽约）、世界银行（华盛顿）、2004 APEC首脑峰会和部长级会议（智利）、中俄经济工商界高峰论坛（北京）、第四、第五轮朝核六方会谈（北京）、第二届非盟大会（莫桑比克）、老挝万象东盟大会等大批国际重大会议工程，在国内外上万个政府机构、酒店会议中心、企业和学校得到全面应用。

地址：广东省深圳市华侨城侨香路6060号香年广场B栋六楼

邮政编码：518054

电话：0755－86621810

传真：0755－86621813

网址：http：//sztaiden. b2b. hc360. com　http：//www. taiden. com

深圳市英联翻译有限公司

基本信息：该公司是中国翻译协会单位会员。主要经营翻译服务及翻译设备租赁、速记服务、市场营销策划、文化活动策划、信息咨询服务。

地址：广东省深圳市罗湖区宝安南路 2014 号振业大厦 A 座 15EF

电话：0755 – 88849879

网址：www. chntranslation. com/com/minna512/

沈阳市钧鼎外事服务有限公司

基本信息：该公司成立于 2005 年，是中国翻译协会单位会员。公司主要从事出国签证信息咨询及翻译服务业务。公司拥有完备、规范的工作流程，签证咨询人员和翻译人员均有英语、法律、机械专业背景。公司成立以来，已经为过万名客户提供了探亲、商务考察、旅游、留学等方面的签证咨询、填表、认证、公证、翻译服务，获得了多家合作伙伴的认可和好评。

地址：辽宁省沈阳市和平区南四经街 106 号

邮编：110003

电话：024 – 23259464

传真：024 – 23262960

网址：www. syjdwsfw. com/contact. asp

电子邮箱：junding – fas@ 163. com

十印（上海）信息技术有限公司

基本信息：该公司成立于 2007 年，是中国翻译协会理事单位会员。公司是一家全方位本地化服务提供商，致力于本地化服务及其流程咨询。十印的服务，在亚洲语言本地化服务领域独具优势。十印的总部位于日本东京，并且在美国、欧洲和中国设立有分支机构。上海办事处成立于 2005 年，并于 2007 年扩大规模成为十印（上海）信息技术有限公司，主要致力于亚洲语言的本地化服务。成立 40 多年以来，十印为汽车、信息技术、生命科学、工程、电子、培训、出版、软件开发、制造、本导体和消费者产品行业的 1000 多家跨国公司提供服务。十印的客户包括 Hardson、AppleCare、Microsoft、Paypal、Business Objects、ERRICSSON、Canon、Apple、HP、FUJ 信息技术 SU、TOSHIBA、Microchip、National Semiconductor、Intel、PTC、Infor（SSA）、Medtronic、Sun Microsystems 等。

地址：上海市西康路 223 号东隆友邦大厦 404/405 室

邮编：200040
电话：021－32220012
网址：www. to－in. com
电子信箱：info@ to－in. com. cn

石家庄博语翻译咨询服务有限公司

基本信息：该公司成立于2003年，是中国翻译协会单位会员。是经石家庄市工商行政管理局批准注册的专业翻译服务机构。经过公司员工多年来的努力，博语翻译公司得以不断提高翻译水平、扩大服务领域，业务发展势头良好，现已成为“立足河北、服务全国”的一家有实力、有影响的品牌翻译供应商。

地址：河北省石家庄市建设北大街1号富邦大厦443、445
邮编：050011
电话：0311－86218525　86063210　13073125834
传真：0311－86063210
网址：www. byfanyi. com
电子信箱：boyufanyi@ 126. com　boyufanyi@ yahoo. com. cn

石家庄市译通翻译有限公司

基本信息：该公司成立于2007年，是中国翻译协会单位会员。是经工商行政管理局注册登记的专业翻译公司，提供多语种笔译、口译、同声传译等翻译服务。公司拥有一流的翻译队伍，其中有高级专业翻译、语言学教授、语言学博士、留学归国人员，还有具有常年海外工作经验的外事工作者。公司还制定有一整套严格的质量控制体系和规范化的运作流程、审核标准，为政府机构、商务机构提供高水准的翻译服务外，还与很多本地知名公司建立了长期的合作关系。

地址：石家庄市桥西区南花园步行街华银大厦C座1203
邮编：050001
电话：0311－5189920　88822259
传真：0311－85189920
网址：www. sjzytong. com
电子信箱：ytong_ yhc@ hotmail. com

世纪金信翻译——北京学信通科技发展有限公司

基本信息：该公司成立于2001年，是中国翻译协会单位会员。公司主要向客户提供多语种的口笔译服务，涉及领域包括信息技术、商贸、金融、建筑、医疗、机电、法律、年报等。

地址：北京朝阳区林萃西里 48 - 2405

邮编：100085

电话：010 - 51666651

传真：010 - 82726797

网址：www. 21gctt. com

电子信箱：zww@ 21gctt. com

世联博众翻译（北京）有限公司

基本信息：该公司成立于 2006 年，是中国翻译协会单位会员。是综合性翻译公司，拥有大学教授、博士、硕士、海归人员、外籍译审等 5000 多名专、兼职译员，在各行业领域有多年专业服务经验。公司小语种人才储备充足，其官网 http：//www. un 信息技术 rans. cc 开通 12 种语言，面向全球提供各语言笔译、口译、同传、本地化服务。公司使用 TS - MIS 翻译服务管理信息系统进行翻译服务，在语言翻译服务中建立全面质量管理体系，通过了 GB/T19001 - 2008 idt ISO9001：2008 质量管理体系认证，其品牌和服务品质已达到行业先进水平。

地址：北京市朝阳区奥运村天创世缘 B2 座 25 层 2501

邮编：100012

电话：010 - 51289586　64803652

传真：010 - 64852706

网址：www. untrans. cc

电子信箱：info@ untrans. cn

首都信息发展股份有限公司

基本信息：该公司成立于 1998 年 1 月（简称：首都信息），是中国翻译协会单位会员。作为城市信息化应用基础设施外包服务提供商，自成立以来，公司承担并完成了多项北京市乃至全国的重大信息化应用工程的建设、运营和维护工作，并形成了独具特色的城市信息化重大工程的建设和运维模式。公司于 2001 年 12 月在香港联交所创业板上市。

地址：北京市海淀区知春路 23 号量子银座 12 层服务创新中心

邮编：100083

电话：010 - 88511155

网址：www. capinfo. com. cn/capweb/chinesegb

双泽翻译咨询有限公司

基本信息：该公司成立于1995年，是中国翻译协会理事单位会员，美国翻译协会会员单位、中电联会员单位、山东省译协企业工作委员会秘书处单位。公司于2009年、2010年连续荣获“中国翻译协会十佳企业会员”称号，2010年被中国日报社二十一世纪英文报评选为“全国50家最具品牌影响力英语教育行业机构”。公司总部设在济南，分别于2007年、2009年在新加坡、北京、美国休斯敦成立分公司。公司可向客户提供多语种口笔译翻译、专业英语培训、管理咨询等服务。特别在工程科技、专利文献、金融投资、招投标文件方面具有专业翻译咨询优势。

北京公司地址：北京市东三环北路丙2号天元港中心B1207室

济南公司地址：山东省济南市二环东路3966号东环国际广场C座2501室

邮编：100027（北京）、250100（济南）

电话：010－84464096（北京）、0531－83530760（济南）

传真：010－84493298（北京）、0531－83530736（济南）

网址：www. sunther. com

电子信箱：marketing@ sunther. com

顺成佳译（北京）翻译有限公司

基本信息：该公司成立于2007年，是中国翻译协会单位会员。公司主要业务是提供技术类专业笔译服务。公司严格遵循各项行业规范，踏实认真做好翻译，赢得了合作客户的好评。

地址：北京市海淀区大柳树富海中心4号楼803

邮编：100081

电话：010－62197757

传真：010－62191126

网址：www. shchtrans. cn

电子信箱：shch_ tr@ tom. com

思迪软件科技（深圳）有限公司

基本信息：该公司是中国翻译协会理事单位会员。总部设在英国，其40多家分公司遍布北美、亚洲、欧洲和中东地区，是一家在伦敦股票交易所上市的全球化公司（标识为“SDL”）。公司的职责是帮助各公司将信息低成本、高质量地传达到全世界。公司向市场提供各种产品和服务，其中包括：企业技术（使用集中翻译管理服务，通过统一术语和高效翻译流程，为全球企业用户服务）、桌面技术（全球超过 80% 的专职翻译都采用该技术）、全球 Web 内容管理（可以在多站点网站建立和维护多语言内容）、专业翻译员内部网络（通过将自动化翻译和人工编辑相结合，将内容翻译成各种语言，比传统翻译服务快 50% 并降低 40% 的成本）。使用 SDL 技术的客户类型广泛，服务对象有小公司客户，也有全球的大企业，例如 Best Western、Canon、CNH、Dell，Emirates，HP，Intel，Microsoft、Philips、salesforce. com、Sony、Virgin Atlantic 等。

地址：广东省深圳罗湖区沿河北路 1002 号京广中心 24 楼单位 6 －9

邮编：518002

电话：0755 －33381188

传真：0755 －33381166

网址：www. sdl. com/cn/company

思拓软件（上海）有限公司

基本信息：该公司成立于 1997 年，是中国翻译协会理事单位会员。公司为世界顶级翻译与本地化服务商瑞士 STAR 集团在中国设立的分支机构，LISA 合作伙伴，主要使用 STAR 集团独立开发的翻译记忆识别系统 Trans 信息技术进行翻译和本地化工作，与 BMW、奔驰、保时捷、奥迪、博世等等客户建立了长期的合作关系。依靠先进的软件、规范的流程和优秀的译员，公司向客户提供技术翻译、软件和网站本地化、术语管理、桌面排版等服务，兼可安排印刷和运输。

地址：上海市宜山路 1698 号兴迪商务大厦 701 室

邮编：201103

电话：（021）34627688

传真：（021）34627779

网址：http：//www. star －group. net

电子信箱：star －shanghai@ star －group. ne

四川顶点翻译咨询有限公司

基本信息：该公司成立于 2004 年，是中国翻译协会单位会员。公司可提供英、日、俄、法、德、葡等多语种翻译服务，业务范围涵盖钢铁冶金、机械、电气及自动控制、化工、土木建筑、法律、财经、信息技术等领域。公司客户包括大型国企、民企、政府机构以及跨国公司。公司还开发了整套针对企业高级技术人员的工程技术英语培训教程，多次为攀钢等大型企业高级技术管理人员举办专业英语培训项目。

地址：四川省成都市人民南路四段 27 号新希望商鼎国际 2 －2 －2603

攀枝花炳草岗人民街 18 号图书馆副楼 3 楼

邮编：610041；61700

电话/传真：028－61689059；0812－3320553

网址：www. ddtran. com

qq 号：1371483867；562527449

电子信箱：scttcc@ yahoo. cn；562527449@ qq. com

四川东方国际教科文有限公司

基本信息：该公司成立于 2001 年，是中国翻译协会单位会员。公司下设的东方国际翻译中心是主要的翻译部门，可向客户提供 20 多个语种的专业口笔译服务。

地址：四川省成都市武成大街 2 号莱茵春天 1006 号

邮编：610021

电话：028－68191113

传真：028－68191112

网址：www. e－translation. com. cn

电子信箱：etran@ vip. 163. com

天津市西戈玛翻译有限公司

基本信息：该公司成立于 1997 年，是中国翻译协会单位会员。公司经过 10 年的不断改革，发展成为数十个语种的互译能力，年翻译量近 2000 万字的翻译服务机构，是天津地区规模最大的翻译公司之一。

地址：天津经济技术开发区新成西路 19 号鸿泰花园别墅 9－6－4

邮编：300457

电话：022－66283215

传真：022－66283215

网址：www. sigmachina. com. cn

电子信箱：L_ chunling. 0426@ hotmail. com

统一翻译（上海）有限公司

基本信息：该公司成立于 1996 年，是中国翻译协会会员。公司向客户提供多语专业文件翻译、游戏软件本地化及信息技术操作手册撰写服务、专业法律及专利文件翻译、同声传译、陪同口译及秘书服务。公司拥有百余位全职翻译和海外专业翻译团队，先进软硬件辅助工具和严格的审稿工作流程，在客户中树立了良好的专业形象与口碑。

地址：上海市闸北区共和新路 3088 弄祥腾财富广场 2 号楼 901 室

邮编：200072
电话：（021）64811919
传真：（021）64810955
网址：www. ptsgi. com
电子信箱：samark@ ptsgi. com

微软（中国）有限公司

基本信息：该公司成立于1995年，是中国翻译协会单位会员。公司制定了在中国长期投资和发展的战略，经过十几年的发展，微软（中国）规模不断壮大，目前在上海、广州、成都、南京、沈阳、武汉、深圳、福州、青岛、杭州、重庆、西安等地均设有分支机构，业务覆盖全国，投资和合作领域涵盖基础研究、产品开发、市场销售、技术支持和教育培训等多个层面。微软在中国的机构设置和功能也日臻完善，已拥有微软中国研究开发集团〔由微软亚洲研究院、微软亚洲工程院、微软中国研究开发中心、微软中国技术中心、微软互联网技术部（中国区）、微软亚洲硬件技术中心及其他分布于北京、上海、深圳的各类产品研发机构组成〕和微软大中华区全球技术支持中心等研发与技术支持服务机构。

地址：北京市朝阳区霄云路38号盛世大厦19层
邮编：100027
电话：010－84538989
传真：010－84538509
网址：www. microsoft. com/zh/cn
电子信箱：v－susiez@ microsoft. com

文思创新软件技术公司

基本信息：该成立于1995年，是一家信息技术服务提供商及在中国居领先地位的离岸软件开发公司之一。文思是第一家在纽约股票交易所上市的中国软件服务外包企业。据国际数据公司（IDC）的统计，以2007年销售额衡量，文思信息技术在为欧美市场提供离岸软件开发行业中位居中国第一。

地址：北京市海淀区中关村软件园8号楼3层
邮编：100193
电话：010－82825266
网址：www. vanceinfo. cn
电子信箱：info@ vanceinfo. com

乌鲁木齐市西北翻译产业有限公司

基本信息：该公司创立于2001年，是中国翻译协会单位会员、中国译协翻译服务委员会“翻译服务诚信单位”，是新疆“守合同重信用”企业，能提供以英、俄、日为主近30个语种的翻译服务。公司已逐步成为新疆独具特色和优势的六大翻译基地：政府外宣与出版物翻译基地、上市公司翻译基地、国际投资项目翻译基地、西部大中型国际会议翻译基地、涉外机构翻译基地以及高校翻译研究生实习基地。

地址：新疆乌鲁木齐市新华北路80号金谷大厦B座17楼

邮编：830002

电话：0991－2840380　2840680　2840980

网址：www. westrans. cn

电子信箱：xbfanyi@163. com

无锡市沃尔得翻译印刷有限公司

基本信息：该公司成立于1993年，是中国翻译协会单位会员。可提供多语种口笔译服务。

地址：江苏省无锡市学前街88号3门201室

邮编：214001

电话：0510－82766664

传真：0510－82766663

网址：www. wxyx. kudo. cn

电子信箱：wxyx888@vip. 163. com

无锡太湖翻译有限公司

基本信息：该公司成立于2004年，是中国翻译协会单位会员，是经工商局批准在无锡正式成立的一家专业翻译机构。公司依托无锡、苏州、南京及上海著名学府，如南京大学、东南大学、河海大学、苏州大学、复旦大学、同济大学、上海交通大学、上海外国语大学等人才、环境优势，建立了一支系统化、专业化、经验丰富的翻译队伍，形成了强大的翻译网络。

地址：江苏省无锡市新区锡南二支路10号（新区质量技术监督局四楼）

邮编：214028

电话：0510－85225689　85902229　88873689

传真：0510－85222979　85434322

网址：www. wxfanyi. com

电子信箱：wuxifanyi@ 126. com

武汉市圣士翻译有限责任公司

基本信息：该公司成立于2000年，下设英语、法语、日语及小语种四个部门，特别在汽车领域具有专业翻译优势。

地址：湖北省武汉市中山大道1166号金源世界中心B座22楼

邮编：420017

电话：027－82780509

传真：027－82771087－809

网址：www. whsense. com

电子信箱：sensecompany@ 126. com　　info@ whsense. com

武汉同文翻译有限公司

基本信息：该公司成立于2002年，是中国翻译协会单位会员。公司是由两位海归学者共同创办的一家专业化翻译机构，通过与全国重点高校和翻译协会合作，拥有一个庞大稳定的翻译群体，汇聚有外文教授、行业专家、外籍专家、留学精英以及各大科研院所专业翻译人员。公司与美国、加拿大和瑞士等国的翻译机构建立有合作伙伴关系，可在不同领域、不同国家、不同时区承接各种口译、笔译业务，涉及汉、英、日、德、俄、韩等20多个语种之间的双向交流和资料翻译业务。公司还和一大批国内外知名企业建立有长期稳定的合作关系。

地址：湖北省武汉大学桂园一路（总部）

邮编：430072

电话：（86）027－87882901 87719430

传真：（86）027－87882901

电子信箱：towin@ towinor. com

西安安诚数字技术有限公司

基本信息：该公司是中国翻译协会单位会员。下设翻译中心，主要向客户提供英、日、法、俄、德、韩等多语种口笔译服务，特别在计算机技术、电子等领域具有专业翻译优势。

地址：陕西省西安市太白南路8号辛家坡小区3122室

邮编：710065

电话：029－88271061
传真：029－88273566
网址：www. ac01. com
电子信箱：ac01@263. net

西安非凡翻译社

基本信息：该公司成立于2006年，西安市科委、工商局审核批准成立，专业从事英、日、德、法、俄、韩、阿拉伯、意大利、西班牙、葡萄牙等数10个语种的笔译、口译、同声传译，涉及机械、建筑、医疗、化学、纺织、电讯、食品、汽车、网络、经贸、财务、法律合约、公函公证等各领域。西安非凡翻译社拥有来自上外、西外、师大、理工、华政、交大、财大等高校毕业的各类复合型外语专职翻译以及活跃于国内外各领域的签约翻译、语言专家与顾问数百人，为国内社会各界以及众多顶级跨国公司提供了大量的翻译服务。

地址：陕西省西安市高新四路中段城市皇冠公寓1902室
邮编：710075
电话：029－62631235
网址：www. choicebest. cn
电子信箱：feifan－xian@ hotmail. com　xian@ choicebest. cn

西安科信咨询服务有限公司（西安翻译服务中心）

基本信息：该公司成立于1980年，可向客户提供英、德、俄、法、日等多个语种的口笔译服务。公司专门从事大型项目招标文件、可行性研究报告、产品说明及设备使用说明、商务及法律文件、市场调研报告、财经分析等技术性资料的笔译服务，并为各类涉外活动（会议、谈判、学术讲座、商务考察、技术引进、设备安装、人员培训等）提供口译服务。

地址：陕西省西安市振兴路133号西安市科委生产力促进中心308室
邮编：710068
电话：029－88420536
传真：029－88420536
电子信箱：xa_ kx@ 163. net

西安普飞特翻译有限公司

基本信息：西安普飞特翻译有限公司是一家专业大型翻译服务机构，以翻译为龙头并致力于为客户提供多元化服务。自成立以来，公司本着“质量第一、服务社会”的宗旨为全国各地200多家公司、企业和政府机关提供了全面的笔译、口译服务。

地址：陕西省西安市雁塔区长安南路449号丽融大厦A幢12层B号

邮编：710061

电话：029－85277258

网址：www. xaperfect. com

电子信箱：xaperfect@ 163. com

西安同传翻译有限公司

基本信息：该公司为专业从事上海英语中/高级口译资格证书考试SIA 、人事部全国翻译资格（水平）考试CATTI以及澳大利亚翻译资格认证考试NAATI的考前培训机构。公司已成功举办11期考前强化班，并取得了丰硕的办学成果，现已成为西北地区规模最大、学员人数最多、最具权威性的翻译类培训机构。通过考试者人数众多，颇受广大师生的认同。公司拥有科学的课堂教学管理体系、务实的办学理念和雄厚的师资队伍，所聘师资全部来自西外大或交大，4/5的讲师具有海外留学背景，部分师资为国际一线资深译员。

地址：陕西省西安市长安南路437号

咨询电话：029－88663776

电子信箱：shenkaiwen@ yahoo. com. cn

厦门精艺达翻译服务有限公司

基本信息：该公司成立于2000年，是中国翻译协会理事单位会员、国际本地化组织LISA资深会员、美国翻译协会（ATA）海外会员，在上海、福州、泉州及德国汉堡设有分部。公司现有专职译员30人，主要向客户提供多语种口笔译、网站及软件本地化服务。公司创建的翻译网站“译网”（www. translators. com. cn）是中国翻译行业主要网站之一，该网站的“译网情深”翻译论坛是国内最活跃的翻译专业论坛之一。

地址：福建省厦门市后埭溪路28号皇达大厦15楼JKLM单元

邮编：361004

电话：0592－5185471

传真：0592－5185755

网址：www. xmmaster. com

电子信箱：info@ mts. cn

香港尧舜语言翻译服务有限公司

基本信息：该公司是中国翻译协会理事单位会员。致力于为本地及国际客户提供各类文本的翻译、转录、编辑等服务。拥有24年历史的尧舜翻译公司在各类翻译领域均拥有丰富的实践经验。尧舜翻译公司的员工大都有硕士以上学历，并多有留学美、英、澳等国家的履历。

地址：Un 信息技术 s 601 - 2，6/F，Shanghai Industrial Investment Bldg.，48 - 62 Hennessy Road，Wanchai，Hong Kong

电话：(852) 2531 3131

传真：(852) 2379 9085

网址：www. yaoshun. com. hk

电子信箱：info@ yaoshun. com. hk

学府翻译有限公司

基本信息：该公司成立于1998年，是中国翻译协会单位会员。公司下设学府翻译、学府信息科技、学府数字娱乐、名画廊四个产业，并在广州、上海、合肥、昆明、贵阳、苏州、无锡、扬州、南通等地设立分支机构。公司凭借优秀的翻译团队、严格的审校环节、科学的工作流程、高效的管理机制，赢得了客户的信赖，现已成为多家政府机构和跨国企业长期合作翻译机构，如：司法公证机关、法院、东方航空、荷兰壳牌、西门子、阿尔斯通、三星集团、LG家电、中广核、熊猫电子、金陵药业、中铁集团等。公司还从事国内外重大项目的本地化服务，现已与中广核集团建立了长期合作，在国际服务外包领域发挥着不可忽视的推动作用。

地址：江苏省南京市建邺区云龙山路88号烽火科技大厦B座10楼

邮编：210019

电话：025 - 84711011 84670758 84712215

传真：025 - 84701020 84670755

电子信箱：personnel@ college - china. com

烟台市三特翻译事务所

基本信息：烟台市三特翻译事务所（Yantai Cent Translation，Inc.）成立于1998年，是经市工商局注册的国内较早的、颇具实力的多语种专业翻译机构。语种涉及英语、日语、韩语、西班牙语、德语、法语、俄语、意大利语、葡萄牙语、荷兰语、瑞典语、越南语、泰语、缅甸语、印尼语等。该所在高分子化工、机械、汽车、电子、通讯、建筑、经济、法律、金融、证券、医药、生化、计算机、环境保护、冶金、纺织、食品等专业领域，有显著的业绩，尤其在橡胶化工方面具有独特优势。

地址：山东省烟台市芝罘区胜利路一号甲3楼

邮编：264001

电话：0535－6088177

传真：0535－6089986

网址：www. cent3. com

电子信箱：6265308@163. com

延吉市今易翻译商务中心

基本信息：该公司成立于2001年，主要提供英、日、韩、俄、德、法、意、西等语种的笔译服务和英、日、韩、俄等语种的口译服务。

地址：吉林省延吉市光明街876号中关科技大厦516室

邮编：133000

电话：0433－2568212

传真：0433－2563836

网址：www. trans. ease. com

电子信箱：yjjytbc@mail. jl. cn

阳光时代翻译有限公司

基本信息：该公司是中国翻译协会单位会员。翻译语种包括英、日、韩、德、法、俄、泰国语等，拥有广泛的翻译网络和翻译资源，能对大批量的各专业资料，特别是招投标书和总承包翻译项目等，进行准确而又快捷的翻译。公司服务涉及各专业资料笔译、口译、同声翻译，包括翻译项目总承包、招投标书翻译、外事代理、网站翻译、产品资料翻译及提供本地化服务，翻译行业涉及高速公路和铁路建设、电站建设与电站自动化改造（水火核电）、城镇基础设施、水利设施、污水处理、电子产品、工业生产等以及移民、留学等公司和个人日常性文件等。公司翻译能力的不断提高，完整的翻译和校对系统，确保了翻译的质量和工期，让客户享受到了公司的优质服务。

地址：四川省成都市天府广场（市中心）西御街8号西御大厦A座11楼

邮编：610000

电话：028－86113205

网址：www. daysinchina. com/

电子信箱：fangni315@163. com

英华博译（北京）信息技术有限公司

基本信息：该公司成立于2006年，主要提供英、法、德、意、西、日、韩等语种的口笔译服务，在体育、商业、机械、汽车等行业具有专业翻译优势。

地址：北京市海淀区大钟寺13号华杰大厦9B9室

邮编：100098

电话：010－62133679

传真：010－62133679－18

网址：www. boeyi. com

电子信箱：translatordu@ 126. com

云南新宇翻译有限公司

基本信息：该公司成立于1992年，是中国翻译协会理事单位会员。自成立以来，一直致力于将翻译服务作为消除各国语言文化障碍的媒介，为世界各地的人们搭建语言桥梁和相互理解的通道。公司业务包括笔译（商务、公函、项目、信息、网络信息地域化）、口译（电话口译、商务会谈口译、商务拜访、会晤）、同声传译、交替传译。

地址：云南省昆明市安康路刘家营新区16幢4单元601

邮编：650034

电话：0871－5120166

传真：0871－5123430

网址：www. transworm. com　www. transworm. cn

电子信箱：xinyufanyi@ yahoo. com. cn

展地（北京）翻译有限公司

基本信息：该公司成立于2008年，是国务院新闻办公室指定多语种翻译服务提供商。2009年在西安设立翻译基地，对外提供口笔译、本地化、出版编辑、影视配音、排版录入等方面的服务。业务涉及军事、航空航天、能源化工、法律财经、建筑工程、信息技术通信、汽车机械等多个行业；语言种类包括英、日、韩、德、法、西、意、俄等78个语种。展地译员以专职化和科技化为目标，严格执行翻译行业职业流程和操作规范，凭借多年的项目处理经验和高效的团队管理，为客户提供专业、精准的服务。

地址：北京市东城区东直门南大街9号华普花园B座802

邮编：100007

电话：010－84094742　82621623

传真：010－82621623

网址：www. bjzdfy. com

张家港杨舍西城译诺翻译社

基本信息：该社专业提供英、日、韩、德、法、俄、越南语、意大利语、葡萄牙语、西班牙语、阿拉伯语、马来语、斯拉夫语、菲律宾语、希腊语、芬兰语等30余个语种的口译、笔译服务，为各涉外机构、企事业单位、社会各界提供严谨、优质、快捷的翻译服务。该社拥有一批精通各类专业技术知识和语言的翻译人才，包括具有多年翻译经验的博士、硕士、留学回国人员以及资深口笔译译员。该社聘请外籍校对、译审人员层层审核，保证译文质量。译诺翻译社始终坚持“优质、高效、诚信、安全”的服务原则。

地址：江苏省张家港市杨舍镇云盘二村70幢405室

邮编：215600

电话：0512－58976405

电子信箱：Promisetrans@ 163. com

镇江雷声翻译有限责任公司

基本信息：该公司下属的镇江翻译网集专业翻译与计算机网络技术于一体，有着全新的运作模式和技术手段，通过英特网（Internet）和局域网（Intranet）实现译员、校对人员、专业排版人员和项目管理人员之间的密切配合，从而完成整个业务协同运作。公司服务范围包括机械、建筑、电力电子、化工、计算机，服务的语种范围包括英、日、韩、俄、法、西班牙等语种以及东南亚各语种。公司专注于科技类翻译。不但保证提供最准确有效的专业术语翻译，同时所属专业工程师还可以对翻译资料中所涉及的技术难点从专业角度给予解释和帮助。

地址：江苏省镇江市学府路3号（轻工局一楼）

邮编：212003

电话：0511－84499545

传真：0511－85908545

手机：1386 1398 020

电子信箱：fanyi0511@ 163. com

客服QQ：553986009

网址：www. zjfanyi. com

知财信息咨询（上海）有限公司

基本信息：知财信息咨询（上海）有限公司，作为东京总公司·株式会社知财翻译研究所的关联公司，在上海市知识产权局、上海知识产权园和中国相关知识产权机关的关心下，于2006年2月28日在上海市的知识产权信息发信基地——上海知识产权园园区内成立。公司为100%外资独资企业（WFOE），是把知识产权信息咨询服务作为主要业务的公司。

地址：上海市中山公园汇川路99号新时空国际商务广场1006室

邮编：200050

电话：021－52735063

传真：021－52735060

网址：www. chizai. com. cn

电子信箱：info@ chizai. com. cn

中国船舶信息中心

基本信息：该中心成立于1963年，是中国翻译协会单位会员，隶属于中国船舶重工集团公司。该中心主要承接国外海军装备、船舶技术等工程技术的翻译。在机械工程、材料及热处理、核能、无线电通讯、电子、化工等领域具有多语种专业翻译优势。

地址：北京市2854信箱

邮编：100085

电话：010－64873729

传真：010－64871809

网址：http：//218. 249. 41. 14

中国对外翻译出版公司

基本信息：该公司成立于1973年，是中国翻译协会创始单位，中国翻译协会理事单位会员。该公司是经国务院批准成立的国家级翻译出版机构，中国出版集团成员单位，中国标准化协会团体会员单位，中国翻译协会翻译服务委员会副主任单位及秘书处所在单位，全国翻译专业资格（水平）考试培训机构；通过了ISO9001：2008国际质量体系认证，建设“多语种翻译资源数据库及应用系统”；与北京外国语大学高级翻译学院、对外经济贸易大学、北京第二外国语大学翻译学院等院校共建了“教学实习基地”；设立有南方、华东、北京、东北分公司和中译语通科技（北京）有限公司、上海中版翻译有限公司。

公司翻译业务由为联合国总部及各有关机构提供翻译服务逐渐拓展到为我国政府部门、外国驻华使馆及社会各界提供语言服务。翻译服务领域涉及金融、法律、科技、机械、化工、医药、文化等各行各业。翻译形式由文字翻译发展到交替传译、同声传译和会展语言服务，由派出翻译发展到驻外翻译和远程翻译。

先后有500多名多语种、多种学科领域的翻译、编辑和资深专家加盟公司，其中有20多人享受国务院政府特殊津贴，30多人被中国翻译协会授予“资深翻译家荣誉称号。公司2009年、2010年连续获得“中国翻译协会十佳企业会员”称号。

公司倡导、组织并参与了《翻译服务规范》（笔译、口译）、《翻译服务译文质量要求》等国家标准中英文文本的制订、宣传和贯彻工作。

近年来，公司受到北京奥组委表彰，被中国翻译协会授予“中国翻译事业杰出贡献奖”，取得“2010年上海世博会笔译口译赞助商”地位，被商务部、文化部、广电总局、新闻出版总署四部委认定为“2009－2010年度国家文化出口重点企业”。

地址：北京市西城区车公庄大街甲4号物华大厦6层

邮编：100044

电话：010－68005858（总机）68002528、68002858、68002558（市场）

传真：010－68004751（市场）

网址：www. ctpc. com. cn

中国石化镇海炼油化工股份有限公司信息中心

基本信息：该中心成立于1988年，是中国翻译协会单位会员。主要提供英、日语笔译服务，特别在石油化工、机械设备、商务合同、石油工艺操作、工作流程说明书等领域具有专业翻译优势。

地址：浙江省镇海炼化公司信息中心

邮编：315207

电话：0574－86445251

传真：0574－86446789

网址：www. zrcc. com. cn

People

译界人物

获奖人物

编者按：以下获奖人物简介均由其本人或工作单位提供。因受客观条件限制，除中国翻译协会设立的奖项外，社会其他领域的获奖翻译家可能会有遗漏，遗珠之处，欢迎来函指出。

翻译文化终身成就奖获得者

奖项简介

“翻译文化终身成就奖”是2006年由中国翻译协会五届五次常务会长会议决定设立的非常设荣誉奖项，授予健在的、在翻译与对外文化传播和文化交流方面做出杰出贡献、成就卓著、影响广泛、德高望重的翻译家，是中国翻译协会设立的表彰翻译家个人的最高荣誉奖项。2009年9月17日，杨宪益成为继季羡林之后的第二位“翻译文化终身成就奖”获得者；2010年12月2日，又有沙博理（Sidney Shapiro）、许渊冲、草婴、屠岸、李士俊获得此项荣誉奖项。

杨宪益

杨宪益（1915～2009）：我国著名文学翻译家、外国文学研究家、诗人、第六届全国政协委员、民革中央委员、中国翻译协会名誉理事、中国作家协会理事。

杨宪益1915年生于天津，祖籍安徽泗州（今泗县）。少年时期在家塾和教会学校读书，接受中西文化的熏陶。1934年天津英国教会学校新学书院毕业后到英国牛津大学莫顿学院学习古希腊罗马文学、中古法国文学及英国文学。1940年回国，1941至1942年任贵阳师范学院英语系主任，1942年至1943年任成都光华大学教授，1943年后在重庆及南京任编译馆编纂。自1953年起在中国外文局工作，先后任外文出版社翻译部专家、《中国文学》杂志社总编辑。1979年起兼任中国社会科学院外国文学研究所研究员。

杨宪益学贯中西，为中外文化交流尤其是中国文化走向世界做出了卓越贡献。他长期从事文学和文化翻译，特别是中国文学作品的对外翻译。杨宪益一生成就卓越，他的翻译作品从先秦文学到现当代文学，跨度之大、数量之多、质量之高、影响之深，为中国翻译界所公认。他一方面与夫人戴乃迭合作，把《红楼梦》、《楚辞》、《史记选》、《关汉卿杂剧》、《老残游记》、《魏晋南北朝小说选》、《唐代传奇选》、《宋明平话小说选》、《儒林外史》、《长生殿传奇》、《古代寓言选》、《鲁迅选集》（4卷）、《青春之歌》等大量中国古今文学名著译成英文出版，同时把阿里斯托芬的《鸟》和《和平》、荷马的《奥德修纪》、维吉尔的《牧歌》、法国中古史诗《罗兰之歌》、萧伯纳的《凯撒与克丽奥帕脱拉》和《卖花女》等欧洲古今文学名著译成中文出版。特别是他与夫人戴乃迭联袂翻译的英译本《红楼梦》，已成为最受中外学者和读者认可和推崇的经典译作。此外，他还撰有《译余偶拾》、《零墨新笺》、《零墨续笺》等学术著作多种。1981 年发起并主持"熊猫丛书"的编译工作，受到国外广大读者的欢迎。

杨宪益治学严谨，为人谦和，在国内外翻译界均享有崇高威望，深受翻译界同仁和晚辈的尊敬与爱戴。杨宪益强调，翻译不仅要外语好，中文基础也很重要。他认为，翻译是通过一种语言转达另一种语言的文化信息，因此可以说任何翻译都离不开文化。要想正确理解所翻译的东西，在很大程度上取决于是否有对相关文化的了解。因此，他曾殷切寄语青年翻译工作者，对自己的文化要了解一点，多看一点书。

杨宪益是中国翻译协会（原称中国翻译工作者协会）第一届全国理事会理事，第二、三、四、五、六届全国理事会名誉理事。1986 年，中国译协的会刊《翻译通讯》更名为《中国翻译》，其英文刊名 Chinese Translators Journal 就是由杨宪益审定的。

2002 年，杨宪益被中国翻译协会授予"资深翻译家"荣誉称号。2009 年 9 月 17 日，94 岁高龄的杨宪益成为"翻译文化终身成就奖"获得者。杨宪益先生是获得该荣誉奖项的第二位翻译家。

沙博理（Sidney Shapiro）

沙博理，1915 年 12 月出生于美国纽约，1937 年毕业于圣约翰大学法律系。第二次世界大战期间加入美国陆军服役，退伍后沙博理相继进入哥伦比亚大学和耶鲁大学学习中文和中国历史文化。

1947 年 4 月沙博理来到中国，在上海接触了进步的中外人士，由同情转而投身于中国革命，支持中国同志创办进步刊物《人世间》。1948 年，他与著名演员和进步作家凤子结为夫妇，并于 1949 年 10 月 1 日，和凤子应邀参加了开国大典，沙博理从此定居中国，并以外国专家的身份满腔热忱投身于新中国的建设事业。

沙博理先在对外文化联络局做英文翻译，1951 年到《中国文学》杂志社从事审译工作，1972 年调到人民画报社。作为新中国文学向西方传播的前驱使者，他相继翻译了美国出版的第一部反映"红色中国"的小说《新儿女英雄传》、著名作家巴金的《家》、茅盾的《春蚕》以及《林海雪原》、《保卫延安》、《创业史》、《月芽》、《孙犁小说选》等著名小说。十年动乱期间，沙博理翻译完成的中国古典文学名著《水浒传》成为中国文学翻译史上举足轻重的作品。近几年，他还翻译了邓榕撰写的长篇人物传记《我的父亲邓小平——"文革"岁月》。

多年来，沙博理除了倾全力翻译中国文学作品外，还陆续撰写了自传体著作《一个美国人在中国》和《我的中国》，以及研究中国问题的著述《四川的经济改革》、

《中国封建社会的刑法》、《中国学者研究古代中国的犹太人》、《马海德传》等书，先后在中国、美国、以色列、新加坡等国出版，引起很大反响。

1963年，经周恩来总理批准，沙博理加入了中国国籍，成为中国公民。1983年沙博理当选为第六届全国政协委员以来，一直连任至今。

2010年12月，中国翻译协会授予沙博理“翻译文化终生成就奖”。

许渊冲

许渊冲，1921年4月生于江西南昌。先后就读于南昌实验小学和江西省立南昌第二中学，1938年入读国立西南联合大学外文系，与杨振宁一同师从钱钟书教授。1941年应征在美国志愿空军任英文翻译。1943年从联大毕业，并在同一时期将桂冠诗人德莱顿的诗剧《江山殉情》（又名《一切为了爱情》）译成中文；之后在联大校友合办的昆明天祥中学任英文教师；1944年考入清华大学研究院外国文学研究所，研究莎士比亚和德莱顿的戏剧艺术；1948年通过出国留学考试，赴法国巴黎大学研究拉辛和莎士比亚的戏剧艺术；1950年获得巴黎大学文学研究文凭，后将中国四大诗剧《西厢记》、《牡丹亭》、《长生殿》、《桃花扇》译成英文，为中国文化对外传播做出了贡献。

许渊冲1951年在北京外国语学院任教；1952年调任解放军外国语学院任英文法文教授；1958年开始把毛泽东诗词译成英文法文。1983年到北京大学，任外国语学院客座教授，讲授文学翻译；1984年在国际关系学院开设中西文化比较课程；1985年在国际文化教研室（该教研室之后整体并入北京大学新闻传播学院）任教，为双学士及研究生开设翻译及文化课程至1991年退休。

截至2010年底，许渊冲共出版中英法文著译120部，其中：

中文论著有：《翻译的艺术》、《文学翻译谈》、《文学与翻译》、《译笔生花》等，总结了中国学派的文学翻译理论。

英文著作有：《中诗英韵探胜——从诗经到西厢记》（列入北京大学名家名著文丛）、《逝水年华》（在北京和纽约出版）。

英译作品有：《诗经》、《楚辞》、《论语》、《老子》、《唐诗三百首》、《宋词三百首》、《元曲三百首》、《李白诗选》、《苏东坡诗词选》、《毛泽东诗词选》等名著。此外还有《中国古诗词三百首》（英国企鹅图书公司出版，其中30首被选为美国斯坦福大学教材）。

法译作品有：《中国古诗词三百首》、《诗经选》、《唐诗选》、《宋词选》、《毛泽东诗词四十二首》。

汉译作品有：《一切为了爱情》、《昆廷·杜沃德》、《雨果戏剧选》、《红与黑》、《人生的开始》、《包法利夫人》、《水上》、《约翰·克里斯托夫》、《哥拉·布勒尼翁》、《飞马腾空》等。

此外，许渊冲对中国古代文化经典《道德经》做出了新的解释，提出了解决现代文学翻译矛盾的理论；在文学翻译理论研究方面，许渊冲提出了“优化论”，总结了中国学派的文学翻译理论，在翻译界产生了重要影响。

2010 年 12 月，中国翻译协会授予许渊冲“翻译文化终身成就奖”。

草婴

草婴，原名盛峻峰，1923 年 3 月生于浙江镇海。曾就读于上海雷士德工学院附中、松江二中和南通农学院。1941 年起为《时代》杂志翻译有关苏德战争的通讯、特写等，并为《苏联文艺》翻译短篇小说。1945 至 1951 年在塔斯社上海分社工作，兼任时代出版社编译。50 年代起作为专业会员参加作家协会，专门从事文学翻译。50 年代末参加《辞海》修订工作，被聘为《辞海》编委，兼任外国文学分册主编。60 年代起开始翻译古典作品，主要是托尔斯泰小说。后因中苏关系破裂和“文革”受阻，草婴及所翻译的肖洛霍夫作品成为批判的对象，受到冲击。粉碎“四人帮”后，草婴迎来翻译的春天，历时 20 年，完成《托尔斯泰小说全集》12 卷，共 400 万字。

草婴翻译的文学作品主要有：

普拉东诺夫短篇小说《老人》（原载 1942 年《苏联文艺》）

巴夫连柯长篇小说《幸福》（1950 年时代出版社出版）

戈尔巴托夫长篇小说《顿巴斯》（1955 年人民文学出版社出版）

尼古拉耶娃中篇小说《拖拉机站站长和总农艺师》（1955 年中国青年出版社出版）

班台莱耶夫等小说《翘尾巴的火鸡》（1956 年少年儿童出版社出版）

肖洛霍夫中篇小说《一个人的遭遇》（1957 年新文艺出版社出版）

短篇小说集《顿河故事》（1959 年上海文艺出版社出版）

长篇小说《新垦地》（旧译名《被开垦的处女地》）第一、第二部（1962、1961 作家出版社出版）

卡达耶夫中篇小说《团的儿子》（1961 年少年儿童出版社出版）

列夫·托尔斯泰中短篇小说《高加索故事》（1964 年人民文学出版社上海分社出版）

莱蒙托夫长篇小说《当代英雄》（1978 年上海译文出版社出版）

《托尔斯泰小说全集》，包括：《战争与和平》（四卷）、《安娜·卡列尼娜》（上、下卷）、《复活》、《一个地主的早晨》、《哥萨克》、《克鲁采奏鸣曲》、《哈吉·穆拉特》和《童年·少年·青年》（1978 年至 2004 年间先后由上海译文出版社、外文出版社、上海远东出版社、台湾木马文化事业有限公司、上海文艺出版社等出版）。

著有《我与俄罗斯文学》（2003 年文汇出版社出版）。

20 世纪 50 年代初，草婴受命参与华东作家协会筹备工作，曾出席上海市第二至六届文代会，担任上海市第一至五届政协委员，当选上海市第八、九届人大代表，曾先后担任中国翻译工作者协会副会长，上海翻译家协会会长，上海市文联副主席、中国作家协会上海分会副主席，受聘华东师范大学和厦门大学兼职教授以及上海市文史资料馆馆员。

草婴在翻译界享有崇高声誉，他毕生从事俄罗斯文学的翻译和研究，受到国内外专家学者的高度评价。1987 年 6 月，在“第七届苏联文学翻译国际会议”上获高尔基文学奖（中国首位高尔基文学奖获得者）；1988 年获苏联对外友好文化联合会颁发的“友谊奖章”和奖状；1997 年获中国作家协会“鲁迅文学翻译奖——全国优秀文学翻译彩虹奖”；2000 年 11 月获中俄友好协会颁发的荣誉证书和奖章；2002 年，获中国翻译工作者协会“资深翻译家”荣誉称号；2003 年 3 月，为庆贺草婴 80 寿辰，俄罗斯驻华大使罗高寿发来贺信，盛赞草婴为促进中俄文化交流做出的努力。2006 年 5 月，草婴荣获俄罗斯“马克西姆·高尔基奖章”，并被俄罗斯作家协会吸收为名誉会员。

2010 年 12 月，中国翻译协会授予草婴“翻译文化终身成就奖”。

屠岸

屠岸，常州人，1923 年生。1942 ~ 1946 年肄业于上海交通大学。1946 年加入中国共产党。1949 年中华人民共和国成立后，先后在上海市文艺处、华东军事委员会文化部、中国戏剧家协会、人民文学出版社工作，历任《戏剧报》常务编委，中国剧协研究室副主任，人民文学出版社副总编辑、总编辑等职，现为中国作家协会全委会名誉委员、中国诗歌学会副会长。

在长期从事文艺组织、戏剧编辑研究、文学编辑出版和诗歌创作之余，他始终坚持进行外国文学作品的翻译工作，主要译著包括：

美国诗人惠特曼的诗集《鼓声》（1948）

《莎士比亚十四行诗集》（1950），累积印数计约 60 万册）

南斯拉夫作家纽西奇的讽刺喜剧《大臣夫人》（1958）

斯蒂文森儿童诗集《一个孩子的诗园》（合译，1982）

惠特曼诗集《我在梦里梦见》（合译，1987）

《莎士比亚抒情诗选》、《迷人的春光——英国抒情诗选》和《我听见亚美利亚在歌唱——美国诗选》（合译，1988 ~ 1989）

《英美儿童诗歌精品选》（1997）

布朗宁等著的《哈默林的花衣吹笛人》（2001）

《夜莺与古瓶——济慈诗歌精粹》（2008）。

2001 年，他的译著《济慈诗选》（1997）荣获第二届鲁迅文学奖——全国优秀文学翻译彩虹奖。2007 年，译林出版社出版了他历时 60 余年完成的重要译著《英国历代诗歌选》（上下册），收入 155 位英国诗人的 583 首诗。

他还翻译、编选出版了多种英汉对照本，如《莎士比亚十四行诗一百首》（1992）、《英美著名儿童诗一百首》（1994）、《英语诗歌精选读本》（2007）、《永生的启示——

英国浪漫主义诗歌名篇赏析》(2010) 等。

此外，屠岸还翻译了莎士比亚的历史剧《李尔王》(2000)、莎士比亚的长篇叙事诗《鲁克丽丝失贞记》(2000)。还与章燕编选出版了《外国诗歌经典100篇》、《英美著名少儿诗选》(六种)、外国爱情诗选《我愿意是激流》等。

他在积极从事文学翻译实践的同时，也对文学翻译理论努力进行思考和研究，撰写了《“信达雅”与“真善美”——关于文学翻译答南京大学许钧教授问》、《横看成岭侧成峰——关于诗歌翻译答香港〈诗双月刊〉王伟明先生问》、《“归化”与“洋化”的统一》等多篇文章，探讨文学翻译的重要理论与实践问题。2001年应邀在英国诺丁汉大学所做学术报告“A Talk about Poetry and Poetry Translation” (《诗歌与诗歌翻译》)，就是在这方面与国外学术界同行进行的一次深度文化交流。

2010年12月，中国翻译协会授予屠岸“翻译文化终身成就奖”。

李士俊

李士俊，1923年3月出生于河北安国县，1949年12月参加工作。曾任世界语中国报道杂志社副总编辑、中国世界语出版社及《世界》杂志副总编辑，荣获国际世界语科学院院士称号。

李士俊1939年开始学习世界语，1940年参加重庆世界语函授学社学习。1946年与许寿真等组织成都世界语协会，任秘书，举办世界语展览会，开办世界语学习班，并参加了国际世界语新闻记者协会，和许寿真、邵利华等一起给《国际文化》杂志供稿，报道我国解放斗争。1946年至1950年夏季，先后在成都、仁寿、犍为、资阳、宜宾、华阳等地中学从事教学工作，并开展世界语宣传教育活动。1950年9月从成都调到北京，参加中华全国世界语协会筹备工作，于当年10月，调到国际新闻局（后改名为“中国外文出版发行事业局”）世界语月刊《人民中国报道》(后改名为《中国报道》)做编辑翻译工作。曾担任《中国报道》杂志社编委、总编室副主任、副总编辑，中国世界语出版社及《世界》杂志副总编辑，以及全国翻译系列高级专业技术职务任职资格评审委员会委员等职。1983年当选国际世界语科学院院士，1992年、2001年和2010年又连续当选，任期至2019年。1984年任国际世界语协会教育顾问委员会委员。从1951年起先后任中华全国世界语协会候补理事、理事、常务理事、北京世界语协会副理事长兼教育委员会主任等职。还担任过中国人民大学新闻系世界语选修课教师、北京外国语学院及上海外国语学院世界语高校教师培训班教师、青岛大学、中国传媒大学（原北京广播学院）客座教授。

几十年来，李士俊撰写、翻译了大量世界语书籍及重要文献：

用世界语撰写作品有：《Rakontoj pri Afant》(《阿凡提的故事》韵文250篇)、《Pri la Traduka Arto de Esperanto》(《汉世翻译教程》)、《Promeno tra la Esperanta Literaturo》(《世界语文学漫步》) 等10多部作品；

主要译著有：《阿诗玛》（叙事诗）、《春天里的秋天》、《王贵与李香香》（李季叙事诗）、《寒夜》、《巴黎试管小姐幽兰丽雅奇遇记》（世译汉）、《配图古诗精选》、《聊斋志异选》、《三国》、《水浒传》、《西游记》、《四世同堂》，毛泽东重要文献著作《论人民民主专政》、《实践论》、《矛盾论》、《在延安文艺座谈会上的讲话》、《湖南农民运动考察报告》等；合译著作有：《中国文学作品选集》（三卷）、《鲁迅小说集》、《中国古代小说选》、《李白诗选》、《杜甫诗选》、《唐诗选译》、《新编世界语课本》、《世界语在中国一百年》等。

编译作品有：《世界语会话》、《世界语初阶》、《世界语自修课本第一、二册》、《世界语会话指南》、《世界语歌曲集》、《世界语诗歌十二讲》、《世界语初级教程》、《助学小唱》（世界语创作诗歌 222 首）、《刺猬头彼得》（德国霍夫曼韵文儿童故事）、《中华谚语俗语选》，《世界语学习词典》等。合编作品：《世界语新词典》、《世界语汉语词典》等。

此外，他还撰写有书评、杂文、小说、诗歌、剧本等数百篇，翻译各种稿件 200 余万字，均发表在国内、外杂志及文集中。

2003 年在瑞典召开的第 88 届国际世界语大会上，国际世界语协会授予他格拉鲍斯基头等奖。

2003 年参加中国世界语文艺创作翻译比赛，荣获第一名。

2004 年当选国际世界语协会荣誉会员。

2005 年在美国奥斯丁北美世界语大会儿歌创作比赛中获奖。

2006 年在意大利佛罗伦萨 91 届国际世界语大会文学比赛中，缩写独幕剧《天鹅》，获荣誉奖。

李士俊从 1991 年开始享受国务院颁发的国家特殊津贴。

2010 年 12 月，中国翻译协会授予李士俊“翻译文化终身成就奖”。

中华图书特殊贡献奖获得者

奖项简介

中华图书特殊贡献奖是中国国务院新闻出版总署设立的政府奖项，创立于 2005 年，目的是弘扬中华文明，促进中国出版走向世界，对于在版权输出、弘扬中华文明方面做出突出贡献的中外出版家、翻译家和作家进行奖励。截至 2009 年，已颁发四届。前三届有包括俄、法、德、美、西、韩等国在内的 16 位翻译家、作家和出版家获得该奖，其中有俄罗斯的卢·阿·叶甫盖尼耶维奇、托·谢·阿尔卡季耶维奇和瓦·德·尼古拉耶维奇，美国的葛浩文，德国的顾彬、罗梅君，法国的华裔翻译家李治华和中国外文局法语翻译家唐家龙。陈国坚是在 2009 年第四届获此奖项的西班牙语获奖翻译家。

陈国坚

陈国坚，籍贯广东新会，1938 年 12 月生于越南堤岸一华侨家庭。1948 年底回国，在肇庆、广州读中小学。1957 年到 1961 年在北京外贸学院（现对外经济贸易大学）西班牙语专业学习，并留校任教。1972 年 2 月起在广州外语学院（现广东外语外贸大学）教授西班牙语，1991 年出国探亲，后定居西班牙。

陈国坚在国内出版发表过许多有关西班牙语言文学的论文；翻译出版过西班牙和拉美的文学作品，如著名作家加尔多斯、莫拉亭、阿拉尔孔等的小说、戏剧；主编了《西班牙语成语词典》，编写出版了《西班牙语入门》，与赵士钰教授合作出版了《汉西翻译教程》，并编写了多种教材；负责主审国家教委规定的、由南京大学负责的统编教材《西汉翻译教程》（1988 年上海外语教育出版社出版）。

1980 年起他开始研究中国诗词西译。1981 年在墨西哥研究院第一、第二期《亚非研究》上发表他译的李白、杜甫诗词。1982 年和 1984 年先后在墨西哥和秘鲁出版 *Copa en mano, pregunto a la luna*（《把酒问月——李白诗选》）和 *Poemas de Bai Juyi*（《白居易诗选》）。从 1988 年起，在西班牙出版了以下七本诗词译本：*Poemas de Tang, edad de oro de la poesía china*（《中国诗歌的黄金时代——唐代诗选》），收唐诗 137 首；*Poemas de Li Po*（《李白诗选》），收李白诗百首；*Eres tan bella como una flor, pero las nubes nos separan*（《美人如花隔云端》），收李白诗 30 余首；*Poesía clásica china*（《中国古典诗词》），收 92 位诗人 252 首诗词；*Poesía china caligrafiada e ilustrada*（《西汉对照书画中国诗词》），收诗词 42 首；*Lo mejor de la poesía amorosa china*（《中国爱情诗歌精华》），收 90 位诗人诗词 126 首；*Poesía china elemental*（《中国诗词必读》），收诗词 88 首。这些书受到西班牙学术界的高度评价和赞赏：他的三本书曾多次登上西班牙诗歌类畅销书排行榜，其中《中国爱情诗歌精华》则被西班牙第一大报《国家报》列为向读者推荐的 2007 年 10 本外国诗歌的榜首。

2009 年 9 月，陈国坚获得中国政府颁发的中华图书特殊贡献奖。

傅雷翻译出版奖获得者

奖项简介

傅雷翻译出版奖由法国驻华使馆文化处举办，每年举行一次。该奖项旨在奖励中国年度翻译和出版的最优秀的法语图书，于 2009 年首次颁发。由中、法翻译家、作家和大学教授组成的评委会根据中译本图书的翻译和出版质量进行评选。

马振骋

马振骋，1934 年 3 月生于上海，1957 年毕业于南京大学外语系法国语言文学专业，先后在北京轻工业学院（现北京工商大学）、上海第二医科大学任教。教学之余，退休之后，先后翻译以下法国文学作品：

圣埃克苏佩里的《人的大地》（1981）、《小王子》（1989）、《要塞》（2003），

波伏瓦的《人都是要死的》（1985），

高乃依的《贺拉斯》（1990），

萨巴蒂埃的《瑞典火柴》（1994），

米歇尔·德·蒙田的《蒙田随笔》（部分，1997）、《雷蒙·塞邦赞》（2006）、《蒙田随笔全集》（全三卷，2009），

克洛德·西蒙的《大酒店》（1999），

杜拉斯的《如歌的行板》（1999）、《毁灭，她说》（1999），

法兰西史诗《罗兰之歌》（1999），

纪德的《田园交响曲》（1999）

昆德拉的《慢》（2003）

洛朗·戈代的《斯科塔的太阳》（2005），

莉莲安·古戎的《嫁给风的女孩》（2008），

弗拉基米尔·费多洛夫斯基的“俄罗斯三部曲”《独特的俄罗斯故事》《圣彼得堡故事》《克里姆林宫故事》（2010）。

此外，他还出版学术随笔和法国文化研究文集《巴黎，人比香水神秘》、《镜子中的洛可可》、《我眼中残缺的法兰西》等。

2004 年，他翻译的《小王子》一书在香港被评为“十大好书”；2009 年，他翻译的《蒙田随笔全集》（全三卷）获得“首届傅雷翻译出版奖”，并被深圳读书月活动评为“2009 年度十大好书”。

傅雷翻译出版奖评委会宣布的颁奖词说：“这是一项僧侣般的工作，唯有对法国文化带有深刻感悟、将法国文学视为生命的译者，才能有毅力完成；这是一项艰难的工作，唯有对法国语言的多重色彩有高度的把握，对汉语的运用同样得心应手的译者才能胜任。译者对原文理解深刻，译笔流畅，文字风格连贯，对诸多典故出处把握精准，将法兰西一位伟大思想家、文学家的灵魂世界完整地呈示在中国读者面前，在完成历代翻译家的夙愿的同时，为当代中国读者提供了良好的精神食粮。”

张祖建

张祖建，祖籍河北栾城，1953 年 11 月生于北京，1963 年入北京外国语学院附小。

先后在北京第二外国语学院（法语本科），北京大学（法语硕士），美国宾夕法尼亚州立大学（法语语言学博士）就读。现为美国加州莱尼学院终身教授兼外语系主任。

张祖建青少年时期正逢文化大革命的动荡年代，自17岁至25岁，在首都钢铁公司铸造厂当工人，经历了8年的高温车间“三班倒”的身心锻炼。他是1978年恢复高考后的首届大学毕业生。1984年获硕士学位后留校任法语助教。1986年赴美后，一直在美国数所大学和法国巴黎高等师范学院教授法语和汉语，始终保持着对语言学和文学理论的兴趣。在他在当工人期间，像当时不少青年人一样渴望了解外部世界，坚持自学外语，并且利用业余时间开始尝试工业技术情报翻译，曾为首钢和农科院翻译过技术资料。

张祖建在北大读研究生期间开始文科理论翻译。他是法国语言学家安德烈·马丁内的《普通语言学纲要》（中国国际文化出版公司，1988）的三位译者之一。8年后，1996年在巴黎高等师范学院教书期间，张祖建参加了北大《法兰西思想文库》的翻译工作。10多年来工作之余翻译了10多部学术著作（法译中和英译中），总计约300万字。张祖建把从事翻译的缘由归结为：一是兴趣，二是想利用学过的知识为国内文科理论的译介做点贡献，三是正逢改革开放以来的翻译大潮和师友的引介。

张祖建的翻译作品包括：法国语言学家克罗德·海然热的《语言人》（1999年，北京三联书店出版），《列维－斯特劳斯文集》中的三部，《结构人类学I－II》（2006），《面具之道》（2008），《人类学讲演集》（2007，合译），《列维－斯特劳斯传》（2008，审校）。《米什莱》（2008），《中性》（2010），吉尔·德勒兹和菲力克斯·迦塔利的《卡夫卡》和《什么是哲学?》（2007），《汉语句法引论》（2004），《符号学基础》（中国人民大学出版社，排印中）。

傅雷翻译出版奖评委会宣布的颁奖词说：“他知难而进，凭借对语言的高度把握和对知识的深深尊重，很好地传译了一位伟大的人类学家的研究思路，让我们进入了一个思维缜密，联想丰富，集知识、分析与文学想象为一体的美妙世界。他的工作具有开拓意义，在技术层面上为其他译者攻克了不少难题，提供了难得的借鉴。他被美国的现代氛围包围，却捍卫了法国文明；虽然身处异乡，却保持着对汉语的深深眷恋。”

中坤国际诗歌奖获得者

奖项简介

“中坤国际诗歌奖”由中坤诗歌基金设立，帕米尔文化艺术研究院主办，中国诗歌学会、北京大学新诗研究中心协办，每两年评选一次。该奖项分为A奖、B奖、C奖：A奖授予全球范围内母语为中文且创作成就卓著的诗人；B奖授予全球范围内母语为非中文、创作成就卓著、作品已被译为中文且对中国当代诗歌写作有重要影响的诗人；C奖授予对国际诗歌交流有突出贡献的中外翻译家、学者、批评家、出版家、诗歌活动家等。

赵振江

赵振江，男，汉族，生于1940年2月，北京顺义人。北京大学西班牙语语言文学系教授、博士生导师。1959年考入北京大学西方语言文学系法语专业，后改学西班牙语，毕业后留校任教。曾任北京大学西方语言文学系主任、北京大学外国语学院学术委员会主任、中国西班牙葡萄牙拉丁美洲文学研究会会长、中国作家协会对外文学交流委员会委员等职。曾任第一届和第二届鲁迅文学奖——全国文学翻译彩虹奖评委。

著作有《西班牙语诗歌导论》、《拉丁美洲文学史》（合著）、《山岩上的肖像：聂鲁达的爱情·詩·革命》（合著）、《拉丁美洲文学大花园》（合著）等；译著有阿根廷史诗《马丁·菲耶罗》、《拉丁美洲诗选》、《西班牙黄金世纪诗选》、《西班牙当代女性诗选》、《安东尼奥·马查多诗选》、《希梅内斯诗选》、《加西亚·洛尔卡诗选》、《阿尔贝蒂诗选》、《鲁文·达里奥诗选》、《米斯特拉尔诗选》、《聂鲁达诗选》、《帕斯诗选》、《胡安·赫尔曼诗选》以及《世界末日之战》（合译）、《火石与宝石》、《金鸡》等小说。他与加西亚·桑切斯、阿丽霞·雷林克合作，为西班牙格拉纳达大学出版社翻译、出版了西文版《红楼梦》（三卷）。

译作和著作多次获北京大学科研成果奖和国家新闻出版总署外国文学优秀图书奖。智利－中国文化协会于1995年向他颁发“鲁文·达里奥最高骑士勋章”、西班牙国王于1998年向他颁发“伊莎贝尔女王骑士勋章”、阿根廷总统于1999年向他颁发“五月骑士勋章”、智利总统于2004年向他颁发“聂鲁达百年诞辰勋章”；同年，他获得国家人事部和教育部授予的“全国模范教师”荣誉称号。2009年获中坤国际诗歌奖中的诗歌翻译奖。

时钟王国奖获得者

奖项简介

瑞典“时钟王国奖”于2009年由哈里·马丁松学社创设，每年一度颁发给一位体现马丁松精神的作家、翻译家或记者，旨在表彰“充满精神的诗歌创作和敏感出色的翻译作品”。

哈里·马丁松（Harry Martinsson，1904～1978）瑞典诗人，小说家，戏剧家。1974年，“由于他的作品能透过一滴露水反映整个世界”，与瑞典小说家埃文·雍松一起分享诺贝尔文学奖。

李笠

李笠，诗人、翻译家。1961年生于上海。1979年考入北京外国语学院瑞典语系。

1988年秋定居瑞典。1988至1992年在斯德哥尔摩大学读瑞典现代文学。1989年出版用瑞典文写的诗集《水中的目光》，以后又发表《时间的重量》（1990年）、《逃》（1994年）、《归》（1995年）、《栖居地是你》（1999年）、《原》（2007年）等诗集，获得多种诗歌创作奖。其中有2008年的"瑞典日报文学奖"和2009年的"时钟王国奖"。

李笠除写诗外翻译了大量北欧诗歌，其中包括2004年获"新诗界北斗星奖"的瑞典诗人特朗斯特罗姆的诗全集（2001，南海出版社）。瑞典当代诗人的《冰雪的声音》（1977，上海文艺出版社），芬兰诗人索德格朗的诗选《玫瑰与阴影》（1991，漓江出版社）以及瑞典著名诗人埃斯普马克的诗选《黑银河》（2010，春风文艺出版社）等诗歌作品。此外他还制作了一系列风景配诗电视短片，其中有五部先后在瑞典电视台播出。

"巴基斯坦之星" 勋章获得者

奖项简介

"巴基斯坦之星"（Sitara－i－Pakistan）勋章为巴基斯坦总统每年颁发的勋章之一，授予巴基斯坦国内外的文职人员，表彰他们在科学、文学、教育、艺术、建筑、国家或地区文化等领域为巴基斯坦做出的值得称赞的贡献。每年在巴基斯坦独立日和国庆节由总统亲自颁发或委托巴驻外使节授予。

总统扎尔达里2009年8月决定当年独立日授予中国外交部退休干部安启光该勋章，在10月3日于首都伊斯兰堡举行的巴基斯坦庆祝中华人民共和国成立60周年大会前亲自颁发。扎尔达里总统在颁奖讲话中称："安启光先生是50年来为加强中国和巴基斯坦之间友好关系做出重要贡献的中国前外交官和作家"，并一一提及他翻译和参与翻译的多部著作。

安启光

安启光，1938年出生，辽宁省沈阳人，中国前外交官联谊会会员，中国前驻巴基斯坦大使馆政务参赞、驻卡拉奇总领事。曾在北京外国语大学英语系学习英语，毕业于北京大学东语系乌尔都语专业。1963年分配到外交部，主要在亚洲司和驻巴基斯坦使领馆工作，先后任科员、随员、领事、二秘、一秘、副处长、研究室主任、参赞。2000年从总领事岗位退休。5次常驻巴基斯坦共16年多。在外交部，曾作为口译人员接待过阿尤布·汗总统和叶海亚·汗总统等巴基斯坦国家元首访华，随同国家主席杨尚昆等国家领导人出访巴基斯坦。在国内工作期间，曾两次借调外文局工作8年，参与《毛泽东选集》和其他中文著作的乌尔都语版的翻译。主要翻译作品有：《布托死牢中的笔记》（内部发行时政资料）、长篇小说《罪与恨》、巴基斯坦前总理贝娜齐尔·

布托的自传《东方的女儿》等巴基斯坦畅销书。编译作品有:《贝娜齐尔·布托,巴基斯坦最年轻的总理》、《巴基斯坦,年轻而古老的国家》等。2010年翻译出版对外汉语教科书《当代中文》一套三册。从2005年起至当年,参加北京大学主持的《乌尔都语汉语词典》的编辑工作。安启光在长期从事巴基斯坦研究和对巴工作中,几十年坚持翻译(中译乌和乌译中),笔耕不辍。2009年荣获巴基斯坦总统颁发的“巴基斯坦之星”勋章。

中国翻译协会表彰的资深翻译家

表彰活动简介

为表彰老一辈翻译家为我国翻译事业发展和促进中外交流所做出的重要贡献,弘扬老一辈翻译家优良的译风译德和敬业精神,鼓励广大中青年翻译工作者继承和发扬优良传统,推动我国新时期翻译事业的发展,2000年6月23日,中国译协四届二次常务理事(扩大)会议决定,在各地译协和各专业翻译委员会开展表彰资深翻译家的活动。

表彰活动受到了社会各界的广泛关注和认可。党和国家领导人多次亲临表彰大会会场向受表彰的资深翻译家颁发证书。截至2010年底,中国译协分别对外事外交、对外传播、社会科学、文学艺术、民族语文、科学技术、翻译服务、翻译理论与翻译教学、军事科学等领域的2219位翻译家进行了表彰。

2009年受表彰资深翻译家

共422人(按汉语拼音排序)

阿布都热合曼·莫明,男,维吾尔族,1925年出生,汉语、维吾尔语,喀什地区第一医院,译审。

阿布拉西·卡斯木别克,男,哈萨克族,1935年出生,汉语、哈萨克语,伊犁州地方志编纂委员会,译审。

阿布里米提·亚呼甫,男,维吾尔族,1939年出生,维吾尔语,新疆日报社,译审。

阿尔达扎布,男,达斡尔族,1936年出生,汉语、蒙古语,原内蒙古社科院历史所,研究员。

艾买提·雅力,男,维吾尔族,1924年出生,汉语、维吾尔语,新疆人民广播电台,译审。

艾依提·哈孜,男,哈萨克族,1939年出生,哈萨克语,新疆日报社,译审。

安鹤翼,男,朝鲜族,1937年出生,朝鲜语,民族出版社,编审。

安明善,女,汉族,1938年出生,法语,外文出版社,副译审。

安书祉,女,汉族,1934年出生,德语,北京大学外国语学院,副教授。

敖特跟，男，蒙古族，1936 年出生，汉语、蒙古语，内蒙古人民出版社，编审。

奥尔黑勒，男，蒙古族，1934 年出生，蒙古语，民族出版社，编审。

巴芳辰，男，汉族，1930 年出生，俄语、英语，军事科学院外军部，研究员。

白凤翔，男，蒙古族，1934 年出生，蒙古语、汉语，原阜新蒙古族自治县蒙古语文工作办公室，译审。

白　锐，男，汉族，1931 年出生，朝鲜语，文化部外联局，正局级参赞。

宝音达来，男，蒙古族，1936 年出生，蒙古语、汉语，内蒙古妇女杂志社，译审。

宝音满都呼，男，蒙古族，1937 年出生，蒙古语，中国民族语文翻译中心，译审。

毕　谟，男，汉族，1927 年出生，英语，昆明医学院，副厅级离休干部。

边幽芬，女，汉族，1937 年出生，英语，人民画报社，副译审。

蔡炳魁，男，汉族，1938 年出生，英语，中国国际战略学会，副会长。

蔡华文，男，汉族，1937 年出生，西班牙语，中央编译局，副译审。

曹华民，男，汉族，1927 年出生，英语、法语，武汉华中科技大学外国语学院，教授。

曹彭龄，男，汉族，1937 年出生，阿拉伯语，总参二部，副军职武官。

曹世杰，男，汉族，1932 年出生，俄语，国防大学，教授。

柴盛萱，男，汉族，1934 年出生，塞尔维亚语，文化部外联局，副局级参赞。

常克强，男，汉族，1933 年出生，德语，南京水利科学研究院，教授级高工。

陈　艾，男，汉族，1938 年出生，英语，电子科技大学，教授。

陈宝生，男，汉族，1938 年出生，德语，江苏省工程技术翻译院有限公司，副译审。

陈宝顺，男，汉族，1936 年出生，意大利语，外交部，司长。

陈　潮，男，汉族，1929 年出生，俄语，军事医学科学院情报所，研究员。

陈道芳，女，汉族，1935 年出生，英语，解放军外国语学院，教授。

陈敦全，男，汉族，1939 年出生，英语，厦门大学外文学院，教授。

陈根生，男，汉族，1939 年出生，西班牙语，北京周报社，译审。

陈贵麟，男，汉族，1937 年出生，英语，总参情报部，正师职武官。

陈惠秀，女，汉族，1934 年出生，俄语、英语，空军指挥学院科研部，研究员。

陈家麒，男，汉族，1931 年出生，英语、俄语，广东外语外贸大学，副教授。

陈金岚，男，汉族，1934 年出生，英语，新华社参考新闻编辑部，译审。

陈联青，男，汉族，1933 年出生，德语，文化部外联局，文化参赞。

陈　亮，男，汉族，1929 年出生，英语，新华社，副译审。

陈平生，男，汉族，1934 年出生，英语，总参三部军事科学院外军部，校译员、研究员。

陈其本，男，汉族，1929 年出生，英语，云南省农业科学院，研究员。

陈瑞宁，男，汉族，1929 年出生，英语，新华社，高级编辑。

陈秀珍，女，汉族，1938 年出生，英语，新华社参考消息报社，副译审。

陈逸恺，男，汉族，1930 年出生，俄语，成都科航环保机电技术研究所，高级工程师。

陈允明，男，汉族，1937 年出生，英语，中国科学院力学研究所，研究员。

陈祚敏，男，汉族，1938 年出生，法语，中央编译局，译审。

程福惠，女，汉族，1937 年出生，英语，中国对外翻译出版公司，译审。

程毓燕，女，汉族，1924 年出生，英语，新华社参编部北美组，副译审。

赤列曲扎，男，藏，1937 年出生，藏语、汉语，西藏博物馆，编审。

次仁曲杰，男，藏，1938 年出生，藏语、汉语，自治区编译局，译审。

崔鸿如，男，汉族，1938 年出生，西班牙语，今日中国杂志社，副译审。

崔维本，男，汉族，1937 年出生，西班牙语，文化部，正局级参赞。

戴汉笠，男，汉族，1924 年出生，英语，中共中央党校，教授。

戴瑞山，男，蒙古族，1937 年出生，蒙古语，辽宁省阜新高等专科学校蒙古语文言文学系，教授。

戴世吉，男，汉族，1928 年出生，俄语，中共中央党校老干局，教授。

戴志鹏，男，汉族，1933 年出生，俄语，湖北省人民政府外事办公室，译审。

单真卓扎，男，藏族，1936 年出生，藏语，自治区编译局，译审。

邓椿年，男，汉族，1931 年出生，英语，武汉市人大常委会，副研究员。

丁　昕，男，汉族，1934 年出生，俄语，解放军国际关系学院，教授。

丁振祺，男，汉族，1935 年出生，英语，江南大学外国语学院，系主任。

东和尔扎布，男，蒙古族，1933 年出生，蒙古语，中国民族语文翻译中心，译审。

董成玺，男，汉族，1938 年出生，英语，总参三部七局，译审。

董化民，男，汉族，1933 年出生，俄语、英语，海军训练基地、海军翻译队、海军工程大学，副译审。

董燕生，男，汉族，1937 年出生，西班牙语，北京外国语大学，教授。

董友忱，男，汉族，1937 年出生，孟加拉语、俄语，中共中央党校，教授。

范　岳，男，汉族，1939 年出生，英语，辽宁大学外国语学院，教授。

方炯仁，男，汉族，1938 年出生，英语，江苏省工程技术翻译院，副译审。

方维新，男，汉族，1932 年出生，俄语、英语，西安第二炮兵工程学院，教授。

方元成，男，朝鲜，1936 年出生，朝鲜语，中国民族语文翻译中心，译审。

冯翠华，女，汉族，1928 年出生，英语，解放军外国语学院，教授。

冯文光，男，汉族，1937 年出生，俄语、德语、法语，中央翻译局马列部，研究员。

冯增义，男，汉族，1931 年出生，俄语，华东师范大学，教授。

冯志臣，男，汉族，1937 年出生，罗马尼亚语，北京外国语大学，教授。

付明灵，男，汉族，1938 年出生，西班牙语，北京周报社，副编审。

傅成劼，男，汉族，1934 年出生，越南语，北京大学外国语学院，教授。

傅庚任，男，汉族，1925 年出生，英语，中国对外翻译出版公司，副编审。

傅　欣，男，汉族，1923 年出生，法语、英语，上海译文出版社，编审。

高　峰，男，汉，1938 年出生，英语，中国外文局对外传播研究中心，编审。

高 培，男，汉族，1932 年出生，日语 ，军事科学院外军部，研究员。

高季良，男，汉族，1932 年出生，日语，总政联络部，干事。

高文杰，男，汉族，1940 年出生，英语，中国水利电力对外公司，译审。

高杏生，男，汉族，1939 年出生，英语，解放军外国语学院，教授。

高学贤，男，满族，1939 年出生，英语、日语，上海图书馆、上海科技情报研究所，编审。

耿龙明，男，汉族，1934 年出生，俄语，上海外国语大学，教授。

龚建和，男，汉族，1939 年出生，意大利语，总参三部八局，副译审。

龚人放，男，满族，1915 年出生，俄语，北京大学外国语学院，教授。

龚汝厚，男，汉族，1938 年出生，英语，二滩水电开发有限责任公司，译审。

顾娟敏，女，汉族，1933 年出生，日语，中国外文局对外传播研究中心，副编审。

顾志鸿，男，汉族，1924 年出生，英语，解放军国际关系学院，教授。

郭安定，男，汉族，1939 年出生，法语，今日中国杂志社，译审。

郭鸿珊，男，汉族，1938 年出生，西班牙语，今日中国杂志社，副译审。

郭化斌，男，汉族，1938 年出生，西班牙语，北京周报社，副译审。

郭家申，男，汉族，1934 年出生，俄语，中国社会科学院外国文学研究所，编审。

郭全有，男，汉族，1937 年出生，朝鲜语，新华社国际部，高级编辑。

郭昭熹，男，汉族，1939 年出生，俄语，新华社参考消息，译审。

郭志刚，男，汉族，1936 年出生，维吾尔语，新疆自治区人民政府办公厅，译审。

哈杰，男，蒙古族，1933 年出生，汉语、蒙古语，新疆人民广播电台，译审。

哈斯巴图，男，蒙古族，1934 年出生，蒙古语，中国民族语文翻译中心，译审。

哈图卓日克，男，蒙古族，1939 年出生，蒙古语，中国民族语文翻译中心，译审。

海龙宝，男，蒙古族，1929 年出生，蒙古语、汉语，原阜新蒙古族自治县蒙医药研究所，译审。

韩国善，男，朝鲜族，1935 年出生，朝鲜语，民族出版社，编审。

韩耀成，男，汉族，1934 年出生，德语，中国社会科学院外国文学研究所，编审。

何祚康，男，汉族，1928 年出生，英语，中共中央党校，教授。

侯德富，男，汉族，1931 年出生，日语、俄语，私立华联学院（原华南师范大学外语系），教授。

侯建中，男，汉族，1930 年出生，俄语，厦门大学外文学院，副教授。

侯梅琴，男，汉族，1931 年出生，英语，暨南大学外文学院外语中心，副教授。

胡根康，男，汉族，1937 年出生，英语，新华社对外新闻编辑部，高级编辑。

胡其鼎，男，汉族，1939 年出生，德语，人民文学出版社，编审。

胡文祥，男，汉族，1939 年出生，法语，新华社对外部法文室，译审。

胡熙荣，女，汉族，1931 年出生，俄语，海军装备研究院翻译队，副译审。

胡允桓，男，汉族，1939 年出生，英语，人民文学出版社，编审。

胡中铁，男，汉族，1934 年出生，法语，新华社参编部，译审。

黄　冰，男，汉族，1935 年出生，老挝语，国际关系学院昆明分院，副教授。

黄才贞，男，壮族，1939 年出生，壮语，中国民族语文翻译中心，译审。

黄昌瑞，男，汉族，1939 年出生，意大利语，新华社国际部，译审。

黄成来，女，汉族，1925 年出生，俄语，上海外国语大学俄语系，研究员。

黄国慧，女，汉族，1938 年出生，越语，解放军外国语学院，副教授。

黄焕文，男，汉族，1926 年出生，英语，湖北省地质矿产勘查开发局，高级工程师。

黄　凯，男，汉族，1936 年出生，英语，华南理工大学外语学院，教授。

黄来顺，男，汉族，1936 年出生，日语，解放军国际关系学院，教授。

黄水看，男，汉族，1925 年出生，英语，福建省泉州市农校，副教授。

黄新华，男，汉族，1934 年出生，印尼语，云南省人民政府外事办公室，副主任。

黄业钦，男，汉族，1928 年出生，英语、日语，广东省科技情报研究所，副研究员。

黄永光，男，汉族，1932 年出生，俄语，军事科学院外军部，研究室主任。

黄有奎，男，汉族，1931 年出生，法语，总参二部，驻法副武官。

黄玉祥，男，汉族，1939 年出生，英语，总参三部二局，研究员。

黄源良，男，汉族，1933 年出生，缅语，云南省外事办公室，副译审。

黄志坤，男，汉族，1937 年出生，俄语、孟加拉语，总参三部五局，译审。

惠剑峰，男，汉族，1939 年出生，英语，总参三部八局，副译审。

姬芳梅，女，汉族，1935 年出生，德语，解放军外国语学院，副教授。

嘉措顿珠，男，藏族，1933 年出生，藏语、汉语，西藏大学，教授。

贾永兴，男，汉族，1939 年出生，意大利语，总参三部八局，副译审。

姜继，男，汉族，1935 年出生，俄语、英语，福建省图书馆，研究馆员。

姜喜友，男，汉族，1935 年出生，俄语，沈阳军区司令部技术侦察局第六处，译审。

蒋宝林，男，汉族，1939 年出生，印尼语，外文出版社，副译审。

蒋正才，男，汉族，1935 年出生，朝鲜语，外交部，总领事。

焦恽琴，女，汉族，1932 年出生，英语，参考消息编辑部，主任编辑。

金光烈，男，朝鲜族，1939 年出生，朝鲜语，外文出版社，副译审。

金留春，女，汉族，1931 年出生，俄语，上海外国语大学，副教授。

金龙旭，男，朝鲜族，1934 年出生，朝鲜语、汉语，民族出版社，编审。

金永武，男，朝鲜族，1934 年出生，朝鲜语，中国民族语文翻译中心，译审。

金志平，男，汉族，1935 年出生，法语，中国社会科学院外国文学研究所，编审。

鞠　贤，男，汉族，1935 年出生，维吾尔语，新疆自治区政府办公厅，译审。

康敬贻，男，汉族，1932 年出生，英语，新华社参编部，译审。

孔远志，男，汉族，1937 年出生，印尼语，北京大学外国语学院，教授。

库尔马西，男，哈萨克族，1939 年出生，哈萨克语，民族出版社，译审。

况　铣，男，汉族，1929 年出生，英语、法语，昆明医学院第一附属医院，教授。

拉巴次仁，男，藏族，1938 年出生，藏语、汉语，西藏人民出版社，编审。

李邦媛，女，汉族，1930 年出生，俄语，中国艺术研究院影视所，研究员。

李秉桂，男，朝鲜族，1931 年出生，日语，总后后勤科研所，副研究员。

李昌仁，男，朝鲜族，1934 年出生，朝鲜语、汉语，辽宁民族出版社，编审。

李道斌，男，汉族，1938 年出生，德语，北京周报社，副译审。

李德明，男，汉族，1938 年出生，西班牙语，今日中国杂志社，译审。

李殿昌，男，汉族，1935 年出生，英语，总参二部，参谋。

李定坤，男，汉族，1923 年出生，英语，武汉华中科技大学，教授。

李桂远，男，朝鲜族，1936 年出生，朝鲜语，中国民族语文翻译中心，译审。

李惠春，女，汉族，1937 年出生，日语，人民中国杂志社，副译审。

李嘉樑，男，汉族，1936 年出生，英语、俄语，核科技信息与经济研究院，研究员。

李钧学，男，汉族，1933 年出生，俄语、英语，中央党校文史部外教研室，教授。

李明滨，男，汉族，1933 年出生，俄语，北京大学外国语学院，教授。

李谋，男，汉族，1935 年出生，缅甸语，北京大学外国语学院，教授。

李盛昌，男，汉族，1938 年出生，英语，总装科技信息研究中心，副译审。

李士珍，男，汉族，1939 年出生，意大利语，外文出版社，副译审。

李淑华，女，汉族，1934 年出生，匈牙利语，新华社参编部，副译审。

李庭玉，男，汉族，1933 年出生，西班牙语，文化部外联局，译审。

李毓榛，男，汉族，1937 年出生，俄语，北京大学外国语学院，教授。

李兆乾，男，汉族，1930 年出生，印地语、英语，文化部外联局，副局级参赞。

李钟万，男，朝鲜族，1939 年出生，汉语、朝鲜语，民族出版社，编审。

李宗凯，男，汉族，1932 年出生，英语，新华社参考消息报社，译审。

连真然，男，汉族，1938 年出生，英语、日语、俄语，四川教育出版社，译审。

梁　斌，男，汉族，1939 年出生，英语，江苏省钟山翻译公司，高工。

林野，男，汉族，1933 年出生，俄语、英语，军事科学院，研究员。

林煌天，男，汉，1928 年出生，缅甸语，中国外文局对外传播研究中心，编审。

林　希，男，汉族，1937 年出生，法语，中央编译局文献翻译部，译审。

林一安，男，汉族，1936 年出生，西班牙语，中国社会科学院外国文学研究所，编审。

凌宗项，男，汉族，1937年出生，英语，中国科学院云南天文台，译审。

刘　聪，男，汉族，1929年出生，俄语、法语，军事科学院，研究员。

刘敦健，男，汉族，1938年出生，俄语、英语，中南民族大学，副教授。

刘恩生，男，汉族，1933年出生，俄语，二炮装备部科研部，副部长。

刘凤义，男，汉族，1938年出生，世界语，中文期刊中心，译审。

刘晶雯，女，汉族，1924年出生，英语，新华社国际部，高级编辑。

刘精一，男，汉族，1933年出生，英语，解放军国际关系学院，副教授。

刘茂荣，男，汉族，1933年出生，俄语，总参二部，正师职驻外武官。

刘盛江，男，汉族，1939年出生，英语，江苏省工程技术翻译院有限公司，副译审。

刘士聪，男，汉族，1937年出生，英语，南开大学外国语学院，教授。

刘天白，女，汉族，1935年出生，捷克语，参考消息编辑部，译审。

刘维义，男，汉族，1930年出生，俄语，解放军外国语学院，副教授。

刘文玉，女，汉族，1935年出生，俄语，新华社国际部俄文组，副译审。

刘星灿，女，汉族，1937年出生，捷克语，人民文学出版社，编审。

刘雪芬，女，汉族，1941年出生，英语，中国外文局对外传播研究中心，副编审。

刘彦章，男，汉族，1939年出生，俄语，中央编译局马列部，编审。

刘玉树，男，汉族，1937年出生，西班牙语，商务部研究院，译审。

刘振泽，男，汉族，1920年出生，英语，中国外文局对外传播研究中心，副编审。

刘执诚，男，汉族，1930年出生，俄语，内蒙古科技大学包头师范学院，副研究馆员。

刘中宇，男，汉族，1931年出生，英语，总装备部科技信息研究中心，副研究员。

柳秉钧，男，汉族，1936年出生，德语，郑州白鸽集团有限公司，副译审。

卢时斌，男，汉族，1935年出生，罗马尼亚语，总参三部八局，副译审。

陆　干，男，汉族，1927年出生，英语，哈尔滨工业大学外语学院，教授。

路丕忠，男，汉族，1939年出生，泰语，人民画报社，译审。

罗河清，男，汉族，1931年出生，俄语、英语，中山大学外语学院，副教授。

罗若冰，男，汉族，1933年出生，英语、俄语，华南理工大学外语学院，教授。

罗新璋，男，汉族，1936年出生，法语，中国社会科学院外国文学研究所，译审。

罗秀英，女，汉族，1933年出生，缅甸语，中共云南省委对外联络部，副译审。

骆林生，男，汉族，1935年出生，英语、丹麦语、荷兰语、挪威语、瑞典语，总参三部八局，副译审。

骆忍石，男，汉族，1925年出生，英语，总参二部，教授、研究员。

骆如茹，女，汉族，1936年出生，西班牙语，北京周报社，副译审。

马北强，男，汉族，1933年出生，英语，总政联络部，正局。

马光华，男，回族，1938，藏语、汉语，西藏自治区人大办公厅，译审。

马景龙，男，汉族，1928年出生，俄语，解放军国际关系学院，教授。

毛朝忠，男，汉族，1936年出生，越南语，成都二局，译审。

孟宪臣，男，汉族，1935年出生，西班牙语，北京语言大学，副教授。

莫立荣，男，汉族，1933年出生，法语，长江轮船海外旅游总公司，高级译审。

木沙江·艾则孜，男，维吾尔族，1938年出生，维吾尔语，新疆广电局广播影视译制中心，译审。

倪东阳，男，汉族，1939年出生，世界语，中文期刊中心，副译审。

聂振雄，男，汉族，1938年出生，英语，上海外国语大学，教授。

潘安荣，男，汉族，1934年出生，俄语，商务印书馆，编审。

潘嘉玢，男，汉族，1930年出生，英语，军事科学院外军部，研究员。

潘衍昌，男，汉族，1936年出生，英语、俄语，中国电器科学研究院，高工。

裴家义，男，汉族，1934年出生，朝鲜语，外交部，大使。

裴善勤，男，汉族，1938年出生，斯瓦希里语、英语，新华社参考消息报社，高级编辑。

彭世园，男，汉族，1932年出生，俄语、英语，能源部郑州机械设计研究所，副译审。

平措次仁，男，藏族，1936年出生，藏语、汉语，西藏社科院，研究员。

朴正一，男，朝鲜族，1935年出生，朝鲜语，中国民族语文翻译中心，译审。

钱王驷，男，汉族，1938年出生，印地语，外文出版社，副译审。

钱文馍，女，汉族，1929年出生，俄语，中国外文局对外传播研究中心，副编审。

钱育才，男，汉族，1922年出生，俄语、日语，北京师范大学，教授。

钱治光，女，汉族，1933年出生，俄语、英语，海军工程大学科研部，副译审。

乔立良，男，汉族，1939年出生，俄语，北京军区司令部66407部队，译审。

秦　强，男，汉族，1927年出生，英语，新疆克拉玛依新疆石油管理局，高工。

邱成忠，男，汉族，1939年出生，德语，今日中国杂志社，副译审。

任吉生，女，汉族，1939年出生，英语，人民文学出版社，编审。

任元华，男，汉族，1933年出生，芬兰语，全国人大办公厅外事局，副局长。

任致中，男，汉族，1928年出生，日语，总后后勤科研所，副研究员。

沙　金，男，汉族，1928年出生，俄语，上海戏剧学院，副译审。

商芝洪，男，汉族，1932年出生，俄语，解放军国际关系学院，副教授。

尚世魁，男，汉族，1930年出生，俄语、英语，第二炮兵工程学院，副教授。

申宝楼，男，汉族，1939年出生，西班牙语，中央编译局，译审。

沈大力，男，汉族，1938年出生，法语，北京外国语大学，教授。

沈庆鉴，男，汉族，1934年出生，俄语，国家科委，译审。

沈允熬，男，汉族，1937年出生，西班牙语，外交部离退休干部局，前大使。

沈志通，男，汉族，1937年出生，俄语、英语，中国科学院上海生命科学信息中心，副主任。

生曦刚，男，汉族，1929年出生，俄语，总后后勤科研所，副研究员。

施燕华，女，汉族，1939年出生，英语，外交部翻译室，专家。

石　珏，男，汉族，1926年出生，俄语，空军指挥学院科研部，研究员。

双　宝，男，蒙古族，1939年出生，蒙古语，民族出版社，编审。

宋宝华，女，汉族，1930年出生，英语，总参二部，副师职。

宋宝忠，男，汉族，1937年出生，西班牙语，北京周报社，副译审。

苏　英，男，汉族，1922年出生，俄语，军事科学院，研究员。

苏　和，男，蒙古族，1937年出生，蒙古语，民族出版社，编审。

苏子平，男，汉族，1926年出生，英语，中国对外翻译出版公司，副译审。

孙坤荣，男，汉族，1932年出生，德语，北京大学外国语学院，教授。

孙沈清，女，汉族，1938年出生，日语，新疆维吾尔自治区气象局气象台，高工。

孙维善，男，汉族，1928年出生，俄语、日语，中国艺术研究院话剧研究所，研究员。

孙占平，男，汉族，1934年出生，英语，军事学院、国防大学，教授。

孙振皋，男，汉族，1930年出生，英语，总政联络部，研究员。

谭有昌，男，汉族，1938年出生，越南语，外文出版社，副译审。

汤世稼，男，汉族，1939年出生，俄语、英语，中央编译局，译审。

唐福林，女，汉族，1934年出生，俄语、英语，中国科学院力学研究所，教授级高工。

唐月梅，女，汉族，1931年出生，日语，中国社会科学院外国文学研究所，编审。

唐祖论，男，汉族，1931年出生，法语，上海虹口区业余大学外语部，副教授。

特沫若，男，蒙古族，1937，蒙古，辽宁省少数民族语文工作办公室，译审。

通拉嘎，男，蒙古族，1937年出生，蒙古语，新疆人民广播电台，译审。

涂寿鹏，男，汉族，1927年出生，英语，解放军国际关系学院，教授。

汪　珂，男，汉族，1937年出生，西班牙语，今日中国杂志社，译审。

王德峰，男，汉族，1939年出生，德语，新华社参编部，译审。

王方仁，男，汉族，1932年出生，俄语，军事科学院世军部，正师职研究员。

王芳轩，男，汉族，1938年出生，英语、俄语、日语，河南省正骨研究院，译审。

王戈伟，男，汉族，1933年出生，俄语、德语、法语、英语，太原矿山机器集团有限公司，副译审。

王宏道，男，汉族，1937年出生，德语，中央编译局，译审。

王怀藻，男，汉族，1931年出生，缅甸语，成都二局，副译审。

王浣倩，女，汉族，1938年出生，德语，外文出版社，副译审。

王焕生，男，汉族，1939年出生，古希腊语、拉丁语，中国社会科学院外国文学研究所，研究员。

王家骥，男，汉族，1936年出生，芬兰语、英语，外交部，大使。

王家寿，男，汉族，1931年出生，英语，云南省外事办公室，处长。

王历中，男，汉族，1933年出生，俄语，海军装备研究院翻译队，副译审。

王立全，男，汉族，1930年出生，俄语，总后后勤科研所，副研究员。

王连奎，男，汉族，1939年出生，英语，总装备部科技信息研究中心，技术5级。

王名达，男，汉族，1936年出生，法语，江苏省工程技术翻译院，副译审。

王明元，男，汉族，1936年出生，俄语、法语，郑州大学外语学院，教授。

王乃成，男，汉族，1929年出生，法语、英语，总参二部，副师职陆军武官。

王培清，男，汉族，1931年出生，英语、西班牙语，新华社参考消息报社，副译审。

王 森，男，汉族，1938年出生，克罗地亚语、塞尔维亚语、俄语，新华社，译审。

王世通，男，汉族，1930年出生，英语，总参二部，正师大校武官。

王世镇，男，汉族，1935年出生，藏语，中国民族语文翻译中心，译审。

王澍秋，女，汉族，1936年出生，英语，新华社参编部《参考消息》报社，译审。

王维亮，男，汉族，1939年出生，英语，总装科技信息研究中心，副研究馆员。

王问梅，女，汉族，1937年出生，俄语，中央编译局，副译审。

王熙敬，男，汉族，1936年出生，德语，外交部，参赞。

王延义，男，汉族，1937年出生，德语，外交部，大使。

王衍发，男，汉族，1938年出生，德语，军事医学科学院卫生勤务与医学情报研究所，研究员。

王 璋，男，汉族，1924年出生，英语，总参二部资料局三组，参谋。

王卓之，男，汉族，1927年出生，英语、俄语，云南省地质科学研究所，高级工程师。

韦旭升，男，汉族，1928年出生，韩语，北京大学，教授。

魏培忠，男，汉族，1937年出生，英语、泰米尔语，中国对外翻译出版公司，副译审。

魏志勤，男，汉族，1931年出生，俄语、英语，西安市冶金工业公司，副译审。

温广成，男，汉族，1931年出生，俄语，空军指挥学院科研部，研究员。

文隆胜，男，汉族，1938年出生，法语，文化部外联局，副局级文化参赞。

翁振葆，男，汉族，1936年出生，德语、英语，新华社参编部，译审。

乌 嫩，女，蒙古族，1934年出生，蒙古语，外交部，一秘。

乌斯满，男，维吾尔族，1935年出生，维吾尔语、汉语，民族出版社，编审。

吴成德，男，汉族，1937年出生，西班牙语，新华社参编部，副译审。

吴德如，男，汉族，1928年出生，俄语，军事科学院外军部，研究员。

吴嘉淼，男，汉族，1939年出生，法语、英语，上海高桥石化公司，副译审。

吴剑平，男，汉族，1938年出生，西班牙语，北京周报社，副译审。

吴锦涛，男，汉族，1929年出生，俄语，解放军外国语学院，教授。

吴绍健，男，汉族，1934年出生，英语，广州市科学技术协会，专业翻译。

吴序木，男，汉族，1938年出生，英语、日语，江苏省工程技术翻译院，教授级高工。

吴佑曾，男，汉族，1937年出生，德语，河南大学外语学院，副教授。

吴韵纯，女，汉族，1939年出生，英语、越语，上海市妇女联合会，副译审。

吾斯曼·那的尔，男，维吾尔族，1939年出生，维语，新疆青少年出版社，译审。

习成功，男，纳西族族，1933年出生，俄语、缅甸语，云南大学外国语学院，副教授。

夏　珉，女，汉族，1934年出生，法语，人民文学出版社，编审。

夏依苏尔坦，男，汉族，1939年出生，哈萨克语，新疆电视台，高级编辑。

咸钟学，男，朝鲜族，1939年出生，朝鲜语，外文出版社，副译审。

谢玉安，男，汉族，1937年出生，英语，中国外文局对外传播研究中心，副编审。

谢远章，男，汉族，1930年出生，泰语，云南省社会科学院，研究员。

邢桂敏，男，汉族，1936年出生，德语，新华社参编部，正高。

熊振儒，男，汉族，1938年出生，英语，外文出版社，译审。

徐邦国，男，汉族，1935年出生，德语，总装科技信息研究中心，翻译、编辑。

徐存尧，男，汉族，1936年出生，英语，中国外文局教育培训中心，教授。

徐曼华，女，藏族，1929年出生，尼泊尔语，解放军外国语学院，教授。

徐式谷，男，汉族，1935年出生，英语，商务印书馆，编审。

徐翁宇，男，汉族，1929年出生，俄语，解放军国际关系学院，教授。

徐先良，男，汉族，1938年出生，俄语，新华社参编部俄文室，译审。

徐心辉，男，汉族，1936年出生，阿拉伯语，总参二部，副师职武官。

许舜华，女，汉族，1936年出生，日语，总政联络部，副师干事。

许为础，男，汉族，1934年出生，英语、俄语，华南理工大学外语学院，教授。

薛德榕，男，汉族，1930年出生，俄语、英语、日语，华南农业大学图书馆信息部，研究员。

薛琴珍，女，汉族，1932年出生，英语，新华社参编部，主任编辑。

薛祖仁，男，汉族，1931年出生，英语，总参五十八研究所一处，研究员。

严维明，男，汉族，1938年出生，英语，解放军外国语学院，教授。

严孝达，男，汉族，1928年出生，俄语、英语，新疆水利厅，高工。

严幼瑾，女，汉族，1932年出生，英语、日语，江苏省科协技术情报研究所，正高。

燕清泗，男，汉族，1937年出生，朝鲜语，总参三部四局二处，副译审。

杨德友，男，汉族，1938年出生，英语、俄语、波兰语、法语，山西大学外国语学院，教授。

杨　东，男，汉族，1938年出生，俄语，海军装备研究院翻译队，首席翻译。

杨　立，女，汉族，1939年出生，德语，北京周报社，副译审。

杨乃贵，男，汉族，1935年出生，英语、阿拉伯语，总参三部八局，副译审。

杨天权，男，汉族，1939年出生，英语，上海交通大学医学院附属第三人民医院，教授。

杨武能，男，汉族，1938年出生，德语，四川大学外国语学院，教授。

杨学宁，男，汉族，1933年出生，俄语、英语、德语、法语，中国船舶重工集团公司第七一九研究所，研究员高工。

杨曾茂，男，汉族，1935年出生，英语，总后司令部科研所，副研究员。

杨哲三，男，汉族，1939年出生，日语，人民中国杂志社，译审。

杨作瞻，男，汉族，1931年出生，俄语，江苏省科协技术情报研究所，副研究员。

姚秉彦，男，汉族，1936年出生，缅甸语，北京大学外国语学院，教授。

姚乃强，男，汉族，1936年出生，英语，解放军外国语学院英语系，教授。

叶明珍，女，汉族，1931年出生，保加利亚语，中国社会科学院俄罗斯东欧中亚所，副研究员。

易如成，男，汉族，1937年出生，英语，文化部老干部局，副局级文化参赞。

尹承东，男，汉族，1938年出生，西班牙语，中央编译局，译审。

尹敬章，男，满族，1918年出生，日语，解放军外国语学院，教授。

尹希成，男，汉族，1935年出生，俄语，军事科学院，研究员。

尹钟海，男，汉族，1938年出生，朝鲜语，人民画报社，副译审。

雍永祯，男，汉族，1937年出生，俄语，总装科技信息研究中心，研究馆员。

于　彬，女，汉族，1937年出生，俄语，人民画报社，副译审。

余玛丽，女，汉族，1924年出生，英语，解放军外国语学院，教授。

俞大鸿，男，汉族，1936年出生，俄语，总参三部五局，副译审。

俞宜国，男，汉族，1937年出生，日语，新华社参考新闻编辑部，译审。

袁长在，男，汉族，1934年出生，俄语，黑龙江大学，教授。

袁锦翔，男，汉族，1929年出生，英语，武汉大学外语学院英文系，教授。

袁静雲，女，汉族，1933年出生，英语，中国外文局对外传播研究中心，副编审。

袁志英，男，汉族，1939年出生，德语，同济大学外语学院德语系，教授。

扎门·赤列旺杰，男，藏族，1935年出生，藏语、汉语，西藏区政协办公厅，区政协副主席。

扎西顿珠，男，藏族，1938年出生，藏语、汉语，西藏自治区编译局，译审。

张　晖，男，汉族，1938年出生，波斯语，中国外文局对外传播研究中心，副译审。

张保胜，男，汉族，1938年出生，梵文，北京大学，教授。

张道庆，男，汉族，1937年出生，俄语，新华社参考新闻编辑部，高级编辑。

张德麟，男，汉族，1932年出生，蒙古语，外交部，大使。

张　帆，男，汉族，1937年出生，俄语，沈阳军区司令部技术侦察局，译审。

张　枫，男，汉族，1926年出生，俄语，海军装备论证研究中心翻译队，翻译。

张干城，男，汉族，1936年出生，日语，总参二部，武官专职干部。

张光远，男，汉族，1933年出生，英语、俄语，新华社参考消息报社，译审。

张广森，男，汉族，1938年出生，西班牙语，新华通讯社，译审。

张海麟，男，汉族，1931年出生，俄语，国防大学院，教授。

张焕彩，女，汉族，1933年出生，法语，总装科技信息研究中心，副研究员。

张俊发，男，汉族，1930年出生，日语，总参二部第二干休所，研究员。

张开华，男，汉族，1935年出生，俄语，电子科技大学，教授。

张礼忠，男，汉族，1935年出生，日语，解放军国际关系学院，副教授。

张连超，男，汉族，1936年出生，英语，总装备部科技信息研究中心，副研究员。

张乃惠，男，汉族，1939年出生，英语，海南翻译公司，译审。

张念东，男，汉族，1939年出生，德语，中央编译局，译审。

张佩文，男，汉族，1926年出生，俄语，北京师范大学，教授。

张秋红，男，汉族，1939年出生，法语，上海译文出版社，副编审。

张荣昌，男，汉族，1938年出生，德语，北京大学外国语学院，教授。

张庭延，男，汉族，1936年出生，朝鲜语，外交部，大使。

张锡麟，男，汉族，1936年出生，英语，解放军国际关系学院，教授。

张运署，男，汉族，1939年出生，法语，外文出版社，副译审。

张兆仙，女，汉族，1937年出生，意大利语，人民画报社，副译审。

张振华，男，汉族，1938年出生，德语，外文出版社，副译审。

张　忠，男，汉族，1936年出生，俄语、英语、日语，吉林省万洋科技翻译有限公司，高级工程师。

赵 扬，男，汉族，1918年出生，英语，军事科学院，研究员。

赵宝云，女，汉族，1935年出生，俄语，解放军国际关系学院，教授。

赵德明，男，汉族，1939年出生，西班牙语，北京大学外国语学院，教授。

赵登荣，男，汉族，1939年出生，德语，北京大学外国语学院，教授。

赵惠安，男，汉族，1937年出生，英语，总政联络部，正师职专职干部。

赵继祯，男，汉族，1935年出生，法语，总参三部八局，副译审。

赵景阳，男，蒙古族，1933年出生，蒙古语，辽宁省朝阳市民族事务委员会，译审。

赵敏善，男，汉族，1937年出生，俄语，解放军国际关系学院，教授。

赵以宽，男，汉族，1931 年出生，泰语，云南省外事办公室，副译审。

郑保勤，男，汉族，1937 年出生，朝鲜语，新华社国际部、参编部、新闻研究所，高级编辑。

郑明和，男，汉族，1938 年出生，英语，厦门大学外文学院，副教授。

郑淑贞，女，汉族，1928 年出生，英语，新华社对外部和参编部，翻译和审校工作。

郑太龙，男，朝鲜族，1937 年出生，朝鲜语，民族出版社，编审。

郑天林，男，汉族，1937 年出生，俄语，暨大东南亚所离退休处，副研究员。

郅溥浩，男，汉族，1939 年出生，阿拉伯语，中国社会科学院外国文学研究所，研究员。

钟德君，男，汉族，1934 年出生，越语，解放军外国语学院，副教授。

钟林文，男，汉族，1939 年出生，法语、英语，上海出入境检验检疫局，高级工程师。

钟舞春，男，汉族，1928 年出生，俄语、英语，军事科学院外军部，翻译、研究员。

钟元贞，女，汉族，1933 年出生，英语，新华社参编部，副译审。

仲跻昆，男，汉族，1938 年出生，阿拉伯语，北京大学外国语学院，教授。

周爱琦，女，汉族，1928 年出生，俄语，新华通讯社，主任编辑。

周国珍，男，汉族，1927 年出生，英语、俄语，上海外国语大学，副教授。

周慕萱，女，汉族，1928 年出生，英语，总参二部五处，正师职。

周星安，男，汉族，1936 年出生，越南语，解放军外国语学院，副教授。

朱德齐，男，彝族，1936 年出生，彝语，四川民族出版社，编审。

朱飞培，女，汉族，1937 年出生，法语，北京周报社，副译审。

朱光喜，男，汉族，1939 年出生，英语，中国对外翻译出版公司，副译审。

朱　虹，女，汉族，1933 年出生，英语，中国社会科学院外国文学研究所，研究员。

朱景冬，男，汉族，1938 年出生，西班牙语，中国社会科学院外国文学研究所，研究员。

朱永生，男，汉族，1936 年出生，波兰语，外交部，总领事。

朱宗良，男，汉族，1933 年出生，英语，军事科学院外军部，正师职研究员。

庄明发，男，汉族，1934 年出生，英语，总参二部，武官 。

卓日格图，男，蒙古族，1934 年出生，蒙古语、汉语、藏语，民族出版社，编审。

邹子洪，男，汉族，1938 年出生，英语、日语、俄语、世界语，广州现代国际语言培训学校，副教授。

2010 年受表彰资深翻译家

共 493 人（按汉语拼音排序）

安庆夫，男，蒙古族，1937 年出生，蒙古语，中国国际广播电台，播音指导。

安　危，男，汉族，1942 年出生，英语，陕西省外事办公室，正处。

安义运，男，朝鲜族，1940 年出生，朝鲜语，外文出版社，副译审。

白寿绵，男，汉族，1935 年出生，保加利亚语，外交部，前大使。

包于华，女，汉族，1939 年出生，泰米尔语，中国国际广播电台，译审。

宝日玛，女，蒙古族，1938 年出生，蒙古语，中国国际广播电台，播音指导。

蔡关平，男，汉族，1940 年出生，英语，外文出版社，副译审。

蔡桂玉，女，朝鲜族，1941 年出生，朝鲜语，外文出版社，副译审。

蔡国英，男，汉族，1944 年出生，越南语 ，中共中央对外联络部，副局级参赞。

曹淑荣，女，汉族，1945 年出生，日语，人民中国杂志社，副译审。

曹振寰，男，汉族，1943 年出生，意大利语，商务部，副译审。

柴玉玲，女，汉族，1940 年出生，西班牙语，中国国际广播电台，译审。

常梦元，男，汉族，1945 年出生，法语，贵州英特翻译信息公司，副译审。

常振焕，男，汉族，1945 年出生，孟加拉语，外文出版社，副译审。

陈巴生，男，汉族，1945 年出生，英语、德语、日语，上海飞机设计研究院，研究员。

陈伯祥，男，汉族，1942 年出生，法语，文化部，译审。

陈崇有，男，汉族，1941 年出生，阿拉伯语，中国国际广播电台，译审。

陈德来，男，汉族，1941 年出生，罗马尼亚语，外交部，大使。

陈耳林，男，回族，1941 年出生，斯瓦西里语，中国国际广播电台，译审。

陈　敷，男，汉族，1935 年出生，阿拉伯语，对外文化联络委员会、外经部二局、西亚非洲司，译审。

陈国焱，男，汉族，1938 年出生，匈牙利语，外交部老干局，前大使。

陈集秋，男，汉族，1937 年出生，老挝语，中国国际广播电台，播音指导。

陈金星，女，汉族，1939 年出生，泰米尔语，中国国际广播电台，译审。

陈立权，男，汉族，1943 年出生，日语，人民中国杂志社，副译审。

陈丽达，女，汉族，1941 年出生，俄语，中国国际广播电台，译审。

陈茂新，男，汉族，1943 年出生，英语，北京第二外国语学院，教授。

陈梅芳，女，汉族，1936 年出生，保加利亚语，外交部老干局，参赞。

陈启民，男，汉族，1941 年出生，俄语、英语，新华通讯社，高级编辑。

陈荣祥，男，汉族，1939 年出生，日语，北京周报社，副译审。

陈树培，男，汉族，1943 年出生，英语，新华社《参考消息》编辑部，译审。

陈晓，女，汉族，1943 年出生，土耳其语，外文出版社，副译审。

陈孝英，男，汉族，1942 年出生，俄语，陕西省艺术研究所，研究员。

陈学斌，男，汉族，1944 年出生，印地语，中国国际广播电台，译审。

陈玉昌，男，汉族，1943 年出生，英语，中石油大庆石油化工总厂、中石化国际实业公司、中石化洛阳石油化工总厂，副译审。

陈之骝，男，汉族，1936 年出生，匈牙利语，外交部，前驻外大使。

陈忠良，男，汉族，1944 年出生，德语，上海译谷翻译有限公司，副译审。

陈宗荣，男，汉族，1939 年出生，印地语，中国国际广播电台，译审。

程效竹，男，汉族，1928 年出生，法语，全国总工会、中共中央对外联络部，副局长。

仇淑梅，女，汉族，1945 年出生，葡萄牙语，外文出版社，副译审。

褚一平，女，汉族，1945 年出生，罗马尼亚语，中国国际广播电台，播音指导。

崔永秀，男，朝鲜族，1939 年出生，朝鲜语，中国国际广播电台，译审。

崔玉实，女，朝鲜族，1941 年出生，朝鲜语，人民画报社，副译审。

崔志新，男，汉族，1942 年出生，意大利语，外文出版社，副译审。

戴炳波，男，汉族，1943 年出生，西班牙语，今日中国杂志社，副译审。

戴世峰，男，汉族，1943 年出生，德语，外文出版社，译审。

戴文年，男，汉族，1941 年出生，英语，贵州省社会科学院，副译审。

戴行福，男，汉族，1941 年出生，德语，北京周报社，副译审。

邓朝从，男，汉族，1933 年出生，罗马尼亚语，外交部，大使。

邓兆兰，女，汉族，1942 年出生，西班牙文，北京周报社，副译审。

刁承俊，男，汉族，1939 年出生，德语，四川外语学院德语系，教授。

丁璧因，女，汉族，1942 年出生，阿拉伯语，外文出版社，副译审。

丁国华，男，汉族，1941 年出生，英语，江苏省工程技术翻译院，副译审。

丁肇芳，男，汉族，1940 年出生，日语，北京周报社，副译审。

董汉杰，男，汉族，1945 年出生，英语，华北电网有限公司，译审。

董立芬，女，汉族，1945 年出生，乌尔都语，中国国际广播电台，译审。

董连明，男，汉族，1941 年出生，德语，中国国际广播电台，译审。

董宁远，女，汉族，1944 年出生，德文，北京周报社，副译审。

董振邦，男，汉族，1937 年出生，普什图语，中国国际广播电台，译审。

杜　晖，女，汉族，1940 年出生，法语，新华社国际部 ，副译审。

杜建国，男，汉族，1944 年出生，西班牙语，北京周报社，副译审。

杜　忠，男，汉族，1945 年出生，阿拉伯语，外文出版社，译审。

额尔德木图，男，蒙古族，1941 年出生，蒙古语，中国国际广播电台，译审。

范辉顺，男，汉族，1931 年出生，印尼语、英语、德语，商务部，副译审。

范娟娟，女，汉族，1944 年出生，俄语，中国国际广播电台，译审。

范守义，男，汉族，1944 年出生，英语，外交学院，教授。

范维信，男，汉族，1940 年出生，葡萄牙语，中国国际广播电台，译审。

范学忠，男，汉族，1945 年出生，缅甸语，中国国际广播电台，译审。

范　羽，男，汉族，1932年出生，俄语，哈尔滨锅炉厂，译审。

方桂芝，女，汉族，1930年出生，日语，辽宁省对外贸易合作厅，副译审。

方慕秦，女，汉族，1937年出生，英语、俄语，广东科明咨询翻译有限公司，主管。

房印婉，女，汉族，1942年出生，俄语，新华社对外部俄文编辑室，译审。

冯明霞，女，汉族，1941年出生，俄语、英语，中国对外翻译出版公司，编审。

高惠钧，男，汉族，1943年出生，英语、越南语，广州市珠江水泥公司，副译审。

高瑞英，女，汉族，1937年出生，波斯语，中国国际广播电台，译审。

龚宁珠，女，汉族，1945年出生，越南语、泰国语、老挝语 ，云南大学留学生院，教授。

龚荣仙，女，汉族，1943年出生，朝鲜语，外文出版社，副译审。

古健兴，男，汉族，1940年出生，西班牙语，中国国际广播电台，译审。

顾岱丽，女，汉族，1937年出生，罗马尼亚语，中共中央对外联络部，副局级。

顾鸿富，男，汉族，1943年出生，印尼语，中国国际广播电台，译审。

顾竞忠，男，汉族，1942年出生，英语，广东中华造船（集团）有限公司，副译审。

郭昌颖，女，汉族，1945年出生，柬埔寨语，中国国际广播电台，译审。

郭定星，男，汉族，1938年出生，法语，中国电力技术进出口公司，译审。

郭凤山，男，汉族，1940年出生，英语，河北翻译培训学院，院长、译审。

郭惠芳，女，汉族，1942年出生，俄语，江苏省工程技术翻译院，副译审。

郭建中，男，汉族，1938年出生，英语，浙江大学外国语学院，教授。

郭金荣，男，汉族，1940年出生，保加利亚语，中国国际广播电台，译审。

郭留宝，男，汉族，1943年出生，英语，江苏省工程技术翻译院，副译审。

郭绍堃，男，汉族，1944年出生，英语，吉林省人民政府外事办公室，译审。

郭书仁，男，汉族，1942年出生，英语，百通思达翻译咨询公司，译审。

郭雅坤，女，汉族，1944年出生，日语，人民中国杂志社，副译审。

郭玉莲，女，汉族，1943年出生，俄语，中国国际广播电台，译审。

郭子富 ，男，汉族，1942年出生，德语，人民画报社，副译审。

韩朝炯，男，汉族，1938年出生，印地语，中国国际广播电台，译审。

韩明华，男，汉族，1943年出生，英语，中石化洛阳分公司，正处、副译审。

郝春喜，男，汉族，1940年出生，阿拉伯语，新华通讯社对外部，译审。

郝福生，男，汉族，1940年出生，英语，新华通讯社对外部，高级编辑。

何道宽，男，汉族，1942年出生，英语，深圳大学，教授。

何匡辅，男，汉族，1945年出生，英语，上海市针织品进出口公司，翻译。

何茂正，男，汉族，1931年出生，俄语，东北师范大学外国语学院俄语系，教授。

何妙生，男，汉族，1940年出生，德文，北京周报社，副译审。

何守智，男，汉族，1942 年出生，英语，新华社国际新闻编辑部，译审。

侯福许，女，汉族，1942 年出生，西班牙文，北京周报社，副译审。

侯贵信，男，汉族，1941 年出生，法语，外交部，外语专家。

侯玉萍，女，汉族，1941 年出生，阿尔巴尼语，中国国际广播电台，译审。

胡百林，女，汉族，1940 年出生，德文，北京周报社，副译审。

胡传忠，男，汉族，1936 年出生，英语，外交部港澳台司，副司级参赞。

胡德才，男，汉族，1945 年出生，西班牙语，中国国际广播电台，译审。

胡德礼，男，汉族，1940 年出生，西班牙语、英语，上海重型机器厂，副译审。

胡汉英，男，汉族，1938 年出生，俄语，新华社参编部，副译审。

胡土佑，男，汉族，1942 年出生，英语，广东商学院华商学院，教授、译审。

胡志民，男，汉族，1945 年出生，法文，北京周报社，副译审。

胡宗泰，男，汉族，1940 年出生，法语、英语，上海医疗器械研究所，译审。

华德荣，男，汉族，1945 年出生，英语，成都译采翻译有限责任公司，审校专家、高级工程师。

华维卿，男，汉族，1937 年出生，阿拉伯语，中国国际广播电台，译审。

黄凤珠，女，汉族，1939 年出生，世界语，中国报道杂志社，副译审。

黄华远，男，汉族，1940 年出生，英语，广东商学院，副教授、副译审。

黄徽现，男，汉族，1940 年出生，葡萄牙语，今日中国杂志社，副译审。

黄曼龄，女，汉族，1938 年出生，法语，中国国际广播电台，译审。

黄庆珍，女，汉族，1942 年出生，缅甸语，外文出版社，副译审。

黄顺英，女，汉族，1944 年出生，印尼语，中国国际广播电台，译审。

黄天源，男，汉族，1943 年出生，法语，广西民族大学外国语学院，教授。

黄铁骥，男，汉族，1944 年出生，俄语，中国国际广播电台，译审。

黄锡卿，女，汉族，1940 年出生，柬埔寨语，中国国际广播电台，播音指导。

黄兴中，男，汉族，1944 年出生，法语，人民画报社，译审。

黄源深，男，汉族，1940 年出生，英语，上海对外贸易学院，教授。

黄治贵，男，汉族，1941 年出生，英语，新华社参编部，副译审。

霍爱华，女，汉族，1942 年出生，英语，新华社参考消息报社，高级编辑。

季荣生，男，汉族，1940 年出生，英语，外文出版社，副译审。

贾春海，男，汉族，1945 年出生，阿拉伯语、英语，商务部西亚非洲司，副司局级经商参赞。

贾瀚铭，男，汉族，1940 年出生，英语，中国对外翻译出版公司，编审。

简佑嘉，男，汉族，1932 年出生，泰语，云南省社会科学院东南亚研究所，副研究员。

江光伦，男，汉族，1943 年出生，英语，贵州民族学院，副教授。

姜炳信，男，汉族，1931 年出生，俄语，内蒙古工业大学，教授。

姜德山，男，汉族，1944 年出生，法语，中国国际广播电台，译审。

姜凤光，男，汉族，1942 年出生，西班牙语，外文出版社，译审。

姜晓华，女，汉族，1940 年出生，罗马尼亚语，外交部，参赞。

蒋巧云，女，汉族，1941 年出生，塞尔维亚语，中国国际广播电台，译审。

蒋樨初，男，汉族，1941 年出生，波斯语，中国国际广播电台，译审。

蒋志强，男，汉族，1945 年出生，普什图语，中国国际广播电台，译审。

金仁伯，男，汉族，1935 年出生，西班牙语，新华社国际部，译审。

金亚娜，女，汉族，1941 年出生，俄语，黑龙江大学俄语学院，教授、博导。

亢树森，男，汉族，1939 年出生，英语，西安理工大学人文外国语学院英语系，教授。

赖育芳，男，汉族，1945 年出生，日语，文化部外联局，副译审。

蓝仁哲，男，汉族，1940 年出生，英语，四川外语学院，教授。

雷东平，男，汉族，1941 年出生，英语、印地语，新华社参编部参考消息报社，主任编辑。

黎难秋，男，汉族，1938 年出生，英语、日语，中国科技大学图书馆，研究馆员。

李成兴，男，汉族，1942 年出生，僧伽罗语，中国国际广播电台，译审。

李　丹，男，汉族，1944 年出生，英语，中国国际广播电台，译审。

李国庆，男，汉族，1941 年出生，意大利语、俄语，文化部，参赞。

李国元，男，汉族，1938 年出生，英语，中国电力技术进出口公司，译审。

李洪范，男，汉族，1936 年出生，保加利亚语，外交部欧亚司，副司级参赞。

李家渔，男，汉族，1941 年出生，罗马尼亚语，中国国际广播电台，译审。

李　坚，男，汉族，1941 年出生，塞尔维亚语，中国国际广播电台，译审。

李建国，男，汉族，1944 年出生，英语，中国水电顾问集团公司，译审。

李立成，男，汉族，1945 年出生，柬埔寨语，昆明理工大学，正处。

李留保，男，汉族，1943 年出生，英语，云南电网公司，译审。

李茂春，男，纳西族，1938 年出生，英语，昆明冶金高等专科学校，副教授。

李美华，女，汉族，1939 年出生，英语，商务部援外司，高级经济师。

李其庆，男，汉族，1944 年出生，法语，中央编译局，译审。

李士君，男，汉族，1939 年出生，马来语，中国国际广播电台，译审。

李世隆，男，汉族，1938 年出生，德语，文化部对外联络局，文化参赞。

李首道，男，汉族，1940 年出生，斯瓦西里语，中国国际广播电台，译审。

李淑琴，女，汉族，1941 年出生，葡萄牙语，外文出版社，副译审。

李述之，男，汉族，1929 年出生，俄语，昆明船舶设备集团公司，高工。

李树田，男，汉族，1938 年出生，英语，中国国际广播电台，译审。

李威仪，男，汉族，1944 年出生，法文，北京周报社，副译审。

李贤德，男，朝鲜族，1934 年出生，土耳其语，新华社国际部，译审。

李咸升，男，汉族，1940年出生，德语、英语，陕西省外事办公室，高级工程师。

李杏桃，男，汉族，1936年出生，英语，安徽省芜湖市妇幼保健院，主任医师。

李　瑄，女，汉族，1937年出生，豪萨语，中国国际广播电台，译审。

李荫寰，男，汉族，1942年出生，俄语，外文出版社，译审。

李永林，男，汉族，1945年出生，法语，江苏省工程技术翻译院，副译审。

李玉萍，女，汉族，1940年出生，世界语，中国国际广播电台，译审。

李玉琦，男，汉族，1944年出生，阿拉伯语，中国国际广播电台，译审。

李玉珍，女，汉族，1945年出生，捷克语，新华社参编部，译审。

李玉珍，女，汉族，1941年出生，西班牙文，北京周报社，副译审。

李资芳，女，汉族，1942年出生，罗马尼亚语，中共中央对外联络部，一等秘书。

李宗凯，男，汉族，1932年出生，英语，新华社参考消息报社，译审。

梁吉昌，男，汉族，1937年出生，英语，吉林省人民政府外事办公室，译审。

梁荣科，男，汉族，1940年出生，西班牙语 ，新华社，译审。

梁淑英，女，汉族，1941年出生，日语，北京周报社，副译审。

梁兆富，男，汉族，1945年出生，日语，北京周报社，副译审。

廖震全，女，汉族，1941年出生，西班牙语，新华社，译审。

林　坤，男，汉族，1940年出生，英语，商务部，副司级 。

林貞龍，男，汉族，1940年出生，罗马尼亚语，外交部，大使。

刘爱好，女，汉族，1942年出生，孟加拉语，外文出版社，副译审。

刘白影，女，汉族，1944年出生，普什图语，中国国际广播电台，播音指导。

刘才盛，男，汉族，1941年出生，世界语，中国报道杂志社，译审。

刘传锦，男，汉族，1943年出生，俄语，中国国际广播电台，译审。

刘福文，男，汉族，1944年出生，法语，黑龙江人民出版社，编审。

刘贵云，男，汉族，1938年出生，英语，河北师范大学，译审。

刘桂玉，女，汉族，1945年出生，英语，中国电力技术进出口公司，译审。

刘唤群，男，汉族，1937年出生，英语，北京星辉翻译中心，教授。

刘焕卿，男，汉族，1939年出生，葡萄牙语，文化部外联局，文化参赞。

刘积臣，男，汉族，1945年出生，日语，人民中国杂志社，译审。

刘家清，男，汉族，1939年出生，匈牙利语，中国国际广播电台，译审。

刘俊芳，男，汉族，1941年出生，世界语，中国国际广播电台，播音指导。

刘鹏心，男，汉族，1941年出生，英语、斯瓦西里语，商务部国际司、联合国儿童基金会，高级项目官员。

刘清文，男，汉族，1932年出生，匈牙利语，中共中央对外联络部，一秘。

刘仁和，男，汉族，1940年出生，老挝语，云南国际文化交流中心，副译审。

刘润山，男，汉族，1941年出生，斯瓦西里语，中国国际广播电台，译审。

刘世维，男，汉族，1942年出生，日语，人民中国杂志社，副译审。

刘淑兰，女，汉族，1940年出生，俄语，新华通讯社对外部，译审。

刘廷璋，男，汉族，1935年出生，俄语，北京第二外国语学院，教授。

刘文炸，男，汉族，1936年出生，法语，商务部，译审。

刘　霞，女，汉族，1938年出生，俄语，中国国际广播电台，播音指导。

刘修华，男，汉族，1937年出生，俄语，新华社国际部俄文组，译审。

刘幼兰，女，汉族，1928年出生，英语，新华社参考消息报社，副译审。

刘元培，男，汉族，1937年出生，阿拉伯语，中国国际广播电台，译审。

刘月樵，女，汉族，1940年出生，意大利语，中国国际广播电台，译审。

刘志明，男，汉族，1938年出生，俄语、波兰语、英语，河北省科学院，译审。

楼小燕，女，汉族，1934年出生，英语、法语，文化部外联局翻译处，译审。

卢嘉祥，男，汉族，1945年出生，英语，北京星辉翻译中心，研究员。

卢如升，男，汉族，1932年出生，缅甸语，中共中央对外联络部，副联络员。

卢瑞书，男，汉族，1940年出生，英语，商务部，高级经济师。

卢玉玲，女，汉族，1943年出生，俄语，外文出版社，副译审。

陆彬生，男，汉族，1943年出生，世界语，中国报道杂志社，译审。

陆昌伟，男，汉族，1944年出生，英语，中国科学院上海硅酸盐研究所，高级工程师。

陆境明，男，汉族，1940年出生，土耳其语，中国国际广播电台，译审。

陆林华，男，汉族，1942年出生，英语，江苏省工程技术翻译院，副译审。

陆汝富，男，汉族，1937年出生，日语，中国国际广播电台，译审。

陆文琪，男，汉族，1936年出生，克罗地亚、塞尔维亚语，商务部，高级经济师。

吕惠书，女，汉族，1933年出生，西班牙语 ，中共中央对外联络部，副局级 。

吕明俊，男，汉族，1933年出生，缅甸语，中共中央对外联络部一局，副联络员。

吕渭秋，男，汉族，1943年出生，英语，中国东方航空股份有限公司，副译审。

吕希义，男，汉族，1944年出生，斯瓦西里语，中国国际广播电台，译审。

吕忠捷，男，汉族，1945年出生，英语，上海市轻工业研究所，副译审。

马树洪，男，彝族，1940年出生，柬埔寨语、老挝语，云南省社科院东南亚所，研究员。

马徐州，男，汉族，1944年出生，阿尔巴尼亚语，商务部，正处级。

马玉琪，男，汉族，1938年出生，匈牙利语，文化部外联局，副局级参赞。

毛凤支，男，汉族，1941年出生，法语，中国国际广播电台，译审。

梅贻白，女，汉族，1945年出生，法语，对外传播研究中心，副编审。

孟德意，男，汉族，1938年出生，英语，商务部，高级经济师。

孟维仁，男，汉族，1942年出生，越南语，外文出版社，副译审。

缪宝根，男，汉族，1942年出生，英语，新华通讯社对外部，译审。

缪炽明，男，汉族，1943年出生，英语，扬子石化档案馆翻译科，翻译科长、副译审。

母晓临，男，汉族，1945 年出生，印地语，中国国际广播电台，译审。

牛葆伸，男，汉族，1942 年出生，阿拉伯语，今日中国杂志社，副译审。

潘琦民，女，汉族，1943 年出生，日语，中国国际广播电台，译审。

潘玉翠，女，汉族，1940 年出生，西班牙文，北京周报社，副译审。

彭承进，男，汉族，1932 年出生，俄语，新华社参编部，处长。

平文智，女，汉族，1945 年出生，日语，中国国际广播电台，译审。

钱亚彬，男，汉族，1929 年出生，俄语、罗马尼亚语，文化部外联局，副译审。

钱永明，男，汉族，1941 年出生，印地语，外文出版社，副译审。

钱雨润，男，汉族，1937 年出生，英语，中国国际广播电台，高级记者。

秦世福，男，汉族，1941 年出生，英语，东华大学（原中国纺织大学），副教授。

邱清能，男，汉族，1945 年出生，老挝语，云南国际文化交流中心，处长。

全裕辉，男，满族，1945 年出生，柬埔寨语，中国国际广播电台，译审。

冉先翠，女，汉族，1942 年出生，英语，今日中国杂志社，译审。

任明章，男，汉族，1941 年出生，英语，上海理工大学，副教授。

茹克娅，女，维吾尔族，1939 年出生，土耳其语，中国国际广播电台，播音指导。

阮家璠，女，汉族，1935 年出生，罗马尼亚语，中共中央对外联络部，正联络员。

沙　玮，男，汉族，1933 年出生，法语，对外贸易经济合作部、商务部，高级经济师。

尚荣光，女，汉族，1945 年出生，英语，北京周报社，副译审。

尚三绪，男，汉族，1944 年出生，法语、英语，西安飞机工业（集团）有限责任公司，译审。

尚　岩，女，汉族，1944 年出生，葡萄牙语，对外传播研究中心，编审。

邵海明，女，汉族，1945 年出生，英语，北京周报社，译审。

沈冰凝，女，汉族，1937 年出生，泰语，中国国际广播电台，译审。

沈炳明，男，汉族，1945 年出生，英语，广州轻工业品进出口集团公司，经济师。

沈昌纯，男，汉族，1936 年出生，阿拉伯语，中共中央对外联络部，正局级联络员。

沈聚泉，男，汉族，1940 年出生，英语，上海纺织建筑设计研究所，副译审。

沈念驹，男，汉族，1940 年出生，俄语，浙江文艺出版社，编审。

沈荣铨，男，汉族，1942 年出生，日语，江苏省工程技术翻译院，副译审。

沈文玉，女，汉族，1943 年出生，罗马尼亚语，人民中国杂志社，副译审。

沈锡飞，男，汉族，1942 年出生，阿拉伯语，人民中国杂志社，副译审。

施殿文，男，汉族，1945 年出生，日语，北京周报社，副译审。

施康强，男，汉族，1942 年出生，法语，中央编译局，译审。

施仁科，男，汉族，1938 年出生，阿拉伯语，中国国际广播电台，译审。

施圣康，男，汉族，1944年出生，法语、英语、柬埔寨语、俄语，上海发电设备成套设计研究院，副译审。

石礼仁，男，汉族，1938年出生，缅甸语，云南省进出口公司，副译审。

石耀珍，女，汉族，1943年出生，英语，江苏省工程技术翻译院，副译审。

史春永，男，汉族，1945年出生，英语，中国国际广播电台，译审。

舒启全，男，汉族，1943年出生，英语，成都大学外国语学院，教授。

宋　耿，男，汉族，1943年出生，俄语，中国国际广播电台，译审。

宋天佑，男，汉族，1941年出生，英语，云南省社会科学院，副高职。

宋　鹰（宋光庆），男，汉族，1939年出生，俄语，辽宁大学外语学院，教授。

宋韵声，男，汉族，1943年出生，英语，辽宁省沈阳第一监狱，译审。

苏　豪，男，汉族，1945年出生，尼伯尔语，中国国际广播电台，译审。

苏吉儒，男，汉族，1941年出生，英语、法语、德语及西班牙语、意大利语，昆明物理研究所，副研究员。

苏敬斌，女，满族，1941年出生，俄语，中国国际广播电台，译审。

苏克彬，男，汉族，1944年出生，日语，中国国际广播电台，播音指导。

隋丽君，女，汉族，1943年出生，俄语、英语，新华社参考消息报社，译审。

孙承唐，男，汉族，1943年出生，罗马尼亚语，对外传播研究中心，编审。

孙德义，男，汉族，1944年出生，豪萨语，中国国际广播电台，译审。

孙光成，男，汉族，1943年出生，俄语，中国科学院成都文献情报中心，编审。

孙桂英，女，汉族，1943年出生，印地语，中国国际广播电台，译审。

孙国强，男，汉族，1940年出生，泰米尔语，中国国际广播电台，译审。

孙和君，男，汉族，1945年出生，豪萨语，中国国际广播电台，译审。

孙　谨，女，汉族，1945年出生，日语，人民中国杂志社，副译审。

孙昆山，男，汉族，1940年出生，法语，外交部，大使。

孙兰凤，女，汉族，1945年出生，马来语，中国国际广播电台，播音指导。

孙莲梅，女，汉族，1945年出生，乌尔都语，中国国际广播电台，播音指导。

孙美菊，女，汉族，1945年出生，普什图语，中国国际广播电台，译审。

孙苗伊，女，汉族，1933年出生，英语，外交部，参赞。

孙尚信，男，汉族，1942年出生，斯瓦西里语，外文出版社，副译审。

孙守义，男，汉族，1944年出生，英语，中国电力企业联合会，译审。

孙寿山，男，汉族，1937年出生，西班牙语、英语、俄语，新华通讯社对外部，主任编辑。

孙书柱，男，汉族，1943年出生，德语，文化部外联局，副局级参赞。

孙文方，男，汉族，1939年出生，俄语，吉林俄语专修学院，译审。

孙宪阳，男，汉族，1945年出生，日语，人民画报社，副译审。

孙祥燮，男，汉族，1931年出生，英语，上海中医药大学，教授。

孙中文，女，汉族，1945 年出生，英语，江苏省工程技术翻译院，副译审。

谭秀珠，女，汉族，1942 年出生，世界语，中国报道杂志社，译审。

汤根发，男，汉族，1941 年出生，法语，上海市人民政府外事办公室，副译审。

汤　杰，男，汉族，1943 年出生，英语，上海对外科学技术交流中心，副译审。

汤民国，男，汉族，1944 年出生，英语，中国国际广播电台，译审。

汤献恩，男，汉族，1945 年出生，英语，对外传播研究中心，副编审。

唐　泓，男，汉族，1944 年出生，英语，江苏省工程技术翻译院，副译审。

唐家龙，男，汉族，1940 年出生，法语，外文出版社，译审。

唐闻生，女，汉族，1943 年出生，英语，中华全国归国华侨联合会，译审。

唐湛清，女，汉族，1937 年出生，捷克斯洛伐克语，外交部欧洲司，大使。

陶自强，男，汉族，1942 年出生，阿拉伯语，中国国际广播电台，译审。

滕玉万，男，汉族，1942 年出生，西班牙语，外文出版社，副译审。

田守玉，女，汉族，1941 年出生，德文，北京周报社，副译审。

田锡钊，男，汉族，1945 年出生，英语，山西省外事办公室，副译审。

田义云，男，汉族，1944 年出生，泰米尔语，中国国际广播电台，译审。

田中雨，男，汉族，1943 年出生，英语，东北师范大学人文学院，教授。

田宗宗，男，汉族，1945 年出生，豪萨语，中国国际广播电台，译审。

屠良敏，女，汉族，1934 年出生，匈牙利语，外交部苏欧司，参赞 。

王炳烈，男，汉族，1933 年出生，英语，中国兵器集团总公司晋西工业集团公司，副译审。

王翠玉，女，汉族，1942 年出生，日语，人民中国杂志社，译审。

王德凤，男，汉族，1939 年出生，波兰语，新华社参编部，译审。

王德志，男，汉族，1939 年出生，法语，珠江水利委员会科技情报处，副译审。

王干卿，男，汉族，1941 年出生，意大利语，中国国际广播电台，译审。

王贵发，男，汉族，1940 年出生，阿拉伯语，文化部外联局，副局级文化参赞。

王桂林，男，汉族，1941 年出生，英语，文化部外联局，副局级参赞。

王国振，男，汉族，1945 年出生，英语，今日中国杂志社，译审。

王家骥，男，汉族，1936 年出生，芬兰语、英语，外交部，大使。

王金柏，男，汉族，1940 年出生，保加利亚语，新华社参编部、索非亚分社、《参考消息》，译审。

王金和，男，汉族，1940 年出生，英语，新华通讯社对外部，高级记者。

王金圣，男，汉族，1939 年出生，法语，中共中央对外联络部休干局，正局 。

王君粹，男，汉族，1945 年出生，英语，中外运上海（集团）有限公司，国际商务师。

王龙德，男，汉族，1940 年出生，捷克语，中国国际广播电台，译审。

王　枚，女，汉族，1934 年出生，西班牙语 ，中共中央对外联络部，副联络员。

王　鹏，男，汉族，1943 年出生，法语，中央编译局，译审。

王　平，女，汉族，1945 年出生，英语，扬子石化办事处，翻译科长、副高级经济师。

王其良，男，汉族，1941 年出生，英语，外交部西欧司，大使。

王士荣，男，汉族，1945 年出生，世界语，中国报道杂志社，译审。

王文联，男，汉族，1941 年出生，英语，新华社外事局，译审。

王秀凤，女，汉族，1940 年出生，英语，北京周报社，副译审。

王秀云，女，汉族，1942 年出生，俄语，人民画报社，译审。

王意强，男，汉族，1940 年出生，俄语、英语，西安市新城区教育局，高级教师。

王银河，女，汉族，1945 年出生，普什图语，中国国际广播电台，播音指导。

王永革，男，汉族，1940 年出生，西班牙语，外文出版社，副译审。

王永年，男，汉族，1927 年出生，英语、俄语、西班牙语、意大利语，新华通讯社对外部，高级编辑。

王玉琴，女，蒙古族，1941 年出生，世界语，中国国际广播电台，译审。

王毓琳，女，汉族，1940 年出生，英语，中央编译局，译审。

王允唐，男，汉族，1942 年出生，僧伽罗语，中国国际广播电台，译审。

王兆桂，男，汉族，1945 年出生，法语，江苏省工程技术翻译院，副译审。

王正仁，男，汉族，1940 年出生，英语，山西大学，教授。

王志华，男，汉族，1944 年出生，阿拉伯语，外经部、商务部，副司级。

王宗林，男，汉族，1943 年出生，西班牙语，今日中国杂志社，副译审。

魏春城，男，回族，1940 年出生，阿拉伯语，中国国际广播电台，译审。

魏秋芬，女，汉族，1945 年出生，土耳其语，中国国际广播电台，播音指导。

温尚明，男，汉族，1944 年出生，英语，中国科学院光电技术研究所，副研究员。

吴瑞根，男，汉族，1940 年出生，西班牙语，新华通讯社，译审。

吴薇芳，女，汉族，1939 年出生，德语，中国国际广播电台，播音指导。

吴锡俊，男，汉族，1942 年出生，保加利亚语，新华社，高级记者。

吴兴唐，男，汉族，1936 年出生，德语，中共中央对外联络部，研究员。

吴中宁，男，汉族，1944 年出生，英语，云南外事办公室，副译审。

伍德庆，男，汉族，1938 年出生，波兰语，中国国际广播电台，译审。

夏文义，男，汉族，1944 年出生，英语，云南省外事办公室，副译审。

向世武，男，汉族，1944 年出生，英语，中国水电水利顾问公司西北勘测设计研究所，译审。

萧安溥，男，汉族，1939 年出生，英语，宜宾学院（原单位：四川大学外国语学院），教授。

萧典富，男，汉族，1944 年出生，英语，贵州英特翻译信息公司，译审。

肖　兵，女，汉族，1945 年出生，普什图语，中国国际广播电台，译审。

肖晓明，女，汉族，1944 年出生，意大利语，外文出版社，副译审。

谢淑敏，女，汉族，1945 年出生，瑞典语，人民画报社，副译审。

谢燮禾 ，男，汉族，1941 年出生，法语，外交部翻译室，外语专家。

谢玉明，男，汉族，1941 年出生，世界语，中国国际广播电台，译审。

邢广东，男，汉族，1940 年出生，德文，北京周报社，副译审。

熊昌义，男，汉族，1945 年出生，英语，新华社国际部，译审。

徐光亭，男，汉族，1940 年出生，英语，江苏省工程技术翻译院，副译审。

徐和瑾，男，汉族，1940 年出生，法语，复旦大学外文学院，教授。

徐培基，男，汉族，1935 年出生，阿拉伯语，外经贸部合作司，高级经济师。

徐森荣，男，汉族，1940 年出生，世界语，中国报道杂志社，副译审。

徐婉芬，女，汉族，1943 年出生，世界语，中国报道杂志社，副译审。

徐一明，男，汉族，1942 年出生，日语，中国国际广播电台，译审。

徐振亚，男，汉族，1943 年出生，俄语，华东师范大学，教授。

徐仲伦，男，汉族，1942 年出生，英语，中科院地化所，译审。

许洪明，男，汉族，1943 年出生，俄语，上海市天宸股份有限公司，高级经济师。

许丽明，女，汉族，1943 年出生，阿拉伯语，外文出版社，副译审。

薛彦芳，女，汉族，1944 年出生，斯瓦西里语，外文出版社，副译审。

严学俭，男，汉族，1944 年出生，英语、德语 ，复旦大学 ，教授。

阎光灿，男，汉族，1940 年出生，英语、俄语，成都译采翻译有限责任公司，审校专家、副译审。

杨德新，男，汉族，1940 年出生，俄语，未来出版社，编审。

杨　飞，男，汉族，1929 年出生，英语，晋西机械工业集团公司，副译审。

杨广胜，男，汉族，1939 年出生，希腊语、英语、俄语，外交部，大使。

杨涵欣，男，汉族，1940 年出生，阿拉伯语，商务部，高级经济师、高级商务师。

杨洪昌，男，汉族，1942 年出生，意大利语，外文出版社，副译审。

杨惠燕，女，汉族，1940 年出生，老挝语，中国国际广播电台，译审。

杨继秋，女，汉族，1941 年出生，英语，贵州省有色地质勘查局，副译审。

杨　军，女，汉族，1941 年出生，西班牙语，人民画报社，副译审。

杨　俊，男，汉族，1941 年出生，法语，中国国际广播电台，译审。

杨荣甲，男，汉族，1941 年出生，法语、英语，中国对外翻译出版公司，译审。

杨荣声，男，汉族，1939 年出生，法语，中国国际广播电台，译审。

杨顺祥，男，汉族，1940 年出生，意大利语，中国国际广播电台，译审。

杨顺兴，男，汉族，1940 年出生，英语，上海金桥出口加工区联合发展有限公司，总经理、经济师。

杨祥华，男，汉族，1941 年出生，英语，贵州英特翻译信息公司，副译审。

杨学苣，女，汉族，1941 年出生，罗马尼亚语，中国国际广播电台，译审。

杨永清，男，汉族，1941年出生，英语，江苏省工程技术翻译院，副译审。

养秀华，女，汉族，1942年出生，乌尔都语，外文出版社，副译审。

叶辰龙，男，汉族，1942年出生，英语，江苏省工程技术翻译院，高级工程师。

叶　俊，女，汉族，1933年出生，匈牙利语，外交部欧亚司，一等秘书。

叶身寿，男，汉族，1929年出生，英语，精益通翻译有限公司，译审、教授级高级工程师。

叶志雄，男，汉族，1932年出生，英语，新华通讯社，高级记者。

易廷瑶，女，汉族，1943年出生，英语，贵州英特翻译信息公司，副译审。

尹宝治，男，汉族，1934年出生，罗马尼亚语，外交部，总领事。

尹凤铉，男，朝鲜族，1938年出生，朝鲜语，中国国际广播电台，译审。

于　峰，男，汉族，1943年出生，尼伯尔语，中国国际广播电台，译审。

于淑荣，女，汉族，1940年出生，日语，人民中国杂志社，副译审。

于熙君，男，汉族，1943年出生，菲律宾语，中国国际广播电台，译审。

于尊成，男，汉族，1940年出生，英语，新华通讯社 ，译审。

余志和，男，汉族，1941年出生，保加利亚语、俄语，新华通讯社，高级编辑。

袁大发，男，汉族，1945年出生，英语，中国科学院光电技术研究所，研究员。

袁维学，男，汉族，1945年出生，乌尔都语、英语，文化部外联局，副局级参赞。

袁倧贤，男，汉族，1940年出生，波兰语，外交部，参赞。

苑存祥，男，汉族，1940年出生，蒙古语，商务部，正处级。

苑明先，女，汉族，1945年出生，乌尔都语，外文出版社，副译审。

曾培耿，男，汉族，1942年出生，法文，北京周报社，译审。

曾文凤，女，满族，1940年出生，西班牙语，今日中国杂志社，副译审。

张宝义，男，汉族，1944年出生，罗马尼亚语，人民画报社，副译审。

张大奎，男，汉族，1945年出生，阿尔及利亚语，中国国际广播电台，译审。

张德生，男，汉族，1939年出生，德语，文化部外联局，译审。

张海平，男，汉族，1943年出生，世界语，中国报道杂志社，副译审。

张鹤立，女，汉族，1937年出生，波斯语，中国国际广播电台，译审。

张鸿儒，男，汉族，1944年出生，英语，江苏省工程技术翻译院，副译审。

张家卫，男，汉族，1943年出生，法文，北京周报社，副译审。

张葭萍，女，汉族，1943年出生，英语，中国国际广播电台，译审。

张敬然，女，汉族，1943年出生，柬埔寨语，中国国际广播电台，译审。

张君良，男，汉族，1943年出生，英语，赛鼎工程有限公司，译审。

张美琴，女，汉族，1941年出生，英语，商务部，处长。

张庆环，男，汉族，1940年出生，芬兰语，外交部，参赞。

张庆生，男，汉族，1945年出生，俄语、法语，中国电力技术进出口公司，译审。

张世选，男，汉族，1940年出生，乌尔都语，人民画报社，译审。

张淑芝，女，汉族，1940 年出生，英语，原黑龙江省国际信托公司（现黑龙江省天九控股有限公司），译审。

张泰来，男，汉族，1944 年出生，德语，江苏省工程技术翻译院，副译审。

张星岩，男，汉族，1943 年出生，英语，上海国际问题研究院，译审。

张绪华，男，汉族，1940 年出生，僧伽罗语，中国国际广播电台，译审。

张　洋，男，汉族，1945 年出生，德语、英语，华陆工程科技有限责任公司，副译审。

张寅午，男，汉族，1942 年出生，塞尔维亚－克罗地亚语，商务部，副司级。

张　余，女，汉族，1945 年出生，越南语，中国国际广播电台，译审。

张玉贤，女，汉族，1942 年出生，德文，北京周报社，副译审。

张运财，男，汉族，1940 年出生，英语，佛山市禅城区翻译协会，会长。

张　钊，男，汉族，1945 年出生，普什图语，中国国际广播电台，译审。

张振芳，女，汉族，1941 年出生，阿拉伯语，今日中国杂志社，译审。

张钟群，男，汉族，1942 年出生，印地语，外文出版社，副译审。

赵常谦，男，汉族，1941 年出生，乌尔都语，外文局局机关，副译审。

赵成鸿，男，汉族，1939 年出生，塞尔维亚语，中国国际广播电台，译审。

赵公达，男，汉族，1927 年出生，英语，商务部，正局级。

赵　坚，男，汉族，1944 年出生，法语，新华通讯社对外部，译审。

赵乐春，男，汉族，1944 年出生，德语，云南省昆明市人民政府外事办公室，副主任。

赵敏铭，男，汉族，1943 年出生，英语、德语，迅达（中国）电梯有限公司，副译审。

赵泮仲，男，汉族，1937 年出生，意大利语，中国国际广播电台，译审。

赵松毓，男，白族，1940 年出生，英语，国务院外国专家局、云南省天然气化工厂、云南省人民政府外事办公室，副厅级。

赵铁生，男，汉族，1945 年出生，西班牙语，今日中国杂志社，副译审。

赵效群，女，汉族，1945 年出生，豪萨语，中国国际广播电台，播音指导。

赵永范，男，汉族，1944 年出生，法文，北京周报社，副译审。

郑克鲁，男，汉族，1939 年出生，法语，上海师范大学，教授。

郑立德，男，汉族，1945 年出生，法语，江苏省工程技术翻译院，副译审。

郑如刚，男，汉族，1945 年出生，英语，水利部国科司、全球水伙伴中国委员会，译审。

郑述谱，男，汉族，1940 年出生，俄语，黑龙江大学俄语语言文学研究中心，研究员。

郑天华，男，汉族，1944 年出生，阿拉伯语，中国国际广播电台，译审。

郑锡年，男，汉族，1937 年出生，法语、英语、日语、俄语，上海图书馆、上海科学技术情报研究所，副编审。

郑业奎，男，汉族，1941 年出生，法语，外交部翻译室，参赞（副司）。

郑于铭，男，汉族，1943 年出生，斯瓦西里语，人民画报社，副译审。

郑育英，女，汉族，1944 年出生，德语、英语，上海油墨厂，副译审。

郑重序，男，汉族，1938 年出生，阿尔巴尼语，中国国际广播电台，译审。

钟世贵，女，汉族，1940 年出生，西班牙语，中国国际广播电台，译审。

周宝义，女，汉族，1943 年出生，保加利亚语，中国国际广播电台，译审。

周财振，男，汉族，1944 年出生，法语，中国国际广播电台，译审。

周东耀，男，汉族，1942 年出生，英语，新华社国际部，译审。

周克骏，男，汉族，1942 年出生，德语，今日中国杂志社，副译审。

周克希，男，汉族，1942 年出生，法语、英语，上海译文出版社，编审。

周　平，男，汉族，1941 年出生，日语，上海外国语大学日语系，教授。

周训刚，男，汉族，1944 年出生，法语，新华社国际部，译审。

朱安康，男，汉族，1935 年出生，匈牙利语，外交部，大使、高级翻译。

朱鹤龄，男，汉族，1938 年出生，匈牙利语，外交部欧亚司，总领事。

朱惠明，女，汉族，1942 年出生，英语，外文出版社，译审。

朱继民，男，汉族，1944 年出生，阿拉伯语，今日中国杂志社，副译审。

朱炯强，男，汉族，1933 年出生，英语，浙江大学，教授。

朱佩玉，女，汉族，1942 年出生，英语，外文出版社，副译审。

朱松年，男，汉族，1940 年出生，英语，江苏省工程技术翻译院，副译审。

朱威烈，男，汉族，1941 年出生，阿拉伯语，上海外国语大学中东研究所，教授。

朱兴河，男，汉族，1945 年出生，西班牙语，中国国际广播电台，译审。

朱英璜，男，汉族，1943 年出生，英语，中国日报社，高级编辑。

朱章潭，男，汉族，1944 年出生，意大利语，人民画报社，副译审。

诸葛仓麟，男，汉族，1939 年出生，法语，新华社，译审。

邹福兴，男，汉族，1939 年出生，德语，中国国际广播电台，译审。

邹明榕，男，汉族，1943 年出生，英语，外交部，大使。

邹绍平，男，汉族，1945 年出生，法语，外文出版社，译审。

左　飚，男，汉族，1942 年出生，英语，上海海事大学，教授。

翻译竞赛获奖者

韩素音青年翻译奖竞赛

奖项简介

《中国翻译》杂志自1986年起举办“青年有奖翻译”活动，每年举办一次。1989年3月，著名英籍作家韩素音女士访华期间，与时任中国译协副会长兼《中国翻译》杂志主编叶君健在京会面。韩素音女士一直非常支持中国的翻译事业，当她了解到正在举办的青年有奖翻译比赛后，当即表示愿意赞助一笔基金使这项活动更好地开展下去。经过商议，《中国翻译》杂志决定用这笔基金设立“韩素音青年翻译奖”。因此，1989年原名为“第四届青年有奖翻译”比赛，在揭晓活动中改称为“第一届韩素音青年翻译奖”竞赛。

至2008年，“韩素音青年翻译奖”竞赛已经举办了20届，是目前中国翻译界组织时间最长、规模最大、影响最广的翻译大赛，受到了全国乃至海外青年翻译爱好者的欢迎和认可。它极大地激励了广大青年学习外语的热情，推动了外语教学事业，促进了我国翻译队伍整体水平的提高。20年来，从参赛队伍中涌现出的优秀青年翻译工作者已经成为目前我国外语教学界和翻译实践第一线的骨干与中坚力量。

第21届韩素音青年翻译奖（2009）获奖者

英译汉

一等奖

陈水生　男　安庆师范学院外国语学院

二等奖

李小鹿　女　中国人民解放军国防大学军事后勤与军事科技装备教研部

朱敏琦　男　上海新东方学校

三等奖

宋　金　男　奥图泰（上海）冶金设备技术有限公司

任丽萍　女　上海对外贸易学院国际商务外语学院

张　锐　女　洛阳师范学院外国语学院

优秀奖

蔡淑真　女　厦门理工学院外语系

柴晚锁　男　北京林业大学外语学院

窦旭霞　女　烟台职业学院外语系

高　颜　女　大连外国语学院

郭伟兴　男　厦门理工学院外语系

郭闻涛　男　浙江大学

贺颖倩　女　上海师范大学天华学院

黄飞飞　男　上海师范大学天华学院英语系

黄肖彦　女　福建师范大学

黄莺莺 女 北京大学外国语学院
姜亚雯 女 上海师范大学天华学院
李　颖 女 厦门理工学院外语系
李悦菲 女 中国人民大学外国语学院
厉　丽 女 中南大学外国语学院
林鹏程 男 厦门理工学院外语系
刘济辉 男 四川大学外国语学院
柳　明 女 河南人民出版社
卢春华 女 厦门理工学院外语系
罗　琼 女 北京东方灵盾科技有限公司
屈　艺 女 厦门理工学院外语系
史　文 男 上海师范大学天华学院
宋正华 男 国家旅游局港澳台司
苏文慧 女 中南大学外国语学院
孙　超 男 上海师范大学天华学院
谭琪瑶 女 西南政法大学
王惠宁 女 河北省廊坊市
王　琪 女 东北大学秦皇岛分校外语系
王岫庐 女 英国华威（Warwick）大学
王英梅 女 广东外语外贸大学高级翻译学院
韦晓英 女 上海师范大学天华学院
肖锦银 女 华南理工大学外国语学院
熊亭玉 女 成都大学外国语学院
尹　璐 女 江苏省镇江市
余　方 女 安徽师范大学外国语学院
余凝冰 男 安徽大学大学英语教学部
张成标 男 山东省济宁市育才中学
张　琼 女 中南大学（铁道校区）外语学院
张淑娜 女 天津南开大学外国语学院
张秀旭 男 浙江大学外国语言文化与国际交流学院
张　颖 女 上海师范学院天华学院
赵兴华 女 上海师范大学天华学院
钟伟静 女 安徽师范大学外国语学院
钟　一 女 湖南省中南大学铁道学院外国语学院
庄晓敏 女 聊城大学外国语学院

英译汉

一等奖

梁道华 男 南京航空航天大学外国语学院

二等奖

丁科家 男 大连外国语学院
周　曌 女 北京外国语大学

三等奖

查　敏 女 北京外国语大学
徐慎泽 女 南京大学
李　霜 女 厦门理工学院外语系

优秀奖

陈大为 男 南京大学外国语学院
董海雅 女 上海外国语大学国际教育学院
方　露 男 自由职业
顾颖琦 女 上海外国语大学贤达经济人文学院
何雯婷 女 上海外国语大学高级翻译学院
胡文明 男 广东外语外贸大学高级翻译学院

黄文超　男　南京东南大学
李　婵　女　东北大学
梁颂宇　女　广西大学外国语学院大学英语部
林珊珊　女　上海外国语大学贤达经济人文学院
刘淑芬　女　浙江省宁波大学科学技术学院
罗　琼　女　湖南科技学院外语系
苗艳换　女　北京中医药大学
宁　静　女　陕西省西安市西安交通大学城市学院
任丽萍　女　上海对外贸易学院国际商务外语学院
石开妍　女　中原工学院外语系
孙夫启　女　山东省临沂师范学院外国语学院
谭琪瑶　女　西南政法大学
汪淑慧　女　安徽师范大学外国语学院
王昌玲　女　安徽师范大学外国学院英语系
王军平　男　哈尔滨工业大学（威海）
王　琳　女　北京第二外国语学院
王瑞瑶　女　大连外国语学院
王振亚　男　武汉市中南民族大学
韦晓英　女　上海师范大学天华学院
吴宜涛　女　广东外语外贸大学高级翻译学院
肖　波　男　西华师范大学外国语学院
谢红梅　女　天津外国语学院英语学院国际商务系
徐　璐　男　上海 KSB 有限公司
许东俊　男　广东外语外贸大学
严　威　男　上海海事大学外国语学院
杨　颖　女　四川大学外国语学院
叶晶晶　女　上海外国语大学
余　健　男　安永企业咨询（中国）有限公司
俞　璐　女　南京师范大学
张建森　男　中国人民大学外国语学院
张奇才　男　安徽理工大学
赵晨辉　男　常州信息职业技术学院外语系
郑　方　女　中国人民大学外国语学院
郑慧娟　女　曲阜师范大学日照校区翻译学院
郑清漪　女　北京外国语大学
周忆枫　女　南京师范大学
周政权　男　常州工学院
朱　菁　女　宁波大学科学技术学院

第 22 届韩素音青年翻译奖（2010）获奖者

英译汉

一等奖

黄林玲　女　四川大学外国语学院

二等奖

王月旻　女　中国人民大学外国语学院

三等奖

杨书泳　女　中国人民大学外国语学院

韦晓英　女　上海师范大学天华学院

金　宝　男　解放军国际关系学院

张　娜　女　河南师范大学外国语学院

优秀奖

张　云　女　上海师范大学天华学院

潘莉萍　女　上海师范大学天华学院

孙　峰　女　中国人民大学外国语学院

陈水生　男　安庆师范学院外国语学院

姚小文　女　广西民族大学外国语学院

黎锦荣　男　广州昭信翻译服务有限公司

刘鸿燕　女　厦门理工学院外语系

陈　程　女　厦门理工学院外语系

张鑫超　女　中国人民大学外国语学院

黄金山　男　广州市交通运输职业学校

熊亭玉　女　成都大学外国语学院

刘路薇　女　北京交通大学语言与传播学院

唐旭光　男　广西师范大学外国语学院

王经晖　男　北京汉龙公司

陈兰兰　女　同济大学

林　键　男　成都创思立信科技有限责任公司

郑　震　男　自由职业（沈阳市）

马凌霄　女　北京创思智汇信息咨询有限责任公司

张姗姗　女　天津经济技术开发区管委会

黄　姗　女　上海方达律师事务所北京分所

徐少芳　女　安徽农业大学外国语学院

李珊珊　女　上海师范大学天华学院

庄燕青　男　上海外国语大学

王惠宁　女　英语自由翻译（河北廊坊）

徐慎泽　女　南京大学

胡维佳　女　浙江工业大学外国语学院

王文博　男　解放军国际关系学院

卜　迅　女　上海师范大学天华学院

吴昕欣　女　厦门理工学院外语系

陈晓颖　女　北京林业大学外语学院

陈立勋　男　厦门理工学院外语系

胡正茂　男　广东外语外贸大学英语语言文化学院

奉安山　男　同济大学外国语学院

黄　媛　女　武汉科技大学中南分校

杨　敏　女　上海师范大学天华学院

金学勤　男　四川大学外国语学院

祝　平　男　苏州科技大学外国语学院

韩　单　女　杭州外国语学校

周建军　男　常州工学院

陈　坚　男　浙江世纪华通车业股份有限公司

余　婷　女　厦门理工学院外语系

石开妍　女　中原工学院外国语学院

崔秀忠　男　甘肃省景泰县第一中学

朱　倩　女　外交部拉美司

孙洪丽　女　北京航空航天大学外国

语学院
焦育玲　女　西南大学外国语学院

英译汉

一等奖

空缺

二等奖

徐慎泽　女　南京大学
王　丽　女　苏州科技学院外国语学院
崔秀忠　男　甘肃省景泰县第一中学

三等奖

毕　成　男　香港中文大学
马庆贺　男　上海对外贸易学院
刘欢梅　女　中南大学外国语学院

优秀奖

吴　佳　女　北京语言大学外国语学院
黄飞飞　男　上海师范大学天华学院
林　玥　女　上海财经大学
刘　练　女　福州大学外国语学院
陆金龙　男　四川师范大学成都学院
张　云　女　上海师范大学天华学院
崔艳秋　女　北京理工大学珠海学院外语学院
陈文艳　女　重庆三峡学院
王　浩　男　江西师范大学附属中学
朱怡华　女　华东师范大学
高永阔　男　广东外语外贸大学英文学院
肖　波　男　四川西华师范大学外国语学院
杨义豪　男　广东外语外贸大学英语教育学院
陈大为　男　南京大学外国语学院
陈　乎　男　江南大学外国语学院
王惠宁　女　英语自由翻译（河北廊坊）
周　欣　女　上海工程技术大学基础学院
舒宗军　男　博彦科技（武汉）有限公司
吴浩浩　女　福建漳州师范学院外语系
姜　娥　女　江西师范大学外国语学院
谯　勇　男　西北师范大学外国语学院
张奇才　男　安徽理工大学外国语学院
韩淑芹　女　中国石油大学（华东）外国语学院
杨美琳　女　中国政法大学
洪玉婷　女　上海杉达学院嘉善光彪学院
王海东　男　河南许昌学院外国语学院
綦丽芹　女　上海理工大学外国语学院

中译杯2010年全国口译大赛

奖项简介

中译杯2010年全国口译大赛由中国翻译协会、高等教育出版社联合主办，是在我国首次举行的全国性的口译大赛，大赛设立了英语交替传译、同声传译，日语交替传译、同声传译，法语交替传译等比赛项目，全国各地包括香港、澳门特别行政区的400多所高校的近1500名选手参加了本届各项比赛。2010年10月24日英语交替传译全国总决赛在四川大学落下帷幕。

中译杯2010年全国口译大赛英语交替传译全国总决赛获奖者

一等奖

郭　金　女　北京外国语大学

二等奖

刘　蓓　女　四川大学外国语学院
吉　晋　女　四川大学外国语学院

三等奖

何　梅　女　四川大学外国语学院
杨安其　女　上海外国语大学英语学院
陈满键　女　广东外语外贸大学高级翻译学院
索若楠　女　广东外语外贸大学高级翻译学院
高睿琳　女　厦门大学

优胜奖

韩　潮　男　厦门大学
刘文川　女　中南大学外国语学院
杜　巩　男　大连外国语学院英语学院
杨　乐　女　东北师范大学外国语学院
陈　静　女　陕西师范大学
樊超逸　女　澳门理工学院
刘　露　女　北京外国语大学
沈　津　女　澳门大学
郑　悦　女　西安翻译学院
马　静　女　西安外国语大学
刘立立　女　湖南师范大学外语学院
田　莎　女　香港理工大学
王　粲　女　中南大学外国语学院
崔　立　男　外交学院
张素君　女　中山大学
唐蕴佳　女　大连外国语学院英语学院

中译杯2010年全国口译大赛英语同声传译邀请赛获奖者

一等奖

罗　菁　女　广东外语外贸大学

二等奖

吉　晋　女　四川大学外国语学院
邓若琳　女　香港理工大学

三等奖
张　黎　女　对外经济贸易大学
马　静　女　西安外国语大学
左静林　男　广东外语外贸大学
郭鑫雨　女　天津外国语大学
袁景华　男　天津外国语大学

优胜奖
邵晶晶　女　解放军外国语学院
高　山　男　外交学院
朱　珠　女　四川外语学院
秦　楠　女　北京第二外国语学院
张　璨　女　四川大学外国语学院
李　爽　女　中山大学
邹春燕　女　福建师范大学
朱　侃　女　北京第二外国语学院
赵天明　女　对外经济贸易大学
赖金怡　女　外交学院
周　媛　女　湖南师范大学
段　燕　女　南京大学
陈嘉欣　女　中山大学
孙斯扬　男　东北师范大学
朱澧澄　男　澳门理工学院
杨　婧　女　西安外国语大学
萧世昌　男　香港中文大学
孙　丽　女　湖南师范大学
潘韩婷　女　澳门大学
黄　珊　女　福建师范大学
徐　辰　女　南京大学

2010全国口译大赛——日语、法语邀请赛总决赛获奖者

日语“同声传译”组

一等奖
刘　睿　女　北京第二外国语学院

二等奖
朱宏玮　女　北京语言大学
吴　青　女　北京外国语大学

三等奖
何　杨　男　北京工业大学
李　艺　女　天津外国语大学
刘　露　女　上海外国语大学

优秀奖
罗彩虹　女　湖南大学
向艳红　女　广东外语外贸大学
杜　凯　男　大连外国语学院
宫琳菁　女　西安外国语大学
宗甜甜　女　大连大学

日语“交替传译”组

一等奖
杨斯琪　女　北京第二外国语学院

二等奖
郑　悦　女　北京外国语大学
曹逸冰　女　北京语言大学

三等奖
邢　琳　女　大连外国语学院
石姗姗　女　上海外国语大学
朱奇莹　女　天津外国语大学

优秀奖

茆蓓蕾 女 西安外国语大学
李 歌 女 广东外语外贸大学
王 聪 女 中国人民大学
张海莲 女 湖南大学
李 季 女 北京师范大学
张梦琦 女 北京工业大学
张 昕 女 大连大学
魏 莹 女 对外经济贸易大学

法语“交替传译”组

一等奖

施旭诚 男 华东师范大学

二等奖

叶 莎 女 北京外国语大学
王 璐 女 南京大学

三等奖

杜嘉璇 女 黑龙江大学
王雯馨 女 南京师范大学
赵惠琴 女 外交学院

优秀奖

黎宏斌 男 北京第二外国语学院
张馨心 女 山东大学
欧 渝 女 北京语言大学
陈淑婷 女 天津外国语大学
谢榕榕 女 厦门大学
赵芳芳 女 中国传媒大学
陈 赪 女 武汉大学
孙 娜 女 大连外国语学院
任 怡 女 首都师范大学
王剑侠 女 国际关系学院
马东方 女 河北工业大学

辞 世 人 物

（以下辞世人物按去世的时间排序）

杨燕杰（1930～2009）笔名燕青、沙夫、苏欣，广东兴宁人，北京外国语大学资深教授。生前先后担任保加利亚语教研室主任，东欧语系副主任，东欧研究室主任，《东欧》杂志主编，北京外国语学院（现北京外国语大学）学位委员会委员，中国作家协会、中国翻译工作者协会（现中国翻译协会）会员，北京市翻译工作者协会理事等职。主要从事保加利亚语言和文学的教学与研究，以及中保文化交流工作。1990 年获“保加利亚翻译家协会奖”和保加利亚国家级奖项“基里尔和梅福迪勋章”，1999 年获保加利亚共和国总统颁发的国家一级“马达拉骑士”勋章。

主要译作有：《波特夫诗集》（合译）、《第二连》（合译）、《季米特洛夫论文学、艺术与科学》（合译）、《保加利亚歌曲集》（合译）、《东欧短篇小说选》（合译）、《季米特洛夫论文学、艺术和文化》（合译）、《伐佐夫诗选》、《东欧儿童故事选》（合译）、《欧美革命历史歌曲选辑》（合译）、《保加利亚当代诗抄》（第 2 辑）、《保加利亚当代诗一束》、《达尔切夫诗选》、《瓦普察洛夫诗集》以及数十首保加利亚著名诗人的作品等。此外还曾发表许多关于保加利亚的学术论文。

杨燕杰因病于2009年1月13日逝世，享年79岁。

（人物生平摘编自《中国翻译词典》）

沈苏儒（1919～2009）原籍浙江嘉兴。生前曾任《上海新闻》报社、《人民中国》杂志编辑，《中国建设》（现《今日中国》）副总编辑，被授予高级编辑（新闻专业）职称。曾任中国翻译工作者协会第一届理事，中国国际交流协会、中国对外文化交流协会理事，宋庆龄基金会名誉理事，文化部翻译、新闻（编辑）专业人员高级职务评审委员会委员，中国社会科学院研究生院国际新闻专业硕士研究生论文答辩委员，世界银行驻中国代表处编译顾问，全国翻译专业资格（水平）考试专家委员会顾问等职。

沈苏儒是中国外文局资深外语专家和翻译家，中国对外传播学的奠基者之一。主要译作有：《宋庆龄——二十世纪的伟大女性》、《突破封锁访延安》、《见证中国》（合译）、《历史不会忘记》（合译）、《争夺欧洲霸权的斗争：1848－1918》、《第三帝国的兴亡——纳粹德国史》（合译）等。另著有《对外传播学概要》、《对外报道业务基础》、《对外报道教程》、《对外传播的理论与实践》、《论"信达雅"——严复翻译理论研究》、《翻译的最高境界："信达雅"漫谈》等。

沈苏儒因病于2009年6月4日在北京逝世，享年90岁。

（人物生平摘编自《中国翻译词典》）

磊然（1918～2009）原名许磊然，上海人。1939年毕业于上海沪江大学新闻系。1944年开始从事编辑翻译工作，历任上海时代出版社编辑，人民文学出版社编辑、编审委员会委员、外国文学编辑部编辑、编审。生前曾任中国苏联文学研究会、中国翻译工作者协会理事。1941年开始发表作品，1949年加入中国作家协会。

磊然是俄语翻译家、俄苏文学研究专家。主要译作有：《真正的人》、《日日夜夜》、《教育诗》、《毁灭》、《最后一个乌兑格人》、《村姑小姐》、《上尉的女儿》等。另编校《安娜·卡列尼娜》、《死魂灵》、《童年·少年·青年》、《青年近卫军》、《母亲》等书。

磊然于2009年6月26日于北京逝世，享年91岁。

（人物生平摘编自中国网及"百度百科"）

季羡林（1911～2009）山东清平（今临清市）人。著名的语言学家、翻译家、教育家、社会活动家。1930年入清华大学西洋文学系，主攻英国文学，兼读德国和法国文学；同时选修文艺心理学。课余专心于外国文学作品的翻译及散文创作。1935年考取清华大学与德国交换研究生，入德国哥廷根大学学习印度学。1941年荣获哲学博士学位。1946年回国，历任北京大学教授兼东方语言文学系教授、系主任、北京大学副校长。

建国后，季羡林先后当选北京市第一届人大代表，第二、三、四、五届全国政协委员；1983 年当选为第六届全国人大代表，同年起，任第六届人大常委等职，享有崇高的社会声誉。还历任中国文字改革委员会委员，国务院学位委员会委员兼外国语言文学评议组负责人，第二届中国语言学会会长，中国外语教学研究会会长，中国科学院哲学社会科学部委员，中国史学会常务理事，中国作家协会理事，中国翻译协会副会长、名誉理事，中国外国文学学会副会长，中国南亚学会会长，中国敦煌吐鲁番学会会长，中国民族古文字研究会名誉会长，北京大学东方语言文学系教授、主任，中国比较文学学会名誉会长，《中国大百科全书》总编辑委员会委员，中国东方文化研究会会长，国际儒学联合会顾问，亚非学会会长，语言学会会长，澳门文化研究会名誉会长等职。2004 年 11 月在中国译协第五届全国理事会议上被推选为中国译协名誉会长。

几十年来，季羡林辛勤从事英文、德文、梵文等文学作品的翻译，发表、出版的译作将近 400 万字。主要著作有《中印文化关系史论集》、《印度简史》、《罗摩衍那初探》、《印度古代语言论集》、《佛教与中印文化交流》、《简明东方文学史》、《糖史》、《吐火罗文（弥勒会见记）译释》等。主要译著：译自德文的有马克思著《论印度》、《安娜·西格斯短篇小说集》等；译自梵文的有著名印度古代大史诗《罗摩衍那》（七卷）、印度名剧《沙恭达罗》和《优哩婆湿》、印度古代民间故事集《五卷书》等；译自英文的有梅特丽耶·黛维的《家庭中的泰戈尔》。此外，季羡林还主编过《四库全书存目丛书》、《传世藏书》、《神州文化集成》、《东方文化集成》等书。

1986 年论文集《印度古代语言论集》获北京大学首届科学研究成果奖。

1987 年论文集《原始佛教的语言问题》获北京市哲学社会科学和政策研究优秀成果荣誉奖。

1989 年国家语言文字工作委员会授予“从事语言文字工作 30 年”荣誉证书。

1990 年论文集《中印文化关系史论文集》获全国首届比较文学图书评奖活动“著作荣誉奖”。

1992 年主编的《大唐西域记校注》获全国首届古籍整理图书奖。

1992 年，印度瓦拉纳西梵文大学授予最高荣誉奖“褒扬状”。

1997 年主编的《东方语言学史》获第三届国家图书奖。

1997 年主编《印度古代文学史》获国家级教学成果二等奖，1999 年获国家社会科学基金项目优秀成果奖专著二等奖。

1998 年德黑兰大学授予名誉博士学位。

1999 年《季羡林文集》（24 卷）获第四届国家图书奖。

2000 年专著《文化交流的轨迹——中华蔗糖史》获长江读书奖“专家著作奖”。

2000 年获得德国哥廷根大学博士学位金质证书。

2006 年 9 月 26 日，在“庆祝国际翻译日·中国译协资深翻译家表彰大会”上，季羡林被中国译协授予“翻译文化终身成就奖”。

季羡林因病于2009年7月11日在北京逝世，享年98岁。

（人物生平摘编自《中国翻译年鉴2005～2006》）

黄树南（1932～2009）生于江苏宜兴。生前曾任南京师范大学外国语学院俄罗斯语言文学专业教授、硕士生导师。黄树南在教学之余还从事俄语翻译。他的主要译作有：《钢铁是怎样炼成的》、《暴风雨中诞生的》、《岁月－布哈里狱中绝笔》、《乌苏里山区历险记》、《永恒的召唤》等文学作品，以及《列宁文稿》、《苏联历史百科全书》、《俄国文学史》等学术著作。

黄树南因病于2009年8月24日7时25分在南京逝世，享年77岁。

（人物生平摘编自中新网）

绿原（1922～2009）原名刘仁甫，曾用译名刘半九，湖北省黄陂县人。生前担任中国作协名誉委员，中国译协名誉理事，国际笔会中国中心、国际日耳曼语学者协会、国际歌德学会会员，曾任人民文学出版社副总编辑等职。2007年获得首届“中坤国际诗歌奖”的诗歌翻译奖。

绿原是我国著名的作家、诗人和文学翻译家。他翻译的内容广泛，包括文学评论、报告文学、文学理论、散文、戏剧、诗歌等，主要翻译作品有：《浮士德》、《里尔克诗选》、《德语现代诗选》、《日安课本——雷丁儿童诗选》、《拆散的笔记簿》、《德国的浪漫派》、《莎士比亚的少女和妇人》、《叔本华散文》、《美学初探》、《现代美学析疑》等。

绿原因病于2009年9月29日在北京逝世，享年87岁。

（人物生平摘自《中国翻译年鉴2007～2008》）

杨宪益（1915～2009）（见本卷《译界人物》篇目中《翻译文化终身成就奖获得者》栏目）

杨乐云（1919～2009）生于江苏常州。1944年毕业于上海私立沪江大学英语系，1948年后历任捷克斯洛伐克驻华大使馆翻译，中国社会科学院外国文学研究所《世界文学》编辑部副编审。1956年开始发表作品。主要译作有：《鲍·聂姆佐娃中短篇小说选》，《卡·恰佩克戏剧选》、散文选《小城故事》，《早春私语》（捷克斯洛伐克二十世纪诗歌选捷克部分），《世界美如斯》，赫拉巴尔的自传《河畔小城》和他的《过于喧嚣的孤独》（合译）等。

杨乐云因病于2009年12月14日在北京辞世，享年90岁。

（人物生平摘编自中国网）

钱春绮（1921～2010）江苏泰县（今属江都）人。1940 年入上海东南医学院学习西医。1946 年毕业后，曾相继在上海多家医院任职。1961 年脱离医界，成为自由职业翻译工作者。曾任中国德语文学研究会理事、上海翻译家协会荣誉理事、上海作家协会会员。

钱春绮主要从事诗歌翻译，翻译出版了大量海涅、歌德、席勒等德国诗人的诗作。主要译作有：《尼伯龙根之歌》、《德国诗选》、《法国名诗人抒情诗选》、《德国浪漫主义诗人抒情诗选》、《歌德诗集》、《歌德抒情诗选》、《歌德抒情诗新选》、《浮士德》、《歌德叙事诗集》、《歌德戏剧集》、《席勒诗选》、《海涅诗集》、《施托姆抒情诗选》、《黑塞抒情诗选》、《尼采诗选》、《恶之花·巴黎的忧郁》等。

钱春绮因病于 2010 年 2 月 3 日于上海逝世，享年 89 岁。

（人物生平摘编自《中国翻译词典》）

刘殿爵（1921～2010）祖籍广东番禺，生于香港。早年毕业于香港大学。1946 年离港赴苏格兰格拉斯哥大学攻读西洋哲学。1950 年起执教于英国伦敦大学亚非学院，1970 年晋升为该校中文系讲座教授。1978 年返港就任香港中文大学中国语文系讲座教授。曾任香港中文大学文学院院长，中文大学吴多泰中国语文研究中心主任，《中国文化研究所学报》主编，香港翻译学会荣誉会士等职。

刘殿爵的主要译作有：《道德经》、《孟子》、《词选五首》、《论语》、《词选二十首》、《般若波罗密多心经》、《鲁迅小说集词汇》等。

刘殿爵因病于 2010 年 4 月 26 日在香港逝世，享年 89 岁。

（人物生平摘编自《中国翻译词典》）

徐成时（1922～2010）浙江加善人。曾任国际新闻局新闻处编译，新华通讯社国际部编译改稿人、译审，中国社会科学院研究生院新闻系、北京广播学院外语系、中国新闻学院教授。1984 年加入中国作家协会。2002 年荣获中国译协“资深翻译家”称号。

主要从事文件新闻的中译英工作，业余从事一些俄、英文学作品的翻译。主要译作有：【苏】高尔基《和列宁相处的日子》，【苏】《萨根的春天》，【苏】戈洛夫科《母亲》，【苏】卡维林《一本打开的书》，【丹麦】勃兰兑斯《19 世纪波兰浪漫主义文学》，【丹麦】尼克索《普通人狄蒂》，【挪威】易卜生《布朗德》，【俄】陀思妥耶夫斯基《白夜》、《圣诞树与婚礼》、《温顺的女性》，【美】马克·吐温《赫克尔贝利·费恩历险记》、《汤姆·索亚历险记》，【美】赫尔漫·麦尔维尔《白鲸》，《欧美作家论列夫·托尔斯泰》中的三篇论文等。

徐成时于 2010 年 6 月 16 日在北京逝世，享年 88 岁。

（人物生平摘编自《中国翻译词典》）

杨德炎（1945～2010）1945年3月24日出生于上海。1962年至1966年，在上海外国语学院西语系德语专业学习，毕业后分配到商务印书馆工作。1969年1月至1970年1月，在山东胶县6037部队农场劳动锻炼。1970年5月至1972年2月，在湖北咸宁文化部“五七”干校劳动。1972年3月返回商务印书馆，从事编辑工作。1980年5月至1987年9月，先后任商务印书馆总编室副主任、主任、总经理助理。1987年9月至1991年12月，任中国驻原联邦德国大使馆文化处一等秘书、中国驻瑞士大使馆文化处一等秘书。1991年12月至1996年4月，任新闻出版署外事司司长。1996年4月至2008年5月，任商务印书馆总经理。1998年4月至2009年5月任商务印书馆国际有限公司董事长。

杨德炎精通德语，参加编写了《德汉拼音词典》《德汉词典》等辞书，合译了《沃尔夫传》等作品。担任商务印书馆总经理期间，他注重弘扬商务印书馆品牌，维护和提升了以《新华字典》《现代汉语词典》和《牛津高阶英汉双解词典》为核心的重点工具书品牌和以《汉译世界学术名著丛书》为核心的学术著作品牌；开发了以新华系列辞书为核心的新型工具书品牌，以《商务印书馆文库》为核心的原创图书品牌，以《蓝海战略》为核心的哈佛经管图书品牌，以《汉语世界》杂志和对外汉语教学图书为核心的“走出去”图书品牌；创立了《故训汇纂》《文津阁四库全书》《张元济全集》《赵元任全集》和《钱钟书手稿集》等重大出版项目。他注重对外交流与合作，与牛津大学出版社、日本小学馆、德国贝塔斯曼集团、美国哈佛商学院出版公司等建立了广泛的联系，使商务印书馆的品牌具有广泛的国际影响。

杨德炎非常重视并积极投身协会工作，曾任中国译协副会长，中国出版工作者协会常务副主席，中国编辑学会副会长，中国版权协会常务副理事长，中国辞书学会副会长，中国出版年鉴社社长，中国书刊发行业协会常务副会长。他在编辑、出版、发行等领域，注重总结行业经验，加强行业自律，推动行业自我发展，使协会成为团结联系业内同仁的纽带，业务经验交流的平台。他广泛参与国际间同行业的交流与联络，充分发挥民间外交的作用。

杨德炎因病于2010年6月22日在北京逝世，享年65岁。

（人物生平由商务印书馆提供）

谢素台（1925～2010）河北省人，中国作家协会会员，译审。1945～1946年就读于西南联大，1949年毕业于清华大学外文系。1950年开始发表作品。1951年任职于人民文学出版社外国文学编辑部，此后一直从事编辑工作，业余翻译外国文学作品。她专攻俄苏文学，与人合译的作品包括《远离莫斯科的地方》、《安娜·卡列尼娜》、《生者与死者》、《走向新岸》、《蝴蝶梦》、《月亮宝石》、《福尔摩斯新探案集》；自译的有

《童年·少年·青年》、《自由空气》、《维莱特》、《荒野旅店》、《派克大街79号》、《珂赛特》等。其中，她与周扬合译的《安娜·卡列尼娜》（人民文学出版社1978年版），虽然经英语转译，但文采斐然，又经著名俄文翻译家蒋路全面校订，被公认为经典译本。2004年获中国翻译协会授予的“资深翻译家”荣誉称号。

谢素台于2010年7月18日在北京病逝，享年85岁。

（人物生平摘编自“百度百科”）

孙家晋（1918～2010）江苏昆山人。1941年毕业于国立暨南大学外文系。历任中学教师，图书馆员，文物局秘书，上海新文艺出版社、人民文学出版社上海分社及上海译文出版社编辑、副总编辑、社长。1938年开始发表作品。1962年加入中国作家协会。著有小说集《株守》，散文集《风云侧记》、《落日秋风》，译著小说《克雷洛夫寓言》，莱蒙特的《农民》（4卷），安德森的《小城畸人》，里维拉的《漩涡》，托尔斯泰的《哥萨克》、《塞瓦斯托波尔的故事》，纪伯伦的《流浪者》，泰戈尔的《园丁集》、《流萤集》、《鸿鹄集》、《茅庐集》、《吉檀迦利》、《情人的礼物》、《心笛神韵》、《泰戈尔抒情诗选》等。《泰戈尔抒情诗选》获全国1980－1990年优秀外国文学图书奖一等奖。《小城畸人》、《漩涡》、《农民》均获外国文学图书奖特别奖，荣誉奖。

孙家晋因病于2010年9月8日在上海去世，享年92岁。

（人物生平摘编自“百度百科”）

黄华（1913～2010）曾用名王汝梅，河北磁县人。1935年参加“一二·九”运动。1936年加入中国共产党，任北平学生联合会党团成员、燕京大学学生会主席；同年任陕北苏区红军总部翻译、后方司令部秘书，协助埃德加·斯诺、尼姆·威尔士、史沫特莱等外国记者采访苏区。1937年10月任中共中央组织部干事。1938年历任西北青年救国联合会组织部长、中共长江局青委、全国学联党团书记、中央青委委员。1940年任延安青年干部学校教育长。1941年任朱德政治秘书、中共中央海外工作委员会秘书长。1944年任中央外事组联络科长，参与接待中外记者参观团和美军观察组的工作。1946年参加北平军调处执行部中共代表团，任叶剑英的秘书、代表团新闻处处长。1949年任天津市军管会外事处处长、中共南京市委委员、南京市军管会外事处处长，主持接收国民党外交部，向各国原驻华使节宣布中共中央的建交原则；同年当选中国新民主主义青年团第一届中央委员。建国后历任中共上海市委委员、上海军管会外事处处长。1953年任朝鲜停战政治谈判中方代表和外交部西欧非洲司司长等职。1954年和1955年，随周恩来总理出席日内瓦会议和万隆亚非会议，任中国代表团顾问和发言人。1958年任华沙中美大使级会谈中方顾问。1960年至1971年相继任驻加纳、埃及、加拿大大使；曾任中央三人小组成员，具体负责同美国总统国家安全事务助理基辛格谈判邀请尼克松访华公告文稿事宜。1971年中国在联合国的合法席位恢复后，为中国首任常驻联合国及其安全理事会的代表。1976 年任外交部部长，曾率中国代表团出席过 29、32、33、35 和 37 届联合国大会。1978 年和 1982 年，率团参加联大讨论裁军问题的特别会议，阐述中国在裁军问题上的原则立场，并代表中国政府向大会提出了《关于立即停止军备竞赛和进行裁军的主要措施的建议》。1978 年 8 月与日本外相在北京签署了《中华人民共和国和日本国和平友好条约》。1978 年主持与美国的建交谈判，1982 年与美国国务卿黑格签署关于解决美售台武器问题的“八·一七”公报。1983 年任全国人大常委会副委员长，多次以副委员长身份率人大代表团到各国访问和出席各种国际会议。是中共第十、十一、十二届中央委员；第十三届中央顾问委员会常委。

黄华于 2004 ~ 2010 年任中国翻译协会名誉会长。此外，还曾担任中国国际友人研究会会长、中国国际友好联络会会长、中国福利会主席、宋庆龄基金会主席等社会职务。

黄华因病于 2010 年 11 月 24 日在北京逝世，享年 98 岁。

（人物生平摘编自“人民网”）

Chronicle of Events on Translation in China

中国翻译界大事记

(2009～2010)

2009年中国翻译界大事记

一月

1月3日　由河北省翻译工作者协会和中国优秀特长生推选活动河北办公室共同举办的“第三届河北省青少年英语口译大赛颁奖典礼”在石家庄举行。河北省译协会长潘炳信致词，名誉会长刘贵云进行专业点评，河北省人民政府外办副主任马法严等嘉宾出席典礼并为获奖选手颁发了奖杯、证书。

本次大赛于2008年8月9日正式启动，分为小学三年级、小学四年级、小学五年级、小学六年级、初中一年级、初中二年级、高中一年级、高中二年级、大学专业组和大学非专业组等十个组别，近3000人报名参加初赛，818人进入省决赛。在2009年1月2~3日举行的决赛中，共决出特等奖9名、一等奖85名、二等奖169名、三等奖336名。

1月8日　由中国科学院科技翻译协会、传神联合信息技术有限公司联合举办的中科院译协2008年会暨“语料在翻译行业应用”研讨会在北京举行，来自科技界、学术界、教育界、企业界的学者、企业家和资深翻译家等30余名代表参加了研讨会。

研讨会由传神联合信息技术有限公司译员资源总监闫栗丽主持，中国翻译协会行业管理办公室主任李锐致开幕词，中科院国际合作局副局长曹京华、中科院科技翻译协会副会长李亚舒等领导先后致词。研讨会就语料在使用过程中如何提高翻译效率、保障翻译质量，促进翻译事业发展进行广泛的交流与讨论，并对翻译行业中的实际案例进行分析与论证。与会代表一致希望在中国建立语料联盟，从行业发展的角度来推动语料建设。

本次研讨会对翻译行业在语料库的运用和机器翻译的研发方面具有参考性、前瞻性和学术指导性。

1月9~12日　由台湾辅仁大学翻译研究所主办、澳门理工学院翻译与跨文化交流研究中心、香港浸会大学翻译学研究中心和北京清华大学外语系协办的第三届海峡“两岸四地”翻译与跨文化交流研讨会在台湾辅仁大学召开。

本次研讨会聚集了大陆、台湾、香港、澳门等翻译学界的知名学者70余人，以“翻译与跨文化交流研究的嬗变与解读”为主题，展示新译论，交流新成果，阐述新观点，拓展新视野，并辅之与会专家学者的点评。

海峡“两岸四地”翻译与跨文化交流研讨会每两年举行一次，第四届拟由香港浸会大学于2011年承办。

1月13日　中国翻译协会五届七次常务理事（扩大）会议在北京召开。会议由刘习良会长主持，中国译协顾问宋书声，第一常务副会长赵常谦，常务副会长蔡祖铭、郭晓勇、唐闻生，副会长哈图卓日克、黄友义、李丹、李朋义、李亚舒、石坚、吴希曾、修刚、杨德炎、尹承东、朱英璜等，以及部分常务理事、副秘书长出席了会议。

会议审议并通过了常务副秘书长姜永刚作的题为《中国译协2008年工作总结及2009年工作要点》的工作报告。与会领导对协会一年来取得的成绩、特别是第18届世界翻译大会的成功召开和协会在抗震救灾与北京奥运会翻译工作中发挥的作用给予高度评价；对2009年的工作任务提出了具体的要求，强调要发扬承办第18届世界翻译大会的工作精神，在建国60周年之际，继续带领全国翻译工作者再创佳绩。

会议还审议通过了《关于举办中国译协第六次会员代表大会的决定》和一项人事变动决议。

会后举行了中国译协新春联谊会，与会人员和部分在京新闻翻译出版机构、翻译培训机构、翻译服务和本地化企业的代表共60余人出席了联谊会。

1月16日　民政部正式批复同意成立中国翻译协会本地化服务委员会。至此，中国翻译协会下设专业委员会达十个，涵盖社会科学、文学艺术、科学技术、军事科学、民族语文、外事、对外传播、翻译理论与翻译教学、翻译服务、本地化服务等领域。

本地化行业是翻译产业链中的一个新兴领域。除传统的文本翻译之外，本地化还涵盖了产品改造、功能测试、质量监控等多个工程技术环节，是帮助全球化企业克服语言、文化、技术障碍，尽快实现产品国际化战略，开拓国际市场的重要组成部分。

三月

3月2日　全国专业硕士教育指导委员会联席会议在北京召开。教育部副部长陈希在讲话中，对《关于做好应届本科毕业生全日制攻读硕士专业学位研究生培养工作的若干意见》作了说明。他指出，根据国务院的指示，决定自2009年起，扩大应届本科毕业生全日制攻读硕士专业学位研究生的专业学位范围，在原来的招生指标上增加招生名额。从宏观上讲，这是我国学位与研究生教育主动适应国家经济建设和社会发展、加快培养高层次应用型专门人才的需要而进行的一项重大改革举措；从微观上讲，我们要调整学术型研究生与专业型研究生的培养结构，转变教学模式，推动硕士研究生教育从以培养学术型人才为主的模式向以培养应用型人才为主的模式转变。国务院学位办相关负责人在讲话中指出，2009年增招的3万至5万名研究生全部进入专业学位教育系统意义重大，最终我国研究生教育中，应用型研究生比例将逐步提高，与学术型研究生各为50%，甚至专业学位研究生的招生比例将会更高。这是30多年来我国研究生教育最重要的一次改革。

3月26日　上海翻译家协会与上海市文学艺术家权益维护中心联合举办了译协会员维权知识专题讲座，聘请专业律师就翻译作品著作权保护的相关问题进行讲解。这次讲座也是上海市文联维权部门2009年举办系列讲座的第一讲。

本次法律知识专题讲座围绕翻译作品的构成要件及法律属性、翻译作品的著作权归属、翻译权的获得、翻译家的自我权利保护、翻译作品著作权侵权的救济、翻译报酬的行情等诸多实用性较强的问题逐一讲解。与会者学到了维权的相关知识，也增强了维权的意识。会后，部分会员就各自受到侵权的相关事项向律师进行了咨询。

同日　由全国翻译硕士专业学位（MTI）教育指导委员会主办，湖南师范大学承办的2009年全国MTI教指委扩大会议在长沙召开。全国MTI教指委主任黄友义，副主任何其莘、许钧、仲伟合，秘书长穆雷，MTI教指委委员以及来自第一批15所MTI试点培养院校的负责人出席了会议。会议重点总结翻译硕士专业学位教育取得的经验，并就2009年工作做具体规划。

会议期间，正在参加“中国图书对外推广计划”工作小组第五次工作会议的国务院新闻办副主任王国庆、新闻出版总署副署长邬书林应MTI教指委主任黄友义的邀请到MTI教指委会议讲话。两位领导一致认为，中国图书要走向世界，翻译人才的培养是关键环节。2009年，国家将全面推行“中国文化著作翻译出版工程”，从更大规模、更多投入与更广领域支持中国图书“走出去”，继续加大对国际出版合作的扶持力度，积极促进中国文化和其他文化相互交融、共同发展。实用型、高层次、职业化翻译人才培养的作用将更加彰显。

翻译硕士专业学位（简称MTI）是为适应社会主义市场经济对应用型高层次专门人才的需求、经国务院学位委员会批准。于2007年1月设置的，是我国目前20个专业学位之一。

3月27日　全国翻译硕士专业学位（MTI）教育指导委员会2009年年会在长沙召开。全国MTI教指委主任黄友义，副主任何其莘、许钧、仲伟合，秘书长穆雷以及教指委全体成员出席了会议。会上汇报了2008年教指委和秘书处的工作情况，并讨论了2009年的工作计划。由几位主任委员牵头组成的新增培养院校实地考察组汇报了考察情况，经讨论，教指委决定同意25所院校成为试点培养单位，同意2所第一批试点院校增设语种的申请，并上报国务院学位办。

四月

4月7日　由陕西省人民政府主办，陕西省翻译协会、西安翻译协会、陕西省作家协会承办的“首届东西部文化翻译产业论坛”在西安举行。来自全国20多个省市及美国的近百名中外专家、作家、学者共同探讨我国中译外事业的发展之路。

陕西省人民政府副秘书长姚超英，国务院新闻办“中国图书对外推广计划”办公室主任吴伟，中国翻译协会常务副会长任吉生，陕西省作协党委书记雷涛，中国翻译协会副会长丁祖诒，陕西省译协主席安危出席开幕式并致词。原陕西省政协副主席陆栋，陕西省作协名誉主席陈忠实，中国翻译协会副会长杜瑞清等出席了开幕式。

本次论坛，陕西推出了“陕西文学海外翻译计划”，由省作协和省译协联合打造“中译英”精品，把陕西20位著名作家的短篇小说代表作首先译成英文。当年9月同时在国内外出版发行，作为国庆60周年的献礼。这是陕西省第一次有组织、有计划地将中国优秀文学作品集中翻译，并在海外出版。

4月9日　由中国翻译协会和武汉东湖高新技术开发区共建的中国首个多语信息处理产业基地——“武汉·中国多语信息处理产业基地”正式揭幕成立。中国翻译协会常务副会长郭晓勇出席揭牌仪式并讲话。中国翻译协会副会长尹承东等出席了揭牌仪式。

郭晓勇高度赞扬武汉市为推动中国翻译产业所作的努力，并表示中国外文局和中国译协将积极支持并与武汉市共同建设以翻译产业为核心的多语信息处理基地。

4月11日　中国海洋大学外国语学院、文学院、新闻传播学院前院长，中国英汉语比较研究会名誉会长、《中国翻译》杂志前编委杨自俭教授因病逝世，享年72岁。

4月11～12日　由中国海洋大学外国语学院和青岛市翻译协会共同举办的“翻译学学科理论系统构建高层论坛”在青岛举行。

论坛开幕式由中国海洋大学外国语学院院长、青岛市翻译协会会长、中国译协理事张德禄主持，中国海洋大学党委副书记张静致欢迎辞，澳门大学社会科学及人文学院教授张美芳、中国英汉语比较研究会会长潘文国分别代表与会港澳专家和与会大陆专家发言。来自香港、澳门和内地的23位知名学者宣读论文。来自波恩大学、南开大学、天津经贸大学、曲阜师范大学、中国海洋大学、青岛大学、青岛理工大学的师生50余人旁听了论坛。

4月24日　“‘成都·全球多语信息转换中心’揭牌仪式暨多语信息产业发展研讨会”在成都高新区高新孵化园举行。中国外文局常务副局长、中国翻译协会常务副会长郭晓勇，中国翻译协会常务副秘书长姜永刚，成都市市长助理、高新区管委会主任韩春林，高新区管委会副主任傅学坤，管委会主任助理胡文辉等出席揭牌仪式。该中心的成立标志着全国首家由政府主导的多语信息转换中心在成都正式启动。来自国际国内知名企业和翻译行业相关机构以及高等学院专家代表及成都市、高新区相关部门共100余人参加了多语中心揭牌仪式和研讨会。

4月24日　深圳市翻译协会召开第二届理事会会议，来自政府有关部门、企事业单位和高等院校的50余名理事和会员代表参加了会议。深圳市译协秘书长邱永乐做了协会成立4年来的工作报告，会议选举产生了以王宗维为会长的第二届理事会。中国译协副会长兼秘书长黄友义应邀出席会议并讲话。

此前，深圳市翻译协会还邀请来访的国际译联执行委员会成员参观了该会，安排来访的国际术语网络和美国语言企业协会的负责人拜访了华为技术有限公司翻译中心和部分深圳翻译企业。

4 月 24 ~26 日　国际翻译家联盟（简称“国际译联”）在深圳举行了 2009 年第一次执行委员会会议。中国翻译协会副会长兼秘书长黄友义以国际译联副主席的身份参加了会议。中国译协会长助理黄长奇、澳门翻译员联合会理事长毛思慧、秘书长李长森及澳门理工学院图书馆馆长林子予等人作为观察员参加了会议。

会议重点讨论了国际译联今后一年的工作重点和战略规划，研究了三家协会的入会申请，讨论了国际译联各专业委员会的构成和任务。中国译协、澳门翻译员联合会和香港翻译学会的多名代表被提名担任国际译联新一届各专业委员会的联络人和委员。这充分显示了国际译联对于中国翻译界的高度认可和信任。

国际译联副主席黄友义、澳门翻译员联合会理事长毛思慧还介绍了第六届亚洲翻译家论坛筹备情况

此次会议得到了深圳市政府外事办公室、深圳市翻译协会的大力支持。深圳市副市长卓钦锐专门会见并宴请了来访的国际译联客人，高度评价了翻译在对外交流中发挥的不可替代的作用。

3 ~4 月　由中国外文局和英国外交部共同组建的中英联合翻译工作委员会分别在北京召开专家组会议，对北京周报社提供的“胡锦涛总书记在纪念改革开放 30 周年大会上的讲话”的英文译稿进行了深入细致的探讨。英国外交部专家对译文体现出的翻译技巧、文化差异和中文语言习惯等与中方进行了充分的沟通，并对译文文本进行了修改。“讲话”译稿的工作样本和英方的意见尔后被提交到 5 月 7 日召开的中国译协对外传播翻译委员会第 18 次中译英研讨会上再次讨论，并基本达成共识。工作组将整理后的英文版“讲话”全文发布于《北京周报》网站（http：//www. bjreview. com/），并在国内外相关网站建立链接，以作为我国重要政策文件的应用范本和政治词汇翻译的实用参考。

中英联合翻译工作委员会由中国外文局和英国外交部于 2008 年 11 月共同组建，执行单位分别是中国外文局下属的北京周报社与英国外交部中国问题协调小组。该委员会旨在通过建立长期合作机制，定期讨论、研究中国政治新词汇及专有名词的准确含义和英文译法，以帮助英国政要乃至整个英语世界真正了解中国的政策与主张。

五月

5 月 7 日　中国翻译协会对外传播翻译委员会第 18 次中译英研讨会在北京举行。本此会议由北京周报社承办，中联部、外交部、商务部、文化部、国务院法制办、社科院、新华社、中国日报社、中国国际广播电台、中央编译局、中国外文局、中国对外翻译出版公司、中国网等 10 多个部委和中央新闻媒体的 30 余名资深翻译专家和一线翻译业务骨干，包括多次参加党和国家重要政治文献翻译和定稿的专家参加了研讨会。中国译协常务副会长施燕华，副会长朱英璜、黄友义等出席了研讨会。

北京周报社常务副总编辑江宛棣首先介绍了由中国外文局和英国外交部共同组建

的中英联合翻译工作委员会近期的重点工作：组织中外专家对“胡锦涛总书记在纪念改革开放30周年大会上的讲话”的英文译稿进行探讨，并通报了英方专家组对译稿的反馈。与会专家认为，英国外交部专家修改的英译文本和提出的翻译建议，很多是在过去多年的工作中不曾想到的，是帮助我们提高翻译水平和传播能力极其重要的参考和依据。

本次研讨会由外交部的专家主持，主要议题是温家宝总理2009年政府工作报告中重点词汇、句子的英文翻译难点问题，共100余条，以及国务院法制办提供的法规词条的英文翻译。与会人员对于提供的参考译文进行了认真讨论，对于不少词条提出了更加地道、简洁的英文译文，研讨会气氛热烈，成效显著。

5月8日　中国翻译协会对外传播翻译委员会第一次中译日研讨会在北京举行，这标志着中国译协对外传播翻译委员会中日翻译研究机制的正式建立。中译日翻译研讨会的日常工作机构设在北京第二外国语学院。

中国外文局副局长、中国翻译协会副会长黄友义和北京第二外国语学院副校长邱鸣共同出席活动并致辞。中日翻译界的著名专家学者30余人参加了活动。

与会专家就国家外事外宣工作中新近出现的时事政经语词语句的日文疑难翻译进行了认真讨论，提出了专家组审查意见与结论。会议决定此后将定期举行例行研讨会议，就国家时事政经新词语、疑难语词语句的汉日翻译进行积极探讨，在此基础上，提出推荐性参考译文，并适时公开发布，使社会各界共享研讨成果。

5月16日　上海翻译家协会在上海文艺活动中心举办“纪念果戈理诞辰200周年学术研讨会”。研讨会就果戈理作品创作、艺术成就、翻译和社会影响等方面进行了专题研讨。俄罗斯文学研究者、翻译家、北京师范大学教授蓝英年做了《果戈理创作之奥秘》的主题发言，近40位专家学者出席了研讨会。

5月18日　由中国翻译协会、深圳市翻译协会和国际全球化与本地化协会（GALA）共同主办的“2009中国国际翻译产业网上论坛”正式开幕。这是中国翻译协会自2006年以来第二次举办“中国国际翻译产业论坛”，也是中国译协首次尝试以网络平台来举办的专题论坛。

本次论坛的主题是“翻译与本地化：企业全球化的助推器”，旨在为翻译服务企业、本地化服务企业、翻译技术企业以及从事翻译相关工作的人员提供一个交流平台。

5月20日　SDL International 公司召开 Ready to localization & Internationalization 定位将来：SDL Trados Studio 2009 新平台发布会。

SDL International 公司向全球隆重同步推出经过4年、耗资超过1亿美金精心打造的新一代企业级应用平台产品 SDL Trados Studio 2009，灵活高效地运用上述产品将有助快速构建企业级本地化翻译和术语管理平台。满足企业推进国际化进程的需要，实现更具竞争力的解决方案，保证企业本地化及国际化进程中翻译的质量和效率，全面集成 Trados 与 SDLX 功能，使企业在产品本地化和行业术语得到科学的管理和运用。

5月27日　在中国翻译协会的组织下，20余家在京翻译服务企业参加了北京市规范公共场所英语标识工作交流会，此次交流会旨在向广大翻译服务企业和标识牌设计、制作公司宣传推广北京市外事办公室组织制订的系列《北京市地方标准（DB11/T 334-2006）<公共场所双语标识英文译法>》，力争从源头确保全市公共场所英语标识系统的统一和规范，提升首都的国际化形象。

中国翻译协会常务副会长施燕华、北京市人民政府外事办公室主任赵会民、北京市民讲外语活动组委会专家顾问团团长陈琳等出席会议并讲话。参加会议的还有北京市公安局公安交通管理局、北京市市政市容管理委员会、北京市交通委员会等单位相关负责同志以及10余家标识牌设计、制作公司。

北京市规范公共场所英语标识专项整治工作始于2005年申奥成功之后，旨在推动首都国际城市建设，营造良好的外语环境。

本月　为充分调动我国文化、传播和翻译界研究力量，更好地开展理论研究和实务工作，为提高和完善我国的文化对外传播能力和对外宣传能力提供决策参考，在中国翻译协会业务主管单位中国外文局支持下，中国翻译协会对外发布2009年课题招标公告。公告对招标单位、招标课题、招标要求作了明确规定，并对招标工作进度进行了安排。这是中国翻译协会首次向社会进行课题招标工作。

本月　为推动公共场所英语标识的进一步规范，北京市人民政府外事办公室启动“2009年北京市公共场所英语标识网上纠错活动”，邀请市民参与监督公共场所英语标识规范工作。市民可登陆北京市民讲外语活动官方网站（www. bjenglish. com. cn）参与纠错，并通过网络举报各类错误英语标识。市政府外办将及时对社会各界反映的问题和情况进行汇总、核查并会同有关单位落实错误英语标识牌更换、修改工作。

此外，网站还提供相关英文译法标准的查询服务，包括《北京市地方标准（DB11/T 334-2006）<公共场所双语标识英文译法>》及实施指南、《北京市地方标准<组织机构、职务职称英文译法通则>》、《北京市组织机构、职务职称英文译法汇编》以及《中文菜单英文译法》等，为英语标识的翻译、制作和规范工作提供指导。

本月　著名调查机构美国 Common Sense Advisory 公司发布了全球大型语言服务供应商2008年度排名报告。报告称，全球语言服务行业发展呈上升态势，尽管在2008年度由于受全球金融危机影响增势减缓，但总体发展态势良好。此次入围前30的公司中有三家来自中国和日本两国。总部位于大连的海辉软件（国际）集团公司再次入选。

六月

6月2日　江苏省科技翻译工作者协会第五届会员代表大会在南京举行，省译协理事、会员代表、特邀嘉宾共116人参加了会议。中国译协副会长尹承东，省科协党组成员詹庚庆，省科技厅副巡视员凤穗、省民政厅民政管理局副局长孙斌到会祝贺并讲话。大会选举产生了新一届理事会及领导机构，江苏省政府外事办副主任黄锡强任新一届理事会理事长。

6月1~9日　为促进与国际翻译界的学术交流与合作，中国翻译协会组织国内部分翻译界代表先后赴瑞士、法国开展学术交流活动。中国外文局副局长、中国译协副会长兼秘书长黄友义及来自国务院新闻办公室、中国外文局、全国翻译专业资格考评中心、北京语言大学、北京外国语大学、对外经济贸易大学、北京第二外国语学院、首都师范大学、上海外国语大学、浙江师范大学、西北师范大学、内蒙古工业大学等单位的17位翻译界、学术界专家学者全程参与了此次出访交流活动。

代表团一行在瑞士日内瓦出席了国际翻译高校联盟（CIUTI）2009年年会暨日内瓦大学建校450周年庆典系列活动，并与国际翻译高校联盟和日内瓦大学高级翻译学院负责人进行了深入友好的会谈。

6月4日　我国著名翻译家、中国译协名誉理事、中国外文局资深外语专家、原《中国建设》杂志（现为《今日中国》）副总编辑沈苏儒因病在北京去世，享年90岁。

沈苏儒同志曾任中国翻译工作者协会第一届理事会理事、中国翻译协会第五届理事会名誉理事、全国翻译专业资格（水平）考试专家委员会顾问，于2002年被中国译协授予资深翻译家荣誉称号。

6月9~11日　为了切实了解翻译服务、本地化服务和翻译技术领域企业的想法和需求，更好地为会员企业服务，中国翻译协会分别在北京和成都举行了部分翻译服务、本地化服务与翻译技术企业负责人座谈会，就协会今后工作重点和未来5年的行业发展方向广泛听取企业意见。会议由中国译协会长助理黄长奇主持，译协行业管理办公室和秘书处负责人参加。成都语言桥、传神联合、北京创思智汇、SDL、海辉软件、济南双泽、莱博智、天石易通、新诺环宇、东方雅信、昱达环球、北京元培、中国对外翻译出版公司等国内13家知名翻译企业负责人出席了会议。此外博彦科技、重庆信达雅、重庆华电、重庆语言桥等企业也通过其他方式提供了意见和建议。

6月11~12日　《翻译服务企业分级》（CAS181-2009，中国标准化协会）标准起草工作组首次会议在成都高新区举行，中国译协副会长、中国译协翻译服务委员会主任尹承东，中国译协常务理事孙承唐，会长助理黄长奇和该标准起草小组成员等出席会议。四川省翻译协会副会长张梦太、成都市翻译协会副会长兼秘书长孙光成及成都市高新区创新中心相关领导列席了会议。会议就《翻译服务企业等级》（草案）进行了集体讨论和审定，初步形成了征求意见稿。

为了进一步规范中国翻译服务市场，中国译协翻译服务委员会从2005年起，开始着手翻译服务企业分级标准的前期调研工作，并于2008年5月29日正式启动。该标准针对中国从事翻译服务的企业在资金、人员、管理、专业、服务流程、顾客反馈、社会责任等方面制定划分与评定的标准，以促进更多的企业采用标准化管理方式，提高产品质量，规范化经营。会后，代表们还参观了中国译协与成都高新区共建的成都·全球多语信息转换中心，并就中心的定位与发展进行了座谈。

6月19日　中国翻译协会、深圳市翻译协会和国际全球化与本地化协会联合举办的为期一个月的“2009中国国际翻译产业网上论坛”正式闭幕。

论坛设立了翻译产业与经济、翻译服务、本地化服务、翻译技术与术语、标准与认证、成都多语中心、武汉多语中心等专题版块，收录了国内外翻译界和企业界人士提交的100余篇评论文章、论文、调查报告或录制的视频资料，每篇文章或视频下均开设讨论版块，以跟贴形式发表评论，与作者进行互动交流。论坛还即时提供一些相关背景信息和行业最新动态，并针对当下大家关心的热点问题进行了网上调研。

论坛受到国内外翻译界和企业界的广泛关注，5月18日开幕以来，浏览量达42720人次，评论和评价500余次。

6月21日　由中国翻译协会指导，北京大学语言信息工程系/MTI教育中心、本地化世界网和翻译中国网站共同主办，北京传神信息技术有限公司、北京昱达环球科技有限公司以及北京同文世纪咨询有限公司联合协办的“2009中国翻译职业交流大会”在北京举行。来自全国翻译和本地化行业的400余名专业人士参加了本次大会。

大会主题是“中国翻译人才职业的发展——新形势下翻译教育面临的机遇与挑战”。中国外文局副局长、中国翻译协会副会长黄友义出席大会并发表了题为“社会需要专业型复合型和实用型翻译人才”的主题演讲。此次大会加强了企业、教育机构与翻译人才的专业交流，探讨了翻译专业人员的职业发展，研讨了现代翻译技术的发展状况，推进了翻译专业人才的教育与培训，有利于提高专业人员的技能和职业素质，促进翻译行业的健康发展。

6月21日　由天津市翻译工作者协会、南开大学学工部、南开大学外国语学院主办的天津市第13届大学生英语翻译大赛颁奖仪式暨闭幕式在南开大学外国语学院举行。三个主办单位的领导及天津各大学外语院系领导、专家教授和参赛学生出席了闭幕式。

来自天津理工大学、南开大学、天津中医药大学和天津外国语学院等七所高校的16位参赛选手分别获得大赛一、二、三等奖。天津财经大学，天津师范大学，天津中医药大学获得本次大赛最佳组织奖。

该项比赛对于促进天津各高校学生的外语和翻译教学水平，选拔外语人才产生了积极影响。

6月25～27日　由山东省科协、山东省教育厅联合主办的首届山东省（驻济高校）大学生科技外语大赛在山东交通学院举行。山东省科协名誉主席、省老科协会长陆懋曾，山东省翻译协会常务副会长段毅军、秘书长李永森出席决赛及颁奖仪式，并为获奖选手颁奖。

本次大赛共有19所驻济高校参加，经过初赛选拔，95名选手晋级本次大赛复赛和决赛。大赛分专业组和非专业组，经过复赛、决赛，分别产生了特等奖4名，一等奖10名，二等奖20名，三等奖30名。

大赛期间，还举办了大学生就业指导讲座，有关企业也到会进行观摩，并与部分参赛选手签订了招聘意向。

6月28日　上海外事翻译工作者协会年会暨换届大会在上海科学会堂举行，上海市政府副秘书长沙海林、市外办主任李铭俊等出席大会并发表讲话，上海外事译协近500名老中青会员参加了大会。

大会由上海外事译协副会长张树奎主持，孙锡远常务副会长代表协会作第六届理事会工作报告。会议选举产生了新一届理事会和领导机构。新当选的协会会长、上海市外办副主任张伊兴代表第七届理事会发言。

会上还表彰了顾镜清、唐国顺、高维彝等三位资深翻译家。

七月

7月5日　《翻译服务企业分级》（CAS181－2009，中国标准化协会）标准起草工作组第二次会议在北京中国船舶信息中心举行。会议由中国译协常务理事、中国译协翻译服务委员会副主任、中国对外翻译出版公司总经理林国夫主持。中国译协副会长、中国译协翻译服务委员会主任尹承东，常务理事孙承唐，会长助理黄长奇及该标准起草小组成员和部分中国译协翻译服务委员会委员出席了会议。

会议对《翻译服务企业等级》的修订稿进行了讨论，进一步明确了标准的适用范围和划分的主要依据，并讨论确定了标准草稿征求意见的范围以及下一步工作计划。会议确定将于8月15~16日在山东济南召开《翻译服务企业等级》标准专家审查会。

7月11日　上午9时，中国共产党优秀党员，中国翻译协会名誉会长，国际著名东方学家、印度学家、梵语语言学家、文学翻译家、教育家季羡林先生在北京301医院辞世，享年98岁。中国译协秘书处遵照刘习良会长、赵常谦第一常务副会长、郭晓勇常务副会长、黄友义副会长兼秘书长等协会领导的指示，当天即向季羡林先生治丧办公室及季先生家属发去唁电，对季老的不幸辞世表示深切哀悼和诚挚慰问。

7月13日　中国外文局常务副局长、中国译协常务副会长郭晓勇，中国外文局副局长、中国译协副会长兼秘书长黄友义前往北京大学季羡林灵堂吊唁，敬献了花圈和挽联，并委托北京大学党委副书记张彦向季羡林先生的亲属转达悼念和慰问之情。

7月17日　在天津市社会科学联合会召开的表彰先进学会和学会先进工作者会议上，天津市翻译工作者协会荣获天津市社会科学联合会2007~2008年度先进学会称号；天津市翻译工作者协会常务副会长、天津外国语学院国际合作交流处处长张金桐，天津市翻译工作者协会常务副秘书长、天津音乐学院教授洪涛，天津市翻译工作者协会文艺翻译委员会副主任、天津财经大学人文学院院长孙建成荣获天津市社会科学联合会2007~2008年度先进工作者称号。

7月19日　中国翻译协会会长刘习良，中国外文局常务副局长、中国翻译协会常务副会长郭晓勇前往北京八宝山革命公墓参加季羡林先生告别仪式，并向季先生的亲属表示慰问。郭晓勇在接受采访时表示："季老的辞世使中国翻译界失去了一面旗帜，是不可弥补的重大损失。中国翻译协会和全国广大翻译工作者将永远怀念他。"

7月27日~8月10日　中国翻译协会与美国蒙特雷国际研究学院翻译及语言学院合作，在北京第二外国语学院举行2009全国高等院校本科翻译师资培训班。中国外文局副局长、中国翻译协会副会长兼秘书长、国务院学位委员会/教育部全国翻译硕士专业学位教育指导委员会主任黄友义，北京第二外国语学院副校长、中国翻译协会副会长邱鸣出席开班仪式并致辞。美国蒙特雷国际研究学院翻译及语言学院前院长鲍川运，中国翻译协会常务副秘书长姜永刚，部分授课教师及近300名培训班学员出席了开班仪式。

本次培训证书课程是中国翻译协会在历年暑期英汉口笔译培训班基础上推出的一项全新的培训课程，由中国翻译协会策划主办，美国蒙特雷国际研究学院高级翻译学院协助设计。授课老师汇集了内地、香港、美国、欧洲等地在翻译、翻译教学和翻译理论研究领域有突出造诣的专家学者30多人。

7月31日~8月2日　"东北亚翻译论坛第一届学术会议"在内蒙古科尔沁举行。中国翻译协会、东北三省和内蒙古地区翻译协会的领导及来自北京、天津、河北、湖北、山东、江苏等省市的80余名学者、翻译公司经理、出版社代表出席了会议。

会议围绕"全国高校翻译学科的建设和发展趋势"、" 翻译的严肃性与灵活性"、"翻译中的概念整合理论研究"、" 翻译批评与翻译实践"和"中国翻译产业的现状与发展"等主题进行了学术性论述和深入探讨。

八月

8月5日　中科院科技翻译工作者协会（简称"中科院译协"）完成了理事会换届改选工作，产生了中科院译协第三届理事会。

第三届理事会的理事推荐工作历经3个多月，至2009年7月底，中科院译协秘书处共收到申报或推荐的理事候选人46名。本着注重"翻译实践"和"热心译协工作"两项重要条件，经讨论、表决，最后选出了35名成员组成中科院译协第三届理事会。

8月6~8日　由中国译协科技翻译委员会和中国科学院科技翻译工作者协会主办，中国力学学会、中国科学院力学研究所承办的第13届全国科技翻译研讨会在北京举行，来自全国各地的科技翻译工作者、研究人员，大专院校教师、研究生等80余名代表参加了会议。中国译协顾问宋书声，副会长李亚舒、尹承东出席会议。

中科院译协创始人、中科院研究生院教授李佩主持开幕式。中国译协副会长、中国译协翻译服务委员会主任尹承东代表中国译协致词，中国译协常务理事、中国译协科技翻译委员会副主任晏勤、中科院译协常务副会长曹京华分别代表主办单位致词。中国译协副会长、中科院译协副会长李亚舒在闭幕式上作总结发言。

本届大会共收到论文149篇，经评审委员会认真审读，遴选出13篇优秀论文在大会宣读。

8月26日　在军事科学院隆重召开第二次军内资深翻译家表彰大会。中国人民解放军副总参谋长马晓天，军事科学院刘成军院长、刘继贤副院长，中国译协刘习良会长等领导出席表彰会并讲话。107位长期从事军事翻译的翻译家被授予“资深翻译家”荣誉称号。

8月31日~9月3日　由国家民委教育科技司、中国民族语文翻译局、中国翻译协会民族语文翻译委员会主办，广西壮族自治区少数民族语言文字工作委员会、广西壮族自治区翻译协会承办的第13次全国民族语文翻译学术研讨会在广西桂林市举行。中国翻译协会会长刘习良、常务副会长唐闻生，广西壮族自治区人民政府办公厅副秘书长张振东，国家民委教育科技司司长俸兰，中国民族语文翻译局局长、中国译协民族语文翻译委员会主任吴水姊，广西壮族自治区民委、民语委主任、党组书记卢献匾，民族团结杂志社社长、党委书记、中国译协民族语文翻译委员会副主任李建辉，桂林市副市长蒋炳穗、广西自治区民语委副主任陆振宇等出席会议并先后在会上讲话。

本届研讨会围绕“民族语文翻译与构建和谐社会”这一主题开展学术交流。在闭幕式上，大会还特邀中国译协常务副会长、著名翻译家唐闻生作专题报告。本届大会共收到论文156篇，最终评选出一、二、三等奖共39篇。

九月

9月2日　中国翻译协会五届十二次常务会长会议在北京召开，会议由刘习良会长主持。第一常务副会长赵常谦，常务副会长蔡祖铭、郭晓勇、施燕华、唐闻生，副会长兼秘书长黄友义出席会议。

会议听取了秘书处关于第六次会员代表大会筹备情况的汇报，审议了《中国译协第六次会员大会议程（草案）》；《中国译协第五届理事会工作报告》、《中国翻译协会章程》（修改草案）、《中国翻译协会会员管理暂行办法》（修改草案）等文件，并提出了修改意见。

会议还审议了《中国译协优秀单位会员、优秀分支机构、优秀社团工作者表彰建议名单》以及部分在京中央单位、分支机构、会员单位上报的资深翻译家推荐名单。会议决定授予著名翻译家杨宪益翻译文化终身成就奖。

9月3日　由上海市文联主办、上海翻译家协会和上海外国语大学高级翻译学院承办的《东方翻译》杂志首发式暨新闻发布会在上海举行。中共上海市委常委、市委宣传部部长王仲伟出席会议并讲话。上海市文联党组书记杨益萍，上海外国语大学党委书记吴有富、校长曹德明等出席会议。上海文艺界、教育界、新闻界和翻译界百余位专家学者出席了发布会。

发布会由《东方翻译》杂志社主编张慈赟主持。《东方翻译》杂志社社长戴炜栋、市文联党组书记杨益萍和上海机场集团党委书记何卫国先后致词，祝贺《东方翻译》创刊。

《东方翻译》杂志年内推出两期试刊，并于2010年起由邮局正式发行。

9月4日　纪念新中国对外出版发行事业暨中国外文局成立60周年大会在北京举行。中共中央政治局常委李长春，中共中央政治局委员、中央书记处书记、中央宣传部部长刘云山发来贺信，代表党中央向中国外文局广大干部职工和离退休老同志表示热烈祝贺，对为促进新中国对外传播事业发展做出重要贡献的所有同志表示崇高的敬意。贺信指出，中国外文局是在毛泽东、周恩来、陈毅等老一辈无产阶级革命家亲切关怀和直接指导下创立的。60年来，在党中央的正确领导下，中国外文局始终围绕党和国家对外工作大局，以多种文字通过书、刊、网等形式向世界介绍中国，为增进中外了解与友谊，促进交流与合作做出了重要贡献。近年来，中国外文局坚持解放思想，锐意改革，开拓进取，在创新对外传播的体制机制、内容形式、手段方式等方面进行了不懈探索，对外传播能力又有明显提升，在党和国家外宣工作大局中的地位和作用进一步加强。

中宣部副部长、中央外宣办主任王晨，新闻出版总署署长柳斌杰，中央外宣办副主任蔡名照，中央有关部委领导、中央主要新闻出版单位和北京部分高校的领导及有关部门的负责同志出席了当天的纪念大会。

9月11日　上海翻译家协会第五次会员代表大会在上海文艺活动中心举行。中共上海市委宣传部副部长陈东发来贺电、上海市文联党组书记杨益萍到会并讲话。会议审议通过了戴炜栋代表上海译协第四届理事会所作的题为《求真务实，开拓创新，为上海翻译事业的繁荣发展做出新的贡献》的工作报告。选举产生了新一届理事会及领导机构，谭晶华当选为上海翻译家协会会长，吴洪、张伊兴、张春柏、张慈赟、郑体武、袁莉、柴明颎、黄勇民等当选为副会长。

9月13～15日　由中国翻译协会翻译服务委员会主办、武汉华译公司承办、湖北省译协和武汉市译协协办的“2009中国翻译服务产业论坛暨全国第七届翻译经营管理工作研讨会”在武汉举行。

中国翻译协会顾问宋书声，原国家新闻出版署副署长桂晓风，中国翻译协会第一常务副会长赵常谦，中国翻译协会副会长尹承东，湖北省人大常委、原湖北省人民政府外办主任何世平，以及湖北省译协和武汉市译协领导吴晓云等领导和嘉宾出席本次会议。

会议的主题为：金融危机下翻译产业的出路与对策、出版体制改革后翻译编辑工作的研究与思考。会议共收到论文60篇，部分论文分别被评为一等奖和二等奖。

9月17日　中国翻译协会在北京举行表彰仪式，授予我国著名文学翻译家、外国文学研究专家杨宪益先生“翻译文化终身成就奖”。中国外文局常务副局长、中国翻译协会常务副会长郭晓勇，中国外文局副局长、中国翻译协会副会长黄友义为杨宪益先生颁发了荣誉证书，并宣读了中国翻译协会《关于授予杨宪益先生“翻译文化终身成就奖”的决定》。

翻译文化终身成就奖由中国翻译协会于2006年设立，是中国翻译协会设立的表彰翻译家个人的最高荣誉奖项，授予健在的，并且在翻译与对外文化传播和文化交流方面做出杰出贡献，成就卓著、影响广泛、德高望重的翻译家，旨在鼓励我国广大翻译工作者向老一代翻译家学习，继承和发扬他们的敬业精神，提高自身的业务素质，为繁荣我国的翻译事业做出贡献。到当日为止，杨宪益先生是获得该奖项的第二位翻译家。2006年9月26日，季羡林先生成为首位“翻译文化终身成就奖”获得者。

9月27日　江苏省翻译工作协会举行第五届会员代表大会、理事会，江苏省社科联副书记廖进参加大会，许钧当选为新一届江苏省翻译工作协会会长，张柏然任江苏省翻译工作者协会名誉会长。

十月

10月1日　国际译联主席玛丽昂·伯尔思女士通过中国翻译协会发来贺信，祝贺中国外文局成立60周年，并“借此机会感谢中国国际出版集团长期以来通过支持中国翻译协会而对翻译事业所提供的帮助，以及对第18届世界翻译大会等翻译界活动所给予的大力支持”。

10月7日　中共中央总书记、国家主席、中央军委主席胡锦涛《在庆祝中华人民共和国成立60周年大会上的讲话》的蒙古、藏、维吾尔、哈萨克、朝鲜等5种少数民族文字单行本由中国民族语文翻译局翻译、民族出版社出版，即日起向全国公开发行。

10月17日　由中国翻译协会和北京第二外国语学院联合主办的“翻译理论与实践及翻译教学国际学术研讨会”在北京召开。来自海内外翻译界300多人出席会议。

本次研讨会以“多元化和体系化”为主题。通过主题演讲、专题讨论、对话、沙龙等形式，围绕同声传译理论与实践、同声传译教学、翻译人才培养、应用翻译与旅游及文化创意中的多语种翻译等主题进行深入研讨。学者们还结合北京奥运会和即将在2010年举办的上海世博会的翻译问题，提出有益的探讨，希望以此推动外语教学更好地服务于社会，适应社会经济文化的发展需要，弘扬中华文化，提升中国的文化软实力。

10月18日　由中国翻译协会与北京第二外国语学院主办的第二届全国高校口译邀

请赛在北京落幕。来自全国25所高校的70多名参赛选手分别参加了英语、日语和法语三个语种的比赛。这是目前国内唯一的全国性口译比赛。

10月24日 “第四届锦湖韩亚杯中国大学生韩国语演讲比赛东北赛区比赛”在长春举行。来自东北三省17所院校的26名选手参加了比赛。吉林省人大常委会秘书长赵秉哲，韩国驻沈阳总领事辛亨根、文化领事郑润植，韩国江原道政府驻吉林代表处首席代表朴在福，锦湖韩亚集团各部门驻长代表以及辽、黑两省外办领导出席了比赛及相关活动。

10月26日 “广西公共场所汉英双语标识译法指南评审会”在自治区外事办公室会议室举行。来自区外事办和全区多所高校的10名翻译专家参加了评审会，针对由自治区外事办起草的《广西公共场所汉英双语标识英文译法指南》（以下简称《英文译法指南》）进行讨论，并达成审定意见。《英文译法指南》将报批广西壮族自治区质量技术监督局作为推荐性广西地方标准发布实施。

10月28~31日 由中国翻译协会会长助理黄长奇为团长的中国译协产业代表团一行五人参加了在美国纽约举行的美国翻译协会第50届年会。代表团在会议上以“走向成熟的中国翻译产业”为题举办了一场专题论坛，参加了各种联谊活动，与美国翻译协会及其语言服务企业分会、语言技术分会和华语分会、Common Sense Advisory咨询公司，美国语言服务企业协会、肯特州立大学等组织和众多的翻译及本地化企业进行了交流。

黄长奇主持了90分钟的“走向成熟的中国翻译产业”论坛，并以“翻译协会的回应与责任”为题，介绍了中国译协顺应形势的发展，承担起行业协会的责任，在产业领域开展和即将开展的一些举措。济南双泽翻译有限公司总经理张勇以“中美翻译企业的合作潜力”为题，分析了中美翻译服务企业各自的优势，提出了合作的可行性和原则。深圳比蓝翻译公司委托在美访学的北京外国语学院教师屠希亮从私营企业的角度介绍了中国翻译服务产业的发展历程以及未来的发展方向。这次分论坛是中国翻译服务产业首次有组织地参加国际论坛并发出自己的声音，对于促进中外翻译服务行业的了解与合作奠定了良好的基础。

10月31日 由中国翻译协会翻译理论与翻译教学委员会和山东省翻译协会联合主办、鲁东大学外国语学院承办的第十届华东地区翻译研讨会召开。来自华东地区多所院校、省市译协的80余名专家学者、高校教师、博士生及硕士生参加了此次研讨会。大会的主题是：“翻译理论与实践：当代语环境下的系统优化”。

同日 由广西翻译协会和广西高校大学外语教学研究会共同主办的2009“东方正龙杯”广西首届英语翻译大赛决赛在广西玉林举行，来自全区52所高校的194名选手参加决赛。

本次大赛从6月开始，分初赛、复赛、决赛三个阶段进行，区内各高校在校博士、硕士、本科、专科学生（含非全日制）近9000人参加比赛。大赛设奖面达到了30%，在一定程度上调动了在校大学生的参赛积极性。

本月　中国翻译协会中文网站全面改版。改版后的中国译协网版式设计更加清晰，重点信息更加突出，实现了内容与形式的有效结合，更加符合网民的阅读习惯和关注取向。网站在保证信息量和内容深度的前提下，重点加强了服务性和专业性建设，新增了一批业内关注度高，对行业发展带有指导性和前瞻性的栏目，进一步突出了协会网站立足服务社会、服务行业、服务会员的功能。

同月　中国翻译协会英文网站（www. tac - online. org. cn/en）正式开通。英文网站除提供中国翻译行业的各类信息之外，还对中国翻译界的发展历程、现状、趋势等进行了全面介绍，为国际译界进一步了解中国翻译事业，促进中外交流与合作发挥积极作用。

十一月

11月5~6日　由中国翻译协会军事科学翻译委员会组织的“军事翻译培养、使用与保持”学术研讨会在湖北省襄樊市举行。来自解放军总部机关、科研单位和军队院校的30余名专家学者参加了研讨会。与会代表围绕军事翻译人才队伍建设这一主题，就军事翻译的培养、使用与保持各环节的工作展开了讨论，提出了很好的意见和建议。

11月10日　中国翻译协会翻译服务委员会二届八次全体委员会议在北京召开。会议由中国译协副会长、中国译协翻译服务委员会主任尹承东主持。中国译协翻译服务委员会副主任、秘书长、副秘书长、委员等共计18人出席了会议。

会议总结了2004至2009年第二届翻译服务委员会的工作，汇报了财务收支情况，并为下届翻译服务委员会的工作思路提出了建议。会议决定以中国译协翻译服务委员会的名义对一批为翻译服务行业做出贡献的单位和个人进行表彰。

会议经研究，决定增补武汉华译翻译有限公司总经理刘振营和山东省翻译协会企业工作委员会副主任、百通思达翻译咨询有限公司总经理鞠成涛为翻译服务委员会委员。会议还研究了关于编辑出版《翻译产业经营论集》（2007 - 2009年度）等相关事宜。

11月11日　中国翻译协会本地化服务委员会（简称“中国译协本地化委员会”）成立大会在北京举行，来自北京、上海、四川、江苏、广东等省市的本地化服务公司、翻译服务公司、跨国软件公司和高等院校的代表参加了会议。会议由中国译协副会长兼秘书长黄友义主持，刘习良会长到会并讲话。

11月12~13日　中国翻译协会第六次会员代表大会暨新中国翻译事业60年论坛在北京举行。全国人大常委会副委员长韩启德，原国务委员、新任中国翻译协会名誉会长唐家璇，国务院新闻办公室主任王晨等出席大会并发表了重要讲话。国际翻译家联盟主席玛丽昂·伯尔思向大会发来贺信。中国译协所属全国各省、市、自治区、中央有关单位及港、澳地区的单位会员、个人会员和10个分支机构的近300名代表参加了本次会议。

大会审议并通过了刘习良会长代表第五届理事会常务理事会所作的工作报告，审议并通过了黄友义代表第五届理事会常务理事会所作的《中国翻译协会第五届理事会财务报告》，审议并通过了新修订的《中国翻译协会章程》和《中国翻译协会会员管理暂行办法》。大会选举产生了中国译协第六届理事会，并且在随后召开的第六届理事会第一次会议上，选举产生了中国译协新一届领导机构。全国人大外事委员会主任委员、前外交部部长李肇星当选为中国翻译协会会长。

11月14日　第21届韩素音青年翻译奖竞赛颁奖典礼在北京举行。中国外文局副局长、中国译协副会长黄友义，中国译协常务副秘书长姜永刚，北京大学外国语学院院长陈朝翔，《中国翻译》副主编杨平等出席颁奖仪式并为获奖选手和“最佳组织奖”获奖单位颁奖。

本届竞赛由中国译协《中国翻译》编辑部和北京大学翻译硕士（MTI）教育中心联合主办，参赛者达1253人，其中12人分获一、二、三等奖，88名参赛者获优秀奖。中南大学外国语学院、厦门理工学院外语系以及上海师范大学天华学院获“最佳组织奖”。

同日　由国务院学位委员会/教育部全国翻译硕士专业学位教育指导委员会、中国翻译协会翻译理论与翻译教学委员会和北京大学翻译硕士（MTI）教育中心联合主办的全国首届翻译硕士（MTI）教育与翻译产业研讨会在北京举行。中国外文局副局长、中国翻译协会副会长、全国翻译硕士专业学位教育指导委员会主任黄友义在开幕式上致辞，中国译协常务副会长、南京大学研究生院常务副院长许钧作大会主题演讲，中国译协常务副秘书长姜永刚和来自全国各地高等院校的教师、企业代表、媒体等近300人参加了本次会议。

本次研讨会设大会主题发言以及“翻译硕士专业教育与翻译实践”和“翻译产业需求与翻译技术应用”两个分论坛，主要议题包括：翻译硕士培养方案与教材标准化、翻译硕士教育与翻译学科、翻译硕士专业学生实习与学生就业指导、翻译硕士教学与IT技术应用等。国务院学位办公室文理医学处处长唐继卫、国务院学位委员会/教育部全国翻译硕士专业学位教育指导委员会秘书长穆雷、上海外国语大学高级翻译学院院长柴明颎和北京莱博智（Lionbridge）环球科技有限公司总经理孔岩等做大会主题发言。来自全国各地高等院校的众多专家学者以及与翻译相关的出版、技术服务等产业界人士也分别在分论坛上作专题发言。

11月18日　由中国外文局、人力资源和社会保障部人事考试中心、国家外国专家局培训中心联合举办的翻译专业资格（水平）考试全国考务工作会议在广西召开。中国外文局副局长、总编辑兼翻译专业资格（水平）考试领导小组成员黄友义以及人社部人事考试中心、国家外国专家局培训中心有关领导出席会议并讲话。中国外文局人事部主任兼翻译专业资格（水平）考试办公室主任李丽宁主持会议。全国口、笔译考点近 80 人参加会议。

11 月 19 日　由广东外语外贸大学翻译学研究中心主办的第五届中华译学论坛在广州召开，来自中国大陆、香港、澳门和台湾各高校的翻译教学和研究机构的负责人，以及外语教学与研究出版社、高等教育出版社、《东方翻译》、《中国比较文学》和《翻译季刊》的主编、东方正龙和东方雅信公司的 20 余名代表出席会议。

中华译学论坛是两岸四地乃至华语圈内翻译教学与研究界的高层论坛，上海外国语大学，台湾辅仁大学翻译学研究中心，北京外国语大学和香港中文大学分别举办了前四届论坛。

11 月 22 日　广西翻译协会第五次会员代表大会在广西举行。来自全区各地高校、涉外单位、科研机构的代表近 90 人参加大会。广西翻译协会名誉会长、广西区政协原副主席贺祥麟，广西翻译协会名誉会长、自治区人大原副主任甘幼玶出席大会并讲话。大会由广西译协副会长、广西广播电视大学副校长陆云主持。

广西翻译协会第四届理事会会长黄天源代表第四届理事会向大会作工作报告，常务理事陈成基作财务报告，副会长柏敬泽传达了 11 月 12 日至 13 日在北京举行的中国翻译协会第六次会员代表大会的精神，副会长孙泽红作关于修改章程的说明。

大会选出了广西翻译协会第五届理事会和常务理事会，广西民族大学教授黄天源再次当选为会长，致公党广西区委会副主委卢保江当选为秘书长。理事会继续聘请贺祥麟、甘幼玶担任名誉会长。

大会还为广西翻译协会第二届“外教社杯”优秀科研成果奖和“东方正龙杯”翻译大奖赛获奖的单位和个人颁奖。

11 月 26 ~ 28 日　由中国译协翻译理论与翻译教学委员会、广东译协主办，广东译协多语翻译专业委员会承办的“第五届全国多语翻译理论研讨会”在广东举行。来自大陆 19 个省、自治区、直辖市和香港、澳门地区及国外的 124 名代表与会，并提交 63 篇论文。广东省科协副秘书长钱春讲话，中国译协副会长、广东译协副会长仲伟合、中国译协翻译理论与翻译教学委员会副主任王东风分别致开幕词、闭幕词，广东译协常务副会长何其锐、多语翻译专业委员会主任张新红分别主持开幕式、闭幕式。

11 月 29 日　我国著名翻译家、外国文学研究专家、文化史学家、诗人，中国外文局原《中国文学》杂志社总编辑、中国翻译协会名誉理事、中国译协“翻译文化终生成就奖”获得者杨宪益先生遗体告别仪式在八宝山革命公墓举行。胡锦涛、江泽民、吴邦国、温家宝、贾庆林、李长春、习近平、李克强、王刚、刘云山、刘延东、李源潮、朱镕基、李岚清、周铁农、戴秉国、厉无畏、何鲁丽等同志分别以不同方式表示慰问和哀悼。前国务委员、中国译协名誉会长唐家璇，前外交部部长、中国译协会长李肇星敬赠了挽联，并通过中国译协秘书处向杨宪益先生家属转达了哀悼和慰问。

中国外文局局长周明伟，民革中央副主席何丕杰，中国外文局常务副局长、中国译协第一常务副会长郭晓勇，中华全国归国华侨联合会顾问、中国译协常务副会长唐闻生，中国外文局副局长、中国译协副会长兼秘书长黄友义等同志，杨宪益先生的生前好友与中外各界人士前往送别。社会各界知名人士也纷纷发来唁电、唁函，表达悼念和哀思。杨献益先生是于11月23日因病医治无效不幸逝世的。

同日　首届天津高校汉译英翻译大赛颁奖仪式在天津师范大学举行。天津市翻译协会、天津市大专院校外语院系的领导、专家学者和学生代表共计120余人出席颁奖仪式。天津师范大学外国语学院院长顾钢代表大赛组委会介绍了大赛的筹备、组织、协调、运作的过程。天津市翻译协会副会长李旭、天津师范大学副校长王延文、天津市教委高教处处长张卫国分别在颁奖典礼上发言。天津市资深翻译家李运兴对大赛译文进行了点评。天津市资深翻译家刘世聪对翻译技巧发表了见解。

本月　由中国翻译协会编纂、外文出版社出版的《中国翻译年鉴2007~2008》正式出版，这是继2007年9月推出首部《中国翻译年鉴2005~2006》后，中国翻译协会推出的第二部年鉴。

十二月

12月3日　国际译联副主席、中国译协副会长兼秘书长黄友义应邀出席在泰国曼谷召开的泰国本地化与翻译大会（Localization and Translation Thailand），并做了题为“潜力巨大的中国本地化服务产业”的主旨发言。该会议由泰国皇家学院与世界最大的译员网上社区Proz. com和本地化行业标准协会（LISA）联合举办，共有来自10个国家的近200人出席了会议。

12月6日　首届傅雷翻译出版奖在北京大学颁出，上海翻译家马振骋译作《蒙田随笔全集》和张祖建的《面具之道》共同分享了这一翻译大奖。正在韩国访学的2008年诺贝尔文学奖获得者、法国著名作家勒克莱齐奥，专程来北京为马振骋和张祖建颁奖。

傅雷翻译出版奖由法国驻华使馆文化处设立，旨在奖励中国年度翻译和出版的最优秀法语图书，由中、法翻译家、作家和大学教授组成的评委会根据中译本图书的翻译、出版质量进行评选。首届评奖共有26家出版社的39种图书参评，获奖译者得到奖金8000欧元。

12月7日　我国交通建设标准规范编译工作正式启动，交通部和进出口银行联合在北京宣布成立”中国交通标准“编译委员会，计划将现有的中文版”中国交通标准“系列丛书翻译为英、法文版，向全世界公开发行。

丛书将用一年左右时间，分三批编译100余册，这意味着中国交通标准”走出去

"迈出了关键一步，将为国际市场接受和采用中国交通标准提供统一权威的依据。

12 月 8 日　中国翻译协会本地化服务委员会一届一次主任会议在北京举行。委员会主任、副主任和秘书长等参加了会议。

委员会主任赵常谦主持了会议。会议重点讨论了委员会 2010 年要开展的工作。为了使委员会的工作目标明确，任务明确，责任明确，进度明确，设置了 6 个工作组，分别是活动策划组，市场规范组，宣传推广组，技术标准组，政策研究组，本地化校园行组。

委员会秘书长崔启亮报告了委员会 2009 年会费收入和支出情况。会议还讨论了关于个人加入委员会的方式，以及与 LISA，GALA，Multilingual 等国际组织的工作合作等问题。

12 月 10 日　由中国翻译协会对外传播翻译委员会主办、中国国际广播电台承办的中国翻译协会对外传播翻译委员会第 15 届中译法研讨会在北京举行。来自国家有关部委、事业单位、高等院校及其他法语使用单位的 45 位法语界资深专家、知名教授及业务骨干参加了研讨会。另有 20 多位年轻翻译列席旁听了研讨。

中国国际广播电台副台长夏吉宣参加开幕式并讲话。与会代表围绕国际台搜集整理的有关经济、社会等领域的 100 多条时政词汇进行了认真、充分、热烈的讨论。国际台还指派三位外籍专家现场答疑。

12 月 10 日　中国翻译协会第一常务副会长、中国国际出版集团常务副总裁郭晓勇与阿拉伯思想基金会主席哈里德·费萨尔亲王签署谅解备忘录，正式启动"同一个文明"项目的第二阶段——中国图书翻译。

中国国际出版集团与阿拉伯思想基金会关于中国图书翻译谅解备忘录的签订，是中国书籍阿文翻译史上的第一次，它不仅为中国书籍的阿文翻译创造了一个良好的开端，也必将为中阿思想的沟通与交流、为中阿文化的持续发展，为人类文明的不断丰富做出更大的贡献。

12 月 12 日　宜宾市翻译工作者协会 2009 年年会暨学术交流研讨会在宜宾举行，四川省翻译协会副会长张梦太，宜宾市社会科学界联合会常务副主席肖金虎以及宜宾市外办主任陈德等出席会议并讲话。

12 月 15 日　由参考消息报社主办的首届《参考消息》读者译文大赛颁奖典礼在北京举行，中国翻译协会副会长兼秘书长黄友义出席颁奖典礼并讲话。

本届大赛历时三个多月，参赛者既包括大中小学教师、学生，也涵盖医生、律师等其他专业人士；既有海员和军人，也有工人和农民。大赛最终评选出一、二、三等奖及优秀奖、组织奖等多个奖项。

12 月 17 日　新中国文化教育、出版事业、外语教育事业和翻译事业奠基者之一，中国翻译协会第一任会长姜椿芳同志铜像落成仪式在上海外国语大学虹口校区举行。

上海外国语大学党政领导及姜椿芳同志亲属，上海俄专（上外前身）一期、二期校友、上外师生和离退休老同志等数百人出席落成仪式。

上海外国语大学党委书记、校务委员会主任吴友富主持落成仪式，并与上海外国语大学校长曹德明共同为姜椿芳铜像揭幕。

姜椿芳铜像由上海俄专（上外前身）一期、二期校友集资浇铸而成，以树立姜椿芳铜像的方式作为对上海外国语大学创始人的永久性纪念。

12月18日　“走向亚非－2009中国亚非非通用语翻译研讨会”在北京外国语大学亚非学院召开。中国外文局副局长、中国翻译协会副会长兼秘书长黄友义，北京外国语大学副校长金莉，教育部高校外语非通用语专业教学指导委员会主任刘曙雄，北京外国语大学亚非学院院长张西平等出席研讨会并讲话。来自国内各高校、研究机构和非通用语外宣媒体的近30位专家学者参加了研讨会。

研讨会上，来自北京大学、中国传媒大学、洛阳外国语学院、广西民族大学及国内部分非通用语对外宣传媒体的专家学者介绍了高校开展非通用语翻译教学与研究的情况，并针对非通用语翻译人才的培养、使用和实践等问题进行了深入探讨。

12月18日　由黑龙江省人民政府外事办公室、黑龙江省翻译协会联合举办的“庆祝新中国成立60周年黑龙江省翻译作品成果展”在黑龙江大学隆重开幕。黑龙江省委常委、省政府常务副省长杜家毫，中国翻译协会常务副会长唐闻生，中国译协副会长赵尔力以及黑龙江省受中国译协表彰的资深翻译家、省译协会员、翻译爱好者及黑龙江大学的广大师生500余人参加了开幕式。

12月22日　由上海市文联和世纪出版集团主办，上海翻译家协会和上海译文出版社《外国文艺》杂志承办，卡西欧（上海）贸易有限公司协办的第六届CASIO杯翻译竞赛颁奖仪式在上海举行。上海市文联党组副书记迟志刚、译文出版社总编辑史领空、卡西欧上海贸易有限公司副总经理吉田修作以及英语、德语组评委们和数十名获奖选手出席了颁奖仪式。本次竞赛一等奖空缺，34位参赛者分获二、三等奖及优胜奖。西北大学外国语学院获优秀组织奖。

12月24日　中国翻译协会对外传播翻译委员会第19届中译英研讨会在北京举行。本届研讨会由中国国际广播电台承办，40余位资深专家学者参加了此次研讨。

会议着重讨论了胡锦涛主席在联合国气候变化峰会、二十国集团领导人金融峰会等重要国际会议上的讲话中涉及重要概念、用语的英译，以及一些社会文化生活领域特色词汇的英译。会议达成共识的部分新词英译文在《中国翻译》杂志和中国译协网等相关媒体刊出，以供我国的对外宣传单位、新闻媒体和广大英语爱好者参考、借鉴和学习。

12月24日　为了规范我国本地化行业的发展，提高本地化行业的国际竞争力，中国翻译协会与全国术语与语言内容资源标准化委员会联合成立了中国本地化行业标准工作组。本地化标准工作组第一次工作会议在北京西郊宾馆召开，来自中国标准化研究院、中国翻译协会、语言服务需求方、语言服务提供方的代表出席了会议。

会议由工作组组长、中国翻译协会本地化服务委员会副主任林怀谦主持。会议分析了现有的国内外相关标准，听取了服务需求方和服务提供方代表对标准制定工作的期望，就本地化标准工作组的工作范围、工作渠道和工作方式等达成了初步共识，并决定首先从本地化业务洽谈所涉及的技术问题入手，展开相关标准的研制活动。

12 月 25 日　在河北省科协七届四次全委会议上，河北省翻译工作者协会荣获2009年度河北省科协系统先进单位，这是河北省翻译工作者协会连续五年获此殊荣。河北省翻译工作者协会会长潘炳信、秘书长段惠芳被评为河北省科协系统先进个人。

本月　广西壮族自治区社科发展规划办正式下文，同意广西翻译协会申请的两项科研项目立项。这两个项目是：以广西翻译协会常务理事、广西财经学院外语系副主任吴洁副为负责人的《功能目的论视角下的商务文本翻译》和以广西翻译协会会员、桂林理工大学外语系副主任黄廷慧为负责人的《大学教师在岗自我发展的研究与实践》。这是广西首次以学术团体名义申请到的自治区级立项的科研项目。

2010 年中国翻译界大事记

一月

1 月 4 日　由上海市文学艺术界联合会主办、上海翻译家协会承办的“钱春绮文学翻译学术研讨会”在上海举行。会议由中国翻译协会理事、上海翻译家协会副会长柴明颎主持。上海市文联党组成员、秘书长沈文忠，上海翻译家协会会员以及上海外国语大学、复旦大学等高校师生 80 多人参加了会议。

与会者回顾了钱春绮先生一生的翻译事业，对他在文学翻译、特别是在诗歌翻译领域取得的辉煌成果给予了高度的评价。

1 月 6 日　由成都大学外国语学院和成都市语言家翻译社联合举办的成都市翻译特色人才基地在成都大学挂牌成立。从当年秋季学期起，成都大学每年将从大一或大二学生中挑选 40 名学生组成”语言家翻译实验班“，着力为成都市培养翻译人才，培养学生的实际工作能力。

1 月 8 日　中俄人文合作和上海合作组织教育合作俄语翻译中心在黑龙江大学正式揭牌。该中心由教育部国际合作与交流司和黑龙江省教育厅共同领导，承担委派的各项翻译和培训任务。

在翻译中心成立仪式上，黑龙江大学俄罗斯研究院也同时挂牌成立。新成立的俄罗斯研究院实行机构开放、人员流动、内外联合的运行机制，下设对俄政治、经济、法律、社会文化及创新与发展等方向研究机构，同时设立以黑龙江大学《远东经贸导报》和《俄罗斯问题》杂志为主体的编辑部。通过资源整合和机制创新，将对俄教学优势与学科优势转化为应用优势。

1月14日　北京师范大学在北京举行“中国文学海外传播”学术研讨会暨工程启动仪式。会议的主要内容为北京师范大学中国文学海外传播研究中心揭牌仪式、正式启动“中国文学海外传播”工程和围绕“中国文学的本土经验与海外传播”议题进行学术讨论。中国作家协会主席铁凝，北京师范大学党委书记刘川生，校长钟秉林，国家汉办主任许琳，美国俄克拉荷马大学孔子学院理事长、文理学院院长博文理（Paul Bell），美国《当代世界文学》杂志社社长戴维斯·昂蒂亚诺以及著名作家莫言、格非、阎连科、李洱、西川、王家新等，著名学者乐黛云、童庆炳、杨慧林、陈晓明、何其莘等，来自美国的汉学家、翻译家葛浩文教授（Howard Goldblatt）、施莱弗教授（Ronald Schleifer）、石江山教授（Jonathan Stalling）等应邀出席会议。

与会作家、学者、批评家和翻译家就“中国文学的本土经验与海外传播”这一议题进行深入探讨，以期通过启动“中国文学海外传播”工程，借鉴海外中国文学研究的国际化视野，追踪海外中国文学研究动态，拓展中国文学在海外的研究空间，探讨未来中国文学海外传播的战略，有力地促进中国文学研究领域的国际学术交流。

1月16日　由世界中联出版编辑专业委员会和世界中联翻译专业委员会主办的首届国际中医翻译与出版编辑学术会议在北京召开，来自中国、日本、澳大利亚、美国、加拿大、爱尔兰等国家和地区的200多人参加会议。

会议倡议：制订、推广国际较为公认的中医翻译原则，要力求“信、达、雅”，并把遵守对应性、简洁性、同一性、约定俗成性和使用汉语拼音名作为中药名、方剂名、穴位名的翻译标准使用；或将汉语拼音名与中药拉丁名、方剂英译名、穴位代码并列作为翻译标准使用。与会人员希望出版界以传播纯正的中医药知识、推动中医药在世界范围内的发展作为中医国际出版的目标，与中医翻译界通过信息共享、专家库共建、项目合作等方式进一步加强合作。

1月16日　由河北省翻译工作者协会与中国优秀特长生推选活动河北办公室共同主办的“第四届河北省青少年英汉口译大赛”落下帷幕。河北省有关单位领导以及部分专家评委出席了颁奖典礼，并为获得特等奖、一等奖的选手颁发奖杯、证书及奖品。河北省翻译工作者协会会长、大赛专家评审委员会主任潘炳信，河北师范大学外国语学院翻译系主任刘荣强、河北经贸大学外国语学院王成云和河北科技大学外国语学院副院长刘君栓分别代表专家评委对选手们的比赛情况进行了点评。

本届大赛自2009年9月1日正式启动，共有13000余名大、中、小学生参加，经过初赛和复赛，共有1051名学生进入省决赛，决出特等奖15名、一等奖112名、二等奖221名、三等奖347名、优胜奖356名。

1月20日　中国翻译协会在北京召开六届一次常务会长会议，会议由李肇星会长主持。第一常务副会长郭晓勇，常务副会长丹珠昂奔、施燕华、唐闻生、许钧、赵常谦、赵丕、朱英璜，副会长兼秘书长黄友义出席会议。

会议听取了常务副秘书长姜永刚作的题为《中国译协2010年工作要点》的报告，听取了副会长兼秘书长黄友义所作的《关于<中国翻译协会分支机构管理暂行办法>修订草案的说明》。会议还对常务副会长的工作进行了分工，确定了向六届二次常务理事会议通报和提交审议的事项。

会议进一步明确了协会2010年的工作重点和工作思路，并对协会在行业管理、学术研究、会员发展与服务、分支机构管理等方面的工作提出了具体要求。

同日　中国翻译协会六届二次常务理事会议在北京召开，会长李肇星，顾问蔡祖铭、林戊荪、刘习良、任吉生、宋书声，第一常务副会长郭晓勇，常务副会长丹珠昂奔、施燕华、唐闻生、许钧、赵常谦、赵丕、朱英璜及30余位来自全国各地的副会长、常务理事出席了会议。会议由第一常务副会长郭晓勇主持。

会议审议并通过了《中国译协2010年工作要点》，《中国翻译协会分支机构管理暂行办法》，通报了常务副会长的工作分工。会议对落实今年的工作要点、分支机构管理、会员发展与会员服务及协会组织机构建设等提出了明确要求。

李肇星会长在讲话中要求，协会要从国家社会经济和文化战略发展的高度，关注翻译行业的发展。他强调，协会工作要转变观念，既要重视翻译学术研究，也要关注和支持翻译产业的发展，要逐步实现产业、教学与研究的有机结合。他要求大家团结一心，做好工作。

1月21日　2010年上海世博会倒计时100天誓师动员大会在上海举行。中共中央政治局常委、全国政协主席贾庆林出席大会并讲话。中国对外翻译出版公司应邀参加倒计时100天活动。

同日，上海世博会组委会第八次会议暨国内参展工作会议在上海召开。中共中央政治局委员、国务院副总理、上海世博会组委会主任委员王岐山，中共中央政治局委员、上海市委书记、上海世博会组委会第一副主任委员俞正声出席会议并讲话。中国对外翻译出版公司自2008年10月21日正式成为上海世博会笔译和口译项目赞助商之一，全力支持上海世博会，以一流的语言服务工作构建语言沟通桥梁。

1月26日~2月4日　中国翻译协会代表团先后赴瑞士、英国开展翻译学术行业交流活动。代表团一行12人，成员主要包括来自北京外国语大学、对外经济贸易大学、北京第二外国语学院、上海对外贸易学院等高校的领导和专家学者。

此次出访，代表团主要参加了于2010年1月28日~29日在瑞士日内瓦举行的为期两天的国际翻译高校联盟（外文简称CIUTI）2010年年会。中国译协代表团是本次会议上最大和最为活跃的代表团。会议方专门为中国代表团设立了“亚洲在口笔译领域的驱动力”专题论坛，中国译协代表团共有8名代表在论坛上发言，成为年会中发言人数最多的国家。

代表团部分成员于2010年2月2日访问了英国翻译协会和西敏斯特大学。英国翻译协会副主席、教育与训练委员会主席 Pamela Mayorcas，公共关系委员会主席 Joanna Waller 等协会领导和相关人员接待了访问。

二月

2月3日　我国资深翻译家，诗人、德语文学翻译界前辈，上海翻译家协会名誉理事钱春绮先生因病医治无效，在上海病逝，享年88岁。

三月

3月10日　在广西南宁市召开的广西社科联系统秘书长联席会议上，广西翻译协会等36个协会（学会、研究会、促进会）被评为”先进学会”，广西翻译协会副会长兼秘书长卢保江等50人被评为“学会先进工作者”并受到表彰，自治区社科联领导为获奖的单位和个人颁发奖牌、证书和奖金。

3月12日　全国MTI教指委扩大会议在洛阳召开，教指委委员和来自全国40家MTI试点培养单位的负责人、相关出版机构和企业代表近150人参加了会议。教指委副主任委员何其莘主持会议，教指委委员、解放军外国语学院院长李绍山致辞。国务院学位办处长唐继卫作报告，教指委副主任委员仲伟合就翻译硕士专业学位的办学理念及MTI教指委2009年的工作作报告，秘书长穆雷汇报了秘书处2009年的工作，教指委副主任委员许钧作总结发言。

3月16日　河南省翻译协会第五次会员代表大会在郑州召开。中国翻译协会常务副会长、中国侨联顾问唐闻生应邀到会祝贺并讲话。省科技厅、省科协、省政府外办、省旅游局等部门领导出席了会议。省译协理事、会员以及在校大学生共计200多人出席了会议。

大会通过了《河南省翻译协会工作报告》和新的《河南省翻译协会章程》，选举产生了河南省译协第五届理事会和新一届领导机构，聘请了名誉会长和顾问，并为6名被中国译协授予2009年“资深翻译家”荣誉称号的省老翻译工作者以及在2009年河南省翻译协会举办的河南省翻译竞赛中的获奖人员颁发了荣誉证书。

四月

4月5日　由上海世博局培训中心主办、中国对外翻译出版公司承办的上海世博会参展方培训大会在世博局新闻中心举行，培训针对参展国家、国际组织、城市最佳实践区参展城市、中国馆省区市馆、香港馆、澳门馆、台湾馆和参展企业的运营管理人员，内容涉及参展方场馆安全管理、园区商业管理、园区物流管理、活动管理、税收征收管理、劳动用工、服务保障、礼宾接待等相关事宜。中国对外翻译出版公司派出项目团队和同声传译团队为本次会议提供保障。

此前，中国对外翻译出版公司还承担了上海世博会展区总代表联席会议指导委员会第一次会议的全部笔译、交替传译和同声传译工作。

4 月 12 日　元培翻译与波兰政府代表在上海就波兰政府世博馆的运行正式签约，元培翻译将全面承担世博期间波兰馆的运行工作。届时，元培翻译将派出 160 多人的服务团队，全面负责波兰馆安保、礼仪接待、解说和活动翻译等运行工作。

4 月 14 日，由中国翻译协会与人民日报海外版联合举办的“规范外来语译名创造和谐语言环境——翻译与记者的社会责任”媒体负责人座谈会在北京举行。在京的 20 余家媒体负责人和国家广电总局、国家语委、中国外文局、全国科学技术名词审定委员会等单位的负责人出席座谈会，围绕如何规范外来语，新闻和翻译工作者的社会责任等议题展开深入讨论。会议由中国翻译协会第一常务副会长、中国外文局常务副局长郭晓勇主持。

与会媒体负责人认为，在我国公开出版物、媒体报道乃至政府文件中，不经翻译直接将外来语嵌入中文使用的现象越来越多，如果不采取措施，将有蔓延的趋势。

与会的媒体负责人和专家倡议，政府部门应尽快完善相关法律法规，规范外来语在汉语中的使用；倡导全国翻译工作者和新闻工作者发挥表率作用，自觉维护语言文化的健康发展，保持汉语的纯洁性；尽快建立权威的外来语译名审定机构，专门负责外国人名、地名、科技术语及其他词语的翻译规范工作，统一发布、统一使用。

4 月 19 日　由上海世博局和中国出版集团公司共同举办的《中国 2010 年上海世博会官方图册》首发仪式在上海图书馆举行。

该《图册》由中国对外翻译出版公司翻译并出版，是上海世博会最重要的官方出版物之一；分中文简体、中文繁体、英文、日文、韩文、法文等多种版本。《图册》将为外籍读者全方位了解上海世博会信息提供方便，并在上海世博会海外推介工作中发挥积极作用。

4 月 21 日 ~ 22 日　在上海世博会即将开幕之际，中国翻译协会第一常务副会长、中国外文局常务副局长郭晓勇前往上海先后考察了中国译协会员单位、2010 上海世博会笔译口译项目赞助商——元培翻译公司上海分公司和中国对外翻译出版公司上海分公司，慰问了正在紧张工作的翻译工作者。

4 月 21 日　在广东外语外贸大学师生的热烈掌声中，中国翻译协会会长李肇星从广东外语外贸大学校长仲伟合手中接过名誉教授聘书，成为该校名誉教授。

随后，李肇星会长结合自己长期的外交工作经历，为同学们做了一堂生动而又深刻的讲座。他在讲座中肯定了广外为推进翻译学科建设和发展做出的贡献，认为自己能够成为其中的一员是人生难得的幸福和缘分。李肇星寄语大学学子，应该有历史责任感，要珍惜学习的机会，努力为人民服务，报答祖国、老师、父母。他还希望同学们在爱国、学习好知识的同时，还要注意保持身体健康，希望同学们将来健康有效地为祖国劳动50年。

4月23~24日　中国翻译协会对外传播翻译委员会第三次中译日研讨会在北京举行。此次会议由北京第二外国语学院承办，来自外交部、文化部、中央编译局、共青团中央、中日友好协会、中华全国总工会、北京市对外友协、《人民中国》杂志社、《北京周报》杂志社、中央电视台、中国国际广播电台、中国网、中国对外翻译出版公司以及中日翻译界近30名专家学者出席了此次研讨会。研讨会由北京第二外国语学院日语学院院长潘寿君主持，研讨部分由副院长杨玲主持。中国翻译协会副会长、北京第二外国语学院副校长邱鸣到会致辞。

会议受中国译协对外传播翻译委员会的委托，讨论通过了委员会新一届领导机构成员名单。与会代表就各位专家提出的涉及时政、外交、经济、社会、文化等各个领域的热点和新词新语的翻译难点进行了讨论并取得了共识。

4月26日　为了积极响应第十个世界知识产权保护日，由上海翻译家协会和上海市文学艺术家权益维护中心联合主办的"文学翻译与维权专题研讨会"在上海市文联举行。翻译家冯春、潘庆舲、张经浩、胡洪庆、李有宽、陆求实及知识产权专家傅钢律师等应邀出席。冯春和傅钢律师就文学翻译与维权的相关内容进行了专题讲解。

与会的翻译家们对如何保护作品的权益发表了各自的意见，并对维权部门具体工作提出了不少建设性意见。

4月27日　中国翻译协会对外传播翻译委员会第20届中译英研讨会在北京举行。本届研讨会由北京外国语大学承办。中国译协常务副会长朱英璜、副会长黄友义出席会议。来自国家有关部委、事业单位、高等院校的40余位资深专家学者参加了此次研讨会。

会议受中国译协对外传播翻译委员会的委托，讨论通过了委员会新一届领导机构成员名单。着重讨论了温家宝总理在第十一届全国人民代表大会第三次会议上所作的《政府工作报告》中涉及的重要概念、用语的英译。

五月

5月10日　第六届全国典籍英译学术研讨会在河南大学举行。中国翻译协会常务副会长、第十届全国政协委员、中华全国归国华侨联合会顾问唐闻生，中国英汉语比较研究会副会长潘文国，中国典籍英译研究会会长汪榕培，《中国外语》杂志社主编张后尘，《中国翻译》杂志副主编杨平，南开大学外国语学院博士生导师王宏印等来自全国各地高校、研究所、出版社的170多位专家学者出席会议，探讨在全球化背景下如何将中国的经典文献翻译成优美的英文，将中国的古典文化推向世界，促进中国文化的传播。

此次研讨会由中国英汉语比较研究会典籍英译学会主办，河南大学外语学院承办。

研讨会共收到相关学术论文 180 余篇。

5 月 13 日　中国翻译协会本地化服务委员会技术标准组召开第四次会议，专题讨论《本地化行业术语规范》（初稿）。经过一个月的收集整理，标准组共收集了 300 余条相关术语。工作组成员对术语进行了讨论，决定将术语分为服务种类、服务流程、服务角色、服务要素、技术、综合等六类，并分工对相关术语进行分类整理。会议还就术语的取舍原则、数量、排序等具体问题进行了讨论并达成共识。

《本地化行业术语规范》旨在对本地化服务过程中的常见、关键术语进行定义，帮助本地化服务供应商及其客户在同一个话语体系中进行沟通，从而避免产生误解和歧异。

5 月 21 日　由中国翻译协会对外传播翻译委员会主办、北京语言大学承办的第 16 届中译法研讨会在北京语言大学举行。来自国家有关部委、事业单位、高等院校及其他法语使用单位的 36 位法语界资深翻译、教授及业务骨干参加了研讨会。

与会专家围绕北京语言大学搜集整理的有关教育、社会等领域的 150 多条词汇进行了认真、充分、热烈的讨论。北京语言大学还指派两位外籍专家现场答疑。

5 月 27 ~ 29 日　中国翻译协会副会长兼秘书长黄友义以国际译联副主席的身份出席了在莫斯科举行的国际译联 2010 年第二次执委会会议和理事会会议。中国译协会长助理黄长奇作为观察员列席会议。

会上，黄友义向国际译联执委会汇报了第六届亚洲翻译家论坛的进展情况，通报了中国译协本年度的重要活动安排，介绍了暑期高等院校翻译师资证书培训课程、首届中国语言行业大会、首届全国口译大赛等，国际译联执委会对中国译协在推动翻译人才培养、行业规范和提升翻译工作地位方面所做的工作表示赞赏，并正式决定以支持单位名义对以上活动提供支持。

黄长奇代表国际译联标准委员会主席姜永刚向理事会提交了标准委员会工作进展报告，国际译联理事会认为该委员会工作取得了实质性进展，下一步工作计划清晰可行，一致通过该报告。

5 月 31 日　河北省翻译工作者协会第六次会员代表大会在石家庄市举行。来自全省各地市译协、大专院校、科研院所、翻译机构的代表，第五届理事会理事、第六届理事会理事候选人、会员代表 100 余人参加了会议，河北省科协学会部部长王培悦，河北省工业和信息化厅巡视员、河北译协原秘书长、顾问陶胜利，河北省科学技术情报研究院院长郭鸿湧。河北省翻译工作者协会名誉会长刘贵云等领导出席了会议。河北译协第五届理事会副会长张森主持了会议，会长潘炳信致开幕词，王培悦部长在大会上讲话。

受第五届理事会的委托，第五届理事会秘书长段惠芳在会上作了《河北省翻译工作者协会第五届理事会工作报告》、《河北省翻译工作者协会第五届理事会财务报告》；

第五届理事会副会长杜改江作了《关于修改<河北省翻译工作者协会章程>的报告》。大会审议通过了工作报告、财务报告和修改章程的报告。

大会选举产生了郭献庭等90人组成的第六届理事会，选举产生了郭献庭等39人组成的第六届理事会常务理事会。潘炳信当选为会长，杜改江、郭凤山、郭献庭、韩连华、姬生雷、李正栓、王晓玲、张森、赵登瑞当选为副会长，段惠芳为秘书长。

大会还为因工作和年龄原因不再担任协会主要负责人及常务理事的同志颁发了荣誉理事证书，以表彰他们为协会做出的突出贡献。

本月 美国著名语言行业调查机构 Common Sense Advisory 公司发布了全球语言服务市场报告，报告预测2010年全球外包语言服务市场产值为263.27亿美元，增长速度为13.15%，其中亚洲占7.67%。

报告发布了全球35强语言服务企业名单及其简介，总部位于大连的中国翻译协会单位会员海辉软件（国际）集团公司连续第三次榜上有名，列第22位。在中国设有分支机构的莱博智环球科技有限公司（Lionbridge Technologies）、SDL 公司和 CLS Communication 公司分别名列第5和13位。此次调研还首次公布了世界八大地区（非洲、拉丁美洲、东欧、亚洲、南欧、西欧、北欧、北美）的十大语言服务企业，中国翻译协会单位会员海辉软件（国际）集团公司（hiSoft）、统一数位翻译有限公司（PTSGI）和传神联合信息技术有限公司（TRANSN）荣登亚洲十大语言服务企业之列，总部位于中国的 CSOFT 公司也榜上有名。

Common Sense Advisory 本年度在中国的调研得到了中国翻译协会的支持，参与调研的中国企业比往年明显增多，为此，报告专门对中国译协表示了感谢。

六月

4月28日、5月24日、5月25日、6月3日 由中国翻译协会本地化服务委员会组织的“本地化校园行”宣讲活动先后在成都大学外国语学院、北京大学外国语学院、北京第二外国语学院、山东理工大学外国语学院举行。四所院校的近600名师生参加了本次活动。

本次活动是本地化服务委员会以大学师生为受众，宣传和推广本地化行业的公益性活动，目的是促进高校与本地化行业组织和企业的交流，增强相互了解，促进知识的共享和人才发展。

6月6日 俄国著名文学家、诗人、小说家普希金诞辰211周年之际，上海翻译家协会举行了一系列纪念活动。

上午，由上海翻译家协会主办的纪念戈宝权先生逝世10周年座谈会在上海市文艺宾馆举行。著名翻译家王智量、冯春、潘庆舲、韩世钟、姚以恩、吴国璋等，来自社会各界的专家学者，以及戈宝权先生的家属代表和复旦大学师生共50余人出席了座谈会。与会者通过讲述戈宝权先生生平点滴的往事和翻译作品的阅读感受，来缅怀一代翻译大师。

下午，由上海翻译家协会、上海图书馆中国文化名人手稿馆和上海译文出版社联合主办的冯春普希金文学翻译研讨会在上海图书馆举行。上海图书馆中国文化名人手稿馆馆长周德明，上海译文出版社副总编辑、上海翻译家协会副会长吴洪，复旦大学外文学院法语系副主任、上海翻译家协会副会长袁莉，秘书长赵芸，白俄罗斯驻沪副领事塔吉娅娜·希涅吉丽女士等嘉宾以及上海翻译家协会会员和各高校师生代表60余人参加了会议。

上海图书馆中国文化名人手稿馆举行了冯春手稿捐赠收藏仪式，并颁发了青铜纪念奖章。部分与会嘉宾从不同角度就冯春翻译普希金文学的成就作了发言，谈了对冯春译作的心得。

同日　由河北省翻译工作者协会主办、彼岸教育咨询有限公司暨石家庄新航道学校承办、河北省各高校协办的“彼岸新航道杯”河北省首届高校翻译大赛颁奖仪式在石家庄市举行。中国翻译协会副会长修刚、河北省翻译工作者协会会长潘炳信、名誉会长刘贵云和秘书长段惠芳到会祝贺，并分别为大赛获奖选手及单位颁奖。河北各参赛高校代表及参加决赛的选手近200余人参加了颁奖仪式。

修刚副会长、潘炳信会长分别代表中国翻译协会和河北省翻译工作者协会致辞，大赛组委会秘书长黄健对大赛作了总结发言。

本次大赛从2010年4月24日至6月5日举行，来自河北省29所高校的6300多名在校本科生和专科生参加了比赛。

6月8日　中国对外翻译出版公司与首届全国口译大赛组委会签署协议，成为首届全国口译大赛冠名赞助商。

由中国翻译协会、高等教育出版社主办的首届全国口译大赛旨在为满足我国日益扩大的国际交流需求，为社会发现和推荐高素质的口译人才，促进翻译学科建设和翻译行业的繁荣与发展而设立。

6月22日　中国出版工作者协会常务副主席、中国编辑学会副会长、中国版权协会常务副理事长、中国辞书学会副会长、中国出版年鉴社社长、中国书刊发行业协会原常务副会长、商务印书馆原总经理杨德炎同志因病医治无效，在北京逝世，享年65岁。

杨德炎同志历任中国翻译协会常务理事、副会长、名誉理事。

七月

7月12～21日　2010年暑期全国高等院校翻译专业师资培训班在北京举行。中国外文局副局长、中国译协副会长兼秘书长、教育部全国翻译硕士专业学位教育指导委员会主任黄友义，北京外国语大学副校长、中国翻译协会副会长金莉出席开幕式并致辞。本次培训是在连续多年举办翻译教师培训的基础上，首次与教育部全国翻译硕士专业学位教育指导委员会合作推出的新的翻译师资培训项目。全国各地包括台湾省在内的高等院校的近300名教师参加了培训，来自内地、香港以及欧美的30多名专家学者前来授课。培训受到国际翻译家联盟、国际翻译院校联盟等国际组织和机构的重视和关注，被国际译联培训委员会誉为“国际上受训人数最多、参与授课的专家学者最多、培训组织规模最大的师资培训活动”。该项目的实施标志着协会与国家翻译专业教育指导机构合作机制的正式建立，对解决目前我国翻译专业师资严重不足的矛盾、促进翻译学科的健康发展将发挥重要作用。

八月

8月6日　由人力资源和社会保障部、中国外文局联合举办的全国翻译专业资格（水平）考试专家委员会换届大会在北京召开。

人力资源社会保障部专业技术人员管理司司长孙建立代表考试主管部委、中国外文局局长周明伟代表考试实施与管理单位出席会议并致辞，中国外文局常务副局长兼考试领导小组组长郭晓勇作主题讲话。中国外文局副局长兼总编辑、考试领导小组成员黄友义主持会议并宣布7个语种专家委员会名单。德语专家委员会主任委员、原中国驻德国大使梅兆荣代表专家委员会发言。

作为考试的实施和管理单位，中国外文局已经在年初的全国政协会议上，通过黄友义委员提交了政协提案，提议进行翻译立法，对翻译从业人员进行资格认证，规定翻译公司必须聘任一定数量具有翻译系列职称或翻译资格考试证书的译员。但这是一项长期而且艰巨的工作，须要社会各方为之不懈努力。

8月12日　中国翻译协会翻译服务委员会在中国外文局举行换届会议。出席会议的有：中国翻译协会第一常务副会长郭晓勇，常务副会长赵常谦，副会长兼秘书长黄友义，副会长吴希曾、林国夫，常务副秘书长姜永刚及翻译服务委员会委员。会议由林国夫主持。

中国译协第二届翻译服务委员会主任尹承东作委员会工作总结，副主任张南军作委员会财务报告，中国译协常务副秘书长姜永刚作关于第三届委员会领导机构建议名单和拟聘请顾问名单的说明。

会议经投票选举产生了中国译协翻译服务委员会第三届领导机构。会议还决定聘请第二届委员会主任尹承东、副主任吴希曾为第三届委员会顾问。

随后，新当选的第三届委员会主任郭晓勇发表了讲话。他对第二届翻译服务委员会自2006年以来的工作给予了高度评价，对委员会今后的工作发展提出了希望和要求。

换届会议以后，新产生的第三届委员会领导机构召开了主任秘书长联席会议。

8月25日　在乌克兰总统亚努科维奇对中华人民共和国正式访问前夕，为庆祝乌克兰国家第19届独立节，乌克兰驻华大使馆举办乌克兰著名诗人斯吉尔达诗集《中国的呼吸》中文版发布会，作为“乌克兰文化日在中国”的系列活动之一。

《中国的呼吸》是柳德米拉·斯吉尔达译成汉文出版的第一本诗集。该书由北京大学出版社出版，由中国著名翻译家高莽先生翻译，画家李毅先生绘制插图。

8 月 31 日　由外语教学与研究出版社与牛津大学出版社合作出版的《牛津·外研社英汉汉英词典》在第 17 届北京国际图书博览会上正式面世。中国翻译协会会长李肇星致函外研社，称赞词典的出版是中英两国学术文化交流史上的一段佳话和中英两国词典编撰史上的一座里程碑。中国翻译协会第一常务副会长郭晓勇出席首发式并宣读了李肇星会长的贺信。

8 月 30 日 ~9 月 1 日　由国家民委教科司、中国民族语文翻译局和中国翻译协会民族语文翻译委员会主办，新疆维吾尔自治区民语委和自治区翻译工作者协会承办的第十次全国民族语文翻译工作会议暨全国民族译协会长、秘书长工作会议在新疆维吾尔自治区喀什市召开。来自各有关省、市、自治区、自治州民族语文工作部门、民族译协的负责人及中国译协民族语文翻译委员会部分在京成员单位的代表近 50 人参加了会议。

会议由中国民族语文翻译局党委副书记、副局长、总译审阿里木江·沙比提主持，中共新疆维吾尔自治区喀什地委委员、政法委副书记铁木尔·买买提代表喀什地委和喀什行政公署到会祝贺并致辞，中国翻译协会常务副会长赵常谦、国家民委教科司副巡视员安清萍分别代表中国翻译协会和国家民委教科司讲话。中国翻译协会副会长兼民族语文翻译委员会主任吴水姊作工作报告。民族团结杂志社常务副社长、副总编辑图鲁甫，民族出版社副社长、副总编辑艾尔肯，新疆维吾尔自治区民语委党组书记逯新华，新疆维吾尔自治区民语委主任斯迪克·买斯依提，贵州省民委副主任刘晖，广西壮族自治区民语委副主任陆振宇等出席了会议。

与会代表充分交流了各地民族语文、民族语文翻译及民族译协工作所取得的成绩和经验，共同探讨了当前所面临的困难和存在的问题，就如何开展民族语文、民族语文翻译及民族译协的工作提出许多意见和建议。会议决定 2011 年 8 月在四川举办第 14 次全国民族语文翻译学术研讨会，同时开展第七次全国民族语文翻译优秀论文评奖活动；争取在 2011 年适当的时候开展第三批全国少数民族资深翻译家表彰活动；决定 2012 年在内蒙古自治区举行第 11 次全国民族语文翻译工作会议暨全国民族译协会长、秘书长工作会议。

九月

9 月 8 ~9 日　全国大中城市社会科学界联合会第 21 次工作会议在吉林省延边朝鲜族自治州州府延吉市召开，经四川省成都市社会科学界联合会推荐、全国大中城市社会科学界联合会会议主席团审议，授予成都翻译协会“全国大中城市社科联先进社科团体”称号，并颁发了奖牌。

9 月 11 日　由山西省翻译协会、山西省人民政府外事侨务办公室对外交流中心组织的 2010 CASIO 杯第三届英语翻译大赛落下帷幕。参加大赛的百名选手经过初赛、复赛、决赛三轮角逐，选出的最优秀选手参加了第三届中国（太原）国际能源产业博览会的外事接待、经贸洽谈部分口笔译任务。同时，被选聘为期两年的山西省人民政府外事侨务办公室特聘兼职翻译。大赛参赛者年龄结构小，学历高，有实践经验者居多，从业涉及行业领域宽，水平普遍比上两届有所提高。

9 月 16 ~ 18 日　由中南六省区翻译协会主办，广东省翻译协会、湖北省翻译工作者协会、广州大学外国语学院承办，国防工业出版社、蓝鸽集团协办的“第三届中南六省区翻译理论与翻译教学研讨会”在广州召开，来自中南六省区及全国其他 10 个省、自治区、直辖市和港澳地区的代表近 200 人参加了会议。

会议开幕式由广东译协常务副会长何其锐主持，原广东省政协副主席张展霞出席开幕式，中国译协副会长、广东译协会长徐真华致开幕辞，广州大学副校长屈哨兵致欢迎词，中国译协秘书处处长杨平、广东译协秘书长古导仁分别宣读了中国译协、广东省科协的贺信。

会议共收到论文 68 篇。国内翻译界知名学者谢天振、穆雷、王东风、刘军平、华先发到会作主旨发言。研讨会围绕“全球化视野下的翻译理论与翻译教学”这一主题和翻译理论研究的现状与趋势，翻译教学与翻译人才培养，翻译理论与翻译教学中的文化转型，翻译学科建设探讨，口译、笔译翻译研究，翻译市场发展及对策研究等内容进行广泛交流，并从哲学、语言学、教学、信息技术、文学等多个维面，对翻译理论与翻译教学进行了全面、深入、系统的探讨。会议还开展了优秀论文评审和问卷调查。

会议闭幕式由湖北省译协常务副会长吴晓云主持，湖北省译协常务副会长刘军平代表大会学术委员会宣读了优秀论文评审结果公告，并为获奖作者颁发了证书，广州大学外国语学院院长肖坤学致闭幕词。

9 月 21 日　中国翻译协会六届二次常务会长会议在北京召开。会议由李肇星会长主持。第一常务副会长郭晓勇，常务副会长曹卫洲、施燕华、唐闻生、赵常谦、周树春，副会长张世斌、副会长兼秘书长黄友义等协会领导出席会议。

会议听取了秘书处近期各项工作汇报，审议通过了 2010 年拟表彰的“翻译文化终身成就奖”推荐人选、2010 年拟表彰的资深翻译家名单、拟表彰的 2010 年优秀企业会员名单、拟表彰的中国翻译协会特殊贡献奖名单以及中国译协军事科学翻译委员会更名申请。

会后，李肇星会长及到会各位领导亲切看望了译协秘书处全体工作人员，向大家致以中秋、国庆双节问候。

9 月 26 ~ 27 日　由中国翻译协会和北京市外办联合主办的“2010 中国国际语言服务行业大会暨大型国际活动语言服务研讨会”在北京举行。中国翻译协会第一常务副会长郭晓勇，常务副会长施燕华、唐闻生、赵常谦，部分在京的副会长、常务理事以及来自全国50多个省、区、市100多家国内外语言服务企业负责人、政府代表、大型国际活动组织方负责人参加会议。会议围绕语言服务行业的发展趋势、人才培养以及如何更好地为我国的改革开放和经济、文化走出去提供语言服务支持等问题进行了深入的探讨和交流。

开幕式上，宣读了因公未能出席会议的中国翻译协会会长李肇星的贺词，第一常务副会长郭晓勇在大会上作了题为“中国语言服务行业发展状况、问题及对策”的主旨发言，就我国语言服务行业的现状、发展趋势及存在的问题进行了深入分析，并首次公布了来自政府部门的权威统计数字。

会议还向中国对外翻译出版公司等10家会员单位颁发了“中国翻译协会优秀企业会员”荣誉称号奖牌和证书，向元培世纪翻译公司、传神（联合）翻译公司颁发了“中国翻译行业特殊贡献奖”荣誉称号奖牌和证书。

会议除展开对大型国际活动语言服务研讨以外，还设立了行业标准、中国本地化服务的机遇和挑战、产学结合培养适应市场需求的复合型翻译人才、翻译服务产业发展现状与趋势及翻译技术开发与应用等分论坛。

9月27日　由中国翻译协会本地化服务委员会主办的“经济环境与语言外包服务——客户与语言服务供应商圆桌会议”在北京举行，这是2010中国国际语言服务行业大会的后续专题会议。本次圆桌会议旨在创造对话空间，交流发展举措，共享成功经验。会议设立“新经济环境下本地化及翻译行业的客户方和服务方面临的挑战和应对策略”和“客户真正需要的‘客户服务和客户关系’”两个议题，来自客户方与服务方的30多家公司的40多位代表参加了本次圆桌会议。

9月28日　“世博城市之星”评选活动总结表彰大会在上海世博局媒体注册中心召开。上海世博会执委会专职副主任钟燕群、上海世博局副局长陈先进等出席了大会。中国对外翻译出版公司获“世博城市之星”荣誉称号。

十月

10月12~14日　中国翻译协会军事科学翻译委员会在云南省昆明市召开了“军事翻译理论与实践”学术研讨会。出席此次研讨会的代表共计34人，列席人员60余人，分别来自全军11个大单位的20余家相关单位。会议由委员会常务副主任张世斌主持，委员会挂靠单位领导王卫星出席会议并讲话。会上，代表们结合自身工作经验，从学科建设、工作机制、科研方法、策略技巧等多个层面和角度，实事求是地梳理分析了军事翻译理论研究工作中存在的问题，展示了军事理论、技术、外事翻译以及军事外语教学等各领域关于翻译研究与经验总结的最新成果，并就如何加强军事翻译理论研究提出了一些颇具见地的意见、建议，为在新形势下推动军事翻译工作发展做出有益的探索。

10 月 16 日　由中央编译局、福建省人民政府外事办公室、中国译协社科翻译委员会和福建省翻译协会联合主办，福建省人民政府外事办公室和福建省翻译协会承办的第五届全国中译外研讨会在福建省武夷山市召开。中央编译局局长衣俊卿到会并致词。来自中央编译局、商务印书馆、《英语世界》杂志社、中国国际广播电台、民政部地名研究所、厦门精艺达翻译公司以及全国 13 个省市的外（侨）办、友协和高校的翻译界专家学者共 100 余人出席了本次会议。研讨会的主题是中译外经验交流、中译外实践与理论研究、外事工作与中译外、中译外教学研究以及有关中译外的其它议题。

10 月 21 日　第六届全国翻译院系负责人联席会议在四川成都召开，全国各翻译院系负责人 60 余人参加了大会。与会专家学者从翻译人才需求与专业建设（专业定位）、翻译专业教学大纲的建设（课程设置）、翻译专业师资队伍建设（发展方向）三个方面进行了广泛而深入的探讨。

会上，中国译协副会长、广东外语外贸大学校长仲伟合代为宣读了教育部《关于成立教育部高等学校翻译专业教学协作组的通知》，宣布高等学校翻译专业教学协作组正式成立。协作组由仲伟合任组长，将在指导高校翻译专业建设、教材建设、教学改革、组织师资培训等方面积极开展工作。

10 月 22～23 日　由中国翻译协会、四川大学主办的第八届全国口译大会暨国际研讨会在四川大学举行，大会的主题是“全球化时代的口译”。来自国内外近 300 名专家学者及口译译员、学习者参加了会议。中国外文局副局长、中国翻译协会副会长、国际翻译家联盟副主席黄友义，四川大学副校长、中国翻译协会副会长石坚出席开幕式并致辞。

本次会议共邀请国内外口译学者做了 9 场主旨发言。此外大会还举办了 17 场分论坛，以及博导研究生面对面等形式多样的学术交流活动。会议首次将“口译与技术”和“手语翻译”纳入大会议题，推动了中国口译界与国际口译界的接轨。

本次大会共收到论文 182 篇，280 余人报名参会，报名人数和提交论文数量均创历届之最。参会代表来自英国、美国、法国等 10 余个国家和地区，参会国家和地区数量也创历届之最。

10 月 23 日　由中国翻译协会《中国翻译》编辑部主办，上海对外贸易学院承办的“传神杯”第 22 届韩素音青年翻译奖竞赛颁奖典礼在上海对外贸易学院举行。中国译协常务副会长施燕华，上海对外贸易学院党委书记武克敏，中国译协副会长、传神联合信息技术有限公司总裁何恩培以及全国数十所大学的专家、教授、部分获奖选手出席了颁奖典礼。

本次翻译奖竞赛共收到有效参赛译文 1757 份，其中英译汉文稿 1144 份，汉译英文稿 613 份，共计 85 名参赛者获得奖项。英译汉组一等奖奖杯由四川大学外国语学院的黄林玲同学捧得，汉译英组一等奖空缺。

本次竞赛参赛人员包括全国各省、市、自治区的大学生、研究生、翻译工作者和英语爱好者，其中翻译公司和从事自由翻译职业的人员有了明显的增加。

颁奖仪式结束后，召开了首届全国商务翻译研讨会。上海对外贸易学院副院长叶兴国、苏州大学汪榕培、上海交通大学外语学院副院长胡开宝就商务翻译主题做了大会演讲，与会人员还就相关议题进行了沟通和交流。

10月24日　“中译杯”2010年全国口译大赛（英语组）全国总决赛在四川大学落下帷幕。中国翻译协会会长、全国人大外事委员会主任委员李肇星与四川大学党委书记杨泉明出席了颁奖典礼并共同为冠军选手颁奖。出席大赛颁奖仪式的还有中国翻译协会副会长、中国外文局副局长黄友义，中国翻译协会副会长、四川大学副校长石坚，高等教育出版社副社长刘援，中国对外翻译出版公司总经理林国夫等。参加第八届全国口译大会的百余专家学者以及四川大学的师生进行了现场观摩。

“中译杯”全国口译大赛由中国翻译协会、高等教育出版社主办，是在我国首次举行的全国性口译大赛，大赛设立了英语交替传译、同声传译，日语交替传译、同声传译，法语交替传译等比赛项目，全国各地包括香港、澳门特别行政区的400多所高校的近1500名选手参加了本届各项比赛。进入英语交替传译全国总决赛的选手，分别是从今年4月开始，从全国七大区决赛中选拔出的一二等奖获得者。

10月26日~11月9日　中国翻译协会先后组织国内翻译界专家学者11人分别出访日本、马来西亚和澳门，与上述国家和地区翻译组织进行了广泛深入的交流。此次出访是中国译协国际交流品牌建设的重要组成部分，是通过非政府组织开展对外交流、特别是对亚洲交流的一次成功活动。

国际译联副主席、中国译协副会长兼秘书长黄友义和中国译协常务副秘书长姜永刚拜访了日本翻译家协会（Japan Society of Translators）、日本翻译研究学会（Japan Association for Translation and Interpreting Studies）、日本翻译联盟（Japan Translation Federation Inc.）和日本翻译者协会（Japan Association of Translators），与他们就加强亚洲翻译界的合作、成立国际译联亚太区域中心等事宜进行了探讨，并就加强协会间信息交流达成了初步共识。之后，代表团赴马来西亚，拜访了马来西亚翻译协会、马来西亚国家翻译院和马来西亚语言与文学发展署等机构，就马来西亚承办第七届亚洲翻译家论坛有关事宜进行了沟通。在澳门，黄友义以国际译联副主席身份、姜永刚以观察员身份出席了国际译联执委会，并先后出席第六届两岸四地中华译学论坛、第六届亚洲翻译家论坛及首届国际生态翻译学研讨会。黄友义先后在三个会议上分别代表国际译联和中国译协发表了讲话。

中国译协常务副会长唐闻生和朱英璜应邀赴澳门，分别为澳门大学的学生举办了讲座，并在第六届亚洲翻译家论坛期间作为翻译沙龙的特邀嘉宾与参会代表就如何做好翻译进行了现场互动。

以中国译协副会长、北京第二外国语学院副校长邱鸣为团长的中国译协代表团一行7人赴日拜访了日本最大的翻译企业日本翻译中心、日本产业组织日本翻译联盟、富士语言文化学院和山梨学院大学等机构，就外语和翻译人才的培养、产学结合等问题进行了交流。之后，代表团赴澳门参加第六届亚洲翻译家论坛，代表团成员《中国翻译》杂志副主编杨平、广东外语外贸大学翻译研究中心主任穆雷作为论坛学术委员会成员分别参加了翻译沙龙交流活动和论坛主持。

10月27日　纪念全国翻译产业创立10周年暨中国思想文化走出去翻译研讨会在南京召开。本次会议由中央编译出版社和江苏省科技翻译工作者协会联合主办，江苏省多家翻译企业、培训机构联合承办，中国译协翻译服务委员会等多家单位予以支持。来自中国翻译协会、中国编辑学会、国务院新闻办公室、中央编译局、中国外文局、《世界知识》出版社等单位和部分翻译服务企业、出版单位和高等院校的代表近200人参加了会议。

中国翻译协会第一常务副会长、中国外文局常务副局长郭晓勇在开幕式上致辞。

中国编辑学会会长桂晓风，中央编译局副局长张卫峰，中国翻译协会原副会长、中国翻译协会翻译服务委员会顾问尹承东，江苏省科学技术协会副主席张铁恒等领导出席会议并讲话。

会议围绕翻译产业发展和翻译编辑业务举办了四场分论坛。

10月28日　中国翻译协会翻译服务委员会在南京召开三届二次全体委员会议，讨论委员会内部管理及2011年工作计划。中国译协第一常务副会长、翻译服务委员会主任郭晓勇，委员会副主任、委员共20余人出席会议。

会议就规范翻译服务委员会的内部管理达成了一致，并成立了《中国译协翻译服务委员会工作条例》起草工作组，负责对委员会组织结构、运作机制、资金来源等做出明确规定，以确保委员会工作规范、高效、透明。

10月30~31日　首届“面向翻译的术语研究”全国学术研讨会在南京大学召开。会议由全国科技名词委和南京大学主办，《中国科技术语》杂志社、南京大学双语词典研究中心承办，中国翻译协会、中国辞书协会提供指导。

全国科技名词委副主任刘青、南京大学校长助理李成、中国翻译协会常务副会长许钧、中国辞书学会副会长张柏然、南京大学外国语学院教授王玉珏等到会祝贺并致辞。来自全国高校、科研机构和出版单位的100多名代表参加了本届研讨会。教育部语言文字应用研究所研究员冯志伟、黑龙江大学辞书研究所教授郑述谱分别作了题为“传统的术语定义和它的局限性”和“术语翻译及其对策”的学术报告。

与会代表从理论到实践，从传统到现代，从宏观到微观，多视角、多层次、多维度地探讨了术语翻译的相关理论和实践问题。

十一月

11月6~8日　由澳门翻译员联合会与澳门大学共同主办、由澳门大学承办的国际译联第六届亚洲翻译家论坛在澳门举办。主题为：“翻译与跨文化交际：历史、现状与展望”。国际译联主席玛丽昂·伯尔思（Marion Beors）在开幕式上致辞。中国翻译协会副会长、国际译联副主席黄友义，国际译界学者克里斯蒂娜·谢芙娜（Christina Schäffner）教授、鲍川运教授等3位主旨发言人分别就中国、欧盟及美国的口笔译培训这一重要课题作了论述；另外3位主旨发言人吴志良博士、张佩瑶教授、孙艺风教授则从历史、现状及展望对翻译问题进行了探讨。

本届论坛吸引了来自亚洲、欧洲、澳大利亚、北美、南美以及南非等世界各地共318名与会者。论坛共收到近300份论文摘要，分成28个分会场、6个主旨发言、2个翻译沙龙以及3场圆桌讨论。

亚洲翻译家论坛在国际译联的支持下每三年举办一次，已成为亚洲地区翻译界最重要的盛会之一。

11月9~10日　由国际生态翻译学研究会主办，澳门理工学院语言暨翻译高等学校、翻译与跨文化交流研究中心承办的首届国际生态翻译学研讨会在澳门理工学院召开。来自亚非欧美四大洲的56位代表参加了会议，就生态翻译学理论体系的构建、生态翻译学视阈下的翻译应用/实证研究、生态翻译学与其它翻译研究途径的关系研究、以翻译适应选择论暨生态翻译学为理论框架的硕士/博士学位论文写作研究、生态翻译学研究的反思与前瞻等议题进行了广泛的探讨。会议共收到国内外论文43篇。

国际译联主席玛丽昂·伯尔思，国际译联副主席、中国译协副会长兼秘书长黄友义，国际生态翻译学研究会顾问、丹麦哥本哈根大学教授凯·道勒拉普（Cay Dollerup）等专家学者到会发表演讲和参与交流研讨。

会议期间，国内外主礼嘉宾还为“国际生态翻译学研究会”揭牌。澳门理工学院院长李向玉主持了国际生态翻译学研究会第一届监委会第一次会议。研究会的第一届理事会召开了两次常务理事会议，并决定第二届国际生态翻译学研讨会将于明年在上海召开。

11月13日　陕西省翻译协会成立30周年庆祝大会在西安举行。中国翻译协会常务副会长唐闻生，陕西省人民政府原副省长姜信真，陕西省政协原副主席、陕西省译协名誉主席陆栋、孙天义、苏明，陕西省作家协会党组书记、常务副主席雷涛，陕西省文联副主席黄道峻，陕西省译协名誉主席杜瑞清，陕西省译协主席安危等出席会议。来自陕西省各地市翻译协会负责人、各高校外语院系负责人、陕西省译协海外荣誉理事、陕西省译协理事、陕西省和西安市新闻媒体记者及大专院校学生代表近200人参加了庆祝活动。

唐闻生常务副会长代表中国译协致辞，对陕西译协30年来所取得的成就给予了高度评价。孙天义名誉主席、雷涛副主席也分别致辞。大会为安危、王意强、陈孝英、杨德新、向世武、尚三绪、亢树森等七人颁发了“资深翻译家”证书，为第三届全国大学生“海伦·斯诺翻译奖”竞赛获奖者颁发了奖杯与证书。

会后，唐闻生常务副会长还为与会人员作了题为“面向翻译事业的明天”的专题讲座，受到热烈欢迎。

同日　由山西省翻译协会、山西省高等教育学会外语专业委员会主办，山西大学商务学院承办，蓝鸽集团、外语教学与研究出版社、上海外语教育出版社协办的山西省首届高级口译研讨会在山西大学举行。山西省政府外侨办和各市政府外侨办的外语翻译人员、省译协会员和全省30余所高校外语学院、系、部的负责人共120多人应邀参加了研讨会。

会上，山西大学商务学院副院长杨继平代表学院致欢迎词。山西省高等教育学会外语专业委员会会长、山西大学外国语学院院长吴亚欣和山西省翻译协会会长王正仁分别在开幕式和闭幕式上作了主旨讲话和总结发言。与会专家认为：翻译工作在经济社会发展中功不可没，应该客观分析看待目前翻译工作的现状，翻译事业发展的空间是广阔的，呼吁社会重视翻译事业，注重培养翻译人才。

11月19～20日　中国翻译协会对外传播翻译委员会第四次中译日研讨会在北京举行。来自外交部、文化部、中央电视台、国际广播电台、外文局、中国网、全国总工会、北京市人民对外友好协会、北京第二外国语学院以及中央编译局等单位从事日语翻译实践和教学的近30名专家学者出席了此次研讨会。

会议由中央编译局文献翻译部日文处副处长郭繐主持，研讨部分由日文处鲁永学译审和卿学民译审主持。中央编译局副局长、中国译协副会长王学东到会致辞，与会专家围绕政经、外交、文化、科技、国防等领域近期出现的重要词汇的译法展开讨论，取得了广泛的共识。

北京第二外国语学院副校长、中国译协副会长邱鸣作总结发言。中央编译局文献翻译部副主任尹汾海、第二外国语学院日语学院副院长杨玲出席了会议。

11月22日　第八届“语言桥杯”翻译大赛颁奖典礼在四川外语学院举行。四川外语学院副院长王鲁男，语言桥翻译有限公司董事长朱宪超，重庆市翻译协会会长、大赛主席廖七一，上海市科技翻译学会会长方梦之等领导和嘉宾出席颁奖典礼，王鲁男副院长、朱宪超董事长还分别发表致辞。

来自全国各地各高校的大赛获奖选手及翻译爱好者参加了颁奖典礼。

11月24日　中国共产党的优秀党员，久经考验的忠诚的共产主义战士，无产阶级革命家，我国外交战线的杰出领导人，国务院原副总理、国务委员，第六届全国人民代表大会常务委员会副委员长，原中共中央顾问委员会常务委员，中国翻译协会名誉会长黄华同志因病在北京逝世，享年98岁。

黄华同志送别仪式于12月2日在北京八宝山革命公墓举行，中国翻译协会常务副会长唐闻生、常务副秘书长姜永刚出席送别仪式并送了花圈。

此前，在黄华同志逝世的第二天，中国翻译协会常务副会长施燕华代表协会专程前往黄华同志家吊唁，对黄华同志家属表示慰问。

11 月 28 日　由天津市教委高教处和天津市翻译协会主办、天津师范大学外国语学院承办的“第二届天津市高校汉译英翻译大赛”决赛在天津师范大学举行。

11 月 30 日　中国翻译协会与武汉东湖高新技术开发区共建的“全球多语信息处理中心”暨中国第一个“多语信息处理产业园”在武汉高新区举行揭牌仪式，中国翻译协会常务副会长郭晓勇出席揭牌仪式并讲话。武汉市委常委、东湖高新区党工委书记贾耀斌、传神联合总裁何恩培分别在揭牌仪式上致辞。中国翻译协会、武汉东湖高新区领导和翻译行业 70 余家单位、30 余家高校科研机构及新闻界人士 200 余人出席了本次揭牌仪式。

本月　由教育部人文社科重点研究基地俄语语言文学研究中心、北京大学、中国俄语教学研究会、中国翻译协会和黑龙江大学联合主办的“曹靖华文学翻译奖·第二届全球俄汉翻译大赛”评奖结束。本次大赛自 2010 年 1 月 1 日开始，至 2010 年 7 月 30 日结束，共收到来自社会各阶层、各行业人士和高校俄语师生的参赛译文 256 份。其中，国外组 1 份，中学生组 1 份，社会群体组 17 份，大学生组 237 份。参赛人员的职业来自教师、学生、公务员、科研人员、商人、军人、自由职业者等。大赛起到了促进俄语翻译事业的发展，增进中俄友谊的作用。

十二月

12 月 1 日　中国翻译协会对外传播翻译委员会第 21 届中译英研讨会在北京举行。本次会议由中国日报社承办，十多个国家有关部委、中央新闻媒体、高校的资深翻译专家和一线翻译业务骨干，包括多次参加党和国家重要政治文献翻译以及温家宝总理政府工作报告翻译和定稿的专家参加了研讨会。中国译协常务副会长朱英璜、施燕华等出席研讨会。

本次研讨突破了以往围绕政府文件词汇的传统，所选讨论词语均为最近两年的新词，大部分为迅速传播起来的网络热词，这些词语构词方式独特，简单新颖，内涵丰富，又极富中国的时代特色，反映了当代中国年轻人的一种生活方式、心态和网络文化现象，近年来也引起了外媒的广泛关注。

12 月 2 日　中国翻译协会在北京举行“翻译文化终身成就奖暨资深翻译家表彰大会”。我国著名翻译家和中外文化交流学者沙博理先生、许渊冲先生、草婴先生、屠岸先生、李士俊先生获得“翻译文化终身成就奖”，来自 33 家中央国家机关、高校和各省市区的 493 位长期活跃在我国外事、社科、对外传播、科技、外语教学、翻译服务等领域并做出突出贡献的翻译家获得“资深翻译家”荣誉称号。

中国翻译协会会长李肇星，中国外文局局长周明伟，中国译协第一常务副会长、中国外文局常务副局长郭晓勇，中国译协常务副会长、全国人大常委会副秘书长曹卫洲，中国译协常务副会长、新华社副社长兼常务副总编辑周树春，中国译协常务副会长施燕华、唐闻生、赵常谦、朱英璜和获得“翻译文化终身成就奖”的许渊冲先生、屠岸先生、李士俊先生及部分受表彰翻译家及其所在单位的领导出席了大会。

会上，李肇星、周明伟分别代表中国翻译协会和中国翻译协会业务主管单位中国外文局致辞。大会以播放图文短片的形式逐一生动地介绍了获得“翻译文化终身成就奖”的五位翻译家的卓越成就和高尚的译风译德，给与会者留下了深刻的印象。

大会结束后，郭晓勇专程登门，向95岁高龄的沙博理先生颁发“翻译文化终身成就奖”。

12月4日　宜宾市翻译工作者协会2010年年会暨学术研讨表彰会在宜宾举行。四川省翻译协会副会长张梦太、宜宾学院副院长王藩侯、宜宾市社会科学界联合会常务副主席肖金虎以及市政府外办主任陈德、市民间组织管理局负责人杨维俊等领导出席会议并讲话。

宜宾译协会长江丽容总结了协会一年来的工作情况。会议先后为宜宾译协先进单位、先进个人以及优秀论文获奖者进行了颁奖。

12月5日　由北京外国语大学主办、首都各高校英语学院或外文系研究生会协办的第一届北京市研究生翻译大赛在北京外国语大学落幕。大赛选手来自北大、清华、外交学院、北外、外经贸大学、北师大、人大、北航、中财大、国关学院、北语、二外等10余所高校的研究生。大赛分初赛、复赛、决赛三个阶段，分别包括笔译和视译两个部分。

12月9日　由上海市文联和世纪出版集团主办，上海翻译家协会和上海译文出版社《外国文艺》杂志承办，卡西欧（上海）贸易有限公司协办的第七届CASIO杯翻译竞赛颁奖仪式在上海举行。

上海市文联党组书记、专职副主席杨益萍，文联党组副书记、专职副主席迟志刚，上海译文出版社社长、党委书记韩卫东，中国翻译协会副会长、上海翻译家协会会长、上海外国语大学常务副校长谭晶华，上海译文出版社副总编、《外国文艺》杂志主编、上海翻译家协会副会长吴洪，卡西欧（上海）贸易有限公司副总经理岩丸阳一，上海翻译家协会秘书长赵芸以及英语、日语组评委出席了颁奖仪式。

本次竞赛一等奖空缺，46位参赛者分获二、三等奖及优胜奖。华南师范大学外国语言文化学院获优秀组织奖。

12月10日　由中国翻译协会对外传播翻译委员会主办、中国网承办的中国翻译协会对外传播翻译委员会第17届中译法研讨会在北京举行。来自外交部、文化部、农业部、中央编译局、新华社、中央电视台、中国国际广播电台、外文出版社、中国网、北京周报社、今日中国杂志社、人民日报社、北京大学、北京外国语大学、北京第二外国语学院、北京首都师范大学等国家部委、事业单位、高等院校及其他法语使用单位的40位法语界资深翻译、教授及业务骨干参加了研讨会。

开幕式上，中国翻译协会常务副秘书长姜永刚、中国网副总编李雅芳分别代表中国译协、中国网致辞。与会代表围绕中国网搜集整理的有关政治经济、社会文化、旅游、网络、手机等领域的260多条词汇进行了认真讨论。中国网还指派外籍专家现场答疑。

12月12日　成都翻译协会15周年庆典在成都举行。来自四川省、成都市政府外事办公室和社科联、成都市商务局，美国领事馆、泰国领事馆、英国商会、巴基斯坦工商联合会、意大利对外贸易委员会，成都市软件协会、高校及翻译企业的领导、代表及翻译工作者出席了庆典。成都翻译协会科技翻译专业委员会、成都市语言家翻译社承办了此次庆典活动。

会上，成都翻译协会理事长徐宗英致欢迎辞。成都翻译协会对9名年度优秀科技翻译工作者进行了表彰。

12月16日　中国译协第一常务副会长、中国外文局常务副局长郭晓勇专程赴上海，向不能亲自到会领奖的草婴先生颁发了“翻译文化终身成就奖”。

在上海市文联举办的表彰仪式上，郭晓勇代表中国译协向草婴先生表示了敬意和祝贺，并宣读了中国翻译协会的表彰决定。上海市文联党组书记、专职副主席杨益萍和上海翻译家协会会长谭晶华分别发言祝贺草婴先生获得“翻译文化终身成就奖”。88岁高龄的草婴先生坐轮椅出席了颁奖活动，他表示：“翻译托尔斯泰的经典作品，深刻感受到他的伟大思想和精神，这是我一生追求的理想和为之努力的事业。”

颁奖仪式上，播放了由中国译协秘书处制作的视频短片，介绍了获得“翻译文化终身成就奖”的草婴先生从译经历和卓越成就。

中国译协常务副秘书长姜永刚，上海市文联秘书长沈文忠，中国译协常务理事、上海翻译家协会副会长、上海日报社总编辑张慈赟，中国译协常务理事、上海翻译家协会副会长、上海外事翻译工作者协会会长、上海市政府外办副主任张伊兴，原上海翻译家协会副会长徐振亚，上海翻译家协会秘书长赵芸等出席了颁奖仪式。

12月17日　由中国翻译协会本地化服务委员会举办的“2010中国语言服务行业高校与企业座谈会”在北京召开，来自北京、四川、河北等省市的高校、企业、协会和政府代表参加了会议。

本次会议的主题是“企业人才需求与高校人才培养”，旨在创造高校与企业对话空间，交流人才培养和企业需求的发展举措。探讨语言服务产业的人才教育方向，共谋推进中国语言服务发展的有效途径。

12月17～19日　2010年四川省翻译工作者协会学术年会暨首届科技翻译学术研讨会在四川绵阳召开。四川省民政厅郭加里、《英语世界》杂志社副社长、副主编魏令查，四川大学外国语学院教授、著名英美文学翻译家、翻译理论家曹明伦及省译协领导连真然等出席会议。来自全省科研院所、企业及高校的约70余名代表出席了本次学术年会。

会议同时表彰了在2010年度省译协工作中成绩显著的8个先进集体。会议还举行了由四川省译协主编、四川人民出版社出版的翻译学术专著《译苑新谭》第二辑的发行仪式。

12月18~19日　由广西翻译协会主办的广西高校外语专业首届研究生论坛在广西大学外国语学院举行。来自广西大学、广西师范大学、广西师范学院、广西民族大学四所设有外语硕士点的高校的73名研究生和30位学院领导、教授、硕士生导师参加了论坛，重点研讨了国内和广西新增的翻译硕士专业学位研究生（MTI）的培养问题。

论坛还邀请了四川外语学院高级翻译学院院长廖七一、广西大学教授刘上扶作学术讲座。中国翻译协会和上海外语教育出版社专门发来了贺信。

Statistics

资料统计

全国翻译专业资格（水平）考试通过人数统计

单位：人

分类 语种和级别	2009年上半年		2009年下半年		2010年上半年		2010年下半年		合计	
	报考人数	通过人数	报考人数	通过人数	报考人数	通过人数	报考人数	通过人数	报考人数	通过人数
英语二级笔译	4647	362	4753	477	5365	469	5870	524	20635	1832
英语三级笔译	5421	634	5875	590	6416	561	6796	612	24508	2397
英语二级口译交传	1554	99	1475	60	1719	64	1644	88	6392	311
英语三级口译交传	2316	147	2556	161	2677	236	2640	67	10189	611
英语二级口译同传			66	2			63	3	129	5
日语二级笔译	452	134			539	141			991	275
日语三级笔译	338	78			361	111			699	189
日语二级口译	231	33			261	38			492	71
日语三级口译	144	37			156	25			300	62
法语二级笔译	134	24			143	25			277	49
法语三级笔译	232	53			277	48			509	101
法语二级口译	78	24			85	6			163	30
法语三级口译	103	18			138	15			241	33
德语二级笔译			90	20			103	17	193	37
德语三级笔译			116	17			157	26	273	43
德语二级口译			48	4			42	10	90	14
德语三级口译			70	8			76	8	146	16
俄语二级笔译			164	14			237	36	401	50
俄语三级笔译			124	15			146	15	270	30
俄语二级口译			98	4			110	7	208	11

俄语三级口译			79	4			98	7	177	11
西语二级笔译			71	20			71	8	142	28
西语三级笔译			46	7			80	10	126	17
西语二级口译			28	4			36	3	64	7
西语三级口译			30	3			31	6	61	9
阿语二级笔译	20	5			46	12			66	17
阿语三级笔译	19	11			33	12			52	23
阿语二级口译	5	1			83	6			88	7
阿语三级口译	8	2			16	1			24	3
小　　计	15702	1662	15689	1410	18315	1770	18200	1447	67906	6289

编者注：本表资料来源于中国外文局全国翻译专业资格（水平）考试办公室。

全国翻译院系统计

（地域按拼音排序）

地域	翻译学院数量	开设翻译本科专业学位院校	开设翻译硕士专业学位院校	普通高校数量
安徽			4	92
北京	2	6	18	80
重庆		1	5	40
福建			3	72
甘肃		1	2	34
广东	2	2	5	108
广西			3	58
贵州			2	37
海南			1	15

河北		1	4	86
河南		2	6	84
黑龙江		1	6	69
湖北		4	9	87
湖南			6	98
吉林		1	5	44
江苏			11	120
江西			2	69
辽宁		2	7	79
内蒙古			2	37
宁夏			1	13
青海				8
山东	1	2	12	114
山西			3	61
陕西	1	1	6	76
上海	1	3	11	62
四川	1	1	9	78
天津		2	6	44
西藏				6
新疆			2	32
云南			3	51
浙江		1	4	74
总计	8	31	158	1928

编者注：本表中的统计为不完全统计，仅供参考。

全国翻译图书出版统计

2009 年全国翻译图书出版统计

类　　别	图书出版总数	翻译图书出版总数	翻译图书占图书总数百分比（%）
A 马克思主义、列宁主义、毛泽东思想、邓小平理论	495	23	4. 65
B 哲学、宗教	6429	610	9. 49
C 社会科学总论	4112	286	6. 96
D 政治、法律	13730	709	5. 16
E 军事	917	35	3. 82
F 经济	25273	1795	7. 10
G 文化、科学、教育、体育	102597	1835	1. 79
H 语言、文字	16721	791	4. 73
I 文学	24993	3130	12. 52
J 艺术	15067	780	5. 18
K 历史、地理	11401	572	5. 02
N 自然科学总论	901	103	11. 43
O 数理科学、化学	5505	156	2. 83
P 天文学、地球科学	1659	91	5. 49
Q 生物科学	1618	141	8. 71
R 医药、卫生	14584	611	4. 19
S 农业科学	6978	89	1. 28
T 工业技术	40938	1322	3. 23
U 交通运输	3313	24	0. 72
V 航空、航天	312	24	7. 69
X 环境科学、安全科学	1447	49	3. 39
Z 综合性图书	1902	110	5. 78
总　　计	300892	13286	4. 42

2010年全国翻译图书出版统计

类　别	图书出版总数	翻译图书出版总数	翻译图书占图书总数百分比（%）
A 马克思主义、列宁主义、毛泽东思想、邓小平理论	477	11	2.31
B 哲学、宗教	7418	748	10.08
C 社会科学总论	4841	340	7.02
D 政治、法律	13903	741	5.33
E 军事	946	28	2.96
F 经济	27486	1292	4.70
G 文化、科学、教育、体育	111364	2367	2.13
H 语言、文字	18610	983	5.28
I 文学	29958	3677	12.27
J 艺术	16787	1034	6.16
K 历史、地理	12325	651	5.28
N 自然科学总论	1193	55	4.61
O 数理科学、化学	6294	194	3.08
P 天文学、地球科学	1790	129	7.21
Q 生物科学	1973	175	8.87
R 医药、卫生	15792	590	3.74
S 农业科学	6621	158	2.39
T 工业技术	41904	1416	3.38
U 交通运输	3862	25	0.65
V 航空、航天	279	28	10.04
X 环境科学、安全科学	1589	40	2.52
Z 综合性图书	2108	183	8.68
总　计	327520	14865	4.54

编者注：2009、2010年全国翻译图书出版统计资料来源于新闻出版总署中国新闻出版研究院。

中国翻译协会会员统计

中国翻译协会各类会员统计

	单位会员		个人会员				
	社会团体	企事业单位	资深会员	专家会员	普通会员	学生会员	外籍会员
2009 年会员总数	63	167	1728	487	621	10	5
2010 年会员总数	64	224	2221	534	744	19	5

中国翻译协会个人会员语种分类统计

（语种按拼音排序）

语种	资深会员	专家会员	普通会员	学生会员	外籍会员	会员小计
阿尔巴尼亚语	4	–	–	–	–	4
阿尔及利亚	1	–	–	–	–	1
阿拉伯语	50	5	–	–	1	56
白俄罗斯语	–	–	1	–	–	1
巴利语	–	–	1	–	–	1
保加利亚语	12	–	–	–	–	12
波兰语	23	–	–	–	–	23
波斯语	10	–	–	–	–	10
布依语	1	–	–	–	–	1
朝鲜语、韩语	53	16	14	–	–	83
丹麦语	2	–	–	–	–	2
德语	139	22	10	–	–	171
俄语	589	30	31	1	–	651
法语	163	32	23	–	–	218
梵语	2	1	–	–	–	3
菲律宾语	3	–	–	–	–	3

芬兰语	6	–	–	–	–	6
仡佬语	1	–	–	–	–	1
古希腊语	1	–	–	–	–	1
豪萨语	5	–	–	–	–	5
哈萨克语	5	13	7	–	–	25
荷兰语	1	–	–	–	–	1
柬埔寨语	9	–	–	–	–	9
捷克语	19	–	1	–	–	20
克罗地亚语	2	–	–	–	–	2
拉丁语	2	–	–	–	–	2
老挝语	9	–	–	–	–	9
傈僳语	1	–	–	–	–	1
罗马尼亚语	28	1	–	–	–	29
马来语	4	–	–	–	–	4
满语	–	2	1	–	–	3
蒙语	49	13	4	–	–	66
孟加拉语	3	1	–	–	–	4
缅甸语	23	–	–		–	23
苗语	3	–	–	–	–	3
尼泊尔语	3					3
挪威语	4	–	–	–	–	4
葡萄牙语	10	2	3	–	–	15
普什图语	9	–	–	–	–	9
日语	156	32	58	1	–	247
瑞典语	4	–	–	–	–	4
塞尔维亚语	13	–	–	–	–	13
僧伽罗语	3	–	–	–	–	3
世界语	24	2	–	–	–	26
斯瓦西里语	9	–	–	–	–	9
泰语	21	–	1	–	–	22
土耳其语	6	–	–	–	–	6
维吾尔语	28	4	–	1	–	33

乌尔都语	9	2	–	–	–	11
乌克兰语	1	–	1	–	–	2
西班牙语	95	3	7	–	–	105
希伯来语	1	–	–	–	–	1
希腊语	1	–	–	–	–	1
匈牙利语	19	–	–	–	–	19
彝语	6	6	4	–	–	16
意大利语	23	3	1	–	–	27
印地语	24	–	–	–	–	24
印尼语	22	–	–	–	–	22
英语	857	359	611	19	4	1850
越语	30	2	–	–	–	32
藏语	27	27	9	–	–	63
壮语	2	4	7	–	–	13

编者注：其中部分会员为多语种。

中国翻译协会个人会员地域分布统计

（地域按拼音排序）

地域	2009 年各类会员总数				2010 年各类会员总数			
	资深会员	专家会员	普通会员	学生会员	资深会员	专家会员	普通会员	学生会员
安徽	0	10	8	0	2	10	10	1
澳门	0	2	0	0	0	2	0	0
北京	1243	236	195	3	1604	252	225	5
重庆	3	3	8	0	5	5	13	0
福建	32	11	7	0	32	11	11	0
甘肃	7	2	3	0	7	2	3	0
广东	40	22	53	0	48	26	63	0
广西	1	5	8	0	2	7	11	0
贵州	7	3	1	0	15	3	2	0
海南	1	6	2	0	1	6	2	0
河北	1	8	10	0	4	9	10	0

河南	15	15	7	0	16	20	14	0
黑龙江	35	5	42	1	40	6	47	1
湖北	10	6	18	0	10	7	19	0
湖南	4	6	10	0	4	6	11	0
吉林	7	6	8	2	12	7	12	3
江苏	31	20	41	1	50	21	47	2
江西	0	3	5	0	0	4	5	0
辽宁	8	5	19	1	11	5	25	1
内蒙古	25	4	6	0	26	8	7	0
宁夏	5	1	3	0	5	1	3	0
青海	4	0	0	0	4	0	0	0
山东	0	18	22	0	1	20	32	1
山西	5	6	2	0	10	6	2	0
陕西	16	8	7	0	24	9	10	1
上海	124	25	72	1	157	25	82	1
四川	22	14	20	1	30	14	23	2
天津	11	7	12	0	11	9	15	1
台湾	0	0	1	0	0	0	1	0
西藏	9	4	0	0	9	5	0	0
香港	1	4	3	0	1	4	3	0
新疆	31	3	1	0	31	3	2	0
云南	30	4	7	0	46	4	7	0
浙江	0	15	20	0	3	17	27	0
总计	1728	487	621	10	2221	534	744	19
总计	2846	3518						

编者注：外籍会员暂未统计在内。

各地译协单位会员、个人会员统计

（协会名称按拼音排序）

协会名称	单位会员	个人会员
长春市翻译工作者协会	8	400
长沙应用翻译协会	5	60
成都翻译协会	17	400
重庆翻译学会	6	400
福建省翻译协会	25	500
广东省翻译工作者协会	37	891
广西翻译协会	–	845
广州翻译协会	6	1000
广州外事翻译学会	–	300
贵州省翻译工作者协会	10	300
哈尔滨市翻译协会	10	137
海南省翻译协会	13	200
杭州市翻译协会	6	200
河北省翻译工作者协会	51	1080
河南省翻译协会	14	2000
黑龙江省翻译工作者协会	30	862
湖北省翻译工作者协会	29	2298
湖南省翻译工作者协会	29	400
湖南省科技翻译协会	35	200
吉林省翻译工作者协会	10	160
江苏省翻译协会	40	709
江苏省科技翻译工作者协会	32	326
江西省翻译协会	32	420
辽宁省翻译学会	21	328
内蒙古自治区翻译工作者协会	–	1100
内蒙古自治区蒙古语文翻译研究会	–	500
南京翻译家协会	–	129

宁波市外文翻译学会	–	77
宁夏翻译工作者协会	–	320
青岛翻译协会	11	98
山东省国外语言学学会翻译学专业委员会	–	80
山东省翻译协会	35	600
山西省翻译协会	5	255
陕西省翻译工作者协会	–	2053
上海市工程翻译协会	–	360
上海市科技翻译学会	10	422
上海翻译家协会	–	600
上海市外事翻译工作者协会	–	1000
深圳市翻译协会	52	400
四川省翻译协会	26	1426
四川省翻译文学学会	–	60
天津翻译协会	20	1178
武汉翻译工作者协会	12	1274
西安翻译工作者协会	–	1265
西藏翻译工作者协会	15	68
厦门市翻译协会	12	325
新疆翻译工作者协会	–	818
新疆维吾尔自治区外文翻译协会	–	100
延边翻译协会	42	270
宜宾市翻译工作者协会	15	140
云南省翻译工作者协会	–	1900
浙江省翻译协会	43	970
浙江省科技翻译工作者协会	–	238
总计	750	32442

编者注：各地译协多数暂不能提供确切的会员数字，表中所列，仅供参考。

Regulatory Documents Pertaining to the Translation Industry

翻译行业相关法律法规与规范性文件

全国人民代表大会常务委员会关于修改《中华人民共和国著作权法》的决定

（2010年2月26日第十一届全国人民代表大会常务委员会第十三次会议通过）

第十一届全国人民代表大会常务委员会第十三次会议决定对《中华人民共和国著作权法》作如下修改：

一、将第四条修改为："著作权人行使著作权，不得违反宪法和法律，不得损害公共利益。国家对作品的出版、传播依法进行监督管理。"

二、增加一条，作为第二十六条："以著作权出质的，由出质人和质权人向国务院著作权行政管理部门办理出质登记。"

本决定自2010年4月1日起施行。

《中华人民共和国著作权法》根据本决定作修改并对条款顺序作调整后，重新公布。

中华人民共和国著作权法

（1990年9月7日第七届全国人民代表大会常务委员会第十五次会议通过根据2001年10月27日第九届全国人民代表大会常务委员会第二十四次会议《关于修改〈中华人民共和国著作权法〉的决定》第一次修正根据2010年2月26日第十一届全国人民代表大会常务委员会第十三次会议《关于修改〈中华人民共和国著作权法〉的决定》第二次修正）

目　　录

第一章　总则

第一条　为保护文学、艺术和科学作品作者的著作权，以及与著作权有关的权益，鼓励有益于社会主义精神文明、物质文明建设的作品的创作和传播，促进社会主义文化和科学事业的发展与繁荣，根据宪法制定本法。

第二条　中国公民、法人或者其他组织的作品，不论是否发表，依照本法享有著作权。

外国人、无国籍人的作品根据其作者所属国或者经常居住地国同中国签订的协议或者共同参加的国际条约享有的著作权，受本法保护。

外国人、无国籍人的作品首先在中国境内出版的，依照本法享有著作权。

未与中国签订协议或者共同参加国际条约的国家的作者以及无国籍人的作品首次在中国参加的国际条约的成员国出版的，或者在成员国和非成员国同时出版的，受本法保护。

第三条　本法所称的作品，包括以下列形式创作的文学、艺术和自然科学、社会科学、工程技术等作品：

（一）文字作品；

（二）口述作品；

（三）音乐、戏剧、曲艺、舞蹈、杂技艺术作品；

（四）美术、建筑作品；

（五）摄影作品；

（六）电影作品和以类似摄制电影的方法创作的作品；

（七）工程设计图、产品设计图、地图、示意图等图形作品和模型作品；

（八）计算机软件；

（九）法律、行政法规规定的其他作品。

第四条　著作权人行使著作权，不得违反宪法和法律，不得损害公共利益。国家对作品的出版、传播依法进行监督管理。

第五条　本法不适用于：

（一）法律、法规，国家机关的决议、决定、命令和其他具有立法、行政、司法性质的文件，及其官方正式译文；

（二）时事新闻；

（三）历法、通用数表、通用表格和公式。

第六条　民间文学艺术作品的著作权保护办法由国务院另行规定。

第七条　国务院著作权行政管理部门主管全国的著作权管理工作；各省、自治区、直辖市人民政府的著作权行政管理部门主管本行政区域的著作权管理工作。

第八条　著作权人和与著作权有关的权利人可以授权著作权集体管理组织行使著作权或者与著作权有关的权利。著作权集体管理组织被授权后，可以以自己的名义为著作权人和与著作权有关的权利人主张权利，并可以作为当事人进行涉及著作权或者与著作权有关的权利的诉讼、仲裁活动。

著作权集体管理组织是非营利性组织，其设立方式、权利义务、著作权许可使用费的收取和分配，以及对其监督和管理等由国务院另行规定。

第二章　著作权

第一节　著作权人及其权利

第九条　著作权人包括：

（一）作者；

（二）其他依照本法享有著作权的公民、法人或者其他组织。

第十条　著作权包括下列人身权和财产权：

（一）发表权，即决定作品是否公之于众的权利；

（二）署名权，即表明作者身份，在作品上署名的权利；

（三）修改权，即修改或者授权他人修改作品的权利；

（四）保护作品完整权，即保护作品不受歪曲、篡改的权利；

（五）复制权，即以印刷、复印、拓印、录音、录像、翻录、翻拍等方式将作品制作一份或者多份的权利；

（六）发行权，即以出售或者赠与方式向公众提供作品的原件或者复制件的权利；

（七）出租权，即有偿许可他人临时使用电影作品和以类似摄制电影的方法创作的作品、计算机软件的权利，计算机软件不是出租的主要标的的除外；

（八）展览权，即公开陈列美术作品、摄影作品的原件或者复制件的权利；

（九）表演权，即公开表演作品，以及用各种手段公开播送作品的表演的权利；

（十）放映权，即通过放映机、幻灯机等技术设备公开再现美术、摄影、电影和以类似摄制电影的方法创作的作品等的权利；

（十一）广播权，即以无线方式公开广播或者传播作品，以有线传播或者转播的方式向公众传播广播的作品，以及通过扩音器或者其他传送符号、声音、图像的类似工具向公众传播广播的作品的权利；

（十二）信息网络传播权，即以有线或者无线方式向公众提供作品，使公众可以在其个人选定的时间和地点获得作品的权利；

（十三）摄制权，即以摄制电影或者以类似摄制电影的方法将作品固定在载体上的权利；

（十四）改编权，即改变作品，创作出具有独创性的新作品的权利；

（十五）翻译权，即将作品从一种语言文字转换成另一种语言文字的权利；

（十六）汇编权，即将作品或者作品的片段通过选择或者编排，汇集成新作品的权利；

（十七）应当由著作权人享有的其他权利。

著作权人可以许可他人行使前款第（五）项至第（十七）项规定的权利，并依照约定或者本法有关规定获得报酬。

著作权人可以全部或者部分转让本条第一款第（五）项至第（十七）项规定的权利，并依照约定或者本法有关规定获得报酬。

第二节　著作权归属

第十一条　著作权属于作者，本法另有规定的除外。

创作作品的公民是作者。

由法人或者其他组织主持，代表法人或者其他组织意志创作，并由法人或者其他组织承担责任的作品，法人或者其他组织视为作者。

如无相反证明，在作品上署名的公民、法人或者其他组织为作者。

第十二条　改编、翻译、注释、整理已有作品而产生的作品，其著作权由改编、翻译、注释、整理人享有，但行使著作权时不得侵犯原作品的著作权。

第十三条　两人以上合作创作的作品，著作权由合作作者共同享有。没有参加创作的人，不能成为合作作者。

合作作品可以分割使用的，作者对各自创作的部分可以单独享有著作权，但行使著作权时不得侵犯合作作品整体的著作权。

第十四条　汇编若干作品、作品的片段或者不构成作品的数据或者其他材料，对其内容的选择或者编排体现独创性的作品，为汇编作品，其著作权由汇编人享有，但行使著作权时，不得侵犯原作品的著作权。

第十五条　电影作品和以类似摄制电影的方法创作的作品的著作权由制片者享有，但编剧、导演、摄影、作词、作曲等作者享有署名权，并有权按照与制片者签订的合同获得报酬。

电影作品和以类似摄制电影的方法创作的作品中的剧本、音乐等可以单独使用的作品的作者有权单独行使其著作权。

第十六条　公民为完成法人或者其他组织工作任务所创作的作品是职务作品，除本条第二款的规定以外，著作权由作者享有，但法人或者其他组织有权在其业务范围内优先使用。作品完成两年内，未经单位同意，作者不得许可第三人以与单位使用的相同方式使用该作品。

有下列情形之一的职务作品，作者享有署名权，著作权的其他权利由法人或者其他组织享有，法人或者其他组织可以给予作者奖励：

（一）主要是利用法人或者其他组织的物质技术条件创作，并由法人或者其他组织承担责任的工程设计图、产品设计图、地图、计算机软件等职务作品；

（二）法律、行政法规规定或者合同约定著作权由法人或者其他组织享有的职务作品。

第十七条　受委托创作的作品，著作权的归属由委托人和受托人通过合同约定。合同未作明确约定或者没有订立合同的，著作权属于受托人。

第十八条　美术等作品原件所有权的转移，不视为作品著作权的转移，但美术作品原件的展览权由原件所有人享有。

第十九条　著作权属于公民的，公民死亡后，其本法第十条第一款第（五）项至第（十七）项规定的权利在木法规定的保护期内，依照继承法的规定转移。

著作权属于法人或者其他组织的，法人或者其他组织变更、终止后，其本法第十条第一款第（五）项至第（十七）项规定的权利在本法规定的保护期内，由承受其权利义务的法人或者其他组织享有；没有承受其权利义务的法人或者其他组织的，由国家享有。

第三节　权利的保护期

第二十条　作者的署名权、修改权、保护作品完整权的保护期不受限制。

第二十一条　公民的作品，其发表权、本法第十条第一款第（五）项至第（十七）项规定的权利的保护期为作者终生及其死亡后五十年，截止于作者死亡后第五十年的12月31日；如果是合作作品，截止于最后死亡的作者死亡后第五十年的12月31日。

法人或者其他组织的作品、著作权（署名权除外）由法人或者其他组织享有的职务作品，其发表权、本法第十条第一款第（五）项至第（十七）项规定的权利的保护期为五十年，截止于作品首次发表后第五十年的12月31日，但作品自创作完成后五十年内未发表的，本法不再保护。

电影作品和以类似摄制电影的方法创作的作品、摄影作品，其发表权、本法第十条第一款第（五）项至第（十七）项规定的权利的保护期为五十年，截止于作品首次发表后第五十年的12月31日，但作品自创作完成后五十年内未发表的，本法不再保护。

第四节　权利的限制

第二十二条　在下列情况下使用作品，可以不经著作权人许可，不向其支付报酬，但应当指明作者姓名、作品名称，并且不得侵犯著作权人依照本法享有的其他权利：

（一）为个人学习、研究或者欣赏，使用他人已经发表的作品；

（二）为介绍、评论某一作品或者说明某一问题，在作品中适当引用他人已经发表的作品；

（三）为报道时事新闻，在报纸、期刊、广播电台、电视台等媒体中不可避免地再现或者引用已经发表的作品；

（四）报纸、期刊、广播电台、电视台等媒体刊登或者播放其他报纸、期刊、广播电台、电视台等媒体已经发表的关于政治、经济、宗教问题的时事性文章，但作者声明不许刊登、播放的除外；

（五）报纸、期刊、广播电台、电视台等媒体刊登或者播放在公众集会上发表的讲话，但作者声明不许刊登、播放的除外；

（六）为学校课堂教学或者科学研究，翻译或者少量复制已经发表的作品，供教学或者科研人员使用，但不得出版发行；

（七）国家机关为执行公务在合理范围内使用已经发表的作品；

（八）图书馆、档案馆、纪念馆、博物馆、美术馆等为陈列或者保存版本的需要，复制本馆收藏的作品；

（九）免费表演已经发表的作品，该表演未向公众收取费用，也未向表演者支付报酬；

（十）对设置或者陈列在室外公共场所的艺术作品进行临摹、绘画、摄影、录像；

（十一）将中国公民、法人或者其他组织已经发表的以汉语言文字创作的作品翻译成少数民族语言文字作品在国内出版发行；

（十二）将已经发表的作品改成盲文出版。

前款规定适用于对出版者、表演者、录音录像制作者、广播电台、电视台的权利的限制。

第二十三条　为实施九年制义务教育和国家教育规划而编写出版教科书，除作者事先声明不许使用的外，可以不经著作权人许可，在教科书中汇编已经发表的作品片段或者短小的文字作品、音乐作品或者单幅的美术作品、摄影作品，但应当按照规定支付报酬，指明作者姓名、作品名称，并且不得侵犯著作权人依照本法享有的其他权利。

前款规定适用于对出版者、表演者、录音录像制作者、广播电台、电视台的权利的限制。

第三章　著作权许可使用和转让合同

第二十四条　使用他人作品应当同著作权人订立许可使用合同，本法规定可以不经许可的除外。

许可使用合同包括下列主要内容：

（一）许可使用的权利种类；

（二）许可使用的权利是专有使用权或者非专有使用权；

（三）许可使用的地域范围、期间；

（四）付酬标准和办法；

（五）违约责任；

（六）双方认为需要约定的其他内容。

第二十五条　转让本法第十条第一款第（五）项至第（十七）项规定的权利，应当订立书面合同。

权利转让合同包括下列主要内容：

（一）作品的名称；

（二）转让的权利种类、地域范围；

（三）转让价金；

（四）交付转让价金的日期和方式；

（五）违约责任；

（六）双方认为需要约定的其他内容。

第二十六条　以著作权出质的，由出质人和质权人向国务院著作权行政管理部门办理出质登记。

第二十七条　许可使用合同和转让合同中著作权人未明确许可、转让的权利，未经著作权人同意，另一方当事人不得行使。

第二十八条　使用作品的付酬标准可以由当事人约定，也可以按照国务院著作权行政管理部门会同有关部门制定的付酬标准支付报酬。当事人约定不明确的，按照国务院著作权行政管理部门会同有关部门制定的付酬标准支付报酬。

第二十九条　出版者、表演者、录音录像制作者、广播电台、电视台等依照本法有关规定使用他人作品的，不得侵犯作者的署名权、修改权、保护作品完整权和获得报酬的权利。

第四章　出版、表演、录音录像、播放

第一节　图书、报刊的出版

第三十条　图书出版者出版图书应当和著作权人订立出版合同，并支付报酬。

第三十一条　图书出版者对著作权人交付出版的作品，按照合同约定享有的专有出版权受法律保护，他人不得出版该作品。

第三十二条　著作权人应当按照合同约定期限交付作品。图书出版者应当按照合同约定的出版质量、期限出版图书。

图书出版者不按照合同约定期限出版，应当依照本法第五十四条的规定承担民事责任。

图书出版者重印、再版作品的，应当通知著作权人，并支付报酬。图书脱销后，图书出版者拒绝重印、再版的，著作权人有权终止合同。

第三十三条　著作权人向报社、期刊社投稿的，自稿件发出之日起十五日内未收到报社通知决定刊登的，或者自稿件发出之日起三十日内未收到期刊社通知决定刊登的，可以将同一作品向其他报社、期刊社投稿。双方另有约定的除外。

作品刊登后，除著作权人声明不得转载、摘编的外，其他报刊可以转载或者作为文摘、资料刊登，但应当按照规定向著作权人支付报酬。

第三十四条　图书出版者经作者许可，可以对作品修改、删节。

报社、期刊社可以对作品作文字性修改、删节。对内容的修改，应当经作者许可。

第三十五条　出版改编、翻译、注释、整理、汇编已有作品而产生的作品，应当取得改编、翻译、注释、整理、汇编作品的著作权人和原作品的著作权人许可，并支付报酬。

第三十六条　出版者有权许可或者禁止他人使用其出版的图书、期刊的版式设计。

前款规定的权利的保护期为十年，截止于使用该版式设计的图书、期刊首次出版后第十年的12月31日。

第二节　表演

第三十七条　使用他人作品演出，表演者（演员、演出单位）应当取得著作权人许可，并支付报酬。演出组织者组织演出，由该组织者取得著作权人许可，并支付报酬。

使用改编、翻译、注释、整理已有作品而产生的作品进行演出，应当取得改编、翻译、注释、整理作品的著作权人和原作品的著作权人许可，并支付报酬。

第三十八条　表演者对其表演享有下列权利：

（一）表明表演者身份；

（二）保护表演形象不受歪曲；

（三）许可他人从现场直播和公开传送其现场表演，并获得报酬；

（四）许可他人录音录像，并获得报酬；

（五）许可他人复制、发行录有其表演的录音录像制品，并获得报酬；

（六）许可他人通过信息网络向公众传播其表演，并获得报酬。

被许可人以前款第（三）项至第（六）项规定的方式使用作品，还应当取得著作权人许可，并支付报酬。

第三十九条　本法第三十八条第一款第（一）项、第（二）项规定的权利的保护期不受限制。

本法第三十八条第一款第（三）项至第（六）项规定的权利的保护期为五十年，截止于该表演发生后第五十年的12月31日。

第三节　录音录像

第四十条　录音录像制作者使用他人作品制作录音录像制品，应当取得著作权人许可，并支付报酬。

录音录像制作者使用改编、翻译、注释、整理已有作品而产生的作品，应当取得改编、翻译、注释、整理作品的著作权人和原作品著作权人许可，并支付报酬。

录音制作者使用他人已经合法录制为录音制品的音乐作品制作录音制品，可以不经著作权人许可，但应当按照规定支付报酬；著作权人声明不许使用的不得使用。

第四十一条　录音录像制作者制作录音录像制品，应当同表演者订立合同，并支付报酬。

第四十二条　录音录像制作者对其制作的录音录像制品，享有许可他人复制、发行、出租、通过信息网络向公众传播并获得报酬的权利；权利的保护期为五十年，截止于该制品首次制作完成后第五十年的 12 月 31 日。

被许可人复制、发行、通过信息网络向公众传播录音录像制品，还应当取得著作权人、表演者许可，并支付报酬。

第四节　广播电台、电视台播放

第四十三条　广播电台、电视台播放他人未发表的作品，应当取得著作权人许可，并支付报酬。

广播电台、电视台播放他人已发表的作品，可以不经著作权人许可，但应当支付报酬。

第四十四条　广播电台、电视台播放已经出版的录音制品，可以不经著作权人许可，但应当支付报酬。当事人另有约定的除外。具体办法由国务院规定。

第四十五条　广播电台、电视台有权禁止未经其许可的下列行为：

（一）将其播放的广播、电视转播；

（二）将其播放的广播、电视录制在音像载体上以及复制音像载体。

前款规定的权利的保护期为五十年，截止于该广播、电视首次播放后第五十年的 12 月 31 日。

第四十六条　电视台播放他人的电影作品和以类似摄制电影的方法创作的作品、录像制品，应当取得制片者或者录像制作者许可，并支付报酬；播放他人的录像制品，还应当取得著作权人许可，并支付报酬。

第五章　法律责任和执法措施

第四十七条　有下列侵权行为的，应当根据情况，承担停止侵害、消除影响、赔礼道歉、赔偿损失等民事责任：

（一）未经著作权人许可，发表其作品的；

（二）未经合作作者许可，将与他人合作创作的作品当作自己单独创作的作品发表的；

（三）没有参加创作，为谋取个人名利，在他人作品上署名的；

（四）歪曲、篡改他人作品的；

（五）剽窃他人作品的；

（六）未经著作权人许可，以展览、摄制电影和以类似摄制电影的方法使用作品，或者以改编、翻译、注释等方式使用作品的，本法另有规定的除外；

（七）使用他人作品，应当支付报酬而未支付的；

（八）未经电影作品和以类似摄制电影的方法创作的作品、计算机软件、录音录像制品的著作权人或者与著作权有关的权利人许可，出租其作品或者录音录像制品的，本法另有规定的除外；

（九）未经出版者许可，使用其出版的图书、期刊的版式设计的；

（十）未经表演者许可，从现场直播或者公开传送其现场表演，或者录制其表演的；

（十一）其他侵犯著作权以及与著作权有关的权益的行为。

第四十八条　有下列侵权行为的，应当根据情况，承担停止侵害、消除影响、赔礼道歉、赔偿损失等民事责任；同时损害公共利益的，可以由著作权行政管理部门责令停止侵权行为，没收违法所得，没收、销毁侵权复制品，并可处以罚款；情节严重的，著作权行政管理部门还可以没收主要用于制作侵权复制品的材料、工具、设备等；构成犯罪的，依法追究刑事责任：

（一）未经著作权人许可，复制、发行、表演、放映、广播、汇编、通过信息网络向公众传播其作品的，本法另有规定的除外；

（二）出版他人享有专有出版权的图书的；

（三）未经表演者许可，复制、发行录有其表演的录音录像制品，或者通过信息网络向公众传播其表演的，本法另有规定的除外；

（四）未经录音录像制作者许可，复制、发行、通过信息网络向公众传播其制作的录音录像制品的，本法另有规定的除外；

（五）未经许可，播放或者复制广播、电视的，本法另有规定的除外；

（六）未经著作权人或者与著作权有关的权利人许可，故意避开或者破坏权利人为其作品、录音录像制品等采取的保护著作权或者与著作权有关的权利的技术措施的，法律、行政法规另有规定的除外；

（七）未经著作权人或者与著作权有关的权利人许可，故意删除或者改变作品、录音录像制品等的权利管理电子信息的，法律、行政法规另有规定的除外；

（八）制作、出售假冒他人署名的作品的。

第四十九条　侵犯著作权或者与著作权有关的权利的，侵权人应当按照权利人的实际损失给予赔偿；实际损失难以计算的，可以按照侵权人的违法所得给予赔偿。赔偿数额还应当包括权利人为制止侵权行为所支付的合理开支。

权利人的实际损失或者侵权人的违法所得不能确定的，由人民法院根据侵权行为的情节，判决给予五十万元以下的赔偿。

第五十条　著作权人或者与著作权有关的权利人有证据证明他人正在实施或者即将实施侵犯其权利的行为，如不及时制止将会使其合法权益受到难以弥补的损害的，可以在起诉前向人民法院申请采取责令停止有关行为和财产保全的措施。

人民法院处理前款申请，适用《中华人民共和国民事诉讼法》第九十三条至第九十六条和第九十九条的规定。

第五十一条　为制止侵权行为，在证据可能灭失或者以后难以取得的情况下，著作权人或者与著作权有关的权利人可以在起诉前向人民法院申请保全证据。

人民法院接受申请后，必须在四十八小时内作出裁定；裁定采取保全措施的，应当立即开始执行。

人民法院可以责令申请人提供担保，申请人不提供担保的，驳回申请。

申请人在人民法院采取保全措施后十五日内不起诉的，人民法院应当解除保全措施。

第五十二条　人民法院审理案件，对于侵犯著作权或者与著作权有关的权利的，可以没收违法所得、侵权复制品以及进行违法活动的财物。

第五十三条　复制品的出版者、制作者不能证明其出版、制作有合法授权的，复制品的发行者或者电影作品或者以类似摄制电影的方法创作的作品、计算机软件、录音录像制品的复制品的出租者不能证明其发行、出租的复制品有合法来源的，应当承担法律责任。

第五十四条　当事人不履行合同义务或者履行合同义务不符合约定条件的，应当依照《中华人民共和国民法通则》、《中华人民共和国合同法》等有关法律规定承担民事责任。

第五十五条　著作权纠纷可以调解，也可以根据当事人达成的书面仲裁协议或者著作权合同中的仲裁条款，向仲裁机构申请仲裁。

当事人没有书面仲裁协议，也没有在著作权合同中订立仲裁条款的，可以直接向人民法院起诉。

第五十六条　当事人对行政处罚不服的，可以自收到行政处罚决定书之日起三个月内向人民法院起诉，期满不起诉又不履行的，著作权行政管理部门可以申请人民法院执行。

第六章　附则

第五十七条　本法所称的著作权即版权。

第五十八条　本法第二条所称的出版，指作品的复制、发行。

第五十九条　计算机软件、信息网络传播权的保护办法由国务院另行规定。

第六十条　本法规定的著作权人和出版者、表演者、录音录像制作者、广播电台、电视台的权利，在本法施行之日尚未超过本法规定的保护期的，依照本法予以保护。

本法施行前发生的侵权或者违约行为，依照侵权或者违约行为发生时的有关规定和政策处理。

第六十一条　本法自1991年6月1日起施行。

关于进一步规范出版物文字使用的通知

（新出政发［2010］11号）

各省、自治区、直辖市新闻出版局，新疆生产建设兵团新闻出版局，解放军总政治部宣传部新闻出版局：

报刊、图书、音像制品和电子书、互联网等各类出版物作为大众性的重要传播媒介，是语言文字规范化的实践者和宣传者，多年来，在规范使用语言文字，宣传促进语言文字规范化方面作出了重要贡献，为正确使用语言文字起到了积极示范作用。但是，随着经济社会的发展，在报纸、期刊、图书、音像制品和电子书、互联网等各类出版物中，外国语言文字使用量剧增，出现了在汉语言中随意夹杂英语等外来语、直接使用英文单词或字母缩写、生造一些非中非外、含义不清的词语等滥用语言文字的问题，严重损害了汉语言文字的规范性和纯洁性，破坏了和谐健康的语言文化环境，造成了不良的社会影响。

今年10月31日是《中华人民共和国国家通用语言文字法》发布10周年纪念日，出版媒体和出版单位要以此为契机，大力宣传《国家通用语言文字法》，并在出版工作中认真贯彻执行有关法律规定。为进一步促进语言文字的规范化、标准化，认真贯彻中央关于规范出版语言文字使用的要求，依据《中华人民共和国国家通用语言文字法》、《出版物汉字使用管理规定》及新闻出版有关法律、法规、规章，现就进一步加强规范出版文字使用的有关问题通知如下：

一、充分认识规范使用汉语言文字的重要意义。各类出版媒体和出版单位要高度重视出版物文字规范化工作，严格执行规范汉语言文字这一基本的语言文字政策，把宣传和规范使用汉语言文字作为传承中华文明、促进社会主义精神文明建设的一件重要职责，在出版活动中切实贯彻落实有关规范汉语言文字的法律法规。

二、严格执行规范使用汉语言文字有关规定。出版媒体和出版单位要采取有效措施，严格执行《出版物汉字使用管理规定》第五条“报纸、期刊、图书、音像制品等出版物的报头（名）、刊名、封皮（包括封面、封底、书脊等）、包装装饰物、广告宣传品等用字，必须使用规范汉字，禁止使用不规范汉字。出版物的内文（包括正文、内容提要、目录以及版权记录项目等辅文），必须使用规范汉字，禁止使用不规范汉字。”等有关条款，坚决抵制不良文化倾向，正确使用汉语言文字，为促进汉语言文字的规范化和健康发展发挥示范带头作用。

三、高度重视规范使用外国语言文字。出版媒体和出版单位要进一步加强外国语言文字的使用规范化，尊重并遵循汉语言及所使用的外国语言文字的结构规律和词汇、语法规则。在汉语出版物中，禁止出现随意夹带使用英文单词或字母缩写等外国语言文字；禁止生造非中非外、含义不清的词语；禁止任意增减外文字母、颠倒词序等违反语言规范现象。汉语文出版物中需要使用外国语言文字的，应当用国家通用语言文字作必要的注释。外国语言文字的翻译应当符合翻译的基本原则和惯例。外国人名、地名等专有名词和科学技术术语要按有关规定翻译成国家通用语言文字。

四、各级新闻出版行政部门要进一步加强对出版物语言文字使用及质量的管理和检查。将出版物使用语言文字情况，尤其是使用外语规范情况作为出版物质量检查和年度核验的重要内容，并将其纳入日常审读范围。对违反使用语言文字规范的，要责令改正，依法予以行政处罚。

五、出版媒体、出版单位及各级新闻出版行政部门要加强对规范使用汉语言文字的宣传教育。要引导社会大众自觉弘扬民族文化，使语言文字符合规范要求，适合国情，方便群众。

六、本通知要传达到所有出版媒体和出版单位，要求认真贯彻落实。

新闻出版总署

二〇一〇年十一月二十三日

国家民委关于做好少数民族语言文字管理工作的意见

（民委发［2010］53号）

各省、自治区、直辖市及新疆生产建设兵团民（宗）委（厅、局），广西、云南、西藏、新疆等省、自治区民语委（办）：

为认真贯彻落实党和国家的民族政策法规，推进民族团结进步事业，根据国家有关法律法规和国家民委“三定”的有关规定，现就做好少数民族语言文字管理工作提出如下意见。

一、做好少数民族语言文字管理工作的重要意义

（一）我国是统一的多民族国家，目前仍有一部分少数民族人口使用着本民族的语言和文字。少数民族语言文字不仅是少数民族日常生产生活重要的交际工具，而且是民族文化的载体，是民族情感的纽带，是国家宝贵的资源。

（二）新中国成立以来，党和政府高度重视少数民族语言文字管理工作，形成了国

家、省区、州盟、县旗四级少数民族语言文字工作管理网络和跨省区少数民族语言文字协作体系；少数民族语言文字政策法规不断完善；民汉“双语”教学初具规模；培养了大批专业人才，壮大了少数民族语言文字工作队伍；有传统文字的少数民族，在翻译、出版、教育、新闻、广播、影视、古籍整理、信息处理等领域都获得了前所未有的发展，语言文字规范化、标准化及其健康发展水平大大提高。

（三）随着经济全球化进程不断加快和国内改革发展进程的日益推进，少数民族语言文字工作面临着新的形势：少数民族语言文字应用领域有所扩展的同时，也面临着一些新的问题；信息技术、互联网等现代通信技术的发展，为少数民族语言文字的使用带来了机遇和挑战；越来越多的少数民族公民学习和掌握了国家通用语言文字，这是一种有利于少数民族发展的进步现象，同时，一些少数民族语言文字的使用人口越来越少，有的甚至走向濒危，需要保护；“双语”教育亟待加强；少数民族语言文字工作领域的渗透与反渗透、分裂与反分裂斗争必须引起高度重视。

（四）少数民族语言文字政策是我国民族政策的重要组成部分，少数民族语言文字工作是我国民族工作和语言文字工作的重要组成部分。做好少数民族语言文字管理工作，对于保障少数民族的平等权利，继承和弘扬少数民族传统文化，提升国家软实力，维护国家文化安全，促进民族团结和民族地区经济社会发展具有重要的意义。

二、少数民族语言文字管理工作的指导思想、基本原则和主要任务

（五）指导思想。高举中国特色社会主义伟大旗帜，以邓小平理论和“三个代表”重要思想为指导，深入贯彻落实科学发展观，全面执行党和国家关于少数民族语言文字的政策法规，依法保障各民族使用和发展自己语言文字的权利，尊重语言发展规律，积极稳妥开展少数民族语言文字工作，为各民族的平等团结和共同发展繁荣服务，为全面建设小康社会和构建社会主义和谐社会服务。

（六）基本原则。坚持依法管理、依法办事，促进国家通用语言文字的规范、丰富和发展，保护、使用和发展少数民族语言文字；坚持以人为本，尊重群众意愿，保障各民族公民选择学习使用语言文字的自由；坚持实事求是，分类指导，推动少数民族语言文字工作科学发展；坚持鼓励各民族互相学习语言文字，促进民族关系和谐发展。

（七）主要任务。宣传贯彻党和国家关于少数民族语言文字的方针政策；推进少数民族语言文字法制建设；搞好少数民族语言文字的规范化、标准化和信息处理工作；促进少数民族语言文字的翻译、出版、教育、新闻、广播、影视、古籍整理事业；推进少数民族语言文字的学术研究、协作交流和人才培养；鼓励各民族互相学习语言文字。

三、做好少数民族语言文字管理工作的政策措施

（八）加大宣传力度，进一步贯彻落实《宪法》《民族区域自治法》等法律关于少数民族语言文字工作的有关规定，营造各民族互相学习语言文字的良好社会氛围，促

进各民族语言文字和谐相处、健康发展。

（九）依法保障少数民族语言文字在相关领域的应用。民族自治地方的少数民族语言文字工作机构应积极贯彻执行国家关于民族语言文字管理的法律法规，保障少数民族语言文字的依法使用。为不通晓国家通用语言文字的公民提供翻译等方面的公共服务；协调有关部门，依法用规范汉字和本民族文字印制少数民族公民的身份和资格证件；依法规范公共领域的文字使用；协调配合有关部门，切实做好少数民族语言文字新闻出版和广播影视工作，加强少数民族语言广播影视节目的制作、译制和播出能力；支持少数民族语言文字网站和新兴传播载体有序发展。

（十）参与做好“双语”教学工作。协同有关部门，稳步推进“双语”教学工作。把学前“双语”教育纳入义务教育范围，扩大“双语”教学覆盖面；培养和培训“双语”教师；编写出版适合民族地区实际的“双语”乡土教材、课外读物；建立科学合理的“双语”教学衔接体系，根据实际情况选择有效的“双语”教学模式。

（十一）鼓励各民族公民互相学习语言文字。协同有关部门研究制定民族地区学习使用“双语”的激励机制和基层干部“双语”培训计划。推动在民族自治地方的公务员录用和事业单位工作人员招聘、干部选拔等工作中，同等条件下优先录用熟练掌握国家通用语言文字和少数民族语言文字的“双语”人才。

（十二）加强少数民族语言文字翻译出版工作。重视少数民族语言文字翻译工作，培养培训少数民族语言文字翻译人才。研究建立少数民族语言文字翻译资格认证和等级考试制度。组织编写翻译时事政治、法律法规、科普、文化等领域“双语”读物，逐步提高国家通用语言文字和少数民族语言文字优秀出版物、外文和少数民族语言文字优秀出版物双向翻译出版的数量和质量。为社会提供少数民族语言文字翻译服务。

（十三）做好少数民族语言文字规范化、标准化及其健康发展工作。各级少数民族语言文字工作机构要把少数民族语言文字规范化、标准化及其健康发展作为工作的重要内容。协同有关部门加快少数民族语言文字规范标准研制进程，推进少数民族语言文字相关标准与技术规范建设；制定少数民族人名地名汉字音译转写和拉丁转写规范；建立少数民族语言文字新词术语审定发布制度，定期发布少数民族语言文字新词术语审定公告；做好少数民族语言文字规范标准的社会宣传、服务工作，不断提高少数民族语言文字规范标准的社会知晓度和应用水平。

（十四）做好少数民族语言文字信息处理工作。协同有关部门进行少数民族语言文字信息技术基础研究和软件研发，支持少数民族语言文字统一平台建设，提高软件研发的水平与效益；建设多语种、多文种、多用途的民族语言资源数据库，做好少数民族语言文字数字化产品的推广应用工作；加大对少数民族语言文字软件产品的监管力度，维护国家信息安全。

（十五）加强少数民族濒危语言的抢救、保护工作。研究制定少数民族濒危语言保护措施，指导实施少数民族濒危语言抢救、保护计划。运用现代科技手段，调查、收集、研究、整理、保存少数民族濒危语言资料。

（十六）加强少数民族语言文字科研工作。组织和支持相关科研机构、大专院校及专家学者对少数民族语言文字工作的基础理论和应用问题进行研究。开展少数民族语言文字使用现状调查，开展少数民族语言文字政策法规、少数民族语言文字应用、少数民族语言文字翻译理论、少数民族语言文字发展规律等研究。以大学为依托，培养少数民族语言文字科研人才，形成老中青相结合、汉族专家和少数民族专家相结合、语言学和其他相关学科专家相结合的少数民族语言文字科研队伍。

（十七）加强跨省区少数民族语言文字协作工作。跨省区少数民族语言文字协作组织的建立、办事机构的设置、具体的协作工作等，由参加协作的省区（市）协商决定。本着平等协商、自愿协作、互利互惠、共同发展的原则，充分发挥协作机构的议事协调功能，促进跨省区少数民族语言文字协作工作的可持续发展。国家民委对协作工作给予宏观指导和必要支持。

（十八）积极稳妥地开展少数民族语言文字工作的对外交流与合作，有针对性地加强边境地区少数民族语言文字工作。

四、完善少数民族语言文字管理工作的保障机制

（十九）建立健全少数民族语言文字工作机构。根据工作需要，建立健全少数民族语言文字工作机构，形成政府统筹协调、业务部门主管、有关部门密切配合、社会各界广泛参与的少数民族语言文字工作格局。各级少数民族语言文字工作机构应加强调查研究，认真分析本地区少数民族语言文字工作状况，深入研究现阶段少数民族语言文字发展的趋势和特点，提出切合实际的政策性意见和建议，制定切合实际的工作规划并组织实施，切实履行好管理少数民族语言文字工作的职责。定期召开有关少数民族语言文字工作会议，研究部署少数民族语言文字工作，对少数民族语言文字工作的模范集体和先进个人给予表彰。

（二十）加大对少数民族语言文字工作的经费支持力度。进一步完善少数民族语言文字工作经费保障机制，切实保障少数民族语言文字工作的开展和各项少数民族语言文字事业的持续发展。

（二十一）加强少数民族语言文字工作监督检查。各级人民政府民族工作部门和少数民族语言文字工作部门要对有关部门贯彻执行党和国家少数民族语言文字政策法规进行监督检查，及时纠正违法违规行为，使国家关于少数民族语言文字的法规政策切实得到落实，使少数民族语言文字工作更好地服务于国家利益，更好地满足各族人民群众的需要。

国家民委

二〇一〇年五月十四日

国家民委关于进一步做好民族语文翻译工作的指导意见

（民委发［2010］198号）

各省、自治区、直辖市及新疆生产建设兵团民（宗）委（厅、局），广西、云南、西藏、新疆等省、自治区民语委（办）：

为认真贯彻落实党和国家的民族政策、法律法规，适应新形势下民族语文翻译工作的需要，不断推动民族语文翻译事业健康发展，现就进一步做好民族语文翻译工作提出如下意见。

一、充分认识做好民族语文翻译工作的重要意义。民族语文翻译工作是巩固社会主义民族关系和开展民族工作的重要内容，是促进民族地区经济建设、政治建设、文化建设和社会建设的客观需要，是各级党和政府联系少数民族干部群众的纽带和桥梁。进一步做好民族语文翻译工作，对维护国家统一、增强民族团结、弘扬民族文化、促进民族地区发展，对构建社会主义和谐社会和全面建设小康社会具有重要意义。

二、坚持民族语文翻译工作的指导思想。高举中国特色社会主义伟大旗帜，以邓小平理论和“三个代表”重要思想为指导，深入贯彻落实科学发展观，紧紧围绕共同团结奋斗、共同繁荣发展的民族工作主题，全面贯彻落实党和国家的民族语文政策和法律法规，保障各民族的合法权益，为推动社会主义文化大发展大繁荣做贡献。

三、把握民族语文翻译工作的基本原则。依法办事，保障民族语文翻译工作规范有序发展；遵循规律，推动民族语文翻译工作科学发展；分类指导，促进民族语文翻译工作和谐发展；因地制宜，确保民族语文翻译工作健康发展。

四、明确民族语文翻译工作的主要任务。宣传贯彻党和国家关于少数民族语言文字的方针政策和法律法规；完善民族语文翻译工作管理体制和运行机制；加快翻译能力建设，形成一支高素质的翻译人才队伍；做好民族语文翻译理论和应用研究，扩大研究的深度和广度；不断提高民族语文翻译的公共文化服务水平；提高和增加民族语文翻译文化产品的质量和数量；加快民族语文翻译工作的标准化、规范化、信息化建设。

五、依法提供民族语文翻译服务。切实做好对马克思主义经典著作、党和国家重要文献文件、法律法规和重大会议的民族语文翻译和同声传译工作。依法做好民族语文翻译在立法、行政、司法、教育、科技、文化、卫生等领域的使用工作。发挥民族语文翻译工作在公共服务中的作用，为少数民族公民参与经济、政治、文化和社会活动提供服务。切实帮助做好民族地区基层干部培训教材、中小学双语教材、司法文书的翻译工作。

六、加强民族语文翻译队伍建设。科学制定民族语文翻译人才的培养规划和培训计划，将民族语文翻译人才培养纳入国家人才培养规划和少数民族人才培养计划当中。建设民族语文翻译培训基地。发挥高校、科研单位和翻译机构的专业优势，通过学历教育和短期培训相结合的方式，加快民族语文翻译队伍建设。建立翻译作品和翻译理论研究著作、翻译工作者、翻译机构的评优奖励制度。与有关部门一起建立民族语文翻译从业资格认证制度。

七、做好对内对外业务交流。扩大民族语文翻译工作的交流范围，促进不同地区、不同部门民族语文翻译工作的交流与合作。积极有序地开展民族语文翻译工作的对外交流与合作，发挥民族语文翻译工作在提高我国软实力中的重要作用。与有关部门一起做好对边境地区民族语文翻译出版物的监管。加强对内对外宣传，营造民族语文翻译工作的良好社会氛围。

八、做好新词术语的标准化、规范化工作。协同有关部门建立有效体制和机制，协调、组织有关专家及时对新词术语进行搜集、整理和审定，切实推进民族语文翻译新词术语的标准化、规范化进程。通过多种形式，研究制定民族语文翻译的标准和规范，不断提高民族语文翻译的质量。

九、推进民族语文翻译信息化建设。协同有关部门做好民族语文翻译信息技术研究和应用软件的研发。建设多语种、多文种、多用途的民族语文翻译资源数据库，实现民族语文翻译信息的互联、互通和资源共享。

十、做好民族语文翻译科研工作。充分利用现有民族语文翻译理论研究和学术交流平台，加大民族语文翻译的基础理论和应用研究，形成以翻译带动研究、以研究促进翻译的良好局面。定期组织开展民族语文翻译学术研讨交流，支持民族语文翻译学术期刊的编辑出版。

十一、完善民族语文翻译工作机制。把民族语文翻译工作作为民族工作的重要内容抓紧抓好。有关部门要适时研究解决本地区民族语文翻译工作中存在的问题。民族语文协作机构和行业协会充分发挥各自优势，扎实有效地开展民族语文翻译工作。根据实际需要，逐步建立和完善布局合理、分工明确、运行高效的民族语文翻译机构。组建民族语文翻译专家委员会，构建民族语文翻译学术评估机制。加快国家级民族语文翻译基地建设。

十二、加大民族语文翻译工作的经费投入力度。完善民族语文翻译工作经费保障机制，不断加大对民族语文翻译工作的经费投入，切实保障民族语文翻译工作的顺利开展。

十三、各地民族工作部门、民族语文工作部门按照本《意见》的精神，结合实际，可制定贯彻实施的具体措施和办法。各有关部门和单位要切实履行职责，认真落实本意见。贯彻执行中的有关情况也要及时报告国家民委。

国家民委

二〇一〇年十二月二日

关于成立教育部高等学校翻译专业教学协作组的通知

（教高司函［2010］228 号）

有关高等学校：

为了加强教育行政部门对高等学校翻译专业教学工作的宏观指导和规范管理，充分发挥专家学者的研究、咨询和指导作用，提高翻译专业教学水平和人才培养质量，经研究，决定成立教育部高等学校翻译专业教学协作组（以下简称协作组）。现将有关事项通知如下：

一、协作组是在教育部高等教育司领导下，对高等学校翻译专业本科教学开展研究、咨询、指导和服务等工作的专家组织。

二、协作组人选（名单见附件）是经学校和有关单位申报，在广泛征求意见的基础上研究确定的。协作组由我司聘任（聘书另发），任期为 2010 年至 2013 年。

三、协作组设组长 1 人，副组长若干人，秘书长 1 人。协作组的工作由组长主持，副组长协助。协作组的秘书处设在组长所在学校，秘书长协助组长处理日常工作。

四、协作组的主要任务

1. 组织和开展翻译专业本科教学领域的理论和实践研究。

2. 指导高等学校的翻译专业建设、教材建设、教学改革等工作。

3. 组织师资培训、教学研讨和信息交流等工作。

4. 完成教育部委托的其他任务。

五、请有关部门（单位）和高等学校对协作组的工作给予大力支持。

附件：教育部高等学校翻译专业教学协作组成员名单

教育部高等教育司

二○一○年十月二十一号

抄送：教育部高等学校外语专业教学指导委员会

附件：教育部高等学校翻译专业教学协作组成员名单

组　长：仲伟合　广东外语外贸大学

副组长：金　莉　北京外国语大学

柴明颎　上海外国语大学

王立非　对外经济贸易大学

秘书长：平　洪　广东外语外贸大学

成　员：刘和平　北京语言大学
张　文　北京第二外国语学院
杨　平　中国翻译协会
李　晶　天津外国语大学
李正栓　河北师范大学
杨俊峰　大连外国语学院
王建开　复旦大学
刘军平　武汉大学
廖七一　四川外语学院
李瑞林　西安外国语大学

中国翻译协会章程

（2009 年 11 月 13 日中国翻译协会第六次会员代表大会对原《中国翻译协会章程》进行修订并表决通过 2009 年 12 月 25 日中华人民共和国民政部核准通过。章程全文见本卷第 25 页“特别报道”篇目）

中国翻译协会会员管理暂行办法

（2009 年 11 月 13 日中国翻译协会第六次会员代表大会审议通过。办法全文见本卷第 30 页“特别报道”篇目）

中国翻译协会分支机构管理暂行办法

（2010 年 1 月 20 日中国译协六届二次常务理事会议审议通过）

第一条　为加强对中国翻译协会分支机构的管理，保障本会及分支机构顺利发展，根据国务院《社会团体登记管理条例》、民政部《社会团体分支机构、代表机构登记办法》和《中国翻译协会章程》的有关规定，特制定本办法。

第二条　分支机构是本会根据开展活动的需要，依据业务范围的划分或会员组成的特点，设立的专门从事本会某领域业务活动的机构，称为：中国翻译协会 xxx 委员会。分支机构开展活动，应使用全称。分支机构的英文译名应与中文名称一致。

第三条　本会拟设立的分支机构应按章程规定，由本会业务主管单位审查同意，履行民政部相关登记手续后，方可开展活动。

第四条　分支机构登记应提交的文件

1. 设立申请书（包括：设立目的、任务，拟开展活动和业务范围，成员的组成和主要负责人）；

2. 本会业务主管单位审查意见；

3. 本会理事会或常务理事会审议通过设立分支机构的决议；

4. 拟任负责人基本情况及所在单位人事部门审查意见；

5. 办公场所产权或使用权证明；

6. 登记管理机关要求提交的其他文件。

第五条　分支机构获得登记管理机关批准登记后，由本会颁发“社会团体分支机构登记证书”；分支机构可凭该证书向有关部门申请刻制印章。印章式样应报本会和登记管理机关备案。印章使用应严格管理，并接受本会的监督。

第六条　根据民政部有关规定，分支机构原则上不单设账号，往来账务在本会财务办理。

第七条　分支机构不具有独立法人资格，其法律责任由本会承担。凡涉及重大民事责任的事项，须报本会批准或授权后方可处理。

分支机构以本会或分支机构名义组织活动、重大事项的发文，须报本会批准。

第八条　分支机构设立后，须在本会统一领导下开展工作，根据本会章程有关规定，制定相应的管理办法；建立健全各项规章制度，加强内部管理。本会有权根据政策法律的规定，对分支机构的各项活动进行监督、管理。

第九条　分支机构设主任一人，副主任若干人、秘书长一人、副秘书长若干人，委员若干人，均由本会会员或单位会员代表担任。分支机构的领导机构每届任期原则上为五年，一般在本会新一届会员代表大会之后换届。为加强对分支机构的领导，便利工作，分支机构主任原则上由本会常务副会长或副会长兼任。各分支机构的设置、调整和经民主程序选举的主任、副主任、秘书长人选须由本会常务理事会批准。

第十条　分支机构经本会授权可以在所属行业和专业领域发展会员，所发展的会员属于本会会员，享有会员权利，承担会员义务，会籍由本会统一管理。会费属于本会所有，本会将视情况对分支机构开展的活动予以支持。申请入会程序按《中国翻译协会会员管理暂行办法》有关规定执行。

第十一条　分支机构应积极配合本会按社团管理机关的要求参加年检，每年 12 月 30 日前，向本会递交本年度工作总结和下一年度工作计划。遇有重大情况应及时向本会报告。

第十二条　分支机构及负责人如遇变更，须填写专门报表，报本会批准，并按规定报本会业务主管部门和民政部批准、备案。

变更负责人，须提交新负责人本人的基本情况及身份证明。

变更办公场所，须提交新办公场所产权或使用权证明。

第十三条　分支机构原则上应有业务主管单位，业务主管单位应具备下列条件：

1. 分支机构业务范围内正式注册的法人单位；

2. 积极支持分支机构开展工作，并能给予相关指导和协调；

3. 接受本会委托，对分支机构的活动进行监督和管理，及时与本会沟通、反馈相关情况和信息。

第十四条　分支机构应指定专人与本会建立通讯联络员制度，及时通报情况、沟通信息、加强合作、共同发展。

第十五条　分支机构有下列情形之一的，由本会审查同意后，报本会业务主管单位批准，到登记管理机关注销登记：

1. 三分之二以上成员要求解散的；

2. 分支机构重复、分立或合并的；

3. 不能履行本办法规定的义务，或严重违法乱纪、受到查处的；

4. 登记以后一年内未开展活动的；

5. 因其他原因依法终止的。

登记管理机关准予注销的，发给注销证明文件，收缴该分支机构的《社会团体分支机构登记证书》、印章等。

第十六条　其他未尽事宜，以《社会团体分支机构、代表机构登记办法》中的规定为准。

第十七条　本会的军事科学翻译委员会接受本会的业务指导，其管理按中国人民解放军总政治部关于军内社团管理的有关规定办理。

第十八条　本办法自本会常务理事会通过之日起实施。

第十九条　本办法的制定、修改和解释权属于本会常务理事会。

International Translation Circle

国际译界

编者按：翻译行业的发展是与一个国家的政治、经济、文化实力成正比的。因此，在国际翻译界，也是欧美国家走在前列，重要的国际翻译组织如国际翻译家联盟、国际会议口译员协会、本地化行业标准组织都是欧美国家发起并长期占主导地位的。但近些年来，随着发展中国家的崛起和联合国等组织对多元文化的倡导，发展中国家的翻译活动也日渐活跃。以阿根廷布宜诺斯艾利斯市“宣誓译者协会”为代表的拉丁美洲翻译界于2003年成立了国际译联拉美区域中心，团结了11个国家的15家翻译组织；以中国译协为代表的亚洲翻译界自1995年起每3年举办一次亚洲翻译家论坛，截至2010年已经成功举办6届，成为亚洲翻译界重要的交流平台。2008年8月，中国译协在上海成功举办第18届世界翻译大会，是国际译联成立50余年来首次在亚洲召开的大会，其会议规模、参会国家数量和人数、论坛和论文数量均大大超过历届水平。这些变化表明，发展中国家对于作为政治、文化、经济交流桥梁的翻译事业越来越重视。

本篇将简要介绍世界上主要的国际和国家级翻译专业组织，从事翻译专业人才培训的高校翻译研究与培训机构和国际相关规范性文件，以期对中国译界有一定的启发和借鉴作用。

世界主要翻译专业组织

国际翻译家联盟

Fédération Internationale des Traducteurs / International Federation of Translators

国际翻译家联盟（简称国际译联，法文简称FIT）成立于1953年，是国际上权威的翻译工作者联合组织，享有联合国教科文组织A级咨询地位。国际译联秘书处设在加拿大的蒙特利尔市。

国际译联的主要目标是：团结各国翻译工作者协会，推动其交流与合作；支持各国成立翻译协会组织；与致力于翻译或跨语言及跨文化交流的其他组织建立联系；推动翻译培训与研究的发展；推动职业标准的建立；维护全世界翻译工作者的精神和物质利益，宣传并推动社会对翻译职业的认同，提高翻译工作者的社会地位，使翻译作为一门科学和一门艺术而得到应有的了解与尊重。

国际译联的会员均为组织或机构，无个人会员。其会员分为正式会员（ordinary member）、联系会员（associate member）、观察会员（observer member）和赞助会员（sponsor member）。目前，国际译联拥有遍及50余个国家和地区的会员组织，代表全球6万余名翻译工作者的利益。国际译联目前下设14个专业委员会，两个区域中心

（欧洲和拉美）和1个论坛（亚洲翻译家论坛）。

会员代表大会（Statutory Congress）是国际译联最高权力机构，每3年召开1一次，其后紧接着召开涵盖译界各种议题的世界翻译大会（FIT World Congress）。截至2010年已召开过18届世界翻译大会。国际译联理事会（FIT Council）是会员代表大会的执行机构，在会员代表大会上经选举产生，一般由17名理事组成，每年召开一次会议。由理事会选举产生的主席、副主席、司库和秘书长组成国际译联执委会（FIT Executive Council），每年召开2~3次会议。

国际译联的出版物有：介绍口笔译领域的信息、发展和研究动向的国际翻译季刊《巴别塔》（Babel）和内部通讯《译讯》（Translatio）（季刊）。

国际译联现任主席是南非翻译家玛丽昂·伯尔思（Marion Boers）女士，秘书长是比利时翻译家弗朗斯·德赖特（Frans De Laet）教授，任期均为2008~2011年。中国译协副会长兼秘书长、中国外文局副局长黄友义先生在2008年第18届国际译联会员代表大会上当选为该联盟第一副主席，是第一位担任这一领导职务的中国代表。

International Federation of Translators
2021 Union Avenue, Suite 1108
Montreal (Quebec) H3A 2S9, Canada
Tel: +1 514 845 0413
Fax: +1 514 845 9903
E-mail: secretariat@fit-ift.org
Website: http://www.fit-ift.org/

国际翻译与跨文化研究协会
International Association for Translation and Intercultural Studies

国际翻译与跨文化研究协会（英文简称IATIS）成立于2004年，是一个纯学术性国际组织。它致力于为来自不同地区和不同学科背景的学者提供一个探讨翻译及其他跨文化交际形式的知识平台。协会的目标是推动世界各地学者进行知识、专门技能和资源方面的交流，特别强调帮助学术力量较为薄弱的组织中的学者从条件较好的学术机构获得资源和专门技能；鼓励世界各地学者之间的互动，从而更好地理解研究需要和理论传统，特别是在日益看重各种形式跨文化交流的今天；鼓励不同学术背景的学者共同探讨普遍关注的领域。

IATIS吸纳个人会员和团体会员，每3年举办一次国际会议，并出版包括《国际翻译与跨文化研究协会年鉴》（IATIS Yearbook）、在线期刊《翻译研究之新声》（New Voices in Translation Studies）、电子版《国际翻译与跨文化研究协会通讯》（IATIS Bulletin）在内的多种出版物。

IATIS的领导机构为执行委员会。现任会长为来自汉堡大学的尤利亚妮·豪斯

(Juliane House) 女士。来自香港浸会大学的张佩瑶教授现为执委会成员。International Association for Translation and Intercultural Studies

P. O. Box 450, Stn. A.,
School of Translation & Interpretation
University of Ottawa
Ottawa, Ontario, K1N 6N5, Canada
Tel: +1 613 562 5800
Fax: +1 613 730 3227
E-mail abrisset@uottawa. ca
Website: http://www. iatis. org/

国际翻译院校联盟

Conférence Internationale Permanente d'Instituts Universitaires de Traducteurs et Interprètes / International Permanent Conference of University Institutes of Translators and Interpreters

国际翻译院校联盟（原译"国际口笔译高等教育机构常设会议组织"，也有译"国际大学翻译学院联合会"，法文简称 CIUTI）成立于1960年，自1994年12月起根据比利时法律成为一家国际性协会，总部设在布鲁塞尔。CIUTI 是一家非营利的科教组织，旨在促进口笔译行业的研究和发展，持续推动世界各地专业口笔译人员的培训，从而确保专业口笔译服务的质量，满足不断变化的全球行业环境对高质量口笔译人员的要求。

CIUTI 的会员均为世界各地口笔译高等教育机构，分为正式会员和预备会员，不设个人会员。CIUTI 现有41家会员（含3家联系会员），大部分在欧洲，中国在该组织中的会员单位有北京外国语大学高级翻译学院和上海外国语大学高级翻译学院。CIUTI 的工作包括协调会员院校之间的课程提纲和考试，提高相互之间学生的流动性，协调现有培训资源；推动并发展学生和教职员工的交流项目；确保会员机构在调研、开发新教学方式以及文件资料共享方面建立合作；维持并推动会员与国际组织及其语言服务部门、其他国际性口笔译培训机构以及国际上的口笔译工作者协会进行联系。

CIUTI 的主要活动有：提高培训质量，交流口笔译学的研究方法和教学法，口笔译课程开发，在欧盟、联合国等国际组织和各高校、劳动市场以及主管教育的政府机构之间建立国际性网络。此外，CIUTI 每年召开一次学术论坛，并在会后出版论文集。CIUTI 的领导机构是由6人组成的执行委员会（Board），成员任期3年。现任主席为日内瓦大学翻译学院院长汉娜罗尔·李杨基（Hannelore Lee-Jahnke）博士，秘书长是德国美因茨大学教授马丁·福斯特纳（Martin Forstner）博士。

CIUTI

c/o Dr. Martin Forstner
Johannes – Gutenberg – Universität Mainz
An der Hochschule 2
Postfach 1150
D – 76711 Germersheim
Tel：+49 7274 508 35 139
E – mail：forstner@ mail. fask. uni – mainz. de
Website：http：//www. ciuti. org/

国际会议口译员协会

l'Assemblée de l'Association Internationale des Interprètes de Conférence / International Association of Conference Interpreters

国际会议口译员协会（法文简称 AIIC）成立于 1953 年，是会议口译这一专门职业唯一的全球性专业协会，负责审查、认定会议口译员的专业资格和语言组合，制定其职业规则、工作条件、道德规范和专业培训标准，推广会议口译最佳经验，并与联合国、欧盟等国际组织开展集体谈判以确定会议口译员的待遇等等。

AIIC 的会员均为从事会议口译工作的专业人士，分为预备准会员（pre – candidate）、准会员（candidate）和正式会员（active member）3 种。申请入会人员必须有同行推荐，并承诺严格遵守 AIIC 制定的《职业道德守则》和《职业标准》。AIIC 的会员身份被广泛认为是会议口译员的最高专业认证。截至 2010 年底，AIIC 拥有遍及约 100 个国家和地区的约 2910 名会员，其中，语种组合中包含汉语普通话的有 96 名人员。

AIIC 培训委员会是该协会负责制定会议口译专业培训标准并对会议口译课程进行评审、认证的机构。

AIIC 出版印刷版的《会员名录》、网上杂志《交流》（Communicate!）和通讯，登载业界最新消息和动态。

AIIC 的秘书处设在瑞士，最高权力机构是 AIIC 董事局（Bureau），由会长、3 名副会长和 1 名司库组成。目前，AIIC 会长是瑞士翻译家伯努瓦·克雷默（Benoît Kremer）先生。

International Association of Conference Interpreters
10，avenue de Sécheron
CH – 1202 Geneva，Switzerland
Tel：+41 22 908 15 40
Fax：+41 22 732 41 51
E – mail：info@ aiic. net
Website：http：//www. aiic. net/

国际机器翻译协会

The International Association for Machine Translation

国际机器翻译协会（英文简称IAMT）成立于1991年，是一个非营利性科教机构，旨在团结并服务于用户、开发者、研究者和对机器翻译感兴趣的公司实体，研究机器翻译的重大技术和原则，向公众普及相关知识。

IAMT的权力机构是会员代表大会，大会选举产生理事会和执行理事会。IAMT下设3个区域性协会：亚太地区机器翻译协会（AAMT）、美洲机器翻译协会（AMTA）和欧洲机器翻译协会（EAMT）。有志于协会发展的任何个人或法人实体均可加入协会。会员根据区域划分，一般属于3个区域性协会之一。

IAMT及其三大区域协会共同出版行业通讯《国际机器翻译新闻》（MT News International）（每年3期），并组织研讨会和大会，如两年一次的机器翻译峰会。

AAMT
c/o Computational Linguistics Group
National Institute of Information and Communications Technology
3 – 5 Hikari – dai, Seika – cho, Soraku – gun, Kyoto, 619 – 0289 Japan
Tel: +81 774 93 4625
Fax: +81 774 93 4627
E – mail: aamtinfo@ aamt. info
Website: http: //www. aamt. info/

AMTA
Priscilla Rasmussen, 209 N. Eighth Street,
Stroudsburg, PA 18360 U. S. A.
Tel: +1 570 476 8006
Fax: +1 570 476 0860
E – mail: business@ amtaweb. org
Website: http: //www. amtaweb. org/

EAMT
EAMT, 40, boulevard de Pont – d'Arve
CH – 1221 Genève, Switzerland
Fax: +41 22 379 8689
E – mail: info@ eamt. org
Website: http: //www. eamt. org/

国际术语信息中心

International Information Centre for Terminology

国际术语信息中心（英文简称 Infoterm）是在奥地利标准化协会接管的 ISO/TC 37 术语学秘书处基础上，于 1971 年根据联合国教科文组织和奥地利标准化协会所签合同正式成立的。1996 年，Infoterm 成为一家独立的国际非营利协会。

Infoterm 旨在协调并推动现有术语中心之间的国际合作，支持建立新的术语中心和网络，总体目标是提升专业人员之间的交流和知识转移，从而协调所有相关方参与全球多语知识社会。

Infoterm 的会员包括区域性、全国性和国际性术语机构、组织和网络，也包括其他参与术语活动的专业化公共或半公共非营利机构。中国的全国科学技术名词审定委员会、中国标准化研究院、东亚术语论坛和香港术语协会均是其会员。自 2006 年 8 月起，Infoterm 在北京设立区域办公室，秘书处设在中国标准化研究院。

Infoterm 在奥地利和德国均设有秘书处，其领导机构为执行委员会。现任会长为来自立陶宛语言学院（Institute of the Lithuanian Language）术语系的阿尔比娜·阿尔克索略特（Albina Auksoriūtė）女士。

International Information Centre for Terminology

Mariahilfer Strasse 123/3

1060 Vienna，Austria

Tel：+43 664 3446 181

Fax：+43 152 4060 699

E－mail：infopoint@ infoterm. org

Website：http：//www. infoterm. info/

本地化行业标准协会

Localization Industry Standards Association

本地化行业标准协会（英文简称 LISA）成立于 1990 年，是全球化、国际化、本地化和翻译（GILT－Globalization，Internationalization，Localization，Translation）商务领域内主要的非营利组织，总部位于瑞士。

LISA 的目标是促进本地化和国际化行业的发展，为企业提供机制和服务，使它们之间能够交换和共享与本地化、国际化等相关的流程、工具、技术和商业模式方面的信息。

LISA 有 4 种类型的会员：赞助会员（sponsor membership）、企业会员（corporate membership）、预备会员（introductory membership）和非营利机构/教育机构或个人会员

（nonprofit, educational, or individual membership）。目前，LISA 的会员包括 400 余家业界领先的 IT 制造商和服务供应商，以及具有国际商务经验的行业专家。2007 年，中国翻译协会与 LISA 达成合作协议，互换会员身份。中国有几家软件本地化和翻译企业也加入了 LISA。

LISA 提供的服务包括制定本地化行业标准和质量保证规范，举办本地化论坛和研讨会，开展本地化咨询和培训以及出版本地化刊物。其主要出版物为电子杂志《全球化行家》（Globalization Insider）（半月刊）和电子书《本地化行业入门读本》（LISA Localization Industry Primer）（已经翻译成包含简体中文在内的 11 种语言）。LISA 教育项目工作组（LISA Education Initiative Taskforce）成立于 1998 年，致力于本地化行业的培训。

LISA 的领导机构为董事会，包括监管董事和顾问董事若干名，其现任执行董事为瑞士的迈克尔·阿诺拜勒（Michael Anobile）先生。

LISA Headquarters

Domaine en Praël · CH – 1323

Romainmôtier – Switzerland

Tel：+41 24 453 2310

Fax：+41 24 453 2312

E – mail：admin@ lisa. org

Website：http：//www. lisa. org/

全球化与本地化协会

Globalization and Localization Association

全球化与本地化协会（英文简称 GALA）成立于 2002 年，由来自 4 大洲 12 个国家的 15 家本地化服务公司创建，是 GILT 领域内代表性非常广泛的非营利性国际行业组织。

GALA 是一家为翻译、本地化、全球化和国际化解决方案提供商服务的非营利国际性行业协会，旨在为会员企业提供开展讨论、创新思路、推广行业的平台，为客户提供独特的合作模式。GALA 的使命是促进所有提供翻译、本地化、国际化和全球化产品和服务的企业之间的合作。GALA 通过提升行业知识、培育合作精神、降低相关成本为其会员提供机遇，使他们更好地满足市场需求。

截至 2010 年底，GALA 拥有 45 个国家的 250 多家会员单位，均是 GILT 领域的企业，包括翻译与本地化服务、咨询、培训和工具开发机构。目前，中国有 11 家翻译与本地化企业加入了 GALA。GALA 为其会员提供的服务包括会议、展览、通讯、产品折扣和销售机会。

GALA 的领导机构为董事会（GALA Board of Directors），由 GALA 成员推举的国际

志愿者组成，任期两年。董事会现任主席是瑟奇·格拉德科夫（Serge Gladkoff）先生。

Globalization and Localization Association
23 Main Street, Andover, Massachusetts 01810, USA
Tel：+1 206 329 2596
Fax ：+1 815 346 -2361
E-mail：info@ gala-global. org
Website：http：//www. gala-global. org/

欧洲法律翻译协会联盟

European Legal Interpreters and Translators Association

欧洲法律翻译协会联盟（英文简称 EULITA）是一家非营利性区域组织，于 2009 年 11 月在比利时成立。

EULITA 旨在团结欧盟各国的法律翻译工作者组织，提升司法质量，确保语言文化不成为司法障碍，从而最终实现《欧洲人员公约及基本权利》中所推崇的人权基本原则。

EULITA 支持欧盟各国法律口笔译工作者协会的利益，并通过欧洲和国际范围内的组织机构代表上述协会的利益；促进国内尚无法律口笔译工作者协会的成员国成立此类协会；推动与学术机构在培训和研究领域的密切合作；促使在各国和欧盟范围内建立合格法律口笔译工作者的登记体系；并在任何时候都尊重司法系统与文化的多样性。EULITA 致力于通过推动社会认可法律口笔译工作者的职业地位，提升法律口笔译工作的质量；通过开展培训和职业进修，组织各类活动，交流信息和最佳做法，促进会员组织对彼此国内法律翻译体系的信任。

EULITA 吸收的正式会员（full member）包括欧盟成员国的法律翻译协会和法律口译或手语协会，以及拥有法律笔译和法律口译或手语翻译人员作为会员的翻译协会；其联系会员（associate member）面向所有致力于提升法律翻译质量的组织机构和个人。EULITA 成立伊始，便有来自 14 个欧盟成员国的约 20 家法律口笔译专业协会加入，成为其正式会员。EULITA 的联系会员目前约为 35 个，包括欧洲相关组织，国际性专业协会，一些院校和个人会员，以及来自欧盟以外的翻译机构与个人。

EULITA 已作为司法进程的利益相关方参加欧盟司法论坛（Justice Forum），从中促成了欧盟关于在刑事诉讼中享有口笔译服务权利的法令，该法令已于 2010 年 10 月最终获得通过。EULITA 目前计划组织区域研讨会，以期顺利推动执行上述法令。此外，EULITA 作为协会伙伴受邀参加了若干欧盟项目，在刑事诉讼被告人情况说明书项目中与欧洲律师协会理事会（Council of Bars and Law Societies of Europe，中文简称欧洲律协，英文简称 CCBE）合作。跨学科合作是 EULITA 在今后几年的工作重点之一，因为这有助于提升法律译员培训质量和职业发展，同时口译又提升了沟通的有效性。

EULITA 现任主席是来自奥地利的丽丝·卡琴卡（Liese Katschinka）女士。

EULITA – European Legal Interpreters and Translators Association, AISBL
Lessius University College
B – 2018 Antwerp, Jozef De Bomstraat 11, Belgium
E – mail: info@ eulita. eu
Website: http: //www. eulita. eu/

欧洲翻译公司联合会

European Union of Associations of Translation Companies

欧洲翻译公司联合会（英文简称 EUATC）成立于 1994 年，是欧洲各国翻译公司协会的联合组织。EUATC 是一家国际性非营利性机构，也是欧洲唯一代表高质量翻译服务企业的区域性机构。EUATC 的活动之一便是为翻译公司提供一个团结一致的声音。EUATC 推动制定最高质量标准和商业惯例，帮助改进欧洲范围内的译员培训。

EUATC 是欧盟委员会认可的团体，为欧洲政策和决策提供服务，并为重要的国际性机构提供咨询。

EUATC 是 EN 15038 欧洲翻译服务标准的发起者，和业界其他伙伴一起努力致力于提供技术知识和机构支持，其成果集中体现在 2006 欧洲翻译标准的出版。

EUATC 的会员是欧洲的国家级翻译公司协会，并不仅限于欧盟成员国。截至 2010 年，EUATC 的成员遍及 20 个国家（奥地利、比利时、保加利亚、捷克、爱沙尼亚、芬兰、法国、德国、希腊、英国、匈牙利、意大利、荷兰、波兰、葡萄牙、罗马尼亚、斯洛伐克、西班牙、瑞士和土耳其）。

EUATC 的领导机构是由 3 人组成的董事会（Board），每届任期两年。现任会长是米尔科·西尔维斯特里尼（Mirko Silvestrini）先生。

European Union of Associations of Translation Companies
Rue Froissart 57, B – 1040 Brussels
Tel: + 30 210 6525227
Fax: + 30 210 6540652
E – mail: info@ euatc. org
Website: http: //www. euatc. org/

阿根廷布宜诺斯艾利斯市宣誓译者协会

Colegio de Traductores Públicos De la Ciudad de Buenos Aires

阿根廷布宜诺斯艾利斯市宣誓译者协会（西文简称 CTPCBA）成立于 1973 年，是阿根廷最大的非营利翻译组织，致力于推动从业者遵守翻译工作者职业道德，向公众宣传翻译工作者所发挥的作用，为会员提供继续教育。

CTPCBA 是国际译联的正式会员，是国际译联拉美区域中心的发起单位之一。CTPCBA 还参与推动了阿根廷翻译联盟（Argentine Federation of Translators）的创建。

CTPCBA 的会员需有大学相关专业本科以上学历，并经过宣誓仪式成为“宣誓译者”。目前，CTPCBA 有 5000 余名会员。

CTPCBA 每年举办会员年会，并多次举办学术研讨会和研讨班。协会为会员提供各类专业培训，并拥有自己的教学场地。其在线学习平台具有较强的操作性，对国内外行业人士均开放。CTPCBA 出版会刊 REVISTA CTPCBA 杂志、会员通讯和学术杂志，并拥有一个大型专业工具书图书馆。CTPCBA 在布宜诺斯艾利斯市区设有两个办事处。

CTPCBA 的领导机构是执行委员会（Executive Body）和纪律委员会（Discipline Board），分别由 7 名委员组成。

Colegio de Traductores Públicos De la Ciudad de Buenos Aires
Av. Callao 289 4° Piso,
(C1022AAC) Buenos Aires
Argentina
Tel/Fax：+54 11 4371 8616 / 4372 7961 / 4372 2961/ 4373 4644
E－mail：institucionales@ traductores. org. ar
Website：http：//www. traductores. org. ar/

爱尔兰翻译工作者协会

The Irish Translators' and Interpreters' Association

爱尔兰翻译协会（英文简称 ITIA）成立于 1986 年，原名爱尔兰笔译工作者协会（The Irish Translators´Association），2002 年更为现用名。ITIA 是爱尔兰唯一代表口笔译工作者利益的专业协会。

ITIA 设有 6 类会员，即荣誉会员（Honorary）、专业会员（Professional）、预备会员（Associate）、企业会员（Corporate）、机构会员（Institutional）和学生会员（Student）。

ITIA 致力于推动行业最高标准，为此要求其会员签署并遵循 ITIA《从业及职业道德准则》（Code of Practice and Professional Ethics），追求最高职业道德标准。此外，ITIA 还于 2009 年推出了《社区口译员道德准则》（Code of Ethics for Community Interpreters）。ITIA 出版协会电子月刊《爱尔兰翻译协会通讯》（ITIA Bulletin），并每年出版一期《爱尔兰翻译》（Translation Ireland）杂志。ITIA 常年举办各类协会活动和会议。

协会的年度会员大会选举产生执行委员会，后者负责制定 ITIA 章程（ITIA Constitution），规范协会运作。ITIA 下设 4 个常设分委会，即职业会员分委会、认证分委会、社区口译分委会和职业继续教育分委会。还可以针对特定项目另设特别委员会。ITIA 是国际译联和欧洲文学翻译协会联盟（Conseil Européen des Associations de Traducteurs Littéraires）的会员单位。ITIA 现任主席是梅尔·尼克·姆豪莱（Máire Nic Mhaoláin）

女士。

ITIA Secretary
C/o Irish Writers' Centre
19 Parnell Square
Dublin 1
Ireland
Tel：00353 87 673 8386
Fax：00353 1 8726282
E - mail：itiasecretary@ gmail. com
Website：http：//www. translatorsassociation. ie

奥地利认证法庭口译员协会

Österreichische Verband der allgemein beeideten und gerichtlich zertifizierten Dolmetscher / Austrian Association of Certified Court Interpreters

奥地利认证法庭口译员协会（德文简称 ÖVGD）是一家非政治性、非营利性组织，成立已逾 70 年。

ÖVGD 的目标是推进奥地利宣誓及认证法庭口译员的职业及商业利益。为此，ÖVGD 就法庭口译相关事宜与国内相关部门协商，与对法庭口译员有直接或间接影响的所有国内部门保持联系，为法庭口译员认证考试推荐考官，组织应试者研讨会、术语学研讨会、会员讨论小组，出版通讯、职场信息、各类工作文档和学习材料，并对有关认证译文的争论进行仲裁。

ÖVGD 的会员分为 4 类，即正式会员（Ordinary members）、荣誉会员（Honorary members）、赞助会员（Sponsoring members）和协会之友（Friends of the Association）。奥地利的所有宣誓及法庭认证译员均可成为其正式会员。目前，ÖVGD 在国内拥有约 600 名会员。

ÖVGD 的组织机构包括会员大会、执行委员会、审计处、仲裁委员会和仲裁论坛。执委会现任主席为克里斯蒂娜·市普林格（Christine Springer）。

ÖVGD 是国际译联和奥地利宣誓及认证法庭专家协会（Austrian Association of Sworn and Certified Court Experts）的会员单位。

A - 1016 Vienna，PO box 14
Tel：+43 / 1 / 479 65 81
Fax：+43 / 1 / 478 37 23
E - Mail：office@ gerichtsdolmetscher. at
Website：http：//www. gerichtsdolmetscher. at/

澳大利亚翻译协会

Australian Institute of Interpreters and Translators

澳大利亚翻译协会（英文简称 AUSIT）成立于 1987 年，由地方协会和专业组织联合组成，是澳大利亚口笔译行业的全国性协会，在澳大利亚的每个州和区都设有分支机构。其秘书处位于澳大利亚首都地区。AUSIT 是国际译联的正式会员。

AUSIT 的总体目标是维护和提高会员的职业利益、地位、认可度及工作条件，倡导和监督口笔译行业的职业道德。

AUSIT 的活动包括与政府和其他类型的雇主协商提高翻译工作者的薪金、工作条件，给予翻译工作者适当的职业认可。政府和非政府团体在处理所有与口笔译有关的事务时，与 AUSIT 的协商越来越频繁。各地分支机构还为翻译工作者和雇主组织各种翻译研讨会和报告会。AUSIT 是 2000 年悉尼奥运会的语言顾问和培训组织，并为该届奥运会做过很多工作。

AUSIT 和 NAATI（澳大利亚国家翻译人员资格认证局）携手制定、维护和贯彻澳大利亚口笔译职业的标准。例如，AUSIT 规定在澳大利亚从事口笔译的人员必须经过 NAATI 认证，以此推动后者的认证工作。

AUSIT 会员遍及全澳，主要是从事口笔译工作的人员，但也包括其他对翻译感兴趣的人士，如翻译服务企业和从事口笔译教学的机构。AUSIT 每两年举办一次全国口笔译会议和年会。

AUSIT 每季度出版一份行业通讯。AUSIT 网站为客户提供最新的澳大利亚综合在线译者名录和信息。AUSIT 制定的《AUSIT 口笔译人员职业道德准则》（AUSIT Code of Ethics for Interpreters and Translators）获得了业界广泛认可。

AUSIT 的全国理事会由全国执委和每个分支机构各 1 名代表组成。日常事务由 AUSIT 的两名区域（南区和北区）管理员承担。

AUSIT National Office

PO Box 134, Elwood 3184 VIC

Tel：+61 8 9923 2183

E - mail：national@ ausit. org

Website：http：//www. ausit. org/

澳大利亚国家翻译人员资格认证局

National Accreditation Authority for Translators and Interpreters

澳大利亚国家翻译人员资格认证局（英文简称 NAATI）成立于 1977 年，是由澳大利亚联邦、州和地区政府拥有的一个国家级标准化组织。NAATI 是一个非营利的有限公司，也是澳大利亚口笔译行业的一个专业咨询机构，提供有关口笔译标准、口笔译人员认证、职业道德等方面的咨询和建议。

NAATI 的使命是设立并维护口笔译领域的国家最高标准，使获得认证的译者在澳大利亚这一文化及语言多样化的社会中，应对不断变化的翻译需求。

NAATI 的主要工作包括：设立并维护 4 个等级的口笔译标准；根据标准开展口笔译人员鉴定；在澳大利亚和新西兰各市开展口笔译人员认证考试，为国外考生提供类似的考试；审批澳大利亚境内的高等学校口笔译课程；评估从境外获取的高等学校口笔译资质；提供与口笔译服务相关的咨询服务；提供《获得认证和认可的口笔译人员名录》（Directory of Accredited and Recognised Translators and Interpreters）。

NAATI 认证是澳大利亚唯一官方认可的翻译职业资质认证。政府的所有部门一般均倾向于使用通过 NAATI 认证的口笔译人员提供翻译服务。NAATI 认证对翻译机构和客户而言均是确保翻译质量的一个重要保证。NAATI 为澳大利亚国内外的口笔译人员提供约 100 个语种的测试和认证。NAATI 认证可以通过 3 种方式获得：通过 NAATI 考试；修完 NAATI 认可的一所澳大利亚学院的全部翻译课程；提供在海外一家知名的培训机构获得专业口/笔译证书的证据，或提供一个知名的国际翻译专业协会会员身份证明，并经 NAATI 判断，与其要求的在澳大利亚境内认证的标准相当。

NAATI 的领导机构是由 5 名董事组成的董事会。现任董事会主席为克丽·斯塔布斯（Kerry Stubbs）女士。该组织的日常事务现由其首席执行官林赛·海伍德（Lindsay Heywood）博士负责。

NAATI Office
Australian Capital Territory
Suite 1, Playoust Building
Hawker Place
Hawker ACT 2614
Tel：+61 2 6255 1888
Fax：+61 2 6255 1889
E－mail：info@ naati. com. au
Website：http：//www. naati. com. au/

波兰翻译企业协会

The Polish Association of Translation Agencies

波兰翻译企业协会（英文简称 PSBT）于 2001 年成立，是唯一代表波兰国内专业翻译及本地化服务提供商的行业机构。

PSBT 的主要目标是：代表波兰翻译及本地化服务提供商，推动行业最佳实践，提升企业会员提供的优质标准和服务，促进教育培训活动、职业技能交流，发展专业、高质量的翻译及本地化服务，提升整个行业（尤其是专业服务提供商）的形象和声誉。

PSBT 组织各类会议、培训课程和实习活动，针对翻译企业会员代表举办定期或特别会议，举办各类社交和宣传活动，发布协会新闻通讯，为会员提供职业帮助，积极参与涉及译者和翻译企业的决策，通过文化、娱乐或社会活动开展会员交流活动。

PSBT 设有两类会员：正式会员（full member）和赞助会员（supporting member）。任何在波兰境内居住的个人均可申请成为会员。

PSBT 的管理机构包括会员大会、执行委员会、审计委员会和仲裁委员会。会员大会是 PSBT 的最高管理机构。执委会成员为 3～5 人，由会员大会选出。各管理机构人员的服务期为两年，为无偿工作性质。现任执委会主席是莫妮卡·波皮奥韦克（Monika Popiołek）。

PSBT 是本地化行业标准协会、欧洲翻译公司联合会、结构化信息标准促进组织（Organization for the Advancement of Structured Information Standards，OASIS）和欧洲技术交流行业协会（Technische Kommunikation，TEKOM）的会员。

Polskie Stowarzyszenie Biur Tłumaczeń（PSBT）
ul. Marszałkowska 80 skr. 135
00－517 Warszawa Poland
Tel.：(22) 100 53 85
Fax：(22) 100 15 58
E－mail：liaison@psbt.pl
Website：http：//www.psbt.pl/

德国联邦翻译协会

Bundesverband der Dolmetscher und Übersetzer e. V. / Federal Association of Interpreters and Translators

德国联邦翻译协会（德文简称 BDÜ）于 1955 年成立于德国柏林，是德国最大的语言工作者协会，下设 13 个区域或专业领域的分会，代表德国 75% 有组织的职业译者。BDÜ 是国际译联的正式会员。

BDÜ 拥有 6000 多名会员，包括正式会员（Full membership）、临时会员（Provisional membership）和预备/赞助会员（Associate / Sponsoring membership）3 类。BDÜ 会员享有的服务包括：以较低的价格参加 BDÜ 举办的职业发展活动；免费获取 BDÜ 的会刊；通过 BDÜ 基于网络的会员数据库和 BDÜ 发送给公共机构和商业企业的目录宣传自己；通过参加 BDÜ 的当地会议联系职业人士，寻求译者；签订优惠的集体保险合同；创业咨询服务；向立法、司法、政府当局和贸易、工业领域的高层机构陈述本行业和职业的利益。

BDÜ 出版的专业杂志是《德国联邦翻译协会口笔译专刊》（MDÜ － Fachzeitschrift

für Dolmetscher und Übersetzer)，该杂志主要语言为德语，1 年出版 5 期，是德语国家里流通最广的翻译类专业杂志，并作为协会服务项目免费向 BDÜ 会员提供。BDÜ 服务股份有限公司以商业企业性质成立于 2003 年，旨在进一步拓展 BDÜ 在提供研讨会、出版物和广告服务等方面的活动。

BDÜ 的注册办公室设在柏林。现任协会会长是约翰·阿姆克鲁斯（Johann J. Amkreutz）先生，秘书长是德尔特·施蒂娄（Dörte Stielow）女士。

Bundesgeschäftsstelle（Federal Head Office）

Kurfürstendamm 170

10707 Berlin

Tel.：030 88712830

Fax：030 88712840

E－mail：info@ bdue. de

Website：http：//www. bdue. de/

法国翻译协会

Société Française des Traducteurs

法国翻译协会（法文简称 SFT）成立于 1947 年，是法国国家级专业翻译工作者协会，拥有 1300 多名会员。其宗旨是研究和保护翻译工作者的权利及其物质和精神利益。SFT 是国际译联的正式会员，是其发起单位之一。

SFT 的会员分为笔译会员（兼职、全职、编译）和口译会员（兼职、全职），其中还包括一些司法专家。有一年以上专业翻译经验的人均可申请入会。SFT 的分会遍布全法国，定期举办翻译培训和发布信息。

SFT 的主要任务是：团结笔译、口译和司法专家；以各种方式（出版物、会员通讯、沙龙、会议、研讨、网站）将信息传递给会员、客户和专业人士；调解会员和客户之间的矛盾；设立皮埃尔－弗朗索瓦·卡耶奖（Prix de la Traduction Pierre－François Caillé）以鼓励青年翻译工作者。

SFT 出版会刊《翻译》（Traduire）（季刊），主要刊登方法论和语言学方面的知识、专业词汇和有关编译、口译、字幕翻译、跨文化交流方面的内容；《会员通讯》（La lettre d'information）（季刊）是会员专刊，主要内容是翻译同行之间的经验交流，展示专业成果和 SFT 的调查结果。

Société Française des Traducteurs

22 rue des Martyres，75009 Paris

Tel：+33 1 4878 4332

Fax：+33 1 4453 0114

E－mail：sft@ sft. fr

Website：http：//www. sft. fr/

芬兰翻译协会

Suomen kääntäjien ja tulkkien liitto – Finlands översättar – och tolkförbund ry/The Finnish Association of Translators and Interpreters

芬兰翻译协会（芬兰文简称 SKTL）成立于 1955 年，是一家代表口笔译工作者、相关的专业人员以及学校师生和研究者群体的行业性协会。SKTL 的目标是推动口笔译工作者的职业利益，强化翻译领域内的国内外合作，鼓励口笔译教学及培训，促进口笔译领域紧跟国际先进水平。SKTL 自成立之日起便是国际译联的正式会员。

SKTL 约有 1900 名会员。会员分为 5 个专业组：文学翻译，科技、医学及商业翻译，影视翻译，口译以及教师和研究人员。每个专业组分别负责其领域内的相关事宜，跟踪最新事件和当前业界发展方向。芬兰的坦佩雷、土尔库和比利时布鲁塞尔等地均有 SKTL 的地方分会。这些专业组和分会每月至少召开一次会议。除提供培训或职业发展外，这些聚会还提供结识同行的机会。

SKTL 的工作重点有三。一是传播信息，这是工作的重中之重。SKTL 每年在国际翻译日之际与国内其他相关组织举办面向公众的公益活动；二是教育培训，因为对译者在翻译质量、服务和竞争力等方面的要求日益严格。三是监督整个行业的版权，例如，芬兰广播公司（Finnish Broadcasting Corporation YLE）产生的所有版权相关费用和应付款项均通过 SKTL 向译者支付。

SKTL 出版报纸型刊物《译者》（Kääntäjä – Översättaren），每年 10 期，是芬兰翻译领域唯一的出版物，也是协会传播信息的重要渠道。该刊旨在满足包括口笔译工作者、学校师生以及翻译客户在内的整个行业的需求。

SKTL 的管理机构是董事会（Board），其成员代表协会所有专业组和地方分会。

SKTL 的办公室设在赫尔辛基。SKTL 现任会长为利萨・拉克索 – 塔米斯托（Liisa Laakso – Tammisto）女士。

Suomen kääntäjien ja tulkkien liitto ry

The Finnish Association of Translators and Interpreters

Meritullinkatu 33 A

FI – 00170 HELSINKI

FINLAND

Tel.：+358 9 44 59 27

Fax：+358 9 8565 7004

E – mail：sktl@ sktl. net

Website：http：//www. sktl. net/

加拿大翻译与术语学联盟

Canadian Translators, Terminologists and Interpreters Council / Conseil des traducteurs, terminologues et interprètes du Canada

加拿大翻译与术语学联盟（英文简称 CTTIC）成立于1970年，前身为1956年创建的加拿大口笔译联盟（STIC）。CTTIC 是代表专业译者和术语学家的国家团体，致力为高质量语际和跨文化交流服务，下有11个省级和区域级团体。CTTIC 是国际译联的正式会员。

CTTIC 的使命是制定、维护和推动口笔译和术语学方面的国家标准，确保不同语言和文化之间能够实现高质量的交流。

CTTIC 非常重视国际交流，是国际译联的创始会员之一，也是国际译联北美区域中心的活跃成员。

CTTIC 不吸收个人会员，仅吸收省市级协会、学会等专业机构和企业为会员。目前，CTTIC 有8家会员组织，代表国内约3500名译者和术语学家。

CTTIC 的主要活动之一是制定标准的口笔译和术语学工作者认证程序，以确保其所属会员组织的会员达到统一的能力标准。认证考试由其各省区的会员组织具体负责。通过认证考试者将获得认证会员的称号，并得到所有 CTTIC 会员组织的认可。

CTTIC 的领导机构为执行委员会，2009～2010年度的执行委员会主席为丹尼斯·布斯凯（Denis Bousquet）先生。

Canadian Translators, Terminologists and Interpreters Council

1 Nicholas Street Suite 1202

Ottawa, Ontario K1N 7B7

Tel: 1 613 562 0379

Fax: 1 613 241 4098

E－mail: info@cttic.org

Website: http://www.cttic.org/

美国翻译协会

American Translators Association

美国翻译协会（英文简称 ATA）成立于1959年，是美国最大的翻译行业管理组织，拥有来自全球90个国家的11000余名会员，其宗旨是培养和支持专业翻译人员的职业发展，促进翻译事业的繁荣进步。ATA 是国际译联的正式会员。

ATA 既有个人会员（面向国内的正式会员、面向国外的通讯会员和没有投票与被选举权的预备会员和学生会员），也有单位会员（企业会员、机构会员），还有一些地方分会和语言分会。ATA 还为译者提供 24 对语言组合的认证考试，通过该考试的译员可获得“ATA 认证译员（ATA - certified translator/interpreter）”称号，并有资格成为其正式会员。

ATA 每年召开一次会员年会，组织各类讲座和学术研讨活动，还有展览活动和人才市场，同时组织协会选举等事务性活动。协会每年还在美国各地组织一系列研讨会和小型会议，提供各种专业和语言的高层教育和培训。ATA 将这些研讨和交流活动称为“教育培训活动”，旨在利用这些活动提高会员的专业知识与实际翻译技能，同时，也是“认证译员”获得继续教育学分的一个重要途径。

ATA 出版会刊《美国翻译协会纪事》（ATA Chronicle）（月刊），还出版有一系列报告、调查等出版物，为客户提供相关知识，使他们知道在口笔译服务中使用高质量译者的益处。

ATA 的领导机构为执行委员会，现任主席为尼古拉斯·哈特曼（Nicholas Hartmann）博士，任期为 2009 ~ 2011 年。

American Translators Association

225 Reinekers Lane, Suite 590, Alexandria, VA 22314

Tel: 1 703 683 - 6100

Fax: 1 703 683 - 6122

E - mail: ata@ atanet. org

Website: http: //www. atanet. org/

美国文学翻译协会

The American Literary Translators Association

美国文学翻译协会（英文简称 ALTA）成立于 1978 年，旨在以文学翻译为途径，促进各国及各种语言之间的文化交流和了解。ALTA 是美国唯一完全致力于文学翻译的组织。

任何对文学翻译有兴趣者均可入会。ALTA 为会员提供多种服务，如提供 ALTA 网站会员讨论及个人宣传专区，每年发布多期 ALTA 会员通讯，为会员寄送会刊，为会员创建小型地方性文学翻译兴趣组等。

ALTA 每年从长篇小说、诗歌或创新非小说类文学作品中评选最佳英译作品，颁发年度“全国翻译奖”（National Translation Award），奖金 5000 美元。2010 年启动卢西恩·斯特赖克亚洲翻译奖（Lucien Stryk Asian Translation Prize），用于奖励年度最佳英译亚洲文学书籍，奖金 5000 美元。ALTA 每年为 4 - 6 名入门翻译提供 1000 美元的旅行奖学金，用于参加其年会。ALTA 还积极推动高等院校开设世界文学课程和翻译研修会活动等。

ALTA 的出版物包括《翻译评论》（Translation Review）及其增刊《英译书籍评论》

(Annotated Books Received)、《ALTA 文学翻译指南》(ALTA Guides to Literary Translation) 和《ALTA 通讯》(ALTA Newsletter)。

ALTA 2007～2009 年度的会长是吉姆·凯茨 (Jim Kates) 先生，2009～2011 年度的会长是芭芭拉·哈肖伏 (Barbara Harshav) 女士。

American Literary Translators Association
(Jonsson Academic Center Suite 5.508)
The University of Texas at Dallas
800 W. Campbell Rd, Mail Station JO51
Richardson TX 75080－3021
Tel: (972) 883－2092
Fax: (972) 883－6303
E－mail: maria.suarez@utdallas.edu
Website: http://www.utdallas.edu/alta/

美国语言企业协会

The Association of Language Companies

美国语言企业协会（英文简称 ALC）是全国性行业协会，代表提供口笔译、本地化、语言培训等项服务的企业。ALC 由多名企业家创办，旨在为会员提供及时的信息和工具，确保会员单位提供最高质量的口笔译服务，创造更大的利润。

ALC 的宗旨是通过行业宣传和针对语言服务企业负责人和高级管理层的职业发展规划，提升本国会员企业的专业水准和经济地位。

ALC 通过举办网络研讨会、在年会期间组织举办交流学习论坛，提升会员的职业发展。ALC 还借助各种特别工作组和资源（如行业调查）来宣传本行业。

ALC 设有 3 种会员类别，即正式会员 (active member)、列席会员 (Affiliate member) 和行业伙伴 (Industry Partner)。现任主席是桑迪·迪普莱什 (Sandy Dupleich) 女士。

The Association of Language Companies
9707 Key West Avenue, Suite 100
Rockville, MD 20850
Tel: 240－404－6511
Fax: 301－990－9771
E－mail: info@alcus.org
Website: http://www.alcus.org

南非翻译协会

South African Translators' Institute

南非翻译协会（英文简称SATI）成立于1956年，是一家全国性的非营利组织，旨在支持并捍卫翻译工作者及相关行业人员的利益。SATI是国际译联的正式会员。

SATI的目标包括：保护翻译行业的利益；从事并推动翻译行业的研究工作，并力求此类研究成果可用；通过报纸、杂志及其他媒介，进行适当宣传，并出版、管理会刊；寻求和国内外院校、其他机构以及协会、团体里专家和利益攸关者的合作，推动实现共同利益和开展行动；编写或组织编写语言和翻译手册；向译者介绍职业守则，并确保其会员遵从该守则；积极为译者配备适当的培训设施；推行入会资格考试。

任何对翻译和相关行业感兴趣者均可入会。SATI设有两种类型的会员：普通会员（没有专业资质认证要求）和认证会员（须通过协会的认证考试）。

SATI通过电子版或传真形式的《通讯》（Bulletin）与其会员进行交流。协会于2001年创办了新期刊《桥》（Muratho），目前每2年出版1期。协会还有诸多其他出版物，如《南非译协系列丛书》（SATI Series）、《语言工作者用户指南》（A Guide for Users of Language Workers）、《专业自由译者业务营销》（Marketing your Professional Freelance Business）等。

SATI的现任主席为安玛丽（Anne - Marie Beukes）博士。该协会的执行董事玛丽昂·伯尔思（Marion Boers）女士于2008年8月在上海举办的第18届世界翻译大会上当选国际译联主席。

The South African Translators' Institute

PO Box 27711

0132 Sunnyside

South Africa

Tel：+27 12 343 0624

Fax：+27 12 343 0730

E - mail：sati@ intekom. co. za

Website：http：//www. translators. org. za/

日本翻译家协会

Japan Association of Translators

日本翻译家协会（英文简称JAT）成立于1985年，旨在为译者建立交流信息和观点的渠道。

JAT对所有对日英翻译有兴趣的个人开放，无特别的专业资质入会要求。JAT仅吸收个人会员，目前拥有国内外会员近500人。

JAT提供的会员服务包括：针对入门级译者设有年度竞赛活动（Annual JAT Contest for New and Aspiring Translators），该竞赛始于2004年，源于纪念协会成立20周年；每年在东京及关西地区举办多次会议，讨论翻译工作者关注的各类问题；在JAT网站上发布在线会员名录以供会员自我宣传，但名录仅包括同意其信息在网络公布且可通过网络顺利联系本人的会员；在网站设置会员专区，仅供会员之间讨论各类相关问题。

JAT的主要年度活动是为期两天的国际日英翻译会议（IJET），会议自1990年起举办，地点在日本国内及国外交替选择。JAT也举办专业日英翻译会议，会议涵盖各实用性方面的翻译，为期1天，多为一年一次；此外，与日本法律信息研究院（Japan Legal Information Institute）每年合办数次法律会议（JATLAW），以期提高法律翻译的水平。

2001年，JAT组建成为非营利性公司。由8名董事和2名审计员监察协会活动。2009～2010年度会长是岩田海伦（Helen Iwata/岩田ヘレン）女士。

JAT与日本国内外的一些其他翻译协会保持密切、良好的关系。自1994年至当前，JAT一直是国际译联的联系会员。

Japan Association of Translators（JAT）
Shibuya 2 – 7 – 14 – 302
Shibuya – ku，Tokyo 150 – 0002
E – mail：askjat@ jat. org
Website：http：//www. jat. org

日本翻译联盟

Japan Translation Federation Inc.

日本翻译联盟（英文简称JTF）成立于1981年，于1990年社团法人化，是日本国内唯一作为公益法人被日本经济产业省批准为社团法人的翻译团体。

JTF的宗旨是：通过积极开展有关翻译事业的调查、研究、研讨会和人才培训等活动，以及参加有关翻译事业的国际会议，推动日本翻译行业的改革与振兴，为日本经济乃至世界经济的发展做贡献。

JTF现有约100个法人会员，约300名个人会员和5家赞助企业。

JTF的主要事业活动包括：开展行业调查及发表白皮书；举办讲座及研讨会（每年15次）；举办以演讲和展示为主的“翻译节”（每年一次）；实施JTF“翻译鉴定考试”（每年两次），并编辑发行标准答案和解析集；及时提供信息和促进交流，公开发行《日本翻译专刊》（双月刊）并运营管理JTF网站；为防止翻译行业的不正当交易行为，制定行业方针政策并进行广告宣传；加强与国内外相关团体的交流。

JTF董事会由会长、副会长、专务理事、2名常务理事、8名理事和2名监事组成。现任会长是东郁男（Higashi Ikuo）先生。

Japan Translation Federation Inc.
Makino Bldg. 3F, 2 - 8 - 1 Hatchobori, Chuo - ku
Tokyo, 104 - 0032 Japan
Tel: +81 3 3555 6365
Fax: +81 3 3552 1784
E - mail: info@ jtf. jp
Website: http: //www. jtf. jp/

新西兰翻译协会

New Zealand Society of Translators and Interpreters

新西兰翻译协会（英文简称 NZSTI）于 1985 年在新西兰的奥克兰成立。NZSTI 是一家代表新西兰口笔译工作者的全国性组织，代表会员的利益，为会员组织联谊活动，推动翻译职业的可持续发展和制定质量标准，并提升政府机构和公众对翻译行业的认识。NZSTI 是国际译联的正式成员。

NZSTI 的会员分为正式会员（Full member）、列席会员（Affiliate member）和观察员（Observer）3 类。

NZSTI 设有 3 个区域分支，各分支每两月为会员举办一次会议。

NZSTI 由理事会（Council）管理。理事会成员由正式成员在年度会员大会上选举产生。现任会长是西比勒 · 费尔纳（Sibylle Ferner）女士，秘书长是戴安 · 沃顿（Diane Walton）女士。

NZSTI 出版会刊《字对字》（Word for Word）（季刊）。NZSTI 网站上提供正式会员和列席会员目录，可供搜索。NZSTI 每年举办一次年会。

New Zealand Society of Translators and Interpreters
PO Box 109 - 677, Newmarket
Auckland 1149, New Zealand
E - mail: info@ nzsti. org
Website: http: //www. nzsti. org

英国翻译协会

Institute of Translation & Interpreting

英国翻译协会（英文简称 ITI）成立于 1986 年，是英国唯一独立的翻译专业人士协会，旨在推动整个翻译行业达至最高水准。ITI 是国际译联的正式会员。

ITI 的会员种类繁多，包括资深会员（Fellowship，简称 FITI），正式会员（Qualified membership，简称 MITI）、司法与法庭口译会员（Police &court interpreter，简称 PCI）、

预备会员（Associateship）、学生会员（Student membership）、学术会员（Academic membership，简称 ITI Acad）和机构会员（Corporate membership）（包括教育、商业、政府机构以及翻译企业）。除英国本土外，ITI 在国际上也拥有大量的会员。协会每年举办会员年会，组织各种学术交流和教育培训活动，同时组织协会选举等事务性活动。

ITI 网站上有在线会员名录，可以帮助翻译服务需求方直接找到译者。协会还出版双月刊《英国翻译协会通讯》（ITI bulletin），读者群约 7000 人。该杂志既刊登严肃的书评、信息技术、翻译工作者的工作条件等问题，也有一些轻松的文章。该协会还是首家建立网站的翻译协会。

ITI 的领导机构为理事会，主要由从事实践的口笔译工作者组成。会长和理事会成员均由全体会员在会员年会上选举产生。协会办公室负责处理协会的会员、财政事宜，并负责贯彻落实协会的战略。该办公室也为成员和公众提供信息服务，包括推荐翻译服务。下设各委员会负责教育培训、考试、市场与公众关系、仲裁及专业标准等事宜。

ITI 的管理机构是理事会（Council），其现任主席为帕梅拉·马约尔卡斯（Pamela Mayorcas）女士，行政主管（Chief executive）为迈克·欧文（Mike Owen）先生。

Institute of Translation & Interpreting
Fortuna House, South Fifth Street
Milton Keynes, MK9 2EU, United Kingdom
Tel: +44 1908 325 250
Fax: +44 1908 325 259
E-mail: info@iti.org.uk
Website: http://www.iti.org.uk/

世界各地高校的翻译研究与培训机构

编者按：以下资料选自柯平、鲍川运编写的“世界各地高校的翻译研究与培训机构”，发表在《中国翻译》2002年第4、5、6期上。收入本卷前，特请编者根据近年来翻译教学的发展，对此又做了补充。本栏目择要介绍世界知名高校和机构目前开设的有一定规模且较具特色的口笔译课程以及正在进行的翻译研究项目，重点在研究生课程和各专业机构的教学与科研特色上。为确保信息的准确性，编者对所有机构的网站地址和开设的课程等信息进行了核对、修订和补充。

亚　洲

巴依兰大学［以色列］
Bar Ilan University

巴依兰大学人文学院口笔译部的翻译硕士专业（Translation and Interpreting Studies, Faculty of Humanities）设立于1972年。该专业开设的背景课程包括原文与译文对比、计算机辅助翻译和翻译理论。口译方向课程的内容除了同声传译与交替传译技巧外，还有经济、医学、政治、艺术等领域的知识。该部的研究方向包括宗教文献翻译、口译心理语言学、法庭口译、跨文化差异、笔译与话语分析、口笔译教学法、希伯莱翻译史等。

网址（希伯来文）：http：//www. biu. ac. il/HU/tr/

翻译系介绍（英文）：http：//www. biu. ac. il/HU/tr/translationstudiesenglish. htm

特拉维夫大学［以色列］
Tel Aviv University

特拉维夫大学的翻译研究主要由人文学院文化研究所（Unit for Culture Research, the Faculty of Humanities）进行。所长为著名的翻译学者Itamar Even - Zohar教授，著名翻译理论家Gideon Toury也是该所的教授。文化研究所的研究队伍认为：文化是各种产品和行为模式的有机集合体，这些模式同时调节着群体和个人的社会生活。他们的研究集中在文化的动态方面，着重探讨文化长期变化的规律以及文化间的接触。

该所设有硕士课程，可授予文化研究硕士学位。

网址（希伯来文）：http：//www. tau. ac. il/

人文学院文化研究所（英文）：http：//wwfw. tau. ac. il/tarbut/english. html

贝鲁特圣·约瑟夫大学 ［黎巴嫩］
Université Saint – Joseph

圣·约瑟夫大学贝鲁特翻译学院成立于1980年，是中东地区一所主要的翻译学院，设有本科、硕士和博士学位。硕士学位又分研究方向硕士与口笔译实务方向硕士，两类硕士和博士学位均分口译和笔译专业。本科须完成180个学分，硕士须完成120个学分。主要语言是阿－法和阿－英。该校为国际翻译院校联盟（CIUTI）成员。

网址（法文）：http：//www. etib. usj. edu. lb/index. htm

神户女子学院 ［日本］
Kobe College

神户女子学院建于1875年，是日本一所著名的文理学院，也是日本第一个开设研究生翻译课程的高校。翻译专业主要的语言是日语和英语。口译课程包括视译、交替传译和同声传译。另外学生还须选修英文写作课以及相当于32个学分的专业知识课，包括国际关系和跨文化交流。该系自建立以来，学生来源主要是希望获得翻译专业学位的在职人员。该系积极开展国际合作，与亚洲、美国和欧洲一些翻译院校建立了联系，并且通过网路视听技术开设一些联合讲座。

网址（英文）：http：//www. kobe – c. ac. jp/ekc/index. html

韩国外国语大学 ［韩国］
Hankuk University of Foreign Studies

位于首尔的韩国外国语大学是一所在国内外都享有很高声望的大学，拥有一流的教学设备和国际会议设施，其课程设计面向世界，紧跟信息时代的前进步伐。早在1979年，该大学便建起了亚洲地区的第一个口笔译研究生院（Graduate School of Interpretation and Translation），培养高水平的会议口译与笔译人才。

30多年来，这所研究生院已发展成为一家设有口笔译两个硕士专业、培养出许多毕业生并得到国际会议口译员协会承认的优秀翻译教育机构。韩国外国语大学同40多个国家的70几所名牌大学（包括美国加州大学伯克利分校、莫斯科国际关系大学、北京大学、巴黎第四大学等）建有校际交流关系，而每年学校派出的交换学生中有很大一部分都是口笔译研究生院的学生。该院现有学生中约有一半左右的学生主修韩英翻译。该院现在还招收韩英、韩法、韩中等方向的博士研究生。该校为国际翻译院校联盟（CIUTI）成员。

网址（韩文）：http：//www. hufs. ac. kr/index. htm

梨花女子大学 ［韩国］

Ewha Women's University

梨花女子大学翻译学院（Graduate School of Translation and Interpretation）成立于1997年3月，是韩国主要翻译学院之一。该院设有硕士和博士学位，硕士以培养专业译员为主，有韩英、韩中、韩日和韩法4个语言组合。学院拥有先进的口译训练设备和富有教学和口笔译实务经验的教师，毕业生在国内外翻译市场颇受欢迎。

网址（韩文、英文、中文、日文）：http：//www. ewha. ac. kr/english/

中央大学 ［韩国］

Chung – Ang University

中央大学于1918年建立，是一所历史悠久的韩国著名学府。该校国际大学院（Graduate School of International Studies，GSIS）成立于1996年，是韩国国家国际人力资源培训项目的指定教育机构之一。GSIS开设高级口译和翻译项目（Advanced Interpretation and Translation Program，AITP），授予口译和笔译的文学硕士学位。该项目综合口译、笔译专业训练与全球经济、全球运营及国际政治关系等研究生课程，并与同一学院的国际研究项目紧密合作，为学生提供经济、商业、政治以及专业交流技巧等方面的专业知识，重点培养精通英语、汉语及俄语3门关键性国际语言的专业口译及笔译人员。

翻译课程包括：基础笔译与视译、经济商业类笔译、科学技术类笔译、文化艺术及多媒体类笔译、笔译研讨、笔译实习、交替传译初步、实用交替传译、特定领域交替传译、国际会议同声传译、模拟会议、口译实习等。

国际大学院主页（英文）：http：//gsis. cau. ac. kr/

国际大学院简介（中文）：http：//gsis. cau. ac. kr/china/china_ 01. htm

AITP简介（英文）：http：//gsis. cau. ac. kr/academics/programs02. htm

首尔外国语大学院大学 ［韩国］

Seoul University of Foreign Studies

首尔外国语大学院大学正式批准成立于2002年，自2003年起招生，专门培养具有高水平语言能力和专业知识的翻译人才和国际服务专业队伍。该校设有韩英、韩中、韩日3个翻译系，学生可选择其中一种语言组合（双向）攻读会议口译、会议口译与笔译或笔译专业硕士，学制两年。在进行传统的语言训练与口笔译教学的同时，该校亦注重传授国际政治经济、文化艺术、信息技术等相关知识，并专门开设国际政治与经济学讲座、文化研究、第二语言时事辩论等课程。

网址（韩文、英文、中文）：http：//www. sufs. ac. kr/

马来西亚国家翻译学会 ［马来西亚］
Institut Terjemahan Negara Malaysia

马来西亚国家翻译学会成立于1993年。该学会为个人或组织提供语言培训课程。具体分为普通翻译课程和语言课程两种，前者培训新生译员，后者增加了与语言相关的文化课程。该学校能够教授的语言包括马来语、印度尼西亚语、泰国语、柬埔寨语等30种。

网址（马来文、英文）：http：//www. itnm. com. my/

翻译培训简介（马来文、英文）：http：//www. itnm. com. my/services/training

美　洲

蒙特利尔大学 ［加拿大］
Universitéde Montréal

加拿大东南部魁北克省的蒙特利尔大学设有语言学与翻译系（Département de Linguistique et traduction，Facultédes Arts et des Sciences），授予学士、硕士和博士学位。

翻译学士课程包括：语言干扰、法语写作难点、文本分析、翻译方法和翻译基础、英语写作、现代美国文明、高级英语语法、英语写作与翻译等。硕士专业有4个方向，分别为英法职业翻译、法英职业翻译、口译、翻译研究（以论文研究获取学位）。硕士生必选课包括研究方法和认知科学；选修课为翻译理论、翻译与社会、机器翻译、特殊语言等。

此外，该系还设有英法高级专科翻译、法英高级专科翻译与口译3种文凭课程。该校为国际翻译院校联盟（CIUTI）成员。

网址（法文）：http：//www. umontreal. ca

语言学与翻译系主页（法文）：http：//www. ling. umontreal. ca/

圣伯尼菲斯大学 ［加拿大］
Collège Universitaire de Saint – Boniface

圣伯尼菲斯大学位于加拿大中南部马尼托巴省，其翻译学院（School of Translation）创立于1984年，是加拿大翻译学院协会（The Canadian Association of Schools of Translation，CAST）会员。该院开设120个学分的优等生翻译文学士（The Honors Bachelor of Arts in Translation）课程，提供英法和法英法律、文学、商业与经济、科技、社科等领域的翻译课目。学院小班上课，重视实际技能训练和个别指导。学院有完备的计算机术语库等翻译资源。

该学院还设有英法和法英翻译网上证书课程（Le certificat de traduction par Internet)，学制一年。该课程为已获得本科学位并有良好的英、法语基础的学生设计。报考学生须通过入学甄别考试，并在3年内修完最少30个左右的学分。所开设的课目包括：信息与翻译、翻译导论、比较词汇学、比较句法学、双语术语学、普通英译法、普通法译英、商贸经济翻译、社会科学翻译等。

网址（法文）：http：//www. ustboniface. mb. ca/

多伦多大学 ［加拿大］
University of Toronto

多伦多大学继续教育学院人文和语言系（Arts，Humanities & Languages Department，School of Continuing Studies）开设有多种语言（包括汉语普通话和粤语）与英语之间的职业翻译继续教育证书课程。学生多为在职翻译人员。教学通过在校学习和远程授课两种方式进行，法语和西班牙语还可以在线学习。学生可在1年当中的任何时候报名入学。课程时间为1年，但最长可延长至3年。课程分中高级、高级和高级后3种水平。除修课外，每个学生还须完成1个翻译项目方能获得证书。

网址（英文）：http：//www. utoronto. ca/

继续教育学院翻译课程（英文）：http：//learn. utoronto. ca/languages. htm

渥太华大学 ［加拿大］
University of Ottawa

渥太华大学是北美洲历史最悠久的双语教育大学，位于加拿大首都渥太华市中心。该校文学院的口笔译分院（School of Translation and Interpretation，Faculty of Arts）自1936年起便在全加率先开设职业翻译课程。院长为著名的翻译史家和翻译教学理论家德莱尔（Jean Delisle）教授。该院的师资力量、课程质量与研究水平在加拿大国内和国际上均属一流。

该院为本科学生设计了两种优等生学士课程，一为普通课程，一为速成课程。每种课程都有4个方向供学生选择，分别是双语翻译、三语翻译、双语职业写作和合作教育。母语为法语的学生与母语为英语的学生分班授课。大部分课程都包括实习课。

研究生专业可授予翻译硕士和翻译研究博士学位（该院是全加第一个可授予翻译博士学位的学院）。翻译硕士专业分为两个方向，一为基础研究方向，另一为应用研究方向。

网址（法文或英文）：http：//www. uottawa. ca/

文学院口笔译分院（英文）：http：//www. translation. uottawa. ca/

约克大学 [加拿大]

York University

约克大学的格兰顿学院位于加拿大多伦多市中心，是约克大学的英法双语制文科校区，该学院的翻译分院（The School of Translation, Glendon College）设有优等生翻译学士和翻译硕士专业，每年招收约50名学生，其中一半是母语为英语的学生，另一半是母语为法语的学生。

优等生翻译学士专业时间为3年，为已读完1年大学的优秀本科生设立，开设英法和法英两个方向的翻译课程。学生须修完20门课目（其中10门为翻译必修课）。为研究生开设的课程有：翻译研究、语言与翻译、语篇分析、翻译史与文化传递、编辑入门、文体翻译、术语学、广告中的翻译、专科翻译、法律术语学与翻译、翻译服务机构管理、信息学与翻译、导读。

北美自由贸易协议签订后，市场对西班牙语与英语间的翻译需求大大增加。为满足这一需求，该学院开设了两年制（全日制）的西英翻译证书课程，为希望毕业后从事西英翻译职业的学生以及西英翻译从业人员提供语言与翻译技巧方面的训练。

网址（英文）：http：//www. glendon. yorku. ca/translation/

马萨诸塞大学阿姆赫斯特分校 [美国]

University of Massachusetts Amherst

马萨诸塞大学阿姆赫斯特分校人文与美术学院翻译中心（Translation Center, College of Humanities and Fine Arts）常年为本校本科生和研究生开设医学口笔译、翻译理论与实践、翻译与后殖民主义等课目，并与比较文学系共同开设翻译研究文科硕士课程。

翻译研究文科硕士课程为比较文学硕士专业中一个独立的方向，考生需有本科学位并熟练掌握一门外语，报考时除提供美国大学研究生院标准的报名材料外，还须提交译文或论文样本。

课程时间为1年，其中两学期上课，夏季用于写作学位论文。学生共须完成33个学分，其中包括12个比较文学课程学分、6个第一语言课程学分、3个第二语言课程学分、3个选修课学分和9个学位论文学分。在完成24个必修课学分后，学生须通过硕士（资格）考试，考试内容为外语和口笔译技能，学生从文学、商务和科技3个方向中择一参加考试。

翻译形式的论文须附有一篇详细的译序，说明译者在翻译中做出决策的过程。所有形式的学位论文都要求达到出版水平。

中心现任主任为著名的翻译理论家Edwin Gentzler教授，著名的翻译研究学者Maria Tymoczko是中心的成员之一。

网址（英文）：http：//umass. edu/umhome/index. php

人文与美术学院翻译中心（英文）：http：//www. umasstranslation. com/

阿肯色大学 ［美国］
University of Arkansas

阿肯色大学英语系（Department of English）设有法英、德英和西英翻译美术硕士（Master of Fine Arts）专业，主要研究文学翻译。该专业对学生的要求比较高，考生至少需有两门外语的阅读能力，在学期间要完成至少12学时的翻译研习课、24学时的源语言文学研究和诗歌小说技巧研究课、1学期的诗歌研习课、1学期的小说研习课，以及相当于一本书长度的学位论文。大部分研究生需要3年时间才能完成学业。

网址（英文）：http：//www. uark. edu/

英语系（英文）：http：//english. uark. edu/index. php

文学创作与翻译专业（英文）：http：//www. uark. edu/depts/english/PCWT. html

亚利桑那大学 ［美国］
The University of Arizona

亚利桑那大学是美国国家口译中心（National Center for Interpretation）所在地，该中心负责进行全美法庭译员资格认证考试（Federal Court Interpreter Certification Examination）。亚利桑那大学的阿格尼斯·霍里法庭口译讲习班（Agnese Haury Institute for Court Interpretation）始创于1983年，是美国历史最悠久的法庭口译培训课程。该讲习班设有为期3周的联邦法庭译员强化课程（Federal Court Interpreter Program），帮助初、中、高级的法庭译员提高口译与视译水平。每期讲习班招收学员65人，报名者须提供以下3种证明文件之一：本人供职单位开具的现职口译人员证明、本人已通过全美法庭译员资格认证考试笔试部分的证书或本人已通过州法庭译员资格认证的证书。开学第一天，每个学员还须参加口试与笔试。口笔试成绩不合格者只能以旁听生的身份参加讲习班。

讲习班聘请在法律领域里有着丰富口译经验的法庭译员任教。讲课、讨论与实习的内容包括：医学口译与生理、毒品术语、法庭程序、西班牙语特点、英语特点、伦理学介绍、口译规程、武器术语、DNA术语、法庭语言、华盛顿法庭录像、音像资料文本转写、音像资料翻译、移民、自学技巧、法医病理学、口译资源、法庭参观、语义学和用法、毒品管制、业务与专业发展等。

网址（英文）：http：//www. arizona. edu/

阿格尼斯·霍里法庭口译讲习班简介（英文）：

http：//nci. arizona. edu/about_ agnese_ haury_ institute_ interpretation

美国国家口译中心（英文）：http：//nci. arizona. edu/

杨伯翰大学 ［美国］
Brigham Young University

杨伯翰大学语言学系翻译研究组（Translation Research Group, Department of Linguistic）建有翻译、理论与培训（Translation, Theory & Training）网页，提供语言理论和翻译技术方面的信息。

语言学系开设“翻译中的问题”这一课程，介绍人工与机器翻译的历史、理论和实践，教材为莫娜·贝克（Mona Baker）所著的《换言之：翻译课程》（In Other Words: A Course on Translation）和道格拉斯·罗宾逊（Douglas Robinson）所著的《译者进阶课程》（Becoming a Translator: An Acceleration Course）。该课程要求选课学生熟练掌握1门外语。课程侧重于翻译文本、语言学与翻译技术三方面。学生平均每周在此课程上花费约6小时左右时间。

网址（英文）：http：//www. ttt. org/

卡内基-梅隆大学 ［美国］
Carnegie Mellon University

卡内基-梅隆大学机器翻译中心隶属于计算科学学院语言技术研究所（Center for Machine Translation, Language Technologies Institute, School of Computer Science）。它成立于1986年，以高质量多语种的机器翻译为重点，研究开发一整套自然语言的处理技术。

该中心目前正在从事机器翻译、信息检索和语音翻译方面的多项研究课题，其中包括大型语音机器翻译系统“两面神”（Janus）和大型技术文献机译系统“康德”（Kant）。“两面神”课题里包含着多项子课题，其总目标是研制出以某种中介语为基础、能用语音直接翻译多种语言间自然话语的语音翻译系统，目前研究的重点是研制能在旅行社和客户之间进行实时语音翻译的系统，所涉及的语言包括英、德、日、韩、意和法语。“康德”系统以知识库为基础，采用受控的源语言词汇和语法以及具有专业针对性的语义模式，为大批量技术文献提供多语种、高准确度的翻译。该系统现已开始应用于电力管理等工程领域。

语言技术研究所设有硕士与博士专业，分为语音翻译项目研究、计算机科学、语言学和统计学几个研究方向。除语言技术这一课程专为硕士生开设外，其余课程均可供硕士生与博士生共同修读。研究方向有语音翻译项目研究方向、计算机科学方向、语言学方向和统计学方向。

网址（英文）：http：//www. lti. cs. cmu. edu/

纽约城市大学 ［美国］
The City University of New York

纽约城市大学是美国最大的城市大学，开设有跨学科的文科研究硕士专业（Liberal Studies Program，Graduate School）。该专业现有10个专业方向，包括翻译研究、美国研究、生物伦理、科学与社会、电影研究、犹太学研究、西方思想里程碑和妇女研究。获得该专业学位的要求是完成30个学分的研究生课程以及硕士论文。学生须修读自己所选专业方向中的两门必修课目，并在导师指导下选修该校研究生院其他系科相关的硕士与博士课目。

翻译研究方向的必修课为术语学和文献资料整理、翻译理论与实践；选修课包括文化翻译、文学翻译理论等。

网址（英文）：http：//www. cuny. edu/

文科研究硕士专业：http：//web. gc. cuny. edu/Liberalstudies/（没有翻译研究方向）

夏威夷大学 ［美国］
The University of Hawaii

夏威夷大学是美国同时提供日英和汉英翻译课程的两所高校之一（另一所为蒙特雷国际研究学院）。该校的语言、语言学和文学学院口笔译研究中心（Center for Interpretation and Translation Studies，College of Languages，Linguistics and Literature）开设日英、汉英和韩英夏季口笔译培训证书课程，为期6周。报考者须通过入学语言测试。此外，中心还长年为夏大的学生和成教生开设一般性口笔译技巧训练课，如笔译原理、口译原理、法庭口译原理、网络日译英、网络汉译英、口译基础、社区口译等。计划中的课目还包括：外译英技巧、英译外技巧、译者研究工具与技术辅助工具、视译、指导研究、专业定向、科技外译英、科技英译外、交替传译、同声传译和机助翻译。

该中心成立于1988年，拥有先进的翻译培训设备，包括红外和便携式同声传译设备以及专业级的录音与录像器材。

网址（英文）：http：//www. hawaii. edu/

口笔译研究中心（英文）：http：//cits. hawaii. edu/

印第安纳大学 ［美国］
Indiana University

在文学翻译方面，印第安纳大学比较文学系（Comparative Literature Department）是美国大学翻译系科中师资力量最强的系之一。历史上，该系教师一直以优秀的小说与诗歌译作而著名。他们译自汉语、法语、德语、希腊语、意大利语、日语和西班牙语的文学作品深得业界好评，赢得过许多全国性的奖励。

该系设有1年制的研究生文学翻译证书课程（Certificate of Literary Translation）。比较文学系主任指定一个3～4人的教授委员会监督与协调该课程的运作。该课程可作为比较文学硕士学位课程的一部分，其核心课目包括翻译史论、实用翻译研习班和翻译研究专题。此外，学生还须完成一个翻译项目，将一部或几部文学作品或学术著作译成英语或外文，并撰写一篇介绍性的论文。

网址（英文）：http：//www. indiana. edu/

比较文学系（英文）：http：//www. indiana. edu/～complit/

翻译研究方向（英文）：

http：//www. indiana. edu/～complit/special/translation. shtml

艾奥瓦大学 ［美国］
The University of Iowa

艾奥瓦大学电影与比较文学系（原名“比较文学系”）创作性写作专业设有翻译美术硕士课程，其宗旨是鼓励翻译实践，帮助人们更多地认识到翻译是各种文化间相互交流的主要手段之一。

该课程已设置多年。它起源于1962年该校始创，后成为美国各地同类机构楷模的翻译研习班（Translation Workshop）。翻译研习班最初由埃德蒙·基利与马克·斯特兰德创办。1967年，美国诗人保尔·恩格尔（Paul Engel）与夫人聂华玲创立“国际写作项目”（International Writing Program，IWP），每年邀请国外著名作家来校访问，并出版文学作品的译本。翻译研习班和创作性写作专业的学生也因而获得向来访作家学习的机会。一些每年秋季来艾大居住、工作的作家定期参加研习班的活动。

新生录取后，系里会为其指定一个由两名指导教师组成的指导小组；学生提出学位论文开题报告后，该指导小组的成员会增加到3名。

在学期间，学生最少须完成24个学分的课程。课程的核心部分是翻译研习班（最少12个学分）。研习班注重翻译理论学习，并要求学生通过导读或修课方式熟悉西方翻译史。除了研习班之外，学生还须在指导小组的指导下，修读诸多领域的科目。学位论文的形式是翻译一部诗集、短篇小说集、中篇小说或剧本，并撰写译者序言，说明自己对原文结构与风格的分析以及所采用的翻译策略和技巧。论文答辩时，答辩委员会对译作与译序都会加以考查。

网址（英文）：http：//www. uiowa. edu/

电影与比较文学系（英文）：http：//ccl. clas. uiowa. edu/

翻译美术硕士（英文）：http：//ccl. clas. uiowa. edu/node/113

肯特州立大学 ［美国］
Kent State University

位于俄亥俄州的肯特州立大学文理学院现代与古典语言研究系应用语言学研究所

（Institute for Applied Linguistics，Department of Modern and Classical Language Studies，College of Arts and Sciences）设有 4 年制的法英、德英、俄英和西英的翻译理学士专业（Bachelor of Science in Translation）和两年制的法英、德英、日英、俄英和西英的翻译文科硕士专业（Master of Arts Specializing in Translation）。该所的机助翻译、机助术语学、多语言文本管理、跨语言信息交换与检索等多项语言工程研究在国际上素负盛名，所里本科与研究生翻译的教学重点也相应放在与这些研究相关的领域，如科技翻译、商业与法律翻译、机助翻译、机助术语学、翻译研究技巧、本地化和翻译项目管理等。

翻译理学士专业课程设计的特点是强调学生在主修翻译的同时，必须同时学习某一专业领域（Subject Area Specialty）的一组基本课程，以达到既懂专业、又会翻译这两个彼此间具有内在联系的目标。

从分配给各组课程的学分来看，专业领域课程在总课程中占有相当大的比重，仅次于文科通识教育课程。这样设计课程的理论依据是：在当今的翻译市场上，译者仅有语言、文学和文化方面的训练是远远不够的；他们必须在语言之外的某个或某几个有市场需求的专业领域里具有比较深入的知识。

翻译文科硕士专业要求学生完成 37 个学分的课程和 1 项翻译个案研究。

网址（英文）：http：//www. kent. edu/

应用语言学研究所（英文）：http：//appling. kent. edu/

蒙特雷国际研究学院［美国］

Monterey Institute of International Studies

翻译及语言学院（Graduate School of Translation，Interpretation and Language Education，GSTILE）始建于 1965 年。该院不招收本科生，是专业的研究生翻译学院。

该院是美国翻译协会和国际翻译家联盟的团体会员，其口笔译专业课程的质量在同类院校中属佼佼者，得到国际会议口译员协会的承认。全院现有 30 多名教师，他们同时也都是口笔译实务工作的高手。

在美洲高校中，该院是外语语种最多的院系之一，也是亚洲语种最多的院系之一，现有阿英、中英、日英、韩英、法英、德英、俄英和西英等 8 个系，共有学生 200 多名。翻译学院提供 4 种硕士课程，分别授予笔译硕士（MA in Translation，MAT）、口笔译硕士（MA in Translation and Interpretation，MATI）、会议口译硕士（MA in Conference Interpretation，MACI）和笔译/本地化管理硕士（MA in Translation/Localization Management）。学制两年，目前大部分学生攻读的是口笔译硕士学位。

申请入学者必须通过名为“早期诊断性测试”（Early Diagnostic Tests，EDT）的入学笔试与口试。学院还要求未修过基础经济学的学生入学前补修该课程。被录取的新生在第 1 学期里修读同样的口笔译必修课目，第 2 学期起才初步专业定向。第 2 学期结束时，必须通过该专业的各项考试，才能正式确定专业定向。

学生毕业时须参加由翻译学院教授与有关国际组织和政府机构口笔译专家共同主

持的专业考试（Professional Examinations），通过者将获得专业考试合格证书（Professional Exam Certificate）。

翻译学院设有 Professional in Residence 项目，为国际组织的专职译员提供短期进修访问机会。该校为国际翻译院校联盟（CIUTI）成员。

网址（英文）：http：//www. miis. edu/

纽约大学 ［美国］
New York University

美国最大的私立大学纽约大学的外语与翻译中心（Center for Foreign Languages and Translation）开设有法英、德英、西英、英葡、英西和普通翻译 6 个方向的翻译证书课程，西英法庭口译证书课程以及各语种对英语的在线翻译课程。

选读翻译证书课程的学生正式被录取前须通过入学考试（可通过互联网远程进行），并以 B 以上的成绩修完第 1 学期的翻译研究入门课。

西英法庭口译证书课程为有志于从事法律口译的学生或译员开设，科目有：法庭口译基础、同声传译、口译员笔译等。

中心的翻译教学有两大特色：一是远程教学：攻读法英、西英和英西 3 个方向证书的学生都可以选择用在线学习的方式修课，德英和英葡教学则完全通过在线方式进行；二是中心利用身处纽约大都会的便利条件，与许多银行机构、法律事务所、出版社、媒体单位、翻译公司、非营利性组织以及自由职业译者建立了联系，可为课程平均成绩在 B + 或以上的毕业生安排实习。

网址（英文）：http：//www. nyu. edu/

继续教育与职业教育学院翻译专业（英文）：

http：//www. scps. nyu. edu/areas – of – study/foreign – languages/

匹兹堡大学 ［美国］
University of Pittsburgh

匹兹堡大学语言学系开设职业翻译证书课程（Professional Translation Certificate Program），课程包括 4 方面的内容：学习翻译原理、分析翻译过程中的问题；学习商贸、金融、科技、医学、法律领域里翻译所需的准确术语；改进非文学文本翻译中所需的写作技巧；学会与翻译有关的文字处理技术以及翻译软件与互联网的使用。

入学的外语水平要求至少为大学专科（3 年）以上。教师会在具体语种的翻译课正式授课以前对学生进行外语水平的诊断性测试，不够标准者必须补修完相关外语课目后才能获准修读该门翻译课。

核心课程共 5 门，分别是：语言学导论、机器助译工具、职业写作交际、职业翻译 I 与 II。全部课程修完后，学生须通过资格考试，方能获得证书。

为培养专业翻译人才，该学院还开设了最少包括 18 个学分的硕士后专科翻译证书课程供毕业研究生选读，集中训练某一专业领域内的翻译技能。

网址（英文）：http：//www. pitt. edu/

语言学系（英文）：http：//www. linguistics. pitt. edu/index. php

波多黎各大学里约皮埃德拉斯分校 ［美国］
Universidad de Puerto Rico, Recinto de Río Piedras

美国海外领地波多黎各大学里约皮埃德拉斯分校人文学院的研究生翻译专业开设于 1970 年，以培养专业基础雄厚的职业翻译人员为目的，学制两年，授予翻译文科硕士学位，现有学生 200 人左右。

申请攻读该专业的学生必须拥有学士学位，本科各科平均成绩在 75 分以上，申请时须提交两篇分别用西班牙语和 1 门专业外语（法语或英语）写成的命题短文。

课程总共包括 45 个学分。修完 24 个学分之后，学生须参加学位资格考试。学位论文的形式为 1 篇不少于百页的翻译，外加译者序言。论文须通过研究生学业指导委员会的公开审查。

为培养专业翻译人才，该学院还开设了最少包括 18 个学分的硕士后专科翻译证书课程供毕业研究生选读，集中训练某一专业领域内的翻译技能。

网址（西班牙文）：http：//www. uprrp. edu/

研究生翻译专业（英文）：http：//humanidades. uprrp. edu/pgt/index. php?lang = en

纽约州立大学宾厄姆顿分校 ［美国］
Binghamton University, State University of New York

纽约州立大学宾厄姆顿分校的翻译研究中心（The Center for Research in Translation）负责管理协调宾大校区内与翻译有关的活动。中心主任为著名的翻译理论家 Marilyn Gaddis Rose 教授。

中心通过“翻译研究与教学项目”（Translation Research and Instructional Program, TRIP）监督译者培训与翻译教学研究工作，设有“翻译研究与教学项目”翻译证书课程（TRIP Certificate in Translation）。该课程可以独立修读，也可以与其他专业的硕士与博士课程连读，要求考生外语熟练，母语（通常为英语）表达力强，拥有专业领域内的知识。学生可按自己的兴趣选修文学、商业、法律、科技等专业领域的翻译课程。这些课程为学生日后达到美国翻译协会制定的行业标准打下基础，或为他们攻读更高一级的翻译学位做好准备。迄今为止，已有高新技术、会计、人类学、生物学、生物化学、比较文学、英语、法语、意大利语、管理、音乐、哲学、政治学、心理学、社会学和西班牙语专业的硕士生和博士生获得过该课程的证书。

纽约州立大学宾厄姆顿分校的 4 个文科硕士专业（比较文学、罗曼语言、社会科学和教育）都有正式的翻译方向，如比较文学系早在1971年1月便设立了硕士翻译研习班。1973年，该系得到美国联邦教育部的资助，扩充机构，增设了课程。学生在翻译研习班里有机会同出版过译作的译者一起从事有关专业的翻译工作。

中心自1984年起出版《翻译视角》（Translation Perspectives）系列论文集。

网址（英文）：http：//www. binghamton. edu/

翻译研究与教学项目（英文）：

http：//www2. binghamton. edu/comparative – literature/graduate/trip/

得克萨斯大学达拉斯分校 ［美国］
The University of Texas at Dallas

得克萨斯大学达拉斯分校翻译研究中心（The Center for Translation Studies）正式成立于1980年，其宗旨是通过文学翻译促进文化交流，在世界范围内传播文学翻译理论与实践新进展的信息，促进翻译研究，促进人文领域内的跨学科研究和人文学科与自然科学之间的沟通。

中心得到美国全国人文捐赠基金会和美国全国文科捐赠基金会的资助，是翻译研究和批评领域内公认的权威机构。中心自1978年起开始出版《翻译评论》（Translation Review）学刊（每年3期）。该刊重视文学翻译理论与批评，在英语世界里颇有影响。

网址（英文）：http：//www. utdallas. edu/

翻译研究中心（英文）：http：//translation. utdallas. edu/

欧　洲

因斯布鲁克大学 ［奥地利］
Universität Innsbruck

因斯布鲁克大学翻译学院（Institute of Translation and Interpretation）是国际翻译院校联盟成员。它要求考生掌握至少两门外语。入学考试内容包括母语、第一外语和第二外语。大学提供1年的预科课程，帮助考生通过入学考试。

口笔译专业学制为8个学期，但大部分学生需用10～12个学期才能完成学业。课程分为两个阶段。第一阶段（前4个学期）中，所有的口译和笔译主修生都修同样的课程，着重提高外语水平，熟悉所学外语国家的历史、地理和文化，学习翻译实务入门和翻译软件使用，并通过包括法律、经济、语言学和翻译理论方面的内容以及名为“一考”（erste Diplomprüfung）的初级考试。

第二阶段包括后4个学期，口译生和笔译生分修不同的专业课程，如专科翻译、翻译语言学研讨、术语学、机助翻译、同声传译、交替传译、会议口译、口译术语学等。这一阶段结束前，学生须通过名为“二考”（zweite Diplomprüfung）的结业考试。

该校为国际翻译院校联盟（CIUTI）成员。

网址（德文为主）：http：//www. uibk. ac. at/

翻译学院（德文）：http：//www. uibk. ac. at/translation/

格拉茨大学 ［奥地利］
Universität Graz

格拉茨大学翻译学院（School of Translation and Interpreting）创立于1946年，是全世界翻译专业语种最为丰富的高校之一，开设阿拉伯语、波斯尼亚/克罗地亚/塞尔维亚语、英语、法语、匈牙利语、意大利语、俄语、斯洛文尼亚语、土耳其语和奥地利手语对德语的本科翻译专业，以及欧洲会议口译硕士专业。

该学院翻译教学的特点是面向实际工作场景，注重实践，这体现在以下几个方面：强调法律、医学、科技等专业领域内的翻译训练和术语学训练；教授翻译记忆软件、术语库管理等现代翻译技术的使用；从口笔译工作第一线聘请教师，以保证课程的实用性传统；与工商界保持良好关系，方便安排学生实习。

同因斯布鲁克大学翻译学院一样，该院的本科课程亦分为两个阶段，本科生也须掌握至少两门外语，在读期间分别通过"一考"和"二考"。"一考"内容包括口译、笔译、普通翻译、专科翻译、以及写作和文化背景知识。"二考"分为两部分：第一部分是笔译和口译，第二部分为学位论文答辩。学位论文一般涉及译文分析、术语项目、文体研究等内容。

翻译学院下辖翻译研究系，招有数名翻译研究方向的博士生。该校为国际翻译院校联盟（CIUTI）成员。

网址（德文为主）：http：//www. kfunigraz. ac. at/

翻译学院（德文）：http：//www. uni－graz. at/itat/

维也纳大学 ［奥地利］
Universität Wien

维也纳大学翻译部（Translation Division）开设有13种外语（包括日语）对德语的翻译课程，学时最少4年。前两年不分方向，后两年分口笔译两个方向授课，课目种类丰富。该校为国际翻译院校联盟（CIUTI）成员。

网址（德文为主）：http：//www. univie. ac. at/

翻译学院（德文）：http：//transvienna. univie. ac. at/

安特卫普学院 ［比利时］
Universiteit Antwerpen

安特卫普学院成立于1995年，由17个著名的学院合并而成，是比利时最有名的高等学府之一。该学院的高等翻译学院（Higher Institute of Translation and Interpreting, Hogeschool Antwerpen）是国际翻译院校联盟的成员，设有4年制的本科口笔译专业。该学院还同安特卫普和卢汶的一些大学共同开设有翻译研究方向的研究生专业。

本科口笔译专业的所有学生都须学习荷兰语以及另外两门欧洲外语。三四年级时，学生还可选修第3门外语（丹麦语、新希腊语、汉语或阿拉伯语）。笔译方向的学生毕业后可继续修读1年的口译课程，取得口译学位。欧洲议会、欧洲委员会等国际机构的工作人员中都有该专业的毕业生。

网址（荷兰文）：http：//www. artesis. be/vertalertolk/

布鲁塞尔埃拉斯莫学院 ［比利时］
Erasmus Hogeschool Brussel

位于比利时首都布鲁塞尔的埃拉斯莫学院设有4年制的口笔译专业。同大多数欧洲高校的翻译专业一样，该校的口笔译专业也要求学生掌握两门外语。学生在校的前两年时间里不分专业方向；后两年分成口笔译两个方向。选择口译方向的学生须通过考试。

口笔译专业每年6月份组织一次考试，考试科目为学生本学年学习的所有科目。学生必须通过所有科目的考试。如有任何一门科目的考试成绩不及格，学生须重考所有的科目。重考时间为当年的9月份。

学生在学期间如获得适当的奖学金，可去所学外语的国家读一到两学期的大学，所获学分学院予以承认。

网址（网站有荷兰文、法文、英文版，其中英文内容有限）：http：//www. ehb. be/

玛丽—哈普斯自由学院 ［比利时］
Institut Libre Marie Haps

玛丽－哈普斯自由学院历史悠久，自1955年起便开始开设口笔译专业课程。该院现有4年制的本科口译专业、笔译专业以及1年制的会议口译专业，主要招收母语为法语或德语的学生，在校学生人数400多人。学生的语言组合可为下列两种之一：法语＋两门欧洲外语（英语、德语、意大利语、俄语或西班牙语）；德语＋法语＋英语。

此外，该院还和英国北伦敦大学与荷兰马斯特里希特学院联合培养1年制的应用翻译研究文科硕士生。该校为国际翻译院校联盟（CIUTI）成员。

网址（法文）：http：//www. ilmh. be/traduction/

蒙斯—海瑙大学 ［比利时］

Universitéde Mons – Hainaut

蒙斯－海瑙大学国际口译员学院（Ecole d'Interprètes Internationaux，EII）设有本科口笔译专业，开设的课程语言对较多，包括英德、英丹、英西、英意、英荷、英俄、荷英、荷意、德丹、德西、德意、德荷、德俄、丹西、丹意、俄西等。该校为国际翻译院校联盟（CIUTI）成员。1999 年 8 月，国际译联曾在该校召开第 15 届世界翻译大会。

网址（英文、法文）：http：//portail. umons. ac. be/EN2/Pages/default. aspx

翻译学院（英文、法文）：http：//portail. umons. ac. be/EN2/universite/facultes/fti/Pages/default. aspx

高级翻译学院 ［比利时］

Institut supérieur de traducteurs et interprètes

比利时首都布鲁塞尔是欧洲共同体以及欧洲联盟等许多机构的所在地。早在 1958 年，比利时政府便在此设立了今天高级翻译学院的前身——口笔译学校。1977 年，比利时王室颁布命令，正式授予该校本科高等院校的地位。自 1995 年起，该学院成为布鲁塞尔高等学院下属的一个学院。

该院每年招收 900 名左右学生。所有学生都须学习两门欧洲外语（荷、英、德、意、西、俄等）。三四年级时，学生还可选修第 3 门外语。笔译方向的学生毕业后可继续攻读一到两年的口译课程，取得口译学位。该校为国际翻译院校联盟（CIUTI）成员。

网址（法文）：http：//www. isti. be/

哥本哈根商学院口译中心 ［丹麦］

Center for Konferencetolkning，Eksperter på CBS

哥本哈根商学院口译中心历史悠久，早在 1921 年便已成立，自 1970 年起便是国际翻译院校联盟的成员。该中心开设 3 年制的商务专用语言研究生高级学位课程，并针对欧盟的需要开设为期 6 个月的会议口译研究生高级课程，现有学生 500 人左右。

网址（丹麦文）：http：//www. cbs. dk/

赫尔辛基大学 ［芬兰］

University of Helsinki

赫尔辛基大学翻译研究系（Department of Translation Studies）创立于 1971 年，设有 5 年制或 6 年制的本科口笔译专业，在校学生人数 400 人左右。

网址（英文）：http：//www. helsinki. fi/university/

现代语言系（英文）：http：//www. helsinki. fi/modernlanguages/（可链接到下设翻译专业）

约安苏大学 ［芬兰］
University of Joensuu

约安苏大学萨佛利纳翻译研究学院（Savonlinna School of Translation Studies）初建于1968年，1981年并入约安苏大学。该学院有3年制的口笔译专科、5年制或6年制的口笔译本科、以及翻译研究硕士与博士等4个不同层次的翻译课程，在校学生人数400人左右。

网址（英文）：

http：//www2. pfmb. uni－mb. si/old/programi/nem/Germanistik_ files/virtual/petric/pdf/infoling/translatologija_ student/joensu/eng－tran. htm

坦佩雷大学 ［芬兰］
The University of Tampere

坦佩雷大学人文学院现代语言与翻译研究分院翻译研究系（Department of translation studies, School of Modern Languages and Translation Studies, Faculty of the Humanities）成立于1966年，每年招收英语、俄语和德语对芬兰语和瑞典语（同为芬兰官方语言）翻译的学生45～75人。该系以培养口笔译员、口笔译研究者和具有跨文化交流与国际区域研究眼光的专业人员为宗旨，开设有从学士到博士的全套翻译课程。学士课程学制3年，硕士课程学制4至5年。副博士（Licentiate）和博士生少量修课，主要任务是完成具有独创性的学位论文并通过公开答辩。

该系现有教师近30人，教学与科研重点为专门领域交流、文学翻译、会议口译、口笔译理论与方法、视听翻译、术语学以及芬兰语研究。学生可以从本系的教学与科研重点或本校其他系科开设的专业中自由选择1个作为自己的副修专业。该系每年都有许多学生参加国际留学生交换计划。

该系对计算机和信息处理技术十分重视，是斯堪的那维亚国家高校中首家配备大型微机实验室，向师生提供机助翻译和专业翻译用计算机技能训练的人文系科。

网址（英文）：http：//www. uta. fi/english/

翻译系（英文）：http：//www. uta. fi/FAST/dept. html

夏尔-戴高乐大学（里尔第三大学）［法国］
Angellier, Université Charles de Gaulle－Lille 3

夏尔－戴高乐大学（即里尔第三大学）英语国家语言、文学和文明培训与研究学院建于1982年，开设1年制的专科翻译研究生专业。该专业包括电影翻译和其他专科翻译（政治、经济、法律、科技）两大方向。

网址（法文）：http：//www. univ - lille3. fr/fr/

梅斯大学［法国］
Université de Metz

梅斯大学文学与人文科学培训和研究学院应用外语系（Dé partement des Langues trangères Appliquées，UFR des Lettres et Sciences humaines）成立于1990年，在校学生人数100多人。梅斯大学拥有独具特色的法德合作课程。

网址（法文为主）：http：//www. univ - metz. fr/

应用外语系（法文）：http：//www. univ - metz. fr/ufr/ll/

巴黎第三大学［法国］
l'UniversitéSorbonne Nouvelle - Paris 3

巴黎第三大学高级翻译学院（Ecole Supérieure d'Interprètes et de Traducteurs）是欧洲历史最悠久的著名翻译高校之一，为国际翻译院校联盟创始成员，始建于1957年10月3日，首任校长为著名的口译专家与教育家、国际口译工作者协会创始人之一、法国国家博士达妮卡·塞莱丝柯维奇（Danica Seleskovitch）教授。1968年后，学院迁至多菲纳（Dauphine）大学中心。根据1984年1月26日通过的一项法案，该校成为巴黎第三大学（新索邦大学）下属的一个学院。在校学生包括笔译生约300人，口译生约150人。

该院是职业翻译学院，不教授语言，学生入校时必须已经熟练地掌握有关外语。法语和英语是考生必须通晓的语言。

学院由口笔译部和翻译学研究中心两个部门组成。口笔译部的教师都是口笔译领域里的专家，并且具有一到两个领域里的专门知识。他们在教学中以塞莱丝柯维奇教授所创立、并为学院几十年教学实践所证实的“释义理论”（Théorie interprétative de la traduction）为基础，对学生进行口笔译工作实际技能的训练。

翻译学研究中心强调自己注重翻译过程，而非翻译结果的研究。研究人员关注的领域包括法律翻译、视听翻译、翻译史、翻译教学法等等。

学院为修完两年大学本科课程的学生开设一年制的中级专科笔译课程，为修完3年大学本科课程的学生开设一年制的高级专科笔译课程和两年制的高级商务与科技笔译课程，为修完3年大学本科课程的学生开设两年制的会议口译研究生课程，为读完4年大学本科的学生开设一年制的翻译研究生课程。此外，学院还培养翻译研究专业的博士生。

网址（法文）：http：//www. univ - paris3. fr/esit/

巴黎管理与跨文化传播学院 [法国]
Institut de Management et de Communication interculturels

巴黎管理与跨文化传播学院（原称“巴黎高级翻译学院”）创立于1957年。1979年，成为国际口笔译高等教育机构常设会议组织的成员。该院开设五年制的本科管理、传播与笔译专业（培养多语言的跨文化交际人才，能够使用4种工作语言）和两年制的会议口译研究生专业。此外，该院还同巴黎第十一大学和第二大学合作，为法律专业的学生提供语言训练课程。

网址（法文）：http：//www. isit－paris. fr/

斯特拉斯堡人文科学大学（斯特拉斯堡第二大学）[法国]
Universitédes Sciences Humaines de Strasbourg－Strasbourg 2

斯特拉斯堡人文科学大学（即斯特拉斯堡第二大学）翻译与国际关系学院（Institut de Traducteurs，d'Interprètes et de Relations internationales，ITI）成立于1985年。学院开设的翻译课程有专业领域翻译、会议口译、视听翻译和文艺翻译等等。

网址（法文）：http：//u2. u－strasbg. fr/itiri/

柏林洪堡大学 [德国]
Humboldt－Universität zu Berlin

柏林洪堡大学的人文学院最早创立于1887年，1962年重建。

该院设有北欧学系、罗马研究与语言学系、英美研究系（Institut für Anglistik und Amerikanistik）、亚非系等，它们大都开设有翻译课程。以英美研究系为例，翻译及与翻译有关的课程计有：翻译理论、特殊文本分析、文学翻译、普通文本分析、话语与译者、翻译信息结构与参数处理、实用英语语法、语言习得、语言学、口译基础、英语语音学与音位学、英语词汇学等十几门。本科学制为9学期，毕业生被授予笔译大学文凭（Diplom－übersetzer）或口译大学文凭（Diplom－Dolmetscher）专业学位。

网址（德文为主）：http：//www. hu－berlin. de/

英美研究系（英文）：http：//www. angl. hu－berlin. de/

美因兹约翰—谷登堡大学 [德国]
Universität Johannes Gutenberg Mainz

美因兹约翰－谷登堡大学位于德国西南部莱茵兰－普法多茨州首府美因兹市。该校的应用语言学与文化研究学院（Fachbereich Angewandte Sprach－und Kulturwissenschaft）创立于1947年，位于莱茵河上游港口古城盖默斯海姆（Germersheim）市。1949年，该校并入约翰·谷登堡大学，1991年正式改名为应用语言学与文化研究学院，现有教师140多人，学生2000多人，其中近一半为留学生。

该院是国际翻译院校联盟成员，下属5个分院，含英美语研究分院、罗曼语研究分院、斯拉夫语研究分院、跨文化交流分院、语言学与文化研究分院等11个系。

欧盟通过Socrates、Lingua和Tempus计划对其成员国的许多留学生交换项目提供资助。除了欧盟的资助之外，盖默斯海姆应用语言学与文化研究学院自身也对本校学生的出国留学提供多种支持。学院同法国、英国和西班牙的3所大学订有协议，使得本院学生可在这3所大学当中的任何一所留学1年，并且在通过规定的考试之后，同时从这3所大学获得学位。除此之外，学院还与比利时、哥伦比亚、法国、英国、爱尔兰、意大利、西班牙、瑞士、美国、俄罗斯和委内瑞拉等国的姐妹院校保持着直接的校际留学生交换关系。

学院拥有良好的设备，建有自己的在线术语库FASTERM。图书馆藏有世界各国的书籍18万册、杂志700多种、报纸100多种。

网址（德文为主）：http：//www. uni – mainz. de/

翻译、语言学与文化研究专业（德文）：http：//www. fb06. uni – mainz. de/

海德堡鲁普莱希特—卡尔斯大学 ［德国］
Ruprecht – Karls – Universität Heidelberg

海德堡鲁普莱希特－卡尔斯大学（简称“海德堡大学”）翻译学院（Institut für übersetzen und Dolmetschen der Ruprecht – Karls – Universität Heidelberg，IID）创建于1930年，是国际翻译院校联盟的创始成员。现有学生1300多人。

该院开设3年制的专科笔译专业（要求学生掌握1门外语）和四年制的本科笔译或口译专业（要求学生掌握两门外语），此外，还招收翻译研究专业的博士生。

网址（德文）：http：//www. uni – heidelberg. de/

翻译学院（德文）：http：//www. uni – heidelberg. de/fakultaeten/neuphil/iask/sued/index. html

萨尔州大学 ［德国］
Universität des Saarlandes

萨尔州大学应用语言学与口笔译系（Fachrichtung 4. 6. Angewandte Sprachwissenschaft sowie übersetzen und Dolmetschen）的历史最早可追溯到创建于1948年的口译学院。1978年，该学院被并入萨尔州大学文学院，后改用现名。该系是国际翻译院校联盟的成员，有学生1200人左右。著名翻译学家Wolfram Wilss是该系的教授。

该系设有四年制的本科口笔译专业（授予毕业生口译大学文凭或笔译大学文凭）和翻译研究博士专业。本科核心课程由两门外语和一门副修科目组成。副修科目由学生从经济学（分经济学和工商管理两个方向）、工程（分机械工程和电子工程两个方向）和法律（分欧洲法和国际法两个方向）3个专业中任选1门，学习时间为4学期，由相应系科的教师任教。4 学期结束后，学生须通过考试，成绩算作毕业考试成绩的一部分。设立副修科目的目的是给学生提供系统学习 1 门专业基础知识的机会，使他们日后能够尽快熟悉某一专业领域知识，独立开展口笔译工作。

网址（德文为主）：http：//www. uni - saarland. de/

应用语言学与口笔译系（英文）：

http：//www. uni - saarland. de/fak4/fr46/englisch/welcome. htm

阿姆斯特丹大学 ［荷兰］
Universiteit van Amsterdam

阿姆斯特丹大学在语言学的分支研究上很有特色。这些研究主要由阿姆斯特丹语言与传播中心（Amsterdam Center for Language and Communication，ACLC）和语言逻辑与计算机学院（Institute for Language，Logic，and Computation，ILLC）承担。研究领域包括克利奥尔语研究、功能语法、生成语法、语言类型学、语言变更研究、第二语言获得研究等等。这个学校的语言学讨论课可以使用阿拉伯语、荷兰语、英语、德语、法语、希腊语、意大利语、拉丁语等多种语言进行。

网址（英文）：http：//www. english. uva. nl/start. cfm

语言与传播中心（英文）：http：//www. hum. uva. nl/aclc - about/home. cfm

语言逻辑与计算机学院（英文）：http：//www. illc. uva. nl/

都柏林城市大学 ［爱尔兰］
Dublin City University

都柏林城市大学应用语言学和跨文化研究学院（School of Applied Language and Intercultural Studies）设有翻译研究、跨文化研究、应用语言学和跨文化研究以及比较文学 4 个研究生专业。

其中，翻译研究专业（Graduate Diploma/M. A. in Translation Studies）学制为 1 年，招生对象为寻求笔译专业学历的语言学家或其他专业的专家。考生一般需有自己所选读外语专业的本科优等生学位，并且最好在这些外语的母国居住过至少 1 年。学生从西英、德英、法英、爱英、日英等几个语言对中选择一到两个作为自己的主修翻译语言对。所学课程包括笔译实践、翻译理论、翻译技术（包括术语管理、机器翻译和机助翻译）、语言技巧进修、字幕翻译、软件本地化等。

跨文化研究专业（Graduate Diploma/MA in Intercultural Studies）学制分为全日制 1 年和业余两年两种，研究领域涉及文化差异、跨文化交流、语言与文化认同之间的关系、全球化、文化冲突的道德尺度等议题。

应用语言学与跨文化研究专业（Graduate Diploma in Applied Language and Intercultural Studies）实际上是为那些不想专攻翻译研究、跨文化传播或者比较文学等特定领域的学生提供了另外的选择，他们可以在学完这个课程之后再选择特定的领域继续深造。

网址（英文）：http：//www. dcu. ie/

语言学与跨文化研究学院（英文）：http：//www. dcu. ie/salis/index. shtml

拉察大学 ［意大利］
Università degli Studi di Lecce

拉察大学外国语言文学系（Dipartimento di Filologia，Linguistica e Letteratura）的翻译专业于1997年设立，在校学生人数60多人，是意大利高校中少数几个有东亚语言对意大利语翻译专业的系科。该系设有三年制的英意、西意、法意、葡意、汉意和日意旅游与商务口笔译大学文凭课程（Diploma Universtario per Traduttori e Interpreti）。该校与北京大学、澳大利亚的墨尔本维多利亚大学、法国的艾克斯－马赛大学、渥太华大学和东京大学等保持着校际交流关系。

网址（意大利文为主）：http：//www. unile. it/

外国语言文学系（意大利文）：http：//www. filologialinguistica. unisalento. it/

的里雅斯特大学 ［意大利］
Università degli Studi di Trieste

的里雅斯特大学高级现代语言翻译学院（Scuola Superiore di Lingue Moderne per Interpreti e Traduttori）创立于1978年，是国际翻译院校联盟成员，有在校学生800多人。该院开设两年制的大专口笔译课程，语种较多，包括汉、荷、英、法、德、西、葡、俄、塞尔维亚－克罗地亚等语言。

网址（意大利文为主）：http：//www. univ. trieste. it/

高级现代语言翻译学院（意大利文）：http：//www. sslmit. units. it/

佩鲁贾外国人大学 ［意大利］
Università per Stranieri di Perugia

佩鲁贾外国人大学成立于1965年，是专供外国人学习意大利语的大学，立校宗旨在于对意大利语言、文化及历史文明等知识进行研究探讨与教育传播的工作。

学校设于一幢位于半山腰的高大而雄伟的巴洛克式建筑中。这座大厦建成于1750年，最早属于ANTINORI贵族世家，后被斯图亚特王室买下，捐赠给政府从而成为现在的外国人大学。世界各地的学生纷纷闻名前来求学。

学院设有意大利语教学等研究生课程。

网址（英文）：http：//www. unistrapg. it/en

莫斯科语言大学 ［俄罗斯］

Moscow Linguistic University

莫斯科语言大学创立于1930年，设有四年制的本科口笔译专业和五年制的语言学硕士专业，学生人数约250人。该校外语语种较多，包括汉、日、藏、韩、丹、荷、英、芬、法、德、希、意、拉、葡、西、瑞等语言。

网址（俄文）：http：//www. inyaz－mil. ru/

下诺夫戈罗德语言大学 ［俄罗斯］

Linguistic University of Nizhny Novgorod

创建于1937年的下诺夫戈罗德语言大学是俄罗斯著名的外语大学之一，其前身是建于1922年的下诺夫戈罗德外语学院。20世纪90年代，俄罗斯走向自由市场经济之后，该校的翻译学院（College of Translation and Interpreting）同俄罗斯联邦教育部、当地政府的外贸部以及商界合作，新建了国际商学院（School of International Business）。该学院的学生用三分之二的时间学习管理或金融管理，三分之一的时间学习外语和口笔译课程。

网址（俄文）：http：//www. lunn. ru/

巴塞罗那大学 ［西班牙］

Universitat de Barcelona

巴塞罗那大学翻译学院（Facultat de Traducció i Interpretació）创立于1972年，学生人数约千人。该院的外语语种较多，含加（泰罗尼亚）、阿、汉、英、法、德、意、日、葡、俄等语言，设有以下4个翻译专业：四年制的本科口笔译专业、一年制的会议口译研究生专业、一年制的政法翻译研究生专业和翻译理论博士专业。

网址（加泰罗尼亚文、西班牙文、英文）：http：//www. ub. edu/

格拉纳达大学 ［西班牙］

Universidad de Granada

格拉纳达大学翻译学院（Facultad de Traductores e Intérpretes）的前身是口笔译大学，创建于1980年，设有四年制的本科口笔译专业。该专业分为会议口译、科技笔译和经济与法律笔译3个方向，要求学生掌握两门外语：第一外语为英语、法语或德语；第二外语为阿拉伯语、汉语、英语、法语、德语、意大利语、葡萄牙语或俄语。学院每年招收英西翻译专业学生120人，法西翻译专业学生80人，德西翻译专业学生40人。考生除通过大学的普通入学考试外，还须通过该学院的专业入学考试。

同西班牙所有其他的大学一样，由西班牙教育部确定的核心课程占学院总课程的40%。

学院重视对外交流，开展有与其它国家交换留学生的“欧洲应用语言”计划。根据该计划，在两门外语方面有良好基础的学生在这两门外语的母国各居住1年之后，可以同时获得3国大学授予的学位。此外，学院还通过欧盟的“苏格拉底计划”（Socrates Program）与世界各国53个大学交换留学生。

为了促进口笔译领域里的学术交流，学院出版有年刊Sendebar。

网址（西班牙文为主）：http：//www. ugr. es/

翻译学院（西班牙文）：http：//www. ugr. es/ ~factrad/

洛维拉维吉利大学 ［西班牙］

Universitat Rovira i Virgili

位于地中海海滨城市塔拉戈纳的洛维拉维吉利大学盎格鲁－日耳曼语文系（Departament de Filologia Anglogermà－nica）成立于2000年。

该校设有多个研究生翻译专业，包括两年制、300学时的笔译与本地化硕士专业（开设电子工具使用、软件与网站本地化、术语管理、科技写作、修订技术、译者与客户关系、法律翻译、翻译项目、口译选修课等课目）；一年制、180学时的笔译与本地化研究生文凭专业（开设电子工具使用、软件与网站本地化、术语管理、科技写作、修订技术、译者与客户关系、法律翻译等课目）；10周50学时的科技笔译与电子工具研究生证书专业（为远程教育专业，通过网站、电子邮件和实时通话软件进行教学，开设译者与客户关系、电子工具使用、翻译记忆、翻译技术与策略、实习、修订技术、翻译项目等课目）；10周50学时的科技英语、修订技术与编辑研究生证书专业（为远程教育专业，通过网站、电子邮件和实时通话软件进行教学，开设科技写作、西英对比分析、译文文体修订、电子审稿、文稿处理等课目）。

该校还开设翻译和跨文化研究的博士课程。该校的翻译课程主要由跨文化研究团队承担，他们的目的是培训不同文化间的沟通人。

网址（西班牙文为主）：http：//www. urv. es/

盎格鲁－日耳曼语文系（西班牙文）：

http：//www. urv. cat/redireccionar. php?url = http：//wwwa. urv. cat/deaa/

斯德哥尔摩大学 ［瑞典］

Stockholm University

斯德哥尔摩大学翻译研究学院（Institute for Interpretation and Translation Studies）成立于1986年，学生人数约200人。该院接受政府资助，与本校各外语系科合作开设以下几种证书课程：英、法、德、芬等语言对瑞典语的口译课程；英语和德语对瑞典语的笔译课程；阿拉伯、芬、库尔德、波斯、波兰、塞尔维亚－克罗地亚、西班牙等语言对瑞典语的通用移民口译课程；西班牙语和芬兰语对瑞典语的法庭口译课程；芬兰语对瑞典语的医学口译课程。

除以上全日制课程外，该院还为在职口笔译员开设翻译理论与翻译分析、口笔译经济学、口笔译法律研究、翻译理论研究预科、笔译信息技术等非全日制的专项课程，每种专项课程的总学分为15学分。

网址（英文）：http://www.su.se/english/

翻译研究学院主页（英文）：http://www.tolk.su.se/pub/jsp/polopoly.jsp?d=5616

日内瓦大学 ［瑞士］
Universitéde Genéve

日内瓦大学翻译学院（École de Traduction et d'Interprétation）的前身是创立于1941年的翻译学校。初创时学校只有口译专业。1972年该校改名为“翻译学院”，现有450名学生和100多名教师。

该学院是国际翻译院校联盟成员，开设有7个语种（阿、英、法、德、意、俄、西）的口笔译课程。每种课程分为两个阶段：第一阶段开设语言学与翻译、词汇学、比较法学、信息与交流等课目。第二阶段的课目包括翻译史与翻译理论、现代翻译理论、文学翻译、口译导论等。笔译主修生修学4年，其中一至两年在国外学习，毕业时获笔译文凭。会议口译主修生从已获得笔译文凭或通过专门考试的报考者中录取，修学时间为一年半。

此外，该学院还为大学四年级学生或有相当学历者开设术语学研究生课程，为大学毕业、有5年以上会议口译经历、有志于在大学担任口译教师的口译员开设为期半年的口译师资继续教育证书课程（The Continuing Education Certificate for Interpreter Trainers）。该院还开设博士生课程。

网址（法文，另有德文、意大利文、西班牙文、英文版）：http://www.unige.ch/eti/

苏黎世应用科学大学温特图尔分校 ［瑞士］
Zurich University of Applied Sciences Winterthur

苏黎世应用科学大学温特图尔分校是瑞士德语区唯一一所提供获国家承认的口笔译学位课程的高校，有来自10多个国家的教师70余人，招收有笔译主修生300名、口译主修生10~15名。

该校的翻译课程主要由应用语言学与文化研究系的翻译院（Institut für Übersetzen und Dolmetschen IUED, Departement Angewandte Linguistik und Kulturwissenschaften）开设。

该系的前身是苏黎世翻译学校（Dolmetscherschule Zürich）。2000年1月，苏黎世翻译学校与温特图尔工程技术学校（Technikum Winterthur Ingenieurschule）和温特图尔经济管理高等学校合并，成为新的苏黎世应用科学大学温特图尔分校。

笔译为本科专业，学制4年，其中的第3学年学生必须去国外学习1年。笔译语种为英、法、意、西对德语。学生除母语外，必须掌握两门外语。母语与两门外语中必须有1门是德语。每周授课时间约30个小时。除翻译与语言课程外，学生还须学习语言学、所学外语国家的文化与文明、社会与政治制度、国际机构、基础科学、法律基本原理、普通经济学、信息技术等知识性课程。

会议口译为研究生专业，学制4学期。学生从已获得本科笔译学位、符合条件的本科毕业生中挑选。

网址（英文）：http：//www. iued. zhaw. ch/nc/en/applied - linguistics - l/iued. html

阿斯顿大学 ［英国］
Aston University

位于英国第二大城市伯明翰的阿斯顿大学语言与欧洲研究学院（School of Languages and European Studies）设有“翻译研究”（Translation Studies，法语和/或德语）文学士专业和”欧洲环境下的翻译“文科硕士专业（MA in Translation in a European Context）。

现代语言与翻译研究文学士专业结合法语和德语的核心课程与法英翻译和德英翻译的核心课程创立，学制4年，其中包括国外实习或留学1年。

欧洲环境里的翻译文科硕士专业为职业译员以及准备从事职业译员工作的大学毕业生设立，学制半年。为适应欧盟对译员的需要，该专业的教学偏重政法翻译。

网址（英文）：http：//www. aston. ac. uk/

语言与社会科学学院（School of Languages & Social Sciences）（英文）：http：//www1. aston. ac. uk/lss/

巴斯大学 ［英国］
University of Bath

巴斯大学欧洲研究与现代语言系（Department of European Studies and Modern Languages）是国际翻译院校联盟的创始成员。该系的口笔译课程已有30多年的历史，得到欧盟会议口译联合服务处的大力支持，现设有口笔译文科硕士学位或文凭（MA/Diploma in Interpreting and Translating）课程，学制1年，总学时240个左右。入学前考生须通过能力测试与面试。对中国与日本考生的最低TOEFL或IELTS成绩要求分别为600分和7分。其中，母语为汉、法、德、意、日、俄、西这7种外语的学生可任选这7种语言中除自己母语以外的1种语言，学习其与英语和自己母语的互译。

不论采用哪一种途径，学生都必须修读文件翻译、视译、联络口译、交替传译、同声传译这几门课程，并从国际经济学、法律概要、欧盟机构、跨文化交际训练、国际法文件笔译、语言信息技术、职业翻译门径这几门课程中选出不超过5门的课程作为选修课目。学习汉语和日语翻译的学生还可修读商务英语、商务汉语/商务日语课程。攻读学位的学生须完成15000字左右的硕士论文。

网址（英文）：http：//www. bath. ac. uk/

欧洲研究与现代语言系（英文）：http：//www. bath. ac. uk/esml/

伯明翰大学英语研究中心［英国］
Centre for English Language Studies，University of Birmingham

伯明翰大学英语研究中心是著名的大型语料库"英语库"（The Bank of English）的主要创建机构之一（另一机构为柯林斯出版社）。在该系学制1年的翻译研究文科硕士专业（MA in Translation Studies）课程中，语言学占有较大的比重。该专业研究生教育的长期目标是使学生理解当代翻译思想和语言学理论与翻译实践的关系，提高学生的实际翻译水平。整个课程分为7个模块：语言描写（从系统功能理论的角度教授英语语言学）、翻译研究导论、专项语言研究I、应用语言学研究方法、高级翻译研究、专项语言研究II或翻译研习班（研究技术在翻译中的运用）和学位论文。此外，还有两个无须考查的课程模块：英语库介绍（短期课程，所有学生必修）与学术英语。

除在校学习的方式以外，学生还可通过远程学习的途径获得该专业的学位。

网址（英文）：http：//www. bham. ac. uk/cels/

布拉德福德大学［英国］
University of Bradford

布拉德福德大学社会与国际研究学院（School of Social and International Studies）是国际翻译院校联盟的创始成员，在英语世界里以培养研究生层次的高水平专业语言工作者而著称。该系的毕业生多年来一直是欧洲议会、联合国、联合国教科文组织等国际机构译员的主要来源之一。

该系设有口笔译文科硕士和国际商务口笔译文科硕士两种研究生翻译专业（MA in Interpreting and Translating；MA in Interpreting and Translating for International Business）。申请者应拥有本科优等生学士学位。欧洲考生须在布雷德福大学参加该专业的能力测试。该专业开设的课目包括法、德、西、俄语与英语间的会议口译（交替传译、联络口译与同声传译）、笔译（初、中、高级）等。学生在读期间，系里通常会安排他们在国际机构、政府部门或跨国公司内进行语言实习。

此外，该系还设有最长时间不超过1学期的访问研究生专业（Visiting Postgraduate Program），接受前来进行短期学习的外国学生与在职译员。

该系教学设施精良，配备有会议翻译系统、声像资料室、多媒体制作室等。计算机系统直接接入欧盟所建、位于卢森堡的欧洲大型术语库"EURODICAUTOM"。大学图书馆被指定为欧洲文献中心之一，藏书丰富，拥有该系专业领域内的大量书刊资料、工具书，以及欧盟的出版物。

该系办有自己的外审学术性刊物 Interface。

网址（英文）：http：//www. bradford. ac. uk/

社会与国际研究学院（英文）：http：//www. brad. ac. uk/acad/ssis/

赫里奥特—瓦特大学［英国］
Heriot - Watt University

位于苏格兰首府爱丁堡的赫里奥特-瓦特大学管理与语言学院（School of Management and Languages）是国际翻译院校联盟成员，开设有以下几种翻译硕士课程：

（1）应用语言与翻译文科硕士优等生课程（Applied Languages and Translating MA［Hons］）：学制4年，培养目标是使学生熟练掌握英语及两门现代语言（法、德、俄、西、阿）的口头与书面运用，熟悉欧洲国际组织机构以及欧洲国家的文化与社会，获得独立研究、有效管理时间以及分析与处理信息的能力。第3学年为国外学习年，除在国外大学修课外，学生尚须完成本课程的两篇论文。

（2）笔译与会议口译或笔译与翻译技术理科硕士/文凭课程（Translating and Conference Interpreting or Translation and Technology MSc/Diploma）：文凭课程时长9个月，硕士课程另加3个月，用以完成学位论文。开设课目包括笔译、联络口译、会议口译、口笔译研究、修改、编辑与校对、欧洲一体化研究、翻译技术等。

（3）英阿翻译与跨文化交际理科硕士/文凭/证书课程（Translation and Intercultural Communication［English - Arabic］by Distance Learning MSc/Diploma/Certificate）：学制30个月，为非全日制远程教育课程。

（4）阿英口笔译理科硕士/文凭/证书专业（Translation and Intercultural Communication［Arabic - English］MSc/Diploma/Certificate）：文凭与证书课程（完成一研究项目）时长9个月，硕士课程另加3个月，用以完成学位论文。开设课目包括经过预先准备的翻译（Prepared Translating）、视译、翻译理论、对比语言学、阿拉伯语修辞等。

网址（英文）：http：//www. sml. hw. ac. uk/

利兹大学［英国］
University of Leeds

利兹大学开设翻译专业的时间不长，但颇有特色。在过去的十几年里，世界范围内对翻译的需求大大增加，经济与市场走向全球化，欧洲趋向于一体化，欧盟东扩，国家机构与国际组织需要越来越多语种之间的翻译，用于翻译的计算机工具的功能日益强大；而与此同时，翻译研究领域内的学术研究硕果累累，为理解翻译过程、分析解决翻译中的各种问题提供了许多洞见与方法。该校在设计翻译专业时充分考虑到了这些情况，既注重职业翻译技能的培养，也注意理论素养的提高。该校的现代语言与文化学院现设有两个翻译专业：

（1）应用翻译研究文科硕士（MA in Applied Translation Studies）专业：全日制学制1年，非全日制学制两年。翻译语种包括阿、保、汉、法、德、意、日、葡、俄、西等。学生修完全部课程后可通过完成学位论文或两部长篇翻译的形式取得学位。该专业注重翻译技术内容的教授，学生通过实习将获得包括 IBM Translation Manager 2 和 Trados 在内的主流机助翻译软件以及互联网信息技术使用方面的经验。

（2）口笔译研究文科硕士（MA in Interpreting and Translation）专业：在应用翻译研究文科硕士专业成功运作，并赢得国际声誉后创设，培养目标为职业口笔译员，学制1年。取得学位的条件是通过全部课程的考试、完成学位论文或1个翻译项目。学院与欧盟和联合国等国际组织保持着良好的合作关系，口译教师队伍中有包括国际会议口译员协会会员在内的职业会议口译员。

网址（英文）：http：//www. leeds. ac. uk/

现代语言与文化学院（英文）：http：//www. leeds. ac. uk/smlc/

翻译研究中心（英文）：http：//www. leeds. ac. uk/cts/en/index. htm

伦敦大学帝国理工学院 ［英国］

Imperial College of Science，Technology and Medicine，London University

伦敦大学帝国理工学院设有“采用翻译技术的科技与医学翻译理科硕士”专业（MSc in Scientific，Technical and Medical Translation with Translation Technology ［Msc-Trans］）。该专业为准备进入专科翻译领域的学生开设，侧重科技与医学翻译，强调翻译技术的运用，学制为1年。

课程由以下8个模块组成。语言与翻译：教授与翻译有关的语言学理论以及对翻译实践有直接影响的翻译理论，机器翻译系统中所采用的语言模型是该模块的教学重点之一；翻译理论：重点为译文与原文的篇章对比；翻译史：研究翻译在人类思想发展与知识传播过程中所起的关键作用，分专题介绍西方科学与医学翻译的历史；翻译技术：从理论与实践两方面深入探讨翻译行业中所使用的信息技术的思想背景、发展历程与具体应用，内容涉及翻译记忆、软件本地化、术语管理以及万维网的使用，学生有充足的上机实习时间，学习使用多种机助翻译软件与术语管理软件；出版技巧：此模块分成两部分，前4周介绍印刷出版与电子出版技术、程序与材料准备，后7周学生用行业标准软件制作网页；译者语言工程：教授机器翻译、受控语言、术语提取、文本标记语言（包括 HTML 和 XML 语言）、翻译工具评估等内容，学生有大量的上机实习时间；实用翻译：用研讨班形式传授具体语言对之间的翻译方法和技巧，全年的教学按所选用的翻译材料的性质分成7个单元，分别是生态学（或核能，或遗传学）、产品说明文档、软件本地化、国际组织文件、医学、科学、网页，每个单元中学生都须用适当的计算机翻译工具完成指定的书面作业，同时还要结合自己的兴趣与专长完成1部长篇翻译；学位论文：在导师指导下完成学位论文。

网址（英文）：http：//www3. imperial. ac. uk/

科学传播、翻译与文化类专业介绍（英文）：

http：//www3. imperial. ac. uk/pgprospectus/facultiesanddepartments/sciencecommunication

翻译研究主页（英文）：

http：//www3. imperial. ac. uk/pgprospectus/facultiesanddepartments/sciencecommunication

曼彻斯特大学 ［英国］
The University of Manchester

曼彻斯特大学在英国大学中排名第五，其翻译与跨文化研究中心（Centre for Translation and Intercultural Studies）凭其高质量的研究与研究生教育享有很高的国际知名度。每年世界各地有许多的学者前去中心造访，该中心也吸引大量的学生攻读硕士和博士学位。当代著名的翻译理论家莫娜·贝克（Mona Baker）是该中心的教授。中心的研究人员出版了一系列翻译研究方面的重要著作，还创建了目前世界上最大的英语译文电子数据库——“英语译文语料库”（Translational English Corpus），是翻译工作者与研究者的重要电子资源。

翻译与跨文化研究中心开设两门翻译硕士研究生课程：口笔译研究硕士专业和会议口译硕士专业（MA in Translation and Interpreting Studies；MA in Conference Interpreting）。学生通过硕士课程即可以学习口笔译实用技能，也可以为博士学位的学习做准备。中心的博士研究包括翻译，跨文化研究以及口译。中心为博士生举办定期的学术讲座。博士研究通常在 3 年内完成学业。

网址（英文）：http：//www. llc. manchester. ac. uk/

钮卡斯尔大学 ［英国］
University of Newcastle upon Tyne

钮卡斯尔大学翻译系设在现代语言学院（School of Modern Languages）内，设有硕士和博士课程。硕士课程分口笔译实务方向和翻译理论方向，目前有英中、英日和英语与主要欧洲语言的组合。其中中文始于 1997 年，日文成立于 2003 年。该系的口笔译硕士专业是英国唯一的两年制硕士专业，也是从证书到博士课程专业设置比较全的系科。该系比较重视教学设施和资料的建设，有先进的设备和较丰富的语音资料。

网址（英文）：http：//www. ncl. ac. uk/

现代语言学院（英文）：http：//www. ncl. ac. uk/sml/

北伦敦大学 ［英国］
University of North London

北伦敦大学区域与语言研究学院（School of Area and Language Studies，SALS）与比利时玛丽·哈普斯自由学院和荷兰马斯特里希特学院合作创立了应用翻译研究文科硕士专业（MA in Applied Translation Studies），语种包括阿、荷、法、德、希、意、日、俄、西等，全日制学制 1 年，非全日制学制 1 年半到两年。该专业强调非文学性的、技术性文本的职业翻译训练，并为学生提供实习机会。

课程包括 3 个核心模块：第 1，翻译：理论问题与近况，第 2，非文学专科翻译特征，第 3，翻译工具与译者；两个专题模块：非文学文本翻译 I 和 II；一个工作实习模块：不少于 100 小时的在校或外派实习和两个注解式翻译项目模块。第 1 和第 2 个核心模块的课程安排在开学后的最初 7 周内进行。这段时间里学生必须到校上课，此后学生可选择在家用远程学习的方式修完其余模块的课程。

网址（英文）：http：//www. londonmet. ac. uk/

翻译研究文科硕士专业介绍（英文）：

http：//www. londonmet. ac. uk/pgprospectus/courses/applied – translation – studies. cfm

萨尔福特大学 ［英国］
University of Salford

萨尔福特大学人文、媒体与社科学院语言系（School of Languages，Faculty of Arts，Media & Social Sciences）成立于 1992 年。该院设有现代语言与翻译优等生文学士专业（BA/Hons Modern Languages and Translation）和阿英口笔译文科硕士/文凭专业（MA/PgDip Arabic/English Translation and Interpreting）。前者学制 4 年（其中包括 1 年的国外学习或工作），学习 1 门第一外语（法、德、意、西）和 1 门第二外语（阿、德、意、葡/西）。后者学制 1 年，培养国际组织、非政府机构、媒体、学校和军方所需的阿英口笔译人才。

网址（英文）：http：//www. salford. ac. uk/

现代语言与翻译优等生文学士专业介绍（英文）：

http：//www. salford. ac. uk/course – finder/course/330

阿英口笔译文科硕士/文凭专业介绍（英文）：

http：//www. salford. ac. uk/course – finder/course/1332

沃里克大学 ［英国］
The University of Warwick

沃里克大学（又译“华威大学”）英国翻译与比较文化研究中心（The Centre for

British and Comparative Cultural Studies）创建于1984年，著名翻译理论家Susan Bassnett教授便在这里任职。中心的研究重点是跨文化传播过程中各种问题的处理。由于Bassnett教授开拓性的工作，中心的跨学科、跨文化研究多年来在国际翻译界独树一帜，享有盛誉。Bassnett教授的《翻译研究》一书已成为翻译学科的经典教课书。

中心设有翻译研究文科硕士专业（MA in Translation Studies）和博士专业（Ph. D. in Translation Studies）。每年来自世界各地的学生在中心接受名家指导，攻读翻译研究、比较文学、后殖民主义文学以及英国文化方面的硕士或博士课程。现有在校生60人左右。

中心将翻译视为文学史中产生根本性影响的一项活动，而译者是其中起重要作用的人物。教师鼓励学生从事研究性的翻译实践。在综合考评成绩中，学生所完成的带详细译注的译作占有很大比重。中心给每个副博士生和博士生配备两名导师，但在论文的选题上给学生较多的选择自由。学生的研究活动得到大力支持，每年中心都会举行研究生论文交流大会，让研究生们在自己研究领域内的专家面前讨论自己的研究成果。中心鼓励研究生出版学术作品与出席国际会议。从中心毕业的学生已在世界各地的多所高校里创办了自己的翻译研究专业。

网址（英文）：http：//www2. warwick. ac. uk/

翻译与比较文化研究中心已关闭，见公告（英文）：

http：//www2. warwick. ac. uk/fac/arts/ctccs/

相关专业转移至英语与比较文学系（英文）：

http：//www2. warwick. ac. uk/fac/arts/english

威斯敏斯特大学 ［英国］
University of Westminster

威斯敏斯特大学翻译专业设在社会科学、人文与语言学院（School of Social Sciences，Humanities and Languages）之内，设有会议口译硕士（MA in Conference Interpreting）、双语笔译硕士（MA in Bilingual Translation）、口笔译与外交学硕士（MA in Intrepreting，Translation and Dilomacy）、笔译与口译硕士（MA in Translation and Interpreting）、笔译与语言学硕士（MA in Translation and Linguistics）、技术与专业笔译硕士（MA in Technical and Specialized Translation）等学位，学制1年，两个学期，每学期12周。会议口译专业是1963年由联合国教科文组织口译处前处长创办的，1998年开始授予硕士学位。该校是国际翻译院校联盟（CIUTI）的成员。

网址（英文）：http：//www. wmin. ac. uk/

社会科学、人文与语言学院（英文）：

http：//www. westminster. ac. uk/schools/humanities

大洋洲

昆士兰大学 ［澳大利亚］
The University of Queensland

昆士兰大学语言与比较文化研究学院日本与中国研究系（Department of Japanese and Chinese Studies，School of Languages and Comparative Cultural Studies）设有两年制的日语口笔译文科硕士专业（Master of Arts in Japanese Interpreting and Translation）。自1980年以来，该专业始终得到国家翻译人员资格认证局的认证。2001年，该专业在国际会议口译员协会所做的各国口译培训机构测评中名列第二。

报考该专业的学生必须拥有某一专业的学士学位，有良好的日语和英语口头表达能力与写作能力。新生录取前必须通过布里斯班昆士兰大学的能力测试，测试包括日语和英语语言能力、口笔译能力以及时事知识三方面的内容。

该专业的课程涵盖了会议口译译员与高级笔译译员训练所涉及的各个方面，内容包括：口笔译理论与实践训练；口笔译译员所需的交际技巧训练；职业操守训练；信息检索与管理以及有关电子工具使用方面的训练；会议口译译员与高级笔译译员所需的背景研究训练。

所有的学生都必须同时学习口译和笔译，但是按照行业的国际惯例，在口译课上，学生学习日英和英日的双向翻译，母语为英语的学生同母语为日语的学生合班上课；而笔译课上，学生只学习从外语（日语或英语）到母语（英语或日语）的翻译，所以课堂训练按母语语种分班进行。

由于该专业的课程与考试得到国家翻译人员资格认证局的认证，所以在毕业考试中取得良好成绩的毕业生无须参加全国性的译员资格认证考试便可从国家翻译人员资格认证局获得会议口译译员或高级笔译译员的资格证书。

网址（英文）：http：//www. uq. edu. au/

语言与比较文化研究学院（英文）：http：//www. slccs. uq. edu. au/

西悉尼大学 ［澳大利亚］
University of Western Sydney

西悉尼大学自1984年开始设立本科优等生翻译专业，1991年起设立口笔译优等生文科硕士专业，1995年起设立口译与语言学文科硕士专业和翻译与语言学文科硕士专业，共有在校生约百人。

现有以下几种研究生课程：口笔译研究生文凭课程：该课程偏重职业训练，内容注重实用，得到国家翻译人员资格认证局的认证。毕业生可继续攻读以下几种学位课程：口译与语言学文科硕士课程；翻译与语言学文科硕士课程，偏重学术与研究，学生可选择主修口译或笔译；口笔译优等生文科硕士课程，完全采用研究的形式；口笔译博士课程，完全采用研究的形式，研究方向为语言学。

网址（英文）：http：//www. uws. edu. au/

人文与语言学院（英文）：http：//www. uws. edu. au/humanities_ languages/shl

奥克兰大学［新西兰］
The University of Auckland

奥克兰大学口笔译研究中心（The Centre for Translation and Interpreting Studies）成立于1998年。1999年起，它与本校的欧洲语言文学系、毛利研究系、太平洋地区研究系、古希腊罗马研究系和语言教学与学习研究所合作开设一年制的研究生翻译文凭课程（Postgraduate Diploma in Translation），2000年起增设学制1学期的高级交替传译研究生证书课程（Postgraduate Certificate in Advanced Consecutive Interpreting），2001年起又创设了一年制的职业翻译硕士课程（Professional Masters in Translation）。

中心在教学中将专业理论背景知识与实践技能放在同等重要的地位。它与新西兰翻译协会协作，每年都邀请校外的学者来校为学生开设一系列的研讨课。在读期间，研究生们须完成两篇核心论文，一篇为翻译理论，另一篇为研究工具与职业问题。

网址（英文）：http：//www. auckland. ac. nz/

翻译类专业主页（英文）：

http：//www. arts. auckland. ac. nz/uoa/home/about/departments - and - schools/translation - studies - 2

国际重要相关规范性文件

为翻译工作者和译作提供法律保障并切实提高翻译工作者地位建议书

（第19届联合国教科文组织大会通过）

Recommendation on the Legal Protection of Translators and Translations and the Practical Means to Improve the Status of Translators

编者按：1976年11月22日在内罗毕召开的第19届联合国教科文组织大会通过了《为翻译工作者和译作提供法律保障并切实提高翻译工作者地位建议书》（简称《内罗毕建

议书》)。这是由国际组织颁布的第一份关于翻译职业的文件。《内罗毕建议书》提醒人们关注译界亟待解决的问题，这不仅有利于翻译行业的发展，也有利于促进国际理解、文化传播、科学发展、技术进步以及经济增长。

《内罗毕建议书》以多种语言颁布，其英文原文可从联合国教科文组织网站（http：//portal. unesco. org/en/）下载，西班牙语、俄语及阿拉伯语版本可以通过与联合国教科文组织联系取得：UNESCO，7 Place de Fontenoy，F－75700 Paris，France。

本中文译文由张丽娟翻译，黄长奇审定，并参考了中国对外翻译出版公司1986年出版的《国外翻译界》中的相关译文。

联合国教科文组织于1976年10月26日至11月30日在肯尼亚首都内罗毕①召开的第19届会议：

考虑到翻译能超越语言障碍，促进文学和科技作品的传播及思想的交流，从而增进各个民族各个国家之间的了解与合作；

注意到翻译工作者与译作对文化、艺术和科学、特别是对用非通用语种写成或译成之作品的国际交流所起的极其重要的作用；

认识到为保证翻译质量，以便充分发挥作用而为文化和发展服务，对翻译工作者的保护是必不可少的；

回顾了虽然《世界版权公约》中已包含关于这种保障的原则，而且《伯尔尼保护文学和艺术作品公约》以及若干成员国的国家法律中均有关于这种保障的具体条款，但这些原则和条款的实施还不尽如人意；

认为就版权而论，虽然许多国家中翻译工作者与译作享有类似于给予作者和文艺及科学、包括技术著作的保障，但仍有必要采取一些非常实际的、使翻译工作者与作者等同而又具体实用于翻译职业的措施，以求促进现有法律的有效实施。

在第18届会议上业已决定，应按照本组织《组织法》第4条第4段的含义，就翻译工作者的保障问题向成员国提出建议。

于1976年11月22日通过《内罗毕建议书》。

大会建议，成员国按照本国宪法规定和惯例，采取必要的立法和其他措施，在各自的领土上实施《内罗毕建议书》中提出的原则和标准，以贯彻关于保障翻译工作者和译作的下列各项条款。

大会建议，成员国促使负责翻译工作者的精神和物质利益及译作保护事宜的职能机关、部门和单位，以及代表或促进翻译工作者权益的组织或协会、出版者、剧院管理者、广播机构、其他用户和相关方面等注意到《内罗毕建议书》。

大会建议，成员国按照大会规定的时间和方式，向本组织报告各自为实施《内罗

① 内罗毕：肯尼亚的首都和最大城市，位于该国的中南部，于1899年建立，1905年成为英国东部非洲的政府所在地，1963年肯尼亚独立后成为首都。

毕建议书》而采取的行动。

一、定义及适用范围

1. 在《内罗毕建议书》中：

(1)“译作”是指从一种语言转换成另一种语言的文艺或科学著作，包括技术著作，而不论其原作或译文是以书籍、杂志、期刊或其他形式出版，还是供剧院、电影、广播或电视等其他任何宣传媒介表演之用；

(2)“翻译工作者”是指文学或科技作品的翻译人员；

(3)“用户”是指作为翻译服务对象的个人或法人实体。

2.《内罗毕建议书》适用于所有翻译工作者，不论：

(1) 其法律地位是：

①自由译者；或

②受薪译者；

(2) 译作属于哪一学科；

(3) 译者是全职还是兼职从事翻译工作。

二、翻译工作者的一般法律地位

3. 各成员国应根据各自参加的国际版权公约和/或本国法律规定的给予作者的保护，就译作向翻译工作者提供同样的保护，但不应损害原著作者的权益。

三、关于贯彻执行根据国际版权公约和国家版权法给予翻译工作者保障的实际措施

4. 翻译工作者与用户宜签订一份书面合同。

5. 一般情况下，规定翻译工作者与用户之间关系的合同，以及规定此类关系的任何其他适用的法律文件，应：

(1) 给予翻译工作者公平的报酬，不论其法律地位如何；

(2) 如译者不是受薪译员，则付给其的报酬至少应与其译作的销售或使用所得的收益成一定比例，并应预付部分报酬，而且无论上述收益如何，预付译者的报酬均不退还；也可根据本国法律所规定或许可的其他不与销售挂钩的付酬办法计算和支付译者报酬；如按收益比例付酬而为数不足或不可行时，则应一次性付给译者一笔公平的报酬；在决定付酬方式时，应考虑相关国家的法规，可能时并应考虑所译原著的类型；

(3) 在适当情况下，规定如译作被用于合同载明以外的用途，应另付译者一笔报酬；

(4) 明确规定，译者对使用译作的许可只限于合同中载明的用途；本条款亦适用于可能出版的新版本；

（5）规定在译者不能获得必要的许可的情况下，应由用户负责获得此类许可；

（6）规定译者应保证用户毫无争议地享有所有授予的权利，译者不参与任何可能有损用户合法权益的活动，遵守保守职业机密的规定；

（7）规定除经所译原著的作者特别要求，否则译作发表时必须事先征得译者同意方可以改动；

（8）确保译者及其译作得到与作者通常享有的相当的宣传，特别是译者的名字应出现在所有的译文版本、剧院节目单、广播或电视广告、影片片头字幕和任何其他宣传材料的显著位置上；

（9）规定用户应保证凡在可能要求刊载版权申明的国家里，译作均刊有这种申明；

（10）规定任何可能发生的争议，特别是有关翻译质量方面的争议，应尽可能通过仲裁或按照国家法律规定的程序解决，或以其他既保证公正无私又易于操作且花费不大的适当办法求得解决；

（11）指明译者应从哪种语言译成哪种语言，并根据第1段第（1）项中的有关定义，明确说明译者是否将担任口译。

6. 为促进《内罗毕建议书》第4、5和14段中所提出的建议得以实施，在不妨碍译者自由签署个人合同的前提下，各成员国应鼓励各有关方面，特别是以专业翻译机构或其他代表翻译工作者的组织或协会为一方，以用户代表为另一方，制定标准合同或缔结集体协议，同时适当考虑由于译者方面或译作性质方面的原因而可能引起的各种情况。

7. 各成员国还应通过各种措施，确保翻译工作者有自己的代表机构，鼓励创建和发展翻译职业组织以及其他代表翻译工作者的组织和协会，制定规范职业行为的规章和从业人员的义务，保障译者的精神和物质利益，促进译者之间，译者与原作者之间在语言、文化和科技等方面的交流。

为此，这些组织或协会可以在国家法律允许的范围内，尤应注意开展下述专业活动：

（1）推动制定翻译行业标准；这些标准应特别规定，译者应负责提供语言和文体上均属高质量的译作，保证译文忠实于原著；

（2）研究译者与用户都能接受的计酬基础；

（3）建立协助解决翻译质量争端的程序；

（4）就译者与用户进行谈判提供咨询；与有关方面合作，制定关于翻译工作的标准合同；

（5）根据国家法律或任何适用的集体协议做出安排，使译者个人或集体得以和原作者共享由私人或公众基金所提供的利益；

（6）通过出版信息通讯、组织会议或采取其他适当方式，为译者提供就共同感兴趣的问题进行交流的机会；

(7) 争取译者在社会福利和纳税方面与文艺或科技作品的作者享有同样的权利；

(8) 推动制定并推行翻译人员专业培训课程；

(9) 与致力于维护翻译工作者权益的国家、地区或国际组织，为协助解决版权问题而建立的各国、各地区级版权情报中心以及联合国教科文组织国际版权情报中心合作；

(10) 与用户及其代表或专业组织或协会保持密切联系，以便保障翻译工作者的权益；在认为有利的情况下，与这些代表、组织或协会磋商签订集体协议；

(11) 为翻译事业的发展大力做出贡献。

8. 是否为翻译专业组织或协会的会员不应作为是否给予保护的条件，这并不违反第7段的规定，因为《内罗毕建议书》的条款适用于所有翻译工作者，无论其是否属于该专业组织或协会。

四、翻译工作者的社会和经济状况

9. 作为独立作者的翻译工作者，不论是否获得版税，均应切实享有文艺和科技作者一般享有的包括退休、医疗、家庭补助等在内的社会保险计划和税收方面的优待。

10. 受薪译者应与其他受薪专业人员同样对待，享受后者所享受的社会福利。在这方面，有关职业法规、集体协议以及据此签订的聘用合同应明确说明科技类译者的等级，从而确认他们作为译者的地位，特别是他们的专业级别。

五．翻译工作者的培训及工作条件

11. 成员国应原则上承认，翻译是一门独立的学科，须要接受与单纯语言教学截然不同的专门训练。成员国应鼓励专业翻译组织或协会、大学或其他教育机构为翻译工作者开设写作课程，举办交流会或研讨会。应该承认，有必要使翻译工作者接受继续教育并从中获益。

12. 成员国应考虑成立术语中心，可鼓励其开展下列活动：

(1) 向翻译工作者通报他们在工作中须要了解的专业术语方面的最新信息；

(2) 与世界各地的术语中心密切联系，促进科技术语的标准化和国际化，以利翻译工作。

13. 成员国应与专业组织或协会以及其他有关团体协作，促进不同国家间翻译工作者的交流，借以提高他们对自己的工作语言以及待译作品的社会文化背景知识的认识。

14. 为了提高翻译质量，在第7段第（1）项中所提到的行业条例以及译者与用户间签订的任何其他书面协议中，应明确承认下列原则和实际措施：

(1) 应给译者合理的时间以便完成工作；

(2) 应尽量为译者提供有助于其理解待译文稿并着手进行翻译的文件、资料；

(3) 一般应根据原文进行翻译，只有在绝对必要时才求助于转译；

（4）译者应尽量只将外语译成母语或与母语掌握得同样熟练的语言。

六、发展中国家

15. 发展中国家可以根据自己的需要，并按照1971年7月24日于巴黎修订的《世界版权公约》和《伯尔尼保护文学和艺术作品公约》（1971年巴黎文本）中为发展中国家的利益而特设的条款，调整《内罗毕建议书》的各项原则和标准。

七、最终条款

16. 如翻译工作者和译作所获得的保障在某些方面优于《内罗毕建议书》中所提出的要求，不应引用《内罗毕建议书》条款作为依据来降低已取得的保障水平。

翻译工作者章程

（国际翻译家联盟1994年修订）

The Translator's Charter

编者按：《翻译工作者章程》是由国际译联于1963年9月6日在南斯拉夫杜布罗夫尼克通过，并于1994年7月9日在挪威奥斯陆修正的文件。尽管中国译协有自己的章程，中国翻译工作者有自己的特殊条件，但这一文件中的许多内容，包括所列翻译工作者的义务和权利，对我们仍有一定的参考价值。

本章程的英文原文见国际译联网站（http：//www. fit – ift. org/en/charter. php）。本中文译文由黄长奇翻译，林戊荪审定。

国际翻译家联盟（国际译联）注意到翻译工作已发展为当今世界一项普遍存在的不可或缺的永久性活动；它使国与国之间的思想和物质交流成为可能，进而丰富了人民的生活，促进了人与人之间的相互了解；尽管在各种情况下都运用翻译，但翻译本身应作为一种有自己特色的独立的职业而得到承认；国际译联希望以正式文件形式规定一些与翻译工作密切相关的普遍原则，特别是为了：

——强调翻译的社会功能；

——规定翻译工作者的权利和义务；

——规定翻译工作者的基本职业道德规范；

——改善翻译工作者的经济状况及其工作的社会环境；

——向翻译工作者及其职业性组织推荐一些行为准则；

并由此推动社会承认翻译是一种有特色的独立的职业，兹发布本章程文本作为翻译工作行业之指导原则。

第一章　翻译工作者的一般义务

1. 翻译作为一种将文学和科技文本从一种语言转换成另一种语言的脑力活动，本身就对从事该项工作的人规定了具体的义务。

2. 翻译工作者任何时候都应对其译文负全责，无论译者与译文使用者之间处于何种关系或合同如何规定。

3. 翻译工作者应拒绝用自己并不赞成的理解或与其职业义务相背的理解来诠释原文。

4. 译文应忠实于原文，准确表现原作的思想与形式——这是翻译工作者应尽的道德与法律义务。

5. 但是，忠实于原文并不等于逐字逐句的直译；译文的忠实性并不排除为使原作的形式、气氛和深层意思得以用另一种语言在另一国再现而进行的适当调整。

6. 翻译工作者应熟练掌握原文的语言，尤其应能自如地驾驭翻译的目标语言。

7. 翻译工作者应具有广博的知识，对所翻译的主题要有充分的了解；应避免翻译超出自己理解能力的材料。

8. 翻译工作者在工作中应避免不公平竞争；尤其应争取公平合理的报酬，不应接受低于法律或行规所制定的收费标准的报酬。

9. 一般地说，翻译工作者不应寻找或接受有损其本人或其职业尊严的工作。

10. 翻译工作者应尊重译文使用者的合法利益，对因翻译需要了解到的任何信息应视为职业秘密而守口如瓶。

11. 作为“第二”作者，翻译工作者应承担对原著作者的特殊义务。

12. 译者在翻译前必须取得原作者同意或译文使用者的授权，必须尊重原作者已获得的一切其他权利。

第二章　翻译工作者的权利

13. 所有翻译工作者都应对其翻译作品享有其进行工作所在国给予其他脑力劳动者的一切权利。

14. 翻译作品作为脑力劳动的结晶应享有给予同类作品的法律保护。

15. 因此译者对自己的译著拥有版权，并享有与原著作者相同的各种特权。

16. 翻译工作者作为译作者还应对其译文享有相应的精神权利。

17. 因此译者在有生之年，其译著作者的身份均应得到承认，而这种承认主要体现在以下几个方面：

（1）当其译著被公开引用时应明确无误地提到译者的名字；

（2）译者有权反对别人对其译文的歪曲、肢解或其他修改；

（3）未经译者事先许可，出版商和其他译文使用者不得修改译文；

（4）译者有权禁止对其译文的不当使用，而且，一般地说，有权抵制任何有损其人格和声誉的攻击。

18. 译者对译著的出版、发行、播放、再译、改编、修改和其他处理享有全权。总之，对译文的任何形式的使用均须经过译者同意。

19. 译者对于译文的每次公开使用均有权获得报酬，报酬的多少根据合同或法律规定。

第三章　翻译工作者的经济和社会地位

20. 翻译工作者的生活条件应有保障，使其能有效地和体面地完成社会赋予他们的任务。

21. 译者有权分享译著的成果，特别是有权从译著带来的商业收益中获得相应的报酬。

22. 必须承认，翻译作品也可以以委托的形式出现，因此译者除了从译著所带来的商业收益中分成以外，还应收到另一份报酬。

23. 翻译工作与其他职业一样应通过集体协议、标准合同等方式享有与该国其他职业同等的保护。

24. 各国翻译工作者应享有国家给予脑力劳动者的一切权益，特别是各种社会保险计划，如养老金、健康保险、失业津贴和家庭补助等。

第四章　翻译工作者的社团组织

25. 翻译工作者应和其他职业的成员一样有权组建职业社团组织。

26. 此类组织除了维护翻译工作者的精神和物质利益外，还应维护翻译水准的提高及处理其他与翻译有关的一切事宜。

27. 在官方制定和推出有关翻译工作法规的过程中，此类组织应施加其影响。

28. 此类组织应尽力与翻译作品使用者组织（出版商协会、工商企业、官方和私人机构、新闻界等）保持长期联系，以便研究共同的问题并寻求解决方法。

29. 在监督本国所有翻译作品质量的同时，此类组织应与文化组织、作家协会、笔会各国分部、文学评论家、学术性团体、大学以及科技研究组织保持联系。

30. 当译者和译著使用者之间出现任何纠纷时，此类组织应有能力作为仲裁者和专家采取行动。

31. 此类组织有权就译员的培训和招聘提出建议并与专业机构和大学配合以达到此目的。

32. 此类组织应努力从各个渠道收集与本职业有关的资料并通过图书馆、资料库、报刊和简报等形式提供翻译工作者查用。为此目的，它们应建立理论和实用的信息服务系统，并组织召开学术研讨会和各种会议。

第五章　全国性组织和国际翻译家联盟

33. 如一个国家内按地区或类别分别存在几个翻译工作者团体，则这些团体最好建立一个全国性组织来协调它们的活动，同时依旧保持各团体自身的特色。

34. 对于尚不存在翻译工作者社团或协会的国家，建议该国翻译工作者在符合本国有关法律规定的前提下，联合起来建立此类组织。

35. 国际翻译家联盟（简称国际译联）呼吁各国翻译工作者组织，在国际译联的旗帜下团结起来，齐心协力在全世界实现其目标。

36. 翻译工作者应在自愿的原则下加入本国翻译工作者组织，同样地，各国翻译工作者社团也应本着自愿原则加入国际译联。

37. 国际译联应在国际上维护翻译工作者的物质与精神权利，关注翻译理论与实践的进展，努力促进世界范围内文明的传播。

38. 国际译联应作为翻译工作者在国际上的代言人，特别是以采取与政府组织、非政府组织和跨国组织建立联系，参加国际上可能与翻译工作者和翻译有关的会议，出版译作，组织或协助组织大会来研究与翻译或翻译工作者有关的问题等方式，实现上述目标。

39. 一般地说，国际译联应扩展各国翻译工作者社团组织在国际上的活动，协调他们的工作并确立共同的政策。

40. 翻译工作者之间的团结精神以及翻译作为一门促进国与国之间相互理解和世界范围内文化传播的职业而享有的崇高地位，是各国翻译工作者社团组织及其核心组织——国际译联——追求其行业目标的力量源泉。

国际会议口译员协会会议口译员职业道德守则

（国际会议口译员协会 2006 年修订）

Code of Professional Ethics

编者按：国际会议口译员协会是专业会议口译人员的国际组织，以其入会资格之严苛著名，其会员身份是国际公认的合格会议口译人员的标志。因此，该协会制定的《职业道德守则》和《职业标准》对于中国的口译人员有较高的参考价值。《职业道德守则》和《职业标准》的英文原文见国际会议口译员协会网站（http://www.aiic.net/）。本中文译文由付蕾翻译，黄长奇审定。

一、目的和范围

第 1 条

1. 本《职业道德守则》（以下简称《守则》）规定了诚信、专业和保密的标准，所有会员均有义务在其作为会议口译员的工作中遵循这些标准。

2. 候选会员（candidates）也应承诺遵守本守则的规定。

3. 按照《纪律程序条例》，理事会将对任何违反本守则所界定的职业规则的行为予以惩罚。

二、荣誉准则

第 2 条

1. 会员应受严格的保密准则约束。在任何不向公众开放的会议中，所有人员均须对口译过程中披露的所有信息严格保密。

2. 严禁会员利用会议口译员的职务之便，用可能获取的机密信息谋取任何私利。

第 3 条

1. 会员不得接受任何本人难以胜任的任务。接受任务则意味着会员在道义上承诺将以应有的专业水准工作。

2. 任何会员在招募其他会议口译员时，无论后者是否为本协会会员，都应给予客户同样的保证。

3. 会员不得在同一时间里接受多项任务。

第 4 条

1. 会员不得接受任何可能有损本职业尊严的工作或职务。

2. 会员应避免做出任何可能有损本职业声誉的行为。

第 5 条

会员可以出于任何职业目的，宣传其为会议口译员和本协会会员这一事实，包括本协会个人会员身份和本协会任何下属机构或区域组织成员身份。

第 6 条

1. 会员有义务向同事提供道义援助和协作。

2. 会员应避免任何有损本协会或其会员利益的言语或行为。任何针对其他会员行为的申诉，或是对本协会所做出的任何决定有任何异议，应寻求在协会内部解决。

3. 任何两名或两名以上会员（包括候选会员），如产生任何与职业相关的争端，均可提交理事会仲裁，商业性质的争端除外。

三、工作条件

第 7 条

为确保口译的最佳质量，协会会员：

1. 应根据本协会通过的《职业标准》以及由本协会制定或批准的任何技术标准，

始终努力争取满意的声效、能见度和舒适度；

2. 通常说来，在单独一人或在需要时没有同事可替换的情况下，不得在同传厢从事同传工作；

3. 在组建会议口译团队时，应尽力避免经常使用接力；

4. 不应同意从事耳语传译或在没有同传厢的条件下进行同声传译，除非情况特殊且口译工作的质量不会因此受到影响；

5. 应要求可直接观察到发言者和会议室。因此，除非是视频会议，否则应拒绝接受使用电视屏幕代替直接观察的方式；

6. 应要求提前拿到将在会议上宣读的工作文件和演讲稿；

7. 如果条件许可，应要求举办情况通报会；

8. 在自己已被聘为会议口译员的会议上，不得从事会议口译之外的任何其他工作。

第 8 条

协会会员不得接受任何违反本《守则》或《职业标准》规定的工作条件，更不得代表本人或本人招募的其他会议口译员（无论是否为协会会员）主动提出此类要求。

四、修订程序

第 9 条

相关提议在征求法律意见后，大会可在获得三分之二多数的投票后作出决定，对本《守则》予以修改。

国际会议口译员协会职业标准

（国际会议口译员协会 2000 年修订）

AIIC Professional Standards

根据《国际会议口译员协会章程》第 18 条第 2 款第（2）段及《会议口译员职业道德守则》第 7 条和第 8 条的相关要求，国际会议口译员协会大会在此通过以下职业标准，旨在确保最佳工作质量，同时充分考虑本职业从业过程中固有的生理和心理限制因素。

第 1 条　工作地址

1）协会会员应仅公布一处工作地址，刊登在协会会员名录中，并作为建立协会区域机构的依据之一。

2）全职受雇于某组织语言部门的会员必须在会员名录中说明其受雇于该组织。他们的工作地址应为其所登记的受雇地址。

3）考虑到协会的区域结构，同时，为确保会员在法定区域会议上行使其投票权以及会费的有关规定得到贯彻，会员不得在不到6个月的时间内将工作地址从一个区域改到另一区域。任何此类变化必须至少在预计日期之前3个月通知秘书处，以确保这一信息及时刊登在协会会员名录上。秘书处应通知理事会全体成员和两个相关地区的区域秘书处。

第2条 聘用合同

1）为了避免当事方之间发生矛盾，协会会员必须确保会议组织方知道其身份和薪酬标准等具体的工作条件，否则不得接受任何聘用合同（若会议组织方不是会议发起者，则适用于附件2中所规定的特定条款）。

2）协会应提供标准形式的合同，供会员按需使用。

3）任何聘用协会会员的合同中必须规定：口译仅在当时服务于会议室的现场听众。按照国际版权协议的规定，未经相关译员的事先同意，即使是现场的听众，也不得进行录音。

第3条 取消合同

1. 译员方取消

协会会员不得退出合同，除非他们能够：

1）履行足够的告知义务；

2）给出合理的理由，并

3）向负责招募的译员推荐一名替代译员，若无负责招募的译员，则应直接向会议组织方建议，除非后者愿意自行聘请替代译员；

4）无论如何，应尽快获得会议组织方就变更事宜的批准。

2. 组织方取消

合同应当酌情纳入一项涉及组织方可能取消任务的条款。

第4条 薪酬

除非协会已签订协议，否则会员可以自由设定自己的薪酬水平。

第5条 无薪酬工作

协会会员在为慈善或人道主义性质的会议提供免费服务时，应遵守《职业道德守则》和《职业标准》中的相关规定。

第6条 译员团队

鉴于注意力持续集中造成身心疲劳，为保证工作达到最佳质量，对团队的组成必然会有某些约束条件。

约束条件包括：口译团队中译员的最低数量、口译类型、所使用的语言数量、队员的语言类别以及会议的性质、持续时间和工作量。

1. 交替传译

所使用的语言数：	译员的最低数量：
从两种语言译为另两种语言	两名
从三种语言译为另三种语言	三名

特殊情况下，在充分考虑到质量原则和译员健康因素的前提下，也有可能只聘用一名而非两名译员，或是仅聘用两名而非三名译员。

2. 耳语传译

用于须要将一至两种语言译为另一种语言，且听众不超过两人的会议；无论是否提供另一语言方向的交替传译，都至少须配备两名译员。

3. 同声传译

在组建译员团队时，必须考虑到如何避免经常使用同传接力。然而，当某一语言只能使用接力时，团队应包括至少两名能够提供该语言译出服务的译员。此外，如果从一间同传厢提供双向接力传译，则该同传厢至少应有三名译员。

一般说来，一个口译团队中每个同传厢每种语言应该至少有两名译员。这是为了确保涵盖到所有语言组合，并保证必要的质量。

同传厢的数量和目标语言的数量相同，只需一间同传厢的双语会议除外。

见下面的“团队人力表”。

同传厢同声传译团队人力表

会议室内所使用的语言数目	同传厢数目	译员数目[1]
单语会议：		
译为另一种语言	1	2[3]
译为另两种语言	2	4
...[2]		
双语会议：		
译为所使用的两种语言之一	1	2[3]
译为所使用的两种语言	1~2	3[4]
译为三种语言（2+1）	3	5
译为四种语言（2+2）	4	7
...[2]		

三语会议:		
译为所使用的三种语言之一	1	2
译为所使用的三种语言之二	2	3
译为所使用的全部三种语言	3	5[5]
译为四种语言（3+1）	4	7
译为五种语言（3+2）	5	9
...[2]		
四语会议:		
译为所使用的四种语言之一	1	2
译为所使用的四种语言之二	2	4
译为所使用的四种语言之三	3	6
译为所使用的全部四种语言	4	8[5]
译为五种语言（4+1）	5	10
译为六种语言（5+1）	6	12
...[2]		
五语会议:		
译为所使用的五种语言之一	1	2
译为所使用的五语言之二	2	4
译为所使用的五种语言之三	3	6
译为所使用的五种语言之四	4	8
译为所使用的全部五种语言	5	10
译为六种语言（5+1）	6	12
译为七种语言（5+2）	7	14
...[2]		

注:

[1] 如果出现以下情况，则译员数目应增加:

上表所述的最低译员数目不足以涵盖大量的语言组合;

工作时间很长;

会议涉及介绍大量书面陈述，或是技术性或科学性很强的会议，须要做大量准备工作。

[2] 以及诸如此类的情形：每个连续运作的同传厢必须配有至少两名译员。此外，如通过双向同传厢接力，则这类同传厢应至少配有三名译员。

[3] 作为一般性准则，如在需要时没有同事可换班，译员不应在同传厢单独工作。

[4] 其中一名译员必须能够为其他两名译员之中任一人换班。在某些情况下，这个数字可减少到两名（尤其是对于短时会议或一般性质的会议，假如两名译员均可在这两种语言间切换）。

[5] 某些情况下，在确保质量和译员健康的前提下，可减少一名译员（短时会议或一般性质的会议）。

4. 视频会议

协会应就视频会议中口译员的工作职责制定特殊规则。

第 7 条 译员的工作日

出于质量和健康方面的考虑，译员工作日的正常时间不得超过两场会议，其中每场会议在两个半到三个小时之间。

第 8 条 非工作日

合同应当包括一项条款，酌情规定非工作日、旅行所用时间、长途旅行后用来休整的时间以及用于熟悉情况的时间。

第 9 条 旅程

合同应当酌情包括一项条款，规定旅程安排。

第 10 条 休息日

旅行条件应该不妨害译员健康，不影响译员旅行后的工作质量。

若旅程较远或旅行涉及时差变化较大，应考虑安排休息日。

第 11 条 住宿及膳食

1）合同应包括一项规定住宿及膳食安排的条款。

2）秘书处应保存一份世界各地酒店的价格清单和给予会员折扣的酒店名单，提供给需要的会员。

第 12 条 协议

有些组织已与本协会签订了协议，协议条款适用于为这些组织工作的自由译员，这些协议所涵盖的条款是协商的结果，尤其是那些涉及工作条件、薪酬、团队人力和社会保障的条款。会员应无条件遵守这些条款。

第 13 条 协议范围以外的政府间会议

会员为某些政府间会议工作时，可能会出现协议范围之外的某些特定要求。

第 14 条 在职口译人员

协会应通过有关在职口译人员工作条件的建议（《在职口译人员宪章》）。

第 15 条 修订程序

相关提议在征求法律意见后，大会可在获得三分之二多数的投票后作出决定，对本《职业标准》予以修改。

附件1：协调译员准则

（国际会议口译员协会1997年修订）

Annex 1：Guidelines for Consultant Interpreters

协调译员经常在会前很长时间就接到客户的咨询，寻求建议和报价。因此，他们是会议组织方对口译行业的第一印象。协调译员的任务是在每个会议上根据客户的需求确保高品质的服务，同时为译员争取最佳的工作条件。

协调译员的职责

协调译员是口译团队和会议组织方之间的连接纽带，而不是屏障。组织方和译员都有赖于协调译员，以确保国际会议口译员协会的《职业道德守则》得到遵守。

1. 协调译员必须易于联系。单独的电话线、传真机、电脑、秘书服务等办公设施都有助于对咨询做出迅速、专业的反应。

2. 应从会议组织方获取关于预定会议尽可能多的信息，以便作出准确的报价。这类信息应包括主动语言和被动语言、主题、日期、地点、时间表、代表人数，口译是否会被录音等。

3. 一旦会议组织方接受报价，则应当在招募译员之前得到书面确认。可以签署载明取消条款的主合同。

4. 协调译员在招募时应确保团队涵盖所有需要的语言，并酌情考虑专业方向。接力的使用应控制在最低限度内。

5. 联络译员时，协调译员应明确解释该工作需求是已经确定还是停留在咨询阶段，后者意味着任何一方都没有义务。

6. 在得到签署的合同之前，定期联系会议组织方会加强组织方的信任，特别是在组织方首次和口译行业打交道的情况下。协调译员还可以籍此及时获取会议的有用信息。

7. 如有可能，协调译员应安排在大会手册和（或）与会者名单中列出译员的姓名。

8. 必须告知会议组织方，译员能否在会前及时收到会议议程、背景文件和讲话稿事关重大。协调译员和组织方都应在拿到文件后尽快安排复印，分发给译员。协调译员还应当询问是否有术语表；如果这次会议是技术性的，还可安排情况通报会。协调译员应当采取措施，确保会议期间文件一旦准备好，译员就可以及时拿到，为此，会议组织方应该意识到必须准备复印机。

9. 如果协调译员不是口译团队的一员，那么，必须任命一名充分熟悉所有安排的队长，负责在会后汇报。

10. 协调译员应向会议组织方了解会议进展情况，并在合适的情况下，为口译团队的成员争取客户推荐资料。

附件2：专业会议组织方

（国际会议口译员协会1994年修订）

Annex 2：Professional Conference Organizers

协会区域机构，或工作地址所在国家并不属于哪个区域机构的会员，应有权与会议所涉及行业的协会或协会企业的代表进行联系，以期：

1. 在国际会议口译员协会会员和这些协会会员或企业之间建立经常性合作关系；

2. 在国际会议口译员协会代表和这些协会或企业之间以适当形式签订协议，藉此：

协会或企业做出以下承诺：

- 尊重国际会议口译员协会制定的《会议口译员职业道德守则》界定的招聘译员的所有条件；
- 只雇用（或安排雇用）合格的会议口译员；
- 仅使用（或安排使用）一式四份的合同，分别提供给译员、相关企业、会议发起人（组织方）和协调译员，其目的是为了确保译员身份和报酬的透明度；
- 在他们自行签订合同的情况下，承担财务和合同责任（例如，合同取消）；
- 允许译员或其代表（协调译员或团队负责人）与会议内容负责方（组委会、学术委员会）之间进行直接的双向工作联系，以便更好地准备和落实译员的专业工作（情况通报会、文件准备、日常联系等）。

如果以上条件得到满足，则国际会议口译员协会应当：

- 认可此类协会或企业按其自身意愿，偏离《职业标准》第2条第2款的规定而自行签订合同；
- 提供免费的年鉴、合同表格和相关的基本文件的副本（守则、职业标准、技术标准等）；
- 向此类协会或企业提供最新资料，以反映本行业惯例方面发生的变化；
- 为他们提供一切有关同声传译技术和其他设备的必要协助，甚至可能委派一名技术委员会的代表。

继此，协会区域机构，或工作地址所在国家并不属于哪个区域组织的会员须向秘书处通报可能已经缔结这类协议的任何情况。

秘书处应在《通讯》上通告全体会员，并应保存一份最新的参与此类协议的地区和国家名单，并附上一份已签署协议的企业名单。

国际医疗口译员协会道德规范

（国际医疗口译员协会1987年制定，2006年修订）

IMIA Code of Ethics

编者按：该道德规范的英文原文可以从国际医疗口译员协会网站全文下载，地址为：http：//www. imiaweb. org/uploads/pages/432. pdf。本文由CyraCom志愿翻译，黄长奇审定。

国际医疗口译员协会（International Medical Interpreters Association，英文简称IMIA）是第一个专门为医疗口译员制定道德行为规范的机构。其后多个道德规范随之出台。道德规范对于医疗口译员遵守本行业从业人员应该坚守的标准是非常必要的，它能让服务对象感到口译员可靠、负责任和可信赖。

1. 医疗口译员应对与指派任务相关的所有信息保密。
2. 医疗口译员应选择最能准确传达客户话语内容及精神的语言和传译方式。
3. 医疗口译员应避免接受超出其专业技能、语言能力或职业训练程度的任务。

4. 医疗口译员在家庭或亲密个人关系影响公正性时应避免接受任务。

5. 医疗口译员不应掺杂个人意见或为病人提供建议。

6. 医疗口译员在没有获得相应资格的情况下，不应从事医疗保健服务范围以外的口译服务。

7. 医疗口译员应根据专业判断，仅在合适并且有沟通需求时维护病人利益，通过解释文化差异或惯例，在医疗保健提供方与病人之间充当跨文化调解角色。

8. 医疗口译员应有技巧地采用低调的介入方式，以免影响医疗环境下三方之间的沟通。

9. 医疗口译员应跟上不断发展的语言和医疗术语。

10. 医疗口译员应参加现有的继续教育课程。

11. 医疗口译员应与相关专业组织保持联系，以了解最新的职业标准和规定。

12. 医疗口译员应避免利用职权从客户处获益。

美国翻译协会翻译人员职业操守与商业行为守则

（美国翻译协会2002年修订）

Code of Professional Conduct and Business Practices

编者按：美国翻译协会是世界上个人会员人数最多的协会，拥有50年历史，1万余名会员，遍布30余个国家和地区。本守则的英文原文见美国翻译协会网站（http://www.atanet.org/）。本中文译文由付蕾翻译，黄长奇审定。

一、我身为口/笔译工作者，作为不同语言文化之间思想沟通的桥梁，承诺追求最高标准之服务品质，遵循最高标准之道德行为和商业行为。

（一）我将尽力忠实地翻译原文信息，以满足最终用户的需要。我了解为达到这一专业要求，须要：

1. 对目标语言的熟练程度相当于受过教育的以该语言为母语者的水平；

2. 了解翻译内容所属领域的最新进展以及源语言和目标语言中该领域的术语；

3. 获取相关信息资源和参考材料，熟知本行业使用的工具；

4. 持续提升、拓宽并深化自身的技能和知识。

（二）信守自己的专业资质，不承接自身资质不能完全胜任的工作。

（三）将客户利益视同自身利益予以维护，不泄露任何机密信息。

（四）告知客户任何尚未解决的问题。如果双方不能协商解决，则诉诸于仲裁。

（五）只有当我的工作质量得到客户方代表的认可时，才能将该客户列为推荐者。

（六）尊重并不得妨碍或取代客户与它的客户之间的任何商业关系。

二、作为口笔译人员的雇主或承包人，我将在业务中遵循上述标准，并承诺在与译者的业务联系中采纳下述做法：

（一）在启动翻译工作之前以书面方式表明我与译者之间的合同关系，并注明我方的期望值。

（二）遵守商定的条件、付款时间表和双方一致同意的变更，在启动翻译工作后不随意更改工作内容。

（三）直接与译者一起处理任何争议。如不能协商解决，则诉诸仲裁。

（四）不以将来的有偿工作为条件要求译者提供无偿劳动。

（五）未经译者本人同意或未打算真正使用其服务时，不将译者的资质用于投标或宣传自己的企业。

（六）对于出版物或演出活动的翻译，将在权限范围内给予译者与著作权人同等的认可。

欧美翻译服务标准

编者按：欧洲是翻译服务标准的发源地。最早的翻译服务标准是意大利于1996年制定的 UNI 10547：1996：《口笔译服务与业务之定义》（Definizione dei servizi e delle attività delle imprese di traduzione ed interpretariato）；影响较大的标准是德国于1998年制定的 DIN 2345：1998：《翻译工作》（Übersetzungsaufträge）。此外，荷兰和奥地利也制定了相应的标准。随着欧洲一体化进程加速发展，翻译服务也呼唤一个统一的区域性标准。2006年，在全球、区域和国家翻译组织以及标准化组织的共同参与下，欧洲统一的翻译服务标准 EN 15038：2006：《翻译服务—服务规范》（Translation services – Service requirements）由欧洲标准化委员会正式发布，并取代了此前欧洲各国的相关标准。同年，美国标准组织美国材料与试验协会也发布了 ASTM F2575 – 06 –《翻译质量保证标准指南》（Standard Guide for Quality Assurance in Translation）。2008年，加拿大标准总署发布了 CAN/CGSB – 131. 10 – 2008 – 《翻译服务》（Translation Services）。而在国际层面，国际标准化组织（International Organization for Standardization – ISO）也于2006年组建工作组，讨论制定一个国际翻译服务标准。本部分所介绍的欧美翻译服务标准，旨在帮助中国同行了解标准领域的进展情况，以便积极参与国际相关标准的制定。

由于标准原文受版权保护，此处仅登标准的摘要，由黄长奇摘编。

翻译服务——服务规范 （欧洲）

Translation services – Service requirements

欧洲标准 EN 15038：2006。欧洲标准化委员会（European Committee for Standardization，简称 CEN）2006年4月13日批准实施。

本标准是第一个对翻译服务供应商提供高质量服务制定明确规范的欧洲标准。本标准于2006年11月取代欧洲标准化委员会成员组织此前制订的相关国家标准（如德国、奥地利和意大利的翻译服务标准），成为该委员会29个成员组织共同实施的统一标准。

本标准主要包括三部分内容：基本规范（包括人力资源管理、从业人员资质、质量管理和项目管理等），客户和翻译服务供应方的关系（包括前期接洽、报价、协议、客户相关信息处理和结项等），翻译服务过程（包括翻译项目管理、译前准备、翻译流程等）。它涵盖了翻译过程中的关键环节以及提供翻译服务中涉及到的所有相关问题，包括质量保障和可追溯性。

本标准为翻译服务供应方及其客户提供了翻译服务过程的完整描述和定义，同时，为翻译服务供应方提供了一系列旨在满足市场需要的程序和规范。

本标准不适用于口译服务。本标准可以作为对翻译服务供应方进行认证的基础。目前，希腊、英国、西班牙、波兰、瑞典、奥地利、法国、芬兰、意大利、德国等国家的认证机构已根据该标准开展认证工作。

本标准有三个官方版本：英语版、法语版和德语版。任何欧洲标准化委员会成员将之翻译为自己的母语并通报欧洲标准化委员会秘书处后，该语言版本即享有与三个官方版本同等的效力。各语言版本的标准均可从欧洲标准化委员会成员国的标准化组织处购买。

翻译质量保证标准指南（美国）
Standard Guide for Quality Assurance in Translation

美国材料与试验协会标准 ASTM F2575 - 06，2006 年 5 月 1 日由美国材料与试验协会批准，6 月公布实施。

本标准是美国翻译服务行业的一项重要规范性文件。本标准明确了翻译项目各个阶段中影响语言翻译服务质量的因素，并对翻译项目的三个阶段：定制阶段（Specifications Phase）、生产阶段（Production Phase）和事后评估阶段（Post - project Review Phase）进行了详细的规定，以确保高质量的服务。本标准面向翻译服务的客户与用户、服务提供商以及培训机构，旨在促进各方之间开诚布公的交流，避免不必要的潜在损失。

本标准对包括“全球化”、“本地化”、“术语”等翻译及相关行业的 49 个术语进行了详细定义和说明，提出了客户在选择翻译服务提供商时应该考量的六种能力，并提出翻译质量是依据“译文在多大程度上符合双方共同约定的具体要求”来衡量的。本标准只规定确保翻译质量所应该遵循的流程，而没有对具体的质量要求做出规定。

本标准特别强调，客户和翻译项目管理人员之间的有效沟通对于项目的成败至关重要。

本标准只涉及笔译服务，不针对口译服务。

本标准由美国材料与试验协会（ASTM）出版。可以从该协会网站上订购标准的电子版：http：//www. astm. org/Standards/F2089. htm。

翻译服务（加拿大）
Translation Services

加拿大标准总署（Canadian General Standards Board，简称 CGSB）标准 CAN/CGSB - 131. 10 - 2008，于 2008 年 7 月 31 日由加拿大标准总署批准，9 月 29 日发布实施。本标准规定了翻译服务供应商在提供翻译服务过程中应遵循的规范。本标准适用于提供笔译服务的机构和个人，不适用于口译、术语领域及经由专业翻译协会认证的注册翻译师。

本标准是在欧洲翻译服务标准 EN 15038：2006 的基础上结合加拿大的具体情况修订而成，与欧洲翻译服务标准保持高度一致。本标准的主要内容与欧洲翻译服务标准类似，包括基本规范（翻译服务协议、第三方参与）、人力资源（包括译者、改稿人和定稿人）、技术资源、质量管理体系、客户和翻译服务供应方的关系、翻译服务流程（包括翻译项目管理及译前准备）和翻译流程（包括翻译、核稿、改稿、定稿、校对、最后确认）等几大章节。最后列举了一些附加值服务以及几个有用的附录（项目登记、译前技术处理、原文分析、体例、附加服务及相关出版物）。本标准可用来对翻译服务提供方进行规范认证。本标准由加拿大标准总署出版，可以与该署联系订购该标准，联络信息见该署网站：http：//www. tpsgc - pwgsc. gc. ca/ongc/home/index - e. html。

Index

索 引

法规文件

相关机构

大事要闻

人　物

出版物

鸣 谢

《中国翻译年鉴 2009～2010》（以下简称《年鉴》）的编撰工作得到了中央国家机关有关单位和部门、国内外有关高等院校以及全国翻译界同仁的大力支持。其中：

人力资源和社会保障部规划财务司继续给予支持，提供了 2009 和 2010 年全国国有企事业单位翻译专业技术人员的统计数据；

新闻出版总署中国新闻出版研究院特别为《年鉴》整理提供了 2009、2010 年全国翻译图书出版统计数据；

中国外文局全国翻译专业资格（水平）考试办公室提供了 2009～2010 年全国翻译专业资格（水平）考试工作的概况、考试报名及通过人数统计数据；

广东外语外贸大学翻译学研究中心特为本卷《翻译教育培训与研究机构》栏目的编写工作成立了以穆雷教授牵头的撰稿小组，逐一核实更新该栏目的信息；

美国蒙特雷国际研究学院翻译及语言学院（Graduate School of Translation，Interpretation and Language Education，GSTILE）的鲍川运教授负责核实更新了由他和柯平老师共同撰写的“世界各地高校的翻译研究与培训机构”栏目的信息；

杭州电子科技大学外国语学院的余静副教授搜集整理了“翻译专业类专著/论文集”和“翻译专业类教材/工具书”两个栏目的资料；

对以上部门、机构、院校和个人给予《年鉴》编撰工作的大力支持，我们深表感谢！

最后，我们要真诚地感谢中国国际出版集团对于《年鉴》所给予的重要财力和物力支持，没有这种支持，《年鉴》将不可能与读者见面；真诚地感谢外文出版社继续以高度负责的精神承担起《年鉴》的出版工作；真诚地感谢中国翻译协会各分支机构、全国各地翻译协会以及全国翻译服务、翻译教育、翻译培训等领域为《年鉴》的出版做出的具体努力！

《中国翻译年鉴 2009～2010》编辑部

2011 年 9 月

图书在版编目（CIP）数据

中国翻译年鉴. 2009～2010 / 中国翻译协会编.
北京：外文出版社, 2011　附电子版
ISBN 978-7-119-07344-6
Ⅰ. ①中… Ⅱ. ①中… Ⅲ. ①翻译—工作—中国—2009～2010—年鉴 Ⅳ. ①H059-54

中国版本图书馆CIP数据核字(2011)第229494号

责任编辑：曲　径
印刷监制：韩少乙

中国翻译年鉴2009~2010
中国翻译协会 编

出版发行：外文出版社有限责任公司
地　　址：北京市西城区百万庄大街24号　**邮政编码：**100037
网　　址：http://www.flp.com.cn　**电子邮箱：**flp@cipg.org.cn
电　　话：008610-68320579（总编室）　008610-68996075（编辑部）
008610-68995852（发行部）　008610-68996183（投稿电话）
印　　刷：北京京都六环印刷厂
经　　销：新华书店 / 外文书店
开　　本：787mm×1092mm　1/16　**印张：**54.375　**字数：**900千
版　　次：2011年12月 第1版　第1次印刷
书　　号：ISBN 978-7-119-07344-6
定　　价：298.00元（精装）

Beijing 2008
Giselle DAVIES
Jacques RO

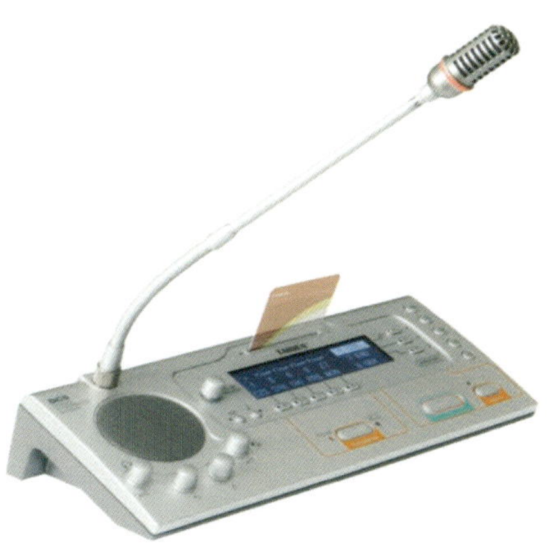

TAIDEN
31

TAIDEN
TAIDEN
TAIDEN

ICCA
Member

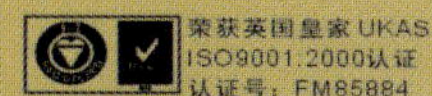

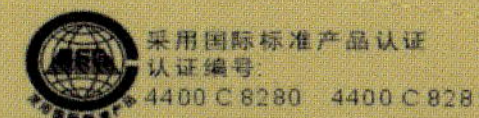

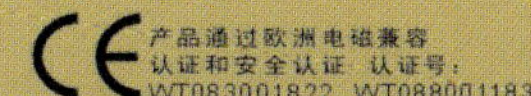

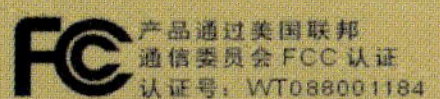